Kohlhammer

Beiträge zur Wissenschaft
vom Alten und Neuen Testament
Neunte Folge

Herausgegeben von

Walter Dietrich und Horst Balz

Heft 12 · (Der ganzen Sammlung Heft 172)

Verlag W. Kohlhammer

Kerstin Schiffner

Lukas liest Exodus

Eine Untersuchung zur Aufnahme
ersttestamentlicher Befreiungsgeschichte
im lukanischen Werk als Schrift-Lektüre

Verlag W. Kohlhammer

Meinen Kindern

BS
2589
.5354
2008

Diese Dissertation wurde gedruckt mit Unterstützung
der Axel-Springer-Stiftung, Berlin,
der Vereinigten Evangelisch-Lutherischen Kirche Deutschlands,
des Evangelischen Kirchenkreises Bochum,
der Evangelischen Kirche von Westfalen
sowie des Vereins zur Förderung Feministischer Theologie
in Forschung und Lehre e.V. der EKHN.

Umschlag: Data Images GmbH
Gesamtherstellung:
W. Kohlhammer Druckerei GmbH + Co. KG, Stuttgart
Printed in Germany

ISBN 978-3-17-019732-9

Vorwort

Die vorliegende Untersuchung wurde im Sommer 2006 von der Evangelisch-Theologischen Fakultät der Ruhr-Universität Bochum als Dissertationsschrift angenommen und danach für die Drucklegung leicht überarbeitet.

Diese Arbeit hätte nicht fertiggestellt werden können, wenn während der letzten Jahre, in denen ich tief in das lukanische Doppelwerk und seine Exoduslektüre eingetaucht bin, nicht eine Vielzahl von Menschen an meiner Seite gewesen wären, die mein Projekt und damit mich rückhaltlos unterstützt haben. Ihnen gebührt mein Dank:

Ich danke Prof. Dr. Horst Balz und Prof. Dr. Jürgen Ebach für ihre Bereitschaft, mein grenzgängerisches, weil disziplinenüberschreitendes Dissertationsprojekt zu begleiten, und zwar in freundschaftlich-fordernder Weise weit über das ›Pflichtmaß‹ hinaus. Sie hatten ein stets offenes Ohr für mich, waren jederzeit zu kritischen Rückfragen bereit und haben durch ihre Art der Kritik das produktive Weiterarbeiten und damit letztlich die Fertigstellung der Untersuchung geduldig und doch unnachgiebig vorangetrieben, indem sie etwa, wann immer ich noch tiefer in Einzelfragen eindringen wollte, mich wieder auf den ›rechten Weg‹ zurückgebracht und meinen Blick auf das zu erzielende Gesamte gerichtet haben.

Für entscheidende inhaltliche Anregungen danke ich ferner dem ›Landkreis‹ von Prof. Dr. Frank Crüsemann, in dem ich ebenso wie im Kolloquium von Jürgen Ebach wiederholt meine Ideen, Projektskizzen und manchmal auch noch arg unsortierten Gedanken vortragen und zur Diskussion stellen konnte – nie, ohne hinterher manch gute Idee mit nach Hause nehmen zu können.

Außer den Genannten gibt es eine ganze Reihe von Menschen, denen ich das Gelingen meiner Dissertation verdanke – ich belasse es an dieser Stelle bei der namentlichen Nennung nur einiger weniger: Ich danke Irmela Knaack und Diana Klöpper für ihre begleitende Freundinnenschaft seit vielen Jahren, die sich in Rat und Tat während der Phase der Erstellung dieser Arbeit geäußert hat, im Zuhören wie Mitlesen, im Rückfragen wie Mitdenken. Ebenso danke ich Johannes Taschner für seine Lust, sich meine Lukas-Ideen anzuhören und meine Arbeit durch seine Sicht der Dinge zu bereichern.

Meiner Familie gilt mein Dank für ihr Vertrauen in die Richtigkeit meiner Entscheidungen wie für ihre tatkräftige Unterstützung, die sich in weit mehr, aber auch in der Bereitschaft der Kindsbetreuung, geäußert hat. Meinem Vater danke ich dabei zusätzlich für seine Bereitschaft, die Mühen des Korrekturlesens meiner Arbeit auf sich zu nehmen und mit großer Sorgfalt auf eine ganze Reihe noch auszumerzender Tippfehler hinzuweisen – alle nun immer noch im Text befindlichen Fehler sind ausschließlich mir anzulasten. Oliver Harmsen danke ich für sein Da-Sein während unserer gemeinsamen Zeit, auch dafür, dass er, wenn nötig, die ›Notbremse‹ gezogen hat.

Meinen KollegInnen in der Ev. Kirchengemeinde Bochum, allen voran meinem Mentor Volker Rottmann, danke ich für ihr Verständnis dafür, dass mich die Leidenschaft für das wissenschaftliche Arbeiten auch im Vikariat nicht losgelassen hat – und für ihre Bereitschaft, diese tatkräftig zu unterstützen.

Prof. Dr. Walter Dietrich und Prof. Dr. Horst Balz danke ich für die Aufnahme meiner Arbeit in die Reihe BWANT.

Herrn Jürgen Schneider und vor allem Herrn Florian Specker vom Lektorat des Kohlhammer-Verlages danke ich herzlich für die verlegerische Betreuung, letzterem besonders für seine große Geduld und Unterstützung bei der Erstellung der Reproduktionsvorlage – oft genug hat er mir in Situationen der drohenden Verzweiflung mit rettenden Ideen zur Seite gestanden und so einen nicht geringen Teil dazu beigetragen, dass dieses Buch endlich erscheinen kann.

Wie stets in solchen Fällen bedarf es zur Realisierung eines derartigen Buchprojektes neben der ideellen auch der materiellen Förderung: Der Axel-Springer-Stiftung, der VELKD, dem Ev. Kirchenkreis Bochum, der EKvW sowie dem Verein zur Förderung Feministischer Theologie in Forschung und Lehre der EKHN danke ich ebenso von ganzem Herzen wie denjenigen, die mich anderweitig unterstützt haben; ohne ihre zum Teil überaus großzügigen Zuschüsse wäre das Projekt der Drucklegung zum Scheitern verurteilt gewesen.

Ich widme dieses Buch meinen Kindern, die – so kurz unsere gemeinsame Zeit auch gewesen sein mag – mein Leben verändert und um vieles bereichert haben. Möge es ihnen gut ergehen, bei mir oder auch *an/in/bei einem andern Ort.*

Bochum, im Januar 2008
Kerstin Schiffner

Inhaltsverzeichnis

I. Lukas liest Exodus: Einleitendes, Methodisches, Grundlegendes und Überblickhaftes zur lukanischen Exoduslektüre

> »Auch in der Bibelauslegung kann und muss das Rad nicht neu erfunden werden, so dass die Suche nach dem ganz Neuen, dem Noch-Nie-Gesagten sich als vergeblich erweisen muss. Andererseits kann es aber auch nicht darum gehen, wieder und wieder alles zusammenzutragen, was zu einem Text schon geschrieben wurde. Schließlich lehrt die neuere Literaturwissenschaft, dass es den einen und einzigen – den richtigen und wahren – Sinn eines Textes nicht gibt.«[1]

Mit diesen Überlegungen leitet CHRISTOPH DOHMEN[2] seinen 2004 erschienenen Kommentar zu Ex 19–40 ein. Da sie sich nur zu gut auf die besondere und eigentümliche Form einer Dissertation mit den an sie gestellten multiplen Forderungen übertragen lassen, stelle ich sie meiner Untersuchung voran – verbunden mit der knapper ausgedrückten Überzeugung: »We all stand upon the shoulders of our predecessors.«[3]

1. Lukas liest Exodus – zur Geschichte des Projektes und zum Aufbau der Untersuchung

> »Ansonsten herrscht das in der Neutestamentlichen Wissenschaft übliche Chaos.«[4]

Am Anfang meines Arbeitens zum lukanischen Doppelwerk[5] stand die Beobachtung, dass gerade in den einleitenden Programmkapiteln des Lukasevangeliums (Lk 1–2) interfigurale Bezüge zwischen Maria und Mirjam zu beobachten sind, die in dem gemeinsamen Namen einen ersten Ansatzpunkt haben, im prophetischen Sprechen und Handeln weitergeführt sind und nicht zuletzt in der lebenbewahrenden bzw. -gebenden Beziehung zum ›Retter‹ Israels ihren Ausdruck finden. Weitere Entdeckungen von Beziehungen unterschiedlichen Charakters schlossen sich an: Stichwortverbindungen, Zitate, Allusionen, Strukturparallelen – intertextuelle Bezüge der verschiedenen Ebenen, die das gesamte lukanische Doppelwerk durchziehen. Sie lassen den Eindruck zu, dass diese Bezüge ein ›Netz‹ spannen bzw. das Fundament bilden, auf dem dieses Werk ruht. Damit eröffnete sich eine neue Perspektive für Lukasevangelium und Apostelgeschichte: Sie lassen sich lesen als Gesamtentwurf einer ›Exoduslektüre[6] unter messianischen Vorzeichen‹. Meine Untersuchung unterscheidet sich in dieser Betonung des Gesamtzusammenhangs des lukanischen Werkes von anderen Ansätzen. Zwar ist in einer Vielzahl von Arbeiten seit den 50er

---

[1] C. DOHMEN 2004, 29.

[2] Bei der ersten Nennung einer Autorin oder eines Autors im Haupttext der Untersuchung setze ich, soweit bekannt, Vor- und Nachnamen, ab der zweiten Nennung nur noch die Initialen des Vornamens.

[3] D. CRUMP 1992, 51.

[4] H. MERKEL 1996, 121.

[5] Ich verstehe die beiden Bücher als Gesamtwerk, deren Zusammengehörigkeit bzw. Einheit eine intendierte ist; zur Diskussion um die Konstruktion dieser Einheit verweise ich auf D. MARGUERAT 1999b.

[6] Zum verwendeten Begriff von Lektüre s.u. S. 49ff.

Jahren des 20. Jahrhunderts auf einzelne Motive aufmerksam gemacht worden, die innerhalb des Doppelwerks auf Exodusbezüge hinweisen,[7] wobei als größerer Zusammenhang sehr früh die Komposition des sogenannten ›Reiseberichts‹ ins Blickfeld rückte. Aber über diese Einzelbeobachtungen gehen die vorliegenden Ansätze in der Regel nicht hinaus; der Blick auf das ›Ganze‹ des lukanischen Doppelwerkes unterbleibt.[8]

Ich werde hingegen zu zeigen versuchen, dass zentrale Exodusthemen (z.B. Befreiung und Macht JHWHs) über Stichwortbezüge, Allusionen, interfigurale Verknüpfungen und Strukturparallelen über die gesamte Breite des lukanischen Werkes zur Sprache kommen und dessen Darstellung prägen.[9] Diese Prägung geht so weit, dass es sogar möglich wird, versuchsweise einen Gesamtaufbau von Lk-Apg nachzuzeichnen, der sich an der Handlungsfolge Exodus 1 bis Josua 24 orientiert.[10]

Der Aufbau meiner Untersuchung orientiert sich im dritten Hauptteil an dieser ›Entdeckungsgeschichte‹. Der erste Hauptteil widmet sich jedoch einleitenden wie grundlegenden – und dadurch Grund legenden – methodisch-hermeneutischen Fragestellungen: Auf eine Annäherung an den hier verwendeten Begriff (von) ›Exodus‹ folgt ein Blick auf die Forschungsgeschichte zur Frage nach dem Exodusbezug von Lukasevangelium und Apostelgeschichte. Diesen bisher eher traditions- oder redaktionsgeschichtlich bzw. literarhistorisch orientierten Ansätzen stellt das dritte Kapitel die methodisch-hermeneutischen Überlegungen gegenüber, auf denen die vorliegende Darstellung fußt. Hier wird unter anderem deutlich, inwiefern das lukanische Lukasevangelium als Lektüre zu verstehen ist; genauer: warum eigenes Schreiben eine Lektüreform darstellt. Zum Abschluss des ersten Hauptteils folgen Beobachtungen auch einleitungswissenschaftlicher Art zu ›Lukas‹ und zum lukanischen Werk als einem Beispiel jüdischer Geschichtsschreibung des ausgehenden ersten Jahrhunderts christlicher Zeitrechnung sowie zur Kategorie ›Prophetie‹ als maßgeblicher Interpretationshilfe für Lukasevangelium und Apostelgeschichte. Das letzte Kapitel

---

[7] S. dazu den Forschungsüberblick S. 21ff. Exemplarisch genannt sei an dieser Stelle M. WENK 2000, 203 mit seiner Feststellung, dass »both for Judaism in general as well as for Luke in particular the experience of God's salvific intervention in the Exodus became normative for the community's ethos.«

[8] Dieser Punkt wird von R. VON BENDEMANN 2001 wiederholt kritisch festgehalten (z.B. 100; 106; 112; 384); in seine Kritik an der gängigen Auffassung vom lukanischen Reisebericht als eigenem Hauptteil der Erzählung, in der er sich unter anderem mit C.F. EVANS 1955; E. MAYER 1996 und M.L. STRAUSS 1995 auseinandersetzt, fließt diese Beurteilung mit ein bzw. bildet einen Punkt, von dem aus sie sich entfalten kann: »Die lukanische Erzählung kennt die alttestamentliche Exodustradition und vermag sie dramatisch-episodisch wie theologisch zu nutzen. Eine solche Nutzung beschränkt sich aber in keiner Weise auf einen hypothetischen, mit Lk 9,51 eröffneten Hauptteil des dritten Evangeliums.« (a.a.O. 106). VON BENDEMANN stellt dagegen die Kapitel, die traditionellerweise dem ›Reisebericht‹ zugeordnet werden, in einen anderen Bezug zu den übrigen Abschnitten. So entfalten seiner Ansicht nach Lk 1–4 »das christologische Gesamtpotential seiner Großerzählung qualitativ vollgültig für die Hörer/Leser der Erzählung«, wohingegen ab Lk 5 mit der Berufung der ersten Nachfolger die »Jüngergeschichte« eröffnet werde. »Sukzessive werden die Jünger auf das den Hörern/Lesern bereits zugängliche Niveau von ›Wissen und Gewahrsein‹ geführt.« (Zitate 387) Nachdem bis zum Ende des zehnten Kapitels ein narrativer Spannungsbogen aufgebaut sei, der sein Pendant in 18,31–33(34) finde, stellten Lk 11,1–18,30 einen Zwischenteil dar, in dem die Erzählung »vom Bau am Handlungsgerüst, von raumzeitlich-plausiblen Gesetzmäßigkeiten, vom Aufbau neuer Charaktere und der Generation neuer Situationen« (388f.) entlastet sei. Dabei zeichne sich die Darbietung der Jesusrede mit ihren wechselnden Adressatinnen und Adressaten ganz offensichtlich durch »eine leserpragmatische Zielsetzung« aus: »Die Leser sind der Rede des κύριος an unterschiedliche Auditorien und Interpellanten in einem ständigen Perspektivenwechsel ausgesetzt. Monolineare Identifikationen sind ihnen auf diese Weise verwehrt.« (beide 389).

[9] Damit gegen z.B. M. ÖHLER 1997, 193, der davon ausgeht, dass die »Bedeutung des Exodusmotives für Lk … im wesentlichen gering zu veranschlagen ist«.

[10] S.u. S. 395ff.

dieses Teils fragt nach dem Selbstverständnis des lukanischen Werkes als Schriftlektüre und lässt die dazu an- und vorgestellten Überlegungen bei der Emmausperikope (Lk 24,13–32) beginnen, also in der Mitte, in gewisser Hinsicht auch auf dem Höhepunkt, der lukanischen Darstellung.

Der zweite Hauptteil zeigt exemplarisch auf, wie vielfältig der semantische Raum ›Exodus‹ zur Zeit des Lukas gefüllt ist, wie viele unterschiedliche Elemente, Traditionen und Gedanken den ›Pool‹ des Exodusgedächtnisses Israels füllen. Dabei kann keine Darstellung den Anspruch erheben, einen vollständigen Überblick zu liefern; das Ziel dieses Teils besteht vielmehr darin, anhand ausgewählter Schriften eine Spur zu legen, die diese Vielfalt als Reichtum schätzen hilft. Am Anfang steht die Beschäftigung mit der Exoduserzählung der Schrift in der hier gewählten Abgrenzung Ex 1–Jos 24, wobei die vergleichsweise ausführlichen Überlegungen zur Darstellung Mirjams im Ersten Testament über den so abgegrenzten Bereich der Exoduserzählung hinausgehen.[11] In einem zweiten Schritt widmet sich die Darstellung der Aufnahme des Exodus in ersttestamentlichen Schriften außerhalb der Exoduserzählung selbst, wobei das Juditbuch als Form ›doppelter‹ Exoduslektüre besondere Aufmerksamkeit erhält. Von der Schrift geht die Untersuchung den nächsten Schritt hin zu Beispielen jüdischer Exoduslektüre der zwischentestamentlichen Zeit. Anhand des *Jubiläenbuches*, des *Liber Antiquitatum Biblicarum* Pseudo-Philos und der *Antiquitates Judaicae* des Flavius Josephus wird der Bezugsrahmen für die im dritten Hauptteil folgenden Beobachtungen zum lukanischen Doppelwerk erweitert. Die drei Werke stehen in gewisser Hinsicht stellvertretend für eine ganze Reihe weiterer bekannter – und noch viel mehr nicht bzw. nicht mehr bekannter – jüdischer Schriften dieser Zeit, die in je eigener Weise in ihrem Schreiben Exodus lesen und zugleich die Befreiungsgeschichte Israels für die eigene Zeit hin transparent lesen. Damit bieten sie denjenigen, die ihr Werk hören oder lesen, die Möglichkeit, sich selbst in Beziehung zu der erzählten Befreiungsgeschichte zu setzen. Mit dem Ende des zweiten Hauptteils ist damit, um es ›musisch‹ auszudrücken, der Chor der Exodusstimmen vorgestellt, in den sich das lukanische Werk als eine Stimme einordnen kann.

Der ›Tonlage‹ dieser Stimme ist der abschließende dritte Hauptteil der Untersuchung auf der Spur: Hier kommen über das gesamte lukanische Doppelwerk verteilte Exodusspuren verschiedener Ebenen zusammen.

Eine erste Ebene der Exodusbezüge und damit einen Hinweis darauf, dass sich das lukanische Werk als Exoduslektüre (besser) verstehen lässt, bilden Einzelverbindungen; aufgeführt sind Stichwortbezüge, Zitate, Allusionen, aber auch Motiventsprechungen, Strukturparallelen auf der Ebene von Einzeltexten etc.

Diesen Einzelverbindungen gehen die sich anschließenden Kapitel genauer und tiefer nach. In ihnen möchte ich lukanische Erzählstrategien aufzeigen, die die Befreiungsgeschichte in Form einer messianischen Exoduslektüre in veränderter Zeit wieder zum Sprechen bringen. Es geht also um das, was das Spezifikum des Lukas ist: nicht nachzuerzählen, was die Schrift erzählt, und dies mit eigenen Nancierun-

---

[11] Gegenstand der Analyse sind in diesem Kapitel die sieben Textstellen, an denen Mirjam namentlich erwähnt ist (Ex 6,20 LXX; 15,20f.; Num 12,1–16; 20,1; 26,59; Dtn 24,8f.; Mi 6,4; 1 Chr 5,29a); s.u. S. 88ff. Die Anordnung der einzelnen Unterkapitel orientiert sich an der Position, die der Text Mirjam gegenüber einnimmt – angefangen mit denjenigen Stellen, an denen Mirjam bzw. ihr Handeln eindeutig positiv konnotiert ist, über die ›neutralen‹ bis hin zu den Passagen, in denen die Texte eine eher distanzierte Haltung Mirjam gegenüber zum Ausdruck bringen. Die genealogischen Notizen sind dabei zusammengefasst; die Analyse der Darstellung Mirjams in Ex 2 erfolgt im Zusammenhang der Überlegungen zu Ex 2 (s.u. S. 83ff).

gen, Wertungen, Erweiterungen und Auslassungen zu tun, sondern die ›eigene‹ Geschichte mit Hilfe der ›Basisgeschichte‹ zu erzählen, mithin die vertraute Befreiungsgeschichte des Exodus in einer anderen Zeit mit veränderten Protagonistinnen und Protagonisten neu zu lesen.

Exemplarisch führe ich diese Untersuchung anhand von fünf Beispielen durch: An erster Stelle stehen hier interfigurale[12] Bezüge zwischen Maria, der Mutter Jesu, und Mirjam, der Schwester des Mose. Bestandteil dieses Kapitels sind neben Untersuchungen zur Bedeutung des Namens Mirjam und seiner Verbreitung in der Antike auch Interpretationen der Stellen der Schrift, in denen Mirjam vorkommt; diese bilden die Basis für die folgenden Überlegungen zur Darstellung Marias in Lukasevangelium und Apostelgeschichte.

In einem zweiten Kapitel widmet sich die Darstellung der Nazaretszene (Lk 4,16–30), insbesondere der Frage nach dem Inhalt der von Jesus nicht nur angekündigten, sondern als erfüllt angesagten Befreiung (ἄφεσις) sowie dem reziproken Charakter dieser Befreiung.

Das dritte Kapitel dieses Teils zeigt Satan in der Rolle des ›lukanischen Pharao‹ als Gegner der Befreiung. Die sogenannten ›Wundererzählungen‹ lassen sich so als Machterweise des Israelgottes in der Auseinandersetzung mit den Versklavungsansprüchen Satans – verkörpert durch seine ›Hilfstruppen‹, die Dämonen und unreinen bzw. bösen Geister – lesen, die er durch Jesus und seine Nachfolgerinnen und Nachfolger wirkt bzw. wirken lässt.

Nach einem kurzen Blick auf die Darstellung der von Hananias und Sapphira ›veruntreuten‹ Gelder in ihrer Parallelität zur Erzählung von Achan (Jos 7) widmet sich das folgende Kapitel ausführlich der Stephanusrede (Apg 7,2–53) und ihrem Kontext. Die Stephanusrede erfährt besondere Beachtung, weil in ihr die ›doppelte‹ Exoduslektüre des Lukas in *einem* Text enthalten ist: Zum einen erzählt Lukas in ihr ausführlich die Befreiungsgeschichte aus Ägypten nach, zum anderen vollzieht er durch den Kontext wie auch den Schluss der Rede aber selbst den Schritt auf die Ebene der ›messianischen Exoduslektüre‹, wenn er Stephanus explizit auf das Geschick Jesu verweisen lässt (Apg 7,52f.) und mit der Rede die Vision des Stephanus verknüpft, in der dieser den Messias bereit stehen sieht (7,55f.).

Im Verlauf der Darstellung dieser fünf Punkte komme ich auf Inhalte und Strukturen der zuvor besprochenen zeitgenössischen Exoduslektüren zurück, wenn diese dazu dienen können, bestimmte lukanische Wendungen und ›Zeichnungen‹ als Bestandteil einer Exoduslektüre aufzuzeigen, auch wenn diese aus der Exoduserzählung der Schrift selbst nicht hervorgehen.

Das Schlusskapitel bündelt zentrale Ergebnisse der Untersuchung, stellt vergleichende Beobachtungen zu Nähen und Differenzen des lukanischen Werkes zu den vorgestellten anderen Exoduslektüren vor und wagt schließlich den Versuch, Lukasevangelium und Apostelgeschichte in ihrem Gesamtzusammenhang als an der Struktur der Exoduserzählung der Schrift orientiert darzustellen.

---

[12] Zu dieser Sonderform intertextueller Verweise s.u. S. 40ff.

2. Lukas liest Exodus – aber was heißt hier ›Exodus‹?

Das Ziel meiner Untersuchung besteht darin, den exemplarischen[13] Autor Lukas als einen zu zeigen, der in seiner eigenen Darstellung ganz entscheidend davon geprägt ist, *dass* und *wie* er die Schrift[14] liest. Und zwar die Schrift, wie sie JHWH als diejenige[15] bezeugt, die für ihr Volk immer wieder rettend eingreift, deren Einsatz zur Befreiung, wie er im Exodus paradigmatisch erfolgt ist, kein vergangenes Tun sondern lebendige gegenwärtige Aktivität ist.

Lukas liest Exodus – das will und kann mehr ausdrücken als die Beobachtung, dass im lukanischen Doppelwerk das eine oder andere Zitat aus dem Exodusbuch aufzuspüren ist (wobei auch das für den weiteren Argumentationsgang nicht unerheblich ist). ›Exodus‹ ist hier in einem weiten, nämlich vierfachen Sinne verstanden:

– Erstens bezeichnet er das Exodusbuch, wie es überliefert ist.[16] Zu dieser Überlieferung gehört untrennbar, »dass durch die griechische Übersetzung der LXX der Name ›Exodus‹ als Titel des Gesamtbuches eingeführt worden ist, wobei dieser Titel, der den ersten Teil des Buches inhaltlich einfängt, seinem zweiten Teil entnommen ist (das Nomen ἔξοδος begegnet im ganzen Buch nur in Ex 19,1 und Ex 23,16).«[17]

---

[13] Mit dem Konzept eines ›exemplarischen Autors‹ orientiere ich mich an U. ECO (s. unten S. 35f.). Ich verwende in dieser Arbeit den Namen ›Lukas‹ als eine Art Chiffre, ohne damit etwas über einen historischen Verfasser aussagen zu wollen. Damit ist folglich mit der Verwendung des Namens ›Lukas‹ auch nichts über real- oder literarhistorische Zusammenhänge ausgesagt: Zu ›beweisen‹, dass ein ›echter‹ Lukas ›wirklich‹ dieses oder jenes gelesen und dementsprechend selbst geschrieben hat, ist nicht das Ziel meiner Darstellung bzw. wird – sofern nicht bahnbrechend neue Entdeckungen im Bereich der Textfunde bevorstehen – immer im Bereich der begründeten Hypothesen verbleiben müssen.

[14] Ich verwende den Ausdruck ›Schrift‹ in dieser Arbeit im neutestamentlichem Sinne, d.h. mit ihm sind die Texte des Ersten Testaments der Christlichen Bibel – in hebräischer wie griechischer Fassung – benannt.

[15] Ich wechsle in meiner Arbeit in der Rede über Gott das Genus, um dem biblischen Bilderverbot gerecht zu werden, wie es z.B. in Dtn 4,15f. formuliert ist (*Ihr habt keinerlei Gestalt gesehen...so hütet euch, dass ihr nicht frevelt und euch ein Götzenbild macht, das Abbild eines Mannes oder einer Frau, das Abbild irgendeines lebenden Wesens*). Das Verbot, JHWH auf ein Bild festzulegen, erschöpft sich nicht in der Frage nach Standbildern etc. sondern erlangt seine Schärfe in Diskursen, die hauptsächlich von Sprache und Sprachbildern geprägt sind, gerade erst durch die Anwendung auf die Ebene der Sprache. S. dazu etwa M.L. FRETTLÖH 2002. Zur Diskussion um ein ›gerecht(er)es‹ Reden auch von Gott im Kontext des Bibelübersetzungsprojektes ›Bibel in gerechter Sprache‹ verweise ich auf den von H. KUHLMANN 2005 herausgegebenen Sammelband. Vgl. insbesondere U. BAIL 2005, 67–70. K. WENGST beschreibt seine Motivation zur Mitarbeit an diesem Projekt in einem der das Projekt begleitenden ›Info-Letters‹ mit den Worten: »Ich übersetze mit an der ›Bibel in gerechter Sprache‹, weil Gott kein Mann ist – und der Anschein, dies sei so, nicht durch die Sprache erweckt werden soll.« (zit. nach U. BAIL, a.a.O., 67). Zur noch einmal gesondert schwierigen Frage der Wiedergabe des Gottes*namens*, d.h. des Tetragramms, im Deutschen, der sich die vorliegende Arbeit als ein Text, der nicht laut gelesen wird, durch die Wiedergabe mit JHWH in gewisser Weise entzieht, s. weiter in dem genannten Sammelband die Beiträge von J. EBACH (=2005a); F. CRÜSEMANN; M. CRÜSEMANN und K. WENGST.

[16] Auch wenn R. V. BENDEMANN 2001, 98ff angesichts der – zumindest für den ihn interessierenden Teil des Lukasevangeliums – nicht nachweisbaren Tora-Zitate des Lukas zu bedenken gibt, dass die Frage danach, »ob Lukas in der Ausarbeitung seines Werkes die ›alttestamentlichen‹ Bücher Exodus und Deuteronomium überhaupt voraussetzen kann, ... beim gegenwärtigen Forschungsstand nach wie vor nicht zu bejahen« sei (Zitat 98). Wenngleich ich einen ›objektiven‹ Beweis dafür, dass Lk die Exoduserzählung in schriftlicher Form vorlag, nicht erbringen kann, hoffe ich doch aufzeigen zu können, dass er sich in seiner Darstellung zumindest als versierter Kenner der Schrift erweist. Auch VON BENDEMANN hält im weiteren Verlauf seiner Untersuchung fest: »Die lukanische Erzählung *kann* die Sprachkompetenz der deuteronomisch-deuteronomistischen Tradition wie auch der alttestamentlich-frühjüdischen Exodustradition erzählerisch nutzen.« (a.a.O., 100; Hervorhebung im Text).

[17] CH. DOHMEN 2004, 37.

- Zweitens meint der Begriff Exodus die Erzählung, die in der Schrift vom ersten Kapitel des Exodusbuches bis zum Ende des Josuabuches erzählt ist, also die Darstellung der Befreiungsgeschichte Israels bis zu ihrer Vollendung mit dem Leben im Land, das JHWH den Eltern Israels versprochen hatte.[18]
- Drittens sind mit ihm die inhaltlich entscheidenden Komponenten dieser Geschichte ausgedrückt, nämlich die Befreiung und der Aufruf zum Leben dieser Freiheit einerseits und das Segnen JHWHs und die Anerkennung seiner einzigartigen Macht und Stärke andererseits.
- Und viertens schließlich liest der exemplarische Autor Lukas, wenn er ›Exodus‹ liest, eben nicht nur die kanonisierte Schrift, sondern auch deuterokanonische bzw. zwischentestamentliche Texte. Unter ›Texten‹ wird im Zusammenhang meiner Untersuchung sowohl das geschriebene Wort verstanden als auch mündliche Diskurse, Gesprächszusammenhänge, sozial- und kulturgeschichtliche Prägungen etc.[19]

›Exodus‹ in diesem weitgefassten Verständnis ist *die* zentrale Befreiungserfahrung Israels, die als Befreiungsgeschichte in der Schrift selbst in ausführlicher wie knapper Form an verschiedenen Orten verhandelt wird.[20] Auch in nachbiblischer Zeit bleibt der Exodus einer der Hauptinhalte jüdischer Geschichtsschreibung, der Lektüre biblischer Tradition zur Vergewisserung der eigenen Identität und der bleibenden Beziehung zu JHWH, der Gottheit Israels; er wird zum zentralen Inhalt des kulturellen Gedächtnisses Israels und damit in die jeweilige Gegenwart übersetzbar.[21]

> »The exodus narrative is perhaps the most pivotal story in the Jewish account of origins. For Hellenistic Jewish writers, it was an essential narrative not only for ethnic but also for political and constitutional identity as well, which accounts for its prominence in elaboration and reconfiguration in Jewish discursive practice.«[22]

---

[18] Zu dieser Ein- und Abgrenzung der Exoduserzählung, insbesondere zur Frage ihres Endes, s.u. S. 79ff; mit S. HERRMANN 1982, 732; CH. DOHMEN 2004, 37f.

[19] Zum Textbegriff s.u. S. 37ff.

[20] S.u. S. 124ff.

[21] Zum Phänomen des kulturellen Gedächtnisses nach wie vor grundlegend J. ASSMANN 1999. Zur Bedeutung des Exodus für das kulturelle Gedächtnis Israels ebd., 200ff. ASSMANN weist darauf hin, wie im kulturellen Gedächtnis die Grenzen zwischen Geschichte und Mythos verschwimmen: »Das kulturelle Gedächtnis richtet sich auf Fixpunkte in der Vergangenheit. Auch in ihm vermag sich Vergangenheit nicht als solche zu erhalten. Vergangenheit gerinnt hier vielmehr zu symbolischen Figuren, an die sich die Erinnerung heftet. Die Vätergeschichten, Exodus, Wüstenwanderung, Landnahme, Exil sind etwa solche Erinnerungsfiguren, wie sie in Festen liturgisch begangen werden und wie sie jeweilige Gegenwartssituationen beleuchten. Auch Mythen sind Erinnerungsfiguren: Der Unterschied zwischen Mythos und Geschichte wird hier hinfällig. Für das kulturelle Gedächtnis zählt nicht faktische, sondern nur erinnerte Geschichte. … Der Exodus ist, völlig unabhängig von der Frage seiner Historizität, der Gründungsmythos Israels: als solcher wird er im Pessach-Fest begangen und als solcher gehört er ins kulturelle Gedächtnis des Volkes. Durch Erinnerung wird Geschichte zum Mythos. Dadurch wird sie nicht unwirklich, sondern im Gegenteil erst Wirklichkeit im Sinne einer fortdauernden normativen und formativen Kraft.« (a.a.O., 52; s. auch 76).

[22] T. PENNER 2004, 247. An späterer Stelle derselben Untersuchung (310) hält er den Unterschied zwischen jüdischen und nicht-jüdischen Exodus-Relektüren fest: »As discussed in the previous chapter, the retelling of the exodus narrative was one major component of Jewish rewritings of biblical traditions. In the process of recasting this biblical story, Jewish writers tended to play up the connection between the exodus from Egypt and the establishment of the Mosaic politeia in the land. Moreover, there was an attempt to bring Moses into close association with Jerusalem and the temple. But we have seen what happened when others, drawing up this Jewish tradition, retold the same exodus story but to different ends. For instance, Greco-Roman writers such as Hecataeus, Strabo, and Tacitus reveal the tendency to idealize the Mosaic foundation and organization of the Jewish politeia but also … to see a decline and dissolution under subsequent Jewish leadership.«

Die Beschäftigung mit Texten aus der zwischentestamentlichen Zeit hat es also mit einer ›Exoduslektüre – nach der Schrift‹ zu tun, wobei ›nach‹ in einem doppelten Sinn zu verstehen ist: als temporale Einordnung ebenso wie als Maßstab für die Orientierung. Die aktualisierende Exoduslektüre, wie sie schon in der Schrift grundgelegt war, führte zur Zeit des Lukas zu einer reichen Vielfalt von verschiedenen Beiträgen mit unterschiedlicher Schwerpunktsetzung. Bildlich ausgedrückt: Der Exodus-Chor bestand aus einer Vielzahl von Stimmen unterschiedlicher Intensität und Klangfarbe.[23]

3. Exodusüberlieferung und Exodusgeschehen im Neuen Testament – ein Blick auf die Forschungslage

> »There is no general agreement among scholars on even the most basic issues of Lucan research.«[24]

Dieses fast 30 Jahre alte Statement W. WARD GASQUES dürfte nach wie vor geeignet sein, die Situation der exegetischen Diskussion zum lukanischen Werk auf den Punkt zu bringen. Genauso sehr trifft jedoch auch die noch einmal zehn Jahre ältere Formulierung von GEORGE E. WRIGHT für den in dieser Untersuchung vorrangig analysierten Bereich zu: »The events of the Exodus, the wilderness wandering and the conquest are as important for the New Testament as for the Old.«[25] Die Frage nach der Verarbeitung der Exodusthematik in den Schriften des Neuen Testaments scheint zum gegenwärtigen Zeitpunkt geradezu ›in der Luft‹ zu liegen. Innerhalb der letzten zehn Jahre sind eine Vielzahl von Untersuchungen erschienen, die sich – im Gegensatz zu früheren Studien, die eher knapp einen Überblick über das gesamte Neue Testament zu liefern versuchten[26] – mit der Frage nach der Aufnahme der Exodusüberlieferung innerhalb einzelner neutestamentlicher Schriften auseinandersetzen.

So hat für das Markusevangelium etwa RIKKI E. WATTS die Exodustradition als strukturierendes Element der Darstellung herausgearbeitet.[27] Für die Arbeit am Matthäusevangelium sei auf die Arbeit von DALE C. ALLISON hingewiesen,[28] der für die Darstellung des ›matthäischen Jesus‹ eine Mosetypologie als Leitmotiv erkennt: ›The new Moses: A Matthean Typology‹. Während für das vierte Evangelium in

---

Allerdings ist Penner entgegenzusetzen, dass dieser vermeintlich offensichtliche Gegensatz sich nicht zuletzt aus seiner eher ›klassischen‹ Auswahl jüdischer Texte – primär Josephus und Philo – begründen lässt. Texte wie der LAB oder das Jubiläenbuch setzen einen anderen Schwerpunkt und stehen somit einer zu eindeutigen Klassifizierung als ›typisch‹ jüdischer Relektüre entgegen.

[23] »One cannot speak of the Jewish interpretation of Exodus, as though it were one unified type. Rather one is struck by the multiplicity of uses made of Exodus by the Jewish people.« (O. PIPER 1957, 6.) Auf drei ›Stimmen‹ der zwischentestamentlichen Zeit und ihre je eigene Exoduslektüre im Erzählen ihrer Geschichte geht der zweite Teil der Arbeit ein (S. 131-216). Dabei wird sich zeigen, dass gerade die Wahrnehmung dieser Vielstimmigkeit und ihre Wertschätzung auch für das lukanische Doppelwerk die Chance bieten, neben schon länger beobachteten Bezügen und Verweisen auf die biblischen Vorlagen, Neues zu entdecken.

[24] W. GASQUE 1975, 305.

[25] G.E. WRIGHT 1964, 63.

[26] So etwa O.A. PIPER 1957 und R.E. NIXON 1963, deren Beiträge den Überblick über die Forschung zum Thema eröffnen; s. nächster Unterpunkt.

[27] Ders. 1997.

[28] Ders. 1992.

neuerer Zeit Ähnliches meines Wissens noch aussteht,[29] sind – beginnend mit
RICHARD HAYS' ›Echoes of Scripture in the Letters of Paul‹[30] – für die paulinischen
Briefe innerhalb der letzten zehn Jahre neben kürzeren Beiträgen nach HAYS drei
Monographien erschienen, die die Exodusüberlieferung im Werk des Paulus
thematisieren.[31] Auch die Offenbarung des Johannes fand bereits Beachtung.[32]

3.1   Der Versuch einer das ganze Neue Testament umfassenden Darstellung: Otto Piper und Richard E. Nixon

OTTO PIPERs 1957 erschienener Aufsatz ›Unchanging Promises. Exodus in the New
Testament‹ skizziert in zwei Schritten die Aufnahme der Exodustradition in den
neutestamentlichen Schriften. In einem ersten Durchgang untersucht PIPER explizite
Bezüge auf das Exodusbuch (6–15),[33] wobei er zwischen der Verwendung der
Exodusbezüge durch Jesus selbst[34] (6–8) und der Interpretation der Ereignisse durch
die Verfasser der Evangelien (8ff) unterscheidet. Ungeachtet dieser Differenzierung
besteht das zentrale Anliegen PIPERs offensichtlich darin, bei aller Betonung der
Wichtigkeit der ersttestamentlichen Texte die Besonderheit, das Neue an der Verkündigung Jesu selbst wie auch an deren Verschriftlichung durch die Autoren
herauszustreichen. Dabei konstruiert er die Perspektive Jesu im dezidierten
Gegenüber zu einer ›jüdischen‹ Sicht: Zwischen Jesus und den »Jewish teachers of
his days« (7) gebe es zwar hinsichtlich der Hochschätzung der biblischen Texte eine
gewisse Nähe, die entscheidende Differenz liegt für PIPER jedoch darin, dass

> »Jesus in turn went back beyond the practical use to which the Bible had been put in the law
> courts to the purpose which the divine lawgiver had in giving his people commandments.« (7)

Die hier vorrangig interessierenden Bezüge innerhalb des lukanischen Doppelwerks
sieht PIPER – abgesehen von wenigen Hinweisen innerhalb der Reden Jesu (etwa Lk
6,4; 18,20) – in der Apostelgeschichte stärker als im Lukasevangelium gegeben, primär in der Rede des Stephanus (Apg 7) und der Antiochia-Rede des Paulus (Apg

---

[29] Erwähnt sein sollen jedoch die schon etwas älteren Studien von H. SAHLIN (1950) und B. GÄRTNER
(1960).

[30] Ders. 1989. Allerdings thematisiert R. HAYS weniger die Exodusüberlieferung explizit, sondern legt
seinen Schwerpunkt vielmehr auf die grundsätzliche Frage nach der Methodik, mit der innerhalb
der paulinischen Schriften der Umgang mit biblischen Traditionen untersucht werden kann. HAYS
war damit einer der Ersten, die sich weniger auf explizite Zitate und die diesen zugrundeliegenden
Textvarianten konzentrierten denn auf die Beobachtung von impliziten, kontextgebundenen
intertextuellen Bezügen, wie in seinem Titel bereits zum Ausdruck kommt: ›Echoes of Scripture in
the Letters of Paul‹.

[31] Knappere Beiträge stammen von W.D. DAVIES 1997 und D. MATTHIAS 2004, die Monographien von
WILLIAM J. WEBB 1993; SYLVIA C. KEESMAAT 1999; WILLIAM N. WILDER 2001.

[32] Ich verweise neben der kurzen Notiz bei J. DANIÉLOU 1969 auf JAY CASEY 1987; JAN DOCHHORN 1997;
M. STARE 2004.

[33] Seitenzahlen aus den jeweils primär dargestellten Untersuchungen nenne ich in Klammern gesetzt
im Haupttext.

[34] PIPER sieht sich durch die neutestamentlichen Formulierungen in die Lage versetzt, zwischen
Aussagen, die auf Jesus selbst zurückgehen dürften, und deren Interpretationen durch die
neutestamentlichen Autoren zu unterscheiden: »While absolute certainty is unobtainable in such
matters, this much is certain, that those sayings in the Synoptic Gospels, in which Jesus is
introduced as employing the Old Testament in support of his views, differ essentially from other
passages, in which the Synoptic writers themselves adduce a word from the Old Testament in order
to show that a certain event in the life of Jesus was the fulfillment of an Old Testament saying.« (O.
PIPER 1957, 6). Zum einen ist natürlich fraglich, inwiefern dieser nach PIPER deutlich zu
beobachtende Unterschied nicht bereits zur literarischen Kunst der Verfasser zählte. Zum anderen
fällt schon hier ins Auge, wie sehr PIPERs Untersuchung noch vom Schema ›Verheißung-Erfüllung‹
geprägt ist.

13,14ff). Ob PIPERs Deutung, dass für den lukanischen Paulus der Exodus wirklich »the first instance in which the coming of Christ announces itself« (9) sei, Recht zu geben ist, ist zutiefst fraglich. Gleiches gilt für seine Wahrnehmung der Struktur der genannten Reden, die sich insofern von der »common practice in the postexilic handling of Exodus by the Jews [sic!]« (ebd.) unterscheide, als es hier darum gehe, Gott allein als souverän Handelnden zu betonen und neben ihm keine anderen Figuren bestehen zu lassen »and that in Jesus we can see the goal which God had in mind when he wrought them« (ebd.). Diese Beurteilung PIPERs zeigt deutlich, mit welcher ›christologischen Brille‹ innerhalb der Denkmuster eines Verheißung-Erfüllung-Schemas jüdische Texte seitens christlicher Interpreten noch vor relativ kurzer Zeit beurteilt werden konnten. Das muss bei aller Hochschätzung einzelner Beobachtungen PIPERs festgehalten werden. Anders formuliert: PIPERs Anerkennung der Exodus-struktur des Markusevangeliums (16–19), das Jesus als zweiten Mose verstehe, und die daraus folgenden Konsequenzen für Matthäus (19) und Lukas (19f.), die sich seiner Auffassung nach mit je eigener Schwerpunktsetzung dieser Struktur anschlossen,[35] geraten in Widerspruch zu seinen Bemühungen, die Bearbeitungen der Exodustradition durch die »Primitive Church« (21 u.ö.) bei allen Anklängen an die jüdische Tradition von dieser abzusetzen. Eine Verbindung ist für ihn primär im ›Dass‹ des Rekurrierens auf den Exodus zu sehen, die Perspektive unterscheide sich jedoch gravierend. PIPERs offensichtlich zugrundegelegte Setzung eines bereits entstandenen Christentums hindert ihn hier daran, diese Modifikationen der sonstigen jüdischen Tradition als innerjüdischen Dissens zu verstehen. Sehr kritisch ist daher auch die Wertung zu sehen, die nach PIPER aus seinen Beobachtungen für die Wahrnehmung des biblischen Exodus folgen muss:

»With the assurance that Jesus had brougth about the promised salvation, Exodus could hardly describe more than a provisional work in their opinion.« (21)

In seiner Schlussbemerkung nimmt er diese Einschätzung allerdings selbst wieder etwas zurück, wenn er hervorhebt, dass der Exodus im Neuen Testament nicht allein in typologischer Form aufgenommen sei, dass vielmehr das Exodusbuch gleichzeitig auch verstanden und verwendet worden sei

»as a source of unchanging and everlasting divine promises and commandments and divinely inspired examples, recorded for the benefit of all believers, including the Christians, and significant in their original historical meaning.« (22)

Der nur fünf Jahre später von R.E. NIXON gehaltene, 1963 veröffentlichte Vortrag über den Exodus steht in der selben, gerade bei PIPER kritisierten, Tradition der Entwertung des ersttestamentlichen Exodusgeschehens, bringt diese eher noch deutlicher zum Ausdruck, wenn der Autor nach einem ausführlichen Erweis der Bedeutung der Exodustradition für alle Kanonteile der Hebräischen Bibel seine Überlegungen zum Neuen Testament mit dem ›Credo‹ beginnt:

»The Old Testament can only leave men expectant, it cannot make them satisfied. ... The Old Testament predicts a pattern, the New Testament proclaims a fulfillment.«[36]

---

[35] Auch PIPER versteht die von Lukas eingearbeitete Erzählung von der Entsendung der 70 Jüngerinnen und Jünger (Lk 10,1) als bewussten Rekurs auf Ex 24,1.9, eventuell in Kombination mit den 70 Nachkommen Jakobs (Ex 1,5), wobei hierzu festzuhalten ist, dass Lukas in Apg 7,14 hinsichtlich der Zahlenangabe der LXX folgt und 75 Personen erwähnt, die mit Jakob nach Ägypten gezogen seien. Grundsätzlich hält PIPER für das lukanische Werk fest, dass für Lukas Jesus eindeutig weniger in der Funktion des Mose auftrete denn in der Rolle JHWHs, was die Bedeutung des Lukasevangeliums als »a real prelude to Acts« (20) verdeutliche.

[36] R.E. NIXON 1963, 11.

Diesem Grundmuster bleibt NIXON auch in seinen Einzeluntersuchungen neutestamentlicher Texte treu: Seine Textinterpretation baut auf der Prämisse auf, dass typologische Auslegung grundsätzlich das angemessene Verständnis neutestamentlicher
Texte ermögliche, da es diesen um die Erfüllung und Überbietung im Ersten Testament dargestellter ›Typen‹ gehe (vgl. 11f.).

Für seine Beobachtungen zu den synoptischen Evangelien ist festzuhalten, dass
seine Grundüberzeugung von der Überbietung des ersttestamentlichen Exodus
durch den neuen Exodus Jesu und der Kirche, die zugleich die Enterbung Israels und
Neuwerdung des ›wahren‹ Israel durch die Kirche bedeutet, immer wieder durch-
schlägt. Neben genauen Textbeobachtungen und -vergleichen stehen emotionale Zurückweisungen der Jüdinnen und Juden, die Jesus nicht als Messias anerkannten,
und daher mit der Wüstengeneration, die das Exodusgeschehen ebenfalls nicht
wahrhaben und glauben wollte (sic!), gleichgesetzt werden sollten (v.a. 17f.; 22f.).

NIXON formuliert zusammenfassend (30–32) vier Grundthemen, die die Aufnahme
des Exodus im Neuen Testament bestimmen: Erstens sieht er das Muster von
Exodus, Wüstenwanderung und Landnahme bzw. Eroberung im Leben Jesu reprä-
sentiert durch Taufe, Versuchung, Wundertaten und schließlich in Auferstehung und
Himmelfahrt. Zweitens versehen die neutestamentlichen Autoren Jesus mit Titeln,
die JHWH während des Exodusgeschehens kennzeichnen – so, wie Jesus auch die
Rolle der menschlichen Partnerinnen und Partner JHWHs übernimmt. Drittens ist
NIXON zufolge das Werk Christi mit den entsprechenden Termini beschrieben.[37]

Schließlich sieht er in den Reaktionen des jüdischen Volkes bzw. einzelner Menschen auf Jesus in ihrer Ambivalenz von Annahme und Verweigerung die Reaktionen des Volkes während Exodus und Wüstenzeit gespiegelt. Für das Vorhaben meiner Arbeit ist hier wieder festzuhalten, dass seine Schlussfolgerungen über die Enterbung Israels und die Entstehung eines ›neuen‹ Israel (vgl. 31f.) dem Anliegen des
Lukas nicht gerecht werden. Diese Kritik an NIXON, die unter anderem darin gründet, dass er den einzelnen neutestamentlichen Texten zu wenig Aufmerksamkeit
widmet, dass es im Rahmen eines kurzen Vortrags eben unmöglich ist, das Neue
Testament in seiner Gesamtheit erfassen zu können, führt ein grundsätzliches Problem vor Augen: Der in den einzelnen Schriften zum Ausdruck kommenden Theologie widerfährt Unrecht, wenn ihr eklektisch einige wenige Stellen entnommen werden, die sodann in den großen Zusammenhang des gesamten Neuen Testaments gestellt werden. Mein zweiter Hauptvorwurf an NIXON bezieht sich darauf, dass seine
Überlegungen zu deutlich einer Tradition antijüdischer Auslegung der Bibel entstammen, deren Überwindung gerade das Ziel heutiger Exegese sein muss. Es stellt
sich die Frage, ob bzw. inwiefern eine Interpretation neutestamentlicher Texte überhaupt mit typologischen Ansätzen arbeiten kann, ohne dem Gedanken Vorschub zu
leisten, der Antitypos (NT) müsse seinen Typos (ET) überbieten, wenn nicht gar ersetzen.[38]

---

[37] »The words ›redemption‹, ›covenant‹, ›Church‹, ›inheritance‹ and ›rest‹ are all words deriving their
original significance from the Exodus. … The work of Christ is mediated through a *kerygma* based
on the Exodus *kerygma* and sacraments similar to the Exodus sacraments.« (30f.; Hervorhebung im
Text).

[38] S. dazu unten S. 48ff.

3.2 Die Konzentration auf Lukas: Jindřich Mánek

Während PIPER und NIXON in ihren Arbeiten jeweils alle neutestamentlichen Texte, wenn auch in unterschiedlich starker Ausprägung, behandelten, konzentrierte JINDŘICH MÁNEK seine Beobachtungen auf das lukanische Doppelwerk.[39]

Seine Argumentation basiert auf der Verklärungsgeschichte (Lk 9,28–36) und greift dabei – neben der Frage der korrekten Wiedergabe des Terminus ἔξοδος (9,31) – im Besonderen die Erscheinung von Mose und Elia (9,30) auf. Dass ausgerechnet diese beiden das Gespräch mit Jesus führen, ist für MÁNEK dreifach begründet: Zum einen repräsentierten sie Tora und Prophetie (9), zum anderen könne Lukas nur so auf der Erzählebene deutlich machen, dass Jesus weder »Moses redivivus« noch »Elias redivivus« (jeweils 9) sei, und schließlich seien sie – abgesehen von Henoch[40] – die einzigen ersttestamentlichen Gestalten, bei denen die außergewöhnlichen Umstände ihres Lebensendes[41] die Möglichkeit eines weiteren Auftretens zuließen.

> »Moses and Elias were present with Jesus on the mountain of Transfiguration in order that it might be apparent in advance that, after the suffering of which the Lord spoke, there would come resurrection. Jesus belongs where Moses and Elias were already abiding.« (9)

Lukas, so MÁNEK, betone die Erscheinung von Mose und Elia ungleich stärker als die anderen Synoptiker (vgl. Mk 9,2ff; Mt 17,1ff): Zum einen bezeichne nur Lukas sie, bevor er sie mit Namen nenne, als die *zwei Männer* (9,30),[42] zum zweiten lasse er sie gleichberechtigt mit Jesus Anteil am ›Glanz‹ JHWHs haben, und schließlich gebe er einen Einblick in die Inhalte des Gesprächs zwischen Mose, Elia und Jesus (Lk 9,31), während Markus und Matthäus nur das Faktum ihres Gesprächs konstatieren (10).[43] Da MÁNEK in den beiden Männern am Ostermorgen (Lk 24,4) wiederum Mose und Elia sieht, kommt er zu dem Schluss, dass der inhaltlich sowie übersetzungstechnisch schwierige Terminus ἔξοδος (9,31) für Lukas eindeutig die Auferstehung Jesu und gerade nicht – wie oft angenommen – seinen Tod bezeichne.[44]

---

[39] Ders. 1958. Zwar hatte C.F. EVANS schon 1955 den lukanischen Reisebericht als Wiedergabe des Grundmusters des Deuteronomius interpretiert und diese Überlegungen auch in seinen 1990 erschienenen Lukaskommentar einfließen lassen (s.u. S. 28ff). Für die Gesamtheit des lukanischen Werkes ist jedoch MÁNEK m.W. in der Neuzeit der erste Autor, der dies versucht hat. Erwähnt sei an dieser Stelle auch der von M.D. GOULDER 1964, 172 angestellte Versuch, das Lukasevangelium als Relektüre des Gesamtzusammenhangs Genesis bis Josua zu verstehen: Lk 1–2 entsprechen dem Buch Genesis, Lk 3–5 spiegeln das Exodusbuch, Lk 6–8 bilden mit Heilungen die Fragen von Reinheit und Unreinheit aus Levitikus ab, Lk 9–10 durch die Aussendung der 70 das Buch Numeri, Lk 10–18 das Deuteronomium und Lk 19–24 schließlich das Josuabuch mit dem Eingang Jesu in sein Reich. S. dazu R.I. DENOVA 1997, 97, Anm. 61.

[40] Zur Frage, warum Henoch nicht ebenfalls anwesend ist, s. ebd., 9.

[41] Für Mose ist es das von JHWH selbst bereitete Grab, dessen Ort unbekannt ist (Dtn 34,5) – eine Stelle, die in der ›Himmelfahrt des Mose‹ Anlass zu der Formulierung gegeben hat, die ganze Welt sei das Grab des Mose (AssMos 11,5). Von Elia erzählt 2 Kön 2,1–12, wie er in einem Sturm- bzw. Wirbelwind gen Himmel getragen worden sei.

[42] Vermutlich ist MÁNEK darin recht zu geben, dass durch diese zusätzliche Formulierung das Verständnis dafür vorbereitet werden soll, dass eben diese zwei Männer zunächst den Frauen am Ostermorgen (Lk 24,4) erscheinen und dann den Jüngerinnen und Jüngern nach der Himmelfahrt Jesu (Apg 1,10f.); vgl. ebd., 11f.; 19.

[43] Mk 9,4: ὤφθη αὐτοῖς Ἠλίας σὺν Μωϋσεῖ καὶ ἦσαν συλλαλοῦντες τῷ Ἰησοῦ. Mt 17,3: ὤφθη αὐτοῖς Μωϋσῆς καὶ Ἠλίας συλλαλοῦντες μετ' αὐτοῦ.

[44] »The mention of the fact that Moses and Elias, in speaking with Jesus, told of his ›exodus‹ in Jerusalem is a preparation for a further mention of these two men who appear precisely at the moment of Jesus' ›exodus‹ in Jerusalem. ... The exodus in Luke's account is the leaving of the sepulchre, the realm of death, and not in any way Jesus' end, His death, His crucifixion. This finding is not only in full accord with the original meaning of the word ›exodos‹, but also with Luke's christology, in which central emphasis is placed on Christ's resurrection.« (ebd., 12).

MÁNEK plädiert dafür, den Begriff ἔξοδος unübersetzt stehen zu lassen, da nur so sein Gehalt als theologisches Schlüsselwort für Lukas deutlich werden könne (12). In Kombination mit dem Zitat aus Dtn 18,15 (Apg 3,22; 7,37) mache der Begriff deutlich, wie wichtig es Lukas war, Jesus als zweiten Mose zu zeigen (13). Lukas verstehe – darin auf der prophetischen Tradition der Aktualisierung der Exodustradition gründend (13) – Jesu Leben und Wirken als zweiten Exodus, wie sich vor allem in seiner Darstellung der Passion Jesu zeige. Ausgangsort wie zugleich schlimmste Bedrohung des Exodus Jesu sei Jerusalem (13f.), weniger als geographische Angabe denn als theologischer Topos. Auch wenn MÁNEK selbst einräumt, dass im Lukasevangelium an keiner Stelle eine explizite Identifikation Jerusalems mit Ägypten erfolge, bleibt er bei der Überzeugung, dass Jerusalem im lukanischen Werk

>»is seen as incorrigible, slave to sin and blindly hastening to meet its own ruin. ...In Luke's conception Jerusalem is a town which stands opposed to Christ ..., is representative of the non-faith of Israel.« (14)

Die Tatsache, dass die Jüngerinnen und Jünger nach der Auferstehung wie nach der Himmelfahrt in Jerusalem bleiben, obwohl Jesus von dort seinen Exodus angetreten habe, weist für MÁNEK nur darauf hin, dass es Lukas um den Kontrast zwischen dem real existierenden Jerusalem und dem erhofften kommenden, neuen ›himmlischen‹ Jerusalem geht. Das reale Jerusalem, das »lower« (15) Jerusalem, aber übernimmt in MÁNEKs Deutung die Rolle Ägyptens bis zur Konsequenz des Untergangs im Schilfmeer, den er mit der Niederlage 70 n.Chr. gekommen sieht (17f.). Jesus hingegen, der das gerettete Israel repräsentiere, gehe in Kreuzigung und Tod zwar auch in die Fluten des Schilfmeeres hinein,[45] ziehe aber ebenso wie Israel von JHWH gerettet hindurch, wobei festzuhalten sei, dass in der lukanischen Konzeption JHWH allein agierend vorgestellt ist, Jesus hingegen selbst nicht aktiv an der Rettung beteiligt sei (17). Nachdem MÁNEK die Grundentscheidung darüber getroffen hat, dass Jerusalem in der Verfolgungsrolle ebenso wie in der anschließenden Bestrafung (s.o.) die Rolle Ägyptens in der ›Exodus-Passion‹ Jesu übernehme, gelingt ihm auch die Einordnung anderer Elemente der lukanischen Passionsgeschichte[46] in das Muster der Exoduserzählung: So sei die Datierung beider Ereignisse zu Beginn des Passafestes zu beachten (15f.), insbesondere das nur bei Lukas überlieferte Essen des Lammes beim letzten gemeinsamen Mahl (Lk 22,15f.). Und genausowenig wie der Exodus des Ersten Testaments mit der Rettung am Schilfmeer abgeschlossen gewesen sei, beende die Auferstehung Christi den neuen Exodus (18f.): »The declaration about the presence of the Resurrected Lord for forty days has as prototype the forty years' journey of Israel to the Promised Land.« (19).

Das Betreten des verheißenen Landes hat nach MÁNEK seine Analogie in Jesu Himmelfahrt (19), bei der erneut Mose und Elia anwesend gedacht sind. Das verheißene Land sei das neue, das himmlische Jerusalem.[47] Mose und Jesus haben nach der Ansicht des Autors ihre Position als Anführer gemeinsam: Beide führen eine Gruppe heraus (formuliert mit ἐξάγω, vgl. Apg 7,36.40 für Mose; Lk 24,50 für Jesus; MÁNEK 20), beide sind als Propheten bezeichnet, beide wählen eine Gruppe von Menschen für bestimmte Aufgaben aus (Lk 10,1; Ex 24,9) und beider Leben endet nicht mit

---

[45] MÁNEK weist darauf hin, dass Lk 12,50 wörtlich übersetzt nicht von der Taufe, sondern vom Untertauchen spreche, was für ihn ein deutlicher Hinweis auf die Meeresfluten ist (vgl. ebd., 15: »In the conception of the new Exodus Jesus' suffering and death is the descent into the waters of the sea.«)

[46] Auch die Taufe Jesu versteht MÁNEK nach dem selben Muster; vgl. ebd., 22f.

[47] MÁNEK verweist hier auf Gal 4,25f. u. Hebr 12,22 (ebd).

einem ›normalen‹ Tod (20f.). Allerdings besteht der grundlegende Unterschied für MÁNEK zum einen in der Universalität des Wirkens Jesu, zum anderen darin, dass die zeitliche Abfolge schon deutlich mache, dass mit Jesu Kommen »the era of Moses and Elias comes to an end« (21), wobei der Autor diese Abfolge bzw. Ablösung wie HANS CONZELMANN mit einer in Lk 16,16 zu Tage tretenden Einteilung der Zeit begründet.[48]

Zu MÁNEKs Argumentation bleibt zum einen kritisch anzumerken, dass entgegen seiner eigentlichen Zielsetzung, insoweit sie auch aus dem Titel seines Aufsatzes erschlossen werden darf, gerade nicht das lukanische Werk in seiner Gesamtheit Inhalt seiner Beobachtungen ist, sondern der recht enge Bereich der Passionsgeschichte Jesu bis zur Himmelfahrt. Damit einher geht eine starke Individualisierung der Exodustradition Israels, die für den Autor allerdings keiner Erklärung bedarf. So verweist er gerade nicht auf Teile des Psalters, die diesen Prozess der Individualisierung durchaus zeigen, wenn etwa Klagepsalmen der Einzelnen mit Exodus-Terminologie arbeiten,[49] sondern auf Passagen bei Micha und Jesaja, die von der Grundkonstante, dass Exodushandeln JHWHs immer Handeln für Israel als Kollektiv ist, in keiner Situation abweichen (etwa Mi 7,15; Jes 11,11; 43,2; bei Mánek vgl. 13; 17). Zwar entfällt bei MÁNEK die bei PIPER und NIXON beobachtete Fixierung auf ›die Juden‹ als wahre Gegnerinnen und Gegner Jesu; allerdings unterliegt offensichtlich seine nicht näher begründete Gleichsetzung Jerusalems mit Ägypten den selben Denk- und Wahrnehmungsmustern; und zwar insbesondere, wenn seine Bemerkung ernst genommen wird, Jerusalem stehe für einen theologischen Topos. Indem er zum Ende seines Aufsatzes noch die Frage der zeitlichen Abfolge aufwirft und dabei CONZELMANNs These von der Teilung der Zeit nach Lk 16,16 aufnimmt, wird auch hier wie schon bei den beiden Erstgenannten das seiner theologischen Einstellung offensichtlich zugrundeliegende Muster von Verheißung und Erfüllung deutlich, das einer offeneren Wahrnehmung der Theologie des Lukas zwangsläufig im Wege stehen muss.

3.3 Die Folgezeit: Konzentration auf Einzelpassagen

Die Untersuchungen der folgenden Jahre beschäftigten sich mit der Frage, inwiefern (auch bei Lukas)[50] Jesus als Zweiter Mose, als eine Art ›Mose redivivus‹, geschildert wird.[51] Weiter waren Einzelfragen der Aufnahme ersttestamentlicher Zitate und Anspielungen im lukanischen Doppelwerk Gegenstand der Aufmerksamkeit der Forscherinnen und Forscher.[52] Und schließlich konzentrierten sich Untersuchungen zur Kompositionstechnik des Lukas, die den Exodus als strukturgebend für das lukanische Werk ansahen, auf einzelne Passagen, dabei primär auf die sogenannte Reiseerzählung[53] (Lk 9,51–19,10).[54]

---

[48] »For his time Moses performed the task for which he was chosen. There was no greater task in that time. For this he was taken up to eternal glory by extraordinary means. Jesus also fulfilled the task given in a mature period by God. But there never will be a greater task than the one He performed.« (ebd., 21)

[49] Dazu G.W. ASHBY 1987; S. GILLINGHAM 1999 und TH. MASCARENHAS 2004.

[50] Für Matthäus haben die entsprechenden Parallelen knapp J.D. CROSSAN 1986, dann ausführlich D.C. ALLISON 1992 herausgearbeitet.

[51] Etwa R.E. O'TOOLE 1990; D.A.S. RAVENS 1990; vgl. auch H. FRANKEMÖLLE 1994; M. HASITSCHKA 1999.

[52] S. neben der schon älteren Untersuchung von A. STROBEL 1957–58 z.B. die Arbeiten von D. SECCOMBE 1994; R.E. O'TOOLE 1983; W. WEREN 1989; M. VAHRENHORST 2001 sowie H. VAN DE SANDT 1990; 1991; 1992.

[53] Dieser ›Reisebericht‹ dient nach Meinung der meisten Exegetinnen und Exegeten Lukas als Mittel der sinnvollen Einarbeitung großer Q- und Sonderguttteile, ohne dass er in den von ihm ansonsten

Da die Auseinandersetzung mit einzelnen Punkten im Verlauf der Analyse der betreffenden Stellen erfolgen kann, stelle ich im Folgenden nur knapp einige wichtige Beiträge im Überblick dar.

3.3.1 CHRISTOPHER F. EVANS, Der lukanische Reisebericht als ›christliches Deuteronomium‹ (1955; 1990)

Angeführt wird die mittlerweile lange Reihe derjenigen, die im Abschnitt Lk 9,51–19,27 eine Aufnahme des Exodus bzw. der Wüstenwanderung Israels sehen, von CHRISTOPHER F. EVANS, der 1955 als erster eine solche Struktur für den sogenannten lukanischen ›Reisebericht‹ beobachtete.[55] Dabei böten Lk 9,51ff eine Ausgangssituation, die der des Mose vor dem Aufbruch in das versprochene Land entspräche. Ferner sei über Lk 9,35 die Bezeichnung Jesu als ›Propheten wie Mose‹ vorgegeben. Und schließlich spiegele Lk 10,1ff mit der Aussendung der Nachfolgerinnen und Nachfolger die Kundschafter-Erzählung, wie Mose sie nach Dtn 1,21–25 dem Volk erzählt. Im Folgenden schildere Lukas Zug um Zug, wie sich die Bewegungen Jesu und seiner Anhängerinnen und Anhänger am Aufriss des Deuteronomiums orientierten, wobei in diesem Zusammenhang die Lehre Jesu in der Form eines »Christian Deuteronomy«[56] formuliert werde.

EVANS selbst räumt ein, dass einige der von ihm vorgeschlagenen Parallelen »may be fortituous«.[57] In der Tat ist fraglich, ob die lukanische Erzählung sich einer derart strikten Analogie nicht widersetzt, ob wir es nicht vielmehr auf der einen Seite mit einem sehr viel breiteren Bezugs- und Zitationsrahmen zu tun haben und auf der anderen Seite der Bereich des lukanischen Werkes, der auf derartige Bezüge hin untersucht werden muss, deutlich ausgeweitet werden muss, konkret: auf die Breite des gesamten lukanischen Doppelwerkes.

---

verfolgten Markus-Ablauf eingreifen müsse. So z.B. T. SÖDING 2003, 16: »Lukas löst das Problem, indem er einen Großteil sowohl der jesuanischen Q-Traditionen als auch des ›Sondergutes‹ in einen großen ›Reisebericht‹ packt, der Jesus auf dem Weg vom Norden Galiläas nach Jerusalem zeigt ... und das Rückgrat seines ganzen Evangeliums bildet.« Inwiefern allerdings die Abgrenzung einer eigenen Reiseerzählung überhaupt der lukanischen Komposition gerecht wird, hinterfragt kritisch R. V. BENDEMANN 2001 (s.o. S. 16, Anm. 8).

[54] So nach C.F. EVANS 1955 auch M. GOULDER 1978; D. MOESSNER 1983; 1989; S.H. RINGE 1983; s. auch die Forschungsüberblicke bei E. MAYER 1996, 17–38; R. V. BENDEMANN 2001, 32ff; A. DENAUX 1997. Mit der Frage der Aufnahme von Motiven des neuen Exodus bei Deuterojesaja in der Apostelgeschichte setzt sich D. W. PAO 2000 auseinander (s.u. S. 32ff). Als Parallelgeschichte zum Josuabuch wird die Apostelgeschichte von T. CRAWFORD 1998 gelesen (s.u. S. 30ff).

[55] Ders. 1955. 1990 fließen die grundlegenden Überlegungen dieses Aufsatzes in seinen Kommentar zum Lukasevangelium ein. Seinen Überlegungen schließen sich z.B. BLIGH, J.A. SANDERS sowie C.A. EVANS 1993b; ders. 1994 an. EVANS (1955, 40) erwägt ferner die Möglichkeit, dass über den Terminus ἀνάλημψις in Lk 9,51 der Titel der AssMos eingespielt werde. Kritik an EVANS' Theorie ist z.B. von C.L. BLOMBERG 1983 geäußert worden, der EVANS grundsätzlich drei Bereiche vorhält: Erstens gebe es in der gesamten antiken Literatur keine Parallele zu dem von EVANS vermuteten Tun des Lukas. Zweitens seien die vorgeschlagenen Parallelen in der Regel viel zu vage gehalten. Und drittens fehlten ganze Kapitel des Deuteronomiums wie etwa Dtn 14; 19; 21,1–14. C.A. EVANS 1993, 122ff setzt sich mit dieser Kritik auseinander, verteidigt die ursprüngliche These in modifizierter Form und formuliert sie etwas zurückhaltender und damit allgemeiner; z.B. ebd., 133: »Apparently the evangelist wishes some of the main concepts of Deuteronomy to be refracted through the dominical tradition.«

[56] C.F. EVANS 1955, 42.

[57] Ders. 1955, 50.

3.3.2 EDGAR MAYER, Die Reiseerzählung des Lukas (1996)

Neben vielen Einzelbeobachtungen, die über die EDGAR MAYER besonders interessie-
renden Kapitel 9–19 des Lukasevangeliums hinaus auch einige Hinweise auf
Exodussprachgebrauch im übrigen ersten Teil des lukanischen Werkes geben, geht es
MAYER insbesondere darum, mit seiner Untersuchung die lukanische Reise-
erzählung, die er als eigenständigen Abschnitt versteht, als typologische Aufnahme
der Exodusüberlieferung zu erweisen. Ausgehend von einer Analyse derjenigen
Perikopen, die den sogenannten Reisebericht rahmen, kommt er zu folgender
Abfolge:

> Lk 9,10b–17: Mannaspeisung
> 9,18–36: Berg Sinai
> 9,37–50: Goldenes Kalb
> 9,51–19,10: Reisebericht als Wüstenwanderung
> 19,11–24,53: Exodusgeschehen[58]

Mannaspeisung wie Unterweisung am Berg und die Ereignisse aus Ex 32 bilden also
die drei dem Reisebericht vorausgehenden Abschnitte. Ab dem Einzug Jesu in Jerusalem schreitet dann die »typologische… Geschehniskette« (172) voran bis zum
»heilbringende[n] Exodus« Jesu, der »nur sein eigenes Durchschreiten des Todes hin
zur Auferstehung sein kann, da es Jesu Auferstehung ist, die die Auferstehung aller
begründet« (beide 147).[59] Damit ist für MAYER die logische Funktion des Reise-
berichtes die des »fehlende[n] Glied[es]« (ebd.) der von ihm wahrgenommenen
Geschehniskette. Thema des Reiseberichts bzw. der ›Wüstenerzählungen‹ sei die
Frage von Annahme oder Ablehnung Jesu, wobei die Mehrheit der Menschen, die
Jesus und seine Lehre ablehnten, das Volk Israel während der Wüstenwanderung
verkörpere.[60]

Ganz grundsätzlich stellt sich die Frage, warum Lukas, der – wie auch MAYERs
Einzelbeobachtungen zeigen – mit dem Exodus ja gut vertraut war, ausgerechnet in
seinem zentralen Anliegen die Reihenfolge der Ereignisse des Exodus in derart signi-
fikanter Manier vertauscht. Anders gefragt: Welchen Sinn macht es, wenn die
Rettung, der Zug durchs Schilfmeer, erst nach den Wüstenerzählungen erfolgt?[61] Es

---

[58] Wobei dieses nach MAYER »ins gelobte Land des Paradieses [sic!] führt« (ebd., 172).

[59] In der Auferstehung Jesu und der damit verbundenen Auferstehung Aller sieht MAYER die
Erfüllung des Abrahambundes gegeben: »Nach der lukanischen Konzeption wird der
Abrahambund erfüllt, indem Jesus ein Exodusgeschehen vollbringt, wobei die Erfüllung des
Abrahambundes letztlich in der Auferstehung aller besteht. Die Einlösung des Abrahambundes
geschieht also augenscheinlich durch Jesu Exodus, der die allgemeine Auferstehung zur Folge hat,
woraus jetzt geschlossen werden kann, daß Jesu heilbringender Exodus nur sein eigenes
Durchschreiten des Todes hin zur Auferstehung sein kann, da es Jesu Auferstehung ist, die die
Auferstehung aller begründet.« (ebd., 147). Außerdem sei mit dem ›Kreuzesexodus‹ Jesu auch die
Befreiung aus der Macht Satans zumindest begonnen: Jesu »›Kreuzesexodus‹ zur Auferstehung hat
den Sieg über Satan erbracht, der erst bei der Auferstehung aller seine letztliche Erfüllung findet.«
(ebd., 277f.).

[60] »Im hermeneutischen Kontext der alttestamentlichen Wüstenwanderung betrifft die Hauptdynamik
der Reiseerzählung das ganze Volk. Jesus und das Volk befinden sich in der Wüste, wobei der
missionierende Jesus zur Wegbereitung für das Kommen des Herrn aufruft. Die Minderheit, die
Jesus annimmt, bereitet damit ihren Weg in der Wüste und ist so bereit für die Ereignisse am Ende
der Reise. Die überwiegende Mehrheit, die Jesus ablehnt, verhält sich dagegen so wie das Volk
Israel während der alttestamentlichen Wüstenwanderung und wird dementsprechend gerichtet
werden.« (ebd., 321). Woher MAYER die Überzeugung nimmt, es sei die ›überwiegende Mehrheit‹,
die Jesus ablehne, ist allerdings auf der Basis der lukanischen Darstellung ebensowenig
nachvollziehbar wie seine Schlussfolgerung des aus der Ablehnung resultierenden Gerichtes.

[61] MAYER selbst erklärt das mit dem ›schöpferischen‹ Tun des Lukas: »Freilich zeigt sich auch hier, daß
Lukas Typologien in schöpferischer Art gestaltet. Im Zusammenhang von Lk 9,10b–24,53 wird das

liegt auf der Hand, dass eine solche Umstrukturierung des Exodus, die aus lukanischen Konzeptionen heraus nicht erklärbar ist, für MAYER schon allein aus dem
Grund notwendig wird, dass er seine Untersuchung auf den sogenannten Reisebericht beschränkt und damit alternative Strukturierungen des lukanischen Werkes
außer Acht lassen muss. Ich werde weiter unten meinen eigenen Versuch, das
lukanische Werk auch in seiner Tiefenstruktur als Exoduslektüre aufzuzeigen, darstellen und dabei deutlich machen, wie die Chancen auf eine stichhaltige Einordnung
mit der Wahrnehmung des Gesamtkomplexes deutlich steigen.[62]

Eine weitere kritische Rückfrage bewegt sich auf einer anderen Ebene: MAYERS
These, der Exodus Jesu, also seine eigene Auferstehung, ziele auf die Auferstehung
aller, bedeutet eine Gegenüberstellung von innerweltlicher Hoffnung, die mit dem
ersttestamentlichen Exodus verbunden wird, und gleichsam überweltlicher Hoffnung des Exodus Jesu. Damit wird der Exodus der Schrift dem Exodus Jesu als qualitativ minderwertig zu- bzw. untergeordnet. Diese Verhältnisbestimmung ist in zweifacher Hinsicht fraglich und wird so auch kaum dem lukanischen Anliegen gerecht:
Erstens wird damit die altbekannte These von der ›Spiritualisierung‹, die sich im
Neuen Testament vollzöge, in ein neues Gewand gekleidet. Zweitens ist der Gegensatz zwischen inner- und überweltlicher Hoffnung letztlich ein konstruierter: Das
lukanische Werk zeigt in seiner Vision vom Zusammenleben der Gemeinschaften,
die sich in der Nachfolge Jesu von Nazaret sehen, dass die Befreiung ganz konkrete
Auswirkungen auf das irdische Miteinanderleben hat. Wie im Exodus selbst folgt
also auch hier der geschenkten Befreiung der Anspruch, dieser Befreiung entsprechend das Leben miteinander zu gestalten. Die Hoffnung darauf, dass der Tod
und damit auch diejenigen, die die Macht haben, anderen den Tod zu bringen, nicht
das letzte Wort haben, darf nicht als ›jenseitige‹ ausgespielt werden gegen den Anspruch, das Leben in dieser Welt als ein reiches Leben zu dürfen.

3.3.3 TIMOTHY CRAWFORD, Taking the Promised Land,
Leaving the Promised Land (1998)

Meine Überzeugung, dass auch die Apostelgeschichte zentral für das Setting des
lukanischen Werkes als Exoduslektüre ist, habe ich nicht zuletzt TIMOTHY
CRAWFORDs Überlegungen zu Strukturparallelen zwischen der Apostelgeschichte
und dem Josuabuch zu verdanken, deren zentrale Erkenntnisse ich im Folgenden
skizziere:[63]

Als erste grundlegende Übereinstimmung zwischen Apostelgeschichte und Josuabuch nennt CRAWFORD ihrer beider Funktion als ›Fortführung einer durch den Anführer begonnenen Sache‹.[64]

Exodusgeschehen unmitttelbar mit dem ›Einzug ins Paradies‹ verbunden und ist z.B. den
Ereignissen auf dem ›Berg Sinai‹ nachgeschaltet. Dennoch wird die Intention einer typologischen
Geschehniskette ersichtlich.« (ebd., 173).

[62] S.u. S. 395ff.

[63] Auch wenn er immer wieder auf Einzelparallelen verweist (etwa ebd. 256f.), betont er doch, dass
»the major influence that Joshua has exercised over the writing of Acts is seen in the larger
structuring of the narratives as a whole.« (257).

[64] »Each book begins with the passing of the founder/leader and the ›mantle‹ falling on the followers.
The followers are left with a task as large or larger than that of the master; in each case it is one task
composed of many parts.« (252).

Außerdem bilde in beiden Büchern die vergewisserte Gewissheit, dass die Anwesenheit Gottes ein bleibend gültiges Versprechen auch für den Nachfolger respektive die Nachfolgenden sei, das Fundament der Darstellung.[65]

Diese Nähe Gottes zu Josua verdeutliche das Josuabuch auf zweifache Weise: Zum einen werde von einer Vielzahl von Aktivitäten Josuas erzählt, die eine Wiederholung von Handlungen des Mose darstellen, etwa die Aussendung von Spionen (Num 13; Dtn 1,19–26 // Jos 2), die Durchquerung eines Gewässers (Ex 14 // Jos 3), eine Vision auf ›heiligem Boden‹ (Ex 3,5 // Jos 5,14), die Feier des Passa (Ex 12 // Jos 5,10–12), das Halten von Fürbitte für Israel (z.B. Ex 32,11–14; Dtn 9,25–29 // Jos 7,6–9) und die Abschiedsrede (Dtn 31f. // Jos 23f.). Zum anderen führe Josua die Anweisungen des Mose aus: Die Vertreibung der Völker werde ebenso explizit auf die von Mose gegebene Weisung zurückgeführt (Jos 11,15 vgl. Dtn 20,16; zu den Menschen Anaks besonders Dtn 9,2 → Jos 11,21) wie die Verteilung des Landes (Jos 14,2; Num 34,13) und hier insbesondere die Einrichtung der Asylstädte und der Städte für die Ange-hörigen des Stammes Levi (Jos 20,21–21,42; Num 35,9–15).

In ganz ähnlicher Form setze Lukas im zweiten Teil seines Werkes die Präsenz Gottes in Form der Geistkraft betont voran und könne damit das Tun der Nachfolgenden als von Gott gesegnetes in Bezug zum Handeln und Leben Jesu setzen:[66] Die Schülerinnen und Schüler Jesu predigten wie dieser im Tempel (Apg 3; Lk 19,47ff), sie heilten, weckten Tote auf und vertrieben dämonische Wesen; auch sie sähen sich mit Verhaftung und Anklage konfrontiert (Apg 4). Im Fall des Stephanus führe die Anklage der Gotteslästerung und der Rede gegen den Tempel zur Steinigung, er teile mit der Darstellung Jesu in der lukanischen Kreuzigungsszene die Fürbitte bzw. Vergebungsbitte für seine Gegner (Apg 7,60; Lk 23,34). Die zweite Ebene der ›Verzahnung‹ ist nach CRAWFORD darin gegeben, dass die Apostelgeschichte als Ganze die Ausführung des Auftrags aus Apg 1,8 bedeute (255).[67]

Auch die Tatsache, dass Ereignisse, die für die Gemeinschaft bedrohlich sind oder zunächst einen Misserfolg darstellen, letztendlich doch in einer Art und Weise gelöst würden, dass sie zur Stärkung der Gemeinschaft beitrügen, zählt nach CRAWFORD zu den offenkundigen Parallelen beider Werke (255f.).[68] Schließlich teilten beide ihre

---

[65] »The continuing/abiding presence of the master's source of power (God) is fundamental to both books: in Joshua the presence of God, in Acts the presence of the Spirit. The heavily underlined pomise of God's presence in Joshua is paralleled in Acts both by the promise of the presence of the Spirit in Acts 1 and by the baptism of the Spirit in Acts 2.« (ebd.)

[66] »The same relationship between the departed master and the new leaders can be observed in Acts. God, in the guise of the Holy Spirit, is with the apostles/disciples of Jesus as He was with Jesus.« (ebd. 255). Diese Parallelsetzung zwischen der Darstellung Jesu im lukanischen Werk und dem ›Schicksal‹ einiger seiner Schülerinnen und Schüler ist in der Literatur immer wieder gesehen worden; vgl. zur Erzählfigur des Stephanus etwa R.E. O'TOOLE 1984, 62ff oder für Petrus S.R. GARRETT 1990 und schon W. RADL 1975.

[67] Allerdings ist fraglich, ob mit der Ankunft des Paulus in Rom wirklich die Einlösung des in Apg 1,8 Aufgetragenen erzählt ist. Mit M. WOLTER (2004, 261f.) gehe ich vielmehr davon aus, dass mit dem Erreichen Roms gerade noch nicht das eingelöst ist, was in Apg 1,8 programmatisch angekündigt wird, nämlich das Erreichen der ›letzten Ecken und Winkel der Welt‹. Damit hätte das immer wieder beobachtete offene Ende der Apostelgeschichte auch genau in dieser über das lukanische Werk hinausweisenden Funktion seinen wohlbegründeten kompositionellen Sinn. Zur Diskussion um das Ende der Apostelgeschichte verweise ich weiter auf A.G. BROCK 2003, 85 sowie D. MARGUERAT 1999a (dort auch Hinweise auf ältere Literatur).

[68] Zur kanonischen Anordnung beider Bücher hält T. CRAWFORD fest, dass sie einander in zweifacher Weise entsprächen: Erstens folge jedes auf vier Bücher, in denen die Lehren des Anführers, die dieser von Gott erhalten hat, festgehalten sind (ebd. 254). Zweitens zeichne beide ein Moment der Ruhe im Gegensatz zu den sie umgebenden Büchern aus: »Between the trials and waywardness of the wilderness experience recounted in Deuteronomy and the chaotic disunity of the Judges period, Joshua stands out as a sterling example of faithfulness of leaders and people and the rewards such a behavior can bring. Likewise, Acts reflects the same idealistic picture of leader(s) and people.

Ambivalenz hinsichtlich des ›Erfolgs‹ der erzählten Aufgabe. So wie im Josuabuch *eine große Menge Land noch in Besitz zu nehmen*[69] sei (Jos 13,1b), bleibe auch in der Apostelgeschichte deutlich, dass zwar die Gemeinschaften über das ganze Imperium verteilt sind, dass aber ein großer, der deutlich größere Raum, gerade noch nicht ›in Besitz genommen‹ ist.[70]

3.3.4 DAVID W. PAO, Acts and the Isaianic New Exodus (2000/2002)[71]

DAVID W. PAO verfolgt mit seiner 2000 erstmalig veröffentlichten Dissertation ein ähnliches Ziel wie das dieser Arbeit zugrunde gelegte: den Exodus als Grunddatum und Grundstruktur lukanischen Schreibens anhand des vorliegenden Textmaterials zu erweisen.[72]

In zwei Punkten unterscheidet sich sein Ansatz jedoch vom hier vertretenen: Erstens richtet er, obgleich er den Neuen Exodus des Jesajabuches als Rahmen für den Gesamtzusammenhang Lk 1–Apg 28 nennt,[73] sein Hauptaugenmerk auf die Apostelgeschichte, was zur Folge hat, dass das Lukasevangelium unversehens zu einer Art ›Einleitung‹ zur Apostelgeschichte degradiert wird, in welcher zwar programmatische Verweise erfolgen (etwa über die Zitation von Jes 40,3–5 in Lk 3,4-6 oder Jes 61,1f. in Lk 4,18f.) – diese aber eben auch nicht wesentlich mehr sind als genau dies: Vor-verweise. Das eigentliche, auf dass es Lukas ankäme, fände sich demnach erst in der Apostelgeschichte, die Zeit der Nachfolgerinnen und Nachfolger wäre damit die zentrale. Zweitens betont er, dass im Hintergrund des lukanischen Schreibens bewusst der ›Neue Exodus‹ des Jesajabuches[74] stehe, nicht aber »the original Exodus«,[75] dass dieser Neue Exodus weiter den ›hermeneutischen Rahmen‹ (»hermeneutical framework«[76]) für die Apostelgeschichte bilde.

Die Bezeichnung der neuen Gemeinschaften als ὁδός (so Apg 9,2; 19,9.23; 22,4; 24,14.22) lässt sich nach Pao auf Jes 40,1–11 und die daraus resultierende Funktion des ›ὁδός‹-Motivs als Signal für den Exodus zurückführen (53ff). Dadurch, dass Lk 3,4–6 gleich zu Beginn des Gesamtwerkes Jes 40,3–5 zitiere, sei die Verbindung für die Gesamtanlage des lukanischen Werkes präsent und maßgeblich (60ff.249); so

---

Standing between the doubts of Jesus' followers and the querulousness of the churches in Paul's letters, Acts gives an idealized picture of what can happen when people and leaders are faithful.« (ebd. 256).

[69] Nicht gesondert gekennzeichnete Übersetzungen biblischer Texte stammen von der Verfasserin.

[70] »In Acts the various campaigns have led to numerous colonies of the Kingdom spread over the Roman empire while in Joshua although the summaries give a general picture of subjected Canaan, the book also makes it clear that there are many Canaanites in the land (e.b., 13:13; 15:63; passim). In both cases there is much work for the next generation to do under the leadership of God (13:7).« (T. Crawford a.a.O., 258).

[71] Zitate und Stellenangaben folgen dem mir vorliegenden Nachdruck 2002.

[72] »[T]he scriptural story which provides the hermeneutical framework for Acts is none other than the foundation story of Exodus as developed and transformed through the Isaianic corpus.« (ebd., 5).

[73] So in seiner Kritik an R.I. DENOVA 1997; s. ders. 2002, 16.

[74] PAO bezieht sich auf das Jesajabuch als ›Ganzschrift‹ und verzichtet bewusst auf die wissenschaftliche Differenzierung zwischen Proto-, Deutero- und Tritojesaja. Als Gründe nennt er zum einen die Tatsache, dass neuere Forschungen die enge Verflochtenheit der Teile untereinander herausgearbeitet haben. »More importantly, such modern divisions would not be understandable to the author of Luke-Acts.« (ders. 2002, 19)

[75] Ebd., 55, Anm. 61.

[76] So z.B. ebd., 10.

könne ὁδός in der Apostelgeschichte – analog z.B. zu Qumrantexten wie 1QS 9 – zu einem »identity marker«[77] (66) werden.

Die Neuformulierung des Exodus im Jesajabuch leistet nach PAO eine Eschatologisierung dieses zunächst (heils-)geschichtlichen Ereignisses in zweierlei Weise: Zum einen vollziehe sich im Jesajabuch der Wechsel von der Erinnerung an die geschehene Befreiungstat hin zu einer Hoffnung und Verheißung für die Zukunft (56) und zum anderen würden Exodus- und Schöpfungsmotiv miteinander verknüpft (56f.), wobei die Neuschöpfung Israels als Volk Gottes im Zentrum stehe. Im Zusammenhang mit dieser Neuschöpfung komme es zu einer Universalisierung der Hoffnungen (57f.), in deren Rahmen sich die Vergewisserung der Identität Israels vollziehe.[78]

Schließlich modifiziere das Jesajabuch die Exodusgeschichte insofern, als das Instrument JHWHs sich verändere. Nicht mehr die machtvollen Taten seien es, die das Geschehen initiierten und vorantrieben, sondern nun werde vielmehr »the word« zum »agent of the new creative act« (59).

Dabei sei im lukanischen Werk wie im Jesajabuch die zunehmende Universalisierung, Einbeziehung der Völker zentral für die Darstellung. Bei Lukas sei sie von Lk 4,25–27 an Thema (vgl. 80ff), fände dann in Lk 24,44–49 weiteren Ausdruck (84–91) und bilde schließlich eines der drei Grundelemente des neuen Exodus, wie er in Orientierung an der Jesajavorlage in Apg 1,8 skizziert ist (91–95),[79] in Apg 13,47f. weiter zugespitzt werde (96–101) und schließlich in Apg 28,25–28 in ganzer Schärfe zum Ausdruck komme (101–109). Während Apg 1–8 PAO zufolge um die ›restoration‹ Israels kreisen, darum, dass in der Neuschöpfung des Gottesvolkes ganz Israel, jenseits der historischen und sozialen Trennungen und Ausgrenzungen, wieder vereinigt würde (111–142), konzentrierten sich die folgenden Kapitel auf den Status der Völker; hier komme es in der lukanischen Darstellung zu einer Transformierung der Jesajavorstellungen: es geht nicht länger nur um ein Hinzukommen der Völker, sondern sie erhielten ihr eigenes soteriologisches Recht, das nicht zuletzt in der ablehnenden Reaktion von israelitischer Seite gründe (217–245).

---

[77] Eine Schwierigkeit dieser Überlegungen liegt in der Grundannahme PAOs, es handele sich hier um den Versuch von Minderheiten, innerhalb der »majority culture« ihren Platz zu finden (ebd., 67); dazu wäre zunächst die ›Mehrheitskultur‹ näher zu definieren. Dies aber dürfte im ersten Jahrhundert christlicher Zeitrechnung nicht allzu einfach sein, zeichnet sich diese Zeit doch gerade durch eine Vielzahl unterschiedlicher Strömungen aus.

[78] »In the case of Isaiah, the evocation of the ancient story provides the language in which the renewal and restructuring of a community can be understood. As God created a people in the past, his creative act can also be felt in this historical moment. One should not be surprised, therefore, that Isaiah 40–55 is evoked in Acts precisely when the question of the identity of the people of God is raised. The tension between the continuity with the past and the discontinuity that symbolizes a new creative act is one that characterizes both Isaiah and Acts.« (ebd., 58f.)

[79] Die drei Elemente sind: die von Jerusalem ausgehende Befreiung, die (Wieder-)Vereinigung Israels und die Einbeziehung der Völker (95). PAO richtet sein Augenmerk stark auf die Frage der Einbeziehung der Völkerwelt, allerdings auch in die Richtung, dass er Apg 13,47 als Hinweis auf eine faktische Abwendung von Israel versteht – und dies lässt sich mit der lukanischen Darstellung nicht vereinbaren, kommt es doch im gesamten Folgeverlauf der Apostelgeschichte gerade nicht zu dieser Abkehr, sondern bleibt die Predigt auch des Paulus, zumindest zu Beginn, immer an die Synagoge gebunden. Hinzu kommt, dass eine solche Form von ›Universalisierung‹ nichts ist, was Lukas nur bei Jesaja finden konnte; das ›Heil‹ für die Völker ist in der Schrift wiederholt im Blick – in den meisten Fällen jedoch untrennbar mit dem Verhalten der Völker Israel gegenüber verbunden; vgl. z.B. Jes 56,1–8; 60,12; Jer 12,16f. Schließlich bleibt festzuhalten, dass Ablehnung keine Reaktion ist, die in der Apostelgeschichte anderen Jüdinnen und Juden vorbehalten wäre, wie Apg 14,4f. zeigen.

PAO ist sicherlich darin Recht zu geben, dass Lukas mit dem Jesajabuch eine ›Vorlage‹ dafür hat, wie eine Ausweitung und Aktualisierung der Befreiungsgeschichte aussehen kann. Aber: Erstens ist Jesaja nicht das einzige Beispiel; die Wendung von der Erinnerung zur Hoffnung vollzieht sich explizit z.B. schon in 1 Kön 8 oder auch Ps 80. Und auch in der Erinnerung, wie sie im Deuteronomium immer wieder eingefordert wird, liegt deshalb eine bewahrende Kraft, weil sie die Hoffnung auf ein erneutes Eingreifen JHWHs in Worte fassen hilft. Und zweitens zeigen die Textsignale in Lukasevangelium wie Apostelgeschichte, dass Lukas durchaus gezielt auf die ›Ursprungsgeschichte‹ zurückgegriffen hat. Die große Nähe zwischen Jesaja und Lukas liegt also aller Wahrscheinlichkeit nach eher in einem sehr ähnlichen, parallelen Umgang mit der Befreiungsgeschichte – womit keineswegs ausgeschlossen ist, dass Lukas sich am Jesajabuch orientiert; damit ist aber gerade nicht eine Beschränkung auf die Art und Weise, in der das Jesajabuch auf den Exodus rekurriert, für das lukanische Werk plausibel zu machen.

Ein weiterer Kritikpunkt liegt auf der Hand: PAOs doppelte Einschränkung seines Untersuchungsfeldes – sowohl, was die ›Quelle‹ angeht, als auch, was den Verwendungsort angeht – führt dazu, dass eine erhebliche Anzahl von Exodusbezügen des zweibändigen lukanischen Werkes zwangsläufig unbeachtet bleiben müssen.

Zustimmen ließe sich unbedingt dem letzten Satz aus DAVID W. PAOs Zusammenfassung seiner Untersuchung: »The national story of the ancient Israelite tradition provides the foundation story through which the identity of the early Christian movement can be constructed.« (250) – wenn er sich nicht so dezidiert nur auf die modifizierte Fassung bei Jesaja bezöge.

4.   Lukas liest Exodus – warum ›liest‹ er? Hermeneutisch-methodische Überlegungen

> »It is no coincidence that many of us began to turn toward literary studies of Acts within a context of diminishing confidence in historical study and that, as a result, methodological proliferation was encouraged.«[80]

Was JOSEPH B. TYSON 2003 festgehalten hat, zeigt ein Problem gegenwärtigen exegetischen Arbeitens auf und formuliert so eine Erfahrung, die durchaus als persönliche ›Anfechtung‹ auch der Autorin dieser Untersuchung zu lesen ist: Inwiefern bin ich eigentlich überzeugt davon, dass ein literaturwissenschaftlicher Zugang wirklich der allein sachgerechte Weg des Umgangs mit biblischen Texten ist?[81]

Mit dieser Frage ringend und umgehend, verfolge ich in meiner Arbeit den Ansatz einer synchronen, narrativen Analyse der Texte, die deren Grundstruktur als Leitmoment der Auslegung nimmt.[82] Denn ich bin der festen Überzeugung, dass bei

---

[80] J.B. TYSON 2003, 30.

[81] Salopp formuliert sind die Anfragen an das eigene Arbeiten etwa folgenden Inhalts: »Würdest du nicht doch gern beweisen, dass deine These auch wirklich die ›wahre‹ ist, dass du herausgefunden hast, was Lukas – wenn ich doch bloß wüsste, wer sich dahinter verbirgt...! – wirklich sagen wollte, ja, wie es womöglich wirklich alles geschehen ist?«

[82] Ich trete mit dem Text in einen gemeinsamen Prozess ein – die Lektüre lässt weder meine Wahrnehmung noch das Wahrgenommene unverändert. »So wie ich mich beim Lesen alter Texte aus der Gegenwart heraus der Vergangenheit annähere, trage ich zugleich die Gegenwart in meine Lesart der Texte hinein, sodass sie nie mehr die gleichen sein werden. ... Das Ernstnehmen der Vergangenheit beeinflusst und verändert somit immer beides: Gegenwart und Vergangenheit.« (U. SCHMIDT 2003, 56).

allen Zweifeln – zumindest zum gegenwärtigen Zeitpunkt – literatur-wissenschaftliche Methodik (oder mit Tysons Worten:»rhetorical criticism«[83]) die beste Möglichkeit bietet, in einer Weise mit den biblischen Texten umzugehen, die ihrem Inhalt und ihrer Form ebenso gerecht zu werden versucht wie unserem Kontext und unseren Inter-essen als Auslegerin oder Ausleger.

Die Basis meiner Untersuchung stellt der Text in seiner vorliegenden, kanonisch überlieferten Gestalt dar. Diese Orientierung am vorliegenden Text als maßgeblicher Größe entgegen einer versuchshaften Rekonstruktion seiner Früh- und Vorformen bedeutet auf der hermeneutisch-grundsätzlichen Ebene ein Ernstnehmen und Schätzen derjenigen, die am uns jetzt vorliegenden Text – gängigerweise häufig noch als ›Endredaktion‹ bezeichnet – gearbeitet haben.[84]

Dabei erhebe ich nicht den Anspruch, einer lukanischen *intentio auctoris*[85] gerecht zu werden, bin jedoch zuversichtlich, dass ich – mich der Differenzierung Ecos bedie-nend[86] – der *intentio operis* mit meinen Überlegungen nicht widerspreche. Die *intentio operis* ist von Eco als kritische Instanz gegenüber einer allein rezeptionsästhetisch orientierten Interpretation, die nach Eco weniger ein Interpretieren denn ein Benutzen[87] von Texten bedeutet, eingebracht worden. Dabei spricht er der jeweiligen Interpretin bzw. dem jeweiligen Interpreten durchaus eine Schlüsselrolle zu, insofern diese oder dieser allererst eine Vermutung über die Textintention formulieren.[88] Aller-dings muss diese erste Vermutung sich dem Text gegenüber halten lassen:

---

[83] Ders. 2003, 23. Ebendort hält Tyson fest:»They [die neueren Methoden; K.S.] fall broadly under the umbrella of literary studies, but they might more narrowly be designated as rhetorical studies. … These studies take many forms: some explore relationships with other ancient writings (intertextuality), others express an interest in the social context associated with the author and the audience of Acts (sociorhetorical criticism), and still others attempt to identify the ancient genre that would include Acts (genre criticism). Of course, there is a good deal of overlap among these types of study, and a single author may emplore more than one approach. … I will use the term rhetorical criticism as inclusive of all of the above-named approaches.« Adele Berlin verwendet zur Benennung des gleichen Phänomens den Terminus ›literary exegesis‹ (dies. 1991).

[84] K. Schmid hält fest, dass es keine ›reine‹ Schriftentstehung gibt, dass Schrift vielmehr in ihrem Entstehen immer schon Auslegung von Schrift ist. Er spricht in diesem Zusammenhang von einer Annäherung an das rabbinische Verständnis der Schrift:»Es sind nicht mehr die genialen Einzelschriftsteller am Anfang der Literaturproduktion des Alten Testaments wie der ›Jahwist‹, der ›Elohist‹, ›Jesaja‹ oder ›Jeremia‹, die in sprachlich schlichter (keine Dubletten!), aber theologisch tiefsinniger Weise den entscheidenden Grundstock des Alten Testaments formuliert hätten, wie man von Wellhausen bis von Rad meinte. Vielmehr wird man vermehrt auf die schriftgelehrte Auslegungsarbeit der vormals diffamierten Ergänzer aufmerksam und erkennt, daß sie eben nicht nur für die Ergänzungen, sondern für die Substanz des Alten Testaments verantwortlich sind. So gewinnt nach und nach der Text wieder den Vorrang vor seinem mutmaßlichen Erzeuger, der in den meisten Fällen doch nichts anderes als die Maske seines Auslegers ist.« (ders. 1999, 127).

[85] Dem Versuch einer Rekonstruktion des ›ursprünglichen Sinns‹ grundsätzlich skeptisch gegenüber stehen C.A. Evans/J.A. Sanders 1993, 13, Anm. 27:»Note the different ›original meanings‹ assigned to crucial biblical passages within the short history of modern biblical scholarship. Even the original meaning varies with the Zeitgeist of our own times.«

[86] Zum Zusammenhang der drei *intentiones* vgl. ders. 1999, passim, v.a. 35–55. Zu Ecos Konzept s. auch U.H.J. Körtner 1999, 84–87, sowie Ch. Dohmen 2004, 30–33.

[87] Zu dieser Unterscheidung vgl. grundlegend ders. 1987. Gegen das uneingeschränkt freie Benutzen wendet er in einer 1990 in Cambridge gehaltenen Vorlesung ein, dass »die Wörter des Autors ein ziemlich sperriges Bündel handfester Indizien [bildeten], die der Leser nicht einfach schweigend oder palavernd übergehen darf.« (ders. 1996, 30).

[88] Eco spricht von einer »dialektische[n] Beziehung« (ders. 1996, 71), die zwischen *intentio operis* und *intentio lectoris* zu wahren sei – und zwar angesichts des Problems, dass »sich kaum abstrakt definieren« lasse, »was mit ›Textintention‹ gemeint sein könnte. Die Intention eines Textes liegt nicht offen zutage …. Man muß sie also bewußt ›sehen wollen‹ Von einer Textintention kann man daher nur infolge einer Unterstellung seitens des Lesers sprechen. Die Initiative des Lesers liegt demnach vor allem darin, über die Textintention zu mutmaßen.« (ebd., 71f.)

>»Die Initiative des Lesers besteht im Aufstellen einer Vermutung über die *intentio operis*. Diese Vermutung muß vom Komplex des Textes als einem organischen Ganzen bestätigt werden. Das heißt nicht, daß man zu einem Text nur eine einzige Vermutung aufstellen kann. Im Prinzip gibt es unendlich viele. Zuletzt aber müssen diese Vermutungen sich an der Kongruenz des Textes bewähren, und die Textkongruenz wird zwangsläufig bestimmte voreilige Vermutungen als falsch erweisen.«[89]

Zugleich gilt aber, dass

>»der Text nicht bloß ein Parameter für die Bewertung der Interpretation [ist]; vielmehr konstituiert ihn erst die Interpretation selbst als ein Objekt und nimmt dieses als ihr Resultat, an dem sie sich in einem zirkulären Prozeß messen kann. Ich gestehe, damit den alten, nach wie vor gültigen ›hermeneutischen Zirkel‹ neu definiert zu haben.«[90]

Im Gegensatz zum Benutzen eines Textes geht es im Achten auf die *intentio operis* also um ein offenes Wahrnehmen von Einsprüchen, die der vorliegende Text – nicht jedoch der empirische Autor![91] – in seinem Zusammenhang gegen bestimmte Überlegungen erhebt. Eco hält jedoch selbst fest, dass die Grenzen zwischen ›Benutzen‹ und ›Interpretieren‹ fließend sind.[92]

4.1   *Intertextualität – weil Texte keine ›einsamen Inseln‹ sind*

Die skizzierten hermeneutischen Voraussetzungen indizieren ein Vorgehen, das den Text im Zusammenhang mit anderen Texten wahrnimmt und ernstnimmt. Aus diesem Grunde arbeite ich mit einem – teils engen, teils weiten – Begriff von Intertextualität, der es mir ermöglicht, mit Hilfe von Schlüsselbegriffen, Leitstrukturen etc. der spezifischen Exoduslektüre des lukanischen Werkes auf die Spur zu kommen.

Zwar hält Susanne Gillmayr-Bucher in ihrem 1999 veröffentlichten Überblick über die Entwicklung der Intertextualitätsdiskussion fest, ›Intertextualität‹ sei innerhalb der 30 Jahre seit seiner ›Entdeckung‹ durch Julia Kristeva[93] zu einem »Modebegriff« geworden, der als Bezeichnung jeder Form textübergreifender Bezüge Verwendung finde.[94] Und auch Reinhard von Bendemann benennt das Fehlen eines

---

[89] Ders. 1999, 49. S. auch ders. 1996, 72f. U.H.J. Körtner betont, dass die »Idee der *intentio operis* dabei dem Leser« oder der Leserin diene, »sich selbst im Sinne einer Hermeneutik des Verdachts vor der bloßen Willkür zu hüten.« (ders. 1999, 86f., Hervorhebung i. Text).

[90] Ders. 1996, 72. S.a. Nitsche 1998, 148 kann daher auch von der *intentio operis* als einer »prinzipiell auf die Zukunft hin offene[n] Größe« sprechen.

[91] »Da ich mit meinem Konzept der Textinterpretation eine Strategie aufdecken möchte, die den exemplarischen Leser erzeugen soll, verstanden als idealtypisches Pendant zu einem exemplarischen Autor (der bloß als Textstrategie erscheint), wird die Absicht eines empirischen Autors ganz und gar überflüssig. Zu respektieren ist nur der Text, nicht der Autor als eine Person Soundso.« (ders. 1996, 73). Wenn ich in meiner Arbeit also von ›Lukas‹ spreche, dann in diesem Sinne eines ›exemplarischen Autors‹, der um der besseren Verständlichkeit willen den aus der Tradition vertrauten Namen ›Lukas‹ trägt.

[92] »Jede Lektüre ist immer Resultat aus einer Mischung dieser beiden Verfahren. Es kann vorkommen, daß ein als Benutzung begonnenes Spiel als erhellende und kreative Interpretation endet – und umgekehrt. Und es kann auch vorkommen, daß die Fehlinterpretation einen Text von den Krusten vieler vorhergehender kanonischer Interpretationen befreit, neue Aspekte von ihm enthüllt und den Text dabei schließlich gemäß seiner von vielen vorhergehenden *intentiones lectoris* – die sich ihrerseits hinter Entdeckungen der *intentio auctoris* verbargen – abgeschwächten und verdunkelten *intentio operis* besser und produktiver interpretiert.« (ebd., 54). Im schlimmsten Falle träte dagegen folgende Bewertung ein: »[G]ewisse Interpretationen sind sichtlich unfruchtbar wie Maulesel, fördern weder neue Interpretationen, noch lassen sie sich mit den bisherigen Traditionen konfrontieren.« (ders. 1996, 162).

[93] Vgl. dazu das Vorwort bei M. Broich/U. Pfister 1985; S. Gillmayr-Bucher 1999, 6–8.

[94] S. Gillmayr-Bucher 1999, 5. Auch sie zitiert W. Heinemann 1997, 21: »Beim Durchstöbern der Fachliteratur bin ich [W. Heinemann; K.S.] – und das ist sicher nicht vollständig – auf 48 Verwendungsweisen von Intertextualität gestoßen ... in adjektivischer Prägung: von der intertextuellen Disposition des Textes über intertextuelle Strategien bis zum intertextuellen Leser ... als Substantiv: wissenschaftliche Intertextualität, ästhetische Intertextualität, die explizite und

einheitlichen methodischen Instrumentariums des Interpretationskonzeptes ›Intertextualität‹ bzw. ›Literary criticism‹, wobei für ihn der von GILLMAYR-BUCHER kritisierte sehr freie Umgang mit Textbegriffen und methodischen Optionen als Charakteristikum und damit auch gerade als Chance dieses Konzept von in der Exegese gängigen Auslegungsformen unterscheidet.[95]

Dezidiert intertextuellen Untersuchungen liegt im Regelfall ein Textverständnis als gemeinsame Basis zugrunde, wie es HEINRICH PLETT einmal – sich auf CHARLES GRIVELs berühmtes Diktum »Il n'est de texte que d'intertexte«[96] beziehend – formulierte:

> »Whenever a new text comes into being it relates to previous texts and in its turn becomes the precursor of subsequent texts. What can be said for the production of texts also applies to their reception. No hermeneutic act can consider a single text in isolation. Rather it is an experience with a retrospective as well as a prospective dimension. This means for the text: it is an intertext, i.e. simultaneously post-text and pre-text.«[97]

Ein Text ist dem lateinischen Wortsinn nach ein Gewebe, ein Stoff, in dem viele Fäden miteinander verarbeitet werden, an dem gearbeitet wird, dessen Herstellung oft verschiedener Schritte und Arbeitsgänge bedarf (und der, so er löchrig wird oder wirkt, manches Mal auch ›geflickt‹ werden muss?).[98]

Ich werde im Folgenden keinen erneuten Versuch machen, die ungeheuer vielfältig gewordene Verwendungsbreite des Konzeptes von Intertextualität im Überblick darzustellen.[99] Gleiches gilt für das im deutschsprachigen Raum schon deutlich länger

---

implizite, autorspezifische und sogar eine kryptische Intertextualität ... aber auch Intertextwissen, Intertextsignale, intertextuelle Indikatoren...« In die gleiche Richtung geht auch die Einleitung bei H. PLETT 1991, 3; s. ebenso U. BAIL 1998, 98f. Insofern ist G.A. PHILLIPS' 1991 formulierte Klage über die mangelnde Bedeutung intertextueller Konzepte in der Bibelauslegung nicht mehr in ganzer Schärfe zutreffend (vgl. ders. 1991, 78; ähnlich S.E. PORTER 1990, 278f. zur Aufnahme des reader-response-criticism und grundsätzlich übereinstimmend in dieser Einschätzung auch noch W. STEGEMANN 1999, 104f.), auch wenn die bei PHILLIPS folgende Analyse des exegetischen Unbehagens an der Theorie (a.a.O., 79–82) nach wie vor zumindest für den deutschsprachigen Bereich viel Wahres beinhaltet. Ein Beispiel ausgeführter intertextueller Methodik liefert P.D. MISCALL 1995 anhand von 2 Sam 23,13–17.

[95] »Ein einheitliches methodisches Inventar des ›literary criticism‹ hat sich bis heute nicht ausgebildet. ›[New] Literary criticism‹ ist vielmehr ein Dachbegriff für ein weites und facettenreiches Feld der Forschung geworden. Der kleinste gemeinsame Nenner ist dabei die Prärogative der synchronen Gestalt von Texten vor der Rückfrage nach ihrer Entstehungsgeschichte bzw. ihrer Einbettung in die Geschichte von Traditionen. Die Perspektive des wissenschaftlichen Dialogs im ›literary criticism‹ weitet sich über die klassischen historischen Fächer hinaus auf das Feld der Literaturwissenschaften aus. Unter den genannten Prämissen kann die kreative Freiheit geradezu als Signatur dieses neuen methodischen Aufbruchs bezeichnet werden« (ders. 2001, 36). Von dieser Vielfalt wird bereits einiges sichtbar, wenn nur die unterschiedlichen Beiträge des Semeia-Doppelheftes 69/70 zum Thema miteinander verglichen werden. Einen guten Überblick liefert die Einleitung von G. AICHELE und G.A. PHILLIPS (dies. 1995).

[96] Ders. 1982, 240.

[97] Ders. 1991, 17. Zum strukturalistischen und poststrukturalistischen Textbegriff verweise ich auf U. SCHMIDT 2003, 24ff.

[98] »The text is both a discourse with mind and body, exposing the language border of its internal fiction, and a social product, possession, and tool. The image used to bring out the implication of this suggestion is that of a tapestry. The textures are a result of webs (cf. Latin *texere*, ›to weave‹) of signification or meaning and meaning effects, which communicate differently according to the different angles – textures – from which one approaches the text. ... A writing belonged to what was handmade; it was *Handwerk* in a concrete sense. It was therefore but a short step to think of it as some kind of weaving.« (S. BYRSKOG 2003, 267; Hervorhebung i. Text). Er beruft sich dabei auf V. K. ROBBINS, der 1996 einen Vorschlag machte, um einen Vergleichspunkt für die Komplexität der im englischen Sprachgebrauch als ›socio-rhetorical interpretation‹ bezeichneten Auslegungsform zu bieten (ders. 1996a und b). Vgl. auch G.A. PHILLIPS 1991, 93.

[99] Neben dem ›Klassiker‹ von M. PFISTER 1985 finden sich Überblicke etwa bei J. TASCHNER 2000, 14–20; U. BAIL 1998, 98–111; P. MÜLLER 1994, 134–140; C. RAKEL 2003a, 8–40; S. GILLMAYR-BUCHER 1999, 6ff; G. STEINS 1999, 9–102; s. auch J.W. VOELZ 1995; E. WAINWRIGHT 1997, 453; P.D. MISCALL 1995, 251–

fest verankerte Konzept der Rezeptionsästhetik mit WOLFANG ISERs berühmt gewordenen ›Akt des Lesens‹ aus dem Jahr 1976 und den sich ihm anschließenden bzw. ihn leicht modifizierenden Arbeiten in der Folgezeit.[100]

TIMOTHY BEAL sieht die schwierige Aufgabe intertextueller Interpretation darin, sich selbst im Zwischenraum zwischen eng umrissenem Einzeltext und den ›unendlichen Weiten‹[101] von Sprache und Texten zu verorten:

> »And so the practice of intertextual reading must find its place somewhere between the closed structure of a single text (however defined) and the uncontainably surplussive fabric of language (called intertextuality).«[102]

Wie lassen sich in dieser Weite und Vielgestaltigkeit dennoch Indizien für intertextuelle Bezüge finden, die als eine Art Wegweiser durch diese Weite leiten können? Gibt es Markierungen, Indikatoren für derartige Bezüge, und wie könnten diese aussehen?[103] ULRICH BROICH nennt in seinem nach wie vor grundlegenden Aufsatz aus dem Jahr 1985 als solche Markierungen etwa Anmerkungen, Titel, Untertitel, Motto, Vorwort, Nachwort, Namen, Schriftbild, Stilwechsel, Strukturanalogie, Figuren aus anderen literarischen Werken.[104] ULRIKE BAIL ergänzt diese Auflistung noch um die Elemente »inhaltliche Anknüpfungspunkte, Verkehrungen, Motive, Wortanklänge, Anspielungen, Zitate, Gattungsmuster, Kontext, semantische, syntaktische und grammatische Parallelen sowie zugrundeliegende Codes und Sinnsysteme«.[105]

Schon die Vielzahl dieser möglichen formalen Markierungen macht deutlich, dass es intertextuellem Arbeiten um mehr geht als die seit alter Zeit bekannte Suche nach Zitaten aus der Schrift, wie sie für das lukanische Doppelwerk etwa schon TRAUGOTT HOLTZ und MARTIN RESE unternommen haben.[106] Zwar spielen Zitate auch in der Intertextualitätsdiskussion keine geringe Rolle,[107] dennoch geht das Interesse am

---

258; R. V. BENDEMANN 2001, 35ff gibt einen Überblick über die »unter erzählanalytischen Kriterien erfolgende Lukasinterpretation« (Zitat 35) seit R.C. TANNEHILL 1986; 1990. Ausdrücklich verwiesen sei auf den Rückblick, den S. MOYISE auf die Einflüsse des intertextuellen Diskurses auf die Bibelwissenschaften seit 1989 gibt (ders. 2002).

[100] M. MAYORDOMO-MARIN 1998, 27–195 stellt ausführlich die Entwicklung rezeptionskritischer Textauslegung unter besonderer Berücksichtigung der Evangelienexegese dar. Eine knappere Darstellung liefert J.L. RESSEGUIE 1984. S. auch P. MÜLLER 1994, 128–134; U.H.J. KÖRTNER 1999, 83ff; J. FREY 1992, v.a. 266–277; G. SAUTER 1992, 351–355, der jedoch die theologische Aufnahme rezeptionsästhetischer Ansätze als bis dato nicht wirklich gelungen kritisiert.

[101] Diese Anspielung auf das Intro einer Fernsehserie sei im Rahmen von Überlegungen, die sich auf die Intertextualität als Charakteristikum *jeden* Textes beziehen, erlaubt.

[102] Ders. 1992, 28.

[103] S. auch H. PLETT 1991, 5.

[104] A.a.O., 35ff. BROICH arbeitet selbst jedoch mit einem sehr engen Begriff von Intertextualität, der der *intentio auctoris* Genüge tun soll.

[105] Dies. 1998, 105. Für A. BERLIN bleibt die Erarbeitung klarer Kriterien zur Bewertung der Verlässlichkeit entdeckter Allusionen ein Forschungsdesiderat (vgl. dies. 1991, 128).

[106] T. HOLTZ 1968; M. RESE 1965. MARTIN RESE verweist 1997 in seiner sehr kritischen Auseinandersetzung mit an Intertextualitätskriterien orientierten Arbeiten darum auch auf die Ironie, die darin liege, dass ausgerechnet er nun Kritik an diesem Vorgehen übe, habe er doch schon 1979 gefordert, die Exegese möge sich endlich nicht mehr nur mit der Form und dem Text von Zitaten im Neuen Testament beschäftigen, sondern auch mit deren Inhalt, und sich damals gefühlt wie »ein Rufer in der Wüste.« (M. RESE 1997, 437) Einer seiner Kritikpunkte zielt darauf ab, dass mit dem Terminus ›Intertextualität‹ eine exegetische Methode eingeführt sei, die sich letztlich doch nur »im Rahmen der alten Frage nach der Verwendung der Schriften des AT im NT« (a.a.O., 432) bewege. R.I. DENOVA 1997, 21–25 liefert einen knappen forschungsgeschichtlichen Überblick zum Stand des ›narrative criticism‹ im Hinblick auf das lukanische Werk.

[107] S. ausführlich zu Zitaten H. PLETT 1986; ders. 1991, 8–17. Plett macht darauf aufmerksam, wie gefährlich es ist, wenn ein Zitat so oft verwendet wird, dass es quasi ›autonom‹, unabhängig von seinem Kontext wird: »If texts become so well known that they develop into storehouses of quotations, the user of these quotations may easily loose sight of their original contexts. The quotations then become autonomous language units and assume the status of *adagia* and *aphorisms*.

Gespräch von Texten miteinander, als welches sich das Phänomen der Intertextualität auch beschreiben lässt, über diesen einen ›Gesprächsinhalt‹ hinaus. Auch Strukturparallelen können z.B. Hinweise auf intertextuelle Bezüge geben, womit ein eher »holistic«[108] Zugang gewählt ist. Dabei sind die Beziehungen von Texten untereinander geradezu grundsätzlich davon geprägt, dass diese Texte einander widersprechen, dass der eine Text Inhalte und/oder Schwerpunktsetzungen des anderen kritisch hinterfragt.

> »Every text is to be viewed as always already bound up within a systemic differentiating relationship with other texts, readings, readers … One text defers, differs from, is differentiated from another. In viewing every text as a supplement, as writing, as sign, the reader's individualizing, authorizing voice disappears in favor of the effects of difference and the process of differentiation itself only to emerge in the guise of the new text, sign, commentary, writing.«[109]

Und schließlich: Dieses Phänomen der kritischen Lektüre oder auch der transformierenden – und damit zumeist: aktualisierenden – Lektüre ist, was biblische Texte angeht, schon innerhalb der Schrift ebenso anzutreffen wie die Tatsache, dass Intertexte, auf die der jeweils vorliegende Text Bezug nimmt, nicht explizit eingeführt werden, sodass es der Aufmerksamkeit der Lesenden bedarf, um bestimmten Bezügen auf die Spur zu kommen.[110]

> »Die Bücher des Alten Testaments sind immer, alttestamentliche Einzeltexte weithin, Text und Kommentar in einem, sie sind nicht nur Gegenstand von Interpretation, sie sind bis in ihre Substanz hinein selbst Interpretation. Ob diese Interpretation historisch gesehen als Nachinterpretation zu bestimmen ist, liegt zwar für die meisten Texte des Alten Testaments ohnehin nahe, spielt aber … keine entscheidende Rolle. Auch Texte, die sich synchron zueinander verhalten, stehen in der Regel in einem wechselseitigen Auslegungsverhältnis.«[111]

Beziehungen entstehen zwischen Texten – ohne dass genau festgelegt wäre, wie diese Beziehung entsteht bzw. zwischen welchen Textgattungen dies geschehen kann. Auf mein Untersuchungsfeld bezogen bedeutet das: Mir vor Augen ist zunächst der lukanische Text, wie er im Griechischen Neuen Testament überliefert ist. In diesem Text und im Lesen dieses Textes zugleich ist aber auch der Text der Schrift präsent. Und schließlich sind in meiner Lektüre immer auch Texte der Rezeption des lukanischen Textes wie des Textes der Schrift anwesend; auch hierbei können die unterschiedlichsten Gattungen vertreten sein, wobei genau an dieser Stelle auch Beiträge der exegetischen Fachliteratur ins Spiel kommen, die nun gerade nicht immer reine ›Sekundär‹-, sondern, was ihren Stellenwert angeht, oft genug auch ›Primär‹-Literatur werden können.

That has been happening to quotations for centuries. The result very often is that being devoid of their pre-texts they become worn out like ›dead metaphors‹. For this reason they have to be revitalized by specific (›defamiliarizing‹) techniques in order to regain their semantic vigour.« (ebd., 16f.)

[108] H. PLETT 1991, 19.

[109] G.A. PHILLIPS 1991, 93.

[110] K. SCHMID 1999b, 122f. verdeutlicht dies mit Hilfe von Exodus 1: »Alttestamentliche Literatur ist Auslegungsliteratur. In der Regel signalisieren die alttestamentlichen Texte allerdings nicht selbst, daß sie Auslegungsliteratur sind. Die nach Gen 1,28; 9,1 gezeichnete Vermehrung der Israeliten in Ex 1,7 wird nicht durch einen expliziten Rückverweis auf den Sintflut- und Schöpfungsbericht an die Oberfläche getragen. Die Hintergründigkeit der Auslegungsstruktur der biblischen Texte scheint ein durchgängiges Merkmal zu sein; sie erfordert ein Lesen der Schrift, wie es Ps 1,1 propagiert: ›Wohl dem, … der seine Lust am Gesetz JHWHs hat und über seinem Gesetz murmelt Tag und Nacht‹ … Wer Ex 1 immer wieder vor sich herliest, wird nach und nach auf die unterschiedlichen Bedeutungs- und Assoziationsgehalte dieses Textes stoßen und seine theologische Hintergründigkeit mehr und mehr erkennen.«

[111] K. SCHMID 1999, 124. S. auch U. BAIL 1998, 104; J.A. SANDERS 1991, 160f.

Klassische traditions- bzw. eher noch redaktionsgeschichtliche Ansätze fragen nach Umfang und Art der Einflussnahme von Vorlagen bzw. Rückbezügen (und damit nach der *intentio auctoris* bzw. *redactoris*) und gleichen darin einer Einbahnstraße. Intertextuelles Arbeiten mit biblischen Texten basiert hingegen auf der Vorstellung einer Gleichzeitigkeit von Text und Intertext. So können Texte miteinander ins Gespräch kommen, deren ›Autoren‹ oder ›Autorinnen‹ die Werke des oder der anderen nicht kannten oder zumindest nicht vorliegen hatten; und mehr noch als dies: auch Texte, die unter historischem Gesichtspunkt eindeutig später entstanden sind, können im intertextuellen Gespräch als Prätexte dienen.[112] Intertextuell verknüpft können Texte somit auch über bestimmte Vorstellungen sein, die gleichsam ›in der Luft liegen‹.[113]

4.2   Wenn Mirjam, Maria und Jochebet ›zusammenkommen‹ – Interfiguralität als besondere ›Spielart‹ der Intertextualität

Die Kategorie ›Interfiguralität‹ beschreibt das Bezogensein literarischer Figuren aufeinander.[114] Dabei können diese Bezüge sich sowohl zur Charakterisierung der ›Vorlage‹ wie auch zu deren Handeln ergeben. WOLFGANG G. MÜLLER führt verschiedenen Möglichkeiten der Markierung interfiguraler Bezüge an, unter denen die Namensidentität den ersten Rang einnimmt,[115] da mit der Wahl eines bestimmten Namens auch bestimmte ›Qualitäten‹ verbunden seien: »the name given to a character is its identifying onomastic label.« (103) Denkbar wäre – als ›Extremform‹ – auch die über den Namen hinausgehende Aufnahme einer ›ganzen‹ literarischen Figur in einen neuen Kontext; das stößt jedoch angesichts der Verschiedenheit zweier Autorinnen oder Autoren und damit auch der von ihnen geschaffenen Werke in ontologischer wie ästhetischer Hinsicht an seine Grenzen: »Complete interfigural

---

[112] Auf dieser Ebene besteht eine große Nähe zu der Grundüberzeugung der rabbinischen Schriftauslegung, dass die Schrift zwar in der Geschichte entstanden, selbst aber geschichts- und kontextlos ist: »Die Schrift verändert sich nicht, aber die Deutung schreitet in der Zeit vorwärts. ... Jeder Teil der Schrift kann mit jedem Teil, jedes Zeichen mit jedem Zeichen zu einander in Beziehung gesetzt werden. Da die Zeichen kontextunabhängig sind, wird die Deutung intertextuell: Die Schrift wird aus der Schrift gedeutet, nicht aus der Welt.« (A. GOLDBERG 1987, 4).

[113] ULRIKE BAIL wendet sich in diesem Zusammenhang gegen die Vorstellung von Texten als ›einsamen Inseln‹. Intertextuelles Textverständnis und entsprechender Textumgang grenzt sich damit ab gegen ein: »übermäßiges Betonen der Textgrenzen, bei dem diese so in den Vordergrund gerückt werden, daß Texte wie Inseln erscheinen, isoliert von allen anderen in der endlosen Weite des Meeres, wie Gefangeneninseln, auf denen die Bedeutung ein für allemal festgesetzt ist und nur eine Sichtweise, eine Art zu lesen dominiert. Texte aber sind keine Inseln und die Leserin keine Schiffbrüchige, die ohne Gedächtnis und ohne Erinnerung Palmen zählt und sie in Kategorien einteilt. Denn Texte sind dialogisch, sie rufen andere Texte ins Gedächtnis, erinnern an bereits Gelesenes, an bereits Erlebtes. Kein Text steht isoliert da, jeder sucht sich einen Ort in einer schon vorhandenen Welt der Texte. Texte sind auf syntagmatischer Ebene zwar geschlossen, aber auf der paradigmatischen Ebene der Beziehungen zu anderen Texten gewissermaßen entgrenzt, so daß ein regressus ad infinitum entsteht.« (dies. 1998, 100).

[114] Nach wie vor grundlegend dazu ist W.G. MÜLLER 1991, der den Neologismus ›interfigurality‹ einführt (a.a.O., 101f.) und seinen Beitrag konsequenterweise versteht als »prolegomena to a systematic description of the whole range of interfigural phenomena.« (ebd., 102). Seitenzahlen im laufenden Text beziehen sich im folgenden Abschnitt auf diesen Beitrag MÜLLERs.

[115] »Names belong to the most obvious devices of relating figures of different literary texts.« (ebd.). Dabei spielt es für die Intensität der interfiguralen Beziehung nach MÜLLER keine Rolle, ob der Name unverändert übernommen wird oder transformiert wird – in gewisser Hinsicht stellt vielmehr gerade die Transformation (z.B. durch Substraktion, Addition, Substitution einzelner Namenselemente oder auch die Übersetzung des Namens in eine andere Sprache; vgl. ebd., 104f.) einen Hinweis auf die bewusste Auseinandersetzung mit dem Namen dar.

identity is unattainable.« (107)[116] Eine solche kann bei einem dynamischen Text- und Lektüreverständnis auch gar nicht das Ziel sein – jeder Text ist als Textlektüre gekennzeichnet durch seine eigene Art des Rückgriffs auf Vorliegendes, seine Originalität im Wortsinn.

Einen gesondert zu betrachtenden und besonders ›ergiebigen‹ bzw. ›erfolgversprechenden‹ Bereich interfiguralen Arbeitens stellen nach MÜLLER die sogenannten »re-writes and sequels to earlier texts« (110) dar, da sie sich in besonders enger Weise an ihren ›Prätexten‹ orientieren.[117]

GÜNTER STEMBERGER hat – ohne den Terminus Interfiguralität zu verwenden – am Beispiel von bSota 11b Grundlegendes zum rabbinischen Prinzip der ›Personenverschmelzung‹ festgehalten,[118] das dem interfiguralen Arbeiten und Interpretieren zumindest sehr nahe kommt bzw. in gewisser Weise sogar über dieses hinausgeht. Während MÜLLER nämlich als einen Sonderfall interfiguraler Beziehung, als »configuration« (114), die Konstellation bezeichnet, in der literarische Figuren unterschiedlicher Provenienz in einem neuen literarischen Werk aufeinander treffen, geht es der ›Personenverschmelzung‹ darum, dieses ›Aufeinandertreffen‹ in ein und derselben literarischen Figur stattfinden zu lassen.[119] Ich zitiere STEMBERGER ausführlich, da die Logik dieser Auslegungsform sich nur im Zusammenhang erschließt:

> »Hur, der nach rabbinischer Tradition nicht bereit war, dem Volk in der Episode des Goldenen Kalbs nachzugeben, und deshalb getötet wurde, ist nach Meinung der Rabbinen ein Sohn Mirjams, also ein Neffe Moses. Im Bibeltext selbst ist von einer solchen Verwandtschaft keine Rede. Doch kennt dieser auch einen anderen Hur, den Grossvater Bezalels, des Künstlers des Offenbarungszeltes (Ex 31,2). Über diesen weiss 1 Chron 2,18–20, dass er ein Sohn Kalebs, des Sohnes Hezrons ist. Der Midrasch reduziert nun die Unbekannten, indem er die beiden Hur miteinander identifiziert, Kaleb mit dem Kundschafter Kaleb ben Jefunne (Num 13,6) gleichsetzt und Jefunne symbolisch als den deutet, der sich vom Rat der Kundschafter abwandte (pana). Die in 1 Chron genannten Frauen Kalebs, Asuba und Efrata, gelten beide als Decknamen für Mirjam: Asuba hiess sie, weil sie anfangs alle verlassen hatten (azbuha: Sota 11b), Efrata, da sie von Königen stammte, palatina war (so Pirqe R. Eliezer 45) bzw. wegen ihrer Gleichsetzung mit der Hebamme Schifra (Ex 1,15: so Sifre Numeri § 78). Wir müssen nicht auf die Details eingehen, die einem heutigen Leser, besonders, wenn er nicht Hebräisch kann, sehr verworren scheinen mögen. Doch sind die Gründe für dieses Bemühen des Midrasch von Interesse. Es geht dabei nicht nur um eine Reduktion der Unbekannten im Bibeltext, der zahlreichen Personen, von denen wir nur die Namen kennen; zugleich wird damit das theologische Profil biblischer Gestalten aufgefüllt. Mirjam, die aus der Ferne den ausgesetzten Moseknaben beobachtet, was mit ihm geschehen werde (Ex 2,14), ist nach rabbinischer Auslegung die Prophetin, die schon vor der Geburt Moses dessen Erlöserfunktion vorausgesagt hatte und nun auch in der sich anbahnenden Katastrophe noch auf die Erfüllung ihrer Weissagung hofft, daran glaubt. Der Midrasch hält für sie, die so beharrlich an der Erlösungshoffnung festgehalten hat, keinen besseren Gefährten als Kaleb, der anders als seine Begleiter nicht an der Verheissung des Landes irre wurde; würdiger Erbe ihres unerschütterlichen Glaubens an die Verheissung ist ihr gemeinsamer Sohn Hur, der gemäss der Midrasch-Tradition für seine Treue zu Gottes Wort als Märtyrer gestorben ist.

---

[116] So auch C. RAKEL 2003a, 248f. in Bezug auf ihren Untersuchungsgegenstand, das Juditbuch: »Vollständige Identität ist … unerreichbar. Die reine Verdoppelung einer Figur ist schon deshalb unmöglich, weil jeder neue Kontext Differenzen einträgt. Sie ist aber in literarischen Werken, die sich auf andere Literatur beziehen, auch nicht angestrebt. Das Juditbuch will nicht die Wiederholung, sondern es will die Veränderung, ohne auf Entsprechung zu verzichten, bzw. es will sie gerade im Angesicht der Ähnlichkeiten. Es will *Aktualität in Erinnerung an die Geschichte*.« (Hervorhebung im Text).

[117] Für meine Fragestellung ist zwar das ›sequel‹, die Fortsetzung, von geringerem Interesse, da Lukasevangelium und Apostelgeschichte nicht als Fortsetzung zur Exoduserzählung der Schrift zu verstehen sind. MÜLLERS ›re-write‹ lässt sich jedoch auf das lukanische Werk insofern anwenden, als es dasselbe meint wie mein Begriff der ›Exoduslektüre‹.

[118] Ders. 1991, 164f.

[119] W.G. MÜLLER erwähnt ein ähnliches Verfahren auch, verwendet dafür aber – ohne dies zu erläutern – den Terminus »contamination« (115), der doch einen deutlich pejorativen Beiklang zu tragen scheint.

Das vom Midrasch behauptete Verwandtschaftsverhältnis ist in erster Linie Geistesverwandtschaft .... Zugleich gelingt es damit, ein anderes Problem zu lösen: die Bibel weiss nichts von einem Mann und von Kindern Mirjams. Doch ist für jüdisches Denken schwer vorstellbar, dass eine so zum Vorbild stilisierte Frau eine alte Jungfrau geworden sei! Auch kann doch das Erbe einer so grossen Frau aus den Anfängen Israels nicht völlig verloren gegangen sein! In der Gleichsetzung mit Efrata gilt Mirjam nicht nur als die Vorfahrin Bezalels, des Künstlers des Bundeszeltes, sondern auch als Ahnmutter Davids, des Efratiters (Sota 11b): das heisst, dass sich in David das Erbe seiner Vorfahren bündelt: seiner Urmutter Prophetengabe, die ihn als Sänger der Psalmen auszeichnet, ebenso wie Kalebs unbeirrbare Liebe zum Land der Verheissung, das David in grösstem Umfang erobert, und Bezalels Kunstfertigkeit, die im Tempel Salomos ihr höchstes Ziel findet. Auch Namen und für modernes Empfinden so spitzfindig hergestellte Verwandtschaften können so dazu beitragen, die Einheit der Heilsgeschichte Gottes mit seinem Volk aufzuzeigen. Alles fügt sich in ein geschlossenes Bild.«

4.3   Intertextualität – ein Vorgehen, das »opens to ideological criticism«[120]?

Die Arbeit mit einem Konzept von Intertextualität, wie ich es soeben vorgestellt habe, legt sich auch insofern nahe, als durch das Bewusstsein der vielfältigen Bezogenheit von Text und Leserin oder Leser auch der kulturelle wie soziologische Kontext, in der Text und – im Falle dieser Arbeit – Auslegerin verortet sind, eine Rolle spielt. Es ist ein Verdienst der frühen feministischen Arbeiten, dass sie die in der Wissenschaft bis dato vorherrschende Überzeugung einer vorurteilsfreien, ›objektiven‹ Wahrnehmung von Texten und Sachverhalten falsifiziert hat. Es gibt keine voraussetzungsfreie Lektüre, wie es keine neutrale Wahrnehmung der uns umgebenden Welt gibt.[121]

Insofern ist intertextuelles Arbeiten in gewisser Hinsicht – wie in der Überschrift zitiert – in der Tat ›offen für Ideologisches‹, da es die textkonstruierende Bedeutung der Auslegenden und ihrer Lektüre mit ihren Interessen und Kontexten Rechnung benennt.[122] Auf der Grundlage dieses Verständnisses ist das offene Eintreten für konkrete Anliegen und Interessen dann kein Manko, hindert nicht ›das Wissenschaftliche‹, sondern erweist sich als eben diesem Wissenschaftlichen zugehörig.

»Intertextuality's evocation of a multiplicity of meanings provides an entry point for a feminist critical reading. ... For the feminist critical reader, therefore, one's feminist perspective significantly influences the choices that must be made among the myriad possible meanings, as it is impossible to choose all meanings at any one point in time. This same reader will likewise be attentive to the particular ideological perspectives influencing the choices of meanings made by other interpreters, especially in light of the prevailing tendency of malestream interpretation to render the feminist invisible either as subject or object.«[123]

---

[120] T. BEAL 1992, 32. G. ECKER setzt sich schon in ihrem 1985 veröffentlichten Beitrag mit ›Intertextualität aus der Perspektive einer feministischen Literaturwissenschaft‹ (so der Untertitel ihres Aufsatzes) auseinander.

[121] W. STEGEMANN formuliert in seinen Überlegungen mit etwas anderen Worten die gleiche Einsicht bezogen auf sein Thema der Darstellung ›des Judentums‹ in christlicher Perspektive: »Wissensdiskurse sind nicht neutral oder ›unschuldig‹, sie sind immer mit Macht – auch mit Deutungsmacht – verbunden. ... Gerade auch die in der christlichen Theologie stattfindenden wissenschaftlichen Diskurse über das Judentum sind keine neutralen Beschreibungen einer anderen Kultur und Religion, vielmehr produzieren sie Wissen über das Judentum, das im Übrigen für Jahrhunderte als ›das‹ Wissen über das Judentum galt. ... Es sind die Diskurse, in denen ›das‹ Judentum als das jeweils Andere konstruiert wird und nach wie vor die Rolle des Antagonisten zugewiesen bekommt. Erst wenn wir diese Einsicht gewonnen, unsere Diskurse über das Judentum nicht mehr mit dessen Darstellung zu verwechseln, werden wir auch über unsere Diskurse erschrecken können. Plötzlich sind wir es, die den violenten jüdischen Monotheismus erfinden, die Gleichung X minus Judentum = Christentum produzieren, und nicht mehr Mose, das Judentum oder der Pharisäer Paulus. Je früher wir darüber erschrecken, umso besser.«

[122] Mit E. WAINWRIGHT 1997, 453ff; U. BAIL 1998, 111ff.

[123] E. WAINWRIGHT 1997, 455. Ganz ähnlich auch I. MÜLLNER 1997, 64: »Feministische Exegese hat die Aufgabe, die Polyphonie der Stimmen eines Texts aufzudecken und gegenüber all diesen Stimmen, auch gegenüber der privilegierten Erzählerstimme, skeptisch zu sein.«

Die Grenzen zwischen Ideologie und Ideologiekritik sind dabei nicht fest abzustecken; was selbst als ›ideologisch‹ kritisiert werden kann, wie z.b. Bibelauslegung, die sich feministisch-befreiungstheologischen Ansprüchen verpflichtet sieht,[124] ist zunächst einmal ideologiekritisch – und das heißt: kritisch gegenüber den Ideologien, die ein biblischer Text, sei es ein Einzeltext oder ein ganzes Buch (oder gar ein ›Doppelwerk‹), zu vermitteln scheint oder sogar beabsichtigt.[125]

Damit ist der hermeneutische (und zugleich auch politische) Horizont meiner Arbeit mit erfasst: Zwar kann ich mich IRMTRAUD FISCHERs Plädoyer für eine ›genderfaire Exegese‹[126] rückhaltlos anschließen, verstehe also mittel- und längerfristig die Beachtung der Kategorie ›Geschlecht‹ als ein auf beide Geschlechter gerichtetes Anliegen der Textauslegung, in dem Frauen wie Männer[127] hinsichtlich der von ihnen eingenommenen oder ihnen zugewiesenen Rollen Gegenstand der Untersuchung sind. In der gegenwärtigen Situation sehe ich jedoch – ebenfalls mit FISCHER – nach wie vor die Notwendigkeit einer parteilich an den Interessen von (dargestellten wie lesenden) Frauen orientierten Bibelauslegung:

> »Da Frauen auch heute selbst in unseren Breiten noch immer nicht gleich ermächtigt sind, Gesellschaft, Kultur, Religion und auch Sprache zu prägen, ist Geschlechterforschung … nicht neutral zu betreiben, sondern mit einer ›feministischen Option‹. Diese Parteilichkeit zugunsten des weiblichen Geschlechts hat den Anspruch, die ungerechten Geschlechterverhältnisse in gerechtere umzuwandeln.«[128]

Auch ein zweites, mein Arbeiten bestimmendes Moment ist von Parteilichkeit geprägt, gehört zu den Grundlagen dieser Untersuchung und muss insofern an eben dieser Stelle seinen Platz erhalten: Das in Deutschland nach der Befreiung 1945 zaghaft begonnene, sich in den darauf folgenden Jahrzehnten langsam stärker entwickelnde jüdisch-christliche Gespräch, wie es sich z.B. in der Arbeitsgemeinschaft ›Juden und Christen‹ des Deutschen Evangelischen Kirchentages äußert, gehört zu den Tragpfeilern theologischen Arbeitens, wie es in dieser Untersuchung durchgeführt wird. Eine Schriftlektüre, die Israel nicht länger ignoriert oder gar – bewusst oder unbewusst – enteignet,[129] trifft sich dabei mit dem Versuch, den neu-

---

[124] Vgl. dazu K. SCHIFFNER 2003a.

[125] Dies kann durch offen formulierte – von der Erzählstimme oder handelnden Charakteren vorgetragene – Wertungen ebenso erfolgen wie durch implizite Mittel wie etwa die entsprechend positive oder negative Darstellung der Handelnden; s. dazu U. SCHMIDT 2003, 53f.

[126] Dies. 2001; ihre in Leuven vorgetragenen Überlegungen führt sie 2004 anlässlich der Preisverleihung in Karlsruhe noch einmal aus (dies. 2004a); gesammelt sind einige ihrer Aufsätze, in denen sie anhand verschiedener biblischer Beispiele wie etwa der Erzelterngeschichten, weiblicher Genealogien, des Buches Ruth, des Dienstes von Frauen am Zelt der Begegnung, ihre hermeneutischen Überlegungen durch- und vorführt, in einem Sammelband unter dem Titel ›Gender-faire Exegese‹ (dies. 2004b) erschienen.

[127] Ich bleibe mit dem Wissen um die Begrenztheit und Konstruiertheit dieser Kategorie beim Konstrukt der ›klassischen‹ Zweigeschlechtlichkeit, da dieses – auch als kulturelle Komponente – die Weltwahrnehmung der Menschen in biblischer Zeit wie Gegenwart prägt; vgl. neben J. BUTLER 1991 A. MAIHOFER 1995.

[128] I. FISCHER 2002, 17.

[129] W. STEGEMANN 2005 zeigt unter anderem mit dem von JAN ASSMANN geprägten Begriff der ›Mosaischen Unterscheidung‹ auf, wie sehr die ›christliche Perspektive‹, d.h. »die Wahrnehmung, Beschreibung und Analyse nicht-christlicher Phänomene mit christlichen Begriffen und in christlichen Konzepten« (a.a.O., 142) auch gegenwärtige Diskurse noch tiefgreifend bestimmt. STEGEMANN sieht dabei bereits den Titel ›Religion‹ für das Judentum kritisch: »Ein Grundproblem protestantischer Diskurse über das Judentum sehe ich … darin, dass sie *das Judentum als Religion konstruieren*. Denn das mit dem Begriff der Religion verbundene Konzept impliziert eine moderne (erst seit dem 18./19. Jahrhundert mögliche) Erfahrung, die im Blick auf das antike Judentum anachronistisch ist, aber überhaupt als eine ›westlich‹ und ›christlich‹ geprägte Erfahrung die jüdische Identität am Modell des modernen Christentums entwirft.« (ebd., 151, Hervorhebung i. Text). ASSMANNs Kriterium der ›Wahrheit‹ – s. zur Kritik daran bereits F. CRÜSEMANN 2001a – setzt

testamentlichen Schriften selbst Gerechtigkeit widerfahren zu lassen: Wenn die neutestamentliche Forschung unserer Gegenwart der Schrift den selben Stellenwert zumäße, wie dies die neutestamentlichen Texte in ihrer überwiegenden Mehrheit tun – für das lukanische Werk etwa möchte ich mit meiner Arbeit gerade zeigen, dass es sich ganz grundsätzlich als Schriftlektüre verstehen lässt –, wäre ein entscheidender Schritt in die richtige Richtung schon getan. Es geht darum, dass wir uns im Lesen der Schrift dessen bewusst sind, dass ihre Texte nicht direkt und unvermittelt an uns als Christinnen und Christen aus der Völkerwelt gerichtet sind, sondern wir der Vermittlung durch die im Neuen Testament erzählten Zeugnisse bzw. Zeuginnen und Zeugen und damit letztlich durch Jesus Christus selbst bedürfen.[130]

4.4   »*Wie liest du?*« *(Lk 10,26) – Lesen als hermeneutische Schlüsselqualifikation nach lukanischem Zeugnis*

> »Jedes Verstehen ist insofern ein Übersetzen, als es um die Aneignung des Gehörten oder Gelesenen in die eigene Lebenswelt geht.«[131]

Nachdem Fragen von Lektüre, Lesen, Wieder- und Gegenlesen in den letzten Kapiteln schon wiederholt eine Rolle gespielt haben, soll das Lesen bzw. die Lektüre nun im Zentrum stehen – und zwar das Lesen des lukanischen Werkes seitens seiner

---

damit einen Religionsdiskurs voraus, wie er mindestens zur Beschreibung des antiken Jüdinnen- und Judentums nicht angemessen ist. »Das Diskursfeld, in dem Assmann seine These von der ›mosaischen Unterscheidung‹ und deren violente Folgen formuliert, ist also ein moderner Religionsdiskurs, der u.a. Religionen als Überzeugungssysteme voraussetzt, die in einem Wettstreit miteinander stehen.« (a.a.O., 160) Dagegen setzt STEGEMANN die Verflochtenheit von kultischer und ethnischer Identität, wie sie in der Antike durchgängig prägend war. »Israel vollzog auf seine Weise, was alle anderen antiken Ethnien auf ihre Weise in der kultischen Verehrung ihrer Götter getan haben. Die Götterverehrung war zugleich Repräsentation der ethnischen Identität. Die Besonderheit Israels war allerdings in der Tat, dass es einen Gott und diesen nur in einem einzigen Tempel kultisch verehrte und ihn auch nicht in Darstellungen repräsentierte. Als durchaus schwierig hat sich wohl auch erwiesen, dass Israeliten, die sich außerhalb ihres Heimatlandes befunden haben, anders als etwa Römer und Hellenen, ihren Gott nicht in das Götterpantheon der anderen Völker integrieren konnten. Doch haben die Israeliten bekanntlich nicht die Tempel und Götterstatuen anderer Völker zerstört, sondern mussten meistens umgekehrt darum bitten und dankbar sein, wenn man ihnen erlaubte, ihren Tempel nach der Zerstörung durch andere Völker wieder aufbauen zu können bzw. nach ihren väterlichen Gesetzen zu leben. Die These von der ›mosaischen Unterscheidung‹ und ihren gewalttätigen Folgen nimmt sich im Blick auf die tatsächlich erkennbaren Erfahrungen des Volkes Israel in den Beziehungen zu seinen ›polytheistischen‹ Nachbarn (wie etwa Ägypten oder Babylonien) nahezu faktenblind aus.« (a.a.O., 161).

[130] Dazu s. den programmatischen Titel des Aufsatzes von P.V. BUREN 1990: ›On Reading Someone Else's Mail‹. VAN BUREN untersucht die Prozesse, die zur Trennung von jüdischen und christlichen Gruppen führten, sowie deren Konsequenzen bis hin zu ihrem grausamen ›Höhepunkt‹ (»So it came about that a parting of the ways, that may well have been according to the will of a lovingly experimental God, was turned into a nasty split marked by a hatred leading finally to Auschwitz.«; a.a.O. 601) und kommt angesichts dieser Geschichte des Schreckens für heutige Kirchen, die bereit sind umzulernen, zu dem Schluss: »A Church that wishes to confirm the covenant between God and the Jewish people will have no other choice than that which faced Marcion and his Orthodox opponents: if such a Church is going to read Israel's Scriptures, it will have to read them as just that: as *Israel's* Scriptures, as someone else's mail. … What are we doing then, reading someone else's mail? By what right have we opened it at all, and by what right do we think we can go on reading it? The only anwer that the Church can give to this question is its ultimate confession, that in the face of the Jew Jesus Christ it has been given to see the God of Israel and to hear that God's call to join Israel, not within but alongside of the Jewish people, as God's Gentile Church. Holding to the corner of the cloak of that one Jew of Nazareth [Sach 8,23; K.S.], it is therefore invited to read his Scriptures along with him and his people.« (a.a.O. 604; Hervorhebung v. Autor).

[131] U.H.J. KÖRTNER 1999, 81.

Auslegerinnen und Ausleger, wie es von einer knappen Sequenz des Lukas-evangeliums selbst angeleitet sein kann.[132]

Die in der Überschrift genannte Frage ›Wie liest du?‹, die Jesus in Lk 10,26 einem Schriftgelehrten stellt,[133] ist eine der grundlegenden Fragen, denen sich all diejenigen, die – sei es beruflich, sei es privat – mit Texten der Bibel umgehen, zu stellen haben. Es geht nicht nur um das ›was‹, also den Inhalt der Texte, auch nicht nur um das ›wer‹, also die Frage nach der Person der Auslegerin oder des Auslegers. Beide Fragen sind einerseits zusammengefasst, andererseits aber auch schon überboten in der Frage nach dem ›wie‹. Ein genauerer Blick auf die Redesituation, in der die zitierte Frage zu finden ist, gibt einen Einblick in das lukanische Konzept einer mündigen Hörerinnen- und Hörerschaft.

Der Abschnitt Lk 10,25–28 bildet im Gesamtkonzept des Lukas-Evangeliums die Einleitung zur Erzählung vom barmherzigen Samariter.[134] Lukas nimmt eine ihm offensichtlich aus der Tradition bekannte Einheit von der Frage eines Schrift-gelehrten nach dem höchsten Gebot auf,[135] verändert diese aber in mehrerlei Hinsicht. Für die hier interessierende Fragestellung ist es besonders *ein* zentraler Unterschied, der ins Auge fällt: Während Markus und Matthäus Jesus selbst die Frage nach dem wichtigsten Gebot beantworten lassen, strukturiert Lukas das Gespräch um. Auf die Frage des Schriftgelehrten, wie er zu einem ewigen, d.h. erfüllten, Leben gelangen könne, reagiert Jesus mit einer Gegenfrage: *In der Tora – was steht (dort) geschrieben? Wie liest du (sie)?* (V.26) Der Fragende wird also auf sich selbst, auf sein eigenes Wissen, vor allem auf seinen Umgang mit der Schrift, mit der Tora, zurück-verwiesen. Nicht um schnell erteilte Antworten geht es in dieser Gesprächssequenz. Im Mittelpunkt des Interesses steht die eigene Deutungskompetenz des Antwort-suchenden. *Wie liest du?*, das heißt: Wie verstehst du die Dinge, die dir überliefert sind? Wie gehst du mit den Erinnerungen um, die für uns als Jüdinnen und Juden prägend sind? Wie schreibst du die Geschichte, in der du selbst stehst, die Geschichte Israels mit JHWH, für dein Leben weiter, damit es zu einem erfüllten wird? Solcherart herausgefordert und zugleich ermutigt, kann der Schriftgelehrte eine Ant-wort geben: Es geht darum, sich mit allen Dimensionen des eigenen Seins auf JHWH einzulassen – aber nie ungeachtet der Frage, was das eigene Verhalten für das Zu-sammenleben mit anderen Menschen bedeutet. In der Antwort des Schriftgelehrten sind bekanntermaßen zwei Weisungen der Schrift verknüpft: eine Form des Sch\u1ema Jisrael (Dtn 6,5) und die Aufforderung zur Nächstenliebe (Lev 19,18). In dieser Art der Antwort wird deutlich, warum die Frage nach dem ›wie‹ eine so zentrale ist: Zwar steht das Entscheidende in der Tora geschrieben – aber gerade nicht in der Form selbstevidenter Aussagen, quasi ›Lebensbewältigungsrezepten‹. Der Prozess des reflektierenden und reflektierten Auslegens ist unabdingbar. Die selbe Aussage kann in ganz unterschiedlicher Form zum Sprechen gebracht werden; wie dies geschieht, hängt maßgeblich von der Hermeneutik der oder des Lesenden ab.

Hinzu kommt ein Weiteres: Das lukanische Doppelwerk hat einen vom Autor selbst vorgestellten Leser, dessen Charakteristika sich zwischen denen eines realen

---

[132] Dazu und zur Fruchtbarkeit dieses lukanischen Konzeptes auch für eine feministisch-befreiungstheologische bzw. genderfaire Exegese s. K. SCHIFFNER 2002.

[133] Das einleitende πῶς ist als Fortführung des τί der ersten Frage zu verstehen; es geht nicht um eine bloße Wiederholung der Frage nach dem Inhalt der Schrift, sondern um eine gedankliche Weiterentwicklung.

[134] Zu diesem Abschnitt vgl. neben den Kommentaren auch G.A. PHILLIPS 1991, 86–89.

[135] Vgl. Mk 12,28ff; Mt 22,35ff.

und eines fiktiven Lesers ansiedeln lassen.[136] Es geht also um das Lesen, von Anfang an – allerdings aller Wahrscheinlichkeit nach um das uns nicht mehr sehr vertraute laute Lesen, darum, im Hören der gelesenen Worte noch einmal eine andere Dynamik zu erleben als dies bei leisem, schnellem Lesen möglich ist:[137]

> »To be what it truly is, a text must be read, which may mean ›read aloud.‹«[138]

Es geht darum, so schreibt es Lukas in Lk 1,4, im Lesen Vertrauen darauf zu erlangen, dass wahr und wirklich ist, was – in diesem Falle zunächst – man(n) bisher gelernt hat.[139] Dieses Lesen ist nie frei von Gefahren, wird doch der/die Lesende schnell selbst zum/zur Beteiligten im Leseprozess – und was für rein fiktionale Literatur gilt,[140] dürfte doch in ungleich stärkerem Maße noch für die ›Geschichte‹,[141] die

---

[136] Zu den verschiedenen ›Leserfiguren in der Erzählkunst‹ verweise ich auf den gleich lautenden Aufsatz von P. GOETSCH 1983. Theophilus ist – wie immer wieder notiert wurde – ein ›sprechender‹ Name: Freund Gottes bzw., wie G. JANKOWSKI 2001, 9 herausarbeitet, eher noch: Genosse Gottes, Nächster Gottes. Dieser Übertragung liegt zugrunde, dass die LXX φίλος wiederholt zur Wiedergabe des hebräischen רֵעַ verwendet und insofern die Übersetzung ›Freund‹ für JANKOWSKI zu schwach ist – wenngleich im heutigen Kontext die Gewichtung eigentlich eine andere ist, sind es doch oft gerade Freundinnen und Freunde, zu denen eine überaus enge Beziehung besteht. In jedem Fall ist der in der Widmung des Doppelwerks angesprochene Theophilus also eine Lesefigur, die durch ihren Namen schon auf eine Ausweitung hin geöffnet ist [Insofern ist W. ECKEYs Bemerkung (ders. 2004, 62), sachgemäß sei eine Übersetzung etwa mit ›Amadeus‹ oder ›Gottlieb‹, nicht sehr hilfreich, erschwert sie doch gerade die Möglichkeit einer Ausweitung]. Ob sich hinter der Widmung eine reale Person verbirgt oder nicht, ist für diese Arbeit unerheblich. Wichtig ist zum einen, dass durch diese Widmung der Eindruck verstärkt wird, die Leserin und der Leser hätten es hier nicht mit Fiktion zu tun. Zum anderen könnte die oben skizzierte Offenheit, die der Name Theophilus bietet, bereits ein Anliegen des Verfassers gewesen sein – alles, was über diese vorsichtige Formulierung hinausgeht, wird jedoch (leider) reine Spekulation bleiben. Zur Diskussion um die ›Identität‹ des Theophilus s. z.B. G. JANKOWSKI 2001, 8f.; W. ECKEY 2004, 62; TH. SÖDING 2003, 22–24. Söding versteht die Widmung zwar als an eine reale Person gerichtet (»Die Widmung lässt ... an eine historische Persönlichkeit denken. Der Name verweist dann auf einen frommen Heiden griechischer Abstammung, am ehesten einen Gottesfürchtigen.«; ebd., 22), betont aber trotzdem, dass Theophilus zugleich »Repräsentant der dritten Christengeneration« (ebd., a.a.O.) sei. K. LÖNING 1997, 23 hebt demgegenüber hervor, dass innerhalb des Proömiums Theophilus in keinster Weise als Sponsor, sondern durchgängig als Leser verstanden ist: »Ganz gleich, ob es einen Theophilus als reale historische Person in der Umgebung des realen Autors gegeben hat oder ob es sich um eine von Lukas erfundene Figur handelt, ob ein realer Theophilus das lukanische Werk finanziert und ediert hat oder dergleichen – das Proömium behandelt ihn als Leser. Da kein Autor wissen kann, wer sein Buch in Wirklichkeit liest – an uns heutige Leser hat Lukas sicher nicht gedacht –, ist die Figur des Theophilus als Fiktion zu beurteilen. Theophilus ist als Figur im Text des Proömiums der *fiktive Leser* des lukanischen Geschichtswerkes. Über diese Leser-Fiktion entwirft der Autor für den in Wirklichkeit gemeinten, den sogenannten *impliziten Leser*, das Idealziel der Lektüre seines Werkes.« (a.a.O., 23; Hervorhebung vom Autor).

[137] Ausführlich mit der Frage von Lesen und Verstehen im Neuen Testament auseinander gesetzt hat sich PETER MÜLLER (ders. 1994).

[138] V.K. ROBBINS 1996b, 19. Zum lauten Lesen als Charakteristikum antiker – und damit biblischer – Lektüre s. auch K. SCHMID 1999, 123; P. MÜLLER 1994, 55ff. U.H.J. KÖRTNER 1999, 80, zielt vor allem auf das gemeinsame laute Lesen im Gottesdienst und anderen gemeinschaftlichen Zusammenkünften ab und notiert insofern die enge Verbindung zwischen Lesen und Interpretieren: Die Gemeinde im Judentum wie im Christentum ist eine Lese- und damit auch eine Interpretationsgemeinschaft. Die Regeln der Interpretation sind nicht Sache des Individuums, sondern werden gemeinschaftlich festgelegt.« Ähnlich auch J. FREY 1992, 287f.

[139] Dazu auch B. ORTH 2002, 165.

[140] A. KLEINERT 1983, 99f. bietet eine Zusammenstellung über verschiedene literarische Beispiele, in denen die Gefährlichkeit des Lesens thematisiert wird; vor Büchern wird gerade in Büchern gewarnt, Literatur kann – gleich, ob es sich um Belletristik oder Sachliteratur handelt – für die Lesenden zur Gefahr werden, sie zu Handlungen treiben, die ihnen ansonsten nicht einfielen. »Gefährdet sind insbesondere Idealisten und Fanatiker. Opfer von Lektüre sind oft Personen, die sich nicht leicht mit ihrem Schicksal abfinden und mehr anstreben, als ihnen das Leben zu geben vermag.« (ebd. 98, Anm. 8).

[141] Lukas versteht sich selbst als Geschichtsschreiber (s.u. S.57ff); das ist in der Literatur immer wieder festgehalten worden. In neuerer Zeit wechselt die Perspektive der Auslegenden vom Parusieproblem hin zur Frage, welche aktuellen Probleme zur Zeit des Lukas ihn dazu bringen, die

Lukas zu erzählen hat, zutreffen: Was hier erzählt wird, soll Theophilus, den Freund Gottes, und damit auch alle anderen, die selbst Freundinnen und Freunde Gottes sind oder zu welchen werden wollen, ja gerade unmittelbar ansprechen. Das lukanische Werk ist somit unter den neutestamentlichen Schriften diejenige, die am deutlichsten ein »ausformuliertes, explizites Lesemodell«[142] formuliert.

Im Lesen erfolgt Auseinandersetzung mit dem, erfolgt Aneignung und zugleich Modifizierung des Gelesenen. Dieser Prozess ist abhängig von der Gestaltung des Textes ebenso wie von der Disposition der oder des Lesenden,[143] aber nicht nur davon. Darüber hinaus gilt es, das Eigentümliche – im Sinne von: Eigentum – von Sprache, als kritische Rückfrage auch an das eigene Arbeiten ernst- und wahrzunehmen:

> »Oft nimmt *Sprache* mehr auf, als wir ihr geben an Inhalten, Gedanken, Begriffen, Bildern, Metaphern, Tönen und Untertönen. Oft bewahrt sie Unausgesprochenes, vielleicht Mit-Gemeintes, auch wenn es nicht gesagt wurde, vielleicht aber auch: *gar nicht* Gemeintes. Und zwar dies auch dann, wenn jemand, der spricht, gar nicht mit der Sprache spielen, nicht absichtlich ihre Mehrdeutigkeit nutzen wollte. Sprache bildet oft einen Mehrwert aus – über Gesagtes und Gemeintes hinaus. Daran können wir erkennen, daß sie wie ein Hort von Ungewolltem und in diesem Sinne: Nicht-Seiendem dienen kann. Sprache kann *Bergungsort* von etwas sein, was – als Ungemeintes, Ungesagtes, Ungewolltes – noch keinen Platz hier gefunden hat; am lapsus linguae kommt es manchmal heraus, aber auch an dem, was ein anderer hören kann, obwohl ich es weder gesagt habe noch sagen wollte. Es ist schwer, weiter eindringen zu wollen in dies Geheimnis der Sprache. Uns genügt es, am Faktum zu erkennen, daß in Sprache zuweilen mehr gehört werden kann, als gesagt wurde.«[144]

Folglich liegt es auch an den Leserinnen und Lesern der vorliegenden Untersuchung, dem hier Beschriebenen und Erläuterten, den vertretenen wie auch den verworfenen Ideen zu entnehmen, was ihnen bei der eigenen Lektüre auffällt.

4.5   Lukas liest Exodus – als Typologie, Midrasch oder ein Drittes?

Im eigenen Schreiben liest Lukas Exodus; er versteht seine Wirklichkeit als Aktualisierung der durch die Rettung aus Ägypten geschenkten Befreiung Israels. Dafür greift er auf Muster zurück, die ihm aus seiner Tradition und Umwelt bekannt sind,

---

›Anfänge‹ der Geschehnisse, um die es ihm geht, unbedingt ἀκριβῶς darstellen zu wollen. Dazu K. LÖNING 1997, 22f.: »Sie [die Darstellung des Lukas; K.S.] ist der Versuch, gegen die längst eingetretene und irreversible Diskontinuität dieser Geschichte deren ursprünglichen Sinn und sinngebenden Ursprung in Erinnerung zu rufen. Die Historiographie ist für Lukas das Instrument des Gedenkens und der Vergegenwärtigung des Ursprungs, ohne den die Kirche seiner Gegenwart weder sich selbst verstehen noch sich anderen verständlich machen kann. Dieser Intention entspricht es, wenn Lukas die Handlung seines Geschichtswerks (vgl. Lk 1,5ff) dort beginnen läßt, wo zur Zeit der Abfassung seiner Monographie die Zeugnisse der Diskontinuität, gescheiterter Geschichte und verwüsteter religiöser Kultur am sichtbarsten sind: im Tempel von Jerusalem, dem inzwischen durch Krieg zerstörten Ort des immerwährenden Kultes, der Ausdruck der Hoffnung des Zwölfstämmevolkes und auch der Hoffnung der ersten Christen war und als solcher in Erinnerung bleibt«.

[142] P. MÜLLER 1994, 92. »Ein verstehendes Lesen der biblischen Schriften, das ist die Grundaussage, ist nur möglich, wenn der auferstandene Jesus den Sinn dafür aufschließt. Im Grunde wird dies auch für das Lesen des Evangeliums selbst vorausgesetzt. Sowohl in Lk 4,16ff. als auch in Apg 8,26ff. ist nicht alles gesagt, was Lukas sagen könnte, es sind Leerstellen vorhanden, die darauf warten, gefüllt zu werden von denen, die die Texte hören, lesen und ihren Glauben an Christus in den Lesevorgang mit einbringen. Dadurch und im Verbund mit der dargestellten Jesusgeschichte werden die biblischen Texte zu neuen Texten für die Gegenwart. Dieses Ziel verfolgt Lukas, indem er durch die Art der Zitierung oder durch verschiedene literarische Kunstgriffe die Leser in seine Erzählung mit hineinnimmt oder sie an den Entdeckungen der Jünger teilhaben läßt.« (ebd.).

[143] Vgl. etwa H. FRANKEMÖLLE 2005, 45: »Verstehen heißt lesen, was da steht; doch der Sinn selbst steht nicht da. Er wird durch den Leser konstruiert – im optimalen Fall gemäß den Leserlenkungen durch den Text.«

[144] F.-W. MARQUARDT 1997, 41f. (Hervorhebung im Text).

wobei er sich »einmal konkreter an die alttestamentliche Darstellung [hält] und das andere mal ... eine kontemporäre Interpretation der alttestamentlichen Tradition auf[greift].«[145] Um die Frage, wie diese Art des Umgangs mit bekannten Texten methodisch zu benennen und vor allem zu verstehen sei, herrscht in der neutestamentlichen Wissenschaft eine schon lang währende Auseinandersetzung. Nachdem die nach ihrer Blütezeit in der Alten Kirche Anfang des 20. Jahrhunderts von L. GOPPELT erneut vertretene typologische Auslegung, deren Schwerpunkt darauf lag, dass der Antitypos immer eine Überbietung des Typos darstelle,[146] massive Kritik erfahren hat, kam es in den letzten Jahren wiederholt zu Überlegungen, dass in den neutestamentlichen Darstellungen, näherhin im lukanischen Werk, vielmehr eine Nacherzählung in der Art eines Midrasch vorliege.[147] Allerdings ist auch gegenüber diesem sehr weiten Verständnis von Midrasch Vorsicht geboten:

> »Midrasch droht bisweilen zu einem Sammelbegriff für jegliche Verwendung des Alten Testamentes im Neuen zu werden. ... Die Bezeichnung Midrasch trifft den lukanischen Arbeitsstil nicht exakt. Ein Midrasch bleibt dem alttestamentlichen Text untergeordnet und ist zunächst vordringlich an dessen Auslegung interessiert. Lukas dagegen verwendet Typologien, nicht um vorrangig eine Auslegung des Alten Testaments anzustreben, sondern um eine Auslegung der neutestamentlichen Vorgänge auf dem Verstehenshintergrund des Alten Testamentes vorzunehmen. Ein weiteres Unterscheidungsmerkmal zwischen Midrasch und Typologien ist auch die Tatsache, daß beim Midrasch die midraschige Auslegung von dem geoffenbarten, alttestamentlichen Text unterschieden wird.[148] Bei Typologien muß dies aber nicht zutreffen, sondern es können Anspielungen auf alttestamentliche Typen ohne Textzitate erfolgen.«[149]

Nicht zuletzt aufgrund dieser Kritik plädiert EDGAR MAYER für ein Wieder- bzw. Neuentdecken der Kategorie Typologie für das exegetische Arbeiten, die er folgendermaßen definiert:

> »Eine Typologie ist die intendierte Ausrichtung auf Vorherbilder. Diese Vorherbilder oder Typen bestehen beispielsweise aus Gestalten, Einrichtungen oder Handlungsabläufen. Sie dienen als Verstehenshintergrund der entsprechenden Gegebenheiten oder Antitypen, die auf sie ausgerichtet sind. Die Vorherbilder oder Typen werden dabei zunächst in ihrem ursprünglichen Kontext (historischer oder literarischer Kontext) belassen und ernst genommen, aber die

---

[145] E. MAYER 1996, 49.

[146] Vgl. ders. 1939. Zur Auseinandersetzung mit der Kategorie ›Typologie‹ und ihrem Wert für die gegenwärtige exegetische Diskussion verweise ich auf K.-H. OSTMEYER 2000, der zum einen die Geschichte der Überzeugung, Inhalt der Typologie sei die Überbietung, knapp referiert (ebd., 234) und zum anderen gegen dieses – so seine Überzeugung – Missverständnis die These aufstellt: »Τύπος bezeichnet gerade nicht einen Unterschied zwischen den in Beziehung gesetzten Größen, sondern steht für die Identität der Vergleichsaspekte. ... Ein überbietender oder überbotener τύπος ist eine contradictio in adjecto.« (ebd., 233). H. HAAG (ders. 1977) plädiert angesichts der langen Geschichte der Fehlinterpretation des Begriffs dafür, diesen in Zukunft zu vermeiden und bezieht sich dafür unter anderem auf G. FOHRER 1972, 15.

[147] So zu Lk 1–2 z.B. C. JANSSEN 1998, 82f.

[148] MAYER beruft sich hier auf G. STEMBERGER 1983, 22: »Formal am auffälligsten im Vergleich etwa zur innerbiblischen Auslegung ... ist die klare Trennung von geoffenbartem Bibeltext und Auslegung.«

[149] E. MAYER 1996, 48f. C.A. EVANS/J.A. SANDERS 1993 differenzieren daher zwischen ›Midrash‹ und ›midrashic‹ im Sinne von ›midraschähnlich‹; letzterem lassen sich ihrer Ansicht nach die Evangelien in einigen Punkten zurechnen: »It is far better to say that the Gospels are midrashic, better still to say that they contain midrash and are in places midrashically driven.« (ebd., 3). Die von ihnen vorgestellte (ebd., 4ff) und z.B. bei J.A. SANDERS 1993a angewandte Methode des ›comparative midrash‹ unterscheidet sich in zweierlei Hinsicht von der klassischen ›history of interpretation‹: Erstens liegt der Schwerpunkt weniger auf der Betonung der unterschiedlichen Interpretation, die eine bestimmte Schriftpassage in verschiedenen nachbiblischen Bearbeitungen erfahren hat; zentral ist anstelle dessen »the role an authoritative tradition, whether or not actually quoted or cited as Scripture, played in the life and history of Judaism and Christianity.« (ebd., 10) Zweitens konzentriert sich ›comparative midrash‹ auf die Art und Weise, in der die Tradition den aktuellen Bedürfnissen der jeweilige Gemeinschaft angepasst wird (ebd.).

Korrespondenz zwischen Typen und Antitypen kann dann vor allem bei den neutestamentlichen Autoren noch eine intensivere Interpretation erfahren«.[150]

Dabei ist mit KARL-HEINRICH OSTMEYER daran festzuhalten, dass typologische Strukturen, wie sie im Neuen Testament Verwendung finden, gerade nicht zwangsläufig auf Überbietung zielen, dass das Moment der Überbietung vielmehr zunächst der Typologie fremd ist, da diese eher darauf zielt, den Wert des ›Neuen‹ zu verstehen bzw. ihm überhaupt Wertschätzung zukommen zu lassen:

> »Der Stellenwert der ntl. Aussagen kann … durch Parallelisierungen deutlich gemacht werden. Die Gültigkeit eines ntl. Motivs wird untermauert durch seine Teilhabe an einer Figur des AT«.[151]

Damit ist die ersttestamentliche Parallele also aufgrund ihrer verbürgten Autorität diejenige, die den neu erzählten Geschichten erst zu eigener Bedeutung verhelfen kann, da sie ihnen den Mangel dessen nimmt, das ›noch nie da war‹.[152] Mit dieser Bewertung, diesem Zurechtrücken des Verhältnisses von Schrift und Neuem Testament kehrt die gegenwärtige Diskussion letztlich wieder an den Punkt zurück, an dem die neutestamentlichen Schriften ihren Anfang fanden.

4.6 Lesen als produktiv-kreatives Tun

Jedes Lesen ist ein kreativer Prozess, jede Lektüre ›schafft‹ das Gelesene in gewisser Weise neu. Für jedes Lesen, das mit eigenem Schreiben einher geht (wobei kein Schreiben ohne Lesen möglich ist[153]), gilt dies desgleichen und noch stärker. Indem Lukas Exodus liest, liest er die Geschichte, von der er erzählen möchte:[154] die Geschichte Jesu, des Gesalbten Gottes. Und so erzählt er diese Geschichte als Übersetzung der Befreiungsgeschichte ins Messianische.[155] Die Tatsache, dass für Lukas die Erinnerungsfigur ›Exodus‹ eine derart überragende Bedeutung hat, dass er sie in messianisch-aktualisierender Lektüre nacherzählt, zeigt – vor allem angesichts der

---

[150] Ebd. 49. Vgl. zur aktuellen Diskussion um den Begriff ›Typologie‹ auch R.I. DENOVA 1997, 92–95.

[151] Ders. 2000, 235 (s. auch oben Anm. 144). S.A. NITSCHE fasst die Entwicklung des Arbeitens mit Typologien in der Alten Kirche folgendermaßen zusammen: »Die Typologie war aus der Entdeckung der eigenen, christlichen Position in den alttestamentlichen Texten entstanden. Die Möglichkeit, das Schicksal Jesu mit Hilfe der Heiligen Schriften als das des Christus zur Sprache zu bringen, war in den Anfängen die einzige Chance, sich innerhalb des jüdischen Diskurses zu behaupten. Schon bald aber erfuhr die Argumentationsrichtung eine Kehrtwende. Es ging nicht mehr länger darum, die Berufung auf Jesus als den Christus im Rahmen der Tradition als akzeptierbar zu erweisen. Vielmehr wurde jetzt umgekehrt das Christusereignis zum Schlüssel für die einzig legitime Aneignung der Schrift. Diese Argumentation wurde dann mit Hilfe der aus der Homerexegese entlehnten Allegorese so lange weiter ausgebaut, bis ein geschlossenes Weltdeutungsgebäude entstanden war, in dem jedes Teilstück der LXX seinen von Christus her definierten Ort zugewiesen bekommen hatte.« (ders. 1998, 326).

[152] S. dazu neben den Ausführungen im nächsten Unterpunkt auch u. S. 392f.

[153] K. STIERLE kann daher formulieren, dass im Lesen der eingespielte bzw. eingewobene Text »auch gar nicht als Text hereingespielt [wird], sondern als Erinnerung an die Lektüre eines Textes, das heißt als angeeigneter, umgesetzter, in Sinn oder Imagination überführter Text.« (ders. 1983, 17).

[154] Dabei ist für ihn – ähnlich wie für die Rabbinen – die Auslegung frei, die Schrift darum umso mehr gebunden; mit P. WICK 2002, 88: »Der neutestamentliche Umgang mit der Schrift ist dem der Rabbinen viel ähnlicher als dem philonisch-platonischen. Eine Hinwendung zu einem solchen schöpferischen Schriftgebrauch wäre deshalb ein großer Schritt, sowohl zurück als auch in die Zukunft nach dem Motto: ›Back to the future‹ oder ›ad fontes in die Postmoderne‹. Pluralität und Partikularität des Lebens lassen sich von einem solchen Umgang mit dem Text her viel eher durchdringen. Der Verzicht auf die postulierte Einheit allen Seins führt zum Gewinn von Vielheit.«

[155] Dabei kommt dem Erzählen, der narrativen Weitergabe von Erfahrungen grundsätzlich höchste Bedeutung zu: »Das, was wir *menschliche Identität* nennen können, bildet sich … in einem *narrativen Horizont* heraus, indem menschliche Erfahrungen, die sich zu Geschichten verdichten, mit einem vorgängigen Traditionsbestand an Geschichten zu einer individuellen Lebensgeschichte verschmelzen« (A. GRÖZINGER 1991, 156; Hervorhebung im Text).

tiefen Vertrautheit, der genauen Kenntnis, die aus der Art seiner Rezeption spricht! –, dass für ihn die Verortung des Geschehens von Kreuz, Auferstehung und (Über)-Leben der neuen Gemeinschaft in der Geschichte Israels die Vergewisserung seiner eigenen Geschichte ist. Das, wovon Lukas erzählt, ist damit nichts Neues, nie Dage-wesenes: Gerade die Tatsache, dass er die in seiner Gegenwart (bzw. nahen Ver-gangenheit) erlebte Befreiung in der Sprache der zentralen Befreiungserfahrung Israels ausdrückt, zeigt, dass hier kein Kategorienbruch, kein Überbieten des ›Alten‹ und ›Vergangenen‹ vorliegt. Ich möchte mit meiner Untersuchung zeigen, dass Lukas in der Vergewisserung der Geschichte, im Verankern der eigenen Geschichte innerhalb der Befreiungsgeschichte seines Volkes, eine Sprache findet, die ihm Bilder und Motive, Erzählstrukturen und theologische Grundaussagen liefert, um seinem Anliegen gerecht zu werden: dem Erzählen von der in Jesus, dem Gesalbten JHWHs, sich vollziehenden und vollzogenen Befreiung.

Jede erzählende Lektüre setzt eigene Schwerpunkte, wählt aus dem vorliegenden Material aus, verändert, fügt hinzu und lässt gegebenenfalls etwas weg.[156] Die Erin-nerung, das anamnetische Erzählen hat nicht das Ziel, ›Geschehenes‹ in fest gefügter, nicht veränderbarer Form zu reproduzieren, sondern ist zu verstehen als »eine Art produktiver Rezeption ..., die immer wieder eine Erinnerung im Sinne einer neuen ›Begegnung‹«[157] ermöglicht.

> »Der Poet empfindet das Geschehen nach, er übersetzt es in die neue Zeit; demnach sieht er seine Aufgabe in der Aktualisierung des alten Stoffes.«[158]

So hielt schon GERHARD VON RAD fest, dass die biblische Überlieferung

> »in der Herausführung aus Ägypten ... für alle Zeiten die Gewähr, die unverbrüchliche Bürgschaft von Jahwes Heilswillen, gesehen [habe], etwas wie eine Garantie, auf die sich der Glaube in Zeiten der Anfechtung berufen konnte.«[159]

Lukas stellt sich mit seiner Darstellung in die zu seiner Zeit schon lange Kette der-jenigen, die im Exodus die Grundlagen formuliert sahen und erlebten, die ihnen Deutungspotential für ihre eigene Situation, ihre Erfahrungen, Nöte, Wünsche und Träume gaben.

4.7   Zur weiteren Lektüre der Lektüre einer Lektüre[160]

Die vorliegende Untersuchung bildet ein weiteres Glied in einer Kette von Lektüren;[161] sie steht ebenso unter dem Eindruck erst- wie neutestamentlicher Texte

---

[156] Mit A. GRÖZINGER 1991: »Jede neue Generation kann im Medium dieser Geschichten [ihre] eigene Erfahrung artikulieren und tradieren. Auf diese Weise verändert und erweitert sich der Bestand dieser Geschichten, ohne daß damit die alten Geschichten überflüssig würden. Gerade, weil es die alten Geschichten gibt, kann es neue Geschichten geben.« (a.a.O., 156).

[157] M. HELLMANN 1992, 147. S. auch E. WAINWRIGHT 1997, 453: »gospel stories are interlaced with language, allusions and texts from the Scriptures of their communities of production, the most predominant of these resources being the Hebrew Bible or Jewish Scriptures. This ›use‹ of texts, however, is not simply a literary interweaving; it participates in the interaction between the producers of the new text and their cultural context, so that cultural codes and cultural traces likewise interlace the gospel narrative.«

[158] Ebd., 232, Anm. 226. HELLMANN stützt sich in ihren Beobachtungen zur Archetypik von Mythen und Bildern auf BLOCH: »Die hier gemeinte Wiederkehr ist eine schlechthin autochthone; die Freiheit selber kann nicht umhin, Bilder aus dem Auszug aus Ägypten, aus der Zerstörung Babels, aus dem ›Reich‹ der Freiheit in sich vorzufinden.« (E. BLOCH 1968, 314).

[159] G. V. RAD 1968, 177.

[160] Die Überschrift lehnt sich an den Untertitel von STEFAN ARK-NITSCHES ›David gegen Goliath‹ (1998) an; dieser lautet: ›Die Geschichte der Geschichten einer Geschichte‹.

wie auch der Rezeption der Generationen von Theologietreibenden zwischen den biblischen Texten und meiner Gegenwart und damit auch der Lektüre wissenschaftlicher theologischer Gegenwartsliteratur.

Um dieser Einsicht in den auslegenden Charakter von Lektüre/n in eigenen Erzählungen Rechnung zu tragen, stellen ›Erzählungen‹, in diesem Fall: narrative Auslegungen, einen nicht geringen Teil meiner Arbeit dar. Auslegungsfragen sowie die Diskussion von (exegetischen) Einzelfragen sind in den Prozess des Nacherzählens integriert. Der Erzählfluss der Texte bestimmt die Art der Auslegung – nicht ein mögliches methodisches Raster die an den Text herangetragenen Fragestellungen. Es geht so letztlich darum, ›biblisch‹ Bibel zu lesen, also die immanenten Leseanweisungen, die Sorgfalt, mit der bestimmte Schlüsselwörter wiederholt, mit der Einschnitte markiert werden, auf der Ebene des Endtextes ernst zu nehmen und für das eigene Verstehen fruchtbar zu machen.

Die oben angesprochene Weite und Vielfältigkeit gegenwärtigen exegetischen Forschens bietet eine Chance, die gerade darin bestehen könnte, sich nicht mehr in Extremen zu bewegen, von einem ›Kampf der Methoden‹ abzurücken. So wäre es doch z.B. für die Problematik der Frage nach dem Geschichtsbegriff der Apostelgeschichte ein vielversprechender Ansatz, zur längst bekannten Differenzierung von Historie und Historismus zurückzukehren. Um es mit Worten TYSONs aus dem eingangs erwähnten Aufsatz zu sagen:

»[O]ne could have an interest in the historical dimensions of Acts without raising questions about its accuracy. When I ask if we are moving back to history, I do not ask about historicity but rather about the historical and social context within which Acts was written and first heard or read.«[162]

In meiner Arbeit kombiniere ich daher synchrone und diachrone Fragestellungen; um einem facettenreichen Gebilde wie der jüdischen Relektüre der Exodustradition in der nachersttestamentlichen Zeit auf die Spur zu kommen, besteht ja womöglich gar keine Not, sondern in der Tat eine Tugend darin, dieser Vielgestaltigkeit mit einer ebenso vielfältigen Methodik zu begegnen.[163]

---

[161] So auch P.D. MISCALL 1995, 257: »However, I, this reader of so many texts, biblical and critical, am also a writer who is writing yet another text, who is weaving yet another fabric or tissue (the individual reader of this article can decide which) from the threads of so many other texts.«

[162] J.B. TYSON 2003, 39. Vgl. auch D.L. BOCK 1994, 284, der sein eigenes Vorgehen als Mischung zwischen intertextueller und literaturgeschichtlicher Arbeitsweise versteht und diese Mischung bewusst gegen die strikte Trennung und Entgegensetzung von diachroner und synchroner Exegese setzt: Er spricht der intertextuellen Auslegung die Richtigkeit ihrer Beobachtung zu, »that a text has a life (or a voice) beyond its original author.« Von dort aus kann er fortfahren: »When it [der Text; K.S.] is reused, new meaning results simply because of the application of the text into a new context. This extends the message of the original text. An author sets the parameters for helping the reader appreciate the nature and force of his or her use of the Scripture, but he or she also assumes the cultural expectations of his or her audience. This means that both literary features and an awareness of historical context, where it is possible to determine, can inform usage and meaning. In terms of method I refuse to allow the dictatorship of any one approach to our study of the text.«

[163] ERICH ZENGER spricht sich im Hermeneutikkapitel der von ihm mit anderen konzipierten ›Einleitung in das Alte Testament‹ für eine »Hermeneutik der kanonischen Dialogizität« aus, der es darum gehen müsse, »die intertextuell erkennbaren Textbezüge zwischen erst- und neutestamentlichen Texte in einen offenen ›kanonischen‹ Dialog zu bringen« und damit »den ›zitierten/eingespielten‹ ersttestamentlichen Prätexten wieder ihr ›Eigenleben‹ zurück[zu]geben, indem diese in ihrem ursprünglichen Sinn gelesen werden, und ein produktives, kontrastives ›Schriftgespräch‹ zwischen beiden Teilen der einen christlichen Bibel [zu] initiieren.« (ders. 2001, 21).

5.   Lukas liest Exodus – welcher Lukas?

Indem ich aufzeige, wie Lukas Exodus als zentrales Moment der Geschichte und damit Identität Israels als Basis seines eigenen Schreibens liest, wollen diese Uberlegungen zugleich einen Beitrag zu der in den letzten Jahrzehnten immer kontroverser diskutierten Fragestellung nach der Intention des lukanischen Werkes sowie dem (sprachlichen, politischen wie auch theologischen) Milieu des Lukas und seiner Adressatinnen- und Adressatenschaft leisten. Wenngleich das Ziel dieser Untersuchung nicht primär in einleitungswissenschaftlichen Erkenntnissen liegt, hoffe ich also dennoch aufzeigen zu können, dass mit der Perspektivierung auf Lukas als Exodus-Leser zugleich deutlich wird, wie sehr die politisch-sozial-kulturelle Einordnung eines antiken Autors und seines Werkes von den Vorentscheidungen gegenwärtiger Wissenschaft beeinflusst ist.[164]

5.1   Skizzen zum dieser Arbeit zugrunde liegenden Bild vom ›Auctor ad Theophilum‹

Gegen die lange Zeit nahezu unangefochten vertretene These, bei dem Auctor ad Theophilum handele es sich um einen gebildeten Heidenchristen,[165] für den die Trennung von ›Synagoge und Kirche‹ längst abgeschlossen war, schließe ich mich mit meiner Untersuchung der Gruppe derjenigen an, die den exemplarischen Autor Lukas im jüdisch-hellenistischen Kontext verorten und ihn als christusgläubigen Juden verstehen:[166]

> »Lukas der hellenistische Geschichtsschreiber – ja; Lukas der Heidenchrist – nein. Vielleicht erscheint manche Passage seines Doppelwerkes doch noch einmal in neuem Licht, wenn sie unter der Voraussetzung gelesen wird, die alle Wahrscheinlichkeit für sich hat: Lukas der Judenchrist.«[167]

In der gegenwärtigen Diskussion ist allerdings bereits der Terminus ›Judenchrist‹ eigentlich nicht mehr sachgemäß, liegt bei diesem die Betonung doch nach wie vor auf dem Status ›Christ‹, während das vorangestellte ›Juden‹ nur einen Hinweis auf das Herkunftsmilieu liefert. Zutreffender ist wohl, sich Lukas (und mit ihm viele andere) als christus- oder besser noch jesusgläubigen Juden vorzustellen.[168]

---

[164] T. PENNER zeigt in seiner im Jahr 2004 publizierten Untersuchung, wie sehr gerade die Lektüre der ›Hellenisten‹-Perikope Apg 6,1–8,3 das Selbstverständnis moderner neutestamentlicher Wissenschaft wie auch WissenschaftlerInnen entscheidend beeinflusst (vgl. dazu den aufschlussreichen Forschungsüberblick ebd., 1–59): »In many respects, the treatment of the Hellenists and Stephen in modern New Testament scholarship is a microcosm of the larger issues surrounding Acts interpretation as a whole. Modern academics may attach an overinflated importance to the Hellenists, but what they have come to represent more broadly in the study of Christian origins and in the study of Acts is, if anything, underappreciated. The small narrative unit of Acts 6:1–8:3 has a direct bearing on how one interprets history, understands Christian origins, and grounds New Testament theology.« (ebd. 57).

[165] So etwa noch S. SCHULZ 1963, 104; E. LOHSE 1976, 96; W.G. KÜMMEL 1983. Auch D.R. SCHWARTZ 1996, 273 sieht Lukas als Nicht-Juden.

[166] Schon seit längerem treten etwa T. VEERKAMP (ders. 1979, 49) und E.E. ELLIS (ders. 1966, 52ff) für ein solches Verständnis des Lukas ein. In jüngerer Zeit findet sich diese Überzeugung u.a. bei W. STEGEMANN 1994, 218; E. REINMUTH 1994, 131f.; W. ECKEY 2004, 45;

[167] P. V.D. OSTEN-SACKEN 1984, 9.

[168] Mit J.A. SANDERS 1993, 19. Dezidert auch R.I. DENOVA 1997, 225: »Luke's arguments are put forth on the basis of Jewish Scripture, various Jewish eschatological views that are relevant to Gentile inclusion, and on the premise that salvation is only found within the context of Jewish principles. …

Darum geht es schließlich letzten Endes: Die Texte, die wir auszulegen haben, sind jüdische Texte, sie sind von Menschen verfasst, die sich selbst an keiner Stelle als ›nicht-mehr-jüdisch‹ bezeichnen, die sich zwar von der Mehrheit der Jüdinnen und Juden durch ihr Vertrauen auf den Messias Jesus unterscheiden, die aber ihre Geschichte und ihre Überzeugung von Gottes Eintreten für Israel mit ihren anderen jüdischen Geschwistern teilen.

Nicht nur der Verfasser, auch die meisten Protagonistinnen und Protagonisten sind Jüdinnen und Juden – als solche werden sie jedenfalls von ihrer Umgebung wahrgenommen, wie etwa die in Apg 16,20f. gegen Paulus und Silas vorgebrachte Anklage verdeutlicht: »*Diese Männer wiegeln uns die Stadt auf – sie sind Juden, sie machen Bräuche bekannt, die wir unmöglich annehmen oder ausüben können, weil wir Römer sind.*«

Aus der Verkündigungstätigkeit der beiden geht also für Außenstehende ihre Identität eindeutig hervor.[169] Selbiges gilt für ihre Selbstwahrnehmung, wie etwa Paulus vor Augen führt, wenn er in seiner Verteidigungsrede vor dem römischen Statthalter Felix seine Treue zur Schrift beschwört: *Ich versichere dir dies: Entsprechend dem Weg, den sie Sekte nennen, geradeso diene ich dem Gott der Vorfahren, indem ich auf das vertraue, was in der Tora und in den prophetischen Schriften geschrieben ist* (Apg 24,14). Und auch in ihrer Interpretation der Bedeutung Jesu wissen sich seine Anhängerinnen und Anhänger von der Schrift getragen,[170] sehen seine Bedeutung in der Schrift grundgelegt, eine Bedeutung, die Israel *und* den Völkern[171] zugute kommt – mit den Worten des Paulus vor Agrippa und Festus: *Weil ich Hilfe von Gott erlangt habe, stehe ich bis zum heutigen Tag und bezeuge* (Apg 26,23). Diese knappen Beobachtungen lassen Implikationen für das gesamte lukanische Doppelwerk zu, wie MICHAEL WOLTER sie beschreibt:[172]

In my view, this type of argument strongly suggests that the ethnic background of the author of Luke-Acts is Jewish, and that he presented arguments that were of some importance to Jews.«

[169] Ebendies wurde zuvor schon durch die wahrsagende Sklavin ausgedrückt, wenn sie – offensichtlich ohne Paulus und Silas predigen gehört zu haben – ruft: *Diese Männer sind Diener des höchsten Gottes, die euch einen Weg zur Befreiung verkündigen.* (Apg 16,16). Vgl. auch Apg 18,12–17; 19,23–40; 23,29; 25,19. »Welchen Eindruck Lukas seinen Lesern damit vermitteln will, ist klar: Paulus und die Juden sitzen im Kontext der heidnischen Öffentlichkeit in ein und demselben Boot.« (M. WOLTER 2004, 276f., Zitat 277). Ähnlich R.I. DENOVA 1997, 20; D.W. PAO 2002, 63f., der allerdings die Abgrenzung in der internen Auseinandersetzung gerade gegen diese Außenwahrnehmung betont.

[170] Dazu unten S. 62f.

[171] Immer in dieser Reihenfolge aufgeführt.

[172] In der Einschätzung der Besonderheit Israels inmitten der Weltvölker stimmt Lukas unter anderem mit Ps-Philo überein. Vgl. dazu neben E. REINMUTH 1994, 132–137 für das lukanische Werk J. JERVELL 1991 und W. STEGEMANN 1991b, wobei seinen Schlussfolgerungen, dass sich die lukanische Rede vom ›Licht der Völker‹ in allen drei Fällen (Lk 2,32; Apg 13,47; 26,23) auf die Auferstehung bezieht, in dieser Einschränkung nicht unbedingt zu folgen ist; hier findet vielmehr die umfassendere Aufgabe und Verantwortung Israels für die Völkerwelt einen Ausdruck. In gleicher Weise, wie Lk zwischen λαός als Bezeichnung, die bis auf zwei Ausnahmen (Apg 15,14; 18,6) nur für Israel gebraucht wird (dass auch der Plural λαοί in Lk 2,32 sich auf die Stämme Israel(s) bezieht, hat W. STEGEMANN 1991b, 89f. nachgewiesen), und der Bezeichnung ἔϑνος bzw. ἔϑνη für die Nationen aus der Völkerwelt unterscheidet, differenziert Ps-Philo zwischen *populus (meus)* und *gentes*. Der LAB erwähnt die besondere Erwählung Israels einerseits als bereits protologischen Tatbestand (9,4; 28,4; 39,7; vgl. auch 32,15), andererseits als in der Befreiung aus Ägypten begründet (15,5f.; 30,2.5; 53,8). Mit der Erwählung Abrahams (7,4) geht im LAB sogar die Erwählung des Landes Kanaan einher. Während also bis zur Turmbaugeschichte die Weltvölker gemeinsam im Blick waren, gerät ab dem Moment der Erwählung Abrahams die »Geschichte der heidnischen Menschheit aus dem Blickwinkel des Autors. Dagegen steht jetzt die ... Erwählungsgeschichte Israels im Mittelpunkt; das Volk Gottes steht nun den Heidenvölkern gegenüber.« (E. REINMUTH 1994, 133) Das weitere Ergehen dieser ›Heiden‹völker wird von Ps-Philo nicht eigens thematisiert.

»Lukas [richtet] seine Darstellung durchgängig am Gegenüber von Israel und den Völkern bzw. von Juden und Heiden aus …. Diese Kollektiva setzt Lukas dominant und ordnet ihnen alle anderen Merkmale, die Menschen auch noch kennzeichnen können, nach. Die gesamte Menschheit wird – wie die Wirklichkeit überhaupt – erst einmal durch die jüdische Brille gesehen, und das bedeutet natürlich, dass Jesus im ersten Buch, dem Lukasevangelium, ebenso auf die jüdische Seite gehört wie seine Zeugen im zweiten Buch, der Apostelgeschichte.«[173]

Für die lukanische Geschichtsschreibung unter Berücksichtigung ihrer Darstellung der Weltvölker ist besonders Apg 14,15–17 ausschlaggebend:

Wir sind Gleichempfindende wie ihr und verkünden euch Gutes, dass ihr euch von diesen nutzlosen Dingen weg- und damit hinwendet zum lebendigen Gott, der den Himmel, die Erde und das Meer und alles, was in ihnen ist, gemacht hat, der in den vergangenen Generationen alle Weltvölker hat in ihren (eigenen) Wegen gehen lassen und dennoch nicht sich selbst unbezeugt gelassen hat, indem er Gutes getan hat, indem er euch vom Himmel Regen gab und fruchtbare Zeiten,[174] indem er eure Herzen mit Nahrung und Freude angefüllt hat.

Die Weltvölker sind dadurch gekennzeichnet, dass sie ›nutzlosen‹ Gottheiten dienen (vgl. auch Apg 17 und 7,29f., wo Idolatrie zum bestimmenden Kennzeichen der ägyptischen Nation wird), und dadurch, dass JHWH sie *ihrer Wege hat ziehen lassen,*[175] ihre Geschichte also in direktem Gegensatz zur Geschichte Israels nicht durch das Mitsein JHWHs geprägt ist, da ihnen ja nicht zuletzt die Verheißungen fehlen, die (nicht nur) für Lukas Israels Geschichte bestimmen.

»Natürlich haben auch die anderen Völker irgendwie eine Geschichte, aber eine fast leere. Denn die Vergangenheit aller Völker, sozusagen en masse, ohne Israel, ist durch die Abwesenheit Gottes charakterisiert. Gott ist nicht in ihrer Geschichte tätig, sie wurden sich selbst überlassen.«[176]

Die Einsicht in diese die lukanische Darstellung bestimmende Differenzierung zwischen Israel als ›dem Volk‹ und den Weltvölkern ermöglicht zugleich Rückschlüsse auf die intendierten Adressatinnen und Adressaten des Doppelwerks: Angesichts der dargestellten eindeutigen Bezugnahme auf jüdische Tradition und jüdisches Selbstverständnis ist davon auszugehen, dass Lukas keine Gruppe vor Augen hatte, die aus einem nicht-jüdischen Kontext stammte. Vielmehr wird es sich

---

Dreh- und Angelpunkt seiner Geschichtsdarstellung ist – analog zur biblischen Geschichtsschreibung – das Ergehen Israels.

[173] M. WOLTER 2004, 283. So auch M. SALMON 1988, 80 im Rahmen ihrer Überlegungen zu den Kategorien ›insider‹ und ›outsider‹ im lukanischen Werk: »»Gentile‹ means ›not Jewish‹. The designation itself reflects a Jewish perspective of the world … I think Christians frequently identify with the Gentiles in reading the New Testament, reading ›Gentile‹ as a synonym for ›Christian‹. This interpretation misses the point that the term ›Gentile‹ is relevant within Judaism. Once we move outside a Jewish matrix to a situation where the church is predominantly non-Jewish, the label ›not Jewish‹ is irrelevant. It is relevant to Luke, however, and I think that this relevance suggests that he views the world from a Jewish perspective.« J. SCHRÖTER 2004 geht für die Zeit des Lukas von einer deutlich »heidenchristlich geprägten Kirche« (ebd. 306) aus, sieht also die in Lk 1–2 getätigten christologischen Aussagen im Verlauf des lukanischen Doppelwerkes in entscheidender Hinsicht modifiziert: Zwar käme inhaltlich Israel nach wie vor an erster Stelle, chronologisch sei jedoch zunächst die Zeit der ›Heiden‹ angebrochen. Diese sei jedoch nur dem göttlichen Plan einer vorläufigen Verstockung Israels geschuldet, die Einlösung der Hoffnungen Israels stehe als eschatologische Verheißung für Lukas unverändert im Raum. »Der lukanischen Konzeption vom Volk Gottes zufolge werden die Heiden also in dieses aufgenommen, ohne dabei an die Stelle Israels zu treten und dieses damit aus dem Gottesvolk zu verdrängen. Derartige ›Enterbungstheorien‹, wie sie seit dem zweiten Jahrhundert immer wieder begegnen, können sich nicht mit Recht auf die lukanische Sicht berufen.« (ebd. 307).

[174] Die Bezeugung JHWHs durch Regen und Zeiten der Fruchtbarkeit des Bodens (Apg 14,17) hat eine Parallele in LAB 4,15: »Beide Texte stimmen in der Voraussetzung überein, daß die Heiden Gott an der Gewährung von Regen und Fruchtbarkeit wahrnehmen können.« (E. REINMUTH 1994, 135).

[175] Ähnliche theologische Voraussetzungen finden sich z.B. in LAB 13,9; 18,3; 22,3; 27,12; 49,3.

[176] J. JERVELL 1991, 17.

um eine Gruppe handeln, die aus Jüdinnen und Juden, Menschen, die zum Judentum übergetreten sind und sogenannten ›Gottesfürchtigen‹ zusammengesetzt ist.[177]

Das wird unter anderem daran ersichtlich, dass Lukas sich nicht nur selbst als versierter Kenner der Schrift erweist, sondern auch von denjenigen, die sein Werk hören oder lesen, profunde Schriftkenntnis und Vertrautheit mit der Tradition erwartet.[178]

Ich möchte mit meiner Arbeit also einen Beitrag dazu leisten, das lukanische Doppelwerk als jüdisches Buch des ausgehenden ersten Jahrhunderts christlicher Zeitrechnung zu zeigen, als ein Buch, in dem – wie in den letzten Jahren vermehrt beobachtet – weniger die lange Zeit als zentrales Thema betrachtete Frage der Parusieverzögerung im Zentrum steht als die Suche nach der eigenen Identität bzw. die Wahrung derselben.[179]

> »Lukas ist auf der Suche nach einer Identität für das Christentum, und er sucht sie innerhalb der symbolischen Sinnwelt des jüdischen Wirklichkeitsverständnisses, und genau daraus bezieht die lukanische Geschichtskonstruktion ihr spezifisches Profil. Ihr zufolge konstituiert sich die Identität des Gottesvolkes dadurch, dass Gott sich ihm immer wieder erwählend und rettend zuwendet.«[180]

Gegen die klassisch gewordene CONZELMANN'sche Dreiteilung der Zeit im lukanischen Doppelwerk (Zeit Israels/des Alten Bundes – Zeit Jesu – Zeit der Kirche),[181] konzentrieren sich Arbeiten neueren Datums vorwiegend darauf, den Kontinuitäts-

---

[177] Infolgedessen wird immer fraglicher, wie lange die These, die Abspaltung vom Hauptstrom jüdischen Denkens – anders formuliert: die Entstehung des Christinnen- und Christentums – sei im Zusammenhang der Ereignisse des Jahres 70 christlicher Zeitrechnung endgültig geworden, für Lukas liege diese Abspaltung mithin schon in der Vergangenheit, noch zu halten sein wird. Die Vorsicht, die z.B. MARTIN LEUTZSCH an den Tag legt, wenn er definiert, was er mit dem Ausdruck ›Urchristentum‹ meint, könnte ein guter Schritt sein: »Den Begriff ›Urchristentum‹ verwende ich hier locker für die ersten drei Generationen von Jesusanhängern und -anhängerinnen, ohne damit ursprungsmythische Wertungen zu verbinden oder terminologisch Vorentscheidungen treffen zu wollen, die sich auf die Wahrnehmung und Erforschung der Trennungsprozesse zwischen Christentum und Judentum beziehen.« (ders. 2004, 601).

[178] »The heavy use of biblical Greek and the frequent, sometimes subtle, allusions to the Greek Bible suggest that the implied readers have a more than superficial familiarity with the Greek scripture that enables them to recognize biblical allusions without direct quotations or explicit references« (W.S. KURZ 1993, 40). Gleichermaßen entschieden R.I. DENOVA 1997, 230f.: »Luke knew precisely where to look for the elements of his story. Far from being a ›recent‹ Gentile convert, such knowledge surely marks our author as someone steeped in the biblical traditions of Israel. Luke-Acts, we may conclude on the basis of a narrative-critical reading, was written by a Jew to persuade other Jews that Jesus of Nazareth was the messiah of Scripture and that the words of the prophets concerning ›restoration‹ have been ›fulfilled‹.« DENOVA sieht mit dieser Wahrnehmung des lukanischen Werkes auch die verbreitete Überzeugung von der 70 n.Chr. einsetzenden Trennung zwischen Juden- und Christentum in Frage gestellt und optiert vorsichtig für 135 n.Chr. (a.a.O., 230 m. Anm. 55). So auch L. SCHOTTROFF 1996a, 240–243; vgl. weiter M. MORELAND 2003, 295.

[179] Zur Frage der Identität im lukanischen Werk s. neben R. v. BENDEMANN 2001, 404ff schon MARSHALL 1983, 299; J. ROLOFF 1993, 205. Allgemeiner zum Abfassungsziel des lukanischen Werkes G. SCHNEIDER 1977; W. RADL 1988, 53ff. Zur Diskussion um das Genre des Doppelwerks vgl. R.I. DENOVA 1997, 81–87. Vgl. auch E. REINMUTH 1994, 247, der insbesondere zwischen lukanischem Werk und Ps-Philos LAB deutliche Parallelen sieht. Lukas wie Ps-Philo verfolgten »das Ziel, ... Geschichte reflektierend zu vergegenwärtigen und zu interpretieren; beiden geht es implizit um die Identität der intendierten Adressatenkollektive.«

[180] M. WOLTER 2004, 284. Ähnlich unter Bezugnahme auf N. DAHL 1976, 88 auch R.I. DENOVA 1997, 26: »The grand design for the strucural pattern of Luke-Acts was to continue the story of Israel into the life of Jesus and his followers.« Die Frage der Identitätsbildung als Motivation für das Verfassen des Doppelwerkes wirft auch G. GILBERT 2003 auf. Dezidiert gegen eine derartige ›Identitätssuche‹ bei Lukas wendet sich W. SCHMITHALS 2004, allerdings aufbauend zum einen auf der Betonung der Richtigkeit der Conzelmann'schen Dreiteilung der Geschichte und zum anderen auf seiner Überzeugung, zur Zeit des Lukas habe die Frage nach dem Miteinander von ›Israel und Kirche‹ keinerlei Rolle mehr gespielt: »Die Frage nach der Heilszukunft Israels ist für Lukas ohne Interesse.« (ebd., 249).

[181] H. CONZELMANN 1964, 9; 1968, 171.

wunsch des Lukas herauszustellen: Lukas schreibt als jüdischer Theologe[182] auch die Geschichten seines Doppelwerkes als »Epoche der Geschichte Israels«.[183] Die Zeit Israels ist also gerade nicht mit dem Auftreten des Täufers an ihr Ende (und/oder Ziel?) gekommen, sondern setzt sich wie mit anderen jüdischen Gruppen so auch mit Jesus und den neu entstehenden Gemeinschaften fort.[184]

Gerade der oft schon für einzelne Passagen des Doppelwerks[185] beobachtete Schreibstil der ›Septuaginta-Mimesis‹[186] dient der Vergewisserung der Leserinnen und Leser:

> »Lukas will auf diese Weise bei seinen Lesern ... die Imagination von Kontinuität hervorrufen, und zwar der Kontinuität zwischen der biblischen Vergangenheit Israels und den von ihm erzählten πράγματα [s. Lk 1,1; K.S.].«[187]

›Septuaginta-Mimesis‹ ist jedoch offensichtlich mehr als ein Schreibstil: Lukas ahmt ja gerade nicht nur eine bestimmte literarische Technik nach, sondern richtet seine

---

[182] Auch wenn H. MERKEL 1996, 125 ihm nur verminderte theologische Qualitäten bescheinigt: »Und Lukas weiß als Theologe – und das will er sein, selbst wenn er nicht die Tiefe eines Paulus oder Johannes erreicht hat [sic! K.S.] –, daß der erhöhte Christus seiner Gemeinde auch neue Wege weisen kann. Dieses eher abfällige Urteil ist offensichtlich der Tatsache geschuldet, dass auch Merkel noch darauf abhebt, die lukanische Theologie als quasi ›Schmalspurfassung‹ paulinischer Überzeugung zu zeichnen; vgl. etwa ders., a.a.O. 127: »Die Gleichsetzung von Rechtfertigung und Sündenvergebung wird man gegenüber Paulus als Verkürzung betrachten müssen«. Damit bewegt sich MERKEL innerhalb einer in der deutschsprachigen Exegese des letzten Jahrhunderts weit verbreiteten Einstellung gegenüber Lukas als Schriftsteller und Theologen, wie sie von M. HENGEL 2001, 340 so zusammengefasst wird: Lukas sei dieser Auffassung nach »ein phantasievoller, theologisch minderbemittelter Erbauungsschriftsteller, der Paulus massiv verfälschte«, gewesen. Vgl. auch seine Einschätzung der früheren und gegenwärtigen Acta-Forschung a.a.O., 367: »Nachdem in der kritizistischen Lukasforschung lange Zeit der Verfasser des Doppelwerks als ein theologisch relativ unreflektierter, naiv-harmonisierender Erbauungsschriftsteller heidnischer Provenienz mit einem gewissen oberflächlichen ›judaisierenden Firnis‹ dargestellt wurde, schlägt heute aufgrund neuer, sachlich durchaus richtiger Einsichten über den weitgehend jüdischen Charakter des frühen Christentums im 1. Jh. das Pendel nach der anderen Seite aus.«

[183] M. WOLTER 2004, 272. So auch J. JERVELL: »[D]ie Geschichte der Kirche ist die Geschichte Israels und niemals die Geschichte der Völker, ganz unabhängig davon, dass viele Heiden in der Kirche gewesen sind. ... Es gibt nur ein Gottesvolk, ein zweites kommt nie.« (Zitat 18) Ähnlich votieren z.B. G.E. STERLING 1992, 363; B.S. ROSNER 1993.

[184] Mit M. WOLTER, a.a.O., 272f., Anm. 59. Wenig später formuliert er: »Das lukanische Doppelwerk will ... seinem eigenen Selbstverständnis nach nichts weiter tun, als der Geschichte Israels ein weiteres Kapitel hinzuzufügen. Das heißt natürlich, dass für Lukas die ›Zeit Israels‹, wie Conzelmann aufgrund einer Fehlinterpretation von Lk 16,16 annahm, nicht lediglich bis zu Johannes dem Täufer reicht, sondern weit darüber hinausgeht. Das Auftreten des irdischen Jesus gehört ebenso zu ihr wie die Verkündigung der Christusbotschaft durch seine Zeugen. Und sie ist weder am Ende der Apostelgeschichte noch in der lukanischen Gegenwart vorbei.« (ebd., 278). Einen guten Überblick über die beiden Grundrichtungen der Acta-Forschung in den letzten Jahrzehnten hinsichtlich der Frage des ›Kirche und Israel‹ liefert J. SCHRÖTER 2004, 286–288.

[185] V.a. die Geschichtsrückblicke Apg 7; 13 und die sogenannte ›Vorgeschichte‹ (Lk 1–2) fallen klassischerweise unter diese Kategorie – allerdings ist hier festzuhalten, dass ein grundsätzlich anderer Blick auf das gesamte Werk diesen Stil noch sehr viel häufiger vorfindet.

[186] Vgl. A.-M. SCHWEMER 2001, 97; W. ECKEY 2004, 33; an keiner vergleichbaren Stelle zeitgenössischer jüdisch-hellenistischer Literatur, so M. REISER 2001, 54f., »ist die griechische Diktion so kunstvoll und abwechslungsreich mit stilistischen Eigenheiten der Septuaginta verschmolzen wie im lukanischen Doppelwerk.« Der Ausdruck ›Septuaginta-Mimesis‹ ist geprägt von E. PLÜMACHER; s. z.B. ders. 1972, 38; ders. 1978, 509; ders. 2000, 808. Allerdings sieht PLÜMACHER eine deutlich andere Zielrichtung, wenn er Lukas besorgt sieht »um die zweifelhaft gewordene Legitimität einer der Kontinuität zu ihren judenchristl. Anfängen und darüber hinaus zu Israel zunehmend ermangelnden heidenchristl. Kirche sowie um deren ungeklärtes Verhältnis zum röm. Staat.« (a.a.O.).

[187] M. WOLTER 2004, 273. Ähnlich R.I. DENOVA 1997, 210: »the allusions to Scripture function to bind the community to Israel in both books; there is no ›theological‹ change in the point of view in Luke's reading of the Jewish scriptures and the way he applies this interpretation in the Gospel of Acts. The story of Israel is an ever-present reality in the story of Jesus, just as the story of Jesus is an ever-present reality in the story of his disciples.«

Darstellung als ganze in Vokabular, Struktur und inhaltlicher Gestaltung – gerade auch in den Abschnitten des lukanischen Sonderguts – am Exodus aus.[188]

5.2 »Luke biblicizes recent history«[189] – Überlegungen zum lukanischen Geschichtsverständnis

> »Geschichtserinnerung vollzieht sich als Werk des Menschen im Zusammenhang seiner Handlungs- und Sinnorientierung.«[190]

Das lukanische Werk versteht sich selbst als Geschichtsschreibung,[191] wie schon der Prolog in Lk 1,1–4 deutlich vor Augen führt:[192]

Nachdem nun schon viele sich daran gemacht haben, eine Darstellung der Dinge auf die Reihe zu bringen,[193] die sich unter uns erfüllt haben – gerade wie sie uns diejenigen überliefert haben, die vom Beginn an Augenzeuginnen und -zeugen wie auch Dienerinnen und Diener des Wortes waren – schien es auch mir, nachdem ich allem vom Anfang her[194] sorgfältig nachgegangen bin, gut, es dir, verehrtester Theophilus, der Reihe nach zu schreiben, damit du die Zuverlässigkeit der Worte erkennen kannst, in denen du unterrichtet worden bist.

In ganz ähnlicher Manier äußert sich Josephus im Proömium der *Antiquitates*:

Von diesem Gesichtspunkt aus wolle der Leser dieses mein Werk beurteilen. … Denn alles ist in höchster Ordnung und naturgemäß dargestellt; einiges nach dem Sinne des Gesetzgebers nur angedeutet, anderes nur allegorisch ausgedrückt, endlich das klar und geordnet auseinandergesetzt, was eine volle Beleuchtung verdient. Freilich für diejenigen, die die letzten Gründe der einzelnen Dinge erforschen wollen, würde die Betrachtung zu ausgedehnt und zu philosophisch werden müssen, weshalb ich dies auf eine andere Zeit zu verschieben mir vornehme. (Ant 1,24f./0,4)[195]

---

[188] Zwar nicht gezielt auf eine Exoduslektüre, aber doch auf die engste Verbundenheit des lukanischen Schreibens mit der Schrift zielt auch R.I. DENOVA 1997, 22 ab: Lukas »is ›re-writing‹ the story of Jesus in light of the story of Israel found in Scripture.« Damit schließt sie sich der bei C.A. EVANS/J.A. SANDERS 1993 vertretenen Position ausdrücklich an.

[189] T. PENNER 2004, 140.

[190] J. v. OORSCHOT 2000, 26.

[191] T. PENNER 2004, 104–222 stellt verschiedene Ansätze zum Verständnis von Geschichtsschreibung in der Antike im Nebeneinander von griechischer, römischer und hellenistischer Geschichtsschreibung vor. Der jüdisch-apologetischen Geschichtsschreibung widmet er ein eigenes Kapitel (ebd. 223–261). Eine gute Zusammenschau der Forschung zur Apostelgeschichte hinsichtlich der Frage ihres ›Geschichtsbewusstseins‹ liefert J.B. TYSONs Untersuchung von 2003, die den sprechenden Titel ›From History to Rhetoric and Back‹ trägt. S. BYRSKOGs Beitrag im selben Sammelband stellt die Frage nach ›History or Story in Acts‹ und beschreibt die ›Wir-Passagen‹ der Apostelgeschichte als möglichen Mittelweg. Eine der wenigen, die auch im zweiten Teil des Doppelwerks keine Geschichtsschreibung sehen, ist MARIANNE PALMER BONZ. In ihrer 2000 veröffentlichten Untersuchung ›The Past as Legacy‹ benennt sie als Ziel des Doppelwerks die Schaffung eines Mythos, der sich an Vergils Aeneis orientiert.

[192] Zum Prolog des lukanischen Doppelwerks grundlegend L. ALEXANDER 1993; s. auch dies. 1998, 397; S. MASON 2000a, 274–278; B. ORTH 2002, 144ff; T. PENNER 2004, 219ff; S. BYRSKOG 2003, 280–283; S. HAGENE 2003, 24f. 29–37; J. GILLMAN 2002, 171–175. GILLMAN weist – unter Berufung auf J.F. FITZMYER 1981, 298 – darauf hin, dass das lukanische Anfangsversprechen, allem ›von Anfang an‹ nachgegangen zu sein, »the interpretative approach« sei, »echoed by the Emmaus Jesus who offers an interpretation ›beginning with Moses and all prophets‹« (a.a.O., 172). »Given Luke's interest in demonstrating how the Jesus event fulfills the Torah, it is likely that ›from the beginning‹ in 1,3 means neither from the birth of Jesus (thus the infancy narratives) nor from the public ministry of Jesus … but from the Torah.« (a.a.O., 172f.).

[193] Die Anregung zu dieser Übertragung des ἀνατάσσομαι verdanke ich einer ganz ähnlichen von G. JANKOWSKI 1981, 7.

[194] ἄνωθεν bedeutet wörtlich ›von oben‹; ›vom Anfang her‹ ist hier gleichbedeutend mit ›von Grund auf‹ und steht in direkter Parallele zu ἀπ' ἀρχῆς im voranstehenden Vers.

[195] Ganz ähnlich auch das Proömium zum *Jüdischen Krieg*, wobei hier besonders auffällt, dass Josephus wie Lukas ihre Werke mit einem sehr langen Satz beginnen (JosBell 1,9); mit S. HAGENE 2003, 50 m. Anm. 132. Einen Vergleich der didaktischen Anliegen des Josephus mit denen des Polybios von Megalopolis liefert B. ORTH 2002, 130–143. Auf die große Nähe zwischen Lukas und Josephus ist in

Lukas ordnet sich also in eine Tradition jüdisch-apologetischer Geschichtsschreibung ein,[196] der es darum geht, jüdisches Selbstverständnis im Ringen um ein Zusammenleben und Überleben mit und in der dominanten hellenistischen Kultur zu formulieren,[197] durchaus unter Einbeziehung und Aneignung auch hellenistischer Wertvorstellungen:

> »In line with Philo and Josephus, Luke is concerned to present the origins of the new community or politeia in continuity with its Jewish heritage and in a manner consonant with Greco-Roman values and perspectives.«[198]

In keinem dieser Zeugnisse antiker Historiographie geht es darum, eine ›objektive‹ Darstellung von Fakten zu liefern. Zwar können natürlich auch in der lukanischen Geschichte reale ›Fakten‹ enthalten sein, zentral aber ist, dass Lukas ein bestimmtes ›Geschichtsbild‹ vermitteln will, seine bzw. die ihn prägende Sichtweise der Geschichte. Und damit steht er wiederum in allerbester Gesellschaft, denn wie schon M. WOLTER zutreffend bemerkte, lässt sich H.J. GOERTZ' Charakterisierung »Genaugenommen ist es nicht Geschichte selbst, die vom Historiker beschrieben wird, sondern das Bild, das in seiner Vorstellung von Geschichte entstanden ist«,[199] auf jede Geschichtsschreibung anwenden.[200]

---

der Forschung wiederholt hingewiesen worden. »Neben dem historiographischen Interesse verbindet Josephus und Lukas auch das Randgruppendasein. Sie schreiben Geschichte, um ihrer Umwelt Inhalte und Werte der Gruppe nahezubringen, der sie angehören.« (S. MASON 2000a, 272). Beide teilen zudem die schwierige Aufgabe, so MASON a.a.O., 294, ihre Gruppe als eine darzustellen, die, obgleich der Anschein ein ganz anderer ist, im Grunde nicht gefährlich ist: »Muß Josephus über den jüdischen Aufstand gegen Rom Rechenschaft ablegen, so steht Lukas vor der Aufgabe zu erklären, warum die Christen jemanden verehren, der von einem römischen Statthalter zum Tode verurteilt worden ist.«

[196] Insofern stimme ich SILVIA HAGENEs religionsgeschichtlicher Einschätzung zu, wenn sie die Entwicklungen der neutestamentlichen Forschung der letzten Jahrzehnte zusammenfasst: »In religionsgeschichtlicher Perspektive muß die grundsätzliche Rede von einem in den Evangelien vorliegenden radikal neuen und unabhängigen Kerygma, das einen Bruch mit dem Vorangegangenen voraussetzt, relativiert werden: die stärkere Aufmerksamkeit, die den zwischentestamentlichen Apokryphen, den Qumranfunden sowie der zeitgenössischen hellenistischen Literatur im Kontext der Entstehung der neutestamentlichen Schriften entgegengebracht wird, verweist auf breite Traditionsströme, in deren Fahrwasser sich auch die sich emanzipierenden christlichen Gemeinden als eine Gruppe innerhalb des Frühjudentums bewegten.« (dies. 2003, 25). Einen Überblick über die Formen antiker Historiographie liefern neben anderen knapp U. BUSSE 1978, 51–62 unter Berücksichtigung der Elemente ›summarische Rahmung‹, ›Konzentration auf Einzelepisoden‹ und ›Einheit von Ort und Zeit‹ sowie G.E. STERLING 1992 im ersten Kapitel (1–19).

[197] Auch der LAB (s.u. Kap. II.5) nutzt wie Lukas die gängigen Methoden der Geschichtsschreibung. Vgl. E. REINMUTH 1994, 4–13. Er bezieht sich neben den schon von H. R. JAUSS genannten drei grundlegenden Funktionen des Fiktiven (fiktive Konsistenz; fiktive Setzung von Anfang und Ende; perspektivierende Darstellung; vgl. ders. 1982) v.a. auf die bei C. HARDMEIER (vgl. ders. 1990, 45ff) verhandelten Gestaltungsverfahren von Erzähltexten (Detaillierungs-, Kondensierungs- und Gestaltschließungszwang), deren Anwendung im LAB er im ersten Hauptteil seiner Arbeit nachweist (vgl. ebd., 27–130).

[198] T. PENNER 2004, 260. Allerdings stimme ich M. MORELANDs Vorbehalt zu, dass in dieser Identifizierung ein gewisser Anachronismus liegt, da zur Zeit der Entstehung des lukanischen Doppelwerks sicherlich noch nicht vom ›Christentum‹ als einer einheitlichen Größe ausgegangen werden kann; so ders. 2003, 295: »My basic premise is that at the time Acts was written there was no unified Christian phenomenon in existence for which the author could have been writing. Thus, it is anachronistic to assume that Luke made a general apology for Christianity such as Josephus made for Judaism.«

[199] H.J. GOERTZ 1995, 43; zur Bildhaftigkeit von Geschichte vgl. ebd., 154–161. Zur Verwobenheit von Vergangenheit, Gegenwart und Zukunft in der Geschichtsschreibung s. auch J. V. OORSCHOT 2000, 25: »Geschichtserinnerung und Geschichtsschreibung läßt sich als eine verantwortete, aspektivische oder perspektivische Konstruktion von Vergangenheit in der Gegenwart und für die Zukunft verstehen.«

[200] M. WOLTER 2004, 253. Grundsätzlich zum Begriff (von) ›Geschichte‹ H.-I. MARROU: »Die Geschichte ist das, was der Historiker von der Vergangenheit zu greifen vermag, aber wenn sie das

SYLVIA HAGENE hat in ihrer 2003 veröffentlichten Dissertation verschiedene histo-
riographische Konzepte verglichen[201] und ist zu dem Ergebnis gekommen, die
jüdische Geschichtsschreibung – mit der sich bei Lukas HAGENE zufolge die größten
Übereinstimmungen finden – unterscheide sich wesentlich in drei Punkten von der
hellenistischen Geschichtsschreibung:[202]

– Thema der Darstellung sei immer Israel als Gemeinschaftsideal, wobei häufig
  das Volk bzw. Angehörige der unteren Schichten als Subjekte der Erzählung in
  den Blick kämen.

– Geschichte habe in jüdischer Geschichtsschreibung immer auch eine religiöse
  Dimension. [203]

– Während in der hellenistischen Geschichtsschreibung Krisen niemals die
  Existenz der Gesellschaft bedrohen könnten, sondern vielmehr unter
  Zuhilfenahme der richtigen Methode bzw. Pädagogik zu bewerkstelligen sind,
  stellt gerade diese Dimension der Existenzbedrohung, des radikalen
  Infragestellens des gesamten Volkes ein entscheidendes Kriterium jüdischer
  Geschichtsüberzeugung und -schreibung dar.

Einen gesonderten Blick verdient die lukanische Darstellung Roms.[204] Ähnlich unumstritten wie die Verortung des Auctor ad Theophilum im ›heidenchristlichen‹ Milieu
war innerhalb der neutestamentlichen Wissenschaft lange Zeit die Überzeugung
einer im lukanischen Werk deutlich zu spürenden Romfreundlichkeit, wenn nicht
gar -freundschaft.[205] Auch dieser Auffassung wurde in den letzten Jahren vermehrt
widersprochen. Zwar enthalten Evangelium wie Apostelgeschichte keine offene
Kritik, keinen Aufruf zu offenem Widerstand gegen die römische Macht. Nicht im
offenen Aufruf, sondern in kleinen Hinweisen, auch und gerade in der Aufnahme
gängiger Herrschaftssprache und ihrer Füllung mit anderen Inhalten wird im luka-

---

Instrumentarium seiner Erkenntnis passiert hat, ist diese Vergangenheit so wiedererarbeitet,
wiederbearbeitet, daß sie dadurch gänzlich erneuert, ontologisch etwas völlig anderes geworden
ist.« (ders. 1973, 73). Damit stellt sich umso klarer die Frage, warum es gerade für die
deutschsprachige Lukasforschung immer wieder ein derart zentrales Anliegen ist, hinter die
Aussagen der lukanischen Darstellung zurück auf die ›wirklichen‹ Gegebenheiten, die vermeintlich
›echte‹ Geschichte zu schauen. Vgl. jüngst noch A.G. BROCK 2003, die Lukas offen vorwirft,
historische Gegebenheiten (wie etwa das Ende des Paulus) zu verfälschen bzw. zu verschweigen,
also doch ganz offensichtlich den Anspruch vertritt, die Darstellungen der Apostelgeschichte ließen
sich an dem Kriterium ›wahre‹ und ›falsche‹ Geschichte messen. L. ALEXANDER 1998, 380 benennt
die Differenz zwischen dem innerwissenschaftlichen Diskurs, der mit der Frage nach der ›Historie‹
die Frage des Genres der Apostelgeschichte in den Blick nehme, und der Fragestellung von »less
academic readers«, die die Frage nach der Verlässlichkeit stellten: »the underlying question is, is
Acts true?«

[201] Ebd., 27–58.

[202] Vgl. ebd., 53–58.

[203] »Geschichte wird zum Begegnungsraum mit Gott, Geschichtsschreibung ist zugleich
Geschichtstheologie. In ihrer kanonischen Endgestalt liest sie sich als fortlaufende Verknüpfung von
noch erwarteten und bereits erfüllten Verheißungen. In dieser Verheißungsgeschichte kommt der
Erinnerung eine geradezu subversive Rolle zu: sie ist kontrapräsentisch, von ihr geht zugleich ein
revolutionärer wie hoffnungsstiftender Impetus aus.« (ebd., 55).

[204] Dazu neben anderen F.W. HORN 1999.

[205] Diese hat ihm in der Auslegungsgeschichte mehrfach eine schlechte Kritik beschert. Exemplarisch
verweise ich hier auf die Darstellung von K. WENGST 1986, 112–131, und sein vernichtendes
Abschlussurteil: »Aber welche positiven Erfahrungen Lukas auch immer gemacht und welche
guten Absichten er gehabt haben mag, die Reproduktion der Wirklichkeit der Pax Romana, wie er
sie im Evangelium und in der Apostelgeschichte darbietet, gelingt ihm doch nur unter
Ausblendung der in ihr geübten Gewalt. So aber wird Gewalt nicht unterbrochen, sondern
überspielt.« (ebd., 131)

nischen Werk dennoch Kritik an Rom laut.[206] GERHARD JANKOWSKI bezeichnet Lukas
daher zu Recht als Realpolitiker, der angesichts des Scheiterns der leidenschaftlichen
messianisch-restaurativen Hoffnungen in der Niederlage gegen Rom im 1. Jüdischen
Krieg nach einem neuen Weg suchen muss, Befreiung zu verkünden.[207] Sieht etwa
das Jubiläenbuch die einzige Chance, eigene Identität angesichts der Übermacht der
herrschenden Kultur zu wahren, ganz ähnlich den Mitgliedern der Qumrangemeinschaft darin, sich radikal abzugrenzen,[208] so zielen die lukanischen
Schriften auf das genaue Gegenteil: Gerade angesichts des Scheiterns der gängigen
messianischen Erwartungen – auf das Grausamste dokumentiert in den Ereignissen
des Jahres 70 christlicher Zeitrechnung – geht es für Lukas darum, in der Ausbreitung der Gedanken, die ›seine‹ Idee von der Messianität Jesu prägen, deutlich zu
machen, dass es gegenüber dem scheinbar allmächtigen Römischen Reich einen
dritten Weg zwischen offenem kämpferischem Widerstand und opportunistischem
Kollaborieren gibt.[209]

Ein besonderer literarischer Kunstgriff des Lukas könnte, wie GARY GILBERT in
seinem 2003 erschienenen Aufsatz Roman Propaganda and Christian Identity aufgezeigt
hat, darin bestehen, gängige römische Politpropaganda aufzunehmen, deren Form
für seine Inhalte zu nutzen und somit dem Primatsanspruch des Römischen Impe-
riums auf ganz eigene Weise zu widersprechen.[210]

MICHAEL D. THOMAS plädiert dafür, deutlich stärker als bisher den exegetischen
Blick zu öffnen für satirische und karnevaleske Elemente innerhalb des Plots der
Apostelgeschichte. Gerade an den entscheidenden Wendepunkten der Erzählung
sieht er Lukas zum Stilmittel der Ironie greifen bzw. mal mehr, mal weniger deutlich
eine Satire auf die Schein-Macht Roms schreiben, der er die eigentliche Macht Gottes
gegenüberstellt.[211]

Gerade durch die satirischen Elemente, so THOMAS, durch den Rollentausch und
die damit verbundene Turbulenz, eigne dem zweiten Werk des Lukas eine
subversive Seite:

---

[206] Z.B. in der Erzählung vom Untergang der Dämonen namens Legion Lk 8,26–39; dazu unten S.
244ff; 331. Auch die Betonung der ungehinderten Lehre des Paulus lässt sich mit D.W. PAO 2002, 27
als »anti-imperialistic propaganda« verstehen. So dezidiert auch schon N.T. Wright 1992, 375: »Here
at last is a Jew living in Rome itself (i.e. not just hiding in the hills of Galilee), and declaring that, in
and through Jesus, Israel's god is the sole king of the world.« Weiter sei verwiesen auf die Beiträge
A. BRENT 1997 sowie C. BURFEIND 2000.

[207] Ders. 2001, 10–13.

[208] S. dazu unten S. 134.

[209] Natürlich trifft eine derart pointiert formulierte Entgegensetzung zwischen Kollaboration und
Widerstand nicht die ganze Vielfalt der jüdischen Positionen der damaligen Zeit. So stellt sich
durchaus die Frage, ob nicht eine Strategie wie die von R. Jochanan Ben Zakkai, die darauf zielt, das
Überleben der jüdischen Tradition in den Lehrhäusern zu sichern, eine ist, die den Zielen von Lukas
sehr nahe kommt. Vgl. zu Jochanan Ben Zakkai J. EBACH 1988.

[210] »Unique among early Christian writings, the writer of Luke-Acts claims for Jesus and the church
the same titles and achievements commonly associated with Rome: savior, bringer of peace,
ascension into heaven, and ruler of the world. The language not only legitimates the community
and its leaders but also deconstructs the Roman world in the process. … Luke-Acts generates a
vigorous critique of Rome and its claims to universal authority and dominion. Through the
adaption of Roman propaganda, Luke-Acts sets up an alternative vision of universal authority –
indeed, a rival to Rome's claim to be ruler of the world. Luke has co-opted and refitted the political
language of his day and created an ideological confrontation between Rome and the church.« (ebd.,
255). GILBERT belegt seine These vor allem mit der Untersuchung dreier Komplexe: a) Jesus als
Retter und Friedensbringer (237–242), b) die Himmelfahrt Jesu (242–247), c) die Völker-
/Nationenliste in Apg (247–253).

[211] Ebd. 463f.

»Through Luke and the events he describes, God mocks the world system and demonstrates the impotence of rulers before him, bringing amusement and encouragement to Christian readers. ... Carnivalesque methods enhance the sense of a manifesto for social change, in this case, one led by God himself. Seen in this light, Acts becomes a potentially subversive document.«[212]

Im weiteren Verlauf meiner Untersuchung werde ich zeigen, wie die vorgetragenen Überlegungen mit ihren Ansätzen zu einer neuen einleitungswissenschaftlichen Perspektive auf Lukas und ›sein‹ Doppelwerk mit meinen Analysen zu den Exodus-bezügen von Lukasevangelium und Apostelgeschichte zusammengedacht werden können.

6. Jesu Tun und Wirken – Leben aus der Schrift

Lukas findet in der Schrift[213] die Grundlage für sein Vertrauen darauf, dass in diesem Jesus von Nazaret Israels Gott selbst gegenwärtig war und ist.[214]

»Luke is the most explicit of the evangelists in insisting that to understand what God was doing in Christ one had to know Scripture.«[215]

Entsprechend arbeitet er in sein Doppelwerk immer wieder ein, dass die Schrift selbst den Messias legitimiert, von dem er schreibt.[216] Dabei bringt er seine Sicht weniger deutlich als Matthäus ein, in dessen Werk die Erfüllungszitate explizit von Seiten der Erzählstimme interpretierend in die Erzählfolge eingeflochten werden. Im lukanischen Doppelwerk geschieht solche Interpretation nicht von ›außen‹, sondern innerhalb der Erzählung: der Zusammenhang zur Schrift wird von den Akteurinnen und Akteuren selbst hergestellt. Dabei ist es auffällig oft der lukanische Jesus selbst, der sein Tun als Schriftauslegung bzw. Leben der Schrift definiert[217] und seine eigene Rolle in der Schrift grundgelegt findet.[218] So ist Jesus im lukanischen Doppelwerk der erste, der von sich als Propheten spricht bzw. dies zumindest impliziert, wenn er gegen Ende der Nazaretperikope Lk 4,16–30 allgemein formuliert: *Kein Prophet ist in seiner Heimat akzeptiert* (V. 24). Nachdem dann aus dem Volk immer wieder Stimmen laut werden, die in Jesus einen Propheten sehen (Lk 7,16[219]) bzw. ihn einen auf-

---

[212] Ebd. 464.

[213] Eindringlich auf die lukanische Nähe zur Schrift hat wiederholt J.A. SANDERS 1993 hingewiesen: So spricht er von dessen »remarkable knowledge of the Greek Testament (a.a.O., 19) und ist von seiner Ausstrahlung überzeugt: »What an insistent teaching elder Luke must have been in the instructional life of his congregation.« (ebd.).

[214] Vgl. das ›Credo‹ des Petrus in der Pfingstrede Apg 2,22–24. Intensiv mit dem Schriftgebrauch im lukanischen Doppelwerk auseinandergesetzt hat sich jüngst D. RUSAM 2003; vgl. grundlegend – allerdings mit deutlich anderem Hauptinteresse als meine Untersuchung – auch schon T. HOLTZ 1968; M. RESE 1969; außerdem weise ich auf D.L. BOCK 1994 sowie M.L. STRAUSS 1995 hin. J.T. Sanders 1987, 191ff versteht das Schriftverständnis des Lukas als grundsätzlich ›prophetic‹, wobei er die Schrift insgesamt als Einheit betrachtet (ebd., 192). Letzteres betont auch D.W. PAO 2002, 85.

[215] J.A. SANDERS 1993, 18. Erzählungen wie Lk 16,27–31 zeigen nach SANDERS »Luke's deep-seated conviction that a correct reading of Scripture, Moses and the Prophets, gives one the ability to see what is going on in the real world.« (ebd.). S. auch R.I. DENOVA 1997, 210.

[216] Das wird deutlich durch den Gebrauch von Formen von γράφω bzw. den wiederholten Hinweis darauf, dass sich in Jesus und im von Lukas Erzählten etwas resp. die Schrift erfülle (πληρόω). S. auch W. KURZ 1999, der das ›Verheißungs-Erfüllungs-Schema‹ des lukanischen Werkes mit ähnlichen Modellen im Judit- wie im Tobitbuch, in 1–2 Makk sowie bei Josephus vergleicht.

[217] Etwa Lk 4,4–8.10; 7,27; 16,29; 18,31; 19,46 u.ö.

[218] So z.B. in der sogenannten Antrittspredigt Jesu in Nazaret (Lk 4,21) und während des Passamahls (Lk 22,37); besonders deutlich herausgearbeitet wird dies auch in der Emmausperikope; dazu s. gleich S. 65ff.

[219] Während V. 16 angesichts des sich gerade ereigneten Wunders von Nain noch alle Umstehenden in dieser Zuschreibung übereinstimmen, wird schon wenige Verse (im Duktus der Erzählung

erstandenen der *alten Propheten* wähnen (9,8.19), ordnet er sich in Lk 13,33 erneut in sehr allgemein gehaltener Form dieser Gruppe zu: *Es geht nicht an, dass ein Prophet außerhalb Jerusalems umkommt.* In der Tat ist festzuhalten, dass vor Kreuz und Auferweckung Jesu im lukanischen Doppelwerk niemand außer Jesus selbst seine Aufgabe und seine Person mit der Schrift begründet. So erfolgen auch die ersten beiden Leidensankündigungen gänzlich ohne ›Schriftbeweis‹ (Lk 9,22; 10,44), erst mit der dritten und damit letzten Ankündigung erfolgt die Anbindung an die Autorität der prophetischen Ansagen (Lk 18,31).

Auch die Schülerinnen und Schüler[220] Jesu interpretieren seine vergangene wie gegenwärtige Bedeutung ausgehend von der Schrift,[221] allerdings erst unter dem Eindruck der Auferweckung Jesu.[222] Hatte Lukas zuvor zweimal das völlige Nichtverstehen der Nachfolgerinnen und Nachfolger festgehalten (jeweils im Anschluss an die Leidensankündigungen: Lk 9,45; 18,34),[223] sprechen die Emmausjünger als erste von Jesus als Propheten (Lk 24,19),[224] begründen dies jedoch noch nicht mit der Schrift. Diese Sicherheit, das zeigt die folgende Sequenz, gewinnen sie erst durch die Begegnung mit dem Auferstandenen und vor allem seine Schriftauslegung (Lk 24,32). Von diesem Augenblick an bleibt die Verknüpfung mit der Schrift durchgängiges Moment der Verkündigung der Schüler: Petrus lässt den Psalmensänger David Kreuz und Auferweckung Jesu thematisieren (Apg 2,25–28.31),[225]

---

offensichtlich: Stunden) später angesichts der Nichtreaktion Jesu auf den Status der Frau, die ihm die Füße salbt, Skepsis gegenüber dieser Beurteilung laut.

[220] Ich gebe in meiner Arbeit den Terminus μαθηταί wechselnd mit ›Schülerinnen und Schüler‹, ›Nachfolgerinnen und Nachfolger‹ oder auch ›Anhängerinnen und Anhänger‹ wieder, um die Vielschichtigkeit des griechischen Wortes zum Ausdruck zu bringen. Gerade das Verhältnis von Lernen und Lehren, die Beziehung zwischen Schülerinnen und Schülern und ihrem Lehrer, ist wichtig, da so auch sprachlich deutlich wird, dass Jesus als Rabbi gelehrt hat und wie andere jüdische Gelehrte eine Gruppe um sich gesammelt hat, die von ihm lernen wollte (natürlich entspricht das in den neutestamentlichen Texten Erzählte nicht dem Bild des später weiterentwickelten rabbinischen ›Schulprinzips‹). Der für den Kreis um Jesus reservierte Ausdruck ›(Jüngerinnen und) Jünger‹ weist über seine frühneuzeitlichen Konnotationen hinaus dieser Gruppe eine Sonderrolle zu, die sie nicht hatte.

[221] Damit übernehmen diese werkimmanent die Rolle des Lukas, sie sprechen aus, was als das Grundanliegen des lukanischen Werkes zu verstehen ist: die Bedeutung des Geschehenen, die Legitimität des Erzählten hervorzuheben als etwas, das nicht im luftleeren Raum entstanden ist, nicht haltlos durch eben einen solchen Raum schwebt, sondern vielmehr gegründet ist und festen Grund hat in der Schrift; mit U.H.J. KÖRTNER 1999, 79.

[222] Auch wenn ich den Schriftbeweis nicht als notwendigen Bestandteil einer Interpretation der Bedeutung Jesu auffasse, bleibt vor der Auferweckung Jesu das Messiasbekenntnis des Petrus (Lk 9,20) die einzige Interpretation der Bedeutung Jesu von Seiten seiner Anhängerinnen und Anhänger (obwohl doch durch die Stimmen der Engel Lk 2,11 der Eindruck erweckt wird, ›die ganze Welt‹ müsse erfahren haben, dass der Messias zur Welt gekommen ist). Es bedarf der zweifachen Vergewisserung durch Jesus selbst, dass er der Gesalbte Gottes ist (Lk 24,26.46), bevor auch seine Schüler nach der Himmelfahrt dies verkünden. Unter diesen bleibt Petrus derjenige, der am häufigsten den Messiastitel verwendet, und zwar sowohl als ausgeführte Argumentation (z.B. Apg 2,36; 3,18.20) wie auch als knappe Apposition bzw. als Namenszusatz (z.B. Apg 2,38; 3,6; 4,10; 9,34; 10,36.48; 11,17). Aber auch Philippus (Apg 8,5.12), die Jerusalemer Apostel (Apg 15,26) und Saulus/Paulus (Apg 9,22; 16,18; 17,3; 18,5.28; 24,24; 26,33; 28,31) verwenden den Messiasbegriff zur Interpretation und Charakterisierung des Werks Jesu.

[223] E. MAYER 1996, 106 ff nimmt – in Anlehnung an Mk 8,33 – Satan als Urheber dieses Nichtverstehens auch bei Lukas an und wendet sich damit gegen die gängige Auffassung, die an diesen Stellen verwendeten Passiva παρακαλύπτεσθαι und κρύπτεσθαι als passiva divina zu verstehen.

[224] A.-M. SCHWEMER 2001 bleibt der Auffassung von παρακαλύπτεσθαι und κρύπτεσθαι als passiva divina verpflichtet und stellt diesen das κρατεῖσθαι der Augen in 24,16 an die Seite (ebd. 102).

[225] Lukas zitiert hier Ψ 15,9–11; mit G.L. ARCHER/G. CHIRICHIGNO 1983, 62f. Zur Verwendung dieser LXX-Stelle in der Apostelgeschiche s. auch T. HOLTZ 1997, 182ff, der jedoch eher die Unzulänglichkeiten lukanischen Schriftgebrauchs bzw. lukanischer Schriftkenntnis hervorhebt (a.a.O. 185; 187). Grundsätzlich offenbaren vor allem die Schlusssätze des Aufsatzes, in welchem Sinne HOLTZ' Forderung nach neutestamentlicher Theologie als biblischer Theologie (ebd. 195) zu

sieht in diesem Geschehen die Erfüllung des von Gott zuvor durch die Prophetie Angekündigten (Apg 3,18.21; vgl. auch 10,43) und versteht Jesus als den Propheten ›wie Mose‹, den dieser Israel versprochen hatte (Apg 3,22f.).[226] Philippus *verkündigt* dem äthiopischen Eunuchen *beginnend bei dieser Schrift* [d. Jesajabuch; K.S.] *den Jesus* (ἀρξάμενος ἀπὸ τῆς γραφῆς ταύτης εὐαγγελίσατο αὐτῷ τὸν Ἰησοῦν, Apg 8,35).[227] Apollos zieht, nachdem er selbst von Priska und Aquila unterrichtet worden ist (Apg 18,26), nach Achaia und legt dort die Schrift messianisch aus (ἐπιδεικνὺς διὰ τῶν γραφῶν εἶναι τὸν χριστὸν Ἰησοῦν, Apg 18,28). Paulus spricht in der Synagoge von Antiochia davon, dass die Jerusalemer Führung mit ihrem Urteil über Jesus *die Stimmen der Propheten erfüllt* hätte (τὰς φωνὰς τῶν προφητῶν ... ἐπλήρωσαν, Apg 13,27; so auch 13,29.33), und ruft im Gegenzug die Anwesenden dazu auf, ihrerseits dafür zu sorgen, dass nun nicht auch die Zerstörung und Inbesitznahme des Landes durch die fremde Großmacht geschähe[228] (13,40f.); auch in der Synagoge von Thessaloniki legt er die Schrift messianisch aus (Apg 17,2f.).[229] Er beruft sich in seiner Verteidigungsrede vor Agrippa und Festus auf die Schrift in ihrem Kanon aus Tora und Prophetie[230] (Apg 26,22f.) als Autorität, die für Jesus von Nazaret bürge, und *versucht* schließlich, im Gespräch mit der Führungsgruppe der jüdischen Gemeinde Roms, *von frühmorgens bis spät, sie von der Tora des Mose und den Propheten her von Jesus zu überzeugen* (Apg 28,23).

Die Wichtigkeit der Kategorie ›Prophetie‹ für den lukanischen Ansatz wird in mehrfacher Hinsicht deutlich: erstens durch die Verwendung des Prophetentitels für Jesus, zweitens durch selbiges in Bezug sowohl auf Johannes, den Täufer (Lk 1,76; 7,26; 20,6) wie auch auf die Anhängerinnen und Anhänger Jesu (Lk 6,23; Apg 15,37) und sogar auf die Gesamtheit der im Tempel Versammelten (Apg 3,25), und drittens dadurch, dass von allen expliziten Schriftzitaten, die der Legitimation Jesu dienen, die aus der Prophetie stammenden den größten Raum einnehmen.[231] Die Kategorie ›Prophetie‹ trägt aber geradezu genuin in sich die Aufgabe der Aktualisierung der

---

verstehen ist: »Worauf aber die vorlaufende Geschichte Gottes mit seinem Volk hinaus will, das läßt erst das Ziel dieser Geschichte, von dem das Neue Testament zeugt, erkennen. Biblische Theologie kann nur entworfen werden von der Erfahrung ihres Ziels her, von Christus.« (ebd. 195f.) Biblische Theologie, die so verstanden wird, enteignet Jüdinnen und Juden, vereinnahmt die Hebräische Bibel und wird so letztlich nicht dem Selbstverständnis der neutestamentlichen Texte gerecht, die gerade nicht von einem systematisch-theologisch jenseits der Schrift eingenommenem Ort herkommen, sondern ihre Geschichte nur so erzählen können, wie sie sie erzählen, indem und weil sie sich von der Schrift getragen wissen wollen und müssen.

[226] Mit J.D. CROSSAN 1986; zu 3,23 s. auch M. WOLTER 2004, 281f. Stephanus zitiert Apg 7,37 erneut Dtn 4,18f.; obgleich er dieses Schriftwort nicht explizit auf Jesus anwendet, machen die Vv. 51f. doch deutlich, dass Jesus für Stephanus zu den Propheten zu zählen ist; zur Argumentation des Stephanus und dem in diesen Versen erfolgenden Abbruch der Kommunikation s. Kap. IV meiner Untersuchung (v.a. S. 384ff).

[227] Zur Verkündigung des Philippus s. auch G. WASSERBERG 1998, 258–261 sowie U.H.J. KÖRTNER 1999, 78 und J. GILLMAN 2002, 169–171, der intratextuelle Verknüpfungen zur Emmausperikope aufzeigt.

[228] Paulus zitiert hier Hab 1,5. Da Schriftzitate aber nicht isoliert verwendet werden, sondern im Zitieren ihr Kontext mit auf den Plan gerufen wird, ist es angemessen, hier das Werk, das V.5 angekündigt wird, in seiner Hab 1,6ff ausgeführten Form zu nennen. Dabei ist natürlich festzuhalten, dass zur Zeit der Entstehung des lukanischen Doppelwerkes eben die Zerstörung durch die fremde Großmacht faktische Realität ist.

[229] Dazu T. HOLTZ 1997, 179f.

[230] Zu dieser Kanonformel und dem Wandel dessen, was die Auslegungsgeschichte mit der Kategorie Prophetie verbindet, s. R. RENDTORFF 2003.

[231] Die Formulierung γέγραπται findet sich insgesamt 22x im lukanischen Doppelwerk, davon verweisen mindestens zwölf Stellen implizit oder explizit auf prophetische Schriften, wobei die Verwendung der Kanonformel ›Mose, Propheten und Psalmen‹ nahelegt, dass Lukas sich auf die Dreiteilung der Hebräischen Bibel beruft, mithin unter ›Prophetie‹ auch Jos bis 2 Kön einzuordnen sind.

Weisungen JHWHs, des Wachrufens der Geschichte Israels und darin eben gerade der Interpretation dieser Geschichte im Blick auf die Jetztzeit.[232]

KLARA BUTTING hat in ihrer Untersuchung über die ›Bedeutung der Prophetinnen im Kanon aus Tora und Prophetie‹[233] anhand eines Vergleiches von Num 20 mit Ex 17 Entscheidendes zum Spezifikum ›prophetischen Redens‹ (bzw. Lesens) herausgearbeitet:[234] Nachdem die Prophetin Mirjam gestorben ist, leidet das Volk Durst.[235] Entgegen der Anweisung JHWHs, Mose und Aaron sollten zum *Felsen reden* (Num 20,8), redet Mose zum *Volk* (20,10) und *schlägt* den Felsen mit dem Stab (20,11), der seine und Aarons Autorität symbolisiert: »Statt Gottes lebendigmachender Kraft zu vertrauen, die im gesprochenen Wort wirkt, vertraut Mose der ihm und Aaron gegebenen Autorität.«[236] Zwar gelingt der Machtbeweis: das Wasser sprudelt auch hier aus dem Felsen, wie in Exodus 17 – doch die zornige Reaktion JHWHs und die Anklage gegen die beiden (*weil ihr mir nicht vertrautet*; Num 20,12) machen deutlich, dass, was einmal wahr und richtig war, trotzdem nicht mit dem Anspruch auftreten kann, immer das einzig Wahre zu sein. »Wenn Mose den Felsen schlägt, anstatt zu ihm zu sprechen, wiederholt er eine bekannte Geschichte! Anstatt zu hören, was Gott zu ihm redet, erinnert er sich an die Worte Gottes aus einer früheren Begebenheit und schlägt den Felsen. ... Numeri 20 erzählt, daß das Vertrauen in den Gott, der wirkt, während in seinem Namen gesprochen wird, hinter das Vertrauen in bekannte Gebote und bewährte Handlungsmuster, die nur wiederholt zu werden brauchen, zurücktritt.«[237] Da das Mose Gebotene zur kanonisierten Tora geworden ist, ja Mose selbst gleichsam die kanonisierte Tora symbolisiert, wird die grundsätzliche Gefahr, die in der Erzählung Num 20 thematisiert wird, deutlich: Wo sich Tun nur an dem orientiert, was vermeintlich schon immer so war, wo nicht stets neu darauf vertraut wird, dass Gottes lebensschaffendes Wort und Wirken in der Gegenwart sich Bahn bricht, da wird die Gefahr groß, dass das Eigentliche verkannt wird. Die Bedeutung der Prophetie, in Gestalt der Prophetin Mirjam, besteht dem gegenüber gerade darin, das Bewusstsein dafür zu schärfen, immer wieder auf's Neue genau ›hinzuhören‹. »Mit der kanonisierten Überlieferung geht die Gefahr einher, daß das Vertrauen in das Wort Gottes in religiöser Routine verkümmert und die Herausforderungen der Gegenwart verkannt werden. Die Überlieferung, die Hilfestellung sein will, aktuelle Gefahrensituationen im Vertrauen auf Gott durchzustehen und sich in ihnen zu bewähren, wird Legitimationsgrund bestehender und bewährter Institutionen und nährt das Amtsbewußtsein der Funktionäre. ... Das Ende der Prophetie gefährdet Israels Existenz und Überlieferung.«[238]

Während Lukas sich sonst mit dem Einsatz der Erzählstimme zur Interpretation des Geschehens mit Hilfe von Schriftworten sehr zurückhält,[239] greift er an einer einzigen Stelle doch zu diesem Mittel, um – über den ›Umweg‹ der klassischerweise so genannten ›Emmausjünger‹ – seinen Leserinnen und Lesern die Bedeutung Jesu vor Augen zu führen: *Beginnend bei Mose und allen prophetischen Schriften legte er ihnen in allen Schriften die ihn betreffenden Dinge aus* (Lk 24,27).

---

[232] DARRELL L. BOCK stellt von daher seinem Aufsatz eine hermeneutische Überlegung voran, die die Hoffnung auf Wiederholung in der Identität Gottes begründet sieht und gleichzeitig den Begriff der ›Prophetie‹ weit öffnet: »When one speaks of the theme of Old Testament promise in Luke-Acts, one is speaking of the appeal to both prophecy and pattern. But the appeal to pattern is still to be seen as prophetic, because the God behind the history is unchanging. What God did in one era to move covenant promise along, he can and will do in those times when he again becomes actively involved in directing and completing his program. This is a major theological supposition of Luke's use of the Old Testament, which allows him to appeal to such a variety of texts.« (ders. 1994, 282).

[233] So der Untertitel ihrer 2001 erschienenen Habilitationsschrift ›Prophetinnen gefragt‹.

[234] Ebd. 65–77 unter der programmatischen Überschrift ›Wenn Mirjam stirbt, ist Mose am Ende‹. Zu Num 20 s.u. S. 91ff.

[235] Die unmittelbare Abfolge von Todesnotiz und Konstatieren des Wassermangels legt einen Kausalzusammenhang nahe; so auch U. RAPP 2002, 324. »Gottes Weisung – das ist trinkbares Wasser und Überleben in der Wüste. Das Versiegen des Wassers bei Mirjams Tod hebt die lebensspendende, wegweisende Bedeutung der Prophetin in Israel hervor, die mit ihrem Sterben in Frage steht.« (K. BUTTING 2001, 67).

[236] Ebd. 69.

[237] Ebd. 74f.

[238] Ebd. 76f.

[239] Ausnahmen bilden Lk 2,24, der Verweis auf die in der Tora erfolgte Weisung eines Dankopfers nach einer Geburt, sowie Lk 3,4 (Bezug auf Johannes); 16,16 und Apg 8,35.

Auf der Mitte des Gesamt-werkes also, inhaltlich betrachtet: auf dem Höhepunkt des Geschehens, schaltet sich die Erzählstimme interpretierend ein. Damit kommt dieser Stelle paradigmatische Bedeutung zu: Mit ihr als Grundlage für alles Vorangegangene und Folgende erschließt sich das dem lukanischen Doppelwerk zugrundeliegende Verständnis von der Aufgabe des Gesalbten Gottes. Deshalb verdient sie, eigens betrachtet zu werden.

7.   »Begreift ihr denn nicht?«[240] – Lk 24,25–27 als hermeneutische Schlüsselstelle für das lukanische Doppelwerk

Die Emmausperikope (Lk 24,13–35), die die Mitte[241] und für die genannte Frage-stellung auch das Zentrum des Osterkapitels Lukas 24 bildet, beinhaltet wichtige Antworten zum Verständnis der Bedeutung und Legitimation Jesu, dargestellt aus mehreren Perspektiven, und ist von DAVID P. MOESSNER zu Recht als eines von Lukas' »most exquisite literary achievements« bezeichnet worden.[242] Zunächst for-mulieren Kleopas und sein Begleiter (oder seine Begleiterin)[243] auf die Rückfrage des von ihnen für einen πάροικος, einen im Land lebenden Fremden, gehaltenen Auferstandenen in ihrem Erzählen der Ereignisse ein eindrückliches ›Credo‹: Jesus war ein Nazoräer, ein Heiliger, der in besonderer Weise die Tora ehrt,[244] und er war

---

[240] So die Übertragung von ἀνόητοι (Lk 24,25) in der Einheitsübersetzung.

[241] Mit A.-M. SCHWEMER 2001, 98. Zum Aufbau der Perikope s. ebd. 96f. SCHWEMER hält die rahmende Funktion der Emmausgeschichte fest: »Die Emmausgeschichte korrespondiert als Rahmenperikope dem Beginn des öffentlichen Auftretens – der ›Antrittspredigt‹ Jesu in Nazareth in c. 4, wo Jesus zum ersten Mal die Schrift christologisch ›öffnet‹ und die Augen und Ohren der Hörer verstockt sind und bleiben, zugleich entspricht sie der Kindheitsgeschichte, indem sie das Thema der messianischen Erwartungen Israels wieder aufnimmt, und schließlich dem Prolog durch das Thema der Erkenntnis des Heils: Das Evangelium ist verfaßt, damit Theophilos – wer auch immer sich hinter diesem Namen verbirgt – die Zuverlässigkeit der Lehre *erkennt*, in der er unterwiesen wurde.« (ebd., a.a.O. 98; Hervorhebung im Text).

[242] Ders. 1989, 184. Zu dieser Erzählung s. auch die Auslegung von MARIA UND FRANZ TRAUTMANN 2005, die vor allem der Weg-Theologie der Erzählung nachgehen, sowie W. ECKEY 2004, 972–983; P. MÜLLER 1994, 88–92; J. GILLMAN 2002 und G. WASSERBERG 1998, 191–208, der darauf fokussiert, inwiefern ab Lk 24 nun die von Simeon verheißene Hinwendung zu den ἔθνη in den Blick kommt.

[243] Namentlich genannt ist nur Kleopas, hier wohl als Männername verwendet; dazu A.-M. SCHWEMER 2001, 105f. Es ist aber nicht auszuschließen, dass sich hinter dem pluralen αὐτοί als zweite Person eine Frau ›verbirgt‹, da Lukas andernorts durchaus das Geschlecht der Beteiligten betont, wenn es sich um zwei Männer handelt (vgl. Lk 9,30.32; 24,4; Apg 1,10); mit J. GILLMAN 2002, 184 m. Anm. 65. Allerdings bleibt fraglich, auf welche Gruppe sich das Personalpronomen bezieht: Genannt sind zuvor (24,10) die ἀπόστολοι als diejenigen, denen die Frauen von ihrer Erfahrung berichten. Als weiteres Kollektiv, dem sich die beiden zuordnen lassen könnten, sind in 23,49 die γνωστοί Jesu genannt, die bei seiner Kreuzigung anwesend sind; allerdings liegt diese Nennung schon sehr weit zurück. Da anhand der namentlichen Nennung des Kleopas auszuschließen ist, dass die beiden (wenngleich immer wieder spekuliert wurde, als ob Simon Petrus hinter dem ›Namenlosen‹ verbirgt) zum engen, namentlich vorgestellten Zwölfer- bzw. jetzt (noch) Elferkreis gehören, könnte unsere Stelle ein Indiz für einen weiteren Gebrauch des Apostelbegriffs im lukanischen Doppelwerk sein (ähnlich etwa Lk 17,5; s. auch Apg 14,14, wo Barnabas und Paulus als Nichtmitglieder des Zwölferkreises Apostel genannt werden).

[244] Dieser Übertragung liegt zum einen eine textkritische Entscheidung zugrunde: Gegen Nestle-Aland²⁷ lese ich mit dem westlichen Text (z.B. die Codices A, D, W, Θ und Ψ) hier Ναζωραῖος statt Ναζαρηνός. Wenngleich B.M. METZGER 1994, 159 die Entscheidung für Ναζαρηνός als innerhalb des Komitees relativ unumstritten ansieht und insofern wahrscheinlich, als er die Lesart Ναζωραῖος an dieser Stelle als Anpassung an die im Neuen Testament häufiger anzutreffende Lesart versteht, spricht eine genauere Betrachtung der lukanischen Stellen doch für die oben gewählte Alternative: Von den insgesamt 13 neutestamentlichen Belegen für Ναζωραῖος stehen acht (davon sieben textkritisch absolut sicher bezeugt, an einer Stelle – Lk 18,37 – liest D

ein Prophet, mächtig in Werk und Wort (δυνατὸς ἐν ἔργῳ καὶ λόγῳ, 24,19b). Indem hier die gleiche Formulierung wie Apg 7,22 zur Charakterisierung des Mose Verwendung findet,[245] wird die herausragende Bedeutung dieses Propheten deutlich: ein Prophet wie Mose, diesem in nichts nachstehend.[246] Damit ist – ohne dass hier schon Dtn 18,15f. zitiert wäre – die Spur gelegt, die nach der mit dem Auferstandenen verbrachten Zeit bis Himmelfahrt das Verstandnıs der Schulerınnen und Schüler prägt, wie etwa die zweite Rede des Petrus (hier Apg 3,22f.) und auch die Stephanusrede (7,37) zeigen.[247] Über die Parallelsetzung zu Mose werden auch die seitens seiner Anhängerinnen und Anhänger in Jesus gesetzten Hoffnungen konkreter: Lk 24,21a formuliert die lang andauernde,[248] nach Ansicht der Redenden jetzt enttäuschte, Hoffnung, Jesus sei gekommen, um Israel loszukaufen, zu befreien (λυτρόω). Und zwar parallel dem Handeln des Mose, wie Apg 7,35 zeigt: Mose wird von JHWH als λυτρωτής eingesetzt, er ist derjenige, der für JHWH das einzigartige Befreiungsgeschehen für *Israel* begleiten und lenken soll.

Dieser Israelbezug der Wurzel λυτρ* prägt das lukanische Werk als Ganzes;[249] an Stellen, denen dieser Bezug fehlt, wird das allgemeiner gehaltene λύω gesetzt.[250] Die Tatsache, dass die anderen Synoptiker – mit einer einzigen Ausnahme[251] – das Wortfeld nicht verwenden, erweist seine

Ναζαρηνός) im lukanischen Doppelwerk, wohingegen Ναζαρηνός bei Lukas sicher bezeugt nur einmal (Lk 4,34) vorkommt. Die zweite Entscheidung ist inhaltlicher Natur: Mit einer stetig wachsenden Zahl anderer ExegetInnen verstehe ich Ναζωραῖος nicht als Herkunftsbezeichnung Jesu sondern als qualitatives Attribut. S. neben E. LAUPOT 2000 zur Begriffsgeschichte von Ναζωραῖος und der eventuellen Entwicklung hin zum unverfänglicheren Ortsnamen Nazaret F. PARENTE 1996; K. BERGER 1996a sowie V. WAGNER 2001, v.a. 277ff. WAGNER liefert überzeugende Argumente dafür, dass die Titulierungen Ναζωραῖος/Ναζαρηνός Jesus zunächst »als ›einen [bezeichnen], der das Gesetz gewohnheitsmäßig bewahrt und befolgt‹«, dass diese Bezeichnung also die Erinnerung an die besondere Gesetzestreue Jesu bewahrt (ebd., 281). Nur aus dieser Verbindung zur hebräischen Wurzel נזר lässt sich auch erklären, dass in Apg 24,5 die Anhängerinnen und Anhänger Jesu ebenfalls als Ναζωραῖοι bezeichnet werden können: »while the collective noun Ναζωραῖοι is justifiable if Ναζωραῖος means ›holy‹, it is considerably less so if Ναζωραῖος means ›man of Nazareth‹.« (F. PARENTE 1996, 189). S. dazu auch unten S. 351.

[245] Nicht zu Unrecht versteht M. TURNER 1996, 236f. die Darstellung des Mose in Apg 7 als »at points virtually a typology of Jesus.« Vgl. auch F. BOVON 1987, 85–91; M.D. GOULDER 1964, 164.

[246] Zur Darstellung Jesu als Prophet im lukanischen Werk s. G. NEBE 1989; bezogen auf die Emmausperikope J. GILLMAN 2002, 174; besonders zu Lk 9 D.P. MOESSNER 1983; D.A.S. RAVENS 1990. S. weiter D. CRUMP 1992, 64. Auch R. V. BENDEMANN 2001 hält fest, dass der lukanische Jesus »in besonderer Weise mit prophetischen Zügen ausgestattet« sei (a.a.O., 107), sieht selbst jedoch die Bezüge zwischen Mose und Jesus nicht so stark ausgearbeitet, dass sich von diesen aus eine »breite Tür der lukanischen ›Christologie‹ zum Deuteronomium hin« öffnen würde. »Die lukanische Vorstellung vom wandernden Lehrer beispielsweise … läßt sich traditionsgeschichtlich nicht exklusiv vom Bild des Moses im Deuteronomium her erschließen.« (a.a.O., Anm. 133). In der Tat lassen sich ›exklusive‹ Bezüge schwer herstellen; das liegt aber in der Natur der ›Exklusivität‹ selbst begründet. Wie sollten solche Bezüge aussehen bzw. verifizierbar sein, außer durch eine entsprechende Notiz des Verfassers oder der Verfasserin? Unter der Perspektive einer traditionsgeschichtlichen Fragestellung bzw. bei der Suche nach der *intentio auctoris* ist es also schwerlich möglich, Antworten zu finden – im Mittelpunkt sollte deshalb auch nicht mehr diese stehen, sondern mit U. ECO (s.o. S. 35f.) die *intentio operis* und damit die Frage, ob eine Interpretation dem vorliegenden Text in sich widerspricht oder mit diesem vereinbar ist.

[247] Mit E. WOODS 2001, 32. Zu Parallelen in der Darstellung Jesu und des Mose im lukanischen Doppelwerk s.u. S. 221ff.

[248] So verstehe ich mit A.-M. SCHWEMER 2001, 106 das hier verwendete Imperfekt von ἐλπίζω.

[249] Für eine besondere inhaltliche Füllung spricht schon die seltene Verwendung: So setzt Lukas λυτρωτής einmal (Apg 7,35) für Mose, das Verb λυτρόω nur an der hier thematisierten Stelle (Lk 24,21) und λύτρωσις zweimal innerhalb der Vorgeschichte bezogen auf die Hoffnung darauf, dass Israel befreit wird (1,68; 2,38 – Zacharias u. Hanna).

[250] Insgesamt 13x: Lk 3,16; 13,15f.; 19,30f.33; Apg 2,24; 7,33; 13,25.43; 22,30; 27,41. Diese Textbeobachtungen erweisen F. BOVONs Überlegung, das Wort λύτρωσις sei »so stereotyp, daß auch eine übertragene Bedeutung möglich ist« (ders. 1989, 104), als zu allgemein.

[251] Mk 10,45//Mt 20,28 steht λύτρον innerhalb des von den seitens der Zebedäussöhne thematisierten Rangstreites. Ausgerechnet diese Erzählung übernimmt Lukas aber nicht aus seiner Vorlage,

Verwendung im lukanischen Werk als bewusste Entscheidung, die sich ganz offensichtlich am Sprachgebrauch der LXX orientiert:[252] Dort steht λυτρόω erstmalig in Ex 6,6: *Ich bin JHWH: ich werde euch herausführen aus der ägyptischen Herrschaft und euch aus der Sklaverei losreißen und euch loskaufen (λυτρόω) – mit ausgestrecktem Arm und durch ein großes Gericht.* Auch im Folgenden bleibt λυτρόω in der LXX immer wieder auf das Grunddatum der Befreiung aus Ägypten bezogen[253] und wird erst von dort aus in andere Befreiungserfahrungen und -hoffnungen Israels kollektiver wie individueller Natur übersetzbar.[254]

Indem Kleopas und X[255] am Ende des Evangeliums ihre Hoffnung als Hoffnung auf Befreiung formulieren, stellen sie sich als erste aus der Gruppe der Nachfolgerinnen und Nachfolger Jesu in eine Reihe mit Simeon und Hanna: Die am Anfang geäußerte Hoffnung wird hier wieder aufgenommen und damit als bleibend aktuell betont. Bestätigt allerdings wird sie erst später. Zunächst setzen die beiden ihrer Hoffnung auf ein der Befreiung aus Ägypten entsprechendes Wirken Jesu in ihrer Gegenwart die erfahrene Realität gegenüber (V.21b–24): Drei Tage ist es her, dass mit Jesus am Kreuz all ihre Hoffnungen gestorben sind, und nun hat sie die wahn- und scheinbar unsinnige Erzählung der Frauen erst recht in Verwirrung gestürzt. Für die Leserinnen und Leser ist diese Situation an Paradoxie kaum zu übertreffen: Die beiden erzählen dem Auferweckten von seinem Tod.[256] An die harte Kritik (*dumm und begriffsstutzig*[257]), der sie sich von Seiten des mit ihnen Wandernden ausgesetzt sehen, schließt sich die Schriftauslegung Jesu an: Gegen die Begriffsstutzigkeit der beiden, die obwohl sie die Schrift kennen, nicht imstande sind zu sehen, was geschehen ist, stellt der lukanische Jesus selbst nun die Erklärung, die sich aus der Schrift bzw. aus

---

sondern setzt eine kurze Rangstreitigkeitsnotiz in seine Darstellung des Passamahls (Lk 22,24ff; zu diesem Abschnitt s. G. JANKOWKSI 1982, 56–58, der in V.25f. eine klare Anspielung auf die römischen Herrscher sieht). Es darf wohl kaum als Zufall verstanden werden, dass Lukas gerade nicht davon schreibt, Jesus sei als ›Lösegeld‹ gekommen – passen womöglich die Hoffnung auf die λύτρωσις durch Jesus, Jesus als ›Loskäufer‹ nicht mit seiner ›Instrumentalisierung‹ als λύτρον zusammen? Anders G. WASSERBERG 1998, 195, der erwägt, dass die lukanische Nichtverwendung des Ausdrucks damit in Zusammenhang stehen könnte, dass dieser den Fokus zu sehr auf eine politisch-messianische Hoffnung richten würde.

[252] Auch M. VOGEL 1996, 39 beobachtet unter Berufung auf TH. KAUT 1990, 219f. eine »atl. Sprachtradition, in der die Termini λύτρωσις / λυτροῦσθαι und ῥύεσθαι … als griech. Äquivalente für hebr. גאל oder פדה, sofern erstere Israel als Objekt führen, zur Bezeichnung bzw. zur typologischen oder analogischen Bezugnahme auf die Exodusereignisse verwendet werden.« Insofern ist mir nicht einsichtig, warum A.-M. SCHWEMER die so formulierte Hoffnung der beiden so disqualifiziert: »Ihre nationale Messiashoffnung ist Ausdruck ihrer Verstocktheit.« (2001, 106). Deutlich ist vor allem, dass 24,21 die in Lk 1–2 formulierte Hoffnung wieder aufnimmt; mit G. WASSERBERG 1998, 194, der den Beiden ihre Hoffnung jedoch auch als eher ›zu begrenzt‹ vorhält: »In den Emmausjüngern spiegelt sich ein Heilsverständnis, das in Jesus *lediglich* eine politisch-messianische Heilsfigur sieht« (Hervorhebung von mir; K.S.).

[253] Etwa Ex 15,13; vor allem im Deuteronomium gehört λυτρόω zum festen ›Exoduswortschatz‹: Dtn 7,8; 9,26; 13,6; 15,15; 21,8; 24,18; s. auch 2 Sam 7,23 (// 1 Chr 17,21); Neh 1,10; Mi 6,4; Jer 31,11; Klgl 5,8.

[254] In engem inhaltlichen Zusammenhang steht der Gebrauch von λυτρόω im Zusammenhang der Lösungsvorschriften für das Erstgeburtsopfer; z.B. Ex 13,13.15; 34,20; Num 18,15.17; von dort aus auch für den Loskauf etwa von SklavInnen (Lev 19,20; 25,25.48f.54), Häusern (Lev 25,30.33; 27,15), Vieh (Lev 27,13) und Feldern (Lev 27,19f.). Auf das Volk Israel bezogen und damit zum Teil auch möglich als Formulierung einer erneu(er)ten Hoffnung etwa Ψ 24,22; 43,27; 77,16.42; 105,10; Mi 4,10; Jes 41,14; 43,1.14; 44,23; 51,11. In Jes 41,14; 43,14; 44,24 die partizipiale Verwendung (ὁ λυτρούμενος), die damit gleichsam ein ›Attribut‹ JHWHs fasst. Sehr viel seltener steht λυτρόω als Beschreibung einer individuellen Rettungserfahrung bzw. -hoffnung: 2 Sam 4,9; 1 Kön 1,29; Ψ 7,3; 25,11; 30,6; 58,2; 102,4; 118,134 u.ö.

[255] Damit erhält der Begleiter oder die Begleiterin des Kleopas einen Namen, der zugleich kein Name, sondern eher ein Platzhalter ist: ›X‹ ist im deutschen Sprachgebrauch geschlechtsneutral und insofern hier passend.

[256] Mit C. JANSSEN 2003, 158.

[257] So ließe sich ἀνόητοι καὶ βραδεῖς τῇ καρδίᾳ (V. 25) wiedergeben, zumindest wenn dem Gebrauch von καρδία hier die hebräische Vorstellung vom Herzen als Organ des Denkens und Planens zugrunde liegt; dazu S.SCHROER/TH. STAUBLI 1998, 45–60.

allen Propheten ergibt:[258] dass nämlich der Gesalbte Gottes leiden und in seinen Glanz eingehen muss (24,26). Und genau dies wird von der Erzählstimme in V.27 nun noch einmal bestätigt, und zwar ausdrücklich unter Bezugnahme auf die Gesamtheit des biblischen Kanons:[259] *Beginnend bei Mose und* allen *prophetischen Schriften legte er ihnen in* allen *Schriften die ihn betreffenden Dinge aus.* Es geht um die gesamte Schrift, nicht um einzelne, aus ihrem Kontext herausgelöste Weissagungen[260] – es geht um eine Hermeneutik der Schrift.[261]

> »Es ist schon erstaunlich: Der Auferstandene macht sich selbst kenntlich, indem er die Schrift liest und deutet, er kann offensichtlich nur so und er will nur so erkannt werden. Kein Glanz, kein Wunder, keine überwältigende Erfahrung lösen Glauben und Erkennen aus, sondern allein der Horizont, der durch die Auslegung der Schrift eröffnet wird, macht Erkenntnis möglich.«[262]

Was FRANK CRÜSEMANN hier für diese eine Episode festhält, lässt sich meiner Überzeugung nach ohne weiteres als Gesamtschlüssel für das lukanische Doppelwerk verstehen: Die Schrift bildet die Basis allen Erkennens[263] – und zwar allen Erkennens der Macht der in Jesus, dem Messias, anwesenden Gottheit Israels, deren lebens-

---

[258] Damit trifft in der Tat zu, was U.H.J. KÖRTNER 1999, 78 nach einem kurzen Blick auf die Emmausperikope als Grundsatz festhält: »Im Neuen Testament macht sich die Auseinandersetzung zwischen Glaube und Unglaube immer wieder fest am Konflikt der Interpretationen der alttestamentlichen Schriften.«

[259] Die Kanonformel ›Mose und Propheten‹ bei Lukas noch Apg 13,15; 24,14.27; 26,22; 28,33. Die Dreiteilung des Kanons wird wenige Verse später (Lk 24,44) als bekannt vorausgesetzt.

[260] Mit G. WASSERBERG 1998, 196f., der auf die Parallelität zur Simeonperikope verweist. D.L. BOCK 1994, 296, dem ich mich in diesem Punkt anschließe, sieht gerade im Fehlen eines konkreten Textes aus der Schrift den hermeneutischen Schlüssel zum Verständnis der Stelle: »It is often asked why Luke uses no texts when he speaks of the Old Testament fulfillment in Lk. 24.26–27, 43–47. The answer is simple. The texts are presented throughout his two volumes as Luke builds his portrait of Jesus from ›the earth up‹. Luke has used the Old Testament to present the promise of Jesus. The promise is laid next to events, so the reader can see that what happened was also described in the Old Testament.« Nicht anschließen kann und will ich mich jedoch der Grundüberzeugung BOCKs von der Überbietung der ersttestamentlichen Erzählung durch Jesus (vgl. ebd., 285.287 und besonders 305f.).

[261] Genau dieses Verbum findet sich bekanntermaßen in V.27 (διερμήνευσεν); dazu P. MÜLLER 1994, 90; vgl. auch F. CRÜSEMANN 2003a, 308: »Es ist der Tenak, der dreiteilige hebräische Kanon, der hier ins Spiel kommt, Tora, Propheten und Schriften. Und das doppelte ›alle‹, welches das ›alle Propheten‹ aus V.25 weiterführt und radikalisiert, zeigt, dass es nicht um einzelne Worte und Belegstellen, nicht um dicta probantia geht, sondern um das Ganze der Schrift, um etwas, was von Anfang bis zum Ende dort zu finden ist und Glauben fordert und ermöglicht. Letztlich muss es um den lebendigen Gott gehen, der der Gott der Lebenden ist. Das ist die Hermeneutik – und das Wort steht in V.27 –, die dieser Hermeneut aufzeigt.«

[262] F. CRÜSEMANN 2003a, 308f.

[263] Mit P. MÜLLER 1994, 89ff, der darauf aufmerksam macht, welche Funktion dem Öffnen der Schrift in der Emmausperikope auf der makrostrukturellen Ebene des Lukasevangeliums zukommt: »Das erste öffentliche Lesen der Schrift in Lk 4,16ff. und das Auslegen der Schriften in Lk 24 rahmen die gesamte Wirksamkeit Jesu ein.« (a.a.O., 89). Ähnlich D. RUSAM 2003, 204, der – sich ebenfalls auf Lk 4,16ff rückbeziehend – festhält: »Dabei wird in der Abschiedsrede des Auferstandenen … nicht nur den Jüngern, sondern v.a. dem Leser ganz allgemein der Sinn der lk Schriftbeweise, -verweise und -allusionen deutlich gemacht: Es geht um ein korrektes Schriftverständnis«. Gegen die bei FRANK CRÜSEMANN (2003a) anzutreffende strikte Ablehnung eines Erkennens, das sich auf das Brotbrechen bezieht (so z.B. auch noch bei J. GILLMAN 2002, 169 und P.B. DECOCK 2002, 51f.), das also die Schrift gerade nicht mehr benötigt, möchte ich doch einwenden, dass V.31 zumindest diese Verbindung sehr deutlich herausstellt. Allerdings geht es meiner Überzeugung nach hier nicht um ein Entweder-Oder: Gerade die Verbindung von Tun und Lehren macht das Spezifikum dieser Erzählung aus: Im gemeinsamen Essen, das die gemeinsame Geschichte erinnert und vergegenwärtigt, im – wenn man so will – Tun der Worte, in gelebter Tora, ist den ›Emmausjüngern‹ Erkennen möglich, können sie wieder auf das vertrauen, was ihnen gesagt ist und was sie gemeinsam mit Jesus gelebt haben. Dadurch, dass Jesus aber im selben Augen-Blick unsichtbar wird, zeigt sich, wo die Erzählung den entscheidenden Schwerpunkt legt: »Indem die Flüchtigkeit des Erkennens betont wird, entzieht es sich der Fixierung in festen Bildern. Erst im Gespräch wird die Erfahrung realisiert.« (C. JANSSEN 2003, 158f.)

spendende Kraft die Anhängerinnen und Anhänger Jesu im zweiten Teil des Werkes
nun auch zu den Völkern tragen sollen, indem sie das Geschehene als in der Schrift
Grundgelegtes bezeugen. So wird es auch in der folgenden Szene (Lk 24,36ff)
formuliert, die in gewisser Weise eine Wiederholung[264] und dank der größeren Zahl
Anwesender eben auch Ausweitung des zuvor Erzählten darstellt:[265] *So steht
geschrieben, dass der Messias leiden muss und am dritten Tag auferstehen aus den Toten,
und auf seinen Namen hin Umkehr verkündigt werden soll zur Erlassung der Sünden hin zu
allen Weltvölkern.[266] Ihr bezeugt diese Dinge,[267] indem ihr von Jerusalem aus damit
anfangt![268]* (Lk 24,46–48) Zu diesem Auftrag sollen sie in besonderer Weise befähigt
werden, auch das verspricht Jesus ihnen (24,49), und zwar mit Kraft aus der Höhe, in
die sie sich einhüllen können[269] – dazu bedarf es allerdings zunächst ihres Sitzen-
bleibens[270] in der Stadt und des Lernens, wie der Apg 1,3 erfolgende Hinweis auf die
40 Tage des gemeinsamen Lernens und Lehrens verdeutlicht. Es gilt wieder zu ler-

---

[264] Auch hier geht es wieder um die Verbindung von Tun und Lehren: Gegen die Befürchtung, sie
hätten es mit einem Geist zu tun, wird erzählt, wie der Auferstandene einen gebratenen Fisch isst
(24,42f.). Und gleich darauf tritt er erneut als Schriftausleger auf (der Struktur nach sehr eng mit
24,25–27 verwandt, insofern auch hier zunächst wörtliche Rede Jesu steht und erst dann eine
knappe Einlassung der Erzählstimme erfolgt), der diesmal mit dem oben genannten Auftrag der
Sendung zu den Weltvölkern verknüpft wird. G. WASSERBERG 1998, 198 bezeichnet die Verbindung
von Emmausperikope und der nachfolgenden Erscheinung Jesu vor seinen Anhängerinnen und
Anhängern als »strukturellen Chiasmus«. R.E. O'TOOLE 1990, 24 hält die Parallelität der Szene zu
Dtn 1,1 fest: »In these scenes, Jesus and Moses are each about to leave their disciples, and in each
case they provide a summary of their teachings.«

[265] So – noch einmal – mit F. CRÜSEMANN 2003a, 309: »Im Lukasevangelium jedenfalls gibt es keine
Auferstehungserfahrung, die einen Glauben auslöst, der nachträglich mit der Schrift in Verbindung
gebracht werden kann. Die Schrift im Ganzen ist notwendig, um überhaupt zu erkennen, was
geschieht und wer da ist. Die Emmausgeschichte sagt theologisch präzis, worum es geht: Der
auferstandene Christus ist auf die Auslegung der Schrift angewiesen, um sich seinen Jüngern
bekannt zu machen.«

[266] Ich gebe ἔθνη mit ›Weltvölker‹ wieder, um den exklusiven Israelbezug des Terminus λαός im
lukanischen Doppelwerk Rechnung zu tragen; s. dazu neben F. WILK 2005, 52f., der den LXX-
Sprachgebrauch darstellt, auch G. WASSERBERG 1998, 200f., der allerdings den Ausdruck
πάντα τὰ ἔθνη als Israel inkludierend versteht und somit schon in Lk 24 die Entwicklung hin
zum Schluss der Apostelgeschichte eingespielt sieht. »Als Abschluß und Vorbereitung auf den
zweiten Erzählteil des lk Gesamtwerkes ist εἰς πάντα τὰ ἔθνη in Lk 24,47 zugleich ein Hinweis
darauf, daß das Heil der Welt aus der Mitte Israels kommt. Es *muß* also seinen Anfang unter Juden
in Jerusalem nehmen, um dann sukzessive zur Völkerwelt zu gelangen. Die Universalität ist ihm
perspektivisch grundlegend vorgegeben. Auf Israel allein kann und darf sich das Heil nicht
beschränken, sondern es drängt gleichsam zentrifugal hinaus in die Welt.« (ebd. 203; Hervorhebung
im Text).

[267] G. WASSERBERG 1998, 193 hält mit Recht fest, dass die Einlösung dieses Auftrags erst in der
Apostelgeschichte gegeben ist, was er als weiteres Indiz für die Zusammengehörigkeit der beiden
Teile des lukanischen Doppelwerks wertet.

[268] Ich schließe mich in der Übersetzung der in Nestle-Aland[27] vorgeschlagenen Interpunktion an, die
hinter ἔθνη einen Punkt setzt und damit das ἀρξάμενοι ἀπὸ Ἰηρουσαλήμ zum nächsten Satz
zugehörig erklärt.

[269] Diese δύναμις (24,49) ist mit der Geistkraft wenn nicht synonym, dann doch zumindest sehr nah
verwandt. In seiner Untersuchung zur Beziehung zwischen dem lukanischen Werk und dem *Liber
Antiquitatum Biblicarum* des Ps-Philo sieht E. REINMUTH auch in dieser Hinsicht Verbindungen
zwischen beiden: »Lukas und Pseudo-Philo stimmen im Gebrauch wesentlicher Motive der
Geistbegabung und Nachfolge überein. Beide verwenden partiell dieselbe frühjüdische
Auslegungstradition. Beide Autoren setzen die sachliche Nähe von Geist, Weisheit und Kraft
voraus und können die Geistbegabung als Bekleidetwerden umschreiben. Für beide Autoren
gehören Geistverheißung, Beauftragung, Mahnung zu einem der Abwesenheit des Führers
entsprechenden Verhalten, Geistbegabung, Rede des geistbegabten Nachfolgers zu den Motiven der
Nachfolge, die sie im Zusammenhang der Mose- bzw. Christusnachfolge realisieren.« (ders. 1994,
183).

[270] Während die gängigen deutschen Übersetzungen καθίσατε hier mit ›bleiben‹ wiedergeben,
bewahre ich die eher sperrig wirkende textnahe Übersetzung bei und schließe mich G. JANKOWSKIS
Beobachtung an, dass hier Dtn 1,6 eingespielt wird (ders. 2001, 24).

nen, neu zu lernen, um selbst lehren zu können. In dieser Situation erinnert Lukas mit dem gerade genannten, zunächst sperrig wirkenden *sitzen* an die zentrale Lernsituation Israels: an die 40 Jahre der Wüstenwanderung. [271]

Erst nach diesen 40 Tagen steigt wieder jemand ›hinauf‹ – und wieder zehn Tage später kommt es zur Ausstattung mit der Kraft aus der Höhe;[272] eine Szene, die in mancher Hinsicht parallel gestaltet ist zur Theophanie am Sinai und in gleicher Weise zum Leben befähigen will wie die dort erhaltene Tora, deren Gabe im Judentum an Schavuoth, dem Wochenfest, gefeiert wird.[273]

Indem also die Schülerinnen und Schüler Jesu als solche gezeichnet werden, die der Schrift unbedingt bedürfen, um ihr Erleben verstehen und begreifen zu können, gelingt es Lukas zugleich, den Leserinnen und Lesern seines Werkes einen Spiegel vorzuhalten:[274] So wie Kleopas und X Jesus zuerst nicht und dann dank der Ver-

---

[271] Da ich diesen Gedanken, der mein Verständnis dieses Abschnittes und mein Arbeiten am lukanischen Doppelwerk maßgeblich beeinflusst hat, den Ausführungen GERHARD JANKOWSKIs verdanke, lasse ich ihn hier ausführlich zu Wort kommen: »*Ihr aber sollt in der Stadt sitzen* – was sich wie schlechtes Deutsch (und auch wie schlechtes Griechisch) anhört, ist sehr gezielt formuliert. Das auffällige Verb *sitzen* soll eine Erzählung aus der Hebräischen Bibel aufrufen. In Dtn 1,6 heißt es: *Lange genug eures Sitzens an diesem Berg.* Dieser Satz ist der Beginn der Rede Mosches, die er im vierzigsten Jahr (Dtn 1,3) vor dem Volk Israel hält, um ihm *diese Tora zu erklären* (Dtn 1,5). Danach kann das Volk endlich in das versprochene Land Freiheit einziehen. Die Ekklesia des Lukas lebt in anderen Zeiten. Das Land Freiheit ist verwüstet, die Stadt, von der die Weisung ausging, ist zerstört. Und da erinnert Lukas an Israel in der Wüste. Vierzig Jahre, eine Generation lang, hatte das Volk abseits von allen anderen Völkern in der Wüste eine neue Lebensweise zu lernen, die nicht mehr von Herrschaft und Versklavung bestimmt war. Und es hatte zu lernen, was Freiheit heißt und daß die Freiheit nicht ohne Disziplin sein kann. Das bleibt für Lukas das große Paradigma. Wieder muß gelernt werden. Auf dem Fundament der einmal gegebenen Weisung. Neu und anders muß gelernt werden. Deswegen haben die Schüler in der Stadt zu sitzen und zu lernen, bis dann der neue Aufbruch erfolgen kann. Und da die Zeit drängt, dauert dieses Sitzen und Lernen nicht mehr eine Generation, 40 Jahre lang, sondern eben 40 Tage lang. In diesen 40 Tagen hört die Ekklesia, daß die messianische Hoffnung nicht erledigt, sondern trotz aller Zerstörung und Verwirrung lebendig ist. Deswegen zeigt sich der Messias in diesen 40 Tagen als lebend.« (G. JANKOWSKI 2001, 24f.) Zur Symbolik der Zahl 40 s. auch R.E. NIXON 1963, 21f.

[272] Dazu auch M. ÖHLER 1997, 211f., der die Verheißung der Geistkraft mit der Elia-Überlieferung vergleicht, aber zu dem Ergebnis kommt, dass Lukas die Himmelfahrt Jesu *nicht* nach dem Vorbild der Entrückung Elias gestaltet habe (a.a.O., 214), sondern »aus dem breiten Material sowohl jüd. wie auch hell.-röm. Prägung die entsprechenden Elemente« (a.a.O.) entnommen habe.

[273] S. SCHREIBER 2002, 59, stellt die Frage, inwiefern tatsächlich schon für Lukas, also innerhalb einer Generation nach der Zerstörung des Tempels, die die Neuinterpretation des Wochenfestes erst initiierte, von dieser inhaltlichen Füllung ausgegangen werden kann. Er kommt zu einem negativen Ergebnis (ebd., 69). M.E. ist dagegen zu halten, dass die von SCHREIBER ebd. geforderten expliziten Hinweise des Lukas durchaus vorhanden sind, wenn ich das Pfingstfest im Rahmen des Gesamtaufbaus des lukanischen Doppelwerkes als der vorangegangen immer noch geschehenden Befreiung notwendig folgende Belehrung über das Zusammenleben verstehe, als der ich auch die Gabe der Tora am Sinai auf der Erzählebene lese (zur inhaltlichen Bestimmung des Wochenfestes in Jub und LAB s.u. S. 135, Anm. 63 sowie S. 179 m. Anm. 334; S. 183, Anm. 359). Wenn Lukas dem befreiten Israel, das in Jerusalem sitzt und lernt (s. vorletzte Anmerkung) am Wochenfest die Gabe des Geistes zukommen lässt, bedeutet das nicht mehr und nicht weniger, als dass er der neuen Gemeinschaft Israels gerade keine neue ›Verfassung‹ geben will. Die nachfolgenden Kapitel machen deutlich, dass im Zusammenleben dieser Versammlung, wie Lukas es schildert, anscheinend nichts anderes geschieht, als dass die Bestimmungen der Tora (z.B. über Eigentum und Besitz) wieder gelebt werden. Ich gebe ἐκκλησία bewusst zunächst mit ›Versammlung‹ wieder. Die ›klassische‹ Übertragung mit ›Gemeinde‹ ist durch die Tradition zu einseitig als ›christliche Gemeinde‹, also etwas gänzlich Neues, besetzt und lenkt außerdem den Blick von der Tatsache ab, dass ἐκκλησία in der LXX eine der Wiedergaben für קָהָל, die versammelte Gesamtheit Israels, ist. In dieser Form verwendet auch Lukas den Terminus ἐκκλησία, wie z.B. Apg 7,38 verdeutlicht, wenn er Stephanus von Moses Aufenthalt am Berg als ἐν τῇ ἐκκλησίᾳ, was sich hier eindeutig auf die Versammlung Israels bezieht, sprechen lässt. S. dazu auch G. JANKOWSKI 2001, 98f.

[274] Mit W. ECKEY 2004, 979. Allerdings ist gerade nicht, wie ECKEY (ebd. 980) meint, »der Weg des Christus Jesus ... der Schlüssel zur Hl. Schrift«, sondern die Schrift, wie oben gezeigt wurde, die einzige Sicherheit und Grundlage, auf der der Auferstandene seine Identität zeigen kann.

bindung von Werk und Wort (oder: Wort und Werk?) doch erkannten (ἐπιγιγνώσκω 24,16.31)[275] und diese Erfahrung ihnen in Erinnerung ruft, wie ihr Herz brannte,[276] als er ihnen die Schrift auslegte (V.32), so sollen auch die Leserinnen und Leser sicher wissen, dass in Jesus, dem Messias, keine andere Macht gegenwärtig ist als die des Israelgottes.[277] Mit dieser Zielsetzung lässt sich die ›Not‹ der Namens- und Geschlechtslosigkeit der zweiten Person neben Kleopas als kluge lukanische Strategie verstehen:

> »Luke's failure to identify Cleophas' companion by either name or gender may well be a strategy of inviting the reader to identify implicitly with that person, and thus to make the journey as Cleophas' companion.«[278]

Lukas nimmt vom Anfang seines Gesamtwerkes an seine Leserinnen und Leser an die Hand, begleitet sie durch die Geschichte Jesu und seiner Anhängerinnen und Anhänger, die die Geschichte einer Befreiung ist. Und wie sollte eine solche Befreiungsgeschichte für Israel und die Weltvölker anders oder gar besser erzählt werden können als in der Spur der einen großen Befreiungsgeschichte, die die Identität Israels – und seiner Gottheit! – bis in die lukanische Zeit und bis heute prägt wie keine andere.

---

[275] Diesem Prozess entspricht auf körperlicher Ebene das Gehalten- und später Geöffnetwerden ihrer Augen; mit C. JANSSEN 2003, 157. Zum Brotbrechen als »Synonym für das Erkennen des Messias und der von ihm konstituierten Gemeinschaft« vgl. G. JANKOWSKI 1982, 55f., Zitat 55.

[276] A.-M. SCHWEMER 2001, 115 weist zu Recht auf die Verbindung zum ›Pfingstfeuer‹ hin.

[277] Dem entspricht, wie auch dem fiktiven Leser Theophilus eben dieses Erkennen als Ziel des Gesamtwerks vor Augen geführt wird: *damit du die Zuverlässigkeit und Verlässlichkeit der Worte erkennst* (ἐπιγνῷς), *in welchen du unterwiesen wurdest.* (Lk 1,4).

[278] J. GILLMAN 2002, 184.

II. Exodus – auf der Spur der Befreiungserfahrung Israels in biblischen und nachbiblischen Texten

Neben den Verheißungen an die Erzeltern und der Schöpfung ist es vor allem – ja mehr noch als diese – der Exodus, die Erzählung und Vergegenwärtigung der Befreiung aus Ägypten, aus dem *Haus der Sklaverei* (Ex 20,2 u.ö.) bzw. dem *eisernen Schmelzofen* (Dtn 4,20; Jer 11,4), die die Erinnerung Israels geprägt hat und bis heute prägt.[1] Er formt und formuliert das Grundmodell biblischen Verständnisses der Ursprungssituation Israels als Volk sowie der Bindung an JHWH als Gottheit Israels und dient so biblischem wie nachbiblischem Schrifttum in einzigartiger Art und Weise.[2]

Im Exodus, dem biblischen Grund- und Gründungsdatum Israels schlechthin, bildet sich die Identität Israels heraus,[3] im Miteinander mit JHWH und im Gegenüber zu Ägypten.[4] JAN ASSMANN zufolge wurde Ägypten in dieser Art der Darstellung zugleich auch zum Prototyp der ›polytheistischen Folie‹, von der sich der Monotheismus Israels abzugrenzen hatte:

>»Die Mosaische Unterscheidung findet ihren Ausdruck in der Erzählung vom Auszug, griechisch: Exodus, der Kinder Israels aus Ägypten. So kam es, daß Ägypten zum Symbol des Ausgegrenzten, Verworfenen, religiös Unwahren und zum Inbegriff des ›Heidentums‹ wurde.«[5]

---

[1] »Diese Bedeutung [d. Exodus; K.S.] kann überhaupt nicht überschätzt werden. Die Herausführung des Volkes aus Ägypten ist der Gründungsakt schlechthin, der nicht nur die Identität des Volkes, sondern vor allem auch des Gottes begründet. Überall wo er als der Gehorsam heischende Bundesherr (d.h. Vertragsgeber) auftritt, heißt er »Der dich (Israel) aus Ägypten herausgeführt hat«. Das heißt: von allem Anfang her wird das Volk durch die Auswanderung und Ausgrenzung bestimmt.« (J. ASSMANN 1999, 202). Prägnant bei R. KESSLER 2002, 9: »Ohne das Ursprungsgeschehen des Auszugs aus Ägypten und ohne die alles überragende Gründerfigur des Mose ist die Identität Israels nicht denkbar.« Ähnlich S.R. GARRETT 1990, 656: »For Ancient Israel, the Exodus motif was the paradigm of historical renewal. The collective memory of the Exodus from Egypt shaped accounts of God's past acts of redemption, and provided the archetypal expression for all future hopes.« Vgl. auch den knappen Überblick bei M. HAARMANN 2004, 87–90. Zur Wirkungsgeschichte der Exodustradition verweise ich auf M. WALZER 1985, der aufzeigt, welches politische Potential die Exoduserzählung in ganz unterschiedlichen Kontexten entwickeln konnte, sodass in der Tat höchst gegensätzliche Gruppen den Exodusgedanken für sich in Anspruch nehmen konnten. Die überragende Bedeutsamkeit des Exodus schlägt sich durchaus auch in der Fülle der publizierten Sekundärliteratur wieder; vgl. nur die Forschungsüberblicke bei M. VERVENNE 1996, 21ff; S. AHITUV 1998, 127ff; M.S. SMITH 1997, 144–179; R. NORTH 2001, 481–488; speziell zur Exodus-Erzählung J.CH. GERTZ 2000, 11–28.

[2] »Das mosaische Gesetz, das die jüdische Gemeinschaft begründet, wurde in vielfältige neue Kontexte übersetzt, von verschiedenen Gruppen beansprucht und kontrovers ausgelegt. Bereits innerhalb der Bibel unterlag der Gründungsmythos Israels verschiedenen Redaktionen. Daneben tritt die Überlieferung des hellenistischen Judentums, das die Leistung Moses in die Begriffe der griechisch-römischen Kultur übersetzt und ihn zum Weltweisen, Feldherrn, Gesetzgeber und Dichter macht.« (W. D. HARTWICH 1992, 17). HARTWICH schreibt eine rein rezeptionsgeschichtliche Arbeit und untersucht, wie sowohl die jüdische Überlieferung als auch die Religionskritik der antiken Philosophie (vgl. bes. 21ff) im Umgang mit der biblischen Tradition ›von der Aufklärung bis Thomas Mann‹ [so der Untertitel seiner Arbeit] aufgenommen wurde. Einen ersten Überblick über die Aufnahme des Exodus in nachbiblischen jüdischen Schriften liefert F. DEXINGER 1982.

[3] Dass damit eine Form von Zensur einhergeht, die in diesem Fall jedoch positiv zu verstehen ist, hat R. LUX 1998 herausgearbeitet.

[4] Zwar stellt dieses ›Ägypten‹, wie RAINER KESSLER herausgearbeitet hat (vgl. ders. 2002 passim), mehr eine Projektionsfläche für ›innerisraelische‹ Konflikte dar, als dass es als reale, außenpolitische Größe in den Blick kommt. Dennoch ist es das im Exodus entworfene Bild Ägyptens als unterdrückerischer Großmacht, das die biblische wie nachbiblische jüdische Erinnerung an Ägypten in vielerlei Hinsicht prägt; s. dazu auch gleich S. 75, Anm. 14.

[5] Ders. 2001, 20.

Diese These ASSMANNs von der ›Mosaischen Unterscheidung‹ ist von einer Reihe ersttestamentlicher Ausleger kritisch hinterfragt worden.[6] So stellt FRANK CRÜSE-MANN dem Gegensatzpaar ›wahr-falsch‹ das seiner Ansicht nach für die biblische Tradition sehr viel trag- und aussagefähigere Paar ›Freiheit und Unfreiheit‹ entgegen:

> »Die leitende Unterscheidung ist in der Sicht der biblischen Texte selbst nicht die zwischen Wahrheit und Unwahrheit, sondern die zwischen Freiheit und Unfreiheit.«[7]

Die Frage nach der Unterscheidung von Freiheit und Unfreiheit bildet von daher eine der zentralen Kategorien meiner Untersuchung, wenn ich im Folgenden die Exoduserzählung der Schrift als grundlegende Befreiungsgeschichte Israels lese. Ich zeige in der Beschäftigung mit der Exoduserzählung Ex 1-Jos 24[8] exemplarisch, wie es in ihr um Befreiung aus der Unterdrückung ebenso geht wie um Identitätsstiftung in Zeiten des Exils und/oder der Zerrissenheit, um die Beziehung zwischen Israel und JHWH ebenso wie um JHWH selbst je für sich und in ihrer wechselseitigen Verbundenheit. Damit ist zugleich das Raster grundgelegt, auf dessen Hintergrund sich die im Anschluss dargestellten nachbiblischen Lektüreformen von *Jubiläenbuch*, *Liber Antiquitatum Biblicarum* und *Antiquitates Judaicae* mit ihrer je spezifischen Schwerpunktsetzung profilieren können.[9]

1. Die Befreiungsgeschichte Exodus 1 bis Josua 24

Nachdem zum Ende des Buches Genesis die Großfamilie Jakobs mit 70 Personen nach Ägypten hinabgezogen war und dank der Machtposition und dem Einfluss Josefs dort nicht nur die Hungersnot überleben, sondern sich auch im Gebiet Goschen ansiedeln und damit in der Fremde ansatzweise heimisch werden konnte, erzählt das Buch Exodus in seinen ersten fünfzehn Kapiteln davon, wie sich die Vorzeichen des Lebens in der Fremde massiv verändern und es zum Auszug Israels aus Ägypten kommt. Gemeinsam mit dem folgenden Zusammenhang von Wüstenzeit und Einzug in das Land geht es letztlich darum, dass und wie sich die Ansage JHWHs an Abraham (Gen 15,13f.) sowie die Landverheißungen an Sara und Abraham und ihre Nachkommen[10] erfüllen:

> *Mit aller Sicherheit sollst du wissen: Deine Nachkommenschaft wird Fremdgruppe sein in einem Land, das ihnen nicht gehört. Sie werden als Sklavinnen und Sklaven arbeiten, und sie werden sie unterdrücken, vierhundert Jahre lang. Aber ich werde derjenige sein, der erst recht[11] das*

---

6 E. ZENGER (ders. 2001, 190) betont, dass Ägypten gerade nicht »mythische Chiffre für Polytheismus, sondern für alle Formen der Entwürdigung und Entrechtung von Menschen« sei. In der Ausrichtung ihrer Kritik an ASSMANNs These vergleichbar sind auch R. RENDTORFF 2000, passim und K. KOCH 1999, 878. Eine kritisch-abwägende Darstellung, die auch den Erkenntnisgewinn der Auseinandersetzung mit ASSMANNs Überlegungen nicht zu gering einschätzt, liefert R. KESSLER 2002, 10–12.

7 Ders. 2001, 103 (im Original kursiv).

8 Zu dieser Abgrenzung der Exoduserzählung s.u. S. 79ff.

9 Um der Eigenart biblischen Erzählens und den inner- wie nachbiblischen Lektüreformen so treu wie möglich zu bleiben, stelle ich an den Anfang jedes Abschnittes einen erzählenden Zugang (s. dazu o. S. 51), indem ich die Hauptlinien des Plots in ihrer spezifischen Ausrichtung nachzeichne, bevor die Analyse sich Einzelfragestellungen zuwendet. Dabei schreitet die Darstellung, um den Gesamtzusammenhang im Blick behalten zu können, in recht großen Schritten vorwärts.

10 Etwa Gen 17,8; 28,13.

11 »כם addiert nicht nur (= auch), es potenziert auch, wie überhaupt im Hebr. das magis immer ein plus ist. So dient es auch dazu, dem Worte, bei dem es steht, einen Nachdruck zu geben, und versieht – ohne dass es überhaupt übersetzt werden darf – den Dienst unseres Unterstreichens, des

Fremdvolk richtet, dem sie als Sklavinnen und Sklavinnen dienen – und danach werden sie auszuziehen mit großem Besitz.[12]

Der in dieser Ansage wie in den Landverheißungen skizzierte Ereignisbogen kommt erst mit dem Ende des Josuabuches an ein vorläufiges Ende.[13]

1.1 Vom Land zurück ins Land – zum Handlungsablauf der Exoduserzählung

Unter veränderten Bedingungen wird ein Leben der Israelfamilie in der Fremde unmöglich gemacht: Mit dem *Aufstehen* eines neuen Herrschers über Ägypten (Ex 1,8) beginnt nach langen Jahren des guten Lebens für die Israelitinnen und Israeliten die Zeit der Unterdrückung, der Sklaverei – jetzt zeigt Ägypten das Gesicht, mit dem es im »befreiungstheologischen Diskurs«[14] der Schrift assoziiert werden wird. In dieser Situation des sich stetig bis hin zum geplanten Genozid steigernden unterdrückerischen Vernichtungswahns, dessen zweite Stufe durch den zivilen Ungehorsam zweier Hebammen verhindert wird, wird ein Kind geboren: Mose, Sohn Jochebets, einer Tochter Levis, und Amrams,[15] ebenfalls Angehöriger des Stammes Levi. Aufgewachsen am ägyptischen Hof, flieht er mit 40 Jahren nach Midian – aus Angst vor Pharao, der ihn verfolgen lässt, weil er einen der ägyptischen Aufseher erschlagen hatte.[16] Während Mose in Midian lebt, Zippora, die Tochter eines midianitischen

---

[12] gesperrten Druckes. Diese Bedeutung hat ‏גם‏ besonders, wo ein Gegensatz betont werden soll.« (B. JACOB 1912, 279f.).

[12] Der Ausdruck ‏רכוש‏ ist zumindest im Zusammenhang der Genesis eindeutig positiv konnotiert. Mit ihm wird der (über-)große Reichtum formuliert, zu dem die Erzeltern gelangen; vgl. Gen 12,5; 13,6; 14,11.12.16.21; 15,14; 36,7; 46,6.

[13] Das macht z.B. Jos 24 deutlich, wenn hier die zurückliegende Geschichte von Gen bis Jos Bestandteil von Josuas Rückblick ist und darin das Wohnen im Land als Ziel der mit den Ereignissen der Gen begonnenen Geschichte verstanden wird; zum Josuabuch als (vorläufigem) Abschluss der Exoduserzählung s.u. S. 81f.

[14] R. KESSLER 2002, 154. Es ist KESSLERs Verdienst, in der genannten Studie auf die Vielfalt der ›Ägypten-Diskurse‹ der Schrift noch einmal ausdrücklich aufmerksam gemacht zu haben. Gerade die unmittelbar benachbarten Kapitel Gen 50 und Ex 1 »bezeichnen die größtmögliche Differenz im Blick auf Erfahrungen mit Ägypten und damit in Verbindung die Differenz zwischen dem Leben(-Können) in Ägypten und dem not-wendigen Exodus aus Ägypten.« (J. EBACH 2003a, 614). Vgl. ähnlich R. Kessler, ebd., der in seinen Überlegungen zum Miteinander bzw. zur Trennung der verschiedenen Ägypten-Diskurse festhält, dass »der befreiungstheologische Exodusdiskurs mit seinem negativen Ägyptenbild so auf den weisheitlichen Diskurs mit seinem positiven Bild bezogen« werde, »dass den Exoduserzählungen die Josefsgeschichte vorangestellt wird. Das hat zur Folge, dass das Motiv des Sklavenhauses bei aller Dominanz, die es in der Hebräischen Bibel gewinnt, eingebettet ist in das Bild Ägyptens als Ort der Zuflucht und Lebensrettung.« Auch Lukas arbeitet in der Stephanusrede mit diesen gegensätzlichen Bildern; s.u. S. 359f.; 362, Anm. 124.

[15] Die Namen der Eltern des Mose werden in der Exoduserzählung erst im Rahmen der Genealogie in Kap. 6 genannt (6,18.20).

[16] Damit wird die Konsequenz erkennbar, mit der der ägyptische Herrscher gegen diejenigen vorgeht, die gegen seine Herrschaft (für die der Aufseher hier pars pro toto stehen kann) rebellieren. So wird deutlich, dass ein Aufbegehren der Israelitinnen und Israeliten keinerlei Aussicht auf Erfolg hätte. »Der persönliche, moralische Mut Moses, sein Rechtsgefühl und Helfersinn machten ihn der Berufung, das Volk Gottes aus der Knechtschaft zu führen, *würdig*, aber nicht *fähig*. Denn die Lage der Dinge war so beschaffen, dass mit diesen menschlichen Tugenden gar nichts auszurichten war. Die pharaonische Tyrannenherrschaft stand unerschüttert fest. Einen Aufstand zu versuchen, wäre für die hebräische mit rücksichtsloser Gewalt niedergehaltene Minderheit Wahnsinn gewesen, und List und Diplomatie hätten keine Handhabe gefunden. An einheimische oder auswärtige Bundesgenossen war nicht zu denken. Keine Hand hätte sich für die Hebräer gerührt. So schien es denn nach menschlichem Ermessen unmöglich, das Joch zu zerbrechen. So aber soll es auch scheinen! Es soll keine andere Hoffnung geben als die auf IHN. Das soll der Sinn der Erlösung Israels aus Ägypten sein – ein ewig denkwürdiges Beispiel. So hat denn auch Mose keine Heldentaten zu verrichten. Er hat nur immer wieder als Sprecher Gottes vor Pharao zu treten, unerschütterlich dieselbe Forderung zu wiederholen und die Folgen einer Weigerung zu

Priesters heiratet und einen Sohn bekommt, bleibt die Situation für die Menschen Israels in Ägypten auch nach dem Tod Pharaos unter seinem Nachfolger Pharao unerträglich (2,23), bis ihr Schreien zu Gott dringt und mit den letzten beiden Versen von Kapitel 2 ein Ende des Schreckens in den Blick kommt:[17]

> *Gott hörte ihr Schreien. Er erinnerte sich an die Bundesverpflichtung, die er Abraham, Isaak und Jakob gegenüber eingegangen war. Da sah Gott die Kinder Israel – und Gott wusste (Bescheid). (Ex 2,24f.)*

Mose, der von all dem nichts weiß, geht in Midian seiner Arbeit nach: Während er mit den Viehherden seines Schwiegervaters unterwegs ist, erlebt er am Horeb, der schon hier als *Berg der Gottheit* (הַר הָאֱלֹהִים, 3,1)[18] qualifiziert ist, eine Theophanie, die sein Leben in andere Bahnen lenkt,[19] nachdem (und indem?) er selbst gerade von seinem Weg abweicht, wie der hebräische Text mit der wiederholten Verwendung der Wurzel סור in 3,3f. betont.[20] Im Feuer des Dornbusches stellt Gott Mose sich zunächst als die Gottheit seiner Vorfahren vor, um dann sofort auf den Kernpunkt ihres Vorhabens – und der vielen folgenden biblischen Kapitel – zu kommen:

> *Gesehen, wirklich gesehen habe ich die Unterdrückung meines Volkes in Ägypten, und ihre lauten Klagen wegen ihrer Antreiber habe ich gehört – ja, ich weiß um ihre Schmerzen. Da bin ich hinabgestiegen, um es zu befreien aus der Hand Ägyptens und um es hinaufzuführen aus diesem Land in ein gutes, weites Land, in ein Land, das überfließt von Milch und Honig, zum Ort der Menschen Kanaans, der Hethiter und Amoriterinnen, der Perisiterinnen und Hewiter und der Leute von Jebus. (Ex 3,7f.)*

Schon hier ist beides im Blick: der Auszug ebenso wie das Hineinkommen in das versprochene Land. Was sich aber im Mund Gottes so einfach anhört und mit drei

---

verkünden.« (B. JACOB 1997/1943/1943, 93; Hervorhebung i. Text). Die beklemmende Gegenwartsnähe dieser Worte in der Situation, in der JACOB seinen Exoduskommentar schrieb, ist mit Händen zu greifen. Doch im Rahmen dieser Untersuchung tut sich noch ein zweiter ›Intertext‹ auf: Die vorgestellten Überlegungen lassen sich auch als Beschreibung für die Situation Israels im eigenen Land unter römischer Besatzung im ersten Jahrhundert christlicher Zeitrechnung verstehen.

[17] Schon die Tatsache, dass mit dem Tod Pharaos das Schreien laut werden kann, könnte Ausdruck einer Hoffnung sein: »Mit dem Tod eines despotischen Machthabers eröffnet sich zumindest die Chance einer Veränderung.« (J. KEGLER 2003, 162).

[18] Zur nur scheinbar willkürlichen Verwendung von ›JHWH‹ und ›Elohim‹ s. F. CRÜSEMANN 2003c. Er kann sich dabei auf B. JACOB berufen, der in seinem Exoduskommentar zur Stelle festhält: »In … den nächsten Versen bis 15 haben wir einen anscheinend regellosen Wechsel der Bezeichnungen für Gott: Elohim, ha-Elohim und J-h-w-h. Sieht man aber genauer hin, so enthüllt sich eine *strenge Konsequenz*. Das Subjekt ist zwei Mal J-h-w-h hier [3,4.; K.S.] יי וירא, v. 5 יי ויאמר. Der Grund ist: Im Hintergrunde von allem Elohimischen steht, ohne dass die Menschen sich dessen immer bewußt sind, J-h-w-h. Soll aber ER als der absichtsvolle Lenker der Heilsvorsehung betont werden, so wird er dem Leser ausdrücklich mit diesem Namen J-h-w-h in Erinnerung gebracht. … Wenn aber ausdrücklich gesagt wird, *an wen* die Rede gerichtet wird, und dieser noch nicht weiß, noch wissen kann, dass der Redende J-h-w-h ist, dann heißt es Elohim, und zwar wird wieder genau unterschieden: Zu Mose spricht Elohim (v. 14.15), aber Mose zu ha-Elohim (v. 11.13). … Dies geschieht solange, bis Elohim dem Mose die Erklärung über seinen Namen J-h-w-h gegeben hat, also bis v. 15. Nach diesem heißt es mit gleicher Konsequenz stets nur J-h-w-h …. Der Wechsel ist beabsichtigt, so dass von mechanischer Zusammensetzung des Textes aus verschiedenen Quellen durch einen ›Redaktor‹ (alle quellenscheidenden Kritiker) keine Rede sein kann.« (ders. 1997/1943, 46, Hervorhebung i. Text).

[19] Zur Berufung des Mose in Ex 3–4 vgl. J. KEGLER 2003, der gegen eine Vielzahl von literarkritischen Operationen, auf die sich die Auslegung immer wieder konzentriert hat, den Gesamtzusammenhang der Kapitel im Blick hat und zu dem Schluss kommt: »Die beiden Kapitel Ex 3 und 4 erweisen sich als ein auf einen größeren Kontext hin durchformulierter und gestalteter Text, der von wenigen Zusätzen abgesehen in der Grundgestalt einheitlich ist.« (ebd., 164). KEGLER sieht in der Gesamtkomposition den Versuch gespiegelt, »eine Verbindung deuteronomistischer und priesterlicher Mosevorstellungen miteinander herzustellen« (ebd., 185).

[20] Vgl. z.B. Dtn 2,27; 1 Sam 6,12. Den Hinweis auf diese Feinheit des Textes verdanke ich JOHANNES TASCHNER und FRANK CRÜSEMANN.

knappen bis knappsten anweisenden Sätzen ausgedrückt werden kann,[21] bedarf dann doch noch längerer Verhandlungen. In deren Verlauf[22] offenbart Gott erstens seinen Eigennamen,[23] schildert zweitens den weiteren ›Verlauf‹ der Befreiungsgeschichte im Voraus, versucht drittens, Mose mit Hilfe einer Zeichenhandlung zu überzeugen und benennt schließlich zornig Aaron als Sprecher des Mose.[24] Dann (endlich) geht Mose wortlos zu Jithro und spricht erst diesem gegenüber aus, dass er in Gottes Plan einwilligt und seine Rolle darin übernimmt (4,18).[25]

Mit Zippora und seinen Kindern[26] kehrt Mose nach Ägypten zurück. Bevor er Aaron, den Gott ihm entgegen geschickt hat, wiedersieht, kommt es zu der dramatischen Begegnung mit Gott, in der Mose von Zippora gerettet wird (Ex 4,24–26).[27] In Ägypten angekommen, sind die Israelitinnen und Israeliten im Gegensatz zu den von Mose geäußerten Befürchtungen zunächst einmal schnell überzeugt.[28] Ab Kapitel 5 beginnt die Auseinandersetzung mit Pharao, eine Auseinandersetzung, die

---

[21] Beachte die Struktur von 3,10:
Und nun:
Geh!
Ich schicke dich zu Pharao.
Führe mein Volk, die Kinder Israel, aus Ägypten heraus!
»Zum ersten Mal beruft Gott einen Menschen, sein Wort zu anderen Menschen hinauszutragen und unter ihnen sein Werk auszurichten. Und sogleich ist es ein Werk, das in seiner Eigenart und Größe in der Weltgeschichte ohne Beispiel dasteht.« (B. JACOB 1997/1943, 91).

[22] Zum Gesamtzusammenhang der Kapitel Exodus 3–4 s. grundlegend G. FISCHER 1989.

[23] Zur Dialektik von Nähe und Unnahbarkeit, die sich in der Vermittlung des Eigennamens zeigt, verweise ich auf J. EBACH 2002d, 43–57. Die Besonderheit des Eigennamens JHWH pointiert bei F. STEFFENSKY 1992, 219: »Mose fragt nach dem Namen Gottes. Name ist hier nicht nur die Benennung Gottes, die von ihm verschieden ist. Name und Sache, Name und Person sind wesensgleich; der Name enthält den Benannten.« Beobachtungen zur ›Namenstheologie in Bundesbuch und Deuteronomium‹ finden sich bei A. RUWE 2003.

[24] Vielfach wurde überlegt, inwiefern Mose unter einem Sprachfehler zu leiden hatte (so z.B. J.H. TIGAY 1978); dezidiert dagegen spricht sich D. GEWALT 1991 aus: »Weder Ex 4,10 noch 6,12.30 wissen von einem Sprachfehler des Mose, der ihn als Sprecher Gottes physisch gesehen untauglich machte.« (ebd., 12).

[25] Zwar steht für B. JACOB 1997/1943, 91 unzweifelhaft fest, dass Mose letztlich seinen Auftrag annehmen würde (»Propheten sträuben sich gegen ihre Berufung, aber schließlich folgen sie ihr stets.«), und ist von daher ebenso evident, dass es keiner gesonderten Einverständniserklärung von Seiten des Mose brauchte (a.a.O. 94), diese vielmehr durch das in 4,18 folgende וַיֵּלֶךְ deutlich sei. Trotzdem ist es doch mindestens auffällig, dass, nachdem Mose zuvor fünf Mal hatte widersprechen dürfen, ausgerechnet die letztendlich erfolgende Zustimmung nicht explizit erzählt wird – wobei natürlich einzuräumen ist, dass auch sonst Berufungsgeschichten in der überwiegenden Zahl der Fälle zwar den Zweifel, den Widerspruch, nicht jedoch die Zustimmung berichten; etwa Ri 6; Jer 1. In der dezidierten Zustimmung besteht, wie zu zeigen sein wird, gerade ein Spezifikum der Berufung Marias (Lk 1,38); s.u. S. 284.

[26] Ex 4,20 hat den Plural (בָּנָיו), ohne dass zuvor von der Geburt eines weiteren Kindes berichtet wird. Auch Ex 18,3f. kennt zwei Söhne, hier wird auch der Name des zweiten (Elieser) genannt und erläutert.

[27] Die rätselhaft bleibende Erzählung vom sogenannten Blutbräutigam bietet der Forschung Anlass für die unterschiedlichsten Überlegungen; s. etwa G. VERMES 1973; R. und E. BLUM 1990; R. REELING BROUWER 1981; B.J. DIEBNER 1998; H.F. RICHTER 1996; R. KESSLER 2001. J.A. SANDERS 1991, 164f., versteht die Erzählung als Zeugnis für die ›Monotheisierung‹ der biblischen Geschichte; schon die LXX (s.u. S. 146f.) schwächt dies jedoch wieder ab, und auch die nachbiblischen Erzählungen wählen verschiedene Strategien, den Zusammenhang zu ›entschärfen‹ (s. 214ff).

[28] Wie wenig tragfähig dieses Überzeugung, dieses Vertrauen jedoch ist, zeigt neben der Auffälligkeit, dass die Anbetungs- und Verehrungsgeste des Volkes in 4,31 objektlos bleibt, bereits die bald folgende Szene, in der die ›Schriftführer‹ Israels Pharao ihre Not über die verschärften Bedingungen klagen; s.u. S. 113f. Die Schärfe des dadurch zum Ausdruck kommenden Zweifels an der Glaubwürdigkeit dessen, was Mose verkündet hatte, zeigt sich auch darin, dass mit Ex 6 der Auftrag des Mose nun zu scheitern droht: Das Volk hört tatsächlich nicht auf ihn, ist zu verzweifelt ob der noch härteren Maßnahmen (6,9), sodass seine Legitimation im Folgenden noch einmal ausführlich thematisiert werden muss.

letztlich nicht zwischen Mose und Pharao, sondern zwischen JHWH und Pharao ausgefochten wird. In ihr geht es um die Frage, wessen Macht die größere ist, wer wen anzuerkennen und zu fürchten hat. Im Rahmen dieses Machtkampfes kommt es zu den ›Schlägen‹ JHWHs, den ägyptischen Plagen,[29] die zeigen, dass gegen JHWHs Macht kein Herrscher dieser Welt etwas ausrichten kann.[30] Wenn JHWH es will, brechen die Plagen über Ägypten, sei es über die Natur, über Tiere oder auch über Menschen herein – legt Mose Fürbitte ein und/oder verspricht Pharao, sich der Macht Gottes zu beugen, liegt es wiederum in Gottes Hand, den Schrecken sofort zu beenden.

Trotz (oder: aufgrund) der lang anhaltenden Auseinandersetzungen zwischen Mose, dem Sprachrohr JHWHs, und Pharao steht für die Lesenden von Beginn an fest, dass Pharao am Ende keine andere Wahl haben wird, als Israel gehen zu lassen.[31] Erzählerisch wird die Steigerung der auf Ägypten niedergehenden Schläge immer weiter ausgeführt, bis nach der Tötung der Erstgeburt das Ziel endlich erreicht ist:[32] Nun ist es nicht nur Pharao, der den Ankündigungen in 3,20 und 6,1 entsprechend den Frauen und Männern Israels den Aufbruch geradezu befiehlt (12,31f.), als diese ihr erstes Passa gefeiert haben.[33] Auch die Menschen Ägyptens, von Todesangst getrieben, bedrängen sie,[34] schnellstens das Land zu verlassen (12,33). Mehr als 600 000 Menschen sind es nach der biblischen Erzählung, die sich auf den Weg machen; wahrscheinlich noch weit mehr, denn der Text hält fest, dass nur die Männer (oder nur die Erwachsenen?)[35] gezählt sind; außerdem schließen sich dem Auszug Israels

---

[29] Mit der Darstellung der Plagen näher beschäftigt haben sich neben anderen T. FRETHEIM 1991, der sich besonders auf die Verknüpfung der verschiedenen Aufzählungen der Plagen innerhalb der Hebräischen Bibel und der Weisheit Salomos (neben Ex 7–11 noch Ps 78,44–51; 105,28–38; SapSal 11,5–15.16–19) konzentriert, sowie J. KEGLER 1990; M. GÖRG 1996a und W.H. SCHMIDT 1996. B. LEMMELIJN hat in einem 2001 erschienenen Aufsatz verschiedene Ansätze untersucht, die die Plagenerzählung Ex 7–11 als Rücknahme der Schöpfungsgeschichte lesen und dabei oft Entsprechungen bis ins kleinste Detail festzumachen versuchen (ebd. 408–411). »The plagues cause the perversion and destruction of creation. As such the ›Plague-Narrative‹ in Exod 7–11 could be interpreted as an ›anti-creation‹ narrative, demonstrating that YHWH, who created order from chaos in Genesis, seems equally able to reverse this order again into chaos.« (ebd. 411) Dieser sich schon bei Philo von Alexandria und den Kirchenvätern findenden Auslegungstradition (dazu L. BROTTIER 1989) hält LEMMELIJN jedoch entgegen, dass sie »theologises too much from a preconceived idea, instead of taking the textual data themselves as a starting point.« (ebd. 419). M. LANG 2004, 63–67 zeigt Joel 1,2–4 als Relektüre der Heuschreckenplage in Ex 10,1–20.

[30] Mit M. LANG 2004, 63.

[31] Diese Sicherheit entsteht unter anderem aufgrund der wiederholt konstatierten Tatsache, dass es nicht Sache Pharaos ist, den Auszug zu verweigern, sondern vielmehr JHWH selbst dafür verantwortlich zeichnet; so als ›Programm‹ schon in der Gottesrede beim Aufbruch des Mose aus Midian Ex 4,21 (vage angedeutet bereits 3,20) und im Folgenden konstatiert, z.B. Ex 9,12; 10,20.27; 11,10; 14,4.8.

[32] Zur Komposition der Kap 11,1–13,16*, vor allem hinsichtlich ihres Anteils an vorpriesterschriftlichen Elementen vgl. jüngst L. SCHMIDT 2005.

[33] Einer kanonischen Lektüre geht es genau darum; historisch trifft vermutlich zu, dass es sich bei den meisten der in der Schrift dargestellten Feste zunächst um »bäuerliche Erntedankfeste« (O. Keel/S. Schroer 2002, 86) gehandelt hat, die erst nachträglich zu Exoduserinnerungsfesten umfunktioniert wurden (ebd., 86ff). KEELs und SCHROERs Bemerkung darüber, wie wenig dies gelungen sei (»Die Historisierung der Schöpfungsfeste gelang insgesamt mehr schlecht als recht.«; ebd., 87), trägt jedoch wenig aus.

[34] Es ist zumindest bemerkenswert, dass der Text hier mit der gleichen Wurzel (חזק) arbeitet, wie sie für das Verhärten des pharaonischen Herzens verwendet wird (vgl. 10,20.27; 11,10 u.ö.).

[35] Während im hebräischen Text theoretisch denkbar ist, dass mit den גְּבָרִים auch Frauen gemeint sind, vereindeutigt die LXX durch die Verwendung von ἄνδρες. Konsequenterweise wird dann auch als Bezeichnung alles Übrigen, das nicht durch ἄνδρες abgedeckt ist, das allgemeine ἀποσκευή gesetzt, das – umgangssprachlich formuliert – den gesamten ›Anhang‹ eines Mannes, und zwar bezogen auf Personen wie auf Güter, bezeichnet; mit J. LUST u.a. 1992, 55; vgl. auch A. LEBOULLUEC/P. SANDEVOIR 1989, 39.

eine nicht näher genannte Anzahl von Menschen an, die als Mischvolk (רַב
עֵרֶב/ἐπίμικτος) bezeichnet werden (12,38). Es handelt sich um Menschen, die aus
nicht genannten Gründen der Herrschaft Ägyptens ebenso zu entkommen suchen
wie die Israelitinnen und Israeliten. JHWH selbst führt in Gestalt von Feuer- und
Wolkensäule ihr Volk durch die Wüste bis an den Rand des Schilfmeeres. Konfrontiert mit der Verfolgungsmacht der ägyptischen Armee, die angeführt von Pharao
den Flüchtenden bzw. Ausziehenden nachjagt,[36] verzweifeln die Menschen. Mose
jedoch bleibt zuversichtlich:[37] *Fürchtet euch nicht! Stellt euch hin und seht die Befreiung*
[יְשׁוּעַה],[38] *die JHWH heute für euch schafft!* (Ex 14,13b)[39] Und so geschieht es: JHWH
sorgt dafür, dass Israel trockenen Fußes durch das Schilfmeer ziehen kann, die
ägyptische Armee hingegen in den Fluten untergeht. Was undenkbar, unmöglich
schien, ist gelungen: Der der verfolgenden Armee hoffnungslos unterlegene Flücht-
lingstrupp ist gerettet, der Auszug geglückt, die Befreiung erfolgt. Wer letztlich das
Meer teilt, wie aktiv die Rolle des Mose hier ist, ist durch die komplizierte Darstellung in Ex 14, die nicht umsonst zu den ›Paradebeispielen‹ der Quellenscheidung
zählt, nicht eindeutig zu eruieren. Ex 14,31 macht in der Reaktion des Volkes deutlich, dass diese ›Verwirrung‹ eine vom Text gewollte ist: *Sie vertrauten auf Gott und*
auf Mose, der ihm diente.[40] Die Erleichterung über die geschehene Rettung jedenfalls
bricht sich im Schilfmeerlied (Ex 15) unüberhörbar Bahn, in das nach und nach alle
Frauen und Männer Israels einstimmen.

Doch ist damit das Ende der Exoduserzählung wirklich schon erreicht? Ist es genug, mit beiden Beinen auf ›der anderen Seite‹, am rettenden gegenüberliegenden
Ufer angekommen zu sein? Reicht es aus zu sehen, wie die unmittelbare Bedrohung
der kräftemäßig überlegenen Streitmacht der Großmacht in den Fluten untergeht?
JHWH hatte doch schon in der Berufung des Mose wie zuvor den Erzeltern versprochen, es nicht bei der Herausführung bewenden zu lassen, sondern der Heraus- eine
Hineinführung folgen zu lassen, hinein in das versprochene Land, in dem ein Leben
in Frieden und Fülle für die Menschen Israels möglich sein sollte (Ex 3,7f.). So handelt es sich wohl vielmehr um den allerersten Schritt der Befreiung, die erste Etappe
auf dem Weg zum Leben in Freiheit.

---

[36] Wobei auch hier wieder JHWH selbst letztlich dafür verantwortlich ist, dass Pharao den
Verfolgungsentschluss fasst. Sie nämlich, so Ex 14,4, werde dann an Pharao und seiner Armee ihr
ganzes Gewicht bzw. ihren ganzen Glanz zeigen (כָּבֵד Nif/ἐνδοξάζομαι, vgl. auch 14,17f.) und die
Ägypter würden – in logischer Folge, wie die Reihung der Narrative nahelegt – erkennen und
wissen כִּי־אֲנִי יְהוָה/ὅτι ἐγώ εἰμι κύριος.

[37] Allerdings gibt V. 15 einen Hinweis darauf, dass die so dargestellte Ruhe des Mose womöglich doch
nicht das einzige Element seines Verhaltens war – zumindest wertet JHWH das Schreien der
Menschen auch als Schreien des Mose und verweist diesen statt des Betens auf das Handeln: *Was*
schreist du zu mir? Sprich zu den Israelitinnen und Israeliten: Sie sollen aufbrechen!

[38] Die LXX verändert geringfügig: Sie verwandelt die ›negativ formulierte‹ Aufmunterung in eine
positive Aussage: *Fasst Mut!* (θαρσεῖτε) und setzt σωτηρία, nicht das ebenfalls denkbare λύτρωσις.

[39] Damit ließe sich in einem Satz das Programm des lukanischen Doppelwerks ausdrücken, wie ich es
in meiner Arbeit zeigen möchte. Im Rahmen einer intertextuellen Arbeitsweise, der es ja gerade
nicht darum geht, nach Art einer Einbahnstraße redaktionelle Abhängigkeiten u.ä. offenzulegen
(s.o. S. 37ff), sondern vielmehr auf der Ebene der jetzt neben- und miteinander vorliegenden Texte
ein Gespräch herzustellen, beeinflusst sich die Lektüre gegenseitig.

[40] »Das Auffällige an diesem Satz ist zunächst darin zu sehen, daß hier der Erzähler plötzlich aus dem
Tumult der geschilderten Ereignisse heraustritt und zu einer feierlichen Reflexion übergeht, die das
Ergebnis des Ganzen umfaßt: Jahwe hat Israel errettet, aber durch dieses Ereignis wurde auch Mose
endgültig vor allem Volk beglaubigt. Es hat sich also ein großer Wandel in der Einstellung der
Israeliten zu Mose vollzogen. ... So ist in theologischer Hinsicht die Nebeneinanderstellung des
Glaubens an Jahwe und an Mose in Ex. 14,31 merkwürdig und singulär.« (G. V. RAD 1971, 588).

Auch mit dem Erreichen des Sinai ist das Ende noch lange nicht erreicht, wenngleich auch dem Sinai besondere Bedeutung zukommt:

»Der ›Sinai‹ und alles, was mit ihm verbunden ist, ist nicht Ziel des ›Exodus‹, der Herausführung aus Ägypten, sondern Kristallisationspunkt für das Verhältnis von Israel zu seinem Gott (JHWH).«[41] Durch seine Erwähnung in Ex 3,1.12 »wird am Anfang des Exodusbuches schon festgehalten, dass der ›Sinai‹ *der* Kristallisationspunkt des ›Exodus‹ im Sinne des Gesamtgeschehens ist, nicht in Konkurrenz zum Ziel ›Land‹ und auch nicht vor diesem, sondern für dieses Ziel. Am Sinai wird Israel als Volk Gottes konstituiert und erhält die Voraussetzungen für das Leben als solches im verheißenen Land in einzigartiger Verbindung mit seinem Gott JHWH.«[42]

Genauso wenig ist das Ende der Exoduserzählung am Ende des Exodus*buches*[43] erreicht. Es ist zwar ein weiterer Schritt getan: JHWHs Weisungen sind bekannt gemacht, das Zelt der Begegnung ist errichtet,[44] die Bundeslade angefertigt. Das Ende, das Ziel aber liegt immer noch in der Ferne.

Mindestens die Bücher Levitikus bis Deuteronomium müssen mit hinzugenommen werden, um das versprochene Land zumindest im Blick, in Sicht zu haben: Levitikus und Numeri stellen die Vermittlung weiterer Lebensregeln, die Überlebensregeln im Wortsinn sein wollen und können, neben die Verhandlung von internen Konflikten wie Bedrohungen von außen.[45] Das als Abschiedsrede des Mose stilisierte Deuteronomium schafft schließlich die Möglichkeit, noch einmal das in Worte zu fassen, was die Befreiung aus der Sklaverei, aus der Unterdrückung durch die Großmacht, im Kern bedeutet und woran das Leben dieser Befreiung hängt.[46] Gerade die Anfangskapitel des Dtn bilden ein Grundmuster von erinnerndem Erzählen, das der Identitätssicherung der Angesprochenen dient – der ›jungen‹ Generation der erzählten Zeit ebenso wie der Leserinnen und Hörer der Schrift.[47] Damit ist die biblische Lern- und Erinnerungskultur grundgelegt, die ich als auch für die lukanische Darstellung leitende herausarbeiten möchte: Im Erinnern der Taten JHWHs für Israel liegt das Treueversprechen JHWHs für die Gegenwart ebenso begründet wie die Warnung an die Adressatinnen und Adressaten, die gemeinsame Geschichte nicht dadurch verloren gehen zu lassen, dass sie ihr Leben nicht an dieser

---

[41] CH. DOHMEN 2004, 36.

[42] Ebd., 37; Hervorhebung i. Text.

[43] Zur Zweiteilung des Exodusbuches in ›Exodus‹ (Ex 1–18) und ›Sinai‹ (Ex 19–40) vgl. Ch. Dohmen 2004, 33–39.

[44] Die Schlussnotiz zur Fertigstellung des Heiligtums Ex 39,43 nimmt durch mehrere Stichwortverbindungen (in der folgenden Übersetzung hervorgehoben) auf die Vollendung der Schöpfung Gen 2,2f. Bezug (für diesen Hinweis danke ich DIANA KLÖPPER): *Und Mose sah die ganze Arbeit – tatsächlich, sie hatten sie getan, genau wie JHWH es angewiesen hatte. Und Mose segnete sie.* (vgl. außerdem die deutliche Verbindung von Ex 40,33 zu Gen 2,2 durch die Verwendung von כל und מלאכה). Damit kommt dem Bau, der Errichtung der Begegnungsstätte mit Israels Gott schöpferische Qualität zu. Ruht Israels Identität, wenn nicht gar Existenz, in gewisser Hinsicht vielleicht in der sicheren Gewissheit der Gegenwart JHWHs mindestens ebenso wie auf der materialen Gegebenheit von Lebensraum? Anders gefragt: Ist hier ausgedrückt, dass die Menschen JHWHs Gegenwart ebenso brauchen ›wie die Luft zum Atmen‹?

[45] Dass beides oft nicht voneinander zu trennen ist, zeigen z.B. die sogenannten Kundschaftererzählungen Num 13–14.

[46] Zugleich führt das Deuteronomium, insbesondere in den Anfangskapiteln wie im Moselied Dtn 32, eindrücklich vor Augen, dass entscheidend für die Darstellung der Auszugs- und Wüstensituation nicht die Entwicklung einer einzigen ›genormten‹ Sicht der Ereignisse ist, sondern bereits innerhalb der Tora (hier gemäß dem jüdischen – und damit auch neutestamentlichen – Sprachgebrauch verwendet als Bezeichnung des Pentateuch) verschiedene Erzählperspektiven zu unterschiedlichen Schwerpunktsetzungen führen; vgl. S. KEESMAAT 1999, 37ff.

[47] Zur Zeitstruktur des Dtn, v.a. hinsichtlich der Besonderheit des Vorausblicks auf die Zeit nach dem Exil in einer gedachten Szene noch vor dem erstmaligen Einzug ins Land, verweise ich auf J. TASCHNER 2003. CH. HARDMEIER 2003 betont die Dimensionen von Lehren und Lernen, wie sie im Dtn anhand der Mahnung zum Halten der Gebote vorgeführt werden.

Grunderfahrung ausrichten.[48] Wichtig bleibt das Wissen darum, wo diese Einprägung der gemeinsamen Geschichte erfolgt: zwar an der Schwelle zum Land, aber noch außerhalb. Noch bevor die Versprechen JHWHs realisiert sind, gilt es, sich die Grundlagen dieser Versprechen immer wieder bewusst zu machen.

> »Hier wird eine Erinnerunskunst entwickelt, die auf der Trennung von Identität und Territorium basiert. ... Damit wird eine Mnemotechnik fundiert, die es möglich macht, sich *außerhalb* Israels an Israel zu erinnern, und das heißt, auf den historischen Ort dieser Ideen bezogen: im babylonischen Exil Jerusalems nicht zu vergessen (Ps. 137.6). Wer es fertigbringt, in Israel an Ägypten, Sinai und die Wüstenwanderung zu denken, der vermag auch in Babylonien an Israel festzuhalten.«[49]

Dabei zeichnet sich der mosaische Rückblick auf die gemeinsame Geschichte im Gegensatz zu vielen anderen Reden ›aus der Erinnerung‹ dadurch aus, dass er gerade nicht ein ›früher war alles besser‹ verkündet. Ungeschönt nennt er die Verfehlungen der Elterngeneration beim Namen, die zum Tod der gesamten Wüstengeneration mit Ausnahme Josuas und Kalebs außerhalb des versprochenen Landes führten bzw. noch führen werden. Im Erzählen der Geschichte auch des Scheiterns formuliert Israel sein Vertrauen darauf, dass das Erinnern dieser Geschichte im Zusammenhang mit den gegebenen (Über-)Lebensregeln die kommenden Generationen davor bewahren kann, die Fehler ihrer Eltern wiederholen zu müssen.[50]

Und dann, am Ende des Deuteronomiums, befindet sich Israel nach vierzigjähriger Wüstenzeit endlich an der Schwelle zum versprochenen Land – aber eben nur dort, an der Schwelle. Es bleibt also nichts anderes übrig: Auch das Josuabuch mit seinen Erzählungen darüber, wie Israel endlich nicht nur in das Land, sondern auch zu dem Land kommt, das JHWH den Eltern Israels immer wieder als Erbbesitz für ihre Nachkommen versprochen hatte, muss noch zur Erzählung von der Befreiung hinzugenommen werden.

Das Josuabuch selbst gibt Hinweise darauf, dass es als – zumindest ›vorläufiger‹ – Abschluss gelesen werden möchte; zunächst von Seiten der Erzählstimme:

> (43)*JHWH gab Israel das ganze Land, von dem er ihren Vorfahren geschworen hatte, es ihnen zu geben; sie nahmen es in Besitz und wohnten darin.* (44)*Und JHWH ließ sie aufatmen und verschaffte ihnen Ruhe ringsum, gemäß allem, was sie ihren Vorfahren geschworen hatte. Kein Mensch von allen, die sie hassten, stand auf gegen sie – all ihre Feindinnen und Feinde gab JHWH in ihre Hand.* (45)*Von allen guten Worten, die JHWH zum Haus Israel geredet hatte, ist kein Wort weggefallen – alles ist so gekommen. (Jos 21,43ff)*[51]

---

[48] Vgl. J. ASSMANN 1999, 212–228 zum ›Deuteronomium als Paradigma kultureller Mnemotechnik‹ (Kapitelüberschrift, 212).

[49] J. ASSMANN a.a.O., 213, Hervorhebung i. Text. Ganz ähnlich noch ebd., 294: »Kontrapräsentische Erinnerung relativiert den gegenwärtigen Ort durch Vergegenwärtigung des anderen Ortes.« Dieser Gedanke der ›Unabhängigmachung‹ der eigenen Identität und Gewissheit der Gottesbeziehung vom Territorialbesitz ›des Landes‹ – wie beispielhaft noch einmal in Jos 22 vorgeführt – ist es auch, das das Denken des lukanischen Werkes, besonders in der Apostelgeschichte, prägt; s. dazu unten S. 356ff; 368; 389.

[50] Mit J. TASCHNER 2005, 14: »Die Erzählungen des Mose sind Ausdruck der unerhörten Hoffnung, dass eben nicht jede Generation ihre eigenen Erfahrungen machen muss. Er stellt seine Generation nicht als Vorbild dar. Mose erzählt von den Fehlern seiner Generation, damit die nun folgende Generation, die ins Land einzieht, aus diesen Fehlern lernen kann.«

[51] Die Komposition der Schlusskapitel des Josuabuches zeigt dabei, wie fragil das Gefüge zwischen Verheißung der Freiheit und ihrer Bewahrung ist: Unmittelbar auf diese ausführliche Notiz über das Eintreten aller Dinge, die JHWH versprochen hatte, folgt mit der Erzählung vom Altarbau am Jordan die erste große Gefährdung: Aus Angst, es könne sich dabei um einen Opferaltar handeln, der die Zentralstellung des einzigen, in der erzählten Zeit noch auszuwählenden, Ortes gefährden könnte, rüsten sich die Weststämme, um gegen ihre Geschwister aus dem Ostjordanland nötigenfalls auch mit Waffengewalt die Einhaltung der Zentralisationsforderung durchzusetzen. Nachdem die Deeskalation gelungen ist, anders gesagt: die Oststämme die Weststämme von der Lauterkeit ihres Tuns haben überzeugen können, kommt es in den Kapiteln 23 und 24 zu

Wenig später wird die fast identische Aussage noch einmal Josua selbst in den Mund gelegt (Jos 23,14b):

> *Ihr wisst mit eurem ganzen denkenden Herzen und mit allem, was euch ausmacht, dass kein einziges Wort weggefallen ist von all den guten Dingen, die JHWH, eure Gottheit, zu euch geredet hat – sie alle sind für euch eingetroffen, nicht ein einziges Wort von ihnen ist hintenrübergefallen.*

Der Text lässt Josua ahnen, was die Verfasserinnen und Verfasser des Josuabuches wissen, nämlich, dass es Israel in der Zukunft nicht gelingen wird bzw. gelungen ist, diesen Verheißungen gemäß zu leben, die geschenkte Befreiung in Freiheit zu bewahren. Wieder und wieder zeigt Josua deshalb in den beiden Abschlusskapiteln auf, was geschehen wird/ist, falls/weil Israel es nicht geschafft hat, so zu leben. Und trotzdem: Das Josuabuch endet mit dem wiederholten Bekenntnis der Frauen und Männer (Jos 24, 16b–18):

> *Auf keinen Fall wollen wir JHWH verlassen und im Stich lassen, um anderen Gottheiten zu dienen! (17)JHWH, unsere Gottheit, allein war es ja, die uns und unsere Eltern hinaufgeführt hat aus dem Land Ägypten, aus dem Haus der Sklaverei und die vor unseren Augen jene großen Zeichen getan hat – sie hat auf uns Acht gegeben auf dem ganzen Weg, den wir gegangen sind, und bei allen Völkern, in deren Mitte wir vorübergezogen sind. (18)JHWH hat alle Völker, auch die amoritischen Einwohnerinnen und Einwohner des Landes, vor uns her getrieben. Auch wir, wir wollen für JHWH da sein, denn sie ist unsere Gottheit!«*

Diese kurzen Überlegungen zum Josuaschluss mögen – wenn auch natürlich in aller Vorläufigkeit – als hinreichende Erläuterung dafür dienen, warum die vorliegende Untersuchung die Exoduserzählung der Schrift hier an ihren ersten Abschluss gekommen sieht und deshalb die Abgrenzung Ex 1-Jos 24 wählt.[52]

Angesichts der Tatsache, dass auch mit dem Ende des Josuabuches weder die Inbesitznahme des Landes endgültig abgeschlossen ist[53] noch die Befreiung sich daran bewährt hätte, dass die Menschen nach den Weisungen JHWHs lebten, legt sich der Gedanke nahe, dass dieses Unabgeschlossensein Gegenstand der Konzeption ist: Vielleicht gehört es zu den zentralen Bestandteilen des Exodus, dass er in dieser Welt nie an sein Ende, an sein Ziel kommen wird. Es gilt, die erfahrene Befreiung aus Ägypten zu leben, von ihr wieder und wieder zu erzählen – und innerhalb dessen sich einzugestehen, dass JHWHs Ziel, dass nämlich zum einen sein Volk in Frieden und Fülle im versprochenen Land leben kann und dass zum anderen die Völker der Welt diese Beziehung staunend respektieren und zum Zion wandern, um ihren Ort innerhalb dieses Beziehungsgefüges einzunehmen, innerhalb der Bibel als ganzer nicht erreicht ist, ja, bis heute noch aussteht. Fragmentarisch ist die Befreiung als geschehene erfahrbar, zeigt darin auch das Erinnern seine Kraft – in ihrer Fülle aber steht sie noch aus, sodass es gilt, immer weiter davon zu erzählen.[54]

---

wiederholten Bundesversprechen und dem Aufzeigen ihres zukünftigen Bruches zwischen Josua und den versammelten Frauen und Männern.

[52] Der Überzeugung, dass das Josuabuch noch Bestandteil des Exodus ist, ist auch M. LANG 2004, 61. Dabei geht es nicht darum, an die ältere Diskussion um den sogenannten ›Hexateuch‹ als zusammenhängende Schrift (dem ja auch die Genesis zugehören würde) neu anzufachen; nicht Quellenschriften und Redaktionen stehen zur Debatte, sondern die Frage nach inhaltlichen Zusammenhängen; zur Diskussion um Pentateuch, Hexateuch und Enneateuch vgl. exemplarisch E. ZENGER 2001a, 67f. Auch ZENGER hält fest, es sei »nicht zu übersehen, daß im Pentateuch Geschehensbögen eröffnet werden, die über ihn selbst hinausweisen. So wird die in Ex-Dtn verheißene bzw. befohlene Landnahme erst in Jos erzählt bzw. durchgeführt. ... Der Geschichtsrückblick, den Josua in Jos 24 gibt, ... stellt die in Jos erzählte Landnahme und Landverteilung als Zielpunkt der in Gen eröffneten Heilsgeschichte dar.« (ebd., 67).

[53] Das zeigt beispielhaft das sogenannte ›negative Besitzverzeichnis‹ Ri 1,21–36.

[54] Lukas nimmt dieses spannungsvolle Miteinander von geschehener und erhoffter Befreiung in seinem Werk unter anderem in den Liedern der Anfangskapitel auf; s.u. S. 239ff; 396f.

1.2 Widerstand, der sich im Miteinander von Frauen ereignet – Die Programmkapitel der Befreiungsgeschichte (Ex 1–2)

Die beiden Anfangskapitel des Exodusbuches sind in den letzten Jahren Gegenstand regen Forschungsinteresses gewesen;[55] gerade die Frage nach der Funktion und Darstellung der handelnden Frauen stand dabei im Mittelpunkt des Interesses.[56] Denn, das macht bereits eine sorgfältige Textlektüre deutlich: Ohne das Miteinander der so unterschiedlichen Frauen – der Hebammen, Mirjams, Jochebets und der Pharaotochter – wäre das Überleben des Mose und damit in letzter Konsequenz die Befreiung aus Ägypten nicht vorstellbar.

Ex 1–2 thematisieren auf engstem Raum alles, was den Fortgang der Geschichte bestimmen wird; sie sind zu verstehen als »eine gezielt auf das Exodusbuch als ganzes hin gestaltete Eröffnungskomposition«.[57] Insofern lohnt es sich, bei diesen Kapiteln genau hinzusehen, ihnen zumindest bis Ex 2,10 fast Vers für Vers auf der Spur zu bleiben. Für alles Spätere sind hier bereits die Spuren gelegt, die es zu lesen und denen es dann zu folgen gilt.

Ex 1 bildet mit seinen Anfangsversen (Vv 1–7) eine Brücke zum Ende der Genesis,[58] indem die Namen der Kinder Jakobs genannt werden.[59] Um diese Namen, um ihr Fortbestehen, wird es im Folgenden zentral gehen. Auch nach dem Tod Josefs und seiner Generation (1,6), auch nach diesem Generationenwechsel, der in biblischer Erfahrung häufig einen Wechsel zum Guten oder zum Schlechten bedeutet,[60] macht es zunächst den Eindruck, als erfüllten sich gerade hier, gerade im fremden Land die ›alten‹ Verheißungen: *Und die Nachkommen Israels waren fruchtbar: Sie wimmelten umher, vermehrten sich und wurden unglaublich zahlreich; das Land war voll von ihnen.* (1,7) Damit ist eingelöst, was seit der Schöpfung Auftrag und Verheißung für die Menschen war (Gen 1,28), was nach Flut und Noach-Bund Noach und seiner Familie wieder versprochen ist (Gen 9,7)[61] und was schließlich fester Bestandteil der Verheißungen JHWHs an die Erzeltern wurde (vgl. Gen 17,6; 28,3; 35,11; 48,4).[62]

---

[55] Vgl. unter anderem die Überlegungen von J.S. ACKERMAN 1974; G.F. DAVIES 1992; J. EBACH 1995; C. ISBELL 1982; D. O'DONNELL SETEL 1992; B. WEBER 1990; P. WEIMAR 1996; D.W. WICKE 1982.

[56] Dazu die Arbeiten von U. BAIL 1999; A. BRENNER 1986; L.L. BRONNER 1999; J.C. EXUM 1989, 1994a u. 1994b; T. FRYMER-KENSKY 1997; D. NOLAN FEWELL/D.M. GUNN 1993; J. SIEBERT-HOMMES 1992, 1994 u. 1998; R.J. WEEMS 1992; I. WILLI-PLEIN 1991.

[57] P. WEIMAR 1996, 179.

[58] Mit J. SIEBERT-HOMMES 1992, 403.

[59] Dabei orientiert sich die Aufzählung an den jeweiligen Müttern: An erster Stelle stehen die Lea-Söhne Ruben, Simeon, Levi, Juda, Issachar und Sebulon (V.2–3a), dann folgt Benjamin als Sohn der Rahel (Josef muss in dieser Aufzählung fehlen, da es nur um die Söhne geht, *die mit Jakob nach Ägypten kommen*, 1,1) und den Schluss bilden die vier Söhne der Sklavinnen, nämlich zuerst Dan und Naphtali, die Söhne Bilhas, der Sklavin Rahels, und abschließend Gad und Asser, die Söhne Silpas, der Sklavin Leas.

[60] Dazu J. TASCHNER 2001; zur sich mit einem Generationenwechsel bietenden Chance vgl. auch F. CRÜSEMANN 1992, 421f.

[61] Die Verbindung zu Gen 9,7 ist insofern besonders stark als nur an diesen beiden Stellen alle drei ›Mehrungsverben‹ Verwendung finden: פרה, רבה und שׁרץ; vgl. auch K. SCHMID 1999b, 117ff.

[62] Mit J.-C. GERTZ 2000, 349. Über die Formulierung ›über alle Maßen‹ wird ein besonders deutlicher Bezug zu Gen 17,2 hergestellt; so auch K. SCHMID 2000, 119. L. ESLINGER 1991 sieht durch diese Bezüge zu Texten der Genesis seine These bestätigt, Ex 1–15 stellten weniger eine Befreiungsgeschichte denn die Demonstration der Omnipotenz Gottes dar; vgl. ebd., 53, Anm. 1; 55).

Mit 1,8 ändern sich die Voraussetzungen jedoch völlig:[63] Dem Generationenwechsel auf Seiten Israels, der die Einlösung des Segensversprechens brachte, korrespondiert auch auf ägyptischer Seite ein Generationenwechsel; der jedoch ist gänzlich anderer Natur. *Da stand ein neuer König über Ägypten auf, der den Josef nicht kannte –* oder eben, mit BENNO JACOB, *nicht kennen wollte.*[64] Um dieses יָדַע wird es auch im Fortgang der Exodusgeschichte immer wieder gehen: Auf der einen Seite steht Pharao, der genau wie von Josef auch von JHWH nichts versteht und nichts wissen will (Ex 5,2).[65] Auf der anderen Seite steht das ›Wissen‹ um die Macht JHWHs, das von Pharao wie von den ägyptischen Menschen, aber auch von den Frauen und Männern Israels von Seiten JHWHs gefordert wird, ja, was offensichtlich zumindest *eine* Intention des ganzen ab Ex 2 in Gang kommenden Befreiungsgeschehens ist: אֲנִי יְהוָה וְיָדְעוּ מִצְרַיִם כִּי (Ex 14,18).[66] Was für die Menschen als Ziel festgehalten wird (sie sollen erkennen und wissen),[67] ist auf Seiten JHWHs bereits Gegenwart: JHWH weiß um das Leiden Israels (3,7), aber genauso um die Weigerung Pharaos, Israel ziehen zu lassen (3,19). Ex 2,25 formuliert sozusagen als Programm das Wissen JHWHs, das so umfassend ist, dass es nicht einmal immer ein direktes Objekt haben muss: *JHWH sah die Israelitinnen und Israeliten – und JHWH wusste (Bescheid).*[68]

---

[63] »Schwerlich wird man im Tetrateuch noch einen Satz finden, der in ähnlicher Knappheit einen so großen Zeitraum summarisch umgreift.« (G. V. RAD 1971, 580).

[64] B. JACOB 1997/1943, 7: »לֹא יָדַע heißt nicht … er wußte nicht, sondern … er wollte von Joseph und seinen Verdiensten nichts wissen.« Letztlich stellt sich jedoch die Frage, ob nicht auch der schiere Wissensabbruch schon eine Quelle der Gewalt darstellt.

[65] Hier ist es im Gegensatz zu 1,8 nicht die Erzählstimme, die die über Desinteresse weit hinausgehende Einstellung Pharaos benennt, sondern Pharao selbst wird die Ablehnung JHWHs in den Mund gelegt: לֹא יָדַעְתִּי אֶת־יְהוָה.

[66] Vgl. auch Ex 7,5.17; 8,6.18; 9,14.29f.; 11,7; 14,4. Auch für Israel gilt dies jedoch: Auch sie sollen erkennen, wissen, begreifen, dass es JHWH ist, der zu Mose spricht (10,3) und der sie aus Ägypten herausführt (16,6). Auf israelitischer wie ägyptischer Seite gibt es Einzelne, die schon zu ›wissen‹ scheinen: Von Pharaos eigenen Hofbeamten wird ihm seine aggressive Ignoranz vorgehalten (10,7) – im Gegensatz zu ihm wissen sie mit den Zeichen umzugehen, sehen sie die Gefahr, die ihrem Volk droht, wenn ihr Herrscher sich weiterhin weigert, die Macht JHWHs anzuerkennen. Nachdem nun deutlich ist, dass im Kontext der Exoduserzählung יָדַע die Frage der Anerkenntnis JHWHs immer mindestens mit beinhaltet, wirft dies ein neues Licht auf die Frage danach, worum es der Schwester des Mose in 2,4 geht: Der biblische Text formuliert offen: *Seine Schwester stellte sich in einiger Entfernung hin, um zu wissen/erkennen, was ihm geschehen würde.* Geht es dabei wirklich nur um die nächste Zukunft (P. WEIMAR 1996, 189 sieht korrespondierende Elemente zwischen dem ›Wissen‹ Mirjams und dem ›Nicht-Wissen-Wollen‹ Pharaos: »Über die Basis יָדַע sind 1,8b und 2,4b nicht nur stichwortartig, sondern wohl auch intentional aufeinander bezogen, insofern damit zugleich die Zeit vor der Unterdrückung [Rückverweis auf Josef] und die Erwartung eines noch ausstehenden Geschehens [Rettung des Moseknaben] einander gegenübertreten«; ders. 1996, 189f.)? Geht es nur um die Frage, ob und wenn ja von wem der Schilfkasten aus dem Fluss gehoben wird? Oder schwingt hier nicht vielmehr schon die ganze weitere Geschichte mit? Mirjam will wissen, was mit Mose geschieht, will wissen, ob es eine Zukunft nicht nur für dieses eine Baby, sondern für das Volk Israel gibt. Folgt man rabbinischen Überlegungen, dann gründet sich dieses Verhalten Mirjams in einer Vision vor der Geburt des Mose, in der sie die zukünftige Geschichte und die besondere Bedeutung dieses Kindes sah; vgl. B. Sota 12a; Exod. Rabba 1,13; dazu R. BLOCH 1963, 104–107; s. auch LAB 9,10 und die Diskussion der entsprechenden Stelle unten, S. 165f. Deutlich zu widersprechen ist der von J. SIEBERT-HOMMES 1992, 402 vertretenen Auffassung, Mirjam sehe »ohnmächtig« zu. Damit sind ihre Funktion und auch der weitere Verlauf gerade nicht getroffen.

[67] L. ESLINGER 1991 kommt aufgrund ähnlicher Beobachtungen zu einem anderen Schluss: Für ihn ist damit erwiesen, dass Ex 1–15 nur sekundär von der Befreiung des unterdrückten Volkes Israel aus Ägypten handeln; primär gehe es um die Darstellung göttlicher Omnipotenz, v.a. auch hinsichtlich Pharaos (ebd., 56–58). Seine Lesart, so ESLINGER »suggests that our reading of the well-known theme of liberation may be tempered by the dominant theme of omnipotence and its revelation to humankind.« (ebd. 60).

[68] Auch BUBER/ROSENZWEIG übersetzen objektlos: *Und Gott erkannte.* Das Fehlen eines direkten Objektes scheint schon bei der Übersetzung ins Griechische für Probleme gesorgt zu haben. Die LXX jedenfalls ändert die aktive Form des Hebräischen (3. Mask. Sg. Qal; der textkritische Apparat erwägt, dass auch im Hebräischen ursprünglich Entsprechendes stand) in eine passive: ἐγνώσθη

Der neue König ist beunruhigt über das Wachsen des Volkes Israel. In seiner Rede (Ex 1,9f.) wird gezielt eine Gegnerschaft zweier Völker gezeichnet;[69] das ist insofern auffällig, als zum einen verwundert, dass als Adressaten seiner Überlegungen nicht die Hofbeamten o.ä. genannt sind, sondern ›sein Volk‹, und er zum anderen der erste ist, der im kanonischen Fortgang der biblischen Texte überhaupt die Bezeichnung עַם für die Israelitinnen und Israeliten verwendet.[70] In Pharaos Augen sind die israelitischen Menschen also schon jetzt das, wozu sie für die Erzählstimme und letztlich auch für JHWH erst im Folgenden, im Fortschreiten bzw. -schreiben der Befreiungsgeschichte werden: ein eigenes Volk, eine Größe, mit der zu rechnen ist. Ein weiteres Indiz für diese fast schon ›prophetisch‹ anmutende Beurteilung Pharaos bietet seine in V.10 ausgeführte Befürchtung: Seine Angst, dass Israel, wenn ein Krieg ausbräche, sich auf die gegnerische, die feindliche Seite schlagen, gegen Ägypten kämpfen und schließlich aus dem Land hinaufziehen[71] könnte, nennt exakt den Zielpunkt der in Ex 1–15 erzählten Bewegung.[72] Genau darum wird es gehen; allerdings wird dies nicht auf einer Art ›Nebenschauplatz‹ zu einem anderen Kampf geschehen, wie Pharao es befürchtet; vielmehr wird JHWH selbst für Israel gegen Ägypten kämpfen (vgl. Ex 14,25).

Was sich hinter seiner Aufforderung verbirgt, klug gegen die Israelitinnen und Israeliten vorzugehen, zeigen die anschließenden Maßnahmen:[73] Auf einer ersten Stufe lässt der ägyptische Herrscher die israelitischen Menschen zu Zwangsarbeiten heranziehen; seinen Ruhm, seinen Glanz sollen sie vergrößern helfen, indem sie die Städte Pithom und Ramses erbauen (V.11). Als diese Maßnahmen nicht fruchten, sondern die israelitischen Menschen – fast wirkt es wie eine Trotzreaktion – weiter Kinder bekommen, sich fast proportional zur stärker werdenden Unterdrückung fortzupflanzen scheinen (V.12), versucht der ägyptische König auf einem doppelten Weg sein Ziel zu erreichen. Zum einen verschärft er die Zwangsarbeitsbedingungen noch.[74] Zum anderen plant er nun, dieser potentiellen Gefahr quasi von Anfang an den Nährboden zu entziehen, indem er die Hebammen Schifra und Pua (nach der LXX Σεπφωρα[75] und Φουα)[76] beauftragt, die neugeborenen hebräischen Jungen zu

---

αὐτοῖς und ändert damit natürlich mehr als nur den Modus. Hier geht es nicht mehr darum, dass JHWH sieht und versteht, was Israel erleidet, hier geht es darum, dass die Menschen verstehen, dass Gott ihr Leiden sieht, dass Gott sich zu erkennen gibt – was der grundlegenden Intention des hebräischen יד‭ע‬ für die Exoduserzählung entsprechen dürfte, dieser konkreten Stelle aber gerade ihre Pointe nimmt.

[69] Mit P. WEIMAR 1996, 189.

[70] Damit erweist sich die von J. SIEBERT-HOMMES 1992, 399 aufgestellte These, in Ex 1,7 sei Israel zu einem Volk geworden, als zumindest nicht genau genug beobachtet – die Bewegung verläuft in der Tat so, konstatiert wird der neue Status aber ausgerechnet vom ägyptischen König, nicht etwa von der Erzählstimme. Zum Gegenüber von ›mein Volk‹ und ›dein Volk‹ als Signal für die Auseinandersetzung zwischen JHWH und Pharao s.u. S. 114f.

[71] Damit übernimmt Pharao die Blickrichtung Israels, für die das *Hinaus*ziehen ein *Hinauf*ziehen ist.

[72] So auch J.-C. GERTZ 2000, 350.

[73] Insofern ist es nur folgerichtig, wenn die LXX hier mit κατασοφίζομαι einen Neologismus verwendet, der insgesamt nur dreimal (Ex 1,10; Jdt 5,11; 10,19) in der LXX vorkommt: Es ist eine ›besondere‹ Form von Weisheit, die sich hier Raum bricht, vgl. auch meine Beobachtungen zu Apg 7,14, der einzigen neutestamentlichen Belegstelle, S. 362f. Dass das Buch Judit als Ganzes die Exoduserfahrung spiegelt, zeigen M. HELLMANN 1992, v.a. 145–147, und P. SKEHAN 1986. Besonders auf die intertextuellen Verknüpfungen zwischen Jdt 16 und dem Exodus geht C. Rakel 2003a ein. Zum Juditbuch als Exoduslektüre s. unten S. 128ff.

[74] Zum ersten Mal ist im Text die Wurzel עבד‬ gebraucht. Jetzt ist also beim Namen genannt, worum es geht: um die Versklavung der Menschen, die als potentielle Gefahr für die eigene Macht gesehen werden.

[75] Damit kommt es in der LXX zu einer Namensgleichheit zwischen dieser Hebamme und der Frau des Mose (Ex 2,21; 4,25; 18,2). Diese beiden Frauen sind die einzigen, die in der gesamten LXX den

töten. Diese Hebammen aber widersetzen sich dem Tötungsbefehl Pharaos: Mit Hilfe einer List, der Aussage, die Lebenskraft der hebräischen Frauen sei zu stark,[77] sie brächten ihre Kinder ohne jede Hilfe zur Welt, sodass es für die Hebammen unmöglich sei, den Befehl Pharaos zu befolgen, vereiteln sie den grausamen Plan Pharaos. Für die Leserinnen und Leser wird ihre Motivation deutlich genannt: Sie *achten die Gottheit* (וַתִּירֶאןָ הַמְיַלְּדֹת אֶת־הָאֱלֹהִים, 1,21), die LXX überträgt mit ἐφοβοῦντο … τὸν θεόν. Sollte es sich bei den Hebammen Schifra und Pua um Ägypterinnen handeln, wären sie die ersten ›Gottesfürchtigen‹.[78] Damit wären sie in gewisser Weise ›Vorfahrinnen‹ derjenigen, die in späterer Zeit als eigene Gruppe gezählt werden,[79] als diejenigen, die zwar nicht wie Proselytinnen und Proselyten ganz zum Judentum übertreten, die sich aber in vielem nach jüdischen Weisungen richten und sich mit jüdischer Lebensweise identifizieren, die vor allem Israels Gott als einzige Gottheit anerkennen.

Nachdem damit Pharaos erster Plan am Widerstand der beiden Frauen gescheitert ist, greift er zu einem letzten, unsagbar grausamen Mittel. Er erlässt an sein ganzes Volk (כָּל־עַמּוֹ/παντὶ τῷ λαῷ αὐτοῦ, 1,22) den Befehl, die neugeborenen Jungen (der Hebräerinnen und Hebräer)[80] in den Fluss zu werfen. Jochebet, die Mutter des Mose, baut für ihren Sohn einen geflochtenen Kasten, seine eigene ›Arche‹.[81] Erst dann legt sie ihn in das Schilf am Ufer des Nils. Raffiniert nutzt sie eine ›Leerstelle‹ in der Anweisung Pharaos:

»Der Tyrann scheut sich, öffentlich das Wort ›töten‹ zu gebrauchen, wie in der privaten und geheimen Anweisung an die Hebammen. … Aber nunmehr ist das, was nachher sowohl die Mutter Moses als die Königstochter tut, nach dem Buchstaben nicht angreifbar. Es war ja nicht verboten,

---

Namen Σεπφωρα tragen. Geht es hier darum, möglichst wenige Namen einzuführen? Oder ist nicht auch zumindest denkbar, dass beider Funktion eine ganz ähnliche ist, dass nämlich beide als Lebensretterin der bedrohten männlichen Nachkommen bzw. des bedrohten Mannes (4,25) angesehen werden?

[76] Hebräischer Text wie auch die LXX formulieren so offen, dass nicht von vornherein deutlich ist, ob die Hebammen Schifra und Pua selbst Israelitinnen sind – vorstellbar ist auf der Textebene durchaus auch, dass es sich um ägyptische Hebammen handelt, die bei ›den Hebräerinnen‹ arbeiten (Ex 1,15: וַיֹּאמֶר מֶלֶךְ מִצְרַיִם לַמְיַלְּדֹת הָעִבְרִיֹּת // μαῖαι τῶν Εβραίων). Das würde zugleich erklären, warum der ägyptische Herrscher zunächst davon auszugehen scheint, dass sein Befehl befolgt werde.

[77] Ich schließe mich J. SIEBERT-HOMMES 1992, 400 an, »dass das Wort ḥywt in der Antwort der Hebammen etwas mit der lebensspendenden Kraft der Frauen zu tun hat.«

[78] Genauer gesagt sind sie sogar innerhalb der gesamten LXX die einzigen Nicht-Israelitinnen, von denen dies positiv ausgesagt wird. Dtn 25,18 als einzige andere Stelle, an der mit dieser Wortverbindung die ›Gottesfurcht‹ bezeichnet wird, spricht diese den Menschen Amaleks gerade ab. Die sonstigen Belegstellen der LXX beziehen sich auf israelitische Frauen oder Männer (Gen 22,12; 1 Chr 13,12; Est 2,20; Ps 65,16; Jdt 8,8) und machen damit zugleich deutlich, dass es hier nicht um eine wie auch immer geartete Ehrfurcht vor dem Leben, vor einer göttlichen Macht geht, sondern dass Israels Gott die Gottheit ist, von der an diesen Stellen die Rede ist. Dafür spricht auch, dass an den Stellen, an denen konstatiert (oder auch davor gewarnt) wird, dass die Menschen Israels andere Gottheiten fürchteten, dies durch das Adjektiv ἕτερος eigens betont wird (vgl. Ri 6,10; 2 Kön 17,7.35.37f.).

[79] Im Neuen Testament findet sich diese Wortverbindung insgesamt nur an sieben Stellen, von denen fünf zum lukanischen Doppelwerk gehören (Mt 9,8; Lk 23,40; Apg 10,2.22; Apg 13,16.26; Offb 14,7). Gerade die vier Belege innerhalb der Apostelgeschichte zeigen, dass Lukas den Terminus ›Gottesfürchtige‹ bewusst einsetzt, um Menschen nichtisraelitischer Herkunft zu bezeichnen, sei es als Einzelperson (so bei Cornelius Apg 10,2.22), sei es als Gruppe (Apg 13,16.26; in Apg 13,16 nennt Paulus sie explizit als ›Zweitadressaten‹ seiner Rede: ἄνδρες Ἰσραηλῖται καὶ οἱ φοβούμενοι τὸν θεόν).

[80] Während der hebräische Text hier ohne Näherbestimmung von *jedem Sohn* (כָּל־הַבֵּן) spricht, vereindeutigt schon die Septuaginta durch die im Relativsatz erfolgende ›ethnische‹ Näherbestimmung: πᾶν ἄρσεν ὃ ἐὰν τεχθῇ τοῖς Εβραίοις.

[81] Diese Interpretation legt der hebräische Text nahe: תֵּבָה wird in der gesamten Hebräischen Bibel nur für die Arche Noahs und den Kasten des Mose verwendet.

das Kind in einem Kästchen unterzubringen, bevor man es in den Fluß tat ..., es war ja nicht verboten, ein Kind wieder herauszuziehen!«[82]

Wieder erhält der Widerstand gegen Pharaos Tötungsbefehl – zumindest in diesem einen erzählten Fall – von unerwarteter Seite Unterstützung: Ausgerechnet seine Tochter widersetzt sich, indem sie den hebräischen Jungen (woran auch immer sie ihn erkennt) aus dem Wasser nimmt und adoptiert. Ausgerechnet ein Mitglied ›des Systems‹, so lässt sich die Passage verstehen, widersetzt sich ›dem System‹. Zugleich steht die Pharaotochter qua Geschlecht zwar nicht außerhalb des Systems, ist jedoch offensichtlich mit den anderen erzählten Frauenfiguren durch ihr Geschlecht jenseits der Herkunfts-, Klassen- oder sonstigen Schranken insofern verbunden, als für sie alle gilt, dass der Herrscher von ihrer Seite aus offenbar keine Bedrohung verspürt, nicht auf die Idee kommt, seine Pläne könnten ausgerechnet an den Frauen scheitern.

Die verschiedenen ›Frauengruppen‹ treten nur an einzigen Stelle der Kapitel 1–2 des Exodusbuches miteinander in Verbindung (2,4); verbindendes Glied ist Mirjam, die Schwester des Mose, die hier zwar nicht mit Namen genannt wird, deren Ausharren wie Eingreifen es aber letztlich zu verdanken ist, dass Mose zwar am Hof Pharaos aufwächst, aber während der ersten Lebensjahre, bis zum Zeitpunkt, an dem er nicht mehr gestillt wird, bei seiner Mutter lebt (2,7–10). Mirjam, die – kanonisch gelesen: später, literarhistorisch wohl: früher – Prophetin heißt (Ex 15,20), tritt auch hier schon als solche auf. Wenn es Prophetie biblisch betrachtet um ein genaues Hinsehen, ein Beobachten dessen geht, was geschieht – und darum, aus diesen Beobachtungen Schlüsse zur Beurteilung der Situation ebenso zu ziehen wie Hinweise für das eigene Verhalten, dann ist das, was von Mirjam im zweiten Kapitel des Exodusbuches erzählt wird, nichts anderes als Prophetin-Sein.

Der künftige Befreier ist geboren und mit der Namengebung in das Haus Pharaos integriert (2,10) – wobei zugleich deutlich wird, wie brüchig diese Integration ist, wenn schon im Namen, dem eine aktive Form von מֹשֶׁה zugrunde liegt, weniger das ›Gezogensein‹ denn das ›Herausziehen‹ des Mose anklingt.

Sobald das Kind, um das der gesamte Abschnitt kreist, herangewachsen ist, verschwinden die Frauen, die zuvor die Geschichte maßgeblich geprägt und entscheidend vorangetrieben bzw. in letzter Konsequenz erst ermöglicht haben, aus dem Blick der Erzählung. Mose dominierte schon vorher den Aufbau des Abschnitts, nun bestimmt er ihn auch als Handelnder: Er greift zugunsten des misshandelten Israeliten ein – allerdings, ohne dass diese Beziehung aus der Perspektive des Mose benannt wäre. Die Erzählstimme betont zwar zweimal in V.11, dass es sich um die *Brüder* bzw. *Geschwister* des Mose handele. Von Mose selbst erfolgt diese Identifizierung jedoch erst zu einem wesentlich späteren Zeitpunkt (4,18), wenn er seinen midianitischen Schwiegervater Jithro von seinem Wunsch in Kenntnis setzt, nach Ägypten zurückzukehren und dort nach *seinen Geschwistern* zu sehen.[83] Insofern bleibt zunächst offen, wie sehr Mose auf der ›ägyptischen Seite‹ beheimatet ist. Auffälligerweise führt seine lebensrettende Tat zugunsten des israelitischen Sklaven

---

[82] B. JACOB 1997/1943, 19; vgl. auch M. COGAN 1968. Zur antiken Bewertung des Aussetzens von Neugeborenen vgl. C. TUOR-KURTH 2004, die deutliche Unterschiede zwischen paganen und jüdischen Stellungnahmen beobachtet und diese darauf zurückführt, dass jüdische Stellungnahmen zentral auf religiösen Motiven (Neugeborene als Teil der Schöpfung Gottes) gründeten, wohingegen solche in paganen Äußerungen kaum oder nur am Rande vorkommen.

[83] Erst hier erfolgt im Hebräischen die Verwendung des Suffixes der 1. Sg. comm., im Griechischen die Hinzufügung des Possessivpronomens der 1. Sg. Allerdings erwähnt die Erzählung hier mit keiner Silbe den ›wirklichen‹ Grund für die Rückkehr des Mose nach Ägypten: die gesamte Dornbuschszene bleibt Jithro – und Zippora? – unbekannt, als dieser Mose den Segen für die Reise erteilt.

nicht dazu, dass er von den Israelitinnen und Israeliten anerkannt würde.[84] Sie werfen ihm vielmehr vor, sich über sie zu stellen, ihnen Vorschriften machen zu wollen – und letztlich ihnen selbst gefährlich zu werden. So lässt die Erzählung den von Mose Beschuldigten antworten: *Wer hat dich eingesetzt als Anführer und Richter über uns – willst du mich etwa umbringen, eben so, wie du gestern den Ägypter umgebracht hast?* (2,14) Von seinen ›eigenen Leuten‹ nicht gewollt, in bestimmter Hinsicht sogar denunziert,[85] flieht Mose ins Ausland, nach Midian, und lässt sich dort nieder. Hier erfolgt auf sein Eingreifen zugunsten der Töchter Jithros eine ›angemessenere‹ Reaktion: Seine Tat bereitet die Aufnahme Moses in den Haushalt Jithros vor (2,16–22). Die Erzählung zeigt kein ausgeprägtes Interesse am ›Privatleben‹ des Mose; seine Heirat wie auch die Geburt seines ersten Sohnes Gerschom werden in größter Knappheit abgehandelt.

Mit einer erneuten ›Winkelvergrößerung‹ enden die Programmkapitel: War der Fokus zuvor ganz auf Mose gerichtet, kommen jetzt diejenigen in den Blick, die nach wie vor in Ägypten leiden (2,23–25) – ebenso wie derjenige, dessen Auftreten durch die Stimmen der Menschen im Wortsinn pro-voziert wird. Zum Ende des zweiten Kapitels des Exodusbuches sind damit alle ›handelnden Personen‹ auf der Bühne: Pharao, der Unterdrücker, JHWH, der der Unterdrückung nicht länger zuschaut, und Mose, der – noch ohne es selbst zu wissen – derjenige sein wird, der Gottes Pläne und Wollen vor Pharao, dem Widersacher JHWHs, zu vertreten hat. Auch die Themen, die im Folgenden entfaltet werden, sind mehr oder minder ausgeführt präsent: Unterdrückung und Befreiung, das Schreien des Volkes zu JHWH und deren Reagieren, die Kritik und offene Angriffe, mit denen Mose sich von Seiten des Volkes konfrontiert sieht, das Werden der ›Kinder Israels‹ zum ›Volk Israel‹. Wenn diese Beobachtungen so zutreffen, dann gibt das auch einen Lesehinweis für das Auftreten der Frauen in der folgenden Erzählung: Sie dominieren die Erzählung bisher so eindeutig, dass zumindest das Signal unüberhörbar bleibt, dass mit ihnen auch in Zukunft zu rechnen sein wird. Und wie das Beispiel Mirjams zeigt, löst die Exoduserzählung eben diese ›Ansage‹ im Folgenden dann ein: am Schilfmeer wie in der Wüste, mit den Töchtern Zelophads als ›Nachfahrinnen‹ Mirjams (Num 27)[86] ebenso wie im viel näheren Kontext mit Zippora, deren Eingreifen erneut das Leben des Mose und damit ebenso erneut den Fortgang der Geschichte sichert (Ex 4,24ff) – der Geschichte, die auf Befreiung zielt und darauf, diese Befreiung im Miteinanderleben im versprochenen Land umsetzen zu können.

1.3   *Die Prophetin Mirjam*[87] *– Überlegungen zur zentralen Frauengestalt der Exoduserzählung der Schrift*

Auch, weil es im dritten Hauptteil meiner Untersuchung ausführlich um die Frage nach möglichen Bezügen zwischen der ersttestamentlichen Mirjam und der lukani-

---

[84] Das Unverständnis gegenüber dieser Reaktion zeigt die lukanische Exoduslektüre im Rahmen der Stephanusrede Apg 7,25, wenn Lukas dort der Erzählung der Schrift eine Spekulation über mögliche Beweggründe des Mose hinzufügt; s.u. S. 366.

[85] Der Text lässt offen, ob die Tat des Mose erst durch die Aussage des israelitischen Sklaven bekannt wird oder nicht; allerdings legt die anschließende V.15 diese Vermutung nahe, wenn hier *Pharao diese Sache hört und (daraufhin) versucht, Mose umzubringen* (ἤκουσεν δὲ Φαραω τὸ ῥῆμα τοῦτο καὶ ἐζήτει ἀνελεῖν Μωυσῆν).

[86] Zu diesem Verständnis als einer Ebene der Interpretation von Num 27 s.u. S. 96f.

[87] URSULA RAPP nimmt Num 12 als Ausgangspunkt ihrer sorgfältigen Analyse der Mirjamtexte der Schrift (dies. 2002; ebd. 16–26 ein Überblick über die Forschungssituation zu Mirjam).

schen Mirjam, in der christlichen Tradition bekannter unter dem Namen Maria, gehen wird,[88] soll der Betrachtung der Darstellung Mirjams in der Exoduserzählung der Schrift hier mehr Raum gegeben werden als den anderen Erzählfiguren dieser Erzählung.

Mirjam erhält mit nur sieben namentlichen Nennungen (Ex 6,20LXX; 15,20f.; Num 12,1–16; 20,1; 26,59; Dtn 24,8f.; Mi 6,4; 1 Chr 5,29), besonders im Vergleich zu ihrem ›Bruder‹ Mose, innerhalb der Schrift wenig Raum. Sie wird Prophetin genannt (Ex 15,20), ohne dass dieser Titel im unmittelbaren Kontext mit Leben gefüllt wird. ›Ihr‹ und der Frauen Lied besteht aus einem Halbvers gegenüber dem langen Schilfmeerlied,[89] gesungen von Mose und Israel (Ex 15,1). Sie wird von Gott gestraft, als sie es wagt, den Anführer des Volkes zu kritisieren (Num 12,1ff). Schließlich wird sie als warnendes Beispiel für spätere Generationen genannt (Dtn 24,9). Noch deutlicher negativ fällt der Befund aus, wenn wir nicht allein die biblischen Texte in den Blick nehmen, sondern Stimmen aus der Auslegungsgeschichte zu Wort kommen lassen: Mirjam sei eine »›Primadonna‹ aus dem Frauenchor«,[90] ihre Kritik an Mose sei ebenso gehässig wie abwegig, was daran liege, dass ihre Motivation simple Eifersucht auf die neue Frau im Haushalt des Mose sei,[91] was wiederum von Frauen ja durchaus bekannt sei:

> »We should think chiefly of situations in which one female in the family vented her spleen on another …, or indulged in machinations against her.«[92]

In den letzten Jahrzehnten hat sich jedoch – proportional zur größeren Aufmerksamkeit, die den biblischen Frauen im Allgemeinen und Mirjam im Besonderen zuteil geworden ist – diese Beurteilung wesentlich verändert. Auch die wenigen Stellen, die Mirjam erwähnen, erlauben Einblicke in die Strukturierung, den ›Aufbau‹ dieser Erzählfigur wie auch des Phänomens weiblicher Prophetie generell. Insofern lohnt es sich, den kurzen Textpassagen je für sich die ihnen zustehende Aufmerksamkeit zukommen zu lassen.

1.3.1 Die Führungstrias (Mi 6,4)

Ja! Hinaufgeführt habe ich dich aus dem Land Ägypten und aus dem Haus der Sklaverei habe ich dich losgekauft, und ich habe geschickt vor deinem Angesicht her[93] den Mose – Aaron und Mirjam.[94]

---

[88] S.u. S. 259ff.

[89] Vgl. S. SCHOLZ 1998, 33.

[90] Kardinal VON FAULHABER, zit. nach E. SCHÜSSLER-FIORENZA 1979, 42.

[91] So B.P. ROBINSON 1989, 432.

[92] Ders., 431.

[93] Diese sehr nah an der hebräischen Wendung לְפָנֶיךָ bleibende Übersetzung macht deutlich, dass Mirjam, Aaron und Mose an dieser Stelle nicht als dem Volk ferne Herrschende zu verstehen sind, sondern als diejenigen, die auf dem Weg der Befreiung in unmittelbarer Nähe zum Volk – wenn auch nicht ohne Differenzen – durch die Wildnis vorangehen. Zum Begriff ›Wildnis‹/›Wüste‹ vgl. E. WOLLRAD 1999, 23f.

[94] Die abgesetzte Nennung von Aaron und Mirjam hebt die Eigenart der hebräischen Formulierung und Syntax hervor: Während Mose durch die Nota accusativi deutlich als direktes Objekt gekennzeichnet ist, stehen Aaron und Mirjam, ihrerseits durch das וְ eng miteinander verbunden, ohne erkennbare sprachliche Verknüpfung zu Mose im Nominativ. Keine Legitimation gibt es für das Vorgehen einiger Exegeten, das עִמּוֹ aus V.5a als עִמּוֹ zu lesen und an das Ende von V.4 zu ziehen, sodass zu übersetzen wäre: *Aaron und Mirjam [waren] mit ihm* (so z.B. A. WEISER 1959, 279; TH. LESCOW 1972, 186). Ähnlich wie WEISER und LESCOW argumentiert W. RUDOLPH 1975, 106f., der V.5 zwar in der vorliegenden Form beibehält, aber in V.4c עִמּוֹ ergänzt, denn dadurch »wird nicht nur sachlich Mose stärker herausgehoben, sondern auch grammatisch erklärt, warum vor den beiden Namen אֵת nicht wiederholt wird: es sind Nominative.« RUDOLPH selbst legt den

Der Streit[95] JHWHs mit Israel (Mi 6,1–8), in dessen Kontext die Erwähnung Mirjams erfolgt und zu dessen Anhörung ich als Leserin aufgefordert bin,[96] zielt darauf, dass die Frauen und Männer Israels sich im Tun der Gerechtigkeit und im Lieben der Freundlichkeit (V.8) als diejenigen erweisen, die aufmerksam und behutsam mit ihrer Gottheit, die sie hinaufgeführt hat, mitgehen – so wie Mose, Aaron und Mirjam vor ihrem Angesicht her durch die Wüstenwildnis gegangen sind.

Mirjam wird dabei neben Mose und Aaron als gleichberechtigte Anführerin ihres Volkes beim Exodus genannt.[97] Sie wird dezidiert als von JHWH geschickt bezeichnet – und diese gemeinsame Schickung ist das einzig verbindende Glied zwischen den dreien. Von einem Geschwisterverhältnis ist hier nicht die Rede. Dass Mirjam, im Gegensatz z.B. zu Balak und Bileam (V.5), nur mit ihrem Namen erwähnt wird, stellt sie als autarke, unabhängige Frau vor.[98] Des weiteren macht es deutlich, dass sie in der Erinnerung der Hörer bzw. Leserinnen präsent war,[99] sodass ihre Erwähnung für diese keiner weiteren Erläuterung bedurfte.

Zwar steht die kurze Notiz Mi 6,4 in Spannung zu der Tatsache, dass die erzählenden Texte des Pentateuch von Mirjam nicht in ähnlich umfassender Form wie von Aaron und vor allem von Mose berichten. Angesichts der Tatsache jedoch, dass das Auftreten Mirjams neben Aaron und Mose bzw. gemeinsam mit ihnen hier in einer Reihe von »Selbstverständlichkeiten«[100] erwähnt wird, lässt sich schlussfolgern, dass auch Mirjams Sendung durch JHWH zu diesen Selbstverständlichkeiten gerechnet werden kann.[101]

Begründungszusammenhang seiner Überlegungen offen: Es geht ihm darum, dass das, was sachlich richtig sein muss, nämlich eine herausgehobene Stellung des Mose, auch grammatikalisch deutlich wird. Genau darum kann es aber an dieser Stelle nicht gehen. Mirjam und Aaron sind im hebräischen Text dem Mose nicht zu- oder gar untergeordnet.

[95] Ich bleibe bei dem allgemein gehaltenen Terminus ›Streit‹ anstelle der sonst in der Literatur häufig anzutreffenden formalen Einordnung des Textes in die Kategorie ›Rechtsstreit‹ (vgl. z.B. W. McKANE 1998, 15; H.W. WOLFF 1982, 147), da eine solche formale Engführung nur zu Problemen angesichts der postulierten Einheitlichkeit des gesamten Abschnitts führen würde. Hinzu kommt, dass für die Frage JHWHs in V.3, die oft als Anknüpfungspunkt für solcherart Formzuschreibungen dient, sich innerhalb der atl. Texte hinreichend Belege finden, die außerhalb eines Gerichtsverfahrens spielen: vgl. neben den Stellen, die R. KESSLER 1999, 263 anführt, nämlich 1 Sam 17,29; 26,18; 29,8, noch Gen 20,9; 31,36. Zur Argumentation gegen eine solche Engführung der Sachlage verweise ich auf R. KESSLER, a.a.O., 263f., der noch auf KOCHs Ablehnung der »Juridomanie der Alttestamentler, die hinter allem und jedem bei den Profeten einen Prozeß wittern« (K. KOCH 1991, 154) hinweist.

[96] Diese Vermutung legt sich insofern nahe, als Mi 6,1a im Gegensatz zu den anderen Höraufrufen des Michabuches (1,2; 3,1; 3,9; 6,2; 6,9) keine konkreten Adressaten nennt. »Es sind weder Völker noch Häupter noch Berge, die hören sollen, sondern – die Leserinnen und Leser. Sie sollen hören, dass auch der den dritten Teil der Schrift einleitende Text das ist, ›was JHWH sagt‹« (R. KESSLER 1999, 261).

[97] Das ist singulär. An anderen Stellen mit ähnlicher Aufzählung, z.B. Jos 24,5; 1 Sam 12,8, finden nur Mose und Aaron Erwähnung, Mirjam fehlt; mit U. RAPP 2002, 347.

[98] Es gibt innerhalb des AT nur verhältnismäßig wenig ähnlich unabhängig genannte Frauen. In der Regel erfolgt die direkte Anbindung an den Ehemann, Vater oder Bruder, vgl. unter vielen nur Gen 12,11; 24,15; 1Sam 18,20; 2 Kön 22,14.

[99] So auch J.E. SANDERSON, 216. Diese Selbstverständlichkeit steht in auffälligem Gegensatz zum Staunen mancher Kommentatoren (etwa.W. WOLFF 1982, 149; W. RUDOLPH 1975, 110). RUDOLPH schreibt konsequenterweise auch weiter, dass es »zu den Heilstaten« JHWHs gehöre, »dass er zur rechten Zeit *den rechten Mann* sandte.« (ders., ebd.; Hervorhebung K.S.).

[100] U. RAPP 2002, 355. »Eine feministisch-kritische Rhetorik betrachtet Mirjam nicht – als eine Art Begleitung – mit Mose (und Aaron) *mit*geschickt, sondern als konstitutives Element des bleibenden Rettungshandelns JHWHs.« (ebd., 396, Hervorhebung im Text).

[101] So auch J. EBACH 1996, 174: »Das hier ganz singulär Formulierte ist zugleich eine Abbreviatur des in der Bibel schon Gesagten, das so nie Gehörte ist das bereits Mitgeteilte.«

1.3.2 Tod und Begräbnis Mirjams in Kadesch (Num 20,1)

Und sie kamen, die Kinder Israels, die ganze Volksversamlung, in die Wüste Zin im ersten Monat, und es liess sich nieder das Volk in Kadesch. Und sie starb dort, Mirjam, und sie wurde dort begraben.

Zunächst ist festzuhalten, dass es bemerkenswert ist, dass überhaupt eine Notiz von Mirjams Tod und Begräbnis überliefert ist. Grabmaltraditionen sind innerhalb der Schrift, gemessen an der Zahl der Akteurinnen und Akteure, eher selten; wenn sie doch vorhanden sind, so deuten sie per se auf die Prominenz der betreffenden Person hin.[102] Ob eine solche Grabmaltradition außer für den Bekanntheitsgrad ihrer Trägerin oder ihres Trägers auch für ihre Historizität[103] spricht, ist an dieser Stelle nicht entscheidend.

Auffällig ist für die Todesnotiz Mirjams ferner, dass in ihr kein Grund für ihren Tod genannt wird. Das ist auf der primären Erzählebene des Textes[104] für ein Mitglied der ersten Wüstengeneration[105] singulär – vor allem singulär gegenüber den anderen beiden ›großen‹ Führungsgestalten Mose und Aaron, die sich unmittelbar im Anschluss an Mirjams Tod JHWH gegenüber so falsch verhalten, dass sie für ihn des Todes würdig sind.[106] In dem Zusammenhang ist auch zu betonen, dass genau wie in Mi 6,4 hier keinerlei engere Beziehung zwischen Mirjam, Aaron und Mose erwähnt wird. Mirjam wird also in gleicher Weise wie diese als unabhängige, für das ganze Volk bedeutsame Anführerin der Exodusgemeinschaft in Erinnerung gerufen bzw. behalten. Es gibt keinen wie auch immer gearteten Hinweis auf ein Abhängigkeitsverhältnis bzw. eine Hierarchie, in der Mirjam ›unter‹ Mose und Aaron zu stehen käme.

Daneben bleibt auffällig, dass weder erwähnt wird, von wem Mirjam begraben wird, noch, ob sie in irgendeiner Form eine Nachfolgerin erhalten hat – wie dies sowohl bei Aaron (Num 20,25f.) als auch bei Mose (Num 27,18; Dtn 34,9) der Fall ist.[107] Ebenso wenig wird von einer Totenklage bzw. Zeit der Trauer um sie berichtet. Angesichts der engen Verbindung zwischen Mirjam und ›dem Volk‹ (vgl. Num 12,15)

---

[102] Zur Übereinstimmung der vorliegenden Stelle mit den Spezifika ›biblischer Todesnotizen‹ s. U. RAPP 2002, 255–258. Grabmaltraditionen von Frauen sind z.B. überliefert von Sara (Gen 23), Debora, der Amme Rebekkas (Gen 35,8), zumindest erwähnt von Rebekka und Lea (Gen 49), und besonders auffällig von Rachel (Gen 35,19f.) mit der Erklärung, ihr Grabmal sei *bis auf den heutigen Tag* am Weg nach Bethlehem zu finden. Für die Erzmütter gibt es also Kenntnis von ihren Grabmälern. Ansonsten fällt der Befund eher schmal aus. Gleiches gilt jedoch für Grabmäler von Männern: Bekannt sind z.B. die Grabstätten von Abraham (Gen 25), Isaak (Gen 49,31), Jakob (Gen 50,12f.), Josef (Jos 24,32), David (1 Kön 2,10), Salomo (1 Kön 11,43). Auffälligerweise gibt es gerade bzgl. der Grabtradition Aarons und Moses Schwierigkeiten: Für Aaron existiert keine Begräbnisnotiz (vgl. Num 20,28f.), und für Mose wird zwar gesagt, dass er auf dem Berg Nebo stirbt und von JHWH im Tal begraben wird (Dtn 34,5f.), gleich im Anschluss aber wird betont, dass sein Grab *bis auf den heutigen Tag* unbekannt sei (Dtn 34,6).

[103] So z.B. H. SCHULTE 1995, 81ff sowie H. SCHÜNGEL-STRAUMANN 1984, 247; dies. 1982, 499.

[104] Es muss offen bleiben, ob die Töchter Zelophads mit ihrer Beteuerung, ihr Vater sei nicht unter denjenigen gewesen, die infolge der korachitischen Revolte ums Leben kamen (Num 27,3), sondern sei um seiner eigenen Sünde willen gestorben, implizieren wollen, dass ihr Vater quasi eines ›natürlichen Todes‹ gestorben sei, oder ob sie ihn und damit implizit *sich* wirklich nur von einer Beteiligung an den Geschehnissen von Num 16f. freisprechen wollen, wie z.B. U. RAPP 1998, 62, annimmt.

[105] So auch U. RAPP 1998, 58; R.J. BURNS 1987, 120.

[106] U. RAPP, a.a.O., benennt das Verhalten Moses und Aarons treffend als »Versagen der männlichen Führungselite.«

[107] Für U. RAPP 1998, 59, stellt diese offensichtliche Diskrepanz eine bewusste Minderung der Position Mirjams und damit vor allem von Gruppen dar, die sich zur Zeit der Entstehung des Textzusammenhanges auf sie berufen könnten.

ist jedoch wahrscheinlich, dass eben jenes Volk sie begraben hat. Dafür spricht auch, dass an anderen Stellen, an denen von einem Begräbnis ohne Nennung derjenigen, die es vollziehen, berichtet ist, immer davon auszugehen ist, dass die beim Tod anwesende Gruppe für das Begräbnis verantwortlich ist.[108] PHYLLIS TRIBLE spricht von daher von einer ›Allianz‹ zwischen dem Volk und Mirjam, die bis zu ihrem Tod und Begräbnis anhalte.

> »And their alliance survives unto her death. Three references in Num. 20.1 – ›the people of Israel‹, ›the whole community‹ and ›the people‹ – emphasize their presence when she dies and is buried in Kadesh. The steadfast devotion of the people to Miriam indicates a story different from the regnant one.«[109]

Die fehlende Totenklage fällt zwar im Vergleich zu Mose und Aaron auf, um die mit jeweils 30 Tagen eine recht lange Zeit kollektiv getrauert wird (Num 20,29; Dtn 34,8). Dieser Eindruck relativiert sich jedoch beim Vergleich mit anderen Grabmaltraditionen dadurch, dass Mirjam kein Einzelfall ist, sondern sich z.B. mit David und Salomo in durchaus prominenter Gesellschaft befindet.[110] Darüber hinaus legt der genannte Vergleich die Vermutung nahe, dass an den Stellen, an denen vom Begräbnis passivisch und ohne Nennung der Handelnden berichtet wird, eine solche *begründet* fehlt. Sie scheint in genau dieser formelhaften Erwähnung schon impliziert zu sein, und wird nur, wenn von Tod und Begräbnis im unmittelbaren Erzählzusammenhang die Rede ist, explizit erwähnt.[111] Die biblische Darstellung erweckt den Eindruck einer direkten Umkehrung der Verhältnisse: Mose und Aaron erhalten eine Klage ohne Grab, Mirjam ein Grab ohne Klage. Mit anderen Worten: Vielleicht bedurfte es bei Aaron und Mose einer solch ausgeprägten Trauerphase genau deshalb, weil von ihnen keine Grabtradition überliefert ist.[112]

Es stellt sich nun die Frage, warum Mirjams Tod ausgerechnet an dieser Stelle erzählt wird, und nicht z.B. schon bei der ersten Erwähnung des Aufenthaltes des Volkes in Kadesch (Num 13,26ff). Ein triftiger Grund, der auch von RITA BURNS und URSULA RAPP gesehen wird, liegt in der kompositorischen Absicht, den Tod der drei Führungsgestalten der Wüstenwanderung an den letzten drei Stationen eben dieser Wanderschaft zu berichten.[113] Ziehe ich den Kontext des Verses zur Erklärung mit heran, legen sich weitere Deutungsmöglichkeiten nahe: Dadurch, dass bereits hier von Mirjams Tod berichtet wird, ist explizit betont, dass Mirjam an den folgenden Ereignissen keinen Anteil mehr hat. Gleichzeitig ist der Abstand zu den in Kap. 12 erzählten Ereignissen groß genug, um die Vermutung zurückzuweisen, Mirjams Tod könne eine nachträgliche Strafe JHWHs sein.[114] Die Positionierung in 20,1 unter-

---

[108] Das lässt sich beispielhaft für Debora (Gen 35,8) zeigen, insofern unmittelbar vorher die Rede von Jakob und *all dem Volk mit ihm* ist (Gen 35,6). Ähnliches gilt für Rachel (Gen 35,19f.), Josua (Jos 24,29f.) und Eleasar (Jos 24,33).

[109] Dies., 180. Zu einem ähnlichen Fazit kommt auch M.TH. WACKER 1988, 51: »Das Volk Israel … hat ihr mit der Erinnerung an ihr Grab in der Oase Kadesch … ein Denkmal gesetzt, das nur den Großen in der Geschichte Israels zukommt, es hat mit dieser Grabtradition gleichsam ein Gegengewicht bewahrt gegen die Erinnerung an Mose (und Aaron) allein.«

[110] Vgl. Gen 35,19f.; Gen 49,31; Gen 25,7ff u.ö. Auffälligerweise wird ausgerechnet für die beiden idealtypischen Königsgestalten David (2 Kön 2,10) und Salomo (2 Kön 11,43) ebenfalls keine Totenklage erwähnt.

[111] T.R. ASHLEY 1993, 380, vermutet ähnliches: »Although the text does not mention mourning …, this does not mean that there was no period of mournig for her.« Allerdings liefert er keinerlei Belege oder Begründungsversuche für diese Vermutung.

[112] Diese Vermutung wird auch nicht dadurch unwahrscheinlich, dass Moses exponierte Stellung durch die Notiz betont wird, er werde von JHWH selbst begraben (Dtn 34,6).

[113] R.J. BURNS 1987, 116ff; U. RAPP 1998, 58.

[114] Selbst nach der jetzigen relativen räumlichen Trennung zieht T.R. ASHLEY, ebd., genau diese Parallele: »She had been preeminent in the rebellion of Israel's leaders against Moses (Aaron, Korah,

streicht also, dass es keinerlei Verbindung zwischen Mirjams Tod und einer möglichen Verfehlung gibt.

Darüber hinaus bildet Num 20,1 eine hervorragende inhaltliche Verknüpfung der
Kap. 19 und 20. Die Vorschriften in Kap. 19, insbesondere die Nennung der Opfer-
zugaben in V.6, nämlich unter anderem »fließendes Wasser für die Reinigung derer,
die eine/n Tote/n berührt haben (V.11–13), und sieben Tage Aussonderung«[115] rufen
einerseits die Mirjamerzählung in Num 12 in Erinnerung, da die gleiche Kombination aus Reinigung mit fließendem, frischen Wasser und 7 Tagen Ausschluss aus
dem Lager auch aus der ›Aussatz-Tora‹ in Lev 14 bekannt ist.[116] Andererseits spitzt
die auf der Textebene gerade eingeführte Regel für den Umgang mit Toten die Situation in Num 20,2ff weiter zu; neben der Gefahr zu verdursten steht nun auch
noch die Drohung aus 19,13 im Raum: Wer die genannte Regel nicht befolgt, soll *aus
Israel ausgerottet werden.* Die Situation in 20,2 kann aber nun deutlicher nicht beschrieben werden: וְלֹא־הָיָה מַיִם לָעֵדָה – *und es war kein Wasser für die Volksver-
sammlung [da].* Nach vollzogenem Begräbnis an Mirjam gibt es für das Volk also
keine Möglichkeit, sich – und damit *die Wohnung JHWHs* (19,13) – zu reinigen.

> »In diesem Kontext gelesen lässt sich zugespitzt formulieren: Der Tod Mirjams löst eine Infrage-
> stellung des zuvor gegebenen sozialen und kultischen Sicherheitsgerüstes aus.«[117]

Was hat es aber nun mit dem Wassermangel ausgerechnet in Kadesch auf sich?
Kadesch als weithin bekannte große Oase bzw. Gebiet mehrerer Oasen mit mindestens drei Wasserquellen bzw. Brunnen[118] ohne Wasser? Eine Verbindung mit dem
unmittelbar vorher erwähnten Tod Mirjams legt sich allein schon durch das verbindende וֹ nahe: Mirjam ist tot *und* das Volk hat kein Wasser mehr, droht also selbst zu
sterben.[119] Mirjam, als ›Wasserfrau‹, deren Name zumindest klanglich an dieses
lebensspendende Element erinnert und die auch sonst innerhalb der biblischen
Erzähltradition häufig in enger Verbindung mit ›Wasserereignissen‹ gedacht wird,[120]
scheint mit ihrem Tod eben diese lebensstiftende Funktion für das Volk verloren zu
haben. Auch in anderer Hinsicht hat der Tod Mirjams für das Volk, vor allem auch
für Aaron und Mose, bedrohliche Konsequenzen: Nach ihrem Tod steht, zugespitzt
formuliert, durch das Verhalten der beiden Führer die Heiligkeit JHWHs selbst zur
Disposition. Ausgerechnet an diesem dem Namen nach heiligen Ort versäumen es
Aaron und Mose, JHWH zu heiligen.[121] So lautet zumindest der Hauptvorwurf
JHWHs gegen die beiden[122] und damit zugleich die Begründung für ihren Tod noch

---

and others followed). Rebellion against God brings death.« Ich halte eine solche Vermutung für
unwahrscheinlich und insbesondere von der Textebene aus für nicht verifizierbar.

[115] U. RAPP 1998, 59.

[116] Diesen Zusammenhang sieht auch PH. TRIBLE 1994, 178f.

[117] U. RAPP 2002, 259 (im Text kursiv).

[118] Darüber besteht in der Literatur Einigkeit; vgl. A. REICHERT 1995, 421; G. V. RAD 1992, 25; B.W.
ANDERSON 1966, 69; TH. STAUBLI 1996, 277f. und M.L. NEWMAN 1962, 72, der vom »adequate water
supply in Kadesh« spricht.

[119] So auch U. RAPP 1998, 58: »Mirjams Tod und das Ausbleiben des Wassers (V.1.2) können als
gleichzeitige Akte verstanden werden. D.h., solange Mirjam lebte, war Wasser da ..., war Leben
nicht vom Tod bedroht und das Volk nicht von seiner Todesangst gequält.«

[120] Vgl. Ex 15,20f. oder auch ihre erste Rettungstat am Flussufer (Ex 2,3–8). In diese Richtung denken
auch PH. TRIBLE 1994, 180 und U. RAPP 1998, 58.

[121] Mit U. RAPP 2002, 244: » Der Name Kadesch soll in Hinkunft mit der Frage danach verbunden
werden, inwiefern die Führungsgestalten Israels fähig sind, JHWH vor den Augen des Volkes zu
heiligen.«

[122] Damit gegen vielerlei Erklärungsversuche, was genau die ›Sünde Moses und Aarons‹ denn
gewesen sei, wie z.B. bei W.H. PROPP 1988, der die Sünde des Mose in seiner Verwendung des
Aaronsstabes begründet sieht.

vor dem Erreichen des verheißenen Landes.[123] Ihr Versagen steht offenkundig in direktem Zusammenhang damit, dass mit dem Tod der Prophetin Mirjam in Kadesch das kritische Korrektiv der Prophetie nicht mehr präsent ist.[124]

> »Mit der Erzählung vom Tod Mirjams wird ihre politische und theologische (!) Bedeutung in der Führungselite Israels narrativ festgehalten: Ohne Mirjam, d.h. ohne die theopolitische Funktion, die sie repräsentiert, scheitert die Führung Israels.«[125]

1.3.3   Implikationen des Schwester-Seins Mirjams – die genealogischen Nennungen (Num 26,59; 1 Chr 5,29a; Ex 6,20 LXX)

Und der Name der Frau Amrams: Jochebet, die Tochter Levis, von der gilt: sie[126] hatte sie dem Levi in Ägypten geboren. Und sie [Jochebet] gebar dem Amram den Aaron und den Mose, und Mirjam, ihre Schwester. (Num 26,59)

Auf den ersten Blick mag es befremdlich wirken, schon an dieser Stelle die genealogischen Nennungen Mirjams zu untersuchen, gelten diese doch, wenn sie überhaupt Beachtung finden,[127] in der Exegese gerade auch feministischer Provenienz häufig als Ergebnisse einer Domestizierung Mirjams, deren Rolle von der der unabhängigen Führerin zu der der ›kleinen‹ Schwester ›großer‹ Männer herabgemindert werde.[128]

---

[123] JHWH formuliert diesen Vorwurf in der Erzählung selbst explizit in Num 20,12: *Weil ihr nicht auf mich vertraut habt und mich nicht geheiligt habt*; darüber hinaus wird, wann immer in Rückblicken an diese Erzählung erinnert wird, genau dieses Faktum der verweigerten Heiligung gegen Mose und Aaron ins Feld geführt; vgl. Num 27,14; Dtn 32,51.

[124] S. dazu oben S. 64f.

[125] U. RAPP 2002, 386. Zur Bedeutung des Todesortes Mirjams hält RAPP fest: »Die Verortung dort [Kadesch; K.S.] und das Spiel um die Bedeutung des Namens ›HEILIG‹ machen ... deutlich, dass die Nennung Kadeschs zu Beginn der Erzählung sehr bewusst gewählt wurde. Dass Mirjam gerade an dem Ort mit jener Konnotation stirbt, ist ebenfalls als Hinweis des Erzählers darauf zu verstehen, dass Mirjam etwas mit Moses und Aarons Legitimation zu tun hat und dass die Bewahrung der Heiligkeit an diesem Ort, die Sichtbarmachung der Heiligkeit Gottes für Israel ohne Mirjam nicht gewährleistet ist. ... Der Ort des Todes ist keine topographische Angabe des Erzählers, sondern eine theologische. Mirjams Tod macht den Ort ›HEILIG‹ zum Ort des ›nicht Heiligens‹« (ebd., 282).

[126] Die verwendete Verbform ist eine aktive Femininform (3. Sg.). Da das Subjekt hier nicht klar zu erkennen ist, übersetze ich allgemein *sie*, wenn auch nicht mehr namentlich zu klären ist, wer ›sie‹ war. Die Vermutung, dass damit die Mutter Jochebets gemeint sein kann, wird schon von Targum Pseudo-Jonathan und dem hebräischen Fragment aus der Kairoer Geniza unterstützt, die anstelle der Nota Akkusativi אֹתָהּ (*ihre Mutter*) lesen. Dieser Lesart schließt sich U. RAPP 2002, 368 an.

[127] Häufig genug dient die Stelle nur als Beleg für die Zusammenstellung der drei Namen als Geschwister, so z.B. J. SCHARBERT 1992, 110. Dabei nimmt er mit seiner These, es handle sich hier um die neben Mi 6,4 einzige derartige Stelle, 1 Chr 5,29 nicht einmal zur Kenntnis. Daneben findet sich in der exegetischen Literatur die Tendenz, Mirjam aus der Stelle gleichsam ›herauszuschreiben‹, sei es explizit wie bei A. DILLMANN 1886, 176, für den V 59b ein unechter späterer Einschub ist, oder implizit, indem nur die Wichtigkeit der Nennung Moses und Aarons betont wird, so bei PH. J. BUDD 1984, 298 und E.W. DAVIES 1995, 297. DAVIES bemerkt zum Zusammenhang der Vv 58b–61: »The Kohathites receive more detailed treatment than the others, since it was to this family that Moses and Aaron belonged.« (ders., ebd.). Diese Vernachlässigung, die sich auf die meisten anderen Texte, in denen Mirjam eine Rolle spielt, übertragen lässt, konstatiert auch R.J. BURNS 1987, 81: »As is the case in most secondary literature on other texts which mention Miriam, commentators have said little, if anything, about the appearance of Miriam.« Auffällig ist, dass sich die Geringschätzung der genealogischen Stellen bis hinein in die feministischen Kommentare von U. RAPP 1998 und K.D. SAKENFELD 1992 verfolgen lässt: In beiden findet Num 26,59 keine Erwähnung.

[128] So A.F. ANDERSON/G. DA SILVA GORGULHO 1989, 213 und besonders auffällig H. SCHÜNGEL-STRAUMANN 1982, 500 bzw. fast wortwörtlich gleich dies. 1984, 218f. Für SCHÜNGEL-STRAUMANN wird Mirjam mit dieser verwandtschaftlichen Einbindung »neutralisiert« (dies. 1984, 219), da sie »nach patriarchalischen Vorstellungen ganz automatisch der Autorität ihres großen Bruders« (ebd.) unterstehe.

Vom biblischen Text her legt sich jedoch eine andere Hypothese nahe: Mit gleicher Intention, nur in anderer sprachlicher Form, geht es in den genealogischen Texten – ähnlich wie in Mi 6,4 – darum, Mirjam auf einer gleichrangigen Ebene zu Mose und Aaron in Erinnerung zu behalten.

Diese Hypothese stützt sich auf folgende Beobachtungen: Genealogien erwähnen Frauen nur selten. Wenn sie es doch tun, impliziert das die herausragende Bedeutung der genannten Frau, wie z.B. Gen 22,23 mit der expliziten Nennung Rebekkas, die ab Kap 24 Handlungsträgerin ist, verdeutlicht.[129]

Für die vorliegende Genealogie ist in ihrem Kontext darüberhinaus von großer Bedeutung, dass die Zählung von Num 26 an dieser Stelle des Pentateuchs,[130] jetzt der Intention dient,

»to show the identity of the people of the exodus with families of the patriarchs...thus affirming the status of the Israelites in Palestine as ›sons of Abraham‹ and therefore the true heirs of God's promises to the patriarchs.«[131]

Diese Abstammung, die sich durch die Parallele der hier genannten 70 Sippen (Num 26,4b–51) zu den 70 Personen, die laut Gen 46,27 nach Ägypten kamen,[132] noch weiter verifizieren lässt, soll auch für die levitischen Sippen gelten.[133] Innerhalb der Gesamtheit der levitischen Sippen (Vv 57–62) nehmen die Vv 58b–61 aufgrund ihrer Form, die im Gegensatz zur bloßen Auflistung von Namen eher narrativen Charakter haben, eine Sonderstellung ein. Sie dienen der Schaffung einer direkten Linie von Kohath über Amram und Aaron zu Eleasar und Ithamar, den beiden überlebenden Söhnen Aarons, von denen sich die späteren Priester herleiteten. Da Ziel der Zählung im ganzen aber primär ist, die Wurzeln aller IsraelitInnen der Wüstengeneration in der Erzelterngeneration zu begründen, werden neben der genannten genealogischen Hauptlinie auch Jochebet, Mose und Mirjam erwähnt. Das scheint ein Indiz für ihre herausragende Stellung zu sein: Jochebets Nennung verdeutlicht, dass ihre Nachkommen sich sowohl mütterlicher- als auch väterlicherseits auf die Abstammung von Levi berufen können, wobei ihre Verbindung in der mütterlichen Linie sogar um einen Verwandtschaftsgrad enger ist.[134]

Mose in seiner überragenden Bedeutung innerhalb der Überlieferung des Pentateuch darf an dieser Stelle dann natürlich nicht fehlen. Und Mirjam? Wenn sie auch nicht der direkten Linie der ›Hohepriesterfamilie‹ zuzurechnen ist, macht ihre Nennung doch deutlich, dass sie von den VerfasserInnen als nicht zu unterschlagende »authentic religious figure belonging to their ancient past«[135] betrachtet wurde. Indem die VerfasserInnen mit Jochebet, Mose und Mirjam also aus der direkten Linie

---

[129] So auch A.L. LAFFEY 1988, 53 und R.J. BURNS 1987, 97.

[130] Num 26,2 gibt als Grund die Erhebung der Zahl der wehrpflichtigen Männer an. Daneben steht in Vv 52–56 die Begründung, die Zählung diene der Landverteilung innerhalb der Stämme.

[131] JOHNSON, zit. nach R.J. BURNS 1987, 85.

[132] Diesen Hinweis verdanke ich TH. STAUBLI 1996, 309.

[133] Das verdeutlicht, dass es hier nicht mehr um Landverteilung gehen kann, da die levitischen Sippen an ihr keinen Anteil haben (26,62).

[134] Sie wird hier wie in Ex 6,20 als Tochter Levis vorgestellt. Allerdings wird hier die verwandtschaftliche Beziehung zwischen Jochebet und Amram, dass sie nämlich seine Tante, da seines Vaters Schwester, ist, vorsichtiger umschrieben als in Ex 6,20, wo dies explizit gesagt ist. Diese Vorsicht gründet möglicherweise in dem Wissen darum, dass eine solche Verbindung gegen Lev 18,12; 20,19 verstoßen würde; vgl. TH. STAUBLI 1996, 313 sowie R.J. BURNS 1987, 89f. Über Jochebet sind Mirjam, Aaron und Mose Enkel Levis, über Amram dagegen ›nur‹ Urenkel. Auf die Bedeutung Jochebets für die jüdische Tradition weist R. BLOCH 1963 hin: So gelten Jochebet und Amram »als das heiligste Ehepaar ihrer Zeit« (a.a.O., 112) und die Heiligkeit Jochebets wird durch ihr schmerzloses Gebären unterstrichen (ders., 117; zur Darstellung bei Josephus s.u. S. 194).

[135] R.J. BURNS 1987, 90.

Levi bis Eleasar/Ithamar ausbrechen, präsentieren sie den LeserInnen »a comprehensive sweep of major figures from the patriarchal and exodus-wilderness generation.«[136]

Wichtig ist ferner der unmittelbar folgende Kontext, der den zweiten Grund für die Durchführung einer weiteren Zählung an dieser Stelle nennt: Vv 63–65 betonen, dass zum Zeitpunkt dieser zweiten Zählung – mit Ausnahme Moses, Josuas und Kalebs – niemand aus der ersten Wüstengeneration, der oder die bei der ersten Zählung (Num 1) älter als 20 Jahre war, mehr am Leben ist.[137] Damit markiert Num 26 den Generationenwechsel in der Wüste.[138] Mit Num 27 tritt also eine ganz neue Gruppe von Akteurinnen und Akteuren in Aktion,[139] als erste die Töchter Zelophads (Num 27) mit ihrem Eintreten für das Erbrecht der Töchter, dem zunächst stattgegeben wird, wenn es auch in Kap. 36 wieder eingeschränkt wird.[140]

Ohne den genauen Nachweis über einen möglichen Zusammenhang zwischen dem konstatierten Tod Mirjams als Mitglied der ersten Wüstengeneration und dem aktiven Auftreten der Töchter Zelophads hier führen zu können, ist doch immerhin auffällig: Diese fünf Frauen, Machla, Noa, Hogla, Milka und Tirza (Num 27,1), sind die ersten Israelitinnen, die sich außer Mirjam in Numeri für die Leser und Hörerinnen erkennbar ›zu Wort melden‹.[141] Damit treten sie in doppelter Hinsicht ihr Erbe an: das ihres Vaters und das Mirjams, indem sie ebenso wie diese wiederholt[142] für das eintreten und das fordern, was ihnen zusteht.

In der Hebräischen Bibel erfolgt die einzige weitere Nennung Mirjams innerhalb einer Genealogie im Rahmen der sogenannten ›Genealogischen Vorhalle‹[143] der Chronikbücher (1 Chr 1–9). Hier wird Mirjam unter den Angehörigen des Stammes Levi aufgeführt, der in weit größerem Umfang dargestellt wird als die anderen Stämme Israels, abgesehen von Juda. Schon daran lässt sich erkennen, welche große Bedeutung den Nachkommen Levis in der Wahrnehmung derjenigen zukommt, die die Chronikbücher verfasst haben.[144]

Und die Söhne[145] Amrams: Aaron und Mose und Mirjam. (1 Chr 5,29a)

Was hat es mit der Nennung Mirjams unter den Söhnen Amrams auf sich? Stellt sie wirklich eine Subsumierung Mirjams unter ›die Männer‹ dar?[146] Zunächst ist

---

[136] Dies., ebd.

[137] Vgl. TH. STAUBLI 1996, 313.

[138] Daran macht D.T. OLSON 1985, passim z.B. seine neue Gliederung von Num fest: Er unterscheidet nur noch zwei Hauptteile mit der Zäsur in Kap. 26, wobei die Generationen sich vor allem durch ihre Grundeinstellung unterscheiden: Während die erste Generation als grundsätzlich sündig und ungehorsam JHWH gegenüber beschrieben ist, gehört es zu den Charakteristika der neuen Generation, in allem auf JHWH zu hören.

[139] Vgl. F. CRÜSEMANN 1992, 421.

[140] In der Rede JHWHs (Vv 7–11) wird das zur allgemeinen Regel. Zum Zusammenhang von Num 27 und 36 vgl. die Analyse bei U. RAPP 1998, 62f. und F. CRÜSEMANN, a.a.O., ebd.

[141] Damit beziehe ich mich natürlich nur auf ausdrücklich von Frauen begonnene Kommunikation bzw. Interaktion. Das heißt also nicht, dass für mich nicht Frauen z.B. in den Erzählungen, in denen das Volk sich gegen Mose (u. Aaron) versammelt, eine entscheidende Rolle gespielt haben können.

[142] Vgl. Jos 17,3–6, wo von der Einforderung der in Num 27 gemachten Zusage erzählt wird.

[143] Vgl. M.-TH. WACKER 1998, 146 sowie den gleichlautenden Titel der Arbeit von M. OEMING 1990, der allerdings auf Mirjam in keiner Weise eingeht.

[144] Mit S. JAPHET 2002, 166.

[145] Ich entscheide mich gegen eine Vielzahl von Exegetinnen und Exegeten hier für die Beibehaltung des Terminus ›Söhne‹, da eine vorschnelle Übersetzung mit ›Kinder‹ m.E. der Stelle ihre Pointe nimmt; anders z.B. A.L. LAFFEY 1992, 112; S. JAPHET 1993, 143; dies. 2002, 162.

[146] So z.B. H. SCHÜNGEL-STRAUMANN 1982, 500, Anm. 12. Ähnlich zunächst auch U. RAPP 2002, 374: »Der Verdacht, dass Mirjam nicht explizit als Frau erinnert wird, um damit einen Teil ihres Gedächtnisses zu verschleiern, legt sich nahe.«

festzuhalten, dass in 1 Chr 1–9 trotz der grundsätzlich patrilinearen Ausrichtung eine große Zahl von Frauen, nämlich 42,[147] namentlich Erwähnung finden, wobei »several of [them] are sufficiently significant to be mentioned elsewhere in the Bible.«[148] Von ihnen ist durchaus explizit als *Töchtern* die Rede, sodass von einer vorschnellen Übersetzung mit *Kinder* hier Abstand zu nehmen ist.[149] Anstelle dessen lohnt es sich zu überlegen, was mit בֵּן ausgedrückt werden soll.

Ein בֵּן ist das, wonach sich kinderlose Frauen sehnen, was ihnen versprochen (oder auch ungefragt zugesprochen, wie im Fall der Mutter Simsons, Ri 13) wird, bzw. was sie einfordern: So z.B. Sara (Gen 16,2), die durch Hagar zu einem בֵּן kommen will, Rebeccas בָּנִים, die sich schon im Bauch ihrer Muter streiten (Gen 25,22),[150] oder Rachel, die von Jakob בָּנִים fordert (Gen 30,1) und ansonsten lieber sterben will. Ähnliches gilt für Hanna, die trotz der Frage ihres Mannes, ob er ihr nicht mehr wert sei als zehn [!] בָּנִים (1 Sam 1,8), im Tempel um einen בֵּן bittet (1 Sam 1,11) und diesen erhält.

Ein בֵּן ist ferner derjenige, der im Regelfall später erbt und damit seinen Eltern das Überleben im Alter sichert.[151]

Und schließlich ist für einen בֵּן die Erlangung eines ›öffentlichen‹ Amtes wohl leichter als für eine בַּת.

Was wäre also, wenn Marie-Theres Wacker hier insofern recht hätte, als es tatsächlich weniger um Geschlechtszugehörigkeit als um Rolle und Funktion in der Gesellschaft ginge? Wäre es nicht möglich, dass Mirjam hier als בֵּן genannt wird, weil sie genau diesen Vorstellungen entsprach, wenn es also vielmehr unser heutiges Vorverständnis von der Differenz zwischen בֵּן und בַּת zu korrigieren gälte, da dieses Vorverständnis uns am Verstehen des biblischen Textes mehr hindert als der Text selbst? Dann hieße בֵּן nicht automatisch ›männlicher Nachkomme‹ im Sinne eines biologischen Unterschiedes,[152] sondern ›Mensch in der Rolle, die traditionellerweise männlichen Nachkommen zugeschrieben wurde‹.

Dabei gilt für 1 Chr 5,29a das gleiche wie für Num 26,59: Obgleich, oder vielmehr weil Mirjam für die Hauptlinie der levitischen Priester keine Rolle spielt, zeugt ihre Nennung von ihrer großen Bedeutung und ihrem Bekanntheitsgrad.[153]

Die Septuaginta erwähnt wie auch der Samaritanische Pentateuch Mirjam über die Hebräische Bibel hinaus noch an einer weiteren Stelle: innerhalb der Genealogie der

---

[147] So M.Th. Wacker 1998,146f. mit Bezug auf A.L. Laffey 1992, 113.

[148] A.L. Laffey,a.a.O., ebd. Ihre Begründung für diese Vielzahl von Nennungen, dass es sich dabei nämlich um einen Prestigegewinn für ihre Ehemänner handele (dies., ebd.), trifft allerdings für Mirjam nicht zu, da innerhalb der Schrift (anders z.B. bei Josephus – s.u. S. 200 – oder in der rabbinischen Tradition, die Mirjam z.B. als Frau Kalebs und damit Ahnmutter Davids kennt; vgl. N. Graetz 1994, 235) an keiner Stelle ein Ehemann Mirjams erwähnt wird. Dient sie also, wenn ich Laffeys Grundidee hier ausweite, dem Prestigegewinn ihrer ›Brüder‹?

[149] Mit M.Th. Wacker 1998, 147f.

[150] Wobei für Rebekka evtl. Vergleichbares wie für die Mutter Simsons, die Frau Manoachs, gilt. Auch Rebekka ist nicht diejenige, die JHWH um בָּנִים bittet – ihr Mann Isaak übernimmt diesen Part (Gen 25,21).

[151] Vgl. Dtn 21,15–17, das das Recht des Erstgeborenen schützen soll, auch wenn seine Mutter von seinem Vater nicht geliebt wird. Zur Erbfrage vgl. I. Fischer 1994, 104ff.

[152] Falls es überhaupt noch vertretbar ist, von biologischen Gegebenheiten als grundlegenden Unterscheidungsmerkmalen von Geschlecht zu sprechen. Zu dieser Diskussion verweise ich exemplarisch auf die immer noch hervorragend auch als Einführung in das Denken dekonstruktivistischer Gendertheorien geeignete Darstellung von A. Maihofer 1995.

[153] So auch R.J. Burns 1987, 92: »While Miriam was not of special importance in the Zadokite lineage, the fact that she is included witnesses to the tenacity of her place in Israel's memory.« Insofern nimmt es doch Wunder, dass S. Japhet in ihrem Kommentar zu 1 Chr mit keinem Wort auf Mirjam eingeht.

Levitinnen und Leviten in Ex 6. Der V. 20a lautet in der griechischen Fassung: *Amram nahm sich Jochebet, die Tochter des Bruders seines Vaters,*[154] *zur Frau und sie gebar ihm Aaron, Mose und Mirjam, deren Schwester.* Offensichtlich waren diejenigen, die die Schrift ins Griechische übertrugen, der Ansicht, dass die Genealogie an dieser Stelle nicht vollständig sei, wenn Mirjam nicht den ihr gebührenden Raum in dieser erhalte.[155]

Sozialwissenschaftliche Untersuchungen haben aufgezeigt, wie mit Hilfe genealogischer Systeme soziale und politische Konstellationen ausgedrückt werden können.[156] Sie zielen darauf hin, Identität zu schaffen und zu wahren, und dabei zu formulieren, wie innerhalb Israels bestimmte Gruppen miteinander in Beziehung gesetzt werden können:

> »biblical genealogies reflect much more about functional relationships between individuals and groups than about actual biological ties."[157]

Indem also Mirjam in einem Verwandtschaftsverhältnis zu Mose und Aaron gezeichnet wird, wird sie als auf einer Stufe mit ihnen stehend betrachtet. Diese Gleichrangigkeit wird in genealogischer Sprache dadurch verdeutlicht, dass Mirjam als Schwester der beiden tradiert wird: »primary kinship filiations in the same generation express a relationship of parallel status.«[158]

Damit findet die oben geäußerte Hypothese, dass in Num 26,59 und 1 Chr 5,29a inhaltlich dieselbe Aussage getroffen werde wie in Mi 6,4, ihre Bestätigung.[159]

1.3.4   Mirjams Lied (Ex 15,20f.) – von der »Begeisterung des Weibes, die ebenso tief und gewaltig wie einfach ist«[160]?

Da nahm Mirjam, die Prophetin, die Schwester Aarons, die Handtrommel[161] *in ihre Hand, und es gingen heraus alle Frauen hinter ihr her mit Handtrommeln und mit Tänzen. Und es sang für sie*[162] *Mirjam: »Singt für JHWH, denn erhoben, wirklich erhoben hat sie sich: Pferd und Reiter*[163] *hat sie ins Meer geworfen!«*

---

[154]LXX hat für die von MT (דֹּדָתוֹ, *seine Tante,* s.o. S. 95) abweichende Variante vermutlich das Verbot Lev 20,20 vor Augen; mit A. LEBOULLUEC/P. SANDEVOIR 1989, 115.

[155] Natürlich ist ebenso gut denkbar, dass LXX auf einer hebräischen Textgrundlage fußt, in der Mirjam erwähnt ist. Da die LXX aber immer wieder deutlich macht, dass ihrer Übertragung inhaltliche Überlegungen zugrunde liegen, ist diese Option nicht automatisch die wahrscheinlichere. Auch A. LEBOULLUEC/P. SANDEVOIR 1989, 115 gehen von inhaltlichen Beweggründen aus: »La mention de Mariam ... est en accord avec le rôle qu'elle tient dans l'Exode.«

[156] Grundlegend F. KRAMER/C. SIGRIST 1983. S. weiter F. CRÜSEMANN 1998, 186f. »Die verwandtschaftliche Beziehung bleibt überall, wo der Staat jung oder schwach ist, das zentrale Ordnungsgefüge überhaupt. Die Welt wird als Familie erlebt und beschrieben.« (ebd., 187).

[157] R.J. BURNS 1987, 95.

[158] So R.J. BURNS 1987, ebd.

[159] Mit R.J. BURNS 1987, 96: »The genealogists have used kinship terminology to express what is essentially the same portrait of Miriam reflected in ... Mic 6:4.«

[160] R. SMEND 1893, 91.

[161] Zur Übersetzung mit *Handtrommel* statt des üblichen *Tambourin* vgl. C. MEYERS 1994, 213f.

[162] Die Interpretation des Suffixes von לָהֶם ist in der exegetischen Literatur umstritten. Das grammatikalisch eindeutig maskuline Suffix kann entweder als nur auf die Frauen bezogen gedeutet werden (so etwa R.J. BURNS 1987, 12f.Anm.4; B.W. ANDERSON 1987, 285 und mit vorsichtiger Zurückhaltung W.H.C. PROPP 1998, 548, der sich nicht festlegen möchte) oder aber inklusiv, also Frauen und Männer ansprechend, verstanden werden. Ich entscheide mit J.G. JANZEN 1994, 192, A.L. LAFFEY 1988, 52 und PH. TRIBLE 1994, 171, für letzteres Verständnis, wobei TRIBLES Ansatz beide Herangehensweisen am ehesten zusammendenkt: »Perhaps, under the leadership of Miriam, the ritual involved all the people, though the major participants were women.« (ebd., a.a.O.); s.auch GK, §122g.

[163] Gegen die z.B. von M.TH. WACKER 1988, 45, vorgeschlagene Veränderung der Vokalisation von רְכֹבוֹ (Reiter) zu רִכְבּוֹ (Wagen), die sowohl die Überlieferung der alten Übersetzungen gegen sich

Für die feministische Exegese bildete Ex 15,20f. lange die Basis für eine Interpretation der Mirjamtraditionen, wobei die Mehrheit gegen wenige negative Äußerungen[164] den Text als Beispiel einer nur noch in Bruchstücken überlieferten ursprünglich reicheren Sammlung von Mirjamerzählungen betrachtete.[165] Die Diskussion des Textes beschränkte sich jedoch lange auf die Frage des Alters sowie die Diskussion der Bezeichnung Prophetin. URSULA RAPP stellt ihr eigenes Herangehen an den Abschnitt mit Hilfe feministisch-rhetorischer Analyse solchen

>»unkonkreten und die Bedeutung Mirjams verschleiernden Deutungen« gegenüber, »die den Kontext Mirjams durch das Alter des Liedes in graue Vorzeiten und ihre Tätigkeit durch die Zuschreibung zur ekstatischen Prophetie in den Bereich menschlicher Sonderbegabungen rücken«.[166]

Ex 15,20f. hat zugleich innerhalb der exegetischen Literatur zu Mirjam (und zum Exodusgeschehen) lange Zeit eine fest umrissene Rolle innegehabt: Zumindest der Halbvers des ›echten‹ Liedes (V. 21b) galt als alt,[167] wenn nicht gar als *das* älteste schriftliche Zeugnis der Bibel schlechthin, wobei häufig V.20.21a als sekundäre Hinzufügungen anachronistischen Charakters aufgefasst wurden.[168] Zwar wird diese Datierung bis in die jüngere Vergangenheit noch von einer Reihe von Exegetinnen und Exegeten vertreten.[169] Seit längerem mehren sich jedoch die Stimmen, die von der gängigen, erheblich auf formalen Vor-Urteilen beruhenden Einordnung Abstand nehmen:

>»[B]revity does not provide a sure clue to the relative antiquity of a literary unit. The notion that priority belongs to short literary units formulated in concise style in contrast to extended pieces composed in discursive style is a weak premise of past form criticism.«[170]

Gewichtige Gründe sprechen für die Annahme, dass Ex 15,1–21 in ihrer Gesamtheit eine nachexilische Komposition sind.[171] Aufgrund der Gründlichkeit der 1991 von

---

hat (LXX und Vulgata lesen *Reiter*) als auch inhaltlich nicht überzeugen kann, folgt sie doch einer ›Friedenstheologie‹, die so im Kontext der Exoduserzählung nicht Anliegen der Schrift ist.

[164] So schon Ende des vorletzten Jahrhunderts E. CADY STANTON 1993, die die Quantität der Verse von Männern und Frauen ins Verhältnis zu der dadurch ausgedrückten Dankbarkeit Gott gegenüber setzt und zu dem Schluss kam, dass es für sie erstaunlich sei, dass die Frauen überhaupt dankten, sei doch die Befreiung aus Ägypten etwas, das primär den Männern diene: »It must always be a wonder to us, that in view of their degradation, they ever felt like singing or dancing, for what desirable change was there in their lives – the same hard work or bondage they suffered in Egypt. There, they were all slaves together, but now the men, in their respective families were exalted above their heads.« (dies., a.a.O., 81). Ähnlich negativ fällt die Bewertung der Stelle nur noch bei S. SCHOLZ 1998, 33, aus.

[165] So z.B. E. SCHÜSSLER-FIORENZA 1979; M.TH. WACKER 1988; PH. TRIBLE 1994; E. LÜNEBURG 1988.

[166] Dies. 2002, 202.

[167] So neben F. CRÜSEMANN 1969, 19 (»Nach heute fast allgemein geteilter Auffassung ist dieses Lied keine Kurzfassung des ausführlichen Hymnus Ex 15,1–18, sondern selbständig, viel älter und den Ereignissen näher als dieser, so daß es als Vorlage für die größere Dichtung gewirkt hat.«) z.B. M. NOTH 1965, 96: Bei Ex 15,21 handele es sich vermutlich um »die älteste im Alten Testament erhaltene Formulierung der Aussage vom Gotteswunder am Meer.« Ähnlich prägnant auch schon von R. SMEND formuliert: »[Es ist] das einzige Dokument im Pentateuch, dem ein den Ereignissen einigermaßen zeitgenössischer Charakter wohl nirgends abgestritten wird, das also so etwas wie einen unmittelbaren Quellenwert hat« (zit. nach E. ZENGER 1981, 471); ähnlich auch A. DILLMANN 1897, 177.

[168] So H. SPIECKERMANN 1989, 100; M. NOTH 1965, 97; H. SCHÜNGEL-STRAUMANN 1982, 497.

[169] So etwa von F.M. CROSS/D.N. FREEDMAN 1955, 238f.; F. CRÜSEMANN 1969, 19; J.P. HYATT 1971, 169; I. WILLI-PLEIN 1988, 97; D. O'DONNELL SETEL 1992, 27; A. BRENNER/F. V. DIJK-HEMMES 1993, 40 und H. SPIECKERMANN 1989, 113. Zur Diskussion des Alters von Ex 15,21 vgl. auch U. RAPP 2002, 225–323.

[170] B.W. ANDERSON 1987, 289; ähnlich W. PROPP 1998, 548f.: »The dogma ›short is old and old is short‹ survives as a relic of nineteenth-century evolutionistic thought, despite perennial criticism.« F. CRÜSEMANN 1969, 20 stimmt den Einwänden zu, sieht jedoch anhand anderer Merkmale von Ex 15,21, wie z.B. des Fehlens des parallelismus membrorum oder der namentlichen Nennung der Angesprochenen, das hohe Alter des Verses als erwiesen an.

MARTIN BRENNER veröffentlichten Arbeit gehe ich – ohne die steigende Anzahl derer, die ihm zustimmen, unterschlagen zu wollen[172] – auf seine Argumentation genauer ein: M. BRENNER geht zum einen davon aus, dass es sich bei Ex 15,1–21 um eine Einheit handelt, die als Passaliturgie komponiert wurde,[173] und plädiert zum anderen für eine relative Spätdatierung zur Zeit des zweiten Tempels:

> »[T]he Song of the Sea is a unified composition, wholly the product of Levitical cult personnel of the second temple. It has a processional entrance and was written sometime after the completion of the walls of Jerusalem by Nehemia.«[174]

Ex 15,20f. ist nach BRENNER genuiner Bestandteil dieser Gesamtkomposition und insofern natürlich ebenfalls spät, d.h. deutlich nachexilisch zu datieren:

> »The ›Song of Miriam‹ is the first line of the Song, formulated now as an invitation to praise so that it is suitable for use as a refrain. It has never existed independently from the Song. The composers wished to present the hearer with a victory song, and it was composed for the Passover feast.”[175]

Ich werde in meiner Interpretation das Hauptaugenmerk auf die Verse 15,20f. richten, dabei aber die Vv 1–19 gleichsam im Hintergrund ›mitlaufen‹ lassen. Gerade V.1

---

[171] Aufgeführt bei M. BRENNER 1991, passim, zu Ex 15,20f. v.a. 80ff; F. V. DIJK-HEMMES 1994, 204 schließt sich BRENNERs Bewertung an: »[T]his passage must be read not as a relic from a distant past but, conversely, as a recollection that also bears witness to a tradition which was kept alive by a choir of women in the temple.«

[172] Neben den Genannten W. PROPP 1998, 548f. und B.W. ANDERSON 1987, 289 auch K. SCHMID 1999, 240f.; R.J. BURNS 1987, 94; R.J. TOURNAY 1995, 531; H. STRAUß 1985, 108; G.FISCHER 1996, 177. So auch U. RAPP 2002, 232: »Hinter der Erzählung vom tanzenden Auftritt Mirjams steht das politische Interesse einer gegenüber mosaischen Alleinansprüchen kritischen Gruppe aus nachexilischer Zeit.«

[173] Vgl. ders., 18.

[174] Ders., a.a.O., 19. Entsprechend dieser zentralen These formuliert BRENNER als Zielvorstellung, er wolle anhand stilistischer Beobachtungen nachweisen, dass der verwendete Stil im ›Meerlied‹ typisch für die von ihm als Entstehungszeit anvisierte Epoche sei (a.a.O., 21), wofür unter anderem die ›proto-apokalyptischen‹ Elemente sprächen, deren Inhalt der zukünftige Sieg JHWHs über alle Völker, verbunden mit völliger Sicherheit für Israel sei (39). Hinzu komme, dass die in Ex 15,14f. erwähnten Völker identisch seien mit denen, durch die sich Israel nach dem Zeugnis Esra-Nehemias (etwa Neh 2,10; 4,1; 6,1; Esr 4,17–23) bedroht sieht (176f.). Die Prosaverse 1.19.20.21a dienten als »set of instructions for the cult performance« (40), V.1 und 21b als Refrain, wobei vorstellbar sei, dass die Darbietung von zwei Chören (einem Frauen- und einem Männerchor) mit je einer Vorsängerin bzw. einem Vorsänger dargebracht worden sei (ebd.).

[175] A.a.O, 20· Für die von BRENNER vorgeschlagene Spätdatierung auch der Verse 20f. sprechen bei genauerer Betrachtung noch die folgenden Details (vgl. ebd. 80f.): a) Die Formulierung שִׁירוּ לַיהוָה als Aufforderung erscheint nur in Texten exilischer (Jes. 42,10) oder nachexilischer (Jer 20,13; Ps 33,3; 68,5.33; 96,1; 98,1; 105,2; 149,1; 1 Chr 16,9.23) Herkunft. b) Die Wurzel גאה ist zwar als Nomen weit verbreitet, als Verb jedoch sehr selten, wobei ihre Verwendung ebenfalls auf späte Texte (Ez 47,5; Hi 8,11; 10,16) beschränkt ist. c) Die Wurzel רמה I findet als Verb außerhalb von Ex 15,21 nur noch in Jer 4,29 (exil.) und Ps 78,9 (nachexil.) Verwendung. Wenngleich M.BRENNER selbst eingesteht, dass die genannten Belege »do not have the value of proof. It could be accidental that these word forms have not survived from an earlier period.« (a.a.O., 82), gewinnen sie seiner Ansicht nach doch deutlich an Überzeugungskraft, wenn sie in Verbindung mit der Tatsache gedacht werden, dass סוּס וְרֹכְבוֹ Terminus Technicus für die Kavallerie sei, welche aber als ›Kampfeinheit‹ mit Schlüsselfunktion erst für die persische Zeit belegt sei (ebd.). Der Begriff ›Kavallerie‹ sei für Israel eine Stichwortassoziation zum ›Feind aus dem Osten‹: »The notion of cavalry must bring to mind the East for the Israelite … In the telling of the exodus story he [der Verfasser des Liedes, K.S.] employs language that was of common usage to describe the defeat of a power from the East. This equivalence of the exodus with the deliverance from some eastern power does not appear before Dt-Is and his description of the return.« (83). Diese Assoziation werde durch den Kontext der sonstigen Belegstellen für סוּס וְרֹכְבוֹ (Hi 39,18; Jer 51,21; Hag 2,22; Sach 12,4) deutlich, zumal die drei letztgenannten »describe God's action against the great military powers of the later periods, that is, the powers from the East.« (84). Konsequenterweise lautet BRENNERs Fazit für die Vv. 20f. dann auch: »The general conclusion regarding the refrain is that everything about it affirms late dating and a composition that is integral with the rest of the song.« Vgl. auch VAN DIJK-HEMMES 1994, 204: »[T]his passage must be read not as a relic from a distant past but, conversely, as a recollection that also bears witness to a tradition which was kept alive by a choir of women in the temple.«

ist in seiner mit V.21 nahezu identischen Formulierung besonders zu bedenken.[176] Diese beiden Verse umspannen als »Inklusio«[177] das restliche Lied und sind damit von besonderer Wichtigkeit.

Mirjam betritt in 15,20 unvermittelt die Bühne. Sie erhält keinerlei narrative Einführung, ihr Auftreten scheint selbstverständlich. Mirjams einzige Charakterisierung besteht in ihrer Bezeichnung als Prophetin und als Schwester Aarons.[178] Wichtig zu sehen ist, dass auch Aaron auf der Erzählebene noch nicht als Priester in Erscheinung getreten ist, sondern als Prophet des Mose (Ex 7,1). Beide Ausdrücke beschreiben synonyme Handlungsmuster; mit dem Terminus *Prophet* ist hier keine spezifische Aufgabe wie etwa die der Orakelerteilung bzw. der Vermittlung des Gotteswortes gemeint. Der Prophet Aaron, so sagt 15,20, hatte also eine Schwester, die auch Prophetin war.[179] Dieses Prophetinsein Mirjams hat viele zu vielen Spekulationen eingeladen: Mirjam sei Ekstatikerin,[180] »Dichterin des Schilfmeerliedes«,[181] ihr Prophetinsein diene allein der Machtstärkung des Mose,[182] oder aber, es bezeuge als charismatische Bezeichnung die theologische Auslegung eines Geschehens.[183] Die rabbinische Tradition verknüpft Mirjams Prophetinnentitel mit den Erzählungen um die Geburt des Mose: Mirjam habe seine Geburt und spätere Leitungsfunktion für den Exodus vorhergesehen. Darum warte sie auch in Ex 2,4 auf die Erfüllung ihrer Prophezeiung.[184] Angesichts dieser Vielfalt von Intepretationen empfiehlt sich ein Blick auf andere ersttestamentliche Prophetinnen,[185] von denen außer Mirjam namentlich noch Debora (Ri 4,4), Hulda (2 Kge 22,14; 2 Chr 34,22) und Noadja (Neh 6,14), sowie namenlos die Frau Jesajas (Jes 8,3) und als Gruppe die Prophetinnen in Ez 13,17–21 genannt sind. Wenngleich dieser Überblick zeigt, dass Prophetinnen in Israel über einen langen Zeitraum hin bekannt waren, so fällt doch die in der exegetischen Literatur vorherrschende Unsicherheit bzgl. einer möglichen Konkretisierung ihrer Aufgaben auf.[186] Die Frage, was genau die Frauen, die innerhalb der biblischen Texte den Titel einer Prophetin erhalten, eigentlich auszeichnet, muss ob der Vielfalt

---

[176] Den einzigen Unterschied bildet das Verb, das in der 1. Sg. com., statt wie in V.21 als Imp. Pl. Mask. formuliert ist.

[177] W. DIETRICH/CH. LINK 1995, 188. Die Formulierung trifft zu, auch wenn DIETRICH von der Voraussetzung ausgeht, V.21 sei ein altes Überlieferungsstück.

[178] Darauf lassen sich die oben zu den Genealogien dargestellten Überlegungen (S. 94ff) voll anwenden. Zur ›Einordnung‹ Mirjams in Ex 15 vgl. U. RAPP 2002, 211–215.»Mirjam zu Mose nicht in Beziehung zu setzen, betont Mirjams Unabhängigkeit von Mose und ihre Selbständigkeit in ihrem prophetischen Auftreten neben dem Knecht JHWHs (14,31)« (ebd., 214f.).

[179] Hier gilt Gleiches wie für die Frau Jesajas (Jes 8,3), bei der auch davon auszugehen ist, dass sie selbst Prophetin war, und nicht den Titel ihres Mannes im Sinne von ›Frau Pastor‹ übernommen hat.

[180] So P. MAIBERGER 1990, 137; M. NOTH 1965, 98; J.P. HYATT 1971, 169, und mit ihnen weite Teile der ›älteren‹ exegetischen Literatur. Zur Kritik an dieser Einordnung verweise ich auf U. RAPP 2002, 202.222ff.

[181] I. WILLI-PLEIN 1988, 96.

[182] Vgl. J. CALVIN o.J., 196.

[183] H. SCHÜNGEL-STRAUMANN 1982, 498. Dieser recht offenen Umschreibung kann ich mich noch am ehesten anschließen, wobei die inhaltliche Füllung bei ihr deutlich anders ausfällt als bei mir.

[184] S. z.B. bSot 12a; ShemR 1,13; dazu R. BLOCH 1963, 104–107; N. GRAETZ 1994, 234; zur Darstellung im LAB wie lukanischem Werk s.u. S. 184ff; 285ff.

[185] Jüngst haben K. BUTTING 2001 und I. FISCHER 2002 mit je eigener Schwerpunktsetzung das Phänomen der Prophetinnen in der Schrift, gerade auch die Beobachtung, dass diese insbesondere an den ›Schaltstellen‹ der Gesamtkomposition etwa des Zusammenhangs der ›Vorderen Propheten‹ auftreten, untersucht. Weitet man die Kategorie ›weibliche Prophetie‹ auf magische Praktiken im weitesten Sinne aus, dann ist von Frauen im Zusammenhang mit ihnen noch in Ex 22,18; Dtn 18,10; 1 Sam 28,7 und 2 Chr 33,6 die Rede.

[186] Vgl. F. NÖTSCHER 1966, 183ff; U. RÜTERSWÖRDEN 1995, 236; PH.A. BIRD 1983, 272ff.

der von ihnen erzählten Handlungen offen bleiben.[187] »Too little is known about any of them to speak confidently or in detail about women in this role.«[188] Gerade in dieser Unbestimmtheit liegt eine große Aussagekraft: Wenn Frauen in biblischen Texten als Prophetinnen eingeführt werden können, ohne dass dies einer langen Erläuterung ihrer konkreten Aufgaben bedarf, dann ist zum einen davon auszugehen, dass ihr Auftreten an sich für die damaligen Hörerinnen und Hörer nichts Ungewöhnliches war,[189] und zum anderen, dass ihre Aufgaben nichts grundsätzlich anderes beinhalteten als die männlicher Propheten.[190] In der Auslegungsgeschichte wurde immer wieder vermutet, dass die Inhalte der Prophetie Mirjams ›verloren gingen‹ – angesichts der festen Überzeugung vom hohen Alter der Mirjamtraditionen und einer dementsprechend langen Überlieferungsgeschichte zunächst nicht verwunderlich. Allerdings ist URSULA RAPPs Kritik zuzustimmen:

> »[D]ie Annahme, Mirjam sei eine Prophetin gewesen, deren Prophetie ›verloren‹ ging, ist eine Trivialisierung ..., weil die Rede vom Verlieren gewisser Traditionen verschleiert, dass nichts ›verloren geht‹, sondern bestimmte Informationen aus spezifischen theopolitischen Interessen heraus bewusst und gewollt nicht überliefert werden.«[191]

Diese Prophetin Mirjam also stimmt ein Sieges- bzw. Danklied an. Die Szenerie (Frauen, Trommeln, Tänze bzw. Flöten) erinnert an die andernorts in biblischen Texten überlieferten Siegeslieder von Frauen, die damit die heimkehrenden Männer begrüßen und sie preisen (Ri 11,34; 1 Sam 18,6f. und die Aufnahme dieses Liedes in 1 Sam 21,12; 29,5), eine Ähnlichkeit, die in der Literatur oft konstatiert wurde.[192] In der Tat geht es hier um ein Siegeslied, angestimmt nach dem Entkommen aus einer schier aussichtslosen Situation: Israel als »unbewaffneter Flüchtlingshaufe, Männer, Frauen, Kinder, die um ein Haar von hochgerüsteten Kampftruppen massakriert worden wären«,[193] entkommt durch das parteiliche Eingreifen JHWHs[194] und feiert die Tatsache, dass JHWH sich als so mächtig erwiesen hat (V.21), dass der Weg in die Freiheit möglich wurde.

---

[187] So auch PH. TRIBLE 1994, 171; C.J. VOS 1968, 175; R.J. BURNS 1987, 42–46.

[188] PH.A. BIRD 1983, 272.

[189] BIRD, ebd., betont hier sehr passend den Unterschied zur atl. Exegese: »None of the authors who introduce these figures into their writings gives special attention to the fact that these prophets are women - in contrast to Old Testament commentators, who repeatedly marvel at the fact.«

[190] Mit PH.A. BIRD, ebd. und R. KESSLER 1996, 71. Vgl. auch U. RAPP 2002, 232: »Prophetin wird sie ... nicht genannt, weil für Frauen in Israel keine anderen Titel verfügbar gewesen wären, und auch nicht, weil eine postulierte Quelle, wie die eines ›Elohisten‹, bedeutende Figuren mit diesem Titel ausgestattet hätte, sondern weil Mirjam hier als Prophetin Geschichte auf Gott hin deutet, also prophetisch handelt.«

[191] Dies. 2002, 388. Hinzu kommt nach RAPP, dass die Verortung Mirjams als Gestalt einer ›fernen Vergangenheit‹ ihrer Position die Macht nimmt, für die Gegenwart der biblischen Erzählerinnen und Erzähler relevant zu sein.

[192] Für die Ansicht, Mirjams Lied werde hier bewusst in die Tradition der Frauensiegeslieder gestellt bzw. begründe diese, stehen z.B. J.PH. HYATT 1971, 169; H. SCHÜNGEL-STRAUMANN 1982, 497; F.M. CROSS/D.N. FREEDMAN 1955, 237; W.H.C. PROPP 1998, 547; D. O'DONNEL SETEL 1992, 31; S. SCHROER 1995, 153; E. LÜNEBURG 1988, 46. Nur oberflächliche Ähnlichkeiten sieht B.W. ANDERSON 1987, 288, wohingegen J.I. DURHAM 1987, 210, betont, dass das vorliegende Lied weit über den Inhalt ›klassischer‹ Siegeslieder hinausgehe. R.J. BURNS 1987, 16–18.39, denkt in eine ähnliche Richtung wie ich, wenn sie zwar eine grundsätzliche Ähnlichkeit zugesteht, aber doch die Differenzen zu anderen Siegesliedern von Frauen sehr viel stärker gewichtet, als dies in der Exegese gemeinhin der Fall ist.

[193] W. DIETRICH/CH. LINK 1995, 188. Vgl. R. ALBERTZ 1992, 123.

[194] Auf diese Paradoxie weist auch K. SCHMID 1999 hin, der außerdem das ähnlich paradoxe Phänomen der Mehrung der IsraelitInnen trotz ihrer Unterdrückung betont (Ex 1,12) und zum Exodusgeschehen notiert: »Die tödliche Bedrohung der Israeliten durch die Ägypter wendet sich mehr und mehr gegen die Ägypter selbst und läuft schließlich auf deren eigenen Tod hinaus.« (ders., 238).

Mirjams Lied besingt im Unterschied zu den genannten Vergleichstexten gerade nicht die Kraft männlichen Militärs, sondern JHWH selbst in seinem Handeln:[195] JHWH ist in Ex 15 der Einzige, der gekämpft hat, und sein Kampf, so wird es in protoapokalyptischen Farben geschildert, erschüttert die Mächtigsten der Völker (Vv 14–16). Darin, dass JHWH derjenige ist, der ›die Mächtigen vom Thron stürzt‹, stimmt Mirjams und Moses Schilfmeerlied seiner Intention nach also viel mehr mit dem Lied der Hanna (1 Sam 2,1–10),[196] dem der Judit (Jdt 16)[197] und dem der Maria (Lk 1,46–55)[198] überein, als mit ›klassischen‹ Frauensiegestanzgesängen. Damit ist Ex 15 zugleich seiner Natur nach prophetische Literatur, insofern Prophetie sich als Opposition gegen herrschende Machtstrukturen versteht und äußert.[199]

Abschließend ist zu Ex 15,20f. festzuhalten, dass die randständige Position des scheinbar kurzen Mirjamliedes, die oft Anlass zu Enttäuschung und Kritik geboten hat,[200] gerade angesichts der von GEORG FISCHER stark gemachten engen Zusammengehörigkeit von Ex 1–15 als Einheit[201] eine ganz andere Interpretation ermöglicht: Die Frauen stehen im Exodusgeschehen nicht am Rande, sie bilden vielmehr den Rahmen.[202] Dabei kommt Mirjam in zweifacher Hinsicht eine herausragende Bedeutung zu: Zunächst ist sie diejenige, die die musizierende Frauengruppe[203] anführt, die dem Volk zusingt und es auffordert, in ihren Gesang mit einzustimmen, der das Geschehene theologisch deutet.[204] Darüber hinaus bildet sie das verbindende Glied zwischen Anfang und Ende der Exoduserzählung, insofern sie bei beiden Grundereignissen zugegen war und diese aktiv beeinflusst hat.[205]

---

[195] Das wird in der Ausführung der Vv 1–18, in denen JHWH der einzige Kämpfer ist, noch einmal anders verdeutlicht.

[196] Aufgrund der nicht zu übersehenden Parallelität von Ex 15 und 1 Sam 2,1–10 deutet K. SCHMID die Möglichkeit an, dass das Hannalied für die Gesamtkomposition der Schrift eine ähnlich entscheidende Rolle übernimmt wie das Schilfmeerlied. Eine genauere Untersuchung dieser Fragestellung steht meines Wissens noch aus; methodisch könnte sie jedoch mittlerweile auf K. BUTTING 2001 aufbauen, die solche ›kanonkonzeptionellen‹ Überlegungen anhand der Erzählfiguren Debora und Hulda verfolgt und überzeugend darlegt.

[197] Vgl. R.J. BURNS 1987, 18 und M.BRENNER 1991, 39: »The other instance where these elements [gemeint sind ›protoapokalyptische Elemente‹; K.S.] are present is the very late song of Judith, where they are developed and integrated into the form. It is very possible, that these elements ... represent a post-exilic notion of what is involved in a victory song.«

[198] S. unten S. 287ff.

[199] Vgl. R. KESSLER 1999, 53ff und allgemeiner R. ALBERTZ 1992, 255ff. 387ff.

[200] Vgl. S. SCHOLZ 1998, 33 oder PH. TRIBLE 1994, 171ff.

[201] Ders. 1996, 161.173.176ff.

[202] Darauf hat J. EBACH wiederholt hingewiesen (vgl. ders. 1995a; 2002b und 2002c). S. auch G. JANZEN 1994, 197; A. OGDEN BELLIS 1994, 103; B.W. ANDERSON 1987, 288; F. v. DIJK-HEMMES 1994, 203; A.BRENNER/DIES. 1993, 40: »Miriam's song concludes the story of the Exodus from Egypt .... Thus women's performance determines both the beginig ... and the end of the Exodus story.«

[203] Zum möglichen Alter der Tradition solcher Frauengruppen und ihrem besonderen öffentlichen und politischen Status vgl. C. MEYERS 1988, 164 sowie dies. 1994.

[204] Dass es sich hierbei aber um ein »matriarchales Kultdrama« handelt, wie z.B. von G. WEILER 1989, 162 u.ö., postuliert, halte ich für hochgradig unwahrscheinlich.

[205] PH. TRIBLE 1994, 172f., die zugleich die Entwicklung Mirjams von der Vermittlerin hin zur Perkussionistin, Lyrikerin, Sängerin, Prophetin, Führerin und Theologin betont, hält den, auch über die Verwendung von שפה deutlichen, Bezug zwischen Ex 1f. und Ex 15 fest: »Like the beginning, the ending of the Exodus story belongs to women. They are the alpha and omega, the aleph and taw of deliverance. Providing continuity between the two groups and times is the figure of Miriam. At the bank [שפה] of the river we first meet her (Exod. 2.4); at the shore [שפה] of the sea we find her again.«

1.3.5   Die Auseinandersetzung in der Wüste (Num 12,1–16)[206]

[1]Und Mirjam redete – und Aaron – zu Mose um der kuschitischen Frau willen, die er genommen hatte; ja, eine kuschitische Frau hatte er genommen. [2]Und sie sprachen: »Redet JHWH wirklich ausschließlich zu Mose? Redet sie nicht auch zu uns?« JHWH hörte. [3]Der Mann Mose war sehr demütig, mehr als alle Menschen, die auf dem Erdboden sind. [4]Augenblicklich sprach JHWH zu Mose und zu Aaron und zu Mirjam[207]: »Geht hinaus, ihr drei, zum Zelt der Begegnung.« Und sie gingen hinaus, die drei. [5]Da stieg JHWH herab in einer Wolkensäule und trat hin an den Eingang des Zeltes. Und sie rief Aaron und Mirjam – und sie kamen hinaus, sie beide. [6]Sie sprach: »Hört doch meine Worte: Wenn euer Prophet oder eure Prophetin zu JHWH gehört: in einer Vision gebe ich mich ihnen zu erkennen, im Traum rede ich zu ihnen. [7]So nicht Mose, mein Vertrauter. Für mein ganzes Haus hat er einen Vertrauensposten[208] erhalten. [8]Mund zu Mund rede ich zu ihm, und klar, nicht in Rätseln, und die Gestalt JHWHs nimmt er wahr. Und warum habt ihr euch nicht gefürchtet zu reden zu meinem Vertrauten, zu Mose?« [9]Und es entbrannte der Zorn JHWHs gegen die beiden. [10]Die Wolke wich von dem Zelt – und da: Mirjam [war] eine Hautkranke, wie Schnee. Aaron wandte sich zu Mirjam – und da: eine Hautkranke. [11]Da sprach Aaron zu Mose: »Bitte, mein Herr, lege doch nicht auf uns die Verfehlung, die wir töricht getan haben und mit der wir gefehlt haben. [12]Lass sie doch nicht wie einen Toten, dessen Fleisch, wenn es aus dem Schoß seiner Mutter herauskommt, zur Hälfte aufgezehrt ist!« [13]Und Mose schrie zu JHWH: »Gott, bitte, heile sie doch!« [14] JHWH sprach zu Mose: »Wenn ihr Vater ihr ins Gesicht gespuckt hat, schämt sie sich dann nicht sieben Tage? Sie soll sieben Tage außerhalb des Lagers eingeschlossen sein und danach wieder aufgenommen werden.« [15]Da wurde Mirjam sieben Tage außerhalb des Lagers eingeschlossen. Das Volk aber brach nicht auf bis zur Wiederaufnahme Mirjams. [16]Danach brach das Volk auf aus Hazeroth. Und sie lagerten in der Wüste Paran.

Ohne dass im Rahmen der vorliegenden Untersuchung die traditionelle Exegese zur Genüge dargestellt werden könnte, ist es für Num 12 unbedingt erforderlich, zunächst einige meiner grundsätzlichen Beobachtungen in ihrem Widerspruch zu gängigen Vor-Urteilen zu erläutern, bevor ich zu einer schrittweisen Erläuterung des Textes übergehe:

Der Text ist zwar spannungsreich, aber mitnichten »in sich sehr brüchig«[209]; die vorhandenen Spannungen lassen sich aus der Erzählstruktur besser erklären als durch ihre Rückführung auf verschiedene Quellen.[210]

Mirjam und Aaron reden in V.1 nicht *gegen* die fremde Frau, sondern *um ihrer willen* zu Mose.[211] Dieses Eintreten für die kuschitische Frau geschieht auf der Ebene des

---

[206] Dazu ausführlich U. RAPP 2002, 31–193.

[207] LXX ändert die Reihenfolge: Mirjam kommt an zweiter Stelle zu stehen; wahrscheinlich gleicht die LXX damit an V. 1 an; mit U. RAPP 2002, 35.

[208] U. RAPP 2002, 166 verdanke ich den Hinweis, dass hier über die Wurzel אמן die Verknüpfung zur Berufung des Mose, konkret zu Ex 4,1–10 hergestellt wird; was Mose dort in Frage stellte, nämlich, ob das Volk ihn für glaubwürdig und vertrauenswürdig halten werde, wird hier von Seiten JHWHs ausdrücklich bekräftigt.

[209] M. NOTH, der aufgrund dieser Sachlage Num 20 »zu den verzweifelten Fällen der Pentateuchanalyse« rechnet (zitiert nach L. PERLITT 1971, 593, Anm. 20); neben ›älteren‹ Exegeten wie A. DILLMANN 1886, 63f. und H. HOLZINGER 1903, 66 schließt sich in der jüngeren Vergangenheit noch R.J. BURNS 1987, 77, dieser Klassifizierung an. Eine ausführliche literarkritische Untersuchung des Abschnitts liefert U. RAPP 2002, 123–147.

[210] Mit I.FISCHER 1999, 24ff und TH. STAUBLI 1996, 241.

[211] Dieses Verständnis legt sich durch eine Hinziehung der übrigen atl. Belege zu עַל־אֹדֹת (Gen 20,3 nach dem Codex Samaritanus; Gen 21,11.25; 26,32; Ex 18,8; Ri 6,7; Jos 14,6; Jer 3,8) nahe: Mit eventuell einer Ausnahme (Ri 6,7) beinhaltet die Verwendung des Ausdrucks immer ein parteinehmendes Interesse der Redenden bzw. Handelnden gegenüber den mit עַל־אֹדֹת benannten Individuen oder Gruppen. Mit dieser Erkenntnis bleibt zwar die Frage nach dem Inhalt des Disputs zwischen Mirjam, Aaron und Mose bestehen. Es erübrigen sich aber Spekulationen über die Motive der beiden oder eher: Mirjams, wie sie in der Literatur immer wieder formuliert werden. Diese angeblichen Motive reichen von der ›typischen‹ Eifersucht unter Frauen (so etwa B.P. ROBINSON 1989, 430.432 oder auch schon J. CALVIN, 195 und später H. HOLZINGER 1903, 47; dagegen bereits J. V. SETERS 1994, 235) bis hin zur Zeichnung Mirjams als Rassistin (z.B. A. DILLMANN 1886, 64; J. Scharbert 1992, 52; T.R. ASHLEY 1992, 227; so auch noch K. BUTTING 2001, 54, die Mirjam hier in der Rolle derjenigen sieht, die Mose vorwirft, dass sein

Endtextes durch Mirjam und Aaron, wobei Mirjam hier als Handlungsträgerin gedacht ist.[212]

Der Text erzählt einen offen ausgetragenen Konflikt zwischen Mirjam, Aaron und
Mose. Von einer heimlichen, hinter dem Rücken Moses stattfindenden Verleumdung
von Seiten Mirjams und Aarons kann nur gesprochen werden, wenn דָּבָר בְּ hier im
Gegensatz zum unmittelbar folgenden V.2 sowie zu V.6.8 pejorativ verstanden
wird.[213] Ein überzeugendes Argument für diese Differenzierung ist auf der Basis
sprachlicher Beobachtung nicht zu gewinnen.[214]

Mirjam und Aaron reden also ›zu‹ und nicht ›über‹ oder gar ›gegen‹ Mose, ihre
Kritik ist kein »Gerede«.[215] Dass es sich um einen Konflikt handelt, wird aus dem Zusammenhang mit V.2 deutlich. Damit stellt sich die Frage, wie die ersten beiden
Verse von Num 12 zusammenzudenken sind. Auf den ersten Blick sieht es aus, als
würden hier völlig unterschiedliche Problemfelder verhandelt. Allerdings ist für den
Gesamtzusammenhang des Kapitels auffällig, dass bei Redevorgängen deutlich zwischen der Verwendung der Wurzeln אמר und דברdifferenziert wird. אמר wird
verwendet, wenn es sich um ›normale‹ Kommunikation handelt, unabhängig davon,
ob diese sich zwischen Menschen oder zwischen JHWH und menschlichen Kontakt-
personen vollzieht; ferner auch dort, wo es sich um eine Redeeinleitung handelt
(V.2.4.6a.11.14). Die Wurzel דבר hingegen wird in Num 12 nur gebraucht, wenn, wie
auch im Prophetiegesetz (Dtn 18,9–22), die prophetische Rede als »Sprechen Gottes
mit Menschen im Sinne einer Gotteswort-Mitteilung«[216] im Mittelpunkt des Interesses steht (V.1.2.6.8).[217] Damit ist also auch der in V.1 angedeutete Konflikt als ein
Konflikt um prophetische Rede zu lesen.[218] Das Eintreten Mirjams und Aarons für die
kuschitische Frau des Mose ist von der sprachlichen Struktur also auf einer Ebene
mit ihrer in V.2 erfolgenden Inanspruchnahme eigener prophetischer Legitimation
und damit Kritik an einer Vorrangstellung des Mose angesiedelt. Dabei ist es relativ
unerheblich, ob die kuschitische Frau mit Zippora identisch ist oder nicht, obwohl

---

Verhalten nicht seinen Weisungen korrespondiere: »Ihr [Mirjams; K.S.] Engagement in dieser Sache
deckt sich mit anderen Zeugnissen, nach denen Frauen an der Ausgrenzung von Ausländerinnen –
manchmal maßgeblich – beteiligt waren. ... Mose verbietet die Eheschließung mit den Töchtern des
Landes ... und heiratet selbst eine Ausländerin! Ein Widerspruch liegt vor, der den sich
anschließenden Protest gegen die Sonderstellung Moses als Vermittler des Wortes Gottes
begründet.« Gerade die Rassismushypothese führte oft zum Wahrnehmen der vermeintlichen
Ironie, dass Mirjams Bestrafung sie ›weiß wie Schnee‹ mache. Diese Annahme wird aber schon von
A. BRENNER 1982, 89f. durch den Nachweis widerlegt, dass der Vergleichspunkt zum Schnee
mitnichten in der Farbe, sondern vielmehr in der Konsistenz besteht. Vgl. auch E. WOLLRAD 1999,
227f. und E.W. DAVIES 1995, 124).

[212] Dass die Verwendung der 3. Fem. Sg. in V.1 kein Indiz für ein ursprüngliches Fehlen Aarons ist,
zeigt die Tatsache, dass häufig nur die Handlungsträgerin oder – dem patriarchalischen Milieu der
biblischen Texte geschuldet: weit häufiger – der Handlungsträger einer Szene als Subjekt des
Verbums auftritt; vgl. 1 Sam 22,6; Ri 7,1 und speziell für die führende Rolle von Frauen in
Kooperation mit Männern Ri 5,1; Est 9,29. So auch I.FISCHER 1999, 25.

[213] Zu einer solchen Ausdifferenzierung vgl. E. JENNI 1992, 257ff, der allerdings Num 12,1 als Beispiel
für »Schelten gegenüber Fehlbaren« (ebd., 164) anführt und damit implizit der Kritik Mirjams und
Aarons Recht gibt. Vgl. U. RAPP 2002, 38–41, die sich gegen I. FISCHER 1999, 25 [s. nächste
Anmerkung] ebenfalls für eine unterschiedliche Übersetzung beider Stellen ausspricht.

[214] Mit I. FISCHER 1999, 25: »Ich kann kein Argument finden, das es rechtfertigen würde, ein und
dieselbe sprachliche Wendung in zwei aufeinanderfolgenden Versen verschieden zu übersetzen,
außer der Hilflosigkeit der Exegeten aus inhaltlichen Gründen.«

[215] V. FRITZ 1970, 76; ähnlich M. NOTH 1977, 85. M.W. erstmalig dezidiert für die Lesart eines offenen
Konflikts plädiert I. FISCHER 1999, 26.

[216] Dies., ebd.

[217] In meiner Übersetzung habe ich das durch die unterschiedliche Verwendung von ›reden‹ für דבר
und ›sprechen‹ für אמר deutlich gemacht.

[218] Mit I. FISCHER 1999, 26.

viel dafür spricht, von dieser Identität auszugehen.[219] Dann wäre es noch wahrscheinlicher, dass Mirjam und Mose hier gerade nicht gegen die *Heirat* einer ausländischen Frau votieren, sondern gegen die *Scheidung* von ihr.[220] Für Zippora ist diese in Ex 18,2 erzählt: Ihr Vater Jithro nimmt Zippora und ihre Kinder ›nach ihrer Entlassung‹ (שִׁלּוּחֶיהָ) wieder mit zu Mose. שׁלח Piel aber ist Terminus Technicus für die Scheidung.[221] Damit meint Ex 18,2 dann wohl weniger ein temporäres Wegschikken Zipporas denn die Scheidung von ihr – und genau diese bildet den Ausgangspunkt für den Konflikt in Num 12.[222]

Die Akzeptanz der Position Mirjams und Aarons – das zeigt der biblische Text durch die unmittelbare Abfolge der Fragen aus V.1 und V.2 – hängt nun aber unmittelbar mit der Fragestellung aus V.2 zusammen: Nur, wenn auch ihnen zugestanden wird, als prophetisch Beauftragte zu sprechen, wird ihre Position aus V.1 anerkannt. Dabei ist wichtig, dass ihr Anliegen eben nicht arrogant im Sinne eines völlig unberechtigten Anspruches bzw. völlig überzogener Vorstellungen zu sehen ist, sondern dass sie nur ihre Position neben Mose gesichert wissen wollen. Die Legitimität ihres Handelns wird durch den dieser Erzählung vorausgehenden Kontext deutlich: In Num 11 wird von der Geistbegabung der 70 Ältesten erzählt; diese erfolgt, nachdem Mose sich bei JHWH über sein Schicksal beschwert hatte (11,11–14)[223] und angekündigt hatte, er wolle lieber sterben als die Last noch weiter allein tragen zu müssen (11,15). Selbst als unabhängig von den am Zelt der Begegnung begeist-erten Ältesten innerhalb des Lagers zwei Männer zu prophezeien beginnen (11,26), begrüßt Mose dies gegenüber Josua und äußert explizit seinen Wunsch, das ganze Volk solle zu Prophetinnen und Propheten JHWHs werden (11,29).[224] Genau darum geht es aber in 12,2: Nicht das Prophetsein Moses an sich steht zur Disposition, sondern der Anspruch auf alleinige Führerschaft.[225] Dennoch greift JHWH – womöglich gegen den in 11,29 von Mose geäußerten Wunsch? – ›sofort‹ ein (V.4), womit sich eine Wendung der Erzählung hin zu einem schrecklichen Ereignis andeutet, wie die Verwendung von פִּתְאֹם in anderen Kontexten nahelegt.[226] In der Gottesrede (12,6–8) wird zunächst die in Frage gestellte Sonderstellung des Mose bestätigt und damit eine Hierarchie zwischen verschiedenen Formen der Gottesnähe etabliert:[227] Zwar wird Mirjam und Aaron ihr Status als Prophetin und Prophet durchaus zugesprochen (V.6 beschreibt gängige Vorstellungen bzgl. der Prophe-

---

[219] Mit M.TH. WACKER 1988, 48f.; I. FISCHER 1999, 27; R.R. WILSON 1980, 155; Th. Staubli 1996, 248; R. ALBERTZ 1992, 83 und der jüdischen Tradition (nach I. FISCHER, ebd.), die diese Identität voraussetzt und die Kritik der beiden darin begründet sieht, dass Mose aufgrund seiner Leitungsaufgaben seine Frau vernachlässigt habe.

[220] Damit verorten sie sich in der Diskussion um die Misch- bzw. Fremdehen auf der Seite der Befürworterinnen und Befürworter dieser Verbindungen; mit U. RAPP 2002, 76.

[221] Z.B. Dtn 21,14; 22,19.29 u.ö.; vgl. auch W. GESENIUS 1962, 830, wonach mit שִׁלּוּחִים die Entlassung »eines Weibes« im Sinne der Scheidung oder einer Tochter im Sinne der Mitgift ausgedrückt wird.

[222] Mit I. FISCHER 1999, 28. In diese Richtung schon Targum Onkelos und Targum Pseudo-Jonathan zu Num 12,1.

[223] Zur Ähnlichkeit der verwendeten Bilder in 11,12 und 12,12 (Mutter, Geburt, Säugling) vgl. PH. TRIBLE 1994, 177. Zur Verflochtenheit der beiden Kapitel generell vgl. TH. STAUBLI 1996, 241ff und D. JOBLING 1978, passim. S. auch U. RAPP 2002, 149–161, die Num 11 als Erzählung »vom Scheitern der Demokratisierung der mosaischen Prophetie« (a.a.O., 153) versteht.

[224] Darin stimmt Num 11,29 mit Joel 3,1 überein; mit A. GUNNEWEG 1990, 177.

[225] So auch G.B. GRAY 1956, 122.

[226] D. DAUBE 1964 kommt zu dem Ergebnis: »With one or two questionable exceptions, they [die Verwendungsformen von פִּתְאֹם; K.S.] always occur in connection with desaster.« (ebd., 1). Vgl. auch T.R. ASHLEY 1993, 224.

[227] Vgl. M.TH. WACKER 1988, 40; H. SCHÜNGEL-STRAUMANN 1982, 499f.; PH. TRIBLE 1994, 176; R.R. WILSON 1980, 156.

tie)[228], Mose aber wird in dreifacher Hinsicht davon abgehoben. Zum einen wird er zweimal als עֶבֶד JHWHs bezeichnet (V.7f.), ein Ausdruck, der reserviert ist für »distinguished personages in Israel's history«[229] und ein besonderes (Vertrauens-)Verhältnis zwischen JHWH und dem so bezeichneten Menschen andeutet. Ferner ist Mose der einzige, mit dem JHWH von ›Mund zu Mund‹ (V.8) spricht (ähnl. in Ex 33,11; Dtn 34,10). Textimmanent wird dies dadurch bestätigt, dass Mose mit JHWH noch in Kontakt treten kann (V.13), nachdem die Wolke sich schon wieder vom Begegnungszelt entfernt hat (V.10), also keine institutionalisierte Form der Gottesbegegnung mehr möglich ist. Und schließlich ist Mose derjenige, der die תְּמֻנָה JHWHs sehen kann (V.8).[230] Eine besondere Beziehung zwischen JHWH und Mose ist dem Text nach also nicht zu bestreiten, wenn auch die Benennung des Mose als »Liebling«[231] JHWHs vielleicht doch eher zu weit geht.

Mit dieser deutlichen Stellungnahme JHWHs könnte die Erzählung eigentlich beendet sein. Stattdessen folgt mit V.9–16 der Teil, der dazu geführt hat, dass Num 12 vor allem innerhalb der Feministischen Exegese vielfach als klassischer Marginalisierungstext gewertet wurde:[232] Der Text liefere »ein schreckliches Zeugnis dafür ..., wie gewalttätig das Patriarchat mit Frauen umgeht, die Teilhabe an Macht und Autorität beanspruchen.«[233] Dieses Urteil ist in der Ungleichheit der Behandlung Mirjams und Aarons begründet: Obgleich der Text durch die Verwendung des Suffixes der 3. Pers. Plural mask. explizit sagt, dass der Zorn JHWHs gegen beide entbrennt (V.9), treffen die Folgen seines Zorns nur Mirjam. Diesen unmittelbaren Zusammenhang legt die syntaktische Struktur von V.10 nahe, zumal von einem aktiven Handeln JHWHs auf der primären Textebene keine Rede ist.[234] Mit dem Weggang der Wolke ist Mirjam also eine Hautkranke.[235] Die besondere Form, verdeutlicht durch den Vergleich ›wie Schnee‹ (V.10), findet sich noch in Ex 6,2 (Mose am Sinai) und 2 Kön 5,27 (Gehazi, ein Schüler Elisas), jeweils verbunden mit einer Form von göttlichem Urteil bzw. direkter göttlicher Einwirkung.[236] Dass damit aber belegt ist, dass es sich jeweils um die Strafe für eine (moralische) Verfehlung handele, halte ich gerade durch das Beispiel des Mose in Ex 6,2 für unbegründet, da hier diese Form der Krankheit nur als Demonstration der Macht JHWHs dient. Damit scheidet auch LUDWIG KÖHLERs Vorschlag aus, der sich auf die potentielle externe Sichtbarkeit interner Verfehlungen beruft.[237] Wenngleich die Krankheit Mirjams nach heutigem Verständnis nicht lebensbedrohlich war, führt ihr Auftreten in biblischer Tradition, nachdem sie durch einen Priester beobachtet und diagnostiziert ist, doch zunächst zu einer Quarantäne

---

[228] Vgl. A. DILLMANN 1886, 66f., da auch Belegstellen.

[229] PH. J. BUDD 1984, 136f. mit den Belegstellen Gen 26,24; Ex 14,31; Num 14,24; Dtn 34,5; Hi 1,8. Dieser Besonderheit versuche ich mit der Übertragung ›Vertrauter‹ Rechnung zu tragen.

[230] Vgl. T.R. ASHLEY 1993, 226.

[231] H. GRESSMANN 1913, 265, der zu dem Schluss kommt: »Jahve und Mose sind wie stets untrennbar miteinander verbunden«.

[232] M.TH. WACKER 1988, 40; H. SCHÜNGEL-STRAUMANN 1982, 499f.; dies. 1984, 215ff; K.D. SAKENFELD 1992, 48; E. SCHÜSSLER-FIORENZA 1979; S. SCHROER 1995, 92f.; J. PLASKOW 1992, 66.

[233] TH. STAUBLI 1996, 248.

[234] Auf die damit verbundene Schwierigkeit im Zusammenhang der Interpretation von Dtn 24,8f. komme ich unten (S. 109ff) zurück.

[235] Mirjams Krankheit ist dabei von der lange Zeit als unheilbar geltenden sog. Hansen'schen Krankheit (Lepra) deutlich zu unterscheiden; vgl. A.BRENNER 1982, 89f.; L. KÖHLER 1955, 290f.; U. RAPP 2002, 212ff; TH. SEIDL 1991, 218f.; A. SANDLER 1982, 592f., C.M. CARMICHAEL 1974, 307f.

[236] Vgl. T.R. ASHLEY 1993, 227.

[237] Ders., 291: »Dabei ist noch zu bemerken, ... dass eine schwere moralische Verfehlung nicht ganz selten auf der Haut des Sünders Male, Flecken, krankhafte Veränderungen nach sich zieht.«

für die Betroffenen (Lev 13f.; Num 5,1–4). Diese wird nach nochmaliger priesterlicher Betrachtung nach ein bzw. zwei Wochen aufgehoben, die/der Kranke wird wieder aufgenommen (Lev 14). Evtl. übernimmt hier Aaron die Rolle des konstatierenden Priesters (V.11).[238] Für die Wiederaufnahme in die Gemeinde aber wird ihm jede Verantwortung abgenommen. Diese bestimmt JHWH selbst, wobei bei der von ihm gesetzten Frist davon auszugehen ist, dass die Krankheit bei Mirjam möglicherweise schon wieder verschwunden ist und es sich nur um die letzten sieben Tage der Einschließung nach konstatierter Heilung bzw. unveränderter Situation (Lev 13,32–34) handelt, von denen hier die Rede ist.[239] Der Text selbst gibt nichts her, was die Heilung Mirjams allein in der Fürbitte des Mose begründet sein ließe,[240] zumal »Moses Bittgebet zu Gott … eine äußerst knappe symmetrische Formel aus lauter einsilbigen Wörtern, ein sprechendes Zeugnis für Moses kühle Haltung«[241] ist. Hinzu kommt, dass in der Antwort JHWHs auf diese kurze Bitte bzw. Forderung Moses nicht explizit im Sinne einer Bestätigung eingegangen wird. Damit bekommt auch das Verhalten Aarons eine andere Bedeutung: Seine sich selbst erniedrigende Bitte drückt weniger die Notwendigkeit einer Fürbitte denn die Verdeutlichung seiner Annahme der geforderten Unterordnung unter Mose, sprachlich verdeutlicht durch die Anrede אֲדֹנִי (V.11), aus.[242] Aaron akzeptiert die angeordnete Hierarchie,[243] ohne dass eine drastischere Maßnahme nötig wäre. Wäre also Mirjams Einverständnis, d.h. Unterwerfung, nicht so ohne weiteres vorauszusetzen gewesen? Und, in die andere Richtung gefragt, hat Aaron möglicherweise die langfristig schwerere Strafe zu tragen, da diese durch die Wortwahl bezeugte Geste der Erniedrigung – dadurch verstärkt, dass er nicht selbst JHWH um Hilfe anfleht, sondern Mose als Mittlerinstanz in Anspruch nimmt – keinesfalls nach sieben Tagen aufgehoben sein wird?[244]

In der Rede JHWHs (V.14), in der, wie schon gesagt, eher die Konsequenzen für die nächste Zukunft beschrieben werden, als dass eine Heilung konstatiert wird, bleibt dennoch der Vergleich mit dem Vater, der seiner Tochter ins Gesicht gespuckt hat, schockierend. Es gibt keinen direkten Bezugsfall in Form einer gesetzlichen Regelung oder einer erzählten Geschichte innerhalb der biblischen Texte. Doch ist damit, wie an anderen Stellen, an denen vom Anspucken die Rede ist (Dtn 25,9; Jes 50,6; Hi 30,10), deutlich gemacht, dass es »Ausdruck allergrößter Verachtung [ist], einem Menschen ins Gesicht zu spucken.«[245] Mirjam wird von JHWH verächtlich gemacht und des Lagers verwiesen, wobei zu betonen ist, dass סָגַר im Niphal eigentlich reflexiv verwendet wird, also *sich einschließen* anstelle von *eingeschlossen wer-*

---

[238] Anders U. RAPP 2002, 105–111, die unter Berufung auf H. VALENTIN 1978, 412–418 und A. CODY 1996, 385 Num 11 als eine der wenigen nicht-priesterschriftlichen Traditionen der Schrift versteht, in der Aaron nicht als Priester auftritt.

[239] So auch J. SCHARBERT 1992, 53.

[240] So urteilt auch die große Mehrheit der von mir herangezogenen Sekundärliteratur.

[241] TH. STAUBLI 1996, 249. Eine ›wohlmeinendere‹ Auslegung verstünde die Knappheit des Mose evtl. als ›entsetztes Stammeln‹.

[242] Interessant ist z.B. Raschis ganz anders ausgerichtete Interpretation: Aaron ermahne Mose, Mirjam zu helfen, da sie die Hälfte ›seines Fleisches‹ darstelle; vgl. A. COOPER 1981, 60. COOPER hält zu V.12 außerdem fest: »Far from being a metaphorical description of Miriam's pitiable state, it is a rebuke of Moses for allowing her … to remain in this state.« (a.a.O., 59).

[243] So auch PH. TRIBLE 1994, 178 sowie T.R. ASHLEY 1993, 227.

[244] So PLAUT, zitiert nach N. GRAETZ 1994, 241: »Miriam's pain is short-lived and, like most physical ailments, quickly forgotten once she is healed, whereas Aaron's punishment probably leaves deep scars.« Vorsichtig in diese Richtung weist auch I. FISCHER 2002, 77.

[245] S. SCHROER/TH. STAUBLI 1998, 97; s. auch T.R. ASHLEY 1993, 228. Bezeichnenderweise sind es mit dem ›Gottesknecht‹ (Jes 50,6) und Hiob (Hi 1,8) zwei JHWH sehr nahestehende Menschen bzw. Erzählfiguren, die in dieser Form gedemütigt werden.

den bedeutet. Mirjam soll sich, so JHWH, für sieben Tage außerhalb des Lagers einschließen; das gibt ihr neben der offenbar verlangten Scham auch die Möglichkeit des Rückzugs[246] – eine ähnliche Ambivalenz, wie sie mit dem Stichwort ›Wüste‹ in biblischen Texten häufig verknüpft ist.[247] Wichtig ist festzuhalten, dass mit der Festlegung der ›Wüstenzeit‹ auf sieben Tage die Strafe also vom Moment ihrer Festsetzung an deutlich eingegrenzt bleibt.[248]

Die in V.15 im Nichtweiterziehen bezeugte Solidarität des Volkes gegenüber Mirjam impliziert zweierlei: Zum einen könnte das Ausharren hier stellvertretend für den allgemeinen Umgang mit denen, die an צָרַעַת leiden, stehen:

»Aussätzige, die aus der Gemeinschaft verbannt sind, werden also nicht einfach ihrem Schicksal überlassen, sondern man rechnet damit, dass sie geheilt werden und dann in die Gemeinschaft wieder zurückkehren können.«[249]

Zum anderen drückt es aber die viel zitierte enge Verbindung zwischen dem Volk und Mirjam und damit die Wichtigkeit Mirjams für die Exodus- und Wüstengemeinschaft aus.[250] Erst nach der Wiederaufnahme Mirjams und der Beendigung ihres Status als מְצֹרַעַת kann das Volk aus *Hazeroth* – mindestens eine klangliche Assonanz ist nicht von der Hand zu weisen[251] – wieder aufbrechen. Die rabbinische Auslegung unterstreicht dies noch dadurch, dass hier JHWH selbst diejenige ist, die auf Mirjam wartet und sich als die für ihren Fall zuständige Priesterin bezeichnet. »If God, portrayed as concerned doctor, intervenes in Miriam's case …, surely it follows that Miriam was someone to be reckoned with."[252]

Damit ist zwar der grundsätzliche Charakter von Num 12 als einer rigiden Zurückweisung Mirjams (und Aarons) nicht aufgehoben. Es wird bzw. bleibt aber auch in diesem Text deutlich, dass Mirjam kein ›Niemand‹ ist. Diese Annahme bestätigt sich darin, dass Mirjam, im Gegensatz zu anderen, die sich gegen Mose und/oder JHWH auflehnen (Num 11,1ff; 13,21–23.27–30; 16f.), nicht »das übliche Todesschicksal«[253] erleidet.

1.3.6 Dessen gedenken, was JHWH Mirjam getan hat (Dtn 24,8f.) – vom notwendigen Schutz für מְצֹרָעִים

Sei auf der Hut bei dem Schlag von ›Aussatz‹, dass du dich sehr hütest und dass du handelst gemäß allem, worin euch unterweisen die levitischen Priester; gerade wie ich ihnen befohlen habe, sollt ihr auf der Hut sein, es zu tun. Denke an das, was getan hat JHWH, dein Gott, an Mirjam auf dem Weg bei eurem Herausziehen aus Ägypten.

Auf den ersten Blick trägt Dtn 24,8f. für die Frage der Darstellung der Erzählfigur Mirjam nicht allzuviel Neues aus. Auch hier gilt wiederum: Mirjam ist anscheinend

---

[246] Womöglich anstelle einer Unterwerfungsgeste, wie sie von Aaron vollzogen wird.

[247] Wüste hat neben den lebensbedrohlichen Elementen (z.B. Gen 21,8ff) immer auch lebensbewahrende Aspekte; vgl. Gen 16; 1 Kön 19,4 ; Jer 9,1 für den von JHWH selbst geäußerten Wunsch nach einer Wohnstatt in der Wüste u. Ps 55, in dem die Beterin sich danach sehnt, in die Wüste fliehen zu können. Dazu vgl. U. BAIL 1994. In gewisser Form wird Mirjam dadurch in Verbindung mit Lilith gebracht, der ersten Frau Adams, die nicht bereit war, die Gleichwertigkeit der Geschlechter zu leugnen. »Sie wählte statt der Unterwerfung unter den Mann freiwillig die Einsamkeit der Wüste.« (I. FISCHER 1998, 247) – auch hier also Wüste statt Unterordnung.

[248] U. RAPP 2002, 116 äußert die Vermutung, dass das »einzige, was an dieser Zeit wichtig zu sein scheint, ist, dass das Volk auf Mirjam wartet.«

[249] J. SCHARBERT 1992, 53.

[250] So neben vielen T.R. ASHLEY 1993, 228; I. FISCHER 1999, 31f.

[251] So schon H. GRESSMANN 1913, 266, Anm. 3.

[252] N. GRAETZ 1994, 233.

[253] I. FISCHER 1999, 34. So auch U. RAPP 1998, 57.

eine so vertraute Gestalt, dass sie erstens überhaupt als ›Präzedenzfall‹ in Betracht kommt,[254] zweitens in direktem Zusammenhang mit dem Exodus gesehen wird[255] und drittens keinerlei erläuternder Einführung bedarf.[256] Auch die Ereignisse aus Num 12 sind als bekannt vorausgesetzt.[257] Trotz dieser Einschränkung bzgl. des ›Erkenntniswertes‹ von Dtn 24,8f. für eine Interpretation der Mirjamtraditionen lohnt es sich, die Frage nach der Intention dieser Verse zu stellen und versuchsweise neu zu beantworten.

Ich vermute, dass die Ratlosigkeit vieler Exegetinnen und Exegeten gegenüber dieser Stelle[258] in einem falschen Vorverständnis ihrer Intention begründet ist – sei es nun die Idee von der Abschreckung bzw. Warnung[259], sei es die von der Einschärfung der Gehorsamspflicht gegenüber den Leviten.[260] Nehme ich hingegen sowohl die Gliederung des deuteronomischen Gesetzeskorpus auf der Makroebene als auch den engeren Kontext Dtn 24,6–13 neben den Stichwortbezügen ›Exodus‹ (s.o.) und ›Reinheit des Lagers‹ (Dtn 23,10–15; 24,1–4) als Assoziation ernst, die sich in der Erinnerung an Num 12 sofort aufdrängt, dann legt sich folgende Hypothese nahe: Dtn 24,8f. ist ein Gesetz, das die Adressatinnen und Adressaten des dtn Gesetzes, mit FRANK CRÜSEMANN also »die freien und grundbesitzenden Männer [und Frauen] des Landes«,[261] zum umsichtigen Verhalten beim Auftreten von צָרַעַת[262] ermahnt. Gleichzeitig soll es also die Betroffenen vor Überreaktionen ihrer Umwelt schützen.[263] Die Leviten dienen als quasi ›neutrale‹ Zwischeninstanz, zumal, wenn sie im Zusammenhang mit dem ›Obergericht‹ (Dtn 17,8–13) auch in räumlicher Distanz zu den Ereignissen vor Ort gedacht sind. Das Beispiel Mirjams ruft daher korrektes Handeln ins Bewusstsein, insofern sich weder JHWH in letzter Konsequenz noch das Volk gegen sie gewendet haben. Dass es hier um ein Schutzgesetz geht, wird aus der Makrostruktur von Dtn 12–26 deutlich[264]: Um den Kern (19,1–21,9) mit seinem Grundthema ›Bewahrung des Lebens‹ ordnen sich die Unterthemen konzentrisch an. Dtn 24,8f. gehören zum zweiten Kreis (15,1–16,17 u. 23,16–25,19), also zu den Gesetzen

---

[254] Entschieden gegen die Einordnung Mirjams als Präzedenzfall ist U. RAPP 2002, 196ff, die davon ausgeht, dass hier der Konflikt aus Num 12 als ganzer eingespielt wird und mit dem Namen Mirjam insofern auch die »ihr zugeschriebene[....] Position gegenüber der Mischehenfrage und der midianitischen Ämterdemokratisierung«, sie also »als (negatives) Beispiel in der Frage der Akzeptanz der mosaischen Autorität vorgeführt« werde (beide Zitate a.a.O., 198; pointiert noch einmal ebd.: »Die kurze Anspielung reicht ihnen [den RedaktorInnen; K.S.], um Mirjam und ihre Position als Sinnbild der Gefährdung alleiniger mosaischer Toraauslegung zu erinnern.«). Zwar kann RAPP ihre These mit der Verbindung zu Dtn 23,5 und 25,17 begründen, zwischen denen Dtn 24,8f. zu stehen kommt; allerdings bleibt der unmittelbare Kontext der Verse außer acht; s. dazu die gleich folgenden Überlegungen.
[255] Vgl. S. KREUZER 1996, 83; G. BRAULIK 1992, 181; R.P. MERENDINO 1969, 301f.
[256] Mit H. SCHÜNGEL-STRAUMANN 1984, 217 und R.J. BURNS 1987, 106f.
[257] Mit A. ENGELMANN 1998, 72; P.C. CRAIGIE 1976, 308; G. BRAULIK 1992, 180; S. KREUZER 1996, 98; C.M. CARMICHAEL 1998, 68.215f.; R.J. BURNS 1987, 104; H. SCHÜNGEL-STRAUMANN 1984, 217. I. FISCHER betont, dass »durch die Art der Einspielung auf die ganze Erzählung [Num 12; K.S.] Bezug genommen« werde (dies. 2002, 86), wobei »Aussatz … in beiden Texten als ein Stigma aufgrund von Grenzüberschreitungen zu sehen [ist], die den Ausschluß aus der Gemeinschaft nach sich ziehen.« (ebd.).
[258] S. C. STEUERNAGEL 1923, 140; S. KREUZER 1996, 98; G. SEITZ 1971, 166; R.J. BURNS 1987, 107.
[259] Vgl. PH. TRIBLE 1994, 178; A. ENGELMANN 1998, 72; A. DILLMANN 1886, 353; G. BRAULIK 1992, 180; C.M. CARMICHAEL 1998, 216.
[260] Vgl. A. ENGELMANN 1998, 72; M. ROSE 1994, 282f.; S.R. DRIVER 1960, 274; S. KREUZER 1996, 98.
[261] Ders. (1992), 294; vgl. auch ders. (1990), 121.
[262] Der Text geht also sehr wohl davon aus, dass diese Krankheit auch unabhängig von Eingriffen JHWHs auftritt; mit A. DILLMANN 1886, 353.
[263] Ähnlich auch R.J. BURNS 1987, 102, ohne diese Idee allerdings weiter auszuführen.
[264] Darstellung nach dem Ansatz von F. CRÜSEMANN 1992, 241f.

»zum Schutz der sozial Schwächsten«.[265] Als ›schwach‹ aber können im vorliegenden Zusammenhang doch wohl nur die Kranken, nicht die Adressatinnen und Adressaten gedacht sein. Der engere Kontext (24,6–13) verdeutlicht dazu noch: Die Schutzgesetze argumentieren normalerweise auf zwei Ebenen, einerseits der Ebene der angesprochenen Personen als derjenigen, die potentiell jemandem etwas antun könnten (vgl. V.6.10f.12f.) und die dazu aufgefordert werden, dies zu unterlassen; andererseits geht es um diejenigen, die vom Verhalten der Angesprochenen betroffen wären. Nach dem gängigen Interpretationsmuster zu 24,8f. wäre dieses Schema hier durchbrochen, die Angesprochenen wären die zu Schützenden, wobei das, vor dem es sie zu schützen gälte, ungewohnt unkonkret bliebe.[266] Nach dem oben beschriebenen Verständnis aber bleiben diese zwei Ebenen erhalten: Die Angeredeten sind auch hier wieder diejenigen, die Schaden zufügen könnten. Darum werden sie aufgefordert, beim Eintreten der beschriebenen Situation auf der Hut zu sein, nicht etwa, sie zu verhindern.[267] Außerdem betonen die Pfandgesetze, dass nie übermäßig gepfändet werden darf, schon gar nicht, wenn dadurch das Überleben der Betroffenen gefährdet ist.[268] Damit bekommt auch der Verweis auf JHWHs Handeln an Mirjam, der zunächst sehr unkonkret erscheint,[269] eine neue Bedeutung: Auch JHWH hat nicht Mirjams Leben als Ganzes ›für immer‹ zum Pfand genommen und damit ihren Tod verursacht, sondern nur für eine begrenzte Zeit. Die Erinnerung an Mirjam (und JHWH) dient also, das sei noch einmal hervorgehoben, nicht der Abschreckung,[270] sondern als positives Beispiel. Damit betont Dtn 24,8f. zwar den Grundgedanken der Wichtigkeit der Reinheit innerhalb der Gemeinschaft, gibt ihm aber eine typische sozialgesetzliche Interpretation.

1.3.7 Mirjam, die Prophetin – Versuch einer Zusammenschau

Mirjam ist also im kanonischen Leseprozess die erste Frau, die den Titel ›Prophetin‹ (נְבִיאָה/προφῆτις) erhält – und im Gesamtzusammenhang der ersttestamentlichen Texte teilt sie diesen nur mit vier anderen Frauen, von denen wiederum nur drei namentlich bekannt sind.[271] Damit kommt ihr im wahrsten Sinne des Wortes grundlegende Bedeutung zu. Dieser Eindruck wird noch dadurch verstärkt, dass auch das maskuline Pendant נָבִיא/προφήτης bisher nur zweimal Verwendung findet, beide Male in einer Rede JHWHs, nicht als durch die Erzählstimme erteilter Titel: Zunächst stellt JHWH im nächtlichen Gespräch mit Abimelech diesem Abraham als Prophet vor und führt darauf dessen Mittlerfunktion zurück (Gen 20,7). Neben Abraham wird nur noch Aaron vor Mirjam als Prophet bezeichnet – und zwar verbunden mit der konkreten ›Anbindung‹ an Mose: *Aaron, dein Bruder, wird dein Prophet sein* (Ex 7,1). Mit Abraham und Aaron sind also zwei der ›prominentesten‹ Vorfahren Israels überhaupt in Zusammenhang mit der Kategorie Prophetie gebracht: der Erzvater des Volkes einerseits und der ›Erzvater‹ der Priester andererseits. In diesem Zusammenhang ist auch die Zugehörigkeit Mirjams zum Bereich der Prophetie zu sehen; ihre

---

[265] Ders., a.a.O., 242.

[266] Vgl. die ansonsten sehr klaren und detaillierten Anweisungen in den sonstigen Schutzgesetzen.

[267] Sich hüten ›vor etwas, was man vermeiden soll‹ steht mit מִן; vgl. W. GESENIUS 1962, 848.

[268] So F. CRÜSEMANN, a.a.O., 270.

[269] Diese mangelnde Konkretheit fällt allerdings schon in Num 12 auf. JHWH wird nicht aktiv, sein Handeln kann schon dort nur erschlossen werden.

[270] Und damit dem Missbrauch von Frauengeschichte, wie A. ENGELMANN 1998, 72, annimmt.

[271] Dazu s. im Rahmen der Untersuchung von Ex 15,20f. (S. 98ff).

Bedeutung für Israels Geschichte wie Zukunft ist damit in einem Wort zum Ausdruck gebracht.

Ohne die oben konstatierte Beobachtung beiseite zu schieben, dass Mirjam im Vergleich zu manch männlichem Protagonisten der Schrift wenig Raum erhält, drängt sich im Vergleich der Darstellung Mirjams mit anderen ersttestamentlichen Frauengestalten dennoch der Eindruck auf, dass wir es hier mit einer Erzählfigur zu tun haben, deren Einfluss so groß ist, dass es nicht wundert, dass ihre Rolle in der nachbiblischen Darstellung wichtiger Bestandteil des ›kollektiven Gedächtnisses‹ Israels geblieben ist. So erweist sich JHWHs Aussage aus dem Michabuch als tragend für die weitere Entwicklung der Erzählfigur Mirjam: *Ich habe geschickt vor deinem Angesicht her den Mose – Aaron und Mirjam* (Mi 6,4).[272] Mirjam ist untrennbar verbunden mit der Geschichte von Unterdrückung und Befreiung und der Wüstenzeit, verbunden mit der Hoffnung auf JHWH, die Gottheit Israels, die für ihr Volk eintritt, Partei ergreift und kompromisslos loyal auf dessen Seite steht und kämpft. Diese Zuversicht besingt sie, mit dieser Zuversicht stellt sie scheinbar Selbstverständliches in Frage, auf sie gründet ihr Verhalten, das sie dazu befähigt, den Frauen und Männern ihres Volkes als Beispiel zu dienen, sie zu ermutigen und sie mit in die Hoffnungsgeschichte hinein zu nehmen. Es wird im Folgenden zu zeigen sein, wie Maria, die Mutter Jesu, sich zu diesem ›Vor-Bild‹ verhält – ob und wie sie als eine ›lukanische Mirjam‹ verstanden werden kann.[273]

1.4 »*Ich bin JHWH, deine Gottheit, weil ich dich aus Ägypten, aus dem Haus der Sklaverei befreit habe!*« *(Ex 20,2) – Befreiung als Leitthema der Exoduserzählung*

Die Frage, worum es in der Exoduserzählung inhaltlich eigentlich geht, was ihr Thema sowie ihre Intention ist, lenkt den Blick der Auslegerin auf die Stellen, an denen die Verfasserinnen und Verfasser der biblischen Texte handelnden Erzählfiguren entsprechende ›Zielbestimmungen‹ in den Mund gelegt haben. Und dabei wird deutlich: Im Exodus geht es zentral um Befreiung, um geschenkte Freiheit, deren ›Bewahrung‹[274] sich im Miteinander der ›befreiten Großgruppe‹[275] vollziehen soll.

Das Thema der Befreiung, der erlangten Freiheit durch die unbedingte Parteilichkeit JHWHs für Israel, ist ein zentrales: Im Herausführen aus Ägypten führt JHWH sein Volk, das erst im Zuge dieser Rettungsaktion wirklich zu seinem Volk wird, in die Freiheit – eine Freiheit aber, die nicht im Sinn einer vollständigen Autonomie bzw. Autarkie missverstanden werden darf,[276] sondern als Übergang von einem negativen Bindungsverhältnis, das geprägt ist von Strukturen der Ungerechtigkeit,

---

[272] S.o. S. 89ff.

[273] Dazu s. im dritten Hauptteil der Untersuchung S. 259ff.

[274] Vgl. die Titel von F. CRÜSEMANN ›Bewahrung der Freiheit‹ (1998) und ›Freiheit durch Erzählen von Freiheit‹ (2001).

[275] R. ALBERTZ 1992 stellt den auf die Familie bezogenen religiösen Bezügen und Vorgängen ab dem zweiten Abschnitts des zweiten Kapitels seiner Religionsgeschichte die »Religion der befreiten Großgruppe (Exodusgruppe)« (ebd. 68) gegenüber.

[276] G. SAUTER 1978 betont dies in seiner Auseinandersetzung mit einem von ihm zur damaligen Zeit beobachteten oft vorschnellen Gebrauch des Begriffs Exodus als Bezeichnung einer unbedingten Freiheit: »Die Befreiung spielt sich also nicht nur zwischen Israel und seinen fremden Herren ab, sie ist auch kein Bewußtseinswandel im Selbstverständnis Israels – kein Übergang vom Gefühl der Ohnmacht zum Selbstbewußtsein –, sondern der Exodus besteht in der Einweisung Israels in das ihm verheißene Leben. Israels Freiheit ist von dem ihm gewährten und eröffneten Lebensraum bestimmt und bleibt Freiheit nur in diesen Grenzen.« (557)

hin zu einer neuen Form der Bindung zu verstehen ist,[277] der Bindung an die Beziehung zu JHWH, den Dienst für JHWH (Ex 3,12; 7,16.26; 9,1 u.ö.), der im Hebräischen in gleicher Weise wie die in Ägypten zu verrichtenden Arbeiten (Ex 1,13f.; 5,18 u.ö.) durch die Wurzel עבד ausgedrückt ist und häufig gerade in der direkten Konfrontation mit dem bisherigen Dienstherrn, Pharao, Verwendung findet.[278] Mit Hilfe dieser Wortwahl wird im Exodusbuch der Affront, den das Ansinnen Moses und Aarons für Pharao bedeuten muss, noch einmal deutlicher herausgestrichen. Damit ist auch das Motiv des Dienstes eine Form, die Totalopposition zwischen JHWH und Pharao narrativ herauszuarbeiten.[279] Zugleich macht die Szene Ex 5,15–21 deutlich, wie sehr diese Frage schon innerhalb Israels umstritten ist, wie schwierig es sein kann, sich in dieser ›totaloppositionellen‹ Auseinandersetzung kompromisslos für die eine Seite zu entscheiden. Es geht um nicht weniger als um Lebensgefahr – das zeigt die Anklage der ›Listenführer‹:

> *Möge Gott*[280] *euch [gemeint sind Mose und Aaron, K.S.] sehen und richten darüber, dass ihr unseren Geruch zu einem Greuel Pharao gegenüber und gegenüber seinen Untergebenen*[281] *gemacht habt, indem ihr ihm*[282] *ein Schwert in die Hände gegeben habt, uns zu töten!* (Ex 5,21)[283]

Sie sind als diejenigen, die in gewisser Hinsicht die Aufsicht über die israelitischen Sklavinnen und Sklaven haben, auch diejenigen, die für diese Verantwortung tragen. Sie müssen entscheiden, welche Konsequenzen sie nicht nur selbst zu tragen, sondern vor allem auch: anderen zuzumuten bereit sind. Insofern ist es nur stimmig, dass die Erzählung sie in der vorher geschilderten Audienz bei Pharao sich selbst diesem gegenüber *deine Diener* (עֲבָדֶיךָ/οἰκέται σου bzw. παῖδες σου, 3x in 5,15f.) nennen lässt. Dreimal in zwei kurzen Sätzen gibt es in der Selbstwahrnehmung dieser Leute keine erste Person, kein ›Ich‹; das ist einerseits vielleicht eine Form von ›Hofsprache‹, andererseits stellt die Erzählung aber durch ein weiteres Signal klar in den Vordergrund, dass es hier darum geht, auf wen die Menschen ›setzen‹, wem sie Macht zutrauen: Sie lässt die Frage an Pharao eingeleitet sein mit den Worten *sie schrien zu Pharao* (5,15), zu demjenigen also, der der Urheber ihrer erneut vergrößerten Not ist – nicht zu JHWH, die eigentlich ›logische‹ Adressatin eines Hilfeschreis wäre, hatte sie doch unmittelbar zuvor Mose fest zugesagt, für ihr Volk einzugreifen, es aus der Unterdrückung Ägyptens zu befreien. Ist diese Botschaft vielleicht doch

---

[277] Insofern bleibt auch über vierzig Jahre nach dem ersten Erscheinen seines Kommentars der von GEORGES AUZOU verwendete programmatische Titel *De la servitude au service* (1961) immer noch leitend.

[278] Von insgesamt 19 Belegen der Verbform der Wurzel עבד entfallen 12 auf Gesprächssituationen mit Pharao.

[279] Dazu s.u. S. 119f.; mit R. KESSLER 2002, 111ff.

[280] Will die LXX, indem sie das Tetragramm hier nicht mit κύριος sondern mit ὁ θεός wiedergibt, dem Missverständnis vorbeugen, es sei von Pharao die Rede? Die Tatsache, dass eine solche Übertragung möglich ist, räumt für das lukanische Werk zumindest auch die Möglichkeit ein, die Stellen, an denen Lukas ὁ θεός setzt, unter Umständen mit *JHWH* wiederzugeben.

[281] Wenn die LXX hier anstelle anderer gebräuchlicher griechischer Wiedergaben des hebräischen עֶבֶד (etwa οἰκέτης oder παῖς) θεράπων setzt, dann impliziert diese Wortwahl nach A. LE BOULLUEC/P. SANDEVOIR 1989, 109 »la nuance d'une soumission noble de vassal, de même qu'un privilège de Moïse, en Ex 4, 10 et 14, 31, ›serviteur‹ de Dieu, proche de lui«.

[282] Die LXX setzt gegen den hebräischen Text, der das Schwert den Händen der Untergebenen Pharaos zuordnet (בְּיָדָם), hier den Singular, zielt also auf Pharao als allein Aktiven ab. »La tradition à laquelle la LXX se rattache paraît souligner le conflit entre Pharaon et le Seigneur« (A. LE BOULLUEC/P. SANDEVOIR 1989, 110).

[283] Zur sich anschließenden Reaktion des Mose, der in seiner Anklage JHWHs diese als Verantwortliche für das Leiden Israels benennt (V. 22), vgl. J. EBACH 1995c, 74. EBACH betont, dass diese Anklage Gott als verantwortlich für die ganze Wirklichkeit festhält (ebd., 75.79f.).

zunächst einmal nur bei Mose (und ggf. Aaron – und Zippora?) angekommen? Zeigt sich so die Ex 4,1–10 formulierte Befürchtung des Mose, die Menschen nicht überzeugen zu können, nicht glaub- und vertrauenswürdig zu sein, als nur allzu begründet? Aber hatte das Volk nicht schon zuvor um Hilfe geschrien?

Exkurs: Wer schreit zu wem um Hilfe?

Ein kanonischer Durchgang durch die Hebräische Bibel wie die Septuaginta bringt Überraschendes zutage: Erstmalig findet die Formel ›x schreit *zu* y‹ (אֶל זעק/צעק bzw. *βοάω/κράζω πρός), also die Erweiterung des Verbums um eine nähere Bestimmung mit Hilfe einer Präposition, die das ›Ziel‹ des Schreiens nennt, in Gen 41,55 Verwendung: Das ägyptische Volk schreit zu Pharao – ebenso die ›Schriftführer‹ Israels in Ex 5,5. Zu JHWH schreit zunächst einmal überhaupt niemand. Das ›berühmte‹ Schreien und Stöhnen der ›Töchter und Söhne Israels‹ in Ex 2,23 ist ziellos, es *steigt empor* – und dann ist JHWH derjenige, der die Beziehung herstellt, der sich selbst als Adressaten gleichsam nachträglich erst einsetzt! Wenngleich dies auch zunächst einmal konsequente erzählerische Umsetzung dessen ist, was JHWH Mose am Dornbusch mitteilt, dass nämlich sein Name in Israel nicht bekannt ist, so fällt doch die absolute Objektlosigkeit auf.[284] Dem Schreien Israels, so suggeriert es die Erzählung, droht das Schicksal, ungehört zu verhallen – dass dies nicht eintrifft, ist allein JHWH zu danken. Noch auffälliger wird der Befund, wenn ich weiterlese: Nur an einer einzigen Stelle innerhalb der gesamten Exoduserzählung, oder anders gesagt: im Kontext der ägyptischen Sklaverei, schreit Israel tatsächlich zu JHWH. Einzig am Schilfmeer, angesichts der lebensbedrohlichen Gefangenseins zwischen dem Meer auf der einen und der ägyptischen Armee auf der anderen Seite, ist im Text zu lesen: *Da schrien die Israelitinnen und Israeliten zu JHWH* (וַיִּצְעֲקוּ בְנֵי־יִשְׂרָאֵל אֶל־יְהוָה/ἀνεβόησαν δὲ οἱ υἱοὶ Ισραηλ πρὸς κύριον, Ex 14,10).[285] Zwar wird im Nachhinein das Schreien des Volkes aus Ex 2,23 mit JHWH verknüpft – immer jedoch in Rückblicken, die von Einzelpersonen oder Gruppen formuliert werden, niemals von den ›Beteiligten‹ selbst. Dass Israel in Ägypten zu JHWH um Hilfe geschrien habe, ist so die Überzeugung des Mose (Num 20,16; Dtn 26,7), Josuas (Jos 24,7), Samuels (1 Sam 12,10) und der Psalmbeterinnen und -beter (Ps 22,6) – nicht aber der biblischen Erzählerinnen und Erzähler. Das Volk schreit zu Mose (Num 11,2) oder zu anderen Gottheiten (so JHWHs Wahrnehmung: Ri 10,14; Jes 46,7); es bittet andere, stellvertretend zu JHWH zu schreien (1 Sam 7,8), auch wenn es den Vorsatz fasst, selbst zu JHWH um Hilfe zu rufen und auf dessen Hilfe zu vertrauen (so das Gebet Joschafats 2 Chr 20,9). Wenige Einzelpersonen, an erster Stelle Mose (Ex 8,8; 14,15; 15,25; 17,4, Num 12,13), schreien zu JHWH.[286]

Dieser Dienst für JHWH steht parallel zu einer anderen Besonderheit, die im Verlauf der Exoduserzählung charakteristisch für die Beziehung zwischen Israel und seiner Gottheit wird: War es – wie oben beobachtet – zunächst der ägyptische Herrscher, der die Israelitinnen und Israeliten mit der Kategorie ›Volk‹ benannte, so wird der Gegensatz zwischen den ägyptischen Menschen als Volk Pharaos und Israel als Volk JHWHs immer mehr zum entscheidenden Kriterium, die Frage der Zugehörigkeit zu einer herrschenden Instanz zur Frage der Erkennbarkeit bzw. Identität der handelnden Gruppen. Am Dornbusch ist es JHWH, die zu Mose von Israel als *meinem Volk*

---

[284] Denkbar wäre durchaus gewesen, *Elohim* zu setzen, wenn nur das Tetragramm noch vermieden werden sollte. So wäre ein nicht näher definiertes ›göttliches Gegenüber‹ adressiert.

[285] Dass Israel tatsächlich zu JHWH um Hilfe schreit, wird zum festen narrativen Element und Stilmittel erst im Buch der Richterinnen und Richter (Ri 3,9.15; 4,3; 6,6.7; 10,10; s. auch die Aufnahme im levitischen Geschichtsrückblick Neh 9,27f.). Auch wenn literarhistorisch durchaus wahrscheinlich zu machen ist, dass diese Unterdrückungserfahrung die ›frühere‹ ist, bleibt eine kanonische Lektüre doch mit dem Phänomen konfrontiert, dass das, was wie ein erinnerndes und erinnertes Verhalten angesichts der Unterdrückung durch die Könige der Umgebung erscheint, in der ›Ursprungssituation‹ abgesehen von der genannten Ausnahme keine Entsprechung findet. Im kanonischen ›Später‹ gibt es einige wenige Situationen ›aktueller Not‹, in der Israel als Kollektiv oder zumindest große Teile des Volkes zu JHWH schreien (Israel: 1 Sam 12,10; Jes 19,20; Jer 11,11f.; Hos 8,2; Juda: 2 Chr 13,14).

[286] Außer Mose noch die Armen Israels, v.a. auch die Witwen und Waisen (Ex 22,22.26; Dtn 15,9 – alle drei Stellen sind Weisungen der Tora, nicht Erzählungen von der Umsetzung dieser Weisungen); Samuel (1 Sam 7,9; 15,11), Habakuk (Hab 1,2; allerdings als anklagende Frage an JHWH, warum dieser nicht auf das Schreien höre), Psalmbeterinnen und -beter (Ps 77,2; 88,2; 107,6.13.19.28; 142,2.6, mit den entsprechenden LXX-Parallelen) und die namentlich genannten Leviten, die den Geschichtsrückblick in Neh 9 formulieren (Neh 9,4).

spricht (3,7.10). Bevor es eine Bewegung Israels als Großgruppe hin auf diese Gottheit gegeben hat, steht hier also die Definition der engen Beziehung von Seiten JHWHs. In der ersten Konfrontation mit Pharao ergeht deshalb programmatisch die Forderung: *So spricht JHWH, die Gottheit Israels: Lass mein Volk ziehen!* (5,1) In der Auseinandersetzung mit dem ägyptischen Herrscher benennt JHWH ihre Beziehung zu Israel, noch bevor dies gegenüber den Israelitinnen und Israeliten geschehen wäre – die Parteilichkeit gegenüber dem Gegner steht hier also noch vor der Versicherung gegenüber denjenigen, für die Partei ergriffen wird; diese folgt in Ex 6,7 mit der ausdrücklichen, einer Adoptionsformel ähnelnden Formulierung *Ich nehme euch für mich als Volk an und ich werde für euch zur Gottheit.* Auf der einen Seite also die ägyptischen Menschen als Volk Pharaos[287] und auf der anderen Seite die Menschen Israels als Volk JHWHs[288] – am deutlichsten wird dieser Gegensatz in der Gottesrede zur Ankündigung der vierten Plage, den Stechfliegen, wenn JHWH dort festhält: *Ich setze einen Unterschied zwischen mein Volk und dein Volk* (8,19).[289]

Festzuhalten bleibt weiterhin, dass mit dem Beginn der Exoduserzählung auch die Weichen gestellt sind dafür, dass Israel in der biblischen Überlieferung zu ›dem Volk‹ wird – und damit schon eine erste Spur hin zu der Tradition gelegt ist, in der auch Lukas sich verortet, wenn λαός für ihn in der überwiegenden Zahl aller Fälle Israel meint: Während die ägyptischen Menschen nur an einer einzigen Stelle als ›das Volk‹ bezeichnet werden,[290] also ohne ›Herrscherzuordnung‹, ohne Possessivpronomen, bezeichnet die Verwendung von עַם mit dem Artikel הַ stets Israel.[291]

1.5 »Ich bin JHWH, deine Gottheit, weil ich dich aus Ägypten, aus dem Haus der Sklaverei befreit habe!« (Ex 20,2) – Exodus als »prominente… Prädikation«[292] der Gottheit Israels

Gleichzeitig thematisiert die Exodustradition aber nicht weniger als das, was Israels Gott, in der Wahrnehmung der Schrift, ausmacht, in gewisser Weise zu seinem Kennzeichen wird. Gerade die Herausführungsformel in ihren unterschiedlichen Va-

---

[287] Mit Possessivpronomina versehen in 1,22; 8,4; 9,27; 12,31 von Pharao, in 9,14f.; 10,6 von JHWH, in 8,27 von der Erzählstimme, in 7,28f.; 8,5.7 von Mose.

[288] Parallel, also ebenfalls mit Possessivpronomen (hier bezogen auf JHWH) formuliert: 3,7.10; 5,1; 6,7; 7,4.16.26; 8,16ff; 9,10.13.17; 10,3f. von JHWH; nur ein einziges Mal in der Anrede an JHWH (*dein Volk*): 5,23 in der zornig-verzweifelten Rückfrage des Mose an JHWH, warum er überhaupt nichts für sein Volk tue.

[289] Vgl. 9,13–17, wo sich ebenfalls das unvermittelte Gegenüber von ›mein Volk‹ und ›dein Volk‹ in einer Gottesrede findet.

[290] Und zwar nur von der Erzählstimme in 11,3, wobei sich die Frage stellt, ob hier eindeutig die Ägypterinnen und Ägypter im Blick sind: *Der Mann Mose war sogar sehr groß im Land Ägypten – in den Augen der Bediensteten Pharaos und in den Augen des Volkes.* Die anderen Belege zwingen fast zu der Annahme, auch hier sei Israel im Blick (s. nächste Anmerkung), womit ausgesagt wäre, dass Mose nicht nur ägyptischerseits sondern eben auch bei seinen eigenen Leuten Anerkennung fand. Das würde gut zum ersten Versteil passen, in welchem ja schon festgehalten ist, dass ›das Volk‹ den Ägypterinnen und Ägyptern gefiel. Haben wir es hier also mit einem dezenten Hinweis darauf zu tun, dass nicht die Anerkennung von Seiten fremder Völker für Mose zum Problem werden würde, sondern vielmehr seine eigenen Leute immer wieder neu dazu aufgerufen wären, auf seine Rolle im Befreiungsgeschehen zu vertrauen? Zumindest wenn ich Apg 7 als Intertext zur Exoduserzählung im Blick habe, steht eine solche Interpretation plötzlich nahe vor Augen, hält Lukas doch in der Stephanusrede ausdrücklich fest, dass die Menschen Israels von ihrem eigenen Mose nichts hatten wissen wollen (vgl. Apg 7,25.35).

[291] So z.B. Ex 1,20; 3,12.21; 4,16.21.30f.; 5,4–7.10.12.22f.; 7,14; 8,9.25.28; 9,7; 11,2f.; 12,27.33f.36; 13,3.17f.; 14,5.13.31.

[292] R. Kessler 2002, 91.

rianten bringt das zum Ausdruck[293]. Sie erscheint zum einen in der Form einer Außenbeschreibung, z.B. in Dtn 6,12 als Warnung, nicht zu vergessen *JHWH, der dich aus dem Land Ägypten, aus dem Haus der Sklaverei herausgeführt hat.* Die Benennung JHWHs als Befreier geschieht hier durch eine dritte Person.[294] Zum anderen vollzieht in den Texten JHWH aber auch einen Akt der Selbstdefinition, wenn etwa Ex 20,2 lautet:

> *Ich, ich bin JHWH, deine Gottheit, weil[295] ich dich aus dem Land Ägypten, aus dem Haus der SklavInnenarbeit herausgeführt habe.[296]*

Die formelhafte Wendung lässt die Herausführung aus Ägypten als Charakteristikum der Gottheit erkennen, die den Namen JHWH erst von dem Moment an trägt, in dem sie sich durch ihre Parteinahme und die Befreiungstaten für Israel als Israels Gottheit qualifiziert. Unterstützt wird diese Wahrnehmung durch die Tatsache, dass die so beschaffene Selbstvorstellung JHWHs noch um eine finale Aussage erweitert sein kann. So formuliert Num 15,41 zyklisch:

> *Ich, ich bin JHWH, eure Gottheit, weil ich euch herausgeführt habe aus dem Land Ägypten, damit ich für euch zur Gottheit werde[297] – ich bin JHWH, eure Gottheit[298].*

In der Rettung Israels macht JHWH sich selbst zur Gottheit Israels, macht sich selbst groß und wird deshalb als groß anerkannt und gepriesen: *Singt[299] für JHWH, denn erhoben, wirklich erhoben hat sie sich.* (Ex 15,21) – aus dem Erheben, dem Sich-Groß-Machen JHWHs erst resultiert die lobpreisende Anerkennung JHWHs, wie sie sich in der poetischen Verarbeitung (Ex 15,1–21)[300] der Rettungserfahrung vom Schilfmeer vollzieht.

In dieser Tatsache, dass die Rettung Israels aus Ägypten neben allen anderen Implikationen eben auch ein grundlegender Charakterzug der Gottheit Israels ist, liegt die Grundlage dafür, dass spätere Generationen sich in der Berufung auf dieses Charakteristikum an JHWH wenden können, ja, ein dementsprechendes neuerliches Eintreten für Israel von ihm fordern können:

> *Gott der Heerscharen! Stell uns wieder her! Lass dein Angesicht leuchten, so werden wir gerettet. Einen Weinstock hobst du aus aus Ägypten. Du vertriebest Völker und pflanztest ihn*

---

[293] R. RENDTORFF 1997, 504ff unterscheidet zwei Hauptgruppen der Verwendung der Formel: entweder liegt der Schwerpunkt der Darstellung auf dem Handeln Gottes in der Geschichte Israels (502; 510ff) – so gehäuft im Dtn – oder aber es geht den VerfasserInnen primär um eine »Aussage über Gott selbst« (502), wie sie sich v.a. in Verbindung mit der Bundesformel findet. Zur Herausführungsformel vgl. weiter S. KREUZER 1996 sowie B.S. CHILDS 1967 und W. GROSS 1974, 425ff.

[294] Ähnliche Konstruktionen finden sich z.B. in Dtn 8,14; 13,6.11; 1 Kön 9,9.

[295] Zu dieser Übertragung der Relativpartikel אֲשֶׁר als Formulierung von FRANK CRÜSEMANN s. J. EBACH 2003d, 32f.

[296] Diese Selbstdefinition findet sich entweder in der Anordnung: Nominalsatz + Relativsatz (אֲשֶׁר o. ὅστις), wobei die LXX an einigen Stellen statt des verallgemeinernden Relativpronomens ein Partizip setzt (etwa in Ex 29,46; Lev 19,36; Num 15,41) oder in umgekehrter Reihenfolge, d.h., zunächst steht das Partizip, darauf folgt ein nachgestelltes אֲנִי יְהוָה bzw. ἐγὼ κύριος (vgl. z.B. Lev 22,33 u.ö.).

[297] Die finale Übersetzung ist durch die hebräische Konstruktion des Inf. constr. mit vorangestellter Partikel לְ gerechtfertigt.

[298] Der Satz läßt sich also strukturieren in a) Vorstellung: אֲנִי יְהוָה אֱלֹהֵיכֶם, b) Begründung für den Status als ›eure Gottheit‹: אֲשֶׁר הוֹצֵאתִי אֶתְכֶם מֵאֶרֶץ מִצְרַיִם, c) Zielangabe, Begründung des Handelns für ›euch‹: לִהְיוֹת לָכֶם לֵאלֹהִים und d) Wiederaufnahme der Vorstellungsformel, jetzt als Fazit: אֲנִי יְהוָה אֱלֹהֵיכֶם.

[299] Der Imperativ mask. Pl. impliziert hier das Angesprochensein beider Geschlechter.

[300] Mit einer steigenden Zahl von ExegetInnen betrachte ich Ex 15 als einheitliche Komposition; s.o. S. 99.

ein. ... Gott der Heerscharen! Kehr doch zurück! Schau vom Himmel und sieh! Und such diesen Weinstock heim! (Ps 80, 8f.15)[301]

1.6 JHWH vs. Pharao – die Grundopposition der Exoduserzählung

Von der Begegnung am Dornbusch an ist zweierlei deutlich: JHWH will und wird zugunsten der unterdrückten Israelitinnen und Israeliten eingreifen – und: Pharao wird versuchen, dies zu verhindern (Ex 3,20; 4,21). Damit sind die beiden HauptprotagonistInnen der Auseinandersetzung auf die erzählerische Bühne gebracht bzw. jetzt zusammen gebracht, nachdem sie zuvor beide je für sich (der eine länger durch die Erzählungen von Kap. 1–2, die andere kürzer durch das knappe *JHWH sah die Israelitinnen und Israeliten – und JHWH wusste* in 2,25[302]) den Hörern und Leserinnen vorgestellt worden waren.[303] Um die Auseinandersetzung zwischen diesen beiden ›Größen‹, zwischen dem Herrscher Ägyptens und derjenigen, die als einzige über Israel herrschen soll, zwischen dem ›Herrscher einer Großmacht‹ auf der einen Seite und dem ›Gott des Sklavenvolkes‹ auf der anderen Seite – wird die gesamte folgende Erzählung kreisen. Die Frage, wer sich auf wessen Seite positioniert, wer für wen eintritt, gehört untrennbar dazu.

> »Die ganze Erzählung ist im Grunde ein Machtkampf zwischen dem Pharao, der die Israeliten für sich fronen lassen will, und JHWH, der sie aus der Fron befreien will.«[304]

Der Grundkonflikt, der zentral mit der Frage zusammenhängt bzw. von dieser bestimmt ist, wer wen kennt – oder eben: ›kennen lernen wird‹[305] – durchzieht die Erzählung vom Exodus von Ex 5,2 an. Als Mose und Aaron zum ersten Mal vor Pharao treten und diesen bitten, das Volk in die Wüste ziehen zu lassen, um dort ein Fest für JHWH zu feiern, weigert sich Pharao: *Wer ist das, dass ich auf seine Stimme hören sollte und die Israelitinnen und Israeliten wegschicke? Ich kenne JHWH nicht und werde Israel nicht wegschicken.* (5,2 LXX). Theo-Logie spielt in der Argumentation Pharaos überhaupt keine Rolle. Für ihn ist klar: Hier haben sich zwei seiner Zwangsarbeiter eine ›faule Ausrede‹ gesucht, um der Arbeit zu entgehen. Im Gegensatz zu seinem Vorgänger kann er seine Angst vor dem Wachsen Israels ganz offen ausspre-

[301] Zu Ps. 80 als Nordreichspsalm, der den Exodus positiv erinnert – im Ggs. zu z.B. Ps. 78 – vgl. Y. HOFFMAN 1998, 197: »When pleading with God to save the people, the northern poet refers to the Exodus as the enblem and source of God's obligations towards His nation, namely – the northern tribes.«

[302] S.o. S. 84.

[303] In gewisser Hinsicht müssen auch Bibelleserinnen und Bibelleser mit dem Exodus bzw. vom Dornbusch an Israels Gott als JHWH kennen lernen; vgl. dazu F. CRÜSEMANN 2003c, der aufzeigt, dass zwischen dem Kampf Jakobs am Jabbok und dem Dornbusch in der Schrift kein Mensch den Namen Gottes verwendet – wobei auch am Dornbusch JHWH selbst die einzige ist, die ihren Namen ausspricht; Mose jedenfalls kennt ihn nicht, sondern muss ihn erst erfragen – und kann dann im weiteren Gesprächsverlauf zwar diejenigen ›zitieren‹, die ihm nicht glauben werden, dass JHWH ihm begegnet ist, spricht selbst aber nicht zu ›JHWH‹ (יהוה), sondern immer zu ›seinem Herrn‹ (אֲדֹנָי): Ex 4,10.13; s. auch noch 5,22. In der LXX-Fassung kommt durch die Wiedergabe des Tetragramms mit κύριος diese Differenz nicht mehr zum Tragen.

[304] R. KESSLER 2002, 111. Dezidiert anders G. V. RAD 1971, 583f.: »Es handelt sich ja keineswegs um die Erzählung von einem gewaltigen Machtkampf zwischen Jahwe und Pharao. Einigermaßen verwirrend ist es doch, daß gerade der gegen Jahwe sich aufbäumende Widerstand als eine ›Verstockung‹ von Jahwe selbst hergeleitet wird, daß hier also sozusagen Jahwe gegen Jahwe selbst aufsteht.«

[305] Nach B. JACOB 2000, 77 liegt der Zielpunkt der im Plagenkomplex geschilderten Auseinandersetzung darin, dass Pharao JHWH als Elohim, also als Gottheit, anerkenne: »Der Kampf zwischen Mose und Pharao dreht sich um die Anerkennung J-h-w-hs als des (wahren und einzigen) Elohim.« Ausführlicher belegt hat JACOB seine These in dem 1924 publizierten Aufsatz ›Gott und Pharao‹.

chen: *Seht, jetzt ist das Volk des Landes zahlreich geworden – und ihr wollt sie mit ihren Zwangsarbeiten aufhören lassen!* (5,5).[306] Der erste Teil der Befürchtungen Pharaos aus Kap. 1 ist damit in Erfüllung gegangen.[307] Die ganze folgende Auseinandersetzung kreist darum, dass auch der zweite Teil wahr wird, dass also Pharao JHWH und ihre Macht bzw. an ihrer Macht JHWH kennen lernen soll. Immer wieder leitet Mose die Worte, die er Pharao von JHWH zu überbringen hat, mit der Formel ein: *So spricht JHWH, die Gottheit der Hebräerinnen und Hebräer[308]* (Ex 3,18; 7,16; 9,1.13; 10,3).

Da Pharao JHWH nicht kennt bzw. kennen will, sich weigert, dessen Gottsein anzuerkennen, braucht JHWH Mose, um seine Nachricht überbringen zu können (6,11.28f.). Mose wird zum Stellvertreter JHWHs, mehr noch als das: Im Gegenüber zu Pharao übernimmt er die Rolle JHWHs so sehr, dass er selbst zur Gottheit wird (*Schau hin: Ich habe dich gegeben als Gottheit für Pharao; Aaron, dein Bruder, wird dein Prophet sein,* 7,1). Was in 4,16 noch ähnlich in Bezug auf die Beziehung zu Aaron formuliert war, kommt jetzt im Gegenüber zu Pharao zu voller Kraft. Die LXX formuliert in 4,16 eindeutiger *du wirst für ihn* [Aaron; K.S.] *zuständig sein für die Gott betreffenden Dinge.*[309] Deutlich ist damit, dass es für die LXX kein Problem darstellt, wenn Mose für den fremden Herrscher zu einem (Halb-)Gott wird; innerhalb Israels soll es diese Verwechslung aber offensichtlich nicht geben. BENNO JACOB sieht die selbe Intention auch im hebräischen Text angelegt;[310] er begründet die Differenzierung zwischen 4,16 und 7,1 damit,

> »daß Pharao IHN, den Gott Israels, nicht anerkennt. Also muß vor Pharao die höchste Autorität Mose werden. Dieser soll für den König wirklich, nicht bloß gleichsam (…4,16) Elohim sein. Damit wird auch der nach Eingebung Moses zu Pharao redende Ahron im Rang erhöht: Er wird Moses nabi, Prophet. Das ist ein anderes Verhältnis als vor den Israeliten. Für diese war Mose kein Elohim, denn sie glaubten an Gott, also auch Ahron kein nabi. Er ist nur *gleichsam* der Mund Moses, ein Organ von diesem, während er vor Pharao eine eigene Persönlichkeit sein soll. … In diesem Volke mit dem Einen Gotte sollte es wohl Gottesmänner, aber keine Gottmenschen oder Halbgötter geben, als was z.B. die Pharaonen Ägyptens aufgefaßt wurden.«[311]

Die Plagenerzählungen Ex 7–11[312] drücken diese Suche nach dem Erkennen und Anerkennen JHWHs und ihres Gottseins unter anderem dadurch aus, ob und wie Pharao sich über JHWH äußert: Gibt es einerseits Plagen, anlässlich derer überhaupt keine Reaktion Pharaos in wörtlicher Rede erfolgt,[313] zeigt er sich an anderer Stelle von den Ereignissen offenbar doch so beeindruckt, dass er JHWHs Namen ausspricht (Ex 8,4; 9,27f.; 10,24; 12,31), sie als Gottheit bezeichnet (Ex 8,21) oder sogar beides miteinander in Verbindung bringt und somit anerkennt, dass er um die Gleichung JHWH=Gott weiß (Ex 8,24; 10,16f.). Während Pharao aber noch zögert, selbst seine

---

[306] Die LXX bleibt nah am hebräischen Text, ändert jedoch das Subjekt der zweiten Vershälfte in die 1. Pers. Pl. (*Lasst uns sie auf keinen Fall von ihren Arbeiten Pause machen lassen!*).

[307] Vgl. Ex 1,9f. und dazu s.o. S. 85.

[308] Damit übernimmt Mose, wenn er die Menschen Israels als Hebräerinnen und Hebräer bezeichnet, in gewisser Hinsicht die Herrschaftssprache, die den Anfang des Exodus(buches) kennzeichnet und sowohl von Pharao wie auch von der Erzählstimme eingesetzt wird (vgl. Ex 1,16; 2,6.7.11.13).

[309] A. LEBOULLUEC/P. SANDEVOIR übertragen »mais toi, tu seras là pour lui pour les relations avec Dieu.« (dies. 1989, 100f.) und betonen, dass die LXX damit nur klar formuliert, was so im hebräischen Text ›natürlich‹ auch gemeint sei.

[310] Vgl. ders. 1997, 88.168f.

[311] Ders., a.a.O., 168f. JACOB fährt fort: »Vielleicht ist uns auch deswegen diese ganze Genealogie von der Tora eingerückt worden: Israel soll wissen, daß auch die beiden erhabensten Gestalten seiner Geschichte nur Menschen waren, ein Bruderpaar, normalerweise gezeugt von ihrem Vater Amram und geboren von ihrer Mutter Jochebet, beide Eltern von normaler Herkunft von Levi, dem dritten Sohn des letzten Erzvaters abstammend.« (ebd., 169).

[312] Dazu unten S. 120ff.

[313] Nach der ersten, dritten, fünften und sechsten Plage.

Zusagen widerruft oder aber von JHWH dazu gebracht wird, dies zu tun, erkennen die ägyptischen Zauberinnen und Wahrsager explizit göttliches Handeln in den Plagen, konkret: in der Mückenplage: *Dies ist der Finger einer Gottheit!* (Ex 8,15)

In der biblischen Exoduserzählung ist es also gerade nicht ein wirklich göttliches Gegenüber – wenngleich auch einerseits die Gottheiten Ägyptens an wenigen Stellen erwähnt sind[314] und andererseits die Verehrung der Pharaonen als Gottheiten als bekannt vorausgesetzt werden konnte –, sondern an erster Stelle ein Mensch, ein Herrscher, der sich JHWH, vertreten durch Mose, entgegen stellt, seine Pläne zu verhindern versucht. [315] Nicht zufällig bleibt dieser Herrscher namenlos. So ermöglicht die Schrift es ihren Leserinnen und Hörern, die ›Rolle‹ Pharaos mit denjenigen zu ›besetzen‹, die in ihrer Gegenwart an seiner Position stehen.[316]

Es geht um die Frage, wem die Menschen ›zu Diensten‹ sein wollen – oder zu sein haben; die Arbeit kann Dienst, aber auch Sklaverei sein, wie die Bedeutungsbreite der hebräischen Wurzel עבד vor Augen führt.[317] Dabei behält die biblische Erzählung konsequent im Blick und hält es somit den Leserinnen und Hörern vor Augen, dass die Opposition eine mit ungleichem Kräfteverhältnis ist.[318] Pharao ist und bleibt unterlegen. Diese Unterlegenheit darf jedoch nicht mit hilflosem Ausgeliefertsein verwechselt werden, wie der bedachte Wechsel im Beschreiben der Reaktion Pharaos auf die unterschiedlichen Plagen deutlich macht: Nebeneinander steht dort, dass Pharao selbst hart blieb, dass er verstockt war, aber auch, dass JHWH Pharao hart macht, sein Denken und Fühlen verhärtet.[319] Wenn an einer Stelle diese Verhärtung,

---

[314] Etwa Ex 12,12; Num 33,4.

[315] So auch R. KESSLER 2002, 111: »In der Exoduserzählung geht es nicht um die Frage, welcher Gott bzw. welche Götter mächtiger sind (so wie es in 1 Kön 18 um die Frage Jahwe oder Baal geht).« Kessler zitiert im folgenden Satz F. CRÜSEMANN 2001, 116: »nicht der Gegensatz zu den Göttern Ägyptens ist der entscheidende, der unterscheidende Punkt, sondern die Überwindung der versklavenden Großmacht.«

[316] Mit U. BAIL 1999, 8f.: »Den Namen dieses neuen Königs nennt die Bibel nicht. Pharao – dieser Herrschaftstitel scheint genug für einen König zu sein, der grausam seine Pläne durchsetzt und dessen Ideologie zum Maßstab aller Dinge wird. ... Terror und Unterdrückung haben viele Namen, viele Gesichter. Zwar nennt die jüdische Tradition diesen König Ägyptens auch Maror – Bitternis, aber dieser Name zeichnet den Tyrannen von unten, mit den Augen, der Stimme und der [sic!] Körper derjenigen, denen Pharao das Leben bitter und schwer gemacht hat. Auf diese Weise öffnet sich die Erzählung für andere Erfahrungen der Unterdrückung und des Terrors. Pharao Maror wird zur beispielhaften Gedächtnisgröße, mit der auch zu anderen Zeiten und an anderen Orten Unterdrückung, Verfolgung und Mord zur Sprache gebracht werden können.« In eben diese Richtung denkt auch R. KESSLER 2002, 115: »Der Text identifiziert keine Pharaonen des 2. Jahrtausends. ›Pharao‹ heißt in ihm ›Unterdrücker‹, und wer immer die Erzählung rezipiert, kann ›seinen‹ Unterdrücker einsetzen, ob im 16. Jh. die nördlichen Niederlande, die unter Führung des ›Mose‹ Wilhelm von Oranien aus der Tyrannei des spanischen ›Pharao‹ Philip II. ausziehen, oder im 19. Jh. die afroamerikanischen Sklaven der USA, die sich als ›Israel‹ in ›Ägypten‹ wiederfinden«. Von hier aus stellt sich auch die – gerade in der feministischen Lektüre äußerst negativ beurteilte – Namenlosigkeit der Frauen in Ex 1–2 noch einmal anders dar: So werden sie auch in dieser Hinsicht zu fast ›spiegelverkehrten‹ Gegenspielerinnen Pharaos; wie der Unterdrücker offen bleibt für spätere Neuinterpretation, bieten auch die Frauen die Möglichkeit, sich mit ihnen zu identifizieren, ihre Rolle – zumindest in Teilen – zu übernehmen.

[317] S.o. S. 112ff. H. UTZSCHNEIDER 1996 benennt die zur Debatte stehende Unterscheidung präzise als Differenz zwischen ›Frondienst und Gottesdienst‹ (vgl. ebd., 45–45; 119–122).

[318] JHWHs Finger, Hand und Arm sind Sinnbilder seiner Macht und werden in diesem Sinne im Verlauf der Exoduserzählung immer wieder ›ins Spiel gebracht‹ (Ex 6,1.6; 15,16; 32,11; Dtn 3,24; 4,34; 5,15; 6,21; 7,8.19; 9,26; 11,2; 26,8).

[319] Im Hebräischen wird dies durch den Wechsel der verschiedenen Stämme ausgedrückt. Neben Qal-Formen der Wurzeln חזק (Ex 7,13.22; 8,15; 9,35) und קשה (Ex 13,15) betont auch der Hiphil von כבד das eigene Tun Pharaos (Ex 8,11.28; 9,34). An anderen Stellen ist es dagegen JHWHs Verantwortlichkeit, wie die Verwendung von חזק im Hiphil (Ex 9,12; 10,16f.27; 11,10) wie im Piel (Ex 14,4.8.17) ebenso zeigt wie Ex 10,1 (כבד Hi). Vgl. weiter J. EBACH 1995c. »Dieselben Worte bezeichnen ... Pharaos Härte und Gottes Stärke, Pharaos Gewichtigkeit und Gottes Gewicht,

dieses Starrmachen Pharaos mit dem Hiphil von קשׁה ausgedrückt wird, ist damit zugleich eine Verbindung zu Israel hergestellt: Das der Wurzel zugehörige Adjektiv קָשֶׁה drückt einerseits die ›harten‹ Arbeiten in Ägypten aus (Ex 1,14; 6,9; Dtn 26,6); in Verbindung mit עֹרֶב charakterisiert es im Exodus aber immer wieder auch das Volk Israel als ›halsstarrig‹.[320]

Am Schilfmeer kommt es endlich zur direkten Konfrontation: Pharao, von JHWH dazu getrieben, ist mit seiner Armee den fliehenden Menschen hinterhergejagt. Als sie in ihrer Angst zu JHWH schreien, ist dieser wenig zufrieden mit der Angst des Volkes bzw. des Mose, der in der Gottesrede als der ›Schreiende‹ dargestellt wird.[321] Doch er versichert Mose, dass alles Folgende letztlich nur dazu dienen werde, dass JHWH sich selbst endlich das ihm zustehende Gewicht verschaffe (Ex 14,17f.).

> (17)*Ich – hergehört!*[322] *– ich bin derjenige, der das Herz (LXX: Pharaos und) der (LXX: aller) Ägypter verhärten wird, sodass sie hinter ihnen herkommen; ich werde mir Gewicht geben durch Pharao und durch seine ganze Heeresmacht, durch seine Streitwagen und durch seine Reiter.* (18)*Und die (LXX: alle) Ägypter werden wissen, dass ich allein JHWH bin, dadurch, dass ich mir Gewicht gebe durch Pharao, seine Wagen und seine Reiter.*

Diese Ansage erfüllt sich im Folgenden und erreicht auch wirklich ihr Ziel, wenn die ägyptischen Soldaten, als ihre Wagen im Schilfmeer feststecken, sagen: *Ich muss* (LXX: *Lasst uns*) *vor Israel fliehen, denn JHWH kämpft für sie mit Ägypten* (LXX: *gegen die Ägypter*) (14,25). Nach der Vernichtung der Ägypter im Meer und damit der Befreiung Israels steht am Schluss tatsächlich ein Erkennen – aus Ägypten ist es nicht überliefert, aber von Israel heißt es in Ex 14,31: *Als Israel die große Hand (JHWHs) sah, mit der JHWH an Ägypten gehandelt hatte, fürchtete das Volk JHWH; sie vertrauten auf JHWH und auf Mose, seinen Vertrauten.*

1.7 Plagen sind Wunder und Zeichen (Ex 11,9) – ›der wird JHWH kennen lernen‹

Neben der für Israel zentralen Bedeutung der Befreiung bzw. Freiheit zeichnet, wie gerade schon gezeigt, die Exoduserzählung noch ein weiteres entscheidendes Zielmoment aus: die Demonstration und Bezeugung der Macht JHWHs, die allen potentiellen Gegnerinnen und Gegnern weit überlegen ist. Die Plagenerzählungen lassen sich somit lesen als »Antwort auf die hochmütige … Herausforderung Pharaos in Ex 5,2.«[323] Und so formuliert JHWH in Ex 7,3 gleichsam das ›Programm‹ der Plagenerzählungen: *Ich werde wahrhaftig Pharaos Denken verhärten und werde meine Zeichen und Wunder im Land Ägypten zahlreich machen.*[324] Ebenso erklärt sie in Ex 11,9, die

---

Pharaos Herrentum und Gottes Herrlichkeit. Gottes Tun und Pharaos Tun stehen in strikter Opposition zueinander und sind einander ähnlich.« (ebd., 76) EBACH sieht in der Konstellation Pharao-JHWH eine Ähnlichkeit zu der zwischen Gott und Satan in Apk 12 (ebd., 76, Anm. 5; vgl. weiter ders. 1985). Auch die lukanische Darstellung Satans als des Gegners des Befreiungsgeschehens greift auf dieses Muster zurück (s.u. S. 320ff).

[320] So etwa Ex 32,9; 33,3.5; 34,9; Dtn 9,6.13; 10,16; 31,27. Für den Hinweis auf diese Parallele danke ich DIANA KLÖPPER.

[321] J. Ebach 1995c, 81 sieht die mutmachenden Sätze des Mose von Seiten JHWHs als Gebet zu ihm verstanden, das an dieser Stelle von dem ablenkt, was ›eigentlich dran‹ sei, nämlich das Handeln, und weist daraufhin, dass ShemR zur Stelle festhält: »R. Elieser sagt: Es gibt eine Zeit, wo man das Gebet verkürzen, und eine Zeit, wo man es ausdehnen kann. Jetzt sind meine Kinder in Not, das Meer schließt vor ihnen ab, der Feind verfolgt sie, und du stehst und betest viel!« (zitiert nach A. WÜNSCHE 1880–95/1967, Bd. III, 170).

[322] Die Aufmerksamkeitspartikel הִנְנִי hat nicht unbedingt etwas mit dem ›Sehen‹ zu tun.

[323] E. BLUM 1990, 14.

[324] Für meine Fragestellung ist es nicht relevant, zu welchem Zeitpunkt die ›Plagen‹ Eingang in die Exoduserzählung fanden; gegen C. LEVIN 1993, 334ff und J.C. GERTZ 2000 (vgl. ebd., 394ff), die beide

Weigerung Pharaos, Israel ziehen zu lassen, habe das Ziel, ihre eigene Wirkmacht in Ägypten sichtbar zu machen: *Pharao wird nicht auf euch hören, damit ich vollständig erfüllen kann meine Zeichen und Wunder im Land Ägypten.* (11,9 LXX)[325]

Inhalt und zugleich Intention der folgenden Plagen sind ›Zeichen und Wunder‹.[326] Dieser Ausdruck findet im Verlauf der Exoduserzählung immer wieder Verwendung; er wird zur Kurzform, in der das Deuteronomium das ausdrücken kann, was in und mit Ägypten geschieht, bis Israel endlich aus dem Land hinauszieht: *JHWH hat vor unseren Augen große und schreckliche Wunder und Zeichen an Ägypten, an Pharao und seinem Haus getan* (Dtn 6,22).[327]

Die Darstellung der verschiedenen Plagen, ihre Ankündigung im Rahmen der Verhandlungen zwischen Mose, Aaron und Pharao, ihr ›Kommen‹ sowie ihr Ende, nehmen mit den Kap. 7–11 einen nicht geringen Teil der ersten Kapitel der Exoduserzählung ein. Eine besondere Formulierung findet sich in 8,27, nach dem Ende der Stechfliegenplage, ebenso wie in 10,19, nach dem Ende der Heuschreckenplage: *nicht eine von ihnen blieb übrig.* Exakt die selbe Formulierung verwendet 14,28: *nicht ein einziger von ihnen blieb übrig* – nämlich von den Männern der Armee Pharaos. Ließen sich die Soldaten des Unterdrückers treffender als ›Land*plage*‹ beschreiben als durch diese Gleichsetzung mit dem Ungeziefer der Plagen, das ebenfalls auf die Vernichtung des Lebens bzw. der Lebensgrundlagen aus war? Mit den Heuschrecken teilen die Ägypter auch Todesort wie -art: In beiden Fällen zeichnet ein starker Wind (oder eben doch JHWH selbst) verantwortlich; die Heuschrecken treibt er[328] weg und wirft sie ins Schilfmeer (10,19f.), die Ägypter werden vom Wind in die Falle gelockt und sterben ebenfalls im Schilfmeer.

Noch während Mose bei Pharao ist und nach der Finsternis – der vorletzten Plage – die Verhandlungen um einen Auszug ganz Israels (d.h. inkl. der Tiere) gerade gescheitert sind, sagt JHWH Mose die zehnte und letzte Plage an.[329] Hatte Pharao Mose gerade noch mit dem Tod gedroht, sollte dieser noch ein einziges Mal vor ihm erscheinen (10,28),[330] so unterbricht die Gottesrede (11,1f.) den Weggang des Mose. Ab V.4 übermittelt Mose, eingeleitet durch die Botenformel כֹּה אָמַר יְהֹוָה, die Ankündi-

---

für eine vorpriesterliche Darstellung ohne Plagen votierten, jüngst L. SCHMIDT (ders. 2005), der die Wasserverpestung, die Frösche, die Stechfliegen und die Heuschrecken in ihren Gründzügen als bereits zur vorpriesterlichen Darstellung zugehörig versteht (ebd., 179).

[325] Ich beziehe mich an dieser Stelle auf die LXX-Fassung, da hier die im lukanischen Werk wiederholt gebrauchte Doppelwendung σημεῖα καὶ τέρατα gegeben ist (zur lukanischen Verwendung s.u. S. 348ff; zum Sprachgebrauch in Jub s.u. S. 153f.). Der hebräische Text hingegen setzt nur מוֹפֵת, ›Zeichen‹. Die Wichtigkeit dieser Aussage JHWHs wird dadurch unterstrichen, dass die Erzählstimme in V. 10 die Faktizität dieser Aussage bestätigt: *Mose und Aaron taten all diese Zeichen und Wunder im Land Ägypten vor Pharao; aber JHWH verhärtete das Herz Pharaos und er war nicht bereit, die Kinder Israel aus dem Land Ägypten fortzuschicken.* (11,10; erneut in der Fassung der LXX, die sich hier durch die doppelte Nennung der geographischen Komponente vom hebräischen Text unterscheidet sowie dadurch, dass sie vor dem ›Fortschicken‹ (ἐξαποστέλλω/שָׁלַח) noch das Modalverb ἐθέλω einfügt.

[326] Zu den Plagen, auch zu den daran beteiligten ägyptischen Zauberern und Wahrsagern s. R. KESSLER 2002, 113f.

[327] So neben der gerade zitierten Stelle auch Dtn 4,34; 7,19; 28,46; vgl. auch Ps 78,43; 135,9. Zum lukanischen Sprachgebrauch s.u. S. 324; 348ff.

[328] Weder die hebräische noch die griechische Fassung legen sich fest, wer Subjekt des ›Werfens‹ ist; denkbar sind sowohl der Wind bzw. die Kraft dieses Windes als auch JHWH.

[329] Möglich ist – mit B. JACOB 1997/1943, 294 – auch, dass hier eine ausführliche Ansage bzw. konkrete Benennung des noch ausstehenden Schlags unterbleiben kann, da JHWH bereits 4,22f. diesen Schlag angekündigt hatte. Umgekehrt gesteht JACOB auch der oben formulierten Annahme eine gewisse Möglichkeit zu (ebd.).

[330] Auch Mose war offensichtlich bereits im Gehen begriffen, wie die Textabfolge 10,29 zu 11,1 nahelegt.

gung der Tötung der Erstgeburt (11,4–8), wobei unklar ist, welches ›ich‹ hier spricht. Ist zu Beginn (V.4) noch eindeutig JHWH das handelnde Subjekt, spricht doch alles dafür, dass in V.8 Mose gemeint ist. Sind Mose und JHWH sich so nahe, dass ihrer beider Perspektiven bis zur Untrennbarkeit miteinander verschmolzen sind? Dafür spräche z.B., dass V.8 vom Volk spricht, das *zu deinen Füßen* ist und fortfährt mit der Ankündigung *Und danach werde ich ausziehen* – ›ich‹, nicht ›wir‹, ›die Kinder Israel‹ oder ›das Volk‹. Mose selbst jedenfalls zieht schon jetzt aus,[331] weg aus dem Zusammensein mit Pharao – in glühendem, vielleicht ja dem sprichwörtlich göttlichen[332] Zorn (וַיֵּצֵא מֵעִם־פַּרְעֹה בָּחֳרִי־אָף, 11,8). Oder lässt der Text bewusst offen, bis zu welchem Punkt der Rede Mose Worte JHWHs wiedergibt und ab wann der ausgedrückte Zorn seine eigenen Empfindungen spiegelt? Kündigt JHWH nur die Tötung der ägyptischen Erstgeborenen an (11,4f.) oder auch noch die Unterscheidung zwischen israelischen und ägyptischen Menschen (V. 6f.)? Der Text lässt den Hörenden und Lesenden Raum zur eigenen Füllung der Leerstelle.

Während die Plagen in der Schrift also großen Raum einnehmen, erhalten sie in späterer biblischer wie nachbiblischer Exoduslektüre auffälligerweise selten ähnliche Aufmerksamkeit, sondern werden in der Mehrzahl der Fälle sehr knapp zusammengefasst bzw. häufig nur angedeutet. Ps 78,44–51; 105,28–38 und SapSal 11,5–15.16–19 stellen die Ausnahme von der Regel dar: Hier finden sich nochmals Aufzählungen der Plagen.[333] All diesen Texten gemeinsam ist ihre Botschaft: Es geht um eine erstaunliche Demonstration der Macht JHWHs, deren logische Folge darin besteht, dass alle, die diese Machterweise miterleben, JHWH als höchste Gottheit anerkennen, ja, anerkennen müssen.[334] Damit ist festgehalten, dass die Plagen gerade nicht das Ziel verfolgen, Pharao oder gar die Ägypterinnen und Ägypter zu bestrafen für Pharaos Sturheit. Dem steht nämlich gegenüber, dass der biblische Text selbst ausdrückt, worum es bei den Plagen gehen soll: hier spielen

> »Zielaussagen eine [gegenüber d. Strafmotiv; K.S.] gewichtigere Rolle und bringen eine positive Deutung des Geschehens. Pharao bzw. die Ägypter sollen erfahren, dass ich JHWH bin (7,5.17) inmitten des Landes (8,18), dass es keinen gibt wie JHWH (8,6; 9,14), dass die Erde JHWH gehört (9,29), dass JHWH einen Unterschied macht zwischen Ägypten und Israel (11,7), bzw. damit JHWHs Wunderzeichen in Ägypten viel werden (10,1; 11,9).«[335]

---

[331] Der Narrativ der Bewegung des Mose wird genau wie die letzte Aussage der Moserede mit der Wurzel יצא gebildet.

[332] Zwar findet sich die Kombination von חָרִי und אָף in der Hebräischen Bibel von den insgesamt sechs Belegen dreimal auf eindeutig menschliche Protagonisten bezogen (1 Sam 20,34; Jes 7,4; 2 Chr 25,10). Deutlich gewichtiger sind jedoch die beiden Stellen, an denen JHWH Subjekt ist: Dtn 23,21 und Klgl 2,3 (vgl. den ganzen Abschnitt 2,1–6 und zu den Klageliedern als ›literarische Überlebensstrategie‹ U. BAIL 2004, 41–74). Nimmt man die hier (Ex 11,8) vorliegende Unklarheit als letzten Beleg noch mit hinzu, so wird deutlich, dass gerade die Möglichkeit verschiedener Füllungen den Reiz dieser Stelle ausmacht.

[333] Dazu T.E. FRETHEIM 1991.

[334] Zu dieser Intention der Exoduserzählung s. auch L. ESLINGER 1991, der allerdings diese Lesart sehr kritisch betrachtet und die dargestellte Omnipotenz Gottes als eigentlich das Befreiungsmotiv konterkarierend versteht (z.B. ebd. 60: Dieses Textverständnis »suggests that our reading of the well-known theme of liberation needs be tempered by the dominant theme of omnipotence and its revelation to humankind.«).

[335] E. KELLENBERGER 2002, 113. Auch M. LANG 2004, 63 stimmt dieser Bewertung der Plagen zu und beruft sich dabei ebenfalls auf KELLENBERGER.

1.8 Reden, Singen, Vergewissern –
retardierende Momente an strukturell entscheidenden Stellen

Immer wieder wird der Erzählfluss der Exoduserzählung durch eingeschobene Reden und Gesänge, aber – je später je mehr – auch durch identitätsstiftende Aufzählungen von Menschen und/oder Siedlungsgebieten unterbrochen. Der ›Einbau‹ solch retardierender Momente geschieht dabei gerade an theologisch (ge)wichtigen Stellen: Exodus 3, die Begegnung Moses mit JHWH am Dornbusch, die letztlich alles Folgende in Gang bringt; Exodus 6, der Stammbaum, die Herkunftsvergewisserung, nachdem unmittelbar zuvor die ›Mission‹ des Mose zu scheitern gedroht hatte; Exodus 12,1–28 sowie 12,43–13,16 bieten den Anknüpfungspunkt für spätere Generationen. Hier ist grundgelegt, dass die Feier des Passa keine einmalige Angelegenheit sein, sondern für alle Zeit gemeinschafts- und identitätsstiftendes Moment Israels werden und bleiben soll.[336] Exodus 15,[337] das Dank- und Loblied Mirjams und Moses, ist im kanonischen Lesefluss der erste ausgedehnte Dankpsalm; zum ersten Mal gelangt ein Geschehen dadurch zu voller Kraft und Realität, dass es poetisch umgesetzt, in Szene gesetzt wird. Je weiter die Erzählung voranschreitet, desto häufiger und breiter werden diese retardierenden Elemente, bis sie schließlich den bei weitem überwiegenden Anteil des Erzählten ausmachen: Levitikus bietet Weisungen für das Leben der Gemeinschaft mit JHWH; das Numeribuch enthält neben den Erzählungen von den Auseinandersetzungen zwischen ›dem Volk‹ – zum Teil repräsentiert durch einzelne Vertreterinnen und Vertreter – und Mose bzw. Mose und Aaron, dem fehlgeschlagenen Versuch des Einzugs in das Land zu weiten Teilen Aufzählungen der Stämme Israels, also die Vergewisserung der gemeinsamen Wurzeln, die bis zu den Erzeltern zurückreichen. Besonders deutlich wird der Zugewinn an Bedeutsamkeit für diese Art ›Einschübe‹ am Beispiel des Deuteronomiums: Den Plot der Exoduserzählung treibt es nicht voran, spielt es doch zur Gänze in Sichtweite des versprochenen Landes, fehlt doch nur noch der letzte entscheidende Schritt. Aber das, was dort steht, hat es in sich, ist das Deuteronomium doch nichts anderes als die Bündelung zentraler Aussagen über die Beziehung zwischen Israel und JHWH, das immer wieder wiederholte Einschärfen der Besonderheit dieser Beziehung. Fast scheint der Text Mose das Volk darauf einschwören zu lassen, nie daran zu zweifeln, dass auf JHWH und ihre Treue Verlass ist, angefangen mit dem Ins-Gedächtnis-Rufen der Befreiungsgeschichte (Dtn 1–3) und endend mit dem Segen des Mose, der diesen zum Abschluss der Tora die Rolle Jakobs/Israels übernehmen lässt (vgl. Gen 49,3–27). Auch das Josuabuch schließlich enthält mit der Aufzählung der Stammesgebiete eine ganze Reihe retardierender Momente, wenngleich hier mit der Erfüllung der Versprechen, mit dem (vorläufigen) Abschluss der Exoduserzählung auch die Erzählpartien wieder mehr Raum einnehmen. CLAUDIA RAKEL spricht in diesem Zusammenhang von ›Mikrotexten‹[338] mit großem interpretatorischen Potential:

---

[336] Zugleich bildet der regelmäßige Vollzug erst die Grundlage für die Erinnerung an die Befreiungsgeschichte.

[337] Dazu H.P. MATHYS 1994, 177–179. J.W. WATTS 1992 arbeitet grundsätzlich zur Funktion von Liedern innerhalb narrativer Zusammenhänge und stellt dabei das Retardieren des Plots als Charakteristikum dieser Lieder heraus (ebd. 189; so auch bei C. RAKEL 2003a, 82f.).

[338] C. RAKEL 2003a, 83. RAKEL bezieht sich aufgrund ihres eigenen Forschungsgegenstandes, des Siegesliedes der Judit in Jdt 16, auf Lieder. Die Bezeichnung ist aber in gleicher Weise auch für andere in den Plot eingefügte abgeschlossene Elemente zutreffend.

»Der Text schafft sich ein Medium, mit dessen Hilfe er sich selbst zu interpretieren vermag. Die Ereignisse der Erzählung werden in der Poesie hymnisch rekapituliert, zusammengefasst und gebündelt. Durch die Auswahl dessen, was im Lied aufgegriffen wird, werden ganz bestimmte Aspekte hervorgehoben. Das Lied destilliert ein Konzentrat der zentralen Inhalte, Handlungen und Aussagen des Buches. Gleichzeitig übernimmt es die Funktion einer (theologischen) Deutung. … Zu einem *theologischen* Geschichtsverständnis zu kommen, ist eine Deutungsleistung, der die sprechenden und singenden Protagonisten … nachkommen. Die *gesprochene* Textwelt stellt der *erzählten* theologisches Interpretationspotential zur Verfügung. [Die] Reden sind zu ei nem großen Teil Metakommunikation. Sie dienen nicht dem Fortgang der Handlung, sondern ihrer Interpretation.«[339]

Damit erweist sich die biblische Exoduserzählung also selbst bereits als Gewebe von Handlung und Interpretation. Alle Texte, die sich explizit oder implizit auf den Exodus berufen, nehmen dieses Ineinander auf; sie führen die hier bereits grundgelegte Art des Umgangs mit dem Exodus fort, stärken bestimmte Elemente und gewichten im Gegenzug andere geringer. Jede einzelne Exoduslektüre setzt dabei eigene Schwerpunkte; die Exoduserzählung der Schrift bietet jeder von ihnen genügend Anknüpfungspunkte.

2.   ›Freiheit durch Erzählen von Freiheit‹[340] – Exoduslektüren in der Schrift außerhalb ihrer Exoduserzählung Ex 1 bis Jos 24

»Erzählungen vom Ursprung erhalten ihre identitätsstiftende Funktion nur dadurch, dass sie wieder und wieder erzählt werden. In diesen unendlichen Wiederholungen hält sich ein Kern des Erzählten durch. Es verschieben sich aber auch die Gewichte, und es kommen neue Motive hinzu. Von diesem lebendigen Vorgang haben wir nur die Literatur gewordene, die geronnene Form des biblischen Textes, in den verschiedenen Anspielungen an das Exodusmotiv und in seiner ausführlichsten Entfaltung in Ex 1–15.«[341]

Die Schrift ist als Ganze – schon vor dem Beginn der Exoduserzählung in Ex 1 und auch nach deren Ende in Jos 24 – geprägt vom Exodus, wobei es nicht in jedem Falle einer ausgeführten Nacherzählung bedarf, sondern seine gesamte Bedeutungsfülle schon in knappen Wendungen anklingen kann.[342] Die Genesis erzählt neben der ›Einwanderung‹ der Sippe Jakobs bzw. der gesamten Josefsgeschichte, die im jetzigen Textzusammenhang auf die im Buch Exodus folgenden Ereignisse hin konzipiert ist,[343] auch vorher von Ereignissen, die demselben Erzählmuster folgen, wie es in der Exodus-Erzählung zum Tragen kommt.[344]

Nach der Exoduserzählung Ex 1 bis Jos 24 verlagert sich zwar das Hauptinteresse der Darstellung in den Büchern der ›Vorderen Propheten‹ (Jos–2 Kön) ab dem Buch

---

[339] Ebd., Hervorhebung im Text. Auch Lukas fügt solche interpretierenden poetischen Stücke immer wieder in sein Doppelwerk ein: Die Programmkapitel Lk 1–2 leben geradezu von den Hymnen Marias und Zacharias', die Apostelgeschichte hingegen zeigt lange Reden als strukturierende Elemente der Gesamtdarstellung (etwa Apg 2; 7; 13; 26) neben stark gerafften Partien, in denen der Plot geradezu vorangetrieben wird und manches in Summarien abgehandelt wird.

[340] Titelformulierung von F. CRÜSEMANN 2001a.

[341] R. KESSLER 2002, 109.

[342] Exemplarisch sei hier auf die Herausführungsformel verwiesen; s. dazu S. 115ff.

[343] Vgl. G. FISCHER 1996, 150f.

[344] An dieser Stelle sei exemplarisch nur Gen 12,10–20; 29–31 genannt; s. dazu auch Y. ZAKOVITCH 1991, 18ff; 46f. sowie D.M. CARR 2001, 277ff. Gen 15,13f. weisen auf die Zeit der ägyptischen Sklaverei voraus; s.o. S. 74.

der Richterinnen und Richter hin zur Suche nach einem tragfähigen System des Zusammenlebens. Doch dies ist in zweifacher Hinsicht weiterhin vom Exodus abhängig: Zum einen wäre die beschriebene Ansiedlung im Land nicht denkbar ohne die zuvor dargestellten Ereignisse; zum anderen rekurrieren die Bücher der Vorderen Propheten an entscheidenden Stellen gezielt auf das Auszugsgeschehen.[345] Auffällig ist, dass vor allem in Situationen des entscheidenden Umbruchs nach der jetzigen Darstellung der Geschichtsabläufe die Erinnerung an die Taten Gottes im Kontext Ägyptens wachgerufen wird. Das Josuabuch schaltet der Erneuerung des Bundes in Sichem einen Rückblick voraus[346], der die Erzelternerzählungen als eine Art ›Präludium‹ nutzt, um daran die Rettungstaten JHWHs um so ausführlicher und eindrücklicher anschließen zu können, wobei das Kämpfen Gottes für Israel am Schilfmeer besondere Beachtung erfährt (Jos 24,5–7). Die Darstellung der RichterInnenzeit nimmt nur an wenigen Stellen explizit auf Ägypten Bezug;[347] zunächst als Aussage der Erzählstimme, die das Handeln Israels dem Handeln JHWHs gegenüberstellt:[348] *Und sie verließen JHWH, die Gottheit ihrer Eltern, die sie aus dem Land Ägypten herausgeführt hatte.* (Ri 2,12) Diese Passage bietet gleichsam das Programm, das Vorzeichen, unter dem die Zeit der Richterinnen[349] und Richter Israels steht. Sie ist geprägt von der stets wiederkehrenden Reihenfolge von Verlassen JHWHs,[350] Kommen von unterdrückerischen bzw. feindlichen Fremdvölkern, Schreien und Klagen des Volkes, Einsetzen von RichterInnen – und dem erneuten Verlassen JHWHs, sobald die unmittelbare Gefahr gebannt ist.

Implizit klingt die Erfahrung des rettenden Gottes als desjenigen, der die Mächtigen entthront und den Ohnmächtigen aufhilft, im prophetischen Lied der Hanna (1 Sam 2,1–10) an, explizit wird der Exodus von Samuel in seiner ›Abschiedsrede‹ (1 Sam 12) erinnert:[351] Mit den selben Worten, wie sie im Michabuch (Mi 6,5) JHWH selbst in den Mund gelegt werden, ruft Samuel das ganze Volk Israel (1 Sam 12,1.6) in einen Streit vor Gericht mit JHWH, um über dessen Taten der Gerechtigkeit für Israel Recht sprechen zu lassen.[352] Er beginnt seine Aufzählung mit dem Herabziehen Jakobs nach Ägypten und der dortigen Notsituation,[353] die zur Sendung des Mose und Aarons und damit zu deren tragender Rolle[354] im Exodusgeschehen führte.

---

[345] Mit R. RENDTORFF 1997, 518.

[346] Vgl. ders., a.a.O.

[347] A. MALAMAT 1970 arbeitet Parallelen zwischen der Erzählung von der Wanderung des Stammes Dan (Ri 17f.) und der Exoduserzählung heraus.

[348] R. RENDTORFF 1997, 519: »Sie [die Herausführungsformel; K.S.] stellt das Handeln Gottes für Israel dar, dem als Kontrast die negative Reaktion Israels gegenübergestellt wird.«

[349] Ich setze den Plural, obwohl in den uns erhaltenen Texten mit Debora (Ri 4f.) nur eine Richterin erwähnt ist; die Tatsache, dass Debora in Ri 4 kommentarlos eingeführt wird, lässt den Schluss zu, dass den Leserinnen und Hörern der biblischen Texte das Phänomen einer Frau in diesem ›Amt‹ keine ›unvorstellbar exotische‹ Erscheinung war.

[350] Vgl. Ri 2,12f.; 10,6ff.

[351] Zu 1 Sam 11f. vgl. F. CRÜSEMANN 1978, 73ff.

[352] Die Formulierung צִדְקוֹת יְהוָה findet sich im gesamten AT nur an drei Stellen: Ri 5,11; 1 Sam 12,7 und Mi 6,5 sowie Ps 103,6 in leicht veränderter grammatischer Form.

[353] Der Text suggeriert die Gleichzeitigkeit beider Situationen und führt dadurch anschaulich vor Augen, wie in einer Lektüre einzelne Elemente der ›Vorlage‹ so verdichtet werden können, dass sie miteinander verschmelzen.

[354] 1 Sam 12,8 ist die einzige Stelle außerhalb der Exoduserzählung selbst, an der im AT die Rede davon ist, daß Mose und Aaron das Volk Israel aus Ägypten geführt (יצא Hi) haben. Abgesehen von Dtn 9,12 (Mose als Verantwortlicher) ist an allen anderen Stellen, an denen die Wz יצא im Hiphil verwendet wird, JHWH das Subjekt (vgl. z.B. Num 15,41; Dtn 1,27; 9,26; Jos 24,5 u.ö.).

Wenn Salomo in seiner Ansprache anläßlich der Tempelweihe (1 Kön 8) mehrfach nachdrücklich auf die Herausführung Israels aus Ägypten verweist (8,16; 21; 51; 53)[355], wird darin die Vielschichtigkeit der Intentionen einer solchen Erinnerung der Herausführung deutlich: Viermal erwähnt Salomo in seiner Rede die Herausführung, davon einmal in Aufnahme der Gottesrede aus 2 Sam 7,6 als Aussage JHWHs (8,16), in der diese selbst auf den Exodus als Grunddatum der gemeinsamen Geschichte verweist. Diese Perspektive übernimmt Salomo, wenn er in 8,21 den Tempel als Aufbewahrungsort der Bundeslade benennt und so Jerusalem inklusive des Tempels an die Exodustradition bindet. Für eine kanonische Betrachtung tragen die beiden letzten Nennungen der Herausführungsformel (8,51.53) jedoch das meiste Gewicht. Einerseits wird, ganz ähnlich wie in Gen 15, auf der Erzählebene noch Ausstehendes, nämlich die Wegführung der Bevölkerung in die Gefangenschaft (Vv 46ff), schon vorweggenommen, in einer Sprache, die weniger potentiell Mögliches denn unausweichlich Kommendes thematisiert. Andererseits liegt innerhalb der Erzählabfolge hier bereits die erste Äußerung der Hoffnung auf einen wiederholten und damit im Wortsinn wieder-holenden Exodus vor: Die Gottheit, die Israel bereits einmal aus der Hand einer fremden Macht rettete, wird auf ihre Verantwortung für dieses Volk und ihr Bundesversprechen ihnen gegenüber verpflichtet:

Vergib deinem Volk..., lass sie Erbarmen finden..., denn sie sind dein Volk und dein Erbteil, das du aus Ägypten, mitten aus dem Eisenschmelzofen, heraufgeführt hast. (1 Kön 8,50f.)

Die Hoffnung darauf, dass Israels Gott auf das Schreien der Israelitinnen und Israeliten aus der Not und ihre Anerkennung seines Gott-Seins in einer neuen Situation von Gefangenschaft und Unterdrückung mit einer Wiederholung seines Befreiungshandelns antwortet, gründet in nichts anderem als in der bereits gemachten Erfahrung dieser Befreiung und ihrer Erinnerung.

Eine Sonderstellung nimmt die Schilderung der sog. Reichsteilung in 1 Kön 12 ein: Wenn Rehabeam als Antwort auf die Klagen der Stämme des späteren Nordreichs die schon von Salomo eingeführten Zwangsarbeitsmaßnahmen noch verschärft, klingt dies innerhalb der jetzigen Textabfolge wie eine Wiederholung der Unterdrückungsmaßnahmen Pharaos (Ex 1–2; 5). Die Darstellung Jerobeams als des Anführers der aufständischen Stämme und Gegenspielers Rehabeams erinnert zugleich an die Gestaltung der Figur des Mose in der Exoduserzählung.[356] Damit wird die Exoduserzählung zu einer Form von »verdeckte[r] Salomokritik«.[357]

---

[355] Zur Verwendung der Exodustradition im ersten Königebuch vgl. A. FRISCH 2000, 3–21.

[356] Damit ist nichts über eine ›historische‹ Abfolge gesagt. FRANK CRÜSEMANNs Überlegungen (ders. 2001a, 109f.), ob nicht viel wahrscheinlicher sei, dass zunächst die Erfahrungen der salomonischen und nachsalomonischen Zeit in der Erzählung über Jerobeam verarbeitet worden seien, der dann nicht mehr als ›Mose redivivus‹, sondern vielmehr als Vorbild für die Gestaltung der Figur des Mose anzusehen sei, bevor diese Eingang in die später entstandene Exoduserzählung gefunden habe, überzeugen insofern, als die Übertragung ›realer‹ Gegebenheiten auf eine zu gestaltende Erzählung einleuchtender ist als der umgekehrte Vorgang. In diese Richtung geht auch schon J. KEGLER 1983, 70: »[Es] scheint sicher, daß die realen Erfahrungen mit der Fronarbeit in salomonischer Zeit die Aufnahme, Ausgestaltung und (aktualisierte) Weitererzählung der Ägypten-Exodustradition beeinflußt haben.« (vgl. allgemein zum Verhältnis von 1 Kön 12 und Ex 1ff ders., a.a.O., 59ff und darüber hinaus zu Zusammenhängen zwischen der Exoduserzählung und 1 Kön 1–12 F. CRÜSEMANN 1978 sowie ausführlich P. SÄRKIÖ 1998).

[357] P. SÄRKIÖ 1998, 37. Diese Position ist in der exegetischen ›Forschungsgemeinschaft‹ breit vertreten, so z.B. bei F. CRÜSEMANN 1978, 167ff; R. ALBERTZ 1992, 217ff; C.A. DREHER 1991, 49ff; W. DIETRICH 1986, 7ff; R. KESSLER 2002, 91–101; vgl. auch jüngst B. GOSSE 2005, der seinen Beitrag mit dem Fazit schließt: »On peut donc dire que la description du comportement du Pharaon de l'Exode s'inspire de celle de Salomon.« (ebd., 85). P. SÄRKIÖ 1998, 159f., bietet eine Lesart von Ex 32, die mit diesem Verständnis der Exoduserzählung in Einklang stehen kann: Zwar kritisiert die Erzählung die Stierbilder des Nordreichs – Jerobeam jedoch sei nicht hinter der Figur des Aaron zu suchen,

Auch die prophetische Tradition beruft sich immer wieder auf den Exodus:[358] Hosea beschwört die Wüstenzeit (Hos 11) ähnlich wie Jeremia (Jer 2) als Zeit der uneingeschränkten Nähe zwischen JHWH und Israel.[359] Micha rekurriert in ähnlicher Form auf den Exodus als Phase des Heils (Mi 6,4; 7,15). Die prophetischen Gruppen der Exilszeit, erhalten in den biblischen Texten im Buch Ezechiel (z.B. Ez 20)[360] und bei Deuterojesaja, berufen sich auf den Exodus als Grunddatum Israels und rufen den Exilierten dieses Geschehen ins Gedächtnis, um darauf aufbauend die Vision zu entwickeln, dass JHWH entsprechend ihrem Wesen so wieder handeln wird:[361] Sie wird Israel nicht in der Fremde zugrunde gehen lassen, sondern vielmehr ihr Volk zurück ins Land führen.[362]

Innerhalb der K^etuvim treten ganz besonders Neh 9,9ff sowie die Psalmen als diejenigen Texte hervor, die die Erfahrung der Rettung aus Ägypten thematisieren.[363] Ähnlich wie schon 1 Sam 12 stellt die Passage Neh 8–10 einen Einschnitt in der Geschichtsschreibung Israels dar: Die Exilierten sind ins Land zurückgekehrt, haben sich angesiedelt (Neh 7,72) und versammeln sich nun als ganzes Volk (8,1f.) in Jerusalem zur Verlesung und Auslegung der Tora. Grundlage der neuen Ordnung soll die Tora, soll die Erinnerung an die Taten JHWHs und die Bewahrung der damit untrennbar verbundenen Gebote und Weisungen sein (10,40). Im Rahmen dieser ›verfassungsgebenden Versammlung‹ ergreifen einige Nachkommen Levis das Wort und erinnern die Taten, mit denen JHWH seit Abrahams Zeiten seine Treue Israel gegenüber gezeigt hat (9,7ff). Während JHWH an seinen Versprechen und Verheißungen festhielt, so die Quintessenz der Erinnerung, war es immer wieder das Volk,

---

sondern vielmehr ganz entsprechend der Darstellung in Ex 1–15 durch Mose dargestellt. Insofern sei es das Ziel der Erzählung, »Jerobeam von den Anschuldigungen zu befreien, er habe durch die Errichtung der Stierbilder gegen das Bilderverbot gesündigt.« (ders., a.a.O.). Zur Frage der hinter der Exodusdarstellung stehenden historischen Personen s. auch A. BEDENBENDER 2000, der die Antiochoskrise als wahrscheinlichen Hintergrund annimmt, sowie M.D. OBLATH 2000.

[358] Im Zuge der wachsenden Popularität intertextuellen Arbeitens sind im Rahmen der Beschäftigung mit dem Exodus innerhalb der prophetischen Literatur in den letzten Jahren eine ganze Reihe von Arbeiten erschienen; zum Joelbuch: M. LANG 2004; M.-TH. WACKER 2000. R. SCORALICK 2001; 2002 untersucht v.a. die Aufnahme von Ex 34,6f. im Zwölfprophetenbuch. Einen Schwerpunkt auf das Amosbuch legt J.L. BARRIOCANAL GÓMEZ 2000.

[359] A. RAYAPPAN 2004 untersucht Anklänge an die Exodustradition im Jeremiabuch. Zum Hoseabuch sei verwiesen auf R. SCORALICK 2001, 145–160.

[360] Zu Ez 20 im Zusammenhang mit der Exodustradition s. C. PATTON 1996 sowie V. PREMSTALLER 2004.

[361] Vgl. F. CRÜSEMANN 2001, 113ff; W. ZIMMERLI 1963.

[362] Aus der Fülle der Literatur zum Exodusmotiv bei Deuterojesaja verweise ich auf B. ANDERSON 1962; J. MARBÖCK 1990; W. ZIMMERLI 1963, 197ff; J.I. DURHAM 1995; E. ZENGER 1987; G. BUCHANAN 1994, 32–49; ders. 1998, 101ff; E. PREVALLET 1996, 139ff; S. PAGANINI 2004. Kritisch neben U. BERGES 2004 auch R. ALBERTZ 2003. Letzterer richtet sein Augen auf eine seiner Ansicht nach ungerechtfertigte Engführung der bei Dt-Jes vertretenen Befreiungstheologie auf den Exodus, da dieser an keiner Stelle explizit thematisiert würde und nur wenige Stellen auf den Exodus verwiesen (Jes 43,16f.18–21; 48,20; 51,10; 52,12). Befreiung, konkret Loskauf (לאג), ziele angesichts des sozialgeschichtlichen Hintergrundes des Loskaufs viel mehr auf (verwandtschaftliche) Solidarität. Es gehe der hinter dem Jesajabuch resp. der entsprechenden Redaktion stehenden Gruppe darum, einen Appell an Gottes Solidarität zu formulieren, die angesichts der Exilserfahrung fraglich geworden sei. Auf der Suche nach einer *intentio auctoris* bedeutet ALBERTZ' Kritik eine wichtige Warnung und Korrektur. Für die Fragestellung der vorliegenden Untersuchung bleibt sie weniger einflussreich, da auf der Ebene des Endtextes im Gesamtzusammenhang der Schrift die vorhandenen Stichwortverbindungen ausreichen, um eine intertextuelle Verknüpfung zur Exoduserzählung wahrscheinlich zu machen.

[363] K. ENGLJÄHRINGER hat darauf aufmerksam gemacht, dass das in Ex 3,14a grundgelegte Moment der Freiheit JHWHs einen Schlüssel zum Hiobbuch bieten kann und somit »Ijobs Ringen mit Gott als Ausdruck einer schmerzlichen Konfrontation mit der ›Freiheit JHWHs‹« (Kapitelüberschrift, dies. 2004, 96) verstanden werden kann.

das sich gegen seine Gottheit stellte – bis in die aktuelle Situation der *großen Bedrängnis* hinein (9,37).

Der Psalter beinhaltet Lieder des Volkes, die vom Exodus singen,[364] wie auch Lieder Einzelner, die ihre je erlittene Not mit der Situation der Unterdrückung in Ägypten ins Gespräch bringen und über die Wahl dieser Sprachbilder mit der Not auch die Hoffnung auf Befreiung und die Gewissheit der Treue JHWHs für ihr eigenes Erleben ausdrücken können (z.B. Ps 31,8f.).[365]

2.1 Ein Beispiel: Befreiung – das Werk JHWHs durch eine Frau. Exoduslektüre im Juditbuch

Das Buch Judit[366] kennt ähnlich wie das lukanische Doppelwerk eine doppelte Form der Exoduslektüre: Es beinhaltet zum einen einen Geschichtsrückblick vom Auszug Terachs bis zur Rückkehr aus dem Exil (Jdt 5,6–19) und spiegelt zum anderen in seiner Gesamtkomposition[367] die im Buch Exodus erzählte Geschichte von der Rettung Israels aus Ägypten wieder.

Zunächst zum Geschichtsrückblick: Auffälligerweise ist es hier mit Achior, dem Anführer der für Holofernes bzw. Nabuchodonosor kämpfenden Ammoniter, ausgerechnet ein Nichtisraelit, der in seiner Wiedergabe der Geschichte Israels zugleich ein Bekenntnis zur Macht JHWHs ausspricht: *Solange sie sich nicht gegen ihren Gott versündigten, blieb das Glück ihnen treu; denn ihnen steht ein Gott bei, der das Unrecht hasst.* (Jdt 5,17; EÜ) Dieser Beistand Gottes zeigt sich für Achior auf besondere Weise im Sieg über die Armee Pharaos und in der Landnahme (5, 13–16). Da ist es nur folgerichtig, wenn Achior, dessen Name ›Mein Bruder ist Licht‹ bereits als Programm für seine prophetische Rolle gelesen werden kann, Holofernes in seinem Resümée eindringlich davor warnt, gegen Israel vorzugehen, solange nicht unzweifelhaft erwiesen sei, dass die Israelitinnen und Israeliten sich von Gott abgewandt hätten:

Wenn nun, mein Herr und Gebieter, auf diesem Volk eine Schuld lastet und sie sich gegen ihren Gott versündigt haben und wenn wir uns vergewissert haben, dass dieser Anlass zum Unheil bei ihnen vorliegt, dann können wir hinaufziehen und sie vernichtend schlagen. Wenn aber ihr Volk sich nichts zu Schulden kommen ließ, dann möge mein Herr nur ja davon Abstand nehmen. Sonst würde ihnen nämlich ihr Herr und Gott Hilfe leisten und wir müssten uns dann vor aller Welt schämen. (Jdt 5, 20f.; EÜ)

Wer wie ein Prophet Israels spricht, dem ›blüht‹ auch das gleiche Schicksal: Holofernes lässt Achior ins Gebirge bringen; sein Schicksal ist jetzt untrennbar mit dem Schicksal Israels verbunden.

Wie erwähnt stellt darüber hinaus das Juditbuch als Ganzes eine Spiegelung des Exodusgeschehens dar: Wieder geht es um eine lebensbedrohliche Situation, wieder tritt ein Herrscher auf den Plan, der für sich uneingeschränkte Macht beansprucht.

---

[364] Etwa Ps 77,14–21; 78; 80,8f.; 81; 105,24–45; 106,7ff; 114; 135,8f.; 136,10–16.22ff.

[365] Zur Thematisierung des Exodus innerhalb des Psalters G.W.ASHBY 1987; P. DESELAERS 2004; S. GILLINGHAM 1999; TH. HIEKE 1996; TH. MASCARENHAS 2004; J.F.J. VAN RENSBURG 1987; G.M. STEVENSON 1997.

[366] C. RAKEL 2003a liefert eine feministisch-intertextuelle Lektüre des Juditbuches, die in einem eigenen Kapitel die Interfiguralität zwischen Judit und Mose thematisiert.

[367] Entgegen früheren Versuchen einer historisierenden Auslegung des Juditbuches besteht in der heutigen Forschung Konsens darüber, dass es sich hier um eine »kunstvolle literarische Fiktion« (E. ZENGER 2004, 834) handelt. »Diese ist geographisch und zeitgeschichtlich verortet, weil es um Geschichtsdeutung geht – und zwar um die Tiefendimension der konkreten Geschichte Israels als Offenbarungsort der wahren rettenden Gottesherrschaft des einen und einzigen Gottes JHWH im Gegenüber zu allen sich göttlich gebenden oder legitimierenden Weltherrschaftsansprüchen politischer und religiöser Systeme.« (Ebd., 834f.).

In gleicher Weise, wie sich im Exodusbuch die eigentliche Konfrontation zwischen den beiden Gegenspielern Pharao und JHWH abspielt, macht auch das Juditbuch bereits in seiner Ouvertüre deutlich, dass Nebukadnezzar als Antityp JHWHs zu verstehen ist: Die Rede des Tyrannen ist geprägt von Stilelementen der Gottesrede in den prophetischen Schriften (vgl. Jdt 2,6.12), sein Auftrag an Holophernes schließt mit dem Auftrag: *Du aber wag es nicht, auch nur einen einzigen Befehl deines Herrn zu übertreten* (2,13; EÜ). Holophernes akzeptiert diese ›Göttlichkeit‹ seines Herrschers. In der Konfrontation mit Achior tritt er gleichsam als Prophet Nebukadnezzars auf, der dessen Machtanspruch zu vertreten hat: καὶ τίς θεὸς εἰ μὴ Ναβουχοδονοσορ; (Jdt 6,2) – *Wer ist Gott außer Nebukadnezzar?* Gegen diesen Anspruch, gegen die vor dem Gebirge lagernde Macht der assyrischen Armee, die auch von Judit gesehen wird und in ihrer Zerstörungskraft sicherlich mit der ägyptischen Armee am Schilfmeer gleichzusetzen ist, setzt Judit ihr Vertrauen auf JHWHs rettendes Eingreifen (Jdt 9,7). Im vertrauenden Erinnern an JHWHs frühere Rettungstaten kommt sie dazu, die Gottheit Israels als ›Anwalt der Rechtlosen‹ anzurufen:

> *Denn deine Macht stützt sich nicht auf die große Zahl, deine Herrschaft braucht keine starken Männer, sondern du bist der Gott der Schwachen und der Helfer der Geringen; du bist der Beistand der Armen, der Beschützer der Verachteten und der Retter der Hoffnungslosen. (Jdt 9,11; EÜ)*

Auf diese Gottheit vertraut sie, und dieses Vertrauen bewegt sie zu ihrer Tat, zu der Kraft, Holophernes mit dem Symbol seiner eigenen kraftstrotzenden Männlichkeit umzubringen. Judits Lied (Jdt 16) betont abschließend, dass Judit gleichsam als Medium JHWHs gehandelt hat[368] – ähnlich wie die Exoduserzählung (deutlich auch in späteren Exoduslektüren) immer wieder hervorhebt, dass Mose als ›Instrument‹ JHWHs zu verstehen ist.[369]

Das Siegeslied der Judit (Jdt 16) ahmt wie viele andere der sogenannten ›Siegeslieder der Frauen‹[370] das Schilfmeerlied nach:[371] »Der Hymnus in Jdt 16 am Ende des Buchs hat die gleiche Funktion wie der Hymnus in Ex 15: Beide rekapitulieren das Ereignis und deuten es als Offenbarung JHWHs.«[372]

Judit selbst ist durch ihren Namen als Repräsentantin des Volkes ausgezeichnet;[373] ähnlich wie Juda übernimmt sie Verantwortung für das Leben der mit ihr lebenden Menschen.[374] Ihre Darstellung erinnert an Debora und Jael[375] und trägt so dazu bei, dass das Geschehen des Juditbuches sich als Reflexion der unter den RichterInnen er-

---

[368] Jdt 16,5: κύριος παντοκράτωρ ἠθέτησεν αὐτοὺς ἐν χειρὶ θηλείας – *JHWH, mächtig über alles, machte sie zunichte durch die Hand einer Frau.*

[369] S.u. S. 186f.; 286.

[370] Dazu C. RAKEL 2003b.

[371] Mit M. HELLMANN 1992, 90f.; P. SKEHAN 1986, 96–98. Jdt 16,2 übernimmt dabei die durch die LXX-Fassung erfolgte Änderung der Aussage von Ex 15,3: Während der hebräische Text *JHWH ist ein Kriegsmann* (יְהוָה אִישׁ מִלְחָמָה) hat, liest die LXX genau entgegengesetzt *JHWH zerschlägt Kriege* bzw. *ist einer, der Kriege zerschlägt* (κύριος συντρίβων πολέμους).

[372] E. ZENGER 2004, 835.

[373] Mit M. HELLMANN 1992, 113.

[374] Dabei geht es ihr zwar zunächst darum, dass das Volk überhaupt überleben kann; untrennbar damit verbunden ist aber auch die Frage der Wahrung der eigenen Identität, die sich etwa an der Frage kristallisiert, wer als Gottheit anzubeten ist – und die Kombination beider Elemente ist in Schrift wie jüdischer Tradition eng mit der Gestalt Judas, oft gegen Josef, verknüpft; vgl. A. WILDAVSKY 1993, pass.; ders. 1994; J. EBACH 2003c.

[375] Zur Erzählung aus dem Richterbuch finden sich deutliche Stichwortverbindungen; vgl. etwa Jdt 9,10 mit Ri 4,9 oder auch Judits Charakterisierung in der Rolle einer ›Mutter in Israel‹ (Jdt 16,4 stellt eine Ausformulierung des für Debora in Ri 5,7 verwendeten Titels dar). Auch das übergeordnete Element der Rettung des Volkes durch eine Frau ist für beide Erzählungen zentral.

langten Befreiung von den kanaänischen Herrschern lesen lässt. Zugleich übernimmt sie die Rolle Mirjams und auch die Rolle des Mose.[376]

---

[376] »Vor allem ist Judit eine Figuration der Mirjam und des Mose – ja des Exodusgottes selbst. ... Wie Mirjam nach der Rettung Israels am Meer vor dem Pharao führt Judit an der Spitze der tanzenden Frauen den Sieges- und Festzug hinauf nach Jerusalem an. Mehr noch: Sie übernimmt dabei die im Exodusbuch dem Mose zugeschriebene Rolle, indem sie das Lied des Mose (Ex 15,1–18) zitiert und bedeutsam variierend fortschreibt.« (E. ZENGER 2004, 835). I. FISCHER zeigt auf, dass derartige »Cross-gender-Phänomene« (2004a, 46) sich in der Hebräischen Bibel sowohl in den Erzelternerzählungen als auch in der späteren Volksgeschichte finden. »Die Textzusammenhänge laufen ... nicht konform mit der Geschlechterlinie, sondern übergreifen diese und stellen damit auch die Geschichte des Volkes und seiner Führungsfiguren als das dar, was geschlechterfair wahrgenommene Geschichte bis heute ist. Die Geschichte der Menschen ist als die Geschichte *beider* Geschlechter zu schreiben, soll sie *menschliche* Geschichtsschreibung sein.« (ebd. 44–48, 48, Hervorhebung im Text); dazu grundlegend auch C. RAKEL 2003a, 248–272.

3.   Exoduslektüre – nach der Schrift

> Τοῖς τὰς ἱστορίας συγγράφειν βουλομένοις οὐ μίαν οὐδὲ
> τὴν αὐτὴν ὁρῶ τῆς σπουδῆς γινομένην αἰτίαν, ἀλλὰ
> πολλὰς καὶ πλεῖστον ἀλλήλων διαφερούσας. (Ant
> 1,1/0,1)[1]

Was Flavius Josephus als ersten Satz seiner *Antiquitates* formuliert, eignet sich gut als Motto für das folgende Kapitel: Es wird darum gehen, den unterschiedlichen Zielsetzungen auf die Spur zu kommen, die die vorgestellten Exoduslektüren verfolgen. Dabei sind verbindende Elemente ebenso im Blick wie die je spezifische Ausrichtung, Art und Intention der einzelnen Schrift.

Die zwischentestamentliche Zeit ist eine Zeit großer literarischer Produktivität, in der Schriften verschiedenster Provenienz sich mit dem einen Thema der Lektüre der Schrift in ihrer aktuellen Zeit befassen.[2] Die erste Gemeinsamkeit dieser Schriften besteht darin, dass sie alle nicht zum Kanon *der Schrift* gehören.[3] Ihnen ist weiter gemeinsam, dass sie die Schrift als Autorität kennen und anerkennen, dass es in ihnen also nicht um die fortschreibende Erweiterung des Kanons geht, sondern darum, dessen Inhalte auf ihre jeweilige Gegenwart hin transparent werden zu lassen und dies in der Form einer je eigenen Lektüre, wie sie jede Form der Nach-, Um- und Neuerzählung darstellt,[4] zum Ausdruck zu bringen. So formuliert ECKART REINMUTH für Ps-Philo:

> »[E]r produziert … deshalb einen fiktionalen Text, weil er vergangene Geschichte deuten und damit gegenüber dem Adressatenkollektiv zu einer theologisch verantworteten Identitätsfindung beitragen und diese bearbeiten will.«[5]

Diese Gruppe von Texten firmiert in der wissenschaftlichen Diskussion meist unter der Überschrift ›rewritten bible‹ und ist nach CRAIG A. EVANS und JAMES A. SANDERS als »earliest form of reapplication of Scripture«[6] zu verstehen.

›Rewritten bible‹-Texte rekurrieren auf die Schrift, aber die Schrift ist nicht die einzige Quelle, aus der sie schöpfen: Neben ihr greifen sie auf andere Traditionen zurück, die zu ihrer Zeit im Umlauf waren, auf Anfragen und Anfeindungen ebenso wie auf Ausschmückungen, die manche biblische Erzählfigur in (noch) hellerem Licht erstrahlen ließen.[7]

---

[1] *I see that those who wish to compose histories do not have one and the same motive for their zeal; rather, their reasons are many and very different from one another.* Englische Übersetzungen der *Antiquitates* folgen L. FELDMAN 2000.

[2] »Die zwischentestamentliche Literatur kennt eine Reihe solcher Neuerzählungen, die einzelne Motive und Geschichten der biblischen Tradition aufnehmen und in veränderten Zeitumständen und mit neuen Personen nacherzählen.« (A. STANDHARTINGER 2003, 74) Zur grundsätzlichen Frage, welche Literatur in diese Schriftensammlung, die sog. Pseudepigrapha, zu rechnen sei, sowie zu Überlegungen, inwiefern eine Abgrenzung von ›jüdischen‹ und ›christlichen‹ Teilen innerhalb dieser Schriften mindestens problematisch ist, verweise ich auf M. DE JONGE 2002, v.a. 371–373. Als gemeinsames Charakteristikum hat D.J. HARRINGTON 1986, 239f. festgehalten »the effort to actualize a religious tradition and make it meaningful within new situations.«

[3] Mit ›Schrift‹ sind in meiner Arbeit Hebräische Bibel wie LXX gemeint, da es hier nicht bzw. nur in Einzelfällen um die Diskussion der auslegenden Übersetzung geht, als die die LXX zu verstehen ist, sondern um ihrer beider Rolle als Bezugsrahmen für die folgenden Exoduslektüren.

[4] S.o. S. 49ff.

[5] E. REINMUTH 1994, 9.

[6] Dies. 1993, 3.

[7] K. SCHMID stellt angesichts des in biblischen Texten durchgängig wahrzunehmenden Phänomens, dass Text und Kommentar nicht zu trennen sind, dass vielmehr jeder Text zugleich ein Kommentar eines anderen oder eher mehrerer anderer Texte ist, die Frage, wie sich diese Wahrnehmung auf das

Die folgenden Abschnitte der Untersuchung konzentrieren sich auf drei unterschiedliche Möglichkeiten der Exoduslektüre, enthalten im *Jubiläenbuch*, im *Liber Antiquitatum Biblicarum* Pseudo-Philos und in den *Antiquitates Judaicae* des Josephus. Damit ist ein Zeitraum in den Blick genommen, der mit dem Jubiläenbuch ungefähr in der Mitte des zweiten Jahrhunderts vor der christlichen Zeitrechnung einsetzt[8] und sich bis zum Ende des ersten bzw. Anfang bis Mitte des zweiten Jahrhunderts[9] christlicher Zeitrechnung erstreckt. Sie alle entstammen also einer Zeit, in der jüdisches Denken und Schreiben zentral von der Auseinandersetzung mit hellenistischen, griechisch-römischen Einflüssen bestimmt war – und zeigen doch ganz verschiedenartige Umgangsformen mit ›dem Hellenismus‹. Ebenso unterschiedlich wie ihre geographische Provenienz[10] sind ihre inhaltliche Ausrichtung, die Gruppe derer, die sie erreichen wollen, und ihre Zielsetzung. In unterschiedlich starker Ausprägung sind die hier betrachteten Texte bereits Gegenstand der Forschung bzw. konkret auf ihre Beziehung zum lukanischen Werk untersucht worden. Über die Frage der Beziehung des Josephus zu den neutestamentlichen Schriften, gerade auch zum lukanischen Werk, herrscht eine intensive Auseinandersetzung in der Wissenschaft.[11] Für den LAB gestaltet sich die Sachlage schon etwas anders: Zwar zeigt die in den letzten zehn Jahren ständig steigende Zahl der Untersuchungen, die sich mit dem LAB beschäftigen, dass das Potential, das dieser Schrift für ein tiefer gehendes Verständnis der jüdischen Literatur der ersten zwei Jahrhunderte – und damit auch der neutestamentlichen Texte – eignet, mehr und mehr zur Kenntnis genommen wird. Auf der Ebene der Beobachtung und Analyse der Kompositionsstrategien Ps-Philos ebenso wie in Fragen seiner hermeneutischen Grundlegung und seines Schriftbezuges sind entscheidende Beobachtungen bereits gemacht worden. Nachdem zudem in einer Reihe früherer Arbeiten auf einzelne, vor allem sprachliche,

---

Kanonsverständnis auswirkt, und stärkt dadurch die Position der nichtkanonischen Texte erheblich: »Verschwimmt die Grenze zwischen Text und Kommentar, da der Text selbst immer auch schon Kommentar ist, so hat dies auch Folgen für das Kanonsverständnis: Innerbiblische und nachbiblische Auslegungen lassen sich nicht mehr so sorgfältig trennen, wie dies im Gefolge der Inspirationstheorien der Orthodoxie gerne vertreten wurde..., sondern gewinnen einen grundsätzlich egalitären Status: Nachbiblische Auslegungen *können* Sachkritik an biblischen Positionen üben. Das heißt nicht, daß damit der Kanon verabschiedet werde; was verabschiedet wird, ist lediglich ein gesetzliches Kanonsverständnis: Das Kanonische an den biblischen Büchern ist nicht ihr Buchstabe, sondern ihre Verweisstruktur, deren inhaltliche Füllung aber je und je sachlich kritisierbar ist.« (ders. 1999b, 129; Hervorhebung i. Text). SCHMIDs Formulierung vom ›gesetzlichen Kanonsverständnis‹ ist nicht sehr glücklich, weckt sie doch angesichts einer langen Geschichte antijüdischer Schriftauslegung die Erinnerung an eben diese, auch wenn SCHMID selbst sicherlich ein anderes (gegnerisches) Gegenüber vor Augen hat.

[8] Die Zeitspanne wird kleiner, wenn die griechische Übersetzung des Jub als Anhaltspunkt genommen wird; mit ihr ist nicht lange vor 70 n.Chr. zu rechnen. S.u. S. 133.

[9] Angesichts der unklaren Datierungslage des LAB ist nicht auszuschließen, dass auch die Zeit des zweiten jüdischen Befreiungskrieges gegen Rom noch miteinbezogen ist; s.u. S. 155.

[10] Während Jub und LAB mit an Sicherheit grenzender Wahrscheinlichkeit in Israel (K. BERGER 1981, 299 geht für Jub konkret von Jerusalem aus) entstanden sind, hat Josephus die *Antiquitates* wie seine übrigen Schriften in Rom verfasst.

[11] Vgl. neben der trotz ihres – in wissenschaftlicher Perspektive – eher ›zarten‹ Alters schon ›klassischen‹ Einführung von S. MASON (ders. 2000a, zu Lk-Apg v.a. 270–325) auch C. GERBER 2004, die zur Frage nach der ›Wahrheit‹ im Streit divergierender Aussagen von NT und Josephus zum Schluss ihres Beitrags festhält: »So ergänzen, erklären und korrigieren sich beide Textkorpora, das Neue Testament und die Schriften des Josephus. Vergleichen wir beide Darstellungen, erhalten wir ein Gefühl dafür, wie stark die Sicht des Autors, sein politisches und theologisches Interesse und das erwünschte Publikum das jeweilige Bild einfärben. Das historische Geschehen selbst müssen wir hinter den Texten suchen. Doch ›Wahrheit‹ besteht nicht einfach in der ›Historizität‹ eines geschichtlichen Ereignisses, sondern in seiner Bedeutung. Über die nachzudenken, mag gerade die Geschichtsschreibung des Josephus Christinnen und Christen noch heute anzuregen.« (22).

Parallelen zwischen dem LAB und den neutestamentlichen Texten generell hingewiesen wurde, ohne dass die Beziehung zwischen dem LAB und dem lukanischen Doppelwerk Gegenstand eigener Analyse gewesen wäre,[48] hat ECKART REINMUTH mit seiner 1994 erschienenen Habilitationsschrift ›*Pseudo-Philo und Lukas: Studien zum Liber Antiquitatum Biblicarum und seiner Bedeutung für die Interpretation des lukanischen Doppelwerks*‹ dies ausführlich geleistet.[49] Allerdings ist seine Intention von der Absicht der vorliegenden Untersuchung insofern zu unterscheiden, als es ihm grundsätzlich um die Ähnlichkeiten zwischen beiden Schriften und damit zentral um den Nachweis des jüdischen Hintergrundes des Lukas zu tun ist,[50] er sich also thematisch-inhaltlich nicht an einen bestimmten Motivzusammenhang gebunden sieht. Was schließlich das Jubiläenbuch angeht, gehört eine ausführliche Untersuchung seiner Bezüge nach wie vor zu den Desiderata (nicht nur) neutestamentlicher Wissenschaft.

4. Das Jubiläenbuch und die ›Satanisierung‹ der Exodusüberlieferung[51]

Das Buch der Jubiläen[52], in seiner hebräischen Erstfassung[53] Mitte des zweiten Jahrhunderts vor unserer Zeitrechnung entstanden und in griechischer Übersetzung zur Zeit des Lukas mit großer Wahrscheinlichkeit schon verbreitet,[54] versteht sich in

---

[48] So etwa L. FELDMAN 1971. P. BOGAERT betont bereits eine »très curieuse parenté« zwischen LAB und Lukas (ders. 1978, 317).

[49] S. dazu die sehr positive Rezension von F.J. MURPHY 1996.

[50] E. REINMUTH streicht als Motivation seiner Beschäftigung mit dem lukanischen Doppelwerk heraus, dass er so eine Möglichkeit sähe, »das die Forschung bis heute weitgehend bestimmende Bild vom ›Hellenisten‹ Lukas zu überprüfen und zu korrigieren«, was dann gelingen könne, wenn Lukas' »substantielle Übereinstimmung mit frühjüdischen Voraussetzungen aufzuweisen wäre.« (ders. 1994, 131) B.N. FISK 2001, 29, Anm. 42 schätzt Reinmuths Beurteilung des Lukas allerdings als »overly Jewish« ein; ähnlich F.J. MURPHY 1996.

[51] H. SPIECKERMANN 1994 beschreibt die Darstellung des Hiobbuches als Satanisierung Gottes. In dieser Lektüre wird deutlich, dass die Einführung der Figur des Satan eine erzählerische Notwendigkeit für die Hiobnovelle war, dass es für ein angemessenes Verständnis aber gerade darum gehen muss, »das erzählerisch notwendige Gegenüber von Gott und Satan *theologisch* in seiner *Identität* [zu] erkennen.« (ebd., 435). In der Analyse der Rolle Mastemas, d.h. des Satans, wird sich zeigen, dass im Jubiläenbuch ganz ähnlich operiert wird. S. u. S. 145ff.

[52] Stellenverweise und Zitate aus Jub folgen der deutschen Textausgabe von K. BERGER 1981.

[53] Obgleich die heutige wissenschaftliche Arbeit zumeist auf der äthiopischen Ausgabe des Jub beruht, welche wiederum eine Übersetzung aus dem Griechischen darstellt, ist aufgrund der Tatsache, dass die in Qumran gefundenen Fragmente alle hebräisch sind, davon auszugehen, dass Jub ursprünglich in hebräischer Sprache verfasst wurde; vgl. K. BERGER 1981, 285 sowie C. MÜNCHOW 1981, 43. Hinzu kommt, dass Jub 12,26, indem hier das Hebräische als die Sprache der Schöpfung vertreten wird, die Beherrschung dieser Sprache als Ideal vertritt; vgl. dazu K. MÜLLER 1993, 158ff sowie K. BERGER 1981, 396.

[54] Vgl. S. SCHREIBER 2002, 66, Anm. 29; K.-H. OSTMEYER 2002, 39; K. SCHMID 1999, 324; A. STROTMANN 1991, 227; G. SCHELBERT 1988, 285f.; D.J. HARRINGTON 1986, 243f.; K. BERGER 1981, 299f.; ders. 1998, 594 sowie für einen Überblick über die älteren Datierungsansätze J.C. VANDERKAM 1977, 207ff. Die genauere Datierung schwankt zwischen einer Entstehung in der Zeit des Hohepriesters Menelaos (172 - 162 v.Chr.) (O. H. STECK 1967, 157, Anm.5), ca. 150 v.Chr. (B. LANG 1995, 396), 145–140 v.Chr. (K. BERGER 1981, 300) und als spätestem Termin der Zeit unter Johannes Hyrkan I. (erwogen von B. LANG 1995, 396). Für den Zweck meiner Arbeit ist die Festlegung auf einen der vorgeschlagenen Termine nicht erforderlich. Interessant ist hier vielmehr die Frage, ab wann mit einer griechischen Übersetzung des Jubiläenbuchs zu rechnen ist. Wenngleich aufgrund des dürftigen Quellenbestandes eine sichere Datierung nicht zu leisten ist und einzig das Jahr 200 n.Chr. als Terminus ad quem feststehen dürfte (vgl. K. BERGER 1981, 289; G. SCHELBERT 1988, 285), erscheint mir BERGERs Argumentation für eine Entstehung der griechischen Übersetzung noch im ersten nachchristlichen Jahrhundert, noch vor 70 n.Chr. (ebd., a.a.O., 289, Anm.9) doch sehr plausibel:

seiner Gesamtheit als »Wiedergabe der Sinaioffenbarung an Mose«, als »eine Art Gegenstück zum Dtn.«[55]

Das Jubiläenbuch teilt mit einer ganzen Reihe anderer zwischentestamentlicher Schriften[56] die Intention, Jüdinnen und Juden in der Konfrontation mit den herrschenden Fremdvölkern ihrer eigenen Identität zu versichern:[57]

> »[T]here appeared a series of writings which exhorted pious, Torah-abiding Jews to stand fast in the face of persecution, confident of swift divine judgement against their enemies.«[58]

Dieser Versuch der Identitätsstiftung geht im Jubiläenbuch einher mit der deutlichen Forderung der absoluten Unterscheidung und Abgrenzung von den Völkern,[59] denen Unreinheit und Schande (Jub 1,9) ebenso vorgeworfen werden wie die Verehrung von Toten und Dämonen (22,17).[60] Schließlich werden die Völker in gleicher Weise wie die Dämonen dafür verantwortlich erklärt, Israel zur Sünde gegen JHWH zu zwingen, wie es in der Bitte des Mose für das Volk zum Ausdruck kommt:

> *Und liefere sie nicht aus in die Hand der Völker, so daß diese sie beherrschen, und daß sie sie nicht zwingen, daß sie sündigen vor dir. (1,19)*

Im Unterschied zur biblischen Darstellung ist Mose nicht nur Empfänger der Offenbarung der Gebote JHWHs, sondern wird vielmehr zum Offenbarungsmittler der

---

»Denn für Juden aus dieser Zeit sind Interesse und Sprachkenntnisse für die Übersetzung eines so umfangreichen Werkes am ehesten annehmbar.« (ebd., a.a.O.).

[55] K. BERGER 1981, 279; vgl. auch die Beobachtungen G.E.W. NICKELSBURGs (1981, 72) zur Pseudepigraphie. Die deuteronomistische Ausprägung von Jub zeigt sich deutlich im Geschichtsbild, wie es direkt zu Beginn gezeichnet wird, wenn JHWH von den Sünden des Volkes spricht, um derer willen er das Volk in die Hand von Fremdvölkern ausliefern wolle, es jedoch befreien und zurückführen werde aus allen Völkern, wenn Israel sich mit ganzem Herzen, ganzer Seele und aller Kraft zu ihm, JHWH, zurückwenden werde (Jub 1,13ff; zu den Reminiszenzen an dtr Gedankengut, konkret z.B. an Dtn 28ff v.a. in Jub 1 sowie 23,16ff vgl. G.E.W. NICKELSBURG, a.a.O., 76–78; A. STROTMANN 1991, 230–232; O. H. STECK 1995, 445ff; ders. 1996, 70ff.

[56] Vgl. neben den Makkabäerbüchern weiter die Texte aus Qumran oder auch mit je eigenen Schwerpunkten Pseudo-Philos *Liber Antiquitatum Biblicarum* und die *Antiquitates Judaicae* des Flavius Josephus, auf die noch näher einzugehen sein wird (S. 154ff; 190ff).

[57] Für Jub hat das gesamte Volk priesterlichen Charakter (Jub 33,20); dass daraus ein deutliches Abgrenzungsbedürfnis gegenüber den ›Anderen‹ entstand, das zur Zeit der Qumrangemeinschaft auch nach innen, also innerhalb Israels, ausstrahlte, liegt auf der Hand. Zwischen dem Jub und Qumran besteht in vielen Punkten große Ähnlichkeit, wie besonders ein Vergleich mit CD deutlich macht. Während P. V.D. OSTEN-SACKEN 1969, 199 davon ausgeht, dass CD älter sei und zumindest in einigen Punkten gleichsam Vorbildcharakter für das Jub habe, wertet K. BERGER 1981, 295 m. Anm.1, das Verhältnis genau umgekehrt und spricht davon, dass »Jub und CD zueinander im Verhältnis von Programmschrift und Ausführung" (a.a.O.) stünden.

[58] G.E.W. Nickelsburg 1981, 72.

[59] Das bringt E. SCHWARZ zur Geltung, wenn er seiner Arbeit (1982) den programmatischen Titel ›Identität durch Abgrenzung‹ gibt. Ähnlich R. DEINES, wenn er in seinen Überlegungen zu den religiösen Hintergründen der jüdischen Aufstandsbewegung von »Reinheit als Waffe im Kampf gegen Rom« schreibt (ders. 1994, 70; vgl. weiter ebd., 78ff).

[60] Jub 22,16f. fasst die Ablehnung der Völker in der Abschiedsrede Abrahams an Jakob zusammen: *Trenne dich von den Völkern und iß nicht mit ihnen, und handle nicht nach ihrem Werk und sei nicht ihr Gefährte! Denn ihr Werk ist Unreinheit, und alle ihre Wege sind befleckt und Nichtigkeit und Abscheulichkeit. Und ihre Opfer pflegen sie den Toten zu schlachten, und die Dämonen beten sie an. Und auf ihren Gräbern essen sie. Und all ihr Werk ist nichtig.* Darauf, dass es in dieser massiven Form der Abwehr von Fremdvölkern zentral um die Rolle der Verfasserinnen und Verfasser des Jubiläenbuches geht, verweist schon C. MÜNCHOW 1981, 58f.: »Die Schärfe der Abgrenzung von den Heiden ist ein Hinweis auf die Schärfe der Konfrontation mit dem Hellenismus z.Z. der Abfassung des Jub. Die Akzentuierung einiger Themen bei der ethischen Belehrung ist darum auf dem Hintergrund der Auseinandersetzungen der frühen Makkabäerzeit erst voll verständlich und läßt zugleich Rückschlüsse auf den Trägerkreis bzw. das Selbstverständnis der Gruppe zu, der das Jub. entstammt.«

gesamten in den Büchern Genesis bis Levitikus erzählten Ereignisse.[61] Es geht den Verfasserinnen und Verfassern des Jubiläenbuches also primär darum, zwischen den Geboten und den Überlieferungen über die Erzeltern eine Verbindung herzustellen, sodass die Erzählungen über die Erzeltern als exemplarische Darstellungen bzw. Ableitungen der Gebote dienen:[62] Mittels der *Tafeln des Himmels* (Jub 3,10; 6,17; 15,25 u.ö.), deren Weisungen auch für die im Himmel lebenden Wesen gelten (z.B. Jub 2,30; 6,17f.; 15,27), lebten bereits Noah und die Erzeltern nach den Mose offenbarten Bestimmungen der Tora, feierten etwa die drei Hauptfeste der Tora:[63] »So werden die Erzväter inklusivisch der Mosetradition eingeordnet.«[64] Mit anderen Worten: »[D]ie Geschichte Israels ist nach Jub von Anfang an eine Mosegeschichte.«[65]

Das Jubiläenbuch verdeutlicht ein eigenes Verständnis der Zuordnung von Geschichte und Offenbarung: »Jub [liefert] als Offenbarung den hermeneutischen Schlüssel für die vorangegangene Geschichte".[66] Damit ist zum einen erreicht, dass Mose über die Position als Empfänger der Gebote hinaus nun zum Kreis der »apokalyptischen Offenbarungsempfänger"[67] hinzugezählt werden kann, zum anderen kann die Verfasserinnen- und Verfasserschaft des Jubiläenbuches ihre eigenen Grundanliegen[68] mit Hilfe der Zuordnung von Sinaitora und Erzelternerzählungen in anschaulicher Form vermitteln. Dabei liegt die Betonung deutlich darauf, dass der Beginn der eschatologischen Heilszeit davon abhängt, dass ›das Volk‹ sich von den

---

[61] »So wie im Dtn Mose der autoritative Sprecher und Offenbarungsmittler ist, wird im Jub nunmehr geklärt, daß genauso auch hinter der gesamten Überlieferung von Gen bis Lev Mose als verantwortliche Autorität steht." (K. BERGER, a.a.O.); Zwar ›firmiert‹ das Jubiläenbuch in der Literatur an einigen Stellen noch unter der Überschrift ›Kleine Genesis‹, aber auch M. MÜLLER 1996, 238 macht darauf aufmerksam, dass dieser Titel insofern irreführend ist, als die Darstellung des Buches einen weitaus größeren Textbereich umfasst. G.E.W. NICKELSBURG 1981, 72; H. HAAG 1974, 227 sowie G. STEMBERGER 1977, 35 sehen in Jub nur die Ereignisse Gen-Ex 12 dargestellt. Zunächst ist dagegen zu sagen, dass selbst auf der Ebene des Erzählfadens die Darstellung bis zur Rettung am Schilfmeer (Ex 14) erfolgt (allerdings in anderer Reihenfolge – die ›prominente‹ Schlussposition erhält in der Tat das bibl. Kapitel Ex 12). Hinzu kommt, dass K. BERGER grundsätzlich insofern Recht zu geben ist, als im Jubiläenbuch in diesen Erzählfaden auch Bestimmungen der Tora aus den Gesetzeskorpora in Lev integriert sind.

[62] So auch K. SCHMID 1999, 324. K. MÜLLER wertet den selben Sachverhalt genau umgekehrt: Die Weisungen, die Mose Israel mitzuteilen habe, seien nichts anderes »als eine *Wiederholung* und *Nachbildung* dessen, was vorher längst die Praxis der ›Väter‹ und ihrer ›Söhne‹ gewesen war.« (ebd. 1993, 167; Hervorhebung i. Text; s. a. 172f.). Aufgrund dieser Perspektive kann K. MÜLLER auch zu dem Schluss kommen, die Verfasserinnen und Verfasser des Jub werteten ihre eigene im Jub formulierte Halacha höher als die Tora (ebd., a.a.O., 176, Anm.30). Diese Schlussfolgerung ist m.E. nicht mit Anliegen und Tenor des Jubiläenbuches zu vereinbaren, v.a. nicht in Einklang zu bringen mit der Beobachtung, dass zur Entstehungszeit des Jub die Ausbildung des Kanongedankens schon entwickelt war; so auch G.E.W. NICKELSBURG 1984, 89, der die zu beobachtende Nähe von Jub und ähnlichen Schriften zu den biblischen ›Vorlagen‹ als »reflection of their developing canonical status« versteht.

[63] So z.B. Jub 44,5f.: Jakob feiert als Israel das Wochenfest. Zur Diskussion um die inhaltliche Füllung des Wochenfestes durch das Jubiläenbuch, konkret: zur Frage, inwiefern hier schon die Feier der Gabe der Tora in den Blick kommen könnte, vgl. die Diskussion bei S. SCHREIBER 2002, 66–68 sowie M. MÜLLER 1996, 238–257, v.a. 246.255; zur inhaltlichen Füllung im LAB s.u. S. 179 mit Anm. 334; Überlegungen zum lkDW oben S. 70 m. Anm. 273.

[64] K. SCHMID 1999, 325; ähnlich schon C. MÜNCHOW 1981, 44: Das Jubiläenbuch sei durch das Einleitungskapitel in seiner Gesamtanlage »der Mosetradition untergeordnet, auf die das Buch hinsteuert.«

[65] K. SCHMID, a.a.O., 326; ähnlich auch O. PIPER 1957, 5; M. MÜLLER 1996, 242.

[66] K. BERGER, a.a.O.

[67] Ebd., a.a.O., 280; ganz ähnlich C. MÜNCHOW 1981, 44.

[68] K. BERGER 1981, 282, Anm. 16 nennt als hauptsächliche paränetische Anliegen des Jubiläenbuches: Einhaltung des Sabbats und der Feste, Vermeidung des Blutessens und der Nacktheit, der Mischehen und des Umgangs mit Verwandten, Beschneidung und alle Absonderungen von den Heiden (kein gemeinsames Essen).

herrschenden Autoritäten ab- und den durch die Tora in Gestalt von Geboten und paradigmatischen Überlieferungen überlieferten echten Autoritäten zuwendet:

> »obedience to ›the laws‹ and ›the commandments‹ as he [= d.Verf. von Jub; K.S.] expounds them and a return to the ›paths of righteousness‹ as he reveals them are a *sine qua non* for the coming of the eschaton (23:26).«[69]

Im Erzahlverlauf des Jubiläenbuches nimmt der Aufenthalt in Ägypten und der anschließende Auszug Israels quantitativ wenig Raum ein.[70] Dennoch ist festzuhalten, dass das Jubiläenbuch in der Rahmung des ersten Kapitels (1,1–4.27–29) die geschilderte Offenbarungsrede, die Mose vom Engel des Angesichtes (1,27) mitgeteilt wird, zur Gänze im Sinaikontext situiert: *Und es geschah im ersten Jahr beim Auszug der Kinder Israels aus Ägypten, im dritten Monat, am Sechzehnten dieses Monats ... und Mose war auf dem Berg vierzig Tage und vierzig Nächte.* (1,1.4) Während dieser Zeit bekommt er vom Engel die gesamte Abfolge der Geschichte seit der Erschaffung der Welt mitgeteilt (2,1ff). Darüber hinaus erinnert Mose im Vollzug der Geschichtsschau JHWH an den Auszug aus Ägypten und benennt diesen als Dreh- und Angelpunkt der Beziehung zwischen JHWH und Israel: *Sie sind dein Volk und dein Erbe, das du errettet hast mit deiner großen Macht aus der Hand der Ägypter.* (1,21)[71]

4.1   Formales zum Stil der Exodusdarstellung im Jubiläenbuch

Die Kapitel 46–49 schildern die Ereignisse aus Ex 1–14, wobei das Passahfest, seine Herleitung und die damit verbundene Halacha[72] (Kap. 49) den Flucht- und Zielpunkt bilden, auf den die ganze Erzählung zuläuft.[73]

Die Darstellung des Exodus folgt der durch die Rahmenhandlung des Buches vorgegebenen Perspektive, d.h. aus der Perspektive des *Engels des Angesichts*,[74] der Mose

---

[69] G.E.W. NICKELSBURG 1984, 101.

[70] Von den fünfzig Kapiteln des Buches thematisieren nur die Kap. 46–49 die Situation in Ägypten zwischen dem Tod Josephs und dem Auszug. »[D]er Auszug aus Ägypten wird in Jub zwar erwähnt, doch die Heilszeit ist wiederum nicht nur auf dieses Ereignis bezogen, sondern umfaßt die Väterzeit bis zum Beginn der Drangsalierung der Juden in Ägypten." (K.BERGER 1981, 280).

[71] Jub 1,20f. greift unübersehbar auf Dtn 9,26–29 zurück. Allerdings nimmt die Fassung des Jubiläenbuches der konfrontativen Kommunikation zwischen JHWH und Mose eine entscheidende Spitze, indem das Argument ausgespart wird, JHWH gebe mit der Vernichtung Israels den Ägypterinnen und Ägyptern Recht. Diese vermuteten nämlich, dass JHWH das Volk aus Ägypten herausgeführt habe, um die Israelitinnen und Israeliten in der Wüste zu töten (Dtn 9,28; s. auch Ex 16,3; Num 14,16; Dtn 1,27; Jos 7,7–10 u.ö.).

[72] Wenngleich der Terminus Halacha nicht ohne weiteres so ausgeweitet werden sollte, dass nahezu »alle ethische Belehrung mit H. gleichgesetzt werden« (M. LATTKE 1986, 387) kann, ist für das Jubiläenbuch seine Verwendung insofern sachgerecht, als es zum Teil Halacha enthält, »die älter ist als die der tiefsten Schichten der Mischna.« (ebd., a.a.O.).

[73] Die Erinnerungen an die geschichtliche Situation rahmen das Kapitel; Jub 49 ist damit ein hervorragendes Beispiel für die Grundstruktur von Jub, die Wichtigkeit bestimmter halachischer Anliegen durch die Verbindung mit ›historischen‹ Gegebenheiten zu unterstreichen. Gerade für die Darstellung des Passafestes trifft dies natürlich auch schon auf die biblischen Berichte zu. So betont etwa Ex 12,24 die ›ewige Gültigkeit‹ der Passabestimmungen und so schärfen Ex 12,26f. deren Tradierung an die kommenden Generationen ein. Aktualisierung bzw. Übertragung auf die Gegenwart ist also eine Form des Umgangs mit biblischen Inhalten, die Jub schon aus der Schrift selbst kennt. Insofern nimmt es nicht Wunder, dass Jub 49,16–21 etwa die Passabestimmungen aus Ex 12 noch um den Jerusalemaspekt (aus Dtn 16,5–7) erweitert. Selbst die Erzählung der Rettung am Schilfmeer wird diesem Prinzip untergeordnet, indem sie bereits in Kap. 48 kurz umrissen wird, ihre Schlüsselposition als Abschluss und Höhepunkt des ersten Teils der Exoduserzählung jedoch verliert (einzig in 49,23 wird nochmals darauf angespielt, wobei auch hier das ›Vollenden des Passah‹ im Mittelpunkt steht: *Denn dieses Fest habt ihr in Eile gehalten, als ihr aus Ägypten ausgezogen seid, bis ihr durch das Meer gezogen seid in die Wüste Sur. Denn am Ufer des Meeres habt ihr es vollendet.*)

[74] Dies wird deutlich in 48,4.13.16 u.ö.

des öfteren in der 2. Pers. Sg. direkt anspricht.[75] Diese Perspektive erklärt einige inhaltliche Auffälligkeiten: Ist Mose auf der Erzählebene Erstadressat, so ist es nur folgerichtig, dass z.B. die Darstellung seiner Beauftragung durch JHWH am Gottesberg (Ex 3f.) in Jub 48,2a radikal gekürzt erscheinen kann: *Und du weißt, was er mit dir geredet hat auf dem Berge Sinai*. Ebenso verstehen lässt sich, dass im Gegensatz zur biblischen Erzählung jede Kommunikation mit dem König von Ägypten fehlt, und dass die Plagen nur in einer knappen Auflistung Erwähnung finden (48,5–8), weil es auf der Kommunikationsebene des Jubiläenbuches schlicht überflüssig wäre, Mose die Situationen, in denen er allein mit seinem Gegenüber oder aber doch zumindest hauptverantwortlich für den Verlauf der Ereignisse gedacht war, noch einmal detailgetreu ›nachzuerzählen‹.[76] Auf der Ebene der Interaktion zwischen denjenigen, die das Jubiläenbuch verfasst haben, und denen, die es rezipieren, ist so ein deutliches Signal dafür gegeben, dass die Erstgenannten erhebliche Kenntnisse der biblischen Traditionen bei ihren Leserinnen und Lesern voraussetzen. Daraus folgt, dass das Jubiläenbuch sich nur an einen (mehr oder minder engen) Kreis jüdischer Menschen richten kann, die aufgefordert werden, noch stärker als bisher zu den ihnen vertrauten Traditionen und Gewohnheiten zu stehen und diese auch im Kontext einer dominanten soziokulturell fremden Umgebung zu leben. Allenfalls könnten als Adressatinnen und Adressaten des Jub noch in bereits ziemlich hohem Maße ›vorgebildete‹ Proselytinnen und Proselyten vorgestellt sein. Darauf könnte die Darstellung des ›Wintersprachkurses‹[77] Abrahams (12,26f.) in hebräischer Sprache hindeuten, die als Sprache der Schöpfung bezeichnet wird (12,26) – wenn KLAUS BERGER Recht mit seiner Vermutung hätte, dass »Abraham auch darin Vorbild für Proselyten [ist], daß er einen Hebräischkurs absolviert.«[78]

4.2   Die Verarbeitung der ›Programmkapitel‹ (Ex 1–2) im Jubiläenbuch

Die Schilderung der Ereignisse von Ex 1–2 erfolgt auffallend ausführlich. In ihr zeigen sich einerseits inhaltliche Vorlieben des Jubiläenbuches: So ist die Zeit der Herrschaft Josefs in Ägypten als Heilszeit dadurch gekennzeichnet, dass sie als frei von

---

[75] S. z.B. 47,1 oder auch 48,1f. u.ö. Trotz dieser beobachteten besonderen Dynamik der Darstellung ist doch unbedingt festzuhalten, dass das Jubiläenbuch in vielem der biblischen Darstellung sehr genau folgt, an einigen Stellen den Text nahezu wortwörtlich wiedergibt; vgl. schon die Ansage der Unterdrückung in Ägypten an Abraham (14,13f.) in genauer Wiedergabe von Gen 15,13f. sowie für die Aufnahme von Ex 1–12 die Stellen 46,1.4f.13; 47,2. 6–9a u.ö. Im Unterschied zu Ex 1,22 MT verdeutlicht Jub 47,2 allerdings ähnlich wie Ex 1,22 LXX, dass es sich bei den gemeinten männlichen Kindern um die Kinder von Israelitinnen und Israeliten handelt. Dieser Tendenz zur Verdeutlichung folgt später z.B. auch die Darstellung des Josephus in Ant 2,206/2,9,2.

[76] Gleichzeitig wird auch hier die inhaltliche Schwerpunktsetzung des Jub deutlich: Natürlich kann aus der gerade vorgestellten Argumentation nicht der Fehlschluss gezogen werden, die Regelungen bezüglich des Sabbats (Kap. 50; Ex 12) seien Mose nicht bekannt und müssten daher erzählt werden. Gerade die Frage, wie die biblischen Gebote in der Situation des Jub bewahrt werden können, ist inhaltlich so zentral, dass hier eine ausführliche – in der Konkretion über die in Ex 12 formulierten Regelungen noch hinausgehende – Darstellung erfolgen muss.

[77] Nach Jub 12,27 nimmt Abraham die Bücher seiner Väter, die auf hebräisch geschrieben sind, schreibt sie ab und beginnt mit Hilfe des Engels sie zu lernen: *Und er lernte sie in den sieben Regenmonaten*. Nach Hen(äth) 2,3 beschreibt Regen den Winter im Ganzen; mit K. BERGER 1981, 396.

[78] Ders., a.a.O. Zum Sprachkurs Abrahams vgl. neben K. MÜLLER 1993, 158.160 auch M. HENGEL 1976, 209. Einer ähnlichen Zielsetzung entspringt auch die Prägung hebräischer Münzen während der jüdischen Aufstände gg. Rom im 1./2. Jh. n.Chr.; vgl. J.N. SEVENSTER 1968, 125; außerdem die Münzdarstellungen in REIFENBERG 1947, Nr. 137–151; 163–207; zu den Münzdarstellungen s. auch H.-P. KUHNEN 1994, 23.

Satan und allem Bösen beschrieben wird.[79] Und es wird betont, dass Mose zwar am ägyptischen Hof aufwächst (48,8f.), dennoch aber von seinem Vater Amram die Schrift lernt (48,9) und damit fest in der Tradition seiner Vorfahren verwurzelt ist:

> »Das Erlernen der Schrift ist ja nicht nur ein äußerlicher Akt, sondern – und deshalb wird es von allen ›wichtigen‹ Vätern berichtet – die Voraussetzung für das Lesen der Schriften der Väter und der himmlischen Tafeln. Mit dem Erlernen der Schrift durch den Vater tritt der Sohn in jene Tradition ein, die bis Adam reicht.«[80]

Andererseits machen gerade die Erweiterungen zu Ex 1–2 deutlich, dass das Jubiläenbuch keinesfalls eine zur biblischen Darstellung in bewusster Konkurrenz stehende Fassung der Exodusgeschehnisse liefern will. Bei aller Offenheit für eine eigene Schwerpunktsetzung ist Jub sehr daran gelegen, für die eigene Erzählung im biblischen Text zumindest Anhaltspunkte zu finden. So lässt sich der in 46,6–12 geschilderte Krieg zwischen Ägypten und Kanaan zum einen auf Ex 1,10 und die darin von Pharao geäußerte Angst vor einem Krieg beziehen;[81] zum andern aber liefert das Jubiläenbuch damit eine Erklärung dafür, dass die Leiche Josefs mumifiziert und bis zum Auszug Israels in Ägypten behalten werden musste, anstatt wie der Leichnam Jakobs in Hebron begraben zu werden (Gen 50):

> *Und er ließ sie schwören wegen seiner Gebeine, denn er wußte, daß die Ägypter ihn nicht wieder hinausbringen und begraben würden an dem Tage im Lande Kanaan. Denn Makamaron, der König von Kanaan, kämpfte ... mit dem König von Ägypten. ... Und es gab keinen, der hinausging, und keinen, der hineinging nach Ägypten.«* (46,6.7b)

Allerdings bleibt bei dieser Interpretation fraglich, warum Jub 46,9 ausdrücklich betont, dass die Leichname der Brüder Josefs noch nach Kriegsanbruch, wie der Vers offensichtlich sagen will, außer Landes gebracht und in Hebron beigesetzt werden können, ja, dass sogar einige derjenigen, die für die Überführung der Leichname verantwortlich waren, in Hebron blieben (46,10).[82] Diese in der Tat zunächst befremdlich wirkende Darstellung ist jedoch für den weiteren Verlauf – und für ein besseres Verständnis des zugrundeliegenden biblischen Textes – unabdingbar: Nur wenn, wie in 46,10 erwähnt, auch Amram zunächst in Hebron bleibt, kann er in 47,1 aus dem Land Kanaan kommen – und damit das וַיֵּלֶךְ aus Ex 2,1 in sinnvoller Weise aufgenommen werden.

Jub 46,16 berichtet im Anschluss an die eingeleiteten Unterdrückungsmaßnahmen und das geradezu parallel verlaufende Wachstum Israels davon, dass die Menschen Ägyptens die Kinder Israels für unrein hielten. Gerade angesichts der Tatsache, dass

---

[79] *Und es gab keinen Satan, und es gab überhaupt nichts Böses alle Tage des Lebens Josephs, die er nach seinem Vater Jakob lebte* (46,2; inhaltlich identisch schon 40,9); zu dieser Vorstellung als grundsätzlichem Kennzeichen der Heilszeit s.u. den Abschnitt zur Dämonologie des Jub (S. 148ff, bes. S. 151). Zu der maßgeblich von H. Conzelmann 1964 initiierten Debatte, inwiefern Lk die Zeit des irdischen Wirkens Jesu in ähnlicher Form als satansfreie Zeit verstanden wissen will, s.u. S. 325.

[80] K. Berger 1981, 540. Ähnlich wie Jub auch TestLev 13,2: *Lehrt aber auch ihr eure Kinder die Schrift, damit sie Verstand haben in ihrem ganzen Leben, lesend unaufhörlich das Gesetz Gottes.* Dagegen betonen andere Autoren die ägyptische Ausbildung des Mose; s. z.B. Apg 7,22; Philo, VitMos I,23f.; K. Berger vermutet wohl zu Recht hinter dieser Schilderung des Jub eine »antihellenistische Spitze«: »In all der ägyptischen Welt des Hofes, war es doch der eigene Vater, von dem Mose die Schrift lernte.« (beide Zitate ders. 1981, 540).

[81] So schon K. Berger 1981, 537.

[82] Die Tatsache, dass auch TestXII an verschiedenen Stellen von dieser Überführung berichtet (z.B. TestBen 12; TestSim 8,2), könnte als Indiz dafür gelten, dass eine derartige Überlieferung zur Abfassungszeit von Jub schon derart verbreitet war, dass es nicht mehr möglich war, sie zu ignorieren. Für K. Berger 1981, 537 besteht die Intention dieser Darstellung im Jubiläenbuch dagegen in der Hervorhebung der unvergleichbaren Rolle des Mose: »Zur Herausführung des ganzen Volkes aus Ägypten, deren Zeichen das Mitnehmen der Gebeine Josephs wäre, war allein Gottes Wirken durch Mose imstande.«

Jub sonst immer die anzustrebende Reinheit Israels im Gegensatz zur Unreinheit der Völker bzw. der durch sie drohenden Verunreinigung betont, stellt sich die Frage, warum hier eine Tradition aufgenommen wird, die in der Antike zwar relativ weit verbreitet war, in jüdische Darstellungen jedoch nur an dieser einen Stelle Eingang fand.[83] Für diese Auffälligkeit ist m.E. bisher noch keine zufriedenstellende Erklärung geboten worden. Ein erster Anhalt könnte jedoch darin liegen, dass die im hebräischen wie griechischen biblischen Text von Ex 1,12 verwendeten Termini קוץ bzw. βδελύσσω in ihrem Bedeutungsspektrum zumindest auch ambivalent sind und zwischen den Konnotationen ›Furcht‹ und ›Abscheu‹ schwanken.[84] Ein eher pejoratives Verständnis von Ex 1,12 wird innerhalb der biblischen Darstellung außerdem ermöglicht durch Texte wie Gen 43,32; 46,34 sowie Ex 8,22. Jeweils aus der Perspektive von Ägypterinnen und Ägyptern wird geschildert, was ihnen תּוֹעֵבָה, ein ›Gräuel‹, ist: das Essen mit Hebräerinnen und Hebräern, ihre Arbeit[85] sowie ihre kultischen Aktivitäten. Zumindest, was das gemeinsame Essen sowie die Verehrung ›fremder‹ Gottheiten angeht, teilen also das Jubiläenbuch und die Ägypterinnen und Ägypter (nach biblischer Auffassung) dieselben Abneigungen,[86] sind anscheinend beide Seiten um Abgrenzung bemüht. Liegt genau hierin die Spitze der Darstellung? Zwar nimmt das Jubiläenbuch an dieser Stelle die Wahrnehmung der Ägypterinnen und Ägypter auf; doch wird durch den gesamten Erzählverlauf deutlich, dass eben gerade nicht Israel, sondern vielmehr die Völker diejenigen sind, die ›wirklich‹ und ›wahrhaftig‹ unrein zu nennen sind. Damit erweist sich die Darstellung im Jubiläen-

---

[83] Vgl. K. BERGER 1981, 539. Die Diffamierung Israels als unrein bzw. krank/aussätzig von Seiten antiker Autoren ist – darin liegt nun eine gewisse Ironie – v.a. durch die Apologie des Josephus in *Contra Apionem* erhalten geblieben; s. ebd. z.B. 1,26.32.34; 2,2. Die vermutlich älteste Fassung von Hekatäos von Abdera (4.–3. Jh. v.Chr.) fasst G. VERMÈS 1963, 64f. wie folgt zusammen: »Eine ansteckende Seuche wütete in Ägypten, das Volk sah darin eine Kundgebung des Zorns der nationalen Gottheiten, deren Kult durch die vielen Fremden, die im Land wohnten, vernachlässigt worden war. Man beschloß also, die Fremden zu verjagen. Die Tapfersten begaben sich nach Griechenland, während der Pöbel unter der Führung des Mose nach Judäa auswanderte. Dort habe Mose Jerusalem und seinen Tempel gegründet, den Kult eingerichtet und das Gesetz gegeben. Aber der Kult, den er angeordnet hat, sei vollkommen verschieden von anderen Kulten, und die von ihm vorgeschriebene Lebensweise stehe im Gegensatz zur Menschlichkeit und Gastfreundschaft.« Zu Josephus' Darstellung der wesentlich drastischeren Legendenfassung des Manetho vgl. ebf. G. VERMÈS, a.a.O., 65f. sowie M. GÖRG 1998, 159ff, der die gegenseitigen Darstellungen Ägyptens und Israels gekennzeichnet sieht von beiderseitigen Abgrenzungsbemühungen und daher festhält, »daß sowohl auf israelitischer als auch auf ägyptischer Seite die jeweilige Gegenseite als Bedrohung empfunden wurde, was wiederum bei beiden zu einseitigen Darstellungen führte.« (ebd., 172). Eine differenzierte Analyse der verschiedenen aus der Antike überlieferten Versionen bietet J. ASSMANN 2000, v.a. 54–72, der gerade im Vergleich der – in personeller Besetzung und damit verbundener Bewertung diametral entgegengesetzten – Darstellungen Manethos und der Bibel eine entscheidende Ähnlichkeit erkennt: »Die auffallendste Gemeinsamkeit zwischen Manethos und der biblischen Version ist die stark affektive Einfärbung der Erzählung. Beide Versionen sind von Haß diktiert und begünstigen eine xenophobe Affektmodellierung.« (67).

[84] Vgl. W. GESENIUS 1962, 709; J. LUST u.a. 1992, 79 sowie A. LEBOULLUEC/P. SANDEVOIR 1989, 77.

[85] In Gen 46,34 handelt es sich um das Hüten von Kleinvieh.

[86] Schon auf der Ebene des biblischen Textes wird das deutlich, wenn mit demselben Ausdruck תּוֹעֵבָה auch die Wahrnehmung/Einstellung JHWHs gegenüber den Bildnissen von Gottheiten der Völker bzw. dem Dienst für diese (Dtn 7,25f.; 20,18; 27,15) oder auch generell das Tun der Völker (Dtn 12,31; 18,9; 25,16) beschrieben wird.

buch als eine Form der ›aggressiven Apologie‹,[87] die durch die eigene Darstellung ›den anderen‹ einen für diese wenig schmeichelhaften Spiegel vorhält.[88]

Auffällig ist gegenüber der biblischen Darstellung aus Ex 1 ferner, dass es nicht der König Ägyptens, sondern vielmehr der siegreiche kanaanäische König ist, der das Volk auffordert, die Israelitinnen und Israeliten zu unterdrücken (46,12f.).[89] Die Rolle des ägyptischen Königs ist damit von vornherein eine gänzlich andere als innerhalb der biblischen Fassung, in der er zumindest zu Beginn noch ganz selbstständig die Unterdrückungsmaßnahmen gegen Israel, die bis zum geplanten Genozid führen, anordnet und offenbar als Autorität angesehen wird.[90] Für das Jubiläenbuch spielt er in dieser Situation keine tragende Rolle, und auch später wird seine Aufgabe des Gegenspielers von einer anderen Figur übernommen werden.[91]

Nachdem Jub 46,14 mit der Formulierung ›der König‹ noch offen lässt, welcher König – weiterhin der kanaanäische oder jetzt der ägyptische – die Baumaßnahmen in Pithom und Ramses anordnet, wird für den Befehl, alle israelitischen männlichen Neugeborenen in den Fluss zu werfen, nun eindeutig der ägyptische König (hier erstmals in der Darstellung ›Pharao‹ genannt) als verantwortlich benannt (47,2). Dieser Befehl ergeht nach 47,3 sieben Monate vor der Geburt des Mose – im Gegensatz zur biblischen Darstellung, in der die Erzählabfolge deutlich macht, dass Jochebet erst nach dem Tötungsdekret Pharaos schwanger wird,[92] erfolgt im Jubiläenbuch der Befehl erst, als Jochebet bereits schwanger ist.[93]

---

[87] Ich verwende die Formulierung ›aggressive Apologie‹, um deutlich zu machen, wie sehr sich die Darstellung im Jubiläenbuch von der ›klassischer‹ Apologien unterscheidet, wie sie etwa in den Fragmenten des Moseromans des Artapanos erhalten sind: Artapanos begegnet der gängigen Kritik bzw. Polemik, indem er die positiven Eigenschaften des Mose und dessen Verdienste um das Wohlergehen nicht nur Israels, sondern auch Ägyptens, betont.

[88] Dabei ist natürlich immer in Rechnung zu stellen, dass das Jubiläenbuch im Gegensatz zu den hellenistisch-apologetischen Schriften ja gerade nicht für Außenstehende geschrieben ist und diesen die eigene Überzeugung plausibel machen will, sondern durchgängig auf die jüdische Binnenperspektive ausgerichtet ist.

[89] Zu möglichen Verbindungen zu konkreten Auseinandersetzungen des zweiten Jahrhunderts v.Chr. genügt an dieser Stelle der Hinweis auf K. BERGER 1981, 537.

[90] Diese Verschiebung wird im Vergleich von Jub 46,7 mit Ex 1,8 deutlich: Im Jubiläenbuch wird nur die Formulierung, dass ein neuer König auftrete, übernommen. Der aufschlussreiche Zusatz ὃς οὐκ ᾔδει τὸν Ιωσηφ/יוסף אֲשֶׁר לֹא־יָדַע אֶת־יוֹסֵף entfällt hingegen. Gerade dieser Zusatz innerhalb des biblischen Textes macht jedoch, wie oben gezeigt, deutlich, wie Pharao schon in der Frage des Wissens um die Verdienste Josephs aktiv wird, insofern das zunächst passive ›nicht-kennen‹ zumindest *auch* im Sinne eines aktiven ›nichts-davon-wissen-wollen‹ zu verstehen ist bzw. die Grenzen zwischen beiden fließend sind (s. S. 84f.).

[91] S.u. S. 145ff.

[92] In Ex 1,22 erfolgt der Tötungsbefehl; unmittelbar darauf geht Amram und ›nimmt‹ die Tochter Levis, welche schwanger wird. Wird das 2,1 einleitende וַ ernst genommen und nicht nur als notwendiger Bestandteil des Narrativs aufgefasst, dann bildet eben dieses וַ die logische Verknüpfung zwischen 1,22 und 2,1. Das lässt zumindest die Möglichkeit offen, dass das Handeln Jochebets und Amrams in ganz bewusster konfrontativer Konsequenz vorgestellt sein soll: ein ›jetzt erst recht!‹ des Widerstands, eine Form der Befehlsverweigerung, wie sie von den Hebammen (1,15ff) vorgelebt worden war. Allerdings wird, soweit ich sehe, diese Lesart von keiner Quelle der nachbiblischen Zeit geboten. Ihnen ist vielmehr gemeinsam, dass sie von Überlegungen der israelitischen Männer berichten, sich von ihren Frauen zu trennen, damit in dieser Bedrohung keine Kinder mehr zur Welt kämen. Widersprochen wird ihnen entweder von Amram (z.B. LAB 9,3ff) oder weit öfter von Mirjam (z.B. bSota 12a; weiteres bei R. BLOCH 1963, 111f.; 114).

[93] Nach R. BLOCH 1963, 118 wird auch in der rabbinischen Literatur die Möglichkeit diskutiert, dass »Amram die im dritten Monat schwangere Jochebet« verstoßen habe.

4.3 Mirjam, Jochebet und Tarmut – die Frauen in der Exoduserzählung des Jubiläenbuches

Die Auseinandersetzung zwischen Pharao und den Hebammen fehlt im Jubiläenbuch – über die Gründe dafür ließe sich viel spekulieren. Zunächst liegt der Verdacht nahe, darin drücke sich ein generelles Desinteresse an Frauen aus, zentral sei nur die Darstellung der wunderbaren Geburt des Mose. Gegen ein solches Desinteresse spricht aber zweierlei: Zum einen ist für das Jubiläenbuch, wenn schon von Desinteresse die Rede sein soll, festzuhalten, dass im Zuge der Fokussierung der Darstellung auf die entscheidenden Verheißungsträgerinnen und -träger, also die Erzeltern und Mose, die Nebenlinien generell weniger ausführlich berichtet werden. So fehlt im Jubiläenbuch zum Beispiel eine ausgeführte Nacherzählung der Vernichtung Sodoms und Gomorras[94] ebenso wie die Genealogien von Ismael und Esau. Zum anderen sollte die Frage des ›Umgangs‹ mit den biblischen Frauengestalten nicht vorschnell entschieden werden.[95] Zwar würde eine ausführliche Thematisierung dieser Fragestellung den Rahmen des vorliegenden Abschnittes sprengen. Dennoch seien in der gebotenen Kürze am Beispiel Rebekkas einige Beobachtungen skizziert:[96] In der Schilderung des Jubiläenbuches wird einerseits die Geschichte der Werbung um Rebekka (Gen 24) auf einen Halbvers gekürzt[97] und die Befragung JHWHs durch Rebekka wegen ihrer Schwangerschaftskomplikationen (Gen 25,22f.) gar nicht erwähnt. Andererseits fällt ihre herausgehobene Bedeutung und Stellung innerhalb des Erzählverlaufs gerade im Vergleich zur Darstellung   Isaaks auf:

> »Although Isaac is treated sympathetically in this text, he is not presented as having any particular quality that makes him heroic or worthy of emulation. Rather, it is his wife who assumes the mantle of leadership in their marriage and provides the bridge from Abraham to Jacob.«[98]

So erhält Rebekka noch vor der in Jub 26 erzählten Schilderung von Gen 27, also der Frage des Segens für den Erstgeborenen, die Gelegenheit zu einem ausführlichen Gespräch mit Jakob (Kap. 25), in dessen Verlauf sie ihn eindringlich vor dem Eingehen von Ehen mit Frauen des Landes warnt (25,3). Jakob entgegnet, dass er derlei keineswegs vorhabe, sondern fest entschlossen sei, eine der Töchter Labans zu hei-

---

[94] Die knappe Darstellung in 16,5.7 lässt den Tatbestand erwähnt sein, liefert aber keine eigene Nacherzählung von Gen 19. Allerdings erwähnt Jub 16,8 den Geschlechtsverkehr zwischen Lot und seinen Töchtern und qualifiziert diesen im Gegensatz zum biblischen Text eindeutig als Sünde.

[95] B. HALPERN AMARU 1994 kommt zu einem – allerdings primär auf die Darstellung der Gen bezogenen – durchweg positiven Urteil: »Rewriting the biblical story as a record of couples, the author of Jubilees significantly expands and enriches the depiction of the female characters. Their portraits are more fully developed; they are made more integral to the narrative; and they assume a particularly vital role in determining the unfolding of the history of Israel as God's elected seed.« (609). Dieser ungebrochen positiven Bewertung kann ich mich, wie die folgenden Überlegungen zeigen werden, nicht anschließen. Ähnlich kritisch gegenüber AMARUs Bewertung auch M.R. NIEHOFF 2004, 415 m. Anm. 7, die ganz im Gegenteil für das Jubiläenbuch festhält, dass es »no interest at all in the figure of Sarah« zeige, sondern vielmehr »overwhelmingly concerned with Abraham's image« sei (ebd.).

[96] Zur Darstellung Rebekkas im Jubiläenbuch: J. ENDRES 1987, 217ff; R. D. CHESTNUTT 1991, 108–111 sowie B. HALPERN AMARU 1994, 616, die Rebekka im Jubiläenbuch als »matriarch par excellence« gezeichnet sieht.

[97] *Und im vierten Jahr nahm er [Abraham; K.S.] für seinen Sohn Isaak eine Frau, und ihr Name (war) Rebekka* (19,10).

[98] R.D. CHESTNUTT 1991, 108. Auch den abschließenden elterlichen Segen erhält Jakob von Rebekka, die darin noch deutlicher als Parallelfigur zu Abraham herausgearbeitet wird: »These parallel functions of Abraham and Rebekah are among the indications that Rebekah, not Isaac, is the bridge between Abraham's generation and Jacob's« (ebd., a.a.O., 109).

raten, wenngleich sein Bruder Esau ihn immer wieder davon abzubringen versuche (25,8).[99] Er schwört Rebekka: *Fürchte dich nicht, Mutter, vertraue mir, daß ich deinen Willen [!] tun werde und recht wandeln werde und meine Wege nicht verlassen werde in Ewigkeit!* (25,10)[100] Daraufhin gibt das Jubiläenbuch Rebekka umfassend Raum, JHWH zu segnen (25,12f.), und lässt sie außerdem durch den *Geist der Gerechtigkeit* (25,14) von Gott her autorisiert sein, ihren Sohn Jakob zu segnen (25,14–22) – mit einem Segen, der an Gewicht den biblischen Segnungen durch Isaak in nichts nachsteht.[101] In gleicher Weise zeichnet das Jubiläenbuch Rebekka als diejenige, die dafür sorgt, dass ihre beiden Söhne ihr kurz vor ihrem Tod schwören, einander nichts anzutun. Als Konsequenz dieses gegenseitigen Schwurs kommt es dazu, dass die beiden Brüder ihre Mutter gemeinsam begraben (35,27).[102]

Aufbauend auf diesen Beobachtungen zum Erzählverhalten im Jubiläenbuch lässt sich die oben bereits geäußerte Vermutung bestätigen, für das Nichterzählen der

---

[99] Damit legt das Jubiläenbuch von vornherein den Schwerpunkt auf die Vermeidung einer Mischehe für Jakob. Was in Gen 27,43–45 noch ein aus der Not geborener Fluchtplan Rebekkas für ihren jüngeren Sohn war, wird in Jub 25–27 zu einem dem folgenden Geschehen zugrundeliegenden Plan. Mit dieser Verlagerung wird gleichermaßen eine Negativzeichnung Esaus (vgl. 25,8) wie eine nahezu uneingeschränkt positive Darstellung Jakobs erreicht, wenn dieser sich später zunächst sogar weigert, nach Haran zu gehen und seinen Vater heimlich zu verlassen (27,4.6). Erst nachdem Rebekka, nun wieder ganz der biblischen Darstellung folgend, Isaak gegenüber ihr Grauen vor einer weiteren Eheschließung mit einer Kanaanäerin zum Ausdruck gebracht und ihn damit dazu bewogen hat, Jakob nach Haran zu schicken, geht er, immer folgsamer Sohn bleibend. Das Beispiel Rebekkas an dieser Stelle zeigt eindrücklich, wie es der hinter dem Jubiläenbuch stehenden Gruppe gelingt, ihre eigene Position zum Ausdruck zu bringen, indem sie sie einer handelnden Person in den Mund legt; mit G.E.W. Nickelsburg 1984, 97.

[100] R.D. Chestnutt 1991 spricht in diesem Zusammenhang von »Jacob's unqualified submission to Rebekah's wishes« (ebd., 109).

[101] Nochmals problematischer stellt sich ›die Frauenfrage‹ für das Jubiläenbuch dar, wenn ich die Thematisierung der Vergewaltigung Dinas (Gen 34) als Beispiel heranziehe: Positiv ließe sich sagen, dass diese immerhin überhaupt erzählt wird. Negativ muss allerdings dagegengestellt werden, dass erstens Dina – ganz getreu der biblischen Vorlage – stumm bleibt und ihre eigene Rolle in keiner Weise gestärkt wird, und dass zweitens der Charakter der Erzählung nun letztgültig zu einer abschreckenden Beispielerzählung darüber wird, was für Konsequenzen sexueller Verkehr mit ›Fremden‹ in Israel hat bzw. für Jub eindeutig auch haben muss. Zur eindeutigen Ablehnung von Mischehen im Jub s. neben der im Erzählzusammenhang von Kap. 30 erfolgenden grundsätzlichen Aussage in Vv.7–17 sowie den im Zusammenhang mit Rebekka bereits erwähnten Stellen 25,3–10; 27,8–10 auch schon 20,4; 22,20–22. Vgl. außerdem M. Hengel 1976, 192 sowie K. Berger 1972, 320f.

[102] Jub 35 schildert ausführlich die unterschiedlichen Verhandlungsschritte, die Rebekka ergreift: erst das Gespräch mit Jakob, der daraufhin Angst vor Esau zeigt, dann eine Unterredung mit Isaak, in welcher herausgestellt wird, dass auch Isaak seinem früheren Lieblingssohn Esau unterdessen nur noch Schlechtes zutraut (35,13). Erst als Isaak sich folglich außerstande sieht, Esau etwas zu gebieten, das dieser halten würde, ruft Rebekka ihren Sohn Esau selbst zu sich, der – ganz und gar nicht dem vorher von ihm gezeichneten Bild entsprechend – sofort schwört, seinem einzigen Bruder niemals etwas anzutun. Nachdem auch Jakob nochmals solches geschworen hat, besiegeln Mutter und Söhne diese Vereinbarung: *Und sie aßen und tranken, sie und ihre Kinder in dieser Nacht.* (35,27) Als Rebekka schließlich stirbt, wird sie von beiden Söhnen gemeinsam in der Grabhöhle Saras begraben (ebd.). Die Fassung des Jubiläenbuches leistet damit ein Zweifaches: Zum einen erhält Rebekka eine ihrer vorherigen Bedeutung angemessene ›Abschiedsszene‹ (der bibl. Text hingegen erwähnt ihren Tod gar nicht, ihr Begräbnis nur beiläufig in Gen 49,31), zum anderen wird ihre Verantwortlichkeit für die jeweiligen Entwicklungen in der Familie hier nochmals auf das Deutlichste herausgearbeitet. Vielleicht legt sich sogar der Gedanke nahe, diese Art der Darstellung ›entlaste‹ Rebekka insofern, als sie nicht nur – parallel zur biblischen Darstellung – für den ›Segensbetrug‹ und die daraus resultierende Feindschaft Esaus gegen Jakob verantwortlich gemacht wird, sondern eben auch diejenige ist, die die Versöhnung der beiden massiv fördert. Allerdings zeigt der weitere Verlauf der Darstellung, dass die Bereitschaft der Rebekkasöhne, untereinander Frieden zu halten, den Tod ihrer Eltern nicht lange überdauert. Es kommt doch zum Kampf, in dem Jakob schließlich Esau und seine Gefolgsleute besiegt (vgl. Jub 37f.). J. Endres 1987, 173ff kommt zu dem Schluss, dass Rebekkas ›Aufruf zur Harmonie‹ zeitgeschichtlich für das Jubiläenbuch etwas von den Problemen der jüdisch-idumäischen Feindseligkeiten der Mitte des zweiten vorchristlichen Jahrhunderts widerspiegeln könnte.

Konfrontation zwischen den Hebammen und Pharao sei nicht (vorsichtiger formuliert: jedenfalls nicht ausschließlich) ein grundsätzliches Desinteresse an Frauen verantwortlich. Vielmehr muss nach einem anderen Ansatz zur Erklärung dieses Sachverhalts gesucht werden. Zumindest zwei Möglichkeiten lassen sich wahrscheinlich machen. Zum einen ist denkbar, dass an dieser Stelle die gegenüber der biblischen Exoduserzählung veränderte Einschätzung Pharaos zum Tragen kommt: In der biblischen Exoduserzählung bereitet die Konfrontation zwischen Pharao und den Hebammen bereits programmatisch den später ausführlich erzählten Konflikt zwischen JHWH, ›vertreten‹ durch Mose, und Pharao vor.[103] Es geht um den richtigen Umgang mit denen, denen sich JHWH als Gottheit verpflichten wird bzw. schon verpflichtet weiß – und damit um nicht weniger als um die An-Erkenntnis JHWHs als in Ägypten wirkmächtiger Gottheit. Gerade diese Frage entscheidet sich in der Sicht des Jubiläenbuches aber nicht in der Auseinandersetzung mit Pharao. Die Frage der Macht JHWHs entscheidet sich nicht in der Konfrontation mit dem ›weltlichen‹ König, sondern im Kampf gegen das ›überweltlich Böse‹. Also würde die ›Programmszene‹ mit den Hebammen für den Verlauf der Exoduserzählung des Jubiläenbuches einen unlogischen Stolperstein bedeuten, auf den folgerichtig verzichtet wird.

Zum anderen könnte auch die vorausgesetzte Nationalität der Hebammen für ihr Nichterwähntsein verantwortlich sein. Wenn die offene Formulierung aus Ex 1,15 (וַיֹּאמֶר מֶלֶךְ מִצְרַיִם לַמְיַלְּדֹת הָעִבְרִיֹּת // μαῖαι τῶν Εβραίων) von der hinter dem Jubiläenbuch stehenden Gruppe so verstanden wurde, dass die Hebammen Ägypterinnen gewesen seien, muss ihre Nennung unterbleiben, damit nicht der Eindruck entsteht, Nicht-Israelitinnen hätten JHWH kennen und fürchten, d.h. entsprechend seinen Weisungen handeln können.

Auch das Fehlen Zipporas, der midianitischen Ehefrau des Mose, lässt sich verstehen, wenn als eine der Hauptintentionen des Jubiläenbuches die Vermeidung von Ehen mit ›fremden Frauen‹ – begründet in der Angst vor der Frömmigkeit gegenüber fremden Gottheiten respektive Dämonen, die diese Frauen an ihre Kinder weitergeben könnten – sowie grundsätzlich des Kontaktes mit den Völkern im Blick bleibt. Diese bereits thematisierte Zielsetzung der hinter der Abfassung des Jubiläenbuches stehenden Gruppe kann es nicht zulassen, dass ausgerechnet der zentrale Offenbarungsempfänger Mose mit einer Ausländerin verheiratet ist,[104] geschweige denn durch sie (erneut) aus einer lebensbedrohlichen Situation (Ex 4,24–26) gerettet wird.[105] Folgerichtig entfällt jede Nennung Zipporas ebenso wie eine Benennung des Ortes, an den Mose flieht, nachdem er den Ägypter getötet hat (47,12), bzw. von dem aus er nach Ägypten zurückkehrt (48,1f.).

In der Darstellung der aus der Exoduserzählung der Schrift in die eigene Nacherzählung übernommenen Frauengestalten bleibt das Jubiläenbuch den bereits bekannten Zielsetzungen treu. Grundsätzlich wird großer Wert auf Eigennamen gelegt, wie sich exemplarisch an der gegenüber dem biblischen Text neuen Benennung der Frauen der Nachkommen Kains (Kap. 4)[106] ebenso zeigen lässt wie an den Frauen der

---

[103] S.o. S. 86f.

[104] Wenn diese Vermutung in die richtige Richtung weist, stellt sich die Frage, was es für das Josefbild des Jubiläenbuches zu sagen hat, dass dessen Eheschließung mit der ägyptischen Priestertochter Asenat ohne jede Kritik erzählt wird (40,10).

[105] Die Episode Ex 4,24–26 wird in Jub 48,2–4a angedeutet.

[106] Auch LAB 1 bringt die Töchter Adams und seiner Nachkommen mit Namen. Allerdings greifen Pseudo-Philo und die Verfasserinnen und Verfasser des Jub auf verschiedene Traditionen zurück,

Söhne Noahs (Kap. 7,14–16).[107] Dementsprechend werden in Kap. 47, der Nacherzählung zu Ex 2, entgegen der in der biblischen Vorlage konsequent durchgehaltenen Namenlosigkeit[108] auch die handelnden Frauen mit Namen genannt, wobei gleichzeitig die Beziehung der jeweiligen Frau zu Mose immer mit angesprochen wird: *Mirjam, deine Schwester* (47,4), *deine Mutter Jochebet* (47,8). Beide Frauen werden schon in der biblischen Darstellung benannt, allerdings erst wesentlich später: Jochebet im Rahmen der Genealogie des sechsten Kapitels (Ex 6,20) und Mirjam erst, als sie nach der Rettung am Schilfmeer ihre Rolle als prophetische Sängerin wahrnimmt (Ex 15,20). Im Gegensatz zu diesen beiden bleibt die ›ägyptische Mutter‹ des Mose in der Bibel namenlos. Das Jubiläenbuch aber kennt sie als *Tarmut, die Tochter Pharaos* (47,5).[109]

Jochebet behält in Jub ihre aktive Rolle bei (47,3f.; vgl. Ex 2,2f.): Sie versteckt Mose und legt ihn, als das zu gefährlich wird, in einem selbstgebauten und abgedichteten Kasten an das Flussufer. Darüber hinaus betont die Nacherzählung die umsichtige Fürsorge Jochebets für ihr Kind mit dem Hinweis auf ihr heimliches Kommen während der Nacht, um Mose zu stillen (47,4). In gleicher Weise, wie die Mutter nachts für ihr Kind sorgt, ist tagsüber – immerhin eine ganze Woche lang – Mirjam anwesend: *Und des Tags bewachte dich Mirjam, deine Schwester, vor den Vögeln* (ebd.). Allerdings ist festzuhalten, dass das Jubiläenbuch Mirjam an keiner Stelle mit ihrem biblischen Titel *Prophetin* (Ex 15,20) benennt. Vordergründig scheint dafür die Tatsache verantwortlich zu sein, dass, wie oben erwähnt, die Darstellung mit Ex 14 endet. Nun ist der Name Mirjams in der biblischen Tradition jedoch erstmals in Ex 15,20

---

da die Namen in beiden Schriften nicht identisch sind. Die von Pseudo-Philo gebotenen Namen finden sich in keinem anderen Text seiner Zeit (vgl. C. DIETZFELBINGER 1975, 102).

[107] Ein Sonderfall liegt bei der Benennung der Frau Judas vor: Nach Jub 41,7 ist ihr Name Batsua, keine Neuschöpfung, sondern vielmehr die Modifizierung einer Beziehungs- bzw. Abhängigkeitsbezeichnung, wie sie der hebräische Text bietet, der sie als *Tochter des Schua* שׁוּעַ־בַּת einführt, hin zu einem Eigennamen. Wieder anders liegt der Fall in der Übertragung der hebräischen Benennung ins Griechische in der LXX: Hier wird die gräzisierte Form Σαυα zum Eigennamen der Tochter gemacht. Weiter zu überprüfen wäre, inwiefern hier ein in der LXX öfter vorkommendes Phänomen zu beobachten ist, das darauf hindeuten könnte, dass für die LXX die an בַּת bzw. בֵּן anschließenden Eigennamen in einem unserem heutigen Verständnis näherliegenden Sinne sein könnten. Meines Wissens liegen zu dieser Fragestellung jedoch noch keine Untersuchungen vor.

[108] Diese Namenlosigkeit stellt keinen Beleg für eine frauenverschweigende und damit -verachtende Erzählweise des biblischen Textes dar, sondern bietet vielmehr eine Chance zur Identifikation für später lebende Frauen; gegen z.B. L. BRONNER 1999, 177f. Ausgehend von der Vielzahl der Frauenrollen in Ex 2,1–10, kommt J. EBACH 1995, 132 zu einem ganz ähnlichen Ergebnis: »In Ex 2,1–10 haben die Frauen keine Namen, aber eine auffällig große Variation von Frauenrollen ... zeigt, daß sie für *die* Frauen stehen.« [Hervorhebung i. Text].

[109] Während sie in LAB 9,15ff ebenfalls namenlos bleibt, existieren daneben in der hellenistisch-jüdischen Literatur unterschiedliche Namen für die Tochter Pharaos: Thermuthis (Ant II,9,5); Merris (Artapanos Frag. 3,3) oder in der rabbinischen Literatur auch Bitja (z.B. Lev.Rab. 1.3) nach der in 1 Chr 4,18 genannten Tochter Pharao; zur Benennung der Pharaotochter vgl. neben K. BERGER 1981, 540 auch B. JACOB 1997/1943, 23; C. HOUTMAN 1993/1, 280; H. RÖNSCH 1970, 164.265; L. BRONNER 1999, 177, Anm. 13; U. BAIL 1999, 12f.; L. GINZBERG V (1955), 398f., Anm. 48. A. DILLMANN 1897, 19 bezieht sich auf die bei Artapanos zu findende Benennung als Merris, »was an den Namen der jüngeren Tochter Ramses' II. Meri erinnert, tatsächlich aber eher mit hebr. Mirjam zusammenhängen wird.« DILLMANN setzt offensichtlich voraus, dass der Name Mirjam eine hebräische Namensform darstellt. In der heutigen Forschungsliteratur besteht dem gegenüber fast ein Konsens, dass Mirjam sich von der ägyptischen Wurzel *mer/mar* (*lieben*) herleitet (s. neben vielen R. BURNS 1987, 10; M. GÖRG 1995, 288 sowie die Darstellung zur Etymologie des Namens unten, S. 261ff). Insofern ist der von DILLMANN formulierte Gegensatz so nicht mehr haltbar. Für eine Analyse, die die Ähnlichkeiten von Namen ernst nimmt, bietet gerade diese und nicht der Gegensatz einen Ansatzpunkt: Ist die hebräische Schwester, die fast den gleichen ägyptischen Namen wie die ägyptische Pharaotochter trägt, in ihrem Verhalten nicht in fast gleicher Weise für die Rettung des Mose verantwortlich wie diese?

erwähnt, vorher ist sie die namenlose Schwester des Mose (Ex 2,4) – und in Ex 15,20 ist dieser Name unmittelbar mit der Bezeichnung ›Prophetin‹ verbunden: *Mirjam, die Prophetin, die Schwester Aarons.* Hinzu kommt, dass gerade die Tatsache, dass Mirjam in Ex 15,20 ohne jede Einführung unvermittelt mit diesem Titel erwähnt wird, in der jüdischen Tradition immer wieder zur Diskussion um den Zeitpunkt ihrer prophetischen Beauftragung geführt hat – dass sie jedoch ohne diesen Titel genannt wäre, ist meines Wissen fast nie der Fall. Möglicherweise hängt das Fehlen ihres Titels in der Nacherzählung des Jubiläenbuches mit der oben schon erwähnten Datierung der Schwangerschaft Jochebets noch vor dem Tötungsbefehl Pharaos zusammen: Ein breiter Strom an nachbiblischer Auseinandersetzung mit der Problematik von Ex 1–2 hat eben in dieser Situation Mirjams Profilierung als Prophetin verortet. Sie wird als diejenige verstanden, die ihren Eltern prophezeit, dass der Sohn, mit dem Jochebet schwanger ist, Israel aus Ägypten herausführen wird.[110] Da das Jubiläenbuch die Gesamtsituation anders auffasst, bleibt kein Raum für Mirjams Titel. Insofern bleibt als Resümee für die Darstellung Mirjams und Jochebets ein ambivalenter Eindruck: So sehr das Jubiläenbuch die Aktivität der Frauen unterstreicht und ihre Rolle als Beschützerinnen des Mose noch über das Maß der biblischen Erzählung hinaus hervorhebt, so sehr bleibt diese Aktivität doch punktuell bezogen auf das Überleben des Babys und bleiben es doch typisch ›weibliche Tugenden‹, die hier geschildert werden.[111]

4.4 Mastema – zur Neubesetzung der Rolle des Gegenspielers im Jubiläenbuch

Pharao spielt als ernstzunehmender Widerpart JHWHs (und Moses) in der Exoduslektüre des Jubiläenbuches keine Rolle mehr. Die ›böse Seite‹ wird stattdessen Mastema, dem Anführer der Dämonen und unreinen Geister, dem Satan[112] höchstselbst zugeschrieben.[113] Mastema ist es, der die Rückkehr des Mose nach Ägypten verhindern will, damit dieser die Israelitinnen und Israeliten nicht herausführe. Aus Mastemas Hand befreiten der Engel bzw. JHWH selbst Mose:[114]

---

[110] So z.B. MekhY zu Ex 15,20: Am Ende wirst du einen Sohn zeugen, der den Israeliten helfen wird aus der Hand der Ägypter. S. auch bSota 12a; ExR 1,22; NumR 13,20; LAB 9,10; vgl. R. Bloch 1963, 110ff; J. Ebach 1995, 135f.

[111] Natürlich steht das Jubiläenbuch damit nicht allein da, sondern baut zweifelsohne die Darstellung des biblischen Textes in seiner Intention nur noch deutlicher aus; s.o. S. 83ff sowie A. Brenner 1986, 257ff und J.C. Exum 1994b, 75ff.

[112] Dass für das Jubiläenbuch Mastema und Satan eine Gestalt sind, geht aus Jub 10,8–11 hervor. S. auch D. E. Gershenson 2002, 443; J. van Henten 1995, 1035 sowie G. Schelbert 1988, 286. Diese Identität wird bereits auf der sprachlichen Ebene deutlich, wenn gesehen wird, dass Mastema vermutlich eine Partizipialbildung derselben Wurzel שׂטם bzw. שׂטם ist, von der auch das Substantiv שׂטן gebildet ist (mit K. Nielsen 1993, 746; dies. 1998, 57).

[113] Ganz ähnlich auch die Vorstellung in TestJos 20,1f.: *Ich weiß, daß nach meinem Ende die Ägypter euch plagen werden, aber Gott wird Rache für euch nehmen. Und er wird euch zu dem Verheißungen eurer Väter hinführen. Doch führt meine Gebeine mit euch, denn wenn die Gebeine dorthin gebracht werden, wird der Herr im Licht mit euch sein, und Beliar wird in Finsternis mit den Ägyptern sein.* Zur Dämonologie des Jubiläenbuchs sowie generell der zwischentestamentlichen Literatur s. u. S. 148ff. Die Rolle Mastemas für die Exodusdarstellung des Jub thematisieren u.a. H. Haag 1974, 231f.; N. Forsyth 1987, 182–191; S. Garrett 1989, 15f.; dies. 1990, 664f.

[114] Der Ausdruck *befreien aus der Hand von* wird in der Exodusdarstellung des Jubiläenbuches noch einmal verwendet, diesmal bezogen auf ganz Israel (48,13); zweifelsohne gehört dieser Ausdruck zu den Schlüsselbegriffen geprägter Exodusterminologie.

Und du weißt, … was der Fürst Mastema mit dir tun wollte, als du nach Ägypten zurückkehrtest, auf dem Weg bei der Tanne am schattigen Ort.[115] Wollte er dich nicht mit all seiner Macht[116] töten und die Ägypter retten aus deiner Hand, als er dich sah, daß du gesandt warst, daß du Gericht wirken solltest und Rache gegen die Ägypter? Und ich befreite dich aus seiner Hand. (48,2–4a).

Mastema tritt an die Stelle JHWHs, diese wiederum wird eingeführt als Retterin des Mose – das Jubiläenbuch kann sich die Gottheit Israels offenbar nicht mehr vorstellen als eine, die den Retter Israels selbst angreift.[117] Hier tritt offen zu Tage, was schon in der LXX-Fassung als Tendenz erkennbar ist, wenn diese den Angreifer des Mose als den ἄγγελος κυρίου (Ex 4,24) benennt, nicht aber als den κύριος selbst.[118] Jub 48,3f. spielen mit der Formulierung ἐξαιρεῖν ἐκ χείρος/נָצַל מִיַּד, wenn Mastema als derjenige dargestellt ist, der die Ägypterinnen und Ägypter aus der Hand des Mose retten will – also um die Macht des Mose als des von JHWH Gesandten offensichtlich nur zu gut weiß. Sein Plan scheitert aber: Die gleiche Formulierung aufnehmend, betont der Engel JHWH(s), dass er Mose aus der Hand Mastemas befreit, also auch gerettet, habe. Zunächst ist festzuhalten, dass mit dem Gebrauch dieser Formel für die Rettung des Mose vor Mastema erneut dessen Parallelisierung mit dem Pharao der biblischen Erzählung verdeutlicht wird: Bei einer kanonischen Lektüre der Septuagintabelege für die Formel ἐξαιρεῖν ἐκ χείρος bildet der Ägyptenkontext die Basis, auf der alle anderen Formeln von der ›Errettung-aus-Feindeshand‹ aufbauen.[119] Diese Rettung ist immer Sache JHWHs[120] und erfolgt im Kontext des Exodus aus der Hand Pharaos bzw. Ägyptens. In der Darstellung des Jub geschieht gleichzeitig zweierlei: Mastema maßt sich an, für die Ägypterinnen und Ägypter eine JHWH-gemäße Schutzposition einnehmen zu können. Erst im Gegenzug rettet JHWH getreu der biblischen Vorstellung Mose aus der Hand des pharaogleichen Bedrängers Mastema und lässt so dessen Plan scheitern, den Auszug der Israelitinnen und Israeliten bereits dadurch unmöglich zu machen, dass er Moses Rückkehr

---

[115] Zur Wiedergabe von מַלֹּון bzw. κατάλυμα im Sinne von Baumschatten vgl. K. BERGER 1981, 542f.

[116] Auch wenn Überlegungen über die ursprüngliche Formulierung für das Jubiläenbuch immer spekulativ bleiben müssen, ist doch nicht auszuschließen, dass hier wie in V.12 die auf die Streitmacht Pharaos bezogene Formulierung כָּל חֵיל פַּרְעֹה bzw. πᾶσα ἡ δύναμις Φαραω (Ex 14,28) zugrundeliegen könnte. Ihre Verwendung ist dabei zum einen ein Indiz dafür, dass Mastema tatsächlich ganz und gar die Rolle Pharaos (incl. dessen Macht) übernimmt. Zum anderen bietet sich die Formulierung damit als ›Brücke‹ zur lukanischen Terminologie in Lk 10,19 an; dazu s.u. S. 326.

[117] So auch C. MÜNCHOW 1981, 60.

[118] Auch TO und TFrag bieten die ausweichende Form ›Engel Gottes‹. Nach M. MACH 1992 wird die Gestalt Mastemas als Dämonenfürst aus der Figur des ›Engels JHWHs‹ entwickelt (ebd., 81, Anm. 39f.; 96).

[119] Vgl. Ex 3,8; 18,4.8.9; Die drei Stellen der Genesis, an denen die Formulierung vorher verwendet wird, sind insofern nicht relevant, als es in ihnen jeweils um die Rettung eines Individuums (1x Jakob: Gen 32,11; 2x Josef: Gen 37,21f.) geht. Die Wiederaufnahme der Formulierung im Kontext der Erinnerung an JHWHs Taten für Israel bei der Herausführung aus Ägypten (z.B. Dtn 32,39; Ri 6,9; 1 Sam 4,8; 10,18) zeigt, wie gängig der Ausdruck – zumindest für die Septuaginta (MT setzt z.T. andere Formulierungen, so etwa Ex 18,4.8) – zur Beschreibung der Rettungstat JHWHs geworden ist. 1 Sam 10,18 LXX zeigt in der Parallelsetzung von *Pharao* mit *allen anderen Königen* (ἐκ χειρὸς Φαραω … καὶ ἐκ πασῶν τῶν βασιλειῶν), wie die Ableitung des Verständnisses anderer Bedrohungssituationen aus dem Verständnis der ›Ur-Erfahrung‹ von Bedrohung in Ägypten her beschrieben und gedeutet wird, sodass gleichsam die späteren Erfahrungen als aktualisierte Form des immer-wieder-Erlebens der Unterdrückung in Ägypten verstanden werden können. Darauf weist auch die Verwendung des Verbs θλίβω/לְחַץ zur Beschreibung der Bedrückung, die Israel von den anderen Königtümern widerfährt, hin: Es beschreibt bereits in Ex 3,9 die Bedrückung Israels in Ägypten (und wird daher im Bundesbuch zweimal aufgenommen, um die Bedrückung Fremder zu untersagen: Ex 22,20; 23,9).

[120] In Aufnahme desselben Bildes, allerdings gleichsam unter umgekehrten Vorzeichen, betonen Stellen wie z.B. Dtn 32,29; Hos 2,12, dass es aus der Hand JHWHs kein Entrinnen geben könne.

nach Ägypten verhindert.[121] Mastema jedoch gibt sich nicht geschlagen:[122] Er spielt weiterhin die Hauptrolle im Kampf gegen Mose bzw. den dahinterstehenden Plan JHWHs und schlüpft damit in die Rolle des biblischen Pharao, auch wenn dieser durchaus noch erwähnt wird. Als ernstzunehmender Gegenspieler hat er jedoch in der Darstellung des Jubiläenbuches keinen Raum mehr, er wird zum Handlanger Mastemas degradiert. Der unterstützt die ägyptischen Zauberer in ihrem Wettstreit gegen Mose (Jub 48,9ff)[123]; er lässt sich von allen *Zeichen und Wundern* nicht *beschämen* (48,4.12);[124] er bleibt hartnäckig und hat offensichtlich zunächst auch Erfolg: Er wird stark und stachelt Pharao und seine Untergebenen an, Israel bis zum Meer zu verfolgen (48,12). Entsprechend geht es auch darum, ihn vom Lager Israels fernzu-halten, ihn einzuschließen (48,15) und zu fesseln (48,18).

Dennoch bleibt auch seine Rolle ambivalent: Zwar macht Jub deutlich, dass Mastema als eigenständig und wirkmächtig handelndes Wesen vorgestellt ist, dem die Macht zuerkannt wird, Menschen zu beeinflussen, ihnen beizustehen (wie etwa den Zauberern), ihnen aber auch zu schaden, ja, sie zu töten (wie etwa Mose). Den-noch bleibt er in all seiner Macht den Engeln JHWHs unterlegen, wenn diese seinen Einfluss in qualitativer Hinsicht bestimmen können. So heißt es mit Blick auf die ägyptischen Zauberer: *Böses zwar ließen wir sie tun, aber Heilungen erlaubten wir ihnen nicht, daß sie durch ihre Hände gewirkt wurden.* (48,10) In die gleiche Richtung weist auch 48,16 mit der Erzählung, dass die Engel JHWHs nach zwei Tagen, in denen Mastema und seine Untergebenen gefesselt und damit an der Verfolgung Israels ge-hindert waren, am dritten Tag die Dämonen loslassen, damit diese die Israelitinnen und Israeliten verfolgen. Da im Jubiläenbuch an vielen Stellen die Unterscheidung zwischen den Engeln JHWHs und JHWH selbst kaum zu treffen ist, ist auch hier da-von auszugehen, dass letztlich JHWH selbst dafür verantwortlich erkannt wird, die Verfolgung Israels am Meer initiiert zu haben. Dies ist innerhalb der Exoduslektüre des Jubiläenbuches die einzige Stelle, an der JHWHs Rolle in der Exoduserzählung der Schrift noch durchscheint. Dieser vermeintliche Widerspruch, dass einerseits Mastema für die erste Initiative zur Verfolgung verantwortlich zu sein scheint, JHWH aber für die weitere Verfolgung bis hin ins Meer, wird jedoch als besondere Genauigkeit erkennbar, wenn zum besseren Verständnis der Relation JHWH-Mastema eine Stelle außerhalb der Exodusdarstellung in die Betrachtung einbezogen wird. In der Erzählung von der Bindung Isaaks (Jub 17f.) tritt Mastema zunächst in einer ganz ähnlichen Rolle auf wie im biblischen Hiobprolog (17,16ff): Er ist derje-nige, der JHWH dahin bringt, Abraham erneut zu versuchen. Er ist auch am Berg Moria anwesend, wo sich ein regelrechter Kampf zwischen ihm und dem Engel JHWHs entwickelt (18,9ff).[125] Allerdings führt dies im Jubiläenbuch nicht zu der einseitigen Darstellung, Mastema sei für das Geschehen in letzter Instanz verant-wortlich. Denn obgleich JHWH eigentlich um Abrahams Glauben weiß, weil sie ihn

---

[121] Damit sind auf der Mikroebene die auf der Makroebene folgenden Ereignisse schon vorgebildet.

[122] Ist Mastema ›widerstandsfähiger‹ geworden als noch in Jub 18,12? Dort ist als Resultat des Kampfes zwischen Mastema und dem Engel JHWHs noch explizit festgehalten, dass Mastema beschämt worden sei; nach dieser Notiz verlässt er zunächst die Bühne. Von einer Beschämung ist in Kap. 48 keine Rede. Allerdings ist gerade in der Szene Jub 17f., der Bindung Isaaks, auffällig, dass Jub hier keineswegs Mastema als Alleinverantwortlichen zeichnet.

[123] Ganz ähnlich auch die Vorstellung in CD V, 17b–19: *Denn einstens trat auf Mose und Aaron durch den Fürsten der Lichter und Belial stellte auf den Jannes und dessen Bruder in seinen Ränken, als er Israel erstmals <anklagte>.* S. auch K. Koch 1966, 84 u. S. Garrett 1990, 665f.

[124] »Die Wunder reichen nicht aus, um Mastema zu beschämen: er ist ›unverschämt‹ und wird immer dreister.« (K. Berger 1981, 544).

[125] Vgl. dazu G. E. W. Nickelsburg 1981, 75f.; ders. 1984, 98f.; H. Haag 1974, 231.

selbst nach Jub 17,17f. bereits mehrfach in Versuchung geführt hatte,[126] entspricht sie der Forderung Mastemas sofort: Der Auftrag zur Darbringung Isaaks erfolgt als Rede JHWHs (18,2). Mastema tritt als derjenige auf, der das Geschehen anstößt, der gegen Abraham (und JHWHs Glauben an diesen?!) vorzugehen bereit ist – seine erzählte Niederlage, seine *Beschämung* (18,12),[127] erfolgt jedoch dadurch, dass JHWH sich gleichsam selbst ins Wort fällt (18,9). Damit wird im Jubiläenbuch der bereits in der biblischen Erzählung vorhandenen Differenzierung von הָאֱלֹהִים (Gen 22,1) und יְהוָה (Gen 22,11ff) mehr Gewicht verliehen, indem ein ›echtes‹ Gegenüber eingeführt wird. Die Erzählung von der Bindung Isaaks erweist sich so bereits als wichtiges Zeichen dafür, dass es im Jubiläenbuch tatsächlich um eine dem Hiobbuch sehr ähnliche Form der ›Satanisierung Gottes‹ geht.[128]

Innerhalb der Exodusdarstellung des Jubiläenbuches selbst zeigt sich noch auf eine zweite Weise, dass der Satan bei aller ihm zugetrauten Macht dennoch nicht mächtiger ist als JHWH: In der Aufnahme von Ex 12 in Kap. 49 werden die Ereignisse der Passanacht beschrieben. Diese Beschreibung durchbricht die vorherige Darstellung Mastemas als des mächtigen Gegenspielers JHWHs; die *Mächte Mastemas* (49,3) werden vorgestellt als diejenigen, die geschickt sind, die ägyptischen Erstgeborenen zu töten.[129] Zwar bleibt an dieser Stelle noch offen, von wem sie geschickt sind. Bereits der nächste Vers macht jedoch deutlich, dass JHWH selbst sie geschickt und ihnen Anordnungen gegeben hat. Und so werden dieselben Vernichtungswesen in 49,4 dann auch als die *Mächte des Herrn* bezeichnet. Bei aller im Jubiläenbuch vordergründigen Macht Mastemas ist die Subordination des Satans unter die Macht der Gottheit Israels in dieser Form prägnant und präzise ausgedrückt: Die *Mächte Mastemas* sind keine anderen als die *Mächte des Herrn*.[130]

Exkurs: *Mastema, die Dämonen und die unreinen Geister –
eine Skizze zur Dämonologie des Jubiläenbuches*

Um die Erzählfigur Mastema zu verstehen, bietet sich ein Blick auf die dem Jubiläenbuch ebenso wie anderen Schriften der zwischentestamentlichen Zeit zu Grunde liegende Dämonologie an, die durch eine deutliche Weiterentwicklung und Ausdifferenzierung der biblischen Vorstellungen gekennzeichnet ist. Die biblische Überlieferung kennt Satan als mehr oder weniger eigenständigen Gegenspieler JHWHs noch kaum; als ›Person‹ tritt dieser in der Funktion des Anklägers erst in

---

[126] Vgl. zur Tradition von den zehn Versuchungen Abrahams K. BERGER 1981, 418.

[127] Die Beschämung des Gegners als Reaktion auf die Macht JHWHs, wie sie Jub hier für Mastema festhält (im Gegensatz zu Jub 48; s.o. S. 147), formuliert schon das Juditbuch: Jdt 5,21 warnt Achior vor einem Angriff auf Israel und nennt als Konsequenz die Beschämung des Holophernes und über diesen letztlich Nebukadnezzars; s.o. S. 128.

[128] Insofern lassen sich H. SPIECKERMANNs Äußerungen zur Relation zwischen erzählerisch Notwendigem und theologischer Verantwortung im Hiobbuch durchaus auf das hier vorliegende Problem übertragen: »Noch einmal wird ... deutlich, daß die Rollenverteilung zwischen Gott und Satan in der Novelle erzählerisch notwendig war, theologisch aber nicht die Identität des Verursachers der Leiden berührte.« (1994, 439).

[129] Damit nimmt das Jubiläenbuch offensichtlich die biblische Rede vom ›Würgengel‹ (so die Zürcher Bibel), dem הַמַּשְׁחִית bzw. ὀλεθρεύων (Ex 12,23) auf und passt sie seiner eigenen Dämonologie an.

[130] So auch M. MÜLLER 1996, 246, Anm. 20. Unter Umständen ist auch Jub 48,14 so zu verstehen: Dann wären es die Dämonen Mastemas, die die ägyptischen Soldaten besiegen; vgl. K. BERGER 1981, 542, Anm. zu Kap. 48. Die grundsätzliche Abhängigkeit Mastemas vom Einverständnis Gottes wird schon in Jub 10,8f. deutlich: Er muss darum bitten, dass Gott ihm doch einige Geister zu seinem Dienst auf der Erde übrig lasse; ähnlich wird diese ungleiche Beziehung in TestBenj 3,3 beschrieben.

späten Schriften auf.[131] Der Begriff שָׂטָן als Eigenname erscheint erstmals in der Chronik-Überarbeitung von 2 Sam 24 (1 Chr 21).[132] Während die älteren Texte also die Gottheit Israels für alles Geschehen – Gutes wie Böses – als verantwortlich anerkennen und benennen, scheint dies in der nachexilischen Zeit zunehmend als problematisch erfahren worden zu sein. JÜRGEN EBACH beschreibt diese Entwicklung der Ausprägung einer eigenen Gestalt ›des Bösen‹:

> »[D]ie Beobachtung, daß nicht ist, was sein sollte, läßt den Gedanken buchstäblich Gestalt gewinnen, es müsse eine Instanz geben, die sich hindernd, quertreibend zwischen Gott und die Erfüllung seines Willens geschoben hat. Als diese Gestalt ›entsteht‹ der Satan, später im griechischen Sprachraum der ›diabolos‹ ..., der ›Entzweier‹.«[133]

In der zwischentestamentlichen Zeit verläuft die Entwicklung in zwei Richtungen: Während z.B. Philo von Alexandrien keine Exorzismusdarstellungen und kaum Anspielungen auf den Teufel bringt[134] und auch bei Josephus nur an wenigen Stellen überhaupt die Rede von derartigen Erscheinungen ist,[135] erfährt die Ausprägung der Gedankenwelt über das Böse, das nun nicht mehr der Gottheit Israels selbst zugerechnet werden soll, in eher apokalyptisch geprägten Texten dieser Zeit eine deutliche Verstärkung und Hierarchisierung.[136] An der Spitze steht ein oberstes Wesen, das unter verschiedenen Namen ›firmiert‹: Neben der Bezeichnung διάβολος bzw. Σατανᾶς[137] bietet nur das Jubiläenbuch den Namen Mastema.[138] TestXII und Qumran kennen den Anführer der widergöttlichen Wesen als Beliar bzw. Belial.[139] Im Neuen Testament tritt im Zusammenhang des Vorwurfs an Jesus, bei seinen Heilungen und

---

131 Vgl. J. EBACH 1996b, 11. Ein Überblick über die Bedeutung Satans im Ersten Testament z.B. bei H. HAAG 1974, 192–217. S. auch P.L. DAY 1988; C. BREYTENBACH/P.L. DAY 1995, 1369ff; E. PAGELS 1996, 67ff sowie den Forschungsüberblick bei K. NIELSEN 1998, 52–56.

132 M. GÖRG hat 1996 Argumente für eine Ableitung des Ausdrucks aus dem Ägyptischen beigebracht, denen sich H. STRAUß 1999, 257f. anschließt. GÖRG kommt von der Verwendung des Terminus in der ägyptischen Literatur her zu der Erkenntnis, dass »der ›Satan‹ zunächst ein im Interesse seines göttlichen Herrn tätiger Agent, ein wachsamer Kontrolleur, ein ›Chef im Vorzimmer‹ Gottes [sei], der im AT ... zum ›dienstbaren Geist‹, zu einer Art Anwalt und ›Vollstrecker‹ des verborgenen Willens Gottes geworden« sei (ebd., 12). D.E. GERSHENSON 2002 kommt nach einer kurzen Untersuchung der Etymologie des Wortes שָׂטָן zu der Überzeugung, die Herkunft der Wurzel sei im griechischen Sprachgebrauch zu lokalisieren. Allerdings ist es ohne Weiteres möglich, das Substantiv שָׂטָן innerhebräisch von der Wurzel שׂטן abzuleiten; vgl. K. NIELSEN 1993, 746; dies. 1998, 57f. Insofern stellt sich die Frage, ob ein Rückgriff auf ägyptische Formulierungen überhaupt notwendig ist.

133 A.a.O., 11. H. HAAG 1974, 217 kommt für die ersttestamentliche Zeit zu dem Fazit: »Wenn der Satan irgendwo eine Randfigur geblieben ist, dann im Alten Testament.”

134 Vgl. W. KIRCHSCHLÄGER 1981, 53.

135 Josephus bringt in Ant 8,46–49/8,2,5 die Schilderung eines Exorzismus unter Salomo; vgl. G. RILEY 1995, 449.

136 Einen Überblick über die verschiedenen Ansätze bietet neben H. HAAG 1974, 218–246 z.B. W. KIRCHSCHLÄGER 1981, 45–54.

137 Zunächst scheinen die beiden Begriffe synonym gebraucht zu sein; so beispielhaft für die überwiegende Mehrheit der ForscherInnen C. BREYTENBACH/P.L. DAY 1995, 1370.1378. Dass die Verwendung bei Lukas aber nicht zufällig ist (damit gegen H. BIETENHARD 2000, 1542 und O. BÖCHER 1992c, 558), ist unten (S. 324ff) noch zu zeigen.

138 Zwar ist in Qumran auch die Bezeichnung Mastema bekannt; sie findet aber nur als Abstraktum (in der Kombination ›Fürst der Anfeindung‹, 4Q225) Verwendung. Vgl. J.W. VAN HENTEN 1995, 1034f. zum unterschiedlichen Gebrauch in Qumran und im Jubiläenbuch. Der Name Mastema bleibt also in den uns tradierten Texten ein Spezifikum des Jubiläenbuches.

139 TestIs 6; TestDan 4; 5,1–3; TestSim 3,5 u.ö.; s. W. BOUSSET/H. GRESSMANN 1926, 334; M. DE JONGE 2002, 385. TestXII verwendet wie Lukas (s.u. S. 237ff) die Gleichsetzung von θεός mit φῶς und Βελίαρ mit σκότος z.B. in TestLev 19; TestJos 20; TestNaph 2f.; TestBen 5. Aus der Fülle der Belege der Qumranliteratur sei hier exemplarisch verwiesen auf CD IV, 13–15, 1QH X, 16.22; 1QM I,1.5.13.15. Belial ist in den Qumrantexten gleichbedeutend mit der Figur des ›Engels der Finsternis‹ (1QS I,18; III, 17–25; IV, 1.9–11; 1QM XIII, 11ff); s. dazu H. BIETENHARD 2000, 1538f.

Austreibungen mit dem Teufel im Bunde zu sein, ein weiterer Name in Erscheinung: Beelzebul (Lk 11,15 parr.).[140]

Unter Anführung dieses Obersten versucht eine ganze Armee von untergeordneten Wesen – (ab)gefallenen Engeln, Dämonen bzw. unreinen und/oder bösen Geistern – die Menschen zu schädigen. Diese Schädigung zielt auf die Verletzung der physischen oder psychischen Unversehrtheit der Menschen.[141] Abgeleitet wurde die Lehre von den Dämonen meist von Gen 6 (der Verbindung zwischen Engelwesen und Menschenfrauen)[142] oder einem schon vorher stattfindenden Fall einiger Engelwesen.[143] Zur Eigenart der Beschreibung der Dämonen in der zwischentestamentlichen Literatur gehört ihre Identifizierung mit den Gottheiten anderer Völker, die sich schon auf Texte wie Dtn 32,17; Hos 4,12 oder Jes 65,11 LXX stützen konnte.[144] Diese Dämonen-Götzen haben nach Jub 15,31f. – dem Willen JHWHs entsprechend! – die Herrschaft über die Völker inne,[145] bilden jedoch eine ständige Quelle der ›Verführung‹ für Israel:[146]

Und sie machen sich hohe Plätze, Haine, Götzenbilder. Und sie beten an, jeder sein eigenes, zu Irrtum hin. Und sie opfern ihre Kinder den Dämonen und jedem Werk des Irrtums ihres Herzens. (Jub 1,11)

Allerdings sind die Menschen Israels, wie oben anhand des Beispiels des Mose für das Jubiläenbuch gezeigt wurde, dieser Bedrohung gegenüber nicht ungeschützt. Es gibt auch auf der Seite JHWHs Engel, die für sie eintreten.

»The pseudepigrapha … describe and forecast mythological battles between hosts of heaven and forces of evil. Despite the havoc that Satan and his minions, the fallen beings, wreak among humanity and creation, God's angels are present to protect and intervene until the final consummation."[147]

---

[140] Zum Namen Beelzebul vgl. W. HERRMANN 1995, 293ff sowie B.L. STEIN 1997. Während das Erste Testament den aus ugaritischen Texten bekannten Titel des Gottes Baal *zebul ba'al* ›Fürst Baal‹, durch die Veränderung des letzten Konsonanten in Baal Zebub, ›Baal der Fliegen‹ (2 Kge 1,2), ins Lächerliche zieht und so verdeutlicht, dass von diesem Baal keine Macht zu erwarten ist, behält das Neue Testament zwar den Originalwortlaut bei (nur die Wortstellung wird umgedreht), erzielt aber durch die Verbindung mit den Dämonen den gleichen Effekt wie das Erste Testament: »[I]n the New Testament, the lordly Baalzebul is reduced to the demon Beelzebul, a powerless minor deity associated with mute idols. The New Testament writers followed the same Near Eastern practise of debasing foreign gods.« (B.L. STEIN 1997, 45).

[141] Die Dämonen werden als verantwortlich für Krankheiten erachtet, wie sich schon in Jub 10,12 herausstellt; vgl. dazu W. BOUSSET/H. GRESSMANN 1926, 338f.; G. RILEY 1995, 453f.; H. BIETENHARD 2000, 1538; O. BÖCHER 1992a, 650; G. THEIßEN 1998, 252f.

[142] Dazu O. MICHEL/O. BETZ 1964, 19.

[143] Sowohl im Jubiläenbuch als auch in äthHen und TestXII bleibt diese Vorstellung noch von untergeordneter Bedeutung; breit entfaltet wird sie erst in slHen 7,1–5; 18,1–6 sowie in VitAd, hier allerdings darin begründet, dass Satan sich weigerte, vor den ersten Menschen niederzufallen (vgl. VitAd 12–17 und dazu W. BOUSSET/H. GRESSMANN 1926, 335f. sowie H. HAAG 1974, 240–244).

[144] Besonders im Blick sind an diesen Stellen die Gottheiten derjenigen Völker, die in Israel als herrschende fremde Großmacht auftreten. Vgl. z.B. W. BOUSSET/H. GRESSMANN 1926, 305; G. RILEY 1995, 451; G. THEIßEN 1998, 253.

[145] Das Jubiläenbuch bringt diese Bemerkung im Kontext der Erwählung Israels aus allen Völkern der Erde: *Und er hat es [Israel; K.S.] geheiligt und gesammelt aus allen Menschenkindern. Denn es gibt viele Völker und viel Volk, und alle sind sein. Und über alle läßt er Geister herrschen, damit sie sie weg von ihm verführen. Aber über Israel läßt er sie nicht herrschen, niemand, weder Engel noch Geist (Jub 15,31f.).*

[146] Diese Einflussnahme des Teufels bzw. der Dämonen, der bösen und/oder unreinen Geister, äußert sich innerhalb der zwischentestamentlichen Literatur in vielfältiger Weise – TestRub 4f. z.B. weiß von einem engen Zusammenhang zwischen ›Hurerei‹ (und davon ausgehend: zwischen dem Einfluss von Frauen) und der Macht des Teufels zu berichten: *Denn wenn die Hurerei den Sinn nicht überwältigt, kann auch Beliar euch nicht überwältigen (4,11).*

[147] M. PATELLA 1999, 81. Er selbst räumt ein: »Admittedly, this statement is indeed a sweeping generalization, but it summarizes the bulk of literature which tends to be overwhelmingly repetitive.« (ebd.)

Der Beginn dieses bis ans Ende der Zeiten währenden Kampfes ist für Jub im Kontext der Sintfluterzählung anzusetzen – in ihr bzw. letztlich in einem Zugeständnis JHWHs gründet die Tatsache, dass Mastema auf der Erde Untergebene dazu nutzen kann, den Menschen Schaden zuzufügen: Die aus der Verbindung von Engeln und Menschenfrauen entstandenen Dämonen (Jub 5; 7,21) versuchen, die Nachkommen Noachs in die Irre zu führen (7,27). Auf Noachs Bitte hin befiehlt Gott seinen Engeln, die bösen Geister zu fesseln und sie in der Unterwelt bis zum Tag des Gerichts festzuhalten. Da jedoch tritt Mastema, der Fürst der Geister,[148] auf den Plan und handelt mit Gott aus, dass er ein Zehntel dieser Geister übrig lasse, damit sie ihm auf der Erde dienen mögen (10,8), und er so die Herrschaft seines Willens unter den Menschen durchsetzen könne. Auch diese Bitte gewährt Gott; die Engel handeln entsprechend:

> *Und wir taten gemäß all seinem Wort. Und alle Bösen, die bösartig waren, fesselten wir am Ort des Gerichtes.[149] Und ein Zehntel von ihnen ließen wir übrig, daß sie Vollmacht ausübten vor dem Satan auf der Erde. (10,11)[150]*

Gott jedoch lässt die Menschen nicht schutzlos; er trägt seinen Engeln auf, Noach Heilungsmöglichkeiten für die von den unreinen Geistern verursachten Krankheiten zu offenbaren. Warum Gott sich auf diesen Handel mit Mastema eingelassen hat, selbst also dafür verantwortlich zeichnet, dass diesem Möglichkeiten geblieben sind, auf der Erde sein Unwesen zu treiben, bleibt in Jub offen. Vielleicht ist es aber gerade das Wissen um die ständige Präsenz ›des Bösen‹, die Erfahrung des Ringens mit diesen ›Mächten‹, und die Rückführung ihrer Existenz auf ein Zugeständnis der Gottheit Israels, die dazu führen, dass für das Jubiläenbuch und mit ihm eine ganze Reihe weiterer Schriften der zwischentestamentlichen Zeit gerade die Abwesenheit Satans zu einem entscheidenden Indiz der Heilszeit wird:[151]

> *Und es gibt auch keinen Satan, und es gibt auch keinen Bösen, der zugrunde richtet. Denn alle Tage werden Tage des Segens und des Heils sein. (23,29)*

Anbruchsweise verwirklicht war – wie im Kontext der Analyse der Exoduslektüre schon erwähnt[152] – diese Heilszeit in den Tagen der Herrschaft Josephs über Ägypten (40,9; 46,2), eine letztgültige Realisierung dieser Hoffnung aber stand noch aus:

> *Und die Jubiläen werden vorübergehen, bis Israel gereinigt ist von aller Sünde der Unzucht und Unreinheit und Befleckung und Verfehlung und des Irrtums und wohnt im ganzen Land, wenn es Vertrauen hat und (wenn) es keinen Satan mehr gibt noch irgendetwas Böses. Und das Land wird rein sein von jener Zeit bis in alle Tage. (50,5).[153]*

---

[148] Die Herkunft Mastemas bleibt jedoch ungeklärt; folglich ist auch nicht mit Eindeutigkeit zu sagen, ob das Jubiläenbuch ihn unter den am ersten Schöpfungstag geschaffenen Engelwesen (Jub 2,2) sehen will: »Nie wird Mastema formell als Geschöpf Gottes bezeichnet und noch weniger als ewiges böses Prinzip hingestellt. Das Schweigen über die Herkunft Satans verrät die Verlegenheit in dieser Frage.« (H. HAAG 1974, 232). Allerdings ist diese Offenheit gegenüber der Herkunft Satans gerade nicht als ›Verlegenheit‹ zu diffamieren, sondern stellt eher ein Indiz dafür dar, dass denjenigen, die für Jub verantwortlich zeichnen, nur zu bewusst war, wie problematisch eine einseitige Klärung dieser Ungenauigkeit wäre. S. dazu die Überlegungen zur Theologie des Jubiläenbuches S. 152f.

[149] Vgl. zur auch im Neuen Testament vertretenen Vorstellung von der Tiefe, der ἄβυσσος, als Gefängnis für Dämonen z.B. Lk 8,31; Apk 9,1f. u. S. 327 m. Anm. 715.

[150] Dazu H. BIETENHARD 2000, 1538. Ganz ähnliche Vorstellungen bietet äthHen 15,8ff; 54,6. Auch hier wird ein endgültiger Sieg über die ›bösen Geister‹ erst für die eschatologische Endzeit beschrieben.

[151] So auch C. MÜNCHOW 1981, 55 sowie K. BERGER 1981, 445.

[152] S.o. S. 137.

[153] Die gleiche Vorstellung findet sich z.B. in AssMos 10,1: *Und dann wird sein Regiment über all seine Kreatur erscheinen; dann wird der Teufel ein Ende haben, und die Traurigkeit mit ihm hinweggenommen werden.* Vgl. dazu auch E.W. STEGEMANN/W. STEGEMANN 1997, 181f.; außerdem ApkElias (kopt.): *Wird er einen neuen Himmel und eine neue Erde schaffen, in denen es keinen Teufel mehr gibt.* (zit. bei K. BERGER 1981, 445). Den Zusammenhang vom befreienden Kommen des erhofften Messias mit der

Diese Formel von der satansfreien Zeit lässt sich mit CHRISTOPH MÜNCHOW (auch) als Befreiung von konkreter Unterdrückung durch die im Jubiläenbuch immer wieder angeklagten Fremdvölker[154] verstehen: In der Heilszeit wird Israel frei sein

> »von den das Volk bedrückenden Fremdvölkern …, denn der Satan und das Böse … verkörpern in gleicher Funktion eine Macht, die Israels Bedrückung durch andere Völker bewirkt. Die Wendung ›kein Satan und kein Böser‹ zur Umschreibung der Heilszeit (23,29; 50,5) drückt das Ende der Mächte aus, die Frieden, Freude und Heil (23,29), Rechtschaffenheit und Ordnung (40,9), Bruderliebe und Einigkeit (46,1) sowie die Freiheit von Hurerei, Unreinigkeit und Befleckung (50,5) im Lande verhindern.«[155]

Damit führt Jub eindrücklich vor, wie in der Erzählung der Geschichte Israels mit ihren Erfahrungen von Befreiung und Unterdrückung die Thematisierung ›des Bösen‹ als überweltlicher Instanz gerade nicht zu einer Entpolitisierung führen muss, sondern vielmehr den Blick dafür schärfen kann, wie umfassend und im Wortsinn ›total‹ die Versklavung unter fremde Mächte ist.

4.5   Die relative Abwesenheit Gottes in der Exodusdarstellung des Jubiläenbuches

Da Jub 46–47 eine Lektüre von Ex 1–2 darstellen, mutet die völlige Abwesenheit der Gottheit Israels hier nicht merkwürdig an.[156] Während in der biblischen Darstellung JHWH jedoch von seinem ersten Auftritt in Ex 2,24 an eindeutig das folgende Geschehen dominiert, wie z.B. die zahlreichen Verstockungsaussagen deutlich machen, unterbleibt eine solche Veränderung der Perspektive im Jubiläenbuch. Ab Kap. 48 findet JHWH zwar an einigen Stellen Erwähnung,[157] die Darstellung bleibt allerdings unkonturiert. Zum Beispiel sind die Grenzen zwischen dem von Gott her beauftragten Handeln der Engel und Gott selbst ziemlich verschwommen: Das wiederholt verwendete ›wir‹ lässt nicht klar erkennbar werden, an welchen Stellen nur die Engel gemeint sind und wann auch Gott selbst als Handelnder mitgedacht sein soll.[158] Auch zwischen Mose und JHWH sind die Unterschiede an einigen Stellen kaum noch auszumachen, wenn etwa unmittelbar nacheinander die Rache, die an Ägypten zu wirken ist, erst als Handlung des Mose, dann als Handlung JHWHs beschrieben wird.[159] Positives Eingreifen, wie es in der Bibel allein JHWH selbst zugerechnet wird, kann im Jubiläenbuch also auf andere ›Mitwirkende‹ ausgedehnt sein. Gleich-

---

Reinigung Jerusalems betonen PsSal 17,22.30.45 (17,45: *Es beeile sich Gott mit seinem Erbarmen über Israel, er befreie uns von der Unreinheit unheiliger Feinde.*); zu der Vorstellung, dass der Messias das Volk Israel aus der Macht des Teufels befreien werde, s. z.B. äthHen 69,27–29; 1QM 1,1; 4,1b–2a; TestSim 6,6; TestLev 18,12f.; TestSeb 9,8f.; TestDan 5,11; TestAss 7,3. Vgl. S. GARRETT 1990, 665f.; S. VOLLENWEIDER 1988, 196f. sowie G. THEISSEN 1998, 253.

[154] Vgl. nur den heftigen Ausfall Isaaks gegen die Philister (24,28–32), den sowohl K. BERGER 1981, 447 als auch M. MÜLLER 1996, 254 als Verarbeitung der Auseinandersetzungen der Makkabäerzeit lesen.

[155] C. MÜNCHOW 1981, 60f.

[156] Auch in der Exoduserzählung der Schrift agiert JHWH erst ab Ex 2,22; vorher findet Gott nur in der kurzen Notiz im Kontext der Hebammenerzählung Erwähnung.

[157] Z. B. 48,2.5.8.11.17.

[158] So z. B. V. 13: *wir befreiten Israel aus seiner Hand* – sind das nur die Engel oder ist JHWH in dieses *wir* miteinzubeziehen? (Oder ist JHWH womöglich ›wir‹?!) Ähnlich schwierig gestaltet sich die Frage der Identifikation der sich hinter dem erzählenden *ich* verbergenden ›Person‹ (48,4.13 u.ö.); aus der Redesituation heraus bietet sich der Engel an, andererseits ist als eigentlich Handelnder doch eher JHWH vorgestellt.

[159] Frappierend wirkt die ›Gottähnlichkeit‹ des Mose, wenn in 48,7 davon die Rede ist, dass alles *durch das Wort des Mose* geschehen sei. Diese Ausdrucksweise ist sonst hauptsächlich aus »Aussagen über Gottes Schöpfungswort in späten Schriften« bekannt, wie K. BERGER 1981, 544, anmerkt (vgl. Sir 42,15; 43,10; SapSal 9,1).

zeitig versucht das Jubiläenbuch aber zunächst auf der Erzählebene, JHWH von allem vermeintlich Abgründigen gleichsam ›reinzuwaschen‹: Wie oben gezeigt, dient die Integration Mastemas als des Hauptwidersachers JHWHs dazu, dessen ambivalente Rolle in der Exoduserzählung der Schrift zu glätten. So entfallen etwa die Aussagen über die Verstockung Pharaos gänzlich, und die für Mose lebensbedrohliche Gottesbegegnung aus Ex 4,24–26 erhält insofern einen gänzlich anderen Charakter, als hier Mastema die ursprüngliche Position JHWHs übernommen hat. Das Jubiläenbuch versteht »Gott als den Schöpfer einer umfassenden kosmischen Ordnung« und muss ihn daher »von Handlungen ... entlasten, die einen negativen Akzent in das Gottesbild eintragen könnten.«[160]

Gegenüber der biblischen Exodusdarstellung ist die Perspektive des Jubiläenbuches also dahingehend verschoben, dass JHWH nur noch selten als unmittelbar selbst Handelnde vorgestellt ist. Vielmehr tritt sie in Erscheinung als die Macht, die die Fäden im Hintergrund in der Hand hält, der letztlich alle Handelnden – bis hin zu Mastema und seinen Untertanen – als Untergebene zugeordnet sind, auch wenn deren Tun den Anschein selbstbestimmten Agierens erhalten kann.

Hierin zeigt sich deutlich, wie bei einer Analyse des Jubiläenbuches zwischen der Erzähl-, genauer der ›Aktionsebene‹, und der dahinterstehenden theologischen Ebene unterschieden werden muss. Als Aktant spielt JHWH keine große Rolle. Theologisch aber bleibt er – gerade im Verhältnis zu Mastema – die entscheidende Größe, was sich z. B. darin äußert, dass die Plagen als Rache JHWHs verstanden werden. Im Balancieren zwischen JHWH und Mastema, in der Vorsicht im Umgang mit dem, was der Gottheit Israels zugeschrieben wird und was nicht, drücken die Verfasserinnen und Verfasser des Jubiläenbuches erzählerisch die theologische Problematik aus, die letztlich die Frage der Theodizee ist: Wieviel darf etwas Anderem als Gott angerechnet werden, damit dieser nicht unberechenbar wird, damit seine Güte nicht abhanden kommt? Wie begrenzt muss aber umgekehrt gerade dieses Andere sein, damit Gott nicht die Macht abgesprochen wird, die letztlich nur ihm zukommen darf? Das im Jubiläenbuch sichtbare Vorgehen, gerade die Beziehung zwischen JHWH und Satan so offen zu halten, dass an Stellen wie Jub 17f. immer wieder durchscheint, dass es letztlich um ein Ringen mit JHWH selbst geht, stellt einen gelungenen Versuch dar, die Dialektik dieser Problemstellung erzählerisch umzusetzen.

4.6 Die Plagen als Zeichen und Erweise, als Gericht über Ägypten (48,4–8)

Der Erzählzusammenhang aus Ex 7–11 findet im Jubiläenbuch in stark geraffter Form Erwähnung, die Plagen selbst werden in einem einzigen Vers (48,5) aufgezählt. Wichtiger als das Erzählen ihres Inhalts ist für die hinter dem Jubiläenbuch stehende Gruppe die Bewertung der Plagen: Zum einen werden sie als Zeichen und Wunder (48,4.12) benannt,[161] deren Ausführung der biblischen Vorgabe folgend grundlegend

---

[160] C. MÜNCHOW 1981, 60. Ähnlich urteilt auch H. HAAG 1974, 232: »Ganz offenkundig dient die Gestalt des Mastema in Jub dazu, Gott von Taten zu entlasten, die man in der Spätzeit seiner für unwürdig erachtete.«

[161] Die Formulierung ›Zeichen und Wunder‹ ist im Ersten Testament auf das Tun JHWHs zu Gunsten Israels bezogen. Hierin erweist er seine Macht, die stets auch eine Gegen-Macht gegen die Feindinnen und Feinde Israels ist. Diese Machterweise sind in biblischem Denken fast immer an das Befreiungsgeschehen in Ägypten geknüpft; vgl. auch den lukanischen Sprachgebrauch (s.u. S. 348ff) sowie G. JANKOWSKI 2001, 59.68. Die Formulierung σημεῖα καὶ τέρατα (vgl. z.B. Ex 7,3; 11,9f.; Dtn 4,34; 6,22; 7,19; 11,3; 26,8; 34,11; Jer 39,20f.; Ps 77,43; 134,9) nimmt in der überwiegenden Zahl der Fälle darauf Bezug (LXX zeigt hier gegenüber MT den Hang zur Vereinheitlichung: Während MT

zwar von JHWH ausgeht, konkret aber als von Mose gewirkt gedacht sein kann. Neu gegenüber dem biblischem Text ist der betonte Rachegedanke:[162] JHWH übt mit den Plagen Rache an Ägypten (2x 48,5.8) für Israel[163] – in V.7 verstanden als zehn Gerichtshandlungen.[164] Diese richtende Rache richtet sich gegen Mensch und Tier (V.5), aber auch gegen die Gottheiten Ägyptens (ebd.), die hier jedoch gemäß der Intention des Jubiläenbuches pejorativ ›Götzen‹ genannt werden.[165] Adressat scheint auch hier weniger Pharao oder das ägyptische Volk zu sein als vielmehr Mastema: Die Auseinandersetzung, die mit Hilfe der zehn Plagen geführt wird, ist auf der Metaebene eine zwischen der Macht Mastemas und der diese bei weitem übertreffenden Macht JHWHs. Folglich spielt im Gegensatz zum biblischen Text auch die Frage der Anerkennung JHWHs von Seiten Pharaos und des ägyptischen Volkes überhaupt keine Rolle: Nicht sie sollen erkennen, dass JHWH in Ägypten mächtig ist (Ex 7,5 u.ö.), sondern Mastema soll ›sich schämen‹ (48,12), wie er sich am Berg Morija geschämt hatte (18,12).

5. Theozentrik mit menschlicher Beteiligung – die Exodusüberlieferung in Pseudo-Philos *Liber Antiquitatum Biblicarum*

Der *Liber Antiquitatum Biblicarum* (LAB) ist eine nur noch in lateinischer Übersetzung erhaltene – ursprünglich aber hebräisch verfasste und dann ins Griechische übertragene[166] – Nacherzählung der biblischen Ereignisse von der Schöpfung bis zum Tode Sauls.[167]

---

die unterschiedlichen Begriffe auch einzeln setzen kann, setzt sich in der Übertragung der LXX die zweigliedrige Formel durch).

[162] Allerdings gibt auch Ex 12,12 LXX als Begleiterscheinung wenn nicht gar eigentliches Ziel der Tötung der Erstgeburt als Finale der Plage die ›Rache‹ JHWHs an den ägyptischen Gottheiten an; vgl. zum Gedanken der Rache im Exodusgeschehen ferner TestJos 20,1. Den Gedanken der als Talio verstandenen Rache hebt auch K. BERGER 1981, 542, hervor.

[163] Auch der Untergang des ägyptischen Heeres ist als Rache verstanden (48,14; ähnlich SapSal 18,5. Findet sich hier unter Umständen eine Weiterentwicklung der schon vom biblischen Text her nahe gelegten Lesart der Ereignisse am Schilfmeer als letzter Plage (s.o. S. 121)?

[164] »Erweise und Zeichen gehören zum Befreiungsgeschehen. Für Ägypten, den Unterdrücker, werden sie zum Gericht, für Israel sind sie ein Anzeichen der Befreiung aus der Unterdrückung.« (G. JANKOWKI 2001, 59). Gerade hier wird, wie oben bereits angedeutet, sehr gut deutlich, dass es nicht möglich ist, pauschal davon zu sprechen, dass JHWH im Jubiläenbuch nichts ›Böses‹ mehr tun dürfe.

[165] Der biblische Text setzt die ›neutrale‹ Bezeichnung θεοὶ τῶν Ἀιγυπτίων/מִצְרַיִם אֱלֹהֵי (Ex 12,12). Mit R. THELLE 2002, 138 lässt sich die gesamte Auseinandersetzung, die in den Plagenerzählungen ihren Ausdruck findet, beschreiben als »a contest between Pharao and his gods on the one hand, and Moses, Aaron and YHWH on the other«. Dennoch ist die Tradition, Gottheiten der Völker als Götzen zu verstehen, schon innerbiblisch zu beobachten; vgl. nur Dtn 32,17; Ps 96,5.

[166] Darüber, dass LAB ursprünglich in hebräischer Sprache geschrieben war, herrscht in der Forschung Konsens; vgl. unter vielen G. STEMBERGER 1972, 97; ders. 1977, 36; G. VERMES 1973, 5; P.V.D. HORST 1997, 670; G.E.W. NICKELSBURG 1984, 110 sowie den Forschungsüberblick D.J. HARRINGTON 1988a.

[167] Einige Auslegerinnen und Ausleger gehen zwar nach wie vor davon aus, dass der LAB ursprünglich noch weiteres Material umfasste (vgl. P. V.D. HORST 1997, 670). Aber die von G. STEMBERGER u.a. gelieferte Erklärung für das vorliegende Ende als so auch intendiertes ist hinreichend und macht weitere Spekulationen über eine mögliche Fortsetzung überflüssig: »der Leser, der als Fortsetzung die Erzählung von Davids Königtum erwartet, ist dadurch auf den erwarteten Sohn Davids, den Messias, verwiesen.« (ders. 1977, 37).

Viele Fragen aus dem Bereich der Einleitungswissenschaften müssen für den LAB nach wie vor offen bleiben, sind sie doch in der wissenschaftlichen Diskussion heftig umstritten; wer das Buch wann genau für wen primär geschrieben hat, ist bisher nicht geklärt.[168] Als Verfasser des LAB wurde zunächst fälschlich Philo v. Alexandria angenommen (daher der in der Forschung übliche Name ›Ps-Philo‹ für den nicht näher zu identifizierenden Autor des LAB),[169] da die erste bekannte Fassung an zwei Schriften Philos angebunden war. Der LAB ist vermutlich in den letzten Jahrzehnten des ersten Jahrhunderts n.Chr., vielleicht auch erst in der ersten Hälfte des zweiten Jahrhunderts,[170] entstanden, wenngleich ihm zugrunde liegende Traditionen erheblich älter sein dürften.[171]

LAB bietet sich somit als ›Gesprächspartner‹ für das lukanische Doppelwerk unbedingt an.[172] Beide entstammen der selben Zeit, beide arbeiten mit einer ähnlichen Form »biblisch bestimmte[r] Intertextualität«, beide schöpfen aus der selben »Textwelt«.[173]

---

[168] »Whoever he was, and whenever he wrote, Pseudo-Philo has composed an impressive volume of narrative exegesis in which the line between interpreting the ancient text and responding to contemporary culture is largely hidden from view. ... Was it his passion for things contemporary and political that drove him back to the ancient text, or ... was his first love simply the old, old story itself, which he could not help but revive and rehearse for his own embattled generation? Did he even see himself as an interpreter, or did he fancy himself rather as an impartial recorder, spelling out details already embedded deeply in the tradition? Quite possibly our author would struggle even to understand these sorts of questions.« (B.N. Fisk 2001, 331).

[169] Zu den nach wie vor ungeklärten Fragen hinsichtlich des LAB und der Vorsicht, die daraus resultieren sollte, B. Halpern Amaru 1991, 83: »One is naturally hesitant to undertake analysis of a single topic in a work for which there is no consensus regarding its date of composition, sources, and even the concerns and purposes which motivated its author.« Überwiegende Einigkeit besteht jedoch in der Ansicht, dass der LAB von einem Mann verfasst wurde. Vorsichtig erwägt P.v.d. Horst 1991, 122 die Möglichkeit einer Frau als Autorin. Dezidiert hat sich m.W. bisher nur M.T. DesCamps 1997, v.a. 79f., für eine weibliche Autorschaft des LAB ausgesprochen.

[170] Als erster hat L. Cohn 1898, 327, dem sich die überwiegende Mehrzahl der späteren Interpretinnen und Interpreten angeschlossen hat (vgl. exemplarisch O.H. Steck 1967, 173; H. Jacobson 1996, 199ff; C.A. Brown 1992, 21), den LAB auf kurz nach 70 n.Chr. datiert. Einige Autoren, unter ihnen A. Spiro 1951, 282 (zwischen 160 v.Chr. u. Josephus), J. Hadot 1965, 94 (zwischen 100 u. 63 v.Chr.) sowie G. Vermes 1973, 6, plädieren zwar für eine weit frühere Entstehungszeit. G. Stemberger 1972, 97f., Anm. 6, widerspricht diesen Versuchen jedoch entschieden und würde die Schrift deutlich später ansetzen, durchaus auch nach 135 n.Chr., wenn für ihn nicht die Übernahme durch Christinnen und Christen gegen einen so späten Ansatzungspunkt spräche. Angesichts der Art der Geschichtsdarstellung des LAB (s. dazu M. Vogel 1998) spricht viel dafür, bei der ›klassischen‹ Datierung auf das Ende des ersten Jh.s n.Chr. zu bleiben (so auch E. Reinmuth 1997, 552). »A query about Israel's continued existence in the face of powerful gentile opposition and conquest would have been much to the point ... The emphasis on the need of good leaders would have been especially appropriate after the chaos of the years 66–70 and their proliferation of would be Messiahs, prophets, and demagogues.« (G.E.W. Nickelsburg 1984, 109). Mit der selben Argumentation lässt sich jedoch auch H. Jacobsons Überlegung über eine späte Datierung begründen: Er führt im Einleitungskapitel seines zweibändig angelegten Kommentars zum LAB neben einer ausführlichen Diskussion der bisherigen Datierungsversuche (199–210) gute Gründe dafür an, dass manche Motive des LAB durchaus auch auf eine Entstehung erst in hadrianischer Zeit verweisen könnten (1996, 208f.). Letztlich bleibt zum gegenwärtigen Zeitpunkt mit B.N. Fisk 2001, 44f. festzuhalten: »It must be admitted, regrettably, that LAB-scholarship ... has failed to establish a precise date or social setting for the composition of the LAB.«

[171] Vgl. G. Stemberger 1977, 37. Für die Entwicklung der Figur Abrahams in der zwischentestamentlichen Literatur hat dies G.E.W. Nickelsburg 1998, 151ff veranschaulicht.

[172] Während L. Feldman 1971, 59f. noch sehr vorsichtig auf die Frage nach Berührungspunkten zwischen LAB und NT antwortete (»not many direct resemblances«, »a few coincidences of language, and one or two illustrations of belief«; beide 59), hat P. v. d. Horst 1997 explizit auf den Nutzen der Interpretation des LAB für ein Verständnis des lukanischen Werkes verwiesen. Durch die Arbeiten E. Reinmuths (1989; 1997; v.a. die Monographie 1994) ist dies für viele Themenbereiche genau beschrieben worden, den hier interessierenden Bereich der Exodusüberlieferung thematisiert Reinmuth jedoch nicht explizit.

[173] Beide Zitate: E. Reinmuth 1997, 569. 552.

In seiner Gesamtheit gehört der LAB zur Gattung der ›rewritten Bible‹[174], von manchen aufgrund seiner haggadischen Elemente[175] auch als Midrasch bezeichnet.[176] Die Schrift ist geprägt von deuteronomistischem Denken[177] und deuteronomistischem Geschichtsbild,[178] worin sie dem Jubiläenbuch recht nahe steht.[179] Die Situation des Volkes, auf der Erzählebene des Textes ebenso wie zur Erzählzeit, lässt sich der Argumentation des LAB zufolge auf den Widerstand zurückführen, den Israel den Weisungen JHWHs in Vergangenheit und Gegenwart entgegengebracht hat und noch bringt; insofern hat es sein Ausgeliefertsein an andere Mächte selbst zu verantworten. Pseudo-Philo betont jedoch immer wieder, dass das gegenwärtige Unglück[180]

---

[174] S.o. S. 131. Vgl. B.N. FISK 2001, 13ff; G.E.W. NICKELSBURG 1984, 89ff sowie P. V.D. HORST 1997, 670. D.J. HARRINGTON 1986, 242 schließt sich vorsichtig der von C. PERROT 1976 in der Einleitung zur Edition des LAB in den SC (SC 229–230) gebotenen Wahrnehmung des LAB als ›texte continué‹ an, gibt jedoch seinem Zweifel Ausdruck, inwiefern der Ausdruck ›rewritten Bible‹ überhaupt als Bezeichnung eines eigenen literarischen Genres haltbar sei: »In fact, it seems better to view rewriting the Bible as a kind of activity or process than to see it as a distinctive literary Genre of Palestinian Judaism« (ebd., 243). Dezidiert gegen die Verwendung des Terminus ›rewritten Bible‹ für eine Gattungsbestimmung des LAB spricht sich E. REINMUTH 1994, 16 Anm. 74 aus.

[175] Nach P.V.D. HORST 1997, 671 ist der LAB für bestimmte haggadische Motive das früheste Zeugnis: etwa für Abrahams Rettung aus dem Feuerofen (6); Mose als bereits bei seiner Geburt beschnitten (9,13); die Identifikation von Pinchas mit Elia (48,1) und Dina als Frau Hiobs (8,8). Diese Aufzählung ist um die Tradition des Mirjambrunnens zu ergänzen (10,7; 11,15; 20,8) – allerdings sind ähnlich wichtig die ntl. Belege bzw. Hinweise, so etwa 1 Kor 10,4 u. Joh 5; dazu K. WENGST 2000, 185.

[176] So schon L. COHN 1898, 314.322 und sich daran anschließend G. STEMBERGER 1972, 97 (»midraschartige Neuerzählung«); ders. 1977, 37. Vorsichtiger von ›haggadischem Material‹ sprechen z.B. G. VERMES 1973, 6 und G. KISCH 1949, 17f.; P.V.D. HORST 1997, 670 unterscheidet beides: Wenn LAB auch »wahrscheinlich haggadischen Stoff aus der partei-unabhängigen Synagoge« enthalte, so sei seine Gattung mit der Bezeichnung Midrasch dennoch nicht angemessen bezeichnet. Ähnlich D.J. HARRINGTON 1986, 242: »*Biblical Antiquities* is a free rewriting of parts of Israel's sacred history, not a targum or midrash.«; ders. 1988, 324 plädiert für die Beibehaltung der engeren Begrifflichkeit von ›Midrasch‹ als den Bibeltext explizierende Textform und verweist auf A.G. WRIGHT 1967. Auch E. REINMUTH 1994, 16 sieht die Gefahr, dass mit der Gattungsbezeichnung ›Midrasch‹ »die originäre Aussageabsicht dieser Schrift« eingeschränkt werde: »Es geht in ihr primär nicht um ein gesteigertes Verständnis des Bibeltextes, sondern um interpretierende Nacherzählung der Erwählungsgeschichte auf die zu bewältigende Gegenwart hin.« Ebd., Anm. 74 hält er fest: »Ein tragfähiger Gattungsbegriff, der die literarische Eigenheit des LAB hinreichend kennzeichnet (und nicht mit den übrigen, unter der Hilfsbezeichnung ›rewritten Bible‹ subsumierten Schriften nivelliert), bleibt weiter ein Desiderat.«

[177] Z.B. ist für Pseudo-Philo die Achtung der Tora deutlich wichtiger als der Kult. Gut beobachten lässt sich diese Schwerpunktsetzung in LAB 22, der Erzählung über den Altarbau im Ostjordanland, den Josua scharf kritisiert (22,5f.). Den biblisch-deuteronomistischen Gegensatz zwischen dem einen ›wahren‹ Heiligtum und allen anderen als unrechtmäßig erbaut zu disqualifizierenden Heiligtümern erweitert Ps-Philo zum grundsätzlichen Gegensatz von Kult und Torastudium: »in LAB the opposition is between the essential worship of God through study and the lesser form through sacrifice.« (H. JACOBSON 1996, 207). Vgl. C. DIETZFELBINGER 1975, 97f.; O.H. STECK 1967, 173–176, der davon ausgeht, dass es sich hier nicht um literarische Vorlagen handelt, sondern dass »Pseudo-Philo selbst noch in dieser Tradition steht.« (175). STECKs weiterführende Überlegungen, inwiefern hierin ein Indiz dafür zu sehen sei, dass LAB zunächst die Geschichtsabfolge bis einschließlich 587 v.Chr. gezeichnet habe, dieser letzte Teil aber verloren gegangen sei, sind jedoch aus den oben bereits genannten Gründen nicht überzeugend.

[178] Die Erzählabfolge des LAB ist in ähnlicher Form durch die Folge von Abfall und Verwerfung gekennzeichnet. Vgl. zum dtr Geschichtsbild im LAB O.H. STECK 1967, 174, der dies am Beispiel von LAB 12,4 vorführt. Allerdings nimmt Ps-Philo auch gewichtige Akzentveränderungen vor; dazu M. VOGEL 1996, 130 ff u. ders. 1998.

[179] Vgl. z.B. LAB 13,10 mit Jub 1,22; LAB 16,5 mit Jub 1,24f.; LAB 3,10 mit Jub 1,29; 4,26. Für die Bezüge zwischen Jubiläenbuch und LAB s. L. FELDMAN 1971, 45f.; H. JACOBSON 1996, 212. JACOBSON betont allerdings stärker die Unterschiede zwischen LAB und Jub, die er v.a. in den zentralen Themen sieht: so etwa die Frage des Kalenders und der Dämonen, die Abwesenheit jeder Rahmenhandlung im LAB sowie grundsätzlich zum Stil: »[I]t seems unlikely that a reader of Jubilees (unlike a reader of LAB) would ever get the feeling that he was reading the Bible. Jubilees, one might say, is not an imitation of the Bible. But LAB is.« (ebd.).

[180] Auch hier wieder im doppelten Sinn von Gegenwart in erzählter Zeit und Erzählzeit zu verstehen.

nicht das endgültige Geschick des Volkes besiegele.[181] Dem steht seiner Überzeugung nach (im Wortsinn: ›Gott sei Dank!‹) die unbedingte Treue JHWHs zu seinem Bund und seinen Verheißungen entgegen.[182]

5.1 Von einzelnen Episoden und ihrem Gesamtzusammenhang[183] – zu Umfang, Inhalt und Struktur der Exoduslektüre des LAB

Von den insgesamt 65 Kapiteln des LAB, von denen mehr als ein Drittel die Überlieferungen über die Richterinnen und Richter Israels erzählen (25–48),[184] wohingegen die Erzählungen über die Erzeltern (Gen 12–50) in einem Kapitel zusammen gefasst sind,[185] nimmt die Stoff aus Exodus bis Josua aufnehmende Überlieferung von Exodus und Wüstenwanderung bis zum Tod des Josua 16 Kapitel ein (9–24).[186] »These chapters lay the foundation for Israel itself, and so describe the presupposition for the rest of the book.«[187] Dabei lässt schon eine erste oberflächliche Lektüre der entsprechenden Passagen erkennen, dass das Augenmerk Ps-Philos weniger auf halachischen Weisungen respektive der Weitergabe der Tora JHWHs ruht, die sich im wesentlichen auf die Offenbarung des Dekalogs sowie die Nennung der

---

[181] Häufig sind im LAB Formulierungen wie ›*non usque/ad in finem*‹, etwa 19,2; 20,7; 39,6; 49,3 u.ö. Dazu neben anderen G. DELLING 1971, 311f.

[182] Zur Bundeskonzeption im LAB s. F.J. MURPHY 1988c; B.N. FISK 2001, 45–50; 136ff; M. VOGEL 1998.

[183] Was von F.J. MURPHY 1993 für den LAB gesamt festgehalten wird, lässt sich auch anhand der Exoduslektüre bestätigen: Das ganze Werk hat episodischen Charakter; dennoch sind die einzelnen Episoden nicht als unverbundene Einzelelemente zu betrachten, sondern in ihrem Zusammenhang und ihrer Funktion für die Gesamtstruktur zu analysieren:»the episodic character of Pseudo-Philo does not negate its overall plot structure.« (F.J. MURPHY 1993, 15). Schon hier ist auf die ähnliche Darstellungsweise im lukanischen Doppelwerk zu verweisen; s. dazu bereits R.C. TANNEHILL 1986, xiii.

[184] Diese Stoffverteilung könnte einen Hinweis darauf darstellen, dass Pseudo-Philo die Erzählungen aus der Zeit der Richterinnen und Richter als auf seine eigene Gegenwart hin transparent versteht – und zwar mehr noch als eben die Erzählungen um Abraham, Sara und ihre unmittelbaren Nachkommen, da diese in der Schrift zu individuell gezeichnet sind und als diese Individuen den ihnen gemäßen wichtigen Platz in der Erinnerung Israels haben.

[185] Für einen Vergleich der Genesisrezeption im LAB und im lukanischen Werk s. E. REINMUTH 1997. Über die Gesamtdarstellung in Kap. 8 hinaus werden einzelne Ereignisse an anderen Stellen des LAB thematisiert. Abraham wird bereits in Kap. 6f. eingeführt, einer Sonderüberlieferung des Turmbaus zu Babel, die durch die Integration Abrahams in die Erzählung unter anderem eine Verknüpfung der biblischen Turmbauerzählung mit dem aus dem Danielbuch bekannten Motiv der Rettung aus dem Feuerofen (Dan 3; vgl. LAB 6,16ff) vornimmt. Gen 22 fehlt in LAB 8, wird jedoch insgesamt dreimal von handelnden Figuren als deutendes Moment ihrer eigenen Geschichte sowie grundsätzlich der Geschichte Israels mit JHWH in die Gesamtdarstellung eingespielt (LAB 18,5; 32,2–4; 40,2). LAB verwendet das narrative Stilmittel der nachholenden Erzählung; dazu nach wie vor grundlegend O. EISSFELDT 1966, auf dessen Untersuchung sich die meisten gegenwärtigen Auslegerinnen und Ausleger des LAB beziehen. REINMUTH verwendet zur Kennzeichnung dieses Verfahrens den Begriff der ›diskursiven Analepse‹; vgl. ders. 1994, 93ff; 1997, 555.

[186] Weitere Beobachtungen zur übergreifenden Struktur von LAB bei E. REINMUTH 1994, 27–29 sowie bei F.J. MURPHY 1993, 15f., der die Kap. 1–7 (Urgeschichte bis Abraham) als Einleitung liest, während die Kap. 8–21 von der schrittweisen Erfüllung der Abraham gegebenen Versprechen erzählten. Diese Erfüllung – und damit die Erzählung selbst – erreicht nach MURPHY ihren Höhepunkt in der nach erfolgreicher Landnahme von Josua in Gilgal durchgeführten ›Dankes- und Bunderinnerungszeremonie‹ (21,7–10), konkret in der gemeinsamen öffentlichen Bestätigung Israels, JHWH habe nun alle seine Versprechen erfüllt: *Siehe, erfüllt hat unser Gott, was er zu unseren Vätern gesprochen hat … Und siehe, er hat uns hineingeführt in das Land unserer Feinde … Siehe, der Herr hat alles getan, was er zu uns gesprochen hat* (21,9; dt. Übersetzungen des LAB folgen, sofern nicht gesondert gekennzeichnet, C. DIETZFELBINGER 1975, englische H. JACOBSON 1996). »It is a climax that could end the narrative. Israel could now live happily ever after." (F.J. Murphy 1993, 16). Die folgenden Kap. 22–65 sind nach Murphy in ihrer Gesamtheit zu verstehen als eine ›Dokumentation‹ der Gründe, warum genau dies nicht eintrat.

[187] F.J. Murphy 1993, 52.

wichtigsten Feste beschränken, denn auf den erzählenden Texten des Überliefe-
rungszusammenhanges.[188]

LAB 9 bietet eine gegenüber der biblischen Vorlage stark ausgeweitete – um zahl-
reiche auch aus späteren rabbinischen Texten bekannte Elemente erweiterte – Darstellung der sogenannten ›vorgeburtlichen‹ Ereignisse bis zur Geburt des Mose und
seiner Adoption durch die Pharaotochter; in Kap. 10 sind in im Gegensatz zu dieser
Ausführlichkeit erstaunlicher Knappheit die Plagen (10,1) und die Rettung am
Schilfmeer (10,2–6) Thema.[189] Die Kap. 11–13 erzählen die Ereignisse am Sinai:
Theophanie und Toragabe[190] (11), goldenes Stierbild und das Ringen des Mose mit
JHWH (12), ein Bericht über die Herstellung der kultischen Geräte, sowie die Einset-
zung der Feste und eine abschließende ›Grundsatzrede‹ JHWHs (13).

Wichtige Teile aus dem Buch Numeri sind in LAB 14–18 wiedergegeben: Auf die
Zählung der kampffähigen Israeliten (14) folgt die Geschichte der fehlgeschlagenen
Auskundschaftung Kanaans (15), der Rebellion Korachs (16), ein Bericht über die
Aussonderung des Priesterstammes mit Hilfe des Aaronstabes (17)[191] sowie die
Bileamerzählung (18)[192] und der Tod des Mose.

LAB 20–24 schließen die Exoduslektüre des *Liber Antiquitatum Biblicarum* mit der
Erzählung über Josua ab.

---

[188] Dies ist keinesfalls als Indiz für eine niedrigere Bedeutung der Tora im LAB anzusehen; es verhält
sich genau umgekehrt: die Weisungen der Tora sind für Pseudo-Philo so zentral, dass er ihre
Kenntnis voraussetzt. Die Gesamtkomposition des LAB, v.a. die häufig vorkommenden Rekurse auf
›das Gesetz‹ allgemein anstelle der Diskussion einzelner Bestimmungen (vgl. 25,13: ›Buch des
Gesetzes‹; 21,7: ›alle Worte des Gesetzes‹ als Belege für ein Wahrnehmen der Tora als ganze; s. auch
19,6; 22,6; 23,10; 33,3) macht diese Hochschätzung der Tora unzweifelhaft deutlich. Sie ist für Ps-
Philo das Licht, mit dem Israel erleuchtet wird (vgl. 19,6). »The unity of the Law which transcends
discrete commands is evident, furthermore, in the obstated conviction that the Law enlightened
Israel.« (J. R. LEVISON 1996, 119). Nach SapSal 18,4 sind die Israeliten und Israelitinnen diejenigen, δι'
ὧν ἤμελλεν τὸ ἄφθαρτον νόμου φῶς τῷ αἰῶνι δίδοσθαι.

[189] Zur besonderen Tradition von den am Schilfmeer debattierenden Stämmen, die sich von
rabbinischen Überlieferungen unterscheidet, s.u. S. 171f.

[190] Exemplarisch durch die Übermittlung des Dekalogs.

[191] In diesem Kontext erfolgt auch die Erklärung, warum von Israel innerhalb des LAB wiederholt als
(Schaf-)Herde gesprochen wird (17,4; 23,12; 28,5; 30,5; 31,5): Ähnlich wie hier das Priestertum mit
Hilfe eines Mandelstabes eingesetzt wird, hatte Jakob bei Laban das Verhalten seiner Tiere durch
einen Mandelstab beeinflusst (17,3f.). Der Rede von Israel als Herde korrespondiert die
Bezeichnung des Mose sowie Davids als Hirten, die für ihre Herde sorgen (19,3.9; 59,3; 61,1; 62,5);
vgl. E. REINMUTH 1994, 167; 169 m. Anm. 70; L. FELDMAN 1971, CLXV sowie die ähnliche
Vorstellung bei Philo, De Josepho 2; VitMos 1,61. Die parallele Sprachform findet sich auch im
lukanischen Werk (vgl. Lk 10,3; 12,32; s.u. S. 228). Ersttestamentlich findet sich die Rede von Israel
als Herde im Zusammenhang der Exodustradition zum Beispiel in Ps 77,21; 78,52 (dazu R.E. NIXON
1963, 8); vgl. für weiterführende Überlegungen zum Bild von Hirt und Herde vor allem in Bezug
auf das darin enthaltene Gottesbild R. HUNZIKER-RODEWALD 2001, die allerdings den LAB nicht
thematisiert, sondern grundsätzlich festhält, dass das jüdische Schrifttum aus hellenistisch-
römischer Zeit diese Metapher bewusst nicht verwende (205f.). So kann sie als Ausnahmen nur auf
äthHen 89f. sowie PsSal 17 verweisen.

[192] Hieran ist auffällig, dass Ps-Philo davon berichtet, dass die israelitischen Männer tatsächlich, wie
von Balak und Bileam geplant, sexuelle Kontakte zu den midianitischen Frauen haben, diese
Beziehungen jedoch im Rahmen der Erzählung keine Konsequenzen zeigten. Dies ist insofern
irritierend, als für Ps-Philo eigentlich das Prinzip der ›moralischen Kausalität‹ leitend ist, nach dem
jede Verfehlung zu der ihr entsprechenden Strafe führt (vgl. F.J. MURPHY 1993, 247f. sowie zur Stelle
89).

5.2 Der Beginn der Befreiung – Auseinandersetzungen, Pläne und Visionen (LAB 9)

5.2.1 Konfrontation in Israel Teil 1 – die Diskussion Amrams mit den Ältesten Israels (9,1–8)

Ps-Philo konzentriert die Darstellung der Ereignisse, die zur Geburt des Mose führen, ganz auf den ›Binnenraum‹ Israels, konkret: auf die Versammlung der Ältesten bzw. die Familie des Mose. Zu Beginn wird zwar in eng an den Bibeltext angelehnter Form vom Tod Josephs, der Mehrung Israels, dem Auftreten eines neuen Pharao[193] und dessen Maßnahmen gegen die Israelitinnen und Israeliten berichtet (9,1; vgl. Ex 1,7–9). Auffällig ist jedoch, dass im LAB von Seiten Pharaos keine Begründung erfolgt, warum die Mehrung Israels eine Gefahr für Ägypten darstellen könne. Weder von einer drohenden Schlacht noch von einem befürchteten Auszug Israels (vgl. Ex 1,10; Jub 46,6ff) ist die Rede. So bliebe der Tötungsbefehl Pharaos[194] unmotiviert stehen, wenn nicht das ägyptische Volk mit seiner Reaktion eine Erklärung lieferte: *We will kill their males and keep their females so that we may give them to our slaves as wives. And whoever is born from them will be a slave and will serve us.* (9,1). Die Vorstellung, dass die überlebenden israelitischen Mädchen Ägyptern zur Frau gegeben werden, ist zwar in der rabbinischen Literatur nicht unbekannt,[195] die Betonung aber, dass die Mädchen ägyptischen Sklaven als Frauen gegeben werden sollen, *damit* sie ihnen neue Sklavinnen und Sklaven gebären, ist meines Wissens in der zeitgenössischen Literatur ohne Parallele.[196] Wenn Ps-Philo unmittelbar auf diese Antwort der Ägypter folgend in für den LAB sehr auffälliger, da seltener Weise einen Erzählkommentar einfügt,[197] hebt dies die Schlüsselfunktion der Aussage hervor. *And this is what seemed worst before the Lord. (Et hoc est pessimum visum est coram Deo).*[198] Die Beobach-

---

[193] Im Gegensatz zum Jubiläenbuch behält Ps-Philo die Bemerkung darüber, dass der neue Pharao Joseph nicht kannte und/oder kennen wollte, bei. Zwar verblasst die Figur Pharaos gegenüber der biblischen Schilderung auch im LAB deutlich, allerdings auf einem vom Jubiläenbuch verschiedenen Hintergrund: Nicht die Rolle des Widersachers ist es, die für eine andere Instanz freigehalten werden muss. Neben JHWH als allein verantwortlichem Charakter, so macht es die Darstellung im LAB deutlich, ist Raum nur nicht für den von ihm eingesetzten Anführer, keinesfalls mehr für einen Gegner (dazu s. die Notizen zur Theologie des LAB unten S. 188).

[194] Ps-Philo konkretisiert ähnlich wie schon LXX und das Jubiläenbuch den Tötungsbefehl auf *jeden Sohn, der den Hebräern geboren wird* (*qui natus fuerit Ebreis,* 9,1).

[195] Z.B. ShemR 1,18; vgl. H. JACOBSON 1996, 401f.

[196] Mit H. JACOBSON, a.a.O.: LAB 9,1 impliziere »that their ultimate reason in so doing was to breed additional slaves.« Mit dieser Auffassung gebe LAB exakt römisches Gesetz wieder (Verweis auf das *ius gentium* bei Gaius, Inst. 1,82) (401f., Zitat 401).

[197] Innerhalb der Exoduserzählung des LAB findet sich außer 9,1 wenige Abschnitte später ein einziger weiterer derartiger Kommentar (9,7), der das Verhalten Amrams als ›gottgefällig‹ kennzeichnet. Durch diese auffälligen Unterbrechungen werden die Tatworte Amrams und der Ägypter geradezu gegeneinander gespiegelt.

[198] C. DIETZFELBINGER 1975, 122 engt mit seiner Übersetzung *was äußerst böse erschien vor dem Herrn* durch die Verwendung des Elativs *äußerst böse* den Geltungsbereich des Satzes unnötig ein. Gerade die Unklarheit, worauf sich das Demonstrativum *hoc* bezieht (vgl. F.J. MURPHY 1993, 52f.; H. JACOBSON 1996, 402), lässt hier mehr zu. Wenn das *hoc* auf den unmittelbar vorhergehenden Satz zu beziehen ist, dann drückt eine Übersetzung mit dem Superlativ, wie sie von H. Jacobson geboten wird (s.o.), die Steigerung aus, die der Darstellung zugrundeliegt: Durch den Superlativ wird auf einer immanenten Vergleichsebene dieses Vorhaben der Ägypter als noch ›böser‹ als die vorhergehenden Überlegungen dargestellt. Damit ist jedoch keineswegs gesagt, dass ›nur‹ die Aussagen der Ägypter ›böse‹ scheinen, die vorher geäußerte Absicht Pharaos jedoch tolerabel sei. ›Am schlimmsten‹ ist letzteres – schlimm jedoch fraglos auch der Tötungsbefehl an sich. Wenn H. JACOBSON mit seiner oben skizzierten Vermutung der bewussten Einspielung römischen Gesetzes Recht haben sollte, dann wäre dies ein Punkt, an dem Ps-Philo bewusst drängende Probleme seiner

tung, dass im LAB die Auferlegung von Fron- und Zwangsarbeiten nicht eigens
thematisiert wird, ist sicher richtig.[199] Auf sie wird nur an drei Stellen innerhalb des
ersten Kapitels Bezug genommen: einmal in der Wiedergabe des Versprechens
JHWHs an Abraham (9,3 in Wiedergabe von Gen 15,13f.) und zweimal, wenn von
der *Erniedrigung* (*humilitatio*, 9,6; *humiliari*, 9,11)[200] Israels die Rede ist, die die Menschen in Ägypten erleiden mussten.[201] Diese allgemein gehaltene Rede von der Situa
tion Israels in Ägypten lässt sich auf zwei Arten erklären: Zum einen könnte die Tatsache der Versklavung durch die Ägypter und die harte Arbeit für diese für Ps-Philo
derart präsent gewesen zu sein, dass er sie hier nicht eigens in aller Schärfe thematisieren musste, sondern es bei kurzen Bezügen belassen konnte. Zum anderen aber –
und dies vermag angesichts der gesamten Erzählstruktur des LAB eher zu überzeugen – müsste Ps-Philo hier das für sein Werk ansonsten konstitutive Muster von
selbst verursachter Schuld der Israelitinnen und Israeliten und daraus resultierender
Bestrafung[202] ausgerechnet an derart prominenter Stelle verlassen.[203] Um nicht unter
Erklärungszwang zu geraten, warum Israel überhaupt habe unterdrückt werden
können, wenn es sich vorher nichts habe zuschulden kommen lassen, bleibt der LAB
bei einer bewusst vagen Zeichnung der Situation. Stattdessen wird ein neuer Aspekt
der Bedrohung durch Ägypten integriert: die Gefahr der Versklavung der kommenden Generationen einerseits, die damit einhergehende Gefahr der Verehrung der
fremden Gottheiten andererseits. Beides wird in der folgenden Gesprächssequenz
zwischen Amram[204] und den Ältesten zur entscheidenden Motivation für den Plan

eigenen Zeit in den biblischen Exodusbericht eingetragen hätte. Angesichts der bereits erwähnten
Seltenheit dieser Variante der Erzählung, spricht einiges für seine Interpretation.

[199] »It is worth noticing that in this narrative LAB drastically plays down the biblical themes of the
physical persecution and enslavement of the Jews by the Egyptians. They are occasionally alluded
to (e.g. 9.3, 11), but never emphasized or dwelt on." (H. JACOBSON 1996, 402).

[200] Allerdings ist hier auf H. JACOBSON a.a.O., 411 zu verweisen, der mit *humilitatio* das hebräische עוֹני
übersetzt sieht und zu Recht hervorhebt, dass »עוני is regularly used for the affliction of the Jews in
Egypt (Exod. 3:7, 17; 4:31; Deut. 26:7).« Damit ist also ein Schlüsselwort biblischer
Exodusüberlieferung im LAB im selben Kontext aufgenommen – mindestens für das hebräische
Original ist damit die Signalwirkung deutlich. Ob in der griechischen Zwischenform κάκωσις wie
Ex 3,7.17; Dtn 16,3 LXX oder ταπείνωσις wie Dtn 26,7; 1 Sam 9,16 LXX (beide Wiedergabe von hebr.
עוני im Kontext der Unterdrückung in Ägypten; ταπείνωσις auch Lk 1,48; s.u. S. 233) gestanden hat,
ist nicht zu entscheiden.

[201] Wenn in 9,11 die Konkretisierung der Erniedrigung durch die Beschreibung als ›Arbeit mit
Ziegelsteinen‹ erfolgt, so ist damit, wie C. DIETZFELBINGER 1975, 123 richtig beobachtet, einerseits Ex
1,14 wiedergegeben. Andererseits ist aber zumindest denkbar, dass Ps-Philo hier bewusst an die
Erzählung vom Turmbau (LAB 6f.) erinnert, in der die Herstellung gebrannter Lehmziegel auch
explizit dazu dienen sollte, die Namen der Erbauer nicht in Vergessenheit geraten zu lassen, indem
sie den noch ungebrannten Steinen eingeritzt werden sollten (6,2). Zum Anspruch,
Unvergänglichkeit durch die Errichtung von Bauwerken zu erlangen, vgl. R. LUX 1998, 190f.

[202] Dieses Muster, das sich grundsätzlich am der Geschichtsverständnis des Geschichtswerkes orientiert, dabei besonders an
der Schilderung des Richterinnen- und Richterbuches, wird explizit mehrmals von JHWH wie von
›prominenten‹ Führungsgestalten Israels dargestellt; vgl. u.a. LAB 13,10; 19,2.7; 35,3. Als Beispiel für
eine ähnlich dem Richterbuch ausgeführte Schilderung dieses Musters verweise ich auf LAB 30,1–3.
Vgl. F.J. MURPHYs pointierte Zusammenfassung seiner Interpretation zu LAB 9,1: »[O]ne can
enslave the Israelites only when they sin, which is not the case here.« (ebd. 1993, 53).

[203] Die Besonderheit sticht noch einmal stärker ins Auge, wenn man sich klar macht, dass 9,1 die
einzige Stelle ist, an der Israel als *servus* anderer Menschen bezeichnet wird. »In that context the
Israelites are made to suffer by Pharaoh even though they have done nothing to deserve such
punishment. This is quite unusual in the Biblical Antiquities, where suffering is usually caused by
sin." (F. J. MURPHY 1993, 254).

[204] An der Einführung bzw. gerade Nicht-Einführung Amrams wird deutlich, wie sehr Ps-Philo sich
darauf verlässt, dass die Leserinnen und Leser des LAB mit den biblischen Überlieferungen und
Traditionen vertraut sind. »LAB's familiarity with the Bible was extraordinary; it sometimes
happens that he takes for granted his audience's familiarity. Thus, when he reports the persecution
of the Jews in Egypt and the assembly of the people to decide on a course of action, we read

der Ältesten, nicht mehr mit ihren Frauen zu schlafen, um so die Pläne der Ägypter zu vereiteln: Es sollen Fristen geschaffen werden, (bis) zu denen kein Mann sich seiner Frau sexuell nähert, *damit nicht die Frucht ihrer Bäuche ›kontaminiert‹ werde und (damit nicht) unser Fleisch Götzen-Bildern diene* [Ü. K.S.].[205] Der Zusammenhang zwischen dem Dienst für andere Menschen und dem Dienst für deren Gottheiten ist für Ps-Philo unauflöslich: So wie der Dienst für JHWH Israel in die Freiheit führt, so führt der Dienst für andere Gottheiten unweigerlich in die Sklaverei – und umgekehrt.[206] Die Ältesten begründen ihre Position: *Denn es ist besser kinderlos[207] zu sterben, bis wir wissen, was Gott tun wird.* [Ü. K.S.]. Auf den Tötungsplan Pharaos und den damit zusammenhängenden ›Versklavungsplan‹ der Ägypter reagieren die Ältesten mit einem Gegenplan.[208] Zwar beziehen sie sich auch auf Gott, entscheidend ist aber gerade ihr Nichtwissen, ihre Unkenntnis des Handelns Gottes, ja, ihre »Desorientierung«.[209]

Im Gegensatz zu (späteren) rabbinischen Überlieferungen, in denen Amram – so er die Entscheidung nicht selbst maßgeblich beeinflusst – sich dieser Position der Ältesten anschließt und erst von seiner Tochter Mirjam an die Unmenschlichkeit eines derartigen Plans erinnert werden muss,[210] lässt Ps-Philo ihn eine gegensätzliche Hal-

abruptly *et respondit Amram* (9.3). Not a single word of introduction. It is clear that LAB simply assumes that his audience knows who Amram is." (H. JACOBSON 1996, 236). Zur Sequenz LAB 9 s. auch D.C. ALLISON 1993, 159f.

[205] 9,2: *ne fructus ventris earum contaminetur et viscera nostra idolis serviant.* Was genau als ›Kontamination‹ bezeichnet wird, lässt sich nicht eindeutig sagen. Möglicherweise soll mit beiden Halbsätzen auf die Gefahr des Dienstes für andere Gottheiten verwiesen werden. Es lässt sich jedoch angesichts der Textstruktur wahrscheinlich machen, dass hier eine Aufnahme der Zweiteilung aus 9,1 vorliegt: So wie dort die Rede von der Versklavung der kommenden Generationen und dem Dienst war, wird hier ersteres aufgenommen und als ›Verunreinigung‹ verstanden, letzteres gesondert aufgenommen und auf die Ebene des religiösen Dienstes gehoben. Beides also ist zu verhindern. Damit soll keineswegs bestritten werden, dass für Ps-Philo die Absage an jeden Dienst für eine Gottheit außer der Gottheit Israels eine zentrale Aussage ist (vgl. dazu grundlegend F. J. MURPHY 1988; ders. 1993, 252–254). Es hieße jedoch, eine falsche Kluft aufzubauen, wenn der Eindruck entstünde, ein Autor dürfe entweder ›sozialgeschichtlich-politisch‹ argumentieren oder aber ›theologisch‹. Ps-Philo ist in dieser Hinsicht genausowenig einseitig orientiert wie die Exoduserzählung der Schrift und das lukanische Werk.

[206] Mit F. J. MURPHY 1993, 254f. Dort auch der Verweis auf die anderen Stellen, an denen Ps-Philo mit der lateinischen Wurzel serv* in gleicher Weise ›spielt‹ wie das Hebräische mit der Wurzel עבד (z.B. 41,3). »The idea is that service to idols or their worshipers results in slavery. Just as the words servire and servitutis are related, so is service to idols and servitude. The converse is that service to God results in liberation and freedom. ... It is clear that servanthood is an important theme of the *Biblical Antiquities* and that there is a sustained contrast between serving God and serving idols. The former results in liberation, the latter in servitude." (a.a.O.).

[207] Lateinisch: *sine filiis mori;* C. DIETZFELBINGER 1975, 123 übersetzt entsprechend *ohne Söhne zu sterben.* Allerdings lässt sich neben der Tatsache, dass auch im lateinischen Sprachgebrauch von einer generischen Maskulin-Plural-Bildung auszugehen ist, gerade an dieser Stelle für eine inklusive Übersetzung ins Feld führen, dass die unmittelbar vorhergehenden Aussagen der Ältesten auf das Schicksal ihrer *Töchter* und deren Nachkommen bezogen sind. Dementsprechend übersetzt auch H. JACOBSON 1996, 104 mit *children.* Zur für JACOBSON auf der Wiedergabe von בָּנִים durch *filii* fußenden Argumentation s. ebd., a.a.O., 403.

[208] Zum bei Ps-Philo häufig wiederkehrenden Muster von Plan-Gegenplan von Menschen und dem diesen meist entgegenstehenden – sich aber ›natürlich‹ durchsetzenden – Plan Gottes vgl. die Untersuchung von F.J. MURPHY 1986.

[209] M. VOGEL 1996, 144. VOGEL beschreibt den auf der Unsicherheit über das Handeln JHWHs gründenden Verzicht auf Nachkommen als »narrative Umschreibung für den Zweifel am Fortbestehen des Bundesvolkes und damit des Bundes selbst.« (Ebd., a.a.O.) Entsprechend, so VOGEL, reagieren Amram und JHWH in ihren Antworten mehrfach auf das Stichwort ›Bund‹.

[210] B. Sota 12a; Exod. Rabba 1,13; Num. Rab. 13,20; Eccl. Rab. 9,17; vgl. auch L. FELDMAN 1971, 91; S.M. OLYAN 1991, 86; F.J. MURPHY 1993, 55; H. JACOBSON 1996, 404, der auf die Parallele zu Abrahams Rolle beim Turmbau verweist, der sich ebenfalls als einziger gegen den Plan einer Gruppe ihm, was die grundsätzliche Ablehnung der Beteiligung am Brennen der ›Namensziegel‹ angeht, eigentlich Gleichgesinnter stellt und diesem Plan sein unbedingtes Vertrauen auf Gott entgegensetzt.

tung des auf JHWH vertrauenden Widerstands gegen die ›Politik‹ Pharaos einnehmen. Diese Haltung erklärt er in einer ausgeführten Rede, die theologisch auf kosmischen und protologischen[211] Überlegungen ebenso wie auf den Verheißungen an Abraham gründet (9,3–6):[212] Aus der Überzeugung heraus, dass eher das Universum zerstört, als dass Israel um seine Zukunft gebracht werde und damit die Verheißungen an Abraham nicht eingelöst wurden, bezieht Amram die Legitimität – ja, gleichsam die Verpflichtung – mit seiner Frau zu schlafen und Kinder zu zeugen,[213] *damit wir uns ausbreiten über die Erde* (9,4). Seine Überzeugung, dass JHWH den Bund mit den Erzeltern *nicht ins Leere/umsonst*[214] errichtet bzw. eingesetzt habe,[215] führt ihn zu aktivem Widerstand, der den Leserinnen und Lesern an dieser Stelle noch einmal explizit vorgeführt wird: *Darum werde ich jetzt gehen und meine Frau nehmen und den Befehlen des Königs nicht beipflichten* (9,5).[216] Ähnlich sollten nach Amrams Vorstellung auch die Ältesten handeln. Um sie von der Richtigkeit seiner Position zu überzeugen, verweist Amram auf das Beispiel Tamars, deren Schwangerschaft drei Monate lang verborgen geblieben sei.[217] So solle es auch sein, wenn ihre Frauen jetzt schwanger würden. Auch nach der Geburt, so Amram, sei es an den Erwachsenen, ihre Kinder mit aller Kraft zu beschützen:

Und es wird geschehen: Wenn die Zeit der Schwangerschaft vollendet ist, werden wir, wenn wir können, die Frucht unseres Bauches[218] *nicht wegwerfen/aussetzen.*[219] *(9,6; Ü. K.S.)*

---

[211] *[A]ls wir noch nicht waren, hat Gott doch (schon) von diesen Dingen gesprochen* (cum adhuc non essemus de his tamen locutus est Deus, 9,4); vgl. LAB 28,4; 39,7. Nach LAB 32,15 wird Israel aus Adams Rippe geboren. S. auch M. VOGEL 1996, 149; C. DIETZFELBINGER 1964, 98f., der allerdings herausstreicht, dass die Mehrzahl der Belege im LAB von einer Entstehung Israels in Ägypten ausgehen (etwa 15,5f.; 30,2.5; 53,8).

[212] Zur Struktur der Amram-Rede s. F.J. MURPHY 1993, 53–57. Für die Frage nach möglichen zeitgenössischen Parallelen verweist H. JACOBSON 1996, 209 auf Sotah 15.10; Baba Bathra 60b, Texte, »in which the suggestion is raised (by Rabbi Ishmael), but then rejected, that in the face of the Hadrianic persecutions it would be preferable not to marry and have children. Could LAB's narrative and the historical account be related?«

[213] Zur zutiefst androzentrischen Perspektive Amrams (*ich werde zu meiner Frau eingehen und sie nehmen und Söhne machen*, 9,4), der die im Gegensatz zur biblischen Darstellung blasser erscheinende Präsentation Jochebets entspricht, s.u. S. 186.

[214] 9,4: *nec in vanum.*

[215] Lat.: *disposuit testamentum.* C. DIETZFELBINGER 1975 gibt den Ausdruck ›klassisch‹ mit ›Bund schließen‹ wieder. Allerdings ist neben der schon von E. KUTSCH geäußerten Kritik am Missverständnis des biblischen ברית als vertragsähnlicher Handlung Gleichgestellter (vgl. dazu den Sammelband von F. AVEMARIE/H. LICHTENBERGER 1996) gerade für Ps-Philo diese Formulierung zumindest missverständlich: Im LAB ist JHWH durchgängig der in letzter Instanz einzig wirklich entscheidende, handelnde Charakter. Folglich ist es nur konsequent, wenn ein Bund von ihm her einseitig festgesetzt bzw. eingerichtet wird – lässt doch auch JHWH allein diesen Bund wirklich bestehen, indem er sich an ihn hält. Dafür spricht auch, dass die lateinische Fassung des LAB als Wiedergabe für ברית bzw. διαθήκη nicht wie später die Vulgata an den meisten Stellen *foedus* oder *pactum* (z.B. Gen 15,18; Ex 6,5; 34,27; Dtn 5,2) setzt, sondern eben *testamentum*, einen Ausdruck der als Wiedergabe von ברית bzw. διαθήκη in der Vulgata vor allem in der Psalmen- und Weisheitssprache Verwendung findet (z.B. Ψ 24,10; 54,21; 77,10; 87,6; Sir 17,10; 24,32; 44,21).

[216] H. JACOBSONs Einwand (1996, 408), Amrams Aussage mache keinen Sinn, da von Befehlen des Königs an Jüdinnen und Juden keine Rede gewesen sei, wirkt überspitzt, zumal er wenige Sätze später selbst zu bedenken gibt, es solle hier wohl um die Abwehr jedweder Kollaboration gehen.

[217] Warum darin die Besonderheit der Schwangerschaft Tamars liegen soll, leuchtet nicht ein. Eine Schwangerschaft dürfte wohl in den seltensten Fällen vorher ›offensichtlich‹ sein... Zur Darstellung Tamars in der Amram-Rede s. D.C. POLASKI 1995.

[218] In der Rede der Ältesten war die Rede von der *Frucht ihres Bauches* klar auf die Frauen bezogen (9,2) – ob Amram, wenn er hier von der *Frucht unseres Bauches* spricht, von der (anachronistisch ausgedrückt) gemeinsamen Erfahrung der Schwangerschaft durch Frauen und Männer ausgeht, oder aber nicht vielmehr die Körper der Frauen vereinnahmt – was eher dem Stil der vorher beschriebenen ›Aktivitäten‹ Amrams (seine Frau nehmen, Kinder machen) entspräche – ist nicht eindeutig zu beantworten. Es spricht jedoch viel für die letztere Interpretation. M.T. DESCAMPS

Damit ist Amram den Ältesten in mehrfacher Hinsicht gegenübergestellt: Nicht allein sein Handeln ist entgegengesetzt. Auch die Grundlage für ihr jeweiliges Verhalten, nämlich die Art und Weise, wie sie sich zu Gott in Beziehung setzen, unterscheidet sich maßgeblich: Nicht Unkenntnis der Pläne Gottes, sondern Vertrauen auf Gott einerseits, reflektiertes Rekurrieren auf die eigene Tradition und die daraus bekannte Verheißung andererseits lassen Amram so handeln, wie er schließlich handelt. Aus seinem Vertrauen auf die überlieferte Verheißung gewinnt er die Zuversicht, dass Gott selbst sich schließlich für Israel einsetzen werde: *Wer weiß, ob (nicht) Gott sich dafür ereifern wird, dass er uns aus unserer Erniedrigung befreie?!* (9,6)[220] Diese Tatworte überzeugen vielleicht zunächst nicht die Ältesten des Volkes, JHWH aber schon, wie Ps-Philo in einer nochmaligen Verwendung des Stilmittels der kommentierenden Bewertung[221] deutlich macht: *Das Wort, das Amram sich überlegt hatte, gefiel Gott* (9,7; Ü. K.S.).[222] Entsprechend reagiert JHWH: *Und Gott sprach*[223]*: »Darum weil mir die Überlegung Amrams gefallen hat...«* (9,7; Ü. K.S.). JHWH verdeutlicht sogar nochmals, was diese Bestätigung Amrams für die gemeinsame Geschichte bedeutet: Durch seine Aussagen hat er den Bund, den JHWH mit den Erzeltern geschlossen hatte, nicht nur bewahrt, er hat ihn vielmehr nicht zerstört (9,7: *non dissipavit testamentum meum*)!

»Für die Leser des LAB wird die Episode von der Tötungsabsicht der Ägypter und der Geburt des Mose zu einem Lehrstück für das Fortbestehen des Bundes durch das vertrauensvolle Festhalten Einzelner an den Bundesverheißungen.«[224]

LAB 9,7f. bietet einen inneren Monolog JHWHs, der als Antwort auf das Vertrauen Amrams die Verheißung der besonderen Stellung des von Amram zu zeugenden Kindes enthält. Die Sonderstellung des Mose wird hier an einigen Beobachtungen deutlich: Erstens ist er der einzige ›Retter‹, dessen Geburt von JHWH selbst angesagt wird.[225] Zweitens wird sein Dienst für JHWH als ein Dienst ›in Ewigkeit‹ (*in eternum*)

Überlegungen (dies. 1997), dass u.a. dieser Ausdruck ein Indiz für eine Frau als Verfasserin des LAB ist, die sich durch die Verwendung des pluralen Possessivpronomens zu erkennen gebe, fordern der Stelle zuviel ab. Zum Phänomen, dass die Frauen bzw. Töchter Israels in der gesamten Szenerie nur im Hintergrund anwesend sind, aber nicht einmal als erkennbare Objekte – von Subjekten gar nicht zu reden – erscheinen, s. D.C. POLASKI 1995.

[219] Beachte die Ironie, die darin liegt, dass der LAB hier die Schutzversuche für die Kinder mit demselben Verb (*proicere*) ausdrückt wie später die Wiederholung der ägyptischen Forderung (9,12: *ut quando parerent Hebree statim in flumen proicerent masculos eorum*) und das tatsächliche Verfahren mit dem Kasten des Mose (9,14: *proicerent eum*)! Dazu auch E. REINMUTH 1994, 196ff, durch den ich auf die parallele Formulierung in Apg 7, 19.21 aufmerksam geworden bin.

[220] Ich verstehe Amrams Frage wie H. JACOBSON 1996, 411 als eine rhetorische (vgl. Est. 4,14; auf diese Parallele machte H. JACOBSON, a.a.O. aufmerksam) – seine gesamte vorherige Argumentation lässt darauf schließen. Insofern leuchtet mir nicht ein, warum F.J. MURPHY 1993, 57 darauf beharrt, Amram unterscheide sich von den Ältesten darin, dass er anders als sie nicht voraussetze, dass Gott handeln werde, sondern sich in der Form eines »humble statement of hope« (ebd.) äußere.

[221] S. dazu oben zu LAB 9,1.

[222] *Placuit verbum ante conspectum Dei quod cogitavit Amram.* Die Übersetzung C. DIETZFELBINGERs (ders. 1976, 124) bleibt zwar wörtlicher am lateinischen Text, erzeugt dadurch aber einen im Deutschen umständlich klingenden Satz.

[223] Die Tatsache, dass Ps-Philo für die Gottesrede keine konkreten Adressatinnen oder Adressaten nennt, leistet zweierlei: Zum einen ist es so auf der Erzählebene deutlich, warum die Traumvision Mirjams (9,10) unbedingt erforderlich ist. Zum anderen gelingt es ihm so, die Leserinnen und Leser an einer Art ›innerem Monolog‹ JHWHs (zu dieser für den LAB wichtigen Form theologischer Darstellung s.u. S. 188) teilhaben zu lassen, ihnen also einen Kenntnisvorsprung vor den in der Handlung agierenden Charakteren zu verschaffen. Vgl. C. DIETZFELBINGER 1964, 8; F.J. MURPHY 1993, 57.

[224] M. VOGEL 1996, 149.

[225] Zwar ist die Ansage der Geburt eines besonderen Mannes im LAB üblich. Allerdings ist dies an den anderen Stellen die ›Aufgabe‹ einer Frau: so für Abraham von seiner Urgroßmutter Melcha (4,11);

in für den LAB einzigartiger Weise betont[226] – bis dahin, dass die Festsetzung der menschlichen Lebenszeit auf 120 Jahre (vgl. Gen 6,3) im Blick auf Mose geschehen sei.[227] Und drittens ist in dieser Gottesrede zum ersten Mal die Rede davon, dass JHWH durch einen Menschen Zeichen und Wunder vollbringen wird,[228] wie auch davon, dass Mose derjenige ist, dem die Tora[229] gegeben werden wird. Zugleich wird er Anteil an unvergleichlichen Offenbarungen haben, etwa der Schauung des Bundes, den zuvor niemand gesehen habe.[230] Dabei wird deutlich, dass Ps-Philo den Sinai- und damit Mosebund als denjenigen versteht, auf den alle vorherigen Bundesschlüsse zulaufen[231] und auf dem wiederum alle zukünftigen gründen.[232]

---

für Mose von Mirjam aufgrund einer nächtlichen Beauftragung durch einen Engel (9,10); für Simson von seiner Mutter Eluma nach einer Engelbegegnung (42,4; die beiden Engelbegegnungen 42,3.6); für Samuel im Lied der Hanna (51) in abgewandelter Form, da es sich nicht um eigentliche Vorhersage handelt, sondern Hanna ihr Lied erst nach der Geburt singt.

[226] In gleicher Weise ist im LAB nur noch vom Abraham-Bund (7,4) die Rede; so mit F.J. MURPHY 1993, 58.

[227] F.J. MURPHY, a.a.O. verweist auf Dtn 37,4 als biblische Anhaltsstelle. Vgl. auch J.R. LEVISON 113; L. FELDMAN 1971, 92 zu ähnlichen Verbindungen in rabbinischen Texten und bei Philo.

[228] 9,7: *et facium per eum signa et prodigia*. Bezogen auf Mose findet die Vorstellung, dass JHWH durch ihn handelt, noch in 9,7; 9,10 (2x); 9,16; 12,2 Verwendung. Auffällig ist, dass es Ps-Philo gelingt, diese ›Funktion‹ des Mose, gleichsam als ›Instrument‹ JHWHs aufzutreten, einer Vielzahl von Charakteren in den Mund zu legen: Ist es zunächst (9,7) Gott selbst, der Mose so beschreibt, wird es später zur Aussage des Engels bzw. Mirjams (9,10), dann vom Erzähler selbst wiedergegeben (9,16) und schließlich vom Volk bekräftigt (12,2). Mose selbst macht allerdings deutlich, dass JHWH allein alle Wunderzeichen getan hat (19,9). Zur Verwendung der Kombination *signa et prodigia* bzw. σημεῖα καὶ τέρατα als Wiedergabe der machtvollen Erweise JHWHs im und durch das Exodusgeschehen in biblischer Sprache, v.a. im lukanischen Werk, s.u. S. 348ff. Hier sei nur kurz darauf verwiesen, dass die Vulgata, die hier trotz ihrer später anzusetzenden Entstehungszeit als Vergleich für lateinische Formulierungen herangezogen wird, diese Kombination zur Benennung der Exodusereignisse z.B. in Dtn 6,22; 28,46; Ps 77,43; 134,9 verwendet. Die griechischen Ausdrücke σημεῖα καὶ τέρατα bei Lukas werden in der Vulgata in Apg 2,43; 4,30; 5,12; 6,8; 7,36; 14,3; 15,12 durch *signa et prodigia* wiedergegeben. Dieser Wortgebrauch lässt sich gut als exemplarischerAusdruck der generellen Theozentrik beider Werke verstehen.

[229] Zur Rede von der Tora als Licht vgl. C. DIETZFELBINGER 1964, 116; M. VOGEL 1996, 133 m. Anm. 18 sowie F.J. MURPHY 1993, 58 und die dort gegebenen Belege.

[230] »Pseudo-Philo does not distinguish between the covenants with the patriarchs and the Mosaic covenant. Here God implies that the covenant with the fathers had aspects revealed only to Moses, so that through Moses Israel had access to the entire covenant and all of its provisions.« (F.J. MURPHY, a.a.O.). Zum Zusammenhang von Noah-, Abraham- und Sinaibund im LAB s. grundlegend F.J. MURPHY 1988c; M. VOGEL 1996, 131ff, v.a. 137–139; J.R. LEVISON 1996, 112–116.

[231] »The telos of the covenants of Noah and Abraham … is the covenant established through Moses.« (J.R. LEVISON 1996, 113). M. VOGEL 1996, 139 spricht vom Sinaipunkt als »Kulminationspunkt der im Väterbund anhebenden Erwählungsgeschichte«, der daher »nicht primär Erlaß einer Rechtsordnung, sondern eine Manifestation der göttlichen Verheißungstreue« sei.

[232] S. nur LAB 21,9f. und dazu J.R. LEVISON 1996, 114: »This *heilsgeschichtlich* sweep draws a single line which extends from the ancestors through Horeb to the temple, well into the future! Indeed, through the mouth of Joshua, Pseudo-Philo draws what might have been construed as disparate covenants into a single strand, stretching from ancestral promise to future fulfilment at the dwelling place of God.« (Hervorhebung v. Verf.).

5.2.2 Die Geburt des Mose (9,9–16)[233]

Auch für die Darstellung der Geburt des Mose gilt: Ps-Philo verwendet den biblischen Text als Strukturgrundlage,[234] integriert an einigen Stellen (fast) wortwörtliche Zitate, fügt jedoch an zentralen Stellen Erweiterungen ein, die sowohl dazu dienen, die Erzählung lebendiger zu gestalten, als auch den Versuch darstellen, Leerstellen des biblischen Textes zu füllen.

Deutlich wird dieses Verfahren schon in 9,9: Ex 2,1 wird fast wörtlich wiedergegeben, jedoch um die Reaktion *einiger Männer* (*ceteri*), die Amram nachahmen,[235] sowie die namentliche Nennung Aarons und Mirjams (lat. *Maria*) ergänzt. Unmittelbar danach fügt Ps-Philo eine in dieser Form nur im LAB vorkommende Weissagung der Geburt des Mose ein.[236]

Mirjam wird von der Geistkraft JHWHs erfüllt (*Et spiritus Dei incidit in Mariam nocte*)[237] und erlebt eine Traumvision (9,10):[238] Ein Mann in leinenem Gewand erscheint ihr[239] und gibt ihr den Auftrag als Prophetin zu ihren Eltern zu sprechen. Sie sollten das Kind, das ihnen geboren werde, in das Wasser werfen, weil durch ihn das Wasser ausgetrocknet werde.[240] Die vorher in der Gottesrede bereits betonte ›Aufgabe‹ des Mose, durch ihn wolle JHWH handeln, Wunder tun und sein Volk retten,[241] wird in der Traumvision Mirjams – für die Leserinnen und Leser: nochmals –

---

[233] Für einen Überblick über die unterschiedlichen Formen der Geburtserzählungen großer ›Helden‹ immer noch grundlegend C. PERROT 1967. Zu den Parallelen zwischen LAB und Neuem Testament vgl. C. DIETZFELBINGER 1964, 219–221; P. DE WINTER 1956, der den LAB als literarische Vorlage der lukanischen Darstellung versteht; K. BERGER 1984, 357f.; D.J. HARRINGTON 1988b; E. REINMUTH 1994, 155–167. J. D. CROSSAN 1986 hat Bezüge zur matthäischen Geburtsgeschichte herausgearbeitet. Mehr zu den Bezügen zwischen Geburtsgeschichten des LAB und der lukanischen Darstellung der Geburt Jesu unten S. 285ff.

[234] D.J. HARRINGTON 1988b, 318 spricht vom »narrative framework«.

[235] Anscheinend sind es gerade nicht die Ältesten, deren Tun Ps-Philo hier erzählt – oder aber nur ›einige‹ von ihnen. Dafür spricht zum einen die Verwendung des Ausdrucks *ceteri* anstelle des aus dem unmittelbaren Kontext bekannten *seniores*. Zum anderen könnte die in 9,14 erzählte Reaktion der Ältesten auf das Aussetzen des Mose ein Indiz dafür sein, dass Ps-Philo hier andere Männer meint. Ähnlich auch F.J. MURPHY 1993, 59.

[236] Zu den aus anderen jüdischen Quellen bekannten Formen der Überlieferung einer Weissagung der Geburt des Mose, die z.T. Pharao angesagt wird, s. R. BLOCH 1963, 104–107; R.K. GNUSE 1996, 163f.206–225. Für die u.U. im Traum angelegte Mose-Typologie vgl. C. DIETZFELBINGER 1964, 252, Anm. 52.

[237] Als ntl. Parallelstellen gibt H. JACOBSON 1996, 419 Apg 8,16; 10,44 an.

[238] Zur Vision Mirjams und der Frage, was diese Passage über die Art der Lektüre biblischer Frauentexte im LAB aussagt, s. u. S. 184ff; vgl. weiter E. WAINWRIGHT 1997, 464f.

[239] Die Parallele zu Lk 1,26ff liegt auf der Hand. Zur Tradition, dass es der Engel Gabriel ist, der hier Mirjam – eben wie Maria – erscheint s. L. GINZBERG V, 396, Anm. 40; C. PERROT 1976b, 59–63; R. BLOCH 1963, 109; R.D. AUS 1988, 19f; R. LE DÉAUT 1964, 205 m. Anm. 1; L. FELDMAN 1971, LVII; F.J. MURPHY 1993, 59 m. Anm. 24. Die biblische Grundlage ist vermutlich in Dan 8,15 zu suchen; vgl. H. JACOBSON 1996, 419f.

[240] Den expliziten Verweischarakter des Aussetzens des Mose im Wasser hat so als erster wohl Ps-Philo. Allerdings gibt H. JACOBSON 1996, 420 noch eine Stelle aus dem Exoduskommentar von Ephrem Syrus an und notiert die Ähnlichkeit zur in der jüdischen Tradition verbreiteten Auffassung, das Schicksal der ägyptischen Armee am bzw. im Schilfmeer entspreche dem Tötungsauftrag (so schon Jub 48,14; s. die entsprechenden Beobachtungen innerhalb des Abschnittes zur Darstellung der Plagen im Jubiläenbuch oben S. 153ff). Über die von JACOBSON gemachten Beobachtungen hinaus ist hier festzuhalten, dass schon der biblische Text mit seiner Etymologie des Namens מֹשֶׁה auf diese Verbindung hinweist: Zwar wird der Name im Text von der Pharaotochter als Passivum gedeutet (*denn aus dem Wasser habe ich ihn gezogen*), die Form ist jedoch eine aktive, also eher *der, der herauszieht*; s. o. S. 87).

[241] »›Saving‹ and ›liberating‹ are two of God's most characteristic activities in Pseudo-Philo. As elsewhere in the Biblical Antiquites, salvation means freeing the people from the domination of non-Israelites.« (F.J. MURPHY 1993, 59).

beschrieben. Als Mirjam ihren Traum jedoch ihren Eltern berichtet, glauben diese ihr nicht (*non crediderunt ei parentes eius*).[242] Eine gewisse Ironie liegt im Informationsvorsprung der Leserinnen und Leser gegenüber den handelnden Charakteren: Können diese die Traumvision Mirjams noch als unwahr abtun,[243] wissen jene um die Wahrheit ihrer Worte, waren sie ihnen doch als Gedanken bzw. Selbstgespräche JHWHs bereits bekannt (9,7). Fraglich bleibt, wie der Unglaube Amrams mit dem ihm zuvor zugeschriebenen unbedingten Vertrauen auf JHWH zusammen zu denken sein kann.

Während im engen Binnenraum der hebräischen Gemeinschaft also Uneinigkeit über das weitere Vorgehen besteht, spielt Ps-Philo in 9,11f. die Realität, mit der Israel sich von Seiten Ägyptens konfrontiert sieht, ein: Das Volk wird durch harte Arbeit erniedrigt resp. unterdrückt (9,11),[244] und um die Anordnung Pharaos durchzusetzen, werden *Ortsoberste* (*principes locorum*) eingesetzt, um die männlichen Säuglinge der Israelitinnen in den Fluss zu werfen (9,12). In dieser Situation ist es getreu der biblischen Vorlage Jochebet[245] (*Jakobe*), die für ihr Kind eine *thibis*, einen Kasten,[246] baut und diese/n am Rand des Flusses hinlegt. Ps-Philo schließt hier eine Leerstelle

---

[242] Entsprechend gestaltet Ps-Philo später (42,5) die Reaktion Manoachs auf die Vision seiner Frau Eluma. Die Vision Mirjam-Marias erfährt das gleiche Schicksal wie im lukanischen Doppelwerk die – mit gleichen Motiven dargestellte – Auferstehungserfahrung der Frauen am Ostermorgen, von denen zwei mit drei mit der Schwester des Mose den Namen teilen (vgl. Lk 24,4.11). H. JACOBSON 1996, 421 verweist auf Ähnlichkeiten mit dem Kassandra-Mythos.

[243] Interessant ist jedoch festzuhalten, dass Jochebet faktisch mit ihrem Tun in Widerspruch zu dem explizit festgehaltenen Nichtglauben tritt: Als die Gefahr für ihr Kind zu groß wird, verfährt sie letztlich exakt entsprechend der Anweisungen, die ihre Tochter in der Traumvision erhalten hatte, indem sie Mose im Fluss aussetzt (LAB 9,12).

[244] Zur Verwendung von *humiliari* im Kontext der Exodus-Erzählung des LAB s.o. S.160. Den Rückbezug auf 9,6 sieht auch F.J. MURPHY 1993, 60.

[245] Die Art und Weise, wie LAB 9,6 vom Ende ihrer Schwangerschaft spricht (*et erit cum completum fuerit tempus parturitionis*) finden im lukanischen Werk ihr fast wörtliches Pendant in Lk 1,57; 2,6. Dazu C. DIETZFELBINGER 1964, 220.

[246] Der lateinische Text setzt *thibis*, also die latinisierte Form von griech. θίβις (Ex 2,3 LXX), das selbst als Fremdwort die Wiedergabe von תֵּבָה ist (vgl. J. LUST u.a. I, 206, nach denen θίβις Neologismus ist), übernimmt an dieser Stelle also den biblischen Sprachgebrauch. Allerdings wird die Strukturparallele des hebräischen Textes, der תֵּבָה nur für den Mosekasten und die Arche Noah setzt (vgl. Gen 9), die Bundeslade dagegen z.B. mit אָרוֹן bezeichnet, nicht beibehalten. Stattdessen schließt sich die lateinische (und damit wahrscheinlich auch schon der vorherige griechische) Fassung des LAB sich der LXX an, die die Noah-Arche und die ›Bundes-Arche‹ durch beider Bezeichnung mit κιβωτός parallel setzt (vgl. Gen 6; Ex 25,10 u.ö.). Ein Grund könnte darin liegen, dass diese beiden bereits im hebräischen Bibeltext die einzigen ›Bau- bzw. Machwerke‹ in der Tora sind, denen eine ›Bauanleitung‹ beigegeben ist. LAB folgt terminologisch dieser neuen Verbindung, indem an beiden Stellen *arca* gesetzt wird und nur noch der Mosekasten als *thibis* bezeichnet wird. H. JACOBSON 1996, 423f. argumentiert dennoch für eine Verbindung von Ex 2,5//LAB 9,12 mit LAB 3,4f. (vgl. ebd., 230): Der Korb werde aus Holz bzw. holzähnlichem Material, nicht aus Schilf, hergestellt. Dies diene einerseits der besseren Haltbarkeit des Behältnisses und damit der Sicherheit des Kindes, andererseits werde damit eine Verbindung zur Noah-Arche erreicht: »Moses' basket is assimilated to Noah's ark and becomes wooden.« (ebd., 230). JACOBSON übersetzt folglich konsequent in allen drei Kontexten ohne spezielle Begründung die unterschiedlichen Termini einheitlich mit *ark* (u.U. liegt dieser gleichen Übersetzung seine Zielsetzung der Rekonstruktion des möglichen hebräischen Urtextes des LAB zugrunde. Vgl. sein Vorwort, in dem er seine eigene Übersetzung qualifiziert als »a translation not of our seriously defective Latin text, but rather of the (reconstructed) Hebrew original of LAB.« [ebd., IXf.]). Ist JACOBSONs Argumentationsgang auf dieser Grundlage noch einigermaßen mühelos nachvollziehbar, wird die Situation doch zusehends schwieriger, wenn M. VOGEL 1998, 188f. nachfrage- und damit kritiklos JACOBSON übernimmt und von einer »Stichwortverbindung« (188) spricht, die Ps-Philo dadurch verstärke (!), dass er »als Baumaterial des ›Kastens‹ aus Ex 2 nicht Schilf sondern, übereinstimmend mit der hölzernen Beschaffenheit der Arche, Baumrinde angibt.« (189). Abgesehen davon, dass Ps-Philo genau genommen eben nicht das selbe Holz, nicht einmal das selbe Baumaterial beschreibt (3,4f.: *arca de lignis cederis*; 9,12: *thibis de cortice arboris pini*), und außerdem zumindest in dem einzigen uns erhaltenen Text gerade nicht das selbe Wort zur Bezeichnung der Arche und des Mose-Kastens verwendet werden, zeigt das gerade genannte Beispiel, wie schnell in der wissenschaftlichen Diskussion offensichtlich nicht mehr der Text selbst, sondern die wahrgenommene Sekundärliteratur zur leitenden Instanz zu werden droht.

der biblischen Erzählung, nach der unklar bleiben muss, woran die Pharaotochter die Herkunft des Jungen erkennt: *Er aber, der Knabe, wurde geboren im Bund Gottes und im Bund seines Fleisches* (9,13), also beschnitten.[247] Dies ist – mit Ausnahme ihrer Wiederaufnahme in 9,15 als Bestätigung der Wahrnehmung der Pharaotochter – die einzige Stelle im gesamten Buch, an der Ps-Philo die Beschneidung erwähnt.[248] Mit 9,14 übernehmen Jochebet und Amram gemeinsam die Verantwortung für das Aussetzen ihres Sohnes (*proicerent eum*), nachdem zuvor Jochebet allein als Handelnde geschildert wurde. Nur indem Ps-Philo hier den Plural setzt, gelingt ihm die Überleitung zur nächsten Szene, in der die Ältesten sich versammeln und mit Amram streiten: *Waren dies nicht unsere Reden, die wir gesprochen haben, als wir sagten: Besser ist es für uns...* (9,14).[249] In nahezu wortwörtlicher Wiedergabe von Ex 14,12 gelingt es Ps-Philo, den Widerspruch des Volkes gegen die Befreiungsgeschichte vom Schilfmeer (dort gegen Mose gerichtet) bereits in die ›Vorgeschichte‹ der Befreiung zu transportieren.[250] Während in der jüdischen Tradition sonst oft Amram derjenige ist, der Mirjam angreift und ihr Vorwürfe macht, besteht seine – oder Jochebets[251] – einzige Reaktion in einer Nichtreaktion: Er oder sie hört nicht hin (*non audiebat*).

LAB 9,15f. schildern, nun wieder eng an der biblischen Vorlage orientiert,[252] das Auffinden des Mosekastens durch die Pharaotochter sowie Moses Adoption und Be-

---

[247] Mit F.J. MURPHY, 60. Vgl. auch ShemR 1,24; bSota 12a. Nach D.J. HARRINGTON 1985, 316 wird ›Bund‹ im nachbiblischen Hebräisch zum Terminus Technicus für die Beschneidung (vgl. die u.U. gleichsam als ›Übergangsbezeichnung‹ fungierende Benennung in Apg 7,8 als διαθήκη τῆς περιτομῆς). Könnte diese Entwicklung mit dem Religionsedikt Antiochus IV. zusammenhängen, das die Beschneidung bei Androhung der Todesstrafe verbot? Sollte dies so sein, wäre es ein weiteres Indiz für eine sehr späte Ansetzung des LAB, denn das Verbot der Beschneidung wurde erst nach der Niederlage des zweiten Krieges gegen Rom unter Bar Kochba, also erst nach 135 n.Chr., wieder aktuell. Auch die überdeutliche Zurückhaltung Ps-Philos gegenüber dem ganzen Themenbereich der Beschneidung fände damit eine Erklärung.

[248] Mit M.T. DESCAMPS 1997, 64. Dass diese Tatsache jedoch auf eine Autorin des LAB hindeuten könnte, wie DESCAMPS 78 vorschlägt (»[I]t could reflect the writer's world view in which circumcision did not have much to do with faith in and obedience to God because the writer could not be circumcised.«), kann ebenso wenig überzeugen, wie ihr oben dargestelltes Argument (S. 162, Anm. 218). H. JACOBSON 1996, 425 erwägt die Möglichkeit, dass dieser besondere Umstand der Geburt des Mose Jochebet dazu bewogen haben könnte, ihr Kind am Flussufer auszusetzen: »she recognized that he was a special child since he had been born circumsized.« Allerdings bleibt fraglich, warum Ps-Philo eine derartige Motivation nicht erzählerisch zumindest dadurch verdeutlicht hätte, dass er den Umstand des schon Beschnittenseins zum Zeitpunkt der Geburt (also in 9,12) erzählt hätte. So geht es wohl analog zu den meisten anderen Stellen, an denen der Erzähler selbst auftritt, statt die handelnden Charaktere sprechen zu lassen, eher um die Aufmerksamkeit der Leserinnen und Leser. Unter Umständen spiegelt 9,13 aber auch die kurze biblische Bemerkung Ex 2,2 wieder.

[249] *Nonne hi erant sermones nostri, quos locuti sumus dicentes: ›Melius est nobis...‹.*

[250] Mit H. JACOBSON 1996, 425. Neben der so gesteigerten Dramatik der grundlegenden Auseinandersetzung zwischen einzelnen handelnden Charakteren und einer größeren Gruppe innerhalb Israels dürfte ein Grund darin liegen, dass Ps-Philo in seiner Fassung der Konfrontation am Schilfmeer Raum für eine andere Auseinandersetzung schaffen musste; s. dazu unten 171ff.

[251] Die Editio Princeps liest hier *Amram* als Subjekt, der von KISCH edierte Text dagegen *Jacobe*. Dem Erzählfluss folgend ist Amram die wahrscheinlich korrektere Lesart. H. JACOBSON, 426 diskutiert beide Möglichkeiten mit der selben Schlussfolgerung und führt die unterschiedliche Lesart darauf zurück, dass im Übersetzungsprozess aus dem Hebräischen, in dem die Verbform für sich bereits deutlich machte, wer Subjekt war, ins Griechische, in welchem eine derartige klare Zuordnung durch die Verbform allein nicht mehr möglich war, die Notwendigkeit entstand, ein Subjekt mit Namen einzuführen. »At some point scribes will have added explicit subjects and for some not terribly clear reason one chose Jochebed (perhaps because she was the one who set Moses out in the basket).« (ebd., a.a.O.).

[252] C. DIETZFELBINGERs Auffassung, hier handele es sich um ein Moment »rationalisierender Geschichtsdeutung...« (ders. 1964, 111), überzeugt nicht. Die Erklärung, dass die Ägypterin durch einen Traum veranlasst wird, zum Fluss hinunterzugehen, ist gerade kein Moment der Rationalisierung.

nennung durch die selbe. Eigene Akzente setzt Ps-Philo hier dreifach: Zum einen ist die Ägypterin Empfängerin von Träumen, in denen sie von zukünftigen Ereignissen erfährt.[253] Zum zweiten ernährt sie den Jungen selbst – die Szene, in der Mirjam ihre und des Mose eigene Mutter als Amme vorschlägt, hat hier also keinen Raum mehr.[254] Und zum dritten überliefert Ps-Philo eine Doppelbenennung des Jungen: Während die Pharaotochter ihn Mose nennt, gibt seine Mutter Jochebet ihm den Namen Melchiel, ›mein König ist El/Gott‹:[255] »Moses' name hints that he never owed real allegiance to Pharaoh, particularly important in view of Pseudo-Philo's concern with foreign oppression.«[256]

Ps-Philo beendet die Darstellung der Geburt des Mose in 9,16 mit einem Summarium, welches das Aufwachsen des Mose thematisiert (*er wurde herrlich über alle Menschen*)[257] wie auch seine Bedeutung für den Fortgang der Geschichte betont: *Und Gott befreite durch ihn die Söhne Israel, wie er gesagt hatte.*[258]

5.3 Konfrontationen in Israel Teil 2 – der Auszug und die Diskussion am Schilfmeer (LAB 10)

Ps-Philo lässt in seiner Darstellung im Gegensatz zum Jubiläenbuch die Auseinandersetzung des erwachsen gewordenen Mose mit dem ägyptischen Aufseher und im Anschluss daran mit seinen eigenen ›Volksgenossen‹ ebenso aus wie seine Flucht nach Midian, die Heirat mit Zippora und seine Rückkehr nach Ägypten. Dies ist zunächst seinem Ziel der Fokussierung der Darstellung auf ›binnenisraelitische‹ Auseinandersetzungen und Erfahrungen geschuldet. Die Auslassung der Bedrohungsszene (Ex 4,24–26) dürfte darüberhinaus darin begründet sein, dass Ps-Philo gerade die Beziehung zwischen Mose und JHWH einzigartig als – zumindest von Seiten JHWHs aus – konfliktfrei schildert. Mit ähnlicher Zielsetzung dürfte auch das Entfallen der ›Diskussion am Dornbusch‹[259] zu erklären sein: Für den Verfasser ist Widerspruch bzw. Widerstand gegen den Plan JHWHs letztlich nicht denkbar – um wieviel weniger dann für Mose, der durchgehend als erster und wichtigster Anführer Israels gezeichnet wird.[260]

---

[253] Der erste Teil von 9,15 zitiert Ex 2,5, die Begründung für das Handeln der Pharaotochter ist jedoch Ps-Philo eigen: *secundum quod in somnis viderat*. Da Träume für den Fortgang der Handlung im LAB von zentraler Bedeutung sind (vgl. neben 9,10.15 auch 8,10; 18,2; 23,6; 28,4), ist die Tatsache, dass auch der Nichtisraelitin hier ganz offensichtlich von JHWH gesandte Träume zuteil werden, Indiz für die wichtige Rolle der Ägypterin: Sie sichert das Überleben des künftigen Befreiers Israels.

[254] Meines Wissens ist der LAB damit der einzige jüdische Text, der der Pharaotochter auch diese elementarste Form der Nähe zum Säugling zugesteht. Ant 2,225f./5 betont dagegen ausdrücklich, dass ihr Versuch scheitert, eine andere Amme als die leibliche Mutter des Kindes einzusetzen.

[255] Zur Tradition der unterschiedlichen Namen für Mose vgl. schon L. COHN 1898, 318f.; F.J. MURPHY 1993, 60 m. Anm. 28 sowie H. JACOBSON 1996, 429f.

[256] F.J. MURPHY, a.a.O.

[257] In der Art dieses Summariums liegt zumindest eine Ähnlichkeit zu Lk 2,40.52 (s.u. S. 224); so auch C. DIETZFELBINGER 1964, 221.

[258] »This sentence contains several points typical of Pseudo-Philo. Moses is glorified and seen to be the greatest of humans. God's action is stressed, since Moses is only God's instrument. God's characteristic action on behalf of Israel is freeing them. ›As he had said‹ indicates that God is true to the divine word.« (F.J. MURPHY 1993, 61).

[259] Diese wird allerdings in LAB 19,9 ebenso als bekannt vorausgesetzt wie in 37,3.

[260] Zu den für Ps-Philo notwendigen Charakteristika eines guten Anführers oder einer guten Anführerin vgl. die Studie von G.E.W. NICKELSBURG 1980. F.J. MURPHY 1993, 61 gibt als weiteres Motiv zu bedenken, dass für Ps-Philo das Handeln Gottes Reaktion auf das Verhalten Amrams ist (9,7), »while Exodus 3 reads as if God has just decided to save Israel.« [was wohl nach biblischer Schilderung sich nicht nur ›so liest‹, sondern genau den Kern der Szene trifft!].

Dagegen nimmt Ps-Philo in 10,1 die kurze Notiz Ex 2,23–25 auf, in der vom Tod des alten Pharao, der anhaltenden Versklavung und Not Israels sowie vom hörenden Gedenken JHWHs die Rede ist, das in ein sehendes Sich-Kümmern mündet: Durch die doppelte Explikation von Herrscherwechsel und Fortdauer der Unterdrückung füllt der LAB auch hier Leerstellen des biblischen Textes: Dass nach dem Tod des ersten Pharao ein neuer folgte, war nicht nur logischer Bestandteil des Wissens um die Herrschaftsfolge in Ägypten, sondern im biblischen Text bereits als selbstverständlich vorausgesetzt, wenn zum Beispiel JHWH in der Berufung des Mose davon spricht, dass er ihn zu Pharao schicken werde.[261] Dass dieser neue Pharao wiederum von der Unterdrückungspolitik seines Vorgängers nicht abweicht, sondern sie fortsetzt bzw. vielleicht sogar verschärft, worauf das nun erstmalig erzählte Schreien der Israelitinnen und Israeliten zu JHWH hindeuten könnte, wird im biblischen Erzählverlauf durch eben dieses erzählte Schreien zu JHWH verdeutlicht. Ps-Philo fügt hier also nichts Neues, dem biblischen Text unter Umständen sogar Fremdes, *hinzu*, sondern führt das *aus*, was in der biblischen Fassung bereits grundgelegt ist.[262]

Die Beauftragung des Mose benennt Ps-Philo in äußerst knapper Form, die z.B. an Mi 6,4 erinnert: In unmittelbarer Folge des erhörten Schreiens Israels, ausgedrückt durch *et*, vollführt JHWH die Sendung des Mose, die auch hier durch einen Vorgriff auf spätere Ereignisse bereichert ist: *Und er sandte Mose*[263] *und befreite sie aus dem Land der Ägypter.* (10,1: *Et misit Moysen et liberavit eos de terra Egiptiorum*). Die Art der Befreiung wird konkretisiert durch eine knappe Aufzählung der von JHWH gesandten Plagen (*plagas*).[264] Ohne jede erzählerische Entfaltung – darin also noch knapper als das Jubiläenbuch – belässt es Ps-Philo bei der Aufzählung. Jedwede Kommunikation bzw. Konfrontation zwischen JHWH/Mose und Pharao entfällt genauso wie ein Verweis auf die Nacht des Auszugs mit Passafest o.ä. Letztere wird allein durch die Nennung der letzten Plage evoziert, der Tötung der Erstgeborenen. Diese Straffung der biblischen Erzählung macht auf zweierlei aufmerksam: Ps-Philo setzt auch hier wie schon bei der unvermittelten ›Präsentation‹ Amrams (9,3; s.o. S. 160 m. Anm. 204) ganz offensichtlich eine profunde Schriftkenntnis seiner Leserinnen und Lesern voraus. Darauf deutet hin, dass er in 10,2 die Reaktion der Ägypter auf den Auszug Israels beschreiben kann als: *[da] wurde das Herz der Ägypter noch mehr [!] verhärtet*

---

[261] In der biblischen Exoduserzählung wird die Steigerung der Spannung durch den unterschiedlichen Informationsstand von Leserinnen und Lesern einerseits und Mose andererseits dadurch erreicht, dass erstere durch Ex 2,23 bereits vom Tod Pharaos wissen, letzterem auf der Erzählebene eben jene Information aber noch fehlt, sodass sein Sichsträuben gegen den Auftrag JHWHs also auch mit dem Wissen um die für ihn noch aktuelle Gefahr der Todesstrafe zusammenhängen dürfte. Erst nach seiner Einwilligung in den Plan JHWHs erfährt auch Mose von JHWH selbst, dass in Ägypten alle, die ihn töten (lassen) wollten, selbst bereits tot seien (Ex 4,19).

[262] Damit erweist sich auch die von C. DIETZFELBINGER 1975, 126 angebrachte Kritik von der »nachhinkende[n] Bemerkung«, die ihren Platz eigentlich zu Beginn von Kap. 9 habe, als ebenso überflüssig wie seine Frage, ob »der Vf. etwa den ›Pharao der Bedrückung‹ vom ›Pharao des Auszugs‹ unterscheiden« (ebd.) wolle. In der Tat will er wohl eben dies – und erweist sich darin als genauer Leser der biblischen Texte, um deren Übertragung es ihm geht.

[263] Mi 6,4 zählt die Sendung Moses, Aarons und Mirjams unter den Gerechtigkeitstaten auf, die JHWH für sein Volk getan hat. Anstelle es zu ›ermüden‹ (Mi 6,3), hat er es aus Ägypten heraufgeführt (6,4) und seinem Volk mit den drei ›Geschwistern‹ Menschen zur Seite gestellt, die fähig waren, es zu führen. Zum Abschnitt Mi 6,1–8 allgemein und zum Gegensatz zwischen ›ermüden‹ und ›befreien‹ konkret vgl. J. EBACH 1996a, bes. 173.175; R. ALBERTZ 1996, bes. 53; R. KESSLER 1999, 264; zum Beitrag der kurzen Erwähnung Mirjams für das Mirjambild der Schrift s.o. S. 89ff.

[264] Zu Darstellung und Zählung der Plagen vgl. H. JACOBSON 1996, 432f. Aus nicht geklärten Gründen lässt Ps-Philo die nach biblischer Zählung sechste Plage (Geschwüre) aus, geht aber trotzdem von der Ganzheit der zehn Plagen aus, wie sein einleitender Satz deutlich macht.

(*adhuc*[265] *obduratum est cor Egiptiorum*). Um die Steigerung eines Verhaltens benennen zu können, muss sein ›Positiv‹, hier: ein ›erstes Mal‹ der Verhärtung, im Wissens- und Erinnerungshorizont der Adressatinnen und Adressaten präsent sein. Im Gegensatz zur biblischen Überlieferung ist im LAB nicht Pharao allein Objekt bzw. Subjekt, sondern wieder – wie schon in 9,1 – die Gesamtheit des ägyptischen Volkes. Erneut wird also Ps-Philos Interesse deutlich, die Frage der Schuld nicht auf die Schuld eines Einzelnen zu fokussieren, sondern statt dessen die Verantwortung einer weniger deutlich konturierten Gruppe anzulasten.[266] Ferner ist das Fehlen jeglichen Subjektes deutlich: Wer für das Verhärten der Herzen verantwortlich ist, bleibt ungesagt. Geht Ps-Philo davon aus, dass es hier überflüssig wäre, JHWH nochmals explizit als Handelnden zu beschreiben? Um eine Art ›Entschuld(ig)ung‹ JHWHs wird es wohl nicht gehen. Ps-Philo zeigt an anderen Stellen, dass er keine Hemmungen hat, der Gottheit Israels auch gewaltsame, zum Teil grausame Verhaltensweisen zuzuschreiben.[267]

Weiter ist für die Knappheit der Schilderung sicherlich anzuführen, dass Ps-Philo hier die Handlung bewusst vorantreibt, bis es am Schilfmeer zur nächsten großen innerisraelitischen Konfliktsituation kommt.[268] Es geht ihm nicht darum, mit Hilfe ausführlicher Plagenschilderungen die überragende Autorität JHWHs gegenüber etwaigen Gegenspielern herauszustellen[269] – diese ist für ihn längst erwiesen und bedarf keiner weiteren Thematisierung. Stattdessen verlangsamt sich das Erzähltempo erst in dem Augenblick wieder, in dem Israel sich am Ufer des Meeres von den Ägyptern eingeholt findet.[270] Zunächst bleibt die Einheit Israels auch sprachlich festgehalten: In der Kollektivbezeichnung *Kinder Israel* wenden sich die Menschen erst an JHWH,[271] unmittelbar danach an Mose.[272] *Gemeinsam* erfolgt ihr Aufschrei, *gemeinsam* erfolgt ihre Anklage an Gott, er habe sein Versprechen gegenüber den Erzeltern nicht eingehalten:

> *Was it for this that God brought us out? Are these the covenants that he established with our fathers, saying, ›To your seed will I give the land which you inhabit‹?*[273]

Ps-Philo bleibt hier einerseits nah an der biblischen Erzählung (vgl. Ex 14,10f.), andererseits verändert er aber an einer Stelle entscheidend: Es ist nicht mehr Mose, der für den Auszug aus Ägypten verantwortlich gemacht und daher angeklagt wird. Dem Grundanliegen des LAB entsprechend, JHWH allein als mächtig und verantwortlich Handelnden zu zeigen, ist er hier auch selbst der Adressat der (An)Klage des Volkes, wenngleich die Rede als Rede an Mose formuliert ist. In noch einem weiteren Punkt

---

[265] H. JACOBSON 1996, 106 übersetzt: *the heart of the Egyptians was hardened again*. Das Adverb *adhuc* lässt beide Übersetzungen zu, allerdings trifft die Steigerung, wie sie in der oben zitierten Übersetzung von C. DIETZFELBINGER 1975 geboten ist, inhaltlich eher den Punkt.

[266] Mit diesem ›Schuld-Transfair‹ geht eine Schwächung Pharaos als literarischer Figur einher: Auch eine negative inhaltliche Füllung, die entsprechende Assoziationen auslöst, verhilft einer Erzählfigur zu einem gewissen ›Eigenleben‹. So bleibt Pharao im LAB eine blasse Erscheinung.

[267] Vgl. neben dem direkten Kontext (…*Gott sandte über diese zehn Strafen und schlug sie.*) z.B. 3,11; 53,1 und den unten folgenden Abschnitt über die Darstellung JHWHs im LAB (S. 188ff).

[268] Mit F.J. MURPHY 1993, 61.

[269] Jeder Bezug etwa auf einen Anspruch JHWHs, sich in Ägypten als mächtig zu erweisen oder die dortigen Gottheiten zu besiegen, fehlt.

[270] Damit wendet er die selbe erzählerische ›Taktik‹ an wie schon in Kap. 9: Auch dort stand weniger der Plan Pharaos denn der Konflikt zwischen Amram und den Ältesten im Vordergrund.

[271] *Da schrien die Kinder Israel zu ihrem Gott*, 10,2; Ü. K.S.

[272] *… und sie sprachen zu Mose*, ebd.

[273] M. VOGEL 1996, 144 sieht eine Parallele zu den Ältesten aus 9,2, insofern auch hier »Zweifel am Fortbestehen des Bundes« laut würden.

unterscheidet sich die Rede des Volkes gravierend von der biblischen Darstellung: Die Anklage des Volkes endet damit, dass unmittelbar nach der Formulierung der Anklage ein (resignierendes oder zuversichtliches) Einlenken geschildert wird: *Now let him do with us whatever is pleasing in his eyes.*[274]

Bei dieser Kollektivaussage Israels bleibt es jedoch nicht. Angesichts der drohenden Gefahr bilden sich drei Gruppen, die unterschiedliche Reaktionsweisen präferieren (10,3): Die Stämme Ruben, Issachar, Sebulon und Simeon schlagen kollektiven Selbstmord durch Ertrinken vor, der der Ermordung durch die Ägypter vorzuziehen sei. Die Stämme Gad, Asser, Dan und Naphtali votieren für Aufgabe und den Dienst für die Ägypter, sofern diese sie am Leben ließen.[275] Die Stämme Levi, Juda, Josef und Benjamin schließlich rufen zum Kampf gegen das ägyptische Heer, im Vertrauen darauf, dass JHWH auf ihrer Seite kämpfen werde. SAUL M. OLYAN hat die Besonderheiten der Darstellung Ps-Philos im Gegenüber zu rabbinischen und samaritanischen Traditionen herausgearbeitet.[276] So ist es wahrscheinlich, dass der Verfasser des LAB in der Position der Stämme Levi, Juda, Josef und Benjamin seine eigene Meinung äußert.[277] Dies wird auf der Strukturebene deutlich an der Schlussposition, die dieser Vorschlag einnimmt. Hinzu kommt, dass Ps-Philo diese Option den traditionell ›großen‹, positiv besetzten Stämmen Israels in den Mund legt,[278] die zudem schon biblisch die klassischen ›Kampfstämme‹ sind.[279] Offener Widerstand in unterschiedlichen Abstufungen, der Kampf gegen die Israel bedrängende äußere Bedrohung scheint durchgängig bei allem Vertrauen auf JHWH das für Ps-Philo gebotene Verhalten zu sein. Das wurde bereits an der besprochenen Passage des Widerspruchs Amrams gegen die Ältesten deutlich (Kap. 9f., s.o. S. 160ff), der sich explizit auch gegen Pharao als Verkörperung der Macht Ägyptens richtete. Amrams Auseinandersetzung mit den Ältesten wie der Stämmestreit am Schilfmeer machen deutlich, dass es in Israel interne Konflikte darum gibt, wie mit einer externen Bedrohung umzugehen ist.[280] Zu den Qualitäten eines in den Augen Ps-Philos guten Anführers bzw. einer guten Anführerin zählt, den Weg des auf JHWH vertrauenden Widerstandes auch unter Gefährdung des eigenen Überlebens einzuschlagen:

---

[274] Zur Spannung zwischen der vorher formulierten (An)Klage und dieser Art der ›Ergebenheit‹ s. M. VOGEL 1996, 144, der von Ps-Philo hier »die Geisteshaltung eines am Glauben seiner Erwähltheit irrewerdenden Judentums« paraphrasiert sieht.

[275] Es fällt auf, dass Ps-Philo hier ausgerechnet die Söhne der Mägde für die Rückkehr in die Sklaverei votieren lässt; vgl. H. JACOBSON 1996, 437.

[276] Ebd. 1991, 75ff. Die Tradition der Diskussion am Schilfmeer ist augenscheinlich älter; Ps-Philo scheint andere Überlieferungen zu kennen, diese aber bewusst zu modifizieren. So ist er der einzige, der die Stämme mit Namen nennt, der jede Position begründet und keine unmittelbare Reaktion des Mose schildert. Die folgenden Überlegungen basieren weitgehend auf der genannten Untersuchung.

[277] S.M. OLYAN 1991, 84f. Diese Positionierung Ps-Philos wird z.B. auch in der Schilderung der David und Goliath-Erzählung (LAB 61) deutlich. OLYAN kommt aufgrund dieser Beobachtungen zu der Überzeugung, dass der LAB in die Zeit des ersten Jüdischen Krieges zu datieren sei (vgl. ebd., 88–91), da die Möglichkeit aller drei Optionen nach 70 u.Z. nicht mehr alle freigestanden hätten. Allerdings ist dagegen einzuwenden, dass mit gleicher Argumentation auch für eine Datierung zur Zeit Bar Kochbas optiert werden könnte. Letzte Sicherheit lässt sich auch so nicht erzielen.

[278] Eine Selbstidentifizierung mit diesen Stämmen ist z.B. auch in Qumran zu finden; vgl. 1 QM 1,2.

[279] Vgl. nur die Stammessprüche Jakobs in Gen 49 und dazu B. JACOB 2000 (1934), 890ff, v.a. 901–911; 925f.

[280] Ähnlich wie die Kap. 9f. zeigen dies auch LAB 6; 27,7–14; 61. S.M. OLYAN 1991, 86: »[T]here is debate and conflict *within* [Hervorhebung Vf.] Israel over how best to respond to an external threat.«

»Characteristic … is an explicit contrast between the protagonist's bold action and the inaction, fidgeting or avoidance of responsibility on the part of the others. … For Pseudo-Philo, trust in God is always trust put into action, and often that action places the actor in mortal danger."[281]

Mose selbst schließt sich keiner der drei Gruppen bzw. der von ihnen vertretenen Positionen an. Er wendet sich direkt an JHWH, erinnert diesen an seine Geschichte mit den Eltern Israels, indem er ihn als *Domine Deus patrum nostrorum*[282] (10,4) anspricht sowie an seine eigene Sendung erinnert: *hast du nicht zu mir gesagt:* ›*Geh und sage den Söhnen Leas:*[283] *Gesandt hat mich Gott zu euch.*‹?

Gott selbst habe doch ›seine Leute‹[284] an das Meeresufer geführt; in logischer Folge trage er nun auch die Verantwortung für ihr Überleben, das wiederum nicht von der Identität des Namens JHWHs zu trennen sei: *Und du, Herr, sollst deines Namens gedenkend sein!*[285] [Ü. K.S.] Der Name Gottes selbst steht auf dem Spiel, wenn Israels Existenz gefährdet ist, und damit seine »reputation«,[286] sein Ansehen, letztlich sein Gott-Sein. Indem Ps-Philo hier ein seinen Adressatinnen und Adressaten aus anderen biblischen Zusammenhängen vertrautes Motiv einführt,[287] gelingt es ihm, seine Grundüberzeugung vom Wesen der Gottheit Israels, nämlich ihrer unbedingten Treue zu Israel und den von ihr selbst gegebenen Versprechen[288] im Bewusstsein seiner Leserinnen und Leser wach zu halten. Gleichzeitig gibt er ihnen eine Chance, ihre eigene Situation mit der von ihm beschriebenen noch direkter in Beziehung zu setzen. Die tragenden, essentiellen Eigenschaften ihres Gottes, so lässt sich dieser Abschnitt lesen, dürfen die Menschen Israels in eben den Situationen zum Ausdruck bringen, an denen es für sie existentiell wichtig ist. Diese Freiheit haben sie unabhängig davon, ob die überlieferte Schrift genauso verfährt oder eine ganz andere Bewertung enthält. Ist es nämlich in der biblischen Überlieferung so, dass Mose von JHWH, ohne ihn überhaupt angesprochen zu haben, schroff zurückgewiesen wird (*Was schreist du?* Ex 14,15[289]), das Rufen zu JHWH allein also anscheinend schon als In-Frage-Stellen des göttlichen Beistands bewertet wird, ist es hier gerade das Rufen des Mose, das von JHWH positiv beantwortet wird:[290] Weil *du zu mir gerufen hast…*

---

[281] G.E.W. NICKELSBURG 1980, 61f.

[282] So noch 22,3; 43,7; 47,1f. u.ö.

[283] Als Bezeichnung für Israel einmalig im LAB (mit C. DIETZFELBINGER 1975, 127). Der Text von Melk hat laut H. JACOBSON 1996, 438f. die seiner Ansicht nach korrekte Lesart: *Söhne Israels*. Die Sicherheit, mit der JACOBSON davon ausgeht, dass der hier gewählte Text korrupt sei (»nothing could be clearer than that the reading *filiis Lie* is a corruption of ›sons of Israel‹«; ebd., 438), ist zumindest fragwürdig, da Ps-Philo zum Beispiel auch Tamar (9,5) und Debora (33,1) *Mütter Israels* nennen kann. Insofern liegt ein Rückbezug auf Lea als eine der Erzmütter Israels durchaus im Bereich des Möglichen.

[284] *Et tu Domine memor esto nominis tui*. »Populi in der Bedeutung von ›die Leute‹« entspricht nach C. DIETZFELBINGER 1975, 128 in etwa der semantischen Füllung von ὄχλοι im Neuen Testament (DIETZFELBINGER verweist auf Mt 4,25; 5,5 u.ö. – dem lassen sich die häufigen Belege im lukanischen Doppelwerk an die Seite stellen: Lk 3,10; 4,42; 5,15; 8,45; 11,14; Apg 8,6; 14,11 u.ö.); vgl. auch die bei C. DIETZFELBINGER 1964, 208 gegebenen Belege aus dem LAB (etwa 10,14; 17,4; 20,5; 23,12; 30,2).

[285] Die lat. Form des Imperativs der 2.Sg. Futur lässt sich im Deutschen leider nicht noch deutlicher herausstellen.

[286] So gibt H. JACOBSON 1996, 439 die Formulierung wieder. Ähnlich auch F.J. MURPHY 1993, 64: »If Israel perishes, that denigrates God's name since God is known as Israel's protector.«

[287] Vgl. etwa Jes 48,9; Jer 14,7; Ps 25,11; 31,4; an der biblischen Parallelstelle wird es aber gerade nicht verwendet.

[288] F.J. MURPHY 1993 versteht die Differenz zwischen dem mangelnden Vertrauen des Volkes und der unbedingten Treue als grundlegenden Inhalt des Kap. 10: »The kernel of chapter 10 is the contrast between the people's lack of understanding and trust and God's constancy and faithfulness.« (ebd., 62).

[289] מַה־תִּצְעָק bzw. Τί βοᾷς;

[290] F.J. MURPHY 1993, 64 versteht auch die Antwort Gottes im LAB als gesprochen »with some annoyance«. Allerdings leuchtet dies genauso wenig ein wie seine Übersetzung von *quoniam* als

(10,5), beginnt JHWH seine Anweisungen, wie Mose weiter verfahren soll. Für die folgende Schilderung des Durchzugs greift Ps-Philo neben der Schilderung des Exodusbuches auf Weiterentwicklungen des Motivs zurück, indem er zum Beispiel Ps 105,9 fast wörtlich zitiert.[291] Die Rettungserfahrung Israels hat kosmische Auswirkungen, die Schöpfung selbst ist beteiligt.[292] JHWH bedroht das Meer, sodass es austrocknet:[293]

> *Und es standen die Meere der Wasser, und es erschienen die Tiefen der Erde, und es wurden entblößt die Grundfesten der Wohnstatt vor dem Zischen der Furcht vor Gott und vor dem Zorneshauch meines Herrn.*[294]

Die Beteiligung des Mose wird zwar in einer kurzen Notiz über das Schlagen des Wassers erwähnt, aber die Vielzahl der Formulierungen, die die Handlungen JHWHs und ihre Auswirkungen beschreiben, machen deutlich, dass als eigentlich handelnd und initiativ nur die Gottheit Israels vorgestellt ist. Entsprechend ist es jetzt auch JHWH selbst, der die Wahrnehmung der Sinne der Ägypter verwirrt,[295] sodass sie ins Meer gehen, das auf den Befehl Gottes hin in sein Becken zurückkehrt und die Ägypter überschwemmt *bis auf den heutigen Tag*.[296] Während das Schicksal der ägyptischen Armee damit festgehalten ist, schließt Ps-Philo seine Schilderung des Auszugs erneut[297] mit einem vorausschauenden Summarium ab, das die bleibende Treue JHWHs zu Israel zum Inhalt hat. Diese erweist sich darin, dass er selbst das Volk führt und es mit den auch aus der sonstigen jüdischen Tradition bekannten drei Gaben der Wüstenzeit versorgt:

> *He rained down for them bread from heaven ... and brought forth a well of water to follow them. With a pillar of cloud he lead them by day, and with a pillar of fire he gave them light by night. (10,7)*

Fragepartikel mit *why*. Meines Wissens ist *quoniam* kausale bzw. temporale Konjunktion, aber gerade keine Fragepartikel. Nur durch diese Übersetzung aber lässt sich MURPHYs Schlussfolgerung ziehen.

[291] Mit H. JACOBSON 1996, 228f.; 441, der 10,5 als Beispiel für eine den LAB im Ganzen durchziehende narrative Technik Ps-Philos heranzieht: »In recounting a specific biblical episode, LAB will introduce language or thematic material that is not present in the particular section of the Bible, but is found elsewhere in the Bible with references to this episode.« (ebd., 228). J.R. LEVISON 1996, 117f. versteht Ps-Philos Aussage als »transforming« von Ex 14,28, ohne jedoch die mit Ps 105,9 gegebene Grundlage zu sehen.

[292] Zur grundsätzlichen Ausrichtung des LAB, Naturphänomene als Ausdruck des Gehorsams auch der Schöpfung gegenüber dem gesprochenen Befehl JHWHs zu verstehen vgl. J.R. LEVISON 1996, 116–118.

[293] LAB 10,5: *comminatus est Deus mari* Wenngleich die Vulgata an den betreffenden Stellen (etwa Ps 106,9/105,9 LXX) das ›Drohen‹ JHWHs (oder im NT das Bedrohen der Dämonen durch Jesus) mit Formen der Wurzel *increpare* wiedergibt und nicht wie die lateinische Fassung des LAB hier mit *communari*, lassen sich daraus dennoch keine Rückschlüsse darauf ziehen, ob die griechische Vor- bzw. die hebräische Urform des LAB nicht sogar mit den selben Worten gearbeitet hat wie die biblische Tradition – mindestens auf der inhaltlichen Ebene ist die Verbindung auch jetzt noch deutlich.

[294] Auffällig ist, dass der Verfasser sich hier selbst zu erkennen gibt: Von den Wirkungen des Handelns JHWHs sollen offensichtlich auch die Leserinnen und Leser des LAB sich unmittelbar selbst erfasst fühlen.

[295] So mit H. JACOBSON 1996, 442 gegen C. DIETZFELBINGER 1975, 128 der hier die Wendung *Gott verhärtete ihren Sinn* verwendet. Bei JACOBSON, a.a.O. auch Verweise auf entsprechende Parallelen in der rabbinischen Literatur.

[296] Die Wendung erinnert an Dtn 11,4. Ps-Philo verwendet sie noch im Zusammenhang der Erzählung von der Rebellion Korachs (16,3.6), in der auch die Gleichsetzung des ägyptischen Heeres mit der Sintflutgeneration und den Anhängern Korachs als denjenigen erfolgt, die nicht länger erinnert werden sollen.

[297] Das gleiche Verfahren schon in 9,16; 10,1.

Die Aufzählung dieser Gaben wird in 20,8 in einem Rückblick auf die Wüstenzeit aufgenommen – die beiden Nennungen bilden somit eine Inklusion –, dann aber nicht mehr unverbunden, sondern in Beziehung zu den drei Menschen, um derentwillen JHWH sie gegeben hat.[298] Mit dieser Aufzählung bleibt Ps-Philo ganz in seinem Duktus der Betonung der Treue und Zuverlässigkeit JHWHs, denen in der Erzählung ein höherer Stellenwert beigemessen wird als der Gefährdung Israels: Von Wassermangel und Hungersnot sowie der Gefährdung durch andere Völker (vgl. Ex 17,8ff) auf dem Weg Israels zum Gottesberg ist im LAB nicht die Rede.

5.4   Die kosmische Dimension der Toragabe – oder: Der Dekalog als Kern der Gesetzesaussagen im LAB (LAB 11)

JWHW gedenkt seiner Worte, nämlich der Zusagen von 9,7f., als das Volk am Sinai angekommen ist. Erneut gestaltet Ps-Philo die Gottesrede zunächst als inneren Monolog, der die Leserinnen und Leser an den Gedanken JHWHs unmittelbar Anteil haben lässt, womit sie den handelnden Charakteren gegenüber im Vorteil sind:

> *I will give a light to the world and illuminate their habitations and establish my covenant with human beings and and glorify my people above all nations. I will enjoin upon them the eternal statutes[299] that will be a light for the righteous[300], but will be a punishment for the impious.* (11,1)

Die in 9,7 schon angedeutete Verwendung der Lichtmetaphorik für die Tora JHWHs wird hier durch die zweimalige Verwendung des Substantivs *lumen* und des damit zusammengehörigen Verbums *illuminare* bekräftigt. Auffällig an der Gottesrede – oder: dem Gottesdenken? – ist die Spannung, mit der beide Größen ›mein Volk‹ und ›die Völker‹ bzw. ›die Menschen‹ ins Verhältnis gesetzt werden. Gibt es auf der einen Seite den deutlichen Gegensatz von *populus meus* vs. *omnes gentes*[301], so steht auf der anderen Seite die Rede vom Bund, der mit den *filii hominum*, also der gesamten Menschheit, geschlossen wird. Folglich ist es möglich, auch die doppelte Funktion der Tora (Licht und Strafe) auf die Menschheit zu beziehen. Unterstützung erhält diese Vermutung, wenn aus dem unmittelbar folgenden Satz die Aussage hinzuge-

---

[298] S.u. S. 182. Als Beispiel für die Verarbeitung des Motivs in der rabbinischen Literatur gebe ich die entsprechende Passage aus dem Traktat *Taanit* des Babylonischen Talmud wieder: *R. Jose ben Jehuda sagte: Drei gute Verwalter hatten die Israeliten, nämlich: Mose, Aaron und Mirjam, derentwegen ihnen drei köstliche Gaben zuteil wurden, nämlich: der Brunnen, die Wolkensäule und das Manna. Der Brunnen wegen des Verdienstes Mirjams, die Wolkensäule wegen des Verdienstes Aarons, und das Manna wegen des Verdienstes Moses.* (BTaanit 9a); weiteres Material bei N. COHEN 1984, 186ff; für die Darstellung Mirjams im Midrasch s. D. STEINMETZ 1988.

[299] In dieser Übersetzung von H. JACOBSON wird der Sinn von *excelsa sempiterna* sicherlich in gewisser Weise verengt. Andererseits wirkt die Übersetzung von C. DIETZFELBINGER 1975, 129 (*ewige Erhabenheit*) leicht irreführend, da der durch den Kontext vorgeschriebene Bezug zur Tora JHWHs nicht eindeutig gegeben ist. Was bei allen Einwänden für eine offenere Übertragung des Ausdrucks spricht, ist seine nochmalige Verwendung in LAB 44,6: JHWH selbst erinnert an den Sinai und situiert die Ereignisse als *cum ponere excelsa*. An dieser Stelle übersetzt nun auch JACOBSON mit ›majesty‹, obgleich seine Argumentation für 11,1 durchaus auch hier überzeugend wäre.

[300] H. JACOBSON 1996, 447 ändert den Text für seine Übersetzung in *equis*, darin einerseits dem Verdacht folgend, dass der überlieferte Text korrupt sei, andererseits geleitet von der traditionellen Gegenüberstellung von ›Gerechten‹ und ›Gottlosen/Ungläubigen/Ungerechten‹; zur Argumentation s. ebd., 447f.

[301] Dazu C. DIETZFELBINGER 1975, 129. Dieser Gegensatz findet sich wie auch die gleichzeitige Anspielung auf universale Bedeutung ebenso im lukanischen Werk in der Gegenüberstellung von λαός für Israel und ἔθνη für die Völker; s. dazu oben S. 53, Anm. 172 sowie E. REINMUTH 1994, 134f.

zogen wird, mit Hilfe des Gesetzes werde JHWH die ganze Welt richten,[302] wobei der Einwand, JHWH nicht gekannt zu haben, nichts gelten werde.[303]

Der Informationsvorsprung der Leserinnen und Leser[304] vor Mose als Repräsentantem der handelnden Figuren wird mit dem nächsten Abschnitt (19,2) einge- und z.T. überholt. Mose erhält einen Vorausblick auf den Inhalt der Theophanie[305] und konkrete Anweisungen, wie das Volk auf die Erscheinung JHWHs vorzubereiten sei. In direktem Widerspruch zum biblischen Text (Ex 19,15) ist es hier JHWH selbst und nicht mehr Mose, der die Männer auffordert, nicht mit den Frauen zu schlafen.[306] Mose hingegen übermittelt diese konkrete Anweisung nicht, sondern fordert die Menschen allgemeiner auf, sich bereit zu halten.[307]

In der Darstellung der Theophanie kombiniert Ps-Philo erneut Zitate aus dem biblischen Text[308] mit eigenen Ausschmückungen, die den kosmischen Charakter der Erscheinung betonen: Berge und Erde, Hügel und Abgründe,[309] Himmel, Wolken und Gestirne, selbst Engel bezeugen das Geschehen[310] *bis Gott festlegte das Gesetz des ewigen Bundes für die Söhne Israel und ewige Vorschriften gab*[311], *die nicht vergehen werden.*[312] (11,5)

---

[302] Ähnlich 2 Bar 41f.

[303] LAB 11,2: *I have given an everlasting law in your [=Moses] hands and with this I will judge the whole world. For this will serve as a witness. For if men* [besser: Menschen – homines; s.u.] *should say, ›We did not know you, and so we did not serve you,‹ on this account will I punish them, because they did not recognize my Law.* (Dedi in manus tuas legem sempiternam, et in hac omnem orbem iudicabo. Erit enim hec in testimonium. Si enim dixerint homines: Non scivimus te, et ideo non servivimus tibi, propterea hoc vindicabo in eis, quoniam non cognoverunt legem meam.) Dass die Orientierung an der Tora der zentrale Maßstab ist, mit dem menschliches Leben gerichtet wird, betont Ps-Philo in der Abschiedsrede der Debora, hier nur an Israel adressiert (LAB 33), genauso wie Lukas (vgl. Lk 16,19–31, v.a. die Vv. 29.31); s. dazu E. REINMUTH 1989b.

[304] F.J. MURPHY 1993 spricht in diesem Zusammenhang wiederholt von ›irony‹ (vgl. z.B. ebd., 65), wenngleich dieser Terminus zwar auf den unterschiedlichen Wissensstand von Handelnden und Rezipierenden im Zusammenhang von Kap. 9 einleuchtet, hier jedoch etwas übertrieben erscheint: Ist jede Art der Information der Rezipierenden seitens des Erzählers gleich Ironie?

[305] Im Spiel mit der Lichtmetapher geht Ps-Philo hier so weit, dass er von Mose, der die Tora vermitteln soll, sagen kann, er werde das Volk JHWHs erleuchten.

[306] So auch H. JACOBSON 1996, 449: »LAB is clearly seeking to avoid having any inference drawn that Moses invented this prohibition on his own.« Zur ›Strategie‹ des Mose in der biblischen Darstellung s. E. FRANKEL 1998, 117f.

[307] Ps-Philo zitiert Ex 19,10.14.

[308] LAB 11,4 gibt Ex 19,16f. wieder.

[309] Es gehört zu Ps-Philos Eigenheiten, dass er auch die ›Abgründe‹ (*abyssi*) mit einbezieht; vgl. F.J. MURPHY 1993, 66, Anm. 42.

[310] Die kosmische Dimension verbindet die Schilderung vom Schilfmeer mit der Gabe der Tora; vgl. 15,5f.; 23,10; 32,7f. (hier unterläuft F.J. MURPHY 1993, 66 ein Fehler, wenn er 37,7–8 angibt – diese Abschnitte existieren nicht.), wobei nach 32,8 ausdrücklich die Beteiligung der gesamten Schöpfung betont wird. Weniger als im Exodusbuch geht es im LAB hier um die Majestät Gottes, vielmehr steht die Toragabe selbst im Vordergrund: »The cosmic disturbances serve less to highlight God's majesty than to dramatize the significance of the giving of the Law by God to human beings.« (F.J. MURPHY, a.a.O.). Zu den kosmischen Dimensionen der Toragabe am Sinai vgl. außerdem G. DELLING 1970, 11–14.

[311] Die enge Verzahnung von Bund und Tora/Gesetz im Werk Ps-Philos arbeitet besonders J.R. LEVISON 1996, 122–124 heraus. Aufschluss über das umfassende Verständnis von Tora, das dem LAB zugrunde liegt, gibt z.B. LAB 16,5: Die Söhne Korachs verweigern ihre Teilnahme an der Rebellion ihres Vaters unter Bezug auf die Wege des Gesetzes, in denen sie gehen wollten. »This affirmation of the Law, the Law is not a collection of unbearable injunctions but that which ›teaches‹ God's ways. It is not something which one merely executes but something one must ›enter‹ and ›walk in‹, not unlike the covenant.« (ebd., 123).

[312] Man beachte hier die über das Attribut *ewig* (*eterna*) hinaus vollzogene Betonung der Gültigkeit dieser Vorschriften, die durch die Verwendung der Futurform (*transient*) erreicht wird. Ein weiteres Mal bringt Ps-Philo hier seine Rezipierenden in einen ›Direktkontakt‹ mit dem Erzählten. Gleichzeitig ist in diesem Zusammenhang festzuhalten, dass für Ps-Philo die Tora »so alt wie die

LAB 11,6–13 geben als direkte Gottesrede den Dekalog wieder, wobei die biblischen Gebotsfassungen um zahlreiche Ergänzungen und Erläuterungen erweitert werden: So wird etwa das Bilderverbot – ganz entsprechend der zentralen Position der Idolatrie im ›Sündenregister‹ Ps-Philos[313] – breit ausgeführt. Das Verbot des Missbrauchs des Namens JHWH findet seine Begründung in der Gefährdung der Wege (oder Worte) JHWHs, und damit JHWHs selbst: *ne vie mee vane efficiantur*[314] (19,7). Allerdings wird der Eifer Gottes, der die Sünden bis in die dritte und vierte Generation verfolgt, gegenüber der biblischen Vorlage abgeschwächt: Nur noch, wenn die Kinder *in den Wegen ihrer Eltern wandeln* (ebd.), wird JHWH so handeln.[315] Das Sabbatgebot wird im LAB weit weniger betont als z.B. im Jubiläenbuch,[316] die Aufforderung zur Ruhe jedoch an einer Stelle durchbrochen: Erlaubt (oder gefordert) ist das Lob JHWHs *in der Gemeinde der Ältesten*[317] (11,8). Die segensreichen Folgen der Elternehre (vgl. Ex 20,12) werden konkretisiert: JHWH selbst wird für Regen und reiche Ernte sorgen, und die Nachkommenschaft derer, die im Land leben, wird kein Ende haben (LAB 11,9). Die abschließend ergänzten vier ›Worte‹ lassen sich in zwei Paare aufteilen. Während die letzten beiden im Stil der ›goldenen Regel‹ begründet werden,[318] also jeweils auf die Konsequenzen, die eigenes Fehlverhalten nach sich ziehen werde, aufmerksam machen (Falschaussagen bedingen die Falschaussage der ›Wächter‹[319] gegen eine oder einen selbst, das Aus-Sein auf den Besitz anderer be-

Welt« (C. DIETZFELBINGER 1964, 218) ist. Das wird 32,7 deutlich, wenn vom Sinaigeschehen die Rede ist als Verkündigung des *fundamentum intellectus quod preparavit ex nativitate seculi*.

[313] Zum Bilderverbot und der damit zusammenhängenden Verehrung fremder Gottheiten als zentralem Verbot des LAB s. C. DIETZFELBINGER 1975, 130; F.J. MURPHY 1988b, ders. 1993, 252–254; J.R. LEVISON 1996, 120f.

[314] H. JACOBSON 1996, 463–465 geht von einem Schreibfehler im hebräischen Text aus (דרכי statt דברי). Er übersetzt folglich *my words* (ebd., 109). J.F. MURPHY 1993, 67 schlägt vor, *vie* entweder als ›Gebote‹ zu verstehen, oder aber es auf die »roads of Israel« und damit die Zerstörung des Landes zu beziehen. Im Gesamtzusammenhang des LAB kann jedoch JACOBSONS Argumentation eher überzeugen: Im LAB wird wiederholt die Verletzlichkeit Gottes betont, die Konsequenzen beschrieben, die mangelndes Vertrauen Israels auch für ihn selbst hat (vgl. 12,5 und schon 9,4). Belege für die gleiche Denkweise aus der rabbinischen Literatur bei H. JACOBSON, ebd., 464. Er zitiert aus dem Pariser Fragmenten-Targum zu Ex 20,7: »since God created the world by means of his name, taking God's name in vain will result in the destruction of God's world.« JACOBSON selbst formuliert vorsichtiger: »vain oaths by human beings will produce negative results for God.« (ebd., a.a.O.).

[315] Insofern leuchtet nicht ein, warum C. DIETZFELBINGER 1964, 106, hier eine Erweiterung der Exodusstelle beobachten zu können glaubt.

[316] Im LAB findet es nur noch zweimal (25,13; 46,6f.) Erwähnung. Auch hier verändert Ps-Philo in typischer Weise: Als einleitende Forderung verwendet er nicht das ›Erinnern‹ der Exodusfassung, sondern das ›Bewahren‹ der Dtn-Fassung (so schon L. FELDMAN 1971, CLXV und sich daran anschließend C. DIETZFELBINGER 1975, 131), gibt als Begründung jedoch den Rekurs auf die Schöpfung, also entsprechend der Exodusfassung, an.

[317] Vermutlich rekurriert Ps-Philo hier auf Ps 107,32. So mit J.R. LEVISON, 121, der fortfährt: »In characteristic fashion, then, by gathering biblical vocabulary from various contexts, Pseudo-Philo reshapes the biblical text, in this case to give the only sort of work with which one may occupy oneself on the sabbath, namely, praise of God.« Dieser Verweis zeigt zweierlei: Ohne das Sabbatgebot ähnlich eindringlich einzuschärfen wie das Jubiläenbuch, ist für Ps-Philo doch die Wahrung des Sabbats nahezu ohne Ausnahme grundlegend. Außerdem gibt der Hinweis auf die *Gemeinde der Ältesten* unter Umständen ein weiteres Indiz für eine Datierung des LAB in die Zeit nach 70 u.Z.

[318] Mit F.J. MURPHY 1993, 67; vgl. auch C. DIETZFELBINGER 1964, 227, der festhält: »Eigentümlich und analogielos … ist das Auftauchen der goldenen Regel im Rahmen des Dekalogs.« Als einzige inhaltlich verwandte Stelle verweist er auf Apg 15,20.29 in der Lesart des Codex D. Hier wird die goldene Regel als Summarium den noachitischen Geboten angehängt.

[319] Gemeint sind wahrscheinlich Wächterengel, deren Aussage dann (auch) vor Gott zählen würde. So mit C. DIETZFELBINGER 1975, 131; F.J. MURPHY, a.a.O.; J.R. LEVISON 1996, 122, Anm. 31. H. JACOBSON 1996, 475f. schließt eine derartige Interpretation aus und argumentiert für einen Schreibfehler im hebräischen Text, allerdings ohne dies anders zu begründen als mit der Tatsache, dass die Aussage,

dingt den Verlust des eigenen[320]), beziehen sich die ersten beiden Weisungen auf Ereignisse der – in der Erzählzeit nahen – Vergangenheit: Das Verbot des Ehebruchs (*non mechaberis)*[321] wird damit begründet, dass auch die Ägypter dies Israel nicht antaten, Israel vielmehr *mit erhobener Hand*[322] auszog. Mit einem Nicht-Tun der Ägypter wird in gleicher Weise das Tötungsverbot begründet: *Du sollst nicht töten darum, weil deine Feinde nicht über dich geherrscht haben, daß sie dich töteten, sondern du sahest ihren Tod.* (11,11)[323] Nachdem Israel selbst also durch die Hilfe JHWHs diesem Unheil entkommen ist, so Ps-Philo, soll auch in Israel derartiges Handeln nicht sein.

Die Tatsache, dass Ps-Philo dem Dekalog solchen Raum einräumt, zeigt seine besondere Wertschätzung dieser Zehn Worte. Sie setzt er offenbar als unverzichtbar für jede aktualisierte Lektüre der biblischen Überlieferungen voraus und sie scheinen ihm zugleich auszureichen, um den Kern biblischer Rede von der Tora JHWHs zu vermitteln.[324] Die zentrale Bedeutung des Dekalogs für den Gesamtzusammenhang

---

die Wächterengel würden nicht ihren Schutz versagen, sondern vielmehr selbst ihr Zeugnis zu einem falschen machen, seiner Ansicht nach keinen Sinn mache. Nun ist die Rolle der Engel, die im LAB noch an einigen anderen Stellen vorkommen (Engel allgemein: 11,5; 13,6; 27,10; 15,5; 18,5f.9; 19,5.12.16; mit der Bezeichnung als Wächter- bzw. Schutzengel: 15,5; 13,6; 32,1; 59,4), längst noch nicht zufriedenstellend geklärt. Recht zu geben ist JACOBSON sicherlich darin, dass hier nicht einfach z.B. das ›Engelbild‹ des Jubiläenbuches, das sich von dem im LAB doch deutlich unterscheidet, übertragen werden darf, wie z.B. C. DIETZFELBINGER, a.a.O. dies noch tut. Engeln wird wie allen anderen ›über- bzw. unterirdischen‹ Wesen im LAB nur ein wesentlich geringerer Einfluss als im Jubiläenbuch zugestanden. So erwähnt z.B. auch Ps-Philo bei der Darstellung der Bindung Isaaks (insgesamt wird sie im LAB dreimal erwähnt: 18,5; 32,2–4; 40,2), dass dies geschehen sei, damit Gott dem Neid und der Eifersucht der Engel, die diese gegen ihn hegten, etwas entgegensetzen könne (32,1f.). Mit der aktiven Beteiligung bzw. Forcierung der Situation durch Mastema in Jub 17f. ist die kurze Replik auf die Engel in LAB 32,1f. jedoch keinesfalls gleichzusetzen. Dieser Vergleich zeigt anhand der Frage der Beteiligung ›überirdischer‹ Mächte an der Bindung Isaaks exemplarisch, dass Ps-Philo zwar ganz offensichtlich um die zu seiner Zeit sich großer Popularität erfreuenden Vorstellungen über Engel und Dämonen wusste, außerdem ihre Grundlagen in den biblischen Texten kannte, sie also nicht gänzlich ignorieren konnte, aber trotzdem konsequent sein Ziel verfolgt, neben JHWH keinem anderen Wesen echten Handlungsspielraum einzuräumen.

[320] Ob damit allerdings wirklich, wie F.J. MURPHY 1993, 67 vermutet, gleich der Verlust des Landes Israel als Ganzes in den Blick genommen werden soll und nicht zumindest auch der Verlust privater Besitztümer, bleibt zumindest fragwürdig.

[321] C. DIETZFELBINGERs Übersetzung (1975, 131) *Du sollst nicht Hurerei treiben* gründet unter Umständen in der Vermutung, Ps-Philo beziehe sich hier auf die ägyptischen ›Pläne‹ in 9,1 – allerdings gibt die lateinische Formulierung keinen Anhaltspunkt dafür. Mit *moechari* gibt die Vulgata regelmäßig μοίχομαι wieder; um ›Hurerei‹ etc. begrifflich zu fassen, verwendet die Vulgata die Wortfamilie *fornicari/fornicatio*. Insofern ist hier H. JACOBSONs ›engerer‹ Übersetzung *Do not commit adultery* zuzustimmen.

[322] Hier zeigt sich, dass Ps-Philo, obwohl er ansonsten darauf bedacht ist, JHWH als (fast) allein handelnd darzustellen, in bestimmten Kontexten auch die Rolle Israels betonen kann. In den biblischen Texten ist die Rede vom Auszug Israels ›mit erhobener Hand‹ selten (außer Ex 14,8 nur noch Num 33,3). Ansonsten wird eher die Meinung abgewehrt, Feinde hätten aufgrund ihrer ›erhobenen Hand‹ gesiegt; s. etwa Dtn 32,27; Hi 38,15. Häufiger ist die Rede von der erhobenen Hand bzw. dem erhobenen Arm JHWHs; vgl. Ex 6,6; 32,11; Dtn 4,34; Jes 26,11; Lk 1,51; Apg 13,17 u.ö. Könnte hier ein – wenn auch nur kleiner – Hinweis darauf vorliegen, dass es Ps-Philo bei aller Theozentrik doch darum geht, dass Israel sich seiner eigenen Rolle gerade im Überlebenskampf gegen eigentlich übermächtige Feinde bewusst bleibt oder aber (wieder) wird?

[323] H. JACOBSONs Textänderungen, an beiden Stellen das *non* zu streichen (zur Argumentation s. ebd., a.a.O., 473ff.), leuchtet nicht ein. Sicherlich ist aus der biblischen Begründung der Gebote eher vertraut, aus eigener Unrechtserfahrung nun genau dies nicht zu tun, sondern sich anders zu verhalten. Dennoch bietet auch der vorliegende Text einen guten Sinn: E. REINMUTH, der für die Gesamtstruktur des LAB eine Orientierung am Talio-Prinzip festgestellt hat (vgl. ebd. 1994, 118–127), sieht dieses auch in der Dekalogfassung des LAB durchgehalten: »Das Talio-Prinzip wird sichtlich für suffizient gehalten, die apodiktischen Gebote des Dekalogs zu begründen.« (ebd., a.a.O., 120). J.R LEVISON 1996, 121f. schließt sich dieser Interpretation unter Bezugnahme auf REINMUTH an.

[324] J.R. LEVISON 1996, 119 bezeichnet ihn daher mit Recht als »centerpiece« des Gesetzes im LAB. Er erkennt in der Dekalogfassung Ps-Philos daher auch alle für das Gesamtwerk zentralen Punkte

des LAB wird noch auf andere Weise deutlich; an einer weiteren Stelle wird auf ihn Bezug genommen: LAB 44,6f. greift in einer Gottesrede auf die Sinaierfahrung zurück. Während am Anfang (44,6) die Erinnerung an Theophanie und Toragabe stehen und JHWH nach der Nennung jedes einzelnen Gebotes die Zustimmung Israels referiert, zeigt er im nächsten Abschnitt detailliert auf, wie Israel gegen jedes einzelne Gebot verstoßen hat.[325] Alle anderen, von Ps Philo ebenfalls berichteten Verstöße gegen die Weisungen JHWHs (vgl. die ausführliche Szene LAB 25,9–13, in der Kenaz die israelitischen Stämme verhört und Angehörige jedes einzelnen Stammes ihre eigene Sünde offenbaren müssen)[326] scheinen sich nach dieser ›Abrechnung‹ JHWHs unter die Verstöße gegen die Dekalogweisungen subsumieren zu lassen.

Nach der Offenbarung des Dekalogs gerät das Volk angesichts des brennenden Berges in Furcht. Es bittet Mose um die Funktion des (Ver)Mittlers und steht ›von weitem‹[327] (11,15), als Mose sich der Wolke nähert. Der letzte Abschnitt des 11. Kapitels fasst knapp den vierzigtägigen Aufenthalt des Mose auf dem Berg zusammen: Mose erfährt die Weisungen JHWHs (*iusticias et iudicia sua*), erhält ein Stück Holz vom Baum des Lebens[328] und die Anweisungen für die Anfertigung von Heiligtum und Gerätschaften nach dem *Muster, das er gesehen hatte*.[329]

5.5   Wanderung durch die Wüste – eine Zeit der Konflikte in Israel (LAB 12–19)

Zwar wird die Zeit in der Wüste gerahmt durch die Verweise auf JHWHs ›Geschenke‹, die den Menschen dank Mose, Mirjam und Aaron zugute kommen (LAB 10,7; 20,8) – erzählt werden aber in der Hauptsache die großen Konflikte der Zeit der Wüstenwanderung: vom Stierbild (Kap. 12) über die Kundschafter (15) und Korach (16) bis hin zu Bileam (18).

LAB 12 nimmt Ex 32–34 auf, wobei das Anliegen der Menschen in gewisser Weise verallgemeinert wird, wenn sie als Ziel des Stierbildes nennen, den anderen Völkern

---

verarbeitet: »Pseudo-Philo's adaption of the Decalogue is consistent with his preoccupation with idolatry as the chief of all sins, with his exegetical method, with the Deuteronomic character of LAB, and with the Talio-Prinzip that is woven into the narrative of LAB.«

[325] Dazu F.J. MURPHY 1993, 66.

[326] Diese Szene verdeutlicht das oben bereits angedeutete Verständnis Ps-Philos von der Wichtigkeit der Tora als ganzer, insofern hier eben nicht nur Verstöße gegen Bestimmungen des Dekalogs aufgeführt sind. Ferner zeigt sie, dass die Gefahr der Verehrung der fremden Gottheiten und der mit ihnen zusammenhängenden Praktiken Ps-Philo so drängend erschien, dass er sie in verschiedener Ausprägung der überwiegenden Mehrheit der Stämme zuschreibt. Es mutet fast tragikomisch an, dass diejenigen Angehörigen des Stammes Dan, die der Verfehlung per Losentscheid überführt worden waren (vgl. 25,3f.), von der Schwere dieser Verfehlungen offenbar so ›beeindruckt‹ sind, dass sie von sich selbst sagen können: *Wir haben nur* (sic!) *die Sabbate des Herrn befleckt.* (25,13) In eine deutlich andere Richtung geht der Stamm Benjamin, der eine frühe Form der Bibelkritik zu repräsentieren scheint: Sie wollten *das Buch des Gesetzes untersuchen und erkennen, ob tatsächlich Gott geschrieben hatte, was darin war, oder ob Mose diese (Dinge) von sich aus gelehrt hatte.* (ebd.) Für die These der grundlegenden Bedeutung, die der Exodus auch für die Gesamtstruktur des LAB hat, ist das – vor der ›Vernehmung‹ der Einzelnen stattfindende – kollektive Bekenntnis aufschlussreich: Ohne um die einzelnen Verfehlungen schon zu wissen, werden diejenigen, auf die das Los gefallen war, bezeichnet als die, *die nicht den Wundertaten glauben, die du unseren Vätern getan hast, seitdem du sie herausbrachtest aus dem Land Ägypten bis zum heutigen Tag.* (25,6)

[327] *Et stetit omnis populus a longe.* Neben Ex 20,18 vgl. auch Ex 2,4 sowie Lk 23,49.

[328] So mit H. JACOBSON 1996, 478f. für *lignum vite.*

[329] F.J. MURPHYs Annahme, in dieser Formulierung sei Ps-Philos Skepsis gegenüber dem und Kritik am Jerusalemer Kult implizit enthalten (ebd. 1993, 68, Anm. 53) überfordert die knappe Notiz. Zudem spricht viel für eine Datierung des LAB in eine Zeit, in der ein Kult in Jerusalem nicht mehr möglich war, womit sich eine solche Überlegung erübrigt; s.o. S. 155f.

gleich sein zu wollen.[330] Zugleich ist Pseudo-Philo darum bemüht, Aaron in einem positiveren Licht zu zeichnen. Auf das Ansinnen der Menschen reagiert dieser zunächst ablehnend[331] und stimmt später nur aus Furcht zu (12,3). Auch Moses Reaktion ist weniger zornig denn schmerzerfüllt: Er wird ausdrücklich mit einer Erstgebärenden verglichen, die in ihren Schmerzen keinerlei unterstützende Kraft zur Seite hat (12,5).[332] Ausführlich aufgenommen wird sein Gebet, in dem er Gott an seine Beziehung zu Israel, seinem Weinstock,[333] erinnert und ihm die Konsequenzen einer Abkehr von Israel vor Augen führt:

> *Wenn du dich also nicht deines Weinstockes erbarmen wirst, ist alles, o Herr, zu nichts geworden, und nicht wirst du (jemanden) haben, der dich verherrlicht. Denn wenn du auch einen anderen Weinstock gepflanzt haben wirst, wird dieser dir nicht vertrauen darum, weil du den früheren vernichtet hast. Wenn du (ihn) nämlich verläßt, wirst du in Ewigkeit verlassen werden (12,9)*

LAB 13,1 erzählt, wie Mose (!) das Zelt und alle Gerätschaften herstellt und die Priester mit Kleidung ebenso ausstattet, wie er sie als Priester einsetzt. In der sich v.a. an Lev 23 orientierenden Aufzählung der Feste (LAB 13, 2–7) werden daraufhin explizit das Passafest bzw. das Fest der ungesäuerten Brote als *festivitas memorialis* (Erinnerungsfest; 13,4), das Wochenfest (13,5)[334], das Neujahrsfest (13,6) und das Laubhüttenfest (13,7) genannt.[335]

Der Aufenthalt am Sinai wird von einer Gottesrede beendet (13,8–10), in der JHWH in einer Zusammenschau ›menschlichen Seins‹ seit Beginn der Schöpfung die Unfähigkeit und den Unwillen der Menschen benennt, entsprechend der ihnen aufgezeigten ›*Wege des Paradieses*‹[336] zu leben. Der Bundesschluss am Sinai, wie er in LAB 13 geschildert wird, unterscheidet sich insofern von der biblischen Erzählung, als hier nicht die Alternative von Segen und Fluch Thema ist.[337] Im Anschluss an die Darstellung der Gewissheit JHWHs, dass auch die Israelitinnen und Israeliten ihre (d.h. die ihnen zugedachten) Wege zerstören werden (*sciens autem scio quoniam cor-*

---

[330] Mit J.F. Murphy 1993, 69f.

[331] *Seid gelassenen Mutes. Mose nämlich wird kommen und wird uns nahebringen das Urteil, das größere Urteil, und das Gesetz wird er uns hellmachen und die Erhabenheit Gottes wird er erklären aus seinem Mund, indem er für unser Geschlecht Rechtssatzungen festsetzt* (12,2).

[332] Darin drückt sich – wie z.B. auch in Jes 13,8; 21,3; 26,17 – »die männliche Außenwahrnehmung« aus, die vom Geburtsvorgang »vor allem die unausweichliche Bedrängnis der Wehen, die krampfartigen Schmerzen und das Schreien der Gebärenden« wahrnimmt (I. Fischer 1998, 249), nicht aber die schöpferische Kraft und ungeheure Energie, die den Geburtsvorgang vorantreibt und maßgeblich bestimmt.

[333] Die Rede von Israel als Weinstock noch 18,10f.; 23,12; 28,4; 30,4; 39,7.

[334] Nach 13,5 ist das Wochenfest ausschließlich landwirtschaftlichen Inhaltes; ein ›historischer‹ Bezugspunkt, d.h. die Gabe der Tora, wird nicht erwähnt (vgl. F.J. Murphy 1993, 73f.). Ob damit allerdings wirklich klar ist, dass Ps-Philo die Tradition der Erinnerung an die Toragabe am Wochenfest noch nicht kannte, bleibt fraglich. Möglich ist, dass er sie hier nur nicht erwähnt, um näher am biblischen Text zu bleiben (so H. Jacobson 1996, 511). Für ein solches Verständnis spricht textimmanent, dass bei der von Josua am Tag des Wochenfestes einberufenen Versammlung in Schilo (23,2) eine Gleichsetzung mit dem Sinaibund erfolgt (s. u. S. 183, Anm. 359; mit H. Jacobson, ebd., 208.711). Wenn Ps-Philo zeitgleich mit Lukas anzusetzen ist, wäre hiermit ein weiteres Indiz dafür gegeben, dass es – allen Bedenken zum Trotz (s.o. S. 70 mit Anm. 273) – zur Entstehungszeit des lukanischen Werkes bereits ein Bewusstsein um die Verbindung von Wochenfest und Sinaibund resp. Toragabe vorauszusetzen ist.

[335] Dem sich anschließenden Abschnitt über Noah liegt eine Gliederung des Kalenders zugrunde, die an das Jubiläenbuch erinnert; vgl. dazu M.R. James 1971, 45f., aber auch G.E.W. Nickelsburg 1984, 110, der gerade im Umgang mit halachischem Material zutreffend den grundlegenden Unterschied zwischen LAB und Jub erkennt: Während Jub geradezu eine halachische Grundstruktur erkennen lässt, streicht Ps-Philo dieses Material stark zusammen.

[336] LAB 13,9 *viae paradysi*; gleichzusetzen mit *Wege JHWHs*; 13,8.

[337] Etwa Lev 26; Dtn 28.

rumpent vias suas)[338], wird statt dessen die unumstößliche Zusage der Treue JHWHs formuliert: Der Untreue Israels stellt Ps-Philo die un-bedingte Treue JHWHs gegenüber. Zwar wird JHWH sein Volk verlassen, aber dies geschieht keinesfalls für ewig:

> *Ich will sie dennoch nicht für immer vergessen. Sie selbst nämlich werden wissen in den letzten Tagen, daß um ihrer Sünden willen ihre Nachkommenschaft verlassen worden ist,* weil ich treu bin in meinen Wegen. *(13,10; Hervorhebung K S.)*

Am Verhalten gegenüber den Wegen JHWHs lässt sich für Ps-Philo der essentielle und existentielle Unterschied zwischen JHWH und den Menschen verdeutlichen: Wo von Seiten der Menschen diese Wege verlassen, ja korrumpiert werden, ist es an JHWH selbst, seinen Wegen und damit sich selbst treu zu bleiben.[339] Gerade im Rückgriff auf dtn-dtr Sprachformen gelingt Ps-Philo eine theologische Umwertung derselben:[340]

> »Die Gewißheit des Abfalls steht nicht für unausweichliche Schuldverfallenheit, sondern für die Gewißheit des göttlichen Erbarmens und die Unwiderruflichkeit der Erwählung Israels.«[341]

Nach der Volkszählung (Kap. 14), die nur ein kurzes Intermezzo darstellt, nehmen mit der gescheiterten Auskundschaftung des Landes und der unmittelbar folgenden Rebellion Korachs und seiner Leute die Konflikte überhand. Im Dialog mit Mose bringt JHWH seine Enttäuschung zum Ausdruck und den in ihm laut werdenden Wunsch nach Vergeltung (15,5). Fast ohnmächtig wirkt die Wut seiner Aufzählung, wenn er schildert, was er seit der Herausführung aus Ägypten bzw. beginnend mit ihr und auch später während der Wüstenwanderung alles für Israel getan habe, wie das Volk im Gegenzug aber ihn verlassen und seinen Worten nicht mehr vertraut habe.[342] Mose reagiert auf diesen ›Ausbruch‹, indem er JHWH zum einen an seine Schöpferrolle und zum anderen an seine Barmherzigkeit erinnert, deren Ende das Ende menschlichen Lebens bedeuten würde (15,6). Bevor auf diese Fürbitte aber eine Reaktion erfolgen kann,[343] folgt mit einer ›theologisierten‹ Fassung der Erzählung von der Rebellion Korachs und seiner Anhänger (16)[344] gleich die nächste Erzählung vom Widerspruch gegen JHWH und seine Worte. Da hier nicht das ganze Volk in-

---

[338] Die lateinischen Formulierungen folgen der bei H. JACOBSON 1996, 1–87 abgedruckten Textausgabe von DANIEL J. HARRINGTON (SC 229–30, Paris 1976).

[339] Die in der Literatur diskutierte Frage, ob die Rede von der Treue JHWHs eher auf die Unverbrüchlichkeit des Bundes (so F.J. MURPHY 1993, 75) oder auf die Treue gegenüber den Prinzipien JHWHs inklusive der Bestrafung (so eher H. JACOBSON 1996, 525) zu beziehen sei, baut eine dem Anliegen Ps-Philos nicht angemessene künstliche Spannung auf. Gerade in der einseitigen Betonung der Treue JHWHs gegenüber seiner Selbst-Bindung im Bund mit Israel, deutlich darin, dass JHWH für sich selbst immer wieder Erinnerungszeichen festsetzt (neben dem Regenbogen auch den Stab des Mose; vgl. z.B. 19,11), liegt die Treue gegenüber den Prinzipien, besser: den Wegen JHWHs. Oberstes Prinzip, dem nach Ps-Philos Überzeugung alles Tun JHWHs einschließlich der Strafen untergeordnet ist, ist die Wahrung der Verbindung zwischen JHWH und Israel. Zur Bundestheologie bei Ps-Philo s. M. VOGEL 1996, 131–142; F.J. MURPHY 1993, 244ff.

[340] Vgl. M. VOGEL 1996, 135f. sowie die Studie des selben Verfassers zum Geschichtsbild Ps-Philos (1998).

[341] M. VOGEL 1998, 178.

[342] Diese Aufzählung erinnert in ihrer Form – allerdings nicht in ihrem Ton! – an Mi 6,3–5.

[343] Wenn C. DIETZFELBINGER 1975, 143 die Erhörung der Fürbitte, ohne dass von ihr erzählt wird, voraussetzen zu können glaubt, geht das an der Pointe der Erzählung vorbei. Einleuchtender ist F.J. MURPHYs Überlegung (vgl. ebd. 1993, 77), der in der unmittelbaren Abfolge der Erzählungen eine Intensivierung der Darstellung sieht. »Before God can forgive the people for the first rebellion, they engage in another.« (ebd., a.a.O.).

[344] Zum einen zielt Korachs Kritik nicht mehr auf die Führungsansprüche von Mose und Aaron, sondern unter dem Kernbegriff der ›Quasten‹ auf die Gebote JHWHs. Daraus folgt, dass die erzählte Auseinandersetzung konsequent eine direkte zwischen Korach und JHWH ist; s. H. JACOBSON 1996, 555. Ähnliche Kritik wie die Korachs ist auch aus der rabbinischen Literatur und den Targumin bekannt; vgl. M.R. JAMES 1971, 120.

volviert ist – vielleicht auch in Erinnerung an die biblische Darstellung, in der Mose direkt angegriffen wird –, unterbleibt eine weitere Fürbitte von Seiten des Mose. Stattdessen wird der Vollzug der Strafe berichtet (16,6), woraufhin das Volk Mose zum schnellen Aufbruch drängt (16,7). Während hier noch einmal die Folge in aller Härte benannt ist – diejenigen, die sich Korach angeschlossen haben, sollen ebensowenig erinnert werden wie die Sintflutgeneration und die ägyptischen Soldaten (13,3) und bei der Erneuerung der Welt nicht wieder leben sondern tot bleiben –, bleibt die Tatsache, dass die Männer Israels tatsächlich, wie von Bileam vorhergesehen und daher Balak geraten, sich den Moabiterinnen zuwenden (18,14) in für den LAB einzigartiger Weise folgenlos.[345]

LAB 19,2–5 beinhalten eine an Dtn 31–34 angelehnte Abschiedsrede des Mose an das Volk.[346] In ihr weissagt Mose sowohl den Abfall Israels als auch die darauf folgende Zeit der Herrschaft anderer Völker über Israel, auf die aber unbedingt die erneute Zuwendung JHWHs folgen werde, da dieser sich des Bundes mit den Erzeltern erinnern werde.[347] Im darauf folgenden Dialog zwischen JHWH und Mose (19,6–15) gibt JHWH als Grund für das Sterben des Mose noch vor dem Erreichen des Landes an, ihn auf diese Weise schonen zu wollen, damit er den künftigen Abfall des Volkes nicht mehr miterleben müsse,[348] und verheißt ihm die Auferstehung:

> *I will raise up you and your fathers from the earth in which you sleep and you will come together and dwell in the immortal dwelling place that is not subject to time. (19,12)*[349]

Die Sequenz endet damit, dass Mose einen Einblick in die kommende Zeit der Erde erhält, diesen versteht,[350] stirbt und von JHWH begraben wird: ein Ereignis, dass die Engel zum Verstummen bringt:

---

[345] Mit J. F. MURPHY 1993, 89.

[346] Dazu B.N. FISK 2001, 267–281.

[347] Zum literarischen Mittel der Abfallsweissagungen (vgl. LAB 12,4; 13,10; 19,2; 19,6f.; 21,1; 24,4; 26,13; 28,4; 30,7) seitens JHWHs oder auch gerade in den Testamenten der Führerin und Führer Israels verweise ich auf M. VOGEL 1996, 135–137. Er arbeitet heraus, inwiefern diese Weissagungen bereits eine Form der Entschärfung bedeuten: »Zwar scheint sich die Warnung auf ein abwendbares Geschick zu beziehen. Abfallsweissagungen sind jedoch von ihrer Intention her nie deterministisch, sondern sie dienen der Einbettung real erfahrenen Unheils in eine übergreifende geschichtstheologische Konzeption.« (ebd., a.a.O., 135). Ps-Philo geht in seiner Darstellung so weit, dass er JHWH in einer Art »göttliche[r] Selbstbesinnung« über die Erwählung Israels schon vor der Schöpfung (LAB 28,1) erkennen lässt, dass bereits mit dem Beschluss der Erschaffung Israels sein künftiger Abfall berücksichtigt war. »Obwohl Gott wußte, daß Israel ihn verlassen würde, hat er es noch vor der Schöpfung als sein Volk erwählt.« (beide Zitate ebd., a.a.O., 137).

[348] Nach F.J. MURPHY 1993, 91 ist diese Begründung nur bei Ps-Philo zu finden.

[349] Mindestens Anspielungen auf eine Vorstellung von der Auferstehung der Toten bzw. einem Weiterleben nach dem Ende des Lebens auf der Erde finden sich im LAB noch in der Abschiedsrede Deboras (33,3f.), deren Betonung der Unmöglichkeit einer Fürbitte der Toten für die Lebenden eine große Nähe zu Lk 16,29ff aufweist (dazu E. REINMUTH 1989b), sowie als allgemeine Verheißung für das Ende der Zeiten in 3,10: *Wenn aber die Jahre der Welt erfüllt sein werden, dann wird das Licht aufhören und die Finsternis vertilgt werden, und ich werde die Toten lebendig machen und die Schlafenden aus der Erde aufrichten.* Dazu C. DIETZFELBINGER 1964, 223; F.J. MURPHY 1993, 256f.; H. JACOBSON 1996, 247–250, der allerdings vorsichtig zusammenfasst: »It seems apparent that any attempt to discover a coherent and consistent view of the afterlife and eschatology in LAB is doomed to failure.« (249f.). Dennoch hält er fest: »LAB believed firmly that life did not end with the death of a human's body and that in some fashion or another God would distinguish between the righteous and the sinner, the just and the unjust, and mete out appropriate recompense.« (250); zur biblischen und nachbiblischen Entwicklung von der Vorstellung einer Auferstehung der Toten s. K. BIEBERSTEIN 1998.

[350] Ganz im Gegensatz zu den sich mit dem LAB beschäftigenden Wissenschaftlern, die diesen Abschnitt meist unübersetzt stehen lassen; vgl. exemplarisch C. DIETZFELBINGER 1975, 154. J. CHRISTENSEN hat einen Versuch vorgelegt, der einleuchtend die einzelnen Formulierungen auf das Dtn zurückführt und nachweist, dass nur der letzte Bestandteil der Offenbarung (*ciati gutta*) wirklich apokalyptisches bzw. eschatologisches Denken widerspiegelt (ders. 2000).

[E]in solcher Tag ist nicht gewesen seit dem (Tag), an dem der Herr den Menschen auf der Erde machte, und nicht wird ein solcher noch sein bis in Ewigkeit, daß gering gemacht wird um der Menschen willen der Gesang der Engel, weil er [Gott; K.S.] ihn sehr liebte (19,16).[351]

5.6   Geistbegabte Führerschaft dank der richtigen Ausstattung – Josua als Nachfolger des Mose (LAB 20–24)

Josuas Berufung zum und Einsetzung als Anführer Israels erfolgt durch JHWH selbst (20,1–2), der ihn aus seiner Trauer um Mose herausruft und ihm vor Augen führt, dass es nun auf ihn ankommt. Josua nimmt die Berufung an – sein Erfülltsein vom Geist wird sichtbar inszeniert dadurch, dass er *die Gewänder der Weisheit* anzieht und *den Gürtel des Wissens* umlegt (20,3), die beide zuvor Mose gehört hatten – und wendet sich mit einer ersten Rede an das Volk, in der er sich als guter Schüler des Mose zeigt, der darum weiß, dass für das Überleben Israels im Land alles davon abhängt, dass die Menschen JHWH vertrauen. Diese bestätigen Josua in seiner neuen Rolle, erklären, schon Eldad und Medad hätten seine Führerschaft angesagt,[352] und verbinden ihre Loyalitätserklärung mit der Aufforderung: *stärke dich und handle männlich, weil du allein in Israel herrschen wirst* (20,5). Infolgedessen schickt Josua die Kundschafter, zwei Söhne Kalebs, los und ermöglicht so – ohne dass die Jordanüberquerung, Beschneidung oder Passa in Gilgal erwähnt wären – die Eroberung Jerichos (20,6f.).[353]

LAB 20,8 greift summierend auf die Wüstenzeit zurück:[354] Was in 10,7 noch nicht an Einzelpersonen geknüpfte Gaben waren, mit denen JHWH seinem Volk während der Wüstenzeit beistand,[355] wird hier eindeutig – und darin späterer rabbinischer Tradition entsprechend[356] – Mose, Aaron und Mirjam zugeordnet:

These are the three things that God gave to his people on account of three persons: that is, the well of the water of Marah for Miriam and the pillar of cloud for Aaron and the manna for Moses. After these three died, these three things were taken away from them. (20,8).[357]

Nachdem 20,9f. knapp die Eroberung des Landes und die Landverteilung thematisieren,[358] wobei Kenas, der Sohn Kalebs und zukünftige Anführer Israels (LAB 25–28), eigens erwähnt wird (20,10), beinhaltet Kapitel 21,1–6 ein Zwiegespräch Josuas mit JHWH, dessen deutlich längerer Teil (21,2–6) darin besteht, dass Josua JHWH zur Treue gegenüber Israel auch und gerade angesichts der kommenden Untreue des

---

[351] Angekündigt war dies bereits in 12,9; hier nun die Einlösung. Vgl. L. FELDMAN 1971, CVI. Vgl. auch die bei L. GINZBERG 6,397, Anm. 32 notierten anderen Stellen, an denen von einem Schweigen der Engel anlässlich der Flut, des Untergangs des ägyptischen Heeres im Schilfmeer und eben des Todes des Mose die Rede ist.

[352] Diese Information erfolgt erst jetzt, da die gesamte Tradition von der Einsetzung und Be-Geisterung der 70 Ältesten (Num 11) wie auch zuvor die Einsetzung der Rechtsprechenden Ex 18 im LAB fehlt – vermutlich, um herauszustreichen, dass in jeder Generation nur ein Mann Israel anführt.

[353] Die kurze Sequenz lässt die Auskundschaftung Jerichos deutlich ›geplanter‹ erscheinen als die Vorlage Jos 2: Josua wählt bewusst zwei Söhne Kalebs, des Mannes, der neben ihm als erster Kundschafter ›bestanden‹ hatte, aus und instruiert sie. Dieser Logik folgend geraten sie auch in keinerlei Schwierigkeiten, sondern führen ihren Auftrag aus, erstatten Meldung, und die Menschen erobern die Stadt (20,7).

[354] Da im LAB die Erzählung vom Passa in Gilgal fehlt, ist es nur konsequent, dass 20,8 das Aufhören des Mannas zeitlich an den Tod des Mose knüpft.

[355] S.o. S. 173.

[356] Dazu C. PERROT 1976b, 137.

[357] *Et hec sunt tria que dedit populo suo Deus propter tres homines, id est, puteum aque mirre pro Maria et columnam nubis pro Aaron et manna pro Moyse. Et finitis his tribus ablata sunt hec tria ab illis.*

[358] Die Landverteilung wird ebenso knapp noch einmal erwähnt in 23,1.

Volkes aufruft. 21,7–10 erzählen von Altarbau und Toraverlesung in Gilgal sowie dem anschließenden Fest unter Einschluss von Versöhnungsopfern (21,9), anlässlich dessen das ganze Volk die Einlösung der Versprechen JHWHs besingt und Josua die Menschen segnet.

Der Altarbau der Ostjordanstämme (Kap. 22) fokussiert darauf, dass die Stämme keine Opferstätte brauchen, um den Willen JHWHs zu erforschen und sich danach zu richten. Josua verweist sie anstelle dessen auf die Tora:

> *Lehrt eure Söhne das Gesetz, und sie sollen es bedenken Tag und Nacht, damit ihnen durch alle Tage ihres Lebens der Herr zum Bund und Richter werde. (22,6)*

Am Tag des Wochenfestes[359] versammelt Josua alle Frauen und Männer, Mädchen und Jungen[360] in Schilo (23,1–2): Hier kommt es zur Erneuerung des Bundes (23,3) und zur Übermittlung einer langen Rede JHWHs durch Josua (23,4–13), die sie ihm in der Nacht zuvor mitgeteilt hatte. JHWH selbst erzählt die Geschichte der Befreiung nach, beginnend mit Abraham und Sara, einer knappen Notiz über Isaak, Jakob und Esau und der Unterdrückung in Ägypten. JHWH nennt Mose ihren Freund,[361] der die Menschen aus Ägypten befreit habe (23,9) – alle weiteren ›Aktionen‹ gehen dann jedoch allein auf JHWH selbst zurück (23,10–11). Die Rede schließt mit der Verheißung des bleibenden Landbesitzes und der dauerhaften Treue JHWHs, die sich unter anderem darin erweist, dass den Menschen Israels ewiges Leben versprochen wird (23,13) – es nimmt nicht Wunder, dass die versammelten Menschen so und nicht anders reagieren: *Der Herr ist unser Gott, und ihm allein wollen wir dienen* (23,14). Nachdem Josua die Menschen ein weiteres Mal versammelt hat und sie ihr Treueversprechen zu JHWH erneuert haben (24,1–3), stirbt Josua (24,5).[362] Ein letztes Mal im Verlauf der Exoduserzählung des LAB versammelt sich das ganze Volk, um Josua zu begraben und zu klagen:

> *Klagt über die Schwingen dieses schnellen Adlers, weil er von uns weggeflogen ist, und klagt über die Kraft des Löwenjungen, weil es vor uns verborgen worden ist. Und wer wird gehen und dem gerechten Mose melden, daß wir vierzig Jahre lang einen Führer hatten, der ihm ähnlich war? (24,6)*

5.7 JHWH, Mose und Mirjam – Ausgesuchte Beobachtungen zu ausgesuchten Charakteren

Im LAB sind es die handelnden ›Personen‹ selbst, denen nicht nur die Handlung ihren Fortgang verdankt, sondern die auch für die Deutung der Situation verantwortlich sind. Die Erzählstimme schaltet sich so gut wie nie kommentierend ein. Im Unterschied z.B. zum Jubiläenbuch entfällt jede Form einer Rahmenhandlung, die Erzählung setzt unvermittelt mit den Genealogien der Urgeschichte ein, um dann möglichst schnell zu Abraham zu kommen.

Die Darstellung erfolgt in drei Unterpunkten: Am Anfang stehen im Zusammenhang der Analyse der Mirjamfigur (*Maria*) einige Bemerkungen zur vermeintlichen ›Frauenfreundlichkeit‹ Ps-Philos. Ein zweiter Punkt nimmt die Bedeutung des Mose und seine Beziehung zu JHWH in den Blick. Den Schluss bilden Beobachtungen zur

---

[359] So 23,2 mit der Änderung bei H. Jacobson 1996, 208.711: sechster Tag statt 16. Tag – so fallen im LAB Sinaibund und ›Josuabund‹ auf das Wochenfest.

[360] 23,1.2 nennt explizit Frauen und Kinder.

[361] So auch noch LAB 24,3; 25,3.5.

[362] Auf dem Totenbett segnet er Eleasar als seinen Nachfolger und erbittet den Segen für das ganze Volk (24,4).

Rolle JHWHs, die ihren Ausgangspunkt in der Exoduslektüre des LAB nehmen, aber auch einen Ausblick auf die Gesamtstruktur des LAB beinhalten.

5.7.1 Die Visionärin ohne eigenen Raum – Mirjam/Maria als Ansatzpunkt für eine Kritik der (nahezu) durchgängigen Hochschätzung des LAB-Autors als »rare bird in ancient Judaism«[363] bzw. des »féminisme du Pseudo-Philon«[364]

»Pseudo-Philo is clearly sympathetic to women, often introducing feminine imagery and significantly upgrading women's status and roles vis-à-vis the biblical accounts«.[365] Bereits die Überschrift dieses Abschnitts macht deutlich, dass diese uneingeschränkt positive Wahrnehmung kritisch zu hinterfragen ist, obgleich (oder gerade weil?) sie bisherige Veröffentlichungen nahezu durchgängig kennzeichnet.[366]

Die Darstellung Mirjams bietet sich insofern besonders gut als Beispiel für die Doppelbödigkeit der ›Frauenperspektive‹ des LAB an, dass an ihr in einer Person beide Facetten dieser Darstellung aufgezeigt werden können.[367] Einerseits erhält Mirjam/Maria zu Beginn der Befreiung mehr Raum als in der Exoduserzählung der Schrift: Aus der namenlosen Schwester wird eine Visionärin mit Namen, die im Rahmen einer Engelbegegnung im Traum erfährt, was JHWH mit dem künftigen Kind Jochebets und Amrams plant.[368] Diese Erweiterung der biblischen Tradition lässt sich sicherlich – wie auch deutlicher in den rabbinischen Parallelen formuliert – als Ernstnehmen ihres biblischen Prophetinnen-Titels verstehen. Andererseits wird ihr der Titel ›Prophetin‹ im LAB gerade nicht beigelegt. Zwar erweist sich ihre Vision im Nachhinein als wahre Prophetie: Was sie angesagt hatte, tritt ein. Die Leserinnen und Leser wissen das bereits, aber auf der Erzählebene, also ›plot-intern‹, bleibt zunächst der Eindruck stehen, dass niemand ihr glaubt. Weiter ist zumindest fraglich, ob das Argument, ein Autor habe eine Tradition hinzugefügt, allein ausreichen kann, um einen Beweis für die Hochschätzung der dargestellten Frauenfigur zu erbringen. Neben dieses ›quantitative‹ Argument sollte dringend das qualitative treten, also die Frage, nach der Art der Darstellung sowie der implizierten Bedeutung: Die Vision Mirjams/Marias dient dazu, die Bedeutung der herausragenden Person Mose schon

---

[363] P.V.D. HORST 1990, 122.

[364] C. PERROT 1976b (SC 230), 52.

[365] C.A. BROWN 1992, 12.

[366] Seit Beginn der 90er-Jahre des letzten Jahrhunderts sind neben einer Monographie eine Reihe von Aufsätzen erschienen, die sich bei unterschiedlicher Schwerpunktsetzung mit der Akzentuierung beschäftigen, die Ps-Philo den biblischen Frauenfiguren zukommen lässt: C. BAKER 1989; P.V.D. HORST 1990 (gleichbleibend positiv ders. 1997, 671); B. HALPERN AMARU 1991(vgl. auch ihre kurzen Bemerkungen zur unterschiedlichen Verfahrensweise in Jub und LAB in dies. 1999, passim); C.A. BROWN 1992 (ein Vergleich zwischen Ps-Philo u. Josephus); D.C. POLASKI 1995 (Tamar); H. JACOBSON 1996, 250f.; M.T. DESCAMP 1997; J.E. COOK 1998; dies. 1999, passim. Auffälligerweise sind es mit D.C. POLASKI und H. JACOBSON zwei Männer, die der ›Euphorie‹ recht kritisch gegenüberstehen. JACOBSON urteilt über die ihm bekannten Studien zur Thematik: »These studies … have, by and large, concluded that LAB is particularly well-disposed to women and may even be a touch ›feminist‹ …. I think these well-intentioned but perhaps a bit generous.« (ebd., 251).

[367] In der mir zugänglichen Literatur finden sich zu Mirjam nur kurze Äußerungen; Gegenstand einer ausführlicheren Untersuchung scheint ihre Rolle im LAB bisher noch nicht gewesen zu sein.

[368] S. dazu oben S. 165f. C.A. BROWN 1992 führt LAB 9,10 sowie der dreimaligen Nennung des Mirjambrunnens im LAB (10,7; 11,15; 20,8) an, um zu begründen, warum ihrer Ansicht nach Mirjam für Ps-Philo von »special prominence« (ebd., 17) sei: »[T]he author's inclusion of these Miriam traditions indicates that his own community recognized the special character and value of women's spirituality.« (ebd.).

durch die Erzählung einer besonderen Geburtsgeschichte zu verdeutlichen. Gerade im Vergleich zu anderen jüdischen Traditionen[369] fällt auf, dass die dort Mirjam zugedachte Rolle, die hebräischen Männer – allen voran ihren Vater – zurechtzuweisen bzw. zu kritisieren, ihr im LAB eben nicht zugestanden wird. Diesen Part übernimmt ihr Vater Amram.

Alle anderen biblischen Erwähnungen Mirjams entfallen.[370] Das liegt sicherlich daran, dass Ps-Philo an umfassenden Genealogien, wie sie etwa Num 26; 1 Chr 1–9 ausmachen, kein Interesse hat, sondern diese gezielt einsetzt, um die Herkunft bestimmter Menschen festzuhalten. Doch als Gesamteindruck bleibt der fade Beigeschmack, dass die Einfügung Mirjams an *einer* neuen Stelle einen hohen Preis fordert, wenn damit alle biblischen Stellen, an denen sie eine Rolle spielt, entfallen:[371] Weder Mirjams Rolle bei der Rettung des Mose oder ihr Siegeslied am Schilfmeer noch ihre Kritik an Mose (Num 12) oder ihr Tod (Num 20) werden auch nur erwähnt.[372]

Diese an der Darstellung Mirjams zu beobachtende Doppelbewegung lässt sich auf die breitere Ebene des gesamten Werkes übertragen. Auf der einen Seite stehen grundsätzliche Beobachtungen: Die Frauen der Urgeschichte erhalten im LAB Namen;[373] die Rolle mancher Frauen wird gegenüber der biblischen Darstellung gestärkt und ausgebaut. Hier ist allen voran Debora zu nennen (LAB 30–33), die gleichsam als weiblicher ›counterpart‹ zu Mose geschildert wird.[374] Ihr an die Seite zu stellen sind (mit einiger Vorsicht für die erstgenannte) Tamar[375] (9,5) und die – im LAB mit dem

---

[370] Dass Ps-Philo die Tradition des Mirjambrunnens (ausdrücklich als dieser bezeichnet in 20,8; vorher – 10,7; 11,15 – ohne Bezug zu Mirjam) in seine Exodusfassung integriert, darf sicherlich nicht übersehen werden (vgl. dazu die oben bereits erwähnte Stelle bei C.A. BROWN 1992 sowie – im Ganzen vorsichtiger – B. HALPERN AMARU 1991, 93f., Anm. 39). Dennoch sind die folgenden Anfragen wichtig, um nicht vorschnell weiterhin die Vorstellung vom LAB-Autor als Ausnahmegestalt des zeitgenössischen Judentums zu verfestigen.

[371] B. HALPERN AMARUs Untersuchungen zur Darstellung der Frauen im LAB (dies. 1991) lassen sie schlussfolgern, dass die entscheidende Frage über Hochschätzung oder Degradierung einer biblischen Frauengestalt die Frage ihrer leiblichen oder ›geistigen‹ Mutterschaft sei. Hochgeschätzt und weiterentwickelt würden von Ps-Philo diejenigen Frauen, denen dieses Attribut zukommt. Für die anderen Frauen – und zu diesen zählt Mirjam unzweifelhaft – gilt:»Conversely, when the biblical story offers no context for a maternal characterization, Pseudo-Philo either underdevelops the portray or portrays the woman as ineffective and dependent.« (ebd., 106).

[372] Für jede einzelne dieser Stellen lassen sich Erklärungen finden: Für die Auffindung des Mose z.B. scheint Ps-Philo wichtiger zu sein, dass selbst die mächtige Ägypterin in ihren Träumen dem Einfluss JHWHs unterliegt und so seinen Plan nahezu bewusst unterstützt, als dass Mirjam und Jochebet ihre Rolle beibehalten.

[373] Dazu aber bereits kritisch H. JACOBSON 1996, 251, der feststellt, dass Ps-Philo, wenn er Genealogien einführe, immer sicher stelle, dass mehr Söhne als Töchter erwähnt seien.

[374] Unter anderem dadurch, dass JHWH ihre Anführerinnenschaft voraussagt und dabei davon spricht, dass sie Israel für vierzig Jahre erleuchten werde. Der Ausdruck *erleuchten* (*illuminari*) wird im LAB häufig verwendet (11,1f.; 12,2; 18,4; 19,6; 23,6.7.10; 33,1; 37,3; 51,3; 53,8), ist allerdings in der überwiegenden Mehrzahl der Fälle auf Mose oder JHWH selbst bezogen (vgl. dazu P.V.D. HORST 1990, 115). Zur Darstellung Deboras im LAB generell s. ebd., 114–117; C.A. BROWN 1992, 39–92; M.T. DESCAMPS 1997, 68–70. H. JACOBSON 1996, 249 gibt zu LAB 32,2 allerdings zu bedenken, dass der unmittelbare Kontext der Verheißung der Anführerinnenschaft Deboras seine Ansage einer Strafe für Israel aufgrund der Sünden des Volkes sei und zieht daraus den Schluss: »It is certainly possible that this is a derogatory statement, i.e. because of their sins they will get nothing but a woman for their leader.«

[375] D.C. POLASKI 1995 betitelt seinen Aufsatz programmatisch mit ›Die Zähmung Tamars‹ (orig.: On Taming Tamar) und arbeitet detailliert heraus, dass und wie in der Darstellung des LAB Tamar sukzessive der Eigendynamik der biblischen Erzählung beraubt wird, um für den Mann Amram als Vorbild dienen zu können.

Namen Seila versehene – Tochter Jiphtachs (40),[376] sowie eventuell noch Hanna (50f.).[377]

Ihnen gegenüber stehen diejenigen Frauen der biblischen Überlieferung, deren Rolle im LAB heruntergespielt wird. Zu ihnen gehören neben Mirjam die Erzmütter Israels: Innerhalb der ohnehin äußerst gerafften Darstellung der Erzelternzeit in Kap. 8 entfallen nahezu alle Szenen, in denen den Erzmüttern in der biblischen Erzählung Raum gegeben wird.[378] Saras aktive Rolle in der Auseinandersetzung mit Hagar wird ebenso wenig thematisiert wie ihre ursprüngliche Initiative,[379] Rebekka wird nicht einmal mit Namen genannt (*eine Frau aus Mesopotamien, die Tochter Batuels*, 8,4), Lea und Rachel ebenfalls kaum wahrgenommen. Einzig die Vergewaltigung Dinas[380] (8,7) sowie die Tradition über ihre Ehe mit Hiob werden erwähnt. Ich schließe mich dem Fazit Howard Jacobsons an: »The matriarchs themselves, rather than given enhanced roles, are almost ignored.«[381]

Für die Exodusfassung des LAB fällt auf, dass weder die Hebammen noch Zippora überhaupt Erwähnung finden und Jochebet zwar genannt wird, von ihrer alleinigen Aktivität, der Souveränität, mit der sie in der biblischen Darstellung agiert, aber kaum noch etwas erhalten bleibt. So wird sie in der Rede Amrams zum Objekt seines ›Kinder-Machens‹ (9,5). Auch den Rettungsversuch für Mose unternimmt sie nicht mehr allein bzw. zusammen mit Mirjam, sondern setzt gemeinsam mit Amram den Kasten aus. Während also einerseits die Bedeutung der Frauen für die Geburtsgeschichte des Mose auf jeder Stufe festgehalten wird, indem seine Schwester und seine zwei Mütter zumindest erwähnt werden, bleibt ihr Handeln doch sehr eingeschränkt; als Entscheidungsträgerinnen treten sie nicht in Erscheinung.[382]

5.7.2 Der ›Geliebte‹ JHWHs (32,8) – Moses einzigartige Bedeutung im LAB

Neben der Bezeichnung als *Geliebtem* Gottes (*dilectus*; 32,8), die schon in 19,16 in verbaler Form eingeführt wurde (*weil er* [=JHWH] *ihn sehr liebte, quoniam valde amavit eum*), ist es vor allem die wiederholte Rede von Mose als dem *Freund JHWHs* (*amicus Domini*[383]), die die Besonderheit der Beziehung zwischen Mose und JHWH zum Ausdruck bringt.[384] Die außerordentliche Enge der Gottesbeziehung des Mose, die genau genommen bereits pränatal einsetzt (vgl. 9,7), wird auch darin deutlich, dass Mose

---

[376] S. P.v.d. Horst 1990, 117–121; C.A. Brown 1992, 93–139; M.T. DesCamps 1997, 70–72; B.N. Fisk 2001, 317f.: »A tragic, nameless virgin has become, *in patriarchal mode*, Seila-the-heroic-martyr, whose willing death is acceptable before God and secures Israel's liberation.« (Zitat 317; Hervorhebung K.S.). Nicht zufällig sind es bisher noch die stets selben Frauengestalten des LAB, die in der Literatur Aufmerksamkeit finden.

[377] Zu Hanna vgl. J.E. Cook 1998 und dies. 1999, passim.

[378] So etwa Gen 12; 20; 26; daneben die Ankündigung der Geburt Isaaks an Sara (Gen 18); Gen 24; 27; 30f. etc.

[379] Statt dessen LAB 8,1: *Abraham nahm Hagar.*

[380] Die Formulierung, Sichem habe sie *erniedrigt* (8,7), zeigt, dass ein Verständnis von ταπείνωσις/*humiliatio* als Vergewaltigung einer Frau, wie es von J. Schaberg 1987; 1989 für Lk 1,48 vorgeschlagen wird, durchaus vorstellbar war.

[381] Ebd. 1996, 251.

[382] Mit B. Halpern Amaru 1991, 93f.: Diese Frauen »never demonstrate independence of will or heroic qualities comparable to those of Amram or even of Tamar. Their actions are always circumscribed by their limited function. Like Pseudo-Philo's first matriarchs, these women have a single role: they serve as facilitators, God's agents in the wonder birth of an Israelite hero.«

[383] 23,6; 24,3; 25,3.5.

[384] JHWH selbst ist der Erste, der Mose so bezeichnet (23,9).

als *das* Medium JHWHs dargestellt wird: Häufig ist im Text die Rede davon, dass Gott *durch ihn* Wunderzeichen vollbringt, *durch ihn* Israel befreit.[385] An einer Stelle kann der Verfasser sogar soweit gehen, JHWH sagen zu lassen, Mose habe Israel befreit (23,9) – allerdings nicht ohne dass in den nächsten Aussagen mit nicht weniger als zwanzig Verbformen die Handlungen JHWHs für sein Volk beim Auszug aus Ägypten, v.a. am Schilfmeer, herausgestellt werden.

In und aufgrund dieser besonderen Nähe erhält Mose neben der Offenbarung der Tora wiederholt Anteil an Offenbarungen, die entweder die Zeit des Anfangs (11,15; 13,9) oder die Zeit des Endes (19,15) zum Inhalt haben, erhält also in einer Weise Anteil an Gedanken und Überlegungen JHWHs, wie sie außer ihm auf der Erzählebene kein Mensch in der Exodusfassung des LAB hat. Im Gegenüber dazu muss jedoch festgehalten werden, dass nach einer Gesamtlektüre der Kap. 9–19 der Eindruck entsteht, dass Mose als Mensch beschrieben wird, dessen einzige Bezugs->Person< JHWH ist. Zwar spricht er zum Volk und das Volk zu ihm (vgl. 11,14; 19,2–5 u.ö.), wirkliche Kommunikation findet aber nicht statt. Exemplarisch dafür ist die Szene am Schilfmeer (10,2f.): Mose wird vom Volk angesprochen (wenngleich die [An]Klage des Volkes sich direkt an JHWH wendet). Aber er reagiert darauf genauso wenig wie er sich später in die Diskussion der Stämme über das richtige Verhalten gegenüber der Gefahr durch das ägyptische Heer einmischt. In unvermitteltem Gegensatz stehen sich hier die Positionen der Stämme und die Handlung des Mose gegenüber: Während sie zueinander sprechen, wendet sich Mose allein an JHWH – und der wiederum reagiert auf ihn, nicht aber auf die (An)Klage des Volkes. Was auf der einen Seite also eine ausgeprägte Kommunikation zwischen Mose und JHWH bestätigt, signalisiert auf der anderen Seite den Mangel an Kommunikation zwischen Mose und anderen Menschen. Dieser Eindruck wird noch durch die Beobachtung verstärkt, dass im LAB die sogenannten >Murrgeschichten<, in denen Mose (und Aaron) angegriffen werden, entweder gar nicht erzählt werden oder aber – wie im Fall der Rebellion Korachs – zu direkten Konfrontationen mit JHWH transformiert werden.

Ohne dass also eine direkte Kommunikation zwischen Mose und dem Volk überhaupt stattfände, gehört es nach dem >geglückten< Auszug zu seinen Hauptaufgaben, sowohl für das Volk bei JHWH Fürbitte einzulegen (z.B. 15,7), als auch JHWH daran zu erinnern, sich selbst treu zu bleiben. Nachdem die Menschen Israels das Stierbild angefertigt haben und JHWH darüber zornig geworden ist,[386] ist es an Mose, nach anfänglicher Verzweiflung JHWH an die Besonderheit seiner Beziehung zu Israel zu erinnern.[387] Im Gegensatz zu Ex 32 bedarf es jedoch keines wiederholten Anlaufes des Mose, um JHWH dazu zu bewegen, sich wieder auf Israel einzulassen. JHWH reagiert vielmehr unmittelbar mit dem Auftrag zur Zweitanfertigung der Tafeln – und bleibt damit der für den LAB grundlegenden Überzeugung treu, dass es letztlich immer JHWH selbst ist, der sich seiner Versprechen und Israels erinnert,

---

[385] 9,7.10.16; 12,2; als Gegensatz dazu lässt Ps-Philo Mose in seinem letzten Gespräch mit JHWH vor seinem Tod dessen alleinige Verantwortung betonen (19,9). Die Vorstellung von der Befreierin als Medium JHWHs auch Jdt 16,5; s.o. S. 129.

[386] Bezeichnend für die Darstellungsweise Ps-Philos ist allerdings, dass es hier (wieder) JHWH selbst ist, der anstelle des Mose die Land- und Mehrungsverheißung erinnert. Ebenso auffällig ist, dass der Autor jeden Hinweis darauf, dass JHWH nur noch mit den Nachkommen des Mose seine Geschichte mit Israel fortsetzen wolle, unterlässt, was von B.N. FISK 2001 als >Domestizierung< der biblischen Erzählung verstanden wird: »Pseudo-Philo domesticates a difficult scriptural text while bolstering his own covenant theology.« (ebd., 163; s.a. 324).

[387] Hier vermehrt die Rede von Israel als Weinstock (s. auch 18,10f.; 23,12; 28,4; 30,4; 39,7) und Erbe (s. auch 19,8f.; 21,2.4; 27,7; 28,2.5; 30,4; 39,7; 49,6) JHWHs.

ohne dass das an dieser Stelle ausdrücklich formuliert wäre.[388] Trotzdem bleibt es Aufgabe des Mose als Führers Israels,[389] seinem Vertrauen auf JHWH genauso Ausdruck zu geben wie seinen Mahnungen an das Volk und dem Versprechen, dass JHWH ihm die Treue halten werde – seine Mittlerfunktion bleibt eng an der Vorlage der Exoduserzählung der Schrift.

5.7.3 »Presenting biblical history as a handmaid to theology«[390] – JHWH in der Exodusüberlieferung des LAB

Was BETSY HALPERN AMARU in oben genanntem Zitat für den Gesamtzusammenhang des LAB als Verfahrensweise und Zielvorgabe festhält, lässt sich ohne weiteres bereits am engeren Textbereich der Exodusfassung des Werkes aufzeigen:[391] Die Darstellung von Exodus und Wüstenwanderung ist noch stärker als die biblische Erzählung auf JHWH fokussiert, dessen Denken und Tun alles bestimmt und der damit letztlich einzig autark handelndes Subjekt der Darstellung ist, auch wenn er in jeder Generation Menschen – Mose, Josua, die Richterinnen und Richter – auswählt, die seinen Willen ausführen. Das lässt sich zum einen an den wiederholt integrierten (inneren) Monologen bzw. Gedanken JHWHs beobachten[392] und wird zum anderen daran deutlich, dass an der Souveränität der Gottheit Israels in keiner Situation zu zweifeln ist.[393] Amram verweist in seiner Rede darauf, dass auch die Zeit der Unterdrückung in Ägypten bereits zum Plan JHWHs, zu seiner Geschichte mit Israel gehöre (9,2). Entsprechend wird die Berufung des Mose vom Dornbusch in die pränatale Phase vorverlegt. Und schließlich macht die Tatsache, dass der LAB keinen Gegenspieler für JHWH kennt, der das Exodusgeschehen ernsthaft zu bedrohen wüsste, deutlich, dass für Ps-Philo die Souveränität Gottes zu keiner Zeit in Frage gestellt werden kann. Diese Souveränität geht so weit, dass JHWH sich selbst Zeichen setzt, die ihn an die von ihm gegebenen Versprechen erinnern sollen, wenn sein Zorn über die Menschen überhand nimmt. Weniger die Menschheit als ganze, sondern gerade die Konfrontation mit Israel als dem bereits vor der Schöpfung erwählten Volk,[394] dessen besondere Beziehung zu JHWH schon durch seine Benennung als *Herde, Weinstock*[395] und *Erbe* JHWHs ausgesagt ist, bringt die Notwendigkeit dieser Erinnerungszeichen hervor. So setzt JHWH im letzten Gespräch mit Mose dessen

---

[388] Vgl. auch B.N. FISKs Fazit zur Stelle (ders. 2001, 164): »Pseudo-Philo's imaginative rehearsal of the ancient story is … decidedly theocentric.«

[389] Zu den Kriterien der Führerschaft im LAB s. G.E.W. NICKELSBURG 1980.

[390] B. HALPERN AMARU 1991, 105.

[391] Auch hier werde ich, um zu massive Wiederholungen mit oben bereits gemachten Beobachtungen zu vermeiden, die Darstellung auf einige Kernpunkte beschränken, die über die Exoduspassagen hinaus Aufschluss über die Theo-Logie des LAB geben. Für einen Überblick verweise ich auf F.J. MURPHY 1988a; ders. 1993, 223–229; H. JACOBSON 1996, 241–246.

[392] Etwa LAB 14,2; 15,5; 16,2; 18,15; 19,11; 20,3; 23,5 u.ö. Vgl. die Rede von den »self-citations« JHWHs bei B.N. FISK 2001, 162f. m. Anm. 82.

[393] Prägnant wird diese Betonung in der Erzählung von der Tötung Goliaths durch David deutlich (LAB 61). Gegen H. JACOBSONs Kritik (ders. 1996, 242) an F.J. MURPHY 1988 ist festzuhalten, dass zwar MURPHYs Aussage »It is God who saves Israel from Goliath« (ebd., 7) in der Tat zu allgemein gehalten ist, da dieser Gedanke natürlich bereits im biblischen Text angelegt ist (vgl. 1 Sam 17, 27.45–47) – allerdings trifft in den biblischen Texten David die entsprechenden Aussagen. Die Besonderheit der Darstellung Ps-Philos liegt demgegenüber gerade darin, dass es hier Goliath selbst ist, der JHWH als gegen ihn Kämpfende/n wahr-nimmt: *Not you alone killed me, but also he who was present with you, whose appearance is not like the appearance of a man.* (61,8).

[394] LAB 28,1; vgl. 7,4.

[395] Schon biblisch ist die Verbindung der Bilder von Schafherde und Weinstock belegt; vgl. Ps 80,2.9.

Stab (der folgerichtig von nun an *Stab JHWHs* heißt) als Erinnerungszeichen parallel zum Regenbogen:

> *Und jetzt wird dein Stab, mit dem die Zeichen geschehen sind, zum Zeugnis dienen zwischen mir und meinem Volke, und es wird geschehen, wenn sie gesündigt haben, werde ich ihnen zürnen und werde mich erinnern meines Stabes und werde sie verschonen nach meiner Barmherzigkeit. Und es wird dein Stab in meinem Angesicht zur Erinnerung dienen an allen Tagen, und er wird ähnlich dem Bogen sein, in dem ich mit Noah einen Bund schloß, als er herausging aus der Arche, wobei ich sprach: Ich will meinen Bogen in die Wolke geben, und er wird zum Zeichen dienen zwischen mir und den Menschen, damit nicht ferner das Wasser der Sintflut auf der ganzen Erde sei. (19,11)*

Neben diese Zeichen stehen auch im LAB Fürbitten und Einsprüche von Menschen (wie etwa die eindringliche Rede des Mose in Kap. 12), die JHWH beim Wort nehmen, die zugesagte Treue einfordern. Anders aber als in der biblischen Exoduserzählung fällt JHWH sich, wenn der Zorn sie überkommt, häufig selbst ins Wort. Damit besteht die Funktion der Fürbitten der Anführerinnen und Anführer sehr viel eher darin, das Volk daran zu erinnern, wie abhängig es von JHWH ist – vor allem davon, dass sie wirklich niemals ihr Versprechen bricht, dass sie Israel und damit sich selbst treu bleibt. JHWH ist trotz (oder gerade aufgrund?) der Erinnerungszeichen ein durch und durch verlässlicher Charakter, die Gewissheit, dass er sein Volk nie für immer verlassen wird, prägt die gesamte Darstellung des LAB. Unabhängig davon, wie sehr die Situation den Eindruck erwecken kann, Israel sei preisgegeben, hält Ps-Philo in jeder Phase der Handlung daran fest, dass, was auch immer geschieht, dem Willen Gottes entspricht – bis dahin, dass er die Tempelzerstörung schon Mose vor seinem Tod durch JHWH ansagen lässt.[396]

> »It is his [=Ps-Philos] way of making it crystal-clear to his audience that the destruction of the Temple was part of God's plan already centuries before the Temple was even built. Thus, the catastrophe does not signify that God is helpless before Israel's enemies or that His promise is subject to unexpected change. Rather, it is all part of God's plan.«[397] Anders gesagt: »The Biblical Antiquities is a narrative theodicy, a defense of God's ways.«[398]

Entsprechend besteht die einzig grundlegende Forderung des LAB an die Menschen – neben der Bewahrung der Tora – darin, rückhaltlos auf JHWH zu vertrauen, daran festzuhalten, dass die für sie sichtbaren Zeichen ihre Bedeutung für die in Schrift und Tradition erzählten Versprechen JHWHs behalten.[399]

---

[396] 19,7 und vorher bereits 12,4. Vgl. H. JACOBSON 1996, 244.
[397] Ebd., a.a.O.
[398] F.J. MURPHY 1993, 223.
[399] Beispielhaft wird das an Abraham und Amram vorgeführt; zu Amram s.o. S. 161ff.

6.   Exodus in den ›Antiquitates Judaicae‹ des Flavius Josephus

Flavius Josephus, jüdischer Befreiungskämpfer, Priester – und nach eigenem Verständnis auch Prophet –, Protegé des römischen Kaisers, Autor mit zum Teil sehr offen romfreundlichem Ansatz – dürfte wohl der, was die christliche Rezeption betrifft,[400] berühmteste jüdische Einzelschriftsteller seiner Zeit sein, dessen Werke in vergleichsweise großer Zahl bis heute erhalten sind. Der Preis für diesen Erhalt ist jedoch hoch, lag das große Interesse christlicher Theologie an Josephus lange Zeit doch vor allem darin begründet, dass man meinte, mit mancher Darstellung des Josephus eine Grundlage für eigene Vorbehalte gefunden zu haben.[401] In den letzten Jahrzehnten konzentriert sich die Forschung hingegen vermehrt darauf, Josephus als Schriftsteller zu würdigen, als einen, der sein Werk literarisch komponiert hat, und dessen Werk es ebenso wie sein Verfasser verdient, zunächst einmal als jüdische Schrift ihrer Zeit in eigener Würde wahrgenommen zu werden.[402]

Lange Zeit wurde in der Forschung unumstritten davon ausgegangen, dass Anlass zur Abfassung der *Antiquitates*[403] die antike Feindschaft gegenüber dem Jüdinnen- und Judentum gewesen sei. Somit habe des Josephus[404] erstes Ziel darin bestanden,

---

[400] Zur christlichen Rezeption vor allem des *Jüdischen Krieges* vgl. H. SCHRECKENBERG 2004.

[401] Das zeigt sich insbesondere daran, wie Josephus' Begründung für die jüdische Niederlage im Krieg gegen Rom als den Verfehlungen der eigenen Anführer ebenso geschuldet wie der Tatsache, dass Gott auf der Seite der Stärkeren stehe (vgl. etwa Bell 5,366ff), christlicherseits seit der Alten Kirche als Gericht über Israel, als Zeichen für das Ende des ›Alten Bundes‹ gelesen wurde; dazu R. GRÜNENFELDER 2004, 15.

[402] Diese Entwicklung beschreibt S. MASON 2000a, 49f.: »Wir befinden uns in der merkwürdigen Lage, daß wir einerseits dankbar sind, daß die Schriften des Josephus die Zeiten überdauert haben, daß uns aber andererseits der Grund für dieses Überdauern – sie wurden als Rute verwendet, um die Juden zu geißeln – bekümmert. Josephus selbst war ein Jude, und dies, um es mit Frank Sinatra zu sagen, *not in a shy way*. Paradoxerweise aber ist die Intention seiner Werke, obwohl er der meistbeachtete nichtbiblische jüdische Schriftsteller aller Zeiten war, nie zum Tragen gekommen, weder unter Christen noch unter Juden. Vielmehr wurde sie in ihr genaues Gegenteil verkehrt. Wenn auch die Mißhandlung des Josephus von religiöser Seite nachließ, wurde dem armen Kerl doch in der akademischen Welt arg zugesetzt, indem man seine Werke als Steinbruch für jegliches Datenmaterial mißbrauchte. Bis wir angefangen haben, das, was Josephus in seinen Schriften eigentlich hat sagen wollen, überhaupt zur Kenntnis zu nehmen, haben wir fast zweitausend Jahre gebraucht.«

[403] Entstanden zu Beginn der 90er Jahre (wahrscheinlich in den Jahren 93 oder 94) des ersten Jahrhunderts christlicher Zeitrechnung: mit T. RAJAK 2001, 586; S. MASON 2000b, XVII m. Anm. 3; dort (XX-XXII) findet sich auch ein Überblick über die Diskussion zur Komposition der zwanzig Bücher. Diese wie auch seine Beobachtungen zur Struktur der *Antiquitates* und anderes mehr findet sich in nahezu wörtlicher Übereinstimmung auch im *Antiquitates*-Kapitel seiner Untersuchung *Josephus und das Neue Testament* (ders. 2000a, 101–130).

[404] Neben den Lexikonartikeln von G. MAYER 1988 und T. RAJAK 2001 (s. auch ihre Einführung zu Josephus aus dem Jahr 1983 sowie die einführenden Kapitel bei S. MASON 2000a; G.E. STERLING 1992, 226ff) sowie dem einführenden Artikel von R. GRÜNENFELDER 2004 verweise ich aus der Fülle der vorhandenen Sekundärliteratur (vgl. die umfangreichen Bibliographien von L. FELDMAN 1984 sowie ders. 1986) exemplarisch auf C. GERBER 1997 (dort ein ausführlicher Forschungsüberblick 4–56, 16–21 zu den *Antiquitates*), deren einleitende Beobachtungen einen hervorragenden Überblick über die Forschungslage zu Josephus liefern, wenngleich ihre eigene Untersuchung sich dann auf die Schrift *Contra Apionem* konzentriert. S. auch B. SCHRÖDER 1996 (dort 13–18 ein Forschungsüberblick), der sich mit der Frage beschäftigt, wie es Josephus gelingt, in seinen Schriften jüdische Halachah Menschen aus der griechisch-römischen Kultur nahe zu bringen. Den *Antiquitates* ist dabei ein eigener Unterpunkt gewidmet (70–139), wobei Schröder zum einen einzelne Belegstellen auflistet, an denen von den πάτριοι νόμοι die Rede ist, zum anderen innerhalb eines Exkurses über die Art biblischer Geschichtsschreibung des Josephus auch kurz auf die Frage

mit seiner Darstellung der jüdischen Geschichte, die sich in den ersten zehn Büchern auf die Schrift stützt,[405] ein kritisch-distanziertes bis feindliches griechisch-römisches Publikum anzusprechen und diesen Menschen die jüdische Geschichte unter besonderer Berücksichtigung der geltenden Weisungen und Gebräuche so darzustellen, dass sie deren Überzeugungskraft wie hohen moralischen Standard erkennen könnten. [406] Eben diese Position wird von STEVE MASON in seiner Einleitung zur Übersetzung der *Antiquitates* im Rahmen des von ihm als *general editor* geleiteten Josephus-Projektes in zweifacher Weise kritisch be- und hinterfragt:

> »In what way does the bulk of the narrative, excepting a few isolated statements …, fit the description: apologetic? And if the gentile addressees were antecedently hostile towards the Judeans, why would they have read such a demanding and uncongenial work by a representative of the offending nation?«[407] MASON selbst vermutet dagegen, »that he [Josephus; K.S.] was writing first of all for a sub-group of the expanding Roman élite – though it is not clear why newer members of that, including equestrians, would appreciate his aristocratic bent. For his eager recipients Josephus has composed a primer or manual in Judean history and culture from its beginnings, with special attention to his nation's philosophical constitution.«[408]

Angesichts der Tatsache, dass Jüdinnen und Juden nach dem jüdischen Befreiungskrieg der Jahre 66–70 christlicher Zeitrechnung als erklärte Feindinnen und Feinde Roms galten und ihnen zugleich unterstellt wurde, ein *odium humani generis* zu vertreten, ist jedoch wahrscheinlich, dass in den *Antiquitates* eine Art doppelter Intention vertreten wird: Es dürfte sich, darin ist MASON zuzustimmen, nicht um *defensive* Apologetik handeln, legt doch der Stil des Werkes eine werbende Absicht in der Tat nahe. Gleichzeitig versorgt Josephus die ›Geworbenen‹ aber mit Argumenten, die sie selbst für den Umgang mit ihnen entgegengebrachten antijüdischen Vorbehalten schulen können. Der werbende Charakter seines Werkes mit den enthaltenen Zurückweisungen möglicher Kritik bzw. ›Demontierungen‹ bestimmter Vorurteile zeigt damit zugleich, warum Josephus sich überhaupt veranlasst gesehen haben könnte, neben der LXX als griechischsprachiger Ausgabe der Schrift, eine weitere griechische Schrift über die Entstehung Israels zu verfassen, die sich so eng an der Schrift orien-

---

nach »Charakteristika seiner Darstellung biblischer Stoffe« (91) eingeht. Für die Wahrnehmung des Josephus in wissenschaftlichen Veröffentlichungen im ausgehenden 20. Jh. s. B. SCHALLER 1994.

[405] Zum Kanonverständnis des Flavius Josephus s. C. GERBER 1994, die mit Verweis auf Ap 1,37 festhält, dass für Josephus die Schrift bereits aus einer »begrenzte[n] und nicht mehr erweiterbare[n] Zahl einander nicht widersprechender Bücher« bestanden habe (ebd., 93).

[406] Exemplarisch H.W. ATTRIDGE 1976, 17: Die Theologie der *Antiquitates* sei »very much an apologetic one, which reworks Jewish tradition in categories derived from and comprehensible to a Greco-Roman public.«

[407] Ders. 2000b, XIII. Er beruft sich dabei unter anderem auf die bei G. STERLING 1992, 302 genannte Adressatinnen- und Adressatengruppe (»the Greek world at large«; ähnlich auch schon H.S.J. THACKERAY 1967 [1929], 51: »the Graeco-Roman world«). Zum Ende seiner Einleitung formuliert MASON seine Eingangsfrage noch einmal ganz ähnlich, nun jedoch als Faktum: »Because of its length, detail, themes, moralizing, and generally celebratory tone, in an assumed bond with the audience, the *Antiquities* does not satisfy the needs of a defensive apologetic directed towards hostile outsiders. It does, however, incidentally provide interested outsiders with the material for refuting such slander.« (a.a.O., XXXIV).

[408] A.a.O., XXXIV. Nahezu wörtlich gleich schon in seiner in deutscher Sprache zwar erst im Jahr 2000 erschienenen, englisch aber schon 1992 publizierten Untersuchung *Josephus und das Neue Testament* (2000a): »Problematisch ist besonders, daß die These, es ginge Josephus um die aus der Defensive vorgetragene Apologetik der jüdischen Ursprünge, bestenfalls die erste Hälfte der *Antiquitates* erklärt, denn nur dieser Teil handelt von der weiter zurückliegenden Geschichte. Doch auch in der ersten Hälfte sind die *Antiquitates* in der Regel keine defensive Zurückweisung von Verleumdungen, sondern eine zuversichtliche, positive und rühmende Präsentation der jüdischen Kultur …. Es ist außerdem schwer vorstellbar, daß Leute, die dem Judentum feindlich gegenüberstanden, geduldig dasaßen und einer gewundenen, sich über zwanzig Rollen erstreckenden Darstellung lauschten.« (ebd., 105). Ausführlich hat MASON seine Überlegungen zur Intention der *Antiquitates* in einem eigenen Aufsatz dargelegt (ders. 1998).

tiert: Zwar hätten die Menschen auch die LXX lesen können, Josephus aber versteht es, mit seiner Darstellung antiken hellenistischen Konventionen zu entsprechen, die es denjenigen, die sein Werk hören oder lesen, leichter machen, das von ihm Beschriebene mit ihrem eigenen Hintergrund zusammenzudenken.[409]

6.1   …gegen Gottes Ratschluss kann man nicht ankämpfen *(Ant 2,209/2,9,2) – zur Lektüre der ›Programmkapitel‹ der Exoduserzählung (Ex 1–2) in den* Antiquitates *(2,201–263/9–11)*

Ant 2,201–204/9,1[410] reihen das im Folgenden Erzählte in den großen geschichtlichen Rahmen ein: Sie berichten sowohl davon, wie die Menschen Ägyptens aufgrund ihrer eigenen Faulheit und Trägheit gegenüber den Israelitinnen und Israeliten das Nachsehen hatten und sie um ihren Wohlstand beneideten,[411] als auch davon, wie sie derart motiviert begannen, die Menschen Israels zu härtesten Zwangsarbeiten heranzuziehen.[412] Neu gegenüber der biblischen Darstellung ist, dass hier in keiner Weise davon die Rede ist, das Wohlergehen Israels stehe in Zusammenhang mit den Verheißungen JHWHs an die Erzeltern; Josephus' Tendenz zur Enttheologisierung und damit einhergehenden Historisierung wird bereits hier, unmittelbar zu Beginn der Exoduserzählung deutlich sichtbar: Kein göttliches Versprechen, nicht Heilsgeschichte als übergeordnetes Kriterium bildet den Rahmen; Verdienst und Verlust sind vielmehr in den Verhaltensweisen der Menschen(gruppen) begründet, wobei Josephus durchaus ›moralische‹ Urteile über die beteiligten Parteien einführt, wenn er die Menschen Ägyptens als τρυφεροί und ῥάθυμοι bezeichnet (2,201),[413] den Wohlstand der Israelitinnen und Israeliten hingegen in ihrer ἀρετή und εὐφυΐα begründet sieht (2,202/9,1). Auch ist es nicht mehr Pharao, der für die Unterdrückung Israels verantwortlich zeichnet – er tritt in diesen ersten Abschnitten gar nicht in Erscheinung. Josephus generalisiert die biblische Schilderung vielmehr dahingehend, dass er nun zwei Kollektive gegeneinander stehen lässt: Ägypten auf der einen Seite trifft auf Israel, es kommt zu einem vierhundert Jahre währenden Wettkampf darum, wer letztlich siegen würde (2,204/9,1). Bevor jedoch ein Ergebnis dieses Wettkampfs mitgeteilt wird, bricht Josephus aus dem ›Zeitraffer‹ aus und fokussiert seine Darstellung auf eine Einzelepisode: Inmitten dieser Zeit der Unterdrückung kommt es zur Weissagung eines ägyptischen Schriftgelehrten, nach der ein Junge geboren werden soll, der als Erwachsener die ägyptische Herrschaft vernichten und die Macht Israels zeigen werde – dazu befähigt durch ein überaus großes Maß an ἀρετή (2,205),[414] die in den *Antiquitates* zu Moses herausragendster Eigenschaft werden wird.[415]

---

[409] Das zeigt sich z.B. daran, wie sehr Josephus die ἀρετή des Mose betont; s.u. S. 203ff.

[410] Um der leichteren Auffindbarkeit willen sind bei Stellenangaben im Regelfall beide gängigen Zählweisen angegeben.

[411] Diese Entwicklung wird dadurch begünstigt, dass die Erinnerung an das, was Josef für Ägypten getan hatte, in Vergessenheit gerät und eine andere Dynastie an die Macht gekommen ist.

[412] B. SCHRÖDER 1996, 93f. nennt den einleitenden Abschnitt der Exoduserzählung bei Josephus als ein Beispiel für die von ihm beobachtete Tendenz zur Psychologisierung des biblischen Stoffes.

[413] L. FELDMAN 2000, 187 übersetzt »luxurious and lazy« und verweist auf die große Verbreitung dieser Beurteilung Ägyptens in der Antike (ebd., 187f., Anm. 563).

[414] Um die Polyvalenz des griechischen ἀρετή [die von K.H. RENGSTORF edierte Josephus-Konkordanz (Bd.1, 1973, 223) nennt: Vortrefflichkeit, Tüchtigkeit, hervorragende Eigenschaft(en), Fähigkeiten(en), Qualität(en), das ›Format‹ (eines Mannes) … Tapferkeit, Mut, Kraft, Stärke; Ruhm …; Leistung, Verdienst – Tugend, reine Gesinnung, Untadeligkeit, gutes Wesen, Güte,

A certain one of the sacred scribes ... announced to the king that someone would be begotten at that time to the Israelites who would humble the rule of the Egyptians and would elevate the Israelites; and having been reared, he would surpass all men in virtue and acquire a reputation held in everlasting memory.[416]

Damit liefert Josephus eine Begründung für den im Anschluss an den Erhalt der Nachricht ausgegebenen Befehl des ägyptischen Königs, alle neugeborenen hebräischen Jungen töten zu lassen, und schließt somit eine Leerstelle der biblischen Erzählung.[417]

Auch Josephus erzählt neben der Weissagung für Ägypten von einer in der biblischen Exoduserzählung nicht enthaltenen visionären Traumankündigung der Geburt des Mose, des Befreiers – bei ihm ist Amram, der Vater des Mose, der Empfänger dieser Traumbotschaft.[418] Als seine Frau Jochebet schwanger wird, steht der Tötungsbefehl des ägyptischen Königs bereits im Raum, weshalb Amram Gott um Erbarmen anfleht (2,211/9,3). Daraufhin zeigt Gott sein Erbarmen in der Tat schon dadurch, dass er Amram im Traum erscheint und ihn drängt, nicht zu verzweifeln,[419] sowie ihm seinen Beistand verspricht und ihn an seine den Vorfahren gegebenen Verheißungen erinnert: Gott erzählt Amram die vergangene Geschichte seines Beistandes für die Erzeltern (als vertrauenstiftende Maßnahme?), erinnert ihn an Abraham und dessen Nachkommen, vor allem an Jakob, seinen Reichtum und daran, wie aus den 70 nach Ägypten gekommenen Menschen der Familie Jakobs in der Gegenwart so viele geworden sind: *you have already become, I believe, more than 600,000* (2,214/9,3), wobei Gott sich einer leisen Kritik an Amram im Zuge dieser Nacherzählung der Erzelterngeschichte nicht enthalten kann:

»*As many deeds of bravery as he [Abraham; K.S.] performed in war with my aid,*« *He said,* »*you would seem to be impious if you did not hold in memory.*«

Dennoch wendet Gott sich nach diesem Exkurs in die Geschichte der Gegenwart zu, versichert Amram, dass eben sein Sohn Inhalt der Weissagung sein wird, wegen de-

---

Freundlichkeit; Vollkommenheit, Güte (Gottes)] in den *Antiquitates* bewahren zu können, lasse ich es in der Mehrheit der Vorkommen unübersetzt.

[415] S. dazu unten S. 203ff. Josephus verwendet ἀρετή, bezogen auf Mose, nicht weniger als 21mal (2, 205.238.243.257.262; 3, 12.65.67.69.74.97.187.188.192.317.322; 4, 196.320.321.326.331). Zur Darstellung des Mose in den *Antiquitates* verweise ich auf L. FELDMAN 1992/1993. Knapp summiert S. MASON 2000b, XXXI:»Moses ... studied nature in order to achieve the proper foundation for his laws ... Like Plato..., the lawgiver rejected out of hand the unseemly ›myths‹ about the gods (Ant. 1.22–24). He served as a brilliant Egypt commander, then as a peerless lawgiver. In sum: he ›surpassed in understanding all who ever lived, and used his insights in the best possible ways‹ (4,328). In a clear parallel to Romulus, this supremely virtuous man ended his life mysteriously in an eveloping cloud – creating speculation about a possible apotheosis (4.236).«

[416] Englische Übersetzungen aus den *Antiquitates* folgen, sofern nicht gesondert gekennzeichnet, L. FELDMAN 2000 für Ant 1–4 bzw. CH. BEGG 2005 für Ant 5–7 und CH. BEGG/P. SPILSBURY 2005 für Ant 8–10.

[417] R.K. GNUSE 1996, 214f. weist darauf hin, dass eine solche Warnung in nachbiblischen Darstellungen der Anfänge des Exodus nicht unüblich gewesen sei.

[418] Im Unterschied etwa zum LAB, in dem Mirjam Empfängerin der nächtlichen Vision ist (s.o. S. 165f. sowie S. 184f.). Innerhalb der Traumsequenzen der *Antiquitates* nimmt Amrams Traum eine besondere Position ein:»The dream of Amram is the only major dream in the Antiquities which parallels or utilizes a corresponding biblical text in which no dream report is found.« (R.K. GNUSE 1996, 206). Ders., a.a.O., 206–225 liefert eine ausführliche traditionsgeschichtliche Analyse der vorgeburtlichen Träume, wie sie in der jüdischen Tradition überliefert sind, und formuliert die These, dass Josephus eine Vorlage kannte, in der von zwei Traumvisionen – einer an Mirjam und einer an Amram – die Rede war, und diese zu einem Traum zusammengefügt hat. Seine Beurteilung, dass Josephus hier die Rolle Mirjams nicht schmälere (a.a.O., 220), bleibt wenig überzeugend.

[419] Im Gegensatz hierzu LAB 9,4: Hier ist Amram derjenige, der die Ältesten Israels drängt, nicht zu verzweifeln (s.o. S. 161ff).

rer der ägyptische Herrscher das Vernichtungsdekret erlassen hatte, deutet die besonderen Umstände nach der Geburt an (*nurtured in a surprising way*, 2,216/9,3) und kündigt vor allem die außerordentliche Berühmtheit an, die Amrams Sohn erlangen wird:

> *he shall be remembered as long as the universe shall endure not only among Hebrew men but also among foreigners, since I bestowe this favour upon you and those who will be descended from you. (2,216/9,3)*[420]

Nach der Vision offenbart[421] Amram seiner Frau Jochebet, was die Vision ihn hatte erfahren lassen; beider Angst wird dennoch nicht geringer, wenn sie an das denken, was die Zukunft für ihr Kind bringen wird. Zunächst einmal verläuft die Geburt jedoch außergewöhnlich wenig schmerzhaft (2,218/9,4), was von Josephus als eindeutige Bestätigung der Vision verstanden wird.[422] Es gelingt den Eltern gemeinsam, ihr Kind drei Monate lang im Verborgenen groß zu ziehen. Amrams Furcht vor Entdeckung wird jedoch immer größer, er fürchtet um seine und des Kindes Sicherheit und fasst daher den Entschluss, sein Kind der göttlichen Fürsorge und Vorsehung anzuvertrauen:

> *He decided that the preservation and care of the child should be effected by Him, rather than trusting to a future hiding-place – itself quite uncertain – and thus to endanger not only the child, who was being nurtured secretly, but also himself . And he believed that God would provide every assurance that there should be nothing false in what had been said (2,219f./9,4)*

Die Erzählung vom Aussetzen und der Rettung des Mose trägt deutlich eigene Züge: Josephus unterbricht vor dem Auftreten der Pharaotochter die Handlung kurz für einen Kommentar der Erzählstimme über die Vorsehung Gottes (2,222f./9,4). Weiter erfolgt im Gegensatz zu anderen zeitgenössischen Exoduslektüren kein Hinweis darauf, ob das Kind beschnitten ist oder nicht; festgehalten ist nur die Schönheit und Größe des Kindes, die dazu führt, dass die Königstochter das Kind sofort liebt (2,224/9,5).[423] Und erst nachdem sie wiederholt mit dem Versuch gescheitert ist, eine Amme für das Kind zu finden, da das Baby bei keiner der Frauen trinken will, tritt Mirjam auf den Plan und sorgt dafür, dass Jochebet selbst als Amme angestellt wird.

Die folgende Namengebung – in der offen bleibt, wer diesen Namen gibt (2,228/9,6) – wird von Josephus mit der ersten einer ganzen Reihe von ›Mose-Eulogien‹ abgeschlossen, die sowohl seine Genealogie enthält wie auch Informationen über seine geistigen wie körperlichen Vorzüge und seine Wirkung auf alle anderen Menschen (2,229–231/9,6). Diese Wirkung geht sogar so weit, dass der ägyptische Herrscher selbst der Adoption des Mose durch seine Tochter zustimmt

---

[420] Zur Berühmtheit des Mose auch unter nichtjüdischen Menschen vgl. J.G. GAGER 1972, 25–79.

[421] Damit wird Amram für seine Frau in gleicher Weise zum ›Offenbarer‹ wie zuvor Gott für ihn: Josephus verwendet an beiden Stellen das Verb δηλόω.

[422] *Einen Beweis für die Wahrheit der Prophezeiung bot aber schon die Niederkunft der Frau; diese erfolgte leicht und ohne heftige Geburtswehen und blieb auch den Spähern verborgen.* (2,218/9,4) Deutschsprachige Übersetzungen folgen, sofern nicht gesondert gekennzeichnet, der Übersetzung von H. CLEMENTZ [13]1998. In der rabbinischen Tradition (bSot 12a; ExR 1,20) erfolgt die Geburt ohne jeden Geburtsschmerz; vgl. L. FELDMAN 2000, 193, Anm. 609 mit weiteren rabbinischen Textstellen zu Jochebet.

[423] Auch der Verfasser der *Antiquitates* ›erliegt‹ diesem Zauber und ist darum bemüht, sein Publikum mit einzubeziehen: *Moyses aber übertraf zweifellos an Seelengrösse und Fähigkeit zur Ertragung von Beschwerde alle anderen Hebräer, wie Gott verheissen hatte.* Etwas nüchterner heißt es in der englischen Übersetzung: *By common consent, in accordance with the prediction of God, he was both in greatness of intelligence and contempt of toils the best of the Hebrews.* (2,229/9,6).

und ihn damit als seinen Nachfolger akzeptiert.[424] Er nimmt das Kind in den Arm und setzt ihm seine Krone auf, die Mose jedoch zu Boden wirft und mit Füßen tritt.[425] Zwar erkennt der ägyptische Schriftgelehrte, der dem König auch die für ihn aus einem hebräischen Jungen entstehende Gefahr angekündigt hatte, die Symbolhaftigkeit dieser Situation und will Mose töten. Der König hindert ihn jedoch daran – ein Zeichen für Gottes Vorsehung, wie Josephus betont (2,236/9,7).

Als Mose erwachsen geworden ist, geht sein Einsatz für Ägypten so weit, dass er, nachdem die ägyptische Armee zuvor vernichtend geschlagen worden war und das äthiopische Heer nun schon mitten im Land ist, einen Feldzug gegen Äthiopien anführt,[426] siegreich zu Ende bringt und damit nicht nur die Eroberung Ägyptens durch Äthiopien verhindert, sondern die äthiopische Armee bis zu ihrer eigenen Hauptstadt, Saba, zurückdrängt und diese Stadt schließlich als eine Art Hochzeitsgeschenk für seine Ehe mit der äthiopischen Prinzessin Tharbis[427] erhält (2,253/9,10) – deutlicher lässt sich seine Loyalität nicht darstellen. Dank aber erntet er in Ägypten nicht:

> *Statt aber dem Moyses für ihre Errettung zu danken, verlegten sich die Aegyptier eifrig darauf, Ränke gegen ihn zu schmieden. Denn man argwöhnte, er werde infolge seines Kriegsglückes übermütig werden und den Aegyptiern neuen Schaden ersinnen, und drang deshalb in den König, ihn töten zu lassen.* (2,254/9,11)

Die Hetzreden finden ein offenes Ohr; der ägyptische Herrscher selbst wird immer misstrauischer und will Mose töten lassen, der vor diesen Plänen in die Wüste flieht und nach Midian gelangt, wo er *infolge der Gebräuche des Landes Gelegenheit fand, seine Tugend offenkundig zu machen* (2,257/11,1): Er rettet die Töchter Jithros vor den Hirten, wird von Jithro adoptiert (ποιεῖται αὐτὸν υἱόν, 2,263/11,2), erhält eine seiner Töchter zur Frau und wird *zum Hüter und Herrn seiner Viehherden* (ebd.).[428] Letztlich bietet ihm also die Flucht nach Midian ein weiteres Mal die Möglichkeit, sich als Mann voller ἀρετή zu zeigen. Nachdem Josephus vorher die enge Verbundenheit des Mose mit Ägypten betont hatte, streicht er in der Szene mit Jithro bzw. dessen Töchtern die Erwähnung, dass die Töchter ihn für einen Ägypter hielten (Ex 2,19) – nachdem die ›ägyptische Phase‹ abgeschlossen ist, haben solche Überlegungen in der Darstellung des Mose keinen Raum mehr.

Deutlich wird in der Darstellung der Programmkapitel der biblischen Exoduserzählung in den *Antiquitates* vor allem dreierlei: Josephus ist darum bemüht, die herausragende Bedeutung des Mose nun auch im Kontext seiner Geburt auf mehreren Ebenen zu betonen, nachdem er ihn schon im Vorwort zu den *Antiquitates* als den hinter den folgenden Erzählungen stehenden ›Gesetzgeber‹ genannt hatte (1,15ff/0,3f.).

---

[424] Wobei diese Entscheidung durchaus auch von Realismus motiviert ist: Er weiß um die Alternativlosigkeit, fehlt es dem ägyptischen Herrscherhaus doch an potentiellen Nachfolgerinnen und Nachfolgern auf dem Thron (2,237/9,7).

[425] ExR 1,26 und DtnR 11,10 erzählen, Mose habe Pharao die Krone vom Kopf genommen und zu Boden geworfen. Josephus hingegen ist offensichtlich darum bemüht, die Szene weitgehend von ihrer Sprengkraft zu ›befreien‹, wenn er explizit betont, das Tun des Mose sei *kindisch/in childishness* (κατὰ νηπιότητα, 2,233/9,7) gewesen und damit auf seine Unreife zurückzuführen und zu entschuldigen; mit L. FELDMAN 2000, 199, Anm. 656.

[426] Ausführlich mit der Frage, warum Josephus diese außerbiblische Szene einfügt und aus welchen Quellen er für seine Darstellung schöpfen konnte, setzt sich L. FELDMAN 2000, 200ff, Anm. 663f. auseinander.

[427] Biblischer Anknüpfungspunkt hierfür ist vermutlich Num 12,1, die Erwähnung einer kuschitischen Frau des Mose; zu Num 12 im Kontext der Mirjamtradition s.o. S. 104ff.

[428] S. dazu unten S. 202f.

Mehr noch als in den beiden ersten Kapiteln des biblischen Exodusbuches steht hier Mose im Zentrum. An ihm orientiert sich die Geschichte; die Darstellung der Umstände wird strukuriert durch den Hinweis auf seine baldige Geburt. Hinzu kommt die doppelte Geburtsankündigung sowie nach seiner Geburt der Vorverweis auf seine künftige Größe und – im Wortsinn – ewige Bedeutung.

6.2   … neither adding nor omitting anything *(Ant 1,1//1,1,3)* – *von Auslassungen und Hinzufügungen*

Diese in der Kapitelüberschrift zitierte Behauptung des Josephus[429] widerspricht der faktischen Darstellung – und das muss sie auch.[430] Die *Antiquitates* wären keine eigene, selbständige Exoduslektüre, wenn sie nicht Neues schaffen würden. Wie jede Nacherzählung, die eine besondere Art der Lektüre einer Erzählung ist, zeichnet sich also auch die Darstellung der *Antiquitates* dadurch aus, dass sie dem Text der Schrift einerseits etwas hinzufügt, andererseits ausgewählte Elemente weglässt und das Nacherzählte mit eigenen Tendenzen kreiert.[431] Vorangestellt sei der Nennung einiger der entscheidenderen Auslassungen der Exoduslektüre des Josephus die grundsätzliche Einordnung von Christine Gerber:

> »Es darf bei der Summierung von Abweichungen nicht übersehen werden, daß diese nur biblische Einzelgeschichten betreffen, Josephus aber dem Duktus der Heiligen Schriften in deren Darstellung der Geschichte Israels genau folgt. Die historische Glaubwürdigkeit dieser Schriften steht nie in Frage, wenn Josephus auch offensichtlich im einzelnen mit dem Kriterium, was das Interesse und der Geschmack der Leser sei – und was sein eigenes theologisches Interesse [–], sich auf andere Traditionen und seine schriftstellerische Freiheit stützt.«[432]

Josephus ergänzt den ›Bericht‹ über das Leben des Mose am ägyptischen Königshof um die Episode des Krieges gegen Äthiopien, lässt ›seinen‹ Mose jedoch nicht in Formen ›zweifelhafter‹ Gewalt verstrickt sein, was konkret bedeutet, dass die Sequenz der Erschlagung des ägyptischen Aufsehers, die nach biblischer Auffassung Moses Flucht begründet (Ex 2,11–15), entfällt. Mireille Hadas-Lebel[433] sieht die Auslassung in der Intention des Josephus begründet, Mose so ungebrochen wie möglich als Helden erscheinen zu lassen.

---

[429] Im Zusammenhang lautet sie: *This narrative will … set forth the precise details of what is in the Scriptures according to its proper order. For I promised that I would do this throughout this treatise, neither adding nor omitting anything.* Die deutsche Übersetzung: *Alles dieses wird im Folgenden in gebührender Ordnung dargestellt werden, denn es ist mein fester Vorsatz, in der Darstellung weder etwas wegzulassen noch hinzuzufügen;* zum vergleichbaren Anspruch im lukanischen Werk s. oben S. 57ff.

[430] »Wenn antike Historiographen über den Umgang mit Quellen sagen, es werde weder etwas weggelassen noch etwas hinzugefügt, ist damit im positiven Sinne gemeint, daß die Darstellung tendenzfrei und unparteiisch berichtet und in der Sache wahrheitsgemäß ist. Damit ist aber nicht buchstäbliche Quellentreue behauptet, denn das unveränderte Aneinanderreihen von Texten kann mit derselben Formel auch kritisiert werden.« (C. Gerber 1994, 103). Die Diskussion um die entsprechende programmatische Aussage bei Josephus auch bei L. Feldman 1998, 539ff.

[431] O. Plöger 1989 liefert einen Überblick über Umstellungen und Auslassungen, die Josephus in Ant I–XI im Vergleich zur Hebräischen Bibel vorgenommen hat. B. Schröder 1996 beobachtet die folgenden Tendenzen der Überarbeitung biblischer Stoffe bei Josephus: Erotisierung, Psychologisierung, Dramatisierung, Moralisierung, Rationalisierung, Vermeidung von Anstößigkeiten und Typologisierung (a.a.O., 93–96). Eine knapper gehaltene Liste dieser Modifizierungen bei M.Hadas-Lebel 1995, 413ff. C. Gerber 1994, 106 formuliert allgemeiner: »Josephus bemüht sich um lesbare, spannende, seine intendierten Leser interessierende Wiedergabe der Geschichte seines Volkes, nicht um wortgetreue Wiedergabe der Schriften.« H. W. Basser 1987 sieht eine große Nähe der Arbeitsweise des Josephus zur Hermeneutik rabbinischer Midraschim.

[432] C. Gerber 1994, 108.

[433] Dies. 1995, 420.

In der Szene der Berufung des Mose am Sinai[434] lässt Josephus eine Stimme zu Mose sprechen, die von diesem sogleich als Stimme Gottes erkannt wird.[435] Der Engel JHWHs (Ex 3,2 MT u. LXX) findet keine Erwähnung; das lässt sich vermutlich mit der in der Einleitung der *Antiquitates* formulierten Zielsetzung des Verfassers begründen, sein Werk frei von mythologischen Elementen zu halten (1,16/Vorwort,3).

Josephus streicht alle Elemente der biblischen Exoduserzählung, die seinem Publikum anrüchig erscheinen könnten. So fehlt neben Ex 4,24-26 und jedem Hinweis auf eine mögliche Trennung von Mose und Zippora[436] z.B. vor dem Aufbruch (wie auch schon in der Dornbusch-Szene) die Aufforderung, sich von den Nachbarinnen goldene und silberne Gerätschaften geben zu lassen (Ex 3,22; 11,2; 12,35f.). Sehr verknappt, in nur einem Satz, erwähnt er die Anweisungen über das jährlich zu feiernde Passa und die Heiligung der Erstgeburt (Ex 12f.):

> *Hence still now, in accordance with the custom, we sacrifice thus, calling the festival Pascha, which signifies a passing over, because on that day God, passing over our people, sent the pestilence upon the Egyptians.* (2,313/2,14,6)

Damit ist zunächst nur der Tatsache Rechnung getragen, dass das Passafest in der Gegenwart des Josephus zu den bekannten Merkmalen des jüdischen Glaubens gehört haben dürfte. Ist aber nicht auch vorstellbar, dass ein Publikum, das zwar an jüdischen Inhalten interessiert war, aber vermutlich nicht in seiner überwiegenden Mehrheit zum jüdischen Glauben übertreten wollte, von einer ausführlichen Erzählung der Stiftung des jüdischen, so lässt es sich wohl nennen, ›Identitätsfestes par excellence‹ nicht allzu begeistert gewesen wäre? In der Mannaerzählung (3,26–32/3,1,6) erwähnt der Verfasser der *Antiquitates* zwar die Regeln, nach denen pro Tag nur ein bestimmtes Maß an Manna gesammelt werden soll, lässt jedoch sowohl die Sabbatverweise aus als auch den Auftrag, einen Krug voll Manna für das spätere Heiligtum aufzubewahren (Ex 16,22–30). Ist dies ein Indiz dafür, dass Josephus von in weiterem und engerem Sinne kultischen ›Einschüben‹ in den Ablauf seiner Erzählung Abstand nimmt, wenn er auch an anderer Stelle z.B. die Symbolik des hohepriesterlichen Gewandes gesondert betont (3,179–187/7)?[437]

Sicherlich der Kategorie ›Auslassung des Anrüchigen‹ zugehörig ist die Beschreibung der zehnten Plage: Zum einen wird Gottes Mitwirkung nicht deutlich,[438] zum anderen wird die ›Breitenwirkung‹ dieses Schlages, dass nämlich jede Familie

---

[434] Dieser wird hier in Aufnahme von Ex 3,1 der Hebräischen Bibel (הָאֱלֹהִים הַר) im Gegensatz zur LXX explizit als Wohnstatt Gottes bezeichnet.

[435] Josephus erwähnt zwar, dass Mose hier den Namen Gottes erfahren habe, fügt aber hinzu, er selbst dürfe diesen Namen nicht aussprechen (2,276/12,4). Es fällt auf, dass ausgerechnet das Nicht-Aussprechen des Namens nicht weiter begründet wird. Kann Josephus voraussetzen, dass sein Publikum um diese Besonderheit des jüdischen Gottesglaubens weiß? Dann wäre dies ein weiteres Indiz für MASONs oben genannte These, Josephus habe beim Verfassen der *Antiquitates* eine kleine Gruppe der römische Elite vor Augen, die bereits sehr interessiert an jüdischen Inhalten ist und diese zum Teil auch kennt (s.o. S. 191).

[436] S. dazu unten S. 200.

[437] Von einer grundsätzlichen Ablehnung des Kultischen kann nicht die Rede sein: Josephus schätzt die Institution des Priestertums, gerade auch des Hohepriesters, sehr hoch ein; hinzu kommt, dass der sehr ausführliche Teil der *Antiquitates*, in dem er – um seinen Termini hier treu zu bleiben – die jüdische Verfassung darstellt (3,5–12), sowohl Bestimmungen über Bau und Ausstattung des Heiligtums enthält (3,6) als auch Anweisungen über die priesterliche Kleidung (3,7) und die Einsetzung des aaronitischen Priestertums (3,8,1) und schließlich auch Regeln für die Durchführung der regelmäßigen wie der auf Feste bezogenen Opfer sowie die Reinigungsvorschriften (3,9,1–11,6). Auch die Ehegesetzgebung (3,12,1–2) enthält Anweisungen, die nur auf die Priester und nochmals gesondert den Hohenpriester bezogen sind (3,12,2).

[438] S. dazu unten S. 208.

Ägyptens betroffen war (Ex 12,30), nicht erwähnt.[439] Dem selben Anliegen dürfte das Fehlen jeglichen Hinweises auf nichtisraelitische Menschen, die sich dem aufbrechenden Zug anschlossen (Ex 12,38), geschuldet sein: Mit dem Hinweis auf eine ›Horde von Volk‹ nicht näher bekannten Ursprungs stünde unter Umständen zu befürchten, dass die seit Manetho kursierenden Gerüchte über die wenig ›ehrbare‹ Zusammensetzung der Exodusgruppe[440] neue Nahrung finden bzw. sich bestätigt sehen könnten.

Interessanterweise fehlt in Ant auch das ausdrückliche Bekenntnis des Jithro zu JHWH (Ex 18,10f.)[441] – bringt dies tatsächlicheine besondere Sensibilität des Josephus in der Proselytenfrage zum Ausdruck, wie LOUIS FELDMAN glaubt?[442]

Auch von der Erzählung vom goldenen Stierbild und den folgenden Ereignissen bis hin zum erneuten Bundesschluss (Ex 32–34) ist in den *Antiquitates* nichts zu lesen. Für eine Schrift, der es darum geht, die jüdische Geschichte in möglichst positivem Licht darzustellen, dürfte wohl das Tanzen um ein selbst errichtetes Abbild Gottes nicht angemessen gewesen sein.[443]

Grundsätzlich ist für das Vorgehen des Josephus seine Kontextbezogenheit festzuhalten: In den *Antiquitates* erzählt er biblische Geschichte, er modifiziert sie aber dahingehend, dass zum einen die Schrift wie die jüdische Tradition als durchgängig tolerant und aufgeschlossen gegenüber anderen Kulten dargestellt werden, und dass sie zum anderen als in keiner Weise gefährlich für den römischen Staat erscheinen.[444]

»Das originär jüdische Material erfährt eine hellenisierende Umarbeitung, die dem Zweck dient, griechisch-römische Leser in ansprechender Weise mit der Tradition der Juden vertraut zu machen und deren Ebenbürtigkeit zu erweisen.«[445]

Die biblische Darstellung wird bei Josephus um ein Vielfaches ›glatter‹, er schließt Lücken und ergänzt Erklärungen, wo der biblische Text Fragen offen lässt – wieviel daran Gewinn, wieviel Verlust ist, steht im Rahmen dieser Untersuchung nicht zur Diskussion.

---

[439] Mit L. FELDMAN 2000, 222, Anm. 826.

[440] S. dazu die im Kontext der Bestimmungen über Reinheit und Unreinheit von Josephus betonte Zurückweisung des Gerüchtes, Mose selbst sei aussätzig gewesen (3,259–279/12,2). Die wohl bekannteste Überlieferung vom Aussatz im Zusammenhang mit Mose als selbst betroffen bzw. als Anführer einer Gruppe von Aussätzigen findet sich in der *Ägyptischen Geschichte* des oben bereits erwähnten Manetho; dazu vgl. J. ASSMANN 2001, 54ff.

[441] Zum ausdrücklichen Bekenntnis von Nichtisraelitinnen und -israeliten zur Gottheit Israels und damit zum Exodus s.u. S. 230f.

[442] »Josephus was aware that the Romans were sensitive to the great expansion of the Jewish population, in part through proselytism. … Josephus, perhaps because of his sensitivity to the proselyting movement, omits Jethro's statement about God's greatness.« (ders. 2000, 246f., Anm. 127).

[443] So auch C. GERBER 1994, 107: »Manche Begebenheiten wie … die Verehrung des Goldenen Kalbs (Ex 32) werden ganz übergangen. Diese Auslassungen sind offensichtlich apologetisch motiviert. Hier ist es Josephus wichtiger, seinen Lesern nicht gerade mit für das Volk Israel peinlichen Erzählungen wiederum Anlässe zu judenfeindlicher Polemik in die Hand zu spielen, als wortgetreu zu überliefern.« GERBERs Einschätzung liegt jedoch noch die hier nicht geteilte Einordnung der *Antiquitates* als Apologie zugrunde.

[444] Mit P. BILDE 2004, 33: »Zusammenfassend lässt sich sagen, dass der jüdische Glaube, den Josephus in den *Antiquitates* vorstellt, weniger ethnisch, weniger oppositionell-politisch und weniger aggressiv gefärbt ist als derjenige der Bibel und als der Glaube der gegen Rom aufständischen Juden.«

[445] B. SCHRÖDER 1996, 96. G.E. STERLING 1992, 297 formuliert noch pronocierter: »The *Antiquitates* … was written *ad maiorem Iudaeorum gloriam*.« (Hervorhebung i. Text).

6.3 Mariamme, die Schwester des Knaben (Ant 2,221/9,4) – Frauen in der Exoduslektüre des Josephus

Die Verantwortung der Frauen für das Befreiungsgeschehen, wie sie die biblische Exoduserzählung gerade in den Programmkapiteln Ex 1–2 betont, fällt bei Josephus einer deutlich androzentrischen Perspektive zum Opfer:[446] Der Widerstand der Hebammen entfällt. Nicht mehr Jochebet, sondern Amram zeichnet für die Sorge um den neugeborenen Mose verantwortlich. Mirjams Rolle wird auf die der Beobachterin am Nilufer beschränkt, als Prophetin tritt sie nicht in Erscheinung.[447] Der Reihe nach:

Indem Josephus die beiden verschiedenen Stufen der Tötungsabsichten Pharaos vereint, indem somit das Einbeziehen der Hebammen Bestandteil des generellen Vernichtungsbefehls ist, ist kein Raum mehr für eine eigene Auseinandersetzung mit den Hebammen. Ihr Widerstand gegen die Absichten des Herrschers bleibt unerwähnt. Offen bleibt, warum Josephus die Hebammen überhaupt erwähnt und sie nicht wie andere nachbiblische Exoduslektüren in Gänze ›unterschlägt‹.[448]

Jochebet wird zum Objekt der Offenbarungen wie der Pläne ihres Mannes; sie selbst handelt nicht, erwähnt wird nur ihr gemeinsames Umsetzen der Ideen Amrams. Amrams Rolle wird dadurch, dass Gott ihm im Traum die künftige Bedeutung seines Sohnes offenbart, zweifellos bedeutsamer. Indem dieser er so früh in die Erzählung eingeführt wird – im Gegensatz zur biblischen Darstellung, die ihn namentlich erst innerhalb der Genealogie des sechsten Kapitels (Ex 6,20) erwähnt –, wird Amram zu einer »major figure« der Darstellung, »while his wife, Jochebet, becomes a marginal character.«[449]

Zippora findet innerhalb der Exoduserzählung der *Antiquitates* dreimal Erwähnung: zunächst als Tochter Jithros, die er dem Mose zur Frau gibt, ohne dass ihr Name genannt wird (2,263/2,11,2). Dann nimmt Mose sie mit, als er nach Ägypten zurückkehrt, Zippora wird im Wortsinn zum Objekt (παραλαβὼν τὴν Σαπφώραν …

---

[446] T. ILAN 1996 spricht sich dagegen aus, aus den Beobachtungen zur Darstellung bestimmter biblischer Figuren in den Schriften des Josephus Rückschlüsse auf seine Sicht ›der Frauen‹ zu ziehen (ebd., 224f.). Dies sei insbesondere dort schwierig, wo Josephus zweifellos aus ihm vorliegenden Quellen schöpfe. ILAN beobachtet, dass Josephus die Frauen ignoriert, wo er nur kann, gibt aber auch zu bedenken, dass angesichts der bei einigen seiner Zeitgenossen wahrzunehmenden Tendenz, Frauen stets für alles Übel der Welt verantwortlich zu machen, das Vorgehen des Josephus doch zu bevorzugen sei (262).

[447] Josephus vermeidet es, von Frauen als Prophetinnen zu sprechen; nur zwei der fünf in der Bibel als Einzelne aufgeführten Prophetinnen tragen auch in den *Antiquitates* den Titel προφῆτις: Debora (5, 201) und Hulda (10, 50.60); dazu B. MAYER-SCHÄRTEL 1995, 370ff; s. auch CH. BEGG 2005, 48, Anm. 521. Die Tendenz des Josephus, die Beteiligung von Frauen zu verschweigen, wo es geht, zeigt sich z.B. auch in seinem Umgang mit Sara; wie M.R. NIEHOFF (dies. 2004, 416–418) herausarbeitet: »[He] indeed limited her role as much as he could when retelling her story in his Jewish Antiquities.« Gegen die biblische Darstellung werde sie bei Josephus vielmehr zu einem »altogether passive tool in Josephus' story.« (a.a.O., beide Zitate 416). Ähnlich negativ fällt auch L. FELDMANs Urteil (ders. 1998, 564f.) aus.

[448] So etwa Jub und LAB, aber auch Apg 7; vgl. J. COHEN 1993, 56; s. auch L. FELDMAN 2000, 189f., Anm. 584.

[449] L. FELDMAN 2000, 190, Anm. 591 unter Bezugnahme auf J. COHEN 1993, 49. So auch B.H. AMARU 1988, 156f., die festhält: »[W]hat is maternal action in Exodus here becomes paternal decision and joint action, obviously with the wife participating under the direction of her spouse. The shift makes a minor male character in Scripture into a central figure. … Josephus not only enlarges Amram's role, but models him after Abraham by stressing the extent of his confidence in the Divine promises regarding his son's future.« (ebd., 157) Mit der ›Frauen-Perspektive‹ des Josephus befasst sich nach B. MAYER-SCHÄRTEL 1995 R. GRÜNENFELDER, die in ihrer Dissertation der Rolle der Frauen im *Bellum Judaicum* nachgeht (dies. 2003).

τοῦ ʽΡαγουήλου θυγατέρα, 2,277/2,13,1). Ihre Rettungstat auf dem Rückweg nach Ägypten (Ex 4,24–26) findet bei Josephus keine Erwähnung. Dafür ist an keiner Stelle mehr die Rede davon, Mose und seine Frau könnten getrennt sein, gar geschieden.[450] Als Jithro zum Sinai kommt, tut er dies nicht wie in der biblischen Exoduserzählung gemeinsam mit Zippora und ihren Söhnen (Ex 18,2f.) nach ihrer Trennung von Mose. Die *Antiquitates* betonen hingegen, als Jithro am Sinai ankommt: *Moyses, seine Gattin Sepphora und seine Söhne nahmen ihn freundlich auf* (3,63/3,3,1)[451] – offensichtlich war die Familie seit ihrer gemeinsamen Rückkehr nach Ägypten nicht mehr getrennt.[452]

Mirjam hat zwar einen Auftritt am Flussufer: sie vermittelt wie im biblischen Text – hier allerdings nach mehreren vergeblichen anderen Versuchen der ägyptischen Prinzessin – die leibliche Mutter als Amme für das ›Findelkind‹. Am Schilfmeer erhält sie bei Josephus jedoch keinen Raum. Zwar erwähnt er ein Lob- und Danklied der Israelitinnen und Israeliten, hält auch fest, dass sie die ganze *Nacht mit Gesang und in freudigem Jubel* verbracht hätten (2,346/2,16,4), aber er betont für das offensichtlich in dieser Nacht neu entstandene Lied eigens die Verfasserschaft des Mose:

> *Moyses selbst verfasste zur Ehre Gottes ein Lied in sechsfüssigen Versen, das Gottes Lob besang und ihm für seine Wohlthaten dankte. (2,346/2,16,4)*[453]

Neu gegenüber der biblischen Exoduserzählung ist Mirjams Familienstand: Die ledige, aufmüpfige Prophetin (vgl. Num 12) wird ersetzt durch die Ehefrau, die als Schwester des ›großen Helden‹ im Folgenden nur noch dreimal erwähnt wird. Zwei dieser drei Erwähnungen sind kurze Notizen, in denen männliche Erzählfiguren über die Verbindung zu ihr identifziert werden: zunächst Hur,[454] der z.B. in der Schlacht gegen die Amalekiter gemeinsam mit Aaron Mose hilft, seine Hände ausgestreckt zu halten (3,54/3,2,4): Er wird eingeführt als Schwager des Mose, Mann Mirjams; auch Bezalel, der Baumeister des Wüstenheiligtums, ist mit Mirjam verwandt, vermutlich ihr Enkel (3,105/3,6,1).[455] Die dritte Erwähnung lässt zumindest noch erkennen, dass Josephus um die Wichtigkeit Mirjams weiß und sie in gewisser Weise schätzt, was daran deutlich wird, dass er in deutlicher Ausweitung der biblischen Erzählung von ihrem Begräbnis in Form eines ›Staatsbegräbnisses‹ berichtet:

> *At that time the end of life overtook his sister Mariamme, who had completed her fortieth year since she had left Egypt, on the new moon of the month of Xanthikos according to the moon. They buried her lavishly at public expense on a certain mountain that they call Sin; and Moyses purified the people after they had mourned for thirty days in this manner. (4,78/4,6)*

Damit gleicht Josephus die Trauerzeit um Mirjam den biblischen Vorgaben der Trauerzeiten um Aaron (Num 20,29) und Mose (Dtn 34,8) an – die in der Bibel nicht be-

---

[450] S.o. S. 106 zur Frage, inwiefern das hier verwendete וּשְׁלֵחָים an dieser Stelle schon als Terminus Technicus für die Scheidung verstanden werden kann.

[451] Der griechische Text, dem L. Feldmans Übersetzung folgt (*And Ragouelos … went out gladly to meet him, welcoming Moyses and Sapphora and their children*), liest allerdings Jithro als Subjekt des Satzes.

[452] L. FELDMAN 2000, 246, Anm. 125 referiert A. SCHALITs Überlegungen (ders. 1944–63, z.St.): »Josephus' change is motivated by the fact that in the eyes of the Hellenistic-Roman reader it would have been a defect in Moses' character to depict him as having divorced his wife and sent away his children, expecially because of the concern of Augustus and his successors for the strengthening of family life«.

[453] Mirjams Lied teilt das Schicksal des nicht Erwähntseins mit dem Lied Deboras. L. FELDMAN 2000, 230, Anm. 893, erwägt, dass diese Auslassungen »may reflect Josephus' misogyny«.

[454] Nach bSot 11b war Kaleb der Mann Mirjams und Hur ihr gemeinsamer Sohn; vgl. auch 1 Chr 2,19, wonach Kaleb mit Ephrata verheiratet ist, welche in rabbinischer Tradition mit Mirjam identifiziert wird (ExR 40,4); s.u. S. 221.

[455] Vgl. die Diskussion bei L. Feldman 2000, 258, Anm. 235. Die Manuskripte lesen hier zwar *Sohn* (υἱός); nachdem Ant 3,54/6,1 aber Ur als Mann Mirjams vorgestellt hat und dieser nach Ex 31,2 der Großvater Bezalels gewesen ist, ist die Lesart *Enkel* die wahrscheinlichere.

klagte Prophetin, die sich Zeit ihres Lebens der Solidarität des Volkes, für das sie einstand, gewiss sein konnte,[456] stirbt in den *Antiquitates* als ehrbare, vom Volk hoch geachtete Frau. Ist das nur ein Zugeständnis an die Hochachtung, die Mirjam bei den Zeitgenossinnen und -genossen des Josephus genoss oder mehr als das?[457]

6.4 Von hehren Absichten und edlen Gefühlen – zur Emotionalisierung und Moralisierung des biblischen Erzählstoffes in den Antiquitates

Grundsätzlich lässt sich sagen:»Josephus weicht nahezu durchgängig von der stilistischen Schlichtheit und inhaltlichen Knappheit der biblischen Darstellung ab«.[458] Zählt es zu den hervorstechenden Eigenschaften biblischen Erzählens, dass die Erzählungen nahezu emotionslos anmuten – oder zumindest Emotionen auf einer ganz anderen Ebene ausgedrückt werden als es unseren Konventionen entspricht – so ist Josephus wiederholt darum bemüht, den Leserinnen und Lesern seines Werkes einen Einblick in die innere Verfasstheit der von ihm dargestellten Erzählfiguren zu ermöglichen, seine Darstellung mit Hilfe von Adjektiven und adverbialen Bestimmungen sowie emotionalen Verben ›aufzuladen‹.[459]

> »Josephus erzählt die jüdische Geschichte überwiegend anhand des Lebenslaufs berühmter Gestalten. Mit anderen Worten: Geschichte und Biographie gehen ineinander über. … Die personenzentrierte Darstellung erlaubt es ihm, das ganze Spektrum novellistischer Erzähltechnik anzuwenden, etwa Spannung aufzubauen, psychologische Eigenschaften oder Motive eines Charakters herauszuarbeiten, starke Emotionen wie Furcht, Eifersucht oder Haß zu artikulieren, oder auch erotische Elemente einzufügen, um das Interesse des Lesers wachzuhalten … Die vielseitigsten Möglichkeiten, alle diese Elemente in die Darstellung einzubringen und auch das Tempo der Erzählung zu steuern, bietet die Komposition von Reden. Die biographisch orientierte Darstellung gibt Josephus die Möglichkeit, in jede beliebige Erzählsituation Reden einzubauen.«[460]

---

[456] S. dazu die Überlegungen zum Verhalten des Volkes in Num 12 oben S. 104ff.

[457] Es wird wohl jeder Rezipientin und jedem Rezipienten überlassen bleiben zu entscheiden, welche Version sie oder ihn mehr zu faszinieren vermag.

[458] B. SCHRÖDER 1996, 93; ähnlich schon P. KRÜGER 1906, 15. Auch S. MASON 2000b, XXXII–XXXIV beschreibt, wie Josephus biblische Geschichte biographisiert und damit zugleich moralisiert; damit müssen für ihn die Adressatinnen und Adressaten der *Antiquitates* aus einer Gruppe stammen, die mit Josephus übereinstimmten in den »common moral-philosophical assumptions of their time and place, to appreciate Josephus' relentless moral judgements.« (ebd.).

[459] Vgl. etwa 2, 208; Josephus beschreibt ausführlich die Reaktionen der Israelitinnen und Israeliten auf den Tötungsbefehl Pharaos, ihr Erleben der Bedrohung und die Angst vor der Auslöschung ihres gesamten Volkes. Diese im griechischen Text bereits deutlich zu beobachtende Tendenz ist in der Übersetzung von HEINRICH CLEMENTZ sehr präsent, wird hier zum Teil eher noch verschärft, während die englische Neuübersetzung im Rahmen des Brill-Josephus-Projektes um eine spürbar nüchternere Sprache bemüht ist.

[460] S. MASON 2000a, 124f. Diese vor allem durch Josephus bzw. die christliche Josephusrezeption ›berühmt‹ gewordene Form der ›Heroen-Geschichtsschreibung‹ – andere antike Autoren wie z.B. Xenophon, die ähnlich arbeiteten, sind in der christlichen Tradition bei weitem nicht so breit rezipiert worden – wird kritisch von R. GRÜNENFELDER 2004, 12 hinterfragt: »Wenige wichtige Männer und ihre Waffen stehen im Zentrum, die Geschichten, Lebenswünsche und Handlungsmöglichkeiten aller anderen bleiben namenlos. Diese Weise, auf die Welt, die Menschen und die Geschichte zu blicken, hat Josephus nicht erfunden. … Da er aber die Zeit der Grundschrift des Christentums, des Neuen Testaments, entsprechend beschrieben hat, ist er einer der wichtigsten Übermittler dieser Tradition geworden, die bis heute in unserer Kultur als Standard gilt.« Folgerichtig fordert sie für die Zukunft einen Umgang mit den Schriften des Josephus, der eine weitere Perspektive zulässt:»Gemeinsam lassen sich Strukturen von Kriegsberichten und Baupläne, die sich für ausgrenzende, frauenfeindliche Geschichten anbieten, entlarven; gemeinsam können wir uns darin üben, Frauen, Kinder und alte Leute nicht nur als Opfer abzubilden, sondern sie zentral mit ihren Lebensgesten und -wünschen in die Geschichten einzutragen. Wir können die leisen Stimmen des Widerstands und der Solidarität in den Werken des Josephus aufspüren.« (ebd., 17).

Neben diese Art der Darstellung einzelner Erzählfiguren tritt die Vorliebe des Verfassers, sich in seine Nacherzählung mit Kommentaren einzuschalten, die der Generalisierung konkreter Erfahrungen dienen und im Regelfall eine moralisch-ethische Beurteilung der Situation explizit oder implizit enthalten: Dem Tötungsbefehl des ägyptischen Herrschers, der auf die Weissagung des Befreiers für Israel folgte, und der Beschreibung der Angst und Not, in die dieser Befehl die Israelitinnen und Israeliten stürzte (2,206–208/2,9,2), lässt er die Bemerkung folgen:

> »*Aber gegen Gottes Ratschluss kann man nicht ankämpfen, wenn man auch tausend Listen dagegen ersinnt.*« (2,209/ 2,9,2)

Bevor Thermoutis auf den Plan tritt,[461] schaltet der Erzähler sich erneut ein, bereitet seine Leserinnen und Leser darauf vor, dass in der nächsten Szene Entscheidendes geschehen wird:

> *Und jetzt bewies Gott, dass menschliche Klugheit nichts vermag, sondern dass er alles nach seinem Willen zum besten wenden kann, und dass diejenigen, die zu ihrer Sicherheit anderen Verderben bereiten wollen, auch bei grösster Beharrlichkeit nicht zum Ziele gelangen, dass hingegen diejenigen, die nach Gottes geheimem Ratschluss verloren zu sein scheinen, wider Erwarten gerettet und mitten aus der Drangsal zum Glücke geleitet werden können. So wird auch aus dem Schicksal dieses Knaben Gottes Allmacht kund und offenbar.* (2,222f./2,9,5)

Das Eingreifen des Mose zugunsten der Töchter Jithros behält Josephus in seiner Nacherzählung bei,[462] diese Frauen bleiben Bestandteil der ›Geschichte Israels‹, wie er sie seinem Publikum vorstellen will – es darf jedoch spekuliert werden, ob sie nicht eben wegen ihrer Hilfsbedürftigkeit Bestandteil der Erzählung bleiben: Die unerreichte Größe des Mose wird in einer derartigen Szene zweifelsfrei sichtbar. Für den Verfasser lässt sich hier mehr zeigen als diese eine konkrete Erfahrung – es geht um den Grundsatz, darum, wie sich ›ehrbare Männer‹ gegenüber ›jungen Frauen‹ (παρθένοι) zu verhalten haben:

> *Moyses, considering it dreadful to overlook the injustice to the girls and to allow the force of the men to prevail over the right of the maidens, restrained those who sought to be greedy, and offered fitting help to the girls.*[463] (2,260/2,11,2)

Als schließlich die ägyptische Armee den fliehenden Israelitinnen und Israeliten nachsetzen will, die bereits unversehrt am anderen Ufer angekommen sind, gibt Josephus im Voraus die Erklärung dafür, warum ihr Vorhaben scheitern muss:

> *Sie hatten aber außer acht gelassen, dass der Weg nur für Hebräer, nicht aber für andere geschaffen worden, und dass er zur Erlösung der Gefährdeten, nicht aber für die bestimmt war, die ihn zum Verderben anderer benutzen wollten.* (2,342/2,16,3)

Diese Beispiele konnten vor Augen führen, wie es dem Verfasser der *Antiquitates* gelingt, seine Sichtweise nicht nur indirekt über die Reden der handelnden Charaktere, sondern auch ganz direkt über wertende ›Einschaltungen‹ zum Ausdruck zu bringen.

---

[461] S.o. S. 194.

[462] S.o. S. 195.

[463] Zum Vergleich die deutsche Übersetzung der Stelle: *Moyses aber, der es für unwürdig hielt, das Unrecht, das den Jungfrauen angethan wurde, ruhig geschehen zu lassen und zuzugeben, dass die rohe Gewalt der Männer mehr gelte als das gute Recht der Jungfrauen, leistete den Hirten Widerstand und half den Mädchen, wie es sich geziemte.*

6.5 Moyses aber übertraf zweifellos an Seelengröße ... alle anderen Hebräer *(Ant 2,229/2,9,6) – Notizen zur Darstellung des Mose in den* Antiquitates

Entsprechend der gerade skizzierten grundsätzlichen Vorgehensweise des Josephus, die Geschichte Israels als Geschichte der Biographien ›großer Männer‹ zu erzählen, wird Mose in der Exoduslektüre der *Antiquitates* zum – fast ausschließlich allein handelnden – Helden des Exodus, dessen herausragendste Eigenschaft seine alle anderen übertreffende ἀρετή ist.[464] Vor der Nennung einzelner Stellen sei hier der zusammenfassenden Betrachtung von LOUIS H. FELDMAN Raum gegeben:

> »a nation can succeed only if it has the proper leadership, inasmuch as the masses cannot be trusted. A leader must devote his full attention to the needs of his people. ... that is ... how the Jewish people became a great nation, having as its leader the great Moses. Indeed, Josephus downgrades the role of Aaron, so that he, rather than Aaron, performs miracles (Ant. 2.280, 284, 287). He is the incomparable patron and protector of the people, as the people realized while he was gone for forty days (Ant 3.98). Despite the occasional ugly mood of the people toward him, he, the psychologist, was able to analyze the cause of their depression (Ant 3.310) and to inspire faith in his teachings (Ant 3.317). He could have chosen to live a life of ease, but chose instead to share his people's perils (Ant 4.42).«[465]

Schon die Umstände seiner Geburt wie auch seine Schönheit, die dazu führt, dass von klein auf alle verzaubert sind, die ihm begegnen,[466] zeichnen ihn als besonderen Menschen aus. Das Publikum, später die Leserinnen und Leser der *Antiquitates*, weiß jedoch schon aus dem Vorwort um die Unvergleichbarkeit des Mose:

> *Daher ermahne ich diejenigen, welche diese Bücher lesen wollen, ihren Sinn auf Gott zu richten und acht zu haben, wie unser Gesetzgeber die Natur Gottes geziemend aufgefasst und ihm nur solche Thaten beigelegt hat, die seiner Macht würdig sind (1,15/1,Vorwort,3)*

Dieser Mose handelt allein. Von denen, die in der Exoduserzählung der Schrift mit ihm zusammen arbeiten und/oder ihn unterstützen, erzählt Josephus kaum. Das gilt in besonderer Weise für die Frauen der Exoduserzählung,[467] von deren Taten Josephus so wenig wie irgend möglich erwähnt – um des Zieles willen, das Licht des Mose noch heller erstrahlen zu lassen.

Aber nicht nur die biblischen Frauenfiguren erleben eine der Herausstellung des Mose geschuldete ›Degradierung‹: So kommt z.B. Aaron zwar die große Ehre des ersten Priesters zu – und das ist angesichts der Hochachtung der Priester, die sich z.B. in der Nennung aller Hohepriester zeigt, nicht wenig, wobei eine der drei Schlüsselqualifikationen für dieses Amt nach Josephus gerade in der ἀρετή seines Bruders besteht (3,192/8,1).[468] Die Aaron zu Beginn der Exoduserzählung der Schrift zugeteilte Rolle des Propheten für Mose, desjenigen, der für ihn spricht und seinen

---

[464] Belegstellen s.o. S. 193, Anm. 415. C. GERBER 1994, 107 sieht darin modellhaft die ›Hellenisierung‹ des biblischen Erzählstoffes durchgeführt.

[465] Ders. 1998, 551.

[466] Zur Geburt des Mose sowie zu seiner alle anderen Menschen verzaubernden Schönheit S. 194f.

[467] S.o. S. 199. B.H. AMARU 1988, 168 sieht z.B. die Darstellung Mirjams wie Zipporas gleichermaßen »diminished and flattened.« »All these deletions ultimately enhance the characterization of Moses, who consequently needs neither share the stage with a ›prophetess‹ nor be the object of chastisement by a woman, be she wife or sister.« (ebd.).

[468] Insofern trifft L. FELDMANs Beurteilung unbedingt zu: »By emphasizing as one of his [Aarons; K.S.] qualities the fact that he had a meritorious brother, Moses, Josephus elevates Moses and diminishes the status of Aaron.« (ders. 2000, 283, Anm. 501).

Auftrag dem Volk wie Pharao verkündet, fällt in den *Antiquitates* jedoch weg.[469] Mose selbst ist ein so guter Rhetor, dass es nicht plausibel erschiene, ihm jemanden zur Seite zu stellen, der ihn in dieser Hinsicht unterstützt.

Damit ist ein weiterer Aspekt bereits angesprochen: Josephus erwähnt an keiner Stelle ein Defizit des Mose. In der Berufungsszene gründet sein vorsichtiger Einwand nicht in der Wahrnehmung eigener Unfähigkeit, sondern stellt sich eher als Zeugnis seiner Bescheidenheit dar;[470] von persönlichen Defiziten, von der Angst davor, dass niemand ihm glauben würde, findet sich bei Josephus nichts, von einem – gar körperlichen – Manko ist nicht die Rede. Ebensowenig erzählt Josephus davon, wie Mose verzweifelt, wie er Gott um Hilfe bittet. Das ist insbesondere auffällig angesichts der Beobachtung, dass die Darstellung der *Antiquitates* in anderen Fällen deutlich emotionaler, moralischer ist als die biblische Exoduserzählung. Doch weder wendet Mose sich nach der ersten Begegnung mit Pharao und dem daraus resultierenden, allerdings kaum noch als solchem erkennbaren, Konflikt mit den Israelitinnen und Israeliten an Gott (2,290/13,4) – eine Reaktion, die in der Schrift unmittelbar erfolgt und mit einer heftigen Anklage verbunden ist (Ex 5,22f.) –, noch erfolgt eine derartige Wendung in dem Moment, in dem Mose sich der Bedrohung ausgesetzt sieht, von den Menschen gesteinigt zu werden, deren Verzweiflung angesichts der Hoffnungslosigkeit ihrer Situation in Aggression umschlägt (2,326–333/15,4f.). Zwar erzählt auch die Schrift nicht explizit von einem Gebet des Mose, die Reaktion JHWHs aber lässt doch den Schluss zu, dass auch Mose als in das Schreien der Israelitinnen und Israeliten mit einbezogen gedacht ist (Ex 14,10). Josephus betont sehr viel stärker die Fürsorge des Mose für Israel und die Unbedingtheit seines Gottvertrauens. Zugleich nutzt er die Situation zur Einarbeitung einer Rede, die mehr denn als momentanes Mutzusprechen Zeichen einer Grundsatzparänese trägt. Angesichts des frappierenden Unterschiedes zwischen der Betonung der Schrift, Mose habe zur Vermittlung seiner Botschaft Aarons bedurft (Ex 4,14–16),[471] und den rhetorischen Qualitäten, mit denen die *Antiquitates* ihn ausgestattet sein lassen, lohnt es sich dieser Rede viel Raum zu geben:

»Es wäre schon unbillig, wenn ihr M e n s c h e n, die bis jetzt eure Angelegenheiten gut verwaltet haben, misstrauen würdet, gleich als ob sie in Zukunft dazu weniger geeignet wären; um wie viel thörichter wäre es da, an G o t t e s Vorsehung zu verzweifeln, der euch alles gewährt hat, was er euch durch mich zu eurem Heile und in Hinsicht eurer Erlösung aus der Knechtschaft gegen alle eure Erwartung verheissen hat. Vielmehr geziemt es euch, in eurer jetzigen Notlage auf Gottes Hilfe zu bauen. Denn nur deshalb hat er eure Einschliessung in diesen Engpass zugelassen, um euch gegen eurer Feinde Erwarten aus dieser Gefahr zu erlösen und euch dadurch seine Allmacht und besondere Fürsorge zu beweisen. Gott erzeigt nämlich denen, auf die er mit Wohlgefallen sieht, nicht nur in kleinen Angelegenheiten seine Hilfe, sondern erst recht dann, wenn die Menschen jedwede Hoffnung auf Besserung ihrer Lage aufgegeben haben. Vertraut daher fest auf einen solchen Helfer, der aus Kleinem Grosses zu erzeugen und auch die Kraft solcher gewaltigen Heeresmassen zu schwächen vermag, mit denen*

---

[469] Ant 3,192/8,1 nennt als zweite Schlüsselqualifikation allerdings auch die προφητεία. Zur engen Verknüpfung, die im Denken des Josephus zwischen Prophetie und Priesteramt besteht, vgl. L. FELDMAN 1990, 419–421 sowie S. MASON 1991, 269f.

[470] Die Einwände des Mose lauten, sein Status sei nicht mächtig genug, sein Einfluss reiche nicht aus, um dieses Ziel zu erreichen (2,264–276/12,1-4). Erneut betont Josephus die Bescheidenheit des Mose in 3,212/8,8: *Having declined every honor that he saw that the multitude was ready to bestow upon him, Moyses devoted himself exclusively to the veneration of God ... behaving as an ordinary person and conducting himself both in dress and in all other respects just like a common man and desiring to seem to be different from the majority in no respect other than this alone, to be seen caring for them.* Dies ist die einzige Stelle in den *Antiquitates*, an der eine Anspielung auf Num 12,8 vorliegen könnte.

[471] Dass diese Auffassung schon innerbiblisch allein durch das Buch Deuteronomium in Frage gestellt wird, ändert nichts daran, dass der von Mose am Dornbusch vorgebrachte Einwand von JHWH ernstgenommen wird.

euch die Aegyptier schrecken. Wollet auch nicht verzweifeln, weil euch durch Meer und Berge die Flucht abgeschnitten ist; denn wenn Gott will, werden die Berge in Ebenen und das Meer in trockenes Land verwandelt werden.« (Ant 2,330–333/2,16,5)

Zwar ist die Gefahr damit für den Augenblick ›gebannt‹; wenig später schon wächst aber der Unmut des Volkes wieder; erneut droht die Steinigung. Diesmal greift Josephus zu einem anderen Mittel. Zunächst lässt er die Erzählstimme die besonderen Qualitäten des Mose hervorheben: Dieser sei *von imponierender Erscheinung* gewesen und habe die *Gabe* besessen, *durch natürliche Beredsamkeit auf Volksmassen einzuwirken* (3,133/1,4). Im Anschluss daran folgt erneut eine Rede, dargeboten aber nicht als direkte Rede, sondern in indirekter Form, an deren Ende Mose den Menschen seine Selbstlosigkeit demonstriert:

Endlich sei er nicht um sein eigenes Wohl besorgt, denn für ihn sei es kein Unglück, wenn er ungerechterweise sterbe; vielmehr liege ihm ihr Wohlergehen am Herzen, da sie, wenn sie ihn steinigten, in Wahrheit Verächter Gottes sein würden. (3,21/3,1,4)

Auch diesmal erreicht der Redner Mose sein Ziel.[472]

Ein weiterer von Josephus betonter Wesenszug des Mose, in gewisser Hinsicht eine eigene Spielart seiner unbedingten Wahrheitstreue,[473] besteht in seinem Gespür für Gerechtigkeit, das sich auch darin zeigt, wie er die Verdienste anderer zu würdigen weiß und ihre Ideen nicht als eigene ausgibt. Beispielhaft hierfür ist die Umverteilung der Verantwortlichkeiten im Lager Israels, die Mose auf den Rat Jithros hin vornimmt (3,66–73/3,4,1–2). Abschließend betont Josephus, dass Mose selbst in der Schrift schon die Urheberschaft Jithros hervorgehoben habe, denn – so der Transfer – Mose habe darum gewusst, wie wichtig es ist, wahrhaftig zu sprechen, auch wenn er selbst für derlei Dinge großes Lob hätte ernten können (3,74).[474]

Mose tritt in den *Antiquitates* an keiner Stelle unbeherrscht auf: Josephus erwähnt nicht, dass Mose den ägyptischen Aufseher erschlagen habe,[475] und lässt aus eben diesem Grund auch Ex 32 aus.[476]

Von Seiten der Erzählstimme also keinerlei Kritik an Mose, kein Schatten, der auf seine strahlend weiße Weste fällt;[477] da nimmt es nicht wunder, dass sein Tod das ganze Volk in abgrundtiefe Trauer stürzt (4,330/8,49) – und, dass in den *Antiquitates* offen bleibt, was es mit dem Ende des Mose auf sich hat:

---

[472] Vgl. auch Ant 3,316/15,2. Zur im Gegensatz zur hier formulierten Hochschätzung Jithros fehlenden Passage über Jithros Bekenntnis zu JHWH (Ex 18,10f.) s.o. S. 198.

[473] Diese wird in den *Antiquitates* wiederholt hervorgehoben; vgl. etwa 4,303/4,8,44 in Bezug auf die Vorhersagen des Mose, in denen er an keiner Stelle von der Wahrheit abgewichen sei.

[474] Vgl. auch Ant 4,157f./6,13;

[475] S.o. S. 196.

[476] Dieses Motiv tritt sicherlich neben die oben bereits thematisierte Absicht, Israel nicht negativ zu zeichnen (s.o. S. 198): »One biblical episode that seems to contradict the image of Moses as self-controlled is that in which Moses, descending from Mount Sinai, sees the people dancing around the golden calf … Josephus omits this whole incident, not only, we may suggest, because it reflects badly upon the Israelites as a fickle people but also because it casts Moses himself as a hot-tempered leader.« (L. FELDMAN 2000, 256, Anm. 216; so auch M. HADAS-LEBEL 1995, 419).

[477] Allerdings sieht sich Mose von Seiten anderer handelnder Charaktere wiederholt mit heftigen Vorwürfen konfrontiert: Korach wirft Mose Tyrannei vor (4,39/2,2); ähnlich Zimri (5,146.148f./6,11), der – seiner Ehe mit der Midianiterin angeklagt, wenn Mose es auch vermeidet, konkrete Männer namentlich zu nennen – sich erhebt und Mose Tyrannei wie Unredlichkeit vorwirft: *Lebe du selbst, Moyses, nach deinen Gesetzen, für die du so sehr eiferst und die du durch die Macht der Gewohnheit befestigt hast. Wäre dem nicht so, so hättest du selbst schon oft dafür gebüsst und gelernt, dass du nicht ungestraft die Hebräer betrügen kannst. Ich wenigstens werde mich deinen tyrannischen Vorschriften nicht fügen. Bis jetzt hast du nichts anderes erstrebt, als unter dem Vorwande göttlicher Gesetzgebung uns zu knechten, dir aber durch allerlei Ränke die Herrschaft zu sichern. Du hast uns dasjenige geraubt, was einem freien und freiheitsliebenden Volk eigen ist, das keinen Herrn über sich erkennt. Wahrlich, mehr als die Aegyptier bedrängt uns der Mann, der das, was wir aus freien Stücken thun würden, unter den Zwang von Gesetzen stellen und danach bestrafen will.* Der Gedanke, dass Mose selbst mit der Heirat der kuschitischen/äthiopischen Frau gegen die Gebote verstoßen habe, findet sich auch in bSanh 82a. Zur Diskussion um die kuschitische Frau, wie sie in Num 12 geführt wird, s.o. S. 104ff.

*While he was biding farewell to Eleazaros and Iesous, and was still conversing with them, a
cloud suddenly stood over him and he disappeared in a certain ravine. (4,326/8,48)*

In der Schrift aber, so Josephus, habe Mose trotzdem seinen Tod beschrieben, zum
Besten des Volkes, damit niemand die irrige Meinung vertrete, sein Eingang in ›das
Göttliche‹ sei seiner besonderen ἀρετή zu verdanken:

*But he has written of himself in the sacred books that he died because he was afraid that they
might dare to say that because of the abundance of the virtue surrounding him he had gone up to
the Divinity. (ebd.)*

Josephus nutzt die Gunst des Augenblicks und schließt den dem Leben des Mose
gewidmeten großen Abschnitt seines Werkes mit einem langen Lobpreis:

*An Geistesschärfe übertraf er alle Menschen, die je gelebt haben, und geschickt im Erdenken von
Plänen, besass er auch eine wunderbare volkstümliche Beredsamkeit. Seine Stimmungen
beherrschte er in solchem Grade, dass sie in ihm gar nicht vorhanden zu sein schienen, und dass
er ihre Namen mehr deshalb, weil er sie bei anderen Menschen sah, als von sich selbst her zu
kennen schien. Er war ein vorzüglicher Feldherr und ein Seher, wie kaum ein zweiter, sodass,
wenn er redete, man Gott selbst sprechen zu hören vermeinte. (4,328f./8,49)*

Etwas von Moses Ruhm strahlt auch auf seinen Nachfolger Josua ab, wie bereits in
seiner ersten namentlichen Erwähnung, hier als Anführer des israelitischen Heeres
im Kampf gegen die Amalekiter, deutlich wird, wenn Josephus den Josua in Aufzählung seiner fünf »crucial qualities«[478] bezeichnet als:

*extrem mutig,[479] fähig, härteste Belastungen auszuhalten,[480] überaus begabt in Denken und
Reden,[481] in außergewöhnlichem Maße für Gott zur Verfügung stehend, weil er Mose zu seinem
Lehrer in bezug auf die Frömmigkeit/den Glauben an ihn (Gott) gemacht hatte[482] und schließlich
auch noch geschätzt von den Hebräerinnen und Hebräern[483] (3,49/3,2,3; Übersetzung K.S.)*

Langer Preisung kurzer Sinn: ein Mann, der in allen Lebensbereichen brilliert. Das
hebt der Verfasser der *Antiquitates* in seinem abschließenden Lobpreis des Josua
dann auch noch einmal hervor:

*He was a man not lacking in sagacity, nor unskilled in explaining his thoughts clearly to the
many; rather, he was extraordinary in both these respects. He was great-souled and most daring
in the face of tasks and dangers, most competent too in guiding the affairs of peacetime, and being
at all times in conformity with virtue. (5,118/5,1,29)[484]*

Die Schrift weiß solche Loblieder auf Josua nicht zu singen. Dennoch bringt Josephus
letztlich damit nur zum Ausdruck, was die biblischen Erzählungen implizieren – in
ein sprachliches Gewand gekleidet bzw. in Begriffe gefasst, die seinem Publikum

---

[478] L. FELDMAN 2000, 243, Anm. 97.

[479] ἀνδρειότατος, *tapfer/most courageous.*

[480] πόνους ὑποστῆναι γενναῖον, *abgehärtet/excellent in enduring toil.*

[481] νοῆσαι τε καὶ εἰπεῖν ἱκανώτατον, *im Denken und Reden energisch/most capable in understanding and in
speech.* Im Gegensatz zu LAB 20,2, wo festgehalten ist, dass Josua nach dem Tod des Mose erst
dessen Weisheit (symbolisiert durch seine Kleidung) übernimmt, zeichnet sein großes
Denkvermögen Josua in den *Antiquitates* schon von Beginn an aus; mit L. FELDMAN 2000, 242f.,
Anm. 94.

[482] θρησκεύοντα τὸν θεὸν ἐκπρεπῶς καὶ Μωυσῆν διδάσκαλον τῆς πρὸς αὐτὸν εὐσεβείας πεποιημένον,
*sich durch treue Verehrung Gottes auszeichnete (Moyses selbst hatte ihn hierin unterwiesen)/one who
worshipped God outstandingly and who had made Moyses his teacher of piety toward Him.* Hier wird
erneut deutlich, dass die englische Übersetzung sehr viel genauer arbeitet als CLEMENTZ.

[483] τιμώμενόν τε παρὰ τοῖς Ἑβραίοις, *bei den Hebräern in hohen Ehren stand/was honored among the
Hebrews.*

[484] Die gleiche Stelle im anderen Sprachstil der CLEMENTZ'schen Übersetzung: *Er war ein Mann, dem es
weder an Einsicht noch an der nötigen Beredsamkeit fehlte, um seine Gedanken dem Volke klar zu machen;
vielmehr besass er beides in hohem Masse. In gefahrvollen Unternehmungen tapfer und starkmütig, war er im
Frieden ein geschickter Ratgeber und von allzeit erprobter Tüchtigkeit.* Vgl. auch die Einsetzung Josuas als
Nachfolger des Mose 4,165/7,2.

vertraut waren.[485] Etwas allerdings ist angesichts der Einzigartigkeit des Mose ausgeschlossen: Einen erneuten Bundesschluss unter Josua (vgl. Jos 24) darf es bei Josephus nicht geben.

6.6 Moyses zeigte, dass Gott die Tugend rein und unbefleckt besitze (2,23/2,1,4) – zur Darstellung der Gottheit Israels in den Antiquitates

Grundsätzlich tendiert Josephus dazu, Gott nicht als ›Person‹ zu schildern, die in der Erzählung als Subjekt in Beziehung zu anderen handelnden Charakteren tritt. In seiner Darstellung bleibt Gott im Hintergrund, zeichnet zwar für die Unausweichlichkeit des Eintreffens der ›Heilsgeschichte‹ verantwortlich, greift jedoch seltener als im biblischen Text aktiv in das Geschehen ein.

> »[G]enerally Josephus de-emphasizes the role of God, presumably in order to win the favor of his rationalistic readers.«[486]

Für Josephus ist also weniger das unmittelbare Agieren Gottes von Interesse, sondern vielmehr das »Motiv der göttlichen Providenz«.[487] So kann er im Vorwort der *Antiquitates* angeben, es sei angesichts der Geschichte, die er in seinem Werk erzähle, ein Leichtes, der Art und Weise auf die Spur zu kommen, wie sich Geschichte als von Gott geleitete erweise:

> *Im allgemeinen kann man leicht aus dieser Geschichte entnehmen, dass denjenigen, die Gottes Willen befolgen und seine wohlgemeinten Gesetze zu übertreten sich scheuen, alles wider Erwarten zum besten gedeiht und der Lohn der Glückseligkeit Gottes winkt, dass hingegen die, welche von der treuen Beobachtung der Gesetze abweichen, das unüberwindlich finden, was sonst leicht erscheint, und das Gute, das sie zu thun unternehmen, in heillose Verwirrung umschlagen sehen. (1,14/1,1,3)*[488]

Wiederholt arbeitet Josephus in seine Erzählung Kommentare dazu ein – sei es mit der Erzählstimme, sei es in Reden handelnder Erzählfiguren – wie Gottes πρόνοια, seine Vorsehung, die zugleich ein bewahrendes Begleiten beinhaltet, dafür sorgt, dass es Israel gut geht.[489] So erinnert Mose die Menschen, als sie in der Wüste, auf dem Weg zum Sinai, Hunger und Durst leiden und ihn steinigen wollen, daran, wie

---

[485] Mit CH. BEGG 2005, 29, Anm. 314. »Such eulogies are a recurrent feature in Josephus' presentation of the heroes of his history. They serve to drive home the point that the Jews did indeed have their great men, possessing all the key virtues prized by his Greco-Roman readers.«

[486] L. FELDMAN 2000, 194, Anm. 614. Vgl. auch ders. 1998, 568 sowie B.H. AMARU 1988, 143.

[487] C. GERBER 1997, 17 in Anlehnung an H.W. ATTRIDGE 1976, 29ff. »Gott wird nicht an sich Thema, sondern in seiner Beziehung zu den Menschen. Die Vorsehung Gottes geschieht durch die Allianz mit Israel, aber sie gilt der ganzen Welt – im Unterschied zu dem biblischen Konzept des Bundes Gottes mit Israel, das auffälligerweise bei Josephus fehlt [so H.W. ATTRIDGE 1976, 79ff; K.S.].« (Dies., a.a.O.).

[488] Ganz ähnlich hält Josephus noch einmal in 1,20/1,Vorwort,4 fest, Mose hätte mit seiner ›Verfassung‹ keinen Erfolg haben können, wenn die Menschen nicht zunächst verstanden hätten, *dass Gott, da er aller Herr und Vater ist und alles sieht, denjenigen, die ihm gehorchen, ein glückseliges Leben verleiht, diejenigen aber, die vom Pfade der Tugend abweichen, ins grössten Elend versinken lässt. (...they had been taught before all else that God, who is the Father and Lord of all and who looks upon all things, grants a happy life to those who follow Him and surrounds with great misfortunes those who transgress virtue.)* Vgl. ferner z.B. 4,114

[489] Dazu grundlegend W. ATTRIDGE 1976, 67–70. Josephus' Betonung der ἀρετή, die in den *Antiquitates* einen der zentralen Termini der Auszeichnung darstellt, ist insbesondere daher auffällig, dass es im zeitgenössischen Rom, vor allem unter Domitian, nicht die sicherste Lebensweise war, auf diese ›Kardinaltugend‹ zu insistieren. »Diejenigen, die es mit der Tugend zu weit trieben, die zu freimütig redeten, waren oft bald darauf tot oder im Exil.« S. MASON 2000a, 119.

Gottes Vorsehung sie am Schilfmeer gerettet habe (3,19/3,1,4), und so verkündet es z.B. auch Bileam (4,114/4,6,4f.).

Gottes Präsenz ist also vorausgesetzt, Gottes Plan als ›weltwaltend‹ gedacht – als ›Person‹ jedoch tritt Gott kaum in Erscheinung, sondern nimmt eher die Gestalt einer philosophischen Idee an, die zugleich Züge von ›Vorsehung‹ wie ›Schicksalsmacht‹ trägt.[490] Diese Art der Theologie – sofern die Kategorie hier überhaupt noch zutrifft – trifft in der Umwelt des Josephus vermutlich auf offene Ohren, war doch, so vermutet zumindest STEVE MASON, der Eindruck der römischen Umwelt ohnehin, dass die Jüdinnen und Juden – angesichts der Tatsache, dass sie keine ›typischen‹ Kulthandlungen wie z.B. Opfer vollzogen – eher einer Philosophie anhingen.

> »Die jüdische Kultur erschien manchem Außenstehenden als philosophische Lebensweise ... Außerhalb von Jerusalem hatten die Juden keinen direkten Zugang zu Tempel und Opferkult. Statt dessen trafen sie sich im gesamten Mittelmeerraum in einfachen Häusern oder unter freiem Himmel, an ›Gebetsplätzen‹ oder in ›Synagogen‹, um zu studieren, Lesungen zu hören, zu beten und ethische Fragen zu diskutieren. Es schien so, als glaubten sie an den Gott der Philosphen, die hinter der gesamten Natur stehende Kraft, für die es keinen angemessenen bildlichen oder sprachlichen Ausdruck gab.«[491]

Der in der Kapitelüberschrift zitierte Satz erlaubt einen noch anders gearteten Einblick in das Verhältnis von Theologie und Anthropologie in den *Antiquitates*: Während von Gottes Tugend (ἀρετή) im gesamten Werk nur dreimal die Rede ist,[492] betont Josephus die Tugend des Mose stolze 21mal[493] – entweder ist Mose so tugendhaft, dass Gott selbst noch von ihm lernen kann. Oder hier prallen zwei so grundverschiedene Kategorien aufeinander, dass sie nicht mit denselben Wert- und Bewertungskriterien zu fassen sind. Angesichts der beschriebenen Elemente, mit Hilfe derer Josephus die Gottheit Israels eher als ›Prinzip der Vorsehung‹ beschreibt denn als personhaftes Subjekt, spricht einiges für die letztgenannte Möglichkeit.

Offensichtlich ist es Josephus darum zu tun, Israels Gott in seiner Exoduslektüre von allen ›dunklen‹ Seiten zu befreien. So erzählt er weder die Szene, nach der Gott Mose auf dem Rückweg nach Ägypten töten will (Ex 4,24–26), noch lässt er ihn selbst – und sei es in Gestalt eines Engels – in den letzten Schlag gegen Ägypten involviert sein, sondern formuliert deutlich distanzierter *God ... sent the pestilence upon the Egyptians*, um bei einer unpersönlichen Formulierung zu enden: *on that night the annihilation of the firstborn came upon the Egyptians* (2,313/14,6).

6.7 ... weil Gott dadurch die Wahrheit dessen, was Moyses verkündet hatte, erweisen wollte *(Ant 2,293/2,14,1)* – zu den Plagen in den Antiquitates

Josephus erzählt die Plagen ausführlich und knapp zugleich. Einerseits gibt er ihrer Darstellung großen Raum (2,293–314/14), schmückt manches Detail aus. Andererseits kommt es in der gesamten Plagendarstellung zu keiner ›Live-Kommunikation‹; wörtliche Rede fehlt. Die Auseinandersetzungen zwischen dem ägyptischen König und Mose werden im Regelfall erwähnt, nicht aber erzählt. Eine einzige Ausnahme

---

[490] Mit S. MASON 2000b, XXXI, der ähnliches für die zeitgenössische Stoa beobachtet: »By Josephus' days some of them were speaking of the animating active principle in personal terms, as Providence or God ... Similarly, Josephus more or less equates God with Providence, Fate (εἱμαρμένη) and Fortune (τύχη).« Vgl. Ant 10,277–280/11,7.

[491] Ders. 2000a, 120.

[492] 1,23; 17,130; 18,266.

[493] Die Belegstellen sind oben (S. 193, Anm. 415) aufgeführt.

gibt es: Nach der neunten Plage, der Finsternis, lässt Josephus Mose zu Pharao gehen – in Umkehrung der biblischen Darstellung, nach der immer Pharao derjenige ist, der Mose rufen lässt – und ihn fragen:

> *How long will you disobey the will of God? For He orders you to let the Hebrews go, and it is not possible for you to be relieved of these sufferings otherwise than if you do these things.* (2,309/14,5)

Bereits zu Beginn seiner Erzählung der Plagen nennt Josephus die drei Gründe, die ihn dazu bewegt hätten, die Plagen ausführlich zu schildern: Erstens seien sie unvergleichbar, ähnliches sei nie (wieder) einem Volk geschehen; zweites habe Gott sie als Mittel genutzt, die Wahrheit der Aussagen und des Auftrags des Mose zu betonen; und drittens könnten sie als Warnung fungieren:[494]

> *Dann werden sie um so eher sich der Beleidigung der göttlichen Majestät enthalten und Gottes Zorn nicht durch Ungerechtigkeit reizen.* (2,305/14,1)[495]

Die letzte Plage, die Tötung der ägyptischen Erstgeborenen, wird in den *Antiquitates* nur knapp erwähnt; die Darstellung bleibt recht vage. Möglicherweise scheut sich Josephus, die Ereignisse dieser Nacht zu konkret zu schildern, aus der Sorge heraus, sein Publikum könne doch den Eindruck gewinnen, dass die Menschen (und auch der Gott) Israels gewalttätig und rachsüchtig seien.

Zwar entscheidet in für die *Antiquitates* ungewohnt deutlicher und aktiver Form Gott, ob eine Plage länger andauert bzw. ob und wann eine neue Plage geschickt wird; dennoch stellt Josephus die Demonstration der Macht JHWHs in Verbindung mit den Plagen bei weitem nicht so deutlich heraus wie die biblische Exoduserzählung.[496]

6.8 … nicht so sehr aus Unverstand als aus Bosheit *(Ant 2,14,5) – zur Darstellung Pharaos in den* Antiquitates

Besteht in der biblischen Exoduserzählung ein Teil der Faszination der ägyptischen Auseinandersetzungen gerade darin, dass nie zu entscheiden ist, wer letztlich für Pharaos Verstockung verantwortlich zeichnet, so zeigen die biblischen Verfasserinnen und Verfasser durch ihre Komposition – z.B. dadurch, dass schon in Midian JHWH Mose die von ihm gewirkte Verstockung Pharaos ankündigt – doch, dass letztlich Israels Gott ›die Fäden in der Hand hat‹. In den *Antiquitates* hingegen wird im Zuge der ›Befreiung‹ Gottes von ›dunklen‹ Zügen, die sich nicht als Ausdruck des umsichtig schaltenden gerechten Wirkens Gottes verstehen lassen, Pharaos Rolle deutlich verstärkt:[497] War er in der Schrift noch ein zumindest teilweise

---

[494] L. FELDMAN 2000, 217, Anm. 768 hält fest: »These three reasons for enumerating the plagues are Josephus' own. Josephus does not cite as a reason that they were intended to show the power of Moses in bringing on these plagues, since he clearly wants to divorce Moses as much as possible from the image of a magician … Josephus omits the biblical statement (Exod. 7:1) in which God tells Moses that He has made him a god to Pharaoh, since such a view would seem to contradict strict monotheism.«

[495] Das lässt sich auf den grundsätzlichen Nutzen des Wissens um die Geschichte übertragen: Dieses Wissen hilft, die Besonderheit von Situationen und Ereignissen warhzunehmen, es hilft in der Wahrheitsfrage und dient schließlich als unmittelbare Lebenshilfe.

[496] Der in der Schrift ausgedrückte Gedanke, die Plagen dienten dazu, dass alle Beteiligten wüssten, dass JHWH (eine oder die einzige?) Gottheit ist (etwa Ex 7,5.17; 8,18; 9,14; s.o. S. 120ff), ist bei Josephus nicht aufgenommen.

[497] Zur Darstellung Pharaos in den *Antiquitates* s. L. FELDMAN 1998, 84–88; seine Beurteilung, Pharao sei bei Josephus weniger grausam gezeichnet als in der biblischen Exoduserzählung, lässt sich durch die vorliegenden Beobachtungen nicht stützen.

fremdbestimmter Schurke, so handelt er nun völlig autonom; alle Bosheit ist seine eigene Entscheidung – und an dieser hält er durchgängig fest:

> *Pharaothes, induced not so much by stupidity as by wickedness, despite perceiving the cause, vied with God and was a deliberate betrayer of the better course (2,307/14,5).*

Dieser Tendenz entsprechend gibt es weder ein Erzählmoment, in welchem der ägyptische Herrscher die Macht JHWHs anerkennt,[498] noch zeichnet sich seine Darstellung sonst durch Elemente aus, die seine Rolle des finsteren, unbeugsamen, unbelehrbaren Tyrannen abmildern könnten. Josephus aber will offensichtlich genau diesen einseitigen Eindruck erreichen, sonst würde er kaum z.B. die Bitte Pharaos an Mose und Aaron, ihn doch zu segnen, ausgelassen haben, die dieser in der biblischen Exoduserzählung unmittelbar vor dem Aufbruch Israels ausspricht (Ex 12,32).

7.   Zusammenfassende Beobachtungen zu nachbiblischen Exoduslektüren

Jede Exoduslektüre setzt ihre eigenen Schwerpunkte, erweitert und reduziert die Exoduserzählung der Schrift in je eigener Manier. Das konnte in den vorangegangenen Untersuchungen gezeigt werden. Zugleich stehen sie aber – mindestens in der Gegenwart der vorliegenden Arbeit – alle in einem Gespräch miteinander. Elemente dieses Gespräches, Gemeinsames wie Unterscheidendes der vorgestellten Exoduslektüren, kommen im Folgenden als Abschluss des zweiten Hauptteils der Arbeit in den Blick. Sie werden wahrgenommen, aber nicht in jedem Fall kritisch analysiert. Ziel des Folgenden ist, die Vielfalt der Exodusstimmen gebündelt vorzustellen, nicht, sie zu bewerten und/oder über mögliche literarische Abhängigkeitsverhältnisse zu spekulieren.[499]

7.1   *Weiterentwicklung biblischer Erzählfiguren*

7.1.1 Amram – vom Statisten zur männlichen Hauptrolle

Amrams Rolle wird in den untersuchten Schriften durchgängig ausgebaut:[500] Das *Jubiläenbuch* bleibt zwar zurückhaltend, kann aber auf Amram als eigene Erzählfigur offensichtlich schon nicht mehr verzichten: Hier wird Amram dezidiert als derjenige benannt, der Mose in der Schrift unterweist (Jub 47,9).

LAB 9 schildert Amram als denjenigen, der in der Auseinandersetzung mit den Ältesten standhaft bleibt, der auch im Angesicht der Todesdrohung Pharaos sein Vertrauen auf JHWH zum Ausdruck bringt und lebt – indem er seine Frau ›nimmt‹ und ›Söhne macht‹[501] (9,4) – und dann zusammen mit seiner Frau die lebensrettenden Maßnahmen für seinen Sohn ergreift – ohne, dass er der Vision seiner Tochter vertrauen würde.

---

[498] Ant 2,320/15,3 hält vielmehr fest, dass der König *unwillig* gewesen sei, *weil er glaubte, die Plagen seien nur den Zaubereien des Moyses zuzuschreiben.*

[499] Angesichts des besonderen Status, den die Stephanusrede im lukanischen Werk einnimmt (s.o. S. 18), erwähne ich Vergleichspunkte bereits hier kurz in den Anmerkungen, bevor sie im Rahmen der Beschäftigung mit der Stephanusrede ausführlich thematisiert werden (s.u. S. 339ff).

[500] Im Vergleich zu den anderen zeitgenössischen Exoduslektüren ist dieser Zug in der Stephanusrede noch am wenigsten ausgeprägt: Amram wird namentlich nach wie vor nicht erwähnt, allerdings ist das *Haus des Vaters* (Apg 7,20) der soziale Bezugspunkt, in dem Mose verankert wird.

[501] Dazu s.o. S. 162.

Bei Josephus schließlich wird er zu *der* dominierenden Figur im Vorfeld der Geburt des Mose: Er erhält in einer Traumvision Einblick in das Schicksal seines Sohnes, er lässt seine Frau an dieser Offenbarung teilhaben, er entscheidet über das weitere Vorgehen – die Ausführung, das ›Handwerk‹, ist dann wieder gemeinsame Tat des Paares Amram und Jochebet.

7.1.2 Bye, bye Frauen – von den Hauptrollen zu Komparsinnen

In gleichem Maße, in dem Amrams Rolle ausgebaut wird, werden die Rollen der biblischen Frauen beschnitten. Manche werden dabei radikal weggekürzt: So kommen die Hebammen in keiner der untersuchten Exoduslektüren vor. Auch Zippora fehlt in Jub und LAB ganz, während Josephus sie zwar noch dreimal erwähnt, allerdings weder die Episode Ex 4,24–26 erzählt noch eine mögliche Trennung bzw. Scheidung von Mose.[502]

Die Entwicklung der Erzählfigur Jochebets hingegen zeigt keine eindeutige Tendenz: Jub behält als einzige der untersuchten Schriften sie als alleiniges Subjekt der Rettungsaktion für Mose bei (Jub 47,3f.), malt ihr Tun sogar noch insofern aus, als explizit erwähnt wird, sie habe das Baby nachts gestillt.[503] Der LAB schildert sie in einer Hinsicht als ›gleichberechtigt‹ zu ihrem Mann: Sie vertraut Mirjams Vision ebenso wenig wie Amram (LAB 9,10). In Schwangerschaft und Geburt ist sie Subjekt der Darstellung, sie fertigt auch das Schutzbehältnis für ihren Sohn an. Die Ausführung, das Aussetzen des Behältnisses auf dem Fluss ist LAB 9,12 zufolge ebenfalls ihr Werk; 9,14 setzt aber ein plurales Subjekt (*als sie ihn aussetzten*). Nur bei Pseudo-Philo findet sich außerdem die Tradition, dass Jochebet ihrem Sohn einen anderen Namen als die Pharaotochter gibt (9,16). In den *Antiquitates* wird ihre Rolle am deutlichsten zusammengestrichen: Zwar erwähnt Josephus die besonderen Umstände der Geburt des Mose, dass sie nämlich ohne schmerzhafte Wehen vonstatten ging. Aber schon hier wird Jochebet erstens nicht mehr mit Namen genannt und zweitens ist auch die Sorge während der ersten drei Monate Sache beider Eltern: *For three months they nurtured the child among themselves* (2,218/9,4). Das einzige, was Jochebet allein tut, ist, dass sie ihre Tochter Mirjam bittet, ein Auge auf den Korb zu haben – was zur Folge hat, dass sie getreu der biblischen Exoduserzählung von der Pharaotochter als Amme eingestellt wird (2,227/9,5).

Was sich in der Darstellung Jochebets schon abzeichnet, wird in Mirjams Fall offensichtlich; die Tendenz wird zum Tatbestand: Sie verliert ihre selbständige Rolle in allen untersuchten Schriften.[504] Jub 47,4 stellt Mirjams Fürsorge für Mose in seinem Kasten der ihrer Mutter an die Seite, indem sie als diejenige benannt wird, die ihn tagsüber vor den Vögeln schützt – dabei bleibt es denn aber auch; Mirjams Rolle wird auf die der fürsorglichen großen Schwester reduziert. Ähnlich verfährt Pseudo-Philo im LAB: Zwar erfährt Mirjams Rolle auf den ersten Blick eine Erweiterung in den vorgeburtlichen Ereignissen, indem Gabriel ihr in einer Traumvision erscheint – dieser Eindruck wird jedoch bereits dadurch geschmälert, dass niemand ihrer Vision glaubt (LAB 9,10). Auch die Tatsache, dass Mirjam danach nie wieder handelnd auftritt – weder am Ufer des Flusses noch am Meeresrand, ebenso wenig in der Wüste –

---

[502] S.o. S. 199. Die Stephanusrede erweist sich in dieser Hinsicht als ›typische‹ Exoduslektüre ihrer Zeit: Von den genannten Frauen ist auch hier keine erwähnt.

[503] In der Stephanusrede hingegen wird sie nicht einmal erwähnt. Apg 7,21 formuliert passivisch: *nachdem er ausgesetzt worden war* (ἐκτεθέντος δὲ αὐτοῦ).

[504] Die knappe Fassung der Stephanusrede erwähnt sie an keiner Stelle.

und an keiner Stelle mit ihrem Titel ›Prophetin‹ genannt wird, trägt nicht dazu bei, die dem LAB nach wie vor von vielen bescheinigte ›Frauenfreundlichkeit‹ am Text aufzeigen zu können. Daran ändert auch die Tatsache nichts, dass der Mirjambrunnen dreimal erwähnt und in 20,8 auch explizit mit ihr in Verbindung gebracht wird. Josephus gelingt in den *Antiquitates* die Domestizierung der Mirjamfigur, indem er sie vor allem in zwei Rollen zeigt: Erstens in der auch aus den anderen Schriften bekannten Rolle der fürsorglichen Schwester, hier vor allem als ›Ammenvermittlerin‹ wichtig. Zweitens als – und das ist neu im Vergleich zu den anderen Schriften – verheiratete Frau und Mutter (Ant 3,54/2,4; 3,105/6,1). Festzuhalten bleibt allerdings, dass Josephus über die anderen Schriften seiner Zeit hinaus Mirjams Bedeutung für Israel zumindest noch insoweit anerkennt, als er ihr ein ›Staatsbegräbnis‹ zukommen lässt (4,78/4,6).

7.1.3 Mose und JHWH – eine Beziehung unübertroffener Intensität

Josephus betont den ägyptischen Einfluss bzw. die Verdienste des Mose um Ägypten ebenso wie die große Weisheit des Mose (vgl. Ant. 2,230).[505] Jub setzt entgegen der Darstellung von Ant und Apg von Anfang an darauf, dass Mose sich seiner ›jüdischen‹ Identität bewusst bleibt,[506] und auch der LAB zeigt deutlich diese Tendenz, wenn er erstens Jochebet ihrem Sohn den Programmnamen Melchiel, ›Mein König ist Gott‹ (und nicht Pharao), geben lässt und zweitens die Zeit des Mose am ägyptischen Hof mit keiner Silbe erwähnt, sondern statt dessen bereits hier programmatisch festhält: *Gott befreite durch ihn die Söhne Israel, wie er gesagt hatte* (9,16).

Gemeinsam ist allen analysierten Schriften, dass sie die Beziehung zwischen Mose und JHWH als unnachahmlich eng schildern. Damit bleiben sie der biblischen Exoduserzählung treu, die in Dtn 34,10f. festhält:

Es stand in Israel kein Prophet wie Mose mehr auf, den JHWH kannte von Angesicht zu Angesicht, mit all seinen Zeichen und Wundern, die JHWH ihn zu tun geschickt hat, an Pharao und all seinen Untergebenen und seinem ganzen Land.

Zudem erscheint Mose durchgängig eigentümlich beziehungslos, was mit- und zwischenmenschliche Beziehungen angeht.[507] Der LAB zeigt Mose zwar in Berührung mit den Frauen und Männern Israels; wirkliche Kommunikation findet jedoch nicht statt.[508] Auch Moses überragende rhetorische Fähigkeiten, wie sie ihn in den *Antiquitates* auszeichnen, sind nicht dazu angetan, ihn in Beziehung zu anderen Menschen treten zu lassen – je enger der Kontakt zu Gott, desto spärlicher die Beziehung zu den Mitmenschen, so könnte das Fazit lauten.

Alle Exoduslektüren ›nach der Schrift‹ zeigen über diese Gemeinsamkeiten hinaus individuelle Strategien, die Besonderheit des Mose im Vergleich zur biblischen Erzählung noch deutlicher hervorzuheben:

Josephus zeichnet Mose als überragenden Redner, ausgestattet mit (auch körperlichen) Vorzügen, der frei von körperlichen Gebrechen oder ›Seelenqualen‹ unbeirrt

---

[505] Ähnlich auch Lukas (Apg 7,22). Während Josephus, vermutlich aus den oben genannten Gründen (S. 196; 205), aber nicht davon erzählt, wie Mose den ägyptischen Aufseher erschlägt, berichtet die Stephanusrede sehr wohl davon, und zwar mit eindeutig positiver Bewertung (V.24).

[506] S. den oben (S. 138) erwähnten Unterricht in der Schrift.

[507] Lukas modifiziert in der Stephanusrede schon die Notiz über die Schönheit bzw. Exklusivität des Mose als Baby von einer Wahrnehmung seiner Mutter wie in Ex 2,2 hin zu einer Wahrnehmung JHWHs: *In dieser Zeit wurde Mose geboren und er war schön für Gott* (Apg 7,20).

[508] S.o. S. 187.

seinen Weg geht, sich von allen Angriffen und Querelen innerhalb des Volkes nicht beirren lässt und dabei stets ein Auge auf die Qualitäten seiner Mitmenschen hat.

Ps-Philo schaltet zu Beginn seiner Mosesequenz von Seiten der Erzählstimme einen Kommentar ein, der die Bedeutung des Mose hervorhebt (9,16),[509] und betont die Einzigartigkeit des Mose zudem dadurch, dass er wiederholt die Enge seiner Beziehung zu JHWH zum Ausdruck bringt, indem er ihn als ›Geliebten JHWHs‹ bezeichnet. Außerdem ist Mose derjenige, der immer wieder sein unerschütterliches Vertrauen auf JHWH zur Sprache bringt und sich damit letztlich als ›Vorbild‹ darstellt. Im Jubiläenbuch hingegen tritt die besondere Qualität des Mose schon dadurch hervor, dass er als Empfänger der Offenbarung aller Ereignisse von der Schöpfung an ebenso gezeichnet wird wie als Mittler derselben.

7.1.4 Eine schwierige Beziehung – Mose und das Volk

Einig sind LAB wie *Antiquitates* sich darin, das Volk in der Wüste[510] als eines zu schildern, das Mose nicht vertraut und mit dem Zweifel an ihm und seiner Aufgabe auch die gemeinsame Geschichte der Befreiung in Frage stellt – und damit sind sie sich letztlich einig in ihrer Treue gegenüber der biblischen Exoduserzählung. Allerdings setzt in der Darstellung Ps-Philos die Konflikthaltigkeit der Beziehung zwischen Mose und dem Volk schon lange vorher ein, von Anfang an ist sie das prägende Moment. In den *Antiquitates* hingegen zeigt sich das Volk in Ägypten noch deutlich ›vertrauenswilliger‹ als in der Exoduserzählung der Schrift; erst in der Wüste, nach dem Erfolg des ersten Befreiungsschrittes beginnen die Auseinandersetzungen. Im LAB steht dies durchgängig im Mittelpunkt: Schon vor der Geburt des Mose beginnen die Konflikte innerhalb Israels, denen gegenüber die Bedrohung von außen an Bedeutung verliert.[511] Amrams vorrangige Sorge gilt – im Gegensatz zur Darstellung des Josephus – den Ältesten Israels, seinen ›Mitmännern‹. Sie muss er überzeugen, Pharaos Tötungsbefehl stellt nicht mehr als den Auslöser dieser Debatte dar. Noch deutlicher wird diese Verlagerung der Konfliktebenen am Schilfmeer:[512] Während z.B. bei Josephus das ganze Volk zu Mose und JHWH um Hilfe schreit, bilden die Stämme Israels im LAB drei Gruppen, die jeweils sehr verschiedene Strategien für den Umgang mit der Gefahr durch das sich unaufhaltsam nähernde ägyptische Heer favorisieren (LAB 10,3ff). Im Jubiläenbuch wird die Beziehung zwischen Mose und dem Volk nicht thematisiert; dies mag damit zusammenhängen, dass seine Darstel-

---

[509] S.o. S. 168. Ganz ähnlich leitet die Stephanusrede die Erzählung davon, wie Mose sich in den Streit zweier israelischer ›Brüder‹ einmischt, mit den Worten ein: *Er glaubte, (seine) Geschwister verstünden, dass Gott durch seine Hand ihnen Befreiung geben würde* (Apg 7,25) und nennt ihn schließlich den von Gott selbst eingesetzten *Herrscher und Befreier* (V. 35).

[510] In den *Antiquitates* nicht schon vorher; in Ägypten herrscht noch größere Einigkeit zwischen Mose und den Menschen Israels. Darauf ist gleich noch näher einzugehen.

[511] Ähnlich auch Apg 7,27–29.35. Für Lukas drückt zudem die Forderung der Frauen und Männer nach dem Stierbild, die den Beginn einer ›Unglückskette‹ darstellt (vgl. Apg 7,41ff), primär ihre Ablehnung des Mose aus; ihn wollen sie nicht anerkennen (7,38–40), von ihm distanzieren sie sich (V.40), obwohl die Worte, die er mitzuteilen hatte, ihm doch von einem Engel gegeben worden waren (V. 38). Dieses Verständnis teilen Apg 7 und Jub, und letztlich teilen sie auch die Vorstellung, dass es Sache der Menschen Israels ist, sich für die Tora zu entscheiden. In der imaginierten Kommunikationssituation zwischen Mose und dem Engel des Angesichts liegen die Karten offen auf dem Tisch, liegt die Entscheidung darüber, ob Israel in Zukunft der Tora JHWHs (wie schon die Erzeltern) folgen und damit gegen die Machtbestrebungen Mastemas besser gefeit sein will oder nicht, auf der Seite der Israelitinnen und Israeliten. Der Vorwurf, den Stephanus abschließend an seine Zuhörer richtet (Apg 7,53), geht in eine ähnliche Richtung.

[512] Lukas erwähnt das Schilfmeer gar nicht eigens, sondern subsumiert die dort geschehene Rettung unter die in Ägypten von Mose vollbrachten Wunder und Zeichen (Apg 7,36).

lung keine Wüstenwanderung beinhaltet. Eine Ausnahme bildet allerdings die Begegnung des Mose mit den beiden kämpfenden Israeliten.[513] Sie stellt nach Jub 47,11 sogar den Grund für Moses Flucht nach Midian dar.

7.1.5 Besetzungsstrategien für die Rolle des Gegners – so es Raum für ihn gibt

In nachbiblischer Zeit lassen sich mehrere Strategien nachzeichnen, denen jedoch das gleiche Ziel eigen ist: Es geht darum, die ambivalente Rolle, die JHWH in der Exoduserzählung der Bibel spielt, zu glätten, den Gott Israels gleichsam von diesen ›dunklen Seiten‹ zu befreien.

In gleichem Maße, wie Josephus in den *Antiquitates* die Person des Mose auf- und ausbaut, verändert er auch Pharao: Der wird von einem durch Gott verstockten – und damit irgendwie auch wehrlosen – Mann zum Bösewicht par excellence. Dass JHWH in der Verhärtung Pharaos eine Rolle gespielt haben könnte, gar für sie verantwortlich zeichnen könnte, ist für die *Antiquitates* nicht erzählbar.[514] Überhaupt ist auffällig, dass es ihm gelingt, die schwierigen Züge des Gottesbildes der Exoduserzählung zu überspielen: Die Verstockung Pharaos wird durch eigenmächtig böses Handeln desselben ersetzt – und die Erzählung von der Bedrohung des Mose auf dem Rückweg nach Ägypten lässt Josephus wie der LAB ganz aus.[515]

Eine andere Strategie verfolgt Jub: Das gleiche Anliegen wird gelöst, indem die ›böse Seite‹ Mastema, dem Anführer der Dämonen und unreinen Geister, dem Satan höchstselbst zugeschrieben wird. Mastema ist es, der in Aufnahme von Ex 4,24–26 die Rückkehr des Mose nach Ägypten verhindern will, damit dieser nicht die Israelitinnen und Israeliten herausführen solle (Jub 48,2). Und Mastema spielt weiterhin die Hauptrolle im Kampf gegen Mose bzw. den dahinterstehenden Plan JHWHs: Er unterstützt die ägyptischen Zauberer (Jub 48,9ff), er stachelt Pharao und seine Untergebenen an, Israel bis zum Meer zu verfolgen. Entsprechend geht es auch darum, ihn vom Lager Israels fernzuhalten (48,15) und zu fesseln (48,18). Pharao spielt als ernstzunehmender Gegner in der Darstellung des Jubiläenbuches keine Rolle mehr, er wird zum Handlanger Mastemas degradiert. Der LAB hingegen ist davon überzeugt, dass ›von außen‹ nichts und niemand den Erfolg der Befreiungsabsichten JHWHs gefährden kann – ganz gleich, ob dieses ›außen‹ inner- oder überweltlicher Natur ist.[516]

7.1.6 Und was ist mit Gott? – Skizzen zur Darstellung der Gottheit Israels in nachbiblischen Exoduslektüren

Während das *Jubiläenbuch* trotz seiner Betonung der Überlegenheit JHWHs den Machenschaften Mastemas immerhin einigen Raum gibt[517] und auch Josephus Pharao

[513] Auch hier (Jub 47,11) die Bezeichnung des Mose als *Führer und König*.
[514] Grundsätzlich beschränkt Josephus die Erwähnung ›überweltlicher‹ Elemente auf das Allernotwendigste; während bei Pseudo-Philo wie in der Stephanusrede etwa Engel sowohl am Dornbusch als auch am Sinai bei der Toragabe anwesend und beteiligt sind, finden sie in den *Antiquitates* keine Erwähnung.
[515] Auch die Stephanusrede zeigt sich hier erneut als ›typische‹ jüdische Exoduslektüre ihrer Zeit. Als einzige der analysierten Schriften enthält Jub die Sequenz Ex 4,24–26; dazu gleich.
[516] Diese Betonung der ›inneren‹ Konflikte zeichnet auch die Stephanusrede aus; s.u. S. 366ff.
[517] Dieser Beobachtung korrespondiert, dass JHWH in Jub kaum als aktiv das Geschehen beeinflussend geschildert wird; s.o. S. 152ff.

als – wenn auch nicht gleichwertiges – Gegenüber zeichnet, betont der LAB,[518] dass JHWH letztlich die einzig handelnde Instanz im gesamten Exodus ist. Mose fungiert als Medium JHWHs, durch ihn geschehen die Zeichen und Wunder JHWHs. Dabei legt insbesondere Pseudo-Philo größten Wert darauf, die Treue JHWHs als absolut unverbrüchlich dem Verhalten der Menschen Israels gegenüberzustellen – fast hat es den Anschein, als wachse diese Treue gerade angesichts der Untreue Israels. Ähnlich wie Jub hält sich Josephus hingegen sehr damit zurück, JHWH als aktiv handelnd darzustellen. Stellt er im LAB *den* zentralen ›Charakter‹ dar, so wird er in den *Antiquitates* primär als hinter den Ereignissen stehend gezeichnet; an einigen Stellen macht es den Eindruck, als präsentiere Josephus mehr eine ›Idee‹, ein hinter den Dingen stehendes Prinzip denn eine Gottheit, zu der eine Beziehung möglich ist.[519]

7.2 Wunder und Zeichen JHWHs – zwischen knapper Erwähnung und ausführlicher Schilderung

Das Jubiläenbuch verweist einerseits nur knapp auf die Plagen; es zählt sie mit einem kurzen Satz auf (45,8), bewertet sie aber als Zeichen und Wunder (48,4.12) und versteht sie dezidiert als Rache, die JHWH an Ägypten für das Unrecht nimmt, das Ägypten den Menschen Israels angetan hat (48,5.8).[520] Opfer dieser Rache sind Menschen und Tiere, aber auch die Gottheiten Ägyptens, wobei letztlich alles darauf hinausläuft, Mastema zu beschämen (48,12). Auch Pseudo-Philo beschränkt sich auf einen Satz (LAB 10,1), übertrifft Jub an Knappheit sogar noch, indem er es bei einer reinen Aufzählung belässt und auf jeden Anschein erzählerischer Entfaltung verzichtet, um mit großen Schritten zur zweiten Szene der innerisraelitischen Auseinandersetzung zu gelangen. Josephus schildert als einziger die Plagen ausführlich (2,293–314/14) und nennt für diese Ausführlichkeit drei Gründe: erstens sei ähnliches nie wieder vorgekommen, zweitens bezeugten sie die Legitimation des Mose und drittens dienten sie als Warnung.

7.3 Fazit

Drei Exoduslektüren – vier, wenn ich die knappen Verweise auf die Stephanusrede mit einrechne – aus annähernd gleicher Zeit, alle in mehr oder minder großer Nähe zu den jüdischen Befreiungskriegen gegen Rom entstanden,[521] dabei unterschiedlicher geographischer wie (vermutlich) ›ideeller‹ Provenienz – sie alle ermöglichen einen Einblick in die Vielfalt der Vorstellungen, die zu jener Zeit in innerjüdischen Diskursen über den Exodus im Umlauf waren.

Auffällig ist in erster Linie, dass Ähnlichkeiten der Darstellung nicht entlang vermuteter Ähnlichkeiten hinsichtlich der Herkunft und/oder Zielsetzung eines Werkes verlaufen, sondern die Schriften vielmehr in einzelnen Punkten unterschiedliche ›Koalitionen‹ bilden können. Sind *Antiquitates* und Stephanusrede sich etwa in der Betonung der Bedeutung des Mose (auch) für Ägypten einig, so können sie doch z.B. hinsichtlich der Frage der Beteiligung ›überweltlicher‹ Instanzen völlig divergieren.

---

[518] Wiederum gemeinsam mit der Stephanusrede; s.u. S. 391.

[519] S.o. S. 207ff.

[520] Noch knapper geht Lukas vor, wenn er nur mit dem Ausdruck *Wunder und Zeichen* (τέρατα καὶ σημεῖα, V.36) auf die Plagen verweist – einem Ausdruck, den er mit Jub teilt. Selbst der Zug durch das Schilfmeer ist in dieser Sammelbezeichnung mit einbegriffen. Lukas gibt jedoch in keiner Weise zu erkennen, dass er die Plagen als Rache verstehen könnte.

[521] Für Jub gilt dies natürlich nur für die griechische Fassung.

Hier kommt es stattdessen zu erstaunlichen Übereinstimmungen lukanischer Darstellung mit dem Jubiläenbuch, wie sich allerdings weniger an der knappen Stephanusrede als im folgenden Hauptteil im Transfer der hier getätigten Beobachtungen auf die Ebene messianischer Exoduslektüre im lukanischen Werk zeigen wird. Das Jubiläenbuch ermöglicht nämlich mit seiner Konstruktion des Exodus als Befreiungskampf zwischen JHWH und Mastema eine aus der Exoduserzählung der Schrift nicht hinreichend zu belegende Lesart des Kampfes Jesu gegen Satan als Befreiungsbewegung, die zum Exodus dazugehört.[522]

Große Nähe zeigt sich bis hinein in Einzelbeobachtungen zwischen Stephanusrede und LAB.[523] Angesichts der Tatsache, dass auch der LAB mit ziemlicher Wahrscheinlichkeit in Israel[524] entstanden ist, fällt diese Nähe besonders ins Gewicht, stellt sie doch in gleicher Weise wie die gerade aufgezeigte mögliche Beziehung zum Jub in der Wertung der Macht Satans die bisher bisher gängige These von einer primären Verwurzelung lukanischen Denkens und Formulierens in hellenistisch-antiken Texten und Strukturen zumindest in Frage. Lukas wie Pseudo-Philo messen den Konflikten zwischen Mose und dem Volk, dem wiederholten Anzweifeln seiner Legitimation, erhebliches Gewicht bei.

---

[522] S.u. S. 320ff.

[523] Mit E. REINMUTH 1994, 154: »Diese wenigen Beobachtungen zu übereinstimmenden Merkmalen der Kompositionstechik bei Lukas und Pseudo-Philo können zeigen, daß die schriftstellerische Arbeit des Lukas nicht ausschließlich unter dem Blickwinkel hellenistischer Erzählkonventionen zu erfassen ist. Vielmehr ist durchaus zu berücksichtigen, daß die zeitgenössische frühjüdische Erzählweise, wie sie im LAB manifest ist, eine Vielzahl von Übereinstimmungen mit der Erzählweise des Lukas aufweist.«

[524] Ich bleibe hier bei ›Israel‹, da ich, selbst wenn der LAB erst nach 135 n.Chr. entstanden sein sollte, wovon ich nicht ausgehe (s.o. S. 155), ›Palästina‹ als Ausdruck römischer Herrschaftssprache im Zusammenhang dieser Untersuchung nicht verwenden möchte.

III. Lesen, wie Lukas Exodus messianisch liest

>»Often scientific exegesis is a search for the ancient
>question to which the text before us provided answers.«[1]

Auch das lukanische Werk gehört zu den Schriften, die ›nach der Schrift‹[2] entstehen. Lukasevangelium und Apostelgeschichte schöpfen ebenso wie Jub, LAB und Ant aus dem ›Pool‹ der Vorstellungen und Erzählungen, die im zeitgenössischen jüdischen Denken mit dem Exodus verknüpft sind.[3]

CRAIG A. EVANS und JAMES A. SANDERS propagieren eine Sichtweise auf die schriftstellerische Arbeit des Lukas, die stärker als bisher Gemeinsamkeiten zum Vorgehen anderer jüdischer Schriften dieser Epoche betont:

>»The evangelist Luke edited the materials and adopted the language and themes of Scripture much in the same way as did *Jubilees*, Pseudo-Philo's *Biblical Antiquities*, Qumran's *Genesis Apocryphon*, and Josephus's *Jewish Antiquities*. As in these writings, Luke added genealogical materials, qualified and summarized the contents of his sources, expanded, abbreviated, and omitted altogether. He did not do these things to produce a commentary on Mark or on any other Gospel source. Nor did Luke attempt to produce a commentary on portions of the Greek Old Testament. Luke rewrote the story of Jesus much as Josephus rewrote Israel's sacred history.«[4]

Damit wird jedoch gleich etwas Weiteres deutlich: SANDERS und EVANS haben zwar grundsätzlich Recht, was die Ähnlichkeit des Vorgehens angeht. Und doch bleibt festzuhalten, dass das, was ich in dieser Arbeit zu zeigen versuche, noch einmal eine andere Art von ›re-application‹ darstellt, wenn Lukas die Geschichte Jesu und seiner Nachfolgerinnen und Nachfolger als Exoduslektüre begreift und erzählt.[5] Wir haben es hier mit einer Art ›doppelter Brechung‹ zu tun: Lukas ›rewrites Israel's sacred history‹ in gleicher Weise wie etwa Josephus, wenn auch weniger ausführlich – nämlich in Apg 7 und 13. Indem er nun aber auch ›the story of Jesus‹ in ähnlicher Weise ›rewrites‹, auch hier auf verschiedene Traditionen mündlicher wie schriftlicher Herkunft zurückgreift, liest er doch zugleich die Schrift mit ›messianischen‹ Augen, übersetzt die Befreiungsgeschichte also noch einmal in seine Gegenwart. In gewisser Hinsicht macht er es denjenigen, die sein Werk hören und lesen, leichter als z.B. Pseudo-Philo: Während dieser die Geschichte der Befreiung so nacherzählt, dass es den Leserinnen und Hörern überlassen bleibt, an welcher Stelle sie ihre Gegenwart eintragen bzw. eingetragen spüren, nimmt Lukas seinem Publikum diese Übersetzungsleistung ab. Er selbst führt ihnen vor, wie ein Transfer aussehen kann, der verdeutlicht, dass Israels Befreiungsgeschichte in der Gegenwart (oder nahen Vergangenheit) erneut gelebt und spürbar geworden ist.

---

[1] J.A. SANDERS 1993a, 69.

[2] Wieder im oben erläuterten doppelten Verständnis des ›nach‹ zu verstehen; s.o. S. 131ff. Mit ›Schrift‹ bezeichne ich auch im folgenden Teil der Arbeit diejenigen biblischen Bücher, die für das lukanische Werk als Schrift zählen, also die Bücher des christlichen Ersten Testaments.

[3] »Es wäre verfehlt, wollte man sich die exegetische Arbeit des Lukas als individuelle Einzelleistung eines Hellenisten vorstellen, der einerseits mit einer knappen Auswahl von Schriftrollen selbständig arbeitete, andererseits Auslegungstraditionen ohne Kenntnis ihrer biblischen Bezüge verarbeitete. Der ... Schriftbezug des Lukas zeigt nicht nur die konstitutive Bedeutung der Schrift für sein Doppelwerk, sondern zugleich die Bedeutung frühjüdischer Auslegungstradition für eben diesen lebendigen Schriftbezug.« (E. REINMUTH 1994, 220).

[4] Dies. 1993, 3f. Vgl. auch C.A. EVANS 1993, 123f.

[5] Mit C.A. EVANS 1993, 124: »Consequently it must be admitted that ... Luke has indeed ... done something, so far as we know, that no one else has done in quite the same manner.« Dort bezogen auf die schon ältere, von C.F. EVANS 1955 aufgestellte These, die sogenannte ›central section‹ Lk 9,51–19,27 orientiere sich in Form wie Inhalt an Dtn 1–26 (s.o. S. 28f.).

Auch für diese ›zweite Ebene‹ lukanischer Exoduslektüre, die Übersetzung ins Messianische, bieten die drei anderen jüdischen Schriften, wie sich zeigen wird, entscheidenden Gewinn: Gerade die in ihnen enthaltenen Zusätze zur Exoduserzählung der Schrift bzw. ihre Modifikationen[6] stellen mehrfach eine Verbindung zwischen der messianischen Exoduslektüre von Lukasevangelium und Apostelgeschichte und der Schrift her.

1.   Schlüsselwörter und mehr – Einzelverbindungen zwischen Lk-Apg und der Exoduserzählung Exodus 1 bis Josua 24[7]

> »Schwierig ist die Entscheidung, ob ein Exodusmotiv vorliegt, wenn relevante Worte und Wendungen gebraucht werden, die auch im Zusammenhang des Exodusgeschehens im Alten Testament oder in frühjüdischen Texten vorkommen … Hier überall Exodusmotive wahrzunehmen, dürfte weder den Verfassern noch den Hörern/Lesern der neutestamentlichen Texte gerecht werden. Nicht selten liegt eben nur ›biblische Sprache‹ vor.«[8]

Im Folgenden wird zu zeigen sein, dass eben dieser 1982 von H.-W. KUHN formulierte Einwand angesichts der Vielzahl der Exodusbezüge des lukanischen Werkes nicht zu halten ist. In der Tat handelt es sich um ›biblische Sprache‹, aber eine solche entsteht nicht im luftleeren Raum, sondern ist mit in Geschichten erzählter Geschichte verbunden und geht aus diesen hervor.[9]

Mit der Untersuchung ersttestamentlicher Zitate im lukanischen Werk ist die exegetische Wissenschaft seit längerem beschäftigt. Zunächst stand allerdings vorrangig die textgeschichtliche historisch-kritische Fragestellung im Mittelpunkt des Interesses, die Frage also, welchen Text Lukas zitiert, ob er direkten Zugriff auf die Septuaginta hatte (und wenn ja, auf welche Fassung), ob ein Zitat auf seine eigene kompositorische (bzw. um bei den hier korrekten Fachtermini zu bleiben: redaktionelle) Tätigkeit zurückgeht oder aber ihm aus der Tradition vorgelegen hat.[10] Folge-

---

[6] S.o. die Zusammenschau der Exoduslektüren (S. 210ff), z.B. die Frage nach der Besetzung des Gegenspielers S. 214.

[7] Ich benenne den Gesamtkomplex Ex 1 bis Jos 24 als Exoduserzählung, um deutlich zu machen, dass – im Gegensatz zu gängigen Abgrenzungen, die die Exoduserzählung in Ex 15 beendet sehen; vgl. etwa G. FISCHER 1996a – das (ebenfalls immer vorläufig bleibende) Ziel der Befreiungshandlung erst in dem Moment erreicht ist, in dem die Menschen Israels im versprochenen Land leben können; s.o. S. 79ff.

[8] H.-W. KUHN 1982, 741, Hervorhebung im Text.

[9] Mit S.H. RINGE 1983, 88: »In the case of the language of the Bible, the symbols and myths serving as raw material for the expression of later experiences are most often those of the founding myths and symbols of Israel's identity. Recovering the experience evoked in narratives such as that of the transfiguration, then, happens not by trying to discern precise, deliberate, conscious references, or technically exact midrashic constructions, or formal interpretations of messianic titels or functions. Rather such recovery involves exploring the overall tone of the narrative and the cumulative effect of the various disparate and imprecise accents and allusions. The appropriate question is not what caused or allowed the writer to present the narrative in a particular way. Instead, one must ask what effect is created, both for the original audience and for us who are their heirs, by the fact that the story is told in this particular way.«

[10] Vgl. die Einleitung bei T. HOLTZ 1968, 1–4. Neben der Arbeit von HOLTZ verweise ich auf M. RESE 1965 sowie auf die ›Zitatensammlung‹ von GLEASON L. ARCHER und GREGORY CHIRICHIGNO 1983, die anders als HOLTZ nicht von einer einzelnen neutestamentlichen Schrift ausgehend die ersttestamentlichen Zitate in dieser untersuchen, sondern den Aufbau ihrer Untersuchung am Alten Testament orientieren. Kritik an dieser Konzentration auf isolierte Schriftzitate z.B. bei D.W. PAO 2002, 8.

richtig untersucht z.B. TRAUGOTT HOLTZ in seiner 1968 veröffentlichten Habilitationsschrift nur ›echte‹, d.h. per Zitationsformel eingeleitete Zitate.[11] Dabei kommt er zu dem Schluss, dass Lukas zwar mit dem Zwölfprophetenbuch wie auch dem Jesajabuch ebenso vertraut gewesen sei wie mit dem Psalter, d.h. diese entweder selbst besessen oder jedenfalls Zugang zu ihnen gehabt habe, jedoch »die LXX des Pentateuchs wahrscheinlich nicht gekannt«[12] habe.

> »Ganz oder doch fast singulär steht Lukas ... mit seiner Unkenntnis der Thora da. Es sei jedoch ausdrücklich hervorgehoben, daß solche Unkenntnis nicht mit Ablehnung der Thora gleichgesetzt werden darf. Ganz deutlich ist sie für ihn, ebenso wie die ihm tatsächlich bekannten Schriften, gültige Offenbarungsurkunde. Nur kennt er sie eben nicht selbständig. Die Gründe für den beobachteten Sachverhalt werden zunächst und etwas vordergründig in der Herkunft des Lukas aus dem Heidenchristentum zu suchen sein. Daher werden ihm die gesetzlichen Züge des Judentums von Hause ganz fremd gewesen sein, und er wird keinen Zugang zu ihnen gefunden haben. Merkwürdig bleibt freilich auch dann, daß er die Exodustradition gleichfalls nicht zu kennen scheint«.[13]

Dieses Ergebnis der Untersuchung HOLTZ' liegt in der Art seiner Fragestellung begründet. Auf der Basis eines intertextuellen Textverständnis[14] lassen sich sehr viel mehr Bezüge aufzeigen, die die von HOLTZ konstatierte, aber von ihm selbst als ›merkwürdig‹ bezeichnete, angebliche Unkenntnis der Exodustradition seitens des Verfassers des lukanischen Doppelwerks als Fehlurteil erweisen.

Dabei ist gleich zu Beginn festzuhalten, dass keine der aufgeführten Stichwortverbindungen und anderen Bezüge allein die Beweislast für eine ›Exodus-Theologie‹ des lukanischen Werkes erbringen könnte; für sich genommen wäre jede dieser Stellen damit überfrachtet. Erst die Vielzahl einzelner, kleinerer und größerer Bezüge sorgt dafür, dass nach und nach eine Art Netz entsteht, dessen viele Fäden so miteinander verwoben sind, dass es tragfähig wird.

1.1   Menschen des Exodus – das personelle Repertoire der Erzählung

1.1.1.   Prophetie und Priesterschaft

An erster Stelle steht Maria, die Mutter Jesu, die nicht nur in ihrem Lied als Prophetin auftritt,[15] die das Tun Gottes besingt und ankündigt, was geschehen ist, sondern

---

[11] Ebd. 4; in Ausnahmefällen beschäftigt er sich auch mit »zurechtgemachte[n] Zitat[en]« (ebd. 27). Entsprechend seinem Ziel, die ›Korrektheit‹ lukanischen Umgangs mit der Schrift zu analysieren, kommt HOLTZ auch zu ›vernichtenden‹ Urteilen. Änderungen gegenüber der Vorlage sind »Fehler« und dementsprechend ist auch »Lukas ... als Fehlerquelle« in Betracht zu ziehen, »nur wird man ihm keine Absicht dabei unterstellen dürfen‹, sondern solche derartige Fehler als »Versehen« werten (ders. 1968, alle Zitate 12). Ein solches »Versehen«, gepaart mit nicht zu geringer »Verwirrung« (ebd. 40) liegt nach HOLTZ in Lk 4,18f. vor, wobei es sich hier durchaus um »schwere Irrtümer« (ebd. 41) handelt, die Lukas aus seiner Vorlage übernommen habe müsse.

[12] A.a.O. 68 als Ergebnis seiner Untersuchung der Verwendung von Dtn 6,5 und Lev 19,18 in Lk 10,27 (ebd. 64ff). Zuvor, in der Beschäftigung mit den Deuteronomiumzitaten innerhalb der lukanischen Versuchungsgeschichte (Lk 4,4.8.12), hatte er noch vorsichtiger geurteilt: »Eine sichere Entscheidung darüber, ob Lukas das Deuteronomium (und darüber hinaus den Pentateuch) gekannt hat oder nicht, ist von der eben behandelten Perikope aus nicht zu gewinnen.« (64). Nach seinem Durchgang durch die ›echten‹ Zitate hält er jedoch fest: »Sicher bin ich mir ... über das Urteil, daß Lukas den Pentateuch nicht gekannt hat, selbst nicht die Exodusgeschichten und wahrscheinlich auch nicht die Genesis.« (169f.)

[13] T. HOLTZ 1968, 171f.

[14] S.o. S. 37ff.

[15] Neben den oben schon geäußerten Überlegungen zum entscheidenden Einfluss der Kategorie ›Prophetie‹ (s.o. S. 62) auf das lukanische Werk weise ich hier ergänzend auf Simeon und Hanna (Lk 2,25–38) hin: Beide wirken als Prophet und Prophetin am Tempel, Hanna wird der Titel Prophetin von der Erzählstimme verliehen (2,36), Simeon wird ausdrücklich als von der Geistkraft berührt

deren Prophetinsein sich schon in der Namengebung abzeichnet: Sie trägt den Namen Mirjam,[16] den Namen der ersten namentlich genannten Prophetin des Ersten Testaments, der Prophetin, die Gottes rettendes Eingreifen am Schilfmeer bejubelt und damit, ebenso wie später während der Wüstenwanderung, dem Volk voranzieht, dem Volk vorführt, was geschehen ist, und es zugleich mit hinein nimmt in diese Bewegung.[17] So wie Mirjam singt auch Maria – evtl. gemeinsam mit Elisabeth[18] – ein Lied, ein Loblied der Befreiung:

> »Ihr [Marias; K.S.] Gotteslob – das Magnificat – ist zugleich prophetische Weissagung der Befreiung des Volkes; auch sie redet als geisterfüllte Prophetin (Lk 1,46–55). Diese beiden schwangeren Frauen hauen auf die Pauke der Weltrevolution Gottes. ... Maria und Elisabeth verkünden prophetisch die Weltrevolution Gottes, seine Option für die Armen, die als Option für Maria und die Frauen beginnt. ... Die Erhöhung der erniedrigten Maria ist der Beginn der Befreiung des Volkes, der Beginn der Verwirklichung der Option für die Frauen und für die Armen.«[19]

Mirjam ist auf der Ebene des kanonischen Textes auch die Schwester des Mose, diejenige, die seine Arche, den Kasten, den ihre Mutter Jochebet für ihn gebaut hatte, aus der Ferne beobachtet, und dafür sorgt, dass er versorgt ist.[20] Auch in den ›vorgeburtlichen Ereignissen‹ gibt es Bezüge zwischen Mirjam und Maria: Nach jüdischen Traditionen ist es der Engel Gabriel, der Mirjam erscheint.[21] Beiden Frauen gemeinsam ist überdies eine Verbindung zur Stadt Bethlehem. Wurde Bethlehem bisher in der Forschung primär als Verweis auf die Davidslinie gesehen, wie ja auch Lk 2,4 nahelegt, so hat R.D. AUS darauf aufmerksam gemacht, dass »Mirjam – so erzählt es

---

beschrieben (zur engen Beziehung zwischen prophetischer und Geistbegabung s.u., S. 228 m. Anm. 77) und spricht als Prophet. Indem Lukas Hannas und Simeons Anwesenheit im Tempel betont, wird gleichzeitig herausgestellt, dass zwischen Tempel und Prophetie in lukanischer Perspektive große Nähe besteht, dass beide also nicht als getrennt nebeneinander oder womöglich gegeneinander agierende Gruppen vorzustellen sind. Außerdem wird auch hier wie vorher schon des öfteren und auch später wiederholt das im lukanischen Werk deutlich zu Tage tretende große Interesse am Tempel und dessen Hochschätzung spürbar. Insofern stimme ich F. AVEMARIE zu, der zum Abschluss seiner Untersuchung über die Johannestaufe für die lukanischen Anfangskapitel zu dem Schluss kommt:»Wer immer die Tradenten dieses Legendenstoffs waren, sie müssen am Tempel mit einer ähnlichen Hingabe gegangen haben wie an dem Täufer selbst. Tempelkritik seitens ihres Meisters dürfte für sie unvorstellbar gewesen sein.« (ders. 1999, 407).

[16] Diese Parallele sieht auch W. ECKEY 2004, 83. R. LE DÉAUT 1964, 199, Anm. 1 hat darauf hingewiesen, dass die aramäischen Targume die Form _Marjam_ verwenden.

[17] Zur Namensidentität als wichtigem Kennzeichen interfiguraler Beziehung verweise ich auf die oben dargestellten Überlegungen zu interfiguralen Bezügen (S. 40f.). W.G. MÜLLER 1991, 102f. hebt dabei besonders hervor, dass auch die veränderte Namensform in gewisser Weise einem ›Zitat‹ entspricht:»The shift of the name of a fictional character, whether in its identical or in a changed form, to a figure in another text is, as far as the linguistic aspects is concerned, comparable to a quotation.« Für weitere Überlegungen zum Namen Mirjam und zur Frage, warum Jesu Mutter diesen trägt, s.u. S. 259ff.

[18] So C. JANSSEN 1998. Eine auffällige Parallele besteht zwischen dem Segenswunsch bzw. der festen Segenszusage, mit der Elisabeth Maria empfängt: εὐλογημένη σύ (Lk 1,42) und dem Empfang Baraks durch Jael: _benedictus a Deo_ (LAB 31,9); vgl. C. DIETZFELBINGER 1964, 198.

[19] L. SCHOTTROFF 1996, 282. Einen deutlich anderen Ton schlägt W. ECKEY 2004, 102 an, wenn er als Intention des Liedes festhält, »daß der Leser innehalten und mit der ihm als Vorbild des auf Gottes Zusage gegründeten Glaubens hingestellten Mutter des Herrn anbetend bedenken [soll], daß und inwiefern das Heilsereignis Gegenwart gewinnt«.

[20] In der rabbinischen Literatur (etwa bSota 12b–13a) – wie auch z.B. bei Ps-Philo; dazu s.o. S. 165f. – wird von einer Prophezeiung Mirjams vor der Geburt des Mose erzählt: »Meine Mutter wird einen Sohn zur Welt bringen, der Israel erretten wird« (_moschia'a_) (zit. nach R.D. AUS 1988, 43). »Mirjam (_Marjam_) als eine _alma_ und ihre durch den heiligen Geist eingegebene Prophezeiung, ihren Eltern werde der Erlöser Israels geboren: das sind die rabbinischen Traditionen, die den Hintergrund für die Ankündigung Gabriels an Maria (_Mariam_) bilden, derzufolge sie schwanger werden und einen Sohn, ›Jesus‹, ›Erlöser‹, zur Welt bringen wird.« (R.D. AUS a.a.O., 44; Hervorhebungen im Text). Auch R. KESSLER 2001, 211f. weist auf Parallelen zwischen Ex 1–2 und Lk 1–2 hin.

[21] Vgl. L. GINZBERG V, 396, Anm. 40; C. PERROT 1976b, 59–63; R. BLOCH 1963, 109; R.D. AUS 1988, 20; R. LE DÉAUT 1964, 205 m. Anm. 1; F.J. MURPHY 1993, 59 m. Anm. 24.

der Midrasch über Moses Geburt – aus Bethlehem stammt«,[22] bzw. vielmehr mit dieser Stadt selbst identifiziert wird, und dass sie ferner als Frau Kalebs und Ahnherrin Davids gilt.[23]

Als zweite ist Elisabeth zu nennen: Sie trägt den Namen der Frau Aarons (Ex 6,23),[24] des ersten Priesters Israels, und ist die Frau eines Priesters aus der Aaronslinie (vgl. 1 Chr 24,1.10).[25] Außerdem wird sie von Lukas in Lk 1,5 auch selbst ausdrücklich als Aaronitin eingeführt. Und schließlich schlägt das erste Kapitel des Lukasevangeliums über die Verschleierung Elisabeths eine weitere Brücke in die Exoduserzählung: So wie Mose sich nach der Begegnung mit JHWH verschleiert (Ex 3,6; 34,29), entspringt auch Elisabeths Geste dem Bewusstsein um die Präsenz des Göttlichen.[26]

Prophetie und Priestertum sind also in den ersten Kapiteln, den Programmkapiteln des lukanischen Werkes,[27] bereits vertreten. Nach ersttestamentlichem Denken fehlt jetzt noch eine Instanz, diejenige, die für die Wahrung der Tora, der Weisungen JHWHs, verantwortlich zeichnet: die Nachfolgepartei des Mose.[28]

1.1.2 Die ›Rettung‹ durch den ›Befreier‹ – Jesus in der Tradition und Nachfolge des Befreiers und Propheten Mose

Diese ›Nachfolgepartei des Mose‹ kommt, der Auftrag zur Namensgebung von Seiten Gabriels Lk 1,31 macht es deutlich, mit der Person Jesu ins Spiel: *Du wirst schwanger werden und einen Sohn gebären und wirst seinen Namen*[29] *Jesus nennen.*[30] Im

---

[22] A.a.O. 39.

[23] Vgl. bSota 11b zur Heirat mit Kaleb (Ant nennt Hur als Ehemann; s.o. S. 200) sowie ExR 48,3f. und SifrNum 78 zur Tradition, dass David ein Nachfahre Mirjams ist. S. weiter R.D. AUS 1988, 39f.: »Neben der rabbinischen Tradition, die von dem ›in Listen Eintragen‹ aller schwangeren hebräischen Frauen in Ägypten erzählt, steht klärend die Tatsache, daß Marjam, Schwester Moses und Vorbild für Maria, Mutter von Israels letztem Erlöser, aufs engste mit dieser Stadt verbunden ist.« Damit, so AUS, lasse sich zugleich das in einigen griechischen Handschriften zu Lk 2,4 zu findende αὐτούς (als Variante zum auf Josef bezogenen Singular αὐτόν) erklären (ebd.). G. STEMBERGER 1991, 164f. nutzt diesen Abschnitt des Talmud, um das rabbinische Prinzip der ›Personenverschmelzung‹ deutlich zu machen (s. dazu oben S. 41f.).

[24] Mit W. ECKEY 2004, 74. ECKEY (ebd.) betont die Strenge der für Priester geltenden Heiratsbestimmungen: »Ein Priester heiratete in der Regel eine Priestertochter.«

[25] Dass Zacharias (hebr. Sacharja, ›JHWH gedenkt‹) nicht den Namen Aarons trägt, darf nicht weiter verwundern, ist doch bis in die rabbinische Zeit hinein die Scheu vor der Verwendung der Namen ›großer Männer‹ der Vergangenheit zu groß als dass Söhne diese Namen tragen würden (so M. NOTH 1928, 60; O. BARDENHEWER 1895, 2). Diese Zurückhaltung steht in offenkundigem Gegensatz zum sehr häufigen Gebrauch des Namens Mirjam/Mariam/Mariamme/Maria ab dem zweiten Jahrhundert vor Christus (s.u. S. 265ff.).

[26] Den Hinweis auf diese Verbindung verdanke ich L. SUTTER REHMANN, die ihre Überlegungen zu Lk 1,24f. im Rahmen von Schriftbezügen ebenso verankert wie in rabbinischen Texten (dies. 2005).

[27] Zu diesem Verständnis von Lk 1–2 s. unten S. 395 m. Anm. 2.

[28] Damit ist dann die Dreiheit von Tora, Prophetie und Priestertum präsent, wie sie im Ersten Testament durch Mose, Aaron und Mirjam z.B. in Mi 6,4 und Num 12 gegeben ist (mit R. KESSLER 1996). *Mose* steht im lukanischen Doppelwerk in der überwiegenden Zahl der Belege als Chiffre für die Tora (Lk 2,22; 5,14; 16,29.31; 20,28.37; 24,27.44; Apg 3,22; 6,11.14; 13,38; 15,1.5.21; 21,21; 26,22; 28,23), und zwar in gleicher Weise für Torainhalte (dann häufig in Verbindung mit νόμος) wie für den Kanonteil (ähnlich auch R.E. O'TOOLE 1990,22.27f., wobei ich für seine Schlussfolgerungen keinen Anhaltspunkt im lukanischen Werk sehe, sondern er eher seine Vor-Urteile zum Ausdruck bringt, wenn O'TOOLE seinen Aufsatz mit dem Satz beendet: »Jesus can save us from everything from which the Law of Moses could not«; ebd. 28).

[29] Die Doppelung καλέω ὄνομα bildet hier wie auch stets in der LXX (z.B. Gen 3,20; 16,13; 30,13; Num 11,34) die hebräische Konstruktion שֵׁם קָרָא ab, ist also eines einer ganzen Reihe von Beispielen, die belegen, wie sehr Lukas sich am Sprachgebrauch der Schrift orientiert.

Ritual von Beschneidung und Namensgebung (Lk 2,21), das die Geburtsgeschichte abschließt,[31] führen Maria und ihr Mann diesen Auftrag aus. Damit machen sie sich zugleich (wie zuvor schon Maria 1,38) den mit diesem Namen verbundenen Wunsch nach Befreiung und die Zusage der selbenzu eigen. Ἰησοῦς ist die griechische Form des hebräischen יְהוֹשֻׁעַ (vgl. Jos 1,1)[32] – ist Jesus damit also als Nachfolger des Josua vorgestellt?[33] »Our Lord himself is given at His birth, for a theological reason, the name of Jesus, the Greek form of the Hebrew Joshua.«[34] Es stellt sich folgerichtig die Frage, welche theologischen Gründe für diesen Namen sprechen konnten. NIXONs ›Eroberungsthese‹ allerdings ist entschieden abzulehnen.[35] In der Tat geht es für Lukas mit dem Wirken und der Wirkung Jesu darum, dass diese Botschaft Raum gewinnt; es gilt ›einzunehmen‹, aber dies unter den veränderten Vorzeichen des ausgehenden ersten Jahrhunderts eben nicht mehr auf אֶרֶץ יִשְׂרָאֵל bezogen, sondern in einem weiteren, weniger geographischen Verständnis: Im lukanischen Doppelwerk geht es gerade nicht mehr darum, im Land Israel siedeln zu dürfen (diese Möglichkeit ist nach der Niederlage im Krieg gegen Rom weniger denn je gegeben), sondern darum, außerhalb dieses geographischen Raums als messiasgläubige Jüdinnen und Juden leben zu dürfen.[36]

Mit dem Namen ist aber noch ein zweites, genauso wesentliches Element eingespielt: יְשׁוּעָה wird im Ersten Testament an keiner Stelle als Personenname verwendet, sondern ist in der überwiegenden Zahl aller Belege auf JHWH bezogen[37] und bedeutet ›Rettung‹ bzw. ›Befreiung‹.[38] Abgesehen von einer Nennung in der Abschiedsrede Jakobs an seine Söhne (Gen 49,18), wird יְשׁוּעָה erstmalig in der Rettung am Schilfmeer gesetzt, dort dann gleich zweifach, einmal in der Erzählung als Zuspruch, den Mose dem Volk gibt (Ex 14,13), und noch einmal in der poetischen Verarbeitung und Umsetzung im Schilfmeerlied (Ex 15,2). Hier wird deutlich, dass JHWH erst infolge und wegen seines Eingreifens zugunsten Israels den ›Titel‹ Retter

---

[30] Matthäus begründet in 1,21 explizit: αὐτὸς γὰρ σώσει τὸν λαὸν αὐτοῦ ἀπὸ τῶν ἁμαρτιῶν αὐτῶν. Dass Lukas einen solch expliziten Hinweis nicht gibt, kann zum einen der Tatsache geschuldet sein, dass im Griechischen zwischen Ἰησοῦς und σῴζειν im Gegensatz zum hebräischen יֵשַׁע und יְהוֹשֻׁעַ keine Ähnlichkeit besteht. Denkbar ist aber ebenso, dass für ihn mit dem Namen allein die Rettungs- und Befreiungsfunktion selbstverständlich mitklingt.

[31] Die gängige Perikopenaufteilung, die die Geburtserzählung mit 2,20 enden lässt, lässt nicht nur den schon in der Schrift grundgelegten engen Zusammenhang von Geburt und Namengebung (s. nur die Kapitel Gen 29f.) außer Acht, sondern macht zugleich unkenntlich, dass es sich in der lukanischen Geburtsgeschichte Jesu um eine jüdische Geschichte handelt, zu der Beschneidung und Namengebung untrennbar hinzu gehören.

[32] Auf die Semantik verweist auch M. KARRER 2002, 153ff, bevor er näher auf den griechischen Ursprung des Prädikates ›Retter‹ (σωτήρ) eingeht. Vgl. schon G. FOHRER 1964, 1013. Auch W. ECKEY 2004, 87 unterstreicht, dass Lukas um die semantische Herkunft gewusst habe.

[33] S. M. KARRER 2002, 154f.: »Ausgedehnten Namensreflexionen begegnen wir vor und neben unserem Jesus lediglich für den berühmtesten ›Jesus‹ alter Zeit, den Jesus der Landnahme, den wir heute (anders als die 1. Jh.) Josua nennen. Bei ihm schreiten sie den ganzen Bedeutungsraum aus. Sie betonen, Gott, der Herr, *helfe* diesem Josua-Jesus sowie *durch ihn*, dass Israel rettend ins Erbland führt. Zudem repräsentiert er die Lebenshaltung aus der *Rettung*, die vom Herrn kommt.« (Hervorhebung im Text). Allerdings wendet KARRER sogleich ein, der Bezug auf Josua sei insofern schwierig, als Jesus gerade nicht, wie die erste inhaltliche Füllung des Namens es ausdrückt, gerettet wurde, somit diese »Nuance« »mit der Passion [kollidierte]« (a.a.O., 155).

[34] R.E. NIXON 1963, 12.

[35] Ders. 1963, 14: »It may be well be then that our Lord enters His ministry as a second Joshua to conquer the people of Palestine, but in this case they are not the heathen but God's own faithless nation.« NIXON *er*kennt also die gegebene zeitliche Differenzierung zwischen Jesus und Josua, *ver*kennt aber gleichzeitig, dass damit ebenso eine lokale Differenzierung einhergeht.

[36] S.u. S. 406.

[37] Dtn 32,15; 1 Sam 2,1; 2 Sam 22,51; 1 Chr 16,23; Ps 3,9; 9,15; 18,51; Jes 25,9; 51,8; 56,1 u.ö.

[38] So auch M. KARRER 2002, 154.

zugesprochen bekommt: *Meine Stärke und mein Lied: Jah – er ist mir zur Rettung gewor-den.*[39] Auf diese Erfahrung und diese Benennung der Gottheit Israels aufbauend, schließt sich dann Ψ 13,7 ebenso an wie Jes 12,2;[40] 49,6; 52,10. Das sind Stellen, auf die Lukas im weiteren Verlauf seines Doppelwerks explizit oder implizit rekurriert, von denen also vorausgesetzt werden kann, dass ihre Aussage für sein theologisches Profil prägend ist.[41] Die Rettung, die JHWH für sein Volk Israel verkörpert, kommt im Kind Marias zur Welt, und zwar als Licht, das auch den Weltvölkern etwas von der befreienden Gottheit Israels nahe bringen soll.[42]

Wenngleich der Beiname ›Nazoräer‹[43] nicht direkt zu Beginn des lukanischen Wer-kes für Jesus verwendet wird, muss eine Sicht, die das Ganze dieses Werkes in den Blick nimmt, auch diesen wahrnehmen: Wenn die neueren Untersuchungen, die die Na-zoräer wieder inhaltlich verstehen, Recht haben und Jesus damit als jemand qualifi-ziert ist, der sich in besonderer Weise der Tora verpflichtet weiß, dann wäre das seiner ›Rolle‹ in der Dreiheit von Prophetie, Priestertum und Mose-Tora entspre-chend.[44]

Für die Frage nach Punkten der Übereinstimmung zwischen der Mose-Darstellung der Schrift und dem lukanischen Jesus, die auf eine interfigurale Verknüpfung hin-weisen,[45] stellt die Stephanusrede insofern eine Unterstützung dar, als sie gleichsam das ›lukanische Pendant‹ zu meinen Überlegungen bildet: In ihr sind wie an keiner anderen Stelle des lukanischen Werkes die Entsprechungen zwischen Mose und Je-sus auf engstem Raum versammelt.[46]

»The most extensive typology between Moses and Jesus occurs in the speech of Stephen. Moses is educated in all the wisdom of the Egyptians (Ac 7:22); Jesus grows in wisdom and grace (Lk 2:40,52). Both are powerful in word and work (Lk 24:19; Ac 7:22). The mission of neither one is understood (Lk 9:45; 18:34; 24:25; Ac 1:6 etc.; Ac 7:25,27). Through Moses' hands God gives salvation (σωτηρίαν, Ac 7:25) to the Israelites; there is no LXX original for this. ›Salvation‹ is assigned to Moses because of Jesus (σωτηρία: Lk 1:69,71,77; Ac 4:12); in 7:35 (cf. 7:27) ἄρχοντα καὶ λυτρωτήν are predicated of Moses since God raises Jesus to his right hand as ἀρχηγὸν καὶ σωτῆρα (Ac 5:31). Never in the LXX is λυτρωτήν used of Moses. But λυτροῦσθαι expresses the expectation of the two disciples of Jesus in Lk 24:21, and λύτρωσις relates to Jesus in Lk 1:68;

---

[39] Die LXX überträgt hier *Retter und Beschützer ist er mir zur Rettung geworden* (βοηθὸς καὶ σκεπαστὴς ἐγένετό μοι εἰς σωτηρίαν). Die Kurzform des Gottesnamens (יָהּ) lässt sie weg und ersetzt ›Lied‹ (זִמְרָת) durch ›Beschützer‹ (σκεπαστής), was in der Wichtigkeit des Verbums σκεπάζω in der vorangehenden Geschichte (vgl. 12,13.27) begründet liegen könnte; mit A. LEBOULLUEC/P. SANDEVOIR 1989, 172, dort auch weitere Erklärungsmöglichkeiten. σκεπαστής als Gottesprädikat in Verbindung mit einer Reihe anderer, semantisch ähnlicher Prädikate noch in Jdt 9,11: *Denn weder in einer Truppe liegt deine Kraft, noch deine Herrschaft in Starken, sondern der Erniedrigten Gott bist du, der Geringen Helfer bist du, ein Beistand der Schwachen, Beschützer der Verachteten und ein Retter der Hoffnungslosen.* (Übersetzung C. RAKEL 2003, 199).

[40] Jes 12,2 zitiert innereralttestamentlich Ex 15,2, wobei die LXX hier anders entscheidet: זִמְרָת wird mit ›Lob(lied)‹ (αἴνεσις) wiedergegeben.

[41] Jes 49,6 wird zitiert in Apg 13,47; Jes 52,10 klingt im Lied des Simeon (Lk 2,30ff) ebenso an wie über die Stichwortverbindung ›Enden der Erde‹ in Apg 1,8.

[42] »Sie [Maria; K.S.] kündigt die Weltrevolution an und gibt der Befreiung einen Namen: Jesus (1,31).« (L. SCHOTTROFF 1996, 282).

[43] Dazu s.o. S. 66 sowie unten S. 351.

[44] Dass Jesus auch noch in anderer Hinsicht als *Prophet wie Mose* dargestellt wird, habe ich bereits erwähnt (s.o. S. 66). Natürlich tritt Jesus auch als Toralehrer auf, unterweist Menschen in der Tora und legt sie aus; vgl. nur die ›Feldrede‹ Lk 6; mit D.W. PAO 2002, 80.

[45] Solche Berührungspunkte führt auch R.E. O'TOOLE 1990 auf. S. außerdem D.A. ALLISON 1992, 57ff; R.I. DENOVA 1997, 97f. M. ÖHLER 1997, 191 hält fest, »dass Lk ein Interesse daran hatte, Jesus einzelne Züge aus dem Leben des Mose zuzuordnen. Jesus erfüllte wahrscheinlich schon in der vorlk. Tradition die Aufgabe des eschatologischen Propheten nach dem Mosetyp. Lk übernimmt diese Tradition.«

[46] Zur Darstellung des Mose im NT s. auch M. HASITSCHKA 1999.

2:38. Both Moses (Ac 7:35,39ff; cf 15:21) and Christ (Ac 3:13f) are rejected (ἀρνεῖσθαι) although they performed signs and wonders (τέρατα καὶ σημεῖα, Ac 7:36; cf 2:22).«[47]

Beiden, Mose wie Jesus, eignet eine, vorsichtig ausgedrückt: ›ungewöhnliche‹ Geburtsgeschichte und in gleicher Weise ungewöhnlich ist der Ort, an dem sie als Neugeborene bzw. Säuglinge ›hingelegt‹ werden: der Kasten, die ›Arche‹ des Mose ebenso wie der Futtertrog Jesu.[48] Beider Weisheit wird betont (Lk 2,40.52; vgl. Apg 7,35).[49] In der Darstellung der Prüfung Jesu durch Satan fällt neben dem Ort, der Wüste, zunächst die gewählte Zahl 40 auf:[50] Jesus ist für 40 Tage abgeschnitten von seiner Umwelt, allein mit Satan – Mose war 40 Tage und Nächte auf dem Berg (Ex 24,18; Dtn 9,9).[51] Außerdem ist dies die erste Stelle, die ein Beispiel dafür darstellt, wie Lukas Zeitspannen verkleinert: Aus den 40 Jahren, die die Israelitinnen und Israeliten in der Wüste verbringen, sind hier 40 Tage geworden, die Zeit drängt.

»There can be little doubt that the forty days in the wilderness are a miniature of the forty years which Israel spent in the wilderness, as in a sense was Moses' forty days in the mount.«[52]

---

[47] R.E. O'TOOLE 1978, 107f. (griech. Buchstaben statt Umschrift wie in der Zitatquelle von der Verfasserin eingeführt; K.S. Zur Verwendung der Wurzel λυτρ* im lkDW s.o. S. 68f. sowie unten S. 234f.). So auch E. MAYER 1996, 54: »Eine alttestamentliche Typologie, die in einer längeren Episode zur Geltung kommt und gar das ganze Leben Jesu umfaßt, findet sich z.B. in der Stephanusrede (Apg 7,2–53). In dieser Rede wird die alttestamentliche Heilsgeschichte mit der zentralen Gestalt des Mose nachgezeichnet, aber so, daß Parallelen zwischen Jesus und Mose erkennbar werden.« Auch die Frage Jesu Lk 12,14 (τίς με κατέστησεν κριτὴν ἢ μεριστὴν ἐφ᾿ ὑμᾶς;) erinnert an Ex 2,14; mit R. V. BENDEMANN 2001, 100.

[48] Auf das Außergewöhnliche des Ruheplatzes Jesu weist allein schon die Tatsache hin, dass dieser in der Engelrede (Lk 2,12) Zeichencharakter erhält; vgl. R.D. AUS 1988, 26f. Zur ›Arche‹ des Mose s.o. S. 86.

[49] Zwar wird Mose in der Schrift an keiner Stelle ausdrücklich als ›weise‹ beschrieben, die nachbiblische jüdische Lektüre spricht ihm diese Eigenschaft dafür verstärkt zu; deutlich wird das etwa in der Nähe zu LAB 9,16. Lukas wie Pseudo-Philo richten sich »nach einem vorgegebenen Schema, das das äußere Wachstum des Kindes ... und seine Stellung vor Gott ... zu berücksichtigen hat.« (C. DIETZFELBINGER 1964, 221) Ähnlich auch noch LAB 51,1. E. REINMUTH 1994, 163f. betont – darin H. V. LIPS 1990, 146f.; 441f. folgend – den bei Lukas aufweisbaren engen Zusammenhang von Geist und Weisheit, worauf etwa Lk 21,15; Apg 6,3.10 hindeuten. »Die Bedeutungsnähe von ›Geist‹ und ›Weisheit‹ bei Lukas steht in auffälliger Übereinstimmung mit der entsprechenden Voraussetzung Pseudo-Philos .... Die differierenden Basisnotizen Lk 1,8[0]; 2,52 enthalten keine graduell unterschiedlichen Bewertungen; Lukas teilt mit Pseudo-Philo die Überzeugung, daß beiden Gaben Gottes Gleichrangigkeit eignet.« (Zitat 164). Zumindest in großer Nähe zueinander stehen die beiden Charakteristika in JosAs 4,9. Ausdrücklich auch Ant 2,230/2,9,6: *Das Alter des Jungen aber blieb hinter seinem Verstande und seiner Klugheit zurück, denn er war am Weisheit und Ausbildung des Geistes so entwickelt, dass er einem vorgerückteren Alter Ehre gemacht hätte. Und was er in der Jugend that, liess die Hoffnung berechtigt erscheinen, er werde später noch grösseres vollbringen.*

[50] Eine Zahlenverknüpfung anderer Art könnte in der Genealogie Jesu angelegt sein: In den 75+2 Generationen (wenn ich die beiden Letztgenannten – τοῦ Ἀδὰμ τοῦ θεοῦ – als ›Sonderfälle‹ ausschließe) spiegeln sich möglicherweise die 75 Personen der Jakobsfamilie wider, die nach der LXX-Fassung von Gen 46,27; Ex 1,5 (im hebräischen Text sind es 70 Personen) nach Ägypten hinabziehen. Dass Lukas die Zahl 75 präsent war, zeigt Apg 7,14. Dazu G. STEMBERGER 1990, 236f., der die Hypothese, die Aufnahme der Zahl ›75‹ in Apg 7,14 zeige eindeutig die Abhängigkeit von der LXX mit Belegen aus Jub 44,33 (*Und alle Seelen Jakobs, die nach Ägypten kamen, waren 70. Dies sind seine Kinder und Enkel, alle zusammen 70; alle fünf starben in Ägypten vor Josef kinderlos.*); 4Q Exᵃ (Ex 1,5 nennt die Zahl 75); LAB 8,11 (72) kritisch hinterfragt und stattdessen von einer hebräischen Textgrundlage ausgeht: »ist eine direkte und ausschließliche Abhängigkeit der Apg in diesem Punkt von der LXX nicht zwingend zu erweisen. Es ist leicht möglich, daß 75 die ursprüngliche Angabe des hebräischen Textes ist.« (ebd. 237). Anders T. CRAWFORD 1998, 253, der schon in der Genealogie Jesu das im zweiten Teil seines Werkes dann ausgeführte universalistische Ziel seiner Darstellung angelegt sieht.

[51] Mit D.C. ALLISON 1993, 165: »Q contained a temptation narrative in which Jesus recapitulated the experience of Israel in the desert.«

[52] R.E. NIXON 1963, 13; ganz ähnlich auch D.C. ALLISON 1993, 165: »Clearly Q told a haggadic tale much informed by Scripture: as Israel entered the desert to suffer a time of testing, so too Jesus, whose forty days was the typological equivalent of Israel's forty years of wandering.« Vgl. die 40

Wenn über die Zahl 40 die Wüstenwanderung und damit die Situation der Israelitinnen und Israeliten hier schon in einem allgemeineren Sinne eingespielt ist als über eine reine Personalanalogie zwischen Jesus und Mose, dann ist durchaus auch vorstellbar, dass die in Lk 4,4.8.12 beschriebenen Versuchungen Jesu, denen dieser jeweils mit einem Zitat aus der Mose-Tora (Dtn 8,3; 6,13.16) begegnet,[53] Situationen der Versuchung Israels in der Wüste spiegeln.[54]

Eine weitere Übereinstimmung zwischen beiden besteht darin, dass zu ihrem Wirken in der Wahrnehmung anderer gehört, dass sie das Volk aufwiegeln, es auf falsche Gedanken bringen. So heißt es in Lk 23,2 über Jesus:

> *Über diesen haben wir heraus gefunden, dass er unser Volk verrückt macht (διαστρέφω), und dass er sich dagegen wehrt, dem Cäsar Abgaben zu geben, und dass er sagt, dass er selbst ein gesalbter König[55] ist.*

In der Konfrontation zwischen Mose und Pharao, nach der erstmals geäußerten Bitte, das Volk in die Wüste ziehen zu lassen, verweigert der ägyptische Herrscher dies (Ex 5,4) und beschuldigt Mose und Aaron, sein (!) Volk (λαός μου) von ihren Arbeiten abzuhalten (διαστρέφω).[56]

Wieder eher auf der Ebene struktureller Analogien liegen die beiden folgenden Beobachtungen: Zum einen ist beider Rolle im Befreiungsgeschehen nicht eindeutig zu bestimmen. So wie Moses Anteil an der Befreiung, wie sie am Schilfmeer erfolgt, in der konkreten Situation zwar nicht genau eruiert werden kann, und dennoch eindeutig ist, dass JHWH allein hier die rettende Instanz ist, so verhält es sich ganz ähnlich in der Befreiungstat am Kreuz: Gott ist diejenige, die Jesus von den Toten auferweckt.[57] Gleichzeitig ist es den biblischen Erzählerinnen und Erzählern in beiden Fällen wichtig, dass die Protagonisten ›nach außen‹ mit großer Autorität ausge-

---

Tage zwischen Auferweckung und Himmelfahrt. Auch R.E. O'TOOLE 1990, 26, sieht Beziehungen zwischen Mose u. Jesus und verweist auf Num 11,17.25.

[53] Während 4,4.12 wortwörtlich den LXX-Text liefern, weicht 4,8 an einer inhaltlich entscheidenden Stelle ab: Zum einen wird die Proskynese – damit wird das allgemeinere der LXX konkretisiert – allein JHWH zugesprochen, zum anderen verschärft Lukas die Aussage durch die Einfügung des ›alleinigen‹ Dienstes für Gott (κύριον τὸν θεόν σου προσκυνήσεις καὶ αὐτῷ μόνῳ λατρεύσεις). D.C. ALLISON verweist für die matthäische Parallelstelle zu Lk 4,5f. (Mt 4,8f.) auf Dtn 34,1–4 als mögliche Vorlage, denn Dtn 34,1–4 beschreiben, wie JHWH Mose das versprochene Land zeigt (ders. 1993, 169–172).

[54] So vermutet R.E. NIXON 1963, 13f.: »Where they had been dissatisfied with Yahweh's provision of manna, He is tempted to turn stones into bread. Where they put God to the test at Massah demanding proof of His presence and power, He is tempted to jump from the Temple pinnacle to force God to honour His promises. Where they forgot the Lord who had brought them out of Egypt and substituted a molten calf for Him, He is tempted to fall down and worship Satan. ... Christ is shown to meet the temptations not arbitrarily but deliberately from Moses' summary in Deuteronomy of the history of Israel in the wilderness.« Zur lukanischen Versuchungserzählung – unter Berücksichtigung ihrer Besonderheiten im synoptischen Vergleich – s. auch M. Wenk 2000, 195–200; M.M. Turner 1996, 202f. R. RIESNER 2002, 198 erklärt Einzelelemente der lukanischen Versuchungserzählung, vor allem den Transfer der Macht des Kaisers auf den Satan damit, dass diese »wahrscheinlich aus der machtkritischen, judenchristlichen Sonderüberlieferung des Lukas« stammten. Ohne, dass RIESNER explizit eine Begründung für die Rückführung auf eine Sonderüberlieferung bringt, macht die Abfolge seiner Überlegungen diese deutlich: Da eine Beziehung von Kaiser und Satan »angesichts der Aufgeschlossenheit der Evangelisten gegenüber dem Römerreich« (a.a.O.) nur irritieren kann, muss sie aus einer Lukas vorgegebenen Quelle stammen – warum Lukas eine solche allerdings aufgenommen haben sollte, wenn sie seinem eigenen Anliegen widerspricht, wird von RIESNER nicht in Erwägung gezogen.

[55] Die Elberfelder Übersetzung formuliert *daß er selbst Christus, ein König sei.* Es besteht jedoch an dieser Stelle keine Notwendigkeit, ›christologisch‹ zu übersetzen.

[56] Mit R.E. O'TOOLE 1990, 24. Dazu s.o. S. 113.

[57] Bei den Vorkommen von ἐγείρω im Passiv ist ohnehin deutlich, dass nicht Jesus das Subjekt ist; Subjekt von ἀνίστημι ist im Evangelium fünfmal Jesus, in der Apostelgeschichte, also im Rückblick auf die geschehene Befreiung, fünfmal Gott.

stattet sind. Nicht umsonst heißt es von Mose, er werde für Pharao zum Gott (Ex 7,1).[58] Auf der gleichen Ebene ist es zu verstehen, wenn im lukanischen Doppelwerk sowohl die Dämonen als die ›Hilfstruppen‹ Satans, des Hauptgegners, Jesu ›Göttlichkeit‹ erkennen als auch gerade Angehörige der fremden Großmacht diejenigen sind, die Jesu Besonderheit sofort wahrnehmen und zum Ausdruck bringen.[59] Zum anderen sind von Jesus wie Mose Abschiedsreden überliefert, in denen sie die Bedeutung ihres eigenen Wirkens und der gemeinsam mit dem Volk respektive den Schülerinnen und Schülern gelebten Geschichte bündeln und pointiert darstellen (Lk 24,44–49; vgl. Dtn 1,1).[60] Dabei sind in der Zusammenfassung, die Lukas in Apg 1,2–8 von dieser Zeit des Lehrens Jesu in der Zeitspanne zwischen Auferstehung und Himmelfahrt gibt, auffällige Stichwortbezüge zu den Abschiedsworten des Mose zu beobachten: Mose sagt von sich: *Ich kann nicht mehr weiter hineingehen und hinausgehen* (εἰσπορεύεσθαι καὶ ἐκπορεύεσθαι, Dtn 31,2) und Lukas formuliert in Apg 1,21 über die Zeit der Anwesenheit Jesu: *In der ganzen Zeit, während der hineinging und hinausging* (εἰσῆλθεν καὶ ἐξῆλθεν) *bei uns Jesus, der Kyrios.*[61]

Schließlich ist denkbar, dass Lukas – wie andere jüdische zeitgenössische Autoren, etwa Josephus und Philo[62] – davon ausging, dass Mose nicht gestorben sei. Davon ist zwar in der Schrift nicht die Rede, jedoch hält Dtn 34,6 fest: *Bis auf den heutigen Tag kennt niemand das Grab des Mose.*[63] Diese Formulierung ist in der Tat so bedeutungsoffen, dass von hier aus auch die Vorstellung entwickelt werden kann, Mose sei wie etwa Henoch oder Elia nicht gestorben, sondern zu JHWH ›entrückt‹ worden.

1.1.3 Auszuwählende, Auszusendende und ›das Volk‹

Auffällig ist zunächst natürlich die *Zahl* des *Zwölf*erkreises. Leserinnen und Leser, die von der Schrift herkommen, können gar nicht anders als bei der Zahl zwölf an die zwölf Stämme Israel, also an die Gesamtheit Israels zu denken.

Bezüge zum Exodus sind darüber hinaus sowohl in der Berufung, also am Anfang der gemeinsamen Geschichte, wie auch beim Passamahl,[64] nahe am (scheinbaren) Ende dieser gemeinsamen Geschichte aufzeigbar.

Vor der Berufung, der Einsetzung des Zwölferkreises, verbringt Jesus die Nacht auf einem Berg – das fällt insofern ins Auge, als der Berg eine topographische Größe

---

[58] S.o. S. 118.

[59] Zur Rolle der ›Fremden‹ in Exodus wie lukanischer Exoduslektüre s.u. S. 230ff.

[60] JOHANNES TASCHNER verdanke ich die Idee, eine mögliche Intention des Deuteronomiums darin zu sehen, dass Mose sich selbst als Person überflüssig mache. Für Lukas wäre in Analogie zu überlegen, ob die Abschiedssequenz Jesu nicht das selbe Ziel verfolgt, ob nicht die Worte und Lehren Jesu ebenso wie die Zusage der Geistkraft eben diesen Zweck erfüllen sollen, die Nachfolgerinnen und Nachfolger in die Lage zu versetzen, die Inhalte, die Jesus vermittelt und gelebt hatte, nun auf einer sicheren Grundlage weiterzugeben. Wieder anders gelagert ist E. WOODS Beobachtung, dass mit beider Geschichte kurz vor ihrem Tod die Stadt Jericho verbunden ist (Lk 19; Dtn 32,49); vgl. ders. 2001, 34 m. Anm. 67.

[61] M. ÖHLER 1997, 203f. sieht in den Formulierungen Lk 24,50–53 Sir 50,20–22 eingespielt.

[62] Vgl. JosAnt 4,323.325f/8,48f. sowie aus den Werken Philos etwa Quaest in Gen I,86; VitMos II, 288–291. Nach Josephus (Ant 4,326/8,49) hat Mose seinen eigenen Tod aufgeschrieben, damit niemand unterstellen könne, seine Rückkehr zum Göttlichen sei im Übermaß seiner Tugend begründet (bei L.H. FELDMAN 2000, 472f., Anm. 122 weiteres zu Josephus' Verständnis des ›Todes‹ des Mose). Deutliches Zeugnis von der Auffassung, Mose sei gen Himmel gefahren, legt die nachbiblische Schrift *Assumptio Mosis* ab, nach der Mose Josua vor seiner Hinwegnahme die kommende Geschichte Israels offenbart.

[63] Während nach dem hebräischen Text JHWH selbst Mose begräbt, setzt die LXX das Verb in den Plural (ἔθαψαν αὐτόν) und lässt so die Menschen Israels ihren Anführer begraben.

[64] S.u. S. 247ff.

eigener Bedeutung im lukanischen Werk ist.[65] Diese Nacht, so macht es die Erzähl-
folge wahrscheinlich, diese Nacht des Gebetes, des Gesprächs mit Gott, lässt ihn den
Entschluss fassen (oder festigt diesen?), aus dem Kreis seiner Schülerinnen und
Schüler eine Gruppe in besonderer Weise auszuwählen:

> *Als es Tag wurde, rief er seine Schülerinnen und Schüler zu sich: Von ihnen wählte er zwölf aus,*
> *die er auch Gesandte, Apostel, nannte (Lk 6,13).*

Dass dieser Zwölferkreis für die Gesamtheit Israels stehen soll, zeigt nicht nur Lk
22,30, sondern legt sich auch durch Exodus 24 nahe, wenn dort erzählt wird, wie
Mose, nachdem nur Aaron, Nadab und Abihu[66] sowie 70 Älteste der Gemeinschaft
auf den Berg steigen sollen, am Fuß des Berges neben einem Altar zwölf Steinmale
aufrichtet und somit die versammelte Präsenz Israels in Stein inszeniert.[67] Zugleich
legt Lk 9,1f., die Aussendung des Zwölferkreises, einen Bezug zur Aussendung der
Kundschafter Num 13f. nahe:[68] Neben das *Aussenden* (ἀποστέλλω in Num 13,2 wie
auch Lk 9,2) tritt die Funktion: Beide Gruppen repräsentieren *pars pro toto* Israel. Daher betont Num 13,2 ausdrücklich, dass Mose einen Mann pro Stamm schicken
solle.[69]

Eine andere Form der Auswahl und Aussendung wird an zwei weiteren Orten des
lukanischen Werks geschildert: Lk 10 und Apg 6,3. Zu Beginn des zehnten Kapitels
des Lukasevangeliums wird von einer ›zweiten Aussendung‹ erzählt:

> *Danach aber bestimmte Jesus 70 andere (zu Schülerinnen und Schülern) und schickte sie zu*
> *zweit vor sich her in jede Stadt und an jeden Ort, zu dem er selbst kommen wollte (Lk 10,1).*

Die Zahl 70 ist zum einen als Zahl der Ganzheit und Vollkommenheit von Bedeutung, zum anderen aber ist sie gerade im Kontext des Exodus als ›feste‹ Größe präsent: 70 Personen wählt Mose auf JHWHs Auftrag hin als diejenigen aus, die be-
Geist-ert mit ihm gemeinsam das Volk anführen sollen (Num 11,16f.24ff),[70] 70 Älteste
gehen mit Mose und Aaron zusammen auf den Berg (Ex 24,1.9),[71] und im hebräischen Text von Gen 46,27; Ex 1,5 besteht die Familie Jakobs – und damit also Israel –
aus 70 Personen. Bei der Rückkehr dieser 70 (oder 72)[72] Personen zeigt sich eine weitere Exodusverbindung: Lk 10,19 nimmt mit großer Wahrscheinlichkeit in der Rede

---

[65] Dazu weitere Überlegungen unter dem Unterpunkt ›Orte des Exodus‹ (s.u. S. 239ff).

[66] Dieser weiteren Differenzierung entspricht Lukas in Kapitel 9, wenn dort explizit nur Petrus,
Jakobus und Johannes als Begleiter genannt sind (9,28; so auch schon 8,51). Zur Erzählung Lk 9,28–
36 s. unten S. 253ff.

[67] Mit R.E. NIXON 1963, 15: »This [die Auswahl des Zwölferkreises; K.S.] is an attempt to go back to the
time of the twelve tribes and we may think in particular to the time of the Exodus.« So auch G.
JANKOWSKI 1982, 49. Von der gleichen Vorstellung lebt auch die Speisungsgeschichte Lk 9,10–17:
»Die zwölf Apostel, die nach Lk 22,30, den zwölf Stämmen vorstehen, speisen das Volk und es
bleiben zwölf Körbe mit Essen übrig – ein Korb für jeden Stamm Israels.« (E. MAYER 1996, 122).

[68] D.A.S. RAVENS 1990, 121 versteht die Erwähnung des *Stabes* (ῥάβδος) in Lk 9,3 als Einspielung des
Mosestabes (Ex 4,2–17; 7,15–20).

[69] Für den Zwölferkreis habe ich diese Funktion bereits gezeigt. Num 13,2 lautet in der Fassung der
LXX: *JHWH sprach zu Mose: Schick für dich Männer aus – sie sollen das Land der Kanaanäerinnen und
Kanaanäer genau erforschen, das ich den Kindern Israel zum Besitz gebe –, einen Mann entsprechend dem
Stamm entsprechend ihrer Vorfahren, sollst du sie schicken, jeden (als) einen Anführer bei ihnen.*

[70] Mit R.E. NIXON 1963, 15f.; R.E. O'TOOLE 1990, 23; E. MAYER 1996, 290–292; E. WOODS 2001, 59 m.
Anm. 143f.

[71] Dazu J. MÁNEK 1958, 21. Auch Ex 18,21ff erzählt von der Auswahl eines größeren Gremiums, das in
Zukunft in Rechtsfällen entscheiden soll, ist also als Vergleichsstelle ebenfalls denkbar, auch wenn
die Zahl 70 hier nicht ausdrücklich genannt wird.

[72] Auch die Zahl 72 legt den Bezug zu Num 11 nahe, sind es mit Eldad und Medad doch auch hier 72
Be-Geist-erte.

über die *Schlangen und Skorpione* Dtn 8,15a auf, da diese Stelle den einzigen Schriftbezug darstellt, der eine vergleichbare Kombination bietet.[73]

Auch Apg 6,3 erzählt von der Auswahl einer Gruppe, die die Aufgabe hat, ihr Können und ihre Fähigkeiten einzusetzen, damit es in der Gemeinschaft gerecht zugeht und alle leben können. Wie sehr hier die Be-Geist-erung eine zentrale Rolle spielt, zeigt das im Anschluss von Stephanus Erzählte.[74] Die Wahl des Siebenergremiums folgt in der lukanischen Darstellung einem bestimmten Modell, nämlich der Erzählung von der Wahl ausgesuchter Menschen, die Mose entlasten sollten (Ex 18,13–26; Num 11; 27,15–23; Dtn 1,13), wobei besonders zwischen Apg 6,3 und der zuletzt genannten Stelle Dtn 1,13 frappierende Parallelen in der Wortwahl bestehen: An beiden Stellen wird die Aufgabe des bzw. der Einsetzenden als καθίστημι beschrieben, ebenso übereinstimmend ist die Rede von ›weisen Männern‹ (Dtn 1,13: ἄνδρας σοφούς, Apg 6,3: ἄνδρας ... πλήρεις ... σοφίας).[75]

Auch unabhängig von diesen ›Beauftragungssequenzen‹, in denen die Geistkraft wirkt, betont Lukas in seinem Werk die Erfüllung der Handelnden mit Geistkraft, wenn es darum geht, die Wichtigkeit einer Situation bzw. des von einer Person Gesagten zu betonen: Von der Geistkraft erfüllt beginnt Elisabeth prophetisch zu reden (Lk 1,41f.). Jesus ist durch die Geistkraft in die Lage versetzt, den Prüfungen Satans mit Vertrauenszusagen an JHWH, die er in der Schrift findet, zu begegnen (Lk 4,1ff).[76] Das Erfülltsein mit Geistkraft wirkt, wenn man dem Zitat aus dem Jesajabuch Glauben schenkt, wahre Wunder (Lk 4,18f.),[77] und auch diejenigen, die im Haus des Cornelius die Worte des Petrus hören, werden von der Geistkraft erfüllt (Apg 10,44).

Wiederholt verwendet Jesus in der Anrede an seine Schülerinnen und Schüler das Bild einer Schafherde (Lk 10,3; 12,32), ein Bild, das aus dem Ersten Testament nicht nur aus der Psalmenliteratur, sondern auch aus der Prophetie und der Tora bekannt ist und – neben dem Bild des davidischen Hirten und mit diesem verbunden – im-

---

[73] Mit E. WOODS, 59 und E. MAYER 1996, 291f., der diese Beobachtung nutzt, um seiner These Nachdruck zu verleihen, dass der lukanische ›Reisebericht‹ eine Nachbildung der Wüstenzeit Israels sei.

[74] S.u. S. 339ff.

[75] Mit T. PENNER 2004, 266f.: »[J]ust as the Israelites under Moses were in need of organized leadership during their formative period, so the assembly under the apostles also requires a similar structure. One should observe also that this formative period in the Hebrew Bible account is the post-exodus founding of the Jewish politeia under the governance of Moses. ... Luke's portrayal of the origins of the Christian movement evidences, in the founding of the community, a reenactment of the patterns of formation of the politeia in the biblical account, demonstrating points of contact between the people of the prophet Jesus and the people of Moses.« Die erwähnten ersttestamentlichen Parallelen sehen auch D. DAUBE 1956, 238f.; ders. 1976; F.S. SPENCER 1992, 206–211.

[76] Mit M. WENK 2000, 200: »Endowed with the Spirit for his messianic ministry, and assisted by the Spirit in his conflict with Satan, he returned to Galilee in the power of the Spirit to commence his messianic ministry of liberating God's people through his power.« U. BUSSE 1978, 17ff nennt das Geistmotiv als entscheidendes Verbindungselement zwischen den Erzählungen in Lk 3–4; vgl. weiter zur besonderen Bedeutung der Geistkraft für das lukanische Werk z.B. C.A. EVANS 1993; J.A. FITZMYER 1999; R.P. MENZIES 1991 und 1993; M.M. TURNER 1991; ders. 1996; E.J. WOODS 2001.

[77] Mit der Vorstellung, dass die Erfüllung mit Geistkraft den be-Geist-ersten Menschen auch in die Lage versetzt, besondere Taten zu vollbringen (so z.B. Apg 2,43 im Anschluss an die Be-Geist-erung an Schavuoth), steht Lukas – gegen die in der Forschung breit vertretene Ansicht einer Trennung von Wort und Tat (vgl. etwa noch D.W. PAO 2002, 59) – innerhalb jüdischen Denkens gerade nicht allein da, wie MAX TURNER nach der Analyse einschlägiger Schriften resümiert: »The most influential works – the Hebrew Bible, its translations and various forms of biblical interpretation – largely maintained the association [von prophetischer Geistbegabung und der Fähigkeit zu ›Machttaten‹; K.S.]. The ›messianic‹ traditions ... reasserted the expectation ›of a figure endowed with charismatic wisdom/righteousness and anticipated that the same Spirit would grant works of power through him to accomplish Israel's liberation and restoration.« (ders. 1996, 118; vgl. ebd., 105–118).

mer wieder auch im Exoduskontext verwendet wird. Num 27,17 etwa plädiert für einen Nachfolger des Mose mit der Warnung, Israel möge nicht zu einer Schafherde ohne Hirten werden.[78]

Hinsichtlich des Volkes, der Volksmenge fällt im lukanischen Doppelwerk ein Dreifaches auf:

- Erstens bezeichnet λαός durchgängig das Volk Israel.[79]

- Zweitens spiegelt die Anrede Lk 9,41 (*Oh, vertrauenslose und verdrehte Generation!*) wie auch Apg 2,40; 7,51 den Sprachgebrauch des Mose im Deuteronomium wider, wie etwa die große sprachliche Nähe zwischen Lk 9,41 und Dtn 32,5.20 deutlich macht.[80] Grundsätzlich stellt diese scharfe Kritik eine charakteristische Beschreibung der Wüstengeneration dar,[81] die – wie Apg 7,39 zeigt – Lukas vertraut war.[82] Ein weiteres Indiz dafür besteht darin, dass im gesamten Neuen Testament nur Lukas an zwei Stellen seines Werkes das Verbum διαγογγύζω verwendet (Lk 15,2; 19,7), das in der LXX durchgängig das ›Murren‹ des Volkes in der Wüste ausdrückt.[83] Ebenso findet das bei Lukas wiederholt auftretende Motiv der Eile oder Hast in Verbindung mit (dem Aufruf zur) Wachsamkeit (Lk 1,39; 12,35–38.40; 21,36; Apg 20,31)[84] sein ›Vorbild‹, sein Erinnerungs- und Vergegenwärtigungsmoment möglicherweise im Kontext des Auszugs in der Beschreibung der Nacht des Passa und der Erinnerung an diese (Ex 12,11.33; Dtn 16,3).[85] Auch *Eure Hüften sollen umgürtet sein* (ὑμῶν αἱ ὀσφύες περιεζωσμέναι) *und*

---

[78] Vgl. weiter z.B. Jdt 11,19; Ψ 76,21; 77,52; 79,2. Die Rede von Gott als Hirtin, die Israel führt, z.B. Jes 40,3–5; Jer 31,7–11; Ez 34,11–16; zu diesen Traditionen verweise ich auf die Monographie von Regine Hunziker-Rodewald 2001. Auch in der nachbiblischen jüdischen Literatur bleibt das Motiv von Israel als Schafherde gebräuchlich; s. etwa LAB 17,4; 23,12; 28,5; 30,5; 31,5. ÄthHen 89f. ist insofern besonders nah an Lk 10,3 als hier die Ägypter die Wölfe sind.

[79] Zum Gegenüber von Israel und der Völkerwelt als Grundmerkmal des lukanischen Werkes s. schon oben S. 53f.

[80] Mit R.E. O'Toole 1990, 23; E. Woods 2001, 58f.; J.A. Fitzmyer 1981, 809; H. Schürmann 1969, 570, Anm. 25; G. Schneider 1992, 219; E. Mayer 1996, 128f.; s. auch D.P. Moessner 1989, 64, der weniger auf die konkrete Stelle Dtn 32 abhebt als darauf, dass hier die lukanische Orientierung am deuteronomistischen Geschichtsbild deutlich hervortrete, wie sie etwa auch in der Stephanusrede zu erkennen sei. So auch Th. Römer/J.-D. Macchi 1995, die gleich zu Beginn ihrer Ausführungen programmatisch festhalten: »One of the authors most influenced by the deuteronomistic style is undoubtedly the evangelist Luke.« (a.a.O., 181).

[81] S. etwa Num 11,14ff; Dtn 1,9ff; Ψ 77,8.

[82] Nicht vertretbar ist allerdings, wenn R.E. Nixon 1963, 17, nachdem er auf eben diese Parallelen aufmerksam gemacht hat, zu einem Rundumschlag gegen das jüdische Volk zur Zeit Jesu ausholt: »It seems then that the ›generation‹ had in itself an eschatological significance comparable to that of the generation of the first Exodus. In it was to be worked out the judgment on the Jewish race. The parable of the Wicked Husbandmen shows us clearly that the vineyard of Israel, given to the people at the Exodus, is to be taken away from the present tenants, who are to be killed, and given to others. It is difficult to interpret this, as it stands, in any other way than as a reference to the Jewish War of AD 66–70 and the handing over of the ›inheritance‹ to those who are fellow-heirs with Christ, the ›Heir‹ of the New Israel.«

[83] So Ex 15,24; 16,2.7.8; 17,3; Num 14,2.36; 16,11; Dtn 1,27; Jos 9,18 u.ö. Mit E. Mayer 1996, 293.

[84] Geradezu eine Gegengeschichte dazu stellt Lk 22,45f. dar: Trotz des Aufrufs, der Bitte Jesu an seine Schülerinnen und Schüler, in dieser besonderen Nacht wach zu bleiben, schlafen diese, halten scheinbar das Wachen nicht durch – ohne dass der Text dieses Verhalten begründet. Die Frage, ob es sich hier um ›Faulheit‹ bzw. ›menschliche Schwäche‹ handelt oder aber evtl. auch um Schlaf als Ausdruck von Ausweglosigkeit, wird im Text offen gelassen.

[85] Mit R. v. Bendemann 2001, 100. Für Lk 1,39, den Aufbruch Marias nach dem Besuch Gabriels, hat schon Ton Veerkamp auf diese Verbindung hingewiesen: »Wir meinen, daß man hier an Ex. 12,11 und 33 denken soll …, an den Aufbruch der Söhne Jißraels, die eilends das Pascha essen müssen in der Nacht ihrer Befreiung. Maria jubelt (wie ihre alte Genossin mit dem gleichen Namen Mirjam, Ex 15) über Gott ihren Befreier. Der Bezug zu Exodus ist nicht nur an dieser Stelle da. Die Bestimmung *eilends* wird nur durch diesen Bezug motiviert; eine innere Notwendigkeit von der Erzählung selbst her ist nicht erkennbar. … Was bevor steht, ist ja ein Exodus, eine Befreiung durch das

die Lampen brennen! (Lk 12,35) verweist über die Verwendung identischer Formulierungen deutlich zurück auf Ex 12,11: *So aber sollt ihr es* [das Passamahl;
K.S.] *essen: eure Hüften umgürtet* (αἱ ὀσφύες περιεζωσμέναι ὑμῶν).[86] Diese Stelle
gehört neben anderen zu den Belegen dafür, »daß der Schriftbezug des Lukas
keineswegs nur über die Analyse der gekennzeichneten Zitate zu erheben ist.
Lukas kennt vielmehr einen Schriftgebrauch, der das Bibelwort selbstandig und
ohne Hervorhebung dem eigenen Erzähltext integriert.«[87]

– Drittens ist im Zusammenhang der Benennung der beteiligten Gruppen und
Menschen schließlich auf den Gebrauch von ἐκκλησία im lukanischen Doppel-
werk zu verweisen. Diese Bezeichnung der ersten Gruppen, die sich auf Jesus als
Messias Israels berufen,[88] ist sicherlich nicht zufällig aus dem Repertoire des
LXX-Vokabulars zur Benennung Israels in der Wüste, der Wiedergabe des he-
bräischen קָהָל, gewählt worden.[89] Auch hier macht wieder die Stephanusrede
(Apg 7,38) deutlich, dass Lukas diesen Sprachgebrauch kannte.[90]

1.1.4 Menschen aus den Völkern preisen Israels Gott

Im lukanischen Werk treten immer wieder Erzählfiguren auf, die als Angehörige der
›Weltvölker‹, näherhin als Römer bzw. sogar als Hauptleute römischer Militärein-
heiten vorgestellt sind, die aber dennoch die Macht der Gottheit Israels anerkennen
und/oder preisen. Da ist etwa der Hauptmann aus Kapernaum zu nennen, der
gleichsam auf ›Hörensagen‹ hin auf die Heilkraft Jesu vertraut (Lk 7,1–10); da ist in
der Apostelgeschichte der Kohortenführer Cornelius, der als erster Römer sich mit
den Angehörigen seines Haushaltes taufen lässt (Apg 10f.);[91] und da ist schließlich
der Hauptmann unter dem Kreuz, der angesichts des Todes Jesu *Gott Ehre und Gewicht gibt* (ἐδόξαζεν τὸν θεόν, Lk 23,47).[92] Damit sind sie jedoch innerhalb der Geschichte der Schrift nicht allein: Von Beginn an setzen sich Nichtisraelitinnen und -
israeliten in Beziehung zu Israels Gott, erkennen seine Macht und Größe an und loben JHWH und Israel dafür. Prominentes Beispiel hierfür ist neben der Menge *ge-*

Hinausziehen ›zu allen Völkern, beginnend mit Jerusalem‹ Luk. 24,29.« (ders. 1979, 50f.;
Hervorhebung i. Text).

[86] Mit A. STROBEL 1957/58, 211; E. REINMUTH 1994, 215f.

[87] E. REINMUTH 1994, 216.

[88] So Apg 5,11; 8,1.3; 9,31; 11,22.26; 12,1.5; 13,1; 14,23.27; 15,3f.22.41; 16,5; 18,22; 20,17.28. S. dazu auch
schon S. 70f., Anm. 273.

[89] Vgl. Dtn 4,10; 9,10; 18,16; 23,2; 31,30 u.ö.

[90] So schon R.E. NIXON 1963, 23. Diese Verbindung explizit auch bei G. JANKOWSKI 2001, 98f.: »In der
Hebräischen Bibel meint qahal z.B. die Versammlung des ganzen Volkes Israel am Sinai. qahal steht
immer für die Gesamtheit Israels, wenn diese gerade dann, wenn diese Gemeinschaft wichtige
Entscheidungen gemeinsam hört oder trifft. In der Tradition des qehal Jissrael, des herausgerufenen
gesamten Israel, das von seinem Gott geführt wird und von ihm Weisung auf seinem Weg
bekommt, kann die ekklesia sich als das erneuerte Israel verstehen, von Gott gerufen und auf den
Weg gewiesen.« Den Gesamtzusammenhang zwischen der Konstituierung Israels als Gottesvolk im
Exodus und den späteren Entwicklungen bis hin in die Zeit der ersten christlichen Gemeinschaften
hat P.D. HANSON 1993 aufgezeigt.

[91] Allerdings stellt Cornelius insofern einen Sonderfall dar, als er schon als Gottesfürchtiger eingeführt
wird (Apg 10,2). Damit liefert auch die Erzählung von Cornelius einen Hinweis darauf, dass
diejenigen aus den Weltvölkern, die sich der neuen Gemeinschaft anschließen, gerade nicht welche
sind, die überhaupt noch nie etwas vom jüdischen Glauben gehört haben; sie standen vielmehr
schon vorher in Kontakt zu den jüdischen Gemeinden vor Ort und lebten als Proselytinnen und
Proselyten oder Gottesfürchtige im Umfeld dieser Gemeinden; vgl. dazu J. ZANGENBERG 2005, 17.

[92] Damit steht er im lukanischen Doppelwerk in einer Reihe mit z.B. den Hirtinnen und Hirten (Lk
2,20), der ›gekrümmten‹ Frau (Lk 13,13) und den Angehörigen der Jerusalemer Gemeinschaft (Apg
11,18), als deren Reaktion ebenfalls δοξάζω gesetzt wird.

mischten *Volkes* (ἐπίμικτος πολύς, Ex 12, 38), das sich Israels Auszug aus nicht näher explizierten Gründen anschließt, Jithro, der midianitische Schwiegervater des Mose, der am Sinai mit Zippora und ihren Söhnen zum Zug der Befreiten hinzustößt und sein Bekenntnis zu JHWH aufgrund der Befreiungsstat formuliert:

> *Jithro sprach: Gesegnet sei JHWH, denn er hat sein Volk aus der Hand Ägyptens und aus der Hand Pharaos herausgeführt! Jetzt – aufgrund dieser Sache – erkenne ich stetig, dass JHWH groß ist, mehr als alle anderen Gottheiten! (Ex 18,10–12)*[93]

So wie Jithro am Beginn der Wanderung Israels in das versprochene Land steht, positioniert sich Rahab am Ende dieser Wanderung, als das Land bereits erreicht ist und Israel danach drängt, nun dort Lebensraum zu finden: Im Gespräch mit den – recht wenig überzeugend auftretenden[94] – Kundschaftern, die Josua ausgeschickt hatte, ist sie diejenige, die die Macht und Größe JHWHs benennt[95] und damit letztlich dafür sorgt, dass die Kundschafter überhaupt mit einer positiven Botschaft zu Josua zurückkehren können:

> »Rahab's words reveal that she, a small-time prostitute from Jericho, knows better than Joshua how great and powerful is Yahwe, the God of Israel. If Joshua had trusted in God's power as much as Rahab, he would not have needed to send out his bungling spies! Rahab's speech-making creates quite a striking picture. She speaks with confidence and ease, proclaiming her fear of the Israelites, yet all the while, in fact, the fate of the Israelites rests in her hands.«[96]

Oder anders gesagt: »The spies are none other than a mouthpiece for Rahab.«[97] Lukas greift also für seine eigene Darstellung der die Befreiung bezeugenden Menschen aus den Völkern auf die Tradition der Schrift zurück, die eben diese Bewegung wiederholt erzählt.[98]

1.2 »ER hat sich auf die Seite seines Kindes Israel gestellt« (Lk 1,54) – Israels Gott in der Exoduslektüre des Lukas

Nicht nur Menschen des Exodus werden im lukanischen Werk erinnert und neu in Szene gesetzt – auch Gott wird immer wieder als diejenige dargestellt, die getreu dem handelt, was sie seit der Befreiung aus der ägyptischen Sklaverei im Lob Israels ausmacht. Dabei ist das lukanische Werk durchgängig bestimmt von der Darstellung JHWHs als die Handlung allein maßgeblich beeinflussender und vorantreibender Instanz:[99] »Luke's basic hermeneutic was theocentric.«[100]

---

[93] Dazu F. CRÜSEMANN 2003c, 141f. sowie CH. FREVEL 2003. Auffälligerweise fehlt dieses Bekenntnis des Jithro etwa bei Josephus (s.o. S. 198). Zur Darstellung des Jithro bei Josephus, Philo und der rabbinischen Midraschliteratur vgl. L. FELDMAN 2000, 205–207, Anm. 687.

[94] Mit T. CRAWFORD 1998, 255 und Y. ZAKOVITCH 1990, der detailliert herausarbeitet, wie deutlich die Erzählung Jos 2 darauf angelegt ist, das ganze Unternehmen als missglückte Kopie der Kundschaftererzählung Num 13f. zu zeichnen.

[95] In ihrem Bekenntnis Jos 2,9 nimmt sie Ex 15,15f. in chiastischer Form auf, wie Y. ZAKOVITCH 1990, 89 zeigt.

[96] Ebd. 90. Ähnlich auch H. FRANKEMÖLLE 2005, 48.

[97] Y. ZAKOVITCH 1990, 94. In dieser Tradition ist schließlich neben Hiob, dem Nichtisraeliten, dem ein ganzes Buch des Ringens mit Gott gewidmet ist (vgl. den ›Schnelldurchgang‹ durch das Hiobbuch, den J. EBACH 2002a unternimmt), zum Beispiel auch Ruth zu sehen, die als Ausländerin zum Paradebeispiel einer חֶסֶד übenden Frau in Israel wird und über welche der Wunsch ausgesprochen wird, sie möge werden *wie Rachel und wie Lea, die beide das Haus Israel aufgebaut haben* (Ruth 4,11).

[98] Diese Beobachtung lässt sich nach T. CRAWFORD noch ausweiten: »Is Luke siding with one Hebrew Bible tradition over another? Clearly his sympathies are with the Jonah/Ruth/Third Isaiah attitude towards the gentiles rather than that of the view of Ezra/Nehemiah.« (ders. 1998, 260, Anm. 3).

[99] In dieser Einschätzung stimmen Lukas und Pseudo-Philo (s.o. S. 188ff) auffällig überein. Für das lukanische Doppelwerk hält dies am Beispiel der Stephanusrede z.B. T. PENNER 2004, 318 fest. Die Macht Gottes besingt Maria im Magnifikat direkt zu Beginn des lukanischen Werkes (ἐποίησεν

Auffällig sind die Attribute, die JHWH in den Anfangskapiteln des lukanischen Werkes im Rahmen der Lieder zugesprochen werden – sie lassen sich in ihrer Gesamtheit auf Beschreibungen, Zuschreibungen und Vorstellungen der Gotteserfahrung Israels im Befreiungsgeschehen, im Exodus zurückführen.

1.2.1 Von Macht, Treue und Befreiung – eine theo-logische Spurensuche geleitet vom Lobgesang der Maria Lk 1,46–55

Da sich im Lied der Maria in nahezu jedem Vers Schlüsselworte finden, die im Bezug zum Exodus stehen, bildet dieses den Ausgangs- und Anknüpfungspunkt für die folgenden Überlegungen.[101]

> (46)*Ich[102] mache JHWH groß*
> (47)*und meine Geistkraft jubelt über Gott, meinen Retter,*
> (48)*ja:[103] ER hat genau hingesehen*
> *auf die Unterdrückung seiner Dienerin – sieh doch:*
> *von nun an werden mich alle Geschlechter glücklich preisen,*
> (49)*ja, der Mächtige hat Großes für mich getan; heilig ist sein Name!*
> (50) *Und SEINE erbarmende Treue für Generationen*
> *und Generationen mit denen, die IHR Erfurcht erweisen.*
> (51) *SIE hat Macht ausgeübt mit IHREM Arm,*
> *hat zerstreut die Arroganten mit ihrem hochmütigen Denken und Trachten.*
> (52)*SIE hat Mächtige von den Thronen gestürzt und erhöht Unterdrückte,* (53)*Hungernde angefüllt*
> *mit guten Dingen und Reiche fortgeschickt als leere.*
> (54)*ER hat sich gehalten an SEIN Kind, Israel,*

κράτος ἐν βραχίονι αὐτοῦ, Lk 1,51) in ganz paralleler Weise wie etwa LAB 31,1.2, wobei beide damit einen im Schilfmeerlied (Ex 15,6.12.16) zentralen Gedanken aufnehmen (dazu unten S. 287ff); mit C. DIETZFELBINGER 1964, 198, der Lk 1,51 wie auch Apg 13,17 beide als »Zitate aus LXX« wertet. Ebenfalls stimmen sie in der Aufnahme des für die Exodustradition zentralen Gedankens überein, dass JHWH ihr Volk gesehen und für dieses eingegriffen hat, wie etwa Lk 1,17.48; 7,16; Apg 15,15 // LAB 13,8; 19,12f. zeigen; so mit C. DIETZFELBINGER, a.a.O. 215. Und schließlich ist auf die Verwendung des Gottestitels ›der Höchste‹ in LAB 32,14; 53,2 zu verweisen, dem die – innerhalb des NT einzigartige (außerhalb von Lk-Apg nur noch Mk 5,7; Heb 7,1) – lukanische Vorliebe für eben diese Umschreibung (1,32.35.76; 6,35; 8,28; Apg 7,48; 16,17) entspricht.

100 J.A. SANDERS 1993, 19. Ganz ähnlich schon U. BUSSE 1978, 117. In dieser grundsätzlichen Wahrnehmung stimmt die lukanische Darstellung mit der des LAB überein (s.o. S. 188ff). Die Form, in der diese Theozentrik reflektiert wird, unterscheidet sich jedoch deutlich. Ist der LAB durch eine große Zahl von Äußerungen JHWHs sprachlicher oder gedanklicher Natur bestimmt, in denen Ps-Philo seinen Leserinnen und Lesern gleichsam Einblick in das ›innere Gestimmtheit‹ JHWHs gewährt, sind direkte Gottesreden im lukanischen Doppelwerk eine absolute Ausnahme: Nur an zwei Stellen – in der Adoptionsformel Lk 3,22 sowie in der ›Anerkennungsformel‹ Lk 9,35 – spricht JHWH selbst. Und auch an diesen Stellen formuliert Lukas abstrakter bzw. unpersönlicher, wenn er jeweils von der Stimme spricht, die *sich ereignet* (γίγνομαι). Während weiter bei Lukas wie auch bei Ps-Philo immer wieder deutlich wird, dass letztlich Israels Gott die einzig wahrhaft handelnde Instanz ist, in deren Tun alles menschliche Handeln gründet, gestaltet Josephus die aktive Rolle Gottes für das Fortschreiten der Geschichte weniger auffällig zu gestalten. Die Interpretation mancher Ereignisse als Taten Gottes bleibt in den *Antiquitates* häufiger als im lukanischen Werk oder auch im LAB der Interpretation der Rezipientinnen und Rezipienten überlassen.

101 Vorangestellt ist – wie auch im Folgenden, sobald ein Textkomplex im Zusammenhang betrachtet wird – eine eigene Übersetzung. Einige der hier anhand des Magnifikat aufgezeigten Schlüsselverbindungen finden sich in ganz ähnlicher Form im Benediktus des Zacharias Lk 1,68–75.

102 So mit W. ECKEY 2004, 106, nach dem ψυχή wie πνεῦμα »die Beterin in Person« bezeichnen.

103 Das griechische ὅτι gibt entsprechend des Sprachgebrauchs der Psalmen das hebräische כִּי wieder; dessen ursprünglich deiktischer Sinn, aus dem sich die kausale Bedeutung erst ableitete, wird mit der Übertragung durch ›ja‹ gewahrt; vgl. F. CRÜSEMANN 1969, 32–34.

(um) sich (zu) erinnern (SEINER) erbarmenden Treue,
[55]gerade wie ER es unseren Eltern versprochen hat:
Abraham und seiner Nachkommenschaft für alle Zeit.

Maria beginnt ihren Lobgesang mit den Worten *Ich mache JHWH groß* (Lk 1,46) und nimmt damit Mirjams Lied vom Schilfmeer (Ex 15,21) auf.[104] Das wird deutlich zum einen durch die direkt folgende Bennenung Gottes als rettende Instanz (V.47),[105] und zum anderen in doppelter oder vielleicht gar dreifacher Form in Vers 48: Gott hat genau hingesehen (ἐπισκέπτομαι), und zwar auf die Unterdrückung (ταπείνωσις) seiner Dienerin bzw. wörtlich: seiner Sklavin (δούλη). Das genaue Hinsehen, das im weiteren Verlauf des lukanischen Doppelwerks immer wieder Gottes besondere Aufmerksamkeit für sein Volk zum Ausdruck bringt,[106] steht in der Schrift zum ersten Mal pointiert zu Beginn der Exoduserzählung:[107] *Ich habe genau hingesehen auf euch und auf alles, was euch in Ägypten geschehen ist/angetan wurde* (Ex 3,16).[108] In eben diesem Zusammenhang (Ex 3,7) ist auch die *Unterdrückung* ausdrückliches Objekt des Sehens JHWHs.[109] Maria singt von ihrer ταπείνωσις, ihrer *Unterdrückung*, die Gott gesehen hat (Lk 1,48). Sicherlich hat LUISE SCHOTTROFF Recht, wenn sie festhält, dass begründeterweise die »Unterdrückungserfahrung Marias ... nicht eigens erläutert« werde, da diese im Zusammenhang stehe mit den »Erniedrigungserfahrungen der Frauen wie z.B. kinderloser Frauen und der Erniedrigungserfahrung eines politisch unterdrückten, in seiner Mehrheit hungernden Volkes.«[110] Allerdings lässt sich

---

[104] Vgl. auch Ex 15,1; Jdt 16,13; Ps 98,5.9; 144,1; Dan 3,51. Zwar ist in diesem einleitenden Satz kein expliziter Exodusbezug formal oder inhaltlich enthalten; die wiederholte Verwendung dieser Wendung im Kontext der Exodustradition spricht jedoch für sich.

[105] Vgl. M. KARRER 2002, 158.

[106] So z.B. Lk 1,68.78; 7,16; 19,43f. Lk verwendet die Wortfamilie insgesamt neunmal, davon siebenmal das Verb und zweimal das Substantiv (im Vergleich: bei Mk kein Beleg, bei Mt 2x das Verb: 25,36.43, also S-Mt). Zwar stellen Apg 6,3; 15,36 Beispiele für den ›ordinären‹ Gebrauch des Wortes dar (Apg 15,36 z.B. verwendet es ähnlich wie Mt 25,37.43 für ›besuchen‹, Apg 6,3 beschreibt den Auftrag zur Auswahl der sechs Männer), Apg 7,22 aber ist explizit Mose Thema und Apg 15,14 nimmt Lk 7,16 auf in auf die Völker bezogener Form. In der LXX findet die Wortfamilie (v.a. das Verb mit insg. 168 Belegen) häufig Verwendung. Bei einer kanonischen Lektüre fällt jedoch auf, wie sehr die Verwendung im Kontext der Exodusereignisse ins Gewicht fällt: Innerhalb der Genesis gibt es nur drei Belege für das Verb und zwei für das Substantiv: Gen 21,1; Gen 50,24.25 (da sowohl Verb als auch Substantiv zur Wiedergabe der hebr. Konstruktion Inf. Abs. + PK). C. DIETZFELBINGER 1964, 215 weist auf Parallelen zwischen lukanischer Verwendung und der bei Pseudo-Philo, etwa LAB 13,8; 19,12f., hin.

[107] Der Bezug vom *Hinsehen* des Magnifikats auf Ex 3,9 wird auch von D. JESSEN 2003, 185 gesehen.

[108] ἐπισκέπτομαι vorher nur 3x, wobei an zwei Belegstellen (Gen 50,24f.) Josef bereits auf die in Ex 2f. erzählte Anteilnahme Gottes für Israel Bezug nimmt. Einzig Gen 21,1 thematisiert nicht explizit den Exodus, ist jedoch implizit zumindest über das rettende Eingreifen Gottes mit Exodusgedanken verbunden. Ex 2,25; 3,7 formulieren den selben Grundgedanken wie 3,16, jedoch ohne Verwendung des Verbums ἐπισκέπτομαι. Ex 2,25 thematisiert einen anderen ›Sinn‹ JHWHs: ER hört das Schreien und Stöhnen Israels (εἰσακούω vor dieser Stelle als Leben rettendes Hören positiv in Gen 21,17; als – ausgeschlagene – Möglichkeit Gen 42,21f.). Ähnlich wie Maria im Magnifikat das ›Sehen‹ JHWHs preist, hatte Gabriel die Befreiungsgeschichte gegenüber Zacharias mit den Worten eröffnet: *Deine Bitte ist erhört* (Lk 1,13); s. dazu U. BUSSE 1991, 173, der davon ausgeht, dass Gabriels Rede sich auf die Bitten des Volkes, von denen in V. 10 die Rede ist, bezieht: »Die Bitten unterstützen ... nicht den Wunsch des Vaters nach einem Sohn, sondern das Kind soll als Werkzeug Gottes die Bitten des Volkes miterfüllen helfen. Das Kind wird geboren, weil Gott durch die Gebete des im Tempel versammelten Volkes bewegt wurde, initiativ zu werden.« Lk 1,13 ist somit nicht nur parallel zu LAB 50,7 formuliert, sondern nimmt über das ›Hören‹ auch Bezug auf die Anfangssituation des Exodus; weiteres dazu im Abschnitt ›Strukturparallelen‹ (S. 395ff).

[109] Zwar setzt die LXX in Ex 2,25 nicht ταπείνωσις sondern κάκωσις, allerdings ist ταπείνωσις an anderen Stellen durchaus gängige Wiedergabe von עֳנִי im Exoduskontext (etwa Dtn 26,7; 1 Sam 1,11); s.o. S. 160, Anm. 200. 1 Sam 9,16 fügt die LXX ταπείνωσις ohne hebräisches Äquivalent ein.

[110] Dies. 1996, 282. Insofern greift auch der von J. SCHABERG vertretene Ansatz, in der Verwendung des Wortes ταπείνωσις eine Andeutung auf eine zurückliegende Vergewaltigung Marias durch

die biblische Vorlage für die genannte *Unterdrückung* doch etwas genauer eingrenzen: Die ›Urerfahrung‹ von Unterdrückung, wie sie Israels Erinnerung prägt, ist die Erfahrung der Versklavung in Ägypten[111] – stets verbunden mit der Erinnerung an die Rettung aus dieser Versklavung durch JHWH selbst. Insofern ist nur folgerichtig, wenn in Marias Lied die Befreiung schon inmitten der Unterdrückung an- und ausgesprochen ist.

Wenn Maria sich selbst hier als δούλη, als *Sklavin Gottes* bezeichnet, dann erinnert auch dies an die gerade beschriebene Situation. Gleichzeitig schwingt hier die Doppeldeutigkeit mit, die der Verwendung des Ausdrucks עֶבֶד in der Schrift eignet: Die עֲבָדִים sind ebenso die Sklavinnen und Sklaven, die schuften und deren Rechte in Israel gewahrt bleiben sollen, wie auch gerade diejenigen als עֲבָדִים Gottes bezeichnet werden, die in besonderer Weise für JHWH und die Befreiung einstehen, Mose und Josua.[112]

Ziemlich zu Beginn des Befreiungsliedes der Maria steht die Erinnerung an Gottes erbarmende Zuneigung, die zugleich Solidarität und Gnade ist, kurz: an Gottes ἔλεος (hier für חֶסֶד), wenn Maria singt: *Und ihre erbarmende Treue für Generationen und Generationen mit denen, die ihr Erfurcht erweisen* (Lk 1,50). Damit wird Ex 20,6, ein Abschnitt aus dem Dekalog, ebenso eingespielt wie die ›Gnadenformel‹ Ex 34,7.[113]

> »Das Thema Huld-und-Treue (chessed w'emeth) ist neben Wahrheit-und-Recht (zedeka wumischpat) überhaupt ein elementarer Baustein der Melodik der Schrift. Auch das Lied der Maria setzt sich aus diesen Bausteinen zusammen; Lukas kopiert nicht einfach, er komponiert Neues, bleibt aber innerhalb dieser Melodik. Er ruft die Befreiung Jißraels aus der Verschleppung, aus den Trümmern Jerusalems auf, er deutet einen Gott an, der mächtig ist zu befreien und huldvoll zu sein, der etwas tut, wie er etwas getan hat: nämlich: befreien.«[114]

Wenn TON VEERKAMP hier schon als zentrales Thema das der Befreiung *an*spricht, so *ent*spricht dies dem Befund, der das lukanische Werk durchzieht. Gottes Wirken ist das der Befreiung, der λύτρωσις (Lk 1,68; 2,38; 13,16; 24,21): Er befreit aus der Hand, aus der Gewalt einer Person oder Sache (Lk 1,71.74) ebenso, wie er Israel schon zuvor aus der Hand Ägyptens und insbesondere Pharaos befreit hat,[115] und steht parteilich

---

römische Soldaten zu sehen (vgl. dies. 1987, pass. sowie knapp 1989), in letzter Konsequenz nicht weit genug. In gewisser Hinsicht könnte die bei J.A. FITZMYER 1981, 336 festgehaltene Beobachtung der Nähe von Lk 1,27 zu Dtn 22,23 als Grundlage für SCHABERGS Lesart verstanden werden. Dafür, dass eine derartige Füllung im Umfeld des Lukas nicht unmöglich war, spricht die Verwendung von *humilari* als Beschreibung der Vergewaltigung Dinas in LAB 8,7. Auch S.H. RINGE 1995, 34 gibt diese Lesart von ταπείνωσις als Möglichkeit zu bedenken. D. JESSEN 2003, 184 nennt zwar die Möglichkeit, schätzt sie aber bezogen auf Lk 1,48 als nicht wahrscheinlich ein: »Wenn dies [die Vergewaltigung; K.S.] bei der römischen Militärbesatzung der Provinz auch durchaus denkbar wäre, wie es bis heute in Kriegsgebieten grauenvolle Realität ist, und wenn es auch gut vorstellbar wäre, dass Gott sich gerade so einer geschändeten Frau angenommen hätte, ist in Verbindung mit Vers 52 jedoch zu vermuten, dass hier eher die soziale Erniedrigung gemeint ist, wie sie das ganze Volk getroffen hat.«

[111] Der Ausdruck *Erniedrigung (humilitatio)* zur Beschreibung der Unterdrückung in Ägypten auch in LAB 9,6; s.o. S. 160. Damit dezidiert gegen ein individualistisch verengtes Verständnis der ταπείνωσις Marias, wie sie z.B. bei W. ECKEY 2004, 107 zum Ausdruck kommt: Gott habe »das wie jeder Mensch vor ihm verlorene, zugleich der Welt gegenüber ansehenlose junge Mädchen aus einer armseligen und in Israel traditionslosen galiläischen Ortschaft nicht verachtet, sondern sich um es gekümmert, sich seiner gnädig angenommen«.

[112] Vgl. etwa Num 12,7; Dtn 34,5; Jos 1,1f.7.13.15; 24,30. Auffällig ist allerdings, dass die LXX bei Mose dieser Polyvalenz gerade nicht folgt: sie ersetzt עֶבֶד durch παῖς, οἰκέτης oder θεραπών, schreibt damit also explizit einen Unterschied zwischen Mose und Josua fest.

[113] Weitere Bezugstexte, die ebenfalls den Exodus einspielen sind Jes 41,8; 44,21; Mi 7,20; Ψ 97,1–3.

[114] T. VEERKAMP 1979, 53.

[115] Belegstellen für den ersttestamentlichen Gebrauch von λυτρόω s. oben S. 67. Die Rettung aus der Hand, der Gewalt Ägyptens in der LXX z.B. Ex 3,8; 14,30; 18,4.8.9.10; Dtn 7,8; 23,39 – darauf anspielend Ri 2,18; 6,9; 1 Sam 4,8; 10,18; Jes 35,4; Jer 15,21; 30,10; v.a. Jer 31,11.

für die Schwachen ein (Lk 1,52f.).[116] Dafür wendet er all seine Macht auf, kämpft mit dem ausgestreckten Arm[117] – genau dies kündigte er Mose noch in Ägypten an (Ex 6,1.6) und genau dafür wurde er schon am Schilfmeer gepriesen (Ex 15,6.12.16).[118] In diesen Zusammenhang gehört auch Jesu Hinweis darauf, er habe *mit dem Finger Gottes* (ἐν δακτύλῳ θεοῦ) die Dämonen ausgetrieben (Lk 11,20):[119] In der LXX findet sich die Verbindung δάκτυλος θεοῦ nur dreimal – alle drei Belegstellen innerhalb der Exoduserzählung (Ex 8,15; 31,8; Dtn 9,10). An den beiden letztgenannten Stellen ist die Rede davon, dass die beiden Steintafeln, die Mose mit vom Berg hinabgebracht hatte, mit dem Finger Gottes beschrieben seien; Ex 8,15 erkennen die Wahrsagerinnen und Wahrsager Pharaos in den Schlägen gegen Ägypten *den Finger Gottes* bzw. *einer Gottheit* am Werk. Da es sich hier wie in der Beelzebul-Episode[120] um die Darstellung einer Auseinandersetzung handelt, ist eine enge Verbindung zu Ex 8,15 anzunehmen.[121] Allerdings ist auch der Zusammenhang zur Gabe der Tora von großer Bedeutung: Mit dem ›Verfasser‹ der Steintafeln lassen sich dämonische Wesen, die ›Diener Satans‹ als der Gegenmacht schlechthin, vertreiben – Tora und Satan gehen nicht zusammen.

Die beiden abschließenden Verse (54f.) fassen noch einmal zusammen, was zuvor in Konkretion ausgeführt worden war: Gottes Ansehen ihres Volkes, die Aufmerksamkeit für die Unterdrückung, unter der es leidet, ist gleichbedeutend mit bzw. zeigt sich in ihrem Eintreten für ihr Kind Israel und verdankt sich ihrer Treue gegenüber der Bundesverpflichtung, die sie Abraham gegenüber eingegangen ist. Im Kontext der Exoduserzählung findet sich die Bezeichnung *meine Kinder* (oder: *Mägde und Knechte*) für Israel zum Beispiel in Lev 25,55:

> *Mir gehören die Israelitinnen und Israeliten als Hausssklavinnen und -sklaven, meine Kinder (Mägde und Knechte) sind diese, die ich aus dem Land Ägypten herausgeführt habe; ich bin JHWH, eure Gottheit.*[122]

Die hier zu beobachtende Verknüpfung von Exodus und Erzelternerzählung, insbesondere den an diese ergehenden Verheißungen JHWHs, ist schon in der Exoduser-

---

[116] Diese Parteinahme durchzieht die gesamte ersttestamentliche, vor allem im Deuteronomium festgehaltene, ›Gesetzgebung‹ für die Witwen, Waisen und Fremden. Jdt 9,11 formuliert diese Grundüberzeugung. Dabei nimmt die Stelle 1 Sam 2 auf; durch den Kontext ihres Wunsches um Befreiung – der deutlich mit Exodusmotivik arbeitet – werden Hannalied, Exodusdenken und Magnifikat miteinander verknüpft.

[117] Diese Verbindung sieht auch schon T. VEERKAMP 1979, 57: »Heiligkeit und Huld sind die Merkmale des Handelns Gottes. Und zunächst heißt das: Gewalt tun mit seinem Arm; gemeint ist die Gewalt, die er getan hat an Ägypten: Dtn 26,8: mit starker Hand (chazka, krataios) und erhöhtem Arm«. Zum Verständnis des Ausdrucks בְּיָד חֲזָקָה וּבִזְרֹעַ נְטוּיָה s. K. MARTENS 2001.

[118] Auch später – v.a. im Deuteronomium bzw. in deuteronomistischen Passagen – erfolgt durch diese und ähnliche Formulierungen der Rekurs auf das Handeln JHWHs in Ägypten; s. nur Ex 32,11; Dtn 4,34; 6,21; 7,8; 26,8; 2 Kön 17,36; Jes 52,10; Jer 32,17. Die Verwendung des Ausdrucks in Apg 13,17 zeigt, dass Lukas diese Verbindung bekannt war. In gleicher Weise von der Macht Gottes spricht etwa LAB 31,1f.

[119] E. WOODS 2001 untersucht den Gebrauch der Wendung im lukanischen Werk. S. weiter C.A. EVANS 1993, 129f.

[120] Zur Figur Beelzebuls vgl. B.L. STEIN 1997.

[121] Mit R.E. O'TOOLE 1990, 23f.; s. auch R.E. NIXON 1963, 15: »The Beelzebul controversy suggests strongly that there is a link between the miracles of our Lord and those performed by Moses before the Exodus.« M. ÖHLERs These, Mose wie Jesus würden »als Finger Gottes bezeichnet« (ders. 1997, 191), die er leider unbegründet stehen lässt, vermag ich nicht nachzuvollziehen.

[122] Zur Herausführungsformel s.o. S. 115ff. Lev 25 wird an späterer Stelle im lukanischen Werk, nämlich in der ›Programmpredigt‹ Jesu Lk 4,19 (s.u. S. 297ff) erneut eingespielt; hier liegt also eine intratextuelle Verknüpfung vor. Der Terminus παῖς als Bezeichnung ganz Israels ist in der LXX sonst selten, allerdings z.B. noch Jes 41,8; 44,21, also im Kontext der deuterojesajanischen Exoduspassagen.

zählung der Schrift[123] verankert, wie Ex 2,24 zeigt, wenn dort Gottes Eingreifen, als sie das Schreien und Klagen der Israelitinnen und Israeliten hört, motiviert ist darin, dass sie sich an ihre Bundesverpflichtung gegenüber den Erzeltern erinnert (זכר/μιμνήσκομαι).[124] Wie im weiteren Verlauf der Exoduserzählung der Schrift – und ebenso in späteren aktualisierenden Nach- und Neuerzählungen dieser Grunderzählung[125] – bleibt auch die lukanische Exoduslektüre dieser Verknüpfung von Befreiungs- und Erzelterngeschichte verpflichtet, wenn wiederholt auf die Verwurzelung der Akteurinnen und Akteure im Volk Israel bzw. die Rückführung auf JHWH als Gottheit der Erzeltern verwiesen wird (vgl. nur Lk 1,71–74; 20,37; Apg 3,13; 7,32).

Israels Gott greift befreiend ein, zeigt Treue gegenüber seinem Volk, das sein eigenes Kind, enger Vertrauter und nur ihm dienend ist, steht zu seinen Versprechen, die er den Eltern Israels gegeben hatte, und hält an der im Exodus grundgelegten Beziehung auch in der Situation der Erzählung des Lukas fest – so lassen sich die Exodusimplikationen der lukanischen Theo-Logie als Rede über Gott in knappen Worten zusammenfassen.

1.2.2 Zeichen der Anwesenheit Gottes – die überschattende Wolke

An zwei Stellen des lukanischen Werkes wird die Präsenz Gottes durch das Bild des Überschattens, an einer Stelle in Kombination mit der Wolke, in Worte gefasst:[126] Gabriel spricht in der Ankündigung der Schwangerschaft Marias davon, dass die Geistkraft über Maria kommen und sie überschatten (ἐπισκιάζω, Lk 1,35) werde. Der Hintergrund dieser auch für die LXX[127] ungewöhnlichen Formulierung erschließt sich leichter von Lk 9,34 aus: Dort steht das Verbum in Zusammenhang mit der Wolke (νεφέλη) und wird so eindeutig als Beschreibung der Gegenwart Gottes gebraucht. Hierin zeigt sich der ersttestamentliche Bezug: Die Wolke ist in der Exoduserzählung eine, wenn nicht sogar *die* entscheidende Erscheinungsform JHWHs:[128] In der Wolkensäule zieht sie Israel voran auf dem Weg zum Schilfmeer (Ex 13,21). Die Wolkensäule stellt sich schützend zwischen die Flüchtlinge und die sie verfolgende ägyptische Armee (Ex 14,19). Und am Sinai, so sagt JHWH es selbst, offenbart sie sich

---

[123] In kanonischer Abfolge auch schon vorher, denn bereits Gen 15,13f. fasst den Auszug aus Ägypten ins Auge.

[124] Auf die hier hergestellte Verbindung rekurriert dann z.B. Ex 6,2–8; 32,13; 33,1–3. Mit M. VOGEL 1996, 35, der mit R. RENDTORFF 1991, 129f. die Stelle Ex 2,23–25 als »Nahtstelle« zwischen Erzeltern- und Exoduserzählung versteht. M. HAARMANN 2004, 63–68.78–80 stellt ersttestamentliche Stellen zusammen, die das Gedenken JHWHs ebenso beschreiben, wie die Situationen, in denen Menschen Israels Gott daran erinnern zu gedenken.

[125] M. VOGEL 1996, 35–37 nennt Jub 48,8; TragEz 104–107 und 2 Makk 8,14f.

[126] Die dritte Belegstelle für ἐπισκιάζω, Apg 5,15, bezieht sich auf den Schatten des Petrus und kann insofern hier außer Acht gelassen werden; zum Motiv der Wolke als Zeichen göttlicher Präsenz s. auch F. BOVON 1989, 500 m. Anm. 60. H. RIESENFELD 1947, 130–145 verweist auf die Schutzfunktion der Wolke und nennt als Beispiel Ex 13,21f.

[127] Dort nur vier Belege: Ex 40,35; Ψ 90,4; 139,8; Prov 18,11, von denen die ersten drei auf JHWH bezogen sind; in kanonischer wie literaturgeschichtlicher Perspektive ist mit großer Wahrscheinlichkeit Ex 40,35 die ›Quellstelle‹, aus der die beiden Psalmenbelege ihre Bedeutung beziehen.

[128] In diese Richtung auch S.H. RINGE 1983, 89; vgl. weiter A. STANDHARTINGER 2003, 80. Auch W. ECKEY 2004, 91 sieht in Lk 1,35 einen Hinweis darauf gegeben, dass »der Gottesgeist … hier analog jener Wolke gesehen [wird], die nach Ex 40,34–35 als Zeichen effektiver Gottesgegenwart das Offenbarungszelt und auf dem Berg der Verklärung drei erwählte Jünger Jesu (Lk 9,34–35) überschattet«.

in der Wolke: *Ich werde in einer Wolkensäule nah zu dir kommen* (Ex 19,9).[129] Die Wolke zeigt die Präsenz JHWHs (»Achtung, Gott wird auftreten.«[130]) im Begegnungszelt (Ex 33,9f.; Lev 16,2; Num 11,25; 12,5 u.ö.) und entscheidet über Lagerstätte und Aufbruchstermin während der Wüstenwanderung (Ex 40,34–38). Beide Elemente in Verbindung miteinander kommen innerhalb der Schrift nur an einer einzigen Stelle vor, nämlich an der gerade genannten Passage des Exodusbuches, in der die Problematik beschrieben wird, wie das Zelt so erfüllt ist von der Präsenz JHWHs, dass Mose es nicht betreten kann:

> *Mose konnte nicht in das Zelt des Zeugnisses hineingehen, denn die Wolke warf ihren Schatten darauf und das Zelt war erfüllt vom strahlenden Ruhm JHWHs (Ex 40,35).*

Damit liegt hier eine »strikte Parallele«[131] zum lukanischen Sprachgebrauch zunächst in Lk 9,34 und, von dort aus gelesen, auch in Lk 1,35 vor.

1.2.3 Zeichen der Abwesenheit Gottes? – Die Finsternis

Ist die Wolke ein eindeutiges Signal für die Präsenz Gottes, spielt ein anderer ›Machtraum‹ innerhalb des lukanischen Werkes ebenfalls eine Rolle: die Finsternis (ὁ σκότος). Insgesamt siebenmal findet der Terminus σκότος im lukanischen Werk Verwendung (Lk 1,79; 11,35; 22,35; 23,44; Apg 2,20; 13,11; 26,18). Zacharias beschreibt in seinem Lied den Zustand des Volkes: Einige sitzen *in Finsternis und im Schatten des Todes* (ἐν σκότει καὶ σκιᾷ θανάτου, Lk 1,79), wobei hier offensichtlich Ψ 106,10.14 zitiert sind.[132] Jesus verwendet den Gegensatz von Licht und Finsternis in seinem Gleichnis vom Auge (Lk 11,35);[133] die Zeit der Gefangennahme Jesu ist eine Zeit der *Macht der Finsternis* (ἐξουσία τοῦ σκότους, Lk 22,53)[134] und der Todeskampf Jesu ist von einer dreistündigen Finsternis begleitet, die das ganze Land (oder die ganze Erde?) erfasst (Lk 23,44). Von den Belegstellen der Apostelgeschichte fällt besonders

---

[129] S. auch die ›Einlösung‹ in Ex 19,16; 24,15–18.

[130] F. BOVON 1989, 500.

[131] T. VEERKAMP 1979, 47 in Bezug auf Lk 1,35. »Der Satz ruft, wie wir meinen, ganz eindeutig die Schlußszene des Exodusbuches auf.« (ebd. a.a.O.). So auch M. TURNER 1996, 159: »an LXX background would suggest Exod. 40.35 as the only probable allusion.« TURNER weist weiter auf Jes 32,15 als mögliche Verbindung hin und betont dabei beider Gemeinsamkeit: » The two allusions [Ex 40,35; Jes 32,15; K.S.] support each other in giving a strong ›New Exodus' overtone to the annunciation passage, and this in turn enriches the broader contextual expectation of Israel's messianic renewal.« M. WENK 2000, 168 sieht hier wie in den beiden anderen lukanischen Belegen für ἐπισκιάζω (Lk 1,35; Apg 5,15) ebenfalls deutliche Exodusanklänge: »All three instances allude in one way or another to the Exodus and Sinai experience of Israel and relate them to God's salvivic intervention through the life and ministry of Jesus.«

[132] Während Ψ 106,10 wie Lk 1,79 den Zustand beschreibt (darin ähnlich zu Ψ 17,29; 54,6; 81,5), formuliert V.14 dieses Psalms die Befreiung: *Er [Gott; K.S.] führte sie hinaus* (ἐξάγω!) *aus Finsternis und Todesschatten* (ἐκ σκότους καὶ σκιᾶς θανάτου) *und zerbrach ihre Fesseln.* Auch im Jesajabuch ist diese Dynamik zu beobachten: Stellen wie Jes 8,22; 9,1; 49,9; 50,10; 59,9 beklagen die leidvolle Situation und verwenden die Realmetapher der Finsternis zur Beschreibung dieses Zustands (Jes 60,2 kennzeichnet Finsternis die Situation der Weltvölker im Gegensatz zu Israel, über dem JHWH erstrahlt). Jes 42,7 spricht dabei von der Finsternis als Gefängnis und bietet sich von daher als intertextuelle Referenz zu Lk 4,18 an. Gleichzeitig bleibt aber die Hoffnung auf das Licht als Symbol des Wieder-Heil-Werdens bestehen, wie z.B. Jes 9,1 (dort Zustandsbeschreibung und Ausweg in einem Vers); 42,16; 49,9 zeigen.

[133] Hier stehen Ψ 138,11f. ebenso im Hintergrund wie Jes 5,20; 58,10. Zum Abschnitt Lk 11,33–36 verweise ich auf den 1991 publizierten Aufsatz von SUSAN R. GARRETT.

[134] R. RIESNER 2002, 199 hält zunächst nur als für seine Fragestellung (die Verbindung zwischen lukanischer Sonderüberlieferung und johanneischen Motiven) auffällig die stilistische Besonderheit von Lk 22,53b fest (»mehrere unlukanische, traditionelle Wendungen«), zieht dann aber den inhaltlich naheliegenden Schluss: »Im Hintergrund des Gethsemane-Geschehens wird also Satan gesehen.«

die letzte ins Auge, da von ihr ausgehend auch ein Impuls dafür gewonnen werden kann, wer oder was für diese Finsternis verantwortlich zeichnet: Paulus erzählt von seiner Beauftragung durch den Kyrios Jesus und lässt diesen seine Aufgabe der Sendung zu Israel und den Weltvölkern mit der Zielsetzung verknüpfen: *um ihre Augen zu öffnen, damit sie sich abwenden von der Finsternis hin zum Licht und (damit) aus dem Machtbereich Satans hin zu Gott* (Apg 26,18). Hier erfolgt über den Parallelismus Membrorum die Gleichsetzung Satans mit der Finsternis.[135] Und damit klärt sich sowohl der Hintergrund für die Rede Jesu bei seiner Gefangennahme (Lk 22,53)[136] als auch der Zusammenhang zwischen der Beschuldigung des Elymas als Sohn des Teufels (υἱὸς διαβόλου, Apg 13,10) und der ihn befallenden Finsternis (V.11) als logische Tatfolge.

Die dreistündige Finsternis ›am Kreuz‹ (Lk 23,44) erinnert dabei zugleich an die Bedeutung der Finsternis, die dieser im Kontext des Exodus zukommt: Über die Zeitangabe ›drei‹ erfolgt – unter Verwendung der oben bereits eingeführten ›Zeitverkürzung‹[137] – eine Verknüpfung zu der dreitägigen Finsternis, die JHWH als Plage gegen Ägypten sandte (Ex 10,21f.; Rekurs darauf in Ψ 104,28), und zwar als letzte Plage vor der Tötung der Erstgeborenen. Gleichzeitig ist Finsternis im weiteren Verlauf der Exoduserzählung ein Zeichen der furchteinflößenden Präsenz JHWHs: Sie steht zwischen den Flüchtenden und der ägyptischen Armee (Ex 14,20) und gehört ebenfalls zu den Zeichen der Theophanie am Sinai (Dtn 4,11; 5,22). Später – in der Zeitfolge kanonischer Lektüre – wird die Finsternis jedoch, wie die Verwendung des Terminus σκότος im Jesajabuch und in den Psalmen zeigt, von einem Zeichen der Anwesenheit Gottes gerade zum Kennzeichen seiner Abwesenheit, bis hin zur im lukanischen Werk erkennbaren Zugehörigkeit der Finsternis zum Machtbereich Satans, wobei damit nicht gesagt sein soll, dass Lukas für diese Entwicklung verantwortlich zeichnet, sondern dass er sich deutlich innerhalb der Denkgewohnheiten seiner Zeit bewegt. So enthält die *Weisheit Salomos* etwa eine Ausweitung der Plagenerzählung des Exodus, in der die Dunkelheit als *ein Gefängnis, das nicht aus Eisen gemacht ist*, beschrieben wird (SapSal 17,16).[138]

1.3 Die Antwort Israels – die Realität der Befreiung in Magnifikat und Benediktus

Die Lieder der Programmkapitel Lk 1–2 formulieren – nicht umsonst nimmt die Überschrift das berühmte Diktum GERHARD VON RADs von den Psalmen und ihnen entsprechenden Texten als »Antwort Israels«[139] auf –, wie die Befreiung allererst da-

---

[135] Mit S.R. GARRETT 1990, 671. Diesem Befund korrespondiert die Beobachtung, dass ›Licht‹ im lukanischen Werk immer in Zusammenhang mit der Präsenz Gottes steht: In »Luke-Acts (as in much Jewish and Christian literature from this era), light imagery functions … as a literary signal that a depicted occurence, person, or state of being is associated with God or God's salvation … Analogously, darkness imagery functions literarily to signal that persons and events are associated with the realm of death and Satan.« (S.R. GARRETT 1991, 95).

[136] Mit G. JANKOWSKI 1982, 48.

[137] S.o. S. 224.

[138] In SapSal vgl. neben 17,14–17 weiterhin 16,13b–14; 18,4a-b sowie aus den Qumrantexten beispielsweise 1QH 3,17f. und zu beiden S.R. GARRETT 1990, 671.

[139] Ders. 1992, 366. Die Grundlage der ersttestamentlichen Darstellung, so VON RAD, liegt in den Heilstaten Gottes, doch: »Auf diese Heilstaten ist Israel nicht stumm geblieben; es hat nicht nur immer neu angesetzt, um sich in geschichtlichen Entwürfen diese Taten Jahwes zu vergegenwärtigen, es hat auch Jahwe ganz persönlich angeredet, es hat ihn gepriesen, es hat ihn gefragt und ihm auch alle seine Leiden geklagt, denn Jahwe hat sich sein Volk nicht als stummes Objekt seines Geschichtswillens, sondern zum Gespräch erwählt. Diese Anwort Israels, die wir zu

durch be-greif-bar wird, dass sie in Worte gefasst wird, dass sie eine Stimme verliehen bekommt.[140] Die Lieder Marias, Zacharias' und Simeons rekapitulieren nicht nur in der Erzählung bereits Geschehenes, sie kreieren, sie schaffen etwas, das geschehen soll und zugleich im Singen schon geschehen ist. Diese Besonderheit teilen sie mit einer Reihe ersttestamentlicher Lieder, an deren erster Stelle das Schilfmeerlied (Ex 15) zu nennen ist.[141] Dieses Dank- und Loblied Mirjams und Moses ist im kanonischen Lesefluss der erste ausgedehnte Dankpsalm, und damit ist es zugleich das erste Mal, dass ein Geschehen dadurch zu voller Kraft und zu voller Realität gelangt, dass es poetisch umgesetzt, in Szene gesetzt wird.

Wenn Maria die ihr angesagte Befreiung unmittelbar, nachdem sie nach dem Besuch Gabriels in großer Eile aufgebrochen war, bei (und evtl. mit) Elisabeth als etwas bereits Geschehenes besingen kann, dann schließt sie sich damit der Tradition an, die ihre Namensgeberin Mirjam am Schilfmeer begründet hatte und in die sich schon Hanna (1 Sam 2,1–10), Debora (Ri 5) und zum Beispiel Judith (Jdt 16) hineingestellt hatten.[142] Die Befreiung ist geschehen, Maria formuliert ein ›Faktum‹, nicht etwa einen Wunsch, und folgerichtig setzt Lukas den Aorist und keinen Optativ.[143]

»Das Tempus ist ein Perfekt im Hinblick auf das Futurum aller kommenden Geschlechter; es ruft die Vergangenheit aller gesprochenen Worte an Abraham und seinen Samen auf, Jißrael; es bindet das Lied an das der Maria Zugesprochene«.[144]

Auch das Benediktus des Zacharias (Lk 1,68–79) beinhaltet eine ganze Reihe von Anklängen an den Exodus,[145] auch wenn diese nicht immer in der Form expliziter Zitate oder direkter Verweisstellen aus der Exoduserzählung bestehen, sondern auch über ›Dritttexte‹ wie Ψ 105,10 mit dieser verbunden sein können.[146]

1.4   *Ägypten, der Berg und die Wüste – Orte des Exodus*

Hinsichtlich des Gebrauchs des Ausdrucks ›Ägypten‹ ist gerade eine Negativbeobachtung die ausschlaggebende: Im gesamten Evangelium ist weder von Ägypten

---

einem großen Teil dem Psalter entnehmen, ist theologisch ein Gegenstand für sich. Sie zeigt uns, wie diese Taten auf Israel gewirkt haben, sie zeigt uns, wie Israel nun seinerseits diese Existenz in der Unmittelbarkeit und Nähe zu Jahwe bejaht und verstanden hat.« (ebd. 366f.).

[140] Die Literatur zu den Liedern der lukanischen Anfangskapitel füllt ganze Regalreihen. An dieser Stelle sei zunächst nur verwiesen auf D.L. BOCK 1994, 285f., der Magnifikat und Benediktus einerseits beide als Loblieder Einzelner versteht und insofern in einer gewissen Nähe zueinander sieht, andererseits aber das Magnifikat als ›persönlicher‹ gehaltenes Lied einer Einzelperson gegen die nationalen Hoffnungen, die sich im Benediktus seiner Ansicht nach ausdrücken, abgrenzt. Hier stellt sich die Frage, ob nicht die Genderwahrnehmung des Autors auf die Beurteilung beider Lieder größeren Einfluss genommen hat, als ihm selbst wahrscheinlich bewusst ist. Inhaltlich lässt sich eine derartige Abstufung am Textmaterial bei Lukas nicht festmachen.

[141] Vgl. dazu weiter H.P. MATHYS 1994, 177–179 sowie die Überlegung zur kompositorischen Funktion retardierender Elemente oben S. 123f.

[142] Zum Lied der Judith s.o. S. 129f.

[143] S. dazu weiter u. S. 396.

[144] T. VEERKAMP 1979, 53.

[145] So auch E. MAYER 1996, 141f. Vgl. weiter S. HAGENE 2003, 283f., die gegen F. BOVON (ders. 1989, 107) festhält: »Daß der Exodus das beherrschende Motiv in V 68–75 ist, ist sicher textpragmatisch als Krisenindikator zu werten, aber nicht in dem Sinne, als habe Lukas unter Rückgriff auf die Denkfigur des Exodus den ›Elendszustand‹ des zeitgenössischen Judentums historisch möglichst getreu abbilden wollen. Vielmehr spiegelt das Ineinander von Exodusmotiven und Väterbund das unverbrüchliche Kontinuum, daß Israels Geschichte mit der Verheißung an Abraham von Jahwe her nie aufhört, sondern in der Rettung aus Feindeshand immer wieder positiv gewendet wird.«

[146] Mit R.E. NIXON 1963, 12 m. Anm. 1. Einige explizite Verweise habe ich im letzten Unterpunkt bereits aufgeführt. Auch M. VOGEL 1996, 39 sieht die Verbindung zum Exodus »durch sprachliche Assoziationen hergestellt.«; vgl. ähnlich F. BOVON 1989, 106.

noch von Ägypterinnen und/oder Ägyptern die Rede.[147] Und auch in der Apostelgeschichte lassen sich nur drei Stellen ausmachen: Erstens ist Ägypten Bestandteil der
Aufzählung der Gebiete, aus denen Menschen zum Schavuothfest nach Jerusalem
gekommen sind (Apg 2,10), zweitens treten Varianten der Wurzel verstärkt in der
Stephanusrede auf (Apg 7),[148] und drittens wird Paulus Apg 21,38 vom Chiliarchen
der römischen Kaserne in Jerusalem zunächst fälschlich für denjenigen *Ägypter*
gehalten, *der vor diesen Tagen aufgestanden ist und viertausend Männer von den Sikariern*[149] *in die Wüste hinausgeführt hat.* Diese letzte Stelle ist insofern interessant, als die
Erzählung damit gerade mit der Exoduserzählung der Schrift spielt – war es ›früher‹
ein Israelit, der das Volk in Ägypten zum Aufstand angestiftet und hinaus in die
Wüste geführt hatte, so hätten jetzt Lokalität und Nationalität gleichsam die Seiten
gewechselt. Auch wenn wohl davon auszugehen ist, dass ›der Ägypter‹ ein Diaspo-
rajude gewesen ist,[150] wird hier doch deutlich, dass für Lukas – auch wenn er
vermutlich auf Darstellungen zurückgreift, wie sie sich z.B. bei Josephus finden[151] –
inhaltlich zentral ist, dass das Interesse für ›das versprochene‹ Land in Ägypten
wach wird und mit einem Zug in die Wüste verknüpft wird. In dieser veränderten
Zeit, in der die Unterdrückung gerade innerhalb, nicht außerhalb des Israellandes
stattfindet, bedeutet der Auszug dann unter Umständen einen Auszug ›aus dem
Land‹ bzw. aus den Städten des Landes.[152]

Deutlich häufiger – und inhaltlich stärker besetzt – arbeitet Lukas mit der topographischen Größe ›Berg‹ (ὄρος). Neben für diesen Zusammenhang weniger gewichtigen Stellen fallen vor allem vier ›Bergzusammenhänge‹ ins Auge:[153] Zu nennen sind
konkrete Berge wie der Sinai in der Darstellung der Stephanusrede (Apg 7,30.38) und
der Ölberg (Lk 19,29.37; 21,37; 22,39; Apg 1,12), der dezidiert als derjenige Ort benannt wird, an dem Jesus und seine Schülerinnen und Schüler die Nacht verbrachten
(21,37; 22,39) – der Ort auch der letzten Nacht Jesu und damit der Ort des Ringens
Jesu mit Gott um die Unausweichlichkeit des Kommenden.[154] Zugleich ist dieser Öl-

---

[147] M. HASITSCHKA 2001 liefert einen Überblick über die Stellen, an denen ›Ägypten‹ im Neuen
Testament vorkommt.

[148] Dort bei weitem die meisten Belege überhaupt.

[149] J. ROLOFF 1988, 321 vermutet, die Bezeichnung ›Sikarier‹ sei eventuell dahingehend ausgeweitet
worden, dass sie nun für alle Aufständischen gebraucht worden wäre.

[150] »Der römische Offizier läßt Paulus nicht ohne Grund verhaften. Wenn er in ihm den
untergetauchten Propheten aus Ägypten sieht, so ordnet er Paulus in das äußerst virulente
Spektrum der messianistischen Agitatoren und Gruppen ein. Von denen wußten auch die Römer,
daß sie nicht nur religiös geprägt waren, sondern auch den Widerstand gegen Rom propagierten
und praktizierten. Die Verknüpfung dieser politisch aktiven Gruppen mit den radikalen
Terroristen, den Sikariern, deutet das an. In den Augen der Römer waren das alles Terroristen. Aber
auch die Gegner des Paulus haben das wohl so gesehen. Paulus ist für sie ein Vertreter des
Messianismus, der durch seine Predigt und Praxis den Römern den Vorwand gibt, gegen Israel
vorzugehen. Daher ist es besser, ihn auszulöschen als selber ausgelöscht zu werden.« (G. JANKOWSKI
2004, 11).

[151] Vgl. die Berichte über den Propheten aus Ägypten bei Josephus (Bell 2,261–263; Ant 20,169–172).

[152] Insofern traut J. JERVELL 1998, 538 dem Aussagepotential der Szene nicht genug zu, wenn er zu der
vom römischen Tribun geäußerten Vermutung notiert: »Lukas vermengt hier verschiedene Berichte
von messianischen Bewegungen.«

[153] Zu den Stellen, die im Rahmen dieser Untersuchung weniger interessieren, zählen Lk 4,29; 8,32;
21,21; 23,30. Hier liegt entweder bildhafter Gebrauch vor oder es werden Einzelsituationen
beschrieben. Als weitere Belege aus dem Wortfeld ›Berg‹ sind die beiden Belegstellen für ὀρεινός
(Bergland) Lk 1,39.65 zu nennen, die jeweils die Umgebung Elisabeths und Zacharias' bezeichnen.

[154] Während 22,42 einen Jesus zeigt, der sehr schnell bereit ist, sich in das Kommende zu fügen (*nicht
mein, sondern dein Wille soll geschehen*), zeigen die – textkritisch sicher als sekundäre Erweiterung
anzusehenden (mit B.M. METZGER 1994, 151) – Vv. 43f., dass damit gerade nicht ein Zustand
furchtloser Gelassenheit erreicht ist, sondern die Kommunikation Jesu mit Gott – unterstützt durch

berg der Ort, an dem die Nachfolgerinnen und Nachfolger Jesu Aufnahme in den Himmel mit eigenen Augen bezeugen, vom Ölberg aus kehren sie zurück nach Jerusalem (Apg 1,12).

»Dieser Berg ist ein Ort der Nähe und der Distanz zu Jerusalem. Es ist der Ort, von dem aus der Messias nach Jerusalem einzog und auf den er sich zurückzog, nachdem er im Tempel gelehrt hatte. Es ist auch der Ort, an dem nach Sacharja 14 Adonai stehen soll, wenn er die gegen Jerusalem anstürmende Völkerwelt bekriegt, den Berg spaltet wie damals das Schilfmeer, um sein Volk zu retten. Einmal also Fluchtpunkt, Ort des Rückzugs, der Besinnung und des Gebets, dann aber auch Ort der Vorbereitung zum Einzug in die Stadt und der Unterweisung der Schüler durch den Messias.«[155]

Mit den vorangegangenen Überlegungen ist ein zentrales Charakteristikum der Kategorie ›Berg‹ benannt: Berge sind Orte der Kommunikation zwischen Mensch, konkret: Mose oder Jesus, und Gott bzw. Boten der Transzendenz. Das wird auch an den Beispielen deutlich, an denen die erwähnten Berge nicht eindeutig topographisch zugeordnet sind. So zieht sich Jesus in Lk 6,12 auf einen Berg zurück und *verbringt die Nacht im Gebet zu Gott*. Ohne dass ausgeführt wird, welchen Inhalts diese Kommunikation mit Gott war, zeitigt sie doch unmittelbare Folgen: Mit dem Hinabsteigen vom Berg erfolgt die Einsetzung des Zwölferkreises. Deutlich wird diese Besonderheit der topographischen Größe ›Berg‹ schließlich noch in der Erzählung von der sogenannten ›Verklärung Jesu‹ (Lk 9,28–36):[156] Jesus steigt mit seinen drei (engsten?) Vertrauten auf den Berg, um zu beten, und begegnet dort Elia und Mose, die ihn in das einführen, was ihm im Folgenden begegnen muss. Aber auch Gott selbst ist in der Wolke (Lk 9,34f.), die ein im Kontext der Exoduserzählung bekanntes Motiv göttlicher Präsenz darstellt,[157] anwesend.[158] So wie in der Schrift also der Berg *der* Ort der Begegnung zwischen Menschen und Gott ist, bleibt diese Besonderheit auch in der Erzählung des Lukas erhalten.[159]

---

einen Boten Gottes (22,43) – schmerzhaft-leidenschaftlich bleibt: *Während er im Kampf war* [oder: *weil er Angst hatte*], *betete er noch intensiver* (καὶ γενόμενος ἐν ἀγωνίᾳ ἐκτενέστερον προσηύχετο).

[155] G. JANKOWSKI 2001, 35. Nachdem Sach 14,4 den Ölberg nennt, drückt V.9 die Vision dessen aus, worauf der Kampf JHWHs hinauslaufen soll: *An jenem Tag wird JHWH (zum) König sein über die ganze Erde hin – einzig wird JHWH sein und einzig sein Name.*

[156] E. MAYER 1996, 123 sieht im Zusammenhang Lk 9,18–36 eine Anspielung auf Ex 19: »Beidemale erfolgen Lehren in einer Wüstenstätte am Fuß eines bestimmten Berges, wobei die Lehren eng mit den Geschehnissen auf dem Berg verbunden sind. Beidemale sind die Lehren zudem grundlegender Art, sie wollen zu einer Teilhabe an Gottes Königreich/βασιλεία oder Gottes königlicher/βασίλειος Priesterschaft führen.« (123) Die Formulierung ›königliche Priesterschaft‹ (βασίλειον ἱεράτευμα) in Ex 19,6 als Wiedergabe des hebräischen מַמְלֶכֶת כֹּהֲנִים; Ex 23,22 LXX schaltet in dem Komplex über den Engel JHWHs, der Israel begleiten soll und auf den es zu hören gilt, der Zusage des Kampfes für Israel eine Erweiterung des hebräischen Textes vor: Sie wiederholt die grundlegende Verheißung aus dem 19. Kapitel (V.5f.), dass Israel vor allen anderen Völkern herausgehobenes Volk sein werde, eine *königliche Priester(Innen?)schaft, Gottes Volk*; dazu A. LE BOULLUEC/P. SANDEVOIR 1989, 239, die notieren, dass in der Hexpla des Origines die Stelle bereits mit einem Asterix gekennzeichnet sei.

[157] S.o. S. 236f.

[158] Lukas unterlässt in der Erzählung von der Versuchung Jesu durch Satan (Lk 4,1–13) den Hinweis auf den Berg (gg. Mt 4,8). Während R. RIESNER 2002, 198 dies darauf zurückführt, dass dieses Motiv »die nichtjüdischen, gebildeten Leser des Lukas eher irritiert hätte«, gebe ich zu bedenken, dass Lukas weniger von rezipientInnenorientierten denn von inhaltlichen Gründen motiviert gewesen sein mag, statt des Hinweises auf einen Berg das allgemeiner gehaltene ›hinaufführen‹ (ἀνάγω) zu wählen: So nämlich bleibt die Kategorie ›Berg‹ für die Nähe zu Israels Gott ›reserviert‹. Insofern leuchtet nicht ein, warum RIESNER, nachdem er zunächst das Fehlen des Berges in der Versuchungserzählung notiert und begründet hat, wenige Zeilen später eine Verknüpfung zwischen Versuchungs- und Verklärungserzählung bei Lukas festhält.

[159] Dabei ist außerdem auffällig, dass auch Lukas den bestimmten Artikel setzt (9,28). Da im Kontext keine näheren Ortsangaben erfolgen, legt sich die Vermutung nahe, dass auf den Sprachgebrauch der LXX zurückgegriffen wird, wie er in Ex 19,2f.; 18,5; 4,27 u.ö. vorliegt; mit E. MAYER 1996, 123f.

Schließlich bleibt die *Wüste* (ἔρημος) als zentraler Ort für biblisches Reden vom Exodus in der Schrift und im lukanischen Doppelwerk:[160] In der Wüste tritt der Täufer auf (Lk 1,80; 3,2; auch das Jesajazitat Lk 3,4); wenn Jesus über Johannes spricht, wird die Wüste als deutliches Gegenbild zu ›den Palästen‹ (Lk 7,24f.) verwendet; sie ist der Ort der Prüfungen Jesu (Lk 4,1), aber auch der Ort seines Rückzug(versuch)s (Lk 4,42; 5,16) und der Speisung der 5000 (Lk 9,12). In die Wüste treiben dämonische Wesen diejenigen, die unter ihrer Besatzung zu leiden haben (Lk 8,29), und aus den Menschen vertriebene unreine Geister suchen in der Wüste Ruhe und Erholung (Lk 11,24) – aus der Wüste holen Hirtinnen und Hirten aber auch die verloren gegangenen Tiere zurück (Lk 15,4). Breiten Raum nimmt die Darstellung der Wüstenzeit in der Stephanusrede (Apg 7) ein; die Wüste ist der Ort der engen Beziehung zwischen Israel und JHWH[161] – und sie ermöglicht auch (noch) Außenstehenden den Kontakt mit der biblischen Tradition der Befreiung und damit mit Israels Gott, wie die Begegnung zwischen Philippus und dem äthiopischen Eunuchen zeigt (Apg 8,26). Und schließlich fürchtet die römische Besatzungsmacht eine ›Armee‹ von Aufständischen aus der Wüste (Apg 21,38).[162]

## 1.5	Die Tora gilt – vom Gewicht wortloser Zustimmung

Neben eingeführten Torazitaten und der wiederholten Verwendung der Kanonformel (s.o. S. 68) finden sich vor allem im Lukasevangelium eine ganze Reihe von Stellen, an denen selbstverständlich aus der Tora, aus den Lebensregeln JHWHs für Israel, zitiert wird, deren Gültigkeit als leitende Richtschnur menschlichen Handelns damit also vorausgesetzt ist.[163] So bringen die Eltern ihren neugeborenen Sohn, nachdem die Schonzeit der Reinigung für Maria vorüber ist, nach Jerusalem in den Tempel und bringen dort das Dankopfer für JHWH dar (Lk 2,22–24).[164] Jesus kann den Prüfungen, vor die Satan ihn stellt, mit Hilfe der Tora begegnen (Lk 4,4.8.12).[165] Im Jesajazitat Lk 4,18f. werden zugleich die in Lev 25,8–13 ausgeführten Bestimmungen über das sogenannte ›Jobeljahr‹ eingespielt. Jesus trägt denen, die er von ihrem ›Aussatz‹[166] geheilt hat, auf, sich den Priestern zu zeigen, wie Lev 14,2ff es für die Erklä-

---

[160] Insgesamt 19x im lukanischen Doppelwerk, wobei einige Stellen natürlich Parallelen in den anderen synoptischen Evangelien aufweisen.

[161] So auch im Geschichtsrückblick des Paulus im pisidischen Antiochien (Apg 13,18), auch wenn dieser dem Exodus deutlich weniger Aufmerksamkeit widmet als Stephanus.

[162] S.o. S. 240.

[163] Vgl. z.B. Lk 2,22–24.27.39; 4,4.8.12.19; 5,14; 6,4.27; 10,27; 16,31. H. MERKEL 1996 liefert einen knappen Überblick über ›Das Gesetz im lukanischen Doppelwerk‹ (Aufsatztitel). Damit ist auch für das lukanische Werk wahrscheinlich zu machen, dass ihm eine Vorstellung von Tora zugrundeliegt, wie sie C.A. EVANS/J.A. SANDERS 1993, 11 formulieren: »Jewish people, wherever they have been, have always known that Torah has life-giving power. It and it alone was thought to provide the power to survive the Babylonian exile, and then the Persian dispersion and Hellenistic temptation: Torah told the Jewish people why they were in the face of despair and of the temptation to assimilate. And Torah was not just the Pentateuch, but the Prophets and the Psalms and eventually the Writings, and beyond that the oral Torah as well as the written, the Talmud as well as the Bible. Torah in this sense came to mean Judaism itself. To understand Judaism, indeed, to understand midrash, one must begin with this well-spring of life, Torah.«

[164] H. MERKEL ist hinsichtlich der ersten beiden Kapitel des Lukasevangeliums überzeugt, »daß Lukas die Gesetzesobservanz dieser Gestalten [sc. Elisabet, Zacharias, Maria, Joseph, Simeon und Hanna; K.S.] redaktionell verstärkt hat.« (a.a.O., 122).

[165] Festzuhalten ist Satans bemerkenswerte ›Schriftkenntnis‹; seine Thesen sind nicht von vornherein böse oder falsch; beider Streit thematisiert die Frage der richtigen Schriftauslegung – in manchem an rabbinische Dispute darüber erinnernd, welche Auslegung ›siegt‹.

[166] Zur breiten Bestimmung dessen, was nach der Schrift als ›Aussatz‹ galt s. in den Ausführungen zu Mirjams Hautkrankheit in Num 12 oben S. 104ff.

rung der Gesundung anweisen; das heißt: Auch in kultischer Hinsicht behält die Tora für Lukas als unhinterfragte Autorität ihre Gültigkeit.[167] Die Aufforderung *Ihr sollt eure Feindinnen und Feinde lieben, ihr sollt auf gute Weise an denen handeln, die euch hassen!* (Lk 6,27) erinnert an die z.B. in Ex 23,4f. aufgestellte Forderung, dem Tier eines Feindes (oder einer Feindin), das gestürzt ist, aufzuhelfen, die so eine konkrete Form der Feindesliebe formuliert.[168] Als ein Toragelehrter aus der Schrift die Kombination von Gottes- und Nächstenliebe als maßgeblich für ein gelingendes Leben anführt (Lk 10,27),[169] stimmt der lukanische Jesus diesem nachdrücklich zu: *Handle so und du wirst leben!* (Lk 10,28). Ausdrücklich wird die Geltung auch der *mündlichen* Tora in Lk 11,42 bestätigt, wenn Jesus die Praxis der Verzehntung bejaht. Zu überlegen wäre schließlich, ob nicht die Worte des Täufers in Lk 3,11–14 eine Form der Aktualisierung oder vielmehr Rekapitulierung der Sozialgesetze der Tora bilden.[170]

Ebenfalls unter die Rubrik ›Exodustexte der Schrift‹ – und deshalb hier zumindest mit erwähnt – fallen die Zitate aus und Anspielungen auf Texte des Jesajabuches in Lk 3,4–6 (= Zitat Jes 40,3–5) und Lk 4,18f. (= kombiniertes Zitat aus Jes 61,1f. mit Jes 58,6).[171]

1.6 Exodusgeschichten innerhalb der Exoduslektüre – Strukturelle Parallelen einzelner Passagen des lukanischen Werkes zur Exoduserzählung

1.6.1 »Eifere nicht für mich!« (Num 11,28) – von ›Nicht-Erwählten‹

Als die Mitglieder des Zwölferkreises zu Jesus zurückkehren, berichtet Johannes:

> *»Rabbi, wir haben gesehen, dass irgendeine Person in deinem Namen dämonische Wesen austreibt, und wir haben versucht sie aufzuhalten, denn sie folgt nicht gemeinsam mit uns (dir) nach.« Jesus aber sprach zu ihm: »Ihr sollt sie nicht aufhalten: Wer nämlich nicht gegen euch ist, ist für euch.«* (Lk 9,49f.)

Jesus weist Johannes zurecht und damit auch den Versuch seiner Schüler zurück, ›Nicht-Autorisierte‹ daran zu hindern, ihr Tun mit seinem Namen, seiner Person zu verknüpfen. Mit dieser Zurückweisung operiert der lukanische Jesus parallel zu Mose, wenn dieser im Numeribuch – in der LXX sogar noch deutlicher als im hebräischen Text – sich gegen Josuas Eifern stellt und ausdrücklich den Wunsch äußert, das ganze Volk JHWHs möge zu Prophetinnen und Propheten werden (Num 11,29). Damit teilen die beiden kurzen Sequenzen Entscheidendes: Menschen, die nicht der zuvor gesondert eingesetzten Gruppe angehören,[172] handeln in gleicher Weise wie die Mitglieder dieser Gruppe, ein Nachfolger sucht das zu verhindern, der ›Anfüh-

---

[167] In ähnliche Richtung geht auch Lk 6,4, wenn Jesus dort die in Lev 24,9 festgehaltene Regel, dass das Essen der Schaubrote den Priestern vorbehalten ist, als Grundregel nicht in Frage stellt, sondern unkommentiert rezipiert.

[168] Mit J. EBACH 1995b, 51f. »Die gemeinsame Zuwendung zu dem in dieser Situation *ganz* Hilfsbedürftigen – hier dem Tier – könnte ein Schritt konkreter Entfeindungspraxis, tätiger Feindesliebe sein.« (ebd. 52, Hervorhebung im Text).

[169] Zur Kommunikation zwischen Jesus und dem (anderen) Toragelehrten, der aufschlussreiche Hinweise für das Lektüreverständnis des lkDW zu entnehmen sind, s.o. S. 44ff.

[170] W. ECKEY 2004 bezeichnet den von Johannes »erteilte[n] kasuistisch-ethische[n] Unterricht« als »relativ zeitlos gültige ethische Unterweisung« (ebd. 189), nimmt jedoch in seiner Kommentierung der Vv. 10–14 keinen Bezug auf ersttestamentliche Grundlagen dieser ›Unterweisung‹.

[171] Zur Zusammenstellung der beiden Jesajastellen in Lk 4,18 vgl. schon T. HOLTZ 1968, 39–41, der jedoch selbst mit seiner Analyse unzufrieden bleibt; weiteres zu Lk 4,16-30 unten S. 297ff.

[172] Zum Zusammenhang von Lk 9,1f.; 10,1 und Num 11; 13f. s. oben S. 227f.

rer‹, der von Gott selbst eingesetzte Befreier aber lässt deren Tun zu, wünscht es sogar ausdrücklich, weil damit dem gemeinsamen Anliegen gedient ist.[173]

1.6.2 »Und er bedrohte das Schilfmeer« (Ψ 105,9) – Sturmstillung und Schilfmeer

Neben der Ähnlichkeit der Situation (Menschen in Todesangst bezeugen, wie die Macht Gottes sie rettet) wird vor allem über die Verwendung des Verbums ἐπιτιμάω (Lk 8,24) ein Stichwortbezug zwischen der Erzählung von der Sturmstillung (Lk 8,22–25) und der wunderbaren Rettung Israels am Schilfmeer hergestellt, wie der in der Überschrift zitierte Psalmvers Ψ 105,9 zeigt.[174] Wenn der Psalm davon spricht, dass JHWH Israel durch die Tiefe (ἄβυσσος) führte, dann ist über das Stichwort Tiefe zugleich mit der ›Urtiefe‹ auch die Größe ›Abgrund‹ bzw. ›Hölle‹ präsent[175] und damit eine weitere Ebene der Auseinandersetzung ins Spiel gebracht, auf der sich die Macht JHWHs (bzw. bei Lukas: Jesu) bewähren muss und wird, nämlich die Ebene der Auseinandersetzung mit gegnerischen Instanzen.[176] Auch dies wird durch die Verwendung von ἐπιτιμάω deutlich, gehört das Verbum doch zum Spektrum exorzistischer Fachterminologie,[177] die im lukanischen Werk auch in Kontexten Verwendung findet, in denen von einem Dämon keine Rede ist. Das Fieber der Schwiegermutter des Petrus etwa wird ebenso bedroht (Lk 4,39) wie Wind und Wogen in 8,24.[178]

1.6.3 Wenn Armeen im Wasser untergehen – Schilfmeer und Dämonenvernichtung

Lk 8,26–39 erzählt von der Vernichtung der Dämonen mit Namen Legion (V.30), also vom Untergang einer militärischen Einheit. Den Bildhintergrund der Schrift für diese Erzählung liefert die Erzählung vom Untergang der ägyptischen Armee im Schilfmeer (Ex 14), stellt sie in ihrer Gesamtheit doch

> »eine deutliche Parallele zur alttestamentlichen Exodusgeschichte [dar]. Beidemale … folgt der wundersamen Durchquerung des Wassers der Tod einer feindlichen Armee in demselben.«[179]

---

[173] Mit R.E. O'TOOLE 1990, 23.

[174] Mit E. MAYER 1996, 161–164. Ψ 105,7–12 beinhaltet eine ganze Reihe von Termini, die für die Exodussprache des Lukas von Bedeutung sind: ἔλεος (V.7), σῴζω und δυναστεία (V.8), ἔρημος (V.9), λυτρόω … ἐκ χειρός (V.10), und damit dann auch das sonst nicht so spezifische πιστεύω (V.12). Vgl. auch O. KEEL/S. SCHROER 2002, 131, m.Anm. 37.

[175] Zum Zusammenhang von ›Meerwunder‹ als Sieg über die bedrohliche Urtiefe s. K. Berger 1996, 151f.

[176] Mehr dazu unten S. 320ff.

[177] Vgl. U. BUSSE 1977, 429; H. BIETENHARD 2000, 1544.

[178] Der Seesturm »ist bei Lukas entschiedener als bei Markus von Schadensdämonen verursacht.« (U. BUSSE 1977, 432).

[179] E. MAYER 1996, 164f. Damit weist nach MAYER die Erzählung auf ein zweifaches hin: »Erstens finden sich verschiedene Anklänge an den alttestamentlichen Exodus, wobei das Ertränken einer ›soldatischen Einheit‹ nach der wundersamen Durchquerung eines bedrohlichen Wassers die stärkste Verflechtung zwischen Lk 8,26–39 und dem alttestamentlichen Exodus darstellt. Zweitens ermöglicht es die lukanische Redaktionsarbeit, Lk 8,26–39 auf Jesu Heilswirken in Jerusalem zu beziehen und somit eine Verbindung der exodusähnlichen Elemente in Lk 8,26–39 mit Jesu Leiden und Auferstehung zu sehen. In Lk 8,26–39, wie auch in der Passionsgeschichte, wird die dämonische Macht gebrochen und beidemale erfolgt eine Umkehrung der menschlichen Situation, die der ganzen Stadt verkündigt wird.« (ebd. 167).

Wenn über diese Verknüpfung der Bezug ›überweltlicher‹ zu ›weltlichen‹ Gewalttä-
tern schon hergestellt ist, bleibt mit KLAUS WENGST die Frage zu stellen:»Ist ein antiker Hörer oder Leser vorstellbar, der bei dem Namen Legion – im Unterschied zu
modernen Auslegern – nicht an römische Truppen dachte?«[180] Haben die römischen
Truppen im Land also die bedrohliche, Israels Existenz gefährdende Rolle der Heeresmacht Pharaos[181] übernommen? Und nutzt Lukas damit mythologische (oder
eher: mythisierte?) Sprache, um (auch) politische Sachverhalte an- und auszusprechen?

> »Die ... Dämonen verhalten sich wie die Besatzungsmacht. Sie sprechen Latein, stellen sich als
> Legion vor und haben wie die Römer nur den einen Wunsch, im Lande bleiben zu dürfen. Daß
> sie zusammen mit den Schweinen im See ertrinken, entspricht den wenig freundlichen Wün-
> schen, die man im jüdischen Volk für die Römer hegte: Am liebsten hätte man sie ins Meer ge-
> trieben.«[182]

Die Frage, ob Lk an dieser Stelle bewußt eine chiffrierte politische Erzählung liefert,
setzt meiner Ansicht nach auf falsche Alternativen.[183] Einen radikalen Schnitt zwischen Botschaften politischen und solchen religiösen Inhalts zu ziehen, ist ein Anliegen der Neuzeit, nicht aber der Menschen des ersten Jahrhunderts unserer
Zeitrechrung. Die politische Ebene ließ sich von der religiösen nicht trennen – und
umgekehrt genauso wenig. Insofern konnte in einer Gesellschaft, die politische und
soziale Erscheinungen in religiöser bzw. mythischer Sprache zu formulieren ge-
wohnt war, dies durchaus in der Sprachform des Besessenseins von Dämonen, also

---

[180] K. WENGST 1986, 86.

[181] Lukas spricht im Zusammenhang mit den Dämonen von der πᾶσα δύναμις τοῦ ἐχθροῦ (Lk 10,19)
und nimmt damit Ex 14,29 (πᾶσα δύναμις Φαραω) auf. Mit S. VOLLENWEIDER 1988, 197.

[182] G. THEIßEN 1977, 95.

[183] Wobei schon hier gegen die in der Forschung seit langem vertretene These von der
›Romfreundlichkeit‹ des Lukas eingewendet sein soll, dass im lukanischen Werk durchaus auch
Passagen zu finden sind, die kaum verhüllt Kritik an Rom üben; etwa Lk 22,25 (vgl. J.L. RESSEGUIE
1984, 314f.). Zwar haben Exegeten wie z.B. KLAUS WENGST die von Lukas gegenüber der Mk-
Vorlage Mk 10,42 vorgenommenen Veränderungen (z.B. das Weglassen von δοκέω sowie der
Verwendung von κυριεύω anstelle von κατακυριεύω), die die lukanische Formulierung angeblich
›neutraler‹ erscheinen ließen, als deutliche Abmilderung verstanden: »Der Vergleich zwischen Mk
10,42 und Lk 22,25 läßt sich somit dahingehend zusammenfassen, daß aus einer Wahrnehmung
›von unten‹, die sich von der bestehenden Machtausübung kritisch distanzierte und ihre
Gewalttätigkeit hervorhob, eine sich neutral gebende Feststellung geworden ist, die auf einen
anderen Standort verweist.« (ders. 1986, 122). Allerdings stellt sich mir die Frage, wogegen sich
dann der folgende V.26 bei Lukas noch richten soll? Und weiter gefragt: Ist eine Feststellung, die
sich neutral *gibt*, nicht häufig genug gerade das Gegenteil einer solchen? Eine letzte Frage: Steht
Lukas nicht, indem er nicht offenes Unrecht benennt, sondern seine Formulierung so setzt, dass in
der Tat ›legale‹ bzw. gängige staatliche Prozesse beschrieben werden, in einer Tradition der Schrift?
Ist nicht ein Problem des Amos gerade das Unrecht, das sich nicht festmachen lässt, das sich auf
dem Boden ›des Gesetzes‹ bewegt? Die Beurteilung dieses einen Verses hängt maßgeblich von der
Position ab, die ich als Auslegende/r gegenüber dem lukanischen Werk einnehme und ist damit
mindestens auch eine auf hermeneutischer Ebene zu behandelnde. Ich sehe auch in der lukanischen
Formulierung eine deutliche Kritik enthalten, denn die Verwendung des Ausdrucks εὐεργέται stellt
sogar insofern eine deutliche Zuspitzung dar, als sie anstelle der markinischen allgemeiner
gehaltenen Kritik an ›den Weltherrschern‹ ganz konkret die *römischen* Herrscher in den Blick
nimmt; mit G. JANKOWSKI 1982, 57: »Die Aussage über die Gewaltherrscher ist natürlich sehr
konkret und aktuell. Denn offiziell ließen sich die Machthaber in Rom für das, was sie am
judäischen Volk vollbracht hatten ›Wohltäter der Menschheit‹ nennen – wie es alle Gewaltherrscher
tun, die ihre Herrschaft mit schönen Worten verbrämen.« Ein besonders frappierendes Beispiel
überliefert Josephus Bell 3,459: Dort wird erzählt, wie die Bevölkerung von Tiberias, nachdem die
Stadt sich den römischen Truppen ergeben hat, Vespasian entgegenzieht und ihn mit dem Titel
σωτὴρ καὶ εὐεργέτης begrüßt. Derjenige, der den Aufstand Israels niedergeschlagen hat, lässt sich
feiern – ist angesichts der Entstehungszeit des lukanischen Werkes nicht denkbar, dass auch Lukas
solche Gelegenheiten bekannt waren, wenn es auch vielleicht zu weit ginge, in Lk 22,25 eine direkte
Anspielung auf Vespasian hören zu wollen?

von fremden Gottheiten, bzw. eben des Herrschens fremder Gottheiten verstanden werden.[184]

> »Die römische Fremdherrschaft hatte wie jede Fremdherrschaft ja von vornherein einen religiösen Aspekt: Mit den Fremden kamen ihre Götter. Das Judentum konnte in ihnen nur Götzen und Dämonen sehen. Die Anwesenheit fremder politischer Macht war immer schon Anwesenheit bedrohender numinoser Macht, Verunreinigung des Landes.«[185]

Wenn also politische und religiöse Wahrnehmung untrennbar miteinander verbunden sind, dann ist die gerade erwähnte Alternative eine falsche, dann kann sich nämlich Widerstand gegen die politische Herrschaft durchaus in der Form von Widerstand gegen die beherrschende, besetzende Macht der fremden Gottheiten äußern: »Exorzismen waren ins Mythische transponierte Befreiungsakte.«[186]

1.6.4 Speisungen in der Wüste

Die Erzählung von der Speisung der 5000 (Lk 9,10–17) spielt ebenso wie die Bitte um das für jeden Tag notwendige Brot (Lk 11,3) die Speisungserzählungen der Wüstenzeit ein.[187] Das wird über den Stichwortbezug ἔρημος τόπος (Lk 9,12)[188] ebenso deutlich wie über die Anordnung der Anwesenden in Gruppen, die einer Einheit der Ordnung des Volkes Israel in der Wüste entsprechen (V.14; vgl. Ex 18,21)[189] und die Verknüpfung von Lehre und Essen (Lk 9,11f.; vgl. Ex 16,32–36).[190] Lk 11,3 betont die Gabe des täglich Notwendigen und legt damit ebenso wie Ex 16,16–19 den Schwerpunkt darauf, dass es nicht darum geht, unbegrenzt viel anzuhäufen, sondern jeden Tag neu auf Gottes Fürsorge angewiesen zu sein (und zählen zu können). In gleicher Weise, in der innerbiblisch die wunderbare Speisung während der Wüstenwanderung immer wieder erinnert wird, bleibt die Hoffnung auf eine Wiederholung dieses Wunders auch in der nachbiblischen Zeit präsent:

> »Grundsätzlich sei angemerkt, daß die Erinnerung an die Wüstenspeisung … in der erzählenden, meditierenden und feiernden Anamnese des Volkes Israel weiterlebte …. So war auch in neutestamentlicher Zeit eine Erwartungshaltung gegeben, die mit einer Wiederholung des Mannawunders in der Endzeit rechnete … Auf diesem Hintergrund wäre es nicht ungewöhnlich, wenn Lk 9,10b–17 diese Hoffnung auf eine Wiederholung des Mannawunders ebenfalls aufgreifen würde.«[191]

Kurz hingewiesen sei an dieser Stelle zumindest noch auf den intratextuellen Bezug, den Lk 9,16 über die Worte *und er segnete sie [die Brote; K.S.], brach sie in Stücke und gab*

---

[184] CH. MÜNCHOW 1981, 60f. verweist für das Jubiläenbuch auf diesen Verstehenszusammenhang; zur Rolle Satans (dort unter dem Namen Mastema) im Jubiläenbuch s.o. S. 145ff.

[185] G. THEISSEN 1998, 253.

[186] G. THEISSEN 1977, 96; 1998, 254.

[187] Mit D.A.S. RAVENS 1990, 121f.. Israels Versorgung durch JHWH in der Wüste wird innerbiblisch wiederholt erinnert; vgl. etwa Dtn 8,3; Hos 11,4; 13,4–6; Ps 77,18–29 LXX; Ps 104,40 LXX; Neh 9,15. Zwar ist in der Literatur mehrfach auch auf die Nähe zu den Speisungsgeschichten um Elia und Elisa hingewiesen worden (zu 1 Kön 17,7–16 vgl. neben E. MAYER 1996, 118 H. SCHÜRMANN 1969, 520 Anm. 165; D.A.S. RAVENS 1990, 122 und C.A. EVANS 1990, 146 sprechen sich für eine Parallele zu 2 Kön 4,42–44 aus). Auch diese sind bei einer kanonischen Lektüre aber gerade als erinnernde Vergegenwärtigung der wunderbaren Speisung in der Not der Wüstenzeit zu verstehen.

[188] Mit R.E. O'TOOLE 1990, 23. Kritisch dem gegenüber R. V. BENDEMANN 2001, 101f.

[189] Mt 14,21 hebt den Bezug zum Exodus noch dadurch hervor, dass er die Beschränkung der Zählung auf die anwesenden Männer in der Formulierung an Ex 12,37 orientiert (so D.C. ALLISON 1993, 240). Markus und Lukas verzichten auf diese zusätzliche Angabe.

[190] Nach F. BOVON 1989, 474 und H. SCHÜRMANN 1969, 515.520 greifen die fünf Brote die Mannasymbolik auf, während die zwei Fische die Wachteln meinen. Fraglich bleibt mir allerdings, wie plausibel F. BOVONs Vorstellung, Wachteln seien wie »fliegende Fische«, letztlich sein kann.

[191] E. MAYER 1996, 119. Weiteres zu den Verbindungen mit den Speisungsgeschichten der Wüstenzeit ebd. 118–122 und bei W. WIEFEL 1988, 172f.

sie seinen Schülerinnen und Schülern zum letzten gemeinsamen Mahl Jesu mit seinen Leuten (Lk 22,19f.) herstellt.[192]

1.6.5 Vergossenes Blut und gemeinsames Essen – Notizen zum Passafest

Die Erzählung vom letzten gemeinsamen Essen Jesu mit seinen Leuten (Lk 22,7–20), die von Lukas in modifizierender Aufnahme der Markusfassung als Darstellung einer Passafeier gestaltet ist,[193] erweist sich in mehrerlei Hinsicht als lukanische Exoduslektüre.

> *[7]Es kam der Tag der ungesäuerten Brote, an dem der Termin für das Passaopfer war.[194] [8]Und er schickte Petrus und Johannes los und sprach:»Geht, bereitet das Passa für uns vor, damit wir essen können!« [9]Sie sprachen zu ihm:»Wo, willst du, sollen wir es vorbereiten?« [10]Er sprach zu ihnen:»Passt auf:[195] Wenn ihr in die Stadt hineinkommt, wird euch ein Mensch entgegenkommen, der einen Krug Wasser trägt;[196] folgt ihm in das Haus, in das er hineingeht, [11]und sagt zum Herrn des Hauses:›Der Lehrer sagt dir: Wo ist die Herberge,[197] wo ich das*

---

[192] Mit R.E. O'TOOLE 1990, 23, der die nur bei Lukas so vorkommende Anordnung von quasi direkter Abfolge von Speisung und Verklärung betont.

[193] So auch J. JEREMIAS 1954, 899. Auch jüdische Theologen haben wiederholt auf die Verwurzelung des letzten Essens Jesu mit denjenigen, die ihm nahe standen, in der Passatradition hingewiesen; vgl. etwa J.J. PETUCHOWSKI 1957 und D. FLUSSER 1999.

[194] J.A. FITZMYER 1985, 1382 verweist als Beleg für diese Regelung auf Ex 12,6. Die von W. ECKEY 2004, 875 vorgenommene Erklärung des ἔδει kann nicht überzeugen: »Jerusalemer Feste gehören der Vergangenheit an.« Das ist sicherlich für die Abfassungszeit des lukanischen Werkes richtig; in einem – von ECKEY offensichtlich wahrgenommenen – Widerspruch zur Markusfassung (Mk 14,12 setzt ἔθυον) steht die Formulierung jedoch nicht: in beiden Werken steht das gewählte Verb im Imperfekt. Zu überlegen ist, ob die lukanische Formulierung nicht nahelegt, dass dieses Tun toragemäß war, dass es also in Entsprechung zu den unbedingt geltenden Weisungen der Tora gehörte.

[195] Die Aufmerksamkeitspartikel ἰδού bezieht sich nicht nur auf das ›Sehen‹; daher wähle ich diese freiere Wiedergabe.

[196] Mit ἄνθρωπος ist auffällig offen gehalten, welchen Geschlechts dieser Mensch ist – von einem ἀνήρ ist jedenfalls nicht die Rede. Insofern kann auch die von W. ECKEY 2004, 878 gebotene Erklärung des Wasserkrugs als untrüglichem Erkennungszeichen nicht überzeugen: »Männer tragen Wasser gewöhnlich in gegerbten und verpichten Ziegenlederschläuchen auf dem Rücken, Frauen dagegen in Tonkrügen auf dem Kopf. Ein Mann, der Wasser und eine Frau transportiert, fällt auf.« Entweder haben wir es in der Tat hier mit einer ›Genderperformance‹ zu tun, mit der Durchbrechung klassischer Geschlechterrollen, – oder aber der ἄνθρωπος ist eben doch eine Frau.

[197] Damit wird der Terminus κατάλυμα zu einem Rahmen, der sich um das dritte Evangelium legt: Während es für Maria und ihren Verlobten zu Beginn (2,7) keinen Raum (οὐ τόπος) in einer Herberge gab, die Ou-topie damit greifbar war, gibt es diesen Raum jetzt: er ist vorbereitet, scheint auf die Kommenden zu warten (auch S.H. RINGE 1995, 259 weist auf die Verknüpfung hin, zieht jedoch keine inhaltlichen Schlüsse, die darüber hinausgehen, dass κατάλυμα keine ›offizielle‹ Übernachtungsmöglichkeit meine, sondern eher auf das Unterkommen bei Verwandten oder Bekannten zu beziehen sei). Im Exodus erfüllt die ›Herberge‹ in ganz ähnlicher Form relativ zu Beginn der Erzählung wie am vorläufigen Höhepunkt eine ähnlich ambivalente Funktion: Nach Ex 4,24 ist κατάλυμα der Ort, an dem der Bote JHWHs (nicht wie im hebräischen Text JHWH selbst; s.o. S. 146) Mose zu töten sucht und nur Zipporas Eingreifen (bzw. eben: Eingriff!) dies zu verhindern vermag; im Jubellied über den von JHWH geschenkte Befreiung preisen die Israelitinnen und Israeliten JHWH: *Du hast dein Volk, dieses Volk, das du befreit hast, weil/nachdem du es mit deiner Stärke herausgerufen/berufen hast, in deiner Gerechtigkeit* (δικαιοσύνη für das hebräische חֶסֶד) *auf dem Weg zu deiner heiligen Herberge geführt!* (Ex 15,13). Gerade die Seltenheit des Terminus, der in Exoduserzählung wie lukanischer Exoduslektüre nur an diesen jeweils zwei Stellen verwendet wird, lässt eine solche Überlegung möglich werden. Zur theologischen Gewichtigkeit der ›Utopie‹ grundlegend F.W. MARQUARDT 1997. Den ersten seiner Vor-Sätze überschreibt MARQUARDT mit ›Kein Raum in der Herberge‹ und hält darin fest: »Die biblische Geschichte, wie sie zwischen Gott und Menschen spielt, kann als Geschichte eines gegenseitigen Raumsuchens und Raumgewährens erzählt werden, also als Geschichte von beider ungesichertem, aber zu sicherndem Raum.« (a.a.O., 66). Die kurze Notiz Lk 2,7 lässt sich dann lesen als: »Verkleidet sich in dies Kind ›das ewig Gut‹ (EKG 15,2/EG 23,2: ›In unser armes Fleisch und Blut / verkleidet sich das ewig Gut‹: M. Luther), dann gab es gerade fürs ewig Gut keinen Raum in der Herberge, wurde es ortlos, utopisch; dann kam er in sein Eigentum, aber die Seinen nahmen ihn nicht auf (Joh 1,11), und ihm blieben nichts als

Passa mit meinen Schülerinnen und Schülern essen kann?‹ (12)Jener wird euch einen großen, mit Polstern ausgelegten Raum im Obergeschoss zeigen; dort bereitet (es) vor!« (13)Als sie weggingen, fanden sie alles genauso, wie er ihnen gesagt hatte, und bereiteten das Passa vor. (14)Als die Stunde gekommen war, legte er sich zu Tisch und die Apostel mit ihm. (15)Und er sprach zu ihnen: »Unbändig[198] *habe ich mich danach gesehnt, dieses Passa (noch) mit euch essen zu können, bevor es dazu kommt, dass ich leide!«*[199] *(16)Ich sage euch nämlich: Ich werde es auf keinen Fall mehr essen, bis es erfüllt ist in der Königsherrschaft Gottes.« (17)Nachdem er einen Kelch genommen und das Dankgebet gesprochen hatte, sagte er: »Nehmt diesen und teilt ihn untereinander! (18)Ich sage euch nämlich: Ich werde von nun an auf keinen Fall mehr vom Ertrag des Weinstocks trinken, bis die Königsherrschaft Gottes gekommen ist.« (19)Und nachdem er Brot genommen und das Dankgebet gesprochen hatte, brach er es und gab es ihnen, während er sprach: »Dies ist mein Körper,*[200] *der für euch gegeben ist; tut dies zu meinem Gedenken!« (20)Und den Kelch genauso nach dem Essen, während er sprach: »Dieser Kelch: der erneuerte Bund in meinem Blut, das für euch vergossen wird[.«]*

Schon die Einleitung zum 22. Kapitel des Lukasevangeliums hatte die Spur dafür gelegt, wie die folgende Erzählung verstanden werden will: *Es nahte das Mazzotfest, das Passa heißt* (22,1).[201]

»Die Zeitangabe, daß das Passah bevorstand, mit der die Erzählungen eingeleitet werden, ist keine Bemerkung, die sagen will, daß zufällig Passahzeit gewesen ist. Man wußte einerseits, daß im Jahre 70 der letzte Widerstand der Verteidiger Jerusalems gegen die Legionen des Titus während des Passah zusammengebrochen war. Andererseits ruft diese Zeitangabe nicht nur das Passah*fest* auf, sondern auch das Passah*geschehen*. Denn Israel feiert dieses Fest zum Gedenken an die Befreiung aus der Sklaverei Ägyptens. Wir haben so in dieser Zeitangabe ein theologisches Datum vorliegen. Mit der Einleitung zur Passionserzählung soll also gesagt werden, daß die folgenden Geschichten verstanden werden sollen als die Geschichten, die vom Passahgeschehen her bestimmt sind. Anders gesagt, die Passionserzählungen sind nicht so sehr Leidenserzählungen als vielmehr *Befreiungsgeschichten*: an dem Passah, an dem die Legionen Roms Israel ein Ende bereitet haben, fängt für Israel ein neues Passah, ein neuer Auszug wie damals aus Ägypten an.«[202]

---

die Krippe und das Kreuz: Geschick des Ausgeschlossenen: von Menschen nicht Eingelassenen, aber überhaupt weltlich völlig Unmöglichen und auch in diesem Sinne: Ausgeschlossenen. *Damit wird Gott-in-Christus als Utopie erzählt.*« (ebd., 67; Hervorh. im Text). Es stellt sich die Frage, wie sich Marquardts Überlegungen weiter denken ließen angesichts der Tatsache, dass die Ou-Topie von Lk 2,7 am Ende des Lukasevangeliums ihr Pendant im vorhandenen Raum erhält – kann Utopie so ›topischer‹ werden?

[198] Die Formulierung ἐπιθυμίᾳ ἐπεθύμησα zeigt ähnlich wie im Hebräischen die Kombination von finiter Verbform und Infinitiv Absolutus eine Intensivierung der verbalen Aussage an (J.A. FITZMYER 1985, 1387 spricht von einem »Septuagintism«); diesem sucht die Übertragung mit Hilfe des Adverbs ›unbändig‹ Rechnung zu tragen. In die gleiche Richtung geht W. ECKEY, wenn er überträgt »Mich hat es sehnlich verlangt, dieses Passa mit euch zu essen« (ders. 2004, 878, s. dazu auch ebd., 884 m. Anm. 1072.).

[199] Nicht notwendig ist meiner Ansicht nach die von H. PATSCH 1992, 119 vorgetragene Überlegung: »Ob Lk bzw. seine Quelle den Wunsch Jesu im Irrealis oder erfüllt gedacht haben, ist philologisch nicht mehr zu entscheiden.«

[200] Ich bleibe hier zunächst bei der Übertragung mit ›Körper‹, da die für diese Stelle übliche Übersetzung ›Leib‹ mehr und mehr zu einem Element theologischer Spezialsprache wird.

[201] Die hier vorgenommene Identifizierung ist keine von Lukas – womöglich aus Unkenntnis – vorgenommene; sie findet sich u.a. auch bei Josephus (vgl. Ant 14,21; 17,213); mit W. ECKEY 2004, 872f.; J. JEREMIAS 1954, 897. Auch H. PATSCH 1992, 118 setzt die Identität voraus, wenn er als Beleg für das Passafest Ex 23,15 anführt, eine Stelle, an der der Terminus πάσχα gerade nicht vorkommt. Die hier von mir nicht näher untersuchte folgende Sequenz über Judas, der von Satan in Besitz genommen wird (Lk 22,2–6), verweist auf das Jubiläenbuch: Hier wie dort ist Satan im Kontext des Passa präsent (vgl. Jub 49,2 und unten S. 326).

[202] G. JANKOWSKI 1982, 44, Hervorhebungen im Text. S.H. RINGE 1995, 256 weist ebenfalls auf die politische Dimension des Datums hin: »The political dilemma that sets the context for the passion narrative is announced at the very beginning. The Passover festival was a time when crowds of people from the countryside entered Jerusalem in order to keep the feast in the holy city. In addition to attracting large numbers of people to the city, the Passover festival commemorating Israel's safe escape from slavery in Egypt to begin their journey toward the promised land reminded the people of God's commitment to their freedom. The theme of the festival and the occupation of Jerusalem by Rome stood in stark contrast.« So auch schon J. JEREMIAS 1954, 897.

Zwar stammt diese Situierung des Essens und damit der einleitende Vers wie auch der den unmittelbaren Kontext eröffnende Vers 7 sicher aus der Lukas vorliegenden Fassung der Erzählung (vgl. Mk 14,1.12);[203] dass jedoch Lukas diese Verortung stärker noch als die anderen synoptischen Evangelien hervorhebt,[204] zeigt die Tatsache, dass der lukanische Jesus selbst sich im weiteren Verlauf explizit auf das Passa(fest) bezieht (Lk 22,15), wenn er seine unbändige Sehnsucht danach in Worte fasst, noch einmal mit den Seinen Passa feiern zu dürfen, also: sich noch einmal der solidarischen Treue JHWHs, wie sie sich in der Geschichte der Befreiung gezeigt hat, zu erinnern.[205]

Im Erinnern der geschehenen Befreiung liegt das Potential neuer Befreiung für die Zukunft, damit wird also die (Überlebens-)Hoffnung auch in Zeiten großer Not begründet.[206] Von daher ist es nur folgerichtig, dass auch in der lukanischen Darstellung des Passamahls vor dem Tod und der Auferweckung Jesu dem Erinnern hohe Bedeutung zugesprochen wird (22,19):[207] Wie im Feiern des Passa, in den Dankgebeten und den rituellen Speisen die Nacht des Auszugs selbst gegenwärtig ist,[208] so sollen die Schülerinnen und Schüler Jesu beim gemeinsamen Brotessen ihn, sein Leben mit ihnen und das, was sein Handeln und Reden für sie bedeutet, sich gegenwärtig machen, sich im wahrsten Sinne des Wortes ›einverleiben‹.[209] Die Anamnese der Ge-

---

[203] Zur lukanischen Modifikation seiner Vorlage s. auch J.A. FITZMYER 1985, 1376f.

[204] So neben vielen J.A. FITZMYER 1985, 1378 und W. ECKEY 2004, 880; gegen H. PATSCH 1992, 119. Auch R. V. BENDEMANN 2001, 100f. hält fest, »daß Lukas in Lk 22,14–20 aus dem letzten Mahl explizit ein Passamahl macht« (Zitat 100). Die von G. THEIßEN und A. MERZ vertretene These (»Lk stellt so die Ablösung des jüdischen Passamahls durch das christliche Abendmahl dar, das als Feier des ›neuen Bundes‹ stärker als bei Mk von der jüdischen Tradition abgehoben wird«, dies. 1997, 368) leuchtet angesichts der Textbeobachtungen an der lukanischen Darstellung in keiner Weise ein.

[205] Unterstützt wird diese Beobachtung dadurch, dass Lukas in seinem Bericht Elemente des Passarituals übernimmt: zum einen das Essen des Passa(lamms) (V.15f) und zum anderen das Trinken des sogenannten ›Qidduschbechers‹ (V.17f.); mit W. ECKEY 2004, 881. Ganz anders noch F. HAHN 1975, 563: »Der Streit um die Abhängigkeit von der oder dem Passafeier des Judentums ist dabei insofern irrelevant, als die Passatradition kein konstitutives Element für das urchristliche Herrenmahl darstellt. Ein geschichtlicher Zusammenhang mit dem Passa würde im übrigen nur besagen, daß im Rahmen einer Passafeier eine völlig neue Form der Mahlgemeinschaft gestiftet worden ist. Auch für das ursprüngliche Verständnis der Worte Jesu beim Abendmahl ist schwerlich aus der Passasituation etwas zu gewinnen.«

[206] Mit der Erinnerung und dem Nachleben der Befreiung ist ein ausreichendes ›Freudenmotiv‹ gegeben. Insofern ist es nicht unbedingt notwendig, wie W. ECKEY 2004, 884 »die spätalttestamentliche und frühjüdische Erwartung eines künftigen Freudenmahles« als »Traditionshintergrund« anzunehmen – ganz abgesehen davon, dass ECKEYs Unterscheidung zwischen (oder Trennung von?) ›spätalttestamentlich‹ und ›frühjüdisch‹ den trügerischen (und gefährlichen) Anschein erwecken könnte, als sei entweder das Judentum nicht mehr biblisch oder aber die Bibel kein jüdisches Buch.

[207] Den Fokus auf das ›Gedenken‹ legt die 2004 veröffentlichte Dissertation von MICHAEL HAARMAN, in der der Autor das Erinnerungskonzept in Passa- wie Abendmahl im Hinblick auf seine biblische Grundlage ebenso untersucht wie im Blick auf jüdische Interpretationen und christliche dogmatische Entwürfe des 20. Jahrhunderts.

[208] Mit J.A. FITZMYER 1985, 1390: »Among first-century Palestinian Jews the Passover meal was celebrated annually in Jerusalem as a re-presentation and a reliving of the experience of their ancestors described in Exod 12:3–14; Num 9:1–14; Deut 16:1–8, emphasizing above all their deliverance from Egyptian bondage. ... But also associated with this reliving of their historic liberation was an anticipation of an eschatological, even messianic, deliverance.«

[209] Auch J. ASSMANN 1999, 90 hält die ›vergegenwärtigende Funktion eines Ritus‹ fest: Der »Ritus erschöpft sich nicht in der Repetition, der bloßen Wiederholung eines genau festgelegten Ablaufs. Der Ritus ist mehr als eine reine Ornamentierung der Zeit, die durch die periodische Wiederkehr identischer Handlungsabläufe ein Muster erhält wie eine Fläche durch die Wiederkehr immer derselben Figur. Der Ritus vergegenwärtigt auch einen Sinn.« Diese Vergegenwärtigung zeichne Seder wie Abendmahl aus: »Das christliche Abendmahl, das ja offensichtlich aus dem jüdischen Seder hervorgegangen ist, hat diese Form des erinnernden Verweises genau bewahrt. Brot und Wein sind ein ›zikaron‹ des Kreuzestodes, das für den Christen in gleicher Weise ein Erlösungs-

schichte, des Geschehenden und Geschehenen, und damit letztlich immer wieder JHWHs als derjenigen, die sich für das Gedenken verbürgt,[210] ist mehr als ein ›historisches‹ Gedenken. Sie nimmt die Anwesenden in die Ereignisse mit hinein und verlangt danach, mit den nachfolgenden Generationen geteilt zu werden (vgl. Ex 12,14).[211]

> »Das Gedenken bezieht sich auf eine lebendige Beziehung, auf die konkreten Begegnungen des Gottes Israels mit seinem Volk Israel. Schon hier wird deutlich, dass Gedenken deutlich *mehr* umfasst als nur eine ›gedankliche Erinnerung‹, als einen kognitiven Akt.«[212]

Wenn Jesus nach dem Essen einen weiteren Kelch erhebt oder den Kelch ein zweites Mal erhebt und vom ›vergossenen Blut‹ (V.20b) spricht, dann ist damit zweierlei in Erinnerung gerufen: zum einen das Blut, mit dem die Israelitinnen und Israeliten die Türpfosten ihrer Häuser in Ägypten bestrichen hatten, so dass die Nacht des Passa für sie wahrhaftig zu einer Nacht des ›Vorübergehens‹ und damit des ›Bewahrens‹ werden konnte (Ex 12,7.13.22f.27). Im Griechischen ist zugleich die klangliche Nähe zwischen Fest und Leiden (πάσχα und πάσχω) auffällig; das letzte Passafest Jesu führt zunächst ins Leiden. In dem, was im Folgenden erzählt wird, wird niemand verschont. Dass dieses Leiden mit der an Passa erinnerten Befreiung zu tun hat, zeigt sich erst im Nachhinein: Erst dann wird das Befreiende, das neues Leben Schenkende des Zusammenhangs von Kreuz und Auferstehung deutlich.

---

und Befreiungsgeschehen ist wie für die Juden der Auszug aus Ägypten und das typologisch auf den Exodus bezogen wird.«

[210] Vgl. M. HAARMANN 2004, 75, der festhält, »dass nicht die geschichtlichen Ereignisse selbst der eigentliche Gegenstand des Gedenkens sind, sondern der hinter ihnen stehende und handelnde Gott Israels. Als *seiner* Taten wird ihrer gedacht und als *seine* Taten sind sie präsent und gehören nicht (nur) der Vergangenheit an. So kommt es im Gottesdienst für Israel zur immer neuen Begegnung mit seinem Gott.« (Hervorhebung im Text) HAARMANN weist auch auf B.S. CHILDS 1962, 88f. hin: »The act of remembrance is not a simple inner reflection, but involves an action, an encounter with historical events. … The biblical events have the dynamic characteristic of refusing to be relegated to the past. … Each generation reinterpreted the same determinative events of the tradition in terms of its new encounter. This gives the biblical witness its peculiar character.«

[211] Insofern hat W. ECKEY 2004, 886 Recht, wenn er das gemeinsame Essen der Anhängerinnen und Anhänger Jesu von antiken Totengedächtnismählern abhebt.
Im Teilen der gemeinsamen Geschichte liegt ein wichtiger Bestandteil gemeinsamer Identität bewahrt. Was A. GRÖZINGER 1991 am Beispiel von Dtn 26,5–9 verdeutlicht hat, hat unbedingt auch für die hier vor Augen stehende Situation Gültigkeit: »Individuelle Lebensgeschichte erwächst hier aus der kollektiven Lebensgeschichte eines Volkes mit seinem Gott. Israel gewinnt in und mit diesem Bekenntnis seine Identität, indem es sich an die Geschichte Gottes mit ihm erinnert. Gegenwart und Vergangenheit sind hier aufs engste miteinander verknüpft. In dem sich jährlich wiederholenden Ritus der Darbringung der Erstlingsfrüchte versprachlicht Israel erzählend seine Abkunft. Geschichte wird auf diese Weise wiederholbar ohne dabei ihre Einmaligkeit zu verlieren. Israel versichert sich seiner selbst nicht in der Rezitation eines Mythos, sondern im Erzählen einer konkreten Geschichte. Im Vorgang dieses erinnernden Erzählens versteht Israel sich selbst, erst so gewinnt es … Identität.«

[212] M. HAARMANN 2004, 61f. unter Bezugnahme auf die zentrale Bedeutung, die dem Gedenken (זכר) in der Hebräischen Bibel zukommt. HAARMANN liefert im Folgenden (62–81) einen knappen, instruktiven Überblick darüber, wie das Erste Testament vom Gedenken JHWHs wie auch Israels spricht. Zur Wurzel זכר s. auch W. SCHOTTROFF 1991, der ebenfalls hervorhebt, dass mit dem durch זכר ausgedrückten ›Erinnern‹ in der Regel »ein tathafter Bezug zu den Objekten des Verbs gemeint« sei, »der über bloßes Erinnern an Vergangenes … oder das Bedenken vor Augen liegender Sachverhalte … weit hinausreicht und auf die Aktualität und den existentiellen Belang der betreffenden Gegenstände hindeutet« (a.a.O., 754). H.-J. FABRY 1988, 141 betont die Wechselseitigkeit des Gedenkens Gottes und Israels: »Der ermöglichende Grund für die Existenz des Alten Testamentes ist die Existenz Gottes, der mit einem Volk namens ›Israel‹ ein besonderes Verhältnis eingegangen ist. Der Anlaß für die Existenz des Alten Testamentes ist das Gedenken und Gedächtnis dieses Volkes Israel an diesen Gott, der mit ihm dieses besondere Verhältnis eingegangen ist.« Wenig später fasst er knapp zusammen: »In der Anamnese wird die Vergangenheit für die Gegenwart und Zukunft wirksam.« (a.a.O., 152).

Zum anderen wird hier Ex 24,6–8 eingespielt, die Erinnerung an das Blut der Opfertiere, das Mose nimmt und am Altar ausgießt.[213] »Durch diesen mit Blut besiegelten Bundesschluß wird das Volk, werden die zwölf Stämme zu Israel, zu einer geeinten Gemeinschaft.«[214] Mit der akualisierenden Wiederholung wird dieser Bundesschluss erneuert, werden die Anwesenden dessen versichert, dass ihre Zugehörigkeit zum Bund nicht in Frage steht und auch durch das Kommende nicht zerstört werden kann. Dass es Lukas zentral um diesen Aspekt der Verbindung, der Bundesgemeinschaft, geht, zeigt sich auch daran, dass er in keiner Weise davon spricht, dass das Blut der Sündenvergebung dienen solle.[215] Auffällig ist ferner, dass über diese zwei Worte (ὑπὲρ ὑμῶν, V.20) hinaus an keiner Stelle des lukanischen Werkes der Tod Jesu in dieser Weise interpretiert wird.[216] Das vergossene Blut versickert nicht einfach im Erdboden, es selbst realisiert den Bund Gottes mit seinem Volk. Hier ist nun allerdings unbedingt daran festzuhalten, dass die lukanische Darstellung, gerade indem sie das markinische ὑπὲρ πολλῶν (Mk 14,24) in ein konkreteres Angesprochensein der Anwesenden verwandelt, nicht einen ›neuen‹ im Sinne von ›qualitativ anderen‹, den Sinai-Bund ersetzenden Bund meint und schon gar nicht darauf zielt, eine andere Größe als Israel als Gegenüber dieser Bundesverpflichtung Gottes einzusetzen, sondern auf die Erneuerung und Bekräftigung des bestehenden Bundes verweist.[217]

Wenn die Darstellung der Evangelien Jesus hier also von einem ›Neuen Bund‹[218] sprechen und damit auf Jeremia 31 Bezug nehmen lässt, dann bedeutet dies in keiner Form den Übergang der Bundesverpflichtung JHWHs von Israel auf die Völkerwelt. Nicht ihr gemeinsames Essen stellt den Bund dar, der Tod Jesu selbst wird vielmehr »als ein dem Sinaibund analoges Bundesgeschehen bezeichnet«,[219] das diesen erneuert und in dieser Erneuerung als vollgültig erinnert.

---

[213] Auf diese Parallele machen explizit R.E. NIXON 1963, 19; S. HAGENE 2003, 290 (Lk 22,20//Ex 24,5–11); G. JANKOWSKI 1982, 55f.; D.C. ALLISON 1993, 258; R.I. DENOVA 1997, 98 und R.E. O'TOOLE 1990, 27, aufmerksam. Vgl. O'TOOLE a.a.O.: »Both Jesus and Moses bring a covenant in blood. Also, the Passover would bring Moses to mind, and … Luke's two cups is closer to what actually occurs at a Passover meal.« M. HAARMANN 2004, 38 führt zusätzlich Sach 9,11 als Hintergrund an.

[214] G. JANKOWSKI 1982, 56. »Wir können also sagen, daß hier nicht ein neues Mahl anstelle des Passahmahls gesetzt wird, sondern daß das Passahmahl messianisch gefeiert wird. Die, die gesandt sind, die Gottesherrschaft auszurufen und zu heilen, werden im Angesicht der Herrschaft Gottes zubereitet. Sie werden zu einer geeinten Gemeinschaft, sie werden zu einem neuen Bund, zu dem messianischen Bund, der dann ausgehend von Jerusalem bis an die Enden der Erde die Herrschaft Gottes ausrufen wird. Begründet wird also beim letzten Passahmahl vor der Befreiung eine neue Lebensordnung, die sich aber zu bewähren hat. Die Bundesgenossen des neuen Bundes, der neuen Lebensordnung, müssen erst erweisen, ob sie diese Lebensordnung tätig vollziehen wollen und können.« (ebd.).

[215] Damit bleibt Lukas der markinischen Vorlage treu, im Gegensatz zu Matthäus, der Mt 26,28 εἰς ἄφεσιν ἁμαρτιῶν einfügt. Der Gedanke der Sühne ist in den Targumim auch für die Passanacht in Ägypten belegt (vgl. TgOnk und TgPsJ zu Ex 24,8); mit D.C. ALLISON 1993, 258f.

[216] Mit W. ECKEY 2004, 885: »Die Stiftungsworte sind im Lukasevangelium die einzige Stelle, an der Jesu Passion als stellvertretende Lebenshingabe ›für euch‹ gedeutet wird.«

[217] So hält auch FRANK CRÜSEMANN fest, »dass die Vorstellung, Gott werde – abgesehen vom Noah-Bund – einen Bund mit einer anderen, weiteren Größe als Israel schließen, keine Grundlage im Alten Testament und der jüdischen Tradition besitzt. Die vielfältigen Verheißungen für die Menschheit, die Völkerwelt außerhalb von Israel sind durch andere Bilder und Begriffe geprägt. Gerade auch die Verheißung eines ›neuen Bundes‹ in Jer 31 gilt ausdrücklich allein ›Israel und Juda‹ und setzt die gleiche Tora uneingeschränkt aufs Neue in Geltung. Das Neue liegt hier ausschließlich im Modus ihrer Wirkung.« (ders. 2003b, 296). Vgl. zur jüdischen Überlieferung auch H. LICHTENBERGER/S. SCHREINER 1996.

[218] Zur Diskussion um den Bundesbegriff in der Abendmahlstradition s. auch M. VOGEL 1996, 79ff sowie H. LICHTENBERGER 1996. D. MATTHIAS untersucht die Rede vom ›alten Bund‹ in 2 Kor 3,7–18 (ders. 2005).

[219] F. CRÜSEMANN 2003b, 299.

»Die neutestamentlichen Texte, die von einem neuen Bund reden, beziehen das Neue nicht auf eine gegenüber Israel veränderte Größe. Sie sind vielmehr innerjüdische Inanspruchnahmen von Jer 31 und sehen das Neue textgemäß nicht in der Ausweitung des Bundes über Israel hinaus, sondern, bei Identität von Empfänger wie Inhalt, im Modus. Die eschatologische Perspektive der endgültigen Sühne und Sündenvergebung und der Identität von menschlichem Willen und Tora, die diesen Text auszeichnet, wird, wie andere große Verheißungen der Schrift, mit dem Wirken Jesu verbunden und als – zumindest anfangsweise – in Kraft befindlich geglaubt und verkündet.«[220]

Es wird also für eine zukünftige Evangelien- und das heißt in diesem Fall: Lukaslektüre darum gehen müssen, ernstzunehmen, dass Lukas seine Darstellung als jüdischer Autor in einem durch und durch jüdischen Kontext, im Zusammenhang des zentralen Erinnerungsfestes der Befreiung aus Ägypten situiert. Gleichzeitig ist aber der Tatsache Rechnung zu tragen, dass unsere Lektüre, als Lektüre von Christinnen und Christen des 21. Jahrhunderts, von Angehörigen einer Kirche, die mittlerweile eine Kirche der ›Weltvölker‹ geworden ist, diese Verortung nicht ohne weiteres für sich in Anspruch nehmen darf. Wenn ein jüdischer Autor seine Erfahrungen in der ihm vertrauten Sprache formuliert, ist das eine Sache – wenn eine mit dieser Sprache längst nicht mehr vertraute (oder sich gerade wieder vorsichtig darin einübende) ›heidenchristliche‹ Lesegemeinschaft dies unreflektiert übernimmt, ist das etwas ganz anderes; dann ist der Schritt zu einer das Judentum enteignenden Lektüre, einer Usurpation jüdischer Tradition manchmal nur sehr, sehr klein.[221]

1.6.6 Befreiung aus Gefangenschaft – Petrus und sein Exodus (Apg 12)

Apg 12 macht nach Susan R. Garrett[222] eine von Lukas verfolgte Doppelstrategie deutlich. Erstens verwendet die Erzählung Exodusterminologie,[223] die aus den Schriften bekannt war und folglich diese Erfahrungen ins Gedächtnis ruft: Dieser ›Link‹ ist durch die Zeitangabe Apg 12,3f. (Fest der ungesäuerten Brote; Passa) als Grundlageninformation direkt zu Beginn der Erzählung gegeben. Im weiteren Verlauf wird er unterstützt durch den Auftrag des Engels an Petrus sich zu kleiden und seine Sandalen anzuziehen (Apg 12,8), der Ex 12,11, die Aufforderung an die Israelitinnen und Israeliten, angekleidet und ›gegürtet‹ die Nacht zu verbringen, einspielt.[224] Besonders deutlich wird die Geschichte zur Exoduserfahrung in der interpretierenden Erzählung, die Petrus selbst nach seiner Befreiung von den Ereignissen liefert:[225] Hier findet die oben als Exodusterminologie erwiesene Formulierung ›befreien aus der Hand von‹[226] ebenso Verwendung (V.11) wie mit dem Verbum ἐξάγω (V.17) zugleich die Herausführungsformel[227] der Schrift in die vorliegende Erzählung integriert ist. Dass Lukas diese kennt, zeigt ihre Verwendung in Apg 7,36.40; 13,17, den beiden ›Geschichtsrückblicken‹ seines Werkes.

---

[220] F. Crüsemann 2003b, 303f.

[221] Das zeigt z.B. die lange verbreitete typologische Auslegung von Exodus 12 (vgl. W. Huber 1969, 139ff; zur Frage der Entwicklung des christlichen Osterfestes aus dem Passafest ebd. passim).

[222] Dies. 1990.

[223] Dazu s. auch D.T.N. Parry 1995 sowie R. v. Bendemann 2001, 101 und schon A. Strobel 1957–58, v.a. 212f., der diese Bezüge als Beleg für eine ›judenchristliche‹ Tradition in Apg 12 ansieht, und W. Radl 1983, auf dessen Einzelbeobachtungen ich mich unten zum Teil berufe, wobei ich mich von seiner Wertung der Erzählung in Bezug auf ›die Juden‹ (vgl. ebd. 86f.) deutlich distanziere.

[224] Mit A. Strobel 1957/58, 212f.; S.R. Garrett 1990, 674f. Innerhalb des lkDW ist der Bezug zu Lk 12,35 (s.o. S. 229f.) zumindest zu nennen.

[225] Mit W. Radl 1983, 88.

[226] Anm. 115.

[227] S.o. S. 115ff sowie im Zusammenhang mit der vorliegenden Erzählung auch bei W. Radl 1983, 89–91.

»To the reader versed in the Scriptures, the traditional statement resounds unmistakably in Peter's report to the gathered community.«[228]

Schon die Schrift verwendet die Formel auch in der Übertragung auf zeitlich spätere Befreiungserfahrungen, in denen Israel die ursprüngliche Befreiung, die JHWH zu seiner Gottheit und Israel zum Volk JHWHs werden ließ, in der veränderten Situation neu erlebte.[229] Mit der Erzählung von der Befreiung des Petrus aus dem Gefängnis verfolgt Lukas also das gleiche Ziel wie nach REINHARD KRATZ die ganze Gattung solcher ›Befreiungswundergeschichten‹:[230]

»In der Befreiung ihrer Verkünder erweist die Gottheit ihre Macht als Abschreckung für Außenstehende und Gegner, aber gleichzeitig als Ermutigung ihrer Anhänger … durch den Erweis, daß sie in Not und Gefahr nicht im Stich gelassen werden.«[231]

Zweitens ruft Apg 12 nach GARRETT aber auch Tod, Auferstehung und Himmelfahrt Jesu Christi in Erinnerung, da in diesen bei Lukas die Exodustermini ebenfalls eine gewichtige Rolle einnehmen. Lukas' geschulte Leserinnen und Leser hörten damit nach GARRETT in der Erzählung von der Befreiung des Petrus aus dem Gefängnis mit dem daran anschließenden Tod des Herodes Agrippa I. gleichermaßen die Erzählung von der Befreiung Israels aus Ägypten anklingen, mit der die Vernichtung Pharaos und seiner Armee einherging, wie auch die Erzählung von Tod, Auferstehung und Himmelfahrt Jesu, die zugleich die Vernichtung Satans und seines Einflusses auf die Christusgläubigen bedeutete.

1.7 Der ›Exodus‹ Jesu (Lk 9,28–36) – Chancen und Überfrachtungen eines einzelnen Wortes

Häufig schon stand der Ausdruck ἔξοδος in Lk 9,31 im Blickpunkt des Interesses der Exegese, und eine ganze Reihe von Auslegerinnen und Auslegern sahen hier eine Anspielung auf den Exodus Israels aus Ägypten gegeben.[232] REINHARD VON BENDEMANN hat allerdings völlig zu Recht gegen diese Überlegungen eingewandt, dass allein die Verwendung des Wortes ›Exodus‹[233] noch kein hinreichender Beweis für diese Verbindung sei. Überhaupt könne von einer am Exodus bzw. an der Wüstenzeit orientierten Gestaltung des sogenannten Reiseberichts keine Rede sein, da ein solcher als eigener Hauptabschnitt innerhalb des Lukasevangeliums bei unvoreinge-

---

[228] S.R. GARRETT 1990, 675.

[229] Ähnlich schon W.RADL 1983, 91: »Das Wort von der Herausführung aus Ägypten hat eine Tiefendimension, die es übertragbar macht auf zukünftige analoge Taten Gottes, zunächst in der Situation des Exils und darüber hinaus immer wieder neu.«

[230] Zum Aufbau derselben vgl. ders. 1979, 444f. Diese Befreiungswundergeschichten sind – sofern es sich um jüdische Geschichten handelt – nach den oben aufgeführten Beobachtungen als auf dem Hintergrund der Exoduserzählung der Schrift entstanden einzuordnen.

[231] R. KRATZ a.a.O., 441.

[232] J. MÁNEK 1958; E. MAYER 1996; G. JANKOWSKI 1982, 45; vgl. R.E. Nixon 1963, 16: »Whatever may be the exact nature of the transfiguration experience, there can be no doubt at all that the evangelists thought it to be pregnant with Exodus symbolism.« S.H. RINGE 1983, 87 weist überdies auf die intratextuelle Verknüpfung mit Lk 22,39ff hin. Zu diesen Ansätzen, die im sogenannten Reisebericht Exoduszusammenhänge beobachtet haben, s. den Forschungsüberblick S. 21ff.

[233] Zu den verschiedenen inhaltlichen Füllungsmöglichkeiten des Terminus ἔξοδος s. auch E. MAYER 1996, 136ff, der abschließend festhält: »Allein von Lk 9,31 ausgehend kann man sich sicherlich nicht für eine der beiden Interpretationsmöglichkeiten [Exodus aus Ägypten oder »den Lebensausgang zu einem Weiterleben« (ebd. 137); K.S.] entscheiden, aber eine solche Entscheidung könnte sich auch generell als falsche Alternative erweisen. Es ist vorstellbar, daß Lukas die beiden Bedeutungsebenen nicht strikt voneinander trennt, sondern diese in Lk 9,31 kombiniert verstanden haben wollte. Der Begriff ἔξοδος würde dann Jesu Tod und Weiterleben bezeichnen, aber zugleich auch anklingen lassen, daß es sich dabei um ein exodusartiges Heilsereignis handelt.« (ebd. 138).

nommener Prüfung nicht zu eruieren sei.[234] Isoliert man diesen einen Beleg aus dem Kontext des Gesamtwerkes, heißt es in der Tat, ihn überzuinterpretieren, wenn er als Indiz für eine ›Exodustheologie‹ des Lukas die Hauptlast tragen soll. Anders sieht es aus, wenn eine Untersuchung von Lk 9,28–36[235] auf der Basis der bis hierher vorgestellten Beobachtungen und Verknüpfungen erfolgt, somit also die Gesamtheit der Belege in den Blick kommt.

> [28]*Ungefähr acht Tage nach diesen Worten nahm er Petrus und Johannes und Jakobus (mit sich) und stieg auf den Berg, um zu beten.* [29]*Während er betete, wurde das Aussehen seines Gesichts ein anderes, und sein Gewand wurde weiß, leuchtend.* [30]*Und, siehe da, zwei Männer sprachen mit ihm zusammen; es waren Mose und Elia,* [31]*die – gesehen im strahlenden Glanz – seinen Exodus (an)sagten, den er in Jerusalem erfüllen sollte.* [32]*Petrus und die, die bei ihm waren, hatte der Schlaf überfallen:*[236] *Als sie aufwachten, sahen sie seinen Glanz und die zwei Männer, die mit ihm zusammen standen.* [33]*Und als sie ihn verließen, sprach Petrus zu Jesus:* »*Rabbi, es ist gut, dass wir hier sind. Lasst uns drei Zelte machen, eines für dich und eines für Mose und eines für Elia!*« – *nicht wissend, was er sagt.* [34]*Als er diese Worte sagte, kam die Wolke und überschattete sie: Sie fürchteten sich, als sie in die Wolke hineinkamen.* [35]*Und eine Stimme geschah aus der Wolke, sprechend:* »*Dieser ist mein ausgewählter Sohn – auf ihn sollt ihr hören!*« [36]*Und als die Stimme geschah, war Jesus allein. Und sie bewahrten Stillschweigen und niemandem verkündeten sie in jenen Tagen auch nur irgendetwas von den Dingen, die sie gesehen hatten.*

Auch hier fallen Stichwort- und Sachverbindungen zum Exodus,[237] auf die ich zum Teil schon eingegangen bin, unmittelbar ins Auge.[238] Einige von ihnen treten in der bei Lukas gebotenen Fassung sehr viel deutlicher hervor als in der Markusvorlage Mk 9,2–10, manche werden überhaupt erst in der lukanischen Fassung präsentiert:[239] Jesus nimmt drei Männer mit sich, ebenso wie Mose Aaron und dessen Söhne Nadab und Abihu mit auf den Berg genommen hatte (Ex 24,1).[240] Ebenso, wie das Aussehen

---

[234] Ders. 2001 passim (z.B. in seiner Zusammenfassung der Forschungssituation 112: »Die mit SCHLEICHERMACHER in die Geschichte der Erforschung der synoptischen Literatur getretene Hypothese der Großsektion eines ›Reiseberichts‹/einer ›central section‹ im dritten Evangelium erweist sich als unlukanisch.«), die Kritik am Verständnis von ἔξοδος in Lk 9,31 als Verweis auf den Exodus aus Ägypten findet sich pointiert 102–106.

[235] Diese Erzählung mit ihren synoptischen Parallelen Mk 9,2–8 und Mt 17,1–8 hat eine nahezu unüberschaubare Fülle von literarischen Auseinandersetzungen hervorgebracht, und trotzdem (oder deshalb) bezeichnet MARKUS ÖHLER sie als »großes Rätsel der neutestamentlichen Wissenschaft« (ders. 1996, 197). Aus der Fülle dieser Literatur verweise ich neben den oben (Anm. 232) genannten Beiträgen hier exemplarisch auf A. STANDHARTINGER 2003 sowie – gerade, weil diese Fragestellung in meiner Arbeit keine hervorgehobene Rolle spielt – auf B.E. REID 1993, der Lk 9, 28–36 in quellen- und redaktionskritischer Perspektive untersucht; dort auch Hinweise auf eine Sonderüberlieferung, die Lukas neben der kurzen Markusnotiz vorgelegen haben könnte (v.a. 31–76).

[236] Nach E. MAYER 1996, 100f. bildet der Schlaf der Jünger den Typos für ihr Schlafen auf dem Ölberg (Lk 22,45f.); er nimmt H. CONZELMANN 1964, 51f. auf, wobei MAYER insofern über CONZELMANNs Interpretation hinausgeht, als er hier nicht nur das Nicht-Verstehen der Schüler, sondern auch ihre generelle Passivität angesichts des Leidens bzw. der Passion Jesu vorabgebildet sieht.

[237] S.H. RINGE 1995, 140f.; R.E. O'TOOLE 1990, 22f. wie auch D.C. ALLISON 1993, 243f. führen die offensichtlichen Parallelen ebenfalls auf.

[238] Schön D.C. ALLISON 1993, 244: »It beggars belief to entertain coincidence for all these parallels.«

[239] W. ECKEY 2004, 424f. arbeitet die Modifikationen heraus, die Lukas an der Markusvorlage Mk 9,2–10 vornimmt. Manche der Veränderungen sind dabei insofern für meine Arbeit besonders auffällig, als sie darauf zurückzuführen sind, dass Lukas den Exoduskontext bzw. die Parallelität zwischen Mose und Jesus noch deutlicher herauszustellen beabsichtigt. Vgl. auch die 2000 erschienene Studie von J.P. HEIL, in der dieser die drei synoptischen Fassungen der Verklärungserzählung miteinander vergleicht.

[240] Mit A. STANDHARTINGER 2003, 75; E. MAYER 1996, 124; H. SCHÜRMANN 1969, 556; W. WIEFEL 1987, 180; F. BOVON 1989, 494f. Natürlich spielt auch der Vorschlag des Petrus, drei Hütten zu bauen, mit dem Bildmaterial des Laubhüttenfestes die Zeit der Wüstenwanderung Israels ein. F. BOVON (ders. 1989, 494 m. Anm. 32) nimmt den Hintergrund des Laubhüttenfestes auch als Begründung für die von Markus abweichende Zeitangabe (acht statt sechs Tage) an. Lev 23,36 formuliert für den achten Tag als Abschluss des Laubhüttenfestes: *Am achten Tag wird für euch ein heiliges Zusammenkommen/-rufen sein, ihr werdet JHWH Brandopfer darbringen, jedes Werk ist beendet* (ἐξόδιον), *keinen Dienst/nichts*

des Mose sich nach dem Gespräch mit JHWH gewandelt hatte (34,29f.33–35), hält auch die Verklärungserzählung des Lukas das veränderte Aussehen Jesu, seinen Glanz, fest (V.29).[241] Auch das Moment der Furcht ist der Exoduslektüre des Lukas aus dem Exodus selbst bekannt: Wenn Lukas in V. 34 davon schreibt, dass Petrus und die anderen sich fürchteten, dann hat das in Wolke und Furcht einen doppelten Bezug zum Exodus. Auf den ersten Blick deutlich scheint die Verbindung zur Wolke als dem sichtbaren Zeichen der Präsenz Gottes aus der Zeit der Wüstenwanderung;[242] sie überschattet die Männer, und Lukas hält fest: *Sie fürchteten sich, als sie in die Wolke hineinkamen* (ἐφοβήθησαν δὲ ἐν τῷ εἰσελθεῖν αὐτοὺς εἰς τὴν νεφέλην).[243] Diese Furcht angesichts der Berührung mit dem Göttlichen ist aus der Theophanie am Sinai vertraut: Auch dort fürchten sich die Menschen des Volkes Israel, als sie mit den Zeichen der Gottesoffenbarung konfrontiert werden (φοβέομαι, Ex 19,16; 20,18). Die Menschen geraten aber auch in Furcht angesichts des veränderten Aussehens des Mose, als dieser vom Berg wieder hinabkommt (Ex 34,30).[244] Von daher legt sich auch für die Situation in Lk 9 nahe, dass die Furcht der Anhänger Jesu sich sowohl auf Gott als auch auf Jesus bezieht, bzw. dass, nachdem ihnen durch die Wolke die Präsenz Gottes deutlich wird, auch die Veränderung Jesu sich ihnen wie den Lesenden neu erschließt.

Mit der Stimme aus der Wolke wird das Gewebe, das die neutestamentliche Verklärungsgeschichte mit dem Exodus verbindet, noch einmal dichter: Im Exodus ist die den Sinai überschattende Wolke nach Dtn 5,22 der Ort der Stimme JHWHs, die den Dekalog verkündet. Auch Ex 19ff setzen voraus, dass während der Gabe der Tora die Wolke über dem Berg bleibt. Das bedeutet, dass in der Übermittlung des Dekalogs also das ganze Volk die Stimme aus der Wolke hört. Für die weiteren Weisungen hat mindestens Mose, wenn nicht auch seine Begleiter, Teil an der Offenba-

---

Dienstliches werdet ihr tun! Jub 32,27–29 gibt ein anschauliches Beispiel dafür, wie der achte Tag »in verschiedenen jüdischen Kreisen größere Bedeutung als nur die einer bloßen Zelebration der Rückkehr in das Alltagsleben gewonnen hatte« (ebd., 494).

[241] Ex 34,29f. δοξάζω, Lk 9,32 δόξα. Lukas ändert Mk 9,3 insofern, als bei ihm nicht mehr die Kleidung Jesu Signal seiner Veränderung ist, sondern das Gesicht, und rückt die Erzählung damit näher an die Veränderung des Mose heran. W. ECKEYs These, dass die Verklärung des Mose überboten werde, dadurch, »daß nicht nur ein Abglanz, ein geborgter Schein göttlichen Lichtes, auf Jesu Angesicht aufscheint, sondern das majestätische Wesen Gottes selbst in ihm leuchtet« (ders. 2004, 426), ist - obgleich in der Theologiegeschichte weit verbreitet; dazu D.C. ALLISON 1993, 243 – nicht überzeugend, da der Text von Ex 34,29f. keine derartige Relativierung enthält, sondern Ex 34,30 LXX nur feststellt, dass das Gesicht des Mose *strahlend war* (ἦν δεδοξαμένη). D.C. ALLISON hält Überlegungen zur Überlegenheit Jesu angesichts der deutlich gegenläufigen Textsignale entgegen: »Thus whereas the visual glory of Jesus was fleeting, that of Moses endured. ... The point is ... that had matters been reversed, so that it was Moses, not Jesus who lost his radiance, the commentators would have made much of it. There are, however, always differences between a type and its antitype, either of which can be, depending upon predilection, promoted or demoted by inventive interpretation. This fact should warn. The superiority of Jesus to Moses is an assumption of our Gospel more than it is an assertion, and it is not to be discovered in every exegetical nook and cranny.« (ders. 1993, 248).

[242] S. oben S. 236.

[243] Auch hier liegt ein gewichtiger Unterschied zur markinischen Fassung vor: Während die Schüler Jesu dort Elia und Mose sehen und sich fürchten (Mk 9,6), ist es hier der unmittelbare Kontakt mit Israels Gott, der die Furcht auslöst. Lukas theologisiert also seine eher christologisch orientierte Vorlage; ähnlich F. BOVON 1989, 500, der auf die Verbindung von Wolke und Laubhüttenfest in TagNeof zu Lev 23,43 hinweist: »damit eure Nachkommen erfahren, daß ich die Kinder Israels in den Glanzwolken meiner Schekina habe wohnen lassen, in der Zeit, in der ich sie befreit aus dem Land Ägypten hinausgehen ließ.« (Übersetzung bei BOVON, a.a.O.).

[244] Zu dieser Passage s. D. MATTHIAS 2005, 119–122, der hervorhebt, dass entgegen der gängigen Vorstellung dem Text nach Mose sein Gesicht immer erst dann wieder verhüllte, wenn er den Israelitinnen und Israeliten die Worte JHWHs verkündet hatte (a.a.O. 120f.).

rung durch die ›Wolkenstimme‹.[245] Dabei stellt Ex 19,9 explizit heraus, dass das Hören der Stimme JHWHs aus der Wolke auch dazu dienen soll, die Autorität des Mose zu stärken:

> *JHWH sprach zu Mose: Pass auf, ich selbst nähere mich dir in einer Wolkensäule, damit das Volk mich zu dir sprechen hört und sie dir bis an das Ende der Zeiten vertrauen!*

Die Autorität des Mose soll dadurch gefestigt werden, seine Zuverlässigkeit und Vertrauenswürdigkeit sich daran erweisen, dass das Volk mit den Ohren bezeugen kann, wie nahe JHWH Mose ist; durch das Hören soll Vertrauen entstehen. Um das Hören geht es auch in Lk 9,35: *Dieser ist mein ausgewählter* (ἐκλελεγμένος)[246]*Sohn, auf ihn sollt ihr hören!* (αὐτοῦ ἀκούετε). Auf der Textebene wird es nur Petrus, Jakobus und Johannes gesagt, aber damit zugleich den Leserinnen und Lesern des lukanischen Werkes. Auch hier stellt die Stimme also ein Autoritätsverhältnis heraus. Sicherlich ist mit der Formulierung zugleich Dtn 18,15, die Ankündigung des ›Propheten wie Mose‹ eingespielt, die Lukas in der Apostelgeschichte noch zweimal (Apg 3,22; 7,37) auf Jesus anwenden wird.[247]

> »Der alttestamentliche Hintergrund von ὁ ἐκλελεγμένος (vgl. Jes 42,1) wie auch von αὐτοῦ ἀκούετε (vgl. Dtn 18,15) geht in die Richtung der prophetischen Mission Jesu. Die Verklärung bleibt also der Sinaitradition treu und verbindet Jesus in seiner prophetischen Vermittlungsrolle mit Mose.«[248]

Wenn die Stimme Jesus als ihren Sohn bezeichnet, ist damit neben den lukanischen Programmkapiteln und der Taufe Jesu über das Motiv der Sohn- bzw. Kindschaft noch ein anderer Komplex eingespielt: Zwar wird in der Forschung allenthalben auf Ps 2,7 oder auch Jes 42,1 als ersttestamentliche Referenztexte verwiesen, jedoch ist die erste Stelle der gesamten Schrift, an der JHWH ein Gegenüber als ihren υἱός bezeichnet, Ex 4,22. Dort trägt JHWH Mose auf, Pharao folgendes zu sagen: *So spricht JHWH: Israel ist mein erstgeborenes Kind.* Ganz zu Beginn der Befreiungsgeschichte also setzt Israels Gott sich selbst zum Volk als Ganzem in diese enge Beziehung und ›adoptiert‹ das in Ägypten versklavte Volk.[249] In gleicher Weise stellt die Himmelsstimme hier die Beziehung her. Ausgehend von der Situation, in der diese ›Beziehungsklärung‹ im Exodus geschieht, eröffnet sich auch für die lukanische Lektüre ein weiterführender Einblick: Geht es womöglich gar nicht nur um die Tiefe der Beziehung zwischen Jesus und Gott, sondern ebensosehr darum, die Härte und Gefahr der Ausgangssituation vor Augen zu führen? Und geht es ferner darum, Jesus auch über diese Lesart gerade nicht außerhalb Israels zu stellen, sondern ihn als seinem Volk unbedingt zugehörig darzustellen?[250]

---

[245] Mit A. STANDHARTINGER 2003, 80, die auf die Darstellung bei Philo (Decal 44.46) wie auch bei Josephus (Ant 3,90) hinweist. Beide ordnen die Stimme Gottes der Wolke zu. Auch in Ex 19,9.16–19; 24,15–18 ertönt die Stimme JHWHs aus der Wolke, wobei insbesondere die Parallelität zwischen Lk 9,35 und Ex 19,9 auffällt, geht es doch in beiden Fällen um Autorität bzw. Glaubwürdigkeit – des Mose wie Jesu.

[246] Damit modifiziert Lukas das ihm wohl vorgegebene ἀγαπητός (Mk 9,7; Mt 17,5) und stellt weniger die Beziehung JHWHs zu Jesus denn dessen Auftrag in den Vordergrund.

[247] Mit D.A.S. RAVENS 1990, 124; D.L. BOCK 1994, 291. Näheres dazu in meiner Analyse der Stephanusrede; s.u. S. 339ff.

[248] F. BOVON 1989, 501f. Allerdings kann ich der dann bei BOVON folgenden (a.a.O., 502) Entgegensetzung von ›Gesetz‹ und ›Heil‹ (»Aber im Unterschied zu Mose sollen die Menschen vom Sohn nicht die Worte des Gesetzes, sondern des Heils hören.«), die sich wohl eher neulutherischer Theologie denn dem neutestamentlichen Denken verdankt, nicht folgen und sehe auch nicht, wie dies sich an der lukanischen Formulierung festmachen ließe.

[249] So schon P.G. BRETSCHER 1968.

[250] So auch – zumindest für die ursprüngliche Intention – P.G. BRETSCHER 1968, 311: »In its initial, OT sense, the term identifies Jesus as an Israelite within Israel. It supplies a common ground upon

In Mose und Elia sind Tora und Prophetie anwesend,[251] beide sind nach lukanischem Schriftverständnis Zeugen für die Berechtigung des von ihm verkündeten Messias, wie die eingangs vorgestellten Überlegungen zur Emmausperikope allgemein und Lk 24,27 im besonderen deutlich gemacht haben.[252] Ohne dass hier (9,30) diese Verknüpfung schon explizit kenntlich gemacht wäre, ist sie für erfahrene Leserinnen und Leser ab dem zweiten Durchgang durch das lukanische Werk mit dem unterdessen gewonnenen ›Vorwissen‹ um die Bedeutung von Tora und Prophetie als autoritativem Kanon doch bereits präsent.

Diese beiden nun, als diejenigen, in deren Gestalt hier in gewisser Weise die Schrift selbst ›inkarniert‹ ist, *sagen* im Rahmen des redaktionell in die Vorlage eingearbeiteten Verses 31 Jesus *seinen Exodus (an), den er in Jerusalem erfüllen sollte* (ἣν ἤμελλεν πληροῦν ἐν᾿ Ἰηρουσαλήμ). Auch hier geht es mir nicht um den Terminus ἔξοδος als solchen, der in der Tat in Konkretisierung der allgemeinen Bedeutung *Ausgang* den »Lebensausgang«[253] bezeichnen kann. Ich möchte zunächst dem Schlussteil des Satzes auf die Spur kommen: *den er in Jerusalem erfüllen sollte.* Über πληρόω ist die Verknüpfung zu den anderen Stellen des lukanischen Werkes hergestellt, an denen es darum geht, dass für Lukas und seine impliziten Leserinnen und Leser in Jesus eine Erfüllung der Hoffnungen Israels gekommen ist, die die Befreiungserfahrung des Exodus aufnimmt und weiter trägt. Jesus ist in der vorliegenden Formulierung selbst Subjekt der Erfüllung des Exodus: in seinem Leben – zu dem Kreuz und Auferweckung untrennbar dazu gehören – vollzieht sich die Befreiung, die JHWH Israel und über Israel nach lukanischem Verständnis auch den Menschen aus der Völkerwelt geschenkt hat, und er selbst vollführt diese Befreiungsbewegung. Was seit den Programmkapiteln Lk 1–2 ausgesprochen, ja, besungen ist, was im Angekündigtsein schon präsent ist, wie die Formulierungen des Magnifikats zeigen,[254] soll nun in

---

which Jesus and his people both stand, and from which the issues that arise and finally separate him from them can come into focus.«

[251] Dieses Verständnis ist in der neutestamentlichen Wissenschaft – und, wie A. STANDHARTINGER 2003, 67 aufzeigt, als typologische Lektüre schon seit der Alten Kirche – präsent; vgl. etwa H. SCHÜRMANN 1969, 557; J.A. FITZMYER 1981, 800; F. BOVON 1989, 496. Einen Überblick über die verschiedenen Deutungsmodelle der Figuren des Mose und des Elia in der Auslegungsgeschichte liefern z.B. J.P. HEIL 2000, 95–113 und S. PELLEGRINI 2000, 314–318. Damit ist auch die lukanische Umstellung der ihm vermutlich vorliegenden Reihenfolge (Elia und Mose) verständlich: Er stellt nicht »aufgrund der Chronologie« (M. ÖHLER 1997, 189), sondern aus inhaltlichen Gründen um. A. STANDHARTINGER wendet sich gegen eine Lektüre von Lk 9,28ff, die in Mose und Elia Tora und Prophetie präsent sieht, sondern stellt statt dessen die beiden gemeinsame Erfahrung der Theophanie am Gottesberg als verbindendes Element heraus. Auch M. ÖHLER 1997, 192 lehnt die gängige Interpretation ab: Es gebe »keinen Beleg dafür, daß Elia stellvertretend für das Corpus der Nᵉbiim genannt wurde. Es sollte daher auf die Interpretation der beiden Gestalten als Repräsentanten der Schrift verzichtet werden.« ÖHLER votiert anstelle dessen dafür, Mose wie Elia als Zeugen für die Hinaufnahme zu verstehen (a.a.O., 193), wie seien »Vorbilder für das Leidens- und Erhöhungsschicksal Jesu, das dieser, so ist implizit hineinzudenken, bei weitem übertrifft. Schließlich ist er der erwählte Sohn, auf den es zu hören gilt und dessen Herrschaft in Herrlichkeit für kurze Zeit zu sehen war.« (a.a.O., 195). Öhlers These der Überbietung hat meines Ermessens jedoch keinen geeigneten Anhalt am Text: Der Hinweis auf das Erwähltsein Jesu legitimiert dessen Auftreten, setzt es aber nicht in ein steigerndes Gegenüber zu Mose und/oder Elia. Und dass der Glanz seines Gesichtes einen Hinweis auf ›herrliche Herrschaft‹ geben soll, entstammt sichtlich eher christlicher Theologiegeschichte denn der lukanischen Darstellung.

[252] Und beide teilen in der dem lukanischen Werk zeitgenössischen jüdischen Literatur das Geschick, dass sie nicht gestorben, sondern zu JHWH entrückt sind; s. dazu oben S. 25 sowie unten S. 404, Anm. 40.

[253] R. PEPPERMÜLLER 1992, 20. Die Selbstverständlichkeit jedoch, mit der PEPPERMÜLLER diese Bedeutung auch für Lk 9,31 angibt, erscheint zumindest fragwürdig. F. Bovon 1989, 497 m. Anm. 46 (dort weiterführende Literatur), bleibt vorsichtiger: »Daß er [Lukas; K.S.] auch an die Grunderfahrung Israels, den Ausgang (ἔξοδος) aus Ägypten, denkt, ist möglich.«

[254] S.o. S. 232ff.

Jerusalem vollendet werden, an sein Ziel kommen. Wenn mit dem Ausdruck ἔξοδος aber gerade nicht nur der Tod Jesu euphemistisch umschrieben sein soll, wenn 9,31 also nicht »diskret die nähere Zukunft an[deutet]«,[255] sondern mit der ›weiteren Zukunft‹ auch das Schicksal des Volkes in den Blick nimmt, weil der Exodus nicht Individual-, sondern Gemeinschaftsgeschichte war, dann ist damit zugleich deutlich, dass die Angst und der Schrecken der Passion Jesu nicht das letzte Wort haben werden.

Was aber hat es damit auf sich, dass dieser Exodus sich erfüllen *soll* (ἤμελλεν)? Ist damit wirklich, wie FRANCOIS BOVON meint, zwangsläufig das unmittelbare Bevorstehen der Realisierung des Heilsplanes angedeutet,[256] drückt μέλλω also in ganz ähnlicher Weise wie δεῖ unausweichlich Kommendes aus, zu dem es keine Alternative gibt?[257] Geht es um die *kommende, vielleicht schon angebrochene* Erfüllung des Exodus, darum, dass etwas ›im Werden‹ ist, oder darum, dass dieser Exodus grundlegendes Element eines göttlichen Planes ist – oder vielleicht darum, dass Jesus etwas tun *soll*?[258] In letzterem Fall wäre ähnlich wie in der Verkündigungsgeschichte das aktive, bewusste Einverständnis der Handelnden (dort Maria, hier Jesus) unverzichtbar. Eine eindeutige Entscheidung ist angesichts der Bedeutungsbreite des Verbums μέλλω[259] nicht zu treffen. Vielleicht ermöglicht gerade seine Polyvalenz ein besseres Verständnis, vielleicht sind im Zusammenhang der kommenden Jerusalemer Ereignisse die Grenzen zwischen dem, was Jesus tut und was ihm angetan wird, zwischen dem, worin er einwilligt und woraus es kein Entkommen gibt, in der Tat so fließend, dass jede Eindeutigkeit hier fehl am Platze wäre.

Von den vorangegangenen Beobachtungen ausgehend, wird ein neuer, erneuter Blick auf den Terminus ἔξοδος möglich: Angesichts der Summe einzelner Exodusbezüge, die sich in dieser einen nicht übermäßig langen Erzählung des lukanischen Werkes aufweisen lassen, scheint es in der Tat plausibel, dass Lukas den aus der LXX als Terminus Technicus für die Befreiung aus Ägypten bekannten Ausdruck mit eben diesem Inhalt verwendet. Wir haben es hier also nicht mit einer Umschreibung des Todes Jesu oder dergleichen zu tun, sondern damit, dass der Kernbegriff biblischer Rede von der Befreiungstat JHWHs für sein Volk Israel bewusst eingesetzt wird, um in der Erinnerung an die Befreiung diese erleben und wiederholen zu können.[260] Damit ist einerseits der oben genannte Einwand verifiziert, dass der Terminus ἔξοδος allein die Beweislast für ein Verständnis dieses Abschnitts als Exoduslektüre nicht tragen kann, andererseits aber deutlich geworden, dass gerade die Verwendung dieses Ausdrucks an dieser Stelle einen Leseauftrag beinhaltet. Er kann also als »richtungsweisende[r] Hinweis«[261] für diejenigen verstanden werden, die das lukanische

---

[255] F. BOVON 1989, 496.

[256] Ders. 1989, 496.

[257] Eine solche Verwendung liegt zwar beispielsweise in Mt 16,21 vor, für das lukanische Werk ist sie jedoch nicht nachzuweisen; die lukanische Parallelstelle Lk 9,22 setzt δεῖ.

[258] Auch W. RADL 1992, 994 hält fest: »Einen Hinweis auf die *nahe* Zukunft enthält μ., auch in der Apg, nicht.« (Hervorhebung i. Text).

[259] W. RADL 1992, 993ff führt die unterschiedlichen neutestamentlichen Verwendungsformen auf.

[260] Ähnlich S.H. RINGE 1983, 96. R. V. BENDEMANN 2001, 104 hingegen bezieht »die Rede von der ἔξοδος in Lk 9,31 – ohne einen Bezug auf die alttestamentliche Auszugstradition – auf den ›Auszug aus dem Leben‹ …, wobei in dem Begriff eine das tödliche Geschick transzendierende Nuance vernehmlich wird«.

[261] E. MAYER 1996, 56. »Der Begriff ἔξοδος/Exodus ist die gebräuchliche Bezeichnung für den alttestamentlichen Auszug aus Ägypten und somit kann von diesem richtungsgebenden Hinweis aus geforscht werden, ob Jesu Wirken in Jerusalem auf dem typologischen Hintergrund des alttestamentlichen Exodusgeschehens zu interpretieren ist.«

Werk lesen und sich seiner Verwurzelung im Denken der Schrift und in den Grunderfahrungen Israels vergewissern wollen.[262]

2. Mirjam, die Prophetin des Exodus, und Maria, die Mutter Jesu

Machen wir uns im Folgenden auf die Spur der Beziehung zwischen zwei biblischen ›Mirjams‹: An erster Stelle steht die Namensidentität, die nach WOLFGANG G. MÜLLER unter den verschiedenen Möglichkeiten der Markierung interfiguraler Bezüge den ersten Rang einnimmt: »Names belong to the most obvious devices of relating figures of different literary texts.«[263] Dabei spielt es für die Intensität der interfiguralen Beziehung nach MÜLLER keine Rolle, ob der Name unverändert übernommen oder transformiert wird – die Transformation[264] eines Namens in den jeweils neuen Kontext kann sogar ein gewichtiges Indiz für eine interfigurale Beziehung darstellen. Im Zuge der Untersuchung dieser Namensidentität der ersttestamentlichen und der lukanischen Mirjam gilt es, sowohl namenshermeneutische Beobachtungen anzustellen als auch archäologische (Be-)Funde zu Rate zu ziehen.

In einem zweiten Schritt konzentriert sich die Analyse auf diejenigen Passagen von Lukasevangelium und Apostelgeschichte, anhand derer sich inhaltliche Beziehungen der Darstellung Marias zur Mirjam der Schrift wie zeitgenössischer Exoduslektüren aufzeigen lassen. Im einzelnen sind dies: die Vision der Prophetin[265] vor der Geburt (Lk 1,26–38); das Befreiungslied der Prophetin (Lk 1,46–55); die Fürsorge der Prophetin für den Befreier (Lk 2,1–40); die Konfrontation der Prophetin mit dem Befreier (Lk 2,41–51; 8,19–21; Apg 1,14).

2.1 Mirjam, Marjam, Mariamme, Maria – ein Name besonderer Bedeutsamkeit in besonderen Zeiten

> Denn ob der Nam' den Menschen macht, ob sich der Mensch den Namen, das ist, weshalb mir oft, mein Freund, bescheid'ne Zweifel kamen.[266]

THEODOR STORM formuliert präzise eine Alternative oder zumindest zwei verschiedene Sichtweisen auf Namen, genauer: Personennamen, der es im Folgenden genauer nachzugehen gilt. Anders ausgedrückt: Wer oder was gibt einem Namen Inhalt und Bedeutung? Ist ein Name etwas uns von anderen Verordnetes, dem wir mit unserer Lebensgeschichte gerecht zu werden versuchen (oder von dem wir uns gegebenenfalls distanzieren), oder ist unser Name eine Art blanker Tafel, die wir mit unserer Lebensgeschichte beschreiben? Machen wir uns einen Namen oder macht der Name (etwas mit) uns? Noch einmal anders gefragt: Gibt der Name Maria der Mutter Jesu eine Geschichte mit auf den Weg, eine Rolle, eine Aufgabe womöglich,

---

[262] So dezidiert auch S.R. GARRETT 1990, 677.

[263] Ders. 1991, 103; zum Konzept der Interfiguralität als Sonderfall der Intertextualität s.o. S. 40ff.

[264] Z.B. durch Subtraktion, Addition, Substitution einzelner Namenselemente oder auch die Übersetzung des Namens in eine andere Sprache; vgl. ebd., 104f.

[265] Wenngleich Maria bei Lukas nicht mit dem Titel Prophetin eingeführt wird, so erfüllt sie doch einerseits durch ihr Lied eine prophetische Aufgabe, wie sie auch von Mirjam überliefert ist; hinzu kommt, dass in nachbiblischer Zeit der Prophetinnenbegriff offensichtlich ausgeweitet wurde (vgl. BMeg 14ab).

[266] TH. STORM anläßlich einer Taufe 1850; zit. nach F. DEBUS 1997, 6.

die darin gründet, wie Mirjam, die Prophetin des Exodus und Schwester des Mose, sich ihren Namen ›gemacht‹ hat?[267]

Maria heißt Mirjam – darin sind sich die neutestamentlichen Schriften einig.[268] Auf die Frage: ›Warum heißt sie so?‹, geben die Schriften keine Antwort. Die Motivation ihrer Eltern (oder: ihrer Mutter?[269]) ist nirgendwo festgehalten. Dennoch stellt sich die Frage, was es *bedeutet*, dass die Mutter Jesu diesen Namen getragen hat – und mit ihr eine große Zahl anderer Jüdinnen zur Zeit des Neuen Testaments.[270] Was könnte Eltern der damaligen Zeit dazu bewogen haben, ihre Tochter Mirjam zu nennen?

Die Wahl eines Namens kann außer in einer ›Modeerscheinung‹[271] in der Etymologie eines Namens begründet sein. Sie kann einer familiären Bindung verdankt sein (Papponymie). Möglich ist auch, dass mit einem Namen eine bestimmte Person der Geschichte bzw. Tradition verbunden ist[272] – gemeinsam ist diesen unterschiedlichen Kriterien die große Aufmerksamkeit, die der Wahl des Namens gewidmet wird.[273]

---

[267] Zur Namensidentität als entscheidender Markierung eines interfiguralen Bezuges s.o. S. 40.

[268] Im Deutschen nur noch schwer erkennbar besteht zwischen der Mutter Jesu mit Namen Μαριάμ und der Schwester des Mose mit Namen מִרְיָם die erste und grundlegende Verbindung in ihrem gemeinsamen Namen, wie schon die LXX deutlich macht: Die Schwester des Mose heißt Μαριαμ (z.B. Ex 15,20). Maria ist also nichts anderes als die latinisierte Form der gräzisierten Fassung des hebräischen – jetzt in seiner verdeutschten Form geschriebenen – Namens Mirjam. Auch W. PAPE/G.E. BENSELER 1884, 860f. halten fest, dass der Name seine Herkunft im Hebräischen habe und nur als Übersetzung in die griechische und lateinische Sprache Eingang gefunden hat. Da alle Quellen für die Mutter Jesu diesen Namen überliefern, kann seine Historizität als gesichert gelten.

[269] Mindestens in den Texten der Schrift ist in der Regel die Mutter für die Wahl des Namens verantwortlich. »Die Texte, die von einem tatsächlichen Geburtsvorgang erzählen, gehen selbstverständlich davon aus, daß es die Mutter ist, die im Anschluß an die Geburt dem Kind den Namen gibt. Eine Einschränkung dieses Brauchs finden wir nur, wo die Mutter keine Israelitin … oder zusätzlich nicht im Vollsinn legitime Ehefrau … ist … Einen wirklichen Benennungsvorgang durch den Vater finden wir sonst nur in prophetischen Handlungen, die deutlich als Ausnahme vom Üblichen gekennzeichnet sind, und bei P in theologischer Absicht [für die Abrahamssöhne; K.S.].« (R. KESSLER 1987, 34); ähnlich schon M. GRUNWALD 1895, 12; s. weiter R.M. HERWEG 1994, 78; B.J. OOSTERHOFF 1953, 8.

[270] Auch W. ECKEY 2004, 83, Anm. 149, weist auf die Beliebtheit des Namens zur Zeit des Neuen Testaments unter Jüdinnen hin.

[271] Immer wieder findet sich in der Literatur der Hinweis darauf, dass die Namengebung und damit die Häufung bestimmter Namen zu bestimmten Zeiten eine ›Modeerscheinung‹ sei; so z.B. H. GIPPER 1984, 388; G. MAYER 1987, 33; J. HELLER 1967, 257; vgl. auch schon im 19.Jh. DOLZ: »Auch bei den Namen, welche die lieben Menschenkinder unter den, in frühern und spätern Zeiten lebenden, Völkern trugen und auch jetzt noch tragen, ist diese Herrschaft der Mode nicht zu verkennen.« (zit. nach G. KOß 1990, 78, der sich dieser Meinung anschließt; ebd, 78ff). Auf den Namen Mirjam bezogen etwa W. v. SODEN 1970, 270. Eine Auseinandersetzung mit diesem Phänomen darf jedoch bei der bloßen Beschreibung nicht stehen bleiben, es bedarf der Nachfrage: Wer entscheidet, ob ein Name zum ›Modenamen‹ wird? Wie entwickelt sich ein Name vom ›Exoten‹ zum ›Mainstream‹? Sprechen wir in anderen ›Modezusammenhängen‹ nicht manchmal sogar vom ›Diktat der Mode‹? Eine Mode entsteht nicht einfach im luftleeren Raum, aus sich selbst heraus – sie wird gemacht.

[272] Von einer Orientierung an der Semantik eines Namens in der Namenswahl geht M. Noth 1928, 61 für die – nicht näher eingegrenzte – ›Frühzeit‹ aus, wohingegen er ab dem 5. Jh. v. Chr. eine zunehmende Tendenz zur Papponymie beobachtet (ebd., 56) und ab dem 3. Jh. dann die Entwicklung dazu, Kinder nach biblischen Gestalten zu benennen: »Neben der Papponymie ist die nachexilische israelitische Namengebung charakterisiert durch das Aufkommen biblischer Namen, die Benennung nach Persönlichkeiten der israelitischen Geschichte.« (ebd., 60). Inhaltlich ähnlich argumentiert B.J. OOSTERHOFF 1953, 6f. sowie bereits G.B. GRAY 1896: »Another custom … consisted in giving to children names of famous persons.« (a.a.O., 7). Auch er sieht die Verbreitung dieser Sitte erst ab der griechisch-hellenistischen Epoche. T. ILAN 2002, 2 hält für die von ihr untersuchte Epoche 330 v.Chr. bis 200 n.Chr. fest, »that the meaning [sc. semantische Bedeutung; K.S.] of the name played only a small role in the considerations of the name givers.« Der Überzeugung von einer unmittelbaren – semantischen – Bedeutung eines Eigennamens ist z.B. F. ZORELLs Galube an die göttliche Vorsehung bei der Namengebung für die Mutter Jesu geschuldet: Mit ›Maria‹ habe man hier einen Namen vor sich, »den wir seiner Bedeutung nach gern in vollem Sinn der jungfräulichen Gottesmutter zugestehen und von dem wir…gern annehmen, daß *Gott ihn im voraus für diejenige bestimmt hat* [Hervorhebung K.S.], die in so erhabene und nahe Beziehungen zu ihm

2.1.1 Von der Suche nach der Bedeutung zur Entdeckung der Bedeutsamkeit – etymologische, sprachwissenschaftliche und namensphilosophische Überlegungen zu Eigennamen allgemein und dem Namen Mirjam im Besonderen

> »Obwohl Maria ausgedeutet lautet ›bitter‹, gleicht er dem Lindenduft, dem Honig und demTau, dem Abendmond, dem Brunnen und dem Blau.«[274]

Die Frage danach, was ein Name bedeutet, zielt in der Regel als erstes auf eine etymologische Herleitung des Namens. Für den Namen Mirjam gestaltet sich eine solche schwierig, eine Vielzahl von Deutungen ist im Angebot: [275]

Neben die – im einleitenden ›Motto‹ von ANTON SCHNACK aufgenommene – rabbinische Herleitung von der Wurzel מרר (*bitter sein*),[276] die auf die ›Bitternis‹ der ägyptischen Sklaverei Bezug nimmt, traten sogenannte ›volksetymologische‹ Bedeutungen wie ›die Erhöhte‹,[277] ›Meeresstern‹ oder ›Meeresmyrrhe‹, wobei die letztgenannten für sich in Anspruch nehmen können, über den Ausklang des Namens das hebräische יָם (Meer) wiederzugeben.[278] Diese Volksetymologien stießen jedoch zu Beginn des letzten Jahrhunderts auf vehemente Ablehnung.[279] Das neu erwachte Interesse an einer wissenschaftlich fundierten Etymologie des Namens führte im Folgenden dazu, dass vor allem drei Ansätze wahrgenommen und diskutiert wurden:[280]

Seit OTTO BARDENHEWERs 1909 veröffentlichter Untersuchung steht die Herleitung von מרא III (*wohlbeleibt* bzw. *fett sein, sich mästen*) zur Diskussion.[281] BARDENHEWER glaubt allerdings auf ein von ihm postuliertes ›orientalisches Idealbild von Frauen‹ vertrauen zu können, das Wohlbeleibtheit mit Schönheit gleichsetze, so dass er zu der Bedeutung ›die Schöne‹ gelangt. Ein solches Ideal lässt sich jedoch so ohne weiteres aus den Quellen nicht erschließen.[282] Problematisch bleibt

---

kommen sollte.« (1906, 360) Vgl. zur Darstellung antiker Vorstellungen von der (magischen) Kraft des Eigennamens auch F. ZIMMERMANN 1966, 311f. sowie S. KRAUSS 1966, 12ff.

[273] So bezogen auf die ersttestamentliche Namengebung schon G.B. GRAY 1896, 1: »Hebrew proper names, in common with those of other early people, are more than symbols: they were conferred not merely for purposes of distinction, but because of an idea they expressed.«

[274] A. SCHNACK 1961, 87.

[275] Damit stellt sich die Forschungsgemeinschaft gegen M. NOTHs Votum, »Namen, die ihrer Form nach…dunkel geblieben sind«, ungedeutet zu lassen (1928, 6). NOTH führt konsequenterweise den Namen Mirjam nur in seinem Register für und bezeichnet ihn dort als undeutbar; vgl. ebd., 250. Einen Überblick über die Deutungsversuche des Namens Mirjam/Maria von der Antike an bis Ende 19. Jh. liefert O. BARDENHEWER 1895; s. weiter J.B. BAUER 1957 sowie E. VOGT 1948; neuere Versuche finden sich kurz skizziert bei R. BURNS 1987, 9f. sowie bei M. GÖRG 1995, 815f.

[276] Zur Bedeutung der Wurzel KBL, 569. Die rabbinische Herleitung z.B. Yashar Shemot, 128a; hier nach R. BURNS 1987, 9; so auch L. GINZBERG 1964 (Bd. II), 261: »[T]he mother called her Miriam, ›Bitterness‹, for it was at the time of her birth that the Egyptians began to envenom the life of the Hebrews.« (ders. 1955 [Bd. V], 397, Anm. 36 weist noch auf andere Stellen der jüdischen Literatur hin, in denen Mirjams Name mit der ›Bitterkeit‹ in Ägypten erklärt wird). S. weiter P. BEBE 2004, 219 (dort ohne genauere Einordnung der Verweis auf CantR).

[277] Ähnlich aber auch J.A. FITZMYER 1981, 344: »*Miryām* … is a Semitic name, of Canaanite origin, and most likely was related to the noun *mrym*, found in both Ugaritic and Hebrew (cf. Prov 3:35), meaning ›height, summit.‹ As the name of a woman, it probably connoted something like ›Excellence‹«.

[278] Dargestellt z.B. bei M. GÖRG 1995, 816 und schon bei F. ZORELL 1906, 356, der sich allerdings wie O. BARDENHEWER 1895, 154f., dezidiert dagegen ausspricht. Für die Bedeutung ›die Erhöhte‹ votiert R. LAURENTIN 1957, 17f.

[279] Vgl. F. ZORELL 1906, 356, der allein die exakte wissenschaftliche Etymologie gegenüber früheren allegorischen Versuchen im Recht sieht. Jedoch muß auch ZORELL (ebd.) zugeben: »Aber mit der Aufhellung des über dem Namen מרים liegenden Dunkels hat die Wissenschaft nicht ganz das wünschenswerte Glück gehabt.«

[280] Zumindest erwähnt sein soll auch die nur durch erhebliche Umstellungen und äußerst gewagte Thesen zustande kommenden Deutung des Namens Mirjam als ›Mein (göttlicher) Verwandter ist der Hohe‹ von HUBERT GRIMME 1909, 251.

[281] KBL, 563, die diese Herleitung des Namens übernehmen (567).

[282] Deshalb bereits dezidiert dagegen H. GRIMME 1909, 246.

ferner, dass er zugesteht, dass grammatikalisch sowohl die Herleitung von der Wurzel מרא als auch von מרה (widerspenstig sein)[283] möglich ist, sodass ihm als Begründung für seinen eigenen Ansatz nur die Überzeugung bleibt, niemand könne sich vorstellen, einen Frauennamen mit der Bedeutung ›die Widerspenstige‹ zu verwenden.[284] Damit wird auf das Deutlichste vorgeführt, wie sehr auch etymologische Überlegungen den Wertungen und Urteilen derjenigen unterworfen sind, die sie anstellen. Im Hintergrund der These OTTO BARDENHEWERs steht somit nicht eine ›objektive‹ Daten- und Sachlage, sondern neben ›moralischen‹ Beurteilungen vor allem sein Verständnis der Konstruktion weiblicher Identität.[285] Ein zweiter Vorschlag, vertreten vor allem von WOLFRAM VON SODEN,[286] leitet den Namen von akkadisch *r-j-m* ab und kommt zu dem Schluss, Mirjam bedeute ›(Gottes-)Geschenk‹. Den meisten Raum bzw. die größte Vielfalt bieten jene Erklärungen, die sich auf die ägyptische Wurzel *mer/mar* (lieben) stützen – sie haben auf sprachwissenschaftlicher Grundlage wohl auch die meisten Argumente für sich.[287] Ausgehend von der Einigkeit bezüglich der ersten Worthälfte kommen die verschiedenen Forscherinnen und Forscher jedoch zu höchst unterschiedlichen Ergebnissen bezüglich des zweiten Teils des Namens, der zu den Deutungen ›Geliebte des Amun‹,[288] ›Jahwe liebend‹ (bzw. ›von Jahwe geliebt‹)[289], ›Geliebte des X‹[290] oder auch ›die Meerliebende‹[291] führt.

Bleibend aktuell ist MANFRED GÖRGs Resümee aus dem Jahr 1995: »Eine sichere Entscheidung steht noch aus.«[292]

Von Seiten der Etymologie ist also keine Klärung hinsichtlich der Frage nach der Bedeutung des Namens Mirjam zu erwarten. Aller Wahrscheinlichkeit nach war schon in der Antike die etymologische Herleitung des Namens nicht mehr bekannt. Die Bedeutung eines Eigennamens erschöpft sich aber gerade nicht in seiner möglichen etymologischen Füllung. In sprachsystematischer Perspektive sind Eigennamen durch eine semantische Leere qualifiziert, die es ihnen allererst ermöglicht, offen für eine Vielzahl von ›Füllungen‹ zu sein und damit ihre ganz spezifische Referenz- und Kommunikationsfunktion zu erfüllen.[293] Es bedarf daher eines weiter gefassten Be-

---

[283] KBL, 565.

[284] O. BARDENHEWER 1895, 155: »[F]ür die Wahl zwischen diesen Übersetzungen [sc. ›widerspenstig‹ oder ›wohlbeleibt‹; K.S.] kann nur der Sinn und die Bedeutung ausschlaggebend sein. So schwierig es sich nun erwiesen hat, einen Frauennamen von der Bedeutung ›widerspenstig‹ befriedigend zu erklären, so einleuchtend ist es, dass ein Frauenname ›wohlbeleibt‹ d.i. nach der Anschauung des Orientalen ›schön‹ allen berechtigten Anforderungen entspricht.«

[285] Das Beispiel BARDENHEWERs verhilft dazu, die eigene Aufmerksamkeit zu schärfen, zeigt es doch, wie sehr jede Interpretation (auch) des Eigennamens von den Vor-Urteilen der Auslegenden abhängt. Nach der oben vorgestellten Interpretation der Mirjamfigur in der Schrift verwundert es wohl nicht, dass die Verfasserin dieser Arbeit einer engen Beziehung des Namens zur Wurzel מרה den Vorzug geben würde.

[286] Ebd., 269ff. Ihm schließt sich C.J. LABUSCHAGNE 1976, 159, an.

[287] Ohne auf den Namen Mirjam explizit einzugehen, vermerken M. GRUNWALD 1895 und G. KERBER 1897 eine Besonderheit in den Namen des Stammes Levi. Während GRUNWALD allgemein formuliert: »Der Stamm Lewi hat ... nur sehr wenige eigentümliche Namen, und gerade diese klingen of ganz unhebräisch« (a.a.O., 73), stellt KERBER die Verbindung zum Ägyptischen her: »Mir erscheint immerhin die ... Frage wohl erwähnenswert, ob nicht der Stamm Levi, unter dessen Namen eine Anzahl sich aus dem Hebräischen nicht erklären läßt, doch in engster Beziehung zu Ägypten gestanden habe.« (a.a.O., 77).

[288] So M.GÖRG 1979, 288 und vorher schon I. HÖSL 1952, 80ff. Dem schließt sich jüngst TH. HARTMANN 2004 an.

[289] F. ZORELL 1906, 357ff.

[290] So neutral z.B. R. BURNS 1987, 10, die feststellt, dass ein Gottesname aus dem auslautenden Laut nicht mehr zu rekonstruieren sei und aufgrund der vorliegenden Belege aus ägyptischen Urkunden zu dem schlichten Schluß kommt: »One can conclude that Miriam bore a name common in the Egyptian tongue.«

[291] So D. VÖLTER 1919/20, 111f. aufgrund einer Identifizierung Mirjams mit der ägyptischen Göttin Nephthys (dazu H. BONNETT 1971).

[292] Ebd. 1995, 816.

[293] Mit M. GYGER 1991, 95: »Die – aus sprachsystematischer Perspektive – semantische Leere des Eigennamens im Verband mit seiner Referenzleistung ermöglichen dem Namen, seine besondere kommunikative Funktion zu erfüllen. Diese Eigentümlichkeit zu begreifen, verlangt nach einem dynamischen Bedeutungskonzept. Bedeutung muss als komplexer Prozess begriffen werden, in dessen Verlauf jedes Sprachspiel den Gebrauch von Eigennamen [...] auf eigene Art regelt.« Zur

griffs von ›Bedeutung‹, der sich im Deutschen am ehesten mit dem Ausdruck ›Bedeutsamkeit‹ erfassen lässt.

So bleibt schon die eingangs zitierte Äußerung THEODOR STORMs nicht bei der Formulierung der Alternative ›Fremdbestimmtheit‹ (*ob der Nam' den Menschen macht*) oder ›Selbstbestimmung‹ (*ob der Mensch den Namen*) stehen, sondern schließt mit den Worten: *Eins aber weiß ich ganz gewiß, bedeutsam sind die Namen!*[294] Damit setzt er die beiden Alternativen in Beziehung zueinander. Das, was ein Name ausdrückt, lässt sich also am ehesten mit dem Begriff ›Bedeutsamkeit‹ fassen:

»Namensbedeutsamkeit ist die Summe der mit einem Namen verbundenen positiven, neutralen oder negativen Assoziationen, Vorstellungen und Gefühle.«[295]

Damit ist die Frage nach der Bedeutsamkeit eines Namens eng verbunden mit der Referenzleistung, die ein Name zu erfüllen hat: Welche Person ist als Namensspenderin erinnert, mit welcher Geschichte wird der Name in Verbindung gebracht, worauf verweist er?[296] Angesichts der Tatsache, dass der Name Mirjam in der Schrift nur für die Prophetin des Exodus verwendet wird und bis ins erste Jahrhundert vor Beginn der christlichen Zeitrechnung nahezu nie inschriftlich oder in Dokumenten erwähnt ist,[297] legt sich die Vermutung nahe, dass nur diese Mirjam als Namensspenderin in Frage kommt.[298]

Namen haben weiter eine deutlich kommunikative Funktion: Über Namen entwickelt sich Beziehung, sowohl zur aktuellen Namensträgerin als auch – unter Umständen über diese vermittelt – zur Namensspenderin. Namen lassen sich nicht kurz und knapp definieren. Für die Erschließung ihres Inhalts, dessen, was sie ›bedeuten‹,

---

[294] sprachwissenschaftlichen und -philosophischen Diskussion um die ›Bedeutung‹ von Eigennamen verweise ich auf G. KOß 1990, v.a. 41f.56ff; U. WOLF 1993. Vgl. auch die These A. GARDINERs, wie sie bei M. GYGER 1991, 55, erläutert wird: »Die Bedeutung eines Eigennamens sei das über ein benanntes Objekt vorhandene Wissen beliebigen Umfangs. Da Eigennamen Dinge von hoher Komplexität benennen, wie Personen oder Orte, seien Namen keineswegs als bedeutungslose, sondern im Gegenteil als die bedeutungsvollsten von allen Wörtern zu betrachten.«

[294] Zit. nach F. DEBUS 1997, 6.

[295] S. SONDEREGGER 1996, 16. M. GYGER 1991, 59 betont, dass die Bedeutsamkeit eines Namens in der Regel aus »einem Bündel von disjunktiven Bezeichnungen« besteht, und zeigt dies am Beispiel des Namens ›Napoleon‹, für den unter anderem die Bezeichnungen ›Sieger von Austerlitz‹, ›Besiegter von Waterloo‹ oder auch ›Kaiser von Korsika‹ in Frage kämen. Für das Beispiel ›Mirjam‹ lässt sich ganz Ähnliches – unter auffälliger Übereinstimmung mit den verschiedenen etymologischen Herleitungen – festhalten: Sie ist die Wasser- bzw. Meerfrau (vgl. nur Ex 2; 15; Num 20), sie ist in doppelter Hinsicht die ›Bittere‹ (vgl. Ex 1,14; Num 12), die ›Erhöhte‹ (Mi 6,4) und auch die ›Widerspenstige‹ (Ex 2; Num 12).

[296] Auf diesen engen Bezug zur Namensspenderin oder zum Namensspender lässt sich vermutlich auch die Zurückhaltung gegenüber ›großen Namen‹ zurückführen: »We may only guess that the mechanism at work in this choice of names is a belief that a use (or misuse) of a name may dishonor its original bearer. The magical significance of names may also have been at work here. The fear that a name that is too powerful may be dangerous to its bearer may have played a role in the avoidance of certain names.« (T. ILAN 2002, 6; sie führt als Beispiele Abraham, Aaron, Mose, David, Salomo und Elia an).

[297] Zur inschriftlichen Bezeugung wie auch der Bezeugung in Papyri und anderen Dokumenten s.u. S. 268ff. W. V. SODEN 1970, 270 sieht die ab dem ersten vorchristlichen Jahrhundert auftretende Vorliebe für den Namen Mirjam in einem Wechsel der Referenz begründet: Sei der Name zunächst eng mit Num 12 verbunden gewesen, habe sich die Aufmerksamkeit mit der Zeit mehr auf Ex 15 gerichtet: »Wenn der Name dann zur Zeit Jesu nach Ausweis der vielen Trägerinnen fast ein Mode-Name geworden war, so lag das gewiß daran, daß später das Siegeslied der Mirjam Ex 15,21 ihr Bild in der Überlieferung stärker bestimmte als die Episode mit dem Aussatz (vgl. dazu Mi 6,4).«

[298] TAL ILANs Überlegung, dass die Beliebtheit des Namens in seiner Verbreitung in der Hasmonäerfamilie gründe (ebd., 3. 6–9; s. dazu auch dies. 1989), vermag mich nicht zu überzeugen; Mariamme I., wie Josephus sie in AntJud 15,7,1–7.202–246 darstellt (vgl. dazu M. VOGEL 2002, 110–115), ist nicht unbedingt die Sympathieträgerin respektive das ›role-model‹, das dazu einlüde, Kinder nach ihr zu benennen.

braucht es das Erzählen. Erst aus der Vielzahl der Erzählungen mit ihren je individuell eigenen Schwerpunkten und Perspektiven lässt sich ein Gefühl für die Bedeutsamkeit eines Namens entwickeln.[299] Im Erzählen der Geschichte Mirjams, ihrer Rolle in der Befreiungsgeschichte, die in der zwischentestamentlichen Zeit, wie der LAB eindrücklich zeigt, deutliche Ausschmückungen und Erweiterungen gegenüber der Exoduserzählung der Schrift erlebt hat, wird der Name lebendig – damit aus dem semantisch leeren Zeichen etwas Bedeutsames werden kann, bedarf es der Kommunikation.

Zugleich sind Eigennamen auf das engste mit der Identität derer verbunden, die sie tragen, sind sie doch in letzter Konsequenz so etwas wie eine verdichtete Lebensgeschichte:[300]

> »Wenn meine Identität an meinem Namen hängt …, dann ›sagt‹ er nur etwas, wenn er als Abbreviatur meiner Lebensgeschichte verstanden wird. Darum müssen Kinder in ihren Namen hineinwachsen; denn dadurch, daß ein Kind einen Namen erhält, wird es nicht nur individualisiert, sondern auch in die soziale Gemeinschaft integriert, mit Rollenerwartungen und kulturellen Ansprüchen befrachtet. Die Suche nach dem ›richtigen‹ Namen zeigt, welchen Erwartungen sein Träger ausgesetzt ist … Immer ist es eine bestimmte umrissene Geschichte, in die unser Name uns hineinzieht. Deshalb wird er uns in der Regel von einem anderen beigelegt.«[301]

CHRISTIAN LINK macht darauf aufmerksam, dass wir es hier gleich mit einer ›doppelten‹ Identitätsfrage zu tun haben:[302] einerseits derjenigen, die den Namen tragen, und andererseits derjenigen, die ihn ausgewählt haben. In der Auseinandersetzung mit dem eigenen Namen, der durch ihn transportierten Geschichte und Geschichten erfolgt die Ausbildung der eigenen Identität, die Rückbindung an eine Geschichte und damit die Einbindung in eine Gruppe, die sich dieser Geschichte verbunden weiß. Ein Name wird zumeist von Anderen ausgewählt, er drückt häufig einen Wunsch aus,[303] mit ihm kann eine Gruppe die innere Zusammengehörigkeit[304] ebenso

---

[299] »Einen Begriff kann man definieren, von einem Namen muß man erzählen, um seinen Träger kennenzulernen. … Dem Namen hängt an, woraus, wofür und woraufhin einer lebt, was sein Leben ausmacht und ausdrückt. … Seine ›Bedeutung‹ liegt nicht (wie die eines Zeichens) jenseits von ihm, ist kein Geheimnis, ›hinter‹ das man wie hinter einen Vorhang kommen könnte. Sie ist mit seiner Geschichte identisch.« (C. LINK 1997, 44).

[300] Das bedeutet gleichzeitig, dass Namenlosigkeit mit dem Tod gleichzusetzen ist. Wer keinen Namen trägt, dessen Geschichte kann nicht erzählt werden, dessen Leben ist ausgelöscht (F. ZIMMERMANN 1966, 313 spricht von der »complete annihilation of a human being«). Biblisch wird diese Auffassung unter anderem in Ps 41,6 deutlich; weiter verweise ich – neben der Begründung der Leviratsehe in Dtn 25,5f. – auf den Kampf der Töchter Zelophads um ihr Erbe, den sie nicht zuletzt damit begründen, dass der Name ihres Vaters nicht untergehen solle, nur weil er keine Söhne gehabt habe (Num 27,4). In grauenhafter konsequenter Umsetzung dieser Einsicht in die untrennbare Verbindung von Name und Person hat die SS sich der Namenstilgung als Terrormaßnahme bedient: »Als die SS nach dem Attentat auf Heidrich das Dorf Lidice zerstörte, hat sie nicht nur die Männer ermordet und die Frauen und Kinder verschleppt. Sie hat die Grabsteine auf dem Friedhof des Dorfes herausgerissen und verstreut. Die Namen der Toten sollten nicht mehr genannt werden. … Namenlos, geschichtslos und ungerufen sollten nach dem Tode sein – eine Vernichtung des Menschen über den Tod hinaus.« (F. STEFFENSKY 1992, 213).

[301] C. LINK 1997, 47f.

[302] So auch G. MAYER 1987, 33 »Im Namen…kommt das Verhältnis der Person zur Umwelt in besonderer Weise zum Ausdruck. Er verbindet die private mit der öffentlichen Sphäre. Obwohl er einerseits das Individuum kennzeichnet, unterliegt er andererseits nur in ganz geringem Maße der Selbstbestimmung. Die Namengebung hängt ab von Kulturkreis, Zeit und Gesellschaftsschicht und ist nicht zuletzt modischen Tendenzen unterworfen.«

[303] Vgl. M. GRUNWALD 1895, 12f. Darin, dass Benennung meist durch Andere geschieht, liegt jedoch gleichzeitig die Gefahr des Machtmissbrauchs begründet: Wer den Namen kennt, ihn sogar gibt, übt Kontrolle über die oder den Benannte/n aus (W.G. MÜLLER 1991, 111 spricht von der Benennung als »magic act of taking possession«): »Bertha is not my name. You are trying to make me into someone else, calling me by another name.« (J. RHYS 1987, 121).

[304] Diesem Impuls verdankt sich aller Wahrscheinlichkeit nach die aus der rabbinischen Tradition überlieferte Mahnung, keine fremden, respektive ›heidnischen‹, Namen zu tragen (bGittin 11ab). L.

zum Ausdruck bringen wie ihr Wirklichkeitsmodell, ihre Wahrnehmung der Zeit und des Kontextes, in dem sie lebt.[305] Wenn jüdische Menschen ab dem 3. Jahrhundert vor Beginn der christlichen Zeitrechnung bewusst auf biblische Namen rekurrieren,[306] könnte dies also *einen* Versuch bedeuten, jüdische Identität im Gegenüber zum Hellenismus und später zum allgegenwärtigen Römischen Reich zu sichern.

2.1.2 Mirjam als ›Number One der Frauennamen‹ in der hellenistisch-römischen Antike – zu jeder Zeit gleich?

> »Eine sicherlich häufige Erscheinung ist es, daß ein Knabe, der den gleichen Vornamen trägt wie ein berühmter Mann, diesem nacheifert oder ihm sonstwie ein besonderes Interesse entgegenbringt.«[307]

In frühen Urkunden wie den Elephantine-Dokumenten findet der Name Mirjam keine Erwähnung.[308] Eine Verwendung im 5. wie auch noch im 4. Jahrhundert vor der christlichen Zeitrechnung kann also bisher nicht nachgewiesen werden. Ob die Nichtverwendung des Namens – wie auch der Namen Mose, Aaron und z.B. David[309] – jedoch ein Anzeichen dafür ist, »daß man diese Namen…aus Pietät gegen die Namensträger…gemieden hat«,[310] oder aber vielmehr seine spätere häufige Ver-

---

ZUNZ wehrt sich in seiner 1837 veröffentlichten Untersuchung ›Namen der Juden‹ heftig gegen die zu seiner Zeit wieder aufflammende Idee, Listen von Personennamen zu erstellen, nach denen klar definiert sei, welche ›jüdisch‹ und welche ›christlich‹ seien und somit den Angehörigen der jeweiligen Glaubensrichtung zur Auswahl zur Verfügung stünden. Er stützt seine Argumentation dabei auf die Überzeugung von der freien Verfügbarkeit der Sprachen wie auch auf die Faktizität der – in gewisser Hinsicht gegen die oben zitierte rabbinische Regel erfolgten – Übernahme fremder (auch sogenannter ›christlicher‹) Namen durch Jüdinnen und Juden seit der Antike (z.B. ebd., 32f.). »Uralt ist es, daß die Juden europäische Namen führen, dass sie altübliche im Stiche lassen, jüngere rund umher auswählend, dass sie Namen ändern, übertragen, einführen. Und dass also Juden wie Heiden und Christen heissen, ist ein uraltes, verjährtes Recht, und…so unschuldig, dass seit Cyrus es Niemand angetastet hat.« (101) Ganz ähnlich: »Dieses natürliche Ereignis, Sprache und Namen des Volkes, unter welchem man lebt, sich anzueignen, hat den Juden Niemand verpönt, und hätte die herrschende Nation es auch als ein Recht angesehen, – immer war es ein natürliches, das sie keinem versagte, sich wenig darum kümmernd, ob der jüdische Bürger Daniel hiess oder Peter. Denn die Sprache ist, wie Sonne und Luft, ein Gemeingut, den Unterscheidungen von Kasten und Sekten unzugänglich. Die Juden aber, seit undenklicher Zeit in den verschiedenen Ländern ansässig, sprachen längst nicht mehr hebräisch, sondern aramäisch, persisch, arabisch, griechisch, latein …; sie hatten Namen von Götzen …, Heiden und Heidinnen … und legten fremden Namen so wenig in den Weg, dass sie selbst althebräische Namen nach griechischer Aussprache führten« (ebd., 33f.).

[305] Mit M. GYGER 1990, pass. O. Keel/S. Schroer 2002, 135 betonen die schöpferische Kraft der Namengebung: »In der Benennung von Kindern, Tieren, Orten usw. vollziehen Menschen ihre Mitwirkung am Schöpfungswerk Gottes. Der Name drückt nicht das Wesen des Benannten an sich aus, sondern das Begegnende und Erscheinende. Indem Menschen das Geschaffene benennen, anerkennen sie es in der Begegnung und verleihen ihm damit ein Mehr an Leben über die Existenz ›an und für sich‹ hinaus. Erst durch diesen Akt der Anerkennung, der ein ›Nachschaffen‹ ist, wird ein Kind zur Person, zu einem Mitmenschen, die Frau zur Partnerin (Gen 2,23; 3,20), das Tier zu einem Mitgeschöpf, der Ort zu einer geschichtlich bedeutenden Stätte. Am Namen hängt Fluch oder Segen, immer aber eine Bedeutung, die wichtig ist, um die sich Geschichten ranken.«

[306] Natürlich sind solche Überlegungen nur so lange stichhaltig, wie sie nicht durch neue archäologische Funde widerlegt werden.

[307] K. ABRAHAM 1969, 40.

[308] Das läßt sich aus der Tatsache schließen, dass M. SILVERMAN 1985 den Namen Mirjam nicht verzeichnet. Er richtet zwar sein Hauptaugenmerk auf die Namen religiösen Inhalts, hat aber dennoch Namenlisten mit auch profanen Namen herausgearbeitet; zum Vergleich zwischen biblischen Namenslisten und dem Elephantine-Onomasticon s. ders. 1981.

[309] Bei diesen hält die Tendenz zur Nichtverwendung allerdings bis in die rabbinische Zeit hinein an; vgl. M. NOTH 1928, 60. So auch T. ILAN 2002, 5f. Zu den ›vermiedenen‹ Männernamen zählen nach ihrer Dokumentation ferner Abraham, Salomo und Elia.

[310] O. BARDENHEWER 1895, 2. So auch S. KRAUSS 1966, 12–18.

wendung als Zeichen der Ehrfurcht und Erinnerung zu werten ist,[311] ist nicht in letzter Instanz zu entscheiden. Fraglich bleibt, ob beide Vorschläge einander ausschließende Alternativen darstellen. Es ist wahrscheinlich, dass ein- und dasselbe Motiv – nämlich Wissen um Mirjam und Erinnerung an die Bedeutung, die sie für Israel hatte bzw. Legenden zufolge[312] bleibend hat – sich in beiden Formen äußern kann. Der Bewunderung für eine Person kann auf verschiedene Art und Weise Ausdruck verliehen werden: sowohl durch die Verweigerung ihres Namens für andere Menschen, als auch durch bewusste Annahme genau dieses Namens. In der Verleihung des Namens würde sich somit der Wunsch ausdrücken, dass die geborenen Töchter[313] in die Tradition der Namensträgerin und -spenderin eintreten mögen.

Im Gegensatz zu dem oben angeführten Negativbefund im 5./4. Jh.v.Chr. ist der Name Mirjam von den letzten vorchristlichen Jahrhunderten an auffallend häufig dokumentiert. Scheinbar aus dem Nichts wird er zu *dem* Frauennamen innerhalb des Jüdinnen- und Judentums.[314]

Die folgende Analyse stützt sich auf zwei grundlegende Untersuchungen: zum einen auf GÜNTER MAYERs ›Die jüdische Frau in der hellenistisch-römischen Antike‹ (1987), zum anderen auf den 2002 erschienenen ersten Band des von TAL ILAN erarbeiteten ›Lexicon of Jewish Names in late antiquity‹ (2002). Letzteres bietet eine verbreiterte Datenbasis, da in ihm alle bisher dokumentierten Namen, die Jüdinnen und Juden in Palästina zwischen 330 v. Chr. und 200 n. Chr. getragen haben, in den verschiedenen Namensformen zusammengestellt sind.[315] Aufgrund ihrer Statistiken formuliert ILAN grundsätzlich zur Namengebung im von ihr dokumentierten Zeitraum:

>»the pool of names in use was very limited and, as a result, an enormous portion of the population used only a few specific names. These names are principally Hebrew-biblical, but they are not the names of important biblical heroes but rather names of secondary characters.«[316] Dagegen seien »names of biblical characters of doubtful credentials [...] all quite well documented.«[317]

MAYER untersucht insgesamt 769 literarische wie inschriftliche Zeugnisse von Frauennamen in der Zeitspanne vom ausgehenden vierten Jahrhundert v. Chr. bis in die frühbyzantinische Zeit. Er kommt zu dem Schluss, dass bei 287 Frauen (=37,3%) aufgrund der Namengebung ein eindeutiges Bekenntnis zum Jüdinnen- und Judentum zu beobachten sei, »indem die Trägerinnen sich *sofort* als Jüdinnen zu erkennen geben.«[318] Bei dieser Gruppe von Namen hebräischen bzw. aramäischen Ursprungs

---

[311] So z.B. von A. SCHÄFER erwogen; nach O. BARDENHEWER 1895, a.a.O.

[312] Zum Brunnen der Mirjam vgl. z.B. tSuk 3,3–10; bSchab 35a; TanchB IV, 128.

[313] Die Tradition von 1 Chr 4,17, in der vermutlich ein Junge Mirjam genannt ist, hat offensichtlich nicht Raum greifen können. Das lässt sich als weiteres Indiz dafür verstehen, dass der Name Mirjam nicht frei verfügbar war, sondern fest mit der Mirjam des Exodus verknüpft war.

[314] Dieses Phänomen wird in der Literatur zwar wahrgenommen, aber häufig nur konstatiert, ohne dass diese Auffälligkeit weiter auf mögliche Hintergründe hinterfragt würde. So z.B. M. NOTH 1928, 60: »Man gebrauchte...an Frauennamen vor allem Mirjam« oder B.J. OOSTERHOFF 1953, 6: »Meisjes werden graag Maria naar Mirjam, de zuster van Mozes, genoemd.«

[315] ILAN stellt die gesammelten Namen geordnet nach der Herkunft der Namen – biblisch, griechisch, lateinisch, persisch und anderer Herkunft – dar und differenziert dabei in jeder Kategorie in Frauen- und Männernamen. Diese Trennung begründet sie zum einen damit, dass »women's names are documented in different ways from men's names, different tendencies govern women's name giving«. (dies. 2002, 3) Zum anderen hat aber die Tatsache, dass Frauennamen deutlich unterrepräsentiert sind, zur Folge, dass eine vergleichende Statistik von Frauen- und Männernamen zu irreführenden Ergebnissen führen würde.

[316] Ebd., 2. Pointiert noch einmal im Folgenden: »The greatest biblical heroes ... did not lend their names to Jews of the Second Temple period.« (ebd., 5)

[317] Ebd., 6.

[318] G. MAYER, 34, Hervorhebung im Text.

steht ›Mirjam‹ mit insgesamt 78 Beurkundungen eindeutig an erster Stelle.[319] Diese Position behält sie auch im Gesamtvergleich mit den griechischen und lateinischen Namen bei. Mit nur 31 Nennungen folgt der Name Schalom/Salome an zweiter Stelle – ein Abstand von 47 Vorkommen, der für sich spricht.

Auf den ersten Blick scheint damit nur die oben erwähnte These der Beliebtheit biblischer Namen in der spätnachexilischen Zeit belegt zu sein. Das stellt sich bei näherem Hinsehen jedoch als fragwürdig heraus: Frappierend ist, dass z.B. die Erzmütter oder auch Debora und Ruth erst mit immensem Abstand folgen. Dieser Tatbestand wird im Gesamtvergleich noch eindeutiger: Während Sara mit 29 Nennungen (damit auf der Rangliste der biblisch belegten Frauenname auf Platz 2) insgesamt noch an dritter Position steht, bleiben für die in der Rangliste biblischer Namen nachfolgend plazierten Channa (10 Nennungen) und Esther (9 Nennungen) im Gesamtvergleich nur noch die Plätze acht und neun;[320] Rebekka (5 Nennungen, biblische Rangliste Platz 5) liegt erst auf Platz 13 im Gesamtvergleich;[321] Rachel (3 Nennungen), Lea, Debora und Ruth (je 2 Nennungen) sind in der Gesamtauswertung bereits nicht mehr berücksichtigt, da dort nur die mindestens fünfmal vorkommenden Namen aufgeführt sind. Diese Sachlage lässt die These von der allgemeinen Beliebtheit ›großer‹ biblischer Gestalten zumindest fragwürdig erscheinen – es sei denn, die Richterin und Prophetin Debora oder die Stammütter *Rachel und Lea, die beide das Haus Israel gebaut haben* (Ruth 4,11), sollten in dieser Zeit zur Gänze in Vergessenheit geraten sein, nur um dann innerhalb der rabbinischen Literatur und der jüdischen Legendenbildung in neuem Glanze zu erstrahlen.[322]

GÜNTER MAYER bleibt bei der Feststellung der außerordentlichen Beliebtheit des Namens Mirjam durch die gesamte von ihm untersuchte Zeitperiode[323] stehen, ja, er spricht sich – gegen sein eigenes Votum für die Bedeutsamkeit unterschiedlicher Zeiten – dezidiert gegen den Versuch aus, zeitlich bedingte Vorlieben zu ermitteln.

TAL ILAN kommt aufgrund der von ihr zusammengestellten und interpretierten insgesamt 317 Beurkundungen von Frauennamen bzw. ihrer Trägerinnen der genannten Zeit wie des genannten Raums zu folgenden Ergebnissen:

– Von den insgesamt 166 dokumentierten biblischen Namen sind nur 16 Frauennamen.

– Insgesamt 162 Frauen ›teilen‹ sich diese 16 biblischen Frauennamen. Von insgesamt 317 Funden, in denen Frauennamen vorkommen, machen diese 162 also 51,1% aus.[324]

– Bei den Frauennamen lauten die drei ›Spitzenreiterinnen‹ Mirjam, Salome und Schelamzion, wobei nur die beiden erstgenannten biblische Namen sind. Diese

---

[319] In allen Schreibweisen bzw. Derivaten, die sich der Übertragung des Namens z.B. ins Griechische und Lateinische verdanken (neben מריה und מרימא etwa Μαριάμη, Μαρία, Μαριάμ, Μάριον und *Maria*. Die folgenden Zahlen und die sich daraus ergebenden ›Listenplätze‹ sind G. MAYER 1987, 39–42, entnommen.

[320] Diesen 9. Platz teilt sich Esther mit Jochana und Faustina.

[321] Zusammen mit Dionysia/s, Eulogia, Severa und Sirika/Sirikia/Sirikusa.

[322] TAL ILAN hat für die von ihr untersuchte Zeit (330 v. Chr. – 200 n. Chr.) und geographische Lage (Palästina) die genauere Beobachtung gemacht, dass es – was die Männernamen angeht! – gerade nicht die ›ganz großen‹ Namen sind, die Verwendung finden, und die Vermutung geäußert, ihre Vermeidung sei durch die Angst, dem Namen nicht gerecht zu werden, motiviert.

[323] Von der Konsolidierung der Diadochenreiche bis in die frühbyzantinische Zeit; vgl. ebd., 7.

[324] Im Vergleich: 73,4% der Männer tragen biblische Namen; vgl. dies. 2002, 8.

drei Namen machen zusammen ca. 48%, also knapp die Hälfte aller verzeichneten Frauennamen aus.[325]

– Dabei ist ›Mirjam‹ mit insgesamt 80 dokumentierten Vorkommen[326] der zweitplatzierten ›Salome‹ mit insgesamt 63 Nennungen noch einmal deutlich voraus. ›Schelamzion‹ folgt auf dem dritten Platz mit nur noch 25 Nennungen. Prozentual ausgedrückt bedeutet das: Von den 168 Frauen, die sich diese drei Namen ›teilen‹, tragen 15% den Namen Schelamzion, 37,5% den Namen Salome und 47,5% den Namen Mirjam.

– Unter einer anderen Fragestellung lautet das Ergebnis: Von insgesamt 317 bei TAL ILAN dokumentierten Frauen tragen mit 80 Nennungen ungefähr ein Viertel aller Frauen den Namen Mirjam.

Auch ILAN beschränkt sich in ihrer Statistik auf die Analyse der Gesamtsumme. Das ist für eine Arbeit derartigen Umfangs angemessen. Für einen einzelnen Namen lohnt es sich jedoch, seine Spur anhand der Inschriften, Papyri und literarischen Zeugnisse etwas genauer zu verfolgen. Vielleicht ist es so möglich, eine gewisse ›Konzentration‹ der Namensgebung in einem bestimmten Zeitraum zu eruieren.

Im Rahmen der eingangs genannten Fragestellung interessiert hier insbesondere die Zeit der Entstehung des lukanischen Werkes, also das Ende des ersten Jahrhunderts bzw. – in realhistorischer Perspektive – die Zeit der römischen Herrschaft über Palästina, beginnend mit der (ersten) römischen Eroberung Jerusalems durch Pompeius im Jahr 63 v. Chr. Da mit der Niederschlagung des zweiten jüdischen Befreiungskrieges unter Bar Kochba im Jahr 135 n. Chr., den durch diesen Krieg verursachten hohen Opferzahlen und den der Niederlage folgenden Konsequenzen die Hoffnung auf eine Befreiung von der römischen Herrschaft zunächst keine Chance mehr gehabt haben dürfte, ist das Jahr 135 n. Chr. als zweiter Eckpunkt der hier insbesondere interessierenden Epoche zu bestimmen.

2.1.3 Auf den Spuren der antiken ›Mirjams‹ – ein Blick in die Inschriften- und Dokumentensituation[327]

Zwei Belege für das Vorkommen des Namens sind in das dritte und zweite Jahrhundert vor der christlichen Zeitrechnung zu datieren: Aus dem Jahr 155 oder 144 v. Chr. stammt ein Papyrus aus dem ägyptischen Samareia,[328] in dessen zweitem Fragment neben anderen Frauen auch eine »Marion daughter of Jakoubis« aufgeführt ist, die 80 Rinder und 30 Schafe ihr eigen nennt.[329] Ein zweites Mal ist die Namensform Μαριον auf einem ebenfalls aus Ägypten, genauer: Trikomia stammenden Papyrus vom Ende des dritten oder Anfang des zweiten Jahrhunderts v. Chr. erhalten.[330]

---

[325] Diese wie die folgenden Überlegungen basieren auf der Interpretation der ebd., 54–58 dargestellten Tabellen.

[326] ILANs Differenzierung in historische und fiktive Erwähnungen des Namens trägt für meine Fragestellung nichts aus, daher kann sie hier unbeachtet bleiben (vgl. ebd., 56).

[327] Die Darstellung orientiert sich an der von G. MAYER gewählten Reihenfolge, wobei den Quellen, die außerhalb des Zeitraums mit der größten Häufung von Belegen zu datieren sind, weniger Aufmerksamkeit gewidmet wird.

[328] CPJ 28 (I, 171–173); Inhalt des Papyrus ist eine Auflistung der einem Dorf gehörenden Viehbestände. Ein zweites Fragment registriert gesondert den Viehbesitz von Frauen.

[329] Ebd., 173.

[330] CPJ 40. T. ILAN 2002, 244f. führt (bei ihr unter der Nr. 80) noch eine Inschrift auf, die sie ins zweite Jahrhundert vor der christlichen Zeitrechnung datiert.

Josephus erzählt in den *Antiquitates Judaicae* von Μαριάμη, der zweiten Frau Herodes' I. (›des Großen‹), die dieser ca. 29 v. Chr. im Alter von 28 Jahren hinrichten ließ.[331] Mariammes Geburt und damit Namensgebung dürfte also ungefähr in das Jahr 58 v. Chr. zu datieren sein.

Auch eine ihrer Nachfolgerinnen trägt den selben Namen: Μαριάμη, die Tochter des – dank der Heirat eben jener Tochter mit Herodes ca. im Jahr 24 v. Chr.[332] – zukünftigen Hohenpriesters Simon b. Boëthos.

Die Namensform Μάριν oder Μάριον ist als Inschrift auf einem »jüdischen Friedhof der ptolemäischen und augusteischen Zeit«[333] bei Tell el-Yehoudieh[334] gefunden worden, die – in gegenwärtige ›Datierungskonventionen‹ übertragen – als Datum den 24. Juni des Jahres 5 v. Chr. trägt.[335] FREY rekonstruiert und überträgt die Inschrift: »O Marin (?), excellente, amie de tous, qui n'a jamais contristé personne. Pleurez. [Elle mourut âgée d'envision] 23 ans, la 25ᵉ année de César, le 30e jour de Payni« und erläutert zur Namensform: »Μάριν serait la forme déminutive de Μαρία.«[336]

Die selbe Namensform ist ein weiteres Mal am selben Ort in einer Grabinschrift vom 7. Juni 27 v. Chr. verwendet.[337] Die Inschrift ohne die Nennung des Datums lautet Μάριν ἱέρισα χρηστὴ πασίπηιλε καί, ἄλυπε καί φιλογίτων χαῖρε. Während C.C. EDGAR ἱέρισα noch als Eigennamen gelesen hatte – und zwar als den des Vaters der Marin –,[338] korrigierte schon ein Jahr später HANS LIETZMANN, ἱέρισα sei »nicht Eigenname, wie Edg. meint, sondern = ›Priesterin‹«.[339] JEAN-BAPTISTE FREY bleibt in seiner Übersetzung der Inschrift vorsichtig bei »O Marin, (de déscendance) sacerdotale, femme excellente, amie de tous, qui n'a jamais contristé personne, qui aimait ses voisins, salut!«[340] Diese Entscheidung begründet er damit, dass nicht gemeint sein könne, dass Marin eine offizielle Funktion in der Gemeindeleitung innegehabt hätte.[341] Festzuhalten bleibt aber zunächst, dass die Inschrift selbst keinen Hinweis darauf gibt, welche Interpretation zugrundegelegt ist. Somit kann die Möglichkeit, dass es sich hier um eine leitende Funktion handelt, nicht per se ausgeschlossen werden. Insofern zählt BERNADETTE BROOTEN die Inschrift aus Tell el-Yahoudieh zu denjenigen, die als Beweis für die Existenz von Priesterinnen – möglicherweise im synagogalen Dienst[342] – im Jüdinnen- und Judentum herangezogen werden können und übersetzt konsequent: »O Marin, priest, good and a friend to all,

---

[331] Jos BellJud 1,241; AntJud 15,23; T. ILAN 2002, 242; vgl. A. SCHALIT 1968, 82f. Zur Beziehung zwischen Herodes und Mariamme s. neben A. SCHALIT 1969, 575–588 auch M. VOGEL 2002, 65–68.110–115. Zur Darstellung des Herodes als zwischen ›Wohltäter‹ und ›Tyrann‹ schwankend vgl. weiter R. HEILIGENTHAL 2000.

[332] Nach M. VOGEL, a.a.O., 121.

[333] H. LIETZMANN 1923, 280.

[334] Die Bibliographie zu den Inschriften des jüdischen Friedhofs von Tell el-Yahoudieh liefert F. WIESEMANN 2005, 228–230.

[335] CIJ 1498 (S. 410), dort auch die Datierung. Der Namenszug ist nicht als ganzer erhalten, aber auch C.C. EDGAR rekonstruiert Μάριν: »The name is not clear, but probably the first letter is M and the third P.« (1919, 220).

[336] Beide Zitate zu CIJ 1498, S. 410.

[337] CIJ 1514, S. 426. B. BROOTEN 1982, 73 datiert auf das Jahr 28 v. Chr.

[338] Ders. 1922, 13.

[339] Ders. 1923, 284.

[340] Die drei letzten Zitate CIJ 1514, S. 426.

[341] Ebd.

[342] Dies. 1982, 90–95.

causing pain to no one and friendly to your neighbours«.[343] Angesichts der Tatsache, dass in Tell el-Yehoudieh, dem antiken Leontopolis, Onias IV. um 160 v. Chr. einen alten ägyptischen Tempel zu einem bis zu seiner Zerstörung ca. 73 n. Chr. ›aktiven‹ jüdischen Tempel ›umfunktionierte‹, nachdem er keine Chancen auf das Hohepriesteramt in Jerusalem hatte, stellt sich die Frage, ob mit diesem Beispiel für kultische Vielfalt nicht auch ein Indiz für noch andere, von den Jerusalemer Gepflogenheiten abweichende Verhaltensweisen gegeben sein könnte.[344]

> »We cannot know precisely how Marin and her relatives and community understood the title *hierisa*. The existence of the Marin inscription should at least serve as a warning to any scholar who would categorically deny that a woman may have functioned as a priest in a Jewish temple in Leontopolis.«[345]

Aus dem Jahr 14 v. Chr. datiert ein Papyrus(fragment) aus Abusir el-Meleq, das im Rahmen der Annullierung des Vertrags mit einer Amme ebenfalls die ägyptische Namensform Μάριον beurkundet.[346]

Auf einem weiteren ägyptischen Papyrus aus dem Jahr 10 v. Chr. ist unter den Mitgliedern einer SchuldnerInnengruppe ebenfalls eine Μάριον genannt:»The present document is an agreement concerning repayment of loan to a credit-society (ἔφανος). Among the debtors is a Jewess Marion, daughter of Isakios.«[347] Die Gruppe besteht aus drei Mitgliedern: Marion, ihrem Mann und vermutlichen dessen Bruder. Vereinbart wird in dem Vertrag die Rückzahlung einer Summe von 140 Drachmen, zahlbar in 14 Monatsraten à zehn Drachmen, die erste Rate ist am Tag der Vertragsunterzeichnung fällig. Die Art der Staffelung verschafft einen Einblick in die sozialen Verhältnisse Marions und ihrer Familie: Es handelt sich offenbar um ›kleine Leute‹ aus armen Verhältnissen.[348]

Ein großer Prozentsatz der Namensfunde stammt aus Ossuarinschriften. Die Ossuarbestattung, bei der die Gebeine Verstorbener ungefähr zwölf Monate nach der Erstbestattung in einer Zweitbestattung in ca. 60x35x30 cm große Behältnisse (»bone containers«[349]), meist aus Kalkstein,[350] gelegt wurden, ist nach einer Frühphase (Chalkolithicum) zunächst nicht mehr gebräuchlich gewesen. Erst im ersten Jahrhundert vor Beginn der christlichen Zeitrechnung, nach anderen: erst in den letzten zwei bis drei Jahrzehnten vor der Zeitenwende,[351] ist diese Art der Zweitbestattung in Israel wieder in Gebrauch genommen.[352] Allerdings blieb dieser Brauch überwiegend auf Jerusalem und die nähere Umgebung beschränkt.[353] Das hat Konsequenzen für den Zeitraum, in den Ossuar-Inschriften zu datieren sind: nicht früher als 1. Jh. v.

---

[343] Dies. 1982, 73. Die beiden anderen Inschriften stammen aus Beth She'arim und Rom; vgl. ebd., 75–77. »As with the other inscriptions in which women bear titles, modern scholars have been at pains to point out that hierisa here has no real meaning.« (B. BROOTEN, a.a.O., 74).

[344] So B. BROOTEN 1982, 74. 88f.

[345] Ebd., 89f., Hervorhebung im Text.

[346] CPJ 147 (II, S. 19f.).

[347] CPJ 149 (II, S. 22–24), Zitat S. 22.

[348] Mit CPJ 149, S. 23: »The small sum of 140 drachmai borrowed by a group of three, to be repaid in 14 months, shows that we have here to do with ›little men‹ who were rather hard up.«

[349] R. HACHLILI/A. KILLEBREW 1983f, 118; die Größenangabe ebd., 119.

[350] Mit T. ILAN 2002, 37; R. WENNING 2001, 54; genauere Beschreibung der in Jericho gefundenen Ossuarien bei R. HACHLILI/A. KILLEBREW 1983, 118–123.

[351] So R. WENNING 2001, 53. R. HACHLILI 1998, 1366 unterscheidet strikt zwischen den Begräbnisbräuchen des letzten Jahrhunderts vor Beginn der christlichen Zeitrechnung und denen des ersten Jahrhunderts n. Chr.

[352] Mit M. AVI-JONAH 1971, 1506; M. WEIPPERT 1977, 273.

[353] Vgl. T. ILAN 2002, 37.

Chr., wahrscheinlich erst in den letzten Jahrzehnten vor dem Beginn der christlichen Zeitrechnung – und in der Mehrzahl der Fälle nicht später als 70 n. Chr.

»All ossuary inscriptions are dated to before 70 CE, the year Jerusalem was destroyed, because this Jewish burial custom was unique to the region of Jerusalem ..., and ceased when Jewish Jerusalem was destroyed.«[354]

Damit sind alle Ossuarinschriften sicher der hier primär interessierenden Epoche zugehörig.

Ein Ossuar aus Rama trägt deutlich erkennbar zwei hebräische Inschriften: מרים und יהוחנן.[355] Fraglich ist die Beziehung der beiden Toten zueinander: Ist Mirjam Jochanans Frau oder Tochter? Während JEAN-BAPTISTE FREY beide Möglichkeiten nebeneinander stehen lässt,[356] spricht sich L.H. VINCENT aufgrund der Tatsache, dass die Maße dieses Ossuars die ›Normgröße‹ deutlich überschreiten, dafür aus, dass wir es hier mit einem für ein Ehepaar angefertigten Doppelossuar zu tun haben.[357]

Ohne größere Ergänzungen sind in hebräischer Sprache darüber hinaus 23 Funde verzeichnet;[358] in griechischer Sprache sind es 20 Funde;[359] die Gesamtsumme der Nennungen des Namens Mirjam in seinen hebräischen wie griechischen Formen und unterschiedlichen Schreibweisen im Rahmen der bisher dokumentierten Ossuarinschriften beläuft sich damit auf 44 Inschriften.

Auch zwei Grabinschriften aus dem in der Nähe von Cäsarea gelegenen Jatt[360] – einmal die Namensform Μαράμη, einmal[361] Μαριάμης/Μαρία – sind in das erste nachchristliche Jahrhundert zu datieren; unter Umständen sogar vor 70 n. Chr.[362]

---

[354] T. ILAN 2002, 52. Ähnlich auch schon M. LIDZBARSKI 1962, 117 sowie S. KLEIN 1971, 2; bezogen auf CIJ 1341: 13. Anders R. WENNING 2001, 53, der »bis ins frühe 4. Jh. Verbreitung in ganz Palästina« notiert. Ähnlich M. WEIPPERT 1977, 275: »die jüngsten Exemplare dürften aus dem 3./4. Jh. n. Chr. stammen. Ihr Hauptverbreitungsbereich ist bis 70 n. Chr. Jerusalem und Umgebung; doch kommen sie später in allen Teilen Pal.s […] und der Diaspora […] vor.« Vgl. ferner mit ähnlicher Einschätzung H.-P. KUHNEN 1990, 271f., der erwägt, dass erst mit dem Fall Jerusalems Ossuarbestattungen in den weiter entfernten Orten von Flüchtlingen aus Judäa eingeführt wurden. Den Stand der Diskussion um die Datierung in den 30er Jahren des vergangenen Jahrhunderts fasst L.H. VINCENT 1934 zusammen, wobei er selbst ebenfalls bei einer vorsichtigen Grobdatierung bleibt: »[L]eur date générale s'encadre entre 200 av.–200 ap. J.-C.« (a.a.O., 567).

[355] CIJ 1192; genauer erläutert ist das Ossuar bei H. VINCENT 1907, 411f.

[356] Ebd.

[357] A.a.O., 412. Zwar waren Doppelossuarien nicht weit verbreitet, üblich war die Beisetzung der Knochen in Einzelossuarien; sowohl in Jerusalem als auch in Jericho sind jedoch vereinzelt Ossuarien gefunden worden, die die Knochen mehrerer Verstorbener beinhalteten; vgl. R. HACHLILI/A. KILLEBREW 1983, 119f., dort auch Erläuterung der gebräuchlichen Anordnung der Knochen in einem Ossuar.

[358] CIJ 1281; CIJ 1352 (laut S. KLEIN 1971, 11 die Mutter der in CIJ 1341 Genannten); CIJ 1390; CIJ 1249 (mit T. ILAN 2002, 243 sowie 246, Anm. 59, die die Inschrift liest als מריה יסה. »In Second Temple times it became a Hellenized variation of מרים«.); DF 77, Nr. 7; DF 85, Nr. 15; DF 97, Nr. 34; CJO, Nr. 82; CJO, Nr. 152; CJO, Nr. 243; CJO, Nr. 351; CJO, Nr. 428; CJO, Nr. 502; CJO, Nr. 706; CJO, Nr. 796; CJO, Nr. 820; CJO, Nr. 821; CJO, Nr. 822. Für die folgenden Belege war mir die Primärquelle bzw. das Primärverzeichnis der Inschriften nicht zugänglich; ich führe sie daher in der Numerierung bei T. ILAN 2002, 244 auf (abgekürzt TI + laufende Nummer): TI, Nr. 60; TI, Nr. 61 (in dieser Inschrift liegt der Beleg dafür vor, dass die Namensformen מרים und מריה austauschbar waren, da hier beide Formen für die selbe Frau verwendet werden; mit T. ILAN 2002, 247, Anm. 126); TI, Nr. 62; TI, Nr. 63; TI, Nr. 66.

[359] CIJ 1341 (dazu S. KLEIN 1971, 8–14); CIJ 1387; CIJ 1214; CIJ 1284 (s. zu den beiden letztgenannten auch S. KLEIN 1971, 24); CIJ 1328 (mit T. ILAN 2002, 243); DF 97, Nr. 37; CJO, Nr. 64; CJO, Nr. 108; CJO, Nr. 233; CJO, Nr. 333; CJO, Nr. 405; CJO, Nr. 425; CJO, Nr. 552; CJO, Nr. 559 (bilinguale Inschrift – hebräisch eindeutig מרם, insofern ist auch die sonst nicht gebräuchliche griechische Form Μαριεάμη als Derivat der Namensform Mirjam erwiesen; mit T. ILAN 2002, 247, Anm. 107); CJO, Nr. 701 (in deklinierter Form; vermutlich Gen.; vgl. T. ILAN 2002, 247, Anm. 109); CJO, Nr. 782; TI, Nr. 59; TI, Nr. 64; TI, Nr. 65 (die beiden letztgenannten sind dokumentiert bei E. PUECH 1983, 516. 527); TI, Nr. 67.

[360] TI, Nr. 69 und 70.

Mit mindestens genauso großer Sicherheit sind weitere sieben Vorkommen des Namens in den Zeitraum des ersten Jahrhunderts christlicher Zeitrechnung – nicht lange vor dem ersten Aufstand gegen Rom – bis spätestens Bar Kochba (135 n. Chr.) einzuordnen. Hier handelt es sich um die Namensnennungen im Neuen Testament, die da wären:[363] die Mutter Jesu (Mt 1,16), die ›aus Magdala‹ (Mt 27,56), die Mutter Jakobus' und Josephs (Mt 27,56), die Schwester Marthas (Lk 10,39), die Frau des Kleopas (Joh 19,25), die Mutter des Johannes Markus (Apg 12,12) sowie die Maria der Gemeinschaft in Rom (Röm 16,6).[364]

Auch die bei Josephus zusätzlich zu den bereits angeführten Ehefrauen Herodes' I. fünf erwähnten Frauen dieses Namens – viermal Μαριάμη (Bell 1, 552; Bell 2, 115 // Ant 17, 350; Bell 2, 220 // Ant 18, 132; Bell 2, 221 // Ant 18, 134), einmal Μαρία (Bell 6, 201) – lebten in diesem Zeitraum.[365]

Die Untersuchung der aus der rabbinischen Literatur überlieferten Vorkommen des Namens sieht sich dagegen mit einer doppelten Schwierigkeit konfrontiert: Zum einen ist die Datierung insofern schwierig als schon die Einordnung der Texte selbst sich problematisch gestaltet; noch schwieriger wird es, wenn wir nach der zeitlichen Einordnung der Frauen fragen, von denen die Texte berichten.

TAL ILAN führt insgesamt acht Frauen aus der frühen[366] rabbinischen Literatur auf, die den Namen Mirjam tragen.[367] Sie unterscheidet dann die für sie eindeutig fiktiven Nennungen von den ihrer Ansicht nach historischen Frauen, womit von den acht in der Literatur erwähnten Frauen nur vier in ihrer Statistik zählen.[368] Für die Datierung beider Gruppen – der fiktiven Erzählfiguren wie der historischen Frauen – greift ILAN auf die vorliegenden Datierungsversuche der tannaitischen Literatur wie auf die ›innere Logik‹ der rabbinischen Schriften zurück.[369] Für mein Anliegen ist die Differenzierung in fiktive und nichtfiktive Figuren nicht von Belang, da ich davon ausgehe, dass gerade in der Fiktion das Programmatische des Namens Mirjam gehört wurde. Aufgrund der unklaren Datierungslage ist jedoch im Rahmen dieser Arbeit davon abzusehen, die Namensnennungen der rabbinischen Literatur in die abschließende Statistik mit aufzunehmen.

Von den Aufgeführten gehe ich auf zwei kurz näher ein, da ihre Benennung Einblick in die Motivation zur Wahl des Namens Mirjam geben könnte.

Mischna wie Tosefta (mNaz 6,11; tNaz 4,10) erzählen von einer Mirjam aus Palmyra, die das NasiräerInnen-Gelübde abgelegt hatte und kurz vor Beendigung ihrer Zeit als Nasiräerin durch den Körper ihrer toten Tochter unrein wird.

---

[361] »This is another case where Μαρία and Μαριάμη are interchangeable« (T. ILAN 2002, 247).

[362] So T. ILAN a.a.O., 53.

[363] Ich gebe bei jeder Frau nur eine Belegstelle aus der neutestamentlichen Literatur an; im Regelfall die erste Nennung bei einer Lektüre der neutestamentlichen Texte in der kanonischen Reihenfolge, beginnend also mit Matthäus.

[364] Zwar lautet bei der letztgenannten der Akkusativ ungewöhnlicherweise auf −ν aus (Μαρίαν); da die Ossuarinschriften aber bereits eine Vielzahl möglicher Schreib- und Deklinationsarten des Namens geliefert haben, fällt diese Abweichung nicht weiter ins Gewicht.

[365] Zur Datierung der bei Josephus genannten Personen verweise ich auf T. ILAN 2002, 51.

[366] D.h.: im Rahmen der von ILAN gesetzten Parameter ihrer Darstellung: 330 v. Chr. bis 200 n. Chr.; s. dies. 2002, 1.

[367] Zu nennen sind die Stellen tSuk 4,18; tNaz 4,10 (vgl. mNaz 4,11); yHag 2,2, 77d; yKet 5,13, 30c; bHag 4b (zwei Frauen); bKet 87a; LamRab 1,50.

[368] Historisch sind ihrer Einschätzung nach die in tSuk 4,18; tNaz 4,10; yKet 5,13, 30c sowie bKet 87a erwähnten Frauen; vgl. dies. 2002, 243.

[369] Vgl. a.a.O., 51f. Ich folge in der Datierung der rabbinischen Stellen den Vorschlägen TAL ILANs (a.a.O., 243).

»It once happened to Miriam of Palmyra that the blood of one of the offerings was tossed for her [against the Altar], and certain came and told her that her daughter was in danger, and she went and found that she was dead, and the Sages said: Let her bring the rest of the offerings when she has become clean.«[370]

Von dieser Mirjam ist an keiner anderen Stelle im rabbinischen Schrifttum die Rede. TAL ILAN diskutiert in ihrer Untersuchung ›Mine and yours are hers‹ (1997), ob wir es hier mit einer historischen Frau oder einem »symbolic character« zu tun haben.[371] Für das hier vertretene Anliegen ist weniger die Entscheidung dieses Einzelfalls von Bedeutung,[372] sondern die grundsätzliche Äußerung ILANs zur Frage der Annahme ›symbolischer Namen‹:

»a symbolic woman would also probably have a typical name. Furthermore, the name Miriam is biblical […], and could therefore also serve as a symbolic name.«[373]

Dass diese Form symbolischer Namensgebung in der rabbinischen Literatur nicht untypisch war, zeigt für den Namen Mirjam eindeutig EkhaR 1,47–50. Hier werden vier Frauen genannt, »who suffered at the hands of the Romans after the conquest of Jerusalem. All of them are named מרים«,[374] obwohl andere rabbinische Quellen die selben Frauen unter anderem Namen kennen oder aber ihre Geschichte ohne Namensnennung erzählen.[375]

Ein in aramäischer Sprache verfasster Papyrus aus Masada, aus dem Oktober/November entweder des Jahres 71 oder des Jahres 111 christlicher Zeitrechnung stammend,[376] enthält den Scheidebrief, den Joseph, Sohn des Naqsan, seiner Frau Mirjam, Tochter des Jonathan ausstellt. Er entspricht den formalen Vorgaben für ein derartiges Dokument (zweifache Ausführung, vorgegebene Formulierungen über die Scheidung und die Erlaubnis zur neuen Heirat, Unterschrift der Beteiligten sowie zweier Zeugen).[377]

Ein weiterer Papyrus aus Masada nennt Μαρίαμ, die Tochter des Kupselus. Mit TAL ILAN ist auch er in den Zeitraum vor dem Untergang Masadas, also vor 73 n. Chr. zu datieren.[378]

Die lateinische Namensform *Maria* ist auf einer aus Pompeii stammenden Liste aufgeführt, die die Sklavinnen und Sklaven einer Weberei namentlich nennt.[379] Als

---

[370] mNaz 4,11 (Übersetzung H. DANBY 1922, 289).

[371] Ebd., 282–284, Zitat 283.

[372] ILAN selbst legt sich auch nicht fest; vgl. ebd., 284.

[373] Ebd., 283.

[374] T. ILAN 2002, 246.

[375] Ausführlicher zur Darstellung in EkhaR 1,47–50 dies. 1997, 283f.

[376] DJD II, Nr. 19 (S. 104–109). MILIK/BENOIT (DJD II, 106) sprechen sich für die späte Datierung aus; so auch T. ILAN 2002, 244. E. KOFFMANN 1968, 43 dagegen verweist darauf, dass Massada ab 73 n.Chr. römisches Lager war: »[W]er die Beschreibung und den Fall Masadas bei Fl. Josephus im Bellum Judaicum gelesen hat, kann sich nicht vorstellen, daß nach der Eroberung durch die Römer im Jahre 73 n. Chr. ein jüdischer Scheidebrief dort ausgestellt worden ist.« Aus der Datumsangabe des Dokuments (Am ersten Marcheschwan des Jahres sechs) muss nach KOFFMAHN geschlossen werden, »daß es sich im gegenständlichen Fall um eine in Masada für jederman bekannte Ära gehandelt haben muß, so daß sich eine nähere Bezeichnung erübrigte. Dies kann nur die ›Ära der Freiheit‹ des 1. Jüdischen Krieges gegen die Römer gewesen sein […]. Masada war die einzige Stadt, in der es ein ›Jahr sechs‹ seit der Befreiung bzw. Rückeroberung im Jahre 66 n. Chr. gegeben hat.« (ebd., 44). Ihr schließt sich K. BEYER 1984, 307 an.

[377] Die in DJD gegebene Übersetzung des ersten, textlich sichereren, Teils lautet: Le premier de Marhesvan, an six, à Masada. Je divorce et (te) répudie, de mon propre gré, aujourd'hui, moi, Yoseph, fils des Naqsan, de […]ah, résidant à Masada, toi, Mariam, fille de Yonathan de Hanablata, résidant à Masada, (toi) qui étais ma femme antérieurement, de telle sorte que tu es libre pour ta part de t'en aller et de devenir femme de tout homme juif que tu voudras. Et puis, voici de ma part l'acte de répudiation et la lettre de divorce. (a.a.O., 106).

[378] Dies. 2002, 244 (TI, Nr. 79).

Terminus *ante quem* ist für diese Urkunde das Jahr der Zerstörung durch den Ausbruch des Vesuv 79 n. Chr. festzuhalten. FREY liefert keine Datierung, insofern lässt
sich nur spekulieren, dass auch die latinisierte Form des hebräischen מִרְיָם erst mit
der ›Romanisierung‹ Pompeiis ab den 90er/80er-Jahren des ersten vorchristlichen
Jahrhunderts[380] gebräuchlich gewesen sein dürfte, sie also unter Umständen innerhalb des hier interessierenden Zeitraums zu verorten sein könnte. Angesichts der mit
dieser Datierung mehr noch als mit anderen verbundenen Unsicherheit nehme ich
davon Abstand, diese ›Maria‹ in meine Statistik mit aufzunehmen.

Ein griechischer Papyrus aus Muraba'at[381] enthält Fragmente einer Prozessakte, in
der zwei Frauen namens Σαλώμη und Μαριάμη als Prozessbeteiligte erwähnt sind.
Zu datieren ist er in die erste Hälfte des zweiten Jahrhunderts n. Chr.,[382] wahrscheinlich noch vor 135 n. Chr.:

> »When they [Judaean Desert documents, K.S.] are not dated, or when the date has not been
> preserved, they are assumed to pre-date 135 CE. The documents were all discovered in caves to
> which the refugees of the Bar Kohba Revolt escaped, and where they presumably all perished
> with the rebellion's end in 135 CE.«[383]

Insofern sind dieser Kategorie sicher noch zwei weitere Belege des Namens Mirjam
zuzurechnen, stammen doch auch sie von einem griechischen Papyrus aus
Muraba'at:[384] Innerhalb einer Namensliste erscheint neben der gewohnten Form einmal die Form מרימא, die sich entweder als Rehebraisierung des griechischen
Μαριάμη lesen lässt oder aber als Aramaisierung des hebräischen מרים.[385] Hierzu
gehört außerdem ein Heiratsvertrag, der ebenfalls in den Höhlen der judäischen Wüste gefunden wurde, vermutlich aus dem Jahr 130 n. Chr. stammt, und den Namen
Μαριάμη nennt.[386]

Auch unter den Nabal Heber Papyri befindet sich ein Papyrus – aus dem Jahr 132
n. Chr. –, der eine Mirjam nennt.[387]

Aus den Archiven der Babatha,[388] die in der sogenannten ›Cave of Letters‹ gefunden wurden, geht zum einen hervor, dass die Mutter Babathas den Namen Mirjam
trug; das zeigt der Schenkungsvertrag Simeons, des Vaters der Babatha, an seine
Frau Mirjam vom 13. Juli 120 n. Chr.[389] »Her parents, Simeon and Miriam, lived in
Mahoza. Simeon endowed his wife, Miriam, with all his possessions which (after her
mother's death?) passed over to Babata.«[390] Babatha heiratet nach dem Tod ihres ersten Mannes Josua, Sohn des Josef, ein zweites Mal: Juda, Sohn des Eleazar, der bald
nach ihrer Heirat stirbt und Babatha seinen Besitz hinterlässt. Allerdings war Juda
zugleich[391] – oder vorher[392] – mit einer anderen Frau verheiratet: Μαριάμη. Zwischen
den beiden Frauen kommt es, wie ein Papyrus aus dem Jahr 131 n. Chr. dokumen-

---

[379] CIJ 564.
[380] Vgl. V. KOCKEL/M.I. GULLETTA 2001, 90.
[381] DJD II, Nr. 113 (= TI, Nr. 74).
[382] DJD II, S. 239.
[383] T. ILAN 2002, 53.
[384] DJD II, 10 (= TI, Nr. 71 u. 72).
[385] Mit T. ILAN 2002, 248.
[386] TI, Nr. 78.
[387] TI, Nr. 77.
[388] Dazu Y. YADIN 1962; H. J. POLOTSKY 1962 sowie E. KOFFMAHN 1968, 96–101.143ff; E. RIEMER 1994.
[389] Vgl. Y. YADIN 1962, 248; s. auch TI, Nr. 75.
[390] Y. YADIN, a.a.O., 247f.
[391] So T. ILAN 2002, 244.
[392] So H.J. POLOTSKY 1962, 261.

tiert, zu gegenseitigen Beschuldigungen in der Frage nach der Verteilung der Besitztümer der Familie.

Ein aus Jerusalem stammendes Ostrakon mit dem Namen Mirjam ist mit einiger Wahrscheinlichkeit vor die Eroberung Jerusalems, also vor 70 n. Chr. zu datieren.[393]

Zwei Ostraka aus Ägypten zur Zeit Trajans tragen den Namen Mirjam: Ein Ostrakon aus dem jüdischen Viertel von Apollinopolis Magna, datiert auf den 28. Februar des Jahres 114 christlicher Zeitrechnung, nennt eine Μαρία Ανημᾶτος als Steuerpflichtige.[394] Das andere ist auf den 31. März 116 n. Chr. datiert und fordert ebenfalls Steuern von einer Μαρία Αβιήτου.[395]

Die griechische Form Μαρία findet sich auf einer Grabstele aus dem ägyptischen Antinoë;[396] die Inschrift lautet: Μαρία θυγάτηρ Φαμσωθις ἐτῶν λε΄. ἐν εἰρήνη ἡ κοίμησις σου. (*Maria, Tochter des Phamsotis, im Alter von 35 Jahren. In Frieden sei dein Schlaf!*). Es handelt sich vermutlich um eine der wenigen jüdischen Grabstätten auf einem christlichen Friedhof:[397] Erstens zeigt das Grab keines der auf diesem Friedhof ansonsten weit verbreiteten typisch christlichen Symbole. Zweitens liegt es unmittelbar neben einem Grab, dessen Inschrift zum einem hebräisch ist und das zum anderen mit eindeutig jüdischen Symbolen, etwa der Menora, verziert ist.[398] Da die vorliegende Inschrift frühestens aus dem zweiten Jahrhundert christlicher Zeitrechnung stammen kann[399] und insofern für die Frage, ob zur Zeit der Jüdischen Befreiungskriege gegen Rom bzw. zur Zeit der Entstehung des Neuen Testaments der Name Mirjam eine besondere Hochkonjunktur erlebte, nicht relevant ist, ist eine eingehendere Beschäftigung mit dieser Inschrift im Rahmen meiner Untersuchung nicht notwendig.

Nicht genau zu datieren sind drei Inschriften aus der Nekropole von Beth-She'arim:[400] Einmal findet sich hier die hebräische Inschrift מִרְיָם,[401] zweimal die griechische Namensform Μαριαμενη.[402] Keine der drei Inschriften ist mit einer genaueren Datierung versehen; insofern lassen sie sich nur grob in das zweite bis vierte Jahrhundert christlicher Zeitrechnung datieren, den Zeitraum also, in dem Beth-She'arim zunächst Sitz des Sanhedrin, zudem bekannt als Wohn- und Begräbnisort R. Juda Ha-Nasis und weiter – bis zu seiner Zerstörung durch Gallus Caesar 351 n. Chr. – als eine der wichtigsten Nekropolen für Jüdinnen und Juden aus dem ›Inland‹ wie aus der Diaspora diente.

Zwei weitere Inschriften aus Beth-She'arim, die vermutlich aus dem vierten Jahrhundert christlicher Zeitrechnung stammen – und deshalb hier nicht ausführlicher dargestellt sind – belegen die Namensformen Μαρεία bzw. Μαρήα.[403]

---

[393] TI, Nr. 68, Datierung ebd.

[394] CPJ 223.

[395] CPJ 227.

[396] CIJ 1535.

[397] Mit CIJ 1535 (II, 443).

[398] CIJ 1534; vgl. auch J. EUTING 1896, 164f.

[399] Nach J. EUTING 1896, 164, Anm. 3, erfolgte die Gründung der Stadt erst im Jahr 132 n. Chr.

[400] Zu den Ausgrabungen in Beth-She'arim vgl. J. KAPLAN 1977; N. AVIGAD 1954; eine ausführliche Bibliographie bei F. Wiesemann 2005, 159–165.

[401] CIJ 1019.

[402] CIJ 1020 und 1021.

[403] CIJ 1007 und 1085. Für Datierung wie Interpretation der Inschriften, aus denen nicht hervorgeht, inwiefern sie zweimal der selben Frau gewidmet sind, verweise ich auf B. BROOTEN 1982, 76f. und die dort genannte weiterführende Literatur.

Ein aus dem vierten oder fünften Jahrhundert n. Chr. stammendes ägyptisches Papyrusfragment enthält den Namen מִרְיָם,[404] ist für mein Forschungsinteresse aber ›zu jung‹.

Das gilt ebenso für die aramäische Namensform מרין; sie wird auf einem Schutzamulett verwendet, das in den Trümmern eines Privathauses in Kanaf, fünf km nordöstlich des Sees Genezareth gefunden wurde – von KLAUS BEYER jedoch in das sechste Jahrhundert christlicher Zeitrechnung datiert wird.[405] Marin ist die Mutter der fieberkranken Ja'ita, die auf dem Amulett nur über ihre Mutter – über diese aber dreimal im Text – sozial rückgebunden wird.

Ebenfalls nicht genau zu datieren sind sechs Inschriften mit dem Namen Μαρία aus den römischen Katakomben. B. BROOTEN bleibt unter Berufung auf H. LEON[406] bei einer groben Datierung »from the first century B.C.E., through the end of the third century C.E.«.[407]

Eine weitere – nach FREY in das dritte Jahrhundert n. Chr. zu datierende – Inschrift aus Rom nennt eine Μαρία als Tochter der Familie, der das betreffende Grab gehört.[408]

Auch nicht genau zu datieren, aber mit großer Sicherheit aus der Zeit nach 135 n. Chr. stammend,[409] sind zwei Inschriften (beide Μαρία) aus der Nekropole von Jaffa;[410] möglich ist, dass es sich zumindest bei der zweiten um das Grab einer christlichen Frau handelt.[411]

Zwei aus dem apulischen Venosa stammende Grabinschriften nennen den lateinischen Namen *Maria*.[412] Im ersten Fall ist Maria die Mutter der dort begrabenen Aguella, im zweiten Fall ist sie als Ehefrau des Joses genannt, die ihren mit 36 Jahren verstorbenen Mann noch um einiges überlebte: Sie starb mit 60 Jahren. Die erste dieser Inschriften wird von FREY in das 6. Jahrhundert n. Chr. datiert;[413] für die zweite Inschrift war mir keine Datierung zugänglich. Es ist jedoch davon auszugehen, dass sie aus dem selben Zeitraum stammt wie die erste.

2.1.4 Noch einmal: der ganzen Antike? –
Auswertung des gesammelten Materials

Insgesamt konnten im vorangegangenen Abschnitt 103 Fundstellen des Namens Mirjam in seinen unterschiedlichen Ausformungen verifiziert und knapp vorgestellt werden.

Aus der Statistik heraus fallen 20 Namensnennungen wegen der allzu großen Unsicherheit ihrer Datierung. Neben den acht Belegen aus der rabbinischen Literatur zählen hierzu die Namensliste aus Pompeii, drei Inschriften aus Beth-She'arim, zwei Grabinschriften aus Jaffa und sechs Inschriften aus den römischen Katakomben.

---

[404] K. BEYER 1984, yyZZ5 (S. 370f.), Datierung ebd., 371.

[405] K. BEYER 1984, ooKA 2 (S. 397f.).

[406] Ders. 1960, 67.

[407] Dies. 1982, 96. P. LAMPE 2001, 123 plädiert in einem Fall (CIL VI 27948) für eine Datierung in das erste Jahrhundert.

[408] CIJ 511, Datierung ebd.

[409] Dafür spricht unter anderem, dass T. ILAN 2002 diese Fundstellen nicht aufgenommen hat.

[410] C IJ 937 und 938.

[411] S. KLEIN 1971 nimmt für die Inschriften aus Jaffa eine Datierung ins zweite bis vierte nachchristliche Jahrhundert vor (ebd., 3f.).

[412] CIJ 614; 616.

[413] A.a.O. (I, 441f.).

Über die historische Einordnung der verbleibenden 83 mit gewisser Wahrscheinlichkeit zu datierenden Quellen lässt sich Folgendes sagen:

Von ihnen sind zwei sicher zu früh (3. und 2. Jh. v. Chr.), acht sicher zu spät: die Steleninschrift aus Antinoë, zwei Inschriften aus Beth-She'arim, ein ägyptisches Papyrusfragment einer Namensliste, das aramäische Schutzamulett, eine Inschrift aus Rom und zwei aus Venosa. Zehn von 103 Belegen für den Namen Mirjam kommen also für die betreffende Zeitspanne nicht in Betracht.

Alle übrigen Vorkommen des Namens Mirjam jedoch sind in die Zeit der römischen Herrschaft über Israel einzuordnen: sechs Namensnennungen aus den letzten 30 Jahren des ersten Jahrhunderts vor Beginn der christlichen Zeitrechnung, 44 Ossuarinschriften, fünf Belege bei Josephus, sieben aus dem Neuen Testament, acht Papyrusfunde und drei Ostraka. Damit beläuft sich die Gesamtsumme der dieser ›Epoche‹ zugehörigen dokumentierten Vorkommen des Namens Mirjam auf 73.

Von insgesamt 103 Belegen nehmen diejenigen ›Funde‹ aus der Zeit zwischen 63. v. Chr. und 135 n. Chr. mit 73 dokumentierten und verifizierten Namensnennungen damit die deutliche Mehrheit ein. Prozentual ausgedrückt: rund 71%, fast drei Viertel, aller Belege stammen aus der Zeit, in der Israel unter der Herrschaft Roms stand. Die geringe Zahl der außerhalb Israels gefundenen Inschriften muss hier insofern nicht besonders betrachtet werden, als es sich im betreffenden Zeitraum um jüdische Inschriften aus der ägyptischen Diaspora handelt, einem Gebiet, das in gleicher Weise unter römischer Herrschaft stand.

Wie bei jeder Statistik ist auch hier festzuhalten: Dieser Befund ist nur solange gültig, wie er nicht durch neue Veröffentlichungen von Grabungsberichten u.ä. revidiert wird. Das Ergebnis kann darin begründet sein, dass aus den anderen Epochen bisher weniger Funde dokumentiert sind, dass die Zeit des ersten Jahrhunderts von christlichen wie jüdischen Forscherinnen und Forschern aus einem doppelten Interesse mit besonderer Aufmerksamkeit untersucht wurde. Und schließlich: Wer in den Bibelwissenschaften zuhause ist, weiß nur allzu gut um die Fragilität von Datierungen – wobei die hier betrachtete Epoche doch um einiges besser durch sicherer einschätzbares Material dokumentiert ist als die ersttestamentlichen Texte bzw. die in ihnen dargestellten Ereignisse.

Insofern bleibt bei aller Vorsicht an der dargestellten Sachlage zum gegenwärtigen Forschungs- und Kenntnisstand nichts zu deuteln: Die in der Literatur konstatierte Häufung des Namens Mirjam ist kein Phänomen ›der Antike‹, gar der *ganzen* Antike, sondern tritt erst mit dem Ende des ersten Jahrhunderts v. Chr. auf und erlischt nach der Niederlage im zweiten Befreiungskrieg gegen Rom. Damit lässt sich bei aller Vorsicht die Vermutung äußern, dass Namengebung und römische Herrschaft etwas miteinander zu tun haben. Noch einmal also die Frage nach der Motivation, mit der möglicherweise Eltern ihre Töchter in dieser Zeit Mirjam, Marjam, Maria, Mariamme nannten.

2.1.5 Die Häufigkeit des Namens Mirjam als Zeichen für die Sehnsucht nach einem und zugleich die Hoffnung auf einen neuen Exodus – eine Verständnishilfe für Maria alias Mirjam

Die Untersuchung der verschiedenen inschriftlichen und urkundlichen Bezeugungen des Namens Mirjam bzw. ihre Häufigkeit im zeitlichen Rahmen der römischen Besatzung berechtigen zu der Vermutung, dass in dieser erlebten und erlittenen Lebenssituation Jüdinnen und Juden ihre Töchter bewusst Mirjam nannten.[414] So konnten sie ihrer Hoffnung Ausdruck verleihen, dass in ihren Töchtern etwas von dem Potential der ›großen‹ Mirjam durchbrechen möge, die gemeinsam mit Mose und Aaron das Volk während der Wüstenwanderung anführte, nachdem sie mit ihm zusammen das Schilfmeer durchquert hatte, sodass wieder ein Exodus, eine neue Befreiung möglich werde.

Auf diesem Hintergrund ist es wahrscheinlich, dass auch die neutestamentlichen Frauen, die den Namen Mirjam tragen, allen voran die Mutter Jesu, bewusst diesen Namen erhielten. Dabei ist es für die Aufgabenstellung der vorliegenden Arbeit irrelevant, ob dieses ›Bewusstsein‹ ein historisches war, ob also wirkliche Eltern wirklicher Töchter diesen Namens Entsprechendes bei und mit der Benennung ihrer Töchter intendierten.

Mit anderen Worten: Auch wenn – was nicht wahrscheinlich ist, da die Zeugnisse übereinstimmend den Namen überliefern (vgl. Mk 6,3) – aus der Mutter Jesu erst durch diejenigen, die die neutestamentlichen Schriften verfasst haben, eine Mirjam geworden sein sollte, täte dies der Bedeutsamkeit des Namens und seiner Funktion als Interpretationshilfe für die neutestamentlichen Texte keinen Abbruch. Auch als literarischer Kunstgriff, der auf der Produktions- wie Rezeptionsebene erfolgen kann, bliebe die Prophetin Mirjam diejenige, an deren Geschichte sich Tun und Leben der späteren Frauen dieses Namens zu bewähren hat. Als sicher kann nach den vorangegangenen Untersuchungen auf jeden Fall gelten, dass Lukas mit dem Namen der Mutter Jesu die bestmögliche Grundlage hatte, um seine Erzählfigur so zu gestalten, dass das, was er von ihr zu erzählen hatte, sich in vielerlei Hinsicht an Mirjam und ihrer Geschichte orientierte, wie sie ihm aus der Schrift und der ihm zeitgenössischen Exoduslektüre bekannt war, dass also – um ein letztes Mal STORM zu zitieren – diesmal in der Tat *der Nam' den Menschen macht.*

2.2 Die Vision vor der Geburt des Befreiers (Lk 1,26–38)

Während die Exoduserzählung der Schrift Mirjam erst nach der Geburt des Mose knapp erwähnt (Ex 2,4), erfolgt in der zwischentestamentlichen Literatur eine deutliche Neuorientierung: Aller Wahrscheinlichkeit nach durch den ihr in Ex 15,20 verliehenen Titel ›Prophetin‹ motiviert, beginnen Exoduslektüren dieser Zeit damit, Mirjams Einfluss auf die Befreiungsgeschichte Israels schon vor der Geburt des Mose anzusetzen. Wenngleich also die Begegnung zwischen Gabriel und Maria auf der Ebene der kanonischen Schrift nicht als Exoduslektüre auszuweisen ist, zeigen nachbiblische Darstellungen, dass das Element der Ankündigung der Geburt des Befreiers – wenn auch z.B. bei Josephus an Amram ergehend (Ant 2,212–216/9,3)[415] – zur Zeit der Entstehung des lukanischen Werkes bereits Bestandteil der vielstimmigen Exodusüberlieferung geworden ist. Wie aber gestaltet Lukas seine messianische Version der Vision Mirjams?[416] Und wie verhält sich seine Darstellung zu anderen zeitgenössischen Exoduslektüren?

---

[414] Oben ist bereits darauf hingewiesen worden, wie sehr die inhaltliche Füllung eines Namens vom jeweiligen Wirklichkeitsverständnis einer bestimmten Gruppe und ihrem Kontext abhängt. Angesichts des Befundes der Häufung des Namens Mirjam in einem relativ eng umgrenzten Zeitraum ist es legitim, von einem recht einheitlichen Wirklichkeitsverständnis auszugehen.

[415] S.o. S. 194f.

[416] Zur Begegnung zwischen Maria und Gabriel unter besonderer Berücksichtigung der Fragestellung, wie mit diesem Textabschnitt in Kinderbibeln umgegangen wird, s. K. SCHIFFNER 2003c.

2.2.1 Engel zu Besuch – Übersetzung und Beobachtungen am Text (Lk 1,26–38)

[27]Im sechsten Monat wurde der Engel Gabriel von Gott in eine Stadt Galiläas geschickt, deren Name Nazaret war, [27]zu einer jungen Frau, verlobt mit einem Mann namens Joseph aus dem Haus Davids; und der Name der jungen Frau: Maria.

[28]Beim Hineinkommen sprach er: »Freu dich[417], du von Gottes Zuwendung Erfüllte,[418] JHWH[419] [ist] mit dir.« [29]Die geriet bei dem Wort[420] in Verwirrung und überlegte, woher dieser Gruß sei.

[30]Da sprach der Engel zu ihr: »Fürchte dich nicht, Maria, denn du hast Zuwendung bei Gott gefunden. [31]Hör genau hin:[421] du wirst schwanger werden und du wirst einen Sohn gebären und wirst seinen Namen Jesus nennen. [32]Dieser wird groß sein und ein Sohn des Höchsten genannt werden; ihm wird JHWH, Gott (allein), den Thron Davids, seines Vorfahren, geben, [33]und er wird als König über das Haus Jakob herrschen für alle Zeiten, seiner Königsherrschaft wird kein Ende sein.«

[34]Da sprach Maria zu dem Engel: »Wie ist dieses möglich, habe ich doch mit keinem Mann geschlafen[422]?«

[35]Der Engel gab ihr zur Antwort: »Heilige Geistkraft wird dich durchströmen[423] und die Kraft des Höchsten wird dich überschatten; deswegen wird auch das Kind[424] heilig genannt werden, Sohn Gottes. [36] Hör genau hin: Elisabeth, deine Verwandte, auch sie ist schwanger mit einem Sohn in ihrem hohen Alter; dies ist schon der sechste Monat für sie, die (doch) ›Unfruchtbare!‹ heißt: [37] für Gott ist nämlich nichts[425] unmöglich.«

[38]Da sprach Maria: »Hör genau hin: Ich bin ganz für Gott da[426]; für mich soll es so werden, wie du gesagt hast.«[427]

---

[417] Gegen die z.B. bei W. ECKEY 2004, 84f. vertretene Ansicht, es handele sich hier um eine alltägliche Grußformel, die zwar im lukanischen Werk sonst nicht vorkomme, aber nur aufgrund des Wortspiels mit κεχαριτωμένη gewählt sei. ECKEY versteht auch das dritte Satzglied ὁ κύριος μετὰ σοῦ als »ins tägliche Leben gehörende Grußformel« (a.a.O., 85). Auch J.A. FITZMYER 1981, 344f. versteht χαῖρε als Gruß, macht aber dennoch darauf aufmerksam, dass die Form in der LXX an drei von vier Stellen (Zeph 3,14; Joel 2,21; Sach 9,9) »introduces a prophecy addressed to Israel or Jerusalem about the restoration of God's people.« (ebd., 345).

[418] Diese Übertragung nimmt zunächst einen zentralen Aspekt von χάρις/חֶסֶד auf, die Sorge um jemanden, die Zuneigung zu jemandem; zu den verschiedenen Möglichkeiten, den ›schillernden‹ Ausdruck inhaltlich zu füllen s.u. S. 311f. und bezogen auf Stephanus S. 348. Zugleich wird durch die Wendung ›Erfüllte‹ der Tatsache Rechnung getragen, dass χαριτόω ein Faktitivum ist (BDR § 108.1).

[419] Im lukanischen Werk dient, orientiert an der LXX, κύριος mit Artikel in der Regel der Wiedergabe des Gottesnamens. Damit sind für die vorliegende Szene die Weichen gestellt: κύριος meint Israels Gott, auch wenn wie in V.32 der Artikel nicht gesetzt ist. Deshalb erfolgt an diesen Stellen die Wiedergabe mit JHWH.

[420]Die wörtliche Übersetzung von λόγος läßt zunächst mehr Raum für eine Interpretation.

[421] Zwar verschieben sich mit dieser Wiedergabe von ἰδού die angesprochenen ›Sinne‹ – in jedem Fall aber ist seine Funktion als Aufmerksamkeitspartikel gewahrt und der kommunikativen Situation angepasst.

[422] Diese Übersetzung versteht γινώσκω hier zwar sehr eng als auf den Bereich der Sexualität bezogen, ist aber der Situation angemessen.

[423] Diese Übertragung von ἐπέρχομαι folgt CLAUDIA JANSSEN in E. DOMAY/H. KÖHLER 2001, 42f.

[424] Das griechische γεννώμενον (Part. Perf. med./pass. von γεννάω) folgt hier der Bewegung des Hebräischen, wenn aus der Wurzel ילד mit der Doppelbedeutung *gebären* und *zeugen* das Substantiv יֶלֶד, wörtlich: *das Geborene*, gebildet wird.

[425] An dieser Stelle ist ῥῆμα mit der gleichen Wirkkraft wie דָּבָר gedacht: »es ist das von Gottes Willen getragene Wort, das seinen Heilsplan im Leben seines Volkes verwirklichen kann und will.« (F. BOVON 1989, 78, Anm.55).

[426] Wörtlich: *Ich bin Gottes Sklavin.* Die konnotative Doppelbewegung zwischen Rechtlosigkeit und besonderer Nähe zu Gott, damit also der Absage an jede Form der Herrschaft von Menschen über Menschen, war den ersten Rezipientinnen und Rezipienten vermutlich noch vertraut. Zur grundsätzlichen Polyvalenz der Wurzel bzw. des Wortfeldes in der Schrift o. S. 234; dies bleibt auch

Dann ging der Engel weg von ihr.[428]

2.2.1.1   Vom Unterschied zwischen Quantität und Qualität – Redeanteile und -inhalte im Gespräch Gabriels mit Maria

Nachdem Lukas zuvor erzählt hat, dass Elisabeth tatsächlich schwanger ist und wie sie Gott dafür preist,[429] setzt die Erzählung Lk 1,26–38 mit einer beide Episoden verbindenden chronologischen Angabe ein:[430] Die Verkündigung der Schwangerschaft Marias und der Geburt Jesu wird in die Chronologie der Schwangerschaft Elisabeths eingeordnet.[431] Als sie ›im sechsten Monat‹ ist, wird der Engel Gabriel von Gott nach Nazaret geschickt. Der gesamte V. 27 dient dann der Aufgabe, Maria als Protagonistin einzuführen. Dies geschieht in drei Stufen: zunächst wird ihr biologisch-sozialer Status genannt (παρθένος), dann ihre Verbundenheit mit Josef und damit mit dem Haus Davids, und schließlich, als würde der Scheinwerfer auf sie gerichtet, tritt sie als in diesem Moment noch (relativ) ungebundene, freie Frau in den Mittelpunkt, indem sie ohne jede Hinzufügung nur mit ihrem Namen vorgestellt wird. Mit V.28 kann also die eigentliche Szene beginnen.

Es entwickelt sich ein Dialog, in dem in quantitativer Hinsicht Gabriel die aktive Rolle erhält. Er ist nicht nur derjenige, dessen Kommen (V.28) und Gehen (V.38b) das Gespräch beginnt und beendet; auch die Verteilung der Redenanteile spricht für sich: Selbst wenn Marias Gedanken in V.29 als Form ›innerer Rede‹, zumindest als aktives Moment gedeutet würden, und damit die Zahl der Redenanteile beider Personen mit je drei gleich wäre,[432] so ist Gabriels Anteil mit zwei großen Redeeinheiten (V.30–33.35–37) und dem Einleitungsgruß quantitativ ungleich größer als Marias. Ihr Anteil besteht nur aus einem Gedankengang (V.29),[433] einer kurzen Frage (V.34) und einem formal ebenfalls recht knappen abschließenden Satz (V.38).

Die drei mit ἰδού eingeleiteten Redeabschnitte (Gabriel: V.31.36; Maria: V.38) erwecken dagegen einen anderen Eindruck: Während Gabriel, seiner Rolle entsprechend, eine Botschaft überbringt, ist Marias ganzes Reden selbstbestimmt. Es ist *ihr* Denken, Reden und im Entscheiden Handeln, das aus dem Text spricht. Gerade ihre Antwort auf das durch Gabriel mitgeteilte Vorhaben Gottes, ihre Zustimmung, geschieht in bewusst gestalteter Parallelität. Sie nimmt die Aufmerksamkeitspartikel auf, spiegelt das zuvor ihr Übermittelte: Zweimal hatte der Bote Gottes ihr nach menschlichem Maße Unvorstellbares mitgeteilt – nun wird sie, die vorher zugehört

---

für die nachbiblische jüdische Exoduslektüre prägend. Angesichts einer langen Auslegungsgeschichte, die Marias ›Demut‹ als vorbildlich für Frauen verstanden und vermittelt hat, bedarf es jedoch anderer Übertragungen, die – wenn auch dem Wortlaut weniger – dem Inhalt dafür umso eher gerecht werden; vgl. K. SCHIFFNER 2003c, 136f.

[427] Von einem Sich-Fügen Marias kann auf der Textebene keine Rede sein: Der Optativ im Einzelsatz, der Optativ cupitivus, »dient zur Bezeichnung des erfüllbaren Wunsches« (BDR § 384).

[428] Zur hier schon dargestellten zyklischen Struktur der Passage s.u. S. 281.

[429] Zur Reaktion Elisabeths und dazu, wie Lukas sie hier als Prophetin mit vorsichtigen Anklängen an Mose zeichnet s. L. SUTTER-REHMANN 2005.

[430] Mit S.H. RINGE 1995, 30; W. ECKEY 2004, 82.

[431] Mit J.A. FITZMYER 1981, 343.

[432] Gabriel dreimal eingeleitet durch εἶπεν (V.28.30.35), Maria zweimal ebenfalls durch εἶπεν (V.34.38), einmal durch διαλογίζετο (V. 29).

[433] Auch W. ECKEY 2004, 85 sieht den Unterschied zwischen dem Erschrecken des Zacharias und dem Nachdenken Marias:»Während Zacharias bei der Begegnung in Furcht und Schrecken geriet (12), ist sie perplex. Weniger die Erscheinung des hohen Engels als vielmehr seine ehrende Anrede, die Zusage der besonderen Gotteshuld, verwirrt sie«.

hatte, zur Mitteilenden und damit in weiterer Hinsicht zur Gegenfigur zu Zacharias, der nach dem Weggang Gabriels bis zur Geburt seines Sohnes stumm bleibt.[434]

2.2.1.2 Marias Rückfrage im Zentrum – zur zyklischen Struktur der Szene

Gerahmt wird die Szene durch das Kommen und Gehen Gabriels (V. 27.38b). Auf einer zweiten Stufe werden einander gegenübergestellt zum einen die Begrüßung Marias als κεχαριτωμένη (V. 28) und zum anderen ihre abschließende Aussage mit der Selbstbezeichnung δούλη κυρίου (V. 38a). Auf der gleichen Ebene liegen das Nachdenken Marias über den Gruß des Engels (V. 29) und ihre als Wunsch formulierte Zustimmung: γένοιτό μοι κατὰ τὸ ῥῆμα σου (V. 38). Drittens entsprechen sich die beiden Engelreden, über deren inhaltliche Überschneidungen viel spekuliert wurde.[435] Gegen die traditionelle Annahme einer Interpolation der Verse[436] spricht im vorliegenden Aufriß der Szene, daß sie so und nicht anders gebraucht werden, nämlich als symmetrische Spiegelbilder des selben Sachverhalts. Die Mitte schließlich bildet mit V.34 die Rückfrage Marias, ihre ›Erdung‹ des zuvor Angesagten.[437]

Da die meisten Exegetinnen und Exegeten die *stilistische Notwendigkeit* für einen Einwand Marias an dieser Stelle betonen[438] und diese mit einem Verweis auf die zugrundeliegende literarische Gattung begründen,[439] konzentrieren sich auch die folgenden Beobachtungen auf die Frage der verwendeten Form bzw. Gattung.

2.2.1.3 Marias Berufung – Beobachtungen aus formgeschichtlicher Perspektive

Während FRANCOIS BOVON die ›Verheißung einer Geburt‹ als eigene Gattung definiert,[440] ordnen RAYMOND E. BROWN und seine Mitautorinnen und -autoren sie zwar in den größeren Rahmen der ›Verkündigungen‹ ein, deren Funktion darin bestehe, »den Leser auf das Wirken einer zu einer bedeutenden Rolle in der Heilsgeschichte berufenen Person vorzubereiten, zu einer Rolle, die der Autor schon kannte.«[441] Dennoch entsteht durch das Zusammentragen von übereinstimmenden Merkmalen in

---

[434] »The pattern of reversal of status and privilege that will become the hallmark of the good news Jesus brings is already set in the annunciation stories. Zechariah becomes powerless to continue his formal liturgical duties, while Mary becomes the first to participate knowingly and willingly in God's future that has been announced to her.« (S.H. RINGE 1995, 32).

[435] Vgl. nur R. MAHONEY 1983, 104; F. BOVON 1989, 75f.; H. SCHÜRMANN 1969, 48f.; G. SCHNEIDER 1992, 50f.

[436] So z.B. schon A. V. HARNACK 1901; F.C. GRANT 1940, 18–21; vgl. weiter die Darstellung der Debatte bei J.A. FITZMYER 1981, 336f., der sich selbst jedoch dagegen ausspricht und von einer durchgängigen Komposition ausgeht.

[437] Allerdings ist festzuhalten, dass im Gegensatz zur matthäischen Darstellung, nach der die Nachricht über die Schwangerschaft Marias Josef erst erreicht, als diese schon eingetreten ist, zum gegebenen Zeitpunkt bei Lukas dies gerade noch nicht der Fall ist, wie die futurischen Verbformen der Vv. 31–33 zeigen. Insofern ist S.H. RINGE 1995, 32 Recht zu geben, wenn sie betont: »Mary's question … is then a simple human quest for reassurance that all will happen in due time and in due order, in keeping with the commitments made in her betrothal.«

[438] Exemplarisch H. SCHÜRMANN 1969, 49: »Im Sinne des Erzählers hat die Frage ... zunächst eine schriftstellerische Funktion: nämlich die nähere Erklärung VV 35ff zu ermöglichen und vorzubereiten.« Nach W. ECKEY 2004, 90f. dient die Rückfrage zum einen dazu, der Erzählung Spannung zu verleihen und zum anderen als »Mittel des Erzählers, der folgenden Erläuterung des Engels eine Bahn zu bereiten.« (ebd., 91) R. MAHONEY verweist allerdings darauf, dass die Frage nach dem Inhalt ihres Einwandes nicht damit geklärt ist, dass auf die literarische Notwendigkeit eines solchen verwiesen wird: »Daß sie an dieser Stelle etwas fragt, ist (besonders literarisch) verständlich; aber was sie fragt, genauer: ihre Begründung, ist es nicht.« (ders. 1983, 104).

[439] R. BROWN 1981, 97: »Wenn wir jedoch erkennen, daß ein solcher Einwand zur Grundform des Verkündigungsgeschehens gehört, dann kann die Frage 1,34 leicht als ein literarischer Kunstgriff erklärt werden, der dazu bestimmt ist, die Geschichte und den Dialog weiterzubringen.«

[440] Ders. 1989, 70. In diese Richtung geht auch W. ECKEY 2004, 86.

[441] 1981, 96.

den Erzählungen von Geburtsankündigungsgeschichten auch bei ihnen der Eindruck einer deutlichen Abgrenzung von Berufungsgeschichten wie denen Gideons (Ri 6,11–17), der Propheten Amos und Jeremia oder auch des Mose (Ex 3,1–12).

Im Gegensatz dazu betont BEA WYLER sehr viel stärker die Übereinstimmung der betreffenden Geburtsankündigungen[442] mit ›klassischen‹ Berufungserzählungen:

> »Since all the elements of the call pattern are included, the annunciation of a birth ... has to be understood as a variation of the classical call, particularly since God has some important plans for the child to be born.«[443]

Das klassische sechsteilige Muster einer solchen Berufungserzählung[444] lässt sich exemplarisch anhand der Berufung Gideons (Ri 6,11–17) verdeutlichen: Auf die ›Konfrontation mit dem Göttlichen‹,[445] in der die Hauptperson mit einem göttlichen Boten zusammentrifft, der sie mitten in der Verrichtung ihrer alltäglichen Arbeiten unterbricht (Ri 6,11b–12a),[446] folgt das ›Gespräch zur Einleitung‹. Dieses dient der Vorbereitung auf den Auftrag, der persönlichen Kommunikation sowie gegebenenfalls der Betonung eines besonders engen Verhältnisses zwischen Gott und der Adressatin oder dem Adressaten (Ri 6,12a–13). Drittens erfolgt die Nennung des eigentlichen Auftrags, meist imperativisch formuliert (Ri 6,14). Im vierten Schritt kommt es zum Einwand bzw. Widerspruch seitens der bzw. des Angesprochenen, die auf ihre persönliche Situation verweisen und damit die Unmöglichkeit des göttlichen Ansinnens hervorheben (Ri 6,15). Nachdem diese Einwände im fünften Schritt durch eine ›Bestätigung‹ Gottes, die gattungsgemäß meist in einer bekräftigenden Wiederholung des Auftrags besteht (ohne inhaltlich stimmige Beantwortung der eigentlichen Fragen oder Eingehen auf die Einwände der Betroffenen), entkräftet worden sind (Ri 6,16), kommt es im sechsten und letzten Schritt schließlich zum ›Zeichen‹. Dies wird meist von den Betroffenen erbeten, um Sicherheit darüber zu erlangen, dass es sich bei dem Vorgetragenen wirklich um ein Ansinnen Gottes handelt (Ri 6,17).[447]

Eine Analyse von Lk 1,26–38 unter Anwendung dieser formgeschichtlichen Kriterien zeigt eine auffällige Nähe zwischen der sogenannten ›Verkündigung‹ und einer ›klassischen‹ Berufungserzählung: Die ›Konfrontation mit dem Göttlichen‹ (V. 26f.) enthält die gängigen Inhalte. Auffällig ist die Namensnennung für alle Beteiligten.[448]

Im zweiten Schritt, dem ›einleitenden Gespräch‹ (V. 28–30), sticht die Ähnlichkeit zu Gideon deutlich ins Auge: Wie er wird Maria mit einem positiven Attribut (κεχαριτωμένη) bezeichnet[449] und erfährt genauso die Versicherung, dass Gott mit ihr sei. Marias Reaktion ist eine innerliche, deren Inhalt eine eher distanziert-abwartende Haltung zum Ausdruck bringt. In dieser Distanzierung fällt ebenfalls eine gewisse

---

[442] Etwa bezogen auf Sara (Gen 18,9–14) oder die Frau Manoachs (Ri 13,2–11).

[443] Dies. 1996, 140.

[444] WYLER beruft sich für die Darstellung dieser sechs Elemente einer formgeschichtlich ›reinen‹ Berufungserzählung in der Einleitung ihres Aufsatzes auf HABEL (vgl. dies. 1996, 136f.).

[445] Die Benennung der einzelnen Elemente erfolgt in eigener deutscher Übersetzung der bei WYLER verwendeten englischen Ausdrücke.

[446] Insofern ist bei der von W. ECKEY 2004, 84 genannten Möglichkeit, Gabriel könne Maria bei »ihre[r] Andacht oder ihre[r] häusliche[n] Arbeit« antreffen, der Alternative ›Arbeit‹ der Vorzug zu geben.

[447] Dieses Muster, obschon »applicable in varying forms to a wide range of biblical characters« (B. WYLER 1996, 138), ist in einer Klarheit wie der genannten Szene der Berufung Gideons nur selten vertreten. Die bekannten Berufungserzählungen von Mose (Ex 3,1–12), Jesaja (Jes 6,1–13), Jeremia (Jer 1,4–10) oder Ezechiel (Ez 1,1–3,11) zeigen hinsichtlich ihrer Länge, aber auch der Verwendung oder eben des Fehlens einzelner Elemente beträchtliche Variationen.

[448] Mit B. WYLER, ebd., 142.

[449] Diese Parallele sieht auch J.A. FITZMYER 1981, 345.

Nähe zu Gideon auf, wenngleich dessen Reaktion auf den Gruß des Boten gerade keine innerliche ist, sondern seine harsche Zurückweisung, zumindest aber scharfe Kritik, sich offen Bahn bricht:

> *Was mich angeht,*[450] *mein Herr: Wenn JHWH mit uns ist – warum trifft uns dieses ganze Leid und wo sind all ihre Wundertaten, von denen unsere Eltern uns erzählt haben, wenn sie sagten:* »*Hat JHWH uns etwa nicht aus Ägypten hinaufgeführt?*« *Und jetzt hat sie uns weggeworfen und uns in die Hand Midians gegeben. (Ri 6,13 LXX)*

Ein Gruß wie der ihm zugedachte ist für Gideon angesichts der Situation seines Volkes nicht denkbar und nicht annehmbar. Zu deutlich ist der Widerspruch zu seiner Lebensrealität. Spiegelt dies nicht die Szenerie wieder, in der sich in der lukanischen Exoduslektüre Maria befindet? Eine hoffnungslose Situation, unterdrückt durch eine fremde Großmacht,[451] ausgebeutet und ohne jede Hoffnung auf Hilfe? Genau wie für Gideon ist es auch für Maria jenseits des realistisch Vorstellbaren, in dieser Situation vom Beistand Gottes, der eine Umwälzung der Situation bewirken könnte und/oder wollte, auszugehen.[452] Die den zweiten Redegang Gabriels einleitende nochmalige Versicherung, Maria könne auf die Zuwendung Gottes vertrauen (V. 30), drückt den Versuch aus, auf diese implizite Kritik zu reagieren.

Marias ›Auftrag‹ (31–33) verknüpft ihr ›Tun‹ (schwanger werden, gebären und benennen) eng mit der Aufgabe ihres zukünftigen Kindes (groß, Sohn des Höchsten, Inhaber des Thrones Davids und Herrscher über Israel, dessen Herrschaft unbegrenzt sein wird). Stilistisch erhält beider Tun zunächst gleich viel Raum, indem die Botschaft Gabriels in zwei Fünfzeiler geteilt ist.[453]

Dem Gattungsmuster folgend kommt es daraufhin zum ›Einwand‹ (V.34) der berufenen Person. Maria verweist auf ihren Status, ebenso wie Gideon, der seiner Berufung seinen niedrigen sozialen Status als Jüngster in der kleinsten und schwächsten Sippe des Stammes Manasse gegenüberstellt. Marias Einwand ist zwar ein sehr konkret-körperlicher, die in V. 28 erwähnte Verlobung impliziert jedoch zugleich einen besonderen sozialen Status, nämlich den der Übergangszeit[454] von ihrer Herkunftsfamilie in die Familie ihres Mannes.[455] Wie bei Gideon könnte auch hier das ›Verständigungsproblem‹ zwischen Gott (vertreten durch Gabriel) und Maria in der völlig unterschiedlichen Wahrnehmung ihrer Person und Position liegen.[456]

Im fünften Schritt, der ›Bestätigung‹ (V. 35), erfährt Marias Einwand insofern keine Beachtung, als die Aussage Gabriels in keiner Form auf dessen inhaltliche Aspekte

---

[450] Griech. ἐν ἐμοί.

[451] Auch wenn in der erzählten Zeit Herodes König war, bedeutet dies gerade nicht, dass die römische Macht nicht zu spüren gewesen sei. Und in der Erzählzeit, nach der Niederlage gegen Rom, ist die Situation eindeutig verzweifelt.

[452] Mit B. WYLER 1996, 142: »The text of Mary's call follows the pattern established in the Hebrew Bible … in such pure and clear ways that an audience familiar with the text of the Hebrew Bible must have noticed the similarity at once.« Gegen H. SCHÜRMANN 1969, 45, der Marias Verhalten als Nachweis der »Verwirrung Mariens«, als »stilles Nachsinnen« und damit als Ausdruck ihrer »kindlich-demütigen Zurückhaltung und geistlichen Besonnenheit« versteht.

[453] Mit W. ECKEY 2004, 85 sowie schon J. JEREMIAS 1980, 48f..

[454] Zwar ist sie als Verlobte schon fast Mitglied der Familie Josefs; dennoch ist ihr Status nicht in gleicher Weise (ab)gesichert wie der einer Ehefrau.

[455] »Wir haben gerade bezüglich der Jungfrauengeburt einiges entdeckt. Nämlich daß das Wort ›parthenos‹ einen sozialen Status andeutet, einer Frau nämlich, die dabei ist, ihren ›Clan‹ zu verlassen und noch nicht in den zukünftigen Clan ihres Mannes aufgenommen ist. Weil sie ja – wie Lukas oder weiß der Kuckuck wer diese schöne Geschichte erfunden hat (es könnte ja auch eine Frau gewesen sein) ausdrücklich erwähnt – noch verlobt ist, und das ist keine biologische, sondern eine soziale Position.« (DICK BOER, zit. nach R. WIND 1996,32f.)

[456] Vgl. dazu auch LUISE SCHOTTROFFs Verständnis der Geschichte Marias als Beispielerzählung für die ›Erhöhung der Erniedrigten‹; dies. 1996, 258ff.

eingeht: »Mary's question ›How?‹ is sidestepped and remains unanswered.«[457] Anstelle dessen erfolgt gattungstypisch die Wiederholung des Auftrags, die nur im
Wortlaut verschieden ist.[458] Allerdings trägt dieser andere Wortlaut entscheidend
dazu bei, dass die Maria schon eingangs zugesagte Gegenwart Gottes eine Konkretisierung erfährt, indem mit der ›Überschattung‹ durch die Geistkraft auf die Anwesenheit der Wolke während Israels Wüstenwanderung (Ex 40,34f.) angespielt wird.[459]
Diese besondere Geistes-Gegenwart Marias hat Konsequenzen auch für das in ihr
entstehende Leben: Es wird heilig – etwas Besonderes und auch Abgesondertes –
sein.[460] Die Beobachtung, dass die Vv. 34f. entsprechend der *Gattungsvorgabe als
Wiederholung* des schon in V. 30–33 erteilten Auftrags formuliert sind, leistet dreierlei:
Zum einen gibt sie eine plausible Erklärung für die Doppelung des Inhaltes der Vv.
31ff und 35, zum zweiten macht sie eben dadurch Interpolationstheorien überflüssig
und zum dritten beinhaltet sie eine Absage an jede Form von Spekulation über sexuelle Assoziationen zum in V.35 beschriebenen Wirken der Geistkraft bei Marias
Schwangerschaft.[461] Im Unterschied zu Gideon[462] *fordert* Maria jedoch kein Zeichen,
der Engel gibt es ihr von sich aus: Er verweist auf die Schwangerschaft Elisabets, also
ein ähnliches Geschehen wie das ihr soeben prophezeite, wenn auch unter anderen
Vorzeichen.[463]

Einen Zusatz findet das Muster der Berufungserzählung in der vorliegenden Szene
mit V.38, der Zustimmung Marias.[464] Während in Gideons Fall die Zustimmung erteilt ist, nachdem er das von ihm geforderte Zeichen erhalten hat und damit in der
Lage ist, den zu ihm sprechenden Mann als Boten Gottes zu identifizieren (Ri 6,22),
fehlt in der Berufung Marias dieser Akt noch. Er ist erst vollendet, nachdem sie
deutlich eingewilligt hat.[465] Erst jetzt kann Gabriel gehen (V.38b).[466]

---

[457] J. SCHABERG 1996, 284.

[458] »Characteristically, the reassurance repeats the essence of the commission's content.« (B. WYLER
1996, 138).

[459] S. dazu oben S. 236f.

[460] Mit W. ECKEY 2004, 92: »Das Maria angekündigte Kind wird von Anfang an Gott gehören. Es wird
auf einmalige Weise von ihm und für ihn ausgesondert sein und dementsprechend ›heilig genannt
werden‹.« Ähnlich S.H. RINGE 1995, 32: »What Luke does proclaim by this annunciation is that the
child whose birth is foretold is to play a unique role in the fulfillment of God's purposes and in
mediating God's presence in the world.«

[461] So auch S.H. RINGE 1995, 32: »For Luke to affirm that the child ›will be called Son of God‹ refers not
to biological paternity, but to the acclamation of God's self-evident, indelible commitment and
engagement in this human life from before its beginning.«

[462] Und auch zu Zacharias (Lk 1,18).

[463] Die Aussage *für Gott ist nichts unmöglich* (V. 37), eine Anspielung, mehr noch: ein ›Fast-Zitat‹, auf
Gen 18,14 (s. außerdem Hiob 42,2), erweitert den Bezugsrahmen: Als Zeichen dient nun neben
Elisabeth in erster Linie Sara – und damit zugleich Rebekka und Hanna, die, obschon zuvor
unfruchtbar, durch Gottes schöpferisches Wirken schwanger wurden.

[464]Zu dem gleichen Urteil kommt auch F. BOVON 1989, 78, Anm.56. Ähnlich R. MAHONEY 1983, 105 und
etwas vorsichtiger H. SCHÜRMANN 1969, 57f. Dezidiert C.J. HALKES 1991, 273: »Maria ist der einzige
Mensch, um dessen Mitarbeit bei der Menschwerdung Gottes gebeten wird. Es ist keine Rede von
einer Überwältigung, und ihr ›Fiat‹ ist das Gegenteil willenloser und unselbständiger
Unterwürfigkeit.« M. DE GROOT stellt Marias Antwort auf eine Ebene mit den Zusagen Abrahams
und Moses: »Die Worte der Maria: Siehe, ich bin Gottes Magd, mir geschehe nach Deinem Wort -
sind nichts anderes als das abrahamitische ›hier bin ich‹ oder als das ›hier bin ich‹ des Mose beim
brennenden Dornbusch.« (dies. 1949).

[465] Vorsichtig in diese Richtung geht auch J.A. FITZMYER 1981, 341: »Mary's enthusiastic response to the
angel depicts her from the very beginning of the account as one who cooperates with God's plan of
salvation.«

[466] Mit S.H. RINGE 1995, 32: »The messenger is free to leave now that there are human characters who
can carry the message forward – Mary having heard the promise itself, and Elizabeth following the
wisdom of her own body.«

2.2.1.4 Marias Berufung zur Prophetin – Zwischenresümee

Die vorangestellten Untersuchungen haben deutlich gemacht, dass die Verkündigungsszene mit großer Wahrscheinlichkeit auf das Berufungsschema der Hebräischen Bibel zurückgreift.[467] Innerhalb der Denkwelt des Lukas wie seiner Adressatinnen und Adressaten legt sich diese Bezugnahme auf die Schrift nahe: Maria wird in ihre Rolle eingewiesen in einer Weise, in der in der Schrift Führungspersonen im Volk, aber auch Propheten ihren Auftrag erhalten konnten. Lukas gestaltet also die als ›Verkündigung‹ bekannte Szene nach dem Muster einer (prophetischen) Berufungserzählung,[468] indem er im Gespräch zwischen Gabriel und Maria die Form des ›narrative call‹ mit seinen sechs Elementen aufnimmt. Maria erfährt damit im lukanischen Werk eine Berufung, wie sie in der Schrift nur wenigen zuteil wird. Angesichts der Geschichte und Bedeutung ihrer ›Namensspenderin‹ legt das den Schluss nahe, dass Lukas die Vorstellung und Einführung Marias in ihrer zentralen Rolle für die Befreiungsgeschichte mit den Zügen der prophetischen Berufung zeichnet, obgleich ihr der Titel ›Prophetin‹ von Lukas nicht ausdrücklich beigelegt wird: Maria, die Mutter Jesu und Namenserbin Mirjams, wird mit prophetischen Gestalten der Schrift in Beziehung gesetzt.[469] Auch was von ihr zu erzählen ist, lässt sich also für Lukas nur mit Worten und Formen ausdrücken, die einmal mehr – wie zuvor schon bei Elisabeth und Zacharias – zeigen, dass für ihn das Geschehen um Jesus nicht anders zur Sprache gebracht werden kann als in der Form der Schriftlektüre. So kann er zeigen, dass seine messianische Exoduslektüre durchgängig in der Schrift und damit im Vertrauen auf Israels Gott gründet.[470]

2.2.2 Der Traum Mirjams und Marias Begegnung mit Gabriel – zum Verhältnis von LAB 9,10 und Lk 1,26–38

Eine größere Nähe als zur Exoduserzählung der Schrift, die eine aktive Rolle Mirjams vor der Geburt des Mose nicht kennt, besteht zwischen der Vision Marias im Lukasevangelium und der Traumvision Mirjams im *Liber Antiquitatum Biblicarum* Pseudo-Philos:[471] LAB 9,10 hält fest, dass bei Nacht – der Text legt nahe, dass diese Begeben-

---

[467] J. SCHABERG sieht zwar Ähnlichkeiten, spricht sich aber dennoch gegen ein solches Verständnis des Textes aus: »This scene echoes aspects of the commissioning or call of prophets. But Mary is commissioned to be a mother, not a prophet. Her response is to consent freely to motherhood (1:38).« (1992, 284). Damit legt sie ihrer Darstellung jedoch einen sehr engen Begriff von Prophetie zugrunde, der dem lukanischen mit seiner Mehrdimensionalität ebensowenig gerecht wird wie der Vielzahl an Phänomenen, die in der Schrift zur Prophetie gehören.

[468] Natürlich muss auch diese Einordnung sich (auch angesichts der oben, S. 282, Anm. 447, bereits konstatierten Uneinheitlichkeit der prophetischen Berufungserzählungen) die Frage nach dem Grad der Übereinstimmung gefallen lassen – diese Anfrage lässt sich so in letzter Konsequenz an die meisten formgeschichtlichen Klassifizierungen stellen und ist damit letztlich eine Anfrage an die Form- und Gattungskritik als ganze.

[469] Sie selbst wird sich im Singen ihres Liedes (Lk 1,46–55) als Prophetin erweisen. In diesem Lied kommen Vergangenheit und Zukunft in einer Sprache zusammen, wie sie prophetischem Reden entspricht – und wie sie im Jubellied Mirjams am Schilfmeer ein Modell findet; s.u. S. 287ff.

[470] Neben der zu Beginn der Untersuchung dazu angestellten Überlegungen (s.o. S. 61ff) sei hier U. BUSSE angeführt: Die Schrift wird in Lk 1–2 »nicht nur im traditionell vorgegebenen Schema von Verheißung und Erfüllung [verwendet], sondern auch als in biblischen Geschichten hermeneutisch umgesetzte Realisation ihrer Hoffnungsdimensionen für die anbrechende End- und Heilszeit durch Lukas aktualisiert.« (ders. 1991, 177)

[471] S.o. S. 165f. Der LAB ist von den hier untersuchten zwischentestamentlichen Schriften die einzige, die Mirjams Rolle vor der Geburt des Mose hervorhebt. Jub beinhaltet überhaupt keine derartige Vision, in Ant 2,212–216/9,3 ist Amram derjenige, dem Gott während der Schwangerschaft Jochebets die besondere Bedeutung seines Sohnes ansagt (s.o. S. 194). Andere Traditionen der Geburtsankündigung bei R. BLOCH 1963, 104–107; R.K. GNUSE 1996, 163f.206–225.

heit sich noch vor Beginn der Schwangerschaft Jochebets ereignet – der Geist Gottes über Mirjam gekommen sei[472] und sie einen Traum gehabt habe. Von dieser Traum-vision berichtet sie am nächsten Morgen ihren Eltern:

> »*Ich sah in dieser Nacht, und siehe, ein Mann stand da in leinenem Gewand und sprach zu mir: ›Geh und sag deinen Eltern: Siehe, was geboren wird von euch, soll ins Wasser geworfen werden, weil durch ihn das Wasser ausgetrocknet werden wird. Und ich werde durch ihn Zeichen tun und mein Volk retten, und er wird immer seine Führerschaft ausüben.* « (LAB 9,10)

Die Ähnlichkeiten zur lukanischen Darstellung liegen auf der Hand: Ein Mann in leinenem Gewand – aller Wahrscheinlichkeit der Engel Gabriel[473] – kommt zu einer jungen Frau und setzt sie in Kenntnis über die große Zukunft eines noch ungebore-nen Kindes.[474] Auch hinsichtlich der Inhalte dieser Zukunft stimmen beide Erzählun-gen überraschend überein, wie die folgende Gegenüberstellung verdeutlicht:

Lk 1,32f.	LAB 9,10
groß sein	ich werde durch ihn Zeichen tun
er wird als König über das Haus Jakob herrschen für alle Zeiten,	und mein Volk retten
seiner Königsherrschaft wird kein Ende sein	und er wird immer seine Führer-schaft ausüben

Beide werden von besonderer Bedeutung sein, wobei Pseudo-Philo hier mehr noch als Lukas betont, dass Mose letztlich als ›Instrument‹ JHWHs eingesetzt wird.[475] Bei-der eigenes Leben, ihre ›Funktion‹, wird in gleicher Weise auf Israel ausgerichtet sein: dem lukanischen *Haus Jakob* entspricht *mein Volk* im LAB. Und schließlich geht es in beiden Fällen um eine nicht endende Aufgabe, ein Nicht-zu-Ende-Gehen der Herrschaft bzw. Führerschaft Jesu wie des Mose.

Ebenfalls an zentraler Stelle erfolgt in beiden Erzählungen der Verweis auf die Geistkraft Gottes: Pseudo-Philo betont die Anwesenheit der Geistkraft Gottes, die einerseits erst die Möglichkeit zur erzählten Vision eröffnet und andererseits Mir-jams Vision für die Leserinnen und Leser von vornherein als besonders qualifiziert ausweist.[476] Im lukanischen Werk spielt die Geistkraft ebenfalls eine gewichtige Rolle, wird sie doch als die zentral die Schwangerschaft ermöglichende Lebenskraft verstanden (Lk 1,35).

In einem Punkt differieren beide Erzählungen jedoch: Während im Lukasevange-lium mit Maria die unmittelbar Beteiligte die Begegnung mit Gabriel erlebt und es so keiner Vermittlung mehr bedarf, ist es im LAB mit Mirjam ›nur‹ eine mittelbar Betei-ligte, die die Worte Gottes vermitteln soll – und damit scheitert: *Und als Maria ihren Traum erzählt hatte, glaubten ihre Eltern (ihr) nicht.* (LAB 9,10) Eine Zurückweisung er-

---

[472] Die Vorstellung, dass die Erfüllung mit Geistkraft zu prophetischem Reden und Tun befähigt, verbindet lukanisches Werk und LAB grundsätzlich; vgl. etwa Lk 1,41.67; 10,21; Apg 1,8; 2,4; 4,8; 7,55 mit LAB 9,10, 18,11; 28,6; 32,14; 62,2.

[473] Mit L. GINZBERG 1961, Bd. V, 396, Anm. 40; C. PERROT 1976b, 59–63; R. BLOCH 1963, 109; R.D. AUS 1988, 19f; R. LE DÉAUT 1964, 205 m. Anm. 1; L. FELDMAN 1971, LVII; F.J. MURPHY 1993, 59 m. Anm. 24.

[474] Auf der sprachlichen Ebene entsprechen sich die ungewöhnliche griechische Formulierung τὸ γεννώμενον von Lk 1,35 und das lateinische Neutrum *quod nascetur* (*was geboren wird von euch*); darauf macht auch C. DIETZFELBINGER 1975, 125 aufmerksam.

[475] Exakt die selbe Vorstellung jedoch auch in Apg 10,38.

[476] H. JACOBSON 1996, 419 nennt als neutestamentliche Parallelstellen nur Apg 8,16; 10,44. Sprachlich mag die Nähe zu diesen beiden Stellen vorhanden sein; inhaltlich liegen jedoch LAB 9,10 und Lk 1,35 sehr viel näher beieinander.

fährt die Vision nur bei Pseudo-Philo, im lukanischen Werk kommt es dazu nicht.[477] Weiter ist denkbar, dass die Frage, ob die Nachricht von einer Vision auf Annahme stößt, nicht unwesentlich davon abhängt, wer diese Nachricht hört: Von einer Vermittlung an Joseph, wie Matthäus sie erzählt, ist im Lukasevangelium nicht die Rede. Statt dessen erfährt mit Elisabeth eine andere geisterfüllte Frau von der Schwangerschaft Marias, und zwar offensichtlich, wie ihre Begrüßung (Lk 1,41–45) deutlich macht, entweder noch vor oder zeitgleich mit dem Gruß Marias.[478] Beide sind – im Gegensatz zu den Eltern Mirjams und Moses – in gleicher Weise von der Geistkraft erfüllt und beide spüren die Gegenwart dieser Kraft in gleicher Weise körperlich in sich. Während die Prophetin Mirjam im LAB zunächst also scheitert und erst der Fortgang der Ereignisse ihre Prophetie als richtig erweisen wird,[479] erfährt ihre Namenserbin, die Prophetin und Mutter Maria, nicht das gleiche Schicksal, sondern kann (gemeinsam mit Elisabeth) ihren Jubel über Gottes Eingreifen zugunsten seines Volkes zum Ausdruck bringen.

2.3 Das Siegeslied der Prophetin – zu früh? (Lk 1,46–55)

Im ersten Abschnitt dieses Kapitels war der Inhalt des Befreiungsliedes Lk 1,46–55 bereits insofern Thema, als in ihm eine Vielzahl von Spuren in den Exodus aufgezeigt werden konnten, die sich auf der Ebene von Stichwortbezügen bewegen.[480] Im Mittelpunkt stand dabei die Frage, wie Gottes Handeln für Israel in der lukanischen Exoduslektüre mit Hilfe von sprachlichen Wendungen und Traditionen zum Ausdruck gebracht wird, die der Exoduserzählung der Schrift entstammen.

Im Rahmen der Suche nach Bezügen zwischen der lukanischen Mirjam und ihrer Namensspenderin konzentrieren sich die folgenden Beobachtungen nun darauf, inwiefern zwischen dem Lied Marias (und Elisabeths?[481]) und dem Schilfmeerlied thematische wie strukturelle Parallelen bestehen.[482]

Strukturell handelt es sich bei den Liedern, die Mirjam und Mose bzw. Maria und Elisabeth singen,[483] um ›imperativische Hymnen‹,[484] die mit einer ›hymnischen

---

[477] Allerdings verfährt Jochebet im Folgenden genau nach den Anweisungen der Traumvision, weist also Mirjams Vision doch nicht letztgültig zurück (LAB 9,12).

[478] Die Erzählung lässt offen, was der Gruß Marias V. 40 (ἠσπάσατο τὴν Ἐλισάβετ) beinhaltet. Insofern besteht die Möglichkeit, dass Maria Elisabeth mit der Neuigkeit ihrer Schwangerschaft begrüßt. Die Tatsache, dass dies nicht ausdrücklich gesagt ist, lässt alle ›Zeitstufen‹ einer ›Information‹ Elisabeths möglich bleiben.

[479] Damit steht Pseudo-Philo ganz in der Tradition des biblischen Prophetieverständnisses, wie es in Dtn 18,22 ausgedrückt ist.

[480] S.o. S. 232ff.

[481] Die unmittelbar einsichtige Nähe des Magnifikat zum Lobgesang der Hanna, der in der aramäischen Fassung TgJ eine eindeutigere politische Ausrichtung erhält, als dies in der Schrift der Fall ist, wenn Hanna dort »visionär die Geschichte und das jeweilige rettende Eingreifen Gottes bis zur Zeit der Pax Romana nachvollzieht« (D. Jessen 2003, 187; vgl. W. Schottroff 1989, 33f.), unterstützt die Überlegung, dass das Lied ursprünglich als Lied Elisabeths gegolten haben könne, auch wenn erst später Textzeugen die Lesart ›Elisabeth‹ bezeugen (vgl. S.H. Ringe 1995, 34). Für die Annahme eines gemeinsamen Liedes sprechen sich B. Eltrop 2003, 176f. sowie D. Jessen 2003, 182 unter Bezugnahme auf C. Janssen 1998, 153 aus.

[482] Da in den im zweiten Kapitel untersuchten zwischentestamentlichen Schriften Mirjam als Sängerin und damit auch ihr Lied nicht vorkommen, können diese Schriften hier außen vor bleiben. Ant 2,346 erwähnen zwar ein Lied, nennen aber exklusiv Mose als seinen Verfasser.

[483] Der Text des Magnifikat in eigener Übersetzung findet sich oben S. 232f.

[484] So die bei F. Crüsemann 1969, 31 anhand des Mirjamliedes gebotene Gattungsbezeichnung. Diese bewegt sich auf einer formalen und damit zunächst neutraleren Ebene als der von H. Gunkel für die Lieder der lukanischen Programmkapitel vorgeschlagene Gattungsbegriff ›eschatologischer Hymnus‹ (ders. 1921). U. Mittmann-Richert 1996, 181–188 problematisiert die unreflektierte

Aufforderung‹ einsetzen und dieses Lob im Folgenden durchführen (eingeleitet durch כִּי/ὅτι).[485] Wenn auch die hymnische Aufforderung nicht mehr in Reinform geboten ist, sondern durch eine Berichtsform in der 1. Person Singular ersetzt ist, ist das kein Hinderungsgrund, das Lied als Hymnus zu verstehen.[486] Ex 15,1 etwa bietet statt der in 15,21 vorliegenden ursprünglichen Aufforderung an Andere eine Selbstaufforderung in der 1. Person Plural: ᾄσωμεν τῷ κυρίῳ.

Das Dank- und Loblied Mirjams und Moses ist im kanonischen Lesefluss der erste ausgedehnte Dankpsalm, und damit ist es das erste Mal, dass ein Geschehen genau dadurch zu voller Kraft und zu voller Realität gelangt, dass es poetisch umgesetzt, in Szene gesetzt wird.[487]

Dabei verlangt die Frage nach der Positionierung des Magnifikats und damit zugleich der anderen Lieder aus Lk 1–2, die im Vergleich zum Exodus an einer ungewöhnlich frühen Stelle zu stehen kommen, für einen Augenblick gesonderte Aufmerksamkeit. Im Exodus wie auch im weiteren Verlauf der Schrift sind die Lieder, die poetischen Stücke innerhalb größerer narrativer Zusammenhänge, die Elemente, die dem narrativen Höhepunkt einer Erzählung folgen, die die Leserinnen und Leser Luft holen lassen, die das Geschehene reflektieren und zugleich weiterführen. Warum dann bei Lukas an dieser frühen Stelle? Diese Frage lässt sich mit der immer wieder gestellten nach der Funktion der Aoriste im Magnifikat verbinden.[488] Wenn diese deutlich machen, dass Maria etwas besingt, was schon geschehen ist, dann verhält es sich in Bezug auf die Grundfrage nach dem ›Sinn des Singens‹ in Lukas 1–2 nicht anders: Diese Lieder haben eine proleptische Funktion; sie nehmen das Ende der Befreiung vorweg, können es schon besingen, weil diejenigen, die die Lieder anstimmen, nichts ganz und gar Neues, nie Dagewesenes erleben, sondern mit ihrem Erleben in einer vertrauten Geschichte agieren. Die Befreiung, von JHWH initiiert und angeschoben, ist faktisch schon präsent, hat Wirkmacht, auch wenn sie noch nicht ›erfüllt‹ ist.[489] Das Vertrauen Marias, dass wahr und wirklich wird, was Gabriel ihr angesagt hat, gründet in der Erfahrung der Gegenwart JHWHs in der Geschichte ihres Volkes. Mit ihrem Lied ruft sie die grundlegenden Befreiungstaten JHWHs ins Gedächtnis, wie z.B. NORBERT LOHFINK gezeigt hat:

Übernahme ersttestamentlicher Gattungsbegriffe für nachbiblische jüdische Schriften und schließt sich letztlich T. KAUT 1990, 284 an, der festhält, dass die Frage der Gattung des Magnifikats noch offen sei (U. MITTMANN-RICHERT 1996, 187).

[485] S. dazu grundlegend F. CRÜSEMANN 1969, 19ff, der Ex 15,21 als älteste Form eines derartigen Hymnus versteht und damit zum Ausgangspunkt seiner Untersuchung macht. Wengleich seiner Datierung des Liedes aus oben genannten Gründen (S. 99f.) nicht mehr zugestimmt werden kann, sind seine formkritischen Analysen nach wie vor weiterführend. So betont er unter anderem, dass der mit כִּי (ὅτι) eingeleitete zweite Teil des Hymnus »nicht Begründung, sondern Vollzug des Verlangten, die eigentliche Durchführung des geforderten Lobes« sei (ebd., 33).

[486] Mit N. LOHFINK 1990, 14: Es handele sich »um eine damals längst mögliche Variante der ursprünglichen Hymnenform. Was in jener Form formelle Aufforderung zum Lob war, tritt in dieser Variante, etwas verfremdet, als Bericht auf. Aber es ist das gleiche Element.«

[487] S.o. S. 123ff. Zur Struktur des Lobliedes der Maria sei auf die gründliche Analyse bei U. MITTMANN-RICHERT 1996, 154–181 verwiesen.

[488] Vgl. N. LOHFINK 1990, 17–19 sowie U. MITTMANN-RICHERT 1996, 206–208, die mit der Differenzierung zwischen einem neuzeitlichen Wahrheitsbegriff, der das eine nur verifiziert, indem er das andere falsifiziert, und dem biblischen Wahrheitsbegriff, der zwei einander widersprechende Tatbestände nebeneinander stehen lassen und ihrer beider Wahrheit bezeugen kann, eine Möglichkeit findet, die Kluft zwischen dem tatsächlichen Kommen des Messias und dem ebenso tatsächlichen Fortbestehen z.B. der römischen Herrschaft zu überwinden.

[489] Vgl. Lk 9,31 das Gespräch zwischen Mose, Elia und Jesus darüber, dass er seinen Exodus in Jerusalem erfüllen (πληρόω) werde bzw. solle (s.o. S. 253ff).

»Assoziativ liegen auf jeden Fall die Hauptstationen der Geschichte Israels nahe. … Das Wunder, das Gott an ihr [Maria; K.S.] … jetzt gewirkt hat, ist für sie also nichts anderes als der Endpunkt und die Aufgipfelung all der Wunder, die er vorher schon an seinem Knecht, dem Volk Israel, gewirkt hatte. In ihr versammelt sich gewissermaßen die ganze Geschichte Israels«.[490]

LOHFINK steckt den Bezugsrahmen sehr weit und sieht z.B. die Zeit Elias und Elischas wie auch die Zeit der Rückkehr aus dem babylonischen Exil assoziiert.[491] Innerhalb dieses assoziativen Bezugsrahmens sind auch die Anklänge an das Schilfmeerlied Ex 15 zu verstehen: Nicht nur folgt in beiden Liedern auf die Aufforderung zum Singen die Begründung; beiden gemeinsam ist auch, dass zu Beginn des Liedes eine einzelne Person singt, die Folgen der Befreiung für die Sängerin bzw. den Sänger ausgedrückt werden:

Helferin und Beschützerin ist sie für mich geworden zur Befreiung; diese ist meine Gottheit und ich will sie bejubeln – Gottheit meiner Eltern – und ich will sie hoch erheben! (Ex 15,2)

Daran schließt sich, ebenfalls in beiden Liedern, der Rückblick auf die Geschichte der Befreiung an. Maria singt davon, dass JHWH auf ihre Unterdrückung gesehen hat; die hier deutlich vorhandenen Exodusanklänge sind bereits aufgezeigt worden.[492] Mit V. 50 nimmt sie die Zusage aus dem zweiten Gebot des Dekalogs auf (Ex 20,6), um mit V. 51–53 darauf anzuspielen, wie JHWH im Exodus seine Macht und Stärke gezeigt hat, indem er Pharao mit seiner Herrschermacht bezwungen hat und – mehr noch – die Israelitinnen und Israeliten mit Gütern versehen aus Ägypten hat ausziehen lassen. Dabei findet gerade das Bild vom ›starken Arm‹ JHWHs (Lk 1,51) wiederholt Vorbilder im Schilfmeerlied (Ex 15,6.12.16),[493] ebenso, wie die Vorstellung, dass JHWHs Eintreten für Israel zur Entmachtung der Herrschenden führt (Ex 15,14–16). Ähnlich wie Maria die Besonderheit der Beziehung Israels zu JHWH dadurch ausdrückt, dass sie von *seinem Kind* (παῖς αὐτοῦ, Lk 1,54) singt, findet sich schon im Schilfmeerlied der gleiche Gedanke an zwei Stellen ausgedrückt durch die Verbindung von λαός σου mit einem Relativsatz (Ex 15,13.16):

Furcht und Zittern fiel auf sie, vor der Größe deines Armes wurden sie wie Stein, solange bis dein Volk hindurchgezogen war, bis hindurchgezogen war dein Volk, dieses, das du für dich erworben hast (Ex 15,16).

Diese durch die Verwendung des Possessivpronomens ausgedrückte Nähe JHWHs zu Israel, die sich als Ausdruck der Exklusivität der Beziehung JHWHs zu Israel lesen lässt, verbindet sich in Jes 48,20 (ebenfalls im Kontext aktualisierender Exoduslektüre) mit der ausdrücklichen Aufforderung, von der Rettungstat zu erzählen, wenn die Frauen und Männer Israels aufgefordert werden, aus Babylon auszuziehen und ihre Reden allen kund zu tun – *bis ans Ende der Welt* (ἕως ἐσχάτου τῆς γῆς):

Zieht aus aus Babylon, fliehend vor den Chaldäern, verkündet mit einer Freudenstimme, und dies soll zu hören sein, macht es bekannt bis ans Ende der Welt, sprecht: »JHWH hat ihren Diener und Vertrauten Jakob befreit«! (Jes 48,20)[494]

Die Jesajastelle leistet ein Mehrfaches: Sie führt noch einmal vor Augen, wie bereits innerhalb der Schrift Exoduslektüre sich vollzieht und die eigene Gegenwart mit

---

[490] Ders. 1990, 21.

[491] Ebd. Dass die Rückkehr aus dem Exil in der Schrift in Exodussprache formuliert werden konnte, zeigen z.B. die einschlägigen Passagen bei Deuterojesaja. Vgl. dazu auch M. GÖRG 1993, 54f.

[492] S.o. S. 232ff.

[493] Mit W. ECKEY 2004, 109f.

[494] Ganz ähnlich die Bekanntmachung der Rettung JHWHs für Israel, diesmal symbolisiert durch die Tochter Zion, in Jes 62,11. Hier ist jedoch nicht Israel aufgefordert, das Befreiungsgeschehen zu verkünden, sondern JHWH selbst *macht (es/sich) hörbar bis ans Ende der Welt* (κύριος ἐποίησεν ἀκουστὸν ἕως ἐσχάτου τῆς γῆς); vgl. ferner die Vision Jer 38,8: JHWH bringt die Menschen Israels *vom Ende der Welt* wieder ins Land zurück.

Hilfe der Grunderfahrungen und des ›Grundwortschatzes‹ der Befreiungsgeschichte Israels interpretiert. Hinzu kommt ihre Nähe zum Magnifikat durch die Bezeichnung Israels als ›JHWH untertan‹.[495] Damit ist schließlich die Möglichkeit gegeben, dass die Jesajastelle bei ›kundigen‹ Rezipientinnen und Rezipienten des lukanischen Werkes mit anklang, wenn sie Marias Lied hörten oder lasen. Das wiederum kann über die Rede von Babylon und ›den Chaldäern‹ die Assoziation ›Rom‹ wachrufen, vermittelt durch andere Schriften, in denen ebenfalls frühere Großmächte als Chiffre für die gegenwärtige fremde Großmacht gebraucht werden.[496] Und schließlich ist es damit möglich, eine Verbindung zu einer weiteren allgemein als ›programmatisch‹ anerkannten Stelle des lukanischen Werkes herzustellen, zu Apg 1,8 und dem Auftrag, das, was geschehen ist, auszubreiten *bis ans Ende der Welt*. Der Auftrag, von der Befreiungsgeschichte bis ans Ende der Welt zu erzählen, Exodustheologie bis in die letzten Winkel zu tragen, muss also nicht von Lukas oder denen, für die er schreibt, neu erfunden werden; auch er ist ihm bereits aus der Schrift im Exoduskontext vorgegeben.[497]

In gleicher Weise wird also in Schilfmeerlied und Magnifikat die Parteinahme JHWHs in ihrer doppelten Auswirkung von Angst, Schrecken und Ohnmacht für die Gegner der Befreiung und erbarmender Zuwendung für Israel besungen. Schließlich ist beiden noch gemeinsam, dass an ihrem Ende die Aussicht darauf festgehalten ist, dass Gottes Befreiungstat und Treue an kein Ende kommen werden. So wie Mirjam und Mose singen: *JHWH herrscht als König für alle Zeiten und mehr* (Ex 15,18), besingt Maria die nie endende Treue JHWHs zu Israel *für alle Zeit* (Lk 1,55), wobei auch hier genau gehört werden muss, dass es um Treue zu *Israel* geht, wie der unmittelbar zuvor erfolgte Hinweis auf Gottes παῖς Ἰσραήλ zeigt, nicht um Gottes universale Zuwendung zu allen Menschen.[498]

Die vorangegangenen Beobachtungen zum Magnifikat wollen nicht negieren, dass Marias Loblied auch Spuren in eine ganze Reihe anderer Texte der Schrift legt und zeigt;[499] es konnte aber gezeigt werden, dass mindestens *auch* zum von der Prophetin Mirjam mit Mose gesungenen Schilfmeerlied deutliche strukturelle wie inhaltliche Verbindungen bestehen.

Die Befreiung ist somit in der Person der Prophetin wie in ihrem Lied schon Realität – derjenige, der diese Befreiung aber leben und lehren soll, wird erst jetzt geboren.

---

495 Zwar setzt Lukas παῖς und nicht das in Jes 48,20 LXX verwendete δοῦλος, die Semantik ist aber in beiden Fällen nahezu identisch.

496 Vgl. neben der Apokalypse des Johannes (zur ›Hure Babylon‹ Apk 17–19 verweise ich auf die materialreiche und instruktive Arbeit von U. SALS 2004) z.B. 1QpHab VI,10ff; zu 1QpHab s. H. LICHTENBERGER 1994.

497 Dem selben Duktus folgt die Zitation von Jes 49,6 in Apg 13,47, wobei Lukas entweder den hebräischen Text zitiert oder aber eine LXX-Fassung vorliegen hatte, in der – wie auch bei Aquila – der Zusatz εἰς διαθήκην γένους noch nicht enthalten oder bereits gestrichen war.

498 Insofern trifft S.H. RINGEs Schlussfolgerung für Lk 1,55 nur zur Hälfte den Punkt, wenn sie festhält: »As the concluding affirmation of this hymn already makes clear, God's faithfulness to God's promises, and to those people or peoples with whom God is joined in covenant, is at the heart of Luke's theology.« (dies. 1995, 35) Hinsichtlich der im engen Sinne theo-logischen Aussage, ist ihr unbedingt zuzustimmen – ihre Definition des entsprechenden Objektes der Treue Gottes geht jedoch zu selbstverständlich von der Inklusion auch der Völker aus.

499 Verwiesen sei auch hier auf das Hannalied als schon fast ›klassische‹ Vorlage (so neben vielen W. ECKEY 2004, 103, der zugleich festhält, »wie stark das Magnificat in der Welt der zeitgenössischen jüdischen Psalmendichtung lebt.«; ebd., 104), aber auch auf U. MITTMANN-RICHERTs Überlegungen zu Bezügen zu Ps 88; 19; 131; 71; 104; 105; Jes 12 sowie zur Leatradition (vgl. dies. 1996, 18–21).

2.4 Die Fürsorge für den Befreier (Lk 2,4–7.15–21)

In welcher Weise übernimmt Maria die Funktion Mirjams, wenn sie ihren Sohn zur Welt bringt? Unter dieser Fragestellung, die vor allem auf Marias Tun konzentriert bleibt, kommen aus dem Abschnitt über Jesu Geburt, der bis zur Beschneidung und Namensgebung anzusetzen ist (V. 21), nur wenige Verse in den Blick.

> (4)*Auch Josef stieg von Galiläa, aus der Stadt Nazaret, hinauf nach Judäa, in die Stadt Davids, die Bethlehem heißt – denn er war aus dem Haus und der Sippe Davids – *(5)*um sich aufschreiben zu lassen mit Maria, die mit ihm verlobt war, als sie schwanger war.* (6)*Als sie dort waren, waren erfüllt die Tage für sie zu gebären:* (7)*Sie brachte ihren erstgeborenen Sohn zur Welt, wickelte ihn und legte ihn in einem Futtertrog hin – weil es keinen Platz für sie in der Herberge gab.*

> (15)*Als die Engel von ihnen weggingen in den Himmel, sprachen die Hirtinnen und Hirten zueinander: »Lasst uns doch losgehen bis nach Bethlehem und lasst uns dieses Wort sehen, das geschehen ist, das JHWH uns bekannt gemacht hat!«* (16)*Dann gingen sie los, sie sputeten sich, und fanden Maria und Josef und den Säugling, der im Futtertrog lag.* (17)*Als Sehende machten sie das Wort bekannt, das ihnen über dieses Kind gesagt worden war.* (18)*Da staunten alle, die zuhörten, über das, was ihnen von den Hirtinnen und Hirten gesagt wurde.* (19)*Maria bewahrte alle diese Wort-Sachen und brachte sie in ihrem Herz und Verstand*[500] *zusammen.* (20)*Danach kehrten die Hirtinnen und Hirten zurück, jubelnd und lobten Gott für alle Dinge, die sie gehört und gesehen hatten, gerade wie es ihnen gesagt worden war.* (21)*Und als acht Tage um waren, sodass er beschnitten wurde, wurde sein Name Jesus gerufen, wie er vom Engel genannt worden war, bevor er in ihrem Bauch empfangen worden war.*

Zu Beginn der Passage ist es nicht Maria, sondern Josef, der die ›Brücke in den Exodus‹ baut: Josef geht mit seiner Verlobten, die schon schwanger ist, los, wie zu Beginn der Exoduserzählung der Schrift Amram gegangen war und seine Frau genommen hatte (Ex 2,1). Bei näherer Betrachtung zeigen sich zwischen den Beiden weitere Bezüge: Amrams Gehen vollzog sich unter den Bedingungen der Unterdrückung in Ägypten, Josef geht, gezwungen durch die Zensusmaßnahme Roms. Von Amram ist zu diesem Zeitpunkt noch kein Name überliefert, es zählt seine Zugehörigkeit zum Stamm Levi. Josef wird – wie schon in 1,27 – zwar namentlich erwähnt, relevant ist jedoch auch bei ihm eher, zu wessen Familie er gehört. Während Amram nach dem einen Satz in Gänze aus der Erzählung ›verschwindet‹, wird Josef im Folgenden zwar noch erwähnt,[501] spielt jedoch an keiner Stelle eine eigenständige Rolle.[502] Beide bleiben letztlich ›Statisten‹.

Ab V. 5 wechselt der Fokus auf Maria. Zwar ist Josef noch Subjekt des Verses und Maria ihm zugeordnet, dennoch nimmt ihre Beschreibung mehr Raum ein. Hier wird einerseits festgehalten, dass sich an ihrem ›Zustand‹ in der Zwischenzeit nichts geändert hat: Sie ist nach wie vor mit Josef verlobt[503] und schwanger. Die Vv. 6–7 schildern in rascher Abfolge die Geburt[504] und die Fürsorge Marias für ihr Kind nach der

---

[500] Angesichts der tiefen Vertrautheit mit dem Sprachgebrauch der Schrift, die im lukanischen Werk zum Ausdruck kommt, spricht vieles dafür, dass hier mit καρδία das hebräische לֵב wiedergegeben ist. Das aber ist gerade nicht ein Synonym für Emotionen, gar für ›Gefühlsduseligkeit‹, sondern Sitz des Verstandes; vgl. S.SCHROER/TH. STAUBLI 1998, 45–60.

[501] Mit Namen im Rahmen der ersten beiden Kapitel jedoch nur noch 2,16; später ist er entweder in pluralen Verbformen ›mitgemeint‹ (2,22.39) oder als *sein Vater* bezeichnet (2,33.48). V. 41 hat *seine Eltern* (γονεῖς αὐτοῦ).

[502] Eine noch größere Nähe besteht zwischen der matthäischen Darstellung des Josef als Empfänger von Traumvisionen und Amram, wie Josephus ihn in Ant 2,212–216/9,3 schildert.

[503] Offensichtlich stellte sich die Frage, warum Maria als ›nur‹ Verlobte Josefs – noch vor der Heimholung? – mit nach Bethlehem zog, schon früh, wie sich an der Tatsache zeigt, dass eine Reihe von Textzeugen ἐμνηστευμένη entweder durch γυναικί ersetzt oder γυναικί zumindest ergänzt haben.

[504] Die Bedeutung des Folgenden wird allerdings durch die Einleitung des Verses festgehalten: Die Tage waren erfüllt – das wird das nächste Mal im lukanischen Werk über Jesus im Hinblick auf seine Hinaufnahme (ἀνάλημψις, Lk 9,51) gesagt werden. Ohne die erste ›Erfüllung der Tage‹ wäre

Geburt. Sie bleibt allein Handelnde: Sie hüllt ihr Kind ein und legt es in ein Behältnis, das sie ihm zur Verfügung stellt.[505] Gleichzeitig ist es an ihr, das, was nun geschieht, was ihr die Hirtinnen und Hirten erzählen, mit dem zusammenzubringen, was sie selbst in der Begegnung mit Gabriel erlebt hat (V. 19). Und schließlich erhält das Kind auch den Namen, den sie vom Engel erfahren hatte.

Damit wird Maria hier auf den ersten Blick eher in Analogie zu Jochebet beschrieben: Sie ist Mutter, nicht Schwester, sie umsorgt das Kind, wie Jochebet für Mose gesorgt hatte, ihm ein Behältnis gebaut und ihn dort hineingelegt hatte. Mirjams Rolle in Ex 2,4ff scheint zunächst weniger Bezugspunkte aufzuweisen. Bei näherem Hinsehen zeigte sich in der Untersuchung der Exoduserzählung jedoch, dass in Ex 2 nicht unterschieden werden kann, welche der Frauen letztlich für das Überleben des Mose verantwortlich zeichnet.[506] Es handelt sich um eine konzertierte Aktion von Mutter, Schwester und Adoptivmutter:[507] Neben Jochebet, die ihr Kind – nach rabbinischer Tradition und bei Josephus ohne (große) Schmerzen[508] – gebiert und es versorgt, indem sie es zunächst verborgen hält und ihm dann eine schützende ›Arche‹ baut,[509] steht die wachende Prophetin (Ex 2,4), die dafür sorgt, dass das Überleben des Kindes gesichert ist, indem sie Jochebet als Amme vermittelt (Ex 2,7ff) und indem sie, so Jub 47,4, das Kind tagsüber vor den Vögeln bewacht. Diese Fürsorge zeichnet schließlich auch die Pharaotochter aus: Sie greift – unter Umständen im wahrsten Sinn des Wortes[510] – ein und ermöglicht dem Kind so die Zukunft. Nach Pseudo-Philo ist sie für die Entwicklung der Erzählung von so zentralem Interesse, dass sie von ihrer Aufgabe in nächtlichen Träumen in Kenntnis gesetzt wird (LAB 9,15) und

---

es auch nie zur zweiten gekommen. Die Formulierung (so auch schon Lk 1,57 bezogen auf Elisabeth) hat eine nahezu wortwörtliche Entsprechung in LAB 9,6, wenn Pseudo-Philo vom Ende der Schwangerschaft Jochebets spricht (*et erit cum completum fuerit tempus parturitionis*).

[505] Hier liegt eine gewisse Ähnlichkeit zu LAB 9,12–14 vor. »Jedenfalls ist die narrative Einführung analog: Handlungsträger ist in beiden Fällen die jeweilige Mutter; die außerordentliche Wiege für das Kind wird jeweils aufgrund der besonderen Notlage gewählt. Futtertrog und Korb aus Fichtenrinde sind verwandte Motive.« (E. REINMUTH 1994, 165) Allerdings ist der Kasten des Mose nicht explizit als Zeichen benannt, wenngleich natürlich festzuhalten ist, dass die Wortwahl im Hebräischen, die für den Mosekasten das ansonsten nur für die ›Arche Noachs‹ verwendete תֵּבָה setzt, durchaus eine gewisse Zeichenkomponente beinhaltet. REINMUTH belässt es daher bei einer vorsichtigen Einschätzung: »Vor dem Hintergrund des LAB läßt sich lediglich feststellen, daß der extraordinäre Platz für das Mose- bzw. Jesuskind sich einer Anaologiesituation verdankt, insofern beide Mütter – und nur sie sind hier die Handelnden – ihn aus einer Notlage heraus wählen.« (ebd., Anm. 52).

[506] S. o. S. 83ff.

[507] Mit A. BRENNER 1986, 269: Mirjam »is assigned the role of a go-between who links the real and surrogate mothers together. ... The result for the child is beneficial – as a result of the three women's concerted efforts he manages to survive. ... Incidentally, of course, all this fuss around the child enhances the tension; and the listener or reader gradually realizes that only a very special child deserves such devotion and care.«

[508] Ant 2,218/9,4; eine Josephuslektüre, die um die spätere Entwicklung der Marienfrömmigkeit weiß, wird hellhörig werden, wenn Josephus davon berichtet, dass die Geburt des Mose für Jochebet nahezu schmerzfrei war, fast ohne Wehenschmerzen erfolgt ist. Wengleich ein solches Element bei Lukas noch völlig absent ist, zählt die Schmerzlosigkeit der Geburt Jesu später doch zu den festen Bestandteilen des Marienglaubens. Zu den rabbinischen Texten vgl. R. BLOCH 1963 sowie R.D. AUS 1988.

[509] S.o. S. 86.

[510] TJon zur Stelle spricht nicht davon, dass sie ihre Magd schickt, sondern dass sie *ihren Arm ausstreckt*; dies wird auch in der rabbinischen Diskussion erwogen; vgl. H.P. STÄHLI 1983 sowie K. u. U. SCHUBERT 1977. Die Vorstellung einer Verbindung zwischen der Pharaotochter und Maria hat Eingang gefunden in eine Wandmalerei der Synagoge von Dura-Europos: »Die vierte Szene zeigt die Tochter des Pharao ..., wie sie den Mose-Knaben in ihrer Linken *fast in Madonnen-Haltung* dem Beschauer präsentiert.« (K.u. U. SCHUBERT 1977, 60; Hervorhebung K.S.).

die Darstellung sogar offen hält, ob sie selbst das Kind stillt.[511] Mirjam ist in der entsprechenden Szene gar nicht erwähnt, und auch Jochebet wird nicht als diejenige genannt, die das Kind stillt, wohl aber als diejenige, die ihm einen anderen Namen gibt als die Pharaotochter: den programmatischen Namen Melchiel, ›*Mein König ist Gott*‹, statt des – auch zur Zeit Pseudo-Philos schon als ägyptisch erkennbaren – Namens Mose (9,16).[512] Das *Jubiläenbuch* zeigt die Intensität der Gemeinsamkeit im Handeln der Frauen dadurch, dass in 47,6–9 häufig anstelle der Namen nur das Personalpronomen der 3. Person Singular gesetzt wird, sodass nicht immer klar zu entscheiden ist, welche der Frauen handelndes Subjekt ist.[513] Aus der in der biblischen Exoduslektüre schon deutlichen gemeinsamen Handlung der drei beteiligten Frauen wird schon hier eine so große Nähe, dass die Grenzen zu verschwimmen beginnen. In ihrem Handeln vereint Maria, die zuvor mindestens einer Prophetin vergleichbar berufen worden war und ihr Prophetinsein durch ihr Lied zum Ausdruck gebracht hat, Aspekte aller drei Frauen in sich, die im Exodus für das Kind, das Israel befreien soll, gesorgt haben.[514]

2.5 Kritik am Befreier führt zu Distanz – und Solidarität (Lk 2,41–51; 8,19–21; Apg 1,14)

Exodus ist keine konfliktfreie Zone – und für die lukanische Exoduslektüre gilt dies gleichermaßen. In dem Moment, in dem die Prophetin Mirjam sich gegen ihren Bruder stellt bzw. dessen Autorität insofern kritisch hinterfragt, als sie seinen ›Alleinvertretungs‹- und Machtanspruch in Frage stellt, wird sie scharf zurückgewiesen. Es bleiben – im Wortsinn – Narben zurück. Während die nachbiblischen Exoduslektüren auf diesen Aspekt der Mirjamgestalt nicht eingehen,[515] kommt es in der lukanischen Exoduslektüre ebenfalls zu einer Zurückweisung. Sie verläuft jedoch weniger explizit, eine direkte Auseinandersetzung unterbleibt:

Ein erstes Mal äußert Maria Kritik an Jesus, als sie ihren zwölfjährigen Sohn im Tempel findet (Lk 2,48–52).[516] Hier führt die inhaltliche Zurückweisung ihres Vor-

---

[511] Die Möglichkeit, dass Mose von einer anderen Frau als Jochebet gestillt wird, wird in Ant 2,225f. dezidiert verneint. Im Vorfeld ist ihre Rolle bei Josephus jedoch deutlich zurückgenommen: Wie Amram derjenige ist, der im Traum von Gott über die Zukunft des Kindes in Kenntnis gesetzt wird, so entscheidet er auch über das weitere Vorgehen – dessen Umsetzung wird allerdings als gemeinsames Tun beschrieben, wie die Verbformen der 3. Person Plural deutlich machen (Ant 2,220f.).

[512] Für die Beziehung zwischen LAB und lukanischem Werk kommt D.J. HARRINGTON 1988b, 317 in seinem Vergleichs der Geburtsgeschichten beider Schriften zu dem Schluss: »I do not envision a relationship of direct dependence between these texts, nor do I believe that one writer knew the other's work. Rather, the importance of Ps.-Philo's birth narratives is that they reveal the devices that one Jewish writer in first-century Palestine used in telling how biblical heroes were born and thus illustrates some patterns that the Evangelists used in writing about the birth of Jesus.«

[513] Besonders deutlich in 47,9: *Und nachdem du groß geworden warst, führte sie dich zum Haus Pharaos und du wurdest ihr Sohn.* Einerseits kann hier Ex 2,10 gemeint sein, die ›Überführung‹ des Mose aus seinem Elternhaus zur Pharaotochter. Andererseits kann aber auch auf eine ähnliche Situation wie Ant 2,232ff angespielt sein, in der die Pharaotochter Mose zu ihrem Vater bringt und ihn von der Adoption und dem daraus folgenden Thronfolgeanspruch des Kindes in Kenntnis setzt.

[514] Unter Einbeziehung der Möglichkeit, dass das eingangs erwähnte rabbinische Prinzip der Personenverschmelzung (s.o. S. 41f.) zur Zeit der Entstehung des lukanischen Werkes schon in Gebrauch war bzw. die ihm zugrundeliegende Vorstellung davon, wie in einer wichtigen Figur mehrere ›Nebenfiguren‹ zusammenkommen können, zumindest schon denkbar war, würde die lukanische Darstellung hier einen Hinweis auf eben dieses Phänomen liefern.

[515] Keine der untersuchten Schriften hat Num 12 zum Inhalt.

[516] Die Verse lauten: »*Kind, was hast du mit uns gemacht? Hör zu: Dein Vater und ich haben dich voller Angst gesucht!*« *Er sprach zu ihnen:* »*Warum habt ihr mich gesucht? Wusstet ihr nicht, dass es notwendig*

wurfs jedoch noch nicht zu einer – räumlich spürbaren – Distanzierung. Während Mirjams Kritik an Mose von Gott selbst als unrecht disqualifiziert wird und sie die Folgen unmittelbar zu spüren bekommt, führt Marias Kritik dazu, dass Jesus zunächst mit ihr zurückkehrt, ihr also auf einer Ebene in ihrer Kritik Recht gibt.

Im Folgenden zeigt Lukas großes Geschick darin, seine Darstellung mehrdeutig zu halten: Auch er erzählt – wie Mk und Mt – davon, wie eines Tages Maria mit ihren anderen Kindern kommt, um Jesus zu sehen (Lk 8,19–21). Während bei Mt und Mk die Reaktion Jesu jedoch in eindeutiger Abwehr und Negierung der Beziehung besteht, lässt Lukas dies offen. Ob die Worte Jesu, μήτηρ μου καὶ ἀδελφοί μου οὗτοί εἰσιν οἱ τὸν λόγον τοῦ θεοῦ ἀκούοντες καὶ ποιοῦντες (V.21), als Zurückweisung verstanden werden, hängt von der Füllung des Demonstrativpronomens οὗτοι ab. Es kann exklusiv die Anwesenden im Gegenzug zu den ›außen vor‹ Bleibenden seiner Ursprungsfamilie meinen. Möglich ist aber auch ein inklusives Verständnis, in dem die Betonung darauf liegt, dass Beziehung über das qualifizierte Verhalten zum Wort Gottes[517] hergestellt wird – jenseits familiärer Beziehungen und über diese hinaus.[518] Ähnlich offen bleibt Lk 11,27f.: Auf die Seligpreisung einer Frau aus der Volksmenge *Glücklich der Bauch, der dich getragen hat, und die Brüste, die dich gestillt haben!*,[519] die die von Elisabeth Maria gegenüber geäußerte Segensaussage (Lk 1,45) wieder aufnimmt, antwortet der lukanische Jesus: *Glücklich, die das Wort Gottes hören und bewahren!*[520] Eingeleitet ist die Replik Jesu mit der Partikel μενοῦν, einer Partikel, die sowohl steigernd als auch korrigierend verwendet werden kann.[521] Wieder ist damit nicht eindeutig gesagt, ob Lukas ›seinen‹ Jesus widersprechen lässt oder die Segenszusage erweitert wissen will, dahingehend, dass vom Segenswunsch alle angesprochen sind, die sich mit auf den Weg machen, den die Befreiungsgeschichte ihnen vorgibt. Mit dieser Erweiterung wird einerseits von Maria abgelenkt, zugleich und noch stärker aber auch von einer Fixierung auf die Person Jesu; mit dem Verweis auf das ›Wort Gottes‹ ist die Rückbindung an die Schrift ebenso verlangt wie die Beachtung der Einzigartigkeit Gottes.

Deutlich wird so – ungeachtet dessen, dass von einer Reaktion Marias in keiner der beiden Situationen die Rede ist – zweierlei: Erstens zeichnet Exoduserzählung wie Exoduslektüre den ›Befreier‹ als ›frei‹ von menschlichen engen Beziehungen. Anders

---

ist, dass ich in den Angelegenheiten meines Vaters bin?« Sie verstanden nicht, was er ihnen sagte. Und er ging mit ihnen hinab und kam nach Nazaret und ordnete sich ihnen unter. Seine Mutter bewahrte alles in ihrem Verstand und ihrem Herzen.

[517] Lukas nimmt hier Ex 24,7, die Reaktion der Frauen und Männer Israels auf die von Mose übermittelten Weisungen, auf und modifiziert es zugleich: Stand dort das ›Tun‹ an erster Stelle (πάντα ὅσα ἐλάλησεν κύριος ποιήσομεν καὶ ἀκουσόμεθα), ist es hier erst die Folge aus dem ›Hören‹, bedarf es zunächst des Zuhörens. In einer Zeit, in der das Hören auf die Tora nicht ohne weiteres durchführbar, mit Konflikten verbunden ist, sind die Inhalte nicht mehr allen präsent, braucht es zunächst wieder das Zuhören und damit das Einüben in das, was gesagt ist.

[518] J.A. FITZMYER 1981, 341 versteht die Passage eindeutig inklusiv.

[519] W. ECKEY 2004, 93 sieht die Seligpreisung auf der selben Ebene wie Lk 1,45; 2,19: »Maria ist beispielhaft für das, was es heißt, Gottes Wort zu hören, es als für den eigenen Lebensvollzug entscheidend zu akzeptieren und sich so daran zu halten, daß man es im Herzen bewahrt und in der Lebensführung befolgt (vgl. auch 2,51). So verhalten sich nach 8,15 Menschen, bei denen der Samen des Wortes auf guten Boden gefallen ist.«

[520] Damit ist intratextuell ein Bezug zum Bewahren der Weisungen aus Apg 7,52 hergestellt. Die bei C. JANSSEN/R. LAMB 1998, 518 vertretene Interpretation, Lk 11,28 sei »als Kritik daran zu verstehen, daß Frausein allein auf Gebärfähigkeit und Mutterschaft reduziert wird«, trifft insofern eher nicht den Kern der Antwort Jesu, sondern verdankt sich überwiegend dem Anliegen, im lukanischen Werk Neukonzeptionen weiblicher Rollen aufzuspüren, und ist damit noch deutlich der Debatte der älteren feministischen Lukas-Forschung verhaftet, die – ähnlich wie bei Pseudo-Philo (s.o. S. 184ff) – um die Alternative ›Frauenfreund‹ oder ›Unterdrücker‹ kreiste.

[521] Mit DBR §450,4; s. auch W. BAUER 1988, 1020.

gesagt: Ähnlich wie Zippora und ihre Söhne in der Geschichte des Mose ebenso wenig eine Rolle spielen wie seine Eltern, seine Schwester und sein Bruder, so steht
auch im Falle Jesu das Volk mit seinen Bedürfnissen im wahrsten Sinne des Wortes
›dazwischen‹.[522] Zweitens kommt es zu keiner Begegnung mehr zwischen der
Prophetin, die am Anfang so zentral war, und dem Befreier.

Maria selbst tritt nach der ersten erzählten Auseinandersetzung (Lk 2,41–51) nicht
mehr als Subjekt in Erscheinung. Die Aussagen über die Ereignisse an Kreuz und
Grab bleiben vage. Festzuhalten ist, dass sie nicht zu den in Lk 24,10 namentlich genannten Frauen gehört. Denkbar wäre, dass sie hier wie auch schon in Lk 23,49.55
unter die Gruppe der nicht namentlich identifizierten γυναῖκες subsumiert ist.[523]
Angesichts der Sonderrolle, die sie zu Beginn des Doppelwerks einnimmt, ist das
aber nicht sehr wahrscheinlich. Hinzu kommt, dass diese Sonderrolle Marias zu Beginn der Apostelgeschichte wieder zum Tragen kommt, wird sie hier (Apg 1,14)
doch eigens erwähnt, neben dem Sammelbegriff γυναῖκες. Beeinflusst von der Lektüre der Exoduserzählung der Schrift stellt sich hier die Frage, ob diese knappe Notiz
in Zusammenklang mit der zuvor fehlenden Erwähnung ein Indiz dafür ist, dass die
Rolle der Prophetin,[524] wenn und weil sie mit dem Befreier selbst in Konflikt geraten
ist, darin besteht, solidarisch mit dem ›Volk‹, hier: mit der Gemeinschaft der Nachfolgerinnen und Nachfolger zu leben. Und ebenso ist es vielleicht ein Hinweis
darauf, dass die Bedeutung, die Mose oder Jesus selbst der jeweiligen Mirjam nicht
zugestehen wollten und/oder konnten, von Seiten der Menschen sehr wohl gesehen
und gelebt wird. So wie das Volk in der Wüste nicht weiterzog, bevor die Prophetin
wieder im Lager war, und wie das Volk sie begraben hat, so ist auch jetzt der Ort der
Prophetin wieder inmitten des Volkes – und so wird später auch die Bedeutung dieser Prophetin im ›Volksglauben‹ erheblich gesteigert.

2.6 Die lukanische Mirjam – eine Prophetin, die ihrem Namen gerecht wird. Resümee

Im vorangegangenen Kapitel konnte auf mehreren Spuren und mit Hilfe verschiedener Methoden der Frage nachgegangen werden, inwiefern Maria, die Mutter Jesu, in
der Darstellung des Lukas als ›würdige‹ Nachfolgerin Mirjams, ja, als ›die Mirjam‹
ihrer Zeit gezeichnet wird.

Mit dem Namen Mirjam war zur Zeit der Entstehung der neutestamentlichen
Schriften untrennbar die Befreiungsgeschichte Israels verbunden, er erhielt seine Bedeutsamkeit aus der Erinnerung an die Mirjam des Exodus.

Die Tatsache, dass unter der Herrschaft Roms der Name Mirjam, der vorher fast
keine Verwendung gefunden hatte, zum unbestrittenen Spitzenreiter der jüdischen
Frauennamen avancierte, ließ nach eingehender Analyse der einzelnen Belege den
Schluss zu, dass diese Namenswahl *eine* Möglichkeit bot, unter den Bedingungen der
Pax Romana die Erinnerung daran wachzuhalten, dass JHWH sein Volk schon ein-

---

[522] Lk 8,19: *Sie konnten aufgrund der Volksmenge* (διὰ τὸν ὄχλον) *nicht zu ihm gelangen.*

[523] In 23,49.55 sind die Frauen durch die Nachfolge qualifiziert und miteinander verbunden (49: συνακολουθέω, 55 κατακολουθέω:). Als solche bleiben sie, wie die durchgängig pluralen Verbformen zeigen, Subjekte der Handlung bis einschließlich 24,9.

[524] Dass Maria diese Rolle im lukanischen Werk übernimmt, wird in ihrer Berufung (s.o. S. 281ff) ebenso deutlich wie darin, dass sie vor der Geburt ihres Kindes ihr Lied singt, in dem sie JHWHs Tun für die Gegenwart und Zukunft als ›geschehen‹ besingt und damit in die Tradition Mirjams gestellt wird; s.o. S. 287ff.

mal aus der Gewalt eines mächtigen Herrschers befreit hatte – und damit auch der
Hoffnung Ausdruck zu verleihen, dass dies wieder Wirklichkeit werden würde.
Damit stellte sich die Aufgabe, anhand der lukanischen Mirjamtexte zu überprüfen,
inwiefern ihr Name als Erinnerungs- und Hoffnungsname dazu beitrug, dass ihre
Darstellung sich an der Geschichte und Erzählfigur der Prophetin Mirjam orientierte.
Dies konnte in vierfacher Hinsicht nachgewiesen werden: Erstens wird Maria in ihre
Rolle eingewiesen in einer Art und Weise, wie in der Schrift Propheten und Anführer
des Volkes[525] berufen werden. Zweitens teilt sie mit Mirjam nicht nur die Tatsache,
dass beide ein Loblied auf Israels Gottheit gesungen haben, sondern stimmen beider
Lieder – wobei Mirjam und Mose gleichermaßen als diejenigen behandelt wurden,
die für das gesamte Schilfmeerlied (Ex 15,1–18.21) verantwortlich zeichnen – auch in
strukturellen wie inhaltlichen Gesichtspunkten überein. Drittens vereinigt die
lukanische Maria in der Erzählung von der Geburt Jesu Elemente aller drei an der
Geburtsgeschichte des Mose beteiligten Frauen – Jochebet, Mirjam und Pharaotochter – in sich. Und viertens zeigt auch das lukanische Werk noch Spuren davon,
wie die Prophetin, wenn sie Kritik gegenüber dem Befreier äußert, einerseits Distanzierung erfährt, dass andererseits aber von Seiten der Mitglieder der Gruppe, zu der
sie gehört, das Bedürfnis nach ihrer Gegenwart vorhanden ist.

Es hat sich also gezeigt, dass neben die im ersten Teil aufgezeigten Einzelverbindungen über Stichwortbezüge sowie zum Teil vorhandene analoge Einzelerzählun-
gen als weiteres Element auch der Nachweis treten kann, dass Teile der ›personellen
Ausstattung‹ von Exodus und lukanischer Exoduslektüre in enger Beziehung zueinander stehen. Erst in Verbindung mit dem Exodus wird Maria bei Lukas ›plastisch‹,
in ihrer mehrfachen Bezogenheit auf die Mirjam des Exodus wird ihr Tun und ihre
Bedeutung begreifbar.

---

[525] Das zeigte das Beispiel Gideons; s.o. S. 282ff.

3. Jesus in Nazaret – Das Programm der Befreiung (Lk 4,16–30)

Lk 1–2 haben den Grund für die im lukanischen Werk erzählte Geschichte der Befreiung gelegt und zugleich den Rahmen vorgestellt, innerhalb dessen diese sich vollzieht. Kap. 3 hat den Befreier Jesus von Nazaret in doppelter Hinsicht genealogisch eingeordnet, nämlich einerseits durch die Taufe im Jordan und die darauf ertönende Stimme aus dem Himmel (3,21f.) und andererseits durch die Aufzählung seiner Vorfahren bis hin zu Gott (3,23–38). Mit Lk 4 tritt der Anführer des erneuten Exodus erstmals als Erwachsener selbst aktiv in Erscheinung, in der Rolle des Schriftauslegers.[526] War seine Bedeutung bisher den Leserinnen und Lesern durch die Aussagen Dritter – Erzählstimme, intendierter Verfasser und menschliche wie übermenschliche Protagonistinnen und Protagonisten der Handlung – vermittelt worden, muss er nun selbst durch sein Tun Zeugnis für die Befreiungstat ablegen, die Israels Gott für sein Volk erneut begonnen hat.[527]

Nach einer ersten, siegreich abgeschlossenen, Auseinandersetzung mit Satan, dem Gegner des Befreiungsgeschehens, die Jesus allein auf der Grundlage der Schrift ›für sich‹ entscheidet (Lk 4,1–13),[528] ohne den Einsatz von Wunderkraft, kehrt Jesus, gestärkt durch die Geistkraft, nach Galiläa zurück, und in der ganzen Gegend hört man von ihm (V. 14).[529] Bei einer Erstlektüre des lukanischen Werkes mag dies verwundern, gibt es doch bisher nur wenig über ihn zu hören, selbst in Erscheinung getreten ist er noch nicht.[530]

Offensichtlich macht er sich zunächst einen Namen als Wanderprediger, der in Galiläa in den verschiedenen Synagogen auftritt und die Schrift auslegt.[531]

Von Heilungen, Berufungen und/oder Auseinandersetzungen über seine Auslegung der Schrift, sein Verhalten etc. ist bisher keine Rede. Das ist die Ausgangssituation für seinen Auftritt in der Synagoge seiner Heimatstadt Nazaret, nach der Logik der Erzählung keine herausgehobene Situation, sondern eine ›normale‹ Station auf seinem Weg. Dennoch entwickelt Lukas diese Szene zu einer weiteren programmatischen:[532] Nun ist es der lukanische Jesus selbst, der die bereits

---

[526] Zum Gesamtzusammenhang Lk 3,21–4,30 s. U. BUSSE 1978, 13ff.

[527] Mit S.H. RINGE 1995, 66.

[528] S.o. S. 242 bzw. unten S. 398.

[529] Das Verb δοξάζω sonst im lukanischen Werk nur mit Gott als Objekt; so auch G. PETZKE 1990, 77.

[530] Wenn G. PETZKE 1990, 77 schreibt, in 4,14f. verweise »der Evangelist in einer pauschalen zusammenfassenden Notiz ... auf das Wirken Jesu«, formuliert er zwar die gängige Auffassung der Notiz, trifft aber inhaltlich nicht den Punkt; vom ›Wirken‹ als Tun Jesu, etwa vergleichbar mit dem Summarium Mk 1,33f. – dem zudem zwei explizite Heilungserzählungen vorausgehen –, ist bei Lukas noch nicht die Rede gewesen; der Anfang seines Werkes konzentriert sich auf die Lehre.

[531] So z.B. Lk 4,15 (mit W.M.L. DE WETTE 1846, 41). »Dieser Anfang würdigt die Synagoge als den eigentlichen Ort für die Predigt und als wichtigsten religiösen Versammlungsort für die Juden außerhalb Jerusalems und ist mit der Würdigung des Tempels durch den Beginn des Evangeliums zu vergleichen. ... Tempel und Synagoge werden ... in diesem Evangelium als primäre Orte des jüdischen Gottesdienstes anerkannt und geehrt. Es gibt viel weniger distanzierende Momente zu diesen Institutionen von Seiten Jesu und seiner Jünger als etwa bei Matthäus.« (P. WICK 2002, 275).

[532] Diese Einschätzung gehört schon fast zum ›guten Ton‹, so dass JACK T. SANDERS' fast zwanzig Jahre altes Statement immer noch gültig ist: »This scene is ›programmatic‹ for Luke-Acts, as one grows almost tired of reading in the literature of the passage« (ders. 1987, 165). Aus der neueren Literatur, die der genannten Bewertung treu bleibt, sei exemplarisch verwiesen auf M.M. Turner 1996, 213 und R.I. DENOVA 1997, 149f.: »Lk. 4.16–30 is the programmatic and proleptic key to all the subsequent events in the narrative of Luke-Acts. It not only provides the substance of those events,

begonnene Befreiung mit Worten der Schrift zu Gehör bringt[533] – und er erweist sich darin als guter Schüler der Schrift wie auch seiner Mutter und seines Onkels, die bereits vor seiner Geburt das Lied der Befreiung angestimmt hatten.

> »In Lk 4,16–30 berichtet der Evangelist von dem ersten Auftreten Jesu in der Öffentlichkeit. Dies hat auf vielen Ebenen programmatische Bedeutung nicht nur für die Darstellung des Geschickes Jesu, sondern auch für die Apostelgeschichte. … Elia und Elisa, die wundertuenden Propheten, gelten so als Beispiele dafür, daß das Heil von Israel auf Heiden übergehen kann. Die Heilsgeschichte hat dann gezeigt, daß der Verwerfung der Botschaft durch die Juden tatsächlich der Übergang der Evangeliumsverkündigung auf die Heiden folgte. Lk stellt damit an den Anfang des Wirkens Jesu einen Vorausblick auf die Zeit der Kirche aus Juden und Heiden.«[534]

Was MARKUS ÖHLER hier formuliert, ist in weiten Teilen geeignet, den nach wie vor gültigen ›Mehrheitstrend‹ in der christlich-exegetischen Auslegung dieser Perikope zum Ausdruck zu bringen.[535] Die folgenden Überlegungen stellen in einer narrativen Auslegung der Szene in ihren einzelnen Sequenzen kritische Rück- und Anfragen an diese Auslegung der Stelle, besonders an die These, Elia und Elischa dienten als Beispiel für den Übergang des Heils von Israel auf die Völker. Es wird genau darauf zu achten sein, wie Lukas diese Szene, die erste – und einzige – von ihm ›live‹[536] dargebotene Predigt Jesu, komponiert hat,[537] wie die einzelnen Abschnitte aufeinander Bezug nehmen, und es wird die Frage zu stellen sein, an welcher Stelle und warum die Stimmung von anfänglicher Begeisterung (V. 22) in rasende Wut (Vv. 28f.) umschlägt.

---

but establishes the pattern for the way in which the events are accomplished.« Die von U. BUSSE 1978, 28 geäußerte Warnung, die Szene nicht zu ›überfrachten‹ und in ihr alles angelegt zu sehen, was Lukas im Folgenden entwickelt, bleibt also aktuell, auch angesichts der in der übernächsten Anmerkung genannten Literatur, die nur einen Ausschnitt dessen zeigen kann, was zur Nazaretperikope Lk 4,16ff veröffentlicht wurde.

[533] Auch M. TURNER 1996, 248f. sieht in Lk 4,16–30 den Exodus im Zentrum stehen, bezieht sich jedoch in erster Linie auf das jesajanische Konzept des Neuen Exodus (ebd., 246ff).

[534] M. ÖHLER 1997, 230. Zur Diskussion um die Nazaretperikope sei neben unterdessen schon ›klassisch‹ gewordener Literatur wie M. RESE 1965, 213ff und U. BUSSE 1978 sowie dem ausführlichen Forschungsüberblick von C.J. SCHRECK 1989 weiter verwiesen auf D.L. TIEDE 1980, 19–63; R.I. DENOVA 1997, 126–153; M. KORN 1993, 56–85; U.H.J. KÖRTNER 1999, 78; M. TURNER 1996, 212–266; P. MÜLLER 1994, 84–88; D. Rusam 2003, 171–207.209–218; M. WENK 2000, 200–221; D.W. PAO 2002, 70–84; G. WASSERBERG 1998, 148–163. TH. SCHMELLER 1994, 115ff; 223ff stellt die Aufnahme der Nazaret-Szene in befreiungstheologischen Ansätzen vor. D.A.S. RAVENS 1990 sieht Lk 4,16–30 als Anfangsglied eines sich im Lukasevangelium dreimal wiederholenden Musters von Zeichnung Jesu als Prophet und darauf folgender Mission: »This pattern occurs three times in the gospel and the first element begins with the events in the Nazareth synagogue which have long been recognised as providing the programme for Luke's gospel. They show Jesus in the prophetic role and they also summarise both his ministry and the content of his message. Following this prophetic declaration Jesus begins a mission in Israel which culminates in the choice of the Twelve and the sermon on the plain which is directed to the disciples (6.13–16, 20–49).« (128f.,129). F. NEIRYNCK 1999 zeigt anhand einer Reihe von Texten der Apostelgeschichte (z.B. Apg 2,17–40; 3,11.26; 20,34–43; 13,5.14–52; 19,19b–25; 28,17–31), wie die ›Programmatik‹ von Lk 4,16–30 auch daran ersichtlich wird, dass die Mehrzahl der Predigten der Apostelgeschichte an dieser Stelle orientiert sind; dazu auch R.I. DENOVA 1997, 17f.

[535] Auch der Kommentar von W. ECKEY 2004, 230 versteht z.B. die Aufnahme der Elia-Elischa-Geschichten (Vv. 25–27), der mehrheitlich vertretenen Auslegungstendenz folgend, als »prophetische Voranzeige der Völkermission.«

[536] Das Markusevangelium liefert auch in der Parallelstelle Mk 6,1–6 keinen Einblick in die Inhalte der Lehre Jesu, was I.H. MARSHALL 1978, 181 zu der treffenden Bemerkung veranlasst: »Although Mark does not tell us what Jesus said in Nazareth, he must have said *something*« (Hervorhebung i. Text). M. TURNER 1996, 214 geht von einer anderen Vorlage des Lukas als dem Markustext aus.

[537] Zur Komposition der Einheit s. U. BUSSE 1978, 21ff.62–67.

3.1 Lehre in Nazaret – Übersetzung und Beobachtungen am Text

(16)Und er kam nach Nazaret, wo er aufgezogen worden war; am Tag des Sabbat ging er wie üblich in die Synagoge und stand auf, um vorzulesen.

(17)Es wurde ihm das Buch des Propheten Jesaja gegeben und nachdem er das Buch aufgerollt hatte, fand er die Stelle, an der geschrieben war:

(18)Die Geistkraft JHWHs ist auf mir, weswegen sie mich gesalbt hat,
den Ärmsten eine Freudenbotschaft zu überbringen;[538]
sie hat mich gesandt:
> auszurufen Befreiung für Gefangene und Sehkraft für Blinde,
> auszusenden Unterdrückte in die Freiheit,
> (19)auszurufen ein JHWH genehmes Jahr.

(20)Nachdem er das Buch geschlossen hatte und es dem Synagogendiener zurückgegeben hatte,

setzte er sich. Die Augen aller Menschen in der Synagoge blickten ihn unverwandt an. (21)Da begann er zu ihnen zu sprechen:

> *»Heute ist erfüllt diese Schrift in euren Ohren.«*

(22)Alle bezeugten ihn und sie staunten über die Worte voller charis,[539] *die aus seinem Mund herausgekommen waren, und sie sprachen:*

> *»Dieser ist doch Josefs Sohn?«*

(23)Er sprach zu ihnen:

> *»Ganz sicher werdet ihr mir dieses Sprichwort sagen:*
>
> > *Arzt, heile dich selbst! Alles, was, wie wir gehört haben, für[540] Kapernaum geschehen ist, tu auch hier in deiner Vaterstadt!«*

(24)Und er sprach:

> *»Amen, ich sage euch:*
>
> > *Kein Prophet ist seiner Vaterstadt genehm.*

(25)Ich sage euch in Wahrheit:

> > *In den Tagen Elias gab es viele Witwen in Israel, als der Himmel drei Jahre und sechs Monate verschlossen war, als eine große Hungersnot im ganzen Land entstand, (26)und zu keiner von ihnen wurde Elia geschickt, sondern nach Sarepta in Sidon zu einer Frau, einer Witwe. (27)Und es gab viele Aussätzige in Israel bei Elischa, dem Propheten, und niemand von ihnen wurde gereinigt, sondern Naaman, der Syrer.«*

(28)Von Wut erfüllt wurden alle in der Synagoge, als sie dies hörten: (29)Sie standen auf, warfen ihn aus der Stadt hinaus und führten ihn bis an den Abhang des Berges, auf dem die Stadt erbaut war, um ihn hinunterzuwerfen. (30)Er ging weg und schritt dabei mitten durch sie hindurch.

Die auf den ersten Blick vertraute, sehr bekannte Erzählung von der sogenannten ›Antrittspredigt‹ Jesu ist in Struktur wie Sprache, von den Inhalten nicht zu reden, nicht eben unkompliziert – anders gesagt:

»the story in its present form is obviously conflated. The sequence of sentences is not smooth.«[541] Noch pessimistischer: »It is not too much to say that Luke, in his desire to combine the narrative of a triumphant visit with a rejection, has given us an impossible story.«[542]

---

[538] Oder: *um als guter Bote für die Ärmsten da zu sein.*

[539] Aufgrund seiner Bedeutungsvielfalt (s.u. S. 348 m. Anm. 48) bleibt χάρις unübersetzt stehen. G. PETZKE 1990, 79 geht davon aus, dass χάρις hier im Sinne von ›begnadete Rede‹ verwendet ist.

[540] Denkbar wäre auch, dass εἰς parallel zu ἐν gebraucht ist, somit als Hebraismus den »Ruhepunkt ... als Ende einer Bewegung« angibt (W. ELLIGER 1992, 968). ELLIGER rechnet auch die vorliegende Stelle dieser Kategorie zu, da derartiger Gebrauch bei Lukas bekannt sei (etwa Lk 11,7; Apg 7,12; 8,40; 19,22; 21,13). Jedoch bleibt fraglich, inwiefern γίγνομαι als Bewegung im engeren Sinne verstanden werden kann; insofern hindert nichts daran, εἰς hier final zu verstehen.

[541] J.A. FITZMYER 1981, 526f. Dieser Frage wie auch – eher mehr noch – der Frage nach der traditionsgeschichtlichen Einordnung bzw. Entwicklung der Perikope widmet sich die

Jesus kommt auf seinem Weg durch die Synagogen Galiläas auch nach Nazaret, die Stadt, in der er aufgezogen worden war,[543] und besucht dort wie an jedem Sabbat[544] die Synagoge – ohne dass ein besonderes Ziel, eine Intention mit dem Synagogenbesuch verbunden wäre.[545] Als er im zweiten Abschnitt des Synagogengottesdienstes zur Lesung aus den prophetischen Schriften aufsteht,[546] *findet* er die dann folgende Jesajastelle (εὗρεν). Mit der Verwendung von εὑρίσκω hat Lukas eine ›Glanzleistung‹ vollbracht, überlässt der Ausdruck es doch den interpretativen Fähigkeiten derjenigen, die sein Werk hören oder lesen, zu entscheiden, was damit ausgedrückt sein soll. Denkbar ist mehreres:[547] Es könnte zunächst um den eher ›technischen‹ Akt des Findens der richtigen, unter Umständen vorab für die Lesung markierten, Schriftstelle gehen. Möglich wäre auch, dass Lukas ›seinen‹ Jesus bewusst nach dieser bzw. diesen Schriftstelle/n suchen lässt, dass es also Sache des oder der für die Lesung Zuständigen war, aus dem Bereich der Prophetie eine inhaltlich zur vorausgegangenen Toralesung ›passende‹, mit dieser in ein Gespräch eintretende, Textpassage auszu-

---

neutestamentliche Exegese seit vielen Jahren mit großem Enthusiasmus. So nimmt es nicht Wunder, dass in der Auslegungsgeschichte gerade angesichts des Verweises auf Kapernaum (V.23) immer wieder die Überzeugung laut wurde, Lukas habe die Sequenz nicht eben glücklich aus der markinischen Perikopenfolge herausgelöst und hier schon gebracht, ohne den logischen Bruch zu bemerken; W.M.L. DE WETTE drückte das vor fast zweihundert Jahren unverblümt aus: »Es erhellet zugleich, dass der Vorfall h[ier] zu früh gestellt ist, und zwar that Luk. diesen Missgriff in dem pragmatischen Bestreben zu erklären, wie es gekommen sei, dass J[esus] sich nach Kapernaum gewendet habe« (ders. 1846, 42). Schon in der Einleitung charakterisiert er auf der Grundlage von Lk 4,16ff u.a. Lukas als Bearbeiter, der »pragmatisiert, aber nicht gerade glücklich« (1). Eine Übersicht über die Diskussion im 20. Jahrhundert bietet der Überblick bei M. DÖMER 1978, 50f., Anm. 21. Er selbst kommt nach vielen Abwägungen zu dem Ergebnis, die vorliegende Textfassung sei – wenn auch in Einzelteilen bereits Tradition – überwiegend das Ergebnis lukanischer kompositioneller und schriftstellerischer Tätigkeit: »Damit stellen sich abschließend die Traditionsverhältnisse so dar, daß die Überlieferung Mk 6,1–6a unter Einbeziehung des Sprichwortes Lk 4,23a, des Doppelspruchs Lk 4,25–27 und der Zitatenkombination Lk 4,18f. in der lukanischen Redaktion zu der Erzählung Lk 4,16–30 ausgestaltet worden ist.« (57).

[542] A.H. LEANY 1966, 52. W.S. KURZ 1993, 18, geht von bewussten Lücken (»gaps«) aus, die Lukas gelassen habe.

[543] Die Verbindung Jesu zu Nazaret ist bei Lukas wenig ausgeprägt: es erfolgt keine explizite Identifizierung als *seine Heimatstadt* (πατρίς αὐτοῦ, so Mk 6,1 und Mt 13,54, hier jedoch ohne Ortsnamen). Nach W. ECKEY 2004, 222 liegt schon hier ein Verweis auf das später wichtige Motiv des Jobeljahrs (Lev 25) vor. Jesus verhalte »sich schriftgemäß. Nach Lev 25,10 soll im Erlaßjahr … ein jeder zu seiner Sippe zurückkehren.« So auch D. RUSAM 2003, 171.

[544] Die Wendung κατὰ τὸ εἰωθὸς αὐτοῦ findet sich nur im Lukasevangelium; über sie wird Jesus unverkennbar in den Alltag seiner Zeitgenossinnen und -genossen mit hineingenommen.

[545] Die Einleitung Lk 4,16 gibt somit nicht von vornherein den Impuls, dass Jesus die Synagoge aufsucht, um dort zu lehren (diff. Mk 6,2/Mt 13,54): Während für Markus und Matthäus die Synagoge primär als Ort für seine Lehre benannt wird, betont Lukas Jesus als zunächst Gottesdienstbesucher, dann Vorleser der Haftara; gegen C.A. KIMBALL 1994, 101 u.a., die κατὰ τὸ εἰωθός αὐτοῦ als Hinweis auf Jesu Lehrgewohnheit lesen. Ihre Interpretation gründet aller Wahrscheinlichkeit nach darin, dass sie die bei Matthäus wie Markus vorliegenden expliziten Hinweise auf die Lehre als Intention des Synagogenbesuches Jesu auch auf die lukanische Darstellung übertragen

[546] Zum vermutlichen Ablauf eines damaligen Synagogengottesdienstes vgl. J.A. FITZMYER 1981, 531; L. TREPP 1992, pass.; U. BUSSE 1978, 107–112; A. FINKEL 1994, 325–334; F. BOVON 1989, 211; W. ECKEY 2004, 222. D. RUSAM 2003, 173 dezidiert gegen den Versuch, aus der lukanischen Erzählung den Schluss zu ziehen, Lukas liefere hier eine Art ›Gottesdienst-Protokoll‹. P. WICK 2002 betont im Rahmen seiner vergleichenden Beobachtungen zu Synagogenversammlungen und Tempelgottesdienst (vgl. ebd., 91–116) den Unterschied zwischen beiden. So sei die Synagoge, solange der Tempel noch stand, nie als Ersatz oder Parallelinstitution mit kultischen Inhalten gedacht gewesen oder genutzt worden, sondern als Raum der Schriftunterweisung und -diskussion. »Dadurch, daß die Synagoge den Kultmangel durch besondere Betonung des Schriftstudiums ausgleicht, wird sie nicht nur langsam aber sicher der wichtigste Ort für dieses Lernen, sondern erhöht dadurch auch dessen allgemeine Bedeutung für das Judentum.« (ebd., 116).

[547] S. z.B. F. BOVON 1989, 211.

wählen.[548] Und schließlich bleibt als eine dritte Möglichkeit zu erwägen, ob die Darstellung hier die Vorstellung einer Art »göttliche[r] Fügung« nahelegt, wie GERHARD SCHNEIDER vorgeschlagen hat.[549] Jede dieser Überlegungen birgt ihren eigenen Reiz, keine ist von vornherein auszuschließen – und vielleicht sind sie ja sogar zusammenzudenken? Ist nicht vorstellbar, dass eine erste Lektüre des lukanischen Werkes eher die Kontingenz der Szene in den Vordergrund stellt, wobei dann auch die Beauftragung Jesu noch einmal zur Sprache käme, mithin hier mit dem *Finden* auch untrennbar ein *Gefunden-Werden* verbunden wäre? Und würde nicht eine Lektüre, die ›vom Ende her‹ kommt, also um den Fortgang der Geschichte weiß, hier eher wahrnehmen, dass die Stelle sich so gut in das einfügt, was im Folgenden erzählt und gelebt wird, dass nämlich das geschieht, was hier geschrieben steht, dass es in der Tat denkbar ist, von Fügung zu sprechen?[550]

Jesus findet also eine Stelle aus dem Jesajabuch[551] – obwohl es *die Stelle, an der* dies *geschrieben war*, so vermutlich nie gegeben hat.[552] Diesen zwei Versen lohnt es sich, genau nachzugehen.[553] Hier liegt nämlich, begründet in der Vorstellungswelt der Zitatquelle,[554] eine Reihe von Stichwortbezügen zum Exodus vor.[555] Weiter besteht in der wissenschaftlichen Diskussion ungewohnte Einigkeit darüber, dass in diesen Versen »in aller Kürze das zentrale Thema des Lukasevangeliums«[556] zum Ausdruck gebracht wird: Es geht um Befreiung – und zwar um Befreiung aus irdischen wie

---

[548] So J.A. FITZMYER 1981, 532; C.A. KIMBALL 1994, 102.

[549] G. SCHNEIDER 1992, 107; ähnlich U. BUSSE 1978, 32f.: »Lukas schildert ... anschaulich eine konkrete Szene, in der Jesus beim Entrollen der Jesajaschrift *wunderbarerweise* gerade auf das Mischzitat stößt. Jesus handelt aus lukanischer Sicht *unter einer himmlischen Bestimmung* – eben in der Kraft des Heiligen Geistes« (Hervorhebung K.S.). Zurückhaltender W. ECKEY 2004, 222: »Ob er die Stelle, die er liest, selbst wählt, oder ob sie ihm als Tageslesung zugewiesen wird, kann offenbleiben.«

[550] Ob diese auf schriftstellerische oder göttliche Provenienz (oder Providenz?) zurückzuführen ist, bleibt angesichts des spezifischen Charakters der Schrift naturgemäß ununterscheidbar.

[551] Einen Überlick über die Verwendung des Jesajabuches im lukanischen Werk liefert J.A. SANDERS 1993, 14–25; s. ferner C.A. KIMBALL 1994, 97, Anm. 55 (dort weitere Literatur). Zur Auslegung von Jes 61 mit Hilfe der Methode des ›comparative midrash‹ s. J.A. SANDERS 1993a. Markus und Matthäus erwähnen den Inhalt der Lehre Jesu nicht; in ihrer Darstellung schließt sich an die Notiz über den Zweck des Synagogenbesuchs Jesu unmittelbar die Reaktion der Zuhörenden an: sie sind *aus der Bahn geworfen* (ἐκπλήσσω, Mk 6,2/Mt 13,54).

[552] Gegen die z.B. von S.H. RINGE 1995, 68 erwogene Möglichkeit einer entsprechenden LXX-Fassung. Auch C.A. KIMBALLs These, die Zusammenstellung gehe auf den historischen Jesus zurück (ders. 1994, 97–119), kann – nicht nur, weil es sicher ist, Jesus habe neben aramäisch auch hebräisch und griechisch gesprochen (ebd., 107f.) –, nicht überzeugen. Aufgrund seiner These kann er aus der Nazaretpredigt Schlussfolgerungen ziehen, die sich nicht auf die Intention des lukanischen Werkes beziehen, sondern auf Jesu »exegetical method and ... his biblical interpretation.« (ebd. 117; s. auch 177.199ff).

[553] D. RUSAM 2003, 173f. hat darauf aufmerksam gemacht, dass durch die fehlende Notiz, dass Jesus die Stelle vorlese, die Leserinnen und Leser des Lukasevangeliums selbst direkt angesprochen werden – während für sie die in V. 21 folgende Auslegung keine Überraschung darstellt, fasst sie doch nur in Worte, was Lukas in den vorangegangenen Kapiteln erzählt hatte, stellt sich die Rezeptionssituation der Anwesenden ganz anders dar, da ihnen das entsprechende Vorwissen fehlt.

[554] Dass für Deutero- (und damit auch Trito-)jesaja der Exodus eines der zentralsten Interpretationsmuster göttlichen Handelns wie Bildspender für eigene Hoffnungsbilder ist, ist in der Forschung immer wieder herausgearbeitet worden; vgl. neben vielen etwa G. V. RAD 1993, v.a. 249–260; C. WESTERMANN 1981, 21 sowie W. ZIMMERLI 1963. S. dazu wie auch zur jüngst von R. ALBERTZ (ders. 2003) geäußerten Kritik oben S. 127 m. Anm. 362.

[555] M. WENK 2000, 203: »Lk 4.16–30 reflects some ›New Exodus‹ motifs of Deutero-Isaiah.«

[556] G. PETZKE 1990, 78. So auch I.H. MARSHALL 1978, 177f.; s. ferner H. CONZELMANN 1964, 30f.94.182; R. ALBERTZ 1983, 182 sowie U. BUSSE 1978, der im Titel seiner Studie den Ausdruck ›Manifest‹ verwendet. Für M. WENK 2000 ist damit eindeutig die Aufnahme des Motivs vom ›Neuen Exodus‹ im Jesajabuch intendiert: »Luke followed the Old Testament concept also found in later Jewish writings that God's salvivic acts, especially as represented in the Exodus, become normative and the foundation for the community's ethics." (201).

›überirdischen‹ Unterdrückungsstrukturen, konkret: aus der ›Schuldenfalle‹ wie aus der Macht Satans.[557]

3.1.1 In der Befreiung kommen Tora und Prophetie zusammen – das Jesajazitat Lk 4,18f.

Formal betrachtet, liegt mit Lk 4,18f. ein Mischzitat vor, eine Mischung aus Jes 61,1f. und 58,6d LXX.[558] Lukas zitiert die Selbstvorstellung der prophetischen Gestalt aus Tritojesaja fast wortwörtlich in der Septuagintafassung,[559] modifiziert jedoch in vierfacher Hinsicht: Erstens ersetzt er das semantisch etwas schwächere καλεῖν (Jes 61,1 LXX) durch κηρύσσειν (Lk 4,18),[560] zweitens streicht er nach der ›Überschrift‹ *den Ärmsten eine Freudenbotschaft zu überbringen* die erste der jesajanischen Konkretionen,[561] drittens fügt er nach den beiden durch κηρύξασθαι eingeleiteten Konkretionen eine aus Jes 58,6 ein (ἀποστεῖλαι τεθραυσμένους ἐν ἀφέσει)[562] und viertens bricht er das Zitat respektive die Lesung Jesu vor dem Jes 62,2 zufolge zweiten Objekt, dem *Tag der Vergeltung* (ἡμέρα ἀνταποδόσεως) ab. Diese Modifikationen sind aller Wahrscheinlichkeit nach das Werk lukanischer Redaktion.[563]

Jesus stellt sich in die Tradition der prophetischen Gestalt aus dem Jesajabuch, er übernimmt deren Selbstvorstellung für sich.[564] Was ist die Aufgabe dieses von der

---

[557] Zur Rolle Satans als Gegenspieler Jesu und durch diesen JHWHs selbst in der Befreiungsgeschichte s. das nächste Kapitel dieser Arbeit (S. 320ff).

[558] So in der Forschung allgemein anerkannt; vgl. neben vielen G. SCHNEIDER 1992, 107; M. WENK 2000, 201, Anm. 26, dessen These, damit sei erwiesen, dass das Zitat »seems to reflect traditional material« jedoch gerade angesichts der ebenfalls von ihm festgehaltenen Tatsache, dass eine derartige Verknüpfung aus anderen jüdischen Schriften der Zeit nicht bekannt ist, nicht zu überzeugen vermag. Eingespielt ist mit diesen beiden Jesajastellen zugleich Jes 42,6f. mit seiner ganz ähnlichen Aufzählung.

[559] Zum Zusammenhang der Verse in der Hebräischen Bibel s. neben C. WESTERMANN 1981, 290–292; G. FOHRER 1986, 233–238; R. ALBERTZ 1983, 186–191; W. SCHOTTROFF 1986; W. BRUEGGEMANN 1998, 212–215.

[560] Nach C.A. KIMBALL 1994, 100 bleibt Lukas hier bewusst dem hebräischen Text treu.

[561] Eine ganze Reihe von Textzeugen (im Anschluss an den Alexandrinus und die Mehrzahl der Koine-Handschriften) vervollständigen daher das Zitat aus Jes 61,1f., indem sie ἰάσασθαι τοὺς συντετριμμένους τὴν καρδίαν im lukanischen Text hinzufügen. Zwar haben die qualitativ höherstehenden Zeugen den kürzeren Text; insofern ist dieser sicherlich als ursprünglich zu sehen (gg. B. REICKE 1973, bes. 49). Dennoch bleibt festzuhalten, dass diese Hinzufügung keine rein ›technische‹ ist, sondern sich inhaltlich anbietet, da durch sie das Sprichwort vom Arzt in V. 23 eine bessere inhaltliche Verankerung innerhalb der Erzählung erhält (so auch R. ALBERTZ 1983, 183) – hinzu kommt, dass die Selbstbezeichnung JHWHs als Arzt aus der Exoduserzählung (Ex 15,26) bekannt ist. Im Anschluss daran, dass JHWH dem Volk in Mara zum ersten Mal Rechtssätze und Weisungen vorlegt (V. 25), erfolgt die Selbstbezeichnung: ἐγὼ γάρ εἰμι κύριος ὁ ἰώμενός σε.

[562] Jes 58,6 hat statt des Infinitivs Aorist einen Imperativ Präsens.

[563] Mit R. ALBERTZ 1983, passim, z.B. 186, wenn er festhält, dass sich zur Erklärung nicht »mit seiner Gedächtnisschwäche argumentieren« lasse, »da er ja dort, wo das Zitat nicht abgewandelt ist, durchaus zeigt, daß er seine Bibel ganz ausgezeichnet kennt. … So bleibt nur die Annahme, daß Lukas, der in seiner Bibel in noch höherem Ausmaß heimisch war als manch anderer neutestamentlicher Schriftsteller, die Auswahl und Abwandlung der alttestamentlichen Schriftstellen bewußt und absichtlich vorgenommen hat.« T. HOLTZ 1968 geht zwar auch hier zunächst davon aus, dass Lukas eine andere Septuagintafassung vorlag, konzediert jedoch, auf wie wackligen Beinen diese Vorstellung steht (a.a.O. 41: »Ich muß bekennen, daß ich die damit gegebene Schwierigkeit nicht befriedigend zu lösen vermag«) und zieht sich letztlich auf die vage bleibende ›Testimoniensammlung‹ als Vorlage des Lukas zurück.

[564] D. RUSAM führt vor, wie im ›Ich‹ aus Jes 61,1 die Rollen von Prophet, Herold und Gottesknecht miteinander verschmelzen und wie durch die lukanische Fassung, in der das ›Ich‹ ein doppeltes ist, der lukanische Jesus »die in Jes 61,1f. verwobenen Funktionen bzw. Titel für sich« in Anspruch nimmt (ders. 2003, 205f., 205). So auch D.W. PAO 2002, 77.

Geistkraft Gesalbten?[565] Offensichtlich liegt mit εὐαγγελίσασθαι πτωχοῖς der Sammelbegriff vor, als dessen Ausdifferenzierungen die drei folgenden, von ἀπέσταλκεν abhängigen Infinitive (2x κηρύξαι sowie ἀποστεῖλαι) zu verstehen sind.[566] Es geht um die Ärmsten, darum, ihnen eine Freudenbotschaft zu überbringen – und die in der Forschung viel diskutierte Frage, wer diese Ärmsten denn seien,[567] wird durch die folgenden Konkretionen zumindest zum Teil beantwortet: Es geht um diejenigen, die am Rand stehen, deren Existenz bedroht ist, die durch Krankheit, Schuldsklaverei o.ä. zu den Bettelarmen gehören, diejenigen, die keine Perspektive haben, in den gegebenen Verhältnissen ein menschenwürdiges Leben zu führen. Ihnen gilt die Verheißung JHWHs, die die von der Geistkraft gesalbte Gestalt zu überbringen hat. Konkret wird die Verheißung durch Freilassung und Heilung. Damit spricht viel dafür, dass hier auf den Exodus als Grunddatum biblischer Rede von der Befreiung Israels – wie er ja gerade in den Hoffnungstexten bei Deuterojesaja wieder aufgenommen wird – angespielt wird.[568]

Die Einfügung von Jes 58,6 in den Zusammenhang von Jes 61,1f. verdankt sich, wie RAINER ALBERTZ überzeugend nachgewiesen hat,[569] der Intention des lukanischen Werkes, die im ursprünglichen Kontext inkonkret gewordenen Inhalte[570] wieder mit einem konkreten Inhalt zu füllen, wobei Lukas sich auf andere nachbiblische Traditionen und Texte berufen kann, die in eschatologischer Lektüre »die Proklamation der Freilassung Jes 61,1f. in den Zusammenhang mit dem Jobel- und Sabbatjahr« stellen und »sie auf eine umfassende Restitution des ›wahren Israel‹ und ein Strafgericht über die gottfeindlichen Mächte«[571] deuten. Indem das ›Befreiungsprogramm‹, das der lukanische Jesus in der Schrift vorfindet, die Passage Jes 58,1–12 mit zitiert, konkretisiert deren Inhalt das Gesagte:[572] Es geht um die Veranwortung der Besitzenden für die Ärmsten der Gesellschaft, darum, dass erst, wenn sie miteinander solidarisch sind – was sich ganz konkret im Erlassen der Schulden zeigt – auch JHWH sich wieder für ihr Volk einsetzen kann und will. Diese eindeutig sozialethische Aus-

---

[565] Apg 10,38 nimmt Lk 4,18a – zw. Jes 61,1a – fast wörtlich auf, ändert nur den Numerus von der ersten in die dritte Person Singular, setzt θεός als Subjekt ein und ›instrumentalisiert‹ die Geistkraft: ἔχρισεν αὐτὸν ὁ θεὸς πνεύματι ἁγίῳ. s. dazu F. NEIRYNCK 1999, 380–387. Über das Verb χρίω steht der Vers in Verbindung zu dem »bereits in Lk 2,11 und 2,26 aufgetauchten Hoheitstitel χριστός.« (D. RUSAM 2003, 178) RUSAM weist zu Recht darauf hin (a.a.O., 178f.), dass im lukanischen Werk χριστός stets titular, nie als Eigenname verwendet wird (s. auch Lk 9,20; 20,41; 22,67; 23,2; 24,26).

[566] Mit M. WENK 2000, 211f.; U. BUSSE 1978, 34f.; R. ALBERTZ 1983, 187; F. CRÜSEMANN 2003d, 219.

[567] M. WENK 2000 bietet einen Überblick über die unterschiedlichen Antwortmuster der Forschung (212–214), kommt selbst aber zu dem Ergebnis, dass »the poor represent all of humanity in its need of God's eschatological salvation. Any attempt to restrict the ›poor‹ to any of the above categories falls short of Luke's wide-ranging portrayal of the recipients of good news." (214) Damit nimmt er der lukanischen Darstellung ein ganzes Stück ihrer ›Erdung‹ und bleibt doch wieder auf einer eher spirituellen Ebene.

[568] Eine generalisierende, spiritualisierende Auslegung, die hier grundsätzlich die Situation der (sündigen) Menschen vor Gott thematisiert sieht, wird der lukanischen Darstellung gerade nicht gerecht.

[569] Ders. 1983, 191–198.

[570] »[D]er ursprüngliche Tritojesajatext redet bildhaft in umfassender Weise von einer großen, wunderbaren Heilswende, die der Prophet mit seiner Verkündigung heraufzuführen meint, ohne daß man sie auf bestimmte Vorstellungsinhalte (Heilung, Sklavenbefreiung, Sabbat- bzw. Jobeljahr) festlegen könnte. In gleicher Weise sind auch die Adressatenbezeichnungen im übertragenen Sinn zu verstehen. Es sind nicht mehr in realem Sinn arme, gefangene und versklavte Menschen angesprochen, sondern ganz allgemein Israel in seiner Not, das sich um seine Verheißungen betrogen fühlt und um sie trauert.« (ders. 1983, 189).

[571] Ebd., 189f. Schon die LXX-Fassung könnte mit dem letzten Glied aus Jes 61,1 in diese Richtung weisen.

[572] Mit A. FINKEL 1994, 337.

richtung des Textes sei, so ALBERTZ, durch die Geschichte hindurch bewusst geblieben, was sich unter anderem an der breiten Aufnahme des Textes in der rabbinischen Literatur zeige.[573]

Das Zitat aus dem Jesajabuch bricht jedoch nach dem ersten Versteil von V.2 ab; die Fortsetzung über den Vergeltungstag (ἡμέρα ἀνταποδόσεως) der Gottheit Israels findet sich bei Lukas nicht; der Darstellung kommt es darauf an, das Gewicht deutlich auf die Zuwendung JHWHs zu legen[574] – damit ist jedoch in keiner Weise gesagt, dass der Aspekt der Vergeltung zur Gänze ausgeblendet ist, ist doch davon auszugehen, dass der Fortgang des Jesajaabschnittes durchaus präsent war. Dem ›Abbruch‹ zum Opfer fällt jedoch ebenfalls der Bezug zu Jerusalem, zum Zion, wie ihn Jes 61,2 im letzten Versteil bietet. Auch hier ist nicht davon auszugehen, dass diese Streichung ein Zufallsprodukt ist. In der Forschung ist wiederholt vermutet worden, hier sei eindeutig die lukanische Erzählabsicht einer Universalisierung der Hoffnungsbilder Israels zu erkennen.[575]

Unstrittig ist in der Tat, dass das Zitat nicht zufällig nach der Erwähnung des Jobeljahres abbricht; aber ist damit mit gleicher Sicherheit gesagt, dass es hier um eine ›Befreiung‹ aus vormaliger ›Beschränkung‹ geht? Zunächst ist an dieser Stelle des Textes die Völkerwelt noch gar nicht im Blick – nicht als Opfer der Vergeltung JHWHs, aber eben auch nicht als Adressatin der Befreiungszusage. Könnte sich Lukas nicht auch hier als ›Realpolitiker‹ zeigen, der mit aller Umsicht darauf bedacht ist, mit seiner Darstellung nicht den Eindruck zu erwecken, zur Revolution gegen Rom aufrufen zu wollen? Der zudem angesichts der noch nicht lange zurückliegenden vernichtenden Niederlage gegen Rom die Hoffnung auf eine Wiedererlangung der Souveränität für Jerusalem nicht zu schüren wagt?[576]

---

[573] Vgl. ebd., 196f., Anm. 54. Gleiches sei auch für Lukas vorauszusetzen: »Da … Lukas nicht nur ein profunder Kenner des Alten Testamentes war, sondern, wie wir nicht zuletzt aus der Gestaltung der Synagogenszene Lk 4 16ff erkennen können, offensichtlich auch recht gute Kenntnisse der jüdischen Glaubenspraxis hatte, können wir wohl mit einiger Sicherheit annehmen, daß auch ihm die eindeutige sozialethische Stoßrichtung dieses Textes nicht verborgen geblieben sein kann. … Wir können damit festhalten: Im von Lukas aufgenommenen Zitat aus Jes 58 6 sind mit den τεθραυσμένοι weder die Sünder, noch die von Dämonen Besessenen, sondern eindeutig die wirtschaftlich Ruinierten gemeint.« (ebd., 196f.).

[574] »By omitting the last part, Luke clearly accentuates Jesus' salvific work.« (M. WENK 2000, 202, Anm. 27). So auch schon W. GRUNDMANN 1961, 121; I.H. MARSHALL 1978, 183; M. RESE 1969, 145.152f.; U. BUSSE 1978, 35. »Das Zitat bricht situationsbezogen mit der Ausrufung des göttlichen Jubeljahres ab (19). Diese Proklamation ist der hier beabsichtigte programmatische Zielpunkt. Mit Jesu Eintreffen und Auftreten ist das seit langem erhoffte Jubel- oder Erlaßjahr Gottes angebrochen. Lukas hat Jesus eine Lesung zugeschrieben, wie man sie nicht besser wählen kann, um Jesu Dienst vom AT her programmatisch anzusprechen.« (W. ECKEY 2004, 223).

[575] So z.B. R. ALBERTZ 1983, 190: »Die Absicht des Lukas scheint mir klar und eindeutig zu sein: Er will mit diesen Streichungen und Weglassungen die alttestamentliche Verheißung aus ihrer partikularen Beschränkung befreien, er will sie öffnen über das alte Gottesvolk hinaus.« Dagegen jedoch schon G. WASSERBERG 1998, 155.

[576] Die Frage lässt sich zuspitzen: Wenn christliche Exegeten, also Menschen ›aus der Völkerwelt‹, die lukanische Auslassung als Befreiung verstehen, verdankt sich dies dann vielleicht nicht doch auch ein gutes Stück der Sorge um die Bedeutung der eigenen ›Gruppe‹? Es verwundert in der Tat, wenn wir Christinnen und Christen uns immer dann mit Israel identifizieren, wenn es um Verheißungen der Schrift geht – aber stets mit den Völkern, wenn es darum geht, dass diese positiv erwähnt sind, gegebenenfalls sogar als kritisches Potential gegen Israel aufgeboten werden. J.A. SANDERS 1993, 24f. hat dagegen eindringlich eine christliche Lektüre von Lk 4 angemahnt, in der es gilt, zunächst das Recht der Anwesenden wahrzunehmen, die Befreiungsbotschaft primär auf sich zu beziehen, um damit auch die hilflose Wut nachvollziehen zu können, wenn die Konfrontation folgt – der sich SANDERS zufolge Christinnen und Christen in ihrer Lektüre genauso ausgesetzt sehen: »Whenever we feel we have a corner on truth or a commanding grip on reality, then, if we are fortunate, a prophet will appear to shock us into realizing that God is God. … God is both committed in promises and free to surprise and even re-create us. God is free to bestow grace anywhere. Grace is

Nachdem mit Hilfe der Untersuchung von RAINER ALBERTZ deutlich geworden ist, wie Lukas ›seinen‹ Jesus das Eintreten für die sozial Schwächsten als Befreiungsprogramm verkünden lässt, lässt sich über verschiedene Worte bzw. Motive die Exodusspur noch genauer verfolgen: die αἰχμάλωτοι, die τεθραυσμένοι, die πτωχοί, die ἄφεσις und zuletzt noch die Tradition des Jobel- bzw. Erlassjahres.

Von den insgesamt 23 Belegen der LXX für αἰχμάλωτος beziehen sich elf auf die Gefangenschaft des Volkes unter fremder Macht und zwar insbesondere auf das babylonische Exil;[577] es ist also davon auszugehen, dass die Verbindung des Ausdrucks mit der Deportation des Volkes Israel nach Babylon auf das Engste verknüpft war.[578] Die Kraft des Exodus besteht, wie oben gezeigt,[579] gerade darin, Hoffnungspotential für die jeweilige Gegenwart zu sein, Befreiungsbilder für die verschiedenen Formen des Leidens unter unterdrückerischer Fremdherrschaft bereit zu stellen. Insofern hindert die Tatsache, dass αἰχμάλωτος nicht auf die Situation Israels in Ägypten bezogen wird, nicht daran, hier den Exodus als Grunddatum der Befreiung aus der Unterdrückung, die auch eine Verbannung sein kann, im Hintergrund zu sehen.[580] Über die Bildwelt ›Gefangenschaft/Unterdrückung‹ liegt zudem innerhalb des lukanischen Werkes ein intratextueller Bezug zu denjenigen Stellen vor, an denen in Herrschafts- und Gefangenschaftsmetaphorik von der Herrschaft Satans über die Menschen gesprochen wird.[581] Die Menschen sind Gefangene – die Trennlinie zwischen z.B. ökonomischer Verschuldung bis hin zur Schuldsklaverei und einer Versklavung unter die Macht Satans, die gefangen und klein hält (vgl. Lk 13,10–19), ist dabei nicht scharf zu ziehen.[582]

---

a form of divine injustice – undeserved when God first bestowed it on Israel, and undeserved when God bestows it on Phoenician widows and Syrian lepers.«

[577] Als αἰχμάλωτος wird so z.B. Mordechai (Est 2,6) bezeichnet, aber auch die Reichen des Nordreichs (Am 6,7), Zion (Jes 52,2), Menschen des Stammes Naphtali (Tob 7,3) und schließlich vor allem Israel als Kollektiv (Am 7,11.17; Jes 5,13; Tob 13,12 [im Tobitbuch wird der Ausdruck γῆ τῆς αἰχμαλωσίας zum ›Namen‹ *Land der Verbannung* (Tob 3,15; 13,8)]; EpJer 1,1). Hinzu kommen zwei Stellen, an denen die Mit-Leidenden der Deportation gemeint sind (Jes 46,2; 1 Makk 2,9). Zum Gebrauch von αἰχμάλωτος s. weiter R.I. DENOVA 1997, 137f., die das Ziel der Befreiung für die Gefangenen als Synonym für die Sammlung Israels in und aus der Diaspora versteht und diese in der Apostelgeschichte realisiert sieht.

[578] Dafür spricht auch, dass das Substantiv αἰχμαλωσία wiederholt das babylonische Exil umschreibt (z.B. Ψ 84,2; Ez 11,24; Esr 2,1; 3,8; 8,35; Neh 1,2f.; 7,6; Jer 1,13); vgl. auch das ›berühmte‹ Beispiel Ψ 125,1: *Als JHWH die Gefangenschaft Zions wendete* (Inf. Aor. ἐπιστρέψαι), *waren* (Ind. Aor. ἐγενήθημεν) *wir wie ermutigt Getröstete* (παρακεκλημένοι).

[579] S.o. S. 73ff; 126ff.

[580] Diese zunächst u.U. ›schmal‹ wirkende Brücke gewinnt durch die Beobachtung des weiteren Kontextes des Jesajazitats an Tragkraft, finden sich doch hier wiederholt Sprachbilder, die die Rückkehr aus dem Exil als den Exodus erinnernde und aufnehmende Befreiung beschreiben; s.o. S. 127.

[581] S. dazu unten S. 326ff. Satan tyrannisiert die Menschen (καταδυναστεύω, Apg 10,38), er legt sie in Fesseln (δέω, Lk 13,16), ihm ist eine Streitmacht zugeordnet (Lk 10,19) und sein Machtbereich ist die Finsternis (Apg 26,18), die bei Lukas in der Nachfolge z.B. des Jesajabuches als Gefängnis verstanden wird (Lk 1,79; Jes 42,7; zu ›Finsternis‹ als ›Gefangenschaftsausdruck bei Dt-Jes vgl. R. ALBERTZ 2003, 363).

[582] Lk 4,18f. bildet gemeinsam mit Apg 10,38 so etwas wie eine Schlüsselverbindung für das Verständnis des Gesamtzusammenhangs der Gegnerschaft Jesu; für diese in der Literatur breit vertretene Auffassung vgl. exemplarisch U.BUSSE 1977, 184.430, sowie S. GARRETT 1990, 662f. Die in 4,19 angekündigte ἄφεσις für die τεθραυσμένοι versteht auch D. RUSAM als Anspielungen auf den Sieg Jesu über Satan. Der Satz meine »die Befreiung der Menschen aus der Hand des Satans und seiner Dämonen; d.h. es geht um die Krankenheilungen Jesu (und seiner Jünger bzw. Apostel)« (2003, 190). Diese Intention zeigt sich nach RUSAM deutlich in der Komposition des Gesamtzusammenhangs von Lk 4 mit der Versuchungserzählung unmittelbar vor der Nazaretpassage und den ersten Exorzismen direkt danach in Kapernaum.

Im Aktiv hat θραύω häufig Gott als Subjekt und gehört insofern zum Vokabular der Macht, Stärke und Gewalt JHWHs. Richtet sich dieses *Schmettern* gegen Feinde Israels, ruft es Lobpreis und Zuversicht hervor (z.B. Ex 15,6; Num 24,17; Jdt 9,10; 13,14); bei gegen Israel gerichteten Handlungen löst es Furcht und Schrecken aus (Num 17,11; 2 Sam 12,15; 2 Chr 20,37; Jes 2,10.19).[583] In Passivformen bezeichnet es das Schicksal Israels.[584] Dtn 28,33 beschreibt unter den Folgen des Nicht-Bewahrens der Weisungen (Dtn 28,15–68) den Verlust der Freiheit: Neben der Erfahrung, alle Produkte, die ganze Ernte, alles, was Israel erwirtschaftet, an eine fremde Macht abgeben zu müssen, kommt die grundsätzliche Bedeutung dieser Zwangsabgaben zu stehen: *du wirst unterdrückt sein und zerschmettert alle Tage* (καὶ ἔσῃ ἀδικούμενος καὶ τεθραυσμένος πάσας τὰς ἡμέρας). Wenn Israel, so der Duktus des gesamten Abschnittes, die im Exodus durch JHWH geschenkte Freiheit dadurch aufs Spiel setzt, dass es die gemeinsame Geschichte vergisst, nicht die Chance für ein Zusammenleben auf der Basis der in der Wüste erhaltenen Weisungen nutzt, dann erfolgt erneute Unterdrückung.[585] Während durch den Kontext von Jes 58 also konkret der Erlass von Schulden für die durch Schulden ›Niedergedrückten‹ in den Blick kommt, zeigt die seltene Verwendung von θραύω als Part. Med./Pass. einen deutlichen Bezug zum Exodus.

Die Ärmsten bzw. Bettelarmen (πτωχοί) sind nach Ex 23,11 diejenigen, die von der Brache der Felder in jedem siebten Jahr ebenso profitieren sollen wie von der Nachlese (Lev 19,10; 23,22; vgl. auch Dtn 24,19); ihnen gilt die Zuneigung JHWHs in besonderer Weise (1 Sam 2,8; 2 Sam 22,28) – und sie bedürfen ihrer auch (Spr 14,20), weil sie den Reichen und Mächtigen schutzlos ausgeliefert sind (Am 4,1; 8,4; Jes 3,14f.; 10,2; Ez 16,49; 22,29).[586] Entsprechend ist für die Hoffnungstexte der Schrift die Veränderung ihres Ergehens ein entscheidendes Kennzeichen für das Anbrechen einer neuen Zeit: Am kommenden Freudentag, wenn JHWH für sein Volk eintritt, dann werden nicht nur die Tauben hören, was eigentlich nicht hörbar ist, und die Blinden sehen, wo eigentlich keine Sicht möglich ist, sondern auch *die Bettelarmen werden jubeln über JHWH mit Freude, und diejenigen von den Menschen, die ohne jede Hoffnung waren, werden randlos voll von Freude sein* (Jes 29,18f.) – vernichtet sein werden nämlich alle Unrechtsherrscher (und die, die davon profitieren) (V.20f.). Im Kontext des Exodus erhalten die πτωχοί somit insofern gesonderte Aufmerksamkeit, als es zu den Kennzeichen des auf der geschenkten Befreiung basierenden Miteinanders gehört, dass sie besonders bedacht werden, dass die Besitzenden sie teil haben lassen an ihrem Besitz.

In engem Zusammenhang damit steht der Gebrauch von ἄφεσις: Von den insgesamt 50 Belegen im Ersten Testament entfallen 31 auf Dtn 15 und Lev 25, also die biblische Tradition des Erlassjahres alle sieben Jahre und des Jobeljahres alle 49 bzw. 50 Jahre,[587] sowie darauf rekurrierende Texte bzw. auf das Jobeljahr bezogene Bestim-

---

[583] Von hier ausgehend auch die Verwendung für von Gott ›Zerschmetterte‹ wie etwa Antiochus (2 Makk 9,11).

[584] An manchen Stellen auch eine Warnung; etwa Dtn 20,3.

[585] Vgl. auch Jes 42,4 wonach zu den ›Schlüsselqualifikationen‹ des sogenannten ›Gottesknechtes‹ zählt, dass er sich *nicht* niederschmettern und nicht aufhalten lässt, bis er auf der ganzen Erde das Recht aufgerichtet hat.

[586] Wie wenig sie für die ›Geschichte der Sieger‹ zählen, zeigt z.B. nur 2 Kön 24,14: nur sie bleiben während der Deportation nach Babylon im Land.

[587] S. zu Lev 25 TH. STAUBLI 1996, 184–191.

mungen.[588] Diese Tradition des Schuldenerlasses ist damit mit dem Zitat von Jes 61,2 in Lk 4,19 präsent;[589] und damit ist das Befreiungsprogramm, das die Schrift vorgibt und das Jesus im Folgenden als ›heute‹ erfüllt verkündet,[590] im Kern an die Tora und ihre Bestimmungen zurückgebunden.[591] Lev 25 lässt sich als Erweiterung und Fortschreibung von Dtn 15 verstehen.[592]

Angesichts dessen, dass im Lukasevangelium Satan zum Gegenspieler Jesu/JHWHs wird und Befreiung zentral aus seiner Hand, seiner Macht erfolgt, ist spätestens bei einer zweiten Lektüre des lukanischen Werkes mit ἄφεσις auch hier bereits der Sieg über die durch Satan und die Dämonen verkörperte Macht des Todes im Blick.[593] Dabei kann sich Lukas, wie schon von RAINER ALBERTZ herausgestellt und oben dargestellt,[594] auf eine zu seiner Zeit geläufige Vorstellung beziehen, nach der das Jobeljahr für JHWH ein messianisches wird, zu dessen Inhalten zentral auch der Sieg über die gottfeindlichen Mächte gehört. Diese Vorstellung kommt etwa in 11QMelch zum Ausdruck:

Und er ruft für sie Freilassung aus, um ihnen nachzulassen die Last aller ihrer Verschuldungen … das ist die Zeit für das Jahr des Wohlgefallens … Und Malkizedek vollzieht die Rache der Gerichte Gottes an diesem Tag und rettet sie aus der Hand Belials und aus der Hand aller Geister seines Loses.[595]

Zugleich leistet die Kombination der Jesajastellen Jes 61,1f. und Jes 58,6 ein Weiteres, das auch später für die Auslegung der Gesamtszene von großer Wichtigkeit sein

---

[588] Fünfzehnmal findet sich ἄφεσις allein in Lev 25, weitere sechsmal in Lev 27; s. ferner Num 36,4; Dtn 15 (5x); 31,10; Ez 46,17; 1 Makk 10,34; 13,34. Est 2,18 bleibt im selben Bedeutungsrahmen, es geht um den Erlass von Steuern; Jer 41 (4x; Vv. 8.15.17) hat die Freilassung von Sklavinnen und Sklaven zum Inhalt und nimmt damit ebenfalls auf die Tradition der Befreiung Bezug.

[589] Mit G. SCHNEIDER 1992, 108.

[590] Zum Zusammenhang von Schuld und Schulden, wie er sprachlich durch das Aramäische ermöglicht wurde und von daher Eingang in die Sprache auch des Neuen Testaments – vgl. etwa die Bitte des Vaterunsers – gefunden hat, wie er aber auch in der gegenwärtigen Lektüre gewahrt bleiben muss, damit nicht die konkrete ökonomische Schuld durch die rein spirituelle ›verdrängt‹ wird, s. F. CRÜSEMANN 1992a.

[591] In der Verbindung von Jes 61 mit Jes 58 und der Darbietung des Textes in Lk 4 wird zugleich »die Tora mit ihrer Tradition des Erlasses aller Schulden (Dtn 15; Lev 25) zu Gehör gebracht und in Kraft gesetzt. Nicht um eine Überwindung des alttestamentlichen Gesetzes geht es, sondern um seine neue und effektive Inkraftsetzung, so dass für die Armen und Elenden das Gnadenjahr beginnen kann. Hier zeigt sich exemplarisch, was der Inhalt des Evangeliums vom Reich Gottes ist, welches Jesus dann in allen Städten und Synagogen verkündet (4,43f.).« (F. CRÜSEMANN 2003d, 218).

[592] Dazu F. CRÜSEMANN 1992, 330ff, der den eindeutigen Bezug von Lev 25 auf das Exilsende und die Regelung der Besitzverhältnisse nach der durch das Kyrusedikt gegebenen Möglichkeit zur Rückkehr betont. CRÜSEMANN versteht in einem jüngeren Aufsatz Lev 25 als »Signal dafür …, dass und wie auch nach langen Zeiten von Unrecht und nicht praktizierter Gerechtigkeit, selbst bei breit akzeptierter und eingelebter Ungleichheit, ein Neuanfang möglich und geboten ist. … Indem Jesus in seiner Prophetenlesung gerade diese Kombination aus Jes 61,1–2/Jes 58,6 zitiert, geschieht etwas Besonderes: Es werden Tora und Propheten in einem zu Gehör gebracht und damit ein fundamentaler Neuanfang im oben genannten Sinn.« (ders. 2003d, 219). Dem Zusammenhang von Dtn 15, Lev 25, Jes 61 und Lk 4 geht auch der Aufsatz von MARLENE UND FRANK CRÜSEMANN (dies. 2002) nach. S.H. RINGE 1995, 68f. betont den Exodus als Hintergrund der Regelungen. M. TURNER 1996, 244 vermutet aufgrund seiner Beobachtung, dass im lukanischen Werk an keiner anderen Stelle spezifische »Jubilee language« verwendet werde, dass für Lukas die Tradition des Jobeljahres weniger für sich genommen relevant war, sondern als ein Element von mehreren zum Bestand einer »New Exodus soteriology« gehöre. Dieses Verständnis deckt sich mit meiner schon skizzierten Überlegung, dass Lk 4 eine ›doppelte Befreiung‹ ankündige, dass also neben dem Jobeljahr auch die Befreiung aus der Macht Satans intendiert ist.

[593] Mit U. BUSSE 1978, 79 anhand des Beispiels von Lk 4,39: »Der widerstandslose Verzicht des Dämons und seine Erkenntnis, Jesus wolle seine Knechtschaft zerstören, deuten an, daß sich die in Is 61,1f angesagte Gefangenenbefreiung auf die Brechung der Dämonentyrannei bezieht.«

[594] S.o. S. 303f.

[595] Nach J. MAIER 1995, 362. Zu 11QMelch s. weiter M. TURNER 1996, 226f.

wird: Während Jes 61 JHWH als handelnd vorgestellt ist, ihre Initiative die Befreiung bringt und die Verheißung für ihr Volk zum Inhalt hat, nimmt Jes 58 im Gegenzug das Volk selbst in den Blick und, mehr noch, in die Verantwortung. Befreiung, so lässt es sich etwas salopp formulieren, ist damit kein Geschenk, das es mit in den Schoß gelegten Händen abzuwarten gilt – Befreiung braucht beide Seiten, die machtvolle Initiative der Gottheit Israels ebenso wie das Tun ihres Volkes.[596]

Wie sehr hingegen christliche Theologie und Exegese nach wie vor daran gewöhnt ist, leiblich-materielle Gegebenheiten gerade bei Lukas zu ›spiritualisieren‹, zeigen die Überlegungen GERD PETZKES:

> »Der Begriff für Befreiung ist der gleiche, der sonst ... auf die Sündenvergebung angewandt wird. Der Gedanke der Sündenvergebung spielt hier keine Rolle, aber eine vom Begriff ausgelöste Assoziation ist bei den Hörern/Lesern nicht auszuschließen und lag möglicherweise in der Absicht des Lukas.«[597]

Damit sind die Verhältnisse und Zusammenhänge auf den Kopf gestellt – nur wer in christlicher Dogmatik mehr zuhause ist als in der Schrift, kann diese Denkrichtung einschlagen. Nicht ein ›ursächlich auf Sündenvergebung‹ bezogener Ausdruck wird hier für einen anderen Sachverhalt gleichsam zweckentfremdet, sondern gerade umgekehrt haben die ersten, die die Befreiungsgeschichte miterlebt hatten, die sich um Jesus von Nazaret entsponnen hatte, und von ihr erzählen wollten, sich Worte aus der Tradition geliehen, um ihrer Erfahrung so Ausdruck zu verleihen.[598]

3.1.2 »Heute ist diese Schrift erfüllt in euren Ohren.« (4,21)

Nach dieser Präsentation des mit Exodusgedanken, -bildern und -traditionen arbeitenden prophetischen Befreiungsprogramms sind die Menschen von Nazaret voll gespannter Erwartung: Mit dieser Befreiungsverheißung der Schrift muss es doch noch weiter gehen, sie muss ins Leben geholt werden. Die Reaktion der Menschen zeigt, dass sie von Jesus noch etwas zu hören erwarten: Nachdem dieser nämlich die Buchrolle zurück gegeben und sich gesetzt hatte, blicken ihn alle unverwandt an (V. 20).[599] Was ruft dieses unverwandte Schauen hervor? Geht es um mehr als das ›übliche‹ Warten auf eine ›übliche Predigt‹? Das dürfte zumindest angedeutet sein, sonst wäre kaum so explizit von der Reaktion der Menschen die Rede.[600] Es ist nicht deutlich, ob die Erwartungshaltung der Menschen den lukanischen Jesus fast dazu

---

[596] Mit F. CRÜSEMANN 2003d, 220.

[597] Ders. 1990, 79. G. SCHNEIDER 1992, 108 geht noch einen Schritt weiter und formuliert thetisch: »Lukas denkt an den Erlaß der Sünden«. So auch M. RESE 1969, 146; D. RUSAM 2003, 185ff; I.H. MARSHALL 1978, 184 und W. SCHMITHALS 1980, 62. Ähnlich auch noch M. KORN 1993, 75–78 sowie W. ECKEY 2004, 225, der jedoch als zweite Möglichkeit die »Befreiung dämonisch Besessener und Geknechteter« nennt.

[598] »[I]n this context the literal meaning of ἄφεσις (used with αἰχμαλώτοις), though unique in Luke-Acts, is hardly refutable. – It is amazing how word statistics are sometimes misinterpreted: the meaning ›forgiveness of sins‹ of the stereotyped ἄφεσις τῶν ἁμαρτιῶν (eight times in Luke-Acts) is applied again and again in comments on the two instances of ἄφεσις (4,18c and d).« (F. NEIRYNCK 1999, 382) Ähnlich M. TURNER 1996, 222ff. So auch schon U. BUSSE 1978, 34. Damit wird jedoch unerklärlich, warum bei ihm im selben Werk wenig später im Zusammenhang der Frage nach einheitlichen Motiven in Lukasevangelium und Apostelgeschichte die Rede davon ist, die »Sünder« seien »eine Gruppe, zu denen Jesus nach dem Mischzitat Lk 4,18f zum Erlaß ihrer Sünden im Heilsjahr des Herrn besonders gesandt ist.« (ebd., 96).

[599] Jesus nimmt durch das Hinsetzen die ›Position‹ des Schriftauslegers nach der des Lektors ein; so neben anderen J.A. FITZMYER 1981, 533; W. ECKEY 2004, 226.

[600] Mit dieser Beschreibung erfolgt auf der Ebene der Interaktion zwischen Rezipientin und Text zugleich das Angebot der Identifikation mit den Menschen in der Synagoge; welche inhaltliche Füllung die beschriebene Reaktion erfährt, ist damit eine Frage der jeweils eigenen Erwartungshaltung.

zwingt, nun etwas zur Auslegung der Stelle zu sagen. Hätte er es andernfalls bei der Lesung bewenden lassen?

Nun kommt es jedenfalls zu einer Schriftauslegung, oder zumindest zum Beginn derselben:[601] *Da begann er zu ihnen zu sprechen:* »*Heute ist erfüllt diese Schrift in euren Ohren.*« (V.20f.) Diese Aussage scheint so gewaltig, dass sie vielfältige Reaktionen hervorruft: Die Menschen bezeugen, sie bestaunen und sie sprechen (miteinander) (V.22). Ist es denkbar, dass ἤρξατο … λέγειν ganz wörtlich zu nehmen ist? Dass also Jesus durch die spontan auf seinen ersten Satz hin erfolgende Reaktion der Menschen daran gehindert wird, mit seiner Auslegung fortzufahren?[602]

Bevor auf die dreifache Reaktion der Zuhörerinnen und Zuhörer weiter einzugehen ist, lohnt sich ein weiterer Blick auf den Inhalt dessen, was Jesus als Beginn seiner Schriftauslegung sagt, bzw. was er gerade nicht sagt. Er spricht vom ›heute‹ der Schrifterfüllung, benennt also einen Zeitpunkt – seine Rede enthält kein ›ich‹. Anders gesagt: Im Zentrum seiner Schriftauslegung steht nicht die eigene Person. Das entspricht einer exakten Anwendung des in der prophetischen Selbstvorstellung im Schriftzitat Gesagten: Zwar ist in der Tat davon auszugehen, dass Lukas diese Selbstvorstellung als Selbstvorstellung Jesu versteht, dieser mithin die Rolle des von der Geistkraft JHWHs erfüllten Propheten übernimmt. Doch was ist dessen Aufgabe? Keine andere als die der Verkündigung! Der von ἔχρισεν unmittelbar abhängige final gebrauchte Infinitiv lautet εὐαγγελίσασθαι. Es geht zunächst also darum, dass der Geistbegabte als Bote (ἄγγελος) fungiert. In eben dieser Linie bleiben auch die folgenden – ebenfalls mit Infinitiven ausgedrückten – Konkretionen: das doppelte κηρύξαι ebenso wie ἀποστεῖλαι. Besonders deutlich wird das im Zusammenhang der Verheißung von Sehkraft für die Blinden; hier wäre am ehesten ein Verb zu erwarten gewesen, das ein aktives Handeln ausdrückt. Aber damit wäre die Aufgabe des Propheten gerade nicht korrekt benannt: Nicht das Tun, das selbst in die Wege leiten, ist, zumindest für den Moment,[603] seine Aufgabe. Ihm ist es darum zu tun, das Volk aufzurufen, es für die Bedeutsamkeit des Augenblicks sensibel zu machen. Nicht die Person dessen, der für die Erfüllung einsteht, steht hier im Zentrum, sondern der Zeitpunkt, an dem die Befreiung sich Bahn bricht. In dieser verheißungsvollen Zusage ist jedoch zugleich ein Anspruch an diejenigen enthalten, die Ohrenzeuginnen und -zeugen sind. Wenn nur der Zeitpunkt feststeht, ist damit die Aufgabe gekommen, die Verantwortung selbst mit zu übernehmen, sich der durch die Einspielung von Jes 58,6 unmissverständlich laut gewordenen Forderung zu stellen.

---

[601] S.H. RINGE 1995, 68 bestreitet, dass angesichts der Knappheit des Satzes überhaupt von einer ›Predigt‹ o.ä. die Rede sein kann; ähnlich U. BUSSE 1978, 36f. Andere verstehen den Satz als Zusammenfassung der Rede Jesu; so etwa C.A. KIMBALL 1994, 113.

[602] Diese Möglichkeit wird auch von J.A. SANDERS gesehen, der in der Erwartung einer Befreiung aus römischer Herrschaft die Befreiung aus Ägypten erinnert sieht: »He electrified them by saying that on this day the Scripture was fulfilled in their ears. One must understand how much that particular passage meant to Jews in the first century under Roman oppression and rule. … The matter of greatest interest to the congregation in Nazareth who heard Jesus read the Isaiah passage was release from the burden of Roman oppression, although they would have been interested in any release the Jubilee afforded. … The congregation in Nazareth might well have thought at first that Jesus was the herald of Isaiah 61 sent to proclaim the great Jubilee release from slavery to Roman oppression. … They were hearing it by the hermeneutic of the grace of God; they understood it in terms of God as Redeemer of Israel. God's purpose in sending the herald would have been to save the people who were enduring plight comparable to that of the slaves in Egypt when God sent Moses to release them from Pharao's bondage.« (ders. 1993, 21–23).

[603] Grundsätzlich versteht Lukas die Erfüllung mit Geistkraft durchaus auch als Befähigung zu Machterweisen; s. zur Geistkraft sowie zur exegetischen Diskussion um die Frage des Zusammenhangs von Geist- und Wunderkraft oben S. 228 m. Anm. 77.

3.1.3 Und nun? – Die Reaktion der Zuhörerinnen und Zuhörer (Lk 4,22)

Lukas berichtet in dreifacher Weise davon, wie die in der Synagoge Anwesenden mit dieser Aufforderung umgehen;[604] oder vielmehr: Er nennt drei verschiedene Reaktionen, die sich nicht voneinander trennen lassen, die aber dennoch zunächst einmal als sprachlich-syntaktisch voneinander unabhängig und somit ›gleichwertig‹ aufzufassen sind, handelt es sich doch um drei finite Verbformen in der 3. Person Plural Imperfekt, einer Zeitform, die zugleich ein Andauern der unterschiedlichen Reaktionen und damit die mögliche Gleichzeitigkeit indiziert: ἐμαρτύρουν ... καὶ ἐθαύμαζον ... καὶ ἔλεγον. *Sie bezeugten ... und sie staunten ... und sie sprachen* – allen drei Aussagen gilt es näher nachzugehen, alle drei zusammen bilden das Gesamtsetting aus Zustimmung, Jubel, Staunen und Reden (oder Tuscheln?).[605]

Zunächst: *Alle bezeugten* (πάντες ἐμαρτύρουν) αὐτῷ. Wen oder was bezeugten *alle*? Geht es darum, dass diejenigen, die den Worten Jesu zuhören, ihm zustimmen, mithin das bestätigen, was er sagt und damit αὐτῷ weniger *ihn* als *es*, nämlich sein *Wort* (ῥῆμα), meint? Oder bezeugen sie doch gerade *ihn*?[606] Bejubeln sie seine Person?

In den ersttestamentlichen Texten wird μαρτυρέω nur selten gebraucht; im Rahmen der Exoduserzählung der Schrift etwa kommt es nur an vier Stellen überhaupt vor, an denen es im Zusammenhang juridischer Überlegungen im negativen Sinne von ›gegen jemanden bezeugen‹ verwendet wird (Num 35,30; Dtn 19,15.18; 32,21).[607] In späteren Texten findet es sich wie im lukanischen Werk auch im positiven Sinne Verwendung, wenn auch selten.[608] Die hier (Lk 4,22) vorliegende Form der Verwendung ist auch für das lukanische Werk ungewöhnlich. Nur zweimal werden überhaupt Personen ›bezeugt‹,[609] einmal David (Apg 13,22) und einmal die Menschen aus den Völkern (Apg 15,8) – und an beiden Stellen ist Gott diejenige, die sie bezeugt. Im Unterschied zu Lk 4,22, der Bezeugung Jesu, wird an beiden anderen Stellen der Inhalt der Bezeugung expliziert.[610] Somit fehlt innerhalb des lukanischen Werkes wie innerhalb der ersttestamentlichen Texte ein unmittelbarer Vergleichstext, aus dem sich die mit μαρτυρέω verbundenen Konnotationen erschließen ließe/n.

Gehen wir einmal vom gewohnten Gebrauch des Wortfeldes ›Zeugin/Zeuge/bezeugen‹ aus, dann findet es in der Mehrzahl der Fälle vor Gericht Verwendung. Es geht um die Frage, wer Recht hat, welcher Ausführung Glauben geschenkt werden kann. Die Aufgabe von Zeuginnen und Zeugen ist es, den Wahrheitsgehalt einer Aussage zu verifizieren oder zu falsifizieren. Bezeugt werden mithin zunächst einmal Dinge, respektive Sachverhalte, Inhalte; erst auf einer

---

[604] G. WASSERBERG 1998, 150 versteht V. 22 als Überleitung zwischen den beiden Erzählblöcken 16–21 und 23–30.

[605] Damit ist deutlich, dass dem letzten Glied dieser Reihe kein Sonderstatus zukommt, dass die wörtliche Rede nicht als eine Art ›Quintessenz‹ der Reaktionen missverstanden werden darf.

[606] G. PETZKE 1990, 79 lässt die Frage unbeantwortet, geht aber davon aus, dass die Reaktion sich auf eine längere Rede Jesu beziehen müsse. Sicherlich nicht zutreffend ist die bei J. JEREMIAS 1959, 37ff geäußerte Vermutung eines Dativus incommodi, wonach die Anwesenden *gegen* Jesus zeugten.

[607] Die letztgenannte Stelle fällt insofern aus dem Rahmen, als es hier um die Bezeugungsfunktion des Mose-Liedes für die kommenden Generationen geht. Im Hebräischen fehlt eine entsprechende Verbform; es liegen Nominalkonstruktionen mit עֵד ebenso vor wie Kombinationen aus עֵד mit den Verben עָנָה (Num 35,30; Dtn 19,18; 31,21) oder קוּם בְּ (Dtn 19,15).

[608] Vgl. etwa 1 Makk 2,56, wo es im Rahmen der ab 2,51 erfolgenden Aufzählung bedeutender Vorfahren (in stets gleicher Konstruktion von kausal verstandenem substantiviertem Infinitiv, eingeleitet mit der Präposition ἐν, mit daran anschließendem finiten Verb, das die positive Folge benennt) von Kaleb heißt, er habe ἐν τῷ μαρτύρασθαι seinen Erbbesitz erhalten. Hier ist μαρτυρέω schon aus sich heraus positiv konnotiert. Im lukanischen Werk ist der Gebrauch als Partizip Med./Pass. häufig, dann im Sinne von ›einen guten Ruf haben‹; so etwa Apg 6,3; 10,22; 22,12.

[609] Apg 22,5 ist insofern strittig, als nicht unwahrscheinlich ist, dass Hohepriester und Älteste nur für den Inhalt des mit ὡς eingeleiteten Nebensatzes als Zeugen fungieren sollen, nicht aber für Paulus als ganze Person.

[610] Was Gott David bezeugt, folgt in wörtlicher Rede; das Zeugnis für die Völker ist in der folgenden Partizipialkonstruktion enthalten.

übertragenen Ebene geht es damit um die Glaubwürdigkeit des Menschen, der mit diesen Sachverhalten in Verbindung gebracht wird. Offensichtlich ist in der lukanischen Darstellung die Beziehung zwischen Inhalt und der diesen Inhalt verkündenden Person so nah gedacht, dass die Menschen den ersten Schritt einer Zeugenaussage in gewisser Hinsicht ›überspringen‹ können, zumal – angesichts der Hochachtung, die Lukas der Schrift entgegenbringt – der verkündete Inhalt, zumindest in seinem ersten Teil (V.18f.) keinerlei bestärkender Bezeugung bedarf. Der zweite Teil, die – mehr als knapp gehaltene! – Schriftauslegung Jesu, hingegen bedarf dieser Bezeugung in der Tat; wie schwer es fällt, dieser zu vertrauen, zeigt das unmittelbar danach einsetzende Spekulieren über die Zugehörigkeit Jesu zur ›Ortsgemeinde‹. Und dennoch: Auch diese Aktualisierung, das Versprechen, dass das, was in der Schrift gesagt ist, den aktuell Zuhörenden gesagt ist und ihnen gilt, erfährt zunächst volle Zustimmung. Die Anwesenden bezeugen ihn (αὐτῷ) in dem, was er zu sagen hat, bekräftigen sein ›Programm‹ der Befreiung, wie es in den Worten des Jesajabuches ausgedrückt ist, sagen ›Amen‹ zu ihm und damit: *So soll es sein!*

In der gleichen Mehrdeutigkeit von Person und Sache verbleibt auch die zweite erwähnte Reaktion: *Sie staunten über die Worte voller charis, die aus seinem Mund herausgekommen waren.*[611] Auch hierin ist erneut eine doppelte Zustimmung enthalten: in der Tatsache des Staunens, das als ›ungläubiges Staunen‹ missverstanden wäre,[612] wie in der Qualifizierung der Worte als *Worte voller charis.* Hiermit ist ein Dreifaches ausgedrückt: Zunächst kommt natürlich die Art der ›Performance‹ in den Blick; der enge Zusammenhang von Inhalt und Ausstrahlung, auf den es hier ankommt, ist am ehesten durch die Ausdrücke *Charisma* und *Charme* ausgedrückt.[613] Dann beziehen sich die *Worte voller charis* zweitens auf die unmittelbar zuvor von Jesus getätigte ›Anwendung‹ der Schriftstelle auf die Gegenwart – welch größeres Geschenk, welche größere ›Gnade‹ könnte es geben als diese sichere Zusage des Wahrwerdens und Wahrseins der Verheißung der Schrift. Damit ist aber auf einer weiteren Ebene zugleich die Schrift selbst in den Bereich der λόγοι τῆς χάριτος mit hineingeholt: Worte voller Zuneigung und Sorge, voller χάρις sind es in der Tat, die da zu Gehör gebracht werden.

Die Verbindung λόγος + χάρις wird in den erst- wie neutestamentlichen Texten nur von Lukas an drei Stellen[614] verwendet, wobei die beiden Stellen der Apostelgeschichte die Vermutung nahe legen, dass die Wendung zu einem Sammelbegriff geworden ist, der Leben und Lehre Jesu be- und auszeichnet:

Sie verweilten nun lange Zeit und sprachen freimütig im Kyrios, der das Wort seiner Zuwendung bezeugte, indem er Zeichen und Wunder geschehen ließ durch ihre Hände. (Apg 14,3)

Und nun befehle ich euch Gott und dem Wort ihrer Zuwendung an, das die Kraft hat, (euch) aufzubauen und Erbbesitz unter allen Geheiligten zu geben. (Apg 20,32)

---

[611] Die Wendung ἐκπορεύομαι ἐκ τοῦ στόματος ist insofern auffällig, als sie die Fortsetzung des in Lk 4,4 eingespielten Zitates aus Dtn 8,3 wieder in Erinnerung ruft: *Nicht vom Brot allein lebt der Mensch, sondern von jedem Wort, das aus dem Mund Gottes herauskommt.*

[612] Mit F. ANNEN 1992, 333f.; F. BOVON 1989, 213; D.R. CATCHPOLE 1993, 239; U. BUSSE 1978, 37. Auch G. BERTRAM 1938, 39 sieht θαυμάζω im lukanischen Werk positiv konnotiert, als »ahnungsvolles oder ehrfurchtsvolles Staunen vor dem Göttlichen,« dessen Gegenwart in Lehre und Leben Jesu spürbar wird. Damit ist die Verbindung zur gerade geäußerten Vermutung über den Anklang an Dtn 8,3 noch einmal auf eine andere Basis gestellt.

[613] D.W. PAO 2002, 82 macht unter Bezugnahme auf Apg 6,8 darauf aufmerksam, dass χάρις dem semantischen Feld von δύναμις zuzurechnen ist.

[614] Neben Lk 4,22 noch Apg 14,3; 20,32.

Lukas kann also im zweiten Teil seines Werkes auf diesen λόγος τῆς χάριτος zurückgreifen und zwar so, dass in ihm alles gebündelt zum Ausdruck kommt, was
sich für ihn mit dem Tun, Lehren und Leben Jesu verbindet – und worauf anders
sollte sich der Ausdruck zurückbeziehen als auf die hier dargebotenen *Worte der Zu-*
wendung, wie sie die Schrift bereithält?

Nachdem die Zuhörenden also schon im Bezeugen Person und Sache zusammen-
gebracht haben, zeigt auch ihr Staunen die untrennbare Verbindung an, die in ihren
Augen und Ohren zwischen Jesus selbst und seinen Worten besteht. Dass dies dem
Anspruch des von Jesus zuvor Gesagten nicht gerecht wird, die darin enthaltene
Aufforderung nicht zur Kenntnis nimmt, kommt besonders deutlich in der dritten
Reaktion zum Ausdruck. Mit der Rückfrage der Menschen *(Dieser ist doch Josefs*
Sohn?) wird der Versuch laut, ihn in ihre Gemeinschaft zu (re-)integrieren.[615] Ob die
Frage eher kollektiven Stolz zum Ausdruck bringt oder mehr die Diskrepanz zwischen Herkunft und Wirkung, also die Tatsache, dass sie einem der Ihren so etwas
nicht zutrauen, lässt sich nicht eindeutig entscheiden.[616] Festzuhalten bleibt hingegen,
dass im Gesamtkontext des lukanischen Werkes mit dieser Rückfrage die größtmögliche ›Erdung‹ Jesu geschieht, hätte doch ein Verweis auf Maria als seine Mutter immer noch offen gelassen, in welcher Rolle Jesus wahrgenommen wird.[617] Zugleich ist
mit dieser dritten Weise der Reaktion endgültig der Fokus auf die Person Jesu gerichtet: Jetzt interessiert, *wer* hier gesprochen hat, nicht so sehr, *was* er gesagt hat.
Hielten die beiden erstgenannten Reaktionen noch die Balance zwischen Inhalt und
Person, schlägt das Pendel mit der Rückfrage nach der Ver-Ortung Jesu eindeutig in
die eine Richtung aus.

3.1.4 Wie Jesus die Stimmung umschlagen lässt –
und was darauf folgt (4,23–30)

Auf die dreifache Reaktion der Menschen Nazarets reagiert auch Jesus dreifach bzw.
in drei Schritten; innerhalb dieses Dreischritts provoziert er die Anwesenden so sehr,
dass die Stimmung in der Synagoge kippt und seine Rede, die an Länge die vorangegangene – unter Umständen abgebrochene – Schriftauslegung um ein Mehrfaches
übertrifft, nun eine ganz anders geartete Reaktion hervorruft als Bezeugen, Bejubeln
und Befragen. Er setzt seine Schriftauslegung nicht fort, sondern nimmt mit dem
Folgenden auf das Gesamtsetting der Szene Bezug.[618]

---

[615] Dieser Versuch der (Re-)Integration vollzieht sich auf einer deutlich anderen Basis als bei den
anderen Synoptikern: Lk 4,23 erfolgt die Identifizierung über Joseph, Mk 6,3/Mt 13,44f. hingegen
über den Beruf des Zimmermanns (bei Markus: Jesus selbst, bei Matthäus: Beruf des Vaters) sowie
über seine Mutter und seine Geschwister.

[616] Es wird jedenfalls kein Zufall sein, dass Lukas jede Aussage über die ›emotionale Verfasstheit‹ der
Anwesenden vermeidet, wohingegen ihre Reaktion bei den anderen Synoptikern eindeutiger nicht
ausgedrückt sein könnte: καὶ ἐσκανδαλίζοντο ἐν αὐτῷ (Mk 6,3/Mt 13,57). Insofern trifft W.
BRUEGGEMANNs Überlegung hinsichtlich der Reaktion der Zuhörerinnen und Zuhörer auch nicht
den Punkt der lukanischen Erzählung, wenngleich ihm im Grundsatz zuzustimmen ist: »There is no
doubt that a vision of jubilee – that is, a profound hope for the disadvantaged – is shockingly
devastating to those who value and benefit from the status quo.« (ders. 1998, 214). Auf einer ganz
anderen Basis versteht A. FINKEL 1994, 340 die Frage, da Josef (und damit auch Jesus) für ihn zu den
Besitzenden zählen: »Joseph was the landowner… . Thus, the Galilean community of Nazareth,
with whom Jesus and his family live, questioned Jesus' intent in his inaugural proclamation. His
Sabbatical demand was faced with a challenge to his own family in the release of their land.«

[617] Mit G. WASSERBERG 1998, 157; U. BUSSE 1978, 37.

[618] Das Sprichwort stellt also keine Antwort allein auf die Frage dar, sondern reagiert auf die Situation.

Die Reaktion der Menschen hat der lukanische Jesus offensichtlich verstanden als Aufforderung, Anspruch und Wirklichkeit zusammen zu bringen, nun etwas von dem Versprochenen wahr und spürbar werden zu lassen[619] – und zwar direkt und unvermittelt, sofort spürbar in ihrer Realität, und das heißt: in ihrer Heimat, nicht nur irgendwo in der Fremde: *Alles, was, wie wir gehört haben, für Kapernaum geschehen ist, tu auch hier in deiner Vaterstadt!* (V.23).[620]

In der fiktiven (!)[621] Aufforderung, die Jesus den Anwesenden in den Mund legt, ist sowohl in dem zitierten Sprichwort als auch in der erläuternden Anwendung im zweiten Versteil eindeutig Jesus das Subjekt; an ihm ist es, so suggeriert seine Darstellung der potentiellen Rückfrage der Menschen, das zu vollbringen, was er verkündigt hat. Mit der Erwähnung Kapernaums setzt Lukas unter Umständen den »Kunstgriff« ein, »auf den als bekannt vorausgesetzten Text in anachronistischer Weise anzuspielen«,[622] also doch auf konkretes Wissen um in Kapernaum geschehende und geschehene Ereignisse zu setzen. Möglich ist aber auch, dass gerade die Tatsache, dass von einem Auftreten Jesu in Kapernaum bisher im lukanischen Werk noch gar keine Rede war, einen Schlüssel zum Verständnis liefert: Wenn noch gar nichts geschehen ist, bleibt es der Phantasie der Anwesenden überlassen sich auszumalen, in welch spektakulärer Weise sich die Realisierung der Verheißung der Schrift ›anderswo‹, überall, nur nicht bei ihnen, irgendwo ›da draußen‹ wohl schon vollzogen haben könnte und noch vollziehen werde.[623]

Die Menschen reagieren auf diese Unterstellung nicht.[624] Mit einer erneuten Redeeinleitung wechselt Lukas auf die zweite Stufe der Entgegnung Jesu: Nach dem ersten Sprichwort folgt nun ein Wort, das zu einem mindestens ebenso bekannten, wenn nicht noch bekannterem werden wird, das Wort vom schwierigen Verhältnis des Propheten zu seiner Heimatstadt: *Kein Prophet ist seiner Vaterstadt genehm.*[625] Diese

---

[619] Diese Erwartungshaltung drückt er mit dem Sprichwort vom Arzt aus, der aufgefordert ist, sein Können unter Beweis zu stellen, an seiner eigenen Person zu demonstrieren; zur Verbreitung des Sprichwortes in der Antike s. W.M.L. DE WETTE 1846, 43; W. ECKEY 2004, 227f. mit Beispielen aus der antiken Literatur.

[620] Dazu S.H. RINGE 1995, 70: »The proverb … underlines the contrast between the revolutionary changes promised in the text from Isaiah and Jesus' own situation, where the people were hemmed in by the structures and rule of the present age, especially in the form of Roman occupation. By that proverb, the people are said to ask for evidence of the fulfillment Jesus has just declared – a most understandable request.«

[621] U. BUSSE 1978, 38f. sieht den fiktiven Charakter in zweifacher Weise betont: zum einen durch das einleitende Adverb πάντως, zum anderen durch die in der Aussage Jesu erfolgende Vermischung von Fakt und Fiktion. Insofern unterläuft z.B. G. WASSERBERG 1998, 149 – u.U. auf einer Lektüre der anderen Synoptiker beruhend – eine Vermischung der Ebenen, wenn er schreibt, der lukanische Jesus werde »abgelehnt, weil er sich weigert, in Nazaret Wunder zu tun (Lk 4,23b).«

[622] K. LÖNING 1997, 153.

[623] Dabei ist es nicht relevant, wie nah oder fern dieses ›draußen‹ ist.

[624] Ob diese Nichtreaktion darin begründet ist, dass sie nicht reagieren *wollen*, oder ob der lukanische Jesus ihnen dazu keine Möglichkeit gibt, bleibt offen.

[625] Dieses Verständnis findet sich als zentrales im lukanischen Werk noch in der Stephanusrede, bezogen auf Mose (Apg 7,25.35.39) und die anderen Propheten (Apg 7,52); mit U. BUSSE 1978, 40f. In der zeitgenössischen Literatur ist das Wort nicht bekannt; seine ›Berühmtheit‹ in der christlich-abendländischen Geschichte gründet also eher in der neutestamentlichen Verwendung. Der Prophetenspruch ist Bestandteil aller drei synoptischen Fassungen; die lukanische Fassung unterscheidet sich von den beiden anderen jedoch dadurch, dass Lukas ἄτιμος (Mk 6,4/Mt 13,57) ersetzt durch οὐδείς … δεκτός (V.24) und damit einen Schlüsselbegriff aus dem Schriftzitat V. 19 (Jes 58,6) aufnimmt. Außerdem entfällt die Explikation der Gruppen, bei denen ein Prophet sich ›unbeliebt‹ macht (οἰκία, Mk 6,4/Mt 13,57; Mk weiter noch die συγγενεῖς). Bei Markus und Matthäus ist die (Nicht-)Kommunikation damit an ihr Ende gekommen; beide Darstellungen vermerken im Anschluss nur noch, dass Jesus in seiner Heimatsstadt nicht mit Wundertaten in Erscheinung trat. Die Differenz zwischen beiden ist jedoch augenfällig: in der matthäischen Darstellung liegt der Schwerpunkt auf der Frage nach der Anzahl der Wunder, das Verb ποιέω

kurze, zunächst plausibel klingende Aussage, wirft bei näherer Betrachtung doch einige Fragen auf: Auf welcher Erfahrung soll sie gründen? Wo ist ihr Bezug zur Geschichte der Prophetie? Und warum wendet Jesus sie in dieser Situation an? Aus der Geschichte der Schriftprophetie lässt sich, sollte πατρίς konkret die Stadt der Herkunft eines Propheten meinen, mit Ausnahme von Jeremia (Jer 11,21–23) kein Beispiel zeigen. Das legt den Gedanken nahe, dass πατρίς allgemeiner die ›Heimat‹ eines Propheten oder einer Prophetin meint. Damit wäre eine Brücke zur sich anschließenden Erwähnung Elias und Elischas geschlagen. Die Tatsache, dass Jesus diese Aussage in eben dieser Situation tätigt, ist aber noch in einer weiteren Hinsicht von Bedeutung: Zum ersten Mal bringt Lukas hier die Kategorie Prophetie auf Jesus bezogen in Anwendung,[626] und nicht nur das, er lässt ihn selbst in Fortführung der Selbstvorstellung aus dem Jesajabuch diese Identifizierung als Prophet vollziehen, wie eine geringfügig andere, sprachlich ebenso mögliche Übersetzung des Satzes zeigt: *Niemand ist als Prophet seiner Vaterstadt genehm.* Damit ist zum Ausdruck gebracht, dass es um die Übernahme einer Rolle geht, einer Rolle, die im weiteren Verlauf des lukanischen Werkes Jesus wiederholt von verschiedenen Seiten angetragen wird und mit der Erfahrung vom Kreuz[627] sowie von Kreuz und Auferweckung in der Apostelgeschichte zur zentralen ›christologischen Größe‹ werden wird,[628] die er selbst aber – nach der Erfahrung in Nazaret? – erst wieder auf dem Weg nach Jerusalem in Zusammenhang mit der ihn dort erwartenden Hinrichtung annehmen wird (Lk 13,33).[629] Die Rolle des Propheten, wie sie aus dem vorgetragenen Schriftzitat deutlich wird, besteht zunächst einmal darin, Dinge zu sagen, anzusagen wie auszusprechen – und damit die Angesprochenen nicht immer und unbedingt schonend zu behandeln, sie vielmehr mit in die Verantwortung zu ziehen. Das lässt sich anhand der durch δεκτός hergestellten Verbindung des Prophetensatzes mit dem Jesajazitat auch noch anders verdeutlichen: Das Jobeljahr, das Jahr der Entlassung und Erlassung von Schuldnerinnen, Schuldnern und Schulden, ist ein Jahr, das JHWH so genehm ist, das dies beinahe zum Namen des Jahres werden kann. Diejenigen aber, die

---

steht im Aorist Indikativ; damit bleibt die Möglichkeit bestehen, dass ein willentlicher Entschluss Jesu im Hintergrund steht. Markus hingegen betont durch die Kombination von δύναμαι mit dem Infinitiv von ποιέω die *Unfähigkeit* Jesu, auch nur *ein* (οὐδεμίαν) Wunder zu tun. Beide Darstellungen stimmen dann wieder in der Überzeugung überein, dass das mangelnde Vertrauen der Menschen von Nazaret den Grund für diesen Tatbestand darstellt (Mk 6,6/Mt 13,58). Hierin liegt ein weiterer entscheidender Unterschied zur Erzählung des Lukas: »What in Mark and Matthew is a rejection by Jesus of the people's apistia, in Luke is a rejection of the people because of his sermon.« (J.A. SANDERS 1993a, 58).

[626] Nach M. TURNER 1996, 235f. versteht Lukas Jesus »as the *messianic prophet*, which for him means … the prophet-like-Moses.« (Hervorhebung i. Text).

[627] So das Bekenntnis der beiden, die sich auf den Rückweg nach Emmaus gemacht haben (Lk 24,19); s.o. S. 65ff. Über das Stichwort Ναζαρηνός stellt die Emmausperikope einen weiteren Bezug zu Lk 4,16ff her.

[628] S. dazu im ersten Kapitel, S. 62ff. Zur Prophetenchristologie im lukanischen Werk s. neben G. NEBE 1989 sowie R.I. DENOVA 1997 auch schon U. BUSSE 1978, 75f. und ders. 1977, 372–414. BUSSE benennt als Intention der Nazaretperikope: »Seiner [des Lukas; K.S.] Meinung nach ist Jesus für sein von Gott vorherbestimmtes Amt mit Geist gerüstet und unter desselben Leitung der letzte messianische Prophet, auf den alle biblischen Propheten bis einschließlich Johannes hingewiesen haben. Sein Auftrag richtet sich vorrangig an eine bestimmte Gruppe in Israel, nämlich die Armen und die von Dämonen Gefangenen.« (ders. 1978, 116). BUSSE irrt jedoch, wenn er davon ausgeht, dass der Prophetentitel nach lukanischer Auffassung »für Jesus nur zu Lebzeiten angemessen« sei (ebd., 76). Gegen diese Vermutung spricht schon Apg 3,22f., wenn Petrus dort ausdrücklich im Rückblick auch auf das Ostergeschehen von Jesus als Prophet-wie-Mose sprechen kann.

[629] Eine Reaktion darauf, dass andere ihn in dieser Rolle sehen, unterbleibt vorher (vgl. Lk 7,16; 9,8.19). Der ›Prophetenspruch‹ Lk 11,47ff lässt nicht eindeutig den Schluss zu, dass Jesus sich selbst dieser Gruppe zurechnet. Für diejenigen, die das Lukasevangelium lesen, hingegen ist diese Identifikation in keiner Weise strittig.

seine Realisierung einfordern, die darauf beharren, dass JHWH selbst das Jobeljahr als Erlass- und damit Befreiungsjahr eingesetzt hat, weil es ihr so genehm ist, die sind selbst nicht genehm – zumindest nicht denen, denen gegenüber sie das Erlassjahr einfordern, und das sind in den meisten Fällen ›ihre Leute‹, seien es Könige und Königinnen, wie z.B. in den Eliaerzählungen, oder – wie z.B. bei Amos – außerdem die Reichen des Landes, diejenigen, die vom Status quo profitieren.

Wo ist die Verbindung zu den Elia-Elischa-Geschichten, die Jesus im Anschluss anführt?[630] Ein erster Verknüpfungspunkt liegt, das oben angedeutete weiter gefasste Verständnis von πατρίς vorausgesetzt, in der Einstellung derer, zu deren ›Binnenperspektive‹ der Prophet eigentlich zählt, gegenüber ihm und seiner Rolle. Angesichts der Verfolgung, der Elia ausgesetzt ist,[631] erscheint das Attribut ›nicht genehm‹ als eindeutige Verharmlosung. Anders bei Elischa: Ihm droht von Seiten der Herrscher nicht der Tod; allerdings zeigen die Erzählungen der Schrift, dass zumindest Joram von Israel Elischas Funktion als Prophet nicht sehen konnte (oder wollte?).[632] Gemeinsam ist Elia und Elischa, dass sie zwar von Seiten der Herrschenden keine Unterstützung erfahren, dass sie und ›ihresgleichen‹ aber im Volk auf große Anerkennung stoßen. Das zeigt sich an Menschen wie Obadja, der 100 Prophetinnen und Propheten vor Isebel versteckt (1 Kön 18,4.13) und Elia als seinen κύριος anredet (18,7). Weiter zeigt es sich daran, dass eine Gruppe von Prophetenschülerinnen und -schülern beide auf dem Weg zum Jordan begleitet (2 Kön 2,7; dieselbe Gruppe fällt nach Elias Himmelfahrt vor Elischa nieder, 2 Kön 2,15) und offensichtlich auch über diese einmalige Situation hinaus in Elischas Umfeld zu verorten ist, genauer: ihn als Lehrer annimmt.[633] Wenn die Vermutung zutrifft, dass mit dem Einspielen einer kurzen Sequenz aus der Schrift auch ihr Kontext mitzuhören ist, dann bleibt diese Verbundenheit Elias und vor allem Elischas mit Menschen Israels auch für die von Lukas hier angeführten Beispiele präsent.

Gemeinsam ist Elia und Elischa weiter, dass sie *auch* außerhalb des erwarteten Umfelds, in verschiedener Hinsicht ›an den Rändern‹, auf Menschen treffen, die ihnen Vertrauen entgegenbringen – und mehr als das: die in ihrem Vertrauen selbst tätig werden. Elia wird von JHWH nach Sarepta geschickt (1 Kön 17,9), um sich dort von einer Witwe versorgen zu lassen.[634] Gegen den in der kurzen Notiz Jesu erweckten Eindruck von Hilfsbedürftigkeit auf Seiten der Frau, der durch die Stichworte

---

[630] R.I. DENOVA 1997, 141 sieht hier die grundlegende Bedeutung des Elia-Elischa-Zyklus für das lukanische Werk eingespielt; ihrer Ansicht nach bildet dieser den strukturellen Rahmen für die Komposition Lukasevangelium-Apostelgeschichte: »Hence the relationship between the events in the Gospel and the events in Acts are validated upon the relationship between Elijah and Elisha, and their traditional relationship to Israel« (ebd.). Vgl. weiter D. RUSAM 2003, 209–216, der hier mit der Mehrheit der Exegetinnen und Exegeten die Heidenmission im Blick hat.

[631] Vgl. hinsichtlich seiner Auseinandersetzungen mit Ahab wie auch seiner geplanten Ermordung durch Isebel z.B. 1 Kön 17,1ff; 18,4.18; 19,1f.

[632] So schon 2 Kön 3, wenn er als König von Israel angesichts der Bedrohung nicht auf die Idee kommt, einen Propheten zu rufen (3,10) und es dafür der Initiative des Joschafat von Juda bedarf (3,11ff); Elischa tritt dem König mit deutlicher Abneigung entgegen (3,13). Auch nach dem Sieg ändert sich die Beziehung zwischen beiden nicht, von Seiten Jorams ist keine Reaktion überliefert. In der in Lk 4 eingespielten Erzählung 2 Kön 5 zeichnet sich Joram erneut durch völlige Ignoranz hinsichtlich der ›Existenz‹ eines Propheten Elischa aus (vgl. 5,7).

[633] Das zeigt sich daran, dass 2 Kön 4,1 LXX die Frau, die Elischa um Hilfe bittet, entweder als Frau eines Prophetenschülers oder selbst als Prophetenschülerin bezeichnet (μία ἀπὸ τῶν υἱῶν τῶν προφετῶν). Sie selbst nennt ihren verstorbenen Mann einen *Knecht/Lehrling* (δοῦλος) des Elischa. Vgl. weiter 2 Kön 4,38ff; 6,1–3. Die letztgenannte Stelle zeigt, dass es sich nicht nur um eine Lehr- und Lern-, sondern auch um eine Wohn- bzw. Lebensgemeinschaft handelt.

[634] Zur Erzählung 1 Kön 17 verweise ich auf U. SCHMIDT 2003, 197–239 sowie J. EBACH 2005. Ausführlich mit der Rezeption der Elia-Erzählungen im NT setzt sich M. ÖHLER 1997 auseinander.

›Witwe‹ und ›Hungersnot‹ hervorgerufen wird, liegt der Schwerpunkt in der Erzählung der Schrift zunächst auf der Bedürftigkeit Elias. Er bedarf auf der Flucht vor Isebel der Hilfe und Versorgung durch andere,[635] zunächst durch Tiere, dann durch eine Frau, die als Witwe nicht nur zu den Ärmsten, der Tora nach besonders zu Schützenden,[636] zählt, sondern auch noch ihrer Herkunft nach auf die Seite Isebels gehört, teilen sie doch das gleiche Heimatland und damit möglicherweise auch den gleichen Kult.[637] Diese Frau kommt ihrer Versorgungsrolle nach, sie leistet tätige Hilfe, indem sie Elias Bitte, ihn mit Wasser zu versorgen, wortlos nachkommen will (1 Kön 17,10f.); seiner weitergehenden Bitte nach Brot begegnet sie mit einem Schwursatz, in welchem sie auf den Gott Israels Bezug nimmt, sich aber zugleich von ihm distanziert, wenn sie ihn dezidiert *deine Gottheit* nennt (V. 12, ὁ θεός σου). Sache Elias ist es, JHWH als Gottheit Israels zu bekennen (V. 14). Nach der vorangegangenen Bereitschaft der sidonischen Witwe, Elia zu helfen, ist es nun an ihm, diese Gottheit Israels als Gott des Lebens zu erweisen, die ihnen gemeinsam das Überleben ermöglicht.[638] Elia, einer der größten Propheten Israels, wird hier also als derjenige gezeigt, der bereit ist, sich von einer im mehrfachen Sinn ›draußen‹ Stehenden helfen zu lassen: von einer Frau, einer Witwe, einer Fremden.[639]

Die Verbindungen zu Naaman, dem aramäischen General, und damit zur eingespielten Erzählung aus der Zeit Elischas liegen auf der Hand. Auch er steht in mehrfacher Hinsicht ›draußen‹: Er kommt aus Syrien, mehr noch, er gehört als Berufssoldat einer fremden Armee an, die israelitische Kriegsgefangene nimmt, und er leidet an Aussatz. Auch er wird jedoch selbst aktiv, vertraut auf die Aussage einer israelitischen Kriegsgefangenen, einer Sklavin seiner Frau, und macht sich auf den Weg nach Israel. Zwar ist er zunächst enttäuscht von Elischas Vorschlag (2 Kön 5,11f.), lässt sich jedoch erneut von Menschen, die ihm zu Diensten sind, überzeugen und vertraut so weit, dass er Elischas Rat in die Tat umsetzt – mit Erfolg.[640] Daraufhin formuliert er sein ›Credo‹:᾽Ιδοὺ δὴ ἔγνωκα ὅτι οὐκ ἔστιν θεὸς ἐν πάσῃ τῇ γῇ ὅτι ἀλλ᾽ ἢ ἐν τῷ Ισραηλ (2 Kön 5,15 LXX).

Ging es bei Elia darum, dass der Prophet Israels Hilfe von außen annehmen kann, um dann selbst Hilfe zu geben, also um die Gegenseitigkeit der Beziehung, ist es bei Elischa der Mann von außen, der in Israel die Macht der Gottheit Israels anerkennt und damit ihren Propheten. Auf der Ebene der Erzählungen der Schrift ist keine Rede davon, dass Israel etwas dadurch verlöre, dass Menschen aus den Völkern, die auf die Macht JHWHs vertrauen und sich seinem Volk gegenüber solidarisch zeigen, JHWH als Gott des Lebens erfahren und bekennen.[641]

---

[635] Nicht zufällig sind 1 Kön 17,4 und 17,9 strikt parallel gestaltet: JHWH hat den Raben ebenso wie der Witwe die Versorgung Elias geboten.

[636] Zur rechtlichen sowie sozialen Situation der Witwen als zu den besonders Benachteiligten gehörig s. W. SCHOTTROFF 1992.

[637] Vgl. 1 Kön 16,31ff. Auf der Ebene der die Elia-Erzählungen maßgeblich prägenden ›Entdeckung der Einheit Gottes‹ (F. CRÜSEMANN 1997) kommt damit zugleich die Frage nach der von der Witwe verehrten Gottheit mit in den Blick.

[638] Nach M. ÖHLER 1997, 181f. geht es 1 Kön 17 hingegen um die Sendung des »Propheten zu einer Heidin, die durch seine Hilfe die Hungersnot übersteht.«

[639] Die Frage, von wem man Hilfe anzunehmen bereit ist, wird im Lukasevangelium an prominenter Stelle durch die Erzählung vom barmherzigen Samaritaner thematisiert (Lk 10,25–37).

[640] Dass dieser Erfolg allerdings auf die wunderwirkenden Effekte des Wassers zurückzuführen ist, wie von O. KEEL/S. SCHROER 2002, 46 vertreten, geht am Duktus der Erzählung vorbei. Höchstens wird ein derartiger Naturglaube ironisiert aufgenommen.

[641] Die beiden Erzählungen nehmen somit ein Moment der Exoduserzählung wieder auf, das dort in den Personen Jithros und Rahabs (s.o. S. 233ff) seinen Ausdruck fand. Jer 16,19–21 thematisieren in ähnlicher Form den Weg von Menschen aus den Völkern, die vom Ende der Welt (ἀπ᾽ ἐσχάτου τῆς

Damit ist von der inneren Logik der Erzählung her weder plausibel zu machen, dass die Einspielung der Elia-Elischa-Geschichten ein lukanisches Ziel ›Heidenmission‹ thematisiere,[642] noch, dass damit die Ablehnung Israels impliziert sein solle und Nazaret als Synonym für Israel zu verstehen sei.[643] Elias wie Elischas Wirken kommt Israel zugute *und* Menschen aus den Völkern – keiner von beiden ist zu Menschen aus den Völkern gesandt im Sinne eines Auftrags, keiner von ihnen sieht seine Aufgabe in einem Eintreten für diese Menschen. Es bedarf vielmehr zunächst der Aktivität von Seiten dieser Menschen selbst: Die Witwe ist bereit, Elia zu versorgen, und Naaman macht sich auf den Weg zu Elischa, kommt aus seinem Leben in der Völkerwelt zu einem Propheten (und Lehrer) in Israel, weil er auf dessen Kraft vertraut. Elias wie Elischas Tun kommt dennoch auch den Menschen aus der Völkerwelt zugute, ist in gewisser Hinsicht eine Inklusion dieser Menschen in Israels Geschichte – auf der Ebene der Schrift. Und ebensowenig wie Elia und Elischa ist Jesus Lukas zufolge zu den Menschen aus der Völkerwelt gesandt. Das zeigt sich schon daran, dass Lukas die Passagen seiner Vorlage, die davon berichten, dass Jesus sich in ›fremdes‹ Gebiet begibt (etwa Mk 7,24ff), für seine Darstellung nicht übernimmt.[644] Dennoch kommt sein Leben und Lehren auch den Menschen aus der Völkerwelt zugute, wie die Apostelgeschichte erzählt.

Selbst wenn πατρίς nicht nur Nazaret meint, so ist es also doch ein Fehlschluss, nun die Gleichung Nazaret=Israel[645] bzw. Jüdinnen- und Judentum aufzumachen. Wenn, wie oben vermutet, hier die Perspektive ›Drinnen gegen Draußen‹ problematisiert wird, dann beginnt das Draußen nicht erst in der Völkerwelt, sondern – wie die erste Replik Jesu zeigte – schon in Kapernaum, dann ist alles draußen, was nicht *hier in deiner Vaterstadt* (V. 23) ist.[646]

Konfrontiert mit dieser Entgegnung auf ihre Reaktion, einer Entgegnung, die ihre Bestätigung der Worte Jesu nicht thematisiert, sondern ihnen den Vorwurf macht, einen entscheidenden Aspekt nicht gehört zu haben, geraten die Menschen in Wut;[647] enttäuschte Hoffnung schlägt in Aggression um – und diese bricht sich Bahn darin, dass sie den, der nicht eindeutig zu ihnen gehören will, der nichts für sie tut, wortwörtlich *rauswerfen* (ἐκβάλλω, V. 29) und ihn den Abhang hinunter stürzen wollen. Die Kommunikation, wenn denn davon überhaupt die Rede sein kann, wurde mit der geschilderten Entgegnung Jesu zur Provokation, die ihrerseits wortlose Reaktion hervorruft: Ohne Parallele bei den anderen Synoptikern ist das Ende der Erzählung (V.28–30), das vom Versuch, Jesus den Berg hinunterzustürzen, ebenso erzählt wie vom Scheitern eben jenes Versuchs. Dabei lässt sich das abschließende Fortgehen (διέρχομαι) Jesu διὰ μέσου αὐτῶν ebenfalls als Hinweis auf den Exodus deuten, da beide »an die Terminologie, die auch für das Exodusgeschehen des Volkes Israel aus

---

γῆς) nach Israel kommen und die Macht JHWHs als einziger Gottheit anerkennen – im Gegenzug sagt auch JHWH zu, sich ihnen zu erkennen zu geben (V. 21).

[642] Mit D.R. CATCHPOLE 1993, 249: »Not even a sidelong glance is cast at any mission among gentiles.«

[643] So strikt I.H. MARSHALL 1978, 178: »Nazareth begins to take on the symbolic meaning of the Jewish nation.«

[644] Leserinnen und Hörer, die den Fortgang der Erzählung kennen, können in den Worten Jesu auch eine Anspielung auf sein eigenes ›Geschick‹ hören – das liegt in der Offenheit des Rezeptionsvorgangs begründet.

[645] So z.B. F. BOVON 1989, 210.

[646] Mit der Unterscheidung von ›drinnen‹ und ›draußen‹ arbeitet auch J.A. SANDERS 1993a, 63: »Jesus demonstrates that the words meaning poor, captive, blind, and oppressed do not apply exclusively to any in-group but to those to whom God wishes them to apply.«

[647] Auch F. NEIRYNCK 1999, 394f. betont, dass erst in diesem Augenblick die Stimmung umschlägt.

Ägypten verwendet worden ist, anknüpfen«.[648] Wenn dem so ist, dann zeigt sich hier zugleich etwas von der Unbarmherzigkeit, die für diejenigen, die bei der Befreiung zurückbleiben, mit dem Exodus verbunden ist: Jesus geht mitten durch die Menschen hindurch wie Israel durchs Meer; das heißt nicht nur, dass sie kein Hindernis darstellen, sie scheinen für ihn nicht mehr existent zu sein.

3.2   Von Zusage und Anspruch der Befreiung – und den Schwierigkeiten damit.
Abschließende Beobachtungen zu Lk 4,16–30

Wie schön wäre es zu wissen, was Jesus in den anderen Synagogen gelehrt hat, wofür er *von allen gepriesen und bejubelt wurde* (4,15).[649] Ist es ihm dort gelungen, das Befreiungsprogramm   in   seiner   reziproken   Verbindung   von   Verheißung, Beistandszusage und Anspruch den Menschen zu vermitteln?

In Nazaret ist es nicht gelungen. Ein Grund dafür könnte darin liegen, dass nach Lukas den Zuhörerinnen und Zuhörern die Pointe der Schriftauslegung Jesu nicht deutlich geworden ist:[650] In ihrer Frage nach der Herkunft konzentrieren sie sich allein auf die Person Jesu – dabei geht es um diese hier nicht, zumindest nicht in erster Linie. Es geht um die Schrift, ihre Auslegung und darum, wie das, was die Schrift verheißt, wahr und wirklich werden kann im gemeinsamen Tun. Jesu Aussage *Heute ist diese Schrift erfüllt in euren* Ohren (V. 21) zielt somit auf die Rolle der Menschen – damit die *charis* dieser Worte wirklich aufscheinen kann, braucht es Gegenseitigkeit, *charis* ist ein reziprokes Phänomen. Das ist es, was die Menschen nicht hören wollten; sie hoffen auf den, der aufsteht und die Verwirklichung der Verheißungen der Schrift ›macht‹ (ποιέω, V. 23), sie hoffen auf eine Befreiung, die von ›außen‹ bzw. von ›oben‹ kommt, zu der sie sich nicht gesondert verhalten, zu der sie schon gar nichts beitragen müssen. Sie erwarten die Krafttaten einer anderen Instanz – doch gerade die steht im lukanischen Werk an dieser Stelle noch nicht im Mittelpunkt der Darstellung. Lukas geht es (noch) nicht darum, Jesus als mächtigen Wundertäter zu zeigen, nicht umsonst spielen Wunder bis zu diesem Punkt im lukanischen Werk,

---

[648] E. MAYER 1996, 160f. Die genannte Formulierung gehört also zu der eingangs dieses Kapitels (S. 217ff) geschilderten Gruppe von Stichwortbezügen zum Exodus, die je für sich genommen als Argument für eine intertextuelle Beziehung vielleicht zu schwach wären, deren Zusammenhang aber das genannte ›Netz‹ von Exodusbezügen herstellt. MAYER verweist auf Ex 14,16–27; Num 33,8; Dtn 2,7; Ps 65,6; Jes 43,2; Jer 31,32; Ps 135,14 wie 1 Kor 10,1, wobei er einräumt, dass Lk diese Ausdrücke auch anders verwendet, etwa Lk 2,15; 5,15; 9,6; 17,11 (ebd. 161, Anm. 422). Für ihn zählt Lk 4,28–30 zu den ›Proleptische[n] Anspielungen auf Jesu Exodus im Lukasevangelium‹ (so die Überschrift für das entsprechende Kapitel; ebd., 155–172, zu Lk 4,28–30 156–161): die Bedrohung wie das gefahrlose Entkommen weisen nach MAYER auf Jerusalem hin und erhärten damit die Vermutung, dass Lk Jesu Tod und Auferstehung als Exodus versteht. »Jesu wunderbares Entkommen in Lk 4,30, das merkwürdig gefahrlos und quer zum bisherigen Verlauf von Lk 4,16–30 geschildert wird, rückt diese Interpretation jedenfalls in den Bereich des Möglichen.« (ebd., 160). Zur Interpretation des ›Exodus‹ Jesu (Lk 9,31) s.o. S. 253ff.

[649] Nach U. BUSSE 1978, 31 bleibt der »erste Teil der Nazarethpredigt für den Inhalt der Lehre in seinem konkreten Wirken im Judenland bestimmt.«

[650] Ein weiterer Grund kann natürlich auch die Angst derer sein, die von der verkündigten Befreiung weniger profitieren als andere – das wäre allerdings weniger für die beschriebene Situation plausibel als für die Ebene der Rezipientinnen und Rezipienten des lukanischen Werkes. So formuliert W. SCHOTTROFF 1986, 135 bezogen auf den Zusammenhang von Jes 61 und 58: »Wie heute hat wohl auch damals schon die Unbedingtheit des den Armen zugesagten Heils und die Bedingtheit, unter der Jes 58 es für die Reichen rückt, deren Widerstand hervorgerufen. … Und dennoch ist dies die Wahrheit, die auch in unserer Zeit gehört werden will: In der Begegnung mit dem Gott der Bibel gibt es kein Heil, das als Heil für alle nicht eben deshalb *zuerst* das Heil der Armen sein müßte.« (Hervorhebung i. Text).

von den ›wunderbaren‹ Umständen der Geburt des Befreiers einmal abgesehen, keine Rolle.[651] Zunächst einmal geht es darum, Jesus als Lehrer der Schrift darzustellen, der als Prophet die Menschen dazu aufruft, ihren Teil in dem von Gottes Seite her begonnenen Befreiungsgeschehen zu übernehmen, das den Exodus in ihrer eigenen Zeit wieder erfahrbar sein lässt.[652]

> »The christological and missiological foci of Lk. 4.16–30 converge in this New Exodus motif. The Mosaic prophet announces the New Exodus good news of liberation. God is powerfully present, in his Spirit-annointed servant, to free his people from their wretched estate of ›slave-poverty‹, ›captive-exile‹, ›blindness‹ and ›oppression‹ and to shepherd them along ›the way‹ towards Zion's restoration. This, however, the prophet-servant can inevitably only do where his message is ›acceptable‹ …, for it involves willing participation.«[653]

Die Hoffnung auf das sofortige Anbrechen des Gottesreiches ohne jede Beteiligung der Menschen liegt nicht im Interesse des lukanischen Werkes. Hierin zeigt sich ein Element der lukanischen Exoduslektüre, das in den ersten Kapiteln des Lukasevangeliums noch von eher untergeordneter Bedeutung war, konzentrierte sich die Darstellung dort doch ganz auf die Initiative Gottes.

Mit den vorangegangenen Überlegungen und Beobachtungen zum Auftritt Jesu in Nazaret konnte deutlich gemacht werden, dass diese Erzählung auch für das Verständnis des lukanischen Werkes als messianische Exoduslektüre als ›programmatisch‹ gelten kann: Die Kategorie ›Prophetie‹, die hier von Jesus eingebracht wird, prägt das lukanische Werk und insbesondere seine vorsichtigen christologischen Züge.[654] Weiter enthält die Nazaretperikope Grundaussagen über das Verhältnis Israel-Völker: Die eingespielten Erzählungen von Elia und Elischa machen deutlich, dass es um Inklusion geht statt um Ablösung. Die von den Propheten bzw. jetzt von Jesus als ›Prophet wie Mose‹ gelehrte und (bei Jesus: in Zukunft) gewirkte Botschaft von JHWH als Macht des Lebens über den Tod steht Menschen aus den Völkern offen, schließt diese nicht aus. In gewisser Hinsicht strahlen für Lukas die Befreiungstaten, die JHWH durch Jesus in Israel vollbracht hat (vgl. Apg 2,22), bis in die Lebenswelt der Völker aus. Daher geht es in der Apostelgeschichte später unter anderem um die Umsetzung des – nicht umsonst in Apg 13,47 zitierten – JHWH-Wortes, wie es in Jes 49,6 Israel gesagt ist: *Siehe, ich habe dich gesetzt zum Licht der Völker, damit du bist zur Rettung bis an das Ende der Erde.*[655]

---

[651] Auch später, wenn er sehr wohl von der Wundertätigkeit Jesu berichtet, bleibt das reziproke Element entscheidend: Das Vertrauen der Menschen, das sich oft im Tun äußert, bildet die Basis des Folgenden (vgl. z.B. Lk 7,1–10; 18,35–43).

[652] Ähnlich U. BUSSE 1978, 78.

[653] M. TURNER 1996, 249.

[654] S. o. S. 62ff.

[655] Wenn Lk hier ein Zitat bringt, das die LXX Erweiterung zu Jes 49,6 (εἰς διαθήκην γένους) nicht beinhaltet, ansonsten aber wortwörtlich mit LXX übereinstimmt, ist das entweder ein Indiz dafür, dass Lk (auch) den hebräischen Text kannte, oder aber dafür, dass ihm eine andere griechische Textform vorlag als die LXX. Aquila (Anfang 2.Jh. n.Chr.) z.B. streicht die Hinzufügung auch schon in seinem Bemühen, eine griechische Übersetzung zu schaffen, die dem hebräischen Grundtext näher steht. Diese Frage scheint für die meisten Kommentatoren der Apostelgeschichte nicht von Belang zu sein. J. ROLOFF 1981, 209 sowie W. SCHMITHALS 1982, 128 gehen über die Bestätigung, dass Lukas hier eine ihm vorfindliche Tradition einarbeite, nicht auf die Frage nach der Textgrundlage ein. A. WEISER 1985, 338 spricht selbstverständlich davon, dass Lukas hier Jes 49,6 LXX verwende. R. PESCH 1986 deutet zwar den Unterschied zwischen hebräischem und griechischem Text an, verfolgt diesen Gedanken jedoch nicht weiter (ebd., 46).

4.   Satan – der Gegenspieler in der Befreiungsgeschichte

4.1   Der Fokus der Retrospektive – Befreiung aus der Tyrannei Satans

Während die Frage, *für* wen Jesus handelt, zu wessen Befreiung in der Sichtweise des lukanischen Werkes Jesu Leben und Lehre dienen sollen, Gegenstand der vorangehenden Punkte war, kommt es jetzt darauf an zu zeigen, *gegen* wen oder was sich die in Jesus neu bestätigte Befreiungstat Gottes richtet. Solange Jesus lebt, wird dies an keiner Stelle explizit formuliert. Nach Kreuz und Auferweckung hingegen lässt Lukas Petrus in Apg 10,38 rückblickend einen interpretativen Schwerpunkt im Wirken Jesu setzen – jetzt wird erstmalig offen thematisiert, wer dem Befreiungsgeschehen maßgeblich im Wege stehen wollte, gegen wen sich alle Zeichen und Machterweise Jesu, des Gesalbten Gottes, richteten:[656]

> *Ihr wisst selbst um die Sache, die geschehen ist...: Jesus von Nazaret, wie Gott ihn gesalbt hat mit heiliger Geistkraft und (Wunder-)kraft, der umherging Gutes bewirkend und alle heilend, die vom Teufel tyrannisiert (καταδυναστευομένους) waren, weil Gott an und auf seiner Seite[657] war.*

Alle Heilungen sind also unter den Bereich ›Befreiung aus der Tyrannei des Teufels‹ zu subsumieren.[658] »Acts 10.38 ... presents the Spirit upon Jesus as the power by which he healed those oppressed by Satan.«[659]

Wenngleich nicht jede von Jesus erzählte Krankenheilung auf der Erzählebene explizit als ›antidämonisch‹ berichtet wird, steht für Lukas also doch Jesu gesamtes (Wunderzeichen-)Tun unter der Überschrift ›Befreiung aus der Tyrannei Satans‹,[660] und damit steht auch Satan[661] als der zentrale Gegner fest.

Für diese Herausstellung Satans als des entscheidenden Gegners des Befreiungsgeschehens kann Lukas sich zwar nicht auf die Exoduserzählung der Schrift (Ex 1-Jos 24) berufen. Bereits innerhalb der bei einer kanonischen Lektüre später folgenden biblischen Bücher finden jedoch auch mythische Konstellationen Eingang in die Thematisierung des Auszugs[662] aus Ägypten, so etwa in Jes 51,9–11[663] oder Ψ 105,9,

---

[656] Mit U. BUSSE 1977, 428. Bereits vorher lässt die Botschaft, die der lukanische Jesus Herodes überbringen lässt, eben dies angedeutet sein, ohne jedoch den Teufel beim Namen zu nennen: Jesu Tun bis zu seinem Ende ist beschrieben als Kampf gegen Dämonen einerseits und Heilungen andererseits (Lk 13,32), die, wie noch zu zeigen sein wird (s.u. S. 328ff) sich als eine Art ›Plagen unter umgekehrten Vorzeichen‹ lesen lassen.

[657] Diese Übertragung der Präposition μετά expliziert die verschiedenen Ebenen, die das ›Mit-Sein‹ Gottes charakterisieren.

[658] So dezidiert schon U. BUSSE 1979, 34 und angedeutet bei M. PATELLA 1999, 50. Genau umgekehrt wertet W. KIRCHSCHLÄGER, wenn er zu dem Ergebnis kommt, Jesu exorzistisches Wirken sei unter dem Stichwort θεραπεύειν zu subsumieren (ders. 1981, 267), und daran zeige sich »das Desinteresse des Verfassers an der Materie.« (ebd., 268).

[659] M. TURNER 1996, 264.

[660] Auch R.I. DENOVA 1997, 136 verweist auf die Vermischung der verschiedenen Termini für Heilung und Befreiung in den lukanischen Heilungsgeschichten.

[661] Zu Satan als Figur der antiken jüdischen Mythologie vgl. E. PAGELS 1996. K. NIELSEN 1998 versteht Satan und Jesus als ungleiche Brüder und liest die Konflikte zwischen beiden als spannungsgeladene Familiengeschichte.

[662] Vgl. S.R. GARRETT 1990, 661–664 sowie N. FORSYTH 1987, 90–104.

[663] »Der Text verbindet die Erinnerung an die Auseinandersetzung Israels mit den Ägyptern, gekleidet in die mythologische Sprache des Chaoskampfes mit aktuellen Erfahrungen.... Die dramatische Beschwörung des Vergangenen zielt aber nicht auf eine primordiale Konfrontation, sondern orientiert sich an der Tradition des Geschehens der Errettung Israels am Meer vor den ägyptischen

wenn dort davon die Rede ist, dass JHWH die Wasser des Schilfmeeres bedrohte und das Volk durch die Tiefe, den Abgrund (ἄβυσσος), wie durch die Wüste führte.[664] Und für das Jubiläenbuch ist Satan schließlich, wie oben bereits ausgeführt, der einzige wirkliche Gegner JHWHs.[665] Auch die Gemeinschaft von Qumran bedient sich der Identifizierung Belials als Gegner[666] ebenso wie der Gleichsetzung des Siegs über Belials Scharen mit der Vernichtung der ägyptischen Armee am Schilfmeer. In der sogenannten ›Kriegsrolle‹ 1QM steht in der Beschreibung des eschatologischen Kampfes gegen Belial und seine Untergebenen das Handeln JHWHs am Schilfmeer Pate:

> *Durch deine Gesalbten ... hast du uns verkündet die Zeiten der Kriege deiner Hände... um zu fällen Belials Scharen... durch die Arme deiner Erlösung durch Kraft und durch Heil nach Wundermacht ... Du handelst an ihnen wie an Pharao und wie an den Rittern seiner Wagen am Schilfmeer. (1QM XI, 7c–10*).*[667]

Ähnlich programmatisch ist der Kampf gegen Satan vom lukanischen Paulus verstanden, wie sich innerhalb seiner langen Apologie vor Agrippa zeigt (Apg 26,2–23). Hier kommt Paulus nach längerem Anlauf[668] darauf zu sprechen, wie er selbst zunächst die Anhängerinnen und Anhänger Jesu verfolgt habe (V. 9–12), dann aber auf dem Weg nach Damaskus ihm Jesus in einer Vision erschienen sei (V. 13ff). Ab V. 15 gibt Paulus mit Worten Jesu wieder, was dieser zu ihm vor Damaskus gesagt habe:[669]

> *(16)Aber: Steh auf und stell dich auf deine Füße!*[670] *Deshalb bin ich dir nämlich erschienen: dich einzusetzen*[671] *als Diener und als Zeugen*[672] *für die Dinge, die du gesehen hast und die ich dich*

Verfolgern. Die Exodusüberlieferung, nicht das Schöpfungsgeschehen, wird zum exemplarischen Beispiel eines Chaoskampfes, das zugleich Hoffnung für ein wirksames und erfolgreiches Eingreifen JHWHs in die bedrohte Gegenwart vermittelt. Die Rückkehr aus dem Exil soll ein neuer Exodus werden. Die Überwindung der Exilssituation wird dabei ins Bild einer kosmischen Chaosüberwindung gesetzt.« (M. GÖRG 1993, 54f.).

[664] Das Mythische wird v.a. ausgedrückt durch die Termini גער und תהמות, »der erste zur Schilderung des machtvollen Einschreitens JHWHs, der zweite zur Charakterisierung des Gegners JHWHs und Israels.« (M. KLOPFENSTEIN 1997, 38) Zum Zusammenhang von ›Meerwunder‹ als Sieg über die bedrohliche Urtiefe s. K. BERGER 1996, 151f.

[665] S. o. S. 145ff.

[666] *Denn einst trat auf Mose und Aaron durch den Fürsten der Lichter und Belial stellte auf Jannes und dessen Bruder in seinen Ränken, als er Israel erstmals anklagte* (CD V,17b–19). S. dazu H. HAAG 1974, 237f., wobei HAAGs Urteil über die »Inkonsequenzen eine[r] Theologie …, die die Hypothese von einem das Böse in der Welt verursachenden Zwischenwesen konsequent zu Ende denkt« einerseits und über deren durchaus zu schätzende »beachtliche Einheitlichkeit« andererseits heute keinesfalls mehr so stehen bleiben darf.

[667] D.C. ALLISON 1993, 169 ist der Hinweis auf ExR 43,1 verdankt, wonach Satan in die Vorgänge um das Stierbild (Ex 32) verwickelt ist; vgl. auch bSchabbat 89a. In TextXII zeigt TestLev 8,1–2.4.6–7.12 eine ähnliche Vorstellung, wird dort vom der Unterwerfung der Macht Satans und der Dämonen durch den kommenden Priester die Rede ist; mit R. RIESNER 2002, 202.

[668] Er beginnt mit einer kurzen Notiz des Dankes, verbunden mit einer gewissen Schmeichelei (V. 2f.; dennoch vermag die von F.W. HORN 1999 vertretene These, das lukanische Werk strebe eine möglichst große Nähe zur herodianischen Herrscherfamilie an, nicht zu überzeugen), lässt einige biographische Anmerkungen folgen (V.4f.) und definiert schließlich den Disput als auf das Bekenntnis zur Auferstehung Jesu bezogen, die doch nichts anderes darstelle als die Realisierung einer im Volk seit langem präsenten Hoffnung (V. 6–8).

[669] Seine Fassung unterscheidet sich mit der Erteilung eines Auftrags an ihn durch Jesus selbst erheblich sowohl von der Erzählung durch die Erzählstimme Apg 9,6 als auch von der ersten Darstellung aus der Sicht des Paulus Apg 22,10, denen zufolge Paulus von Jesus nicht mehr zu hören bekommt, als dass er in die Stadt gehen und dort auf Instruktionen warten solle.

[670] Damit gestaltet Lukas die Szene der Berufung Ezechiels nach (Ez 2,1.3); m. J. JERVELL 1998, 593.

[671] Paulus steht in einer ›illustren‹ Reihe. Das in der LXX seltene Verb προχειρίζομαι wird ein erstes Mal anlässlich der Berufung des Mose am Dornbusch von JHWH verwendet (Ex 4,13); Lukas selbst setzt es nur für die ebenso von Gott initiierte ›Sendung‹ Jesu als Messias (Apg 3,20) sowie für Paulus: Auch in Apg 22,14 lässt er ihn selbst während seiner Jerusalemer Rede zu allen Anwesenden sagen, Hananias (diff. 26,16: Jesus) habe ihm seinen Auftrag kundgetan.

sehen lassen werde, (17)indem ich dich aus dem Volk Israel und den Weltvölkern, zu denen (beiden)[673] ich dich sende, herausführe,[674] (18)um ihre Augen zu öffnen, sie umzudrehen weg von der Finsternis hin zum Licht, das heißt:[675] vom Machtbereich Satans hin zu Gott, damit sie empfangen Befreiung von Sünden und ein Erbteil mit denjenigen, die durch das Vertrauen in mich geheiligt sind.

Paulus wird berufen und eingesetzt, um zu bezeugen, was Israels Gott durch Jesus getan hat und noch tut. Es geht darum, die Augen der Menschen zu öffnen, ihre Sinne zu schärfen, damit sie umkehren können – allerdings ist diese Umkehr hier nicht als eine aktive verstanden. Die Menschen werden umgedreht; wer Subjekt dieses Umdrehens ist, bleibt offen: Jesus wie Paulus können als Subjekt des Infinitivs ἐπιστρέψαι gedacht sein. Inhaltlich erfolgt in V. 18 über den Parallelismus Membrorum die Gleichsetzung Satans mit der Finsternis.[676] Und damit klärt sich sowohl der Hintergrund für die Rede Jesu bei seiner Gefangennahme (Lk 22,53)[677] als auch der Zusammenhang zwischen der Beschuldigung des Elymas als Sohn des Teufels (υἱὸς διαβόλου, Apg 13,10) und der ihn befallenden Finsternis (V.11) als logische Tatfolge.

Einen weiteren Hinweis darauf, dass im lukanischen Werk Krankenheilungen als Machterweise Jesu verstanden sind, die den Kampf gegen Satan und seine Truppen zum Ausdruck bringen,[678] liefert die Verwendung des Terminus‹ ἐπιτιμάω. Dieses Verb gehört zum Spektrum exorzistischer Fachterminologie,[679] findet aber auch in Kontexten Verwendung, in denen von einem Dämon keine Rede ist. Das Fieber der Schwiegermutter des Petrus etwa wird ebenso bedroht (Lk 4,39; diff. Mk 4,31)[680] wie Wind und Wogen in 8,24. Indem es aber in Exorzismen bevorzugt verwendet wird,[681] ist zugleich der Bezug zum Schilfmeer präsent.[682] Für diesen Gebrauch kann Lukas sich auf den Sprachgebrauch der LXX zurückbeziehen: Sie verwendet ἐπιτιμάω zur Wiedergabe der Wurzel גער im Kontext des Chaoskampfes. Sach 3,2 ist dabei die einzige Textstelle der Schrift, an der ἐπιτιμάω auf Satan bezogen wird, und die so »dem Verb ... ein gewisses Weiterleben in der späteren Literatur gesichert zu haben scheint.«[683]

---

[672] Die Verbindung ὑπηρέτης καὶ μάρτυς kennzeichnet im lukanischen Werk vor allem die zwölf Apostel sowie alle, die verlässlich von Leben und Lehre Jesu berichten können (Lk 1,2; 24,28; Apg 1,8.22; 2,32; 3,15; 5,32; 10,39.41; 13,31). Wenngleich dies für Paulus nicht gilt, ist die Verwendung desselben Begriffspaares für seinen Auftrag doch als deutliches Indiz für seine Gleichberechtigung zu werten.

[673] Mit εἰς οὕς sind beide zuvor genannten Größen gemeint; so auch J. JERVELL 1998, 594.

[674] Mit ἐξαιρέω ist hier ein ›klassischer‹ Exodusterminus eingearbeitet.

[675] καί ist hier epexegetisch zu verstehen.

[676] Mit S.R. GARRETT 1990, 671. Diesem Befund korrespondiert die Beobachtung, dass ›Licht‹ im lukanischen Werk immer in Zusammenhang mit der Präsenz Gottes steht: In »Luke-Acts (as in much Jewish and Christian literature from this era), light imagery functions ... as a literary signal that a depicted occurence, person, or state of being is associated with God or God's salvation ... Analogiously, darkness imagery functions literarily to signal that persons and events are associated with the realm of death and Satan.« (S.R. GARRETT 1991, 95).

[677] Mit G. JANKOWSKI 1982, 48.

[678] Dazu ausführlicher unten S. 328ff.

[679] Vgl. U. BUSSE 1977, 429; H. BIETENHARD 2000, 1544.

[680] Lukas verändert hier also seine Vorlage.

[681] Lk 4,35.41; 9,42. Einen Sonderfall stellt 4,39 insofern dar, als hier nicht explizit von einem Dämon die Rede ist. Zu den Exorzismen s. u. S. 331ff.

[682] Zu den intertextuellen Bezügen zwischen der Erzählung von der Sturmstillung und dem Schilfmeerwunder s.o. S. 244. Neben Ψ 105,9 liefert auch der LAB einen Hinweis darauf, dass Lukas die Tradition, dass das Schilfmeer sich vor dem Drohen JHWHs teilt, kennen konnte: In LAB 10,5 *bedroht* Gott das Meer, sodass es austrocknet; s.o. S. 173.

[683] A. CAQUOT 1977 (ThWAT II), 55. Daraus folgert CAQUOT: »Es ist nicht unmöglich, daß der Gebrauch von ἐπιτιμᾶν in den Austreibungsgeschichten der Evangelien auf diese Sonderbedeutung von g`r zurückgeht.« (ebd.).

»גער, and the words by which it is translated in cognate languages, carry the connotation of divine conflict with hostile powers, the outcome of which is the utterance of the powerful word by which the demonic forces are brought under control. There can be little doubt that this form of dualistic, apocalyptic thinking provides the background against which the late Jewish meaning of גער has to be understood. ... In the biblical and apocalyptic material, the subjugation of the demonic powers is understood as a necessary part in preparing for the establishment of God's rule over his creation.«[684]

Folglich ist es nur konsequent, wenn auch in den Evangelien das Befreiungshandeln Jesu, sofern es als gegen die Mächte des Bösen gerichtetes Handeln verstanden ist, mit dem selben Terminus beschrieben wird,[685] wie z.B. Lk 9,42 verdeutlicht: *Jesus bedrohte den unreinen Geist, er heilte den Jungen und gab ihn seinem Vater zurück.*

Damit sind die Spuren aufgezeigt, mit deren Hilfe es gelingen kann, die folgende These zu verifizieren: Lukas verkündigt in seinem Doppelwerk die in Jesus von Nazaret, dem Gesalbten Gottes, erschienene Befreiung[686] als Befreiung aus der Herrschaft des Bösen, personifiziert in Satan,[687] dem Teufel, der die Rolle Pharaos übernimmt, und seinen ›Untergebenen‹, den Dämonen, bösen, schlechten, unreinen Geistern.[688]

---

[684] H.C. KEE 1967/68, 238f. Ähnlich M. KLOPFENSTEIN 1997, 38: »Seinen prägnanten Ausdruck hat dieser Sachverhalt – bei dem es vordergründig um eine Historisierung des Mythos, sachlich aber um eine Mythisierung des Geschichtlichen geht – ... da gefunden, wo das angeherrschte ›Meer‹ konkret als das ›*Schilfmeer*‹ erscheint und also die Rettung Israels beim Exodus aus Ägypten in mythischen Farben ausgemalt wird.« (Hervorhebung i. Text).

[685] Mit H.C. KEE 1967/68, 243, der bezogen auf Lk 4,38f. betont, der Terminus sei »an important element in viewing Jesus' ministry as the overcoming of the evil powers that were evident in sickness as well as in demonic possession.« Grundsätzlich gelte dies für die frühe Geschichte der Aufnahme des Terminus in den Anfängen der christlichen Gemeinschaft: »at the beginning [d. ›christl.‹ Bewegung; K.S.] the exorcisms were understood on a far wider background than the purely Christological question, Who is Jesus? That background was nothing less than the cosmic plan of God by which he was regaining control over an estranged and hostile creation, which was under subjection to the powers of Satan. Jesus' exorcisms are depicted in the oldest layers of the gospel tradition as contributing to the fulfilment of that eschatological goal. One significant factor which binds them to that specific form of hope as it was expressed in the literature of sectarian Judaism is the term גער(= ἐπιτιμᾶν), by which was meant the word of the command that brought the hostile powers under control.« (ebd., 246).

[686] S. dazu die Überlegungen zur Nazareterzählung Lk 4,16–30 (S. 297).

[687] Schon C. CAMPBELL 1891, 14 hält fest, dass Lukas die Rolle Satans stärker herausarbeite als die anderen Evangelien:»By none of the other Evangelists is the personality of Satan, as the prince of this world ..., – the Adversary -, so vividly realized as by Luke.« S. VOLLENWEIDER 1988, 199 wendet sich jedoch entschieden gegen die hier vertretene These: »Legt es sich ... nahe, Jesu Wirken als Kampf gegen Satan und seine Dämonen zu deuten? Die Antwort muß meines Erachtens entschieden negativ lauten. Satan ist ja gerade gestürzt, seine Macht dahin, sein Reich zerschlagen! Die Dämonenaustreibungen können allenfalls mit Nachhutgefechten verglichen werden. Aber sogar diese abschwächende Aussage ist noch zu martialisch.« Dem ist jedoch entgegenzusetzen, dass die von VOLLENWEIDER vertretene Auffassung der bereits geschehenen vollständigen Realisierung von Lk 10,18 am Text nicht belegen lässt. Was ›gesehen‹ ist, muss irdisch dennoch endgültig geschehen. Letztlich ist in Lk 10,18 dasselbe Phänomen zu beobachten wie z.B. im Magnifikat: Die Geschichte der Befreiung kann als Gegenwart schon erzählen, was noch im Werden ist; s.u. S. 396.

[688] Diese These wurde meines Wissens in der jüngeren Vergangenheit erstmalig von SUSAN R. GARRETT in ihrer Dissertation (1989) vertreten. Ihre Beobachtungen fasst sie in entscheidenden Punkten zusammen in ihrem 1990 publizierten Aufsatz ›Exodus from Bondage.‹ Darauf, dass die in Tod, Auferstehung und Himmelfahrt Jesu erzählte Befreiungsgeschichte als Befreiung aus der Herrschaft Satans darstelle, die von Lukas bewusst mit Motiven aus der Exodusgeschichte Israels gestaltet werde, weist GARRETT zufolge zum einen die Verwendung des Schlüsselbegriffs ἔξοδος in Lk 9,31 hin (s. die dazu angestellten Überlegungen oben S. 253ff). Zum anderen mache z.B. Apg 12 eine von Lukas verfolgte Doppelstrategie deutlich: Die Erzählung verwendet Exodusterminologie, die sowohl aus den Schriften bekannt war und folglich diese Erfahrungen ins Gedächtnis ruft als auch in der Beschreibung der Ereignisse von Tod, Auferstehung und Himmelfahrt Jesu Christi im lukanischen Werk eine gewichtige Rolle hatte. S.o. S. 252f.

»Satan, like Pharaoh, will not willingly relinquish his hold on the people; hence the ministry of
Jesus is from its inception a struggle with Satan for authority.«[689]

Das wird sowohl in den Heilungserzählungen und/als Exorzismen deutlich, die im
lukanischen Werk von Jesus selbst wie auch von seinen Anhängerinnen und Anhängern berichtet sind, als auch in Aussagen über Satan, die der lukanische Jesus tätigt.[690] Die Zeichen und Wunder Jesu und derer, die ihm nachfolgen, sind daher den
ägyptischen Plagen verstehbar bzw. in gewisser Hinsicht zu verstehen als ›Plagen
unter umgekehrten Vorzeichen‹, wobei den Dämonen bzw. Geistern die Rolle der
Untergebenen Pharaos zukommt, die unmittelbar unter den Schlägen zu leiden haben.[691] Wie in der Exoduserzählung der Schrift zielen diese Machterweise darauf zu
demonstrieren, wessen Macht überlegen ist, zielen also auf die An-Erkenntnis
JHWHs als allein mächtiger Macht – inmitten des Machtbereichs des Gegners, Satans, der den Part Pharaos übernimmt.[692]

4.2   Wie vom Bösen reden? –
Notizen zur Verwendung dämonologischer Termini im lukanischen Werk

Lukas gebraucht insgesamt acht verschiedene Termini,[693] um die ›Sphäre des Bösen‹
zu bezeichnen: Σατανᾶς, διάβολος, Βεελζεβούλ, δαιμόνιον, πνεῦμα ἀκάθαρτον,
πνεῦμα πονηρόν und πνεῦμα ἀσθενείας, sowie das Abstraktum σκότος in metaphori-
scher Verwendung.[694]

Warum nun diese Fülle von Verwendungen, die auf den ersten Blick verwirrend
wirkt? Hätte es nicht gereicht, ›das Böse‹ einmal zu benennen und damit diese Gegnerschaft zu Jesus in einer klaren und eindeutigen Linie durch das gesamte Erzähl-
werk hindurch zu verfolgen? Bei näherer Betrachtung zeigt sich, dass Lukas
keineswegs willkürlich in den Pool ihm zur Verfügung stehender Begrifflichkeiten
greift, um von diesen mal die eine, mal die andere Bezeichnung zu verwenden. Festzuhalten ist zunächst, dass Lukas in einem System dachte, das viele verschiedene
›teuflische Mächte‹ bzw. genauer: verschiedene Elemente der teuflischen Macht
kannte, die er nebeneinander benannte sowie zueinander in Beziehung setzte,[695] wobei er aus der Tradition auf ein ganzes System von Zu-, Über- und Unterordnungen,
zurückgreifen konnte. Gerade hinsichtlich der Benennung des ›Oberbösen‹ zeigt das
lukanische Werk eine deutliche Tendenz: ›Beim Namen genannt‹ wird der Teufel
bevorzugt von Jesus selbst (Lk 10,18; 11,18; 13,16; 22,31).[696] Von Seiten der Erzählstimme findet, wenn überhaupt, der neutralere Terminus διάβολος, der eher eine

---

[689] S.R. GARRETT 1989, 101.

[690] Mit E. MAYER 1996, 152: Für Lukas »könnte … die Interpretation von Jesu Sieg über Satan als ein
Exodusgeschehen nahegelegen haben.« Dass MAYER sich für seine Darstellung zentral auf den in
der vorigen Anmerkung vorgestellten Ansatz SUSAN R. GARRETTs bezieht, ohne dies von Anfang
deutlich zu machen, ist verwunderlich.

[691] S.u. S. 328ff.

[692] S.o. S. 117ff. Dass schon in der Exoduserzählung der Schrift die Trennlinie zwischen ›weltlichen‹
und ›überweltlichen‹ Gegeninstanzen nicht scharf verläuft, zeigt etwa Ex 12,12.

[693] Oder sogar neun Formulierungen, wenn εἴδωλον (Apg 7,41; 15,20.29; 21,25) mitgerechnet wird.
Wie offen die Verwendung dieser Bezeichnungen ist, zeigt z.B. auch die Vermutung der
epikureeischen und stoischen Philosophen in Athen, die meinen, Paulus sei ein Prediger ξένων
δαιμονίων (Apg 17,18), obwohl er doch τὸν Ἰησοῦν καὶ τὴν ἀνάστασιν εὐαγγελίζετο (ebd.).

[694] Dazu s.o. S. 237f. sowie unten S. 327.

[695] In eine ähnliche Richtung geht auch M. PATELLA 1999, 50; 57.

[696] Das sind fünf von insgesamt sieben Belegen für Σατανᾶς im lukanischen Werk; hinzu kommt eine
Nennung durch die Erzählstimme (Lk 22,3) sowie einmal durch Petrus in der Konfrontation mit
Hananias (Apg 5,3).

›Funktionsbezeichnung‹ darstellt, Verwendung – und dies nur in der Versuchungsgeschichte Lk 4,1–13, in der der ›Durcheinanderbringer‹ (δια–βάλλω) versucht, Jesus durcheinanderzubringen. Damit entsteht der Eindruck, dass es schon zur Thematisierung der Frage nach dem Teufel einer besonderen Qualifikation bedarf, wie sie Lukas zu Lebzeiten Jesu nur diesem selbst zugesteht. In der Tat ist es ja so, dass in magischem Denken das Wissen um den Namen einer Person Macht über diese verleiht. Das wird zum Beispiel deutlich, wenn Jesus die Dämonen, die den Gerasener gefangen halten, nach ihrem Namen fragt, und sie daraufhin beginnen, ihn um ›Ausweichmöglichkeiten‹ zu bitten (Lk 8,30f.).

Die Auseinandersetzung mit den niedrigeren Chargen des Bösen, den Dämonen, auch in Form unreiner, böser Geister hingegen erfolgt auch durch die Nachfolgerinnen und Nachfolger Jesu und wird von der Erzählstimme beschrieben.[697] Die δαιμόνια, deren Zugehörigkeit zur Gruppe der bösen Geister unzweifelhaft ist,[698] sind diejenigen, die am unmittelbarsten betroffen sind; sie sind die ›Hauptleidtragenden‹, denn gerade sie werden in den meisten Austreibungen ›vertrieben‹.[699] Sie sind Jesus hoffnungslos unterlegen (vgl. das Summarium Lk 4,41); eventuell zeigt sich ihre geringere Stärke schon daran, dass sie gern zu mehreren auftreten (vgl. Lk 8,27–39 – dort sechsmal der Terminus δαιμόνιον, 11,14.26).

Die Form, in der Satan im lukanischen Werk auftritt, lässt sich mit Hilfe eines knapp gehaltenen Überblicks über den Erzählverlauf von Evangelium und Apostelgeschichte vor Augen führen. Direkt zu Beginn tritt der Teufel Jesus entgegen, unterliegt aber der Schriftkenntnis und dem Toravertrauen Jesu,[700] woraufhin er sich (beschämt?[701]) zurückzieht und sich für den Augenblick geschlagen gibt – allerdings nur bis zu einem geeigneten Zeitpunkt (4,13).[702] Seit HANS CONZELMANN ist es in der neutestamentlichen Forschung üblich, ausgehend vom Ende der Versuchungsgeschichte die Zeit des Wirkens Jesu als satansfreie Zeit zu verstehen.[703] Das entspricht jedoch nicht dem Anliegen und dem Erzählverlauf des lukanischen Werkes. Der Teufel – so bezeichnet von der Erzählstimme – tritt zwar selbst agierend in der Tat erst wieder in Kap. 22 auf. Im Hintergrund jedoch bleibt er permanent anwesend, ja

---

[697] So findet etwa die Kombination πνεῦμα ἀκάθαρτον (in dieser Reihenfolge oder umgekehrt) bevorzugt in Summarien Verwendung (drei von fünf Belegen: Lk 6,18; Apg 5,16; 8,7). Lk 7,21 verwendet in einem weiteren Summarium das Attribut πονηρός. »Luke saw the literal healing of the blind in 7.21 as a concrete and symbolic expression of the Spirit's annointing upon Jesus to bring sight to blind Israel (4.18), and the other healings and exorcisms as similar exemplars of his New Exodus mission to liberate oppressed Israel.« (M.M. TURNER 1996, 260) Interessanterweise wird die Kombination πνεῦμα ἀσθενείας ausschließlich für Frauen verwendet (Lk 8,2; 13,11) – eine unter Umständen lohnenswerte Fährte, die aber den Rahmen der vorliegenden Untersuchung sprengen würde.

[698] Das zeigen z.B. Lk 8,2.29; 9,42.

[699] So etwa Jesu erste Wunderhandlung Lk 4,33–36 während eines Synagogengottesdienstes in Kapernaum.

[700] Dazu s. S. 242; 398.

[701] Jub 18,12 spricht nach der Niederlage Mastemas im Kontext der Bindung Isaaks davon, dieser sei *beschämt* gewesen; dazu oben S. 147f. Dass Scham in der Antike nicht (zumindest nicht ausschließlich) als moralische Kategorie verstanden wurde, sondern auch einen juridischen Aspekt trug, zeigen z.B. Jes 41,11; 44,9.

[702] Dieser ist in dem Moment gegeben, wo der Teufel Judas ›mit Beschlag belegt‹ (22,3); so auch M. PATELLA 1999, 50 und schon S.R. GARRETT 1989, 41ff.

[703] Vgl. ders. 1964, 146: »Er spielt i.W. die eine, negative Rolle, daß er aus der Zeit des Wirkens Jesu ausgeschlossen ist. Zwischen der ›Versuchung‹ und der Passion ist er abwesend.« Mit dieser Position CONZELMANNs haben sich bereits viele Wissenschaftlerinnen und Wissenschaftler auseinandergesetzt; vgl. zur Diskussion U.BUSSE 1977, 431 u.ö; ders. 1979, 18f. sowie grundsätzlich gegen das ebenfalls auf CONZELMANN zurückgehende Periodisierungsschema ebd., 84–93. Ebenfalls dezidiert gegen diese ›Epocheneinteilung‹ M. TURNER 1996, 163.

bedrohlich anwesend, wie daraus ersichtlich wird, dass Lukas ›seinen‹ Jesus wiederholt Satan und dessen Macht thematisieren lässt. So spricht er in 10,18 vom Sturz des Satans oder aber in 11,17ff vom Reich des Satans, warnt in 11,24ff eindringlich davor, sich in falscher Sicherheit zu wiegen, und bringt in Lk 22,31 Satans Anspruch auf die Nachfolgerinnen und Nachfolger Jesu zur Sprache. Lukas lässt also Jesus selbst als denjenigen auftreten, der zur Vorsicht aufruft und vor allzu großem Enthusiasmus warnt – und liefert damit einen Erweis seines schriftstellerischen Geschicks, bleiben die Warnungen Jesu doch auch auf die Gegenwart des Erzählers wie der Leserinnen und Hörer des lukanischen Werkes übertragbar und damit transparent für die Realität der bösen Macht, dabei wohl auch der Gegenwart Roms.[704] Mit Lk 22,3 bemächtigt sich der Teufel des Judas,[705] nachdem er zuvor in der direkten Konfrontation gescheitert war. Damit wird deutlich, wie ernst die Warnungen Jesu genommen werden müssen, reicht die zerstörerische Macht Satans doch so weit, dass er in den engsten Kreis der Vertrauten Jesu ›eindringen‹ kann. Ähnlich wie Mastema die Rückkehr des Mose nach Ägypten zu verhindern gesucht hatte (Jub 48,2–4),[706] um so den Auszug in die Freiheit von vornherein zum Scheitern zu verurteilen, versucht jetzt also der Gegenspieler auch in der lukanischen Exoduslektüre – diesmal aber über einen Mittelsmann – Hand an den Befreier selbst zu legen.

4.3   Satan, der Sklavenhalter –
Militär- und Unterdrückungsterminologie zur Beschreibung
der Macht des Bösen

Es sind vorzugsweise Termini aus dem Bereich des Militär- bzw. Gefängniswesens, mit deren Hilfe Lukas die Macht Satans beschreibt:[707]

Satan, der Teufel, tyrannisiert die Menschen (Apg 10,38). Durch die Verwendung von καταδυναστεύω, das im lukanischen Werk nur an dieser Stelle vorkommt, wird der Bezug zur Unterdrückung in Ägypten hergestellt. Im LXX-Pentateuch wird es nur dreimal gebraucht; ein erstes Mal in Ex 1,13: *Und die ÄgypterInnen tyrannisierten die Kinder Israels extrem*. Von dieser bei einer kanonischen Lektüre ersten Verwendung erklärt sich auch der Gebrauch an den zwei anderen Stellen, nämlich in Bundesbuch und deuteronomischem ›Gesetz‹ (Ex 21,17; Dtn 24,7). Ex 21,17 listet unter den todeswürdigen Verbrechen auf:

> *Getötet werden muss, wer auch immer irgendeine israelitische Frau oder einen israelitischen Mann raubt, sei es, dass er sie oder ihn verkauft, weil er sie tyrannisiert, sei es, dass sie oder er bei ihm gefunden wird.*

Dtn 24,7 bringt den selben Sachverhalt zur Sprache – paraphrasiert ließe sich in beiden Fällen sagen: Des Todes würdig ist, wer israelitischen Mitmenschen dasselbe antut, sie in gleicher Weise tyrannisiert, wie es Ägypten getan hat.[708]

An anderer Stelle spricht der lukanische Jesus von der *ganzen Macht des Feindes* (Lk 10,19) und verwendet damit zur Beschreibung der ›Streitkräfte‹ Satans denselben Ausdruck wie Ex 14,29 für die Armee Pharaos, die hinter den Frauen und Männern

---

[704] Dass auch im lukanischen Werk ein solches Verständnis Roms als auf der Seite der bösen Macht stehend denkbar ist, zeigt z.B. die Erzählung vom besessenen Gerasener; s.u. S. 331 sowie die eingangs dieses dritten Hauptteils bereits dargestellten Überlegungen (S. 244ff).

[705] Vgl. zu *Judas als Stellvertreter Satans* den gleichnamigen Aufsatz von S. BJERG (ders. 1992).

[706] S.o. S. 146f.

[707] Mit U. BUSSE 1977, 433.

[708] Damit ist also auf der Ebene des lukanischen Werkes Satan letztlich des Todes würdig.

Israels herjagt.[709] Wie die Streitmacht Pharaos der Gottheit Israels damals unterlegen war, so ist aber auch jetzt die Niederlage Satans unausweichlich: Wie ein Stern ist er aus dem Himmel gefallen (Lk 10,18).[710] Dennoch bleiben ihm Ausrüstung und Waffen, er hat bewaffnete Truppen, die seinen (unrechtmäßig erworbenen)[711] Besitz bewachen, die jedoch von einem Stärkeren überwunden werden können (Lk 11,21f.).

Die Finsternis, die nach Apg 26,18 den Machtbereich Satans beschreibt,[712] wird im biblischen Denken als Gefängnis verstanden (vgl. Jes 42,7; Lk 1,79), ein Gefängnis, das zum Tode verurteilt. Satan hält die Menschen gefangen, er bindet sie (δέω, Lk 13,16), legt ihnen Fesseln an bzw. wirft sie ins Gefängnis (δεσμός, ebf. 13,16).

> »Darkness lies like a shroud over much of the world into which the reader of Luke-Acts is drawn. The dark regions are the realm of Satan, the ruler of this world, who for eons has sat entrenched and well-guarded, his many possessions gathered like trophies around him.«[713]

Wenn Ψ 105,9 davon spricht, dass JHWH, nachdem er das Schilfmeer *bedroht* hat, die Frauen und Männer Israels durch die Tiefe (ἄβυσσος) führt, dann ist über das Stichwort Tiefe zugleich mit der ›Urtiefe‹ auch die Größe ›Abgrund‹ bzw. ›Hölle‹ präsent[714] – und das ist ausweislich des Jubiläenbuches der Ort, an den der Geisteranführer Mastema/Satan verbannt ist (Jub 10,8; 10,11: *Ort des Gerichts*[715]), wobei ihm zur Ausführung seiner Taten auf der Erdoberfläche von Gott noch Dämonen zugestanden werden.[716]

---

[709] Diese Verbindung auch bei S. VOLLENWEIDER 1988, 197. Auch Jub 48,2–4 verwendet denselben Ausdruck für die Macht Satans, liefert also einen Beleg dafür, dass ein solcher Gebrauch von δύναμις zur Zeit des lukanischen Werkes bekannt war.

[710] S. dazu unten S. 329ff.

[711] Diesen Aspekt betont W. ECKEY 2004, 531: »Solange die Bewachung funktioniert, sind seine auf Kosten und zu Lasten der von ihm abhängigen Klientel zunehmend verelendender kleiner Leute angehäuften Reichtümer in Sicherheit«.

[712] S.R. GARRETT 1990, 677 bezeichnet Satan als »the prince of darkness and ruler of this world«.

[713] S.R. GARRETT 1989, 101.

[714] Vgl. H. BIETENHARD/K. HAACKER 1997 (ThBNT I), 963. Zum Zusammenhang von ›Meerwunder‹ als Sieg über die bedrohliche Urtiefe s. K. BERGER 1996, 151f.

[715] Ganz ähnlich Tob 8,3; äthHen 10,4–6; s. auch H. HAAG 1974, 221ff, der darin eine Weiterentwicklung von Ps 91,11 und der darin vertretenen Vorstellung von den Engeln sieht, die vor Dämonen beschützen können. Vgl. zur auch im Neuen Testament vertretenen Vorstellung von der Tiefe, der ἄβυσσος, als Gefängnis für Dämonen z.B. Lk 8,31; Apk 9,1f. S. auch H. BIETENHARD/K. HAACKER 2000, 963. Die LXX bezeichnet mit dem Terminus ἄβυσσος sowohl die Urflut, generell Wasserfluten (Ps 42,8) oder den Abgrund des Meeresbodens (Hi 38,16; Ps 71,20), als auch »das Innere der Erde, in dem sich die Leichen befinden« (dies., a.a.O.). Dass die ›Doppelbödigkeit‹ dieses Begriffs in neutestamentlicher Zeit bekannt war, zeigt z.B. Röm 10,7, wenn Paulus »eine sonst nicht bekannte Fassung von Dtn 30,13 [zitiert], die das ursprünglich dort erwähnte *Überqueren des Meeres* abwandelt zum Gedanken einer *Höllenfahrt*.« (dies., a.a.O.; Hervorhebung im Text; K.S.) Implizit widerlegen die beiden Autoren ihre These der ›sonst nicht bekannten Fassung‹ direkt im Anschluss, wenn sie selbst auf die bei A. GOLDBERG 1970, 127ff gebotene Darstellung der jüdischen Auslegung verweisen, die Dtn 30,13 in Zusammenhang mit der Jonasgeschichte stellt und ihm mit הום auch als Andeutung auf die Tiefe der Unterwelt deutet. Wenngleich also eine schriftliche ›Fassung‹ von Dtn 30,13, wie Paulus sie bietet, wohl nicht bekannt ist (auch hier stellt sich ja die Frage, inwiefern dies nicht vielmehr ein weiteres Indiz für die Lückenhaftigkeit des uns tradierten Materials ist), ist sein Verständnis eben doch gerade keine originelle – u.U. erst im Zusammenhang der Christologie formulierte – Neuerfindung; vielmehr könnte Röm 10,7 neben einigen anderen Stellen des NT ein weiterer Beleg für die frühe Bekanntheit von Traditionen bzw. Auslegungen sein, die innerhalb der rabbinischen Schriften erst um einiges später datiert werden können. Für den Zusammenhang zwischen der Tradition vom Mirjambrunnen und der Heilungserzählung Joh 5 hat dies K. WENGST 2000, 185 wahrscheinlich gemacht.

[716] *Und alle Bösen, die bösartig waren, fesselten wir am Ort des Gerichtes. Und ein Zehntel von ihnen ließen wir übrig, daß sie Vollmacht ausübten vor dem Satan auf der Erde.* (Jub 10,11) Dazu H. BIETENHARD 2000, 1538. Ganz ähnliche Vorstellungen zur Darstellung des Jubiläenbuches (u.U. basiert diese darauf) bietet äthHen 15,8ff; 54,6. Auch hier wird ein endgültiger Sieg über die ›bösen Geister‹ erst für die eschatologische Endzeit beschrieben.

4.4   Heilungen als Befreiungen aus der Macht Satans –
Machterweise JHWHs, Plagen für die Untergebenen des Bösen

Nachdem gerade deutlich geworden ist, wie Lukas die Herrschaft Satans mit Hilfe militärischer Kategorien beschreibt, ist es nur konsequent, dass er dementsprechend Heilungen als Befreiung versteht,[717] wie Lk 13,10–17 eindrücklich vor Augen führt: Wenn Satan Menschen fesselt und gefangenhält (Lk 13,16), muss es im Kampf gegen Satan in der in Lk 4,18f. zitierten Tradition des Jesajabuches darum gehen, Fesseln zu lösen (λυθῆναι, ebf. 13,16), Befreiung zu bringen, wenn eine Heilung geschieht.[718] So reagiert der lukanische Jesus auf die abwehrende Reaktion des Synagogenvorstehers, der darauf verweist, dass die Heiligung des Sabbats zu den zentralen Anliegen der Schrift zählt, mit dem Verweis darauf, dass es für keinen Menschen zumutbar sei, der Macht Satans ausgeliefert zu sein, wenn es einen Ausweg gibt:[719] *Sollte diese, eine Tochter Abrahams, die Satan gefesselt hat, hört genau hin: 18 Jahre lang!, nicht aus diesem Gefängnis befreit werden am Tag des Sabbat?* (13,16)[720]

In der Tat muss dieser Machterweis, in dem letztlich JHWH durch Jesus agiert,[721] vielleicht gerade am Sabbat erfolgen, wenn dahinter steht, dass der Sabbat als Tag der Befreiung zur Erinnerung an den Auszug aus Ägypten gefeiert wird:

> »Wer am Sabbat Menschen befreit, vollzieht damit ein ganz ursprüngliches Ziel dieses Tages: Menschen im Namen Gottes Befreiung zu verkündigen. Jesus ist von daher Retter und Befreier.«[722]

Von diesen Beobachtungen ausgehend ist denkbar, dass auch im Loblied des Zacharias der Preis JHWHs als desjenigen, *der uns befreit hat aus der Hand des Feindes* (Lk 1,71.74), beide Ebenen weltlicher wie überweltlicher Gegnerschaft im Blick sind. Apg 12,11 zeigt ein doppelten Wissen des Lukas um die Wendung ›befreien aus der Hand von‹: Er kennt sie als geprägte Exodusterminologie, weiß aber auch darum, dass sie von dort aus auf die Befreiung aus der Herrschaft anderer (Groß-)mächte übertragbar ist.[723] Petrus sagt dort über seine Befreiung aus dem Gefängnis: *Nun weiß ich, dass JHWH ihren Engel gesandt hat und mich aus der Gewalt des Herodes herausgeführt hat.* Die Verbindung zum Exodusgeschehen ist neben der Verwendung von ἐξαιρέω eben durch die Wendung ἐκ χειρός hergestellt.[724]

---

[717] »The bondage from which Jesus will deliver the people is bondage to Satan.« (S.R. GARRETT 1990, 666) Nach U. BUSSE 1977, 428f. liegt in dieser Betonung der Befreiung die besondere Intention des lukanischen Werkes im Vergleich zu den anderen Synoptikern.

[718] Zu 13,10ff vgl. U.BUSSE 1977, 289–304; zu Lk 4,18f. s.o. S. 302ff.

[719] Die Rückführung der Krankheit auf Satan selbst ist typisch lukanisch; mit U. BUSSE 1977, 432.

[720] Die Reaktion des Volkes im folgenden Vers (13,17) ist über die Stichwortverknüpfung ἔνδοξος als Echo und Antwort auf Ex 34,10 zu verstehen; mit W. ECKEY 2004, 626.

[721] So entschieden W. KAHL 1994, 83: Lukas betone durchgängig »Jesus' subordination to God.«

[722] K. BERGER 1996, 154. Überlegungen zum Sabbatverständnis des lukanischen Werkes bei M.M. TURNER 1982, der sich vor allem damit auseinandersetzt, ob es im lukanischen Werk bereits Spuren einer Verlagerung des Ruhetags vom siebten auf den ersten Tag der Woche, auf den Sonntag gab. Nach einem Durchgang durch die Texte verneint er dies entschieden. In der Beschreibung des Zusammenlebens der ersten Gemeinschaften sei »not the barest hint of the inauguration or observance of Sunday! ... we must go on to maintain that first-day Sabbath observance cannot easily be understood as a phenomenon of the apostolic age or of apostolic authority at all.« (ebd., 135f.).

[723] S.o. S. 126; 146f.; 234 m. Anm. 115.

[724] Zu einer solchen Lektüre von Apg 12 s.o. S. 252f. Im Gegensatz zur Befreiung des Petrus aus der Hand des Herodes (der unmittelbar darauf selbst einen ekelerregenden Tod erleidet; s. dazu G. JANKOWSKI 2003, 39f.) erlebt Paulus sich selbst als in die Hände Roms Übergebenen (Apg 28,17: παρεδόθην εἰς τὰς χεῖρας τῶν Ῥωμαίων).

Jede erzählte Heilung ist ein Beitrag dazu, dass die in 4,18f. proklamierte umfassende Befreiung gelingen kann.[725]

> »[J]ede nachhaltig effektive Austreibung eines krank machenden, Menschen der Todessphäre ausliefernden Ungeistes ... nimmt ihr ein Stück ihres Terrains in und zwischen den Köpfen, Herzen und Leibern der Menschen.«[726]

Heilungen sind nicht Sache und Aufgabe Jesu allein, sondern auch derjenigen, die sich ihm anschließen. Zur ›Ausstattung‹ der Nachfolgerinnen und Nachfolger durch Jesus anlässlich ihrer Aussendung gehört daher fast ›zwangsläufig‹ die Macht und Kraft, Dämonen auszutreiben (Lk 9,1; vgl. 10,17).[727]

Wunderkräfte werden »als eschatologische Ereignisse, nämlich als Anbruch des Sieges über das Reich der Dämonen bzw. der unreinen Geister und somit als partielle Anwesenheit des nahegekommenen Gottesreiches gedeutet.«[728]

In logischer Folge ist in der Apostelgeschichte dann das Zeichenwirken der Nachfolger Jesu zentral als Bekämpfung der Mächte Satans beschrieben.[729] Philippus etwa stößt in Samaria auf große Resonanz, geradezu massenweise (ὄχλοι)[730] strömen die Menschen zu ihm und lassen sich begeistern von dem, was sie von ihm zu hören und zu sehen bekommen:

> (6)*Die Volksmengen hielten sich einmütig an die Dinge, die von Philippus gesagt wurden, während sie die Zeichen hörten und sahen, die er tat.* (7)*Viele nämlich:*[731] *von denen, die unreine Geister hatten, fuhren (sie) mit lauter Stimme schreiend aus und viele Gelähmte und Lahme wurden geheilt. (Apg 8,6f.; vgl. 5,16)*

Zugleich zeigt aber das Beispiel der sieben Söhne des Skeuas (Apg 19,13ff.),[732] die angesichts des Erfolges des Paulus als Exorzist dessen Tun nachahmen und einen Dämon im Namen des Paulus beschwören wollen, dass der Kampf gegen Satans Macht nicht nur kein Automatismus, sondern auch nicht ungefährlich ist und nicht einmal die Nennung eines ›Mächtigen‹ als Zauberformel universell einsetzbar ist. Der Geist nämlich fragt zunächst zurück: *Jesus kenne ich, auch von Paulus weiß ich – aber ihr, wer seid ihr?* (19,15) Ohne eine Antwort abzuwarten, stürzt er sich auf die Männer und richtet sie übel zu (V. 16).

4.5   Der Fall Satan(s) (Lk 10,18)

Als die 72 Nachfolgerinnen und Nachfolger, die Jesus bei ihrer Aussendung mit (Wunder- und Überzeugungs-?)Kraft ausgestattet hatte, zurückkehren, sind sie voll des Stolzes über das, was sie vollbringen konnten:

> (17)*Die Zweiundsiebzig kamen zurück und sagten mit großer Freude:* »*Herr, sogar die Dämonen ordnen sich uns unter bei deinem Namen!*« (18)*Er sprach zu ihnen:* »*Ich sah den Satan wie einen Stern aus dem Himmel fallen.* (19)*Passt auf: Ich habe euch die Macht gegeben, über Schlangen*

---

[725] Lk 4,18f. stellt gemeinsam mit Apg 10,38 eine Art Schlüsselverbindung für das Verständnis des Gesamtzusammenhangs der Gegnerschaft Jesu dar; s. dazu oben S. 306ff.

[726] W. ECKEY 2004, 473.

[727] Wie sehr manche von ihnen dies als exklusive Fähigkeit verstanden, zeigt die Beschwerde des Johannes in Lk 9,49, die von Jesus jedoch in gleicher Weise zurückgewiesen wird wie der Einwand Josuas durch Mose in Num 11,29.

[728] E.W. STEGEMANN/W. STEGEMANN 1997, 181.

[729] Dabei sind sie aber darauf angewiesen, seinen Namen anzurufen (mit W. KAHL 1994, 83); das heißt, sie sind immer abhängig von einem »transcedent BNP [bearer of numinous power; K.S.]« (ebd., 227).

[730] Mit J. JERVELL 1998, 260.

[731] πολλοί steht ohne Verb, da sich ἐξήρχοντο sachlich nur auf die πνεύματα beziehen kann; so auch J. JERVELL 1998, 260.

[732] Zu dieser Erzählung vgl. S.R. GARRETT 1989, 89–99.

und Skorpione zu laufen, Vollmacht über die ganze (Streit-)macht des Feindes – nichts soll euch
Unrecht antun. *(20)Allerdings: Ihr sollt euch nicht darüber freuen, dass die Geister sich euch
unterordnen – ihr sollt euch freuen, dass eure Namen eingeschrieben sind in den Himmeln!«*[733]

Wenn Lukas Jesus in V. 18 sagen lässt, er – oder doch die Dämonen?[734] – habe/hätten
Satan bereits aus dem Himmel stürzen sehen,[735] dann greift er damit grundlegend
auf Jes 14 zurück,[736] wo in einem Lied der Sturz des Königs von Babel parallel zum
Fall des Morgensterns beschrieben wird (V. 12) – eine Textstelle, die in slHen 29,4f.,
TestSal 20,16f.[737] und VitAd 15,3 bereits auf den vorweltlichen Himmelsturz Satans
gedeutet wird. Den Satan fallen sehen, der doch so gern Jesus hätte fallen sehen (Lk
4,9–12),[738] das geht für Lk parallel mit der Bevollmächtigung der Schülerinnen und
Schüler Jesu, über Schlangen und Skorpione – nach Dtn 8,15 zentrale Bedrohungen
der Wüste, die nach Lk 8,29 auch Rückzugsort für die Dämonen ist – zu gehen und
mit Kraft und Vollmacht der ganzen Heeresmacht des Feindes entgegenzutreten.[739]
Hatte JHWH im Exodus noch seinem Volk auf der Flucht gegen den übermächtigen
Gegner beigestanden, kommt es jetzt nach lukanischer Exoduslektüre darauf an, der
Gefahr standzuhalten, sich ihr aktiv entgegenzustellen und damit die Rolle zu über-
nehmen, die in Nazaret gefordert war: mitzutun, damit wahr werden kann, dass *die
Schrift erfüllt ist* (Lk 4,21).[740]

Dabei bezeichnet das Imperfekt als gewähltes Tempus (ἐθεώρουν) nicht zwangsläufig die Faktizität des Gesehenen, also den Anspruch, dies sei bereits geschehen,
sondern dient zunächst dem Ausweis der Vision als ›wahr‹.[741]

---

[733] Damit ist ein weiterer Stichwortbezug zum Exodus hergestellt. In Ex 32,32f. bittet Mose JHWH, ihn
aus seinem Buch zu streichen, dieser entgegnet jedoch: *(Nur) wenn jemand mich verfehlt hat, radiere ich
ihn oder sie aus meinem Buch aus.* Diese Vorstellung in der Schrift dann auch noch Dan 12,1; Mal 3,16;
Ψ 68,28. »Jesu Jünger sind mit ihren Namen und also jeweils persönlich bei Gott angeschrieben und
haben da ein bleibendes Zuhause. Sie sind Bürger des unter dem Bild eines städtischen
Gemeinwesens … vorgestellten Gottesreiches.« (W. ECKEY 2004, 476). Vgl. weiter D. CRUMP 1992,
59ff, der den Zusammenhang der Bewahrung der Namen mit dem Sturz der Dämonen betont: »the
success of heavenly intercession is linked to the coincident casting out of the demonic accusers from
heaven.« (ebd., 62).

[734] Zu dieser Frage J.V. HILLS 1992, der ἐθεώρουν als 3. Pers. Plural liest und somit die Dämonen als
Subjekt versteht, wobei er selbst eingestehen muss, bisher »no parallel to the notion of demons
seeing Satan falling« (ebd., 39) identifiziert zu haben – allerdings gebe es auch keine andere
Tradition, die Jesus als Subjekt einer solchen Vision zeige. Bescheiden hält er daher fest: »at the very
least it [sein Beitrag; K.S.] may stimulate fresh examination of this curiously disjointed pericope.«
(ebd., 40).

[735] R. RIESNER 2002, 201 notiert Lk 10,18 als »eine ganz auffällige Berührung« mit Johannes 12,31.
Außerdem folgt er J. JEREMIAS 1973, 75 dahingehend, dass auch er diese Jesuaussage als einen
Rückbezug auf »die bestandene Versuchung Jesu am Beginn seines Weges« (a.a.O.) versteht.

[736] Mit S.R. GARRETT 1990, , 666f.; vgl. auch W. ECKEY 2004, 472f., der auch hier »genuine Jesus-
Tradition« (ebd., 472) bewahrt sieht.

[737] Dazu D. CRUMP 1992, 54f.

[738] So auch W. ECKEY 2004, 473. Er fährt fort: »Die gegen Gott und seine Geschöpfe operierende Macht
verliert durch den Absturz ihre Position vor Gott und ihre Funktion, die menschliche
Gottesbeziehung zu verwirren und zu zerstören, damit die Menschen zu peinigen, sie sich selbst
fremd werden zu lassen und dem Tod auszuliefern. Ihre Zeit ist abgelaufen. Sie hat kein
Existenzrecht mehr und dementsprechend keine Zeit mehr zu verlieren.«

[739] Zum parallelen Sprachgebrauch in Ex 14,28 wie auch Jub 48,2–4 s. o. S. 326.

[740] Zur Intention der Nazaretperikope, die Menschen zum Mittun zu bewegen s.o. S. 309; 318f. D.
CRUMP 1992 sieht die Möglichkeit zur Überwindung Satans den »prayers of the scribal-intercessor
Jesus« verdankt (ebd., 51).

[741] S. VOLLENWEIDER 1988, 191f. benennt θεωρέω als Terminus Technicus apokalyptischer Visionen.
S.R. GARRETT 1990, 668 vermutet, dass für Lukas Tod und Auferweckung Jesu der Punkt des
endgültigen Sieges über Satan sind.

4.6   Exorzismen – Gottes Kampf gegen Satan

In den Exorzismen erweisen sich die Taten Jesu *für* die betroffenen Menschen zugleich am deutlichsten als Machterweise, die *gegen* die Untertanen Satans gerichtet sind.[742] Die Dämonen fahren schreiend aus den vorher von ihnen Besetzten, *Bevölkerten*[743] aus (Apg 8,7). Sie werden vertrieben, hinausgeworfen (ἐκβάλλω, Lk 9,49; 11,15.19f.; 13,32),[744] sie empfinden die Nähe Jesu als Qual: *Was ist das mit mir und dir, Jesus, Sohn Gottes, des Höchsten? Ich flehe dich an, quäl mich nicht!* (Lk 8,28).[745] Diese Bitte der Legion,[746] die den Gerasener besetzt hält, zeigt ein Doppeltes: Erstens sind in der Tat wie auch bei den ägyptischen Plagen die Untertanen diejenigen, die unter dem Machtkampf der ›Großen‹ zu leiden haben. So wie Pharaos Untertanen von Hagel, Geschwüren, Fröschen und Finsternis gequält und in Todesangst versetzt wurden, so ergeht es jetzt den Dämonen und Geistern als Untergebenen Satans. Zweitens ist es hier wie dort Sache der Untergebenen, die (überlegene) Macht der Gegenseite anzuerkennen: Während der Hagelplage hatte es sehr wohl ägyptische Menschen gegeben, die die Warnung JHWHs beachteten und so sich und ihren Besitz retten konnten (Ex 9,20.25). Und die ägyptischen Wahrsagerinnen und Wahrsager hatten ebenso sehr bald JHWHs Wirken in den das Land treffenden Schlägen (an-)erkannt (Ex 8,15), wie enge Vertraute Pharaos ihm geraten hatten, Israel endlich ziehen zu lassen, um sein eigenes Volk vor dem Untergang zu bewahren (Ex 10,7). So erkennen auch die Dämonen JHWHs in Jesus wirksame Macht (an); wie im Exodus ist ihr Erkennen aber kein logisch-deduktives sondern unmittelbar ›spürbar.‹ Sie drücken es aus, indem sie ihn wie an der gerade zitierten Stelle Lk 8,28 *Sohn Gottes* nennen – oder noch ausdrücklicher durch den ersten Dämon, den Jesus austreibt, formuliert: *Bist du gekommen, um uns zu zerstören? Ich weiß, wer du bist: der Heilige Gottes* (Lk 4,34).[747]

Lk 11,14–26 führen vor, wie untrennbar im Wirken Jesu das heilende Eintreten für die Menschen mit dem Kampf gegen Satan und seine ›Schergen‹ verbunden ist,[748] wie das eine zwangsläufig das andere bedeutet.

---

[742] Knapp skizziert habe ich diese Lesart der lukanischen Exorzismendarstellung bereits innerhalb des Abschnittes über einzelne Exodusbezüge innerhalb des lukanischen Doppelwerkes (s.o. S. 244ff).

[743] Das Partizip Präsens med./pass. von ὀχλέω zur Beschreibung der betroffenen Menschen z.B. in Lk 6,18; Apg 5,16; so auch schon TestJos 7,4 vom Geist Beliars.

[744] Nach H. BIETENHARD ist der ›exorzistische‹ Gebrauch von ἐκβάλλω zentral (ders. 2000, 1544). Die Tatsache, dass in 19,45 die Händler aus dem Tempel hinausgeworfen werden, lässt die Frage zu, ob sie von Lukas in gewisser Weise als ähnlich ausbeuterisch und das Volk unterdrückend verstanden werden wie die Dämonen.

[745] Lukas hat in seiner Darstellung der Erzählung vom besessenen Gerasener viel aus der Markusvorlage (Mk 5,1–20) übernommen. Die Identifizierung der Dämonen mit der römischen Besatzungsmacht stammt somit ebenfalls schon aus seiner Vorlage. Lukas kann sich für seine Exoduslektüre also verbreiteter Überlieferung anschließen. Damit zeigt sich, dass ›typisch lukanisch‹ nicht nur ist, was er gegen seine Quellen und die ihm vorliegenden Traditionen schreibt, sondern vielmehr alles, was er für seine Darstellung nutzen kann, als ›lukanisch‹ zu verstehen ist.

[746] »Weil sie [die Dämonen; K.S.] die wahren Feinde der Menschen sind, heißen sie – und nicht nur die römischen Truppen – auch ›Legion‹.« (K. BERGER 1996, 151).

[747] G. THEIßEN 1998, 253 versteht dies als Anspielung auf die z.B. auch PsSal 17,30f. formulierte messianische Aufgabe, die Heiligkeit des Landes wiederherzustellen, die durch die Dämonen versehrt ist. »Dämonenherrschaft ist Fremdherrschaft. Mit der Vertreibung der Dämonen wird die Herrschaft Gottes wiederhergestellt. Und damit ist auch das Ende der Römerherrschaft gekommen, wenn auch nicht nur dieser Herrschaft.« (ebd.).

[748] U. BUSSE 1977, 285 bezeichnet die Exorzismen Jesu als »philanthropische Befreiung aus der Gewalt Satans.«

(14)Er war derjenige, der einen Dämon austrieb, einen stummen; als der Dämon herausgekommen war, sprach der Stumme, und die Volksmassen staunten. (15)Einige von ihnen sagten: »Mit Beelzebul, dem Dämonenführer, treibt er die Dämonen aus.« (16)Andere suchten von ihm ein Zeichen aus dem Himmel, indem sie ihn in Versuchung führten. (17)Weil er ihre Gedanken kannte sprach er zu ihnen: »Jede Königsherrschaft, die in sich selbst zerrissen ist, wird verwüstet und Haus fällt auf Haus. (18)Wenn sogar der Satan in sich selbst zerrissen ist, wie wird seine Königsherrschaft (das) überstehen? Weil ihr sagt, dass ich die Dämonen mit Beelzebul austreibe. (19)Wenn ich[749] mit Beelzebul die Dämonen austreibe – mit wem treiben eure Leute[750] aus? Darum werden sie selbst euch beurteilen. (20)Wenn ich mit dem Finger Gottes die Dämonen austreibe, dann hat Gottes Königsherrschaft also angefangen,[751] euch zu berühren.

(21)Wenn der Starke voll bewaffnet/ausgerüstet seinen Innenhof/seine Aula bewacht, ist, was ihm gehört, in Sicherheit; (22)wenn ein Stärkerer über ihn kommt und ihn besiegt, nimmt er seine Ausrüstung und Waffen, auf die er vertraut hat, weg und verteilt seine Waffen als Beute.

(23)Wer nicht mit mir ist, ist gegen mich, und wer nicht zusammenbringt mit mir, zerstreut.

(24)Wenn der unreine Geist herausgekommen ist, weg von dem Menschen, durchwandert er ausgetrocknete Orte, weil er Ruhe sucht und nicht findet; er sagt: »Ich will in mein Haus zurückkehren, aus dem ich herausgekommen bin.« (25)Und bei seinem Kommen findet er es sauber gewischt und aufgeräumt. (26)Da geht er los und nimmt sieben andere Geister mit – böser als er selbst – und kommt wieder hinein und wohnt dort. Das Ende jenes Menschen ist schlimmer als der Anfang.

Während der Gesamtzusammenhang durch das Oberthema ›Kampf gegen die gefährliche Besatzung durch die Macht Satans‹ verbunden ist, lassen sich innerhalb dieses Gesamtkomplexes doch vier verschiedene Abschnitte unterscheiden:[752] Die Vv. 14–20 bilden eine in sich abgeschlossene Einheit, in der Tun Jesu, Reaktion der Anwesenden und Entgegnung Jesu auf die erste mit Worten konkretisierte Reaktion in klarer Abfolge stehen: Jesus heilt, die Menschen staunen und fragen nach der ›Macht‹, in deren Namen und mit deren Hilfe Jesus seine Taten vollbringt. Jesus führt zunächst ihren Verdacht ad absurdum, indem er zeigt, dass, selbst wenn er mit Beelzebul verbündet wäre, sie dadurch keinen Schaden erlitten, würde dies doch die ›innere‹ Zerrissenheit des Bösen bedeuten und damit den Untergang dieser Herrschaft einleiten. Davon kann jedoch keine Rede sein, Satan ist stark, wie V. 21 festhalten wird.[753] Folglich muss zu seiner Bekämpfung das Machtvollste aufgeboten werden, was denkbar ist:

Wenn ich mit dem Finger Gottes die Dämonen austreibe, dann hat Gottes Königsherrschaft also angefangen, euch zu berühren. (Lk 11,20)[754]

---

[749] Das Personalpronomen ἐγώ verstärkt die 1. Pers. Sg. des Prädikats; es kann einen Gegensatz zum Subjekt des folgenden Satzes beinhalten, muss dies aber nicht.

[750] Mit W. ECKEY 2004, 530. υἱοί meint nicht (zwangsläufig) leibliche Nachkommen; es drückt jedoch die Zugehörigkeit der Gemeinten zu den Angesprochenen aus; auch die Einheitsübersetzung überträgt ›freier‹ mit *Anhänger*, Luther1912 mit *Kinder*.

[751] ἔφθασεν ist als ingressiver Aorist zu verstehen; vgl. BDR § 331.

[752] W. ECKEY 2004, 526 unterscheidet nur zwei Abschnitte: Ausgangssituation (Vv. 14–16) und »Auseinandersetzung Jesu mit dem Verdacht, er handele im Namen des Oberdämons Beelzebul« (Vv. 17–26).

[753] Dieser Interpretation liegt die Vorstellung zugrunde, dass für Lukas Beelzebul und Satan identisch sind, es sich also gerade nicht um zwei verschiedene ›Herrscher‹ handelt, die miteinander konkurrieren bzw. sich gegenseitig die Herrschaft streitig machen könnten.

[754] W. ECKEY 2004, 528f. sieht hier die Möglichkeit einer Rückführung auf authentische Jesus-Worte gegeben: »Im Spruchgut der Auseinandersetzung mit der Beelzebul-Vorhaltung ist älteste Jesus-Tradition aufbewahrt. Zweifellos geht besonders auch das Wort von dem in seinen Exorzismen wirksamen ›Finger Gottes‹ (11,20) in der Lukas-Fassung auf Jesus selbst zurück. In ihm kommt eine [sic!] Überzeugung von der mit ihm effektiv gegenwärtigen Gottesherrschaft auf charakteristische Weise zum Ausdruck.« Ähnlich auch G. THEIßEN/A. MERZ 1997, 236ff. Allerdings ist nicht offen gelegt, worauf die Überzeugung, es handele sich um Worte des historischen Jesus, gründet: ECKEYs Überlegung zur ›charakteristischen Weise‹, in der hier Grundüberzeugungen zu Wort kämen, muss sich die Frage gefallen lassen, wessen Grundüberzeugungen gemeint sind.

Der *Finger Gottes* (diff. Mt 12,28: ἐν πεύματι θεοῦ) führt direkt ins Zentrum der Befreiungsgeschichte Israels: Ebenso wie gegen die Macht Ägyptens (Ex 8,15) ist er auch
hier am Werk – und vielleicht nach dem Schreiben der Tora (Ex 31,18; Dtn 9,10) noch
machtvoller.[755] Gott selbst, der sich im Exodus kompromisslos auf die Seite Israels
gestellt hat, ist in Jesu Tun präsent. Damit geht es um nicht mehr und nicht weniger
als um die Frage, wessen Königsherrschaft in der Welt herrschen soll, die Satans (V.
17) oder die JHWHs (V. 20).[756] Die Entscheidung dieser Frage wird – so der zweite
Abschnitt (V. 21f.) – in der Auseinandersetzung zwischen ›Starken‹[757] gefällt, in der
zwar ›der Stärkere‹ siegt (V. 22),[758] es aber der Unterstützung aller bedarf. Angesichts
dieser Schärfe der Entscheidung gibt es keine Möglichkeit der unbeteiligten Beobachtung, in diesem Kampf müssen sich alle positionieren (dritter Abschnitt: V. 23).[759]
Hier gilt ›entweder-oder‹; ›sowohl-als-auch‹, ein ›dritter Weg‹ (oder womöglich ein
vierter, fünfter...) sind ausgeschlossen. Unsicherheit und Spaltung[760] bieten dem
lukanischen Jesus zufolge das beste Einfallstor für eine Rückkehr der unterdrückerischen, klein machenden Macht Satans, wie der vierte Abschnitt der vorliegenden
Passage zeigt, der die Folgen der in V. 23 angesprochenen ›Zerstreuung‹ ausmalt
(Vv. 24–26).[761] Entgegen aller Siegessprache unterbleibt doch jede Form von
Triumphalismus.[762]

Dabei ist zugleich deutlich gemacht, dass für das lukanische Werk der Bereich des
Bösen zwar in sich differenziert ist, die Beziehungen untereinander aber vielfältig
sind und der Fokus der Erzählung vielmehr darauf liegt, dass diese Elemente des
Bösen den Menschen als nicht zu unterscheidende Bedrohung begegnen, der sie

---

[755] Die LXX bringt den Ausdruck δάκτυλος θεοῦ nur an diesen drei Stellen; im gesamten Neuen
Testament steht δάκτυλος nur hier. Nach W. ECKEY 2004, 530 symbolisiert der Ausdruck »Gottes
konkretes und wirksames Eingreifen«. Vgl. auch M. HENGEL 1997.

[756] E.W. STEGEMANN/W. STEGEMANN 1997, 182 verstehen Lk 11,20 als eschatologische Kommentierung,
die den Zusammenhang zwischen Tat und Botschaft Jesu herstelle. Jesus sei ausweislich dieser und
ähnlicher Textstellen nicht nur Bote oder Prediger, sondern auch »Vollstrecker der
nahegekommenen Königsherrschaft Gottes.«

[757] Diese Bezeichnung Satans (V. 21) ist als weiteres Indiz dafür festzuhalten, dass nach lukanischem
Verständnis die Macht Satans nicht zu unterschätzen ist, dass vielmehr gerade der lukanische Jesus
um die reale Gefahr weiß. »Prägnant übernimmt er [Lukas; K.S.] bestimmte Fachausdrücke aus der
›Militärsprache‹ und paßt damit die ausgesprochene Erfahrung, ein Starker unterliege dem
Stärkeren, den von ihm assoziierten wahren Machtverhältnissen zwischen Jesus, der mit dem
Finger Gottes Dämonen austreibt, und Satan an.« (U. BUSSE 1977, 282).

[758] Im Hintergrund dieses Bildwortes scheint Jes 49,24f. zu stehen, »wo dem Gottesvolk in Aussicht
gestellt wird, daß sein Gott selbst sich der in die Hand eines gewaltigen Machthabers geratenen
Israeliten annimmt und sie dem Starken entreißt. Jesus selbst wird unter dem ›Stärkeren‹ Gott
verstanden haben. Er richtet mit Jesu Wirken seine Heilsherrschaft auf, besiegt und entwaffnet den
schon gestürzten Satan (10,18).« (W. ECKEY 2004, 531). Auch M.M. TURNER 1996, 255ff sieht hier Jes
49,24f. eingespielt.

[759] Die Tatsache, dass ein Vers für sich allein als eigener Abschnitt anzusehen ist, unterstreicht, wie
zentral die hierin getätigte Aussage ist.

[760] Ausgedrückt durch die ›Zerstreuung‹ (σκορπίζω, V. 23).

[761] Dieser Gedanke wird im lukanischen Werk mehrfach wieder aufgenommen: Jesus selbst greift in
der Erläuterung des Senfkorngleichnisses (Lk 8,11–15) darauf zurück, wenn er in V. 12 von denen
spricht, die das Wort hören und es freudig annehmen, denen es der ›Durcheinanderbringer‹
(διάβολος) aber wieder entreißen kann. Ähnlich nimmt Jesus diesen Gedanken in 22,31 auf, wenn er
die Ansprüche Satans auf die Nachfolgerinnen und Nachfolger thematisiert. Auch nach Jesu
Kreuzigung und Auferweckung bleibt die Macht Satans (gerade?) in der Gemeinschaft seiner
Anhängerinnen und Anhänger präsent, wie das Beispiel von Hananias und Sapphira zeigt (vgl.
Apg 5,3).

[762] Insofern trifft S. VOLLENWEIDERs Aussage, die Beelzbul-Passage verdeutliche »den in Lk 10,18f.
anvisierten Zusammenhang« (ders. 1988, 199) letztlich nicht in Gänze zu. Die Realisierung dessen,
was der ›Visionär‹ Jesus gesehen hatte, steht noch aus.

hilflos ausgeliefert sind, die sie an elementaren Lebensäußerungen hindert und funktionalisiert, sie als ›Wohn- und Lebensraum‹ missbraucht.[763]

> »Besessenheit ist … Sprachlosigkeit und Entfremdung, Entfremdung von den Mitmenschen und Entfremdung von sich selbst, ist Außerkraftsetzung der eigenen Person, die sich nicht mehr selbst artikulieren kann. Sie wird vielmehr stumm, weil sie von fremder Macht beherrscht ist. … Daß daher Besessenheit vor allem – nicht ausschließlich – in den unteren Schichten auftauchte, ist verständlich: Sie waren dem ökonomischen und politischen Druck am stärksten ausgesetzt. So werden soziales Elend und Unrecht, Unterdrückung und Ausbeutung als Besessenheit erfahren, die stumm und sprachlos macht.«[764]

Die kurze Passage nennt vier verschiedene ›Manifestationen‹ des Bösen: die Gruppe der Dämonen bzw. konkret: einen von ihnen, der dem von ihm Besetzten die Sprache geraubt hat (V. 14), Beelzebul als ihren Anführer (V. 15),[765] der von Jesus mit Satan selbst gleichgesetzt wird (V. 18), und schließlich die Geister (V. 24–26). Die letztgenannten Verse verdeutlichen, dass im lukanischen Werk die verschiedenen ›Attribute‹ dieser Geister nicht unbedingt inhaltlich Verschiedenes zum Ausdruck bringen: Der zunächst allein handelnde Geist ist näher benannt als ein ›unreiner‹ (ἀκάθαρτος, V. 24), zugleich aber offensichtlich als ›böse‹ qualifiziert, wenn V. 26 hervorheben kann, dass die sieben von ihm noch Dazugeholten, mit denen er nun in einer Art ›Wohngemeinschaft‹ die Besatzung noch verschärft, ihn an Schlechtigkeit noch übertreffen (πονηρότερα ἑαυτοῦ).[766] Das Bildwort Vv. 21f. zeigt dabei die ›Funktion‹ der Dämonen: Sie sind als Untergebene zugleich Ausrüstung Satans, ihm eindeutig untergeordnet und doch untrennbar mit ihm verbunden.[767]

Ein letzter Hinweis, der dazu angetan sein mag, angesichts des erzählten Sieges Jesu nicht in Euphorie zu verfallen: Lk 11,14–16 ist der letzte als von Jesus selbst vollzogen erzählte Exorzismus des gesamten lukanischen Werkes – wenngleich festzuhalten ist, dass die Apostelgeschichte mit den Taten der Nachfolger Jesu weitere solche ›Sieggeschichten‹ zu erzählen weiß (etwa Apg 16,18; 19,11f.).[768]

4.7   Und dennoch ist das Böse da – Resümee und Schlussfolgerungen

Festzuhalten ist zweierlei: Einerseits ist die durch Jesus zum Ausdruck kommende Macht JHWHs[769] stärker als alle Dämonen; in der direkten Konfrontation ist weder Satan selbst, der doch ausweislich Lk 4,6 als Herrscher über die Weltreiche verstanden ist, Jesus gewachsen, wie die Versuchungsgeschichte zeigt, geschweige denn seine Untergebenen, die Dämonen und Geisterwesen – ihnen bleibt nichts als die Flucht, oft unter Geschrei. In der erzählten Zeit des lukanischen Werkes, das gilt für Lukasevangelium wie Apostelgeschichte, ist Satans Macht besiegt, die Königsherr-

---

[763] Das zeigt die Rede vom ehemals Kranken als Haus des unreinen Geistes (V. 24–26), in das zurückzukehren möglich ist, das infolge der Heilung im wahrsten Sinne des Wortes ›aufgeräumt‹ ist (V. 25).

[764] K. Wengst 1986, 85.

[765] Zu dieser Figur des Bösen, v.a. zur Frage des Namens vgl. B.L. Stein 1997.

[766] Möglicherweise steht hier TestRub 2,3–8 im Hintergrund, wo als eine Art Gegenbild die Aufzählung von sieben ›guten Geistern‹, »durch die alles Menschenwerk geschehen soll« (W. Eckey 2004, 532), erfolgt.

[767] Vgl. U. Busse 1977, 302.

[768] Lk 8,26–39 zeigt eindrücklich, wie in dieser Art von Befreiungserzählungen reale und mystische Unterdrückung miteinander verbunden sind (s.o. S. 244ff).

[769] W. Kahl 1994 betont, wie sehr in den Wundergeschichten des Lukasevangeliums deutlich werde, dass letztlich JHWH die entscheidende handelnde und mächtige Instanz sei: »Even though Jesus *acts* as independent BNP [bearer of numinous power; K.S.] in the miracle stories themselves, Luke's *interpretation* of this activity determines *God* as the originator of the miraculous deeds«. (ebd., 82; Hervorhebung i. Text).

schaft Gottes ist angebrochen. Die Machterweise Jesu, zu denen in seiner Nachfolge auch seine Anhängerinnen und Anhänger fähig sind, haben einmal mehr die Macht der Gottheit Israels erwiesen, gegen die kein Herrscher ankommt: JHWH ist wieder mächtig inmitten des Machtbereichs ihres Gegners. Für diese Beurteilung kann Lukas zu großen Teilen aus ihm vorgegebenen Traditionen, wie sie z.B. im Jubiläenbuch ausgedrückt sind, schöpfen: Bei aller im Jubiläenbuch vordergründigen Macht Mastemas ist die Subordination des Satans unter die Macht der Gottheit Israels in dieser Form prägnant und präzise ausgedrückt: Die *Mächte Mastemas* sind keine anderen als die *Mächte des Herrn*.[770]

Andererseits ist mit Jesu Leben und Tun – wie auch dem Tun seiner Nachfolgerinnen und Nachfolger – aber keineswegs schon alles erreicht; die völlige Abwesenheit des Bösen, wie sie etwa im Jubiläenbuch für die Heilszeit erhofft ist,[771] bleibt in der lukanischen Darstellung ebenso Hoffnung, auf sie wird hingearbeitet, einfach ›da‹ ist sie noch nicht.[772] Darauf weisen die wiederholten Mahnungen und Warnungen des lukanischen Jesus eindrücklich hin. Die Frage, wie die Erfahrung der Gewalt des Bösen[773] – kurz: die Realität – mit der Verheißung Jesu und der in Lk 4,18f. erfolgten Proklamation des Erlassjahres JHWHs und der damit verbundenen Befreiung aller Unterdrückten in Einklang zu bringen sein könnte, wird im lukanischen Werk als Frage präsent gehalten. Zwar zeigt die Gemeinschaft in Jerusalem beispielhaft, wie ein Zusammenleben nach den Vorstellungen des Lukas aussehen kann, in dem aller Kräfte gegen den Einfluss Satans und seiner dienstbaren Geister gebündelt sind – doch selbst hier hat er wieder Einzug gehalten; die Erzählung von Hananias und Sapphira (Apg 5,1–11) stört das ›Jerusalemer Idyll‹ massiv.

Exkurs: *Unterschlagung gefährdet die Befreiung (Apg 5,1–11/Jos 7)*
Exoduserzählung der Schrift wie lukanische Exoduslektüre beinhalten mit Jos 7 und Apg 5 Erzählungen, die von der Unterschlagung von Gütern handeln, die jemand anderem ›gehören‹. Auf die eindeutigste Verbindung, den Stichwortbezug durch das in LXX wie Neuem Testament extrem selten verwendete νοσφίζομαι ist zu Beginn dieses letzten Hauptteils bereits hingewiesen worden.[774] Durch diese Stichwortverbindung auf die Spur einer intertextuellen Beziehung zwischen beiden Texten gebracht, zeigen sich bei einer vergleichenden Lektüre eine ganze Reihe von weiteren Parallelen, von denen einige bereits anhand der folgenden Übersicht deutlich werden.

---

[770] So auch M. MÜLLER 1996, 246, Anm. 20. Unter Umständen ist auch Jub 48,14 so zu verstehen: Dann wären es die Dämonen Mastemas, die die ägyptischen Soldaten besiegen; vgl. K. BERGER 1981, 542, Anm. zu Kap. 48. Die grundsätzliche Abhängigkeit Mastemas vom Einverständnis Gottes wird schon in Jub 10,8f. deutlich: Er muss darum bitten, dass Gott ihm doch einige Geister zu seinem Dienst auf der Erde übrig lasse; ähnlich wird diese ungleiche Beziehung in TestBenj 3,3 beschrieben.

[771] S. o. S. 151f. Ganz ähnlich auch AssMos 10,1: Am Ende der Zeiten, wenn Gott allein alle Macht gehört, *wird der Teufel nicht mehr sein, und die Traurigkeit wird mit ihm hinweggenommen werden.*

[772] Damit ist auch S.R. GARRETT 1990, 669 zu widersprechen: Auch Jesu Tod und Auferweckung sind noch nicht sein »definitive victory over Satan«.

[773] Sei es in der Form der realen Präsenz der römischen Militärmacht, sei es in Form subtilerer, weniger konkreter Formen von Unterdrückung und dem Verlust der eigenen Person.

[774] Das Verbum kommt im NT nur dreimal (davon zweimal in Apg 5), in der LXX nur zweimal vor: Jos 7,1; 2 Makk 4,32; Apg 5,2.3; Tit 2,10; diese seltene Verwendung lässt den Schluss zu, dass die Erzählung von Achans Unterschlagung im Hintergrund der Gestaltung der lukanischen Szene gestanden haben könnte; zu νοσφίζομαι und seiner Verwendung bei anderen antiken Autoren s. I. RICHTER REIMER 1992, 34–40; zur Interpretation der Erzählung Apg 5,1–11 als Erzählung von mangelnder Solidarität Einzelner, die die ganze Gemeinschaft gefährden s. K. SCHIFFNER 2003b.

Jos 7,1.19.20*.24–26	Apg 5,1–11
(1)Aber die Israelitinnen und Israeliten veruntreuten etwas von dem, was der Vernichtung geweiht war: Achan-ben-Karmi-ben-Sabdi-ben-Serach, der zum Stamm Juda gehörte, nahm etwas weg von dem, was der Vernichtung geweiht war. Da schnaubte JHWH vor Zorn über die Israelitinnen und Israeliten.	*(1)Aber ein Mann mit Namen Hananias verkaufte mit seiner Frau Sapphira zusammen Grundbesitz; (2)und er unterschlug mit dem Wissen der Frau etwas von dem Verkaufserlös und trug den restlichen Anteil des Verkaufserlöses heran und legte ihn zu den Füßen der Apostelinnen und Apostel.*
(19)Josua sagte zu Achan: »Mein Sohn, leg doch Gewicht auf JHWH, die Gottheit Israels, gib ihr die Ehre und erzähl mir: Was hast du getan? Leugne es mir gegenüber nicht!«	*(3)Petrus aber sprach: »Hananias, warum hat der Satan dein Herz erfüllt, sodass du den Heiligen Geist belogen hast, indem[775] du vom Verkaufserlös des Landstücks etwas unterschlagen hast? (4)Hätte es nicht dein bleiben können und wäre es nicht, nachdem es verkauft war, trotzdem in deiner Vollmacht geblieben? Was ist geschehen, dass du in deinem Herzen diese schlechte Sache festgelegt hast? Du hast nicht gegenüber Menschen, sondern gegenüber GOTT gelogen.«*
(20)Achan antwortete Josua: »Ja, es stimmt wirklich: Ich allein habe JHWH, die Gottheit Israels verfehlt … (24)Josua nahm Achan-ben-Serach, das Silber, den Mantel und die goldene Zunge, sowie seine Söhne und Töchter, sein Rind, seinen Esel und sein Kleinvieh, auch sein Zelt und alles, was ihm gehörte – ganz Israel war mit ihm und sie führten sie gemeinsam hinauf ins Tal Achor, das heißt ›Unglückstal‹. (25)Josua sagte: »Was hast du uns ins Unglück gestürzt? Heute stürzt JHWH dich ins Unglück.« Ihn steinigten alle Menschen Israels, und die einen verbrannten sie, die anderen steinigten sie.	*(5)Als Hananias diese Worte hörte, gab er fallend den Geist auf, und große Furcht entstand bei allen Zuhörerinnen und Zuhörern. (6)Die Jüngeren aber standen auf, verhüllten ihn und trugen ihn hinaus und begruben ihn. (7)Nach einem Zeitraum von ungefähr drei Stunden aber kam seine Frau – von dem Geschehen nichts wissend – herein. (8)Petrus antwortete ihr: »Sag mir, ob ihr zu diesem Betrag das Landstück weggegeben habt?« Sie aber sprach: »Ja, gewiss, zu diesem Betrag.« (9)Petrus aber zu ihr: »Was ist geschehen, dass ihr übereingestimmt habt, den Geist des Herrn zu versuchen? Siehe, die Füße derjenigen, die deinen Mann begraben haben, sind vor der Tür und sie werden dich hinaustragen.« (10)Sie aber fiel augenblicklich zu seinen Füßen hin und gab den Geist auf. Als aber die Jüngsten hineinkamen, fanden sie sie tot, trugen sie hinaus und begruben sie bei ihrem Mann.*
(26)Einen großen Steinhaufen richteten sie über ihm auf – der ist noch zu sehen bis heute. Da kehrte JHWH um von seinem Zornesschnauben. Deshalb lautet der Name jenes Ortes Achortal, Unglückstal – bis heute.	*(11)Und es entstand große Furcht bei der ganzen Gemeindeversammlung, ja sogar bei allen Menschen, die diese Dinge hörten.*

Beide Erzählungen beginnen damit, dass die Erzählstimme den Tatbestand der Unterschlagung konstatiert – und in beiden Fällen zeichnen ebenso mehrere Menschen dafür verantwortlich, wie letztlich die ganze Gemeinschaft, der sie angehören, von ihrem Tun betroffen ist. Die Information verläuft dabei umgekehrt: Jos 7,1 nennt zunächst kollektiv das Volk als Subjekt der Veruntreuung und damit Objekt des Zornes JHWHs, der sich in der vernichtenden Niederlage in Ai äußert (7,2–5), um dann im Fortgang der Erzählung Schritt für Schritt mit Hilfe eines genau beschriebenen Ver-

---

[775] Das καί ist epexegetisch zu verstehen; mit I. RICHTER REIMER 1992, 39. So auch schon L.T. Johnson 1977, 207.

fahrens den konkreten Verursacher zu ermitteln. Die Folgen des Tuns Achans treffen nicht nur ihn, sondern seine ganze Familie. Apg 5,1 nennt hingegen zwei Verantwortliche: Hananias und Sapphira; wenn Hananias auch Subjekt des Satzes ist, wird doch die Mittäterschaft Sapphiras durch die Präposition σύν und noch ausdrücklicher durch das Partizip in V. 2 hervorgehoben.[776] Erst in der Konfrontation mit Petrus wird deutlich, dass auch hier die Gemeinschaft als Ganze angegriffen ist.

Während Jos 7 explizit vorführt, wie Josua dank JHWHs Hilfe und vor allem durch seine Instruktionen Achan als den Veruntreuer identifiziert, bleibt in Apg 5 offen, woher Petrus weiß, dass es sich bei der überbrachten Summe nicht um den Gesamterlös aus dem Grundstücksverkauf handelt. Die Szene erzählt nichts von einem Zwiegespräch des Petrus mit Gott oder vergleichbaren Möglichkeiten der Offenbarung des Tatbestands. Im Faktum der Unterschlagung stimmen aber beide Erzählungen ebenso überein wie darin, dass jeweils der Primärtäter[777] vom Anführer der Gemeinschaft zur Rede gestellt wird. In dieser Konfrontation wird das Vergehen benannt und nach dem Grund dafür gefragt, bzw. dieser im Fall des Hananias durch den Verweis auf Satan schon angedeutet. Ebenso wird in beiden Erzählungen das falsche Verhalten Achans wie Hananias' als letztlich gegen Israels Gott gerichteter Verstoß bzw. Angriff benannt. Jos 7 zeigt das eindrücklich in den rahmenden Versen des Kapitels, wenn in V. 1 JHWHs Zornesschnauben angesichts der Unterschlagung als unmittelbare Folge dieses Tuns angeführt wird und entsprechend V. 26 von JHWHs Umkehr berichtet, davon, wie sie sich von ihrem Zorn über Israel dadurch abwenden kann und Unheil für ganz Israel nur dadurch vermieden werden kann, dass Achan mit seiner Familie ›aus Israels Mitte entfernt wird‹ (V. 12).

Im Unterschied zu Achan, der sein Vergehen bekennt (Jos 7,19), erfolgt eine solche Anerkennung der eigenen Schuld in der Apostelgeschichte weder von Hananias noch von Sapphira. Von Hananias ist überhaupt keine verbale Reaktion überliefert. Auf Petrus' anklagende Anfrage hin, die ihm das Ausmaß seines Tuns vor Augen führt, gibt *er fallend den Geist auf* (Apg 5,5). Die Frage, warum Hananias nicht antwortet, ist vielfach gestellt worden. Die Fährte, auf die die Stichwortverbindung νοσφίζομαι eine Lektüre von Apg 5 bringt, kann dafür eine Erklärung bieten. Wird Jos 7 im Hintergrund des Ganzen gedacht, dann steht das Ende des Veruntreuers allen – auf der Erzählebene Anwesenden ebenso wie Rezipientinnen und Rezipienten des lukanischen Werkes – deutlich vor Augen: Wer mehr zu haben für sich beansprucht und sich an dem vergeht, was nicht nur nicht ihm selbst gehört, sondern für die Gemeinschaft bzw. für JHWH bestimmt ist, hat in der Gemeinschaft keine Überlebensperspektive mehr. Achan wurde gesteinigt. Hananias, so lässt sich die Darstellung auf der Folie von Jos 7 lesen, stirbt keines gewaltsamen Todes, weil er um die Gewalttätigkeit seines Tuns und die unausweichlichen Folgen weiß.

In Sapphiras Fall gestaltet sich die Szene etwas anders. Als sie, die offensichtlich vom Tod ihres Mannes nichts weiß und sich eventuell nach dessen Verbleib erkundigt,[778] den Raum betritt, sagt Petrus ihr nicht wie zuvor ihrem Mann ihr Vergehen

---

[776] Das deutet darauf hin, dass Sapphira den Kaufvertrag mit unterzeichnet hatte; insofern ist davon auszugehen, dass das Grundstück entweder von ihr mit in die Ehe eingebracht worden war und nach wie vor ihr gehörte oder aber zur Haftung für ihre Kethuba diente (vgl. E. KOFFMAHN 1968, 104ff; I. RICHTER REIMER 1992, 30ff). Mit ihrer Zustimmung zum Verkauf verzichtet sie auf die Sicherheit, die die Kethuba für sie darstellt.

[777] Jos 7 lässt offen, ob und inwiefern Achans Familie an der Tat beteiligt war; die Folgen müssen sie mittragen, wie die explizite Erwähnung seiner Töchter und Söhne (V. 24) zeigt.

[778] Darauf deutet hin, dass V.8 die Rede des Petrus mit ἀποκρίνομαι einleitet, obwohl der vorangehende Vers 7 keine Frage Sapphiras beinhaltet.

auf den Kopf zu, sondern stellt ihr eine offene Frage. Damit überlässt er ihr die Entscheidung darüber, wie sie ihr Leben leben will, auf welcher Grundlage sie ihre zukünftige Geschichte aufbauen will. Lukas zeigt durch die bis in Einzelheiten parallele Gestaltung des Sapphiraabschnitts (Vv. 7–10) zum Abschnitt über Hananias, dass er Sapphira als eigenständig handelnd, die gemeinsam begangene Unterschlagung mit verantwortend, verstanden wissen will. Sapphira entscheidet sich – für die Loyalität gegenüber ihrem Ehemann und damit gegenüber dem patriarchalen System. So wird sie zu einer doppelten Verliererin: Hatte sie mit der Zustimmung zum Verkauf des Grundstücks schon die Sicherheit ihrer Kethuba verloren, verliert sie mit ihrer jetzt erfolgten Positionierung auch noch die Chance auf eine alternative Lebensform,[779] die sie nicht mehr von einem Mann abhängig sein ließe – so verspricht es z.B. 4,34, wenn dort festgehalten wird: *und niemand war arm.* Sapphira ist mit verantwortlich – auch Mit-Tun ist Tun, auch Dabei-Sein ist Agieren in dem Sinne, dass es ein alternatives Handeln verhindert[780] – und erlebt bzw. erliegt den selben Folgen ihres Tuns wie Hananias.

Im Anschluss an den Tod der Verantwortlichen ist in beiden Erzählungen nur sehr knapp von ihrer Bestattung die Rede, die jeweils von einer Gruppe durchgeführt wird (Jos 7,26/Apg 5,6.10).[781] Exoduserzählung wie lukanische Exoduslektüre halten am Schluss fest, wie sehr das Beispiel der Toten die Menschen der Gemeinschaft berührt: Während Jos 7,26 darauf hinweist, dass die Erinnerung an Achans Tat und Schicksal doppelt festgehalten ist durch den Steinhügel wie durch den Namens des Tals (Achor, d.h. Unglück), konstatiert Apg 5,11: *Und es entstand große Furcht bei der ganzen Gemeindeversammlung, ja sogar bei allen Menschen, die diese Dinge hörten.*

Schließlich wird in der Schrift und bei Lukas in ähnlicher Weise diese Erzählung als Einzelfall in einen Kontext gestellt, der vom Gelingen dessen erzählt, was die Gemeinschaft tut, und das Mitsein JHWHs in den Mittelpunkt stellt. Jos 7 bildet die Mitte zwischen der Einnahme Jerichos, die sich, wie der Text betont, nicht der Truppenstärke oder Angriffslust Israels verdankt, sondern dem Vertrauen auf JHWHs Zusagen, und der Eroberung Ais, die nun, nachdem JHWH darauf verzichten kann, zu ihrem Zorn zu stehen, erfolgreich (zu erfolgreich?) ist. In ähnlicher Weise thematisiert Lukas die Einigkeit und den Erfolg der Gemeinschaft in Jerusalem: Apg 4,32–35 hatten von der ungeteilten Solidarität der Mitglieder untereinander gehandelt, und auch die folgenden Verse Apg 5,12–16 betonen den Erfolg der Nachfolgerinnen und Nachfolger Jesu – diesmal mit Blick auf die segensreichen Auswirkungen, die ihr Tun für diejenigen Menschen hat, die sich der Gemeinschaft nicht anschließen, die Apostel aber dennoch groß machen (μεγαλύνω, V. 12).[782]

---

[779] Mit K. BUTTING 1999, 221; I. RICHTER REIMER 1998, 548.

[780] Darauf immer wieder hingewiesen zu haben, gehört zu den Verdiensten C. THÜRMER-ROHRs. Das Sich-Anpassen an das, was die Umwelt von einer erwartet, macht in einer Situation, in der anderes Handeln möglich wäre, gerade die Mittäterschaft im Sinne der Stabilisierung des Status quo aus; vgl. exemplarisch dies. 1992, 50f.

[781] Jos 7,26 zeigt, dass weniger die Individualbestattung von Interesse ist als die mahnend-warnende Funktion der Begebenheit: *Einen großen Steinhaufen richteten sie über ihm auf – der ist noch zu sehen bis heute.* Die in Apg 5,6.10 erfolgenden knappen Notizen über die Bestattung des Hananias wie Sapphiras zeigen, dass die Gemeinschaft zwar ihrer Pflicht zur Bestattung nachkommt, aber dennoch ihre Distanz zu den Toten deutlich macht. R. PESCH 1986, 200, Anm. 32 weist darauf hin, dass ein Begräbnis ohne Totengeleit und -klage nach zeitgenössischem jüdischen Denken als Strafe galt.

[782] Mit μεγαλύνω verwendet Lukas hier ein Wort, dessen Objekt sonst in seinem Werk mit einer weiteren Ausnahme durchgängig Gott selbst ist (entweder direkt: Lk 1,46; Apg 10,46, oder implizit in Lk 1,58, da macht JHWH selbst sein ἔλεος groß); neben den Aposteln hier nur noch Jesus (Apg 19,17).

IV. Exodus in doppelter Perspektive – die Stephanusrede (Apg 7,2–53) als Sonderfall lukanischer Exoduslektüre

Die Stephanusrede nimmt innerhalb des lukanischen Doppelwerkes insofern eine Sonderstellung ein, als in ihr die lukanische Perspektive auf die Exoduserzählung der Schrift[1] und die messianische Exoduslektüre, wie sie im voranstehenden dritten Hauptteil der Untersuchung nachgezeichnet wurde, unmittelbar nebeneinander zu stehen kommen und sich damit zugleich als untrennbar miteinander verwoben erweisen.

1. Eine Schaltstelle der Erzählung – Überlegungen zur Bedeutung der Stephanusrede in der Makrostruktur der Apostelgeschichte

Die lange Rede des Stephanus (7,2–53), innerhalb des gesamten lukanischen Doppelwerks die ausführlichste Form eines »Summarium[s] der Geschichte Israels«[2], steht an einer Schaltstelle[3] innerhalb der Apostelgeschichte.

> »Die Stephanusrede steht im lukanischen Gesamtwerk unmittelbar vor dem Bericht über die Ausbreitung des Evangeliums über die Grenzen des jüdischen Palästinas hinaus nach Samarien (8,1ff) und – damit eng verknüpft – in die Diaspora hinein (11,19). Im argumentativen Duktus des Gesamtwerkes induziert diese Rede, daß die jüdische Jesusbewegung, die sich gegenüber dem Opferkult verpflichtet weiß und den Tempel ehrt, auch dann als Bewegung überleben kann, wenn sie sich in der ›tempellosen‹ Diaspora verbreitet. Doch auch mit dem Verlassen der Grenzen Judäas verläßt sie nicht den Rahmen des Judentums, sondern öffnet sich Traditionen des Diasporajudentums, welches schon lange faktisch getrennt vom Jerusalemer Tempel lebt.«[4]

---

[1] Zu diesem Verständnis der Stephanusrede s.o. S. 18; 210ff.

[2] Zu diesem Begriff und seiner Verwendung als Sammelbezeichnung für verschiedene Gattungen s. J. JESKA 2001, 22f. Eine ähnliche ›Übergangsfunktion‹ stellt Apg 13,16–41, die Rede des Paulus vor israelitischen Menschen wie auch Gottesfürchtigen im pisidischen Antiochia; dazu neben der ausführlichen Analyse bei J. JESKA 2001, 221–253 sowie J. PICHLER 1997 auch D.-A. KOCH 2004, 94ff; D.P. MOESSNER 2004, 217f.

[3] So auch TH. RÖMER/J.-D. MACCHI 1995, 182 zur Stephanusrede: »This text occupies a key position in the understanding of Acts and can be regarded as a pivot. This important speech is inserted at a crucial moment in the history of the Church and is reminiscent of the deuteronomistic technique of marking turning points in Israel's history by great speeches.« M. WOLTER 2004 liest das lukanische Doppelwerk als Epochengeschichte, wobei er die »Trennung von Christentum und Judentum« (263) als Kerninhalt dieser Epoche versteht. Dieser Kerninhalt werde nicht als im ersten im zweiten Buch des Doppelwerks entfaltet, wobei dieses dadurch strukturiert sei, dass Lukas immer wieder auch von »regelrechten räumlichen Trennungen« (ebd.) berichte. Die erste dieser räumlichen Trennungen liege in Apg 8,1 vor: »Erzählerisch ausgeführt werden diese Trennungsepisoden an jeder wichtigen Station der Ausbreitungsgeschichte der Christusbotschaft: Die Reihe beginnt nach Apg 8,1 mit der Trennung von Jerusalem, d.h. mit der Verfolgung der Urgemeinde und der Zerstreuung ›aller‹ (mit Ausnahme der Apostel) nach Judäa und Samaria.« (ebd.). Die Beurteilung dieser Erzählung als Trennungsgeschichte hängt nun in der Tat von der Grundsatzentscheidung ab, wie ich als Auslegerin die Position des lukanischen Werkes zur Frage der Beziehung von christusgläubigen Jüdinnen und Juden zu anderen, die diesen Glauben nicht teilen, verstehe. Kann ich mich der Grundüberzeugung, Lukas reflektiere eine längst vollzogene Trennung, nicht anschließen, komme ich auch für die Stephanusepisode zu einem anderen Ergebnis; s. dazu unten S. 388ff.

[4] P. WICK 2002, 279. R. TANNEHILL 1990, 93–95 hebt hervor, dass für die lukanische Darstellung des Tempels die Verarbeitung der faktischen Zerstörung des Heiligtums leitend sei. S. auch N. TAYLOR 1999.

Gleichzeitig liefert die gesamte Stephanusperikope (6,1–8,3) nach 4,1–21 und 5,17–41 die dritte Schilderung eines Konflikts, in den einzelne der Schülerinnen und Schüler Jesu nach dem Pfingstereignis geraten waren. Den drei Szenen ist gemeinsam, dass das Handeln der Jesusnachfolgerinnen und -nachfolger Widerstand seitens der jüdischen Führungsschicht in Jerusalem hervorruft:[5] Die auffälligen Nachfolgerinnen und Nachfolger[6] werden festgesetzt, um anschließend vom Synhedrium verhört zu werden. Ihre Antwort besteht jeweils in einer Rede, die allerdings in beiden Fällen deutlich knapper ausfällt (vgl. 4,8–12; 5,29–32) als die Rede des Stephanus.[7] Auch unterscheidet sich die Stephanusrede in mehrfacher Hinsicht von den vorhergegangenen Reden. Auf einige dieser Unterschiede komme ich im Rahmen meiner Untersuchungen zur Exodusdarstellung der Stephanusrede noch zurück; zunächst geht es mir hier um die Funktion der Rede für die Makrostruktur mindestens der Apostelgeschichte, wenn nicht des gesamten lukanischen Werkes.

In den ersten Kapiteln der Apostelgeschichte stand das stetige ›Bleiben‹ der Nachfolgerinnen und Nachfolger Jesu in Jerusalem ebenso im Mittelpunkt des Interesses wie ihr enges Zusammenleben[8] – und zwar als absolut tora- und tempeltreu lebende Jüdinnen und Juden.[9] Damit wird gleich zu Beginn deutlich, welch großen Wert Lukas darauf legt, die Kontinuität der von ihm dargestellten Geschichte zur vorherigen Geschichte Israels seinen Leserinnen und Lesern immer wieder vor Augen zu führen. Dieser Logik folgend ist hier an keiner Stelle die Rede davon, es hätten sich neue Gemeinschaften gegründet – zwar wächst die Gemeinschaft in Jerusalem stetig –

---

[5] Dazu M. MORELAND 2003, 305ff.

[6] Im ersten Fall sind Petrus und Johannes namentlich genannt, im zweiten ist allgemeiner die Rede von den ἀπόστολοι, es ist also nicht mehr zu klären, wer und wie viele zu den Festgesetzten gehörten. Wenngleich im Evangelium der Gebrauch des Apostelbegriffs noch deutlich auf den Zwölferkreis beschränkt ist (vgl. Lk 6,13), bieten Apg 14,4.14, wo Paulus und Barnabas umstandslos als Apostel bezeichnet werden, doch ein ganz anderes Bild. Insofern ist nicht auszuschließen, dass in 5,17ff Frauen als anwesend gedacht sind, zumal hier entgegen der bisherigen ›Tradition‹ der Apostelgeschichte nicht nur Petrus redend vorgestellt ist, sondern 5,29 den folgenden Sprechakt eindeutig mehreren zuweist: ἀποκριθεὶς δὲ Πέτρος καὶ οἱ ἀπόστολοι εἶπαν· πειθαρχεῖν δεῖ θεῷ μᾶλλον ἢ ἀνθρώποις – wenngleich Petrus offensichtlich auch hier als Wortführer vorgestellt ist, worauf das Part. Aorist Nom. Sg. mask. ἀποκριθεὶς hinweist, so ist doch V. 32 in der 1. Person Plural formuliert (καὶ ἡμεῖς ἐσμεν μάρτυρες τῶν ῥημάτων τούτων) und dies durch die Verwendung des Personalpronomens ἡμεῖς noch eigens betont. Allerdings wird in der Forschung seit längerem die These vertreten, dass die Präsenz von Frauen stehe in der Apostelgeschichte doch deutlich hinter dem Lukas-Evangelium zurück; vgl. etwa T. KARLSEN SEIM 1994, 3 sowie C. VANDER STICHELE 2003: »Women may well be included in the community, but they are efficiently excluded when it comes to assuming leadership roles in that very same community. This difference in status can in fact already be noticed in Acts 1:14, where the presence of women is signaled, but men are mentioned first and identified by name. The only exception here is Mary, who is identified as the mother of Jesus, but her presence seems mostly symbolic in establishing a link with the Lukan Gospel, since she plays no role whatsoever in the rest of Acts.« (311ff, Zitat 313f.).

[7] Werkimmanent lässt sich das dadurch erklären, dass die Anfangskapitel der Apostelgeschichte Petrus im Vorfeld des ersten Konflikts Raum für zwei lange Reden bieten, in denen er quasi das Programm dieser neuen Ekklesia erläutert (2,14–36; 3,12–26).

[8] Dazu neben anderen wie etwa R.P. THOMPSON 1998, 337ff; M. MORELAND 2003 oder M. WENK 2000, 259–273 – unter Fokussierung auf die Figur des Barnabas – M. ÖHLER 2003, passim.

[9] Etwa Apg 2,46; 5,42 u.ö. »Wie für das Evangelium so ist auch für die Apostelgeschichte der Tempel und dessen Gottesdienst ein besonders wichtiger Ort für die gottesdienstliche Betätigung der Jesusanhänger. Sie nehmen aktiv an diesem Gottesdienst teil, nicht um ihn als Mittel für missionarische Tätigkeiten zu mißbrauchen, sondern weil der Kult selbst den Zweck für sie darstellt.« (P. WICK 2002, 280) In gleicher Form von der unbedingten Hochschätzung des Tempels in der lukanischen Konzeption überzeugt ist G. WASSERBERG 1998 242ff; ähnlich auch F. AVEMARIE 1999, 407. R.P. THOMPSON 1998, 332 hält fest: »[T]he Acts narrative does not describe the followers of Jesus as a group that has separated itself from Judaism. Rather, the Lukan narrator describes these believers as faithful Jews who remained in Jerusalem (1:12) and who obeyed the requirements of Jewish law«.

aber nur aufgrund der Tatsache, dass immer wieder Menschen ›hinzugefügt‹ (προστίθημι) werden (Apg 2,41.47; 5,14; 11,24).[10]

Diese auffällige sprachliche Wendung verdient einige Aufmerksamkeit: MICHAEL WOLTER weist auf Jes 14,1 als traditionsgeschichtlich interessante Stelle hin.[11] Dort heißt es innerhalb der Darstellung des Untergangs Babels über die Zukunft Israels: *JHWH wird sich Jakobs erbarmen und Israel wieder auswählen: sie werden sich auf ihrem eigenen Land ausruhen und der Fremde wird zu ihnen hinzugefügt werden* (ὁ γιώρας προστεθήσεται πρὸς αὐτούς), *hinzugefügt werden zum Haus Jakob.* Was bei Jesaja als Hoffnungstext aufgeführt ist und die Hoffnung darauf ausdrückt, dass die Fremden einmal nicht mehr Israel unterdrücken, sondern sich ihm anschließen werden, ist an früherer Stelle in der Tora immer wieder als schon geschehen konstatiert: Vorwiegend in Levitikus ist innerhalb der Weisungen der/die ›Fremde bzw. Proselyt, der/die bei euch hinzugefügt ist‹ (ὁ προσήλυτος ὁ προσκείμενος ἐν ὑμῖν) eine neben Israel (angesprochen in der 2. Pers. Pl.) immer wieder erwähnte Größe.[12] Während in der von WOLTER angeführten Stelle das hebräische גר mit dem in der Septuaginta nur an dieser Stelle vorkommenden γιώρας übersetzt wird,[13] ist die mit Abstand häufigste Übersetzung von גר die durch προσήλυτος.[14] Angesichts der ausgewiesenen Schriftkenntnis des Lukas ist durchaus denkbar, dass er diese Verbindung kannte. Nehme ich ferner ernst, dass προσήλυτος zur Zeit der Abfassung des lukanischen Doppelwerks schon Teminus Technikus für zum Judentum übergetretene Menschen war,[15] so ergibt sich immerhin die Möglichkeit, dass Lukas mit der auf Menschen bezogenen Verwendung von προστίθημι einen Hinweis geben wollte, welcher Herkunft die Menschen waren, die der Gemeinschaft *hinzugefügt wurden.*

Die Rede des Stephanus führt, wenn ich dem Plot der Apostelgeschichte folge, dazu, dass nicht nur er stirbt, sondern auch eine Großzahl anderer Gemeindemitglieder verfolgt wird (8,1.3f.), sodass schließlich dem Auftrag bzw. der Ansage des Auferstandenen aus Apg 1,8 doch noch Genüge getan wird: *Und ihr werdet*[16] *meine Zeuginnen und Zeugen sein sowohl in Jerusalem als auch in ganz Judäa und Samaria bis an den letzten Rand der Erde* (ἔσεσθέ μου μάρτυρες ἔν τε Ἰερουσαλὴμ καὶ πάσῃ τῇ Ἰουδαίᾳ καὶ Σαμαρείᾳ καὶ ἕως ἐσχάτου τῆς γῆς).[17] Allerdings geschieht dies nicht freiwillig, son-

---

[10] Mit M. WOLTER 2004, 275, Anm. 67.

[11] Ebd., a.a.O.

[12] Lev 16,29. Die gleiche Konstruktion (προσήλυτος in Singular oder Plural mit προστίθημι im Perfekt medium/passiv) findet sich in der LXX noch in Lev 17,8.10.12f.; 22,18; Num 19,10; Jos 20,9. Im Neuen Testament verwendet nur Lukas in der Apostelgeschichte προστίθημι mit Menschen als Objekt.

[13] Hierbei handelt es sich um ein Lehnwort aus dem Aramäischen (גיורא); dazu J. LUST u.a. I, 87. Ähnlich hier noch Ex 12,19, dort jedoch γειώρας; vgl. auch P. WALTERS 1973, 33f.

[14] Neben den oben (Anm. 12) schon genannten Stellen: Ex 12,48f.; 20,10; 22,20; 23,9.12; Lev 19,10.33; 20,2; 23,22; 25,32; Dtn 1,16; 10,19; 27,19; 2 Chr 2,16; Ps 93,6 LXX; 145,9 LXX; Jer 7,6; 22,3; Ez 14,7; 22,29; 47,22f.; Sach 7,10; Mal 3,5 u.ö. Die Wiedergabe durch πάροικος tritt dagegen zahlenmäßig weit zurück: Gen 15,13; 23,4; Ex 2,22; 18,3; 2 Sam 1,13; 1 Chr 29,15; Ps 38.13LXX; 118,19 LXX; Jer 14,8.

[15] Lukas selbst verwendet προσήλυτος innerhalb seines Doppelwerkes insgesamt nur dreimal; jedesmal im Sinne des Terminus Technikus: einmal als Charakterisierung einer Einzelperson (Apg 6,5), zweimal als neben den Ἰουδαῖοι separat erwähnte Gruppe (Apg 2,11; 13,43). προσήλυτος sonst im Neuen Testament nur noch Mt 23,15.

[16] Ἔσεσθε ist zunächst ein Indikativ Futur. Wenngleich dies im neutestamentlichen Sprachgebrauch an manchen Stellen den Imperativ ersetzen kann (vgl. BDR §362.2), ist eine solche Wiedergabe nicht zwingend.

[17] Das ›Ende der Welt‹ kann in der Schrift sowohl Schreckensvision sein, wenn etwa Dtn 28,64 zu den Manifestationen des Fluchgeschehens das Verstreutsein Israels ›bis an die Enden der Welt‹ zählt, als auch Zusage, wenn Ps 2,8 den Besitz des von JHWH eingesetzten und anerkannten Königs als ›bis an die Enden der Welt‹ benennt. Zwei Stellen sind für die Frage der Einbeziehung der Völker wichtig: Jes 52,10 (aufgenommen in Lk 2,29–33) spricht von der Befreiung für Jerusalem, die alle Enden der Welt sehen, und Jer 16,19 sieht die Völker ›von den Enden der Erde‹ zu JHWH kommen. D.P. MOESSNER 2004, 221 sieht wie viele andere die Entsprechung zu Apg 1,3ff in der Abschlussrede des Paulus in Apg 28 gegeben. Er betont allerdings über die Formulierung von den ›Enden der Erde‹ hinaus die besondere Parallelsetzung der Lehren Jesu (Apg 1,3–5) zu den Inhalten der paulinischen Rede. Auch D.L. BOCK 1994 hält an ›Rom‹ als ›Ende der Welt‹ fest: »Although Rome was the center of activity in the ancient world …, in the narrative world of Luke-Acts it is on the fringe, since the center of the world für the Luke-Acts narrative is Jerusalem.« (ders. 1994, 304, Anm. 1). M. WOLTER 2004, 257f. betont unter Berufung auf W.C. VAN UNNIK 1973, dass keineswegs die

dern als notgedrungene Maßnahme.[18] Das zeigt sich unter anderem in Apg 8,5: Hier wird das Hinabsteigen des Philippus in eine Stadt Samariens als direkte Folge der in 8,3f. beschriebenen allgemeinen Situation kenntlich gemacht. Mit anderen Worten: Philippus zählt für Lukas zu den durch die Verfolgung betroffenen *ver-/zerstreuten* Frauen[19] und Männern (διασπαρέντες), die nun umherziehen, *während sie das Wort verkündigen* (διῆλθον εὐαγγελιζόμενοι τὸν λόγον). An der Wortwahl des Lukas ist auffällig, dass er mit dem – im Neuen Testament insgesamt nur sehr selten vorkommenden[20] – passiven Gebrauch von διασπείρω auf einen Terminus zurückgreift, der in der Septuaginta in der überwiegenden Mehrzahl aller Belege das Volk (λαός) Israel als Subjekt bzw. Objekt hat.[21] Erstmalig findet sich diese Beschreibung für Israels Situation in Ex 5,12: Das Volk ist über ganz Ägypten zerstreut, um Stroh für die Ziegelherstellung zu finden (διεσπάρη ὁ λαὸς ἐν ὅλῃ Αἰγύπτῳ). Die Vorstellung, die hinter Apg 8,1 steht, ist offensichtlich eine ganz ähnliche: Durch eine Bedrohungssituation von außen werden alle – die determinierte Formulierung ὁ λαός lässt sich als Indikator für die gemeinte Gesamtheit des Volkes sehr wohl mit dem dezidierten πάντες διεσπάρησαν in Apg 8,1 vergleichen – über ein großes Gebiet zerstreut (ἐν ὅλῃ Αἰγύπτῳ ist parallel zu κατὰ τὰς χώρας τῆς Ἰουδαίας καὶ Σαμαρείας).[22] Das Verfahren gegen Stephanus, seine Rede und – wohl noch mehr – seine anschließende Vision (7,55f.) bewirken, dass die Jerusalemer Gemeinschaft einer Situation ausgesetzt ist, die sprachlich bewusst dem Zerstreutsein Israels unter die fremden Völker bzw. ›Weltmächte‹ gleichgesetzt ist.[23] Von einer in der Apostelgeschichte immer schon angelegten Ausrichtung auf die Völker – oder anders und schärfer formuliert:

Rede davon sein könne, die in Apg 1,8 anzufindende Aussage sei nach lukanischem Verständnis mit dem Ende der Apostelgeschichte erfüllt, sieht jedoch V. 8 durchaus auch in der »Funktion einer Inhaltsangabe für die Apostelgeschichte« (261). W.C. VAN UNNIK hatte in seinem gerade genannten Aufsatz die nahezu unumstrittene These, mit dem ›Ende der Welt‹ sei Rom gemeint, erstmalig grundsätzlich in Frage gestellt und dafür Lukas' geographische Kenntnisse angeführt: »Dabei muß man sich noch fragen, ob Lukas so naiv und dumm gewesen sei, daß er Rom für ›das Ende der Welt‹ ansah. Sein ganzes Buch zeigt ihn als einen Mann gewisser Bildung, der z.B. bestimmte literarische Gepflogenheiten kannte. Es ist immer noch möglich, daß er in der Schule eine ungenügende Note in Geographie bekommen hatte. Aber davon wissen wir nichts, und ›in dubiis pro reo‹.« (ders. 1973, 391). M.D. THOMAS 2004 sieht hier die erste Durchführung der von ihm die ganze Apostelgeschichte hindurch beobachteten satirischen bzw. karnevalesken Momente (ebd. 456), die Lukas seiner Ansicht nach verwendet, um seinen Leserinnen und Lesern auf das deutlichste vor Augen zu führen, wie die Botschaft von Jesus, dem Messias (in THOMAS' Terminologie: die Kirche) die Mission erfüllt von ›turning the world upside down‹ (so der Titel und wiederholt im Text); zu THOMAS' Argumentationsgang s.o. S. 60f.

[18] Ähnlich schon P. FIEDLER 1986, 84.

[19] Wenngleich Lukas im Folgenden androzentrischer Geschichtsschreibung folgend die Erfahrungen ausgewählter einzelner Männer näher schildert, macht das πάντες von 8,1 im Zusammenklang mit V.3 (als von der Verfolgung betroffen werden ausdrücklich Frauen, Männer und Kinder genannt) deutlich, dass Frauen wie Männer *das Wort verkündigten* (διῆλθον εὐαγγελιζόμενοι τὸν λόγον). Mit I. RICHTER REIMER 1998, 549; vgl. schon dies. 1992, 242–245. Zur ›Genderfrage‹ in der Apostelgeschichte zuletzt C. VANDER STICHELE 2003.

[20] Passivisch findet es sich überhaupt nur in Apg 8,1.4; 11,19.

[21] In der LXX findet es sich 23x und hat nahezu immer (Ausnahme ist die Erwähnung der Verteilung der Nachkommen Noahs über die ganze Erde; Gen 9,19; 10,18.32) das Volk (λαός) Israel als Subjekt bzw. Objekt der Zerstreuung (vgl. neben den genannten Stellen auch noch 1 Sam 13,8; 1 Kön 12,34; sowie die Rede von den ›zerstreuten Schafen‹ in Ez 34).

[22] Vgl. auch Joel 4,2 LXX für die Beschreibung Israels als jetzt unter den Weltvölkern Versprengte (Ἰσραήλ, οἳ διεσπάρησαν ἐν τοῖς ἔθνεσιν), wobei auffällig ist, dass die LXX hier passivisch formuliert, wohingegen der hebräische Text mit dem Piel einen Aktiv-Stamm verwendet und insofern die Fremdvölker für die Versprengung verantwortlich macht.

[23] So deutlich auch Dtn 28,64, wenn zu den Manifestationen des Fluchs das Verstreutsein unter die Völker zählt.

hin zur ›Heidenmission‹[24] – lässt also die Abfolge der Erzählung bis hier nichts merken.

Die Stephanusperikope markiert einen Einschnitt im Fortgang der Handlung bzw. im Aufbau der gesamten Apostelgeschichte. Dass hier jedoch – wie in der Forschung lange Zeit und vehement behauptet – die grundlegende Differenz zwischen ›den Hellenisten‹[25] und ›den Jerusalemern‹ innerhalb der Nachfolgegemeinschaft Jesu ihre Basis finde, woraus resultiere, dass die in 8,1 erwähnte Verfolgung nur die Anhänger der durch Stephanus prominent vertretenen liberaleren, progressiveren hellenistischen Theologie treffe,[26] lässt sich anhand der Texte nicht nachvollziehen.[27] Apg 8,1b ist zwar insofern auffällig, als hier angegeben wird, von der Gesamtheit der verfolgten Anhängerinnen und Anhänger Jesu seien die Apostelinnen und Apostel ausgenommen gewesen. Allerdings werden eben nur diese gesondert erwähnt; für die Annahme, der Ausdruck ἀπόστολοι bezeichne nun die Gesamtheit der israelitischen/jerusalemischen Nachfolgerinnen und Nachfolger gibt der Text keinen Anhaltspunkt. Lukas scheint es hier vielmehr darum zu gehen, die Treue des engsten Kreises der ›Jesusgruppe‹, nämlich derjenigen, die schon zu Lebzeiten Jesu ›dabei‹ waren, zu Jerusalem zu demonstrieren. Eine Spaltung innerhalb der Gemeinschaft, eine Trennung in zwei klar abgrenzbare Gruppierungen lässt sich nicht nachweisen. Die Auseinandersetzungen in 6,1ff werden zwar ausgelöst durch den Konflikt um

---

[24] Diese Ausrichtung wird in der Sekundärliteratur nach wie vor mehr oder weniger deutlich formuliert; vgl. etwa das in der Kapitelüberschrift angegebene Zitat von E. RICHARD sowie O.H. STECK 1967, 267, Anm. 3; J. ROLOFF 1981, z.B. 12: »Im Weg des Paulus von Jerusalem nach Rom wird … dem Leser der endgültige Bruch zwischen der Kirche und dem Judentum verdeutlicht und zugleich die von Gott gewollte Notwendigkeit dafür vor Augen geführt, daß Rom zum neuen Zentrum des Heidenchristentums werden mußte.«; s.a. A. WEISER 1981, 32ff; R. PESCH 1986, 29ff; H. MERKEL 1996, 126 in Aufnahme von J. ROLOFF 1981, 12; den Überblick bei F. MUßNER 1991, 30ff; E. GRÄßER 2001, 236ff oder auch noch die Darstellung bei E. PLÜMACHER 2000; D.-A. KOCH 2004 und U. SCHNELLE 1996, 318ff, der z.B. festhält, das Handeln Gottes führe zur »Entstehung der Kirche als des wahren Israel aus Juden und Heiden« (318) oder auch »Nicht die Kirche, sondern das Judentum wird durch den Bruch zwischen Synagoge und Heidenchristentum ins Unrecht gesetzt.« (319). An SCHNELLES Darstellung ist zum einen die vorschnelle Bezeichnung der in der Apostelgeschichte beschriebenen Gemeinschaften als ›Kirche‹ kritisch zu hinterfragen, da zumindest in der Gegenwart hierzu die ›Volkskirche‹ bzw. eine universale Form assoziiert wird, die für die lukanische Zeit so sicherlich nicht angenommen werden kann. Zum anderen formuliert Schnelle sehr deutlich eine Form von Ersetzungstheologie, die m.E. nicht vertretbar ist. Besonders deutlich wird dies in seiner Entgegensetzung von Jerusalem und Rom als Chiffren für die grundsätzlichere Veränderung bzw. als Zeichen dafür, dass die ›Heidenmission‹ Inhalt der Heilsgeschichte sei: »Der heilsgeschichtlichen Wende von den Juden zu den Heiden korrespondiert in der Sicht des Lukas die Wende von Jerusalem nach Rom.« (320). Eine solche Lektüre muss sich fragen lassen, wie großen Anhalt sie am Text von Lukasevangelium und Apostelgeschichte hat.

[25] Zu den – auch dort nur in Anführungszeichen geschriebenen – ›Hellenisten‹ s. A. WEISER 1986, der allerdings deutlich an der Theorie festhält, diese Gruppe sei der Ursprung für die Entwicklung »von einer Kirche aus Juden hin zu einer Kirche aus Juden und Heiden« gewesen (ebd., Zitat 148). Eine ›Synopse‹ der unterschiedlichen Einordnungen dieser Gruppe liefert H.A. BREHM 1995, 180–184. Kritisch gegenüber den Versuchen einer historischen Definition ›der Hellenisten‹ z.B. H.A. BREHM 1997, 267ff; G. WASSERBERG 1998, 235ff; T. PENNER 2004, 66ff; s.a. D. BALCH 2004, xiif.

[26] H.-W. NEUDORFER 1998 geht davon aus, dass es eine Kontroverse zwischen ›hellenistischen‹ und ›palästinensischen‹ Gruppen gegeben habe; vgl. a.a.O. 294: »These Christians [die ›Hellenisten‹; K.S.] were involved in a controversy with Palestinian Judaism, and saw a great advantage in the ›gentile‹ land and its inhabitants, which it used as a theological argument for a Christian mission among the gentiles.«

[27] Mit C.C. HILL 1996, 131, der den beiden grundlegenden Überzeugungen, die traditionellerweise auf der Beschäftigung mit Apg 6,8–8,1 gründen – nämlich: »(1) that the Christian Hellenists were selectively persecuted because of their distinctly radical theology, and (2) that this theology was first propagated by their leader, Stephen, who openly opposed both Temple and Torah« – seine eigene Skepsis angesichts der Textbelege entgegenstellt: »I hope to show that the text of Acts is incapable of bearing this heavy load of interpretation.«

die hellenistischen Witwen.[28] Diese Bezeichnung ist jedoch nicht als Hinweis auf eine ›hellenisierte‹, also toraferne Gruppe zu verstehen, sondern als Bemerkung über die ›Sprachgewohnheiten‹ dieser Gruppe.[29]

> »Thus, all interpreting roads lead finally to the same destination: There is nothing in the account of the persecution of Acts 8 that would cause us to believe that the church of Jerusalem was divided into ideological camps corresponding to the labels ›Hellenists‹ and ›Hebrews‹.«[30]

Insofern ist fraglich, ob nicht mit der Annahme einer derartigen ›Spaltung‹ eine nachträgliche Auseinanderentwicklung theologischer Ansätze – verkörpert in späterer Zeit durch die Gruppen in Antiochia und Jerusalem – mindestens in die Erzählzeit, wenn nicht sogar in die erzählte Zeit der Apostelgeschichte, also in die frühen bis mittleren 30er-Jahre des ersten Jahrhunderts, projiziert wird. Auch wenn nicht zu leugnen ist, dass z.B. in den Paulusbriefen an einigen Stellen die Rede davon ist, dass Menschen aus Jerusalem mit anderen Vorstellungen und Ansprüchen als die Gruppe um Paulus in die Ausbreitung der Christusbotschaft eingegriffen haben (vgl. Gal 2), so ist es dennoch unzulässig, aus diesen vereinzelten Hinweisen ein gleichsam uniformes Bild zweier sich gegenüberstehender Gruppen mit grundsätzlich differierenden Ansätzen zu entwickeln. Mindestens für die Apostelgeschichte kommt hinzu, dass nicht zu erklären wäre, warum Lukas, wenn er diese Teilung im Blick hätte, ausgerechnet Petrus, den prominentesten und ausgewiesenermaßen tempeltreuen Jerusalemer Apostel,[31] als ersten Anhänger Jesu einem römischen Militärführer, Kornelius (Apg 10,24ff), die Botschaft von Jesus als Messias Israels verkündigen und ihn und alle Menschen bei ihm taufen lässt (10,48).[32] Hinzu kommt, dass er eben dies nach seiner Rückkehr nach Jerusalem in der Diskussion mit in Jerusalem Zurückgebliebenen (11,5ff) als expliziten Willen JHWHs erkennen lässt, dem er nichts entgegenzusetzen habe: *Wenn ihnen JHWH nun das gleiche Geschenk gegeben hat wie auch uns, die wir auf Jesus, den Gesalbten, als unseren/einzigen Herrn vertrauen – als wer wäre **ich** imstande gewesen, JHWH abzuwehren?* (11,17) Lukas geht in seiner Darstellung sogar noch den Schritt weiter, dass er gerade diejenigen, die Petrus zuvor kritisiert hatten, nach diesen Ausführungen einen Lobpreis JHWHs anstimmen lässt: *Als/Weil sie diese Dinge hörten, kamen sie zur Ruhe und priesen JHWH: »Dann hat JHWH auch den Weltvölkern die Umkehr ins Leben gegeben!«* (11,18) Ausgerechnet also Petrus und ausgerechnet die Jerusalemer Gruppe – die doch nach oben skizziertem Konzept sich strikt gegen eine solche Öffnung auf die Völker hin zur Wehr setzen müssten – ebnen in der lukanischen Darstellung den Weg zur Verkündigung der Botschaft innerhalb der Völkerwelt.[33]

---

[28] Vgl. neben vielen V. KOPERSKI 1999.

[29] Mit G. WASSERBERG 1998, 237; E. GRÄßER 2001, 240; N. WALTER 1983; K. LÖNING 1987, 81; C. KURTH 2000, 157 und T. PENNER 2004, 66.

[30] C.C. HILL 1996, 138.

[31] Vgl. nur die tragende Rolle, die ihm in den Anfangskapiteln der Apostelgeschichte sowohl in der Kommunikation der Botschaft nach außen durch Worte und Taten (etwa Apg 2,14–36; 3,1–7; 4,8–12) als auch innerhalb der Gemeinschaft (z.B. Apg 5,1–10) zukommt.

[32] S. dazu D.-A. KOCH 1999, 386f. sowie ders. 2004, 92 m. Anm. 23, der die Rolle des Heiligen Geistes bei der ›Inszenierung‹ der Taufe des Kornelius würdigt.

[33] Allerdings geht H. MERKEL mit seiner Einschätzung der Kornelius-Erzählung zu weit, wenn er hier grundsätzlich die kultischen Weisungen der Tora außer Kraft gesetzt sieht (s. ders., a.a.O. 126f.). Nicht nachvollziehbar ist auch seine Zurückweisung der von M. KLINGHARDT 1988, 212, Anm. 14 vorgetragenen Überlegung, die Speisegebote seien faktisch nicht außer Kraft gesetzt, da Petrus der Aufforderung zu schlachten nicht nachkomme. Wengleich dies nicht die einzige Begründung für das Festhalten an den Speisegeboten sein kann – und es bei KLINGHARDT auch nicht ist –, so trägt doch MERKELs Gegenargument auch nicht weiter. Er nennt KLINGHARDTs Überlegungen »absonderlich« und hält ihnen entgegen: »Wie sollten Tiere aus einer Vision geschlachtet und

Fraglich wäre weiterhin, warum Lukas dem Apostelkonzil (Kap. 15)[34] und der dort erzielten Einigung einen solchen Raum einräumt, wenn es ihm doch eigentlich darum gegangen sein sollte, der paulinisch-antiochenischen Theologie der ›gesetzes-freien Heidenmission‹[35] schon mit der Stephanusepisode den entsprechenden theoretischen Überbau zu verleihen. Wäre das nicht ein eindeutiger Rückschritt? Hätte hier nicht die Chance bestanden, das zuvor theoretisch Reflektierte nun in die Praxis umzusetzen, ohne jedes Wenn und Aber und damit auch ohne die Orientie-rung an den – wenn auch erst später so formulierten – noachidischen Geboten, wie sie sich offensichtlich in Apg 15 widerspiegelt?[36]

Nachdem die Forschung der letzten Jahrzehnte für das Jüdinnen- und Judentum eine immer größere Vielfalt vertretener Meinungen und Haltungen innerhalb unter-schiedlicher Gruppierungen zu konstatieren und anzuerkennen bereit war,[37] die sich längst nicht mehr so eindeutig voneinander trennen lassen wie lange angenommen, dürfte es wohl kaum logisch erscheinen, ausgerechnet für die – in Erzählzeit wie er-zählter Zeit – immer noch recht kleine Gruppe der Jesusanhängerinnen und -anhän-ger eine derart strikte Zweiteilung zu postulieren.[38]

2. Ein Mann voll χάρις und δύναμις und seine Sicht der Geschichte Israels – die Stephanusrede (Apg 7,2–53)

Im Folgenden konzentriere ich mich nach einer kurzen Einführung in den Stepha-nusabschnitt der Apostelgeschichte (6,1–8,3) vor allem auf seine lange Rede (7,2–53).[39] Dabei spielen Fragen nach dem historischen Stephanus, dem Siebenerkreis der

---

gegessen werden?« (a.a.O., 126, Anm. 33) Diese Rückfrage geht zielstrebig am Ziel vorbei – oder wie sollten Schriftrollen, die doch nur in Visionen gesehen werden, gegessen werden und dann süß schmecken (Ez 2,8–3,3; Apk 10,8–10)?

[34] Zu Apg 15 vgl. neben den Kommentaren R. BAUCKHAM 1996.

[35] Zur Kritik am Gesamtkonzept der ›gesetzesfreien Heidenmission‹ s. L. SCHOTTROFF 1996. Dass der lukanische Paulus keineswegs so einlinig auf dieses Konzept festgelegt werden darf, zeigen Beobachtungen zur Darstellung des Paulus in der Apostelgeschichte aus den letzten Jahren; s. etwa R.V. BENDEMANN 1998, hier bes. 295. R.C. TANNEHILL 1985 zeigt gegen die geläufige Anschauung, dass Ziel des lukanischen Werkes liege in der Legitimation der Heidenmission, dass Lk-Apg eher die »story of Israel« als »tragic story« zeichnen (Zitate a.a.O. 74).

[36] Dazu K. MÜLLER 1998, 137–168 sowie J. ZANGENBERG 2005, 18 und S. SAFRAI/D. FLUSSER 1986. Im Gegensatz zu den späteren noachidischen Geboten, die durchaus eine Schwerpunktsetzung in der Ethik beobachten lassen, sind es in Apg 15 gerade die rituellen Weisungen, die Regelungen über Reinheit und Unreinheit, die für das Zusammenleben jüdischer und nichtjüdischer Menschen in der neuen, auf Christus vertrauenden, Gemeinschaft eine Rolle spielen; s. dazu G. JANKOWSKI 2003, 68–72, v.a. 69. S. SAFRAI und D. FLUSSER betonen: »Die Apostel haben also das jüdische Verbot des Götzendienstes noch verschärft und den Heidenchristen verboten, vom Opferfleisch zu essen.« (dies. 1986, 181). Unübersehbar antijüdisch die Beurteilung H. MERKELs, der für Aposteldekret wie für die in Apg 16,3 notierte Beschneidung des Timotheus festhält, es handele sich um pragmatische Notizen für bestimmte Gemeindekonflikte und deshalb zu dem Schluss kommt: »Also auch hier keine Spur von Gesetzlichkeit, sondern nur Rücksicht auf jüdische Animosität [sic! K.S.].« (ders. 1996, 127). D.R. SCHWARTZ 1996 geht davon aus, dass Lukas sich für seine Darstellung in Apg 15 auf JosAnt 20,34–48 stützt (ebd., 274f.).

[37] S. exemplarisch jüngst J. ZANGENBERG 2005, 17.

[38] Mit C.C. HILL 1996, 153: »Jewish Christianity was too large and too varied an entity to fit neatly into Hellenist and Hebrew pigeonholes. It appears that Christian theology did not develop along such straight-forward or readily accessible lines. Instead, its development was a phenomenon as complex as the world within which it arose.«

[39] Zum Gesamtzusammenhang der Stephanusperikope (Apg 6,1–8,3) jüngst T. PENNER 2004, 262–330 (ebd., 1–59 ein Forschungsüberblick, in dem PENNER aufzeigt, wie sehr gerade die Perikope über die ›Hellenisten‹ das Selbstverständnis christlicher Theologie beeinflusst – und umgekehrt). Ausführlich mit der Rede des Stephanus auseinander gesetzt haben sich neben anderen A. WEISER

Hellenisten und auch danach, wieviel an der Rede ›Originalton Lukas‹, wieviel dagegen ihm vorliegende Tradition ist, eine eher periphere Rolle.[40] Es geht mir vielmehr um den Gesamtzusammenhang dieses lukanischen Summariums der Geschichte Israels.

Stephanus wird in Apg 6,1ff eingeführt als einer der Sieben, die nach dem Streit wegen der hellenistischen Witwen[41] ein eigenes Amt erhalten, um (auch) deren Anliegen zu vertreten.[42] Er steht an der Spitze dieses Kreises, wird als erster genannt

---

1986; H.A. BREHM 1997; M. BACHMANN 1999; C.C. HILL 1996; K. FINSTERBUSCH 1998 und E. RICHARD 1978; zum Abschnitt Apg 6,1–7 verweise ich auf V. KOPERSKI 1999; R. NEUBERTH 2001, 25–96; I. RICHTER REIMER 1998, 548f.; dies., 1992, 239–242; vgl. außerdem den Forschungsüberblick bei E. GRÄßER 2001, 236–244. Einen guten Einblick in die herrschende Auffassung zur Stephanusrede in der Mitte des letzten Jahrhunderts geben die Äußerungen H.W. BEYERs in seinem 1955 in siebter Auflage erschienenem Kommentar: »Die Rede des Stephanus ist eines der eigenartigsten Stücke in der Apg. Form und Inhalt unterscheiden sie gleicherweise von den vielen anderen Reden, die in ihr enthalten sind. Sie muß aus einer eigenen alten Überlieferung des Siebenerkreises stammen. Wir sehen, daß in ihm theologische Gedanken lebendig waren, die über das, was den Apostelkreis beherrschte, hinausführten. Der hielt sich zum Tempel. … Stephanus sieht im Tempel ein Machwerk des Abfalls von Gott. Es ist klar, welche Vertiefung und Ausweitung der Gottesvorstellung darin lag. Bei Stephanus erst wird der Gedanke des ›wahren‹ Israel, das von Moses über die Propheten zum Urchristentum führt, im ganzen Ernst seiner geschichtlichen Zusammenhänge erkannt. Und hier wird die Gesetzesfrage machtvoll aufgerollt, wenn Stephanus denen, die Jesus um des Gesetzes willen getötet haben, zuruft, sie selbst hätten es nie gehalten. Das alles geschieht so eigenwillig und in der Form so abweichend von dem, was wir sonst von der Urgemeinde hören, aber auch so unpaulinisch, daß es nicht wohl als Rückübertragung eines Stilkünstlers aus späterer Zeit erklärt werden kann. Hier muß eine gute Erinnerung an einen Mann vorliegen, der zuerst die Gedanken Jesu weiterzudenken gewagt hat. Dafür hat er als Erster seinem Meister in den Tod folgen dürfen.«

40 Zur Frage der Verteilung von Tradition und Redaktion innerhalb der Stephanusperikope verweise ich auf die Übersichten bei H.-W. NEUDORFER 1983, 216–218; C.C. HILL 1992, 92–101; E. RAU 1994, 7–14; H.A. BREHM 1997, 271ff (dort auch traditionsgeschichtliche Überlegungen zu ähnlichen Summarien in ersttestamentlichen Texten wie etwa Jos 24; Neh 9; Ps 105; Ez 20; vgl. 275ff). H.-W. NEUDORFER 1998 stellt Ergebnisse zur historischen wie auch literarhistorischen Entstehung der Stephanusrede zusammen. T. PENNER 2004 gehört zu den überzeugten Anhängern der lukanischen Urheberschaft der Rede; vgl. ebd., 331: »The speech of Acts 7 is most likely a Lukan creation *de novo*, as were many speeches in ancient historiography. … [T]here is nothing in Acts 7 to suggest that there lies behind it anything but an adept ancient writer, someone extremely well-versed in Jewish traditions and styles of rewriting the biblical story.«

41 Ich bleibe bewusst bei dieser offenen Formulierung, da meiner Überzeugung nach aus Apg 6,1 nicht eindeutig hervorgeht, worin genau die Differenzen bestehen. So scheint es mir zu eng geführt, die Debatte allein auf die Berücksichtigung der hellenistischen Witwen bei der Armenfürsorge zu beschränken, wie es z.T. in der Forschung üblich war (s. z.B. A. STROBEL 1972; E. HAENCHEN 1961, 213ff; kritisch dem gegenüber, dabei allerdings vehement die Meinung vertretend, hier sei eine größere inhaltliche Differenz zwischen »freieren Juden« und einem »strengeren Judenchristentum« zu erkennen, schon H.W. BEYER 1955, 44f., Zitate 44; zur Diskussion G. LÜDEMANN 1987, 80ff); dazu und gleichzeitig zur feministischen Kritik daran vgl. I. RICHTER REIMER 1992, 240ff. Denkbar ist, dass hier ein deutlich umfassenderer Diakoniebegriff der Darstellung zugrunde liegt, sodass E. SCHÜSSLER FIORENZAs Überlegungen, zur Debatte stehe hier die Funktion dieser Frauengruppe im gemeinsamen eucharistischen Mahl, zumindest bedenkenswert sind (dies. 1988, 212f.), wenngleich ich ihrer Grundentscheidung für eine Teilung der Jerusalemer Gemeinde in ›Hellenistinnen und Hebräer‹ aus oben genannten Gründen (S. 343f.) nicht folgen kann (vgl. a.a.O. 207ff). D. GEORGI 1994, 108–116 vermutet, dass die Frauen selbst in den Konflikt involviert waren, dass näherhin ihre Leitungsfunktionen zur Diskussion standen. A. STANDHARTINGER 2004 bleibt vorsichtig: »Wahrscheinlich… ist, dass die ›Witwen‹ aktiv an einem Konflikt um das Abendmahl und/oder um die gemeindliche Arbeitsteilung beteiligt waren.« (ebd., 106).

42 Die Wahl des Siebenergremiums folgt in der lukanischen Darstellung einem bestimmten Modell, nämlich der Erzählung von der Wahl ausgesuchter Menschen, die Mose entlasten sollten; s. etwa Ex 18,13–26; Num 11; 27,15–23 und Dtn 1,13, wobei besonders zwischen Apg 6,3 und der zuletzt genannten Stelle Dtn 1,13 frappierende Parallelen in der Wortwahl bestehen: an beiden Stellen wird die Einsetzung der zu Wählenden als καθίστημι beschrieben, ebenso übereinstimmend ist die Rede von ›weisen Männern‹ (Dtn 1,13: ἄνδρας σοφούς; Apg 6,3: ἄνδρας … πλήρεις … σοφίας). Zu diesen ersttestamentlichen Texten als wahrscheinlichen ›Modellen‹ für die Formulierung der Episode in Apg 6 s. auch D. DAUBE 1956, 238f.; ders. 1976; F.S. SPENCER 1992, 206–211; T. PENNER 2004, 266f.: »[J]ust as the Israelites under Moses were in need of organized leadership during their formative

und beschrieben als ein Mann voll Vertrauen und heiliger Geistkraft (ἀνὴρ πλήρης πίστεως καὶ πνεύματος ἁγίου),[43] wobei Lukas über seine Herkunft kein Wort verliert.[44] Nachdem kurz erwähnt wird, dass – offenbar gefördert auch durch diesen neuen Kreis von Verantwortlichen – die Gemeinschaft weiter wächst (6,7), fokussiert sich das Interesse der Erzählung auf Stephanus:

> [8]*Und Stephanus – voll von* charis *und (Wunder-)Kraft – tat die ganze Zeit Wunder und große Zeichen im Volk Israel.* [9]*Und es standen auf einige Leute aus der sogenannten Libertiner-, Kyrenaier- und Alexandreer-Synagoge und von denen aus Kilikien und Asien, um mit Stephanus zu diskutieren,*[45] [10]*und sie waren nicht stark genug, der Weisheit und der Geistkraft, in der er redete, etwas entgegenzusetzen.* [11]*Da stifteten sie Männer an zu sagen:* »*Wir haben selbst gehört, dass er blasphemische Worte/Reden gegen Mose und gegen Gott geredet hat.*« [12]*Und sie setzten das Volk Israel und die Ältesten und die Schriftgelehrten in Bewegung*[46] *und herantretend packten sie ihn und führten ihn zum Synhedrium* [13]*und stellten lügnerische/falsche Zeugen auf, die sagten:* »*Dieser Mann hört nicht auf Worte gegen den*[47]

---

period, so the assembly under the apostles also requires a similar structure. One should observe also that this formative period in the Hebrew Bible account is the post-exodus founding of the Jewish politeia under the governance of Moses. … Luke's portrayal of the origins of the Christian movement evidences, in the founding of the community, a reenactment of the patterns of formation of the politeia in the biblical account, demonstrating points of contact between the people of the prophet Jesus and the people of Moses.«

[43] Darin der lukanischen Beschreibung Johannes des Täufers (Lk 1,80) und Jesu (Lk 2,40.52) ebenso ähnlich wie Barnabas (Apg 11,24), dessen Charakterisierung in exakt paralleler Weise erfolgt (πλήρης πνεύματος ἁγίου καὶ πίστεως), und anderen Aposteln; dazu S. CUNNINGHAM 1997, 204f. Einen Überblick über Erzählfiguren des lukanischen Werkes, von denen gesagt wird, sie seien erfüllt von Geistkraft, liefert M. TURNER 1996, 165–169.

[44] Anders z.B. bei Nikolaus, der dezidiert als προσήλυτος (6,6) vorgestellt wird. Das stellt ein weiteres Indiz dafür dar, dass Lukas mit der Einführung dieses neuen Gremiums keinen eigenen, von der sonstigen Gemeinschaft unabhängigen oder gar im Konflikt zu ihr stehenden und sie theologisch ›überflügelnden‹ Kreis darstellen will. Ansonsten hätte er die Herkunft des Stephanus sehr viel deutlicher herausstellen können.

[45] Συζητέω ist im NT entweder gebraucht, um einen internen Redeprozess auszudrücken (etwa Jüngerinnen und Jünger untereinander; Lk 22,23; 24,15) – oder aber, wenn Jüngerinnen und Jünger oder Jesus sich mit Schriftgelehrten etc. auseinandersetzen (etwa Mk 8,11; 9,14.16; 12,28 – oder eben Apg 6,9). Ganz offensichtlich scheint hier das Vorverständnis dieser Szenen für die Wahl der deutschen Wiedergabe leitend zu sein: Warum wird sonst in gängigen Bibelübersetzungen für den ersten Fall immer ›sich untereinander besprechen‹ etc. gewählt, für den zweiten Fall aber ›streiten‹? Da der Inhalt hier nahe legt, dass es – vorsichtig formuliert – um Differenzen geht, wähle ich zunächst die Übersetzung ›diskutieren‹. W. ECKEY 2000, 157 übersetzt ›disputieren‹.

[46] Συγκινέω ist in den biblischen Schriften Hapax Legomenon. Aus der zwischentestamentlichen bzw. späteren patristischen Literatur ist es primär bekannt in der passiven Verwendung im Sinne von ›in Bewegung sein‹. Daraus abzuleiten, dass es hier, da aktiv verwendet, gleich den deutlich negativen Klang von ›jmdn. aufhetzen‹ (so BAUER, 1544) habe, schießt doch deutlich über das Ziel hinaus.

[47] Das Demonstrativum τούτου – im Text des NT Graece in Klammern gedruckt – ist durch die Zeugen p[74] ℵ A D E Ψ u.v.a. nicht geboten, durch die Majuskeln B C sowie die Minuskeln 33 u.a. jedoch vorhanden. Allein aufgrund der äußeren Bezeugung lässt sich also eine Entscheidung nicht treffen, wenngleich schon die Tatsache, dass die Mehrzahl der wichtigen Zeugen die Formulierung nicht bietet, darauf hinweist, dass es sich um eine sekundäre Hinzufügung handelt. Vgl. B.M. METZGER 1994, 298, der die Unsicherheit bezüglich der Frage ausdrückt, inwiefern das Demonstrativum aus dem folgenden V. 14 bereits hier ›hineingerutscht‹ sein könnte (»the word may have crept into the text from the next verse«; ebd., a.a.O.). Nach den Kriterien der inneren Textkritik spricht jedoch alles dafür, das Demonstrativum hier als sekundär anzusehen, da zum einen die sprachliche Gestaltung der Parallelisierung von τόπος und νόμος intendiert, dass nicht das erste Glied besonders hervorgehoben sein muss. Zum anderen ist ὁ τόπος ἅγιος ohne weitere ›lokale Fixierung‹ als Bezeichnung des Tempels deutlich. METZGERs Überlegungen (a.a.O.), hier sei der Versammlungsraum des Synhedriums als Ort, gegen den Stephanus rede, gemeint, ist auch insofern nicht schlüssig, als erstens weder im Vorfeld noch nachfolgend in der Stephanusrede das Synhedrium thematisiert wird, zweitens die Bezeichnung des Versammlungsraumes als ›heilig‹ zumindest befremdlich wäre und drittens V. 14 sich so eindeutig auf das Heiligtum bezieht, dass eine Ineinssetzung mit dem Synhedrium kaum denkbar ist. Als sekundäre Erweiterung lässt sich das Demonstrativum dagegen gut erklären: Kann es sich einerseits um den bei METZGER bereits angedeuteten Schreibfehler handeln, könnte die Einfügung andererseits der bewussten Entscheidung verdankt sein, die Bezeichnung des Heiligtums zu vereinheitlichen. Insofern

heiligen Ort und gegen die Tora zu reden: (14)Wir haben ihn nämlich selbst sagen gehört: ›Jesus, dieser Nazoräer, wird diesen Ort zerstören und ändern die Normen/Gewohnheiten, die Mose uns übergeben hat.‹« (15)Und während alle, die im Synhedrium saßen, gespannt auf ihn blickten, sahen sie sein Gesicht gerade wie das Gesicht eines Gottesboten. (7,1)Da sprach der Hohepriester: »Verhalten sich diese Dinge so?«

Stephanus verhält sich also adäquat zu den ihm zugesprochenen (oder eben zuge-schriebenen) Attributen: Voll *charis*, voll von Freundlichkeit gegenüber anderen Menschen wie auch der Zuneigung[48] JHWHs, und voll von Wunderkraft bewirkt er *Wunder und große Zeichen im Volk Israel* (6,8).[49] Und das nicht nur einmal, sondern an-scheinend ununterbrochen; darauf deutet zumindest die Tempuswahl an dieser Stelle hin: Lukas verlässt den Aorist (das Erzähltempus) und wechselt zum Imper-fekt, das hier den Aspekt der Dauer ausdrückt. *Wunder und Zeichen* (τέρατα καὶ σημεῖα) – oder auch in umgekehrter Reihenfolge: Zeichen und Wunder (σημεῖα καὶ τέρατα) – sind im lukanischen Doppelwerk dadurch qualifiziert, dass von ihnen in dieser geprägten Sprachform erst nach dem Pfingstereignis, also nach der Be-Geist-erung, die Rede ist.[50] Erstmalig genannt werden sie in 2,19 als Bestandteil des Joelzitates (Joel 3,1–5 in Apg 2,17–21): »*Und ich werde Wunder tun oben am Himmel und Zeichen unten auf der Erde.*« Von da an ist es Lukas möglich, im Rückblick über Jesus auszusagen, er habe große Wunder und Zeichen getan. Und ebenso sagt er es in die-ser Tradition der Gesamtgruppe der Apostelinnen und Aposteln (Apg 2,43; 5,12) in gleicher Weise zu wie Einzelnen, etwa Philippus (8,13), Barnabas und Paulus (14,3; 15,12) – oder eben Stephanus. Die Tatsache aber, dass neben diesen Menschen der erzählerischen Gegenwart auch über Mose dezidiert gesagt wird, er habe solche gro-ßen Zeichen und Wunder über vierzig Jahre in Ägypten, am bzw. im Schilfmeer und in der Wüste immer wieder getan (7,36), zeigt, dass Lukas die Verwurzelung dieser Wendung in der Exodustradition bzw. vielmehr sogar ihre Herkunft aus ihr sehr wohl bekannt war.[51] Die erste Stelle innerhalb der biblischen Texte überhaupt, an der

---

sprechen die überzeugenderen Indizien dafür, dass im ursprünglichen Text das Demonstrativum fehlte.

[48] Ich wähle diese Form der Wiedergabe für χάρις, das seinerseits die griechische Wiedergabe des hebräischen חֶסֶד ist, da חֶסֶד mit der gängigen Übersetzung ›Gnade‹ zu unkonkret wiedergegeben ist und außerdem so nicht ausreichend deutlich bleibt, dass das Wahrnehmen, Empfangen von חֶסֶד nicht auf Gott als Spender bzw. Schenker beschränkt ist (etwa Gen 20,13; 40,14; Jos 2,12 u.ö.); zur Frage der Wiedergabe im Deutschen s. R. ALBERTZ 1996, 62. J. EBACH 1996, 178f. definiert חֶסֶד als »ein auf Gegenseitigkeit und Dauer angelegtes solidarisches Verhalten gegenüber den Mitmenschen … also die Liebe, die sich in tätiger, freundlicher Liebe realisiert, die Gunst, die man jemandem gewährt, ohne dazu rechtlich verpflichtet zu sein, das Mehr an Mühe, das man aufwendet, nicht damit, aber weil einem solche Solidarität von anderen auch entgegengebracht wird. *häsäd* ist die Treue im Sinne der Verläßlichkeit und Beständigkeit freundschaftlicher Beziehung mit Angehörigen, Nachbarn, Mitmenschen und die Güte, die jemanden für eine Weile die eigenen Dinge ganz vergessen läßt, wenn eine andere, ein anderer seine, ihre Zuwendung braucht.« Da Lukas χάρις aber selten allein auf der zwischenmenschlichen Ebene verwendet (vgl. jedoch Lk 6,32ff; Apg 2,47), sondern Gott meist mit ›im Spiel ist‹ (z.B. Apg 4,33; explizit im Zusammenhang mit Gott Lk 1,30; 2,40.52 u.ö.), wähle ich hier diese längere Form der Wiedergabe.

[49] »Zeichen und Wunder bezeugen wie die Gabe des Geistes das aktuelle Handeln Gottes. Durch die Gabe des Geistes bezeugt Gott selbst sein in Übereinstimmung mit der Schrift sich realisierendes Tun bzw. ermächtigt Menschen zu solchem Zeugnis.« (E. REINMUTH 1994, 244).

[50] Zur Verwendung der Sprachtradition in der Apostelgeschichte vgl. W. WEIß 1995, 73–119.

[51] Mit M. WENK 2000, 168, Anm. 72 ; T. PENNER 2004, 288f. Vgl. Ex 7,3; 11,9f.; Dtn 4,34; 6,22; 7,19; 11,3; 26,8. Zur Verwendung der Sprachform im Kontext Ägyptens s. auch W. WEIß 1995, 9–14. Davon, dass für die Leserinnen und Leser des Lukas an dieser Stelle zweifellos der Exoduskontext eingespielt und erinnert ist, geht auch G. JANKOWSKI 2001, 58f. aus, wenn er zu Apg 2,43 festhält: »Mit Jesus begannen die Tage, in denen Zeichen und Erweise getan wurden, die auf Gericht und Befreiung hinwiesen. Durch ihn wirkte Gott für Israel Befreiendes, kräftig und mächtig, auch wenn der Augenschein dagegen war. Nach Mosche ist da wieder einer in Israel erstanden, der das unterdrückte, erledigte Volk herausführen soll und wird.«

die Sprachform in der Septuaginta Verwendung findet, ist nämlich Ex 7,3: *Ich aber, ich werde Pharaos Herz verhärten und meine Zeichen und Wunder im Land Ägypten zahlreich machen* (ἐγὼ δὲ σκληρυνῶ τὴν καρδίαν Φαραω καὶ πληθυνῶ τὰ σεμεῖα μου καὶ τέρατα ἐν γῇ Αἰγύπτῳ). Das verspricht JHWH Mose, als der sich nochmals ihres Beistandes versichern muss. Und von da an wird die Doppelform σημεῖα καὶ τέρατα vor allem im Deuteronomium zur Chiffre dessen, was JHWH für Israel in Ägypten und danach getan hat.[52] In dieser Tradition befreienden Handelns steht für Lukas also auch Stephanus.[53]

Sein Tun bleibt aber nicht folgenlos: Offensichtlich scheint er – ähnlich wie Petrus und Silas im Tempel – in einer hellenistischen Synagoge zu predigen oder jedenfalls präsent zu sein. Es kommt zu Diskussionen und Disputationen nicht näher genannten Inhaltes mit anderen jüdischen Menschen aus der Diaspora. Genannt ist übrigens eine auffällige Mischung aus einer Statusgruppe einerseits, den Libertini – Freigelassenen mit römischem Bürgerrecht, aber geringeren Rechten als ein Vollbürger – und Herkunftsorten andererseits (6,9).[54] Gerade für diese Gruppen ist jeder Verdacht der Verbindung zu messianischen Widerstandsgruppen nun in der Tat hochgradig gefährlich:

»[F]ür Juden aus der Diaspora war die messianische Lehre unter Umständen bedrohlich. Faßte in ihren Gemeinden in der Diaspora messianisches Gedankengut Fuß, konnten sie schnell des Aufruhr gegen Rom verdächtigt werden. Ihre z.T. beachtlichen Privilegien, z.B. eigene Ethnien mit Zugeständnissen in der Selbstverwaltung, die ihnen von den Römern gewährt worden waren, konnten wegen gegen Rom gerichteter Aktivitäten in den Gemeinden zurückgezogen werden, und ihre Mitglieder konnten verfolgt werden.«[55]

Allerdings können sie in der Diskussion mit Stephanus nicht mithalten, er redet schließlich in Weisheit und Geistkraft.[56] Also greifen sie zum Mittel der Denunzierung: Zunächst stiften sie Männer an, die – offensichtlich im Volk – verbreiten, Stephanus rede Blasphemisches gegen Mose und Gott.[57] Dann lassen sie ihn zum

---

[52] S. nur exemplarisch Dtn 4,34; 6,22; 7,19; 11,3; 26,8; 28,46; 29,3; 34,11.

[53] »Since there would be broad affirmation of Moses as the ideal exemplar, it follows that not only is Stephen viewed as praiseworthy as a result of his associations with Moses ..., but this correspondence also becomes a narrative affirmation that Stephen could not have violated the laws and customs of Moses (6:11, 13–14).« (T. PENNER 2004, 289).

[54] G. WASSERBERG 1998, 239 weist darauf hin, dass die Einführung dieser Gruppen für die Lesenden bereits einen Vorverweis auf die später zu erzählenden Paulusreisen darstellen: »Die jüdischen Gegner des Evangeliums stammen nun nicht mehr aus Jerusalem und Judäa, sondern aus der Diaspora. Das läßt jetzt für die Judenmission des Paulus in jüdischer Diaspora schon nichts Gutes erahnen.« Dies gelte besonders für die erwähnte Gruppe aus der Asia, die später für die Verhaftung des Paulus verantwortlich zeichne.

[55] G. JANKOWSKI 2001, 115. So auch E.W. STEGEMANN/W. STEGEMANN 1997, 304f.

[56] K. FINSTERBUSCH 1998, 41 sieht hier ebenso wie W. ECKEY 2000, 161 zu Recht eine Erfüllung von Lk 21,15, der Zusage, im Falle von Auseinandersetzungen werde Jesus selbst den Jüngerinnen und Jüngern *Mund und Weisheit geben, der alle eure Widersacher nicht widerstehen noch widersprechen können.* Die Erwähnung der Geistkraft Gottes antizipiert an dieser Stelle u.U. schon die zum Ende der Stephanusperikope hin erfolgende (neuerliche?) Be-Geist-erung des Stephanus, die sich in seiner Vision ausdrückt (7,55f.).

[57] Diese bewusst gestreuten Gerüchte sind offensichtlich den Falschanklagen gegen Nabot (1 Kön 21,10) nachempfunden, wenn auch die Reihenfolge vertauscht ist (1 Kön 21,10 nennt zuerst Gott als ›Opfer‹ der Lästerungen Nabots, Apg 6,11 steht Gott an zweiter Stelle) und in Apg 6,11 anstelle des Königs als eigentliches Opfer nun Mose genannt wird. Josephus berichtet darüber, dass bei den Essenern blasphemische Reden über Mose als todeswürdige Vergehen angesehen wurden (Bell II, 145). Zur literarischen Wirkung der Unterstellung, Stephanus habe ῥήματα βλάσφημα verbreitet, verweise ich auf G. WASSERBERG 1998, 240: »Man beachte: Wäre dies tatsächlich wahr gewesen, hätte Stephanus sich nicht nur aus dem Synagogenverband, sondern zugleich aus der Jerusalemer Urgemeinde ausgeschlossen. Denn für den Leser ist seit der zweiten Petrusrede klar: Wer sich prinzipiell gegen Mose stellt, der kann kein Anhänger Jesu, des Moses redivivus, sein (Act 3,22f.). Mose und die Propheten werden zudem von Lukas gerade als das Fundament des christlichen

Synhedrium bringen und stellen sogar falsche Zeugen auf,[58] die gegen ihn aussagen: Er habe nicht aufgehört, gegen den heiligen Ort und die Tora zu reden – und in dritter Fassung der Anklage erfolgt schließlich ein angebliches Zitat: Stephanus selbst habe gesagt, Jesus werde diesen Ort, also den Tempel, zerstören und die Normen oder Gewohnheiten/Sitten[59] (ἔθη) ändern, die Mose ihnen überliefert habe.[60]

Die Anklage erfolgt also in dreifacher Wiederholung, wobei in jeder Wiederholung entscheidende Modifikationen bzw. Präzisierungen zu beobachten sind:[61] Zunächst führen die Falschzeugen die Gerüchte über Stephanus' blasphemische Reden über Mose und Gott konkreter aus, indem sie Mose mit der durch ihn vermittelten Tora identifizieren. Die Frage bleibt, was mit dem ›heiligen Ort‹ (ὁ ἅγιος τόπος) gemeint ist: Denkbar wäre zwar, dass Jerusalem als Ganzes mit dieser Bezeichnung umschrieben sein soll, wahrscheinlicher aber ist doch, dass zunächst der Tempel als Ort des Heiligen im Blick ist. Bedenkenswert ist aber zumindest auch G. JANKOWSKIs Hinweis darauf, dass ausgehend von 1 Kön 8,16 und ähnlichen Stellen ›der Ort‹, *ha-Maqom*, in der jüdischen Tradition zur Gottesbezeichnung bzw. zum »Synonym für Gott« wurde.[62] Ist der Tempel als ›Ort‹ angegriffen, geht es ans Innerste auch des Gottesglaubens Israels. Das wird noch einmal deutlicher, wenn im letzten Schritt der

---

Glaubens gewürdigt und beansprucht; auf diesem jüdischen Fundament baute das Bekenntnis zu Jesus auf. Die Beschuldigungen gegen Stephanus sind für Lukasleser also offenkundig haltlos, als Lüge entlarvt.«

[58] Indem Lukas diese Männer explizit als ›falsche Zeugen‹ bzw. ›Lügenzeugen‹ benennt, wird noch vor Beginn der Verteidigung des Stephanus den Leserinnen und Lesern deutlich gemacht, dass alles nun Folgende sich auf dem wackligen Boden dieser Falschbeschuldigungen bewegt. So auch W. ECKEY 2000, 163: »Der Vorwurf der ›Lügenzeugen‹ ist absurd.« Insofern leuchtet mir nicht ein, warum einige Ausleger wie etwa F. MUSSNER 1975 – ausgehend von Apg 7, 48a – daran festhalten, die Rede des Stephanus erweise die Anklagen im Nachhinein als richtig: »Damit [sc. dem in 7,48a zitierten] bestätigt Stephanus (im Sinn des Lk) selbst die gegen ihn erhobenen Vorwürfe, und zwar in ganz grundsätzlicher Weise.« (ebd., 285). Folgerichtig kann für MUSSNER die Bezeichnung der Zeugen als Falschzeugen nur etwas mit einer »gewissen Inkonsequenz« (ebd., a.a.O.) des Verfassers zu tun haben, hätten doch die Zeugen »›die lästerlichen Reden‹ des Stephanus durchaus richtig verstanden, wenn ihnen auch ihr kerygmatischer Sinn verborgen blieb.« (ebd., a.a.O.) Diese kritische Einstellung gegenüber MUSSNERs Überlegungen ist auch bei D. RUSAM 2003, 146, Anm. 215 zu finden. Ähnlich wie MUSSNER argumentiert auch M. SIMON 1951, 127: »He [Stephanus; K.S.] thus clearly demonstrates that the accusations produced against him by so-called [sic! K.S.] ›false witnesses‹ and which motivated his trial, were perfectly well founded: he had indeed spoken ›blasphemous words against this holy place‹ and, ipso facto, against at least part of the Law.«

[59] Die Auffassung A. WEISERs (ders. 1986, 153), hier liege eine Gleichsetzung von νόμος und ἔθος vor, der sich D. RUSAM 2003, 129, Anm. 148 anschließt, kann ich nicht teilen. Damit wäre die bewusst komponierte Stufung der drei Anklagen nicht mehr deutlich. Es ist allerdings tatsächlich nicht auf den ersten Blick deutlich, was Lukas an dieser Stelle mit ἔθος meint, zumal es keine breite LXX-Tradition gibt, in der der Begriff stehen könnte. In der LXX kommt er nur selten vor. 2 Makk 11,25 übersetzt mit ›Brauch‹; 4 Makk 18,5 stehen die πάτρια ἔθη als Ausdruck des Gegensatzes zur zu bekämpfenden Hellenisierung. Im Neuen Testament ist fünfmal von ἔθη die Rede, außerhalb der Apostelgeschichte findet der Begriff keine Verwendung (Apg 6,14; 16,21; 21,21; 26,3; 28,17). Singularisch gebraucht wird er siebenmal (davon zweimal außerhalb des lukanischen Doppelwerks). Im Sprachgebrauch des Lukas wechseln die so bezeichneten Inhalte: Können damit zum einen Bestandteile des Tempelkultes gemeint sein (Lk 1,9; 2,42), bezeichnet ἔθος zum anderen sowohl das römische Gesetz (Apg 25,16) als auch – und dies in der Mehrzahl der Fälle – jüdische Weisungen (Apg 15,1; 16,21; 21,21;26,3). Apg 28,17 (Paulus leitet seine Rede an die anwesenden Führer der jüdischen Gemeinde damit ein, er habe nichts gegen das Volk Israel oder die ›väterlichen ἔθη‹ getan) könnte darauf hinweisen, dass Lukas damit auf Weisungen anspielt, die nicht der schriftlichen Tora zuzurechnen sind, könnte u.U. also Anzeichen dafür sein, dass für Lukas selbstverständlich auch die sich entwickelnde mündliche Tora, wie sie im rabbinischen Jüdinnen- und Judentum dann ihre Ausprägung fand, Gültigkeit besitzt.

[60] Auch D. RUSAM 2003, 129 vermerkt, dass erstens schon die Bezeichnung der Zeugen als ›lügnerisch‹ »den impliziten Leser auf die Unwahrheit ihrer Aussage hin[weise]« und dass zweitens »der implizite Leser ganz genau [wisse], dass nicht Jesus den Tempel zerstört hat, sondern die Römer.«

[61] S. dazu auch A. WEISER 1986.

[62] G. JANKOWSKI 2001, 115. Auch M. BACHMANN 1980, 371, Anm. 612 sieht diese Möglichkeit.

Anklageerhebung die angebliche Ansage des Stephanus zitiert wird. Die Zeugen behaupten, sie selbst hätten Stephanus sagen hören:[63] *Jesus, dieser Nazoräer, wird diesen Ort zerstören und ändern die Normen/Gewohnheiten, die Mose uns übergeben hat.* (6,14) In dieser Formulierung ist neben der Verwendung des Futurs (καταλύσει, ἀλλάξει)[64] die betonte Benennung Jesu als ›dieser Nazoräer‹ (ὁ Ναζωραῖος οὗτος) auffällig.[65] Wenn in der Apostelgeschichte so oft wie nirgends sonst im Neuen Testament der Ausdruck Ναζωραῖος als Bezeichnung Jesu verwendet wird[66] und Lukas diese Benennung offensichtlich als so prominent voraussetzt, dass die von Tertullus vor Felix gegen Paulus formulierte Anklage darauf lauten kann, er sei ein Anführer *dieser Nazoräerpartei* (πρωτοστάτης τῆς τῶν Ναζωραίων αἱρέσεως, 24,5), dann wird deutlich, dass – zumindest in der Wahrnehmung des lukanischen Doppelwerks – in den Augen Roms die Anhängerinnen und Anhänger Jesu als seine Parteigängerinnen und Parteigänger eben auch diesen Beinamen übernommen haben bzw. übertragen bekommen haben. Insofern kann die Anschuldigung der Falschzeugen vor dem Synhedrium auch auf eine Anklage gegen die gesamte Gruppe der Nachfolgerinnen und Nachfolger Jesu ausgeweitet werden.[67]

---

[63] »Die Deklamation durch falsche Zeugen Act 6,13 liefert den Mk 14,57 entsprechenden und für Lukas wichtigen apologetischen Rahmen, um seiner Erzählintention gemäß mit den falschen Zeugen aus Mk 14,57 auch ihr aus Mk 14,58 stammendes Tempellogion in V. 14 aufnehmen zu können. V. 13 zeigt, wie Lukas das mk Tempellogion, das er dann in V. 14 bewußt verkürzt, d.h. verfälscht, anklingen läßt, auf der synchronen Textebene verstanden wissen will: Weder der lk Jesus noch Stephanus hat sich je tempel- oder gesetzesfeindlich geäußert.« (G. WASSERBERG 1998, 242f.).

[64] Offensichtlich spielt Lukas hier mit der Differenz zwischen erzählter Zeit, in der der Tempel noch steht, und seiner Erzählzeit bzw. der Zeit seiner Leserinnen und Leser, die die Zerstörung des Tempels erleben mussten. Indem aber gerade auch diese Anklage – wie oben gezeigt – explizit als Falschanklage bezeichnet wird, macht Lukas für sein Publikum unmissverständlich deutlich, dass die Zerstörung des Jerusalemer Heiligtums gerade nicht notwendige Folge des Christusgeschehens war. Das lässt sich unschwer auch daran erkennen, dass Lukas im Rahmen der Vernehmung Jesu vor dem Synhedrium die Falschanklage der Ansage der Tempelzerstörung durch Jesus nicht erwähnt sein lässt (diff. Mk 14,58; Mt 26,61). Inwiefern das mit der in der Stephanusrede evtl. formulierten Relativierung der Einzigartigkeit des Jerusalemer Tempels durchaus zusammengedacht werden kann, werde ich unten zeigen; S. 381; 389.

[65] In der neueren Diskussion wird von der Vermutung, das Attribut ὁ Ναζωραῖος bezeichne die Herkunft Jesu aus Nazaret, immer mehr Abstand genommen. Diskutiert werden stattdessen die Verbindungen zum hebräischen נזר und der daraus folgenden Bezeichnung sowohl Jesu selbst als auch der ihm nachfolgenden Menschen als Ναζωραῖοι/Nozrim. Vgl. etwa F. PARENTE 1996, der festhält, dass »while the collective noun Ναζωραῖοι is justifiable if Ναζωραῖος means ›holy‹, it is considerably less so if Ναζωραῖος means ›man of Nazareth‹.« (189); ferner mit ähnlicher Argumentation E. LAUPOT 2000; G. JANKOWSKI 2001, 58.115; V. WAGNER 2001, der im Verständnis von Nazaret als Herkunftsort Jesu den Versuch reflektiert sieht, die Erinnerung an die besondere Gesetzestreue Jesu, die im ursprünglichen Titel Ναζωραῖος bewahrt sei, durch die Verwendung als Herkunftsbezeichnung bewusst zu tilgen (ebd., bes. 281f.). S. dazu auch oben S. 66 m. Anm. 244.

[66] Im gesamten Neuen Testament finden sich nur 13 Belege (alle innerhalb der Evangelien und Apg), davon allein acht, also fast zwei Drittel, im lukanischen Doppelwerk, bis auf einen (Lk 18,37) alle in der Apostelgeschichte. Zur Begriffsgeschichte von Ναζωραῖος s. F. PARENTE 1996 sowie V. WAGNER 2001, v.a. 277ff. WAGNER liefert überzeugende Argumente dafür, dass die Titulierungen Ναζωραῖος/Ναζαρηνός Jesus zunächst »als ›einen [bezeichnen], der das Gesetz gewohnheitsmäßig bewahrt und befolgt‹«, dass diese Bezeichnung also die Erinnerung an die besondere Gesetzestreue Jesu bewahrt (ebd., 281). Damit wird die Absurdität der Unterstellungen der Lügenzeugen noch einmal deutlicher: Ausgerechnet der per Beinamen als besonders toratreu bekannte Jesus soll die Zerstörung des Tempels und das Außerkraftsetzen der überlieferten Sitten angekündigt haben?

[67] E. LAUPOT 2000 zieht aus seiner Auseinandersetzung mit den Belegen der Apostelgeschichte im Zusammenhang mit dem Fragment 2 der *Historiae* des Tacitus den Schluss, die lateinische Formulierung *christiani* sei die Wiedergabe von hebr. *Netsarim*, einer Gruppe, die maßgeblich am Jüdischen Krieg beteiligt gewesen sei: »The *Christiani* must have been major participants in the revolt against Rome in order to have had the Roman general staff focus on them and destroy the Temple.« (ebd., 245; Hervorhebung im Original).

Der Sprachgebrauch des Lukas lässt vermuten, dass mit den in 6,14 genannten ἔθη die Tora als Verbindung von Schrifttora und Halacha gemeint ist.[68] Insofern könnte auch hier eine Präzisierung der globalen Anklage, Stephanus rede gegen die Mosetora, vorliegen, die darauf zielt, dass auch die Auslegung der Mosetora, wie sie in der mündlichen Tora geschieht, von Stephanus und der Gemeinschaft, der er angehört, verraten werde.[69]

Die versammelten Mitglieder des Synhedriums reagieren angespannt. Sie schauen Stephanus an – und sehen sein Gesicht gerade wie das eines Gottesboten (6,15). Diese Kombination aus Geistbegabung und Ähnlichkeit mit einem ›Gottesboten‹ ist ausweislich rabbinischer Aussagen Merkmal prophetischen Auftretens:

> »Wenn die Propheten redeten, so heißt es, ruhte auf ihnen der Geist, und sie glichen dabei den Gottesboten (BamR 10,5). Sie waren also inspiriert zu reden, und sie redeten im Auftrag Gottes.«[70]

Schon bevor Stephanus seine prophetische Rede beginnt, macht Lukas also deutlich, dass hier ein Prophet steht.[71]

Eine Reaktion der Versammelten auf diese Vision bzw. diese Perspektive erzählt Lukas nicht – es sei denn, die Frage des Hohepriesters, ob diese Anklagen zuträfen, sei eine solche. Beeindruckt zeigen sie sich jedenfalls zunächst nicht, aber Stephanus erhält Raum, um sich zu den Vorwürfen gegen ihn zu äußern.

Stephanus antwortet, aber er reagiert nicht, wie vielleicht zu erwarten wäre, mit einer Punkt-für-Punkt-Widerlegung der einzelnen Anklagepunkte.[72] Er setzt vielmehr zu einer langen Rede an, in der er nicht mehr und nicht weniger bietet als ein Summarium der Geschichte Israels.[73]

---

[68] So eben bereits (S. 350 m. Anm. 59) angedeutet.

[69] D. RUSAM 2003, 129, der allerdings von der Gleichsetzung von νόμος und ἔθος ausgeht, zeigt auf, dass ›dem impliziten Leser‹ (so der Sprachgebrauch bei Rusam) natürlich bewusst sei, dass auch dieser Vorwurf haltlos sei: »Machen doch die bisherigen Schriftbeweise im lukanischen Doppelwerk klar, dass die christliche Gemeinde sich auf dem Boden der Tora weiß!« Unter Rückbezug auf die von Lukas so eingeführten ›Lügenzeugen‹ schlussfolgert er: »So wird der implizite Leser durch den Begriff μάρτυρες ψευδεῖς vielmehr an das in Lk 18,20 zitierte Gebot μὴ ψευδομαρτυρήσῃς erinnert (Ex 20,6; Dtn 5,20), sodass deutlich wird: Nicht Stephanus redet gegen das Gesetz, sondern die Ankläger selbst.«

[70] G. JANKOWSKI 2001, 116. Unter Umständen spielt in der Darstellung der Szene auch Ex 34,29f., die Verklärung des Gesichtes des Mose, eine Rolle. Ähnlich auch W. ECKEY 2000, 163: »Stephanus wird durch sein einem Engel ähnlich erscheinendes Antlitz vor den Augen seiner Feinde als ein von Gott bestätigter Träger des Heiligen Geistes offenbar.«

[71] Natürlich ist die zitierte Stelle des rabbinischen Schrifttums, zumindest in ihrer schriftlich fixierten Form, jünger als das lukanische Doppelwerk. Dennoch lässt sich daraus nicht zwingend folgern, dass ähnliche Vorstellungen nicht schon weit länger Bestandteil jüdischen Denkens waren und also auch Lukas präsent gewesen sein können.

[72] Ganz ähnlich schon A.F.J. KLIJN 1957, 26, Anm. 2. Auch D. RUSAM 2003, 129 hält fest, dass Stephanus in einer »besondere[n] Weise auf die Vorwürfe« eingehe und versuche, sie zu entkräften.

[73] »So wird seine Rede zu einer Predigt, die mit feierlichen Klängen anhebt, so wie man wohl an Festtagen der Synagogengemeinde die Geschichte Gottes mit dem auserwählten Volke zu deuten pflegte.« (H.W. BEYER 1955, 49). Innerbiblisch ist die besondere Nähe zu Neh 9 festzuhalten (mit H.A. BREHM 1997, 266), auch wenn es sich hier nicht um eine Synagogenpredigt im späteren Wortverständnis handelt. Die Möglichkeit, dass der Stephanusrede als Vorlage unter Umständen wirklich eine Synagogenpredigt zugrunde lag, sehen auch T. HOLTZ 1968, 85ff; J. BOWKER 1967–68, 96ff; M. RESE, 78ff; H. THYEN 1955, 20; vgl. auch E.E. ELLIS 1971, 94ff; skeptisch bleibt G. STEMBERGER 1990, 250. W. ECKEY 2000, 168 betrachtet die Rede als von Lukas komponiert, sieht jedoch auch die Möglichkeit der Grundlage in einer Synagogenpredigt, »die die Geschiche Israels ... radikal unter dem (deuteronomistischen) Aspekt der fortgesetzten Untreue des Volkes gegen Gott, der ständig auf das Wohl Israels aus ist, rekapituliert. Die Homilie zeigt Stephanus als frommen, schriftkundigen Juden, der Mose verehrt und sich in seiner Kritik an den Israeliten, speziell auch am Tempelkult, traditionsbewußt verhält.«

Diese Rede hat in der Forschung viel Aufmerksamkeit erhalten.[74] Lange galt sie, wie oben für den Gesamtzusammenhang der Stephanusepisode bereits gezeigt, als der entscheidende Wendepunkt; ihre Bedeutung sei gar nicht hoch genug einzuschätzen. So formuliert RICHARD NIXON in einem Vortrag:

> »It is evident, from the amount of space which the author gives to it, that he regarded Stephen's speech ... as a major theological advance. Before Stephen the disciples were a Jewish sect; after him they soon became a truly catholic Church. Stephen begins with a review of Old Testament history. In this the Exodus receives the major part of his attention. There is a clear parallel between Moses the redeemer rejected by his people who worshiped idols, and Jesus the Redeemer rejected by His people who used the Jewish cultus in an idolatrous way. ... Stephen is issuing a call to come out of Judaism, to regain their mobility, to march onwards to the promised land.«[75]

Nun stammt dieser Vortrag zugegebenermaßen aus den 60er-Jahren, und so pointiert wird der angebliche Fortschritt, den die Theologie der Stephanusrede für die lukanische Konzeption der Apg biete, später selten noch formuliert. Allerdings finden sich bis in neuere Zeit immer wieder Ansätze, die in dieser Rede eine harsche Gesetzeskritik und grundsätzliche Ablehnung des Jerusalemer Tempels sehen. Einige Kommentatoren fragen sich daher auch immer wieder, ob nicht mit einer gewissen Ironie die von Stephanus vertretenen Inhalte den Aussagen der Lügenzeugen Recht gäben und sie so im Nachhinein gerade als aufrichtige, wahrhafte Zeugen dastehen ließen.[76]

Lukas ist ein zu geschickter Schriftsteller, als dass er solche logischen Brüche respektive solche ironischen Verwandlungen nicht bemerkt hätte. Da die Lösung, er habe hier eben ein Stück der Tradition geradezu einbringen *müssen*, auch nicht zufrieden stellen kann, geht es der folgenden narrativen Analyse darum, dem Duktus dieser Rede, die einen entscheidenden Beitrag zum Exodusverständnis des lukanischen Werkes leistet, der sich auch auf der Ebene der lukanischen Exoduslektüre spiegelt, auf die Spur zu kommen.

Um die einzelnen Schwerpunkte, aber auch die z.T. sehr unterschiedliche Zielsetzung verschiedener Sequenzen der langen Stephanusrede, die immerhin 5% des Gesamtumfangs der Apostelgeschichte einnimmt,[77] angemessen würdigen zu können, ist es wichtig, ihre Gliederung Schritt für Schritt nachzuzeichnen und die einzelnen Abschnitte zunächst je für sich ins Auge zu fassen.

Allerdings lässt sich kaum sagen, dass für eine solche Untergliederung in der Forschung ein Konsens bestünde. Weitgehend übereinstimmend werden noch die ersten beiden Abschnitte als ›Abraham‹ (Vv. 2b–8) und ›Josef‹ (Vv. 9–16) sowie der letzte

---

[74] Aus der Fülle der Sekundärliteratur verweise ich exemplarisch auf C. KURTH 2000, 157–172; H.-W. NEUDORFER 1998; M. BACHMANN 1999; S. LÉGASSE 1992; K. HAACKER 1995; W. STEGEMANN 1991a, 164–180; R.E. O'TOOLE 1990, 25f.; K. LÖNING 1987a; A. WEISER 1986; sowie aus der älteren Literatur auf J. BIHLER 1963; H. THYEN 1955; U. WILCKENS 1974, 208–224; O.H. STECK 1967, 265ff.

[75] R. E. NIXON 1963, 22f. Auch H.W. BEYER 1955, 50 spricht von der Stephanusrede als »der großen Abrechnung, die der jüdische Christ mit der Geschichte seiner Väter vollzieht und deren in die Irre gehenden Vollendern in der Gegenwart, um seinem Glauben Raum zu schaffen für eine Umkehr, für ein Wiederanknüpfen an die echten Quellen des Gottgehorsams.« Allerdings interpretiert er dies im Folgenden (51) auf der Grundlage der Geschichte der christlichen Kirche und sieht in der Rede viel mehr die folgende Geschichte vorgezeichnet, als das historische Israel von der Kritik betroffen, und unterscheidet sich insofern doch deutlich von NIXON. M. SIMON 1951, 127 betont die Besonderheit des Stephanus: »It has often been noted that St Stephen stands ... as an isolated figure in the history of the early church. His theological thought, as expressed in his speech ..., is very personal and, if compared with other forms of primitive Christian thought, almost completely aberrant.«

[76] S. dazu die oben bereits kurz skizzierte Diskussion (S. 350 m. Anm. 58); aufschlussreich sind beispielsweise die dort zitierten Bemerkungen von F. MUßNER.

[77] Vgl. E. GRÄßER 2001, 236.

als ›Anklage‹ definiert.[78] Kontroverser diskutiert wird hingegen der Umfang bzw. konkret das Ende des ›Mose-Abschnittes‹: Wenn auch die Mehrzahl der Exegetinnen und Exegeten den Abschnitt über Mose auf die Vv. 17–43 begrenzt,[79] so besteht unter den anderen doch eine größere Uneinigkeit[80] – eine Uneinigkeit, die einen nicht zu unterschätzenden Hinweis auf die Komplexität der in den Vv. 17–50 verhandelten Thematik gibt. Im Folgenden richte ich mich, um die Darstellung überschaubarer zu halten, in der Untergliederung der Vv. 17–50 unter inhaltlichen Gesichtspunkten nach G. JANKOWSKI. Dennoch wird immer wieder deutlich, dass 7,17–50 einen Gesamtzusammenhang bildet, der von Lukas bewusst als Einheit gestaltet ist, in der Themen wie z.B. der Gegensatz zwischen göttlichem Plan und menschlichem Tun durchgehend verhandelt werden.

Ich fasse die beiden Abschnitte 7,2–8 und 9–16 zusammen, da zum einen der Schwerpunkt meiner Überlegungen auf der mit dem Exodusgeschehen beginnenden Darstellung liegt und zum anderen beide inhaltlich wiederum stark miteinander verzahnt sind.

2.1 Leben im fremden Land – kein eigenes Land: Abraham und Josef (7,2–16)

(2)Und er sprach: »Männer – Brüder und Väter – hört (mir zu). Der Gott des gewichtigen Glanzes[81] hat sich von Abraham sehen lassen, als der noch in Mesopotamien lebte, noch bevor er ihn als Fremden in Kanaan ansiedelte, (3)und er sprach zu ihm: »Geh hinaus, raus aus deinem Land und weg von deiner Verwandtschaft und komm her in das Land, das ich dir zeige.«[82] (4)Da

---

[78] So bei R. PESCH 1986, 245; A. WEISER 1981, 178; J. JERVELL 1998, 232.234.237; E. RICHARD 1978; C. KURTH 2000, 158; W. ECKEY 2000; G. JANKOWSKI 2001; T. PENNER 2004, 94. J. JESKA sieht zwei große Komplexe, einerseits die Erzählung von Abrahams Theophanie bis zum Kindermord (7,2b–19) und andererseits die folgende Geschichte von Mose bis zum Tempelbau (7,20–50), wobei er die in beide eingeflochtenen Aktualisierungen (7,4.7.38.51–53) gesondert behandelt (ders. 2001, 156ff). Eine differenziertere Gliederung bietet G. JANKOWSKI: Er unterteilt die Rede in »Vom Werden Israels in fremdem Land – Abraham 7,1–8« (116), »Die Väter in Ägypten 7,9–19« (121), »Mosche: Die Brüder 7,20–29« (124), »Zurück nach Ägypten 7,30–34« (126), »Dieser Mosche 7,35–40« (128), »Er wohnt nicht in Handgemachtem 7,41–50« (130) und »Wie eure Väter so auch ihr 7,51–53« (134). M. KLINGHARDT 1988 spricht sich dezidiert gegen eine Gliederung nach inhaltlichen Aspekten aus (ders., a.a.O. 285) und gliedert entsprechend dem Schema antiker Rhetorik (286f.), in dem die Vv. 2b–47 als narratio zu verstehen seien, in die wiederum in den Vv. 20–40 ein »Mose-Enkomion« (286) eingebettet sei, zu dem die vorausgehenden Vv. 2b–19 den »Vorspann« (295) bildeten.

[79] So etwa R. PESCH 1986, 245; A. WEISER 1981, 178; W. SCHMITHALS 1982, 71f.; E. RICHARD 1978; C. KURTH 2000, 158; W. ECKEY 2000, 167; T. PENNER 2004, 94. J. JERVELL 1998, 236 lässt den eigentlichen Mose-Abschnitt erst mit V. 20 beginnen und betrachtet die vorhergehenden drei Verse als Überleitung. WEISER, PESCH und SCHMITHALS (jeweils a.a.O.) lassen danach einen Abschnitt ›Zelt und Tempel‹ (Vv. 44–50) folgen. H. VAN DE SANDT 1991 sieht den Abraham-Mose-Abschnitt als großen Zusammenhang (Vv. 2–37) und unterscheidet dann einen Teil, der die Stierbildepisode Ex 32 aufnehme (Vv. 38–44), und einen Abschnitt, der den Tempelbau thematisiere (Vv. 44–50), wobei er – wie die Doppelnennung zeigt – V.44 in der besonderen Rolle eines »transitional verse« versteht (ders., a.a.O., 67, Anm. 1).

[80] Während J. JERVELL 1998, 236 den Mose-Abschnitt schon mit V. 37 enden sieht und E. RICHARD 1978 bereits mit V. 34, untergliedert z.B. J. JESKA 2001 die Sequenz gar nicht weiter, sondern sieht die Zeit von Mose bis zum Tempelbau als Einheit.

[81] Δόξα ist Wiedergabe des hebräischen כָּבוֹד. Die Übertragung mit ›gewichtiger Glanz‹ ist diesem Zusammenhang geschuldet, bedeutet doch כָּבוֹד zunächst ›Gewicht, Schwere‹ und wird erst später zur Vorstellung von der Majestät JHWHs. Δόξα wird innerhalb der Stephanusperikope an zentraler Stelle noch einmal gebraucht: In seiner Vision 7,55 schaut Stephanus den gewichtigen Glanz Gottes (so auch H. GANSER-KERPERIN 2000, 243, Anm. 348). Die Verbindung ὁ θεὸς τῆς δόξης findet sich nur in Ψ 28,3. Der ganze Psalm thematisiert die Kraft und Mächtigkeit der Stimme JHWHs; es ist davon auszugehen, dass er in seiner Gesamtheit hier eingespielt sein soll.

[82] Apg 7,3 ist das erste einer ganzen Reihe von ersttestamentlichen Zitaten innerhalb der Stephanusrede, von denen jedoch nur zwei (7,42b–43.49f.) mit einer Zitationsformel eingeleitet werden. Wie D. RUSAM 2003, 143 zu Recht festhält, ist »diese … aber auch gar nicht nötig, weil dem impliziten Leser aufgrund des Kontextes und seines vom Autor vorausgesetzten Wissens ohnehin weiß, dass hier die γραφαί zur Sprache kommen.« Die an Kernstellen der Rede eingearbeiteten

ging er hinaus aus dem Land der Chaldäerinnen und Chaldäer und siedelte als Fremder in Charan. Nachdem sein Vater gestorben war, siedelte er ihn auch von dort um in dieses Land, auf das hin jetzt ihr siedelt; ⁽⁵⁾er hat ihm [Abraham] in ihm [dem Land] kein Erbe gegeben, nicht einmal einen Fußbreit, und er hat versprochen, es ihm zu seinem Besitz zu geben und seinem Nachkommen gemeinsam mit ihm – obwohl er noch kein Kind hatte. ⁽⁶⁾Genauso aber sprach Gott: »Seine Nachkommenschaft wird Fremdgruppe sein in einem fremden Land und sie werden ihn versklaven und unterdrücken 400 Jahre lang; ⁽⁷⁾und das Fremd-Volk⁸³, dem sie als Sklavinnen und Sklaven dienen werden, werde ich richten, ich allein«, sprach Gott, »und nach diesen Dingen werden sie herausziehen und mir an diesem Ort dienen⁸⁴.« ⁽⁸⁾Und er gab ihnen den Bund der Beschneidung:⁸⁵ Und so bekam er den Isaak und beschnitt ihn am achten Tag, und Isaak den Jakob und Jakob die zwölf Patriarchen.

⁽⁹⁾Die Patriarchen verkauften den Josef, weil sie gegen ihn eiferten, nach Ägypten. Gott war mit ihm ⁽¹⁰⁾und befreite ihn aus allen seinen Bedrängnissen und gab ihm Ansehen und Weisheit im Angesicht Pharaos, des Königs Ägyptens, und er setzte ihn ein als Führer über Ägypten und über sein ganzes Haus. ⁽¹¹⁾Da kam eine Hungersnot über ganz Ägypten und Kanaan, und die Bedrängnis war groß, und unsere Eltern fanden keine Nahrung. ⁽¹²⁾Als Jakob hörte, dass es in Ägypten Getreide gäbe, schickte er unsere Väter⁸⁶ zum ersten Mal (nach Ägypten). ⁽¹³⁾Und beim zweiten Mal gab sich Josef seinen Brüdern zu erkennen und dem Pharao wurde die Herkunft Josefs bekannt. ⁽¹⁴⁾Josef ließ Jakob, seinen Vater, zu sich rufen, nachdem er sie zurückgeschickt hatte, und die ganze Verwandtschaft: 75 Personen. ⁽¹⁵⁾Und Jakob ging hinab nach Ägypten und er selbst starb dort wie auch unsere Eltern, ⁽¹⁶⁾und sie wurden nach Sichem gebracht und beigesetzt in der Grabhöhle, die Abraham für eine bestimmte Summe Silber von den Söhnen Hamors in Sichem gekauft hatte.

Stephanus setzt zu seiner Rede an mit einer Begrüßung der Anwesenden: die Aufforderung zum Hören in Verbindung mit einer Anredeform, die die Gesamtheit der Anwesenden ausdrücken soll: Ἄνδρες ἀδελφοὶ καὶ πατέρες, ἀκούσατε!⁸⁷ Diese Höraufforderung erinnert an den Beginn der Mose-Reden im Deuteronomium,⁸⁸ wenn auch die dortige Anrede ›Israel‹ hier ersetzt ist durch die konkretere Form der Anrede in Apg 7,2, wobei durchaus davon auszugehen ist, dass entsprechend der

---

Zitate haben eine zweifache Bedeutung: Zum einen dienen sie dazu, den Ablauf des Erzählten lebendig zu gestalten. Zum anderen aber geht es auch darum, »bestimmte einzelne Begebenheiten in der Geschichte Israels aus dem Geschichtsrückblick herauszuheben. Wird in diesem Geschichtsrückblick die erzählte Geschichte geradezu im Zeitraffer wiederholt, so bremsen die eingestreuten Zitate das Erzähltempo derart ab, dass erzählte Zeit und Erzählzeit identisch werden. Damit wirkt auf den Leser das Zitat fast wie eine ›Zeitlupe‹ im Vergleich zum Kontext.« (ders., a.a.O.).

[83] Ich habe ἔθνος mit ›Fremd-Volk‹ wieder, um den Unterschied zu λαός als Bezeichnung für *das* Volk Israel im lukanischen Werk auch in der deutschen Übertragung kenntlich zu machen. S.o. S. 53f. m. Anm. 172; 69 m. Anm. 266.

[84] Während V. 7ab Zitat aus Gen 15,14 ist, spielt Lk in 7c unmittelbar Ex 3,12 ein (3,12 LXX: λατρεύσετε τῷ θεῷ ἐν τῷ ὄρει τούτῳ). Der Ausdruck λατρεύω kommt in der LXX erstmalig in Ex 3,12 und dann vermehrt innerhalb der Exoduserzählung vor.

[85] Auch LAB spricht im Zusammenhang der Beschneidung von einem ›Bund‹ (9,13), bezogen auf Mose, an der einzigen Stelle, an der im ganzen LAB die Beschneidung erwähnt ist; vgl. E. REINMUTH 1997. Zum rabbinischen Gebrauch des ›Bundes der Beschneidung‹ bzw. noch grundlegender zur Frage der Kategorie ›Bund‹ in der rabbinischen Literatur verweise ich auf F. AVEMARIE 1996, v.a. 196ff. In seiner Auswertung des seit der Untersuchung E.P. SANDERS' (ders. 1985) gängigen Begriffs ›Bundesnomismus‹ kommt er zwar grundsätzlich zu dem gleichen Ergebnis wie SANDERS bzw. sieht dessen These durch die Textbelege der rabbinischen Literatur verifiziert, hält jedoch kritisch fest: »Der Bund, der Israels Heil begründet, ist nicht … das Exodus- und Sinaigeschehen, sondern die an die Erzväter ergangene Verheißung, mitunter auch der Bund der Beschneidung.« (ebd. 214).

[86] Unten werde ich ausführlicher auf die inhaltliche Bedeutung, die dem Wechsel von ›unsere Väter‹ und ›eure Väter‹ innerhalb der Stephanusrede zukommt. Gegen die Vermutung von T. HOLTZ 1968, 86, dieser Wechsel sei ein Indiz für die Verwendung unterschiedlicher Quellen in der Stephanusrede, sei schon hier darauf hingewiesen, dass sich in eben diesem Wechsel die Perspektivierung der Szenerie entscheidet – es geht um inklusive und exklusive Betrachtung der geschilderten Ereignisse. S. dazu auch D. RUSAM 2003, 130; 453f.

[87] Dass die Gesamtheit hier eine rein männliche ist, spiegelt zum einen die androzentrische Form der Literatur bzw. Geschichtsschreibung wieder, ist zum anderen aber insofern historisch zutreffend, als dem Gremium des Synhedriums nur Männer angehörten.

[88] S. z.B. Dtn 4,1; 5,1; 6,4; 9,1; 20,3.

Funktion des Synhedriums hier die Gesamtheit Israels,»das stellvertretend in den Brüdern und Vätern versammelt ist«,[89] vorgestellt ist.

Ohne jedes Eingehen auf die gegen ihn geäußerten Vorwürfe lässt Lukas Stephanus sein Geschichtssummarium mit Abraham beginnen – nicht etwa mit der Schöpfung – und damit die im Lied des Zacharias ganz zu Beginn des Doppelwerks formulierte Hoffnung auf die Erfüllung der Verheißungen an Abraham (Lk 1,72f.) wieder aufnehmen.[90] Es geht also nicht darum, die Geschichte Israels in eine Universalgeschichte der Welt einzuschreiben, sondern die gemeinsame Geschichte des Sprechers und der Hörer (bzw. Leserinnen und Leser der Apostelgeschichte) mit ihren spezifischen Verheißungen prophetisch zu erzählen – und zwar zu erzählen als Partikulargeschichte Israels. In dieser Art prophetischen Erzählens berührt sich die lukanische Darstellung auffällig eng mit der des LAB.[91] Beide konzentrieren sich auf die besondere Erwählung Abrahams und die Verheißungen an ihn. Während im LAB jedoch die Bindung Isaaks z.B. noch in Form einer ›diskursiven Analepse‹[92] nachträglich gleichsam eingespielt wird (LAB 18,5f.; 31,1–4; 40,2) und zur Berufung bzw. Erwählung Abrahams eine eigene erzählerische Verknüpfung mit der Turmbaugeschichte – bzw. über diese mit dem gesamten Noachkomplex[93] – erfolgt (LAB 6–7), entfallen bei Lukas alle wirklichen Erzählungen um Abraham und seine Familie restlos; einzig Berufung und Aufbruch finden Erwähnung neben der Verheißung des Landes für Abraham und dessen Nachkommen. Das Thema ›Land‹ durchzieht die gesamte Rede des Stephanus wie ein roter Faden; Orts- und Hausbegriffe spielen in jedem Abschnitt eine große Rolle. Dem verheißenen Landbesitz und dem sicheren Leben in diesem Land stellt Lukas dabei immer wieder die Bedeutung des ›fremden Landes‹ an die Seite; das Leben in der Diaspora ist Thema vom ersten Abschnitt der Rede an.[94] So ist schon in der Abrahampassage auffällig, dass Lukas Abrahams Berufung (7,3 // Gen 12,1) vorverlagert in die Zeit vor der Umsiedlung nach Haran, ihn – genau wie Ps-Philo (LAB 7,4)[95] – in Mesopotamien (=Babylonien), also in der Diaspora berufen sein lässt:[96]

---

[89] G. JANKOWSKI 2001, 117. Mit dieser Anredeform macht Lukas im Verlauf der Apostelgeschichte immer wieder die enge Verbindung zwischen der neu entstehenden Gruppierung und der größeren übrigen jüdischen Gemeinschaft deutlich (z.B. 1,16; 2,29; 3,17; 13,26.38; 22,1; 23,1.6; 28,17) – an keiner Stelle verwendet er ἀδελφοί, wenn von Nicht-JüdInnen die Rede ist; mit T. PENNER 2004, 301.

[90] Mit E. MAYER 1996, 141f.; N. DAHL 1966, 143ff.

[91] Ich werde an der jeweiligen Stelle darauf eingehen. Zu den Parallelen in der Genesis-Rezeption in Apg 7,2–17 und LAB 8 s. E. REINMUTH 1997:»Auch für Lukas ist festzuhalten, dass seine Wiedergabe der Abrahamgeschichte sich nicht lediglich der eigenen Interpretation der entsprechenden Genesis-Texte, sondern zugleich und primär ihrer biblischen und frühjüdischen Rezeption verdankt.« Weder LAB noch Apg 7 wollen nach REINMUTH vergangene Geschichte rekapitulieren, beiden geht es vielmehr um die aktuelle Bedeutung dieser Geschichte (ebd., 563).

[92] Ausdruck bei E. REINMUTH 1997, 555; zu dieser Besonderheit ps-philonischen Erzählens, die darin besteht, im Ablauf der Erzählung zunächst Ausgelassenes im weiteren Gang aufzugreifen (wichtigstes Beispiel ist die Aqeda; LAB 18,5; 32,2–4; 40,2) s.o. 157, Anm. 185.

[93] »Die narrative Verbindung der Abrahamgeschichte mit dem Noa-Komplex zeigt sein [sc. Ps-Philos] theologisches Interesse, das Handeln Gottes an Abraham als Grunddatum der Erwählungsgeschichte Israels zu akzentuieren.« (E. REINMUTH 1997, 556).

[94] Damit wird im lukanischen Werk aufgenommen, was das ›Heimatverständnis‹ der Schrift prägt: die Perspektive des Lebens außerhalb des eigenen Landes, das Ringen um gelingendes Leben im fremden Land in Wahrung – bzw. manches Mal eher: Findung – der eigenen Identität, dabei in der Hoffnung auf ›das Land‹, in dem Leben in Fülle versprochen ist:»Das Leben im fremden Land ist möglich, doch es wird nicht das letzte Wort behalten. ›Nächstes Jahr in Jerusalem‹ – Israels Heimatbegriff ist einem autochthonen strikt entgegengesetzt. Heimat ist nicht das Land, in dem man vorgeblich immer schon war, vielmehr ist Heimat das Land, in das man kam, kommt und kommen wird.« (J. EBACH 2003a, 613).

[95] E. REINMUTH 1997, 564 betont, dass Lk wie Ps-Philo hier auf einer Linie mit biblischer und nachbiblischer jüdischer Auslegungstradition zu sehen sind. Die Struktur ihrer Abrahamsgeschichte

»Abraham wurde in der Diaspora berufen. Dieser Satz steht pointiert am Anfang der programmatischen Rede. Zwar gilt, daß Abraham aus den Völkern heraus gerufen wurde, aber durch die Betonung der Diaspora soll von vorneherein klarwerden, daß hier von der Diaspora her gedacht wird und nicht vom Zentrum jüdischen Lebens, vom Land Israel und vom Tempel, her. In einer Zeit, in der das Land verloren und der Tempel zerstört ist, muß notwendigerweise genau darüber neu nachgedacht werden. Und das geschieht in dieser Rede.«[97]

Legt man dieses Verständnis der gesamten Rede zugrunde, lässt sich auch erklären, dass in ihr zum einen die Landverheißung ein im Vergleich zu den biblischen Texten ungleich größeres Gewicht erhält als Mehrungs- und Nachkommensverheißungen, die im Text der Apostelgeschichte zwar offensichtlich als bekannt vorausgesetzt werden (vgl. 7,5.17), aber nicht eigens erwähnt werden. Andererseits wird gleichzeitig betont, dass Abraham bzw. seinem Nachkommen zwar Land verheißen ist, dass Abraham selbst aber nicht das kleinste Stück Land in Kanaan besaß (7,5 in Aufnahme von Dtn 2,5). Ebenfalls in diesem Duktus liegt die Beobachtung, dass hier JHWH allein als handelnd vorgestellt wird: Er siedelt Abraham um, wie Lukas durch die Wiederholung in 7,2.4 betont (7,2: πρὶν ἢ κατοικῆσαι αὐτὸν ἐν Χαρράν.[98] 7,4: κἀκεῖθεν ... μετῴκισεν αὐτὸν εἰς τὴν γῆν ταύτην εἰς ἣν ὑμεῖς νῦν κατοικεῖτε). Gottesbegegnung in der Diaspora, nur in der Hoffnung auf das Land selbst – dessen Name an keiner Stelle der Stephanusrede erwähnt wird – und ausgestattet mit anderen Möglichkeiten der Bewahrung jüdischer Identität,[99] ist also denkbar und möglich.

Gleichzeitig steht die dem Abraham gegebene Verheißung im Mittelpunkt:[100] Apg 7,6f. zitieren fast wörtlich Gen 15,13f. LXX[101] – aber nur fast: Neben der Unterscheidung von γῆ ἀλλοτρία und γῆ οὐκ ἰδία wiegt inhaltlich etwas anderes ungleich schwerer. Während V. 7a mit Gen 15,14 noch übereinstimmt, unterscheidet sich 7b doch auffällig von Gen 15,14b: Bestand dort das Versprechen noch im großen Besitz, den das Volk bei seinem Auszug mitnehmen würde (ἐξελεύσονται ὧδε μετὰ ἀποσκευῆς πολλῆς), so liegt in Apg 7,7b der Akzent auf dem Dienst für JHWH: ἐξελεύσονται καὶ λατρεύσουσίν μοι ἐν τῷ τόπῳ τούτῳ.[102] Lukas spielt hier eine

---

zeichne z.B. Jos 24,2–4; Ps 104,8–11; Neh 9,7f. nach: »Gerade die Verwobenheit der Genesis-Rezeption in beiden Texten mit weiteren biblischen und frühjüdischen Texten, aber auch der Bezug auf die Genesis in anderen Erzählkontexten weisen auf den hohen Grad der Intertextualität beider Werke hin.«

[96] Dass hier die Diaspora assoziiert ist, liegt nahe, da Lukas von Mesopotamien nur noch an einer anderen Stelle seines Werkes spricht und es dort eindeutig als Bereich der Diaspora versteht (Apg 2,19). W. ECKEY 2000, 169 sieht hier den Einfluss von Gen 15,7 im Hintergrund. Das mag durchaus richtig sein, gibt aber inhaltlich keine weiterführende Hilfestellung.

[97] G. JANKOWSKI 2001, 117f.

[98] Zwar wird in der Infinitivkonstruktion das αὐτόν häufig als Subjekt übersetzt, jedoch scheint mir hier angesichts von V. 4 eine dazu parallele Übersetzung, die ja grammatisch ebenso korrekt ist, überzeugender.

[99] 7,8 ist die einzige Stelle, an der die Beschneidung erwähnt wird, allerdings wird dabei die Befolgung des Beschneidungsbefehls mindestens für die zwölf Söhne/Stämme Israels explizit herausgestrichen. Der Ausdruck ›Bund der Beschneidung‹ (διαθήκη περιτομῆς) erinnert an LAB 9,13, wie überhaupt frappierende Ähnlichkeit zwischen beiden Werken darin besteht, dass sie die Beschneidung jeweils nur einmal erwähnen, obwohl oder besser: gerade weil sie für sie aber eine absolute Selbstverständlichkeit darstellt; zu Apg 7,8 s. G. JANKOWSKI 2001, 121; zu den Bezügen zwischen der Genesisrezeption von Apg und LAB s. E. REINMUTH 1997, zu Apg 7,8 bes. 567. REINMUTH hält fest, dass die Darstellung von Apg 7,2ff weitgehend LAB 8 entspricht.

[100] T. PENNER 2004, 306f. sieht in der Abraham-Verheißung Apg 7,6f. den dominierenden Rahmen für die gesamte Rede gelegt: »[T]he promises to Abraham in 7:6–7 provide the overarching framework to the narrative, as the remaining story unfolds in a promise-fulfillment scheme.«

[101] Darin wieder übereinstimmend mit Ps-Philo (LAB 9,3; 15,5); vgl. E. REINMUTH 1997, 565f. Zu den Änderungen gegenüber Gen 15,13f. LXX s. auch D. RUSAM 2003, 131ff.

[102] E. RICHARDs 1982 stellt die These auf, die Verwendung von λατρεύειν in diesem Kontext sei bereits ein Vorzeichen für die spätere Abkehr Israels von JHWH. Indem nämlich Apg 7,42 die selbe Vokabel wieder verwendet – nun aber für den Dienst für andere Gottheiten – sei das eigentliche

Formulierung ein, die ursprünglich der Exoduserzählung Ex 1–15, vermutlich ange-lehnt an Ex 3,12b, entstammt: Der Dienst für JHWH ist durchgängig Ziel des Auszugsbegehrens Israels, wenn Mose mit Pharao verhandelt.[103] Die Ortsangabe (ἐν τῷ τόπῳ τούτῳ) ist dagegen nicht der Exoduserzählung entnommen; Ex 3,12 gibt als Zielangabe *diesen Berg* (ἐν τῷ ὄρει τούτῳ), andere Texte nennen die Wüste als Zielort des Auszugs aus Ägypten (vgl. Ex 7,16; 8,16) oder formulieren absolut, ohne einen Ort des Dienstes auszuführen (z.B. Ex 9,1.13; 10,3.7). Am wahrscheinlichsten ist, dass Lukas hier Ex 3,12 als Basis seiner Darstellung wählt und allein die Person (3. Pl statt 2. Pl) sowie den Ort des Gottes-Dienstes ändert. Dieser Wechsel hat immer wieder Anlass zu Spekulationen gegeben: Was meint τόπος οὗτος an dieser Stelle? Assoziiert der Begriff das Heiligtum in Jerusalem?[104] Oder formuliert Lukas nur be-wusst allgemeiner, da im neuen Kontext des Zitates, nämlich der Verheißung an Abraham, ›dieser Berg‹ keinen Sinn machen würde, weil dann der Eindruck ent-stünde, Lukas wolle die Verheißung an Abraham an den gleichen Ort verlegen wie die Berufung des Mose?

Wenngleich aufgrund des Sprachgebrauchs im unmittelbaren Kontext der Stepha-nusrede möglicherweise einiges für die Lesart ›Heiligtum‹ spricht, lässt sich mit Sicherheit nur sagen, dass das Ziel des verheißenen Auszugs, der Dienst für JHWH, für Lukas so zentral war, dass er ihn bereits in die erste Ansage des Aufenthalts in Ägypten und des darauf folgenden Auszugs integriert.[105] Nun haben aber die Untersuchungen oben ergeben, dass die Verlegung der Berufung Abrahams in die Diaspora eine bewusste theologische Entscheidung des Lukas war. Damit legt sich noch ein anderes Verständnis nahe: Denkbar ist, dass ὁ τόπος οὗτος genau dies wieder aufnimmt; damit wäre dann gerade nicht die Anspielung auf ein späteres Heiligtum im Land von Lukas intendiert. Vielmehr meint der Dienst für JHWH an ›diesem Ort‹: an jedem Ort, der für die Menschen der Zeit des Lukas, als Ort des Gottes-Dienstes überhaupt noch möglich war.[106] Ist nämlich die Verlagerung einer Jerusalem-Tempel-Theologie in die Diaspora-Berufungssituation des Abraham für sich genommen schon ungewöhnlich, so trifft dies noch mehr zu, wenn die Situation der lukanischen Gemeinschaft ernst genommen wird: Sollte das Ziel des Auszugs der Dienst allein am Jerusalemer Heiligtum gewesen sein, muss dieses Ziel mit der

---

Thema der gesamten Rede bereits vorabgebildet (ebd., a.a.O. 40f.). Allerdings stellt sich die Frage, ob dieser ›Link‹ – so zutreffend RICHARDs Beobachtungen sicherlich sind – wirklich eine ›Einbahnstraße‹ darstellt, oder ob er nicht vielmehr in beide Leserichtungen offen bleibt. S. dazu unten S. 374f.

[103] Innerhalb der ersten 15 Kapitel des Exodusbuches, in – faktischer oder ›virtueller‹ – Konfrontation mit Pharao, kommt λατρεύω allein 15mal vor; vgl. Ex 7,16.26; 8,16; 9,1.13; 10,3 u.ö.

[104] G. STEMBERGER 1990, 234f. weist auf Apg 6,13f. hin, was im Kontext der Stephanusrede dafür spräche, den Tempel mit οὗτος τόπος gemeint sein zu lassen. Dezidiert für eine solche Lesart spricht sich auch W. ECKEY 2000 aus, wenn er die »Zusage dieser Gottesdienststätte … im Kontext der Rede [als den] zentrale[n] Punkt des Abraham-Abschnittes« versteht (169; unter Berufung auf J. KILGALLEN 1976, 35–44). Vgl. auch G. WASSERBERG 1998, 246: »Wer meint, der erzählte Stephanus rede einer Tempelkritik das Wort, den belehrt die Tempelverheißung aus dem Munde Abrahams eines Besseren: … Der Kontext erweist (τόπος für Tempel Act 6,13f), daß mit dieser Formulierung nur der Tempel gemeint sein kann.« Auch T. PENNER 2004, 96 folgt zunächst dieser Interpretationslinie, kommt jedoch später (98) zu dem Schluss, nicht der Tempel, sondern das Land sei gemeint; vgl. auch ebd. 308–318.

[105] Entsprechend formuliert G. STEMBERGER 1990, 234: »Die verheißene Habe wird … durch das Motiv der Anbetung als Ziel der Verheißung ersetzt.«

[106] Lukas nähme dann hier einen entscheidenden Punkt biblischer Geschichte implizit auf: Auch der Bundesschluss am Sinai findet außerhalb des Landes statt; s. J. ASSMANN 1999, 201: »Der Bundesschluß geht der Landnahme voraus. Das ist der entscheidende Punkt. Er ist extraterritorial und daher von keinem Territorium abhängig. In diesem Bund kann man überall verbleiben, wohin auch immer auf der Welt es einen verschlägt.«

faktisch erlebten Zerstörung des Tempels mit zerstört worden sein. Lukas aber geht es in seinem Denken und Interpretieren der Geschichte Israels ja gerade darum auf-zuzeigen, dass auch unter den aktuellen Bedingungen zur Zeit seines Schreibens – Herrschaft Roms, Verlust von Land und Tempel – der Dienst für JHWH möglich ist, dass JHWH bei ihrem Volk ist und nicht auf einen bestimmten Ort festgelegt werden kann, wie später die Vv. 48ff noch einmal deutlich machen werden.[107]

Leben ohne jeden Besitz und Anspruch im Land der Verheißung ist möglich, das war die Quintessenz der Abrahampassage – nun könnte sich bereits hier auch schon der Anspruch zu Wort melden, dass damit konsequenterweise auch ein Leben für JHWH, der Dienst für ihn, außerhalb dieser Grenzen nicht nur möglich, sondern so-gar verheißen ist.[108]

Die Josefepisode der Rede bringt nach dieser allgemeinen Grundlegung ein kon-kretes Beispiel für gelingendes Leben in einem fremden Land.[109] Unterließ Lukas im Abschnitt über Abraham noch jede Identifizierung des fremden Landes als Ägypten, verwendet er ›Ägypten‹ innerhalb der Josefsgeschichte gleich sechsmal: Musste das Land der Unterdrückung also zunächst noch unbestimmt bleiben,[110] so kann hier Ägypten als Raum für gelingendes Leben in einem solchen Land beschrieben wer-den. Der Neid der Brüder Josefs führt zwar dazu, dass er nach Ägypten verkauft wird. Dadurch dass aber unmittelbar im Anschluss das Mitsein JHWHs mit Josef betont wird, steht seine folgende Geschichte des Aufstiegs und Triumphs in Ägypten von Anfang an quasi unter einem guten Stern. So entfällt in der lukanischen Dar-stellung (parallel zu der in LAB 8) jeder konkrete Hinweis auf ein auch in Ägypten nach dem biblischen Leittext noch fortgesetztes Leiden Josefs. In knapper Abfolge

---

[107] Bei aller Unterschiedlichkeit ist die Katastrophe von 70 n.Chr. derjenigen der ersten Tempelzerstörung im Grundsatz doch sehr nahe – deshalb mag es legitim sein, über die Möglichkeiten des Umgangs mit dem zerstörten Tempel, der eroberten Stadt Jerusalem und den zerstörten Träumen und Hoffnungen mit Worten ULRIKE BAILs nachzudenken, mit denen sie ›literarische Überlebensstrategien‹ (so die Kapitelüberschrift: dies. 2004, 39) thematisiert: »Angesichts der immensen Bedeutung, die die Trias Zion-Jerusalem-Tempel für die kollektive Identität in politischer, religiöser und persönlicher Hinsicht hatte, stellt sich die Frage, wie mit dieser Leere umgegangen wird, und was getan wird, wenn dieser Raum nicht mehr verfügbar ist. … Wie kann mit diesem Nicht-Ort, diesem Un-Ort [=Utopie; K.S.] so umgegangen werden, dass Hoffnung entsteht – eine Hoffnung, die angesichts der Katastrophe überleben lässt, die aus dem Überleben vielleicht ein Leben entstehen lässt? … Wird, was keinen Ort hat, imaginiert? Findet der zerstörte Ort, der Nicht-Ort einen Raum in den Worten, zwischen den Worten, im Text?« (a.a.O.).

[108] J. JESKA 2001, 161 kommt nach seinem Durchgang durch die Abrahamepisode der Rede (a.a.O. 156–161) zu dem Ergebnis: »Die Abrahamdarstellung der Stephanusrede mit der Landthematik als Zentrum und dem Thema (des Bundes) der Beschneidung als Nebenaspekt basiert in erster Linie auf einer kreativen Beschäftigung mit der Genesis-LXX, bereichert durch die Rezeption von Auslegungstraditionen und eigenen Interpretationen des biblischen Stoffes. Strukturelle Analogien im Bereich der antik-jüdischen SGI [Summarien der Geschichte Israels; K.S.] sind erkennbar, eine nahe inhaltliche Parallele jedoch nicht zu erkennen.«

[109] Zur Joseferzählung der Stephanusrede s. H.A. BREHM 1997, 280ff; J. JESKA 2001, 161–164. JESKA sieht eine Besonderheit der lukanischen Darstellung im Gegensatz zu anderen antik-jüdischen Summarien der Geschichte Israels in der Betonung, dass es möglich ist, im fremden Land ein gelingendes Leben zu führen; etwa ebd. 162f.: Dieser Akzent stelle einen »Schlüsselunterschied zwischen der Masse der antik-jüdischen SGI [Summarien der Geschichte Israels; K.S.] und der Stephanusrede« dar, Abraham- wie Josefsteil setzten »einen singulären Akzent«, der da laute: »Gutes Leben und sogar Aufstieg sind im fremden Land möglich und die Abrahamkindschaft ist davon nicht berührt. Es ist freilich nicht auszuschließen, daß sich eine ähnliche Konzeption auch hinter solchen SGI verbirgt, die weder Landverheißung noch Landgabe erwähnen, aber das besondere an der Stephanusrede ist, daß beide Motive sehr wohl Erwähnung finden und positiv rezipiert werden, und daß trotzdem die Legitimität des Lebens außerhalb des Landes herausgehoben wird.«

[110] Lukas zitiert innerhalb des insgesamt Gen 15,13f. folgenden Zitats Apg 7,6f. in 7,6 mit ἐν γῇ ἀλλοτρίᾳ Ex 2,22 statt Gen 15,13 ἐν γῇ οὐκ ἰδίᾳ.

werden sein Ansehen vor Pharao,[111] seine Einsetzung zum Obersten über ganz Ägypten, die Hungersnot, die Reisen der Brüder und die Übersiedlung der Jakobssippe nach Ägypten geschildert (7,14).[112] Abgeschlossen wird der Josefteil der Stephanusrede durch den Verweis auf das Begräbnis aller Patriarchen[113] in Sichem (7,16). Das ist insofern auffällig, als in der sonstigen zeitgenössischen jüdischen Literatur Hebron als Begräbnisort der Erzeltern bekannt ist, Sichem dagegen erst in der späten rabbinischen Literatur zu finden ist.[114] Folglich liegt es nahe, hier eine bewusste theologische Entscheidung zu sehen: Die Betonung, alle seien in Sichem begraben, könnte zum einen dazu dienen, die Geschichte Israels gleichsam ›teleskopisch‹ zu verkürzen‹,[115] da auch im biblischen Text die Geschichte Josefs erst in Sichem ihr wirkliches Ende erreicht (Jos 24,32).[116] Zum anderen kann Lukas so aber auch seine im Abrahamabschnitt explizit getroffene Aussage, Abraham habe auch nicht das kleinste Stückchen Land im verheißenen Land besessen, nochmals untermauern: Er macht deutlich, dass das Mitsein Gottes und der damit verbundene Segen nicht an den Besitz des Landes geknüpft ist,[117] indem er den Begräbnisort der Erzeltern in zur Erzählzeit samaritanisches Gebiet verlagert

Abraham und Josef bilden den gemeinsamen Grund der Verheißungsgeschichte Israels: In der Spannung zwischen verheißenem Land(besitz) und dem Ringen um ein (gutes) Leben außerhalb dieses Landes vollzieht sich, wenn ich der lukanischen Ar-

---

[111] Durch die Wortwahl χάρις und σοφία (7,10) wird Josef ähnlich qualifiziert wie Stephanus selbst bzw. Jesus (Lk 2,40.52).

[112] Die Zahl 75 in Apg 7,14 entspricht der Zählung der LXX in Gen 46,27; Ex 1,5. Zur Frage der Tradition dieser Zählung vgl. G. STEMBERGER 1990, 236f., der die Annahme, die Aufnahme der Zahl ›75‹ in Apg 7,14 zeige eindeutig die Abhängigkeit von der LXX, mit Belegen aus Jub 44,33 (Und alle Seelen Jakobs, die nach Ägypten kamen, waren 70. Dies sind seine Kinder und Enkel, alle zusammen 70; alle fünf starben in Ägypten vor Josef kinderlos.); 4Q Exᵃ (Ex 1,5 nennt die Zahl 75); LAB 8,11 (72) in Frage stellt und stattdessen von einer hebräischen Textgrundlage ausgeht: »ist eine direkte und ausschließliche Abhängigkeit der Apg in diesem Punkt von der LXX nicht zwingend zu erweisen. Es ist leicht möglich, daß 75 die ursprüngliche Angabe des hebräischen Textes ist.« (237)

[113] Nach G. STEMBERGER 1990, 235 ist Apg 7,8 für den Ausdruck ›die zwölf Patriarchen‹ »wohl der früheste Beleg«.

[114] Jub 46,9; JosAnt II 9,2; TestXII kennen Hebron als Begräbnisort; der früheste Text, der eine Sichem-Tradition des Begräbnisortes der Erzeltern kennt, könnte nach G. STEMBERGER 1990, 238f. Julianus Africanus (3. Jh.) sein. Vgl. auch M. BÖHM 1999, 54ff; zur Aufnahme der Sichem-Tradition in der patristischen Literatur ebd., 58, Anm. 138.

[115] So erklärt G. STEMBERGER 1990, 239f. die Verschiebung gegenüber der Genesis-Vorlage: »Die rein faktische Geschichte ist offenbar nicht so wichtig; wesentlich ist vielmehr die Verschiebung von Mamre nach Sichem, in samaritanisches Land.« Der Überlegung Stembergers, diese Verlegung solle nochmals verdeutlichen, dass Abraham und seine unmittelbaren Nachkommen keinen Besitz im Land selbst gehabt hätten, schließt sich D. RUSAM 2003, 133f. an.

[116] In Jos 24,32 findet sich auch der Hinweis, Josef werde auf einem Stück Land vor Sichem begraben, das Jakob gekauft habe – nach der LXX-Fassung allerdings von den Αμμοραίων und nicht, wie in der hebräischen Textfassung, von den Söhnen Hamors (בְּנֵי חֲמוֹר), des Stadtfürsten von Sichem. Kennt Lukas einfach nur die Traditionen, die mit Sichem in engem Zusammenhang stehen, oder haben wir es hier mit einem weiteren kleinen Indiz dafür zu tun, dass Lukas vielleicht tatsächlich auch den hebräischen Text kannte?

[117] Mit G. STEMBERGER 1990, 240: »Gottes Verheißung ist nicht ans Land gebunden. Ist diese Grundtendenz, daß man Gott auch außerhalb des heiligen Landes begegnen kann, ja, daß es auch im Ausland ›heiliges Land‹ gibt (7,33) und die Patriarchen als Fremde im heidnischen Ausland lebten und starben und begraben wurden, notwendigerweise als antijüdische Polemik aufzufassen, als Bruch der Kirche mit der Synagoge bzw. als Bruch der weltoffenen hellenistischen Kirche mit der Muttergemeinde Jerusalem? Das Thema an sich zwingt nicht zu dieser Sicht; es ist ebenso im Munde eines Juden nach der Katastrophe von 70 bzw. eines Diasporajuden auch schon früher vorstellbar und als *Trostrede* verständlich, daß es nicht unbedingt darauf ankommt, im heiligen Land zu leben, daß der Mensch vielmehr stets auf der Wanderschaft nicht in das heilige Land, sondern in die verheißene göttliche κατάπαυσις ist.« (Hervor. i. Text).

gumentation folge, gelingendes jüdisches Leben.[118] Um die Einlösung des Versprechens, das JHWH Abraham noch in der Diaspora, noch vor seinem ersten Aufbruch gegeben hatte, kreist darum der gesamte folgende Abschnitt der Rede, der nicht zuletzt aufgrund des ihm eingeräumten Umfangs als der zentrale Abschnitt der Stephanusrede zu identifizieren ist: die Geschichte Israels in Ägypten und in der Wüste als Geschichte von Widerstand und Unverständnis.

2.2 *»Diesen Mose, von dem sie nichts hatten wissen wollen...« – Exodus und Wüstenzeit in lukanischer Perspektive (7,17–43)*

Um die Darstellung überschaubarer zu machen, untergliedere ich die lange Passage,[119] die um die Erfahrung von Exodus und Wüstenzeit kreist, in kürzere inhaltliche Abschnitte.[120]

> *[17]Als die Zeit des Versprechens, das Gott dem Abraham zugesagt hatte, herankam, wuchs das Volk Israel und wurde zahlreich in Ägypten, [18]bis zu dem Zeitpunkt, zu dem ein anderer König (über Ägypten) aufstand, der den Josef nicht kannte. [19]Dieser unterdrückte unsere Eltern, indem er unser Volk überlistete[121] – bis dahin, dass sie ihre Säuglinge zu Ausgesetzten machten, damit sie nicht am Leben blieben.*

Lukas beginnt seine Wiedergabe der Exoduszeit mit einer Einleitung, die das in Ex 1,7 nur Implizierte explizit: Für ihn ist die Zeit des Lebens Israels in Ägypten die Zeit des Nahekommens des Versprechens JHWHs für Abraham (ἤγγιζεν ὁ χρόνος τῆς ἐπαγγελίας ἧς ὡμολόγησεν ὁ θεὸς τῷ Ἀβραάμ) – entsprechend diesem Versprechen wächst das Volk Israel in Ägypten zu einer großen Zahl.[122] Im Folgenden gibt er eine – im Vergleich zu den vorigen Abschnitten – sehr ins Detail gehende Schilderung von Geburt und Leben des Mose, die immer wieder wörtlich aus den

---

[118] J. EBACH zeigt anhand von Gen 37–38 auf, wie sehr Josef und Juda innerhalb der Genesis für zwei Grundmodelle jüdischen Lebens – die Frage von Assimilation und Absonderung – stehen; ders. 2003a.

[119] »The Moses unit is by far the most important, and it is therefore not incidentally also the longest portion of the speech.« (T. PENNER 2004, 94).

[120] Orientiert an der Untergliederung von G. JANKOWSKI, s.o. S. 353f. m. Anm. 78. Einzig die Entscheidung, zwischen V. 16 und V. 17 einen Einschnitt zu setzen, treffe ich gegen ihn (JANKOWSKI sieht die Vv. 9–19 als Einheit unter der Überschrift »Die Väter in Ägypten« (ders., a.a.O. 121). Zwar ist an JANKOWSKIs Unterteilung die Beobachtung richtig, dass zwischen den Versen die Kontinuität durch das Gleichbleiben der lokalen Angabe ›in Ägypten‹ gewahrt ist. Ich halte den Einschnitt jedoch insofern für sinnvoll, als damit die Untergliederung der biblischen Bücher gewahrt ist. Hinzu kommt, dass so deutlich wird, dass Mose nicht gleichsam losgelöst von seinem Kontext (das heißt hier: dem Kontext des Textes) geboren wird, sondern in eine ganz bestimmte Situation hinein.

[121] Κατασοφίζομαι im NT nur hier – Lukas rekurriert auf Ex 1,10 LXX und damit Pharaos Einleitungsrede; d.h., alle Maßnahmen, die Pharao in Ex 1ff unternimmt, fallen für Lukas unter diesem Stichwort zusammen und gipfeln in eben dem Aussetzen der Kinder.

[122] Auch hier wieder die auffällige Übereinstimmung mit LAB 8: Lukas wie Ps-Philo geben Ex 1,7a LXX wortwörtlich wieder, überspringen aber ebenfalls beide Ex 1,7b. Auch das Verständnis der Vermehrung als Erfüllung der Abrahamsverheißung ist beiden gemeinsam; dazu E. REINMUTH 1997, 566 m. Anm. 69. Zum Exodus als Erfüllung des Abrahambundes s. auch E. MAYER 1996, 138ff. Für MAYER liegt der Zielpunkt des Exodus Jesu, den er in Lk 9,31 angekündigt sieht, aber gerade nicht in einer ›innerweltlichen‹ Befreiung, sondern vielmehr in der Auferstehung: Der Abrahambund wird durch einen Exodus erfüllt, das macht Apg 7,2–53 deutlich. Im lukanischen Doppelwerk bedeutet dieser E. jedoch letztlich keine diesseitige Hoffnung, sondern die Auferstehung der Toten: »Nach der lukanischen Konzeption wird der Abrahambund erfüllt, indem Jesus ein Exodusgeschehen vollbringt, wobei die Erfüllung des Abrahambundes letztlich in der Auferstehung aller besteht. Die Einlösung des Abrahambundes geschieht also augenscheinlich durch Jesu Exodus, der die allgemeine Auferstehung zur Folge hat, woraus jetzt geschlossen werden kann, daß Jesu heilbringender Exodus nur sein eigenes Durchschreiten des Todes hin zur Auferstehung sein kann, da es Jesu Auferstehung ist, die die Auferstehung aller begründet.« (ebd. 147).

entsprechenden Exoduspassagen der LXX zitiert.[123] Auch hier finden sich jedoch an entscheidenden Stellen Modifikationen, die einen klareren Eindruck von der Eigenart lukanischer Exoduslektüre vermitteln.

Identisch mit der Schilderung des Exodusbuches ist die lukanische Rede vom ›Aufstehen‹ eines neuen Königs, der Josef nicht mehr kannte oder auch nicht mehr kennen wollte.[124] Die einzelnen Maßnahmen Pharaos werden von Lukas jedoch nicht erzählerisch ausgestaltet. Er summiert sie mit den Verben κακόω und κατασοφίζομαι (beide 7,19).[125] Während κακόω auch aus der Exoduserzählung Ex 1–15 LXX als summierender Begriff der Unterdrückungsmaßnahmen Pharaos bekannt ist,[126] findet κατασοφίζομαι nur an einer einzigen Stelle Verwendung: In Ex 1,10 LXX beobachtet Pharao das Wachsen Israels und formuliert seine Warnung an sein eigenes Volk. Während der hebräische Text mit חכם eine neutrale, in biblischen Texten häufig positiv konnotierte Wendung gebraucht,[127] setzt die LXX hier κατασοφίζομαι, einen Neologismus, der in der LXX abgesehen von Ex 1,10 nur noch zweimal verwendet wird, davon einmal in der Nacherzählung von Exodus 1 in Judit 5,11.[128] Ganz offensichtlich ist das der Versuch, zwar die Wurzel σοφ* beizubehalten und damit der hebräischen Formulierung nahe zu bleiben, die Bedeutung aber eindeutiger zu machen: Es geht um die negativen Formen von Weisheit, um eine Weisheit als Klugheit, die sich gegen andere richtet. Schon für Ex 1,10 scheint die Übersetzung ›List‹ eher zu schwach, wenngleich sich zeigen lässt, dass Pharao faktisch keine andere Wahl hatte,

---

[123] Zu den entsprechenden Passagen vgl. G.L. ARCHER/G. CHIRICHIGNO 1983, 12ff.

[124] S. dazu die Überlegungen oben; S. 84. In der Erzählfigur Pharao – nicht zufällig sind sowohl der Herrscher zur Zeit Josefs als auch der Herrscher, der für die Unterdrückung Israels verantwortlich zeichnet, beide nur als ›Pharao‹ bekannt – prallen beide Möglichkeiten, wie Leben im fremden Land sein kann, unmittelbar aufeinander; so auch J. JESKA 2001, 165: »Jener Fremdherrscher ist ein Nachfolger des zuvor positiv skizzierten Herrschers, d.h. in ein und demselben Land gibt es sehr tolerante und gute, aber auch intolerante und despotische Herrscher.«

[125] Zu κατασοφίζομαι s. U. WILCKENS 1964, 528f.

[126] Erstmals Ex 1,11: hier von der Erzählstimme verwendet, um die konkrete Ausführung (Baumaßnahmen für Pharao) einzuleiten; dann noch zweimal: Zunächst klagt Mose JHWH an, sie selbst sorge dafür, dass es ihrem Volk schlecht ergehe (Ex 5,22), um im nächsten Satz zu erklären, wie er zu dieser Anklage kommen konnte: Seine Sendung zu Pharao im Namen JHWHs, ihre erste Auseinandersetzung hat in der Wahrnehmung des Mose offenbar erst dazu geführt, dass Pharao Israel nun schlecht behandle: καὶ ἀφ᾿ οὗ πεπόρευμαι πρὸς Φαραω λαλῆσαι ἐπὶ τῷ σῷ ὀνόματι, ἐκάκωσεν τὸν λαὸν τοῦτον (5,23). Hebräischer und griechischer Text stimmen hier in der Darstellung überein, insofern zu fragen, welcher Logik z.B. die Einheitsübersetzung folgt, hier übersetzt wird: *Seit ich zum Pharao gegangen bin, um in deinem Namen zu reden, behandelt er dieses Volk noch schlechter.* Offensichtlich hält der biblische Text hier offen, ob Mose so formuliert, weil er von den früheren Unterdrückungsmaßnahmen nichts weiß bzw. sie zumindest nicht bewusst wahrgenommen hat, oder ob damit tatsächlich angedeutet werden soll, dass Mose erst im Ahnen der oder besser: Wissen um die Möglichkeit eines anderen Lebens die Unterdrückungsmaßnahmen als solche vor Augen treten.

[127] Allerdings hält B. JACOB 1997, 8 fest, dass חכם außer in Ex 1,10 nur noch in Koh 7,16 im Hithpael vorkommt und bemerkt zu Pharaos Vorhaben: »נתחכמה, man könnte in der Wahl gerade dieses Wortes eine Beziehung auf Gen 41,39 finden, so daß Pharao damit verriete, daß er sehr wohl von Joseph wußte. Dessen von dem damaligen Pharao anerkannte Weisheit hatte darin bestanden, daß er Ägypten rettete, die seines Nachfolgers soll die Nachkommen Josephs verderben. Aber wenn einer sich selber klug nennt, so ist das schon ein Beweis, daß er es nicht ist. Das Hitpael warnend nur noch Koh 7,16.« Dass auch ansonsten die Wurzel חכם nicht nur positiv zu interpretieren ist, zeigt z.B. die Charakterisierung Jonadabs in 2 Sam 13,3: Jonadab, ein Freund des liebeskranken Amnon, wird von der Erzählstimme als ›sehr weiser Mann‹ (אִישׁ חָכָם מְאֹד) eingeführt – sein ›weiser‹ Rat zieht letztlich jedoch Gewalt, Vergewaltigung und Mord nach sich.

[128] Der letzte Beleg legt die Wendung den Assyrern in den Mund: *Es wäre nicht klug, auch nur einen einzigen Mann von ihnen übrig zu lassen; wenn man sie laufen läßt, sind sie imstande, noch die ganze Welt zu überlisten.* (Jdt 10,19 EÜ) Mit dieser Formulierung werden sprachlich ungemein geschickt nicht nur die ›realen‹ Machtverhältnisse (Assur vs. Israel) umgedreht, sondern auch die sprachlichen, die solche ›List‹ an den beiden anderen Stellen gegen Israel gerichtet sein lassen.

als zuerst mit einer Hinterlist gegen Israel vorzugehen, da ihm jede Legitimation für einen offenen Tötungsbefehl fehlte.[129] In Apg 7,19 wird diese Wahrnehmung noch drängender, schildert Lukas doch keine einzige Unterdrückungsmaßnahme konkret, sondern subsumiert alles Handeln Pharaos unter der Überschrift ›(Hinter-)List‹ – bis hin zur Aussetzung der Säuglinge. An dieser ist wiederum auffällig, dass auch hier kein Befehl Pharaos ergeht, sondern die Formulierung eher intendiert, dass die Israelitinnen und Israeliten selbst ihre Säuglinge aussetzen und sie lieber tot sehen als im Zwangsdienst für Pharao, ja stärker noch: Ihr Handeln hat offensichtlich das Ziel, dass ihre Kinder sterben, wie der final eingeleitete substantivierte Infinitiv (εἰς τό) eindeutig zeigt: οὗτος κατασοφισάμενος τὸ γένος ἡμῶν ἐκάκωσεν τοὺς πατέρας ἡμῶν τοῦ ποιεῖν τὰ βρέφη ἔκθετα αὐτῶν εἰς τὸ μὴ ζῳογονεῖσθαι. Die Israelitinnen und Israeliten werden durch die böse List Pharaos dazu getrieben, dass sie ihre Kinder zu Ausgesetzten machen, damit sie nicht am Leben bleiben – Leben unter den Bedingungen, wie das pharaonische System sie diktiert, ist offensichtlich bedrohlicher als der Tod der Säuglinge. Diese Tendenz scheint in der zwischentestamentlichen Literatur nicht unbekannt gewesend zu sein, eine Variante findet sich im LAB: Pseudo-Philo arbeitet eine lange innerisraelitische Diskussion in seine Erzählung ein und lässt die Mehrheit der Anwesenden dazu tendieren, auf den Geschlechtsverkehr ganz zu verzichten, damit erst gar keine Kinder zur Welt kommen können, die unter Pharaos Maßnahmen zu leiden hätten (LAB 9,2).[130] Oben habe ich bereits gezeigt, dass die – im LAB im Gegensatz zur Apostelgeschichte ausgeführten – Konsequenzen des Pharaodekretes, nämlich die Versklavung der Töchter, für ein Fortbestehen Israels offensichtlich als Gefährdung angesehen wurde. Würden die Töchter als Sklavinnen in ägyptischen Häusern arbeiten, so die Logik im LAB, wären sie gezwungen ihre jüdische Identität aufzugeben[131] – eine Folge, die um jeden Preis vermieden werden musste. Ganz offensichtlich kennt Lukas diese oder ähnliche Vorstellungen, anders lässt sich die Radikalität der von ihm geschilderten Handlungsweisen nicht deuten, wenngleich er im Text keine Erklärung für das geschilderte Verhalten bietet. Deutlich wird jedoch, wie massiv Lukas die Einflussmöglichkeiten fremder Großmächte hier wahrnimmt. In heimtückischer Art und Weise gelingt es ihnen, Israel zur eigenen Ausrottung zu bringen, anscheinend ganz ohne äußeren Druck oder Demonstration von Stärke; das Perfide ihres Handelns besteht also gerade darin, die Menschen des Volkes Israel dahin zu bringen, Dinge zu tun, die ihnen eigentlich zutiefst widerstreben.[132]

(20)In dieser Zeit wurde Mose geboren und er war schön[133] für Gott: Dieser wurde drei Monate lang im Haus des Vaters aufgezogen, (21)und nachdem er ausgesetzt worden war,[134] nahm ihn die

---

[129] A. LeBolluec/P. Sandevoir 1989, 76 übersetzen *Usons de ruse contre eux*, bemerken zunächst auch eine gewisse Unstimmigkeit, da »la ›ruse‹ passe par l'oppression violent«, verweisen dann aber auf die Notwendigkeit dieser List Pharaos: »Les commentateurs insistent surtout sur le fait que Pharaon ne peut agir ouvertement, en l'absence de motif légitime, et qu'il est contraint d'user de détours.« Allerdings zeigt der weitere Verlauf von Ex 1, dass die Erfolglosigkeit dieser List sehr wohl dazu führen kann, dass ungehindert aller – für sich genommen schon perfider – Fragen von Legitimation o.ä. Pharao sehr wohl offen und ungeschminkt den Genozid anordnen kann.

[130] Zur Auseinandersetzung zwischen den Ältesten Israels und Amram s.o. S. 161ff.

[131] Ausgedrückt in LAB 9,2 durch die Formulierung: »*damit nicht ... unser Fleisch den Götzenbildern diene.*«

[132] Zur Diskussion um das Aussetzen von Kindern vgl. B. Jacob 1997/1943, 19 sowie oben S. 86f. m. Anm. 82; zu den Parallelen der Darstellung von Apg 7,19.21 und LAB 9 s. E. Reinmuth 1994, 196ff.

[133] Der Ausdruck begegnet im NT nur noch Hebr 11,23 (auch auf Mose bezogen, da aber ›klassisch‹ in der Wahrnehmung seiner Eltern); in der LXX werden noch Judit (Jdt 11,23) und Eglon (Ri 3,17) so bezeichnet – außerdem wird Num 22,32 der Weg des Bileam als οὐκ ἀστεία beschrieben und kann 2 Makk 6,23 von einem λογισμός ἀστεῖος sprechen.

Tochter Pharaos auf und zog ihn auf für sich selbst zum Sohn. (22)Und Mose wurde erzogen in aller Weisheit der Ägypter, und er war mächtig in seinen Worten und Taten.

V. 20 setzt ein mit einer Zeitangabe; ›in dieser Zeit‹ (ἐν ᾧ καιρῷ) meint ein zweifaches: Diese Zeit ist zum einen die in V. 17 bereits angedeutete Zeit der Erfüllung der Verheißungen an Abraham, zum anderen aber auch die Zeit der größten Gefahr für Israel, hatte Lukas doch unmittelbar vorher deutlich gemacht, zu welchen Verhaltensweisen Pharaos Hinterlist die Israelitinnen und Israeliten führte. Moses Besonderheit wird jedoch sofort klar erkennbar: Lukas übernimmt aus der Tradition die Wendung, dass Mose ›schön‹ (בֹוט/ἀσθεῖος) gewesen sei,[135] verändert aber die Perspektive. In Apg 7,20 ist es nicht mehr Jochebet, die Mutter des Mose, die die (besondere) Schönheit ihres Kindes zum Ausdruck bringt, sondern Gott selbst: *er [sc. Mose] war schön für Gott*.[136] Ist das ein erster lukanischer Hinweis darauf, dass Moses Leben ganz und gar von seiner Beziehung zu Israels Gott, kaum aber von der zu anderen Menschen – wieder in deutlicher Parallele zur Darstellung des LAB – bestimmt ist?[137] Auffällig ist jedenfalls, dass diejenigen, die zu Beginn der ersttestamentlichen Exoduserzählung (Ex 1–2) als Handelnde auftreten, in der Darstellung der Stephanusrede fehlen. Weder die Hebammen, die bereits im Jubiläenbuch und im LAB ausgelassen worden waren, noch Jochebet und Mirjam spielen irgendeine Rolle. Formuliert wird hingegen durchweg passivisch, und eben dies Passivische ist hier die Perspektive des Mose: Mose wurde geboren, aufgezogen und ausgesetzt (V.20f.: ἐγεννήθη, ἀνετράφη, ἐκτεθέντος) – von wem und wie scheint nicht relevant; einzig der Verweis auf seinen Aufenthaltsort während der ersten drei Lebensmonate, nämlich das Haus seines Vaters (ἐν τῷ οἴκῳ τοῦ πατρός), wird erwähnt, wobei sich auch hier eine Akzentverschiebung notieren lässt: Ist es in der Hebräischen Bibel und auch noch im Jubiläenbuch (47,3f.) Jochebet, also die Mutter, allein, die gemeinsam mit der Schwester für das Überleben des Mose sorgt, und sind in der Fassung der Septuaginta sowie im LAB beide Eltern beteiligt vorgestellt (vgl. Ex 2,2f. LXX; LAB 9,14), so überrascht doch, wie Lukas hier nur den Bezug zum Vaterhaus als Versorgungsraum übrig behalten will.[138]

---

[134] Lukas formuliert wie LAB die Durchführung des Aussetzens mit den gleichen Worten wie den Tötungsbefehl (Apg 7,19.21 // LAB 9,6.12.14).

[135] So neben anderen (z.B. bSotah 12a) auch in LAB 9,13, VitMos 1.4.15 und JosAnt 2,224.231. Die letztgenannte Stelle geht dabei noch deutlich weiter als die übrigen Belegstellen, insofern Josephus vermittelt, niemand sei von der Schönheit des Mose unberührt geblieben: *and no one was so indifferent to his beauty that on beholding Moyses he was not astonished at his handsomeness. And it happened that many people who happened to meet him as he was borne along the road turned back at the sight of the child and left aside their serious affairs and used their time to view him. For the vast and undiluted childish charm that enveloped him captivated those who saw him.* (Übersetzung: L.H. FELDMAN 2000, 197f.).

[136] T. PENNER 2004 320 lässt es an Sorgfalt mangeln, wenn er als Parallelstellen Hebr 11,23 und JosAnt 2.231 anführt; beide Stellen – soweit ist PENNER zuzustimmen – thematisieren zwar die Schönheit des Kindes, allerdings gerade nicht als ›Qualitätsmerkmal‹ gegenüber Gott, sondern festgestellt entweder durch die Eltern (Hebr 11,23 ist damit nah an der ersttestamentlichen Erzählung, fügt jedoch den Vater hinzu) oder aber durch andere Menschen, die dem Kind begegneten (JosAnt 2.231).

[137] Vgl. meine Beobachtungen zur ›Inszenierung‹ des Mose im LAB oben S. 186ff.

[138] Noch einmal anders auffällig wird diese Entscheidung des Lukas im Vergleich zur Beschreibung des Verhaltens der Eltern des ›Mannes wie Mose‹, als den Lukas Jesus doch offensichtlich versteht: Steht zu Beginn Maria im Zentrum, übernimmt Josef zwar zu Beginn von Lk 2 kurzzeitig die dominantere Position, verliert diese jedoch schon in der Begegnung mit den Hirten und dann auch mit Simeon wieder. In der Erzählung vom zwölfjährigen Jesus im Tempel sind beide Eltern als Handelnde vorgestellt (Plural-Formulierungen etwa in 2,39–41), wobei Maria sowohl die kommunikativen (2,48) als auch die geistigen größeren Kompetenzen zugeschrieben werden (2,51).

Während in V.21 kurzfristig die Pharaotochter die aktive Rolle übernimmt und damit als einzige Frau der ersttestamentlichen Exoduserzählung in der Darstellung der Stephanusrede überhaupt in Erscheinung tritt,[139] fokussiert V.22 wieder auf Mose. In der ersten Vershälfte bleibt die passivische Formulierung erhalten (ἐπαιδεύθη), Mose ist noch nicht als selbständig Handelnder vorgestellt. Auffällig ist, dass Lukas hier auf eine Tradition zurückgreift, die Mose als an die ägyptische Welt assimiliert vorstellt, wenn er betont, die Erziehung sei *in aller Weisheit der Ägypter* (πάσῃ σοφίᾳ Αἰγυπτίων) erfolgt. Damit steht seine Fassung zwar in direktem Gegensatz zum Jubiläenbuch, das das Aufwachsen des Jungen am Hof Pharaos kurz notiert, ausdrücklich aber seine Unterweisung in der Schrift seitens des Vaters betont (Jub 47,8f.). Aber er bewegt sich damit durchaus innerhalb einer auch sonst im jüdischen Denken weit verbreiteten Tradition, wie sie etwa bei Josephus und Philo überliefert ist.[140] Lukas hält also fest, dass nicht das Erlernen anderer Traditionen als der des jüdischen Volkes per se unrecht bzw. schlecht ist, sondern dass es vielmehr darum geht, welcher Gebrauch von diesen Traditionen gemacht wird, wie sie durch die jeweilige Person gelebt werden. So erklärt sich auch, warum die Darstellung in V.22b resümierend zum Aktiv wechselt: ἦν δὲ δυνατὸς ἐν λόγοις καὶ ἔργοις αὐτοῦ. Mose wurde aufgezogen zum einen in seinem israelitischen Elternhaus, zum anderen von der ägyptischen Königstochter, erzogen in aller ägyptischen Weisheit – und (bzw. hier vielleicht sogar eher: aber!) er war mächtig in seinen Worten und Taten.[141] Die Frage, die sich stellt, ist die, zu welchem Zweck er seine Macht einsetzt: Tritt er in die Fußstapfen des primären Vertreters ›Ägyptens‹, nämlich Pharaos, der seine ›Weisheit‹ als perfide Hinterlist einsetzt, oder nutzt er die ihm zustehende Macht, um der Weisheit Josefs nachzueifern, die dafür sorgte, dass das Volk überleben konnte? Die Hauptfrage ist gestellt, mehr Details aus den ersten Lebensjahren und -jahrzehnten sind nicht notwendig. So kann die Erzählung knapp vierzig Jahre später neu einsetzen:

(23)*Als für ihn die Zeit des vierzigsten Jahres vollendet war, stieg es in seinem Herzen auf, nach seinen Geschwistern, den Kindern Israels zu sehen.*[142] (24)*Und als er bemerkte, dass irgendein Mann Unrecht erlitt, leistete er Widerstand*[143] *und verschaffte dem Misshandelten Recht, indem er den Ägypter erschlug.* (25)*Er glaubte, (seine) Geschwister verstünden, dass Gott durch seine Hand ihnen Befreiung geben würde; sie aber verstanden nicht.* (26)*Und am nächsten Tag ließ er sich sehen,*[144] *als sie miteinander kämpften, und wollte sie zum Frieden versöhnen, indem er*

---

[139] Zu überlegen wäre, was es bedeuten kann, dass in beiden Formulierungen über das Aufziehen des Kindes (V. 20.21) das selbe Verb (ἀνατρέφω) Verwendung findet. Liegt hier ein Indiz dafür vor, dass Lukas die Pharaotochter in derselben Rolle wie Amram sieht? Anders formuliert: Lukas verändert die in Hebräischer wie Griechischer Bibel vorliegende vorsichtigere Formulierung *er wurde ihr zum Sohn* (Ex 2,10) in ein durch das Reflexivpronomen ἑαυτῇ zusätzlich betontes, ganz auf die Pharaotochter konzentriertes aktives Geschehen – was den Eindruck zulässt, er wolle deutlich machen, dass sie allein, nicht die Hofgesellschaft für das Aufziehen des Jungen verantwortlich war.

[140] Vgl. Jos, Ant 2,218–237/9,5–7; 2,238–253/10,1–2; Philo, VitMos I, 23–24; s. auch VitMos (armen.) 114: *Mose wurde erzogen in aller Weisheit der Ägypter ... und wurde General der Ägypter.*

[141] Damit steht die Darstellung zwar im Gegensatz zu Ex 4,10, entspricht aber späterer jüdischer Tradition, die Mose als geschickten Rhetor darstellt, wie z.B. JosAnt I, 138–142 verdeutlicht; vgl. weiter Sir 45,3. LAB 9f. betont dies zwar nicht in gleicher Weise, bringt jedoch keinerlei Hinweis mehr auf eine solche ›Schwäche‹ des Mose.

[142] Lukas setzt hier ἐπισκέπτομαι, ein Verb, das in der LXX des öfteren für ein aufmerksames Beobachten, ein Wachen JHWHs verwendet wird; vgl. etwa Gen 50,24; Jer 15,15; Ps 79,15 LXX; 105,4 LXX. Auch Lukas selbst gebraucht es in seinem Doppelwerk an früherer Stelle in diesem Sinne: Lk 1,68.78; 7,16.

[143] ἀμύνω im NT nur hier; in LXX noch Jos 10,13 (Gott setzt sich gegen die Feinde Israels zur Wehr – im MT ist dagegen Israel selbst Subjekt); Ps 117,10–12 LXX (jeweils Motiv des Umzingeltseins von FeindInnen – und deren Abwehr); SapSal 11,13; Jes 59,16 (Subjekt wieder JHWH). Von allen Stellen ist Apg 7,24 die einzige, an der ἀμύνω absolut gebraucht wird.

[144] Ich gebe ὤφθη hier bewusst komplementär zu V.2 wieder; s. die Erläuterung unten.

sagte: »Männer, ihr seid ›Brüder: Warum tut ihr einander Unrecht?« (27)Der aber, der dem Nächsten Unrecht tat, schubste ihn zur Seite, sprechend: »Wer hat dich eingesetzt zum Herrscher und Richter über uns? (28)Willst du mich etwa genauso töten, wie du gestern den Ägypter getötet hast?« (29)Da floh Mose bei diesem Wort und wurde zu einem, der als Fremder im Land Midian siedelte, wo er zwei Söhne bekam.

Im Alter von vierzig Jahren, also zu dem Zeitpunkt, an dem nach antiker Vorstellung ein Mann reif und alt genug ist, Verantwortung zu übernehmen,[145] entscheidet sich Mose dafür, Partei für seine Geschwister zu ergreifen: Als er beobachtet, wie ein Mann – die Kenntnis um die jeweilige Volkszugehörigkeit von Misshandeltem und Misshandler scheint vorausgesetzt[146] – Unrecht erleidet, greift er in den Konflikt ein und erschlägt den Ägypter. Lukas bearbeitet die ersttestamentliche Vorlage dahingehend, dass er in V.24b eine eindeutige positive Interpretation von Moses Tun liefert: Mose *verschaffte dem Misshandelten Recht.*[147] Ab V.25 wird dann deutlich, dass Lukas wie Ps-Philo die Hauptkonfliktebene der Exodusschilderung innerhalb Israels sieht. V. 25 führt die Zeichenhaftigkeit des Eintretens des Mose für den Misshandelten den Hörern des Stephanus vor Augen: Die Geschwister Israel sollten erkennen, dass mit Mose derjenige in Erscheinung getreten war, der ihnen die Befreiung bringen sollte. Aber sie verstanden es nicht,[148] auch nicht, als Mose – in paralleler Formulierung zur Gotteserscheinung Abrahams (7,2) – ›sich erneut sehen ließ‹,[149] also »wie ein Offenbarer vor die Brüder«[150] tritt und schon vor seiner Berufung die später mit der ›Instanz Mose‹ auf das Engste verknüpfte Funktion des Rechts und der Rechtsprechung zu übernehmen versuchte. Die Abwehr seines Versuches äußert sich sowohl verbal als auch körperlich-leiblich erfahrbar: Mose wird zur Seite gestoßen und erfährt, niemand habe ihn zum Richter und Anführer eingesetzt. Für die Hörer der Rede ebenso wie die Leserinnen und Leser der Apostelgeschichte wird die Ironie dieser Formulierung sofort deutlich, ist es doch genau das, wozu Mose von Gott berufen wird! Zunächst aber flieht Mose, im Gegensatz zur ersttestamentlichen Darstellung allerdings nicht aus Angst vor Pharao,[151] sondern aus Angst vor der

---

[145] Mit H. BALZ 1992, 843; vgl. auch ShemR 1,30.

[146] Oder sollte es sich um eine große Genauigkeit handeln, die gerade in der Offenheit zum Ausdruck kommt? Ist vielleicht das Eingreifen des Mose, sein Eintreten für denjenigen, der geschlagen wird, das, worauf es ankommt – und gerade nicht dessen Volkszugehörigkeit?

[147] Mit T. PENNER 2004, 320. Auch Philo rechtfertigt die Tat des Mose, indem er auf die übermäßige Härte der ägyptischen Sklaventreiber verweist (VitMos 1,8,43f.).

[148] Damit nimmt die Stephanusrede hier wie auch später (vgl. die Vv. 35.39.52) das in Lk 4,24 formulierte Wort vom Propheten, der seiner Heimat nicht genehm ist, wieder auf; mit U. BUSSE 1978, 40f.

[149] Wenn Lukas hier ὤφθη (3. Pers. Aor. Sg. passiv) setzt, verwendet er bewusst die Form der Wurzel ὁράω, mit der in der LXX in Übersetzung des Niphals von ראה nahezu ausschließlich Theophanieerfahrungen beschrieben werden (etwa Gen 12,7; 17,1; Ex 3,2; 16,10; 1Kön 9,2; Jer 38,3); vgl. G. JANKOWSKI 2001, 125f. Das zeigt nicht zuletzt seine eigene Verwendung in Lk 1,11; (22,43; in Klammern gesetzt wegen der textkritischen Unsicherheiten; K.S.); 24,34; Apg 7,2.30; 13,31. Apg 16,9 ist insofern ein Sonderfall, als hier eine nächtliche Vision bzw. ein Traumgesicht beschrieben wird. Auch diese Stelle ändert jedoch nichts daran, dass Lukas an keiner Stelle in seinem Werk diese Form für ein ›normales Gesehenwerden‹ von Menschen verwendet.

[150] G. JANKOWSKI 2001, 126.

[151] Hier wird schon deutlich, dass in der lukanischen Form des Geschichtssummariums Pharao – ebenso wie im LAB – als Widersacher keine Rolle spielt. Auch D. RUSAM 2003, 134 bemerkt das Fehlen Pharaos bzw. die andersartige Motivation der Flucht des Mose. Zwar wendet er sich gegen die von J. JERVELL 1998, 283 angestellte Überlegung, die Änderung der Fluchtmotivation sei inhaltlich bedeutsam, und bemerkt dazu: »Man wird diese ›Unterschiede‹ nicht überbewerten dürfen, da Apg die Heilsgeschichte nachzeichnet und ein Wissen darum bei seinen [?; K.S.] Lesern voraussetzt.« Dennoch besteht auch seine abschließende Beobachtung – allerdings ohne den Versuch einer Erklärung – in der Konstatierung des Offensichtlichen: »Gleichwohl bleibt auffällig, dass ausgerechnet der dem Mose nach dem Leben trachtende Pharao ›weggekürzt‹ ist.«

Ablehnung durch sein Volk (V.29), womit die oben formulierte Vermutung sich bestätigt. »Mose flieht nach Midian und wird dort Beisaß, ein *paroikos*, ein Mensch minderen Rechts, ein Exulant.«[152] Von seiner Geschichte in Midian, die, wie der folgende Vers 30 zeigen wird, immerhin erneut vierzig Jahre umfasst, erwähnt Lukas allein die Tatsache, dass Mose dort zwei Söhne bekam. Zippora spielt in der Stephanusrede genauso wenig eine Rolle wie im Jubiläenbuch und im LAB.[153]

> (30)*Und als vierzig Jahre vollendet waren, ließ sich von ihm sehen in der Wüste des Berges Sinai ein Engel in der Flamme des Feuers des Dornbusches.* (31) *Mose erstaunte, als er das Gesicht sah, und als er sich näherte, um (es) zu betrachten, geschah die Stimme JHWHs:* (32)*»Ich bin die Gottheit deiner Väter, die Gottheit Abrahams, Isaaks und Jakobs.« Zitternd wagte Mose nicht (es) zu betrachten.* (33)*Da sprach JHWH zu ihm:* »*Löse die Sandalen von deinen Füßen, denn der Ort, auf dem du stehst, ist heiliges Land.* (34)*Gesehen habe ich, gesehen die Unterdrückung meines Volkes in Ägypten und ihr Stöhnen habe ich gehört; und ich bin hinabgestiegen, um sie zu retten. Und nun hierher, ich werde dich nach Ägypten schicken.*«

Während das weitere Ergehen des Volkes (vgl. Ex 2,23ff) für Lukas hier außer acht bleiben kann, konzentriert er seine Erzählung ganz auf die Berufung des Mose. Ausführlich ist die Situation am Dornbusch beschrieben, Lukas ergänzt dabei sogar eine emotionale Reaktion des Mose: Er beginnt zu zittern, als JHWH sich als Gottheit seiner Vorfahren vorstellt. Ausgerechnet in der Wüste,[154] nach vielen Jahren des Exils, erfährt Mose die Anwesenheit von Israels Gottheit, die keinen Zweifel an ihrer Identität lässt. Mose beginnt zu zittern angesichts dieser Erfahrung – in gleicher Weise wie im weiteren Verlauf der Apostelgeschichte der Gefängniswärter angesichts des Erdbebens erzittert, das ihn meinen lässt, seine Gefangenen seien entflohen (16,29).[155] Wenn Israels Gott selbst ins Geschehen eingreift, so lässt sich die lukanische Darstellung hier lesen, bleibt zunächst als angemessene Reaktion das Erzittern, Erschaudern, das Erschrecken.[156] Worte gibt es für Mose in diesem Moment nicht.

In der Schilderung der Berufung hält Lukas sich grundsätzlich eng an die biblische Vorlage Ex 3, lässt aber Entscheidendes aus: Nicht erwähnt wird erstens die Offenbarung des Namens Gottes, und zweitens entfällt jeder Hinweis auf ›das Land‹, sowohl das Land der Unterdrückung als auch das Land der Befreiung. Apg 7,34ab zitiert fast wörtlich Ex 3,7ab.8a, bricht dann aber abrupt ab. Der Vers lautet bei Lukas: *ich bin hinabgestiegen, um sie zu retten.* Die Septuaginta hingegen formulierte in der Übersetzung des hebräischen Textes ausführlicher: *Und ich bin hinabgestiegen, um sie aus der Hand der Ägypter zu retten und sie hinauszuführen aus jenem Land und sie hineinzuführen in ein gutes und volles Land, in ein Land überfließend von Milch und Honig* (Ex 3,8ab LXX). Die Verheißung des Landes, das Versprechen, Israel aus dem Land der Unter-

---

[152] G. JANKOWSKI 2001, 126.

[153] S. die entsprechenden Überlegungen wie auch zur Darstellung Zipporas in den *Antiquitates* oben S. 199f.

[154] Lukas verändert den Ort der Berufung: Anstelle des Horeb (Ex 3,1) ist der Sinai in der Stephanusrede der Ort der Gottesbegegnung, womit er von Anfang an eine Identität zwischen Berufungsort und Ort der Toragabe erreicht

[155] In LXX wie NT wird ἔντρομος insgesamt nur achtmal verwendet, dabei in Ps 17,8; 76,19 LXX bezogen auf das Erzittern der Erde angesichts des Zornes JHWHs. Im NT entfallen zwei der drei Vorkommen auf die Apostelgeschichte, im dritten Fall (Hebr 12,21) ist die Bezeugung unsicher.

[156] Vielleicht lässt sich von hier ausgehend noch einmal deutlicher herausstellen, inwiefern die Reaktion Marias auf Gabriel in Lk 1,29 eine besondere ist: Wenn Lukas selbst den Befreier Israels, also Mose, erzittern lässt, ist mindestens auffällig, dass über Maria nur gesagt wird, sie sei verwundert – höchstens noch: verwirrt – (διαταράσσομαι). S. zu Marias Reaktion oben S. 280 m. Anm. 433.

drückung in ein neues Land zu führen, steht hier also zentral als Ziel des Handelns Gottes im Raum – davon ist in der lukanischen Fassung keine Rede mehr.[157]

Insofern wird noch einmal deutlich, wie Lukas durch die gesamte Stephanusrede hindurch den Balanceakt wagt zwischen der Bewahrung der Landverheißung an Abraham und der gleichzeitigen Lockerung einer Bindung dieser Verheißung an ein konkretes Land, ein fassbares Gebiet. Gleichzeitig präsentiert Lukas hier noch einmal seine Überzeugung davon, dass letztlich JHWH allein in und für Israel handelt.[158]

Ebenso wie der Bezug auf das konkrete Land entfällt in der Sendung des Mose die Spezifizierung seines Auftrags. Klar ist nur, wohin er gehen soll; was er dort zu tun hat, wird nicht gesagt. Er hat als Gesandter zu wirken:

> »Mosche wird nach ›Ägypten‹ gesandt, überspitzt gesagt: wie einer der Gesandten, die in die Diaspora ausgesandt wurden. Der Ort des Mosche und der Tora scheint allein die Diaspora zu sein.«[159]

Eine Antwort des Mose entfällt. Wenngleich also Lukas der Berufungsszene des Mose im Gegensatz zu Jubiläenbuch und LAB[160] immerhin überhaupt Raum gibt, geht er mit ihnen doch darin überein, dass er jede ›Diskussion‹, stärker noch: jede Reaktion des Mose überhaupt unterschlägt. Zentral ist die Entscheidung Gottes, zugunsten seines Volkes einzugreifen und Mose dazu zu benutzen. Wo es um derart lebens- bzw. überlebensnotwendige Entscheidungen geht, ist nach lukanischer Auffassung kein Raum und keine Zeit für Diskussionen. Stattdessen geht die Stephanusrede unmittelbar nach dem Erteilen des Auftrags zum nächsten Abschnitt über.

(35)Diesen Mose, von dem sie nichts hatten wissen wollen,[161] als sie sagten: »Wer hat dich eingesetzt zum Herrscher und Richter?«, diesen hat Gott als Herrscher und Befreier geschickt mit der Hand des Engels, der sich von ihm im Dornbusch hatte sehen lassen. (36)Dieser hat sie herausgeführt, indem er Wunder und Zeichen tat im Land Ägypten, am Schilfmeer und in der Wüste vierzig Jahre. (37)Dieser ist Mose, der den Kindern Israel gesagt hat: »Einen Propheten

---

[157] Mit G. JANKOWSKI 2001, 127: »Die Befreiung ist nicht gebunden an die Landverheißung. Ägypten kann überall sein. Errettung und Befreiung können deswegen auch überall geschehen. Konsequent streicht Lukas dann auch aus dem Zitat die Worte *es (das Volk) aus der Hand Ägyptens zu (erretten)*. Hier wird die Sicht der Diaspora erkennbar. Freilich ist es eine messianische Sicht. Die Konzentration auf das konkrete Land, das nur Israel gegeben ist, ist aufgegeben. Anders gesagt: Israel wird in Ägypten, in der Unterdrückung, zum Volk seines Gottes, und als befreites Volk kann es überall leben.«

[158] Diese Grundüberzeugung lässt sich auch auf der Ebene messianischer Exoduslektüre im lukanischen Werk zeigen: In exakt gleicher Form wie der LAB davon spricht, dass JHWH durch Mose Zeichen und Wunder tun werde (9,7.10.16; 12,2), Mose also als Medium JHWHs fungiert, durch das JHWH selbst handeln kann, betont auch Lukas, dass letztlich JHWH selbst durch Jesus Christus gewirkt hat: Wenn Petrus in seiner Pfingstpredigt die Besonderheit Jesu herausstreicht, tut er das dadurch, dass er Jesus beschreibt als denjenigen, *der von JHWH ausgewiesen ist für euch durch Machterweise, Zeichen und Wunder, die JHWH durch ihn in eurer Mitte getan hat* (Apg 2,22). S. auch Lk 9,43; 17,15; 13,13; 19,37f. Gerade die letzte Stelle führt die eingangs erwähnte interpretative Schwerpunktsetzung des Lukas deutlich vor Augen: Er lässt die Anhängerinnen und Anhänger Jesu eben JHWH loben wegen all der Machterweise/Wunder, die sie gesehen haben (ἤρξαντο ἅπαν τὸ πλῆθος τῶν μαθητῶν χαίροντες αἰνεῖν τὸν θεὸν φωνῇ μεγάλῃ περὶ πασῶν ὧν εἶδον δυνάμεων, Lk 19,37) – offensichtlich also in ihrer Gemeinschaft mit Jesus diesen haben tun sehen.

[159] G. JANKOWSKI 2001, 127.

[160] Im Jubiläenbuch fehlt diese Passage als Erzählmoment vollständig, auf der Erzählebene wird nur Mose selbst an diese Szene erinnert (Jub 48,2a: *Und du weißt, was er mit dir geredet hat auf dem Berge Sinai;* dazu s. S. 137). Auch Pseudo-Philo erzählt die Szene nicht als eigenständige Sequenz, sondern summiert sie knapp in 10,1: *Und er* [sc. Gott; K.S.] *sandte Mose und befreite sie aus dem Land der Ägypter* (s.o. S. 168).

[161] Im NT erscheint ἀρνέομαι vor allem in der Briefliteratur (primär Pastoralbriefe) – ansonsten vorzugsweise im lukanischen Werk(vgl. Lk 8,45; 9,23; 12,9; 22,57). In der Apg ist der Kontext zunächst der der Passion Jesu: Petrus klagt die Menschen Jerusalems an, Jesus Widerstand geleistet bzw. ihn verraten zu haben (vgl. Apg 3,13f.;); anders Apg 4,16: hier geht es um die Perspektive der Mitglieder des Hohen Rates, die feststellen, dass sie ›diesen Leuten‹ nichts entgegensetzen können; in der LXX sechsmal (Gen 18,5; 4 Makk 8,7; 10,15; SapSal 12,27; 16,16; 17,9).

(für) euch wird Gott auferwecken aus euren Geschwistern wie mich.« ⁽³⁸⁾Dieser ist derjenige, der (er) geworden ist in der Versammlung in der Wüste – zusammen mit dem Engel, der zu ihm gesprochen hat am Berg Sinai und (zusammen mit) unseren Eltern; dieser (ist derjenige), der lebendige Worte erhalten hat, um sie uns zu geben, ⁽³⁹⁾dem/denen unsere Eltern nicht gehorsam werden wollten; sondern sie stießen ihn/sie zur Seite und blieben mit ihren Herzen gewendet auf Ägypten hin, ⁽⁴⁰⁾indem sie zu Aaron sagten: »Mach uns Gottheiten, die vor uns her ziehen: denn dieser Mose, der uns aus dem Land Ägypten herausgeführt hat – wir wissen nicht, was ihm geschehen ist.«

Der Abschnitt 7,35–40 ist geprägt durch die wiederholte Verwendung des Demonstrativums οὗτος. Lukas wird nicht müde, die besondere Bedeutung des Mose hervorzuheben. Als Erstes wird die in V.27 angedeutete Ironie noch einmal vor Augen geführt: Genau diesen Mose, von dem die Menschen Israels nichts hatten wissen wollen, den sie sogar zur Flucht getrieben hatten mit der Frage, wer ihn denn zum Herrscher (ἄρχων) und Richter (δικαστής) eingesetzt habe, den hat Gott selbst auserwählt, auserwählt gerade zum Herrscher (ἄρχων) und – hier liegt ein nicht unbedeutender Unterschied zur Frage aus V. 27[162] – zum Befreier (λυτρωτής).[163] Λυτρωτής ist im Neuen Testament Hapaxlegomenon und auch in der Septuaginta nur viermal verwendet (Lev 25,31.32; Ps 18,15; 77,35 LXX), dort als Wiedergabe von גֹּאֵל.[164] Offensichtlich rekurriert Lukas mit seiner Verwendung von λυτρωτής gezielt auf die Funktion des גֹּאֵל in der Tradition der Hebräischen Bibel, also auf die Aufgabe, den einer Familie – und im Buch Levitikus wird das gesamte Volk Israel als verwandt angesehen – zugefügten Schaden zu beheben.

> »Von den Brüdern wurde Mosche verschmäht. Aber dieser Verschmähte wird zum Führer des Volkes und zu dem, der die zerstörten verwandtschaftlichen Verhältnisse wieder in Ordnung bringt. Als *go'el*, als *Löser*.«[165]

Nicht Richter sondern Befreier, Löser also – was im heutigen Kontext vielleicht zunächst widersprüchlich erscheint, bleibt es nicht, wenn ich die biblisch-jüdische Auffassung ernst nehme, dass mit der Gabe der Tora wie mit ihrer Wahrung die Befreiung Israels zelebriert wird: Wo Recht im Sinne der Tora gesprochen, wo Tora gelebt wird, ist die JHWH gedankte Befreiung aus Ägypten, aus der Sklaverei präsent. Dennoch behält der Gegensatz zwischen δικαστής und λυτρωτής auch in der neutestamentlichen Zeit ein wichtiges Element: Richter zu sein, ein derartiges Amt zu bekleiden, sagt für die Adressatinnen und Adressaten noch nichts darüber aus, in wessen Sinne hier Recht gesprochen wird. Ebenso wenig wie der Israelit der Exoduserzählung wissen kann, ob Mose als Richter von Ägyptens Gnaden nicht das Recht der Mächtigen vertreten würde, ist zur Zeit des Lukas darauf Verlass, dass diejenigen, die auf dem Richterstuhl sitzen, Recht im Sinne der Tora sprechen (dürfen) oder doch des Kaisers Recht und Rechtstaatlichkeit durchsetzen. Ob jemand das Recht zur Befreiung nutzt, lässt sich also nicht allein am Titel festmachen.

Mit Hilfe der durch οὗτος eingeleiteten Aufzählung summiert Lukas alles, was Mose im Zusammenhang des Exodus in und für Israel getan hat. Das Wissen um die

---

[162] Insofern hat D. RUSAM 2003, 136 gerade nicht Recht, wenn er notiert: »Tatsächlich ist Mose als ἄρχων und δικαστής von Gott selbst für Israel eingesetzt.« Niemand wird bestreiten wollen, dass auch für Lukas die prägende Vorstellung in der untrennbaren Verbindung des Mose mit der Tora – und damit mit dem Richteramt – besteht; gerade deshalb ist aber der in V.35 mit λυτρωτής gesetzte veränderte Ton von Bedeutung, wie ich im Folgenden zeigen werde.

[163] Ähnlich spricht auch der LAB davon, dass Gott Israel durch Mose befreien will (9,10: *salvare*); mit G. STEMBERGER 1990, 242: »Hier finden wir deutlich den ἄρχων und λυτρώτης von Apg 7,35 wieder.« Auch der lukanische Jesus ist ausweislich seiner Nazaretpredigt gesandt, um Fesseln zu lösen (λύω); s.o. S. 302ff.

[164] An anderen Stellen, an denen der hebräische Text die Wurzel גֹּאֵל verwendet, übersetzt die LXX mit ἀγχιστεύων, etwa Lev 25,25.

[165] G. JANKOWSKI 2001, 129.

Umstände des Auszugsgeschehens selbst und auch der Wüstenzeit scheint er bei seinen Leserinnen und Lesern soweit vorausgesetzt haben, dass allein die Schlüsselbegriffe ›Ägypten‹, ›Schilfmeer‹ und ›Wüste‹ ausreichen, um die entsprechenden
Erzählungen ›abzurufen‹. Alles, was in dieser Zeit geschehen ist, lässt sich für Lukas
zusammenfassen in der Rede von den ›Zeichen und Wundern‹ (V.36), die Mose gewirkt hat.[166] Stephanus, von dem zu Beginn ausgesagt wurde, auch er habe solche
vollbracht (6,8), und die anderen Apostelinnen und Apostel können sich also auf
Mose selbst berufen, stehen in dessen Tradition. Dieses Selbstverständnis wird im
Rahmen der weiteren Darstellung noch an mindestens zwei Stellen deutlich: Zunächst in der erneuten Verwendung des Zitates aus Dtn 18,15:[167] *Einen Propheten wie
mich wird Gott euch aus euren Geschwistern aufstehen lassen.* Dieses Zitat hatte Lukas
vorher schon Petrus in den Mund gelegt (Apg 3,22), dort explizit angewendet auf
Jesus von Nazaret, »in erster Linie …, um die Zuverlässigkeit der göttlichen Ankündigung herauszustellen«.[168] Hier wird es in seinen ursprünglichen Kontext
zurückversetzt: Die Zusage, es werde in Israel immer wieder eine Persönlichkeit
geben, die in der Tradition des Mose Tora auslege, aber auch aktualisiere,[169] ist eine
Zusage aus dem Kontext des Exodusgeschehens und nur als solche verständlich.
Gleichzeitig impliziert Lukas, dass Mose damit auch Jesus von Nazaret – als einen
von mehreren dieser möglichen Künder? – angekündigt habe. Damit wird aber, das
sei hier zumindest vermerkt, ein wichtiger Hinweis für die lukanische Perspektive
auf das Verhältnis Mose-Jesus geliefert: Mose hat gerade nicht eine Person angekündigt, die ihn übertreffen würde (wie etwa Johannes in Lk 3,16), sondern eben ›einen
Propheten wie mich‹! Die Tatsache, dass Lukas in Apg 7,37 dies nochmals explizit
zur Sprache bringt, weist darauf hin, dass es in der Betrachtung der Mose-Jesus-Beziehung gerade nicht um Überbietung geht.[170]

Außerdem wird die enge Verbindung, die Lukas zwischen dem Israel der Wüstenzeit bzw. Mose und dem der Gegenwart sieht, daran deutlich, dass er Mose gezielt
der ἐκκλησία der Wüstenzeit zuordnet. Innerhalb dieser Versammlung wurde Mose
der, der er war, und zu dem, was er ist, wie es die zunächst etwas umständliche
Formulierung aus V.37 ausdrückt: οὗτός ἐστιν ὁ γενόμενος ἐν τῇ ἐκκλησίᾳ ἐν τῇ
ἐρήμῳ (*dieser ist derjenige, der er in der Versammlung in der Wüste geworden ist*).

»Diese Aussage bekommt nun gerade durch den Gebrauch des Wortes Ekklesia eine nicht geringe Brisanz. Ekklesia wollen auch die Gruppen sein, die sich zum Messias Jesus bekennen. Die
Ekklesia Israels in der Wüste wird zum Paradigma für die messianische Ekklesia, die vor allem
in der Diaspora auf dem Weg ist. Zu der Ekklesia in der Wüste gehört dieser Mosche, abgelehnt

---

[166] Zu dieser für die lukanische Darstellung zentralen Wendung s.o. S. 348. In der Stephanusrede
entfällt die Position eines Gegenspielers ganz. Weder Pharao noch der Satan haben dem Plan Gottes
etwas entgegenzusetzen – höchstens noch, wie die vorhergehende Sequenz zeigte und die
folgenden Abschnitte weiter zeigen werden, ähnlich wie im LAB das eigene Volk. Insofern ist J.
Jeskas Schlussfolgerung zu relativieren, der aufgrund der Beobachtung, dass das Motiv der Furcht
Pharaos vor einem Wachsen Israels hier fehle, schließt, der König Ägyptens bleibe in der
Stephanusrede »ein autonomer starker Herrscher.« (a.a.O., 165) Diese Einschätzung trifft faktisch
nur auf eine einzige Handlung – die einzig von ihm berichtete! – zu, nämlich auf seine hinterlistigen
Vernichtungspläne. Im Folgenden verlässt er die Bühne, ohne je ganz auf ihr angekommen zu sein.
Lukas lässt die Rolle des Gegenspielers in dieser ›engen‹ Exoduslektüre unbesetzt, um sie in seiner
messianischen Exoduslektüre mit Satan besetzen zu können; s.o. S. 320ff.

[167] Zur Verwendung von Dtn 18,15 und seiner Bedeutung für das christologische Verständnis des NT
s. W. Kraus 1999.

[168] Ders., a.a.O., 158. Kraus hält fest, dass in Apg 3,22 vorausgesetzt sei, dass Jesus Christus im
Rahmen der Erwartung von Dtn 18 verstanden wurde (159).

[169] Zur Frage der Bedeutung dieser Person bzw. dazu, wie ›Tora‹ zur Zeit des Lukas inhaltlich gefüllt
und verstanden wurde, vgl. neben J. Maier 1996 die Beiträge von K. Müller 1986; 1992.

[170] Vgl. dazu D. Moessner 1989, 48–50; vorsichtig stimmt auch D. Rusam 2003, 138 zu.

von den Brüdern, sie dennoch anführend, sie befreiend, ihnen die lebensschaffenden Worte gebend. Zu der messianischen Ekklesia gehört der Künder gleich Mosche, der erstehen sollte aus den Brüdern.«[171]

Mose selbst wird als quasi nach zwei Seiten hin in Beziehung stehend beschrieben: Er wurde, wer er war, μετὰ τοῦ ἀγγέλου τοῦ λαλοῦντος αὐτῷ ... καὶ τῶν πατέρων ἡμῶν – auf seiten des Engels Gottes also und gleichzeitig auf seiten der Eltern Israels. Er ist (Ver-)Mittler zwischen Berg und Wüste, zwischen Gott und Menschen – beiden Welten gleichzeitig zugehörig wie von ihnen getrennt. Auf diese Trennung zumindest von der ›normalen‹ menschlichen Welt lässt die Tatsache schließen, dass innerhalb der gesamten Mosesequenz der Rede an keiner Stelle von Beziehungen des Mose zu anderen Menschen – abgesehen von der Versorgungsfunktion sowohl seiner Eltern als auch der Pharaotochter – die Rede ist. *Dieser Mose* scheint völlig in Anspruch genommen von der Vielgestaltigkeit seiner Aufgabe/n für Israel; die konkrete Auseinandersetzung, aber auch die konkrete Nähe, wie sie manche der biblischen Wüstenerzählungen schildern, fehlen hier ganz.[172] Von Mose werden bis auf sein Zittern angesichts der Theophanie am Dornbusch keinerlei Emotionen mitgeteilt; er erhält keinen Sprachraum, keinen Raum für Auseinandersetzungen mit Gott und Menschen.

Die Vorstellung, die Tora sei Mose von einem Engel übermittelt worden, teilt die Stephanusrede mit dem Jubiläenbuch.[173] Lukas verwendet allerdings nicht den Begriff Tora (νόμος), sondern spricht von den ›lebendigen Worten‹ (λόγια ζῶντα) (V.38), die Mose am Sinai erhalten habe – erhalten, um sie ›uns‹, also Stephanus wie den Hörern der Rede (und damit auch den Leserinnen und Lesern der Apostelgeschichte) zu geben. Damit stellt er sich in eine Tradition des Deuteronomiums, in der die Alternative zwischen Tora und Toralosigkeit bzw. -vergessenheit auch formuliert ist als Alternative zwischen Leben und Tod (etwa Dtn 4,1.14;[174] 30,15.19).[175]

> »Die Worte der Tora machen lebendig, wenn sie gehört und getan werden, sie sind das Leben. Lebendig aber bleiben die Worte der Tora vor allem deswegen, weil sie *tradiert* werden bis in die Gegenwart hinein.«[176]

Und dennoch, so formuliert es der die Aufzählung über Mose abschließende Relativsatz, lehnten die Vorfahren der Hörer – wie eines großen Teils der Leserinnen und Leser – genau diesen Mose ab; Lukas formuliert bildlicher: Sie stießen ihn zur Seite (ἀπώσαντο). Wenngleich dieses Verständnis das wahrscheinlich näherliegende ist, möchte ich eine andere Lesart zumindest noch zur Diskussion stellen: Grammatika-

---

[171] G. JANKOWSKI 2001, 130.

[172] Sicherlich ist auch die ersttestamentliche Darstellung nicht primär von solchen Beziehungen geprägt; dennoch kommt auch in den geschilderten Auseinandersetzungen – etwa Ex 32f. oder Num 11f. – etwas davon zum Tragen.

[173] Vgl. die Gesamtsituierung des Jubiläenbuches als Engelrede an Mose; Jub 1,1–4.27–29. Neben dem Jubiläenbuch sind für die schon aus Dtn 33,2 LXX bekannte Vorstellung, die Vermittlung der Tora geschehe durch Engel, exemplarisch noch LAB 11,5 sowie Gal 3,19 zu nennen. Aus dieser ›Einschaltung‹ der Engel zu folgern, sie zeige eine polemische Haltung gegenüber der Tora, wie A. SPIRO 1967, 289 dies tut, ist folglich als unhaltbar zurückzuweisen. Der ›Einsatz‹ der Engel zeigt gerade das besondere Bemühen Gottes.

[174] Das Vorkommen dieser Formulierungen in Dtn 4 ist insofern auffällig, als Lukas im folgenden Abschnitt der Stephanusrede ganz offensichtlich auf der Argumentation von Dtn 4 aufbaut; dazu H. V.D. SANDT 1991, 72f.; ihm schließt sich D. RUSAM 2003, 140 an.

[175] Intratextuell – d.h. im Rahmen des lukanischen Doppelwerkes – sind hier Lk 10,25–37; 18,18–27 erinnert: In beiden Fällen werden Toragebote zitiert, und zwar als Antwort auf die Frage: τί ποιήσω ἵνα ζωὴν αἰώνιον κληρονομήσω; So auch D. RUSAM 2003, 137f., der darüberhinaus noch betont: »Auch der irdische Jesus hat die Funktion der Toragebote als Wegweiser zum Leben nicht bestritten« (a.a.O., 138). S. auch K. FINSTERBUSCH 1998, 47f.

[176] G. JANKOWSKI 2001, 129.

lisch korrekt ließe sich das Relativpronomen ᾧ (V.39) auch auf die λόγια ζῶντα aus V.38 beziehen, wenn ich die Neutrum-Plural-Form als Kollektivplural verstehe. Damit wäre dann bereits hier der Angriff angedeutet, der in 7,52 die Stephanusrede beendet. Allerdings bezieht sich Stephanus hier noch ohne jede Distanzierung mit ein, wenn er selbstverständlich von ›unseren Eltern‹ (οἱ πατέρες ἡμῶν) spricht, deren Denken und Fühlen auf Ägypten hin gerichtet blieb.

2.3   Ringen um die Präsenz JHWHs – Zelt und Tempel (7,41–50)

(41)Und sie machten ein Stierbild[177] in jenen Tagen und brachten Opfer dar dem Bild, ihrem Idol[178], und freuten sich an den Werken ihrer Hände. (42)Da wandte Gott sich (ab) und gab sie hin zu dienen dem Heer des Himmels gerade wie (es) geschrieben ist im Buch der Propheten:[179] »Habt ihr mir etwa Schlachtopfer und Opfer dargebracht vierzig Jahre (lang) in der Wüste, Haus Israel? (43)Und ihr habt genommen das Zelt[180] des Moloch und den Stern des Gottes Rephan, die Statuen, die ihr gemacht habt, um vor ihnen niederzufallen, und ich werde euch noch über Babylon hinaus umsiedeln.«[181] (44)Das Zelt des Zeugnisses[182] war für unsere Eltern in der Wüste da, geradewie er das der angeordnet hatte, der dem Mose gesagt hatte, es zu machen gemäß dem Bild, das er gesehen hatte; (45)dieses haben unsere Eltern mit Josua, als sie es übernommen hatten, auch mit hineingenommen bei der Inbesitznahme der Fremd-Völker, die Gott ausgetrieben hatte vor unseren Eltern her bis zu den Tagen Davids, (46)der Anerkennung[183] fand im Angesicht Gottes und (darum) bat, eine Zeltwohnung[184] für das Haus Jakob zu finden. (47)Und Salomo baute ihm ein Haus. (48)Der Höchste aber siedelt nicht in handgemachten Dingen, gerade wie der Prophet sagt: (49)»Der Himmel ist mein Thron, und die Erde ein Schemel für meine Füße; was für ein Haus wollt ihr mir bauen«, spricht JHWH, »oder welchen Ort für meine Erholung? (50)Hat nicht meine Hand all diese Dinge gemacht?!«

---

[177] Lukas schafft hier einen Neologismus; die Wendung μοσχοποιεῖν ist im Deutschen kaum angemessen wiederzugeben (evtl. ›sie stiermachten‹ o.ä.); s.u. S. 374.

[178] Mit der Doppelbezeichnung ›dem Bild, ihrem Idol‹ ist m.E. die Doppeldeutigkeit und -bödigkeit des griechischen εἴδωλον am besten wiederzugeben: Zunächst handelt es sich hierbei um ein Bild, die bildliche Darstellung von etwas – und damit liegt Lukas ganz auf der Sinnlinie von Ex 32. Nicht das Fremdgötterverbot steht mit der Erzählung vom Stier zur Debatte, sondern das Bilderverbot. Nicht andere Gottheiten sollen Israels Gott Konkurrenz machen (wenn auch z.B. der Baalskult sicherlich anklingt), sondern Israels Gott selbst soll greifbar werden, die Alterität Gottes, die sich unter anderem in ihrem ungreifbaren Namen JHWH äußert, scheint bedrohlich. In einem zweiten Schritt bedeutet das Bildermachen also doch Götzendienst (so die Mehrzahl der Belege in LXX wie NT), das Schaffen eines bewunderungswürdigen Idols: Wenn die Freiheit der Gottheit Israels auf dem Spiel steht, handelt es sich um eine vergötzende Form der Anbetung.

[179] Auch für Lukas ist das Dodekapropheton also *ein Buch*, keine lose Sammlung kleiner Texte, wie die in der christlichen Tradition übliche Rede von ›den zwölf kleinen Propheten‹ assoziieren lässt.

[180] Im lukanischen Doppelwerk kommt σκηνή fünfmal vor: Lk 9,33; 16,9; Apg 7,43.44; 15,16, wobei die Apg-Belege sämtlich Zitate aus dem AT sind (7,43: Am 5,26 LXX; 15,16: Am 9,11f. LXX) – zu 7,44 s. nächste Anmerkung. Dazu MICHAELIS 1964, 369ff; J. BÜHNER 1992, 599ff.

[181] Lukas zitiert fast wortwörtlich Am 5,25–27 LXX; dazu H.V.D. SANDT 1991 u. E. RICHARDS 1982.

[182] LXX-Ausdruck für Begegnungszelt (vgl. exemplarisch Ex 27,21; Num 12,4). H. V.D. SANDT 1991, 70f.78–83 differenziert zwischen der priesterschriftlichen Vorstellung des Zeltes als Ort der ständigen Anwesenheit JHWHs und der seiner Meinung nach in Ex 33,7–11; Num 12,4f.; Dtn 31,14f. zum Ausdruck gebrachten Vorstellung des Zeltes als Möglichkeit der Gottesoffenbarung: »In fact, this tent is a place of oracle, intended to consult the will of the Lord.« Das Zelt sei »a place which God visits periodically to announce his will.« (ebd., a.a.O., 70).

[183] Die Übertragung mit ›Anerkennung‹ trägt der oben thematisierten Bedeutungsvielfalt von חֶסֶד/χάρις Rechnung; s.o. S. 348.

[184] Der Ausdruck σκήνωμα findet im gesamten lukanischen Werk nur an dieser Stelle Verwendung. In der LXX kommt er 80mal vor und ist nach H. STRATHMANN 1942, 385 »völlig synonym« mit σκηνή. Nach M. SIMON 1951, 129 besteht ein σκήνωμα aus »one or several σκηναί.« S. auch W. MICHAELIS 1964, 385f.; G. SCHNEIDER 1992b. Fest im Sprachgebrauch verankert ist die Verwendung von σκήνωμα für die Aufforderung an Israel, ›nach Hause‹ zurückzukehren (vgl. 1 Sam 13,2; 2 Sam 20,1; 1Kön 8,66; 12,16 u.ö.).

Wo ›wohnt‹ die Gottheit Israels?[185] Wie lässt sich ihre Präsenz garantieren? Hier nun, so lässt sich die Erwartung der Leserin und des Hörers skizzieren, sollte sich endlich zeigen, inwiefern an den Anklagen gegen Stephanus etwas dran ist: Wenn es in der Absicht des Erzählers läge, Stephanus gegen den Tempel reden zu lassen – wo dann, wenn nicht hier? Tatsächlich vertritt Stephanus eine ganz bestimmte Form jüdischer Kritik an einer Theologie, die die Gegenwart JHWHs auf ihre Anwesenheit im Jerusalemer Tempel beschränken will, aber greift er damit wirklich den Tempel, das zentrale Heiligtum in unvergleichlich scharfer Weise an? Um eine Antwort auf diese programmatischen Fragen zu finden, hilft es, narratologisch der Erzählstruktur des Abschnitts zu folgen und dabei den hier verwendeten Formulierungen besondere Aufmerksamkeit zu schenken.

Auffällig ist zunächst, dass Lukas seinen Protagonisten in diesem Abschnitt zwar ausführlich über die Fragen des Wohnens JHWHs sprechen lässt und dazu die verschiedensten Ausdrücke für ›Wohnräume‹ – σκηνή τοῦ μαρτυρίου (V.44f.), σκήνωμα (V.46), οἶκος (V.47.49), τόπος (V.49)[186] – gebraucht, dass umgekehrt aber die im lukanischen Doppelwerk einschlägigen Termini für das Jerusalemer Heiligtum, τό ἱερόν und ναός,[187] an keiner Stelle verwendet werden.

Indem Lukas die Geschichte Israels seit der Episode mit dem Stierbild am Sinai als Geschichte des Ringens um die Frage der Präsenz JHWHs in und für Israel zeichnet, wird eben dies als strukturierendes Element der Geschichte deutlich:[188] Schon in der Wüste konnten die Menschen, die für Lukas letztlich eben auch Mose ablehnten, nicht darauf vertrauen, dass JHWH in der ihnen versprochenen Form bei ihnen bliebe. Sie dringen auf Aaron ein, er solle ihnen Gottheiten machen, die sichtbar bei ihnen sind (V.40a: ποίησον ἡμῖν θεοὺς οἳ προπορεύσονται ἡμῶν) – da auf Mose offen-

---

[185] Für einen Überblick über die Diskussion um Begegnungszelt und Stiftshütte verweise ich an dieser Stelle schon einmal auf H. GANSER-KERPERIN 2000, 242–262, der die positive Konnotation des Tempels im lukanischen Werk betont und die Argumentation des Stephanus ebenfalls der Situation des faktischen Tempelverlustes und ihrer Bewältigung geschuldet sieht; s. auch J. JESKA 2001, 174ff.

[186] Mit τόπος findet sich hier der einzige Ausdruck wieder, der auch in den Anklagen gegen Stephanus zur Sprache kam – allerdings ist es wohl kaum zufällig, dass Lukas ihn gerade nicht in selbstformulierten Passagen verwendet, es sich hier vielmehr um ein Zitat aus Jes 66,1–2a LXX handelt. Damit bleibt die Hypothese, Lukas treffe in der Komposition der Rede und speziell des aktuellen Abschnitts ganz bewusst die Entscheidung, die ›einschlägigen‹ Termini nicht zu verwenden, durchaus verifizierbar.

[187] Der Ausdruck ναός für den Tempel kommt bei Lukas insgesamt sechsmal vor, davon allein dreimal innerhalb der Erzählung über Zacharias (1,9.21.22). Innerhalb des Evangeliums ist vom ναός nur noch in 23,45 die Rede, wenn Lukas als Begleitphänomene des Todes Jesu neben der Sonnenfinsternis das Zerreißen des Tempelvorhangs schildert. Während für die gesamte Zeit des Aufenthalts der NachfolgerInnen Jesu in Jerusalem das Heiligtum – wie auch sonst im lukanischen Werk vorzugsweise – als τὸ ἱερόν bezeichnet wird, findet ναός nur noch an zwei Stellen Verwendung: zum einen in der Areopagrede des Paulus in Athen, in der er als Kennzeichen der von ihm verkündigten Gottheit herausstellt, dass sie gerade nicht in ›handgemachten Tempeln‹ (χειροποιήτοις ναοῖς) wohne (Apg 17,24), und zum anderen in der Beschreibung des Epheser Silberschmiedes Demetrius, von dem es heißt, er fertige silberne Artemistempel an (19,24). In der LXX kommt ναός 118x vor und ist auch in der griechischen Literatur bei Homer und Herodot Bezeichnung für einen Tempel generell sowie auch für »the inmost part of a temple« bei Herodot und Xenophon (LIDDELL/SCOTT, 27145).
Der bei Lk deutlicher häufiger zu findende Terminus Technikus für den Tempel ist τό ἱερόν. Im gesamten lukanischen Werk findet er 39mal Verwendung. Dabei ist festzuhalten, dass zwar in der überwiegenden Mehrheit der Belege der Jerusalemer Tempel gemeint ist, dass jedoch auch z.B. der Artemistempel in Ephesus so benannt werden kann (Apg 19,27).

[188] Mit anderer Schwerpunktsetzung sieht auch J. ROLOFF 1981, 123 die Erzählung vom Stierbild als zentral für die folgende Argumentation der Stephanusrede an: »Der Stierkult wird in der Wüste wird als Ausgangspunkt allen falschen Kultes in der Geschichte des Volkes gedeutet.« R. PESCH 1986 schließt sich dieser These ROLOFFs ausdrücklich an und verweist zudem auf die parallelen Interpretationen von Jub 1 und LAB 12 (ebd., a.a.O. 255).

sichtlich nicht mehr zu zählen sei; niemand wisse, was mit ihm geschehen sei
(V.40b). In der Folge leistet nun aber nicht allein Aaron– wobei die Erzählabfolge von
Exodus 32 wohl für die Adressatinnen und Adressaten der Stephanusrede vorausgesetzt ist – dieser Bitte Folge, sondern die Israelitinnen und Israeliten machen sich
gemeinsam ans Werk: Sie ›stiermachen‹ (μοσχοποιεῖν) – mit diesem Neologismus
unzweifelhaft pejorativen Beigeschmacks gelingt dem Erzähler die Disqualifizierung
des Tuns in der Beschreibung desselben. Der Versuch, sich des Gottes Israels zu be-
mächtigen, führt dazu, dass der Opferdienst für ihn zum Götzendienst wird. Sichtbar
präsent ist nie Israels Gott selbst, sondern nur ein verfälschtes und verfälschendes
Bild von ihm. Bevor Lukas ab V.44 das positive Gegenbild zu einer solchen Bemäch-
tigung zeichnet, indem er auf die Geschichte des Begegnungszeltes eingeht, macht er
mit dem in V.42f. eingespielten Amoszitat (Am 5,25–27LXX) zunächst deutlich, welche Konsequenzen die Freude der Menschen über das Werk ihrer Hände hat.[189] Was
in Ex 32,34 nur allgemein angedeutet wird, setzt Lukas konkret um: Als Konsequenz
der – im mehrfachen Wortsinn – ›Stierbild*affäre*‹ dreht JHWH sich um und/oder weg
und gibt die Menschen hin zum Dienst für das Himmelsheer. Gibt er sie dahin oder
verrät er sie? Nicht zufällig ist παραδίδωμι auch die Vokabel, mit der die Auslieferung Jesu, der ›Verrat‹ des Judas, ausgedrückt ist.[190] Zeigt sich hier schon, wie kunstvoll Lukas die semantischen Möglichkeiten der von ihm verwendeten
Begrifflichkeiten ausnutzt, wie er sich auf die Hör- und Lesegewohnheiten seiner
Hörer und Leserinnen verlässt, so zeigt der Hinweis auf das ›Heer des Himmels‹
noch ein Weiteres: Die Menschen werden dahingegeben, ausgeliefert oder verraten,
indem sie dem Himmelsheer dienen. Dieses ›Dienen‹ kam in der Stephanusrede an
prominenter Stelle schon einmal vor, und zwar in der Verheißung an Abraham. Dort
wurde als Ziel der Befreiung aus Ägypten ausdrücklich formuliert, das Volk werde
dann frei sein, um JHWH ›an diesem Ort zu dienen‹ (7,7: λατρεύσουσίν μοι ἐν τῷ
τόπῳ τούτῳ). Indem das Motiv des Dienstes für *die eine* Gottheit, Israels Gott, gegen
den Dienst für andere Gottheiten gestellt wird, erhält λατρεύειν eine Schlüsselfunktion. Im vorletzten Abschnitt der Stephanusrede gelingt es Lukas durch die Verwendung dieses Ausdrucks, seine Hörerinnen und Leser gleichsam wieder an den
Beginn der Rede zurückzubringen und sie daran zu erinnern, was das eigentliche
Ziel, der eigentliche Dienst bedeutete. Statt Dienst für JHWH nun also dahingegeben
zum Dienst für das Heer des Himmels – eine merkwürdig unkonkrete Größe, deren
›Verhältnis‹ zu JHWH in den biblischen Texten durchaus nicht unumstritten ist: Zeigen Texte wie 1Kön 22,19 und Hos 13,4 die Überzeugung, das Himmelsheer sei eindeutig untergeordneter Bestandteil des Machtbereichs JHWHs, so steht der
hebräische Ausdruck הַשָּׁמַיִם צְבָא in der Mehrzahl der Belege für eine Sammelform
der ›Himmelskörperanbetung‹; so gehört die Abwehr des Dienstes für diese kosmischen Gottheiten etwa zu den zentralen Inhalten der ausführlichen deuteronomi-

---

[189] Mit dem Motiv der ›Freude über das Werk ihrer Hände‹ (εὐφραίνοντο ἐν τοῖς ἔργοις τῶν χειρῶν
αὐτῶν) spielt Lukas schon an dieser Stelle auf die in V.48 getroffene Grundsatzaussage über das
Wesen von Israels Gottheit an: Nichts ›Handgemachtes‹ kann die Präsenz JHWHs garantieren.
Damit stellt Lukas seine Ausführungen in den Kontext prophetischer Kult- und Opferkritik, wie sie
etwa in Jes 44,9ff zum Ausdruck kommt. Die Aufnahme des Amoszitates ist insofern merkwürdig,
als bei Amos eindeutig vorausgesetzt ist, dass solche Art Kult, solch ›Handwerk‹ gerade nicht zur
Wüstenzeit gehörte. Möglicherweise nutzt Lukas die recht offen gehaltene Formulierung Am 5,26,
um die Trennung zwischen Wüstenzeit und Zeit danach weniger strikt erscheinen zu lassen.

[190] So Lk 9,44; 18,32; 20,20; 22,4.6.21.22.48; 23,25; 24,7.20; Apg 3,13 – Lk 21,12.16; Apg 8,3; 21,11; 22,4;
28,17 beziehen sich in synonymer Verwendung von παραδίδοναι auf die Nachfolgerinnen und
Nachfolger Jesu. P. WICK 2001 liest Mt 27,3–10 als Midrasch und versteht das Tun des Judas als das
eines ›Propheten wider Willen‹.

schen Näherbestimmungen des Bilderverbots (Dtn 4,19; 17,3).[191] Dtn 17,2–5
formulieren den Dienst für diese Art ›Gottheiten‹ im Zusammenhang der todeswürdigen Vergehen – macht sich ein Mann oder eine Frau[192] dieses Vergehens schuldig,
bricht er, bricht sie den Bund Israels mit JHWH in so grundsätzlicher Art und Weise,
dass dieses Tun zwangsläufig den Tod dieser Person nach sich zieht (17,5). Muss
auch diese letzte Konsequenz in Apg 7,42 mitgehört werden? Anders gefragt: Bedeutet die Tatsache, dass JHWH die Eltern Israels eben nicht dem unmittelbaren Tod
ausliefert, sondern sie ›nur‹ in die Fremdherrschaft gehen lässt, also einen ›minder
schweren Verrat‹? Oder ist das Ausgeliefertsein unter andere Mächte nur eine andere
Form des Todesurteils?

Lukas konkretisiert diesen Verrat, diese Auslieferung von Seiten JHWHs mit
Worten des Amos:[193] Indem die Menschen verkennen, dass die Präsenz Gottes sich
nicht garantieren lässt – so lässt sich die Stierepisode in Kurzform wiedergeben –, ist
der Weg dafür geöffnet, dass sie nicht nur ihre eigenen Gottheit greifbar machen
wollen, sondern auch dazu bereit sind, sich anderen Gottheiten – die in deutlich
fassbarerer Form präsent sind – zuzuwenden, ihnen zu opfern und zu dienen und
damit die besondere Beziehung Israels zu JHWH, die sich im Sinaibund manifestiert
hatte, von ihrer Seite aus zu gefährden – und dies solange, bis JHWH selbst zornig-
resignierend nach der Aufgabe der Freiheit im Gottes-Dienst von seiten Israels nun
auch den Verlust der realen Freiheit ankündigt.[194] Lukas verwendet in Apg 7,42f. die
Septuagintafassung von Amos 5,25–27:[195] Nicht mehr akkadische Gottheiten (Sikkut

---

[191] Zu den Zusammenhängen von Apg 7,41–43 mit Dtn 4 s. auch H. V.D. SANDT 1991, 73ff. Allerdings
setzt die LXX hier gerade nicht στρατιὰ τοῦ οὐρανοῦ, sondern κόσμος τοῦ οὐρανοῦ (Dtn 4,19) bzw.
πᾶν τῶν ἐκ τοῦ κόσμου τοῦ οὐρανοῦ (Dtn 17,3 als Summierung der zuvor einzeln aufgeführten
Himmelskörper Sonne, Mond und Sterne). Ohnehin schwankt die LXX aber in ihrer Wiedergabe
von הַשָּׁמַיִם צְבָא zwischen verschiedenen Formen (neben den gerade genannten noch δύναμις τοῦ
οὐρανοῦ 2 Kön 17,16; 21,3.5; 23,4.5; 2 Chr 18,18 sowie das von Lukas verwendete στρατιὰ τοῦ
οὐρανοῦ 1 Kön 22,19; 2 Chr 33,3.5; Jer 8,2; 19,13; Zeph 1,5; Neh 9,6, wobei an der letztgenannten
Stelle der Plural στρατιαί verwendet wird). Insofern ist hier nicht eindeutig zu klären, welche
Schriftstelle im Hintergrund der lukanischen Formulierung stand; als ausdrückliches Zitat einer
einzigen Stelle ist sie damit nicht zu verstehen – es handelt sich wohl vielmehr um eine freie
Formulierung, für die aber – ungeachtet der beschriebenen Formulierungsunterschiede – der
Kontext von Dtn 4, 15–19 und 17,2–5 mitgedacht sein muss.

[192] Diese Ausdifferenzierung bieten der hebräische wie der griechische Text der Stelle in ihrem
einführenden Satz (17,2).

[193] Dass der Text hier so gelesen sein ›will‹, zeigt die von Lukas gewählte Überleitung ›so wie es
geschrieben steht im Buch der Propheten‹ (καθὼς γέγραπται ἐν βίβλω τῶν προφητῶν) – was die
Abwendung JHWHs und die Auslieferung in den Dienst für das Himmelsheer konkret bedeuten,
soll also mit dem folgenden Zitat beschrieben werden. Zur Textfassung s. auch G.L. ARCHER/G.
CHIRICHIGNO 1983, 151–155.

[194] H. V.D. SANDT 1991 arbeitet heraus, in welcher Form Lukas für seine Darstellung die Texte Ex 32f.;
Dtn 4 und Am 5,25–27 miteinander ins Gespräch bringt: Während Ex 32,7–33,6 davon erzählen, wie
Mose sich für Israel einsetzt und damit zumindest eine partielle Vergebung von Seiten JHWHs
erreicht, ersetzt die lukanische Darstellung dies gerade durch die Einfügung des Amoszitates (vgl.
ebd., a.a.O. 71): Nicht Vergebung, sondern Auslieferung unter fremde Mächte sind die Folge des
Stierbildes und der damit initiierten Bewegung, das Verbot der Herstellung von Gottesbildern in
Zusammenhang mit dem Fremdgötterverbot, wie es in Dtn 4,1–28 geschildert wird, zu übertreten.
Während Am 5,26 den falschen Kult Israels jedoch noch als Verfehlung des Volkes versteht, sieht
Lukas hier den Willen Gottes ›am Werk‹ – und an dieser Stelle wird noch einmal Apg 7,42 relevant:
Der Bemerkung, Gott habe Israel dem Dienst für das Himmelsheer ausgeliefert, kommt damit
zentrale hermeneutische Bedeutung zu. Er bietet die Perspektive, durch die die Veränderung der
Intention der Amos-Stelle deutlich wird: »It explains that God's initiative does not begin in Amos
5,27 but in 5,26. Not only the exile but also the worship of celestial bodies are included in the
punishment [gemeint ist die in Dtn 4,27f. formulierte Tatfolge für das Herstellen von Gottesbildern;
K.S.].« (ebd., a.a.O., 86).

[195] Für eine genaue Analyse der Modifikationen des Lukas in seiner Verwendung der LXX-Fassung s.
E. RICHARD 1982, bes. 38f.; T. HOLTZ 1968, 14–18; 86f.; zum Amoszitat und seiner Verwendung in
diesem Zusammenhang außerdem H. V.D. SANDT 1991; R. BORGER 1988; H.A. BREHM 1997, 287f.; J.

und Kijun)[196] sind es, denen gedient wird, sondern der kanaanäische Gott Moloch[197] und Raiphan, ein nicht näher zu bestimmender Name, dessen Schreibform vermutlich auf einen Schreib- bzw. Textfehler entweder in der hebräischen Vorlage der LXX oder in der LXX-Überlieferung selbst zurückzuführen ist.[198] Lukas verändert den ihm vorliegenden LXX-Text allerdings entscheidend: zum einen fügt er hinter ἐποιήσατε (Am 5,26 LXX) einen finalen Infinitiv (προσκυνεῖν) ein und ersetzt folglich das Reflexivpronomen der Vorlage (ἑαυτοῖς) durch das Personalpronomen αὐτοῖς. Damit erreicht er die im Sprachgebrauch der LXX häufige Verbindung von λατρεύειν und προσκυνεῖν und macht so den engen Zusammenhang der Vv. 41–43 deutlich.[199]

Zum anderen ersetzt Lukas die Ortsangabe Δαμασκοῦ durch Βαβυλῶνος.[200] Worin kann der Grund für diese Ersetzung gesehen werden?[201] In die erzählte Zeit der Stephanusrede – d.h. in die Wüstenzeit – passt die eine Angabe und Ansage ebenso wenig wie die andere. Sowohl Damaskus als auch Babylon lassen viel spätere Ereignisse assoziiert sein – und zur Erzählzeit der Stephanusrede gehören beide wiederum der Vergangenheit an. Dass also, um mit J. JERVELL zu sprechen, das Exil genauso »geschah …, wie Gott es vorausgesagt und vorausbestimmt hat«,[202] ist im Geschichtsver-

---

JERVELL 1998, 242. Ich kann H. V.D. SANDT allerdings nicht darin zustimmen, dass in LXX und MT ganz unterschiedliche inhaltliche Schwerpunkte gesetzt würden: Während der hebräische Text, so V.D. SANDT, die grundsätzliche Irrelevanz von Opfern betone, zeige die LXX Israel in der Wüste als »unfaithful and apostate nation« (ebd. 1991, 68, Anm. 4). Eine derart entscheidende Differenz in der Intention der Textstelle geht meiner Ansicht nach aus den Texten nicht hervor: Auch wenn die hebräische Textfassung – gerade, wenn sie auf dem Hintergrund der Hosea-Tradition von der Wüstenzeit als ›Idylle‹ (etwa Hos 2,17) gelesen wird – in protestantischer Tradition oft als generelle Absage an den Kult (vgl. H.-W. WOLFF 1969, 304ff) verstanden wurde, zeigt die komplizierte Struktur, in der der Abschnitt Am 5,21–27 aufgebaut ist, bereits an, wie unterschiedlich schon in der Zeit der Textentstehung das Verständnis war.

[196] Übereinstimmend wird in der Literatur festgehalten, dass der masoretische Text hier entsprechend der hebräischen ›Götzenvokalisation‹ vokalisiert ist; s. etwa M. STOL 1995a, 899; O. LORETZ 1989. Allerdings besteht in der wissenschaftlichen Auseinandersetzung schon hinsichtlich der Frage Uneinigkeit, welche Gottheiten konkret gemeint sein könnten. So halten F. I. ANDERSEN und D.N. FREEDMAN in ihrem Kommentar zum Amosbuch fest: Strukturelle und grammatikalische Probleme in Am 5,26 »make it difficult to identify the gods and to determine their functions and relationships. … the verb אשׂנ and the fact that they are carried show that Amos is describing idols.« (dies. 1989, 533). Mit M. GÖRG 1995a; M. STOL 1995a u. 1995b; H. SCHMOLDT 2000a u. 2000b lässt sich aber zumindest sagen, dass es sich bei Kijun wie auch Sakkuth um Astralgottheiten handelt – sofern Sakkuth auch eine Gottheit ist, und nicht bereits das hebräische Original, wie z.B. R. BORGER 1988, 77 vermutet, סֻכַּת gelesen hat. Zum Zusammenhang von Amos 5 vgl. H.-W. WOLFF 1969 sowie F.I. ANDERSEN/D.N. FREEDMAN 1989.

[197] Dazu G.C. HEIDER 1995. Die Formulierung σκηνή τοῦ Μόλοχ lässt sich auf die oben angestellten Überlegungen zurückführen, dass auch im hebräischen Text ursprünglich evtl. die Rede von der סֻכָּת gewesen sein könnte. Denkbar wäre dann zumindest, dass die LXX den Ausdruck מַלְכְּכֶם aus der hebräischen Vorlage fälschlicherweise als Personennamen aufgefasst hat (so H. SCHMOLDT 2000a, 468) bzw. auffassen musste.

[198] Eine korrupte hebräische Vorlage (ר statt כ) sehen M. STOL 1995a, 899; M. GÖRG 1995a, 470; R. BORGER 1988, 72. H.-W. WOLFF 1969, 304 versteht Ραίφαν als »innergriechische Entstellung von καίφαν«, ohne dazu jedoch Inhaltliches auszuführen. S. auch H.W. BEYER 1955, 50.

[199] Die Paarung findet sich in der LXX etwa in den Dekalogfassungen (Ex 20,4f.; Dtn 5,8f.) sowie in den zum Teil bereits angesprochenen Stellen Dtn 4,19; 8,19; 11,16; 17,3; 29,25; 30,17 u.ö. Dazu E. RICHARDS 1982, 40; H. V.D. SANDT 1991, 74f.

[200] Mit J. JERVELL 1998, 243. Auffällig ist, dass Lukas aus der Abrahamgeschichte auch das im NT nur an diesen beiden Stellen vorkommende Verb μετοικίζω (7,4.43) aufnimmt: »Bezeichnete μετοικίζειν in V. 4 die Umsiedlung Abrahams aus Mesopotamien, so kennzeichnet es zum Ende der Moseerzählung die Deportation Israels nach Babylon (V. 43). … Landverheißung und Exodusgeschehen enden also im Exil.«

[201] Die Vermutung E. RICHARDs (1982, 41), es handle sich hier um eine nachexilische Bearbeitungsstufe des Amostextes, geht insofern ins Leere, als in der exegetischen Literatur übereinstimmend davon ausgegangen wird, dass die Vv. 25–27 ohnehin einer nachexilischen Bearbeitungsschicht entstammen.

[202] Ebd. 1998, 243; ähnlich auch H. V.D. SANDT 1991, 86.

ständnis des Lukas ohnehin präsent. Warum ›Babylon‹ und warum ›über Babylon hinaus‹? Könnte es nicht sein, dass hier ›die Hure Babylon‹ (Apk 17)[203] zumindest mit gedacht ist, dass also Babylon als Chiffre für die römische Gewaltherrschaft verstanden werden kann?[204] Wenn schon deutlich ist, dass Lukas mit dieser Passage ohnehin die Zeit des erzählten Textes verlässt – wenn seine eigene Zeit, die Zeit nach der Niederlage im jüdischen Krieg gegen Rom und nach der Zerstörung des Tempels, wie es sie seit der Zeit Babylons nicht mehr gegeben hatte, ohnehin beim Lesen und Hören der Stephanusrede stets präsent ist, warum dann nicht an dieser Stelle?

Hatte Lukas in den Versen 39 bis 41 die Abwendung Israels von JHWH und damit auch die Abwendung JHWHs von Israel geschildert, entwirft er in den nun folgenden beiden Versen das direkte Gegenbild dazu: Statt des Zeltes Molochs nun das Zelt des Zeugnisses, in dessen Besitz die Eltern Israels waren[205] – und zwar fortwährend, über einen langen Zeitraum hin, wie der Gebrauch des Imperfekts andeutet. Im Zusammenhang mit diesem ›wahren‹ Zelt – das übrigens im Gegensatz zum Zelt Molochs genau entsprechend dem Modell gebaut war, das Mose gesehen hatte – ist Stephanus in das Kollektiv Israels wieder einbezogen: War der vorangehende Vers 43 noch distanziert in der zweiten Person Plural formuliert,[206] ist es jetzt wieder möglich, von ›unseren Eltern‹ (τοῖς πατράσιν ἡμῶν) zu sprechen. Hier stellt sich auf der Ebene der erzählten Situation natürlich die Frage, mit welchem Recht Stephanus hier gleichsam eine ›Zwei-Klassen-Geschichte‹ erzählt: Zumindest ist der Eindruck nicht unmöglich, die eine Hälfte Israels – die sich den fremden Gottheiten zuwandte – sei identisch mit derjenigen, der sich Stephanus gegenübersieht, während die andere Hälfte, der er sich zugehörig fühlt, für die Mitnahme des Zeltes zuständig gewesen sei und nun auch auf seiner Seite steht.[207] Allerdings geht diese Rechnung, so plausibel sie auf den ersten Blick sein mag, nicht auf: Zumindest zu dem Kollektiv, das für die Stierbildherstellung zur Verantwortung zu ziehen ist, fühlt Stephanus sich zugehörig. Ansonsten wäre nicht einzusehen, warum er in Vers 39 noch inklusiv von *unsere Eltern* spricht.

Es wird also deutlich, dass für Lukas die Zeit der Wüste keinesfalls rein negativ konnotiert ist; sie ist vielmehr bestimmt von der Dialektik zwischen Abwendung und Zuwendung Israels zu JHWH.[208] Das Zelt des Zeugnisses war im Besitz der Wüstengeneration und nach dem Tod des Mose nahm diese es unter Josuas Führung mit ins Land – auch hier wird wieder wie schon in der Mosesequenz Gott als letztlich

---

[203] In ihrer Arbeit zu den intertextuellen Bezügen der biblischen Babylon-Texte warnt U. SALS allerdings gerade vor einer automatischen Gleichsetzung ›Babylon=Rom‹ (vgl. dies. 2004, 79).

[204] S. neben Apk 17,5 auch 14,8; 16,19; 18,2.10.21. Die Überlegung, an dieser Stelle sei auf Rom angespielt, stellen auch J. DANIÉLOU 1957, 123; H. GRAF REVENTLOW 1990, 78f. an. S. auch F. BOVON 1985, der zumindest als eine von vier Möglichkeiten, wie der lukanische Anspruch auf Universalisierung mit dem römischen Universalherrschaftsdenken zusammengedacht sein könnte, auch die folgende nennt: »Viel diskreter als die antirömische Haltung der Johannesoffenbarung würde der lukanische Anspruch auf alle Völker eine implizite, aber doch spürbare Polemik gegen den römischen Imperialismus darstellen.« (a.a.O. 124). Er selbst sieht eine solche innerhalb des Doppelwerks mindestens in der Weihnachtsgeschichte vorliegen; vgl. ders. 1980, v.a. 26–28.

[205] Ausgedrückt durch die grammatische Konstruktion von εἶναι plus Dativ.

[206] Bis dahin, dass eine Reihe von Textzeugen – P 74 ebenso wie die Majuskeln ℵ, A, B, C sowie verschiedenen Minuskelgruppen, denen die Herausgebenden des NT-Graece ab der 26. Auflage folgen – zwischen τό ἄστρον τοῦ θεοῦ und Ῥαιφάν noch das Possessivpronomen ὑμῶν einfügen.

[207] In diese Richtung überlegt zumindest auch A.F.J. KLIJN 1957, 27f., allerdings im Zusammenhang problematischer Schlussfolgerungen. Für eine kritische Auseinandersetzung mit KLIJNs Überlegungen vgl. E. GRÄßER 2001, 103f.

[208] Mit J. JERVELL 1998, 243.

einzig agierend dargestellt[209] – und behielt es bei sich bis zu den Tagen Davids, wie es am Ende von V.45 heißt. Damit ist zweierlei deutlich: Zum einen bildet V. 45 gleichsam die Brücke zum nun folgenden Abschnitt 7,46f., der mit David einsetzt. Zum anderen aber liegt die Intention der Stephanusrede offensichtlich gerade nicht darin, die Götzenverehrung Israels als durchgängig bestimmendes Moment der Geschichte Israels zu beschreiben. Ansonsten wäre nicht einzusehen, warum hier ausgerechnet die Epoche der sogenannten Richterinnen- und Richterzeit, die im Ersten Testament als ständiger Kreislauf – Dienst für andere Gottheiten, Leid und Unterdrückung und Umkehr zu JHWH – geschildert wird, derartig knapp nur unter dem Oberthema ›Zelt des Zeugnisses‹ firmiert.

Mit Vers 45 beginnt nun also der Abschnitt, der nach traditionellem Verständnis am deutlichsten die Tempelkritik der Stephanusrede ausdrückt: Das Zelt (σκηνή) des Zeugnisses bleibt permanent bei den Israelitinnen und Israeliten. Dennoch (?) wünscht David sich, eine Zeltwohnung (σκήνωμα) für das Haus Jakob zu finden,[210] und Salomo baut ihm ein Haus (οἶκος) (V.45f.).

Der Inhalt dieser zwei Verse wirft eine ganze Reihe von Fragen auf: Was ist der Unterschied zwischen den verschiedenen Formen der ›Behausung‹? Für wen wird da was angestrebt bzw. gebaut? Und schließlich: Welche Konnotationen bringt welche dieser Aktionen mit sich?[211]

Der Reihe nach: Das Zelt des Zeugnisses ist, wenn ich den Überlegungen HUUB VAN DE SANDTs folge, für Lukas gerade nicht wie in manchen Texten der Schrift (etwa Ex 25–30; 35–40)[212] Ort der dauerhaften Präsenz JHWHs, sondern vielmehr ein Raum der möglichen Begegnung, deren Möglichkeit zum einen von der Anrufung Israels, zum anderen und sehr viel mehr aber noch von der Bereitschaft JHWHs selbst abhängt, wie es etwa Ex 33,7–11; Num 12,4f. und Dtn 31,14f. zum Ausdruck bringen.[213] Es ist also ein Ort der Begegnung denkbar und bekannt, der sich der Gottheit nicht besitzend vergewissern will, sondern bleibend auf deren Bereitschaft zur Kommunikation angewiesen ist – dieser Ort ist in der Stephanusrede eindeutig positiv konno-

---

[209] Gott ist derjenige, der nach Apg 7,45 die Fremdvölker aus dem Land vertreibt, sodass die Israelitinnen und Israeliten dort siedeln können: ἐν τῇ κατασχέσει τῶν ἐθνῶν, ὧν ἐξῶσεν ὁ θεὸς ἀπὸ προσώπου τῶν πατέρων ἡμῶν.

[210] Vermutlich ist die Formulierung angelehnt an Ps 131,5 LXX: ἕως οὗ εὕρω τόπον τῷ κυρίῳ σκήνωμα τῷ θεῷ Ἰακώβ, vgl. neben vielen P. DOBLE 2000, 192f. M. SIMON 1951, 129f. betont jedoch gerade für diesen Textzusammenhang, dass hier nicht der Tempelbau beschrieben wird, sondern die Überführung der Bundeslade von Kirjath-Jearim nach Jerusalem, dass der ›Ort‹, von dem im Psalm gesprochen werde, also Jerusalem und nicht etwa das Heiligtum sei.

[211] T. PENNER 2004, 98 formuliert die sich angesichts der Vv. 46f. aufdrängende Frage: »What distinction if any is being made between these two kings?« Er kommt zu dem Schluss, beide würden gleichermaßen kritisiert (98f.), denn: »The tabernacle in the land represents the fulfillment of the promise made to Abraham in 7:7 (worship in ›this place‹ is in the land, not the temple).« (ebd., 98).

[212] Dass diese Texte Zeugnisse priesterschriftlicher Theologie sind, ist für den innererttestamentlichen Vergleich von Interesse; für die Frage nach der lukanischen Schriftlektüre kann diese Differenzierung unterbleiben.

[213] H. VAN DE SANDT, 1991, 70f. Dass Ex 33 im Hintergrund der Gestaltung dieses Teils der Stephanusrede steht, zeigt sich nach VAN DE SANDT (a.a.O., 71, Anm. 16) unter anderem auch noch daran, dass die Beschreibung Davids als desjenigen, der Ansehen in Gottes Augen fand (ὃς εὗρεν χάριν ἐνώπιον τοῦ θεοῦ) bis in den Wortlaut hinein in Ex 33,12.13(2x).16.17 erfolgten Beschreibung des Mose entspricht (vgl. Ex 33,17; hier als Gottesrede an Mose: εὕρηκας γὰρ χάριν ἐνώπιον μου). Auch wenn die exegetische Literatur in Apg 7,46 meist 2 Sam 15,25 eingespielt gesehen hat (etwa G. SCHNEIDER 1980, 466, Anm. 197 und R. PESCH 1986, 256), besteht hier jedoch ein entscheidender Unterschied zu Apg 7 und Ex 33: Wird an diesen beiden Stellen nämlich eine Beschreibung in der 2. oder 3. Person Singular geboten, handelt es sich bei der Samuel-Stelle um einen in der 1. Person Singular formulierten Wunsch, also gerade nicht eine Zuschreibung von Seiten anderer.

tiert. Bezüglich des geschilderten Wunsches Davids ist – auch textkritisch[214] – unklar, für wen David diese Zeltwohnung sucht. Offensichtlich ist es zur Zeit Davids mit dem Zelt des Zeugnisses nicht mehr getan. Sicherlich steht den Hörern und Leserinnen der Stephanusrede vor Augen, dass David nach 2 Sam 7,2 dem Propheten Nathan gegenüber problematisiert, dass die Lade JHWHs in einem Zelt wohne, während er selbst doch in einem aus Zedern gebauten Haus lebe. Nathan legt sich in seiner Antwort auf keine Richtung fest, sondern rät dem König zu tun, was er tun wolle. Bevor aber ausgeführt werden kann, wohin diese Überlegungen Davids führen könnten, schaltet JHWH selbst sich ins Geschehen ein: In der Nacht spricht sie zu Nathan und beauftragt ihn, in ihrem Namen zu David zu sprechen. JHWH ist diejenige, die Davids bisher unkonkret gebliebene Pläne dahingehend ausführt, dass dieser vorhabe, ein Haus zu bauen, in dem sie dann wohnen könne (τάδε λέγει κύριος οὐ σὺ οἰκοδομήσεις μοι οἶκον τοῦ κατοικῆσαί με, 2 Sam 7,5). Diese Überlegungen weist JHWH unter Verweis auf die gemeinsame Geschichte während der Wüstenzeit zurück: Sie sei die ganze Zeit in Herberge und Zelt (κατάλυμα καὶ σκηνή) mit ihrem Volk mitgezogen und habe auch nie irgendjemanden aus den Stämmen Israels dafür kritisiert, dass ihr kein Haus aus Zedern gebaut werde (2 Sam 7,6f.). Hier ist durchgängig von einem οἶκος die Rede; insofern ist es kaum zufällig, dass dieser Ausdruck in der Stephanusrede im Zusammenhang mit David überhaupt nicht vorkommt, genauso wenig wie die Formulierung, David habe bauen wollen. Nein, David will nicht bauen, er will finden – fast, als gälte es etwas schon Vorhandenes in Besitz zu nehmen oder zumindest einer anderen Bestimmung zuzuführen. Offensichtlich soll diese Behausung auf die Erfahrung der Wüstenzeit bezogen sein, die durch die Begleitung des Zeugniszeltes geprägt war. Wenn es sich nicht einfach um ein anderes Zelt handelt,[215] dann doch zumindest um eine Zwischenform zwischen dem Zelt und dem festen Haus.

Diesen Wohnraum möchte David nun jedoch gerade nicht für JHWH finden, sondern für das Haus Jakob(s).[216] Wenngleich die Stelle textkritisch umstritten ist und eine ganze Reihe von Handschriften θεῷ Ἰακώβ statt οἴκῳ Ἰακώβ lesen, sprechen sowohl externe als auch interne Kriterien der Textkritik dafür, die Lesart οἴκῳ Ἰακώβ als die ursprüngliche beizubehalten. Der so vorliegende Text ist zwar nicht unkompliziert, aber eben doch gut verständlich, wie schon KIRSOPP LAKE und HENRY J. CADBURY herausstellen: »after all, the Temple, like the Tabernacle, was a house or tent ›of meeting‹, and it was to be used by the house of Jacob as well as by the Almighty.«[217] Während LAKE/CADBURY vorsichtig formulieren, der Tempel sei für beide, für Menschen und Gott gebaut, zeigt Josephus' Darstellung des Tempelweihgebetes Salomos eine sehr viel eindeutigere Schwerpunktsetzung:

Und wenn auch das ganze Weltall dich [= Gott; K.S.] nicht fassen kann, geschweige denn dieser Tempel, so flehe ich dennoch zu dir, du wollest ihn vor feindlicher Verwüstung bewahren und ihn als dein besonderes Eigentum in deinen Schutz nehmen. Sollte aber das Volk sich einmal gegen dich verfehlen und deshalb mit Hungersnot, ansteckenden Krankheiten oder anderen Plagen bestraft werden, so erhöre es, wenn es in diesen Tempel flieht und zu dir um Rettung fleht, und erweise deine Gegenwart, indem du dich seiner erbarmst und es von seiner Drangsal erlösest. Aber nicht nur den Hebräern wollest du dich also gnädig erweisen, wenn sie in Sünden gefallen sind, sondern auch, wenn jemand anderswoher und selbst von den äussersten Gegenden des Erdkreises sich dir nahen sollte, um deine Hilfe zu begehren, so erhöre seine Bitte. Denn so

---

[214] S. dazu die Überlegungen auf der folgenden Seite.

[215] Dabei stellt sich zumindest die Frage, warum das bisherige nicht mehr ausreichend sein sollte.

[216] Zu den textkritischen Schwierigkeiten der Stelle vgl. M. SIMON 1951, 128f.; A.F.J. KLIJN 1957, 29f.; B.M. METZGER 1994, 308f.

[217] K. LAKE/H.J. CADBURY 1965, 81.

wird es allen offenbar werden, dass du selbst diesen Tempel bei uns errichtet wissen wolltest,
dass wir aber deshalb Fremden gegenüber nicht feindselig und gehässig aufzutreten
beabsichtigen, sondern allen deinen Schutz und den Genuss deiner reichen Freigebigkeit
gönnen.[218]

Der Tempel ist also viel mehr um der Menschen willen als um Gottes willen gebaut,
als Ort der besonderen Zuwendung Gottes insofern erfahrbar, als er als Schutzraum
wirken soll.[219] Diese Zielsetzung auf Israel als das Haus Jakob (und die Völker!) hin
verbindet die Darstellung der *Antiquitates* mit der Stephanusrede.

Worin besteht dann aber die Differenz zwischen V. 46 und V.47? Anders gefragt:
Ist der inhaltliche Sprung zwischen diesen beiden Versen wirklich so groß, dass er
das ganze Gewicht der genannten exegetischen Tradition tragen kann?[220] Worin
könnte der Gegensatz bestehen? Gibt es einen semantisch gravierenden Unterschied
zwischen σκήνωμα und οἶκος? Das wird zumindest von A. FREDERICK J. KLIJN unter
Berufung auf MARCEL SIMON vehement verneint.[221] Liegt der Unterschied also in der
Differenz des ›Adressaten‹, also darin, dass ›Nutznießer‹ in V.46 Israel, in V.47 hingegen Gott sein könnte? Lässt sich das aber wirklich mit aller Sicherheit sagen? Apg
7,47 lautet: Σολομὼν δὲ οἰκοδόμησεν αὐτῷ οἶκον.[222] Wer oder was ist aber mit αὐτῷ
gemeint? Folge ich der biblischen Darstellung in 1 Kön 6–8, dann dient der Tempelbau doch offensichtlich JHWH bzw. vielmehr JHWHs Namen. Ist das aber in Apg
7,47 genauso deutlich? Hätte der Text nicht, wenn dieser Gegensatz deutlich herausgestellt werden sollte, dies explizit tun können, indem dann hier θεῷ stünde? Den
Regeln der Grammatik folgend ist jedenfalls nicht davon auszugehen, dass bei einem
derartig klaren Wechsel der Referenz das einfache Personalpronomen gebraucht
würde – viel eher vertritt das Pro-Nomen eben das zuletzt im selben Kasus verwendete Nomen, hier also οἴκῳ Ἰακώβ. So bleibt noch eine letzte Möglichkeit, V.47 als
Gegensatz zu V.46 zu verstehen: Es könnte sich um einen mit δέ adversativ ange-
schlossenen Satz handeln. Dem ist entgegenzusetzen, dass der unmittelbar folgende
Vers 48 plastisch vor Augen führt, wie ein deutlicher Gegensatz im Griechischen
formuliert wäre – nämlich sehr wahrscheinlich mit ἀλλά, nicht mit dem sehr viel
schwächeren δέ, das nur durch die Übertragung mit ›aber‹ überhaupt zwingend den
Eindruck eines Gegensatzes erweckt,[223] im neutestamentlichen Griechisch wie in der
Septuaginta jedoch häufig das hebräische ‏ו‎ vertritt und demnach kopulativ[224] und
sogar affirmativ[225] verstanden werden kann.[226] Was also, wenn hier gar kein Gegen-

---

[218] Ant 8,114–117/4,3; vgl. auch Ant 8,107/4,2 und dazu C.T. BEGG/P. SPILSBURY 2005, 32, Anm. 383.

[219] Mit A.F.J. KLIJN 1957, 30.

[220] S.o. S. 353ff. Vgl. etwa A.F.J. KLIJN 1957, der zwar nicht die Kritik am Tempel für die eigentliche
Intention der Stephanusrede hält, den Tempelbau (V.47) jedoch als ›Sünde‹ interpretiert. Ähnlich
wie KLIJN urteilt auch M. HENGEL in seiner breit angelegten Rezension des Apg-Kommentars von J.
JERVELL (M. HENGEL 2001, 359).

[221] A.F.J. KLIJN 1957, 30 bezieht sich auf M. SIMON 1951, 130, Anm. 2: »The opposition of maischkan-
baith is not maintained throughout the whole bible. In the harmonising perspective of the
Chronicles, for instance, it is completely wiped out, and we find such phrases as: mischkan-beith
haelohim (σκηνὴ οἴκου θεοῦ) I Chron. vi. 33 (LXX, vi. 48).« Allerdings stellt auch SIMON im
unmittelbar anschließenden Satz fest: »It is the more significant to see it [die Opposition bzw.
Differenzierung; K.S.] reappear in all its strength in Acts.«

[222] P. DOBLE 2000 zeichnet die Darstellung Salomons im lukanischen Doppelwerk nach.

[223] Erinnert sei an das identische Problem in der Einleitung der sogenannten ›Antithesen‹ der
Bergpredigt (Mt 5,21–48).

[224] So z.B. R. STORCH 1967, 97: »Δέ ist bloße Übergangspartikel"; J. KILGALLEN 1967, 89: »The particle δε
can also introduce the last in a series, without any connotation of opposition between preceding and
subsequent subjects.«

[225] Vgl. BDR § 447. Siehe auch G. WASSERBERG 1998, 248f.

satz aufgebaut werden soll? Was, wenn durch die Verwendung des Personalpronomens αὐτῷ gerade die Offenheit gewahrt bleiben soll, den Hausbau Salomos in beiderlei Hinsicht zu verstehen: als Bau für das Haus Jakobs, näherhin die Dynastie Davids,[227] in mindestens gleicher Weise wie für Gott? Das würde erklären, warum Lukas hier gerade nicht deutlich seine Kritik formuliert. Insofern ist KLIJNs These, es sei »the building of the temple that is supposed to be a sinful act«,[228] auf der Grundlage der eben vorgestellten Überlegungen zurückzuweisen.

Erst mit 7,48 konzentriert sich die Darstellung auf eine der beiden Zielrichtungen des Tempelbaus, nämlich auf die Vorstellung, mit diesem Heiligtum eine Wohnung für JHWH selbst geschaffen zu haben. Dieser Vorstellung wird nun allerdings in der Tat vehement widersprochen (ἀλλ᾽ οὐχ ὁ ὕψιστος ἐν χειροποιήτοις κατοικεῖ), gestützt durch das Jesajazitat Jes 66,1–2. Die Ablehnung der ›handgemachten Dinge‹ findet sich zunächst schon in der LXX, wo χειροποίητα parallel zu εἴδωλα als Bezeichnung von Götzenbildern verwendet wird.[229] Auch die in der Stephanusrede vertretene Position basiert auf dieser Gleichsetzung, wie bereits die ähnliche Formulierung in V.41 (καὶ εὐφραίνοντο ἐν τοῖς ἔργοις τῶν χειρῶν αὐτῶν) zeigt.[230] Was von Menschenhand gemacht ist, steht schnell in der Gefahr, vergötzt zu werden – und damit als Götze Macht zu gewinnen.

Also formuliert Lukas in der Rückschau die Einsicht als klar erkennbare, die im Duktus der Rede von Anfang an den Menschen Israels vor Augen stehen musste: Nichts, was Menschen bauen und/oder herstellen können, ist dafür geeignet, die Präsenz JHWHs zu garantieren. Dies aber ist weniger eine Absage an menschliche Fähigkeiten als eine Aussage über Israels Gott. So formuliert schon Exodus 25,8 LXX in genauer Wiedergabe des hebräischen Textes[231] in aller Vieldeutigkeit: καὶ ποιήσεις μοι ἁγίασμα καὶ ὀφθήσομαι ἐν ὑμῖν. Was heißt hier καί? Das Nachdenken über die Un-Fassbarkeit der Gottheit Israels gehört zu den zentralen Inhalten ersttestamentlichen Redens von Gott: Dtn 23,15 spricht ganz ähnlich wie Ex 25,8 vom Wohnen JHWHs inmitten des Lagers Israels, Dtn 26,15 vermittelt die Vorstellung der ›himmlischen Wohnung‹ JHWHs.[232] Gegen die falsche Sicherheit eines Inbesitznehmens JHWHs durch die Zuweisung eines ›festen Wohnsitzes‹, wie sie z.B. zur Zeit des Jeremia von herrschenden Kreisen in Jerusalem vertreten wurde, wendet sich schon

---

[226] Folglich kann auch M. SIMON 1951, 128 nur thetisch formulieren: »The δέ introducing verse 47 is here very strong, and cannot be translated by either ›and‹ or ›consequently‹; but only by ›but‹ as expressing a radical opposition.« Ähnlich ratlos und deshalb widersprüchlich E. HAENCHEN 1961, 276f.: »Der Redner sieht im Tempelbau den Abfall vom wahren Gottesdienst; der Text an sich aber schließt nur die Erzählung von Stiftshütte und Tempel ab.«

[227] Immerhin baut Salomo an seiner Palastanlage ganze sechs Jahre länger als am Tempel (vgl. 1 Kön 6,38; 7,1).

[228] Ebd. 1957, 29.

[229] S. etwa Lev 26,1; Jdt 8,18; Jes 2,18; 10,11; 16,12; 19,1; 21,9; 31,7; 46,6. Mit M. SIMON 1951: »Χειροποίητον is the technical term, so to say, by which the Septuagint and the Greek speaking Jews describe the idols.«

[230] Auch in der Areopagrede lässt Lukas Paulus diese Position vertreten (Apg 17,24).

[231] Ex 25,8 lautet im hebräischen Text: מִקְדָּשׁ וְשָׁכַנְתִּי בְּתוֹכָם. Dabei zeigt sich, dass je nach Übersetzung des die beiden Versteile verbindenden (oder trennenden?) ו Inhalt und Intention des Verses deutlich unterschiedlich sind: Wird es mit ›und‹ übersetzt, lässt sich daraus lesen, dass JHWHs Wohnen in Israels Mitte im Tempel vorzustellen ist. Möglich ist aber auch die Übersetzung mit ›aber‹, die dem Gefüge einen adversativen Sinn verleiht. Dann ist gerade der Gegensatz ausgedrückt: Bau des Heiligtums im Land vs. Wohnen JHWHs inmitten Israels und damit an jedem Ort, an dem Israel lebt. Nicht zufällig haben sich an dieser Stelle die Positionen von Gola/Diaspora und Israelland immer auf das deutlichste unterschieden; vgl. zu Ex 25,8 B. JACOB 1997/1943, 859ff.

[232] Dtn 26,15 lautet in der Fassung der LXX κάτιδε ἐκ τοῦ οἴκου τοῦ ἁγίου σου ἐκ τοῦ οὐρανοῦ. Zu beiden Texten s. A. RUWE 2003, bes. 218f.

die deuteronomistische Überarbeitung des Jeremiabuches während der Exilszeit. Besonders deutlich kommt diese Kritik in der Tempelrede Jeremias (Jer 7) zum Ausdruck.[233]

War die Situation derjenigen, die die vorliegende Jeremiatradition deuteronomistisch bearbeiteten, so verschieden von der des Lukas? Zumindest, was den Tempel und die Sicherheit, die er versprach, angeht, sind beide einigermaßen parallel: Das Heiligtum ist zerstört; in beiden Fällen geht es darum, nach dem Eintreten der Katastrophe nun aus der eigenen Tradition Hoffnungselemente zu gewinnen, die auch in völlig veränderter Lage helfen können, zu überleben und nicht zur Gänze an der Frage nach der Treue JHWHs zu verzweifeln.[234] Und in beiden Fällen geht es neben dem Versuch, zu erklären und zu verstehen, wie geschehen konnte, was geschehen war, auch darum, für die Zukunft ein erneuertes Verhältnis Israels zu JHWH zu erhoffen und im eigenen Reflektieren zu beschreiben.[235]

Die Schrift erzählt vom Tempelbau unter Salomo (1 Kön 6–8) so, dass die Bedeutung des Heiligtums, was die Frage der ›Garantie‹ der Anwesenheit JHWHs betrifft, bereits in der Beschreibung der Errichtung und vor allem der Einweihung des Heiligtums relativiert wird: 1 Kön 6,1–10 schildern die Bautätigkeit Salomos,[236] die folgenden – in der LXX fehlenden – Verse 11–13 sind Gottesrede, in der JHWH Salomo unter der Bedingung, dass dieser sich an die Tora halte, auch das Einhalten seines eigenen Versprechens zusagt und inmitten Israels wohnen wird (1 Kön 6,13). Im Anschluss an die Fertigstellung des Heiligtums versammelt (ἐξεκκλησίασεν) Salomo zur Einweihung erst die Ältesten Israels und schließlich ganz Israel am Heiligtum und spricht das sogenannte ›Tempelweihgebet‹ (1 Kön 8,15ff), in welchem er zunächst auf die Nathansverheißung 1 Sam 7 rekurriert (8,16–19) und dann im weiteren Verlauf immer wieder um den Beistand JHWHs für Israel bittet – gerade auch angesichts des sicher kommenden Abwendens Israels von dem mit JHWH geschlossenen Bund und der daraus resultierenden Exilierung des Volkes. Für unseren Zusammenhang hier ist entscheidend, dass das Tempelweihgebet Salomos wiederholt betont, JHWH sei im Tempel nicht anwesend, könne es aufgrund seiner Majestät auch gar nicht sein:

Ob Gott wirklich mit den Menschen zusammen auf der Erde wohnt? Wenn der Himmel und der
Himmel des Himmels nicht genug für dich sind[237] – dann auch dieses Haus, das ich deinem
Namen gebaut habe! (1 Kön 8,27 LXX)

---

[233] Diese ›Verwandtschaft‹ lukanischen Denkens mit den dtr Inhalten des Jeremiabuches ist insofern besonders interessant, als gerade dort auch die Anbetung der Gestirne (στρατιὰ τοῦ κόσμου) in scharfer Form kritisiert wird (Jer 8,2; 19,13). Unabhängig von der Frage der Intention einzelner Überarbeitungsschichten (vgl. R. ALBERTZ 1992, 395f.) bleibt festzuhalten, dass auf der Ebene des Endtextes des Jeremiabuches somit eine Form der Distanzierung gegenüber dem Tempel als ›Heilsgarant‹ zu beobachten ist, die einen Anknüpfungspunkt für den lukanischen Ansatz bietet.

[234] Zwar ist die Situation nach 70 n.Chr. keine Exilssituation gewesen; mit dem Verlust des Tempels und der Möglichkeiten jüdisch-religiösen Lebens ist die Identitätsfrage, wie sie unter hellenistischer und römischer Herrschaft schon vorher aufgekommen war, nun aber in aller Schärfe gestellt.

[235] So notiert R. ALBERTZ für die Überarbeitungsgruppe des Jeremiabuches: »Typisch für die Theologie der dtr. Jeremia-Interpreten ist nun, daß sie ins Zentrum ihrer Verheißungen nicht irgendwelche Äußerlichkeiten, sondern die Erneuerung des Gottesverhältnisses Israels stellten. Aufgrund seines vergebenden Handelns (31,34) würde Jahwe einen neuen bzw. ewigen Bund mit seinem Volk stiften (31,31.33; 32,40), der das ursprünglich bei der Herausführung aus Ägypten intendierte enge Verhältnis zwischen ihm und Israel endlich in Erfüllung bringen werde.« (ders. 1992, 397).

[236] In 1 Kön 6,2 findet sich die in Apg 7,47 vorliegende Formulierung ᾠκοδόμησεν οἶκον, dort allerdings verbunden mit dem Dativobjekt κυρίῳ.

[237] Die Vorstellung, der Himmel sei der Raum Gottes, findet sich innerhalb des Tempelweihgebetes Salomos noch in 1 Kön 8,30.32.34.36.39.43.45.49 – Gott soll im Himmel das Rufen Israels hören, soll

Hier wird also eine gleich zweifache Relativierung vollzogen: Zum einen kommt der weite Raum des Himmels als nicht ausreichend für JHWH zur Sprache, zum anderen wird der Tempel gerade nicht als potentieller Wohnort der Gottheit, sondern als Raum für ihren Namen gedacht. Nicht zufällig sind das theologische Entscheidungen, die denen der oben genannten Jeremiastellen entsprechen.[238]

Und schließlich bleibt als weiterer eindrücklicher Beleg für eine Form ersttestamentlichen Denkens, die die alleinige Heilsbedeutung des Tempels doch deutlich relativiert, die von Lukas hier eingespielte Stelle Jes 66,1–2 zu nennen:

> *So spricht JHWH:* »*Der Himmel ist mein Thron, und die Erde ein Schemel für meine Füße; was für ein Haus wollt ihr mir bauen oder welchen Ort für meine Erholung? Denn meine Hand hat all diese Dinge gemacht und mein sind alle diese Dinge*«, *spricht JHWH.*[239]

Die Tatsache, dass Lukas sich hier auf die Schrift stützt, macht deutlich, wie sehr er darum bemüht ist, die hier vertretene Position als gerade nichts Neues verstanden zu wissen.

> »Daß der lk Stephanus hier die Schrift argumentativ heranzieht ..., zeigt, wie sehr diese Position als gut jüdisch verstanden sein will .... Was Stephanus hier sagt, repräsentiert m.a.W. jüdisches Allgemeingut, wie analog auch das Tempelwort in der Areopagrede Act 17,24 keineswegs ein jüdisch-christliches Spezifikum sein soll: Wie jetzt der lk Stephanus vor Juden, so beruft sich später auch der lk Paulus vor Athens Gebildeten auf bereits Bekanntes, Stephanus auf Biblisches, Paulus auf stoisches Denken.«[240]

Wie also sollte sich aus diesem Befund auf eine besondere, eine neue Form der Tempelkritik schließen lassen? Vielmehr geht es doch wohl auch zur Zeit der Abfassung der Apostelgeschichte um nicht weniger als das Ringen darum, wie JHWHs Nähe und das Bestehen des Bundes mit Israel theologisch unabhängig von der Existenz eines Heiligtums gedacht werden kann. Dank der Schrift muss Lukas eine solche Theologie nicht neu entwickeln; in ihr findet er die Grundlagen, auf die er sich stützen kann, die Gedanken und Formulierungen, mit deren Hife er sein eigenes Anliegen ausdrücken kann.[241]

---

[238] So versteht etwa R. ALBERTZ 1992, 407 auch diese Passagen als Zeugnisse nachexilischen deuteronomistischen Denkens.

sich also in der neuen Not und dem erneuten Schreien Israels der Ursprungssituation erinnern, in der dieses Schreien zu ihm hinaufgestiegen ist und er darauf gehört hat (Ex 2,24ff; 3).

[239] »Das Zitat folgt mit kleineren Änderungen der LXX. Jes 66,1–2a stammt aus einer Zeit, in der der Wiederaufbau des Tempels nach dem Exil diskutiert wurde. Der Verfasser der Worte kritisiert diese Pläne eindeutig. Für ihn ist der Gott Israels nicht mehr an einen bestimmten Ort gebunden. Er wird zu einem Gott, der im Himmel thront, aber auch *bei den Gebeugten und Geistzerschlagenen* wohnen will, wie es in den nächsten Worten heißt. Diese Kritik am Tempel ist durchaus nicht singulär. Es sind vor allem Propheten wie Jeremia (Jer 7) und Amos, die dieser Kritik ihre Stimme geben.« (G. JANKOWSKI 2001, 133; Hervorhebung i. Text). S. dazu auch P. DOBLE 2000, 198–200; H. GANSER-KERPERIN 2000, 252ff. Auch mit seinem grundsätzlichen Anliegen der Universalisierung der Heilsbotschaft steht Lukas in einer langen Traditionskette: »[I]t is important to point out that Luke's ›universalism‹ is not a Christian invention, for it is drawn from prophetic tradition and Jewish eschatological beliefs.« (R.I. DENOVA 1997, 146). Dafür sprechen neben ›prominenten‹ Stellen des Jesajabuches (etwa Jes 49,6; 56,1–8) und dem Buch Jona z.B. die Tatsache, dass Jeremia als ›Prophet für die Völker‹ eingesetzt wird (Jer 1,5) oder Stellen wie Jer 3,17; Sach 8,23; Mal 1,11. Gerade das Beispiel Ninives im Jonabuch oder auch Jes 56,1–8 zeigen jedoch eindrücklich, wie das ›Heil‹ der Völker von ihrem Verhalten zu Israel abhängt.

[240] G. WASSERBERG 1998, 249. WASSERBERG verweist weiter auf E. LARSSON 1993, 394: »In my view the quotation is not intended to serve as temple-criticism, any more than Salomon's prayer in 1 Kings 8,27. It simply expresses a conviction, which is common Biblical knowledge." Vgl. Auch D. RAVENS 1996, 66; J.B. CHANCE 1988, 40f.; M. BACHMANN 1999; H. GANSER-KERPERIN 2000, 240–262; T.L. DONALDSON 1997.

[241] Mit G. JANKOWSKI 2001, 133: »Das Jesajazitat paßt genau in die Situation des Lukas. Der Tempel ist zerstört. Es war unwahrscheinlich, daß er unter den herrschenden Verhältnissen je wieder errichtet werden würde. Die Ekklesia des Lukas nimmt diese Tatsache hin. Sie wird nicht mehr an dem einen Ort festhalten, der für den Gott Israels Wohnung und für Israel Zentrum sein sollte. Das zeigt sich

Das Wissen darum, dass ein von Menschen errichtetes Haus nie den Anspruch erheben kann, Gott selbst zu beherbergen, ist also schon in ersttestamentlichen Texten nachweisbar. Und in nachbiblischer Zeit verhält es sich damit nicht anders: Das Jubiläenbuch erzählt in seinem letzten Kapitel vom Einsetzen des Passa, hat also den Tempel bzw. den Tempelbau nicht als eigenes Thema im Blick; auch der LAB, dessen Darstellung ganz bewusst mit Saul endet,[242] misst dem Tempel keine besondere Bedeutung zu. Für Pseudo-Philos Darstellung liegt das Gewicht, der Schwerpunkt der Beziehung Israels zu Gott vielmehr darin, dass Israel sich an JHWHs Weisungen hält.[243] Die von Josephus in den *Antiquitates* vertretene Position des Tempels als Zufluchtsort für Menschen war gerade Thema.[244]

Einen wiederum anderen Schwerpunkt setzt die Qumran-Gemeinschaft, wenn in der sogenannten Sektenregel (1QS) für den aus zwölf Laien und drei Priestern bestehenden ›Rat der Einung‹ festgehalten wird, so dieser sich entsprechend der Tora verhält:[245]

> »Wenn dies sich in Israel ereignet, steht der Rat der Einung fest in der Wahrheit ... für eine ewige Pflanzung, ein Haus von Heiligkeit für Israel und ein Kreis/Fundament von Allerheiligstem für Aaron.«[246]

Die im Neuen Testament des öfteren zu findende Vorstellung, die Gemeinschaft der Gläubigen sei der Tempel,[247] hat ihre Wurzeln also zumindest *auch* in den Vorstellungen der Gemeinschaft von Qumran.

Nach diesen – angesichts der Länge der Rede – wenigen Worten, mit denen Lukas Stephanus sich zur Frage der Präsenz Gottes im Tempel äußern lässt, wechseln Ton und Stoßrichtung der Rede abrupt: Jetzt erst wendet der Redner sich unvermittelt an seine Zuhörer. Fast entsteht hier der Eindruck, er erinnere sich nun an die ihm gemachten Vorwürfe und müsse deshalb jetzt massiv Position beziehen. Eine Entschuldigung für sein Reden, soviel dürfte deutlich sein, haben seine Zuhörer nicht zu erwarten. Die nun folgende scharfe Konfrontation lässt sich nur verstehen, wenn wir uns klar machen, dass nach dem Selbstverständnis des Stephanus (respektive des Lukas) angesichts der in seiner Rede vertretenen Inhalte hinlänglich deutlich sein müsste, dass es Stephanus bzw. der neuen Gemeinschaft mitnichten darum geht, die Weisungen des Mose zu zerstören oder womöglich gegen Israels Gottheit zu reden.

2.4 *»Starrhalsige und Unbeschnittene!« – die Wendung hin zur direkten Konfrontation mit den Hörenden (7,51–53)*

[51]Starrhalsige und Unbeschnittene an Herzen und Ohren! - Immer kämpft ihr gegen den heiligen Geist,[248] wie eure Eltern (so) auch ihr. [52]Welchen von den Propheten haben eure Eltern nicht verfolgt? Und getötet haben sie diejenigen, die das Kommen des Gerechten vorher

---

schon in der Wortwahl der Rede des Stephanos. Das Wort Tempel oder Zion hören wir in der gesamten Rede nicht ein einziges Mal. Was wir hören, sind Umschreibungen oder Zitate, die eindeutig Bezug auf den Tempel nehmen. Aber der Tempel selbst wird nicht erwähnt.«

242 S.o. S. 154.

243 S.o. S. 174ff.

244 S. 379f.

245 Biblische Richtschnur in 1QS VIII, 2 ist dabei Mi 6,8.

246 1 QS VIII, 4–6; zitiert nach J. MAIER 1995, 187.

247 Etwa 1 Petr 2,5; Eph 2,21f., ähnlich auch 1 Kor 3,16; 6,19.

248 Das Verb ἀντιπίπτω wird in Num 27,14 LXX verwendet, um die Rebellion des Volkes bzw. der ›Versammlung‹ (ἐκκλησία) gegen Gott zu beschreiben; vgl. R.P. THOMPSON 1998, 342, Anm. 71; W.H. SHEPHERD 1994, 178. Könnte diese Szenerie, die inhaltlich ja tatsächlich eine exakte Parallele zu dem von Lukas gemeinten Verhalten darstellt, hier mit eingespielt werden?

angekündigt haben, für den jetzt ihr zu Verrätern und Mördern geworden seid, (53)als welche ihr die Tora als Anordnungen von Engeln genommen habt und nicht bewacht/bewahrt habt.«

Mit einem Paukenschlag, ganz in der Tradition der ersttestamentlichen Propheten und der deuteronomistischen Theologie, lässt Lukas seinen Protagonisten Stephanus seine Rede beenden.[249] Das grundlegende Ziel deuteronomistischer Geschichtsschreibung ist hier klar vor Augen geführt: Erinnert die Geschichte eurer Vorfahren – es ist eure Geschichte, ihr seid daran beteiligt.[250] Geschichte ist für Lukas, der sich mit der Gestaltung seiner Rede in diese Tradition stellt, nichts Abstraktes; Geschichte ist etwas, das die Adressatinnen und Adressaten der jeweiligen Gegenwart unmittelbar selbst anspricht und in die Verantwortung nimmt![251] Eben deshalb kann Stephanus die versammelten Mitglieder des Synhedriums jetzt auch ansprechen, wie z.B. Mose und Jeremia das in der Schrift taten: Er nennt sie *Starrhalsige und Unbeschnittene an Herzen und Ohren* und verwendet damit diejenige Bezeichnung, die als Charakterisierung des Volkes aus dem Kontext von Exodus und Wüstenwanderung einschlägig bekannt ist: Immer wieder bezeichnen Gott und Mose das Volk als starrhalsig, und zwar gerade dann, wenn es darum geht, dass die Israelitinnen und Israeliten nicht auf JHWHs Weisung hören wollen, sondern lieber ihre eigenen Wege gehen wollen (vgl. Dtn 9,6.13).[252] Der Ausdruck *unbeschnitten an Herzen und Ohren* ist in dieser Kombination in der LXX nicht zu finden; beide Sinnesorgane für sich begegnen jedoch im Jeremiabuch (Jer 6,10; 9,25). Die Vorstellung der unbeschnittenen Herzen für sich genommen dient neben Jer 9,25 auch in Lev 26,41; Ez 44,7.9 zur Beschreibung der Situation Israels im Gegenüber zu den Völkern, die auch körperlich nicht beschnitten sind.[253]

Nachdem Stephanus vorher in seiner langen Rede sich selbst in den allermeisten Fällen mit einbezogen hat, indem er etwa wiederholt von ›unseren Eltern‹ sprach, wechselt der Tonfall nun genauso wie die Form der Anrede: Nicht mehr um ›wir‹ und ›uns‹ geht es in den Abschlusssätzen – jetzt richtet sich der Fokus auf das ›ihr‹ der Zuhörer.[254] Im Rückblick diffamiert Stephanus quasi mit einem Handstreich das Tun seiner Zuhörer, das sie doch vermutlich gerade als Eintreten für JHWH und seine Geistkraft verstehen, als Kampf gegen die heilige Geistkraft. Das gelingt ihm, indem er sie als ›wahre Söhne‹ ihrer Eltern zeichnet und ihnen damit zweierlei vor Augen führt: Zum einen gehört Jesus für ihn in die Reihe der Propheten, die früher in Israel nicht nur kein Gehör gefunden hatten, sondern verfolgt wurden (wie etwa Jeremia oder Elia),[255] deren Worte sich aber trotzdem oder vielleicht gerade deshalb

---

[249] Schon O.H. STECK 1967, 265ff hat hervorgehoben, dass die Stephanusrede bzw. ihre Vorlagen entsprechend dem Muster deuteronomistischer Prophetenaussage gestaltet seien; vgl. ders. 1967, 265ff, v.a. 267: Es habe »im hellenistischen Judenchristentum an Israel gerichtete Verkündigung gegeben, die die Tradition der dtrPA [= dtr Prophetenauffassung; K.S.] aufgegriffen hat, um die Tötung Jesu in die Geschichte der von Mose über die Propheten bis in die Gegenwart permanenten Halsstarrigkeit des Gottesvolkes zu stellen.« Durch die Einbeziehung des Geschickes Jesu sei, so STECK a.a.O. 268, das dtr Geschichtsbild zwar christlich modifiziert worden, in seiner Grundstruktur jedoch nach wie vor gut zu erkennen.

[250] S.o. S. 80.

[251] Zum Geschichtsverständnis des lukanischen Werkes s. auch o. S. 57ff.

[252] Σκληροτράχηλος bezogen auf ganz Israel in der LXX sonst noch Ex 33,3.5; 34,9; Bar 2,30. Vgl. auch P. FIEDLER 1992, 607: »Der Vorwurf der ›Vorhaut (Unbeschnittenheit) des Herzens‹ gehört zur Topik der deuteronomistisch-prophetischen – und davon abhängig: der frühjüd. Umkehrpredigt, wonach sich Israel ›verstockt‹ weigert, auf Gott zu hören.«

[253] Vgl. auch die paulinische Argumentation in Röm 2.

[254] Mit G. WASSERBERG 1998, 251.

[255] S. neben O.H. STECK 1967, 265ff auch H.-M. DÖPP 1998, 33ff, v.a. 46f. Zum Motiv des abgelehnten Propheten in der Nazaretperikope Lk 4,16–30 s.o. S. 313ff.

erfüllt haben. Somit legt er offen, wie sehr gerade die Ablehnung und Verfolgung Jesu für ihn ein Indiz für dessen Wahrhaftigkeit ist. Und gleichzeitig drückt er unmissverständlich aus, dass nach seinem Selbstverständnis (und damit eben auch dem Selbstverständnis des Lukas und ›seiner‹ Gemeinschaft) Jesus nicht nur ein großer Prophet ist, sondern diese an Bedeutung übertrifft, da ihre Botschaft schon auf ihn hingedeutet habe – er ist ›der Gerechte‹ (7,52: δίκαιος), er ist von gleicher Bedeutung wie Mose; das ist ganz offenkundig, wenn wir uns vor Augen führen, dass die Mosesequenz diesen geradezu als Jesustypos zeichnet[256]: In gleicher Form wie Mose vom Volk immer wieder abgelehnt wurde, obwohl Gott selbst ihn doch geschickt hatte, wurde auch Jesus abgelehnt. Der Gipfel der Anklage des Stephanus, der eben jetzt vom Angeklagten zum Kläger wird, besteht in der Gleichsetzung der den Hörern zugeschriebenen Attribute. Sie, die doch die Tora erhalten haben, sind zu ›Verrätern und Mördern‹ (7,52) geworden – und den Grund dafür liefert Stephanus gleich mit: Sie haben die Tora erhalten, ja sie sogar aktiv genommen (λάβετε) und, wie allen schriftkundigen Hörern und Leserinnen vor Augen gestanden haben muss, immer wieder den Auftrag erhalten, sie zu bewahren und zu bewachen.[257] Aber genau dies haben sie nicht getan, sie haben die Tora nicht bewacht (οἵτινες ἐλάβετε τὸν νόμον εἰς διαταγὰς ἀγγέλων καὶ οὐκ ἐφυλάξετε, 7,53). Stephanus wendet den ihm gemachten Vorwurf also genau in sein Gegenteil – nicht er *redet* gegen die Tora, sondern diejenigen, die ihn angeklagt hatten, und seine Richter, die Mitglieder des Synhedriums, sind es, die gegen die Tora *handeln*.[258] An dieser Stelle ist es unverzichtbar, sich vor Augen zu führen, dass diese scharfen Worte des Stephanus mitnichten gegen das Volk, gegen ganz Israel, gerichtet sind[259] – in ihrer Schärfe zielen sie gegen eine eng umgrenzte Gruppe, nämlich gegen diejenigen, die hier über ihn zu Gericht sitzen, gegen diejenigen, die über die Macht verfügen, die ihnen Rom noch zusteht, und auf diese Macht nicht verzichten wollen. Dass mit dieser Macht und dem

---

[256] An dieser Stelle ist allerdings zu betonen, dass Typos nicht im Sinne von durch den Antitypos zu überbietender Figur zu verstehen ist; mit E. MAYER 1996, 49; K.H. OSTMEYER 2000. S. dazu oben S. 48f. Der Duktus der Stephanusrede weist doch sehr viel mehr darauf hin, Jesus nicht als in seinem Schicksal allein und einzig Dastehenden zu verstehen, sondern ihn gerade in der Reihe derer zu verorten, die sich für JHWH einsetzten, dabei aber immer wieder zu scheitern drohten.

[257] Der Imperativ von φυλάσσω in der Kombination mit νόμος findet sich in der LXX häufig; vgl. nur Ex 13,10; Lev 19,9.37; Dtn 24,8; 32,46; 2 Kön 10,31; 1 Chr 22,12; Ps 104,45; 118,44.55.57.136; SapSal 6,4 (Zählung jeweils nach LXX).

[258] Damit ist der Bogen zurück zu den ›Lügenzeugen‹ aus 6,13 geschlagen: Zwar wird damit, dass zwei Personen etwas bezeugen, der Tora noch Genüge getan (Dtn 19,15; ähnlich Num 35,30); dennoch trifft aber genau dies ein, was Ex 20,16 ebenso wie Ex 23,1 unterbinden wollen und was nach Dtn 19,18 durch die Zwei- bzw. Drei-Zeugenregelung verhindert werden soll, nämlich, dass eine wissentliche Falschaussage getätigt wird, ohne dass sie ›auffliegt‹. T. PENNER 2004, 324 sieht in dem Vorwurf, den Lukas als Schlussakkord der Stephanusrede erklingen lässt, den Grund für die bald folgende Lynchjustiz gelegt; Lukas beziehe sich auf einen Strang jüdischer Tradition, in dem die Gewalt der Ungerechten gerade dann ausbreche, wenn sie des Ungehorsams bzw. Fehlverhaltens gegenüber der Tora beschuldigt würden, und verweist dazu auf SapSal 2,12: *Lasst uns dem Gerechten auflauern, denn er ist uns nutzlos: Er stellt sich gegen unsere Taten, er wirft uns Verfehlungen gegen die Tora vor und schreibt uns Verfehlungen gegen unsere Erziehung zu!* Allerdings ist PENNER entgegenzuhalten, dass die Erzählfolge hier einer solchen Schlussfolgerung eher widerspricht, ist es doch gerade nicht ein in der Rede geäußerter Vorwurf, der die Männer außer sich geraten lässt, sondern erst die Vision des Stephanus, auf die sie reagieren; s. die folgende Seite.

[259] Mit T. PENNER 2004, 326. Wenig später betont er, dass die Stephanusperikope allein natürlich nicht die Last tragen könne, ein einliniges, die Gesamtkomposition des lukanischen Doppelwerkes bestimmendes Urteil des Lukas über z.B. den Tempel oder die Einstellung von Jüdinnen und Juden zur entstehenden Gemeinschaft zu formulieren: »A good ancient historian such as Luke will naturally develop a multifaceted and complex picture of his subject, not allowing a situational speech such as Acts 7 to control in a mechanical way the larger historiographical aims of Luke-Acts.« (ebd.).

Bestreben, sie zu wahren, aber ganz selbstverständlich ein ›antimessianischer‹ Impetus einhergeht,[260] liegt wohl auf der Hand. Und dass gerade jüdische Menschen aus der Diaspora diese antimessianische Einstellung teilen, ist aus den zu Beginn genannten Gründen auch nur zu leicht nachvollziehbar.[261]

Mit diesen letzten beiden Sätzen stellt Stephanus selbst sich nun in die Position, die ein Gespräch mit seinen Zuhörern unmöglich macht[262] – folglich kommt es auch nicht zu einem solchen, kein Wort der Reaktion wird laut;[263] trotzdem bleiben diese Schlusssätze nicht folgenlos.

3. »Und sie knirschten ihre Zähne gegen ihn« – die Konsequenzen der Stephanusrede (7,54–60)

(54)Als sie diese Dinge hörten, ging es ihren Herzen durch und durch und sie knirschten ihre Zähne gegen ihn. (55)Und er war erfüllt von heiliger Geistkraft und zum Himmel starrend sah er den gewichtigen Glanz Gottes und (sah) Jesus stehend zur Rechten Gottes. (56)Und er sprach: »Siehe, ich schaue die Himmel geöffnet und den Sohn des Menschen zur Rechten Gottes stehend.« (57)Mit lauter Stimme schreiend hielten sie ihre Ohren (zu) und stürzten sich alle zusammen auf ihn, (58)und nachdem sie ihn aus der Stadt hinausgeworfen hatten, warfen sie mit Steinen auf ihn. Und die Zeugen zogen ihre Gewänder aus zu den Füßen eines jungen Mannes, der Saulus genannt wurde, (59)und bewarfen den Stephanus mit Steinen; der betete und sprach: »Kyrios Jesus, nimm meinen Geist!« (60)Als er auf die Knie gefallen war, schrie er mit lauter Stimme auf: »Kyrie, lege nicht auf sie diese Verfehlung!« Und als er dies gesagt hatte, starb er.

Der Vorwurf, die Tora nicht bewahrt bzw. bewacht zu haben, geht den Zuhörern bis ins Innerste, sie knirschen mit den Zähnen – ohne dass daraus unmittelbar ›zielgerichtete‹ aggressive Handlungen folgen würden. Zum Handeln kommt es erst, nachdem Stephanus, dem hier zum zweiten Mal (vgl. Apg 6,5) explizit zugeschrieben wird, er sei erfüllt von heiliger Geistkraft,[264] in seiner Begeisterung eine Vision hat:[265] Zum Himmel ›starrend‹ – ganz wie die Nachfolgerinnen und Nachfolger Jesu in Apg 1,10 – sieht er Gott selbst in ihrer ganzen glänzenden Majestät ($\delta \acute{o} \xi \alpha$ $\theta \epsilon o \hat{u}$) und zu ihrer Rechten Jesus. Offensichtlich haben zwar die Leserinnen und Leser der Apo-

---

260 So G. JANKOWSKI 2001, 135.

261 S.o. S. 349.

262 Mit G. JANKOWSKI 2001, 134: »Plötzlich schlägt der Ton der Rede um. Hatte Stephanus bis jetzt wie ein Lehrer im Lehrhaus, der die Schrift auslegt, geredet, so geht er nun zum Angriff über. Sein Lehrvortrag wird zur Anklage. Und er geht auf Distanz. Über seine Schriftauslegung hätte man durchaus in einen Dialog eintreten können. Die scharfe Anklage macht einen weiteren Dialog unmöglich.«

263 Vgl. R.P. THOMPSON 1998, 341f.

264 Diese Doppelung ist für sich schon aufschlussreich – Zweifel an der von Stephanus vorgestellten Retrospektive auf die gemeinsame Geschichte sind vom Verfasser der Apostelgeschichte ausgeschlossen; nicht nur, bevor die Anklagen gegen ihn laut werden, ist Gottes Geistkraft in ihm und mit ihm sondern auch als die Situation eskaliert – und damit ist zweierlei deutlich: Zum einen legt die Stephanusrede für Lukas Zeugnis ab für die von Jesus in Lk 12,11f. versprochene helfende Be-Geist-erung in Situationen der Not. Und zum anderen dient die Geistkraft als unbedingte Autorisierung des Gesagten und damit der Person, ist doch »das πνεῦμα, der Lebensatem Gottes, … in der Tat die heimliche Hauptperson seines [d.h. des Lukas'; K.S.] Doppelwerks.« (K. BACKHAUS 2001, 5).

265 Diese Vision und ihre Bewertung haben in der wissenschaftlichen Diskussion viel Raum eingenommen; für einen Überblick der verschiedenen Positionen verweise ich auf D. CRUMP 1999, 178–190. T. PENNER 2004, 292 hält fest, dass »at the narrative level Luke is clearly using this visionary experience to entrench further the positive characterization of Stephen. The dying wise and spirit-filled individual is thereby revealed to be a prophetic seer in his final moments. In the end, then, the vision is not about Jesus per se, but about the characterization of Stephen as someone who sees visions and whose actions and words are thereby given sanction by the heavenly court, which implicitly proclaims/confirms his innocence.«

stelgeschichte unmittelbar Teil an dieser Vision, die Hörer in der vorgestellten Szene jedoch nicht. Deshalb verbalisiert Stephanus seine Vision: Mit dem Aufmerksamkeitsruf ›siehe!‹ (ἰδού) leitet er die Darstellung seiner Schauung ein; ›siehe, ich schaue‹ (ἰδοὺ θεωρῶ) – damit ist für die Hörer deutlich, dass Stephanus tatsächlich den Anspruch erhebt, eine ›echte‹ Gottesschau zu erleben. Auch jetzt noch verzichtet Stephanus allerdings – wie in seiner ganzen langen Rede – darauf, denjenigen beim Namen zu nennen, den er dort sieht, diese Zuordnung ist zunächst noch allein Sache der Erzählstimme (vgl. V.55). Stephanus sieht ganz wie Daniel in Dan 7,13 den ›Sohn des Menschen‹ (υἱὸς τοῦ ἀνθρώπου). Der allerdings kommt nicht (Dan 7,13), er sitzt auch nicht (Ps 110,1), er steht, offensichtlich bereit zum Aufbruch.[266]

Der Eindrücklichkeit, in gewisser Hinsicht auch Dringlichkeit des Geschauten entspricht die Reaktion der Zuhörer: Was sie hören, geht ihnen ›durch und durch‹,[267] sie halten sich die Ohren zu und stürzen sich auf Stephanus.[268] Hatte während der langen Rede ein sehr ruhiges Erzähltempo geherrscht, wird es jetzt extrem beschleunigt. In einer Aneinanderreihung von Narrativen wird das faktische Geschehen, die Steinigung, beschrieben, die nun plötzlich die im bisherigen Verlauf der Apostelgeschichte als eher disparat beschriebene Gruppe der Jerusalemer Führungsschicht in ironischer Manier ausgerechnet in ihrem einhelligen Bestreben zur Tötung des Stephanus vereinigt sieht[269] – eine Momentaufnahme erfolgt nur ganz zum Schluss noch einmal, wenn der Fokus sich wieder auf Stephanus richtet, der erst jetzt (!) zu einer unmittelbar christologischen Aussage kommt, indem er den Titel κύριος mit dem – bisher kein einziges Mal gefallenen – Namen Ἰησοῦς zusammen bringt.

4. Die Stephanusrede als Akt der Trennung vom Jüdinnen- und Judentum? – Abschließende Bemerkungen

Lässt sich nach diesem Durchgang durch die Stephanusrede die nach wie vor verbreitete Position einer in ihr – mehr oder minder – klar formulierten harschen Tora- und Tempelkritik noch halten? Anders gefragt: Stehen wir nach diesem Durchgang durch die lange Rede des Stephanus immer noch mit der selben Ratlosigkeit da, wie sie GILLIS P. WETTER vor gut 80 Jahren formulierte:

---

[266] »Es ist eine durch und durch messianische ›Theorie‹, zu der sich Stephanos am Ende seiner Rede bekennt. Sie setzt auf die Herrschaft der Menschlichkeit, die Daniel zufolge alle unmenschlichen Herrschaftssysteme ablösen wird. Es ist ein Programm, das auf Praxis drängt, ein in nuce revolutionäres Programm. In späterer Zeit hatte die Sicht des Daniel eine Grundlage für Aufstände gegen Fremdvölker gebildet. In der Zeit des Lukas, nach einem hoffnungslos gescheiterten Aufstand gegen die Römer, muß sie bei der Führung des Volkes, die um Sammlung und Konsolidierung jüdischen Lebens bemüht ist, auf Ablehnung stoßen.« (G. JANKOWSKI 2001, 137, Hervorhebung: Text). Die von ihm vertretene weniger ›personale‹ Messiasvorstellung ist in der Forschung zu Recht umstritten. Aber auch, wenn Apg 7,56 mit dem von Stephanus ›geschauten‹ Kommen auf die Wiederkunft Jesu als des Menschensohns verweist, bleibt die ›revolutionäre Sprengkraft‹ dieser Stelle erhalten.

[267] Διαπρίεσθαι im NT nur hier und Apg 5,33. G. WASSERBERG 1998, 235 spricht davon, hier werde »blutige Wirklichkeit«, was in Apg 5 durch das Eingreifen Gamaliels noch habe verhindert werden können.

[268] Damit wird deutlich, dass weniger die Rede des lk Stephanus seine Zuhörer so aufbringt, sondern erst die Vision für sie blasphemisch sein muss. Mit B. WANDER 1994, 138ff; K. FINSTERBUSCH 1998.

[269] Dazu R.P. THOMPSON 1998, 342f.

»Die Schwierigkeit, die hier vorliegt, besteht meines Erachtens darin, daß einerseits der Tempel
für widergöttlich erklärt wird, und daß dies letztere Thema, das den Schluß der Rede beherrscht,
im Anfang der Rede gründlich zu fehlen scheint«?[270]

Es ist sicherlich zutreffend, dass Lukas Stephanus die einzigartige Bedeutung des
Tempels als exklusiver Möglichkeit der Gottesbegegnung, gar als Ort der einzigartigen Anwesenheit JHWHs, bestreiten lässt.[271] Wie oben gezeigt ist auch das aber keine
›neue Erfindung‹. Gerade in dieser Position bewegt Lukas sich auf dem Boden einer
schon ersttestamentlich aufzuweisenden deuteronomistischen Theologie, die später
zum Beispiel bei Pseudo-Philo und Josephus wieder anzutreffen ist. Dass Josephus
eine solche Theologie vertritt, legt den Schluss nahe, innerhalb des Diasporajuden-
tums sei eine solche, den Tempel nicht kritisierende, aber seine einzigartige, überragende Bedeutung relativierende, Sicht des Jerusalemer Zentralheiligtums sicherlich
eher zu finden als im Land Israel selbst.[272] Wer wie die Jüdinnen und Juden der Diaspora schon seit langer Zeit außerhalb des versprochenen Landes und damit auch in
großer räumlicher Distanz zum Tempel lebt, wird eher Formen von Theologie entwickeln, die die Nähe JHWHs und die Möglicheit des Kontaktes zu ihr nicht auf bestimmte Orte und Lokalitäten *festschreiben*.[273] Dennoch kann eine grundsätzliches
Verlangen nach dem Tempel als Symbol für das Überleben Israels auch in solchen
Ansätzen vertreten sein, wie unter anderem die eingangs erwähnten Anfangskapitel
der Apostelgeschichte deutlich machen.[274]

Das Nebeneinander von unbedingter Hochschätzung des Tempels und der Betonung, dass die Präsenz JHWHs in ihm nicht garantiert werden kann bzw. jedenfalls
nicht an ihn gebunden ist, was für die Situation des lukanischen Werkes noch entscheidender ist, spiegelt die Situation am Ende des ersten Jahrhunderts wider: Es
geht darum, mit der faktischen Gegebenheit des zerstörten Tempels theologisch umzugehen – und es geht darum, den sich neu gründenden bzw. neu gegründeten Gemeinschaften außerhalb des Landes Israel die Möglichkeit zu geben, sich selbst als

---

[270] Ders. 1922, 414. Das Hauptproblem besteht allerdings nicht in fehlender Konsistenz, sondern in der
These der Exegeten, die Kritik des Tempels sei das (Haupt-)Ziel der Stephanusrede – eine These, die
sich allerdings vor allem in älteren Arbeiten findet; so etwa bei M. SIMON 1951, 127: »The main
characteristic is a strongly anti-ritualistic trend, and a fierce hostility towards the temple«.

[271] So auch J. JESKA 2001, 210: »Der Tempel ist eine positive Einrichtung, er hat aber keine
soteriologische Funktion, insofern er sich nicht als Ort der besonderen Anwesenheit Gottes
auszeichnet.«

[272] B. HALPERN AMARU hat in einem 1980/81 erschienenen Aufsatz herausgearbeitet, dass in der
Darstellung des Josephus die Landkategorie grundsätzlich zurücktritt. In der Darstellung des
Josephus, in der der Besitz des Landes an die unbedingte Toraobservanz gebunden war und sein
Verlust mit deren Nichtbeachtung zusammenhängt, wird die Diaspora von einer Not zur Tugend,
lassen sich doch die ›Tugenden‹ des Jüdinnen- und Judentums ›in die Welt tragen‹, indem es sich
als »religion of law, or virtue, of obedience to God's statutes« repräsentiere (a.a.O., 229). »So
qualifiziert er [Josephus; K.S.] die Diasporasituation positiv und zeigt, daß außerhalb des Landes zu
leben keinen Ausschluß aus dem besonderen Verhältnis von Gott und dem jüdischen Volk
bedeutet, womit wie mit dem Übergehen davidischer Messianologie revolutionäre Implikationen
vermieden werden sollen.« (C. GERBER 1997, 21).

[273] Mit G. STEMBERGER 1990, 247: »Selbstkritik ... gehört durchaus zum jüdischen
Geschichtsverständnis .... Ebenso gehört eine gewisse Distanz zum Tempel zum prophetischen
Erbe des Judentums, das in Exil und Diaspora auch das heilige Land zu relativieren gelernt hat. Die
Vorlage [der Stephanusrede; K.S. STEMBERGER fragt nach der Redaktion der Rede] ist also durchaus
als jüdischer Text verständlich, in der Diaspora vor allem, aber auch im Land selbst, dessen Besitz
unter römischer Herrschaft immer mehr in Gefahr geraten und nur noch auf Zeit gewährt ist.«

[274] S.o. S. 340. Mit G. WASSERBERG 1998, 243: »Für Lukas ist weder Jesus noch Petrus noch Paulus noch
Stephanus Gegner des Jerusalemer Tempels oder des Gesetzes. Vielmehr stellt Lukas seine
Heilsprotagonisten durchweg als tempeltreue, fromme Juden vor.«

vollwertige Teile der Gesamtgemeinschaft zu verstehen. Damit beinhaltet die vertretene Position gerade ein tröstendes Element.[275]

Ebenso wenig wie die Relativierung der Einzigartigkeit des Tempels von Jerusalem ist strittig, dass Lukas die Stephanusrede mit einer harschen Kritik an der Jerusalemer Leitung der jüdischen Gemeinschaft (7,51–53) beendet.[276] Es geht ihm aber gerade nicht um die Institutionalisierung einer Alternativ- bzw. Gegenbewegung, sondern darum, das von ihm Erzählte als durch die Schrift legitimiert darzustellen:

> »Wer wie Lukas so darum bemüht ist aufzuzeigen, daß die Heidenmission der Schrift entspricht, daß das Heilsangebot an Nichtjuden auf der Basis der LXX zu legitimieren ist und daß diese werdende Gemeinschaft Teil Israels ist, der hat wohl kein Interesse daran, Israel zu verwerfen, sondern will deutlich machen, daß das, was sich in Jesus und der jungen Gemeinde erfüllt, Teil der Hoffnung Israels ist; die Ausweitung des göttlichen Heils über Israel hinaus konstituiert kein ›neues‹ Gottesvolk, vielmehr dient sie zur ›Herrlichkeit für dein Volk Israel‹ (Lk 2,32).«[277]

Ebensowenig wie eine Ablösung Israels lässt sich eine ›gesetzeskritische‹ Position des Redners bzw. des Verfassers anhand der Stephanusrede nicht aufzeigen. Die Beschneidung bleibt als selbstverständliches Identitätsmerkmal Israels stehen; die Tora wird als ›lebendiges Wort‹ (7,38) bezeichnet, das Mose am Sinai erhalten habe. Und schließlich kritisiert der Schlussvers der Rede nicht die Tora an sich, sondern eben

---

[275] Mit D. RUSAM 2003, 147. Ähnlich M. HENGEL/A. SCHWEMER 1998, 286. Auch H. GANSER-KERPERIN 2000, 261f. nimmt diesen Sachverhalt in den Blick, wenn er notiert: »Mit Blick auf die Katastrophe im Jahre 70 n. Chr. hat die tempeltheologische Reflexion der beiden Reden [Apg 7; 17; K.S.] ... den Vorteil, daß die Tempelzerstörung keine Krise des Gottesdenkens auslösen kann, denn ein Gott, der nicht in einem Tempel wohnt, kann auch durch die Zerstörung des Tempels nicht entschwinden.«
Nicht folgen kann ich den Überlegungen G. WASSERBERGs zur Motivation des Lukas, wenn er notiert: »Daß Lukas derart positiv über den Tempel reden kann, dürfte auch damit zusammenhängen, daß es den Tempel zu der Zeit, da Lukas schreibt, gar nicht mehr gibt. Warum sollte man sich also unnötigerweise möglichen jüdischen Angriffen aussetzen?« (ebd. 1998, 255) Damit wäre das lukanische Interesse tatsächlich rein apologetisches – und zwar nicht in dem Sinn, dass er seine theologischen Überzeugungen inhaltlich verteidigen müsste, sondern nur insofern hier politisches Taktieren eine Rolle spielte. Dafür scheint mir zum einen der betriebene Aufwand zu groß, zum anderen scheinen die realen politischen Machtverhältnisse nicht zutreffend beurteilt: Zur Zeit der Abfassung der Apostelgeschichte ist doch kaum davon auszugehen, dass jüdische Institutionen noch in der Lage wären, faktisch Repressalien auszuüben.

[276] Vgl. auch H.A. BREHM 1997, 270f.: »[N]othing that Stephen says can be construed as ›against‹ Moses and God, nor against the Law. While he does express a critique of the Temple, that is not the main point of the speech. Rather Stephen's speech is a critique of the Jewish leaders in light of the fact that they had rejected Jesus and Stephen, they were ›stiff-necked‹ and ›uncircumcised in heart and ears‹, and they had disobeyed the Law.«

[277] A. DEUTSCHMANN 2001, 260. Die Nazaretszene (Lk 4,16–30) zeigt ein ähnlich ›inklusives‹ Verständnis; s.o. S. 316ff. Ähnlich dezidiert an der Nichtablösbarkeit Israels halten neben anderen v.a. R.V. BENDEMANN 1998, bes. 294f.; 301f.; E. REINMUTH 1994, 132–137; J. JERVELL 1991; W. STEGEMANN 1991b fest. M. MORELAND 2003, 295 betont, dass »at the time Acts was written there was no unified Christian phenomenon in existence for which the author could have been writing.« W. SCHMITHALS 2004 gesteht zwar zu, dass es Lukas um Kontinuität gehe, bleibt jedoch der ›klassischen‹ These von der Dreiteilung der Heilsgeschichte in ›Alter Bund – Jesuszeit – Zeit der Kirche‹ weiter verpflichtet; ebd., 246ff. Er erwägt E. GRÄSSERs Position, »dass das *Nebeneinander* [Hervorhebung im Text] von Christentum und Judentum ein Identitäts- und Legitimationsproblem aufwarf, dem Lukas nicht ausweichen konnte« (E. GRÄSSER 2001, 40), hat jedoch offensichtlich Schwierigkeiten mit der viele neue Arbeiten prägenden Hermeneutik eines Bewusstseins der Schoa; so konstatiert er, dass die Frage der Identität und Legitimität der neuen Gemeinschaften »heute durch die ›Exegese nach Auschwitz‹ nicht nur eine neue Aktualität, sondern auch manche gar zu aktuelle Bearbeitung gefunden« (a.a.O., 248) habe. Er selbst lehnt die These von der Identitätskrise als Motor für die Entstehung des lukanischen Doppelwerkes entschieden ab, bestreitet, dass die Frage nach dem Miteinander mit dem Jüdinnen- und Judentum für Lukas noch irgendeine Relevanz gehabt habe: »Zwischen Christen und Juden herrscht zur Zeit des Lukas schroffe Feindschaft, und sein Doppelwerk lässt nirgendwo erkennen, dass diese Feindschaft auch nur partiell überbrückt worden wäre. Die Frage nach der Heilszukunft Israels ist für Lukas ohne Interesse.« (a.a.O., 248f., Zitat 249) Insofern nimmt es nicht wunder, dass er Arbeiten, die ein solches Interesse des Lukas nicht nur für möglich sondern für sehr wahrscheinlich halten, implizit vorwirft, sie blickten »nur mit einem Auge« (a.a.O., 249) auf die Problematik. S. auch oben S. 55.

die Tatsache, dass die im Synhedrium versammelten Männer gerade nicht nach der Tora handeln, sie nicht bewahren und bewachen – und damit auch beschützen – wie es ihre Aufgabe wäre.[278]

Die Stephanusrede bleibt also eine Würdigung der Geschichte Israels, sie zeigt die Kontinuität der neuen Gruppierung mit den Traditionen und Hoffnungen Israels in unübersehbarer Weise auf. Es ist an der Zeit, dass christliche Theologie und Exegese auch die quantitative Verteilung des biblischen Textes ernst nimmt: Zentral ist nicht das so knapp geschilderte Ende, nicht die Konsequenz, mit der Lukas erneut aufzeigt, dass die Jerusalemer Führungsschicht der erzählten Zeit nicht riskieren konnte, dass messianisches und damit potentiell aufwieglerisches Reden der römischen Besatzungsmacht zu Ohren kam. Zentral für die lukanische Schilderung ist die lange Rede des Stephanus mit ihrer ausführlichen Rückbesinnung auf die gemeinsame Tradition; nicht umsonst bleibt auch während der Schilderung der Stierbildaffäre die Perspektive eine des ›Wir‹. Stephanus ist für Lukas nicht derjenige, der aufzeigen könnte, dass – womöglich im Gegensatz zu allen anderen Jüdinnen und Juden – die sich langsam formierenden neuen Gemeinschaften immer schon auf der ›richtigen‹ Seite standen.

Der Exodus mit Mose als Anführer Israels und ›Mittelsmann‹, wenn nicht ›Instrument‹, JHWHs ist ausweislich dieser Rede die grundlegende Komponente der Geschichte Israels, auf die es zu vertrauen gilt. Und in gleicher Weise gilt es zu vertrauen, wenn ›heute‹, also im ersten Jahrhundert unter römischer Herrschaft, die Befreiung von JHWH genauso versprochen und ermöglicht wird – bzw. in lukanischer Perspektive: geschehen ist – wie ›damals‹. Die Geschichte der Befreiung Israels aus Ägypten ist für Lukas zum einen *die* Geschichte, *die* Erfahrung, an der sich die heftigsten Konflikte innerhalb Israels entzünden. Das zeigen sowohl die Episode zu Beginn der Moseerzählung als auch die ›Stierbildaffäre‹. Zum anderen aber ist es auch die Geschichte, anhand derer zu erfahren ist, wie Gott für sein Volk eintritt und Menschen schickt, durch die er selbst wirken kann: diese schickt er als Anführer und Befreier (7,35: τοῦτον ὁ θεὸς ἄρχοντα καὶ λυτρωτὴν ἀπέσταλκεν).[279]

Dass die Stephanusrede theologisch also gerade nichts Neues bringt,[280] dass sie z.B. in der Tempelfrage durchaus auf einer Linie mit der lukanischen Evangeliumskonzeption liegt, in der ja nicht grundlos gerade der Vorwurf der Tempelzerstörung im Prozess gegen Jesus ausgelassen ist,[281] gehört zum Konzept des lukanischen Werkes, nach dem, wenn KNUT BACKHAUS mit seinen Vermutungen richtig liegt, die Apostel-

---

[278] Die Tatsache, dass der Vorwurf des Stephanus so allgemein formuliert ist, schließt meiner Auffassung nach aus, dass er sich allein auf den zuvor gemachten Vorwurf der ›Prophetentötung‹ beziehe. Es ist doch durchaus denkbar, dass gerade das politische Taktieren unter römischer Herrschaft hier als eines dargestellt wird, dass der Tora JHWHs nicht gerecht wird. Die Äußerungen sind weder als anti-jüdisch noch gar als antisemitisch zu bezeichnen; es muss vielmehr ernst genommen werden, dass es sich hier um eine – allerdings scharfe – Auseinandersetzung zwischen Vertretern zweier jüdischer Gruppen handelt, in denen die Machtverhältnisse im Vergleich zu späteren Zeiten jedoch noch umgekehrt waren: »The fact that Stephen is critiquing the Jewish leaders ought not to be constructed as an example of ›anti-Semitism‹. While it is true that texts like this in the New Testament can be used in a modern context to marginalize the Jewish people, one must remember who was marginalizing whom in the first-century context. In this context, Stephen the Christian Jew was confronting his oppressors from among the Jewish leaders. Thus Stephen's speech ought to be constructed as no more ›anti-Semitic‹ than the prophets' critiques of the people in the Old Testament.« (A.H. BREHM 1997, 271 Anm. 9; ähnlich argumentiert auch C.A. EVANS 1993c, 210f).

[279] Weitere Parallelen in der Darstellung Jesu mit der hier skizzierten des Mose s.o. S. 221ff.

[280] Aufgrund seiner traditionsgeschichtlichen Beobachtungen kommt auch A.H. BREHM 1997 zu diesem Schluss.

[281] Zur lukanischen Beurteilung der Zerstörung des Tempels verweise ich auf H.-M. DÖPP 1998, 35ff.

geschichte nichts anderes als der Versuch einer Durchführung der im Evangelium beschriebenen und erfahrenen Einsichten ist:

»Die Apostelgeschichte fügt dem Evangelium theologisch nichts hinzu, sondern beleuchtet seine maßgebliche ›Ausführung‹. In Form gesammelter Modellerzählungen dient sie der Identitätswahrung und -erweiterung des Christentums durch Evangelisierung. Einfacher gesagt: Das Evangelium begibt sich auf den Markt der religiösen Möglichkeiten.«[282] Wenig später formuliert er: »Apg fügt dem πρῶτος λόγος substantiell nichts hinzu und ist theologisch allein, von Lk isoliert, nicht lebensfähig. Das Evangelium handelt fundamental von dem, was Jesus ›tat und lehrte‹ (Apg 1,1) – die Apg von dessen Konsequenzen in geistgetragener Bezeugung (1,8).«[283]

Auf die eingangs formulierten Fragen zur Funktion der Stephanusrede für die Makrostruktur des lukanischen Doppelwerkes lässt sich also resümierend antworten: Die Stephanusrede dient der aktualisierenden Vergewisserung der Geschichte Israels mit JHWH, auf die sich die im Folgenden entfaltete Erzählung von der Ausbreitung der Botschaft von Jesus als Messias, als Christus, stützen kann. Gleichzeitig liefert Lukas mit der Stephanusrede nicht weniger als einen Einblick in seine Lektüre der Schrift, indem er – wie vor allem anhand der Exodusabschnitte gezeigt werden konnte – in seiner ›Fassung‹ der Geschichte Israels gezielt Schwerpunkte setzt[284] und damit die Basis dafür legt, dass die jüdische Identität des Tradierten und zu Verkündigenden im Bewusstsein seiner Leserinnen und Leser bleibt – und es gehört zu den Freiheiten schriftstellerischen Arbeitens, dass solche Grundlegung erfolgen kann, bevor ihre Notwendigkeit erwiesen ist. Mit anderen Worten: Ohne dass auf der Ebene der Erzählung innerhalb der Stephanusrede bewusst sein kann, dass die neue Gemeinschaft in Jerusalem unter repressiven Maßnahmen zu leiden haben wird,[285] darf eine solche Rückvergewisserung erfolgen. Lukas, dem ohnehin daran gelegen ist zu zeigen, wie sehr die Überzeugung, für die er einsteht, mit den alten, überlieferten Wahrheiten konform geht, macht das Alterskriterium zu einem entscheidenden für die Frage nach der Bedeutung und dem Wahrheitsgehalt der von ihm zu überbringenden Botschaft.[286]

»Auf den schon damals laut werdenden Vorwurf … ›Ihr seid von gestern!‹ erwidert Lukas entsetzt: ›Nein, nein: von vorgestern!‹ Der Eindruck spritziger Heutigkeit galt als triftiges Gegenargument gegen den Wahrheitsanspruch des Christentums.«[287]

Damit zeigt er sich als überzeugter Vertreter einer zeitgenössischen Überzeugung, die der Kategorie ›Alter‹ nicht mit dem in der Gegenwart schnell anzutreffenden Misstrauen bzw. dem Vorwurf der ›Antiquiertheit‹ – wenn ›antik‹ zu einem Güte-

---

[282] K. BACKHAUS 2001, 6.

[283] Ders., a.a.O., 6, Anm. 9.

[284] E. MAYER 1996, 57 nimmt von daher die Stephanusrede als ein methodisches Indiz für die Einbringung der Kategorie Typologie in die Lektüre des lukanischen Werkes: »Lukas selbst hat z.B. in der Stephanusrede (Apg 7,2–53) eine Zusammenfassung der alttestamentlichen Heilsgeschichte in sein Doppelwerk integriert und er verwendet, wie an dem obigen Beispiel deutlich geworden ist, gerade diese Zusammenfassung für typologische Entsprechungen zwischen Mose und Jesus. Dies zeigt, daß Stellen wie Apg 7,2–53 (vgl. Apg 13,17–25) und das in ihnen enthaltene Verständnis der alttestamentlichen Heilsgeschichte von Lukas für Typologien verwendet worden sind und diese Stellen somit geeignet sind, lukanische Akzentsetzungen und Vorstellungsweisen gegenüber der alttestamentlichen Heilsgeschichte aufzuzeigen. … Methodisch ist demnach bei Typologien, die sich an alttestamentliche Vorbilder anlehnen, danach zu fragen, ob Lukas nicht selbst alttestamentliche Geschichten nach seinen Vorstellungen neu erzählt hat.«

[285] Diese folgen ja erst im Anschluss (Apg 8,1).

[286] Vgl. nur Lk 5,38f.: Übernimmt er in 5,38 noch die aus der Markus-Vorlage bekannte Aussage vom jungen Wein, der in alte Schläuche gefüllt wird, ergänzt er in V. 39: *Kein Mensch, der alten Wein getrunken hat, will jungen – er sagt nämlich: ›Der alte ist gut‹*. Dazu K. BACKHAUS 2001, 12; zum grundsätzlichen Paradigma des ›alt ist gut‹ bei Lukas s. auch P. PILHOFER 1990; H. MERKEL 1996, 132f. Zur Hochschätzung alter Traditionen in der Antike vgl. S. MASON 2000b, XXIIIf.

[287] K. BACKHAUS, 12f., Zitat 13. Mit K.H. OSTMEYER 2000, 234f.

siegel nur noch bei Möbelstücken wird – begegnet, sondern auf einer grundlegenden Hochschätzung des Alters basiert, die sich unter anderem in dem Versuch zeigt, die Herkunft des eigenen Volkes so weit wie irgend möglich zurück zu verfolgen.[288]

>»Niemand bezweifelte, daß die ›guten alten Sitten‹ (*mos maiorum*) die besten waren, und um so älter, desto besser waren sie. Fortschritt war dagegen kein anerkanntes Ideal. ›Innovation‹ war oft ein Synonym für Revolution. Selbst diejenigen, die an den Rändern der Gesellschaft apokalyptische Hoffnungen eines radikalen Wandels hegten, sahen die utopische Zukunft meist nicht als Resultat eines schrittweisen Fortschritts im modernen Sinn, sondern als plötzliches Wiedererstehen des verlorenen goldenen Zeitalters.«[289]

Gleichzeitig aber weiß Lukas auf geschickte Weise die biblischen Inhalte mit der Situation der Zuhörer der erzählten Zeit (und damit doch höchst wahrscheinlich auch mit der Situation seiner Leserinnen und Leser in der Erzählzeit) zu verbinden, wie etwa die verschiedentlich in die Stephanusrede eingearbeiteten Aktualisierungen deutlich machen.[290] Was er zu Beginn seiner beiden Werke explizierte, hält er damit auch in den anderen Teilen durch: Das, was er zu erzählen hat, ist prophetisch aktualisierte Geschichte, ist Auslegung von Geschichte. Und nur als solche kann Geschichte neue Impulse für die jeweilige Gegenwart geben.[291]

---

[288] Vgl. Ant 1,13/0,3. Josephus lässt seine Position in der Erzählung über die jungen Männer, die während der Wüstenwanderung des Volkes Midianiterinnen heiraten und alles tun, was diese von ihnen verlangen, besonders deutlich durchscheinen (4,139f./6,9).

[289] S. MASON 2000a, 108. Lukas nimmt damit aber auch Gedanken der Schrift auf, wie z.B. Hi 8,8f. ausgedrückt sind, wenn Bildad Hiob eindringlich rät, sich doch Rat und Orientierung von den Vorfahren zu holen, sie selbst, die Anwesenden, seien (erst) *von gestern* (V.9) und daher außerstande zu erkennen. Auch A.G. BROCK 2003, 86–88 weist daraufhin, wie wichtig es Lukas ist, sich für alle sichtbar im Rahmen der ›alten‹ Traditionen zu bewegen: »The author of Acts, exhibiting disdain for the way the Athenians love new teachings (Acts 17:19,21), emphasizes instead the impression of Christianity's ancestral traditions – an aspect the Romans were known to respect within certain religious movements.« (Zitat 88) BROCKs Argumentation ist allerdings durchgängig der Überzeugung verpflichtet, das lukanische Doppelwerk – vorrangig die Apostelgeschichte – sei darum bemüht, den neu entstandenen Gemeinschaften ihre Schärfe, ihr revolutionäres Potential zu nehmen und sie damit der römischen Obrigkeit ›ungefährlich‹ erscheinen zu lassen (vgl. etwa 96f.) – eine Intention, die sie selbst sehr wohl kritisiert (97). Ihre Argumentation stützt sich jedoch in der Hauptsache auf Beiträge zum lukanischen Doppelwerk, die – mit Ausnahme der feministischen Beiträge – fast zur Gänze aus den 60er bis 80er Jahren stammen und übernimmt viele der dort vertretenen Einschätzungen unkritisch.

[290] Besonders zu nennen sind hier Apg 7,4.7.38.51–53; dazu J. JESKA 2001, 183ff.

[291] Mit T. PENNER 2004, 261: »Luke demonstrates in this speech what is perhaps the hallmark of Jewish apologetic historiography: the rewriting of the biblical tradition so as to construct a particular identity within the community and to promote it without.« S. zum hier vertretenen Geschichtsbegriff auch oben S. 57ff; 131ff.

V. Exodus als Moment der Oberflächen- wie Tiefenstruktur im lukanischen Doppelwerk

Nach der Herausarbeitung einer Fülle von Exodusbezügen auf der Ebene von Stichwortverbindungen, parallelen Figurenkonstellationen, Strukturparallelen einzelner Texte bzw. Textabschnitte, die die lukanische Exoduslektüre bestimmen, wage ich abschließend den Schritt, meine Beobachtungen auf die Frage der ›Tiefenstruktur‹ des lukanischen Werkes auszudehnen.[1] Das bedeutet konkret: Ich möchte zeigen, dass sich die Gesamtstruktur des lukanischen Werkes als eine lesen lässt, die sich am Aufbau der Exoduserzählung der Schrift (Ex 1 – Jos 24) orientiert. Dabei nehme ich Beobachtungen aus allen Teilen dieser Arbeit in den Beobachtungen zur Struktur auf; vieles von dem, was in den vorangegangenen Abschnitten im Einzelnen herausgearbeitet werden konnte, dient den folgenden Überlegungen als Orientierung. Damit erfolgt nun der im Eingangsteil geforderte ›Blick auf das Ganze‹ des lukanischen Werkes in aller Konsequenz, der bisher nur in der Hinsicht eingelöst werden konnte, dass Passagen aus allen Teilen des Doppelwerks in den Blick genommen wurden.

In beiden Werken dienen die ersten beiden Kapitel als Einleitungs-, mehr noch: als Programmkapitel.[2] In ihnen sind die grundlegenden Themen angeschnitten: Es geht um Unterdrückung und Befreiung. Der Mensch, der wie kein anderer seiner Zeit zum Befreier Israels wird, zu der Person, durch die Israels Gott sich mächtig zeigt, wird in eine gefahrvolle Situation unter ungewöhnlichen Umständen hinein geboren. In beiden Programmkapiteln spielen ferner Frauen im Vergleich mit dem weiteren Fortgang der Werke eine deutlich hervorgehobene Rolle. Von ihnen hängt die Geschichte, die Ermöglichung der Befreiung letztlich ab: Hätte Jochebet ihren Sohn nicht versteckt, ihm eine Arche[3] gebaut und ihn ins Schilf gelegt, und hätte Mirjam nicht ihren Bruder ›im Auge behalten‹ und *von ferne* (μακρόθεν, Ex 2,4)[4] für ihn gesorgt, so dass seine Mutter zur Amme und die Tochter des Unterdrückers zur Adoptivmutter werden konnte, wäre Mirjam also nicht in die Rolle der gleichsam dritten Mutter geschlüpft[5] – dann hätte die Geschichte der Befreiung nicht so erzählt werden können, wie sie erzählt wurde und wird. Gleiches gilt für die ersten beiden Kapitel des Lukasevangeliums: Ohne die Zusage Marias bzw. Mirjams, ohne ihre Bereit-

---

[1] Dass diesen Beobachtungen angesichts der Weite des Untersuchungsfeldes ein experimenteller Charakter eignet, ja, eignen muss, soll an dieser Stelle zumindest erwähnt sein.

[2] So urteilt mittlerweile eine immer größere Zahl von Exegetinnen und Exegeten. An erster Stelle ist U. BUSSE 1991 zu nennen, der – für den deutschsprachigen Raum – als einer der ersten auf die Programmatik der beiden ersten Kapitel aufmerksam gemacht hat (z.B. 177: Die ›Vorgeschichte‹ »enthält das theologische Programm des Autors in einem dazu passenden Gewand erzählerischer haute couture«). Ihm schließen sich C. JANSSEN/R. LAMB 1998 an: »Lk 1.2 sind insgesamt als Einleitung in das lukanische Schriftwerk zu verstehen, in der fast alle theologischen Themen bereits formuliert sind, die im weiteren erneut aufgegriffen und entfaltet werden.« (a.a.O., 517). S. weiter M. WOLTER 2004, 272f.; M. WENK 2000, 171 und M. TURNER 1996, 140: »Like a blast of joyful trumpets, Lk. 1.5–2.52 sounds a theological fanfare to herald the themes which will make more measured and stately progress through the rest of Luke-Acts.«

[3] S.o. S. 86.

[4] Schriftzitate aus der Exoduserzählung folgen im Regelfall der Fassung der LXX. Sollte ich mich auf den hebräischen Text beziehen, ist dies kenntlich gemacht.

[5] Ähnlich A. BRENNER 1986, 269: Mirjam »is assigned the role of a go-between who links the real and surrogate mothers together. ... The result for the child is beneficial – as a result of the three women's concerted efforts he manages to survive. ... Incidentally, of course, all this fuss around the child enhances the tension; and the listener or reader gradually realizes that only a very special child deserves such devotion and care.«

schaft, sich auf Gottes Plan einzulassen, ohne ihr Vertrauen auf Israels Gott, dem sie in ihrem Lied prophetisch Ausdruck verleiht, wäre auch die Geburt Jesu in der erzählten Form nicht möglich gewesen. Inwiefern das ›personelle Repertoire‹ der Einleitungskapitel des lukanischen Werkes die Rollen der Exodusgeneration übernimmt, habe ich oben bereits ausgeführt;[6] ebenso die zahlreichen Stichwortverknüpfungen, mit deren Hilfe neben dem Magnifikat auch die Lieder des Zacharias und des Simeon den Exodus in Erinnerung rufen und der Hoffnung bzw. der festen Überzeugung Ausdruck verleihen, dass Gott in der erzählten Gegenwart ebenso für ihr Volk eintritt und Partei ergreift, wie sie das für die Vorfahren in Ägypten getan hatte.

Dabei verlangt die Frage nach der Positionierung dieser Lieder für einen Augenblick gesonderte Aufmerksamkeit, kommen sie doch im Vergleich zum Exodus an einer ungewöhnlich frühen Stelle zu stehen. Im Exodus wie auch im weiteren Verlauf der Schrift sind die Lieder, die poetischen Stücke innerhalb größerer narrativer Zusammenhänge, diejenigen Elemente, die nach dem narrativen Höhepunkt einer Erzählung erfolgen, die die Leserinnen und Leser Luft holen lassen. Sie reflektieren das Geschehene und führen es zugleich weiter – alles, nachdem (im Fall des Exodus) die Rettung am Schilfmeer bereits erfolgt ist. Warum dann bei Lukas an dieser frühen Stelle? Diese Frage lässt sich mit der immer wieder gestellten nach der Funktion des Aorists im Magnifikat verbinden; wenn der Aorist, wie bereits gesagt, deutlich macht, dass Maria etwas besingt, was schon geschehen ist, dann verhält es sich in Bezug auf die Grundfrage nach dem ›Sinn des Singens‹ in Lukas 1–2 nicht anders: Diese Lieder haben eine proleptische Funktion;[7] sie nehmen das Ende der Befreiung schon vorweg, können es schon besingen, weil diejenigen, die die Lieder anstimmen, nichts ganz und gar Neues, nie Dagewesenes erleben, sondern mit ihrem Erleben in einer vertrauten Geschichte agieren. Die Befreiung, so sie von JHWH initiiert und angeschoben wird, ist faktisch schon präsent, hat Wirkmacht, auch wenn sie noch nicht ›erfüllt‹ ist.[8] So wie in Ex 15 zunächst Einzelne singen und dann die Frauen und Männer des Volkes Israel in den Jubel einstimmen, so fügen sich in Lk 1–2 die Stimmen Marias, Zacharias', der Engel und Simeons zusammen zu einem Chor,[9] der die Leserinnen und Leser ebenfalls dazu einlädt, einzufallen in den jubelnden Dank an Israels Gott.

Dabei zeigen die beiden ersten Kapitel beider Werke zugleich, dass bei aller Konzentration der Darstellung auf Einzelne die Gesamtheit Israels im Blick ist und bleibt: Mit den Erzählfiguren Jithros und seiner Töchter (Ex 2,16–22) kommen Menschen aus der Völkerwelt in den Blick, die sich von ›Ägypten‹ unterscheiden, insofern sie auf Hilfe angewiesen sind und diese Hilfe von Seiten des zukünftigen Befreiers Israels dankbar annehmen, um im Gegenzug ihn selbst aufzunehmen, ihm Raum zum Leben zu geben. Die das zweite Kapitel abschließenden Verse 23–25 unterbrechen schließlich die ›Mose-Erzählung‹ und erzählen vom Schreien des Volkes ebenso wie

---

[6] S. 219ff.

[7] Damit greift Lukas auf einen Sprachgebrauch bzw. eine Form von Lob JHWHs zurück, wie er bzw. es sich z.B. bei Deuterojesaja in Jes 44,23; 48,20; 52,9 findet. R. ALBERTZ hält zur Pragmatik dieser Verse in ihrem Zusammenhang der Thematisierung der Rückkehr aus dem Exil mit den Motiven einer Befreiung aus Gefangenschaft fest: »Wenn … überall [an den genannten Stellen; K.S.] die Erlösung aus der furchtbaren Not mit perfektischen Verben jubelnd antizipiert wird, als sei sie schon geschehen, dann sollen die Hörer damit für Gottes Erlösungswerk regelrecht begeistert werden« (ders. 2003, 368).

[8] Vgl. Lk 9,31 das Gespräch zwischen Mose, Elia und Jesus darüber, dass er seinen Exodus in Jerusalem erfüllen (πληρόω) werde bzw. solle; dazu s.o. S. 253ff.

[9] N. LOHFINK 1996 arbeitet heraus, wie die vier Lieder miteinander verknüpft sind.

von JHWHs Hören auf eben dieses Stöhnen und Schreien – JHWH beruft sich in der Dornbuschszene eben darauf, nun allerdings mit dem Augen-merk auf einem anderen Sinnesorgan: den Augen (Ex 3,16). Auch das lukanische Werk spielt dieses Aufmerken JHWHs in doppelter Weise ein: Zunächst geht es um das Hören JHWHs als Reaktion auf die Bitten des Zacharias (Lk 1,13).[10] Im Magnifikat liegt der Schwerpunkt dann auf dem Sehen,[11] dem parteilich beobachtenden Augen-merk JHWHs. Auch hier wurde bereits deutlich, dass mit der ›Unterdrückung‹ (ταπείνωσις), von der Maria singt (1,48), mehr als ihr individuelles Schicksal gemeint ist, wie unter anderem die Abschlussverse 54f. zeigen:

> *Er hat sich gehalten an sein Kind, Israel, (um) sich (zu) erinnern (seiner) erbarmenden Treue, gerade wie er es unseren Eltern versprochen hat: Abraham und seiner Nachkommenschaft für alle Zeit.*

Während Zacharias' wie Marias Lied die Konzentration auf die Zukunft Israel bewahren, nimmt das letzte im Wortlaut präsentierte Lied in Lk 1–2,[12] das Lied Simeons (Lk 2,29–32), deutlich das Schicksal nicht nur Israels, sondern jetzt auch der Weltvölker in den Blick, wenn die kommende Befreiung gepriesen wird als *Licht, damit die Weltvölker erhellt werden und dein Volk Israel erstrahlt* (V. 32).[13] Die Befreiungstat kommt neben Israel auch den Weltvölkern zugute, insofern Menschen aus den Völkern lernen, auf Israels Gott zu vertrauen – und wenn es zunächst das Vertrauen auf *die unbekannte Gottheit* (Apg 17,23) ist; das wird im lukanischen Werk immer wieder Thema sein.[14] Der Berufung des Mose am Dornbusch (Ex 3) entspricht die in Lukas 3 erzählte Taufe Jesu[15] ebenso, wie in beiden Fällen im Anschluss daran die erste große Konfrontation mit dem Gegenspieler wie auch mit dem Volk erfolgt: Nachdem Mose zum ersten Mal mit Aaron bei Pharao gewesen ist und auf das Deutlichste dessen Ablehnung wie auch dessen Macht zu spüren bekommen hat – als Pharao als Reaktion auf das Gespräch mit den beiden Männern die Unterdrückungsmaßnahmen gegen die Menschen Israels noch verschärft –, sieht Mose sich mit harter Kritik seitens ›seiner eigenen Leute‹ konfrontiert: *Möge Gott euch sehen und richten darüber, dass ihr unseren Geruch zu einem Greuel Pharao gegenüber und gegenüber seinen Untergebenen gemacht habt, indem ihr ihm ein Schwert in die Hände gegeben habt, uns zu töten!* (Ex 5; Zitat V. 21)[16] Auch Jesus trifft unmittelbar nach seiner – im Vollzug der Taufe ›offiziell‹

---

[10] ULRICH BUSSE (ders. 1991, 173) hat überzeugend dargelegt, dass hier nicht die Bitte von Eltern um ein Kind gemeint ist, sondern es vielmehr um die in V. 10 genannten Bitten der vor dem Heiligtum stehenden Menschen geht, dass somit also das Volk als Ganzes präsent ist. Die Tatsache der Gebetserhörung wird exakt gleich in LAB 50,7 formuliert; mit C. DIETZFELBINGER 1964, 202 sowie E. REINMUTH 1994, 157f. m. Anm. 22.

[11] S. o. S. 233ff.

[12] Der Lobpreis Hannas (2,38) ist zwar inhaltlich den drei Liedern gleichzusetzen, nimmt aber insofern eine Sonderstellung ein, als sein Wortlaut nicht festgehalten ist.

[13] B.J. COET 1992 untersucht die Simeonpassage unter der Fragestellung nach dem ›Geschick Israels‹ (Teil des Titels). Simeons Worte *Nun lässt du deinen Knecht gemäß deinem Wort in Frieden frei, Herrscher* (Lk 2,29) finden eine wörtliche Entsprechung in LAB 22,7; 63,2.

[14] Es soll nicht verschwiegen werden, dass die Simeonpassage mit V. 34f. ebenso bereits zu Beginn thematisiert, dass die – nach lukanischer Auffassung – kommende und schon geschehene Befreiung nicht von ganz Israel freudig aufgenommen werden wird. Das steht aber nicht unbedingt in Widerspruch zur Exoduserzählung der Schrift, insofern auch hier im Vollzug der Befreiungsgeschichte der Widerstand der Menschen wiederholt Thema ist (s. nur Num 11–14; 16; 20).

[15] Zur Taufe siehe aus der Fülle der Literatur z.B. M. WENK 2000, 193ff.

[16] S. dazu oben S. 113.

gewordenen (Lk 3,21f.) – Berufung bzw. Einsetzung im weiteren Fortgang des Plots[17] auf Gottes und damit auch seinen Gegner Satan (Lk 4,1–13).[18] Danach sieht er sich damit konfrontiert, dass die Menschen seiner Heimat ihm kein Vertrauen schenken, dass sie sich durch sein Auftreten sogar in so große Bedrängung getrieben sehen, dass sie ihn stoppen wollen (Lk 4,14–30).

In dieser Szenerie liegen eine Reihe von Vergleichspunkten, in denen deutlich wird, wie die lukanische Exoduslektüre die Exoduserzählung der Schrift aufnimmt und modifiziert: Mose wird in der Berufung zu Zeichenhandlungen befähigt – und setzt diese gemeinsam mit Aaron ein, zunächst vor den Israelitinnen und Israeliten, woraufhin diese ihm vertrauen und seiner Geschichte Glauben schenken (Ex 4,30f.), dann auch vor Pharao, den das wenig überzeugen kann. Lukas weiß aus dem Fortgang der Exoduserzählung jedoch nur zu gut, dass Machterweise, Wundertaten (δυνάμεις) nur kurzfristig Vertrauen schaffen, kommt es doch im Exodus trotzdem immer wieder dazu, dass das Volk Mose nicht glaubt, dass sie murren, gegen ihn meutern und ihn sogar töten wollen (Num 14,10).[19] Da ist es nur folgerichtig, wenn er ›seinen‹ Befreier einen anderen Weg einschlagen lässt: In dessen Berufung erfolgt zunächst kein Hinweis auf besondere ›Wunderkräfte‹, kein Zeichen wird gegeben, mit dem er seine Autorität nachweisen könnte. Aus der Konfrontation mit Satan war Jesus vielmehr dadurch siegreich hervorgegangen, dass er strikt auf dem Boden – und im Sprach- und Wortraum – der Schrift geblieben war. Und so geht es auch in Nazaret darum, die Schrift zu verkündigen, zu lesen und auszulegen, und das heißt: sie für die Gegenwart sprechen und gelten zu lassen.

Mose sieht sich in der Exoduserzählung zu Beginn, noch in Ägypten, mit zwei Formen von Ablehnung konfrontiert. Da ist zum einen die Anklage der Menschen, sein Auftreten bringe sie in Lebensgefahr, nutze Pharao doch Moses und Aarons Auftritt vor ihm, um die Arbeits- und damit Lebensbedingungen der Israelitinnen und Israeliten weiter zu verschlechtern. Und da ist zum anderen – chronologisch betrachtet schon vorher – die Kritik laut geworden, Mose spiele sich als Richter auf; es ist also die Frage nach seiner Legitimation gestellt. Gerade diese Frage ist in der lukanischen Exoduslektüre in der Rückfrage der Zuhörerinnen und Zuhörer unmittelbar präsent.[20] Indem sie nur auf die eine Hälfte seiner ›Genealogie‹ rekurrieren bzw. im Gegensatz zu den Hörern und Leserinnen des Lukasevangeliums von der anderen Hälfte, der Berufung in der Taufe wie den Umständen der Schwangerschaft Marias, unter Umständen gar nichts wissen, stellt sich für sie diese Frage mit großer Dringlichkeit.

---

[17] Die Genealogie Jesu, die Lukas zwischen Taufe und Versuchung plaziert (Lk 3,23–38), zeigt seine Verankerung auch in der königlichen Tradition Israels: Wie er über seine Mutter Angehöriger der priesterlich-prophetischen Linie ist, gehört er über Josef zur königlichen Linie Davids – wobei auch zwischen Maria und Bethlehem, wie ich oben (S. 220f.) gezeigt habe, durchaus eine Verbindung bestehen könnte. Ähnlich wie in der levitischen Genealogie des Mose (Ex 6,16–20) wird auch über den Stammbaum Jesu seine Legitimation für das Folgende noch einmal neu hervorgehoben; wie Mose Repräsentant des Stammes Levi ist, steht Jesus über seine Mutter auch in dessen Tradition, ist über die ›väterliche Linie‹ aber außerdem im Stamm Juda verankert.

[18] Die Tatsache, dass im Exodus wie in der lukanischen Exoduslektüre die Auseinandersetzung zwischen Israels Gott und seinem Gegner über menschliche Akteure – Mose und Jesus – ausgetragen wird, stellt eine weitere grundlegende Übereinstimmung dar.

[19] Der Text lässt keine eindeutige Entscheidung darüber zu, ob nur Josua und Kaleb gesteinigt werden sollen oder auch Mose und Aaron.

[20] Möglicherweise wird die Klage, das Auftreten des Mose habe die Lebensbedingungen noch verschlechtert, im Vorwurf der jüdischen Führung aufgenommen, Jesus wiegle das Volk auf (Lk 23,2); s.o. S. 225.

Mit der Betonung der Beteiligung der Menschen, der ›zu Befreienden‹, bringt die lukanische Exoduslektüre auf den ersten Blick ein eher unvertrautes Element in den Exodus ein, betont doch die Exoduserzählung der Schrift wiederholt, dass die Befreiung allein JHWH zu danken sei, dass allein ihr bleibender Beistand Israels Überleben rettet. Und doch: auch in der biblischen Exoduserzählung sind die Menschen nicht passiv; von der Überzeugungskraft des Mose – allein oder gemeinsam mit seinen ›Geschwistern‹ Aaron und Mirjam oder auch mit Josua – hängt es ab, ob die Menschen aus ihrer Mutlosigkeit herausfinden, ob sie soviel Vertrauen aufbringen können, dass sie den notwendigen, die Not wendenden, Schritt tun: sich auf den Weg machen, ausziehen aus dem Land der Unterdrückung, damit sie hinaufgeführt werden können in das Land und das Leben, das JHWH ihnen verspricht. Von hierher ist dann vielleicht doch auch wieder eine kritische Rückfrage zurück an die lukanische Exoduslektüre zu richten: Angesichts der Dauer und Intensität, mit der Mose das Volk immer wieder ermutigt und ermahnt – schon in der Schrift selbst, um wie viel mehr noch zum Beispiel bei Josephus[21] –, kommt die Kritik des lukanischen Befreiers sehr schnell und sehr scharf. Ist das wieder ein Punkt, an dem die veränderten Bedingungen größere Eile notwendig machen, an dem die Zeit drängt?

Ein nicht geringer Unterschied besteht in der Frage der Notwendigkeit einer Vergewisserung des Auftrags des Befreiers: Mose bedarf vor einer erneuten Konfrontation mit Pharao – und auch angesichts des drohenden Vertrauensverlustes der Israelitinnen und Israeliten – einer Vergewisserung seiner Legitimation.

[2]Gott sprach zu Mose und sagte zu ihm: »Ich bin JHWH; [3]ich habe mich vor Abraham, Isaak und Jakob sehen lassen als derjenige, der ihr Gott ist; meinen Namen – JHWH – habe ich ihnen nicht bekannt gemacht. [4]Ich habe meine Bundesverpflichtung ihnen gegenüber aufgerichtet,[22] dass ich ihnen das Land der Menschen Kanaans geben werde, das Land, in dem sie sich als Fremde niedergelassen hatten und auf dessen Boden sie als Fremde lebten. [5]Ich habe das Stöhnen der Israelitinnen und Israeliten gehört, dass die Ägypter sie versklavten, und ich habe mich an die Bundesverpflichtung für euch[23] erinnert. [6]Geh jetzt, sprich zu den Kindern Israel: ›Ich bin JHWH, ich werde euch hinausführen aus der Herrschaft der Ägypter und euch aus der Sklaverei[24] herausreißen und euch befreien mit erhobenem Arm und großem Gericht. [7]Und ich werde euch für mich selbst mir zum Volk nehmen und werde für euch Gott sein, und ihr werdet erkennen, dass ich, JHWH, eure Gottheit bin, die euch hinausführt aus der unterdrückerischen Herrschaft[25] der Ägypter. [8]Ich führe euch hinein in das Land, auf das hin ich meine Hand ausgestreckt habe, es zu geben dem Abraham, Isaak und Jakob – und ich gebe es euch durch das Los – ich, JHWH.‹« (Ex 6,2–8)

---

[21] Vgl. die oben angestellten Überlegungen zur Rolle des Mose in den *Antiquitates* (S. 203ff).

[22] Innerhalb des Exodusbuches ist dies die einzige Stelle, an der קוּם Hiphil mit ἵστημι statt τίθημι wiedergegeben wird; damit wird die Verknüpfung zu den Verheißungen der Genesis, in deren Kontext die LXX wiederholt ἵστημι setzt (z.B. Gen 6,18; 9,17; 17,7), auch sprachlich hervorgehoben.

[23] Wenn die LXX hier das Possessivpronomen der 2. Person Plural anstelle der 1. Sg verwendet, wie es der hebräische Text tut, dann gibt das (gegen A. Le Boulluec/P. Sandevoir 1989, 112, die nur die Abweichung notieren: »Ici la possession de l'alliance est rapportée aux fils d'Israël, par le pronom *humon*, et non à Dieu comme dans le TM, lequel au contraire est suivi par la LXX en Ex 2,24; 6,4; 19,5; 23,22.«) einen deutlichen Hinweis auf eine inhaltliche Schwerpunktsetzung: Die Bundesverpflichtung JHWHs gegenüber den Erzeltern Israels, wie sie in V.5 noch einmal rekapituliert wurde, ist mit dem Eingreifen JHWHs, mit seiner Positionierung, wie sie in Ex 3 ausführlich erzählt wurde, zur Bundesverpflichtung denjenigen gegenüber geworden, die im ›jetzt‹ der Erzählzeit leiden – die Bundesverpflichtung JHWHs gegenüber Israel, das in Ägypten versklavt ist, ist damit keine andere als die gegenüber den Erzeltern, sie nimmt diese auf, aktualisiert sie und zeigt ihre Lebendigkeit für die Gegenwart der Erzählung.

[24] Hier die einzige Stelle innerhalb der Exoduserzählung Ex 1-Jos 24, an der die LXX עֲבֹדָה zur Bezeichnung der Sklaverei in Ägypten statt mit ἔργα (Ex 2,23 u.ö.) mit δουλεία wiedergibt; an den anderen Stellen immer als *Haus der Sklaverei* (οἶκος δουλείας, Ex 6,6; 13,3.14; 20,2; Lev 26,45; Dtn 5,6; 6,12; 7,8; 8,14; 13,6.1).

[25] Meine Übersetzung hebt die Verschärfung der Aussage hervor, die die LXX dadurch erreicht, dass sie hier καταδυναστεία statt δυναστεία (V.6) setzt.

Bevor die Verortung des Mose in der levitischen Genealogie erfolgt, hält der biblische Text als Reaktion der Menschen auf diese gewaltigen Versprechen und Hoffnungsworte JHWHs lapidar fest:

> [9]*Mose redete so zu den Israelitinnen und Israeliten, sie schenkten ihm kein Gehör vor Mutlosigkeit*[26] *und wegen ihrer harten Arbeit. (Ex 6,9).*

Diese Vergewisserung des Auftrags, die Gewissheit über die Sendung, die es für Mose im Auftrag JHWHs zu erfüllen gilt, ermöglicht offenbar, dass Mose sich trotz der Mutlosigkeit der Frauen und Männer Israels seiner Aufgabe stellt und die folgende, lang andauernde Konfrontation mit Pharao und seinen Untergebenen beginnt.

Warum aber wiederholt Lukas den Auftrag Jesu verbunden mit einer erneuten Beistandszusage Gottes nicht für Jesus, der doch als ›Prophet wie Mose‹ gezeichnet ist? Eine, zunächst vielleicht paradox anmutende, Antwort lautet: Weil dieser einer solchen Vergewisserung in lukanischer Perspektive nicht bedarf – diejenigen, die die Befreiungsgeschichte hören und lesen, bedürfen ihrer, doch sie erhalten sie auf andere Weise, vermittelt durch andere Figuren der lukanischen Exoduslektüre: Was Leben und Lehren Jesu zu bedeuten habe, das haben schon vor bzw. kurz nach seiner Geburt Maria, Elisabeth, Hanna, Zacharias und Simeon gelehrt und gesungen, Jesus selbst hat es innerhalb der erzählten Geschichte nie ausdrücklich gehört.[27] Insofern ist es nur folgerichtig, dass auch im weiteren Verlauf Jesus nicht derjenige ist, der noch einmal seinen Auftrag zu hören bekommt. Er tritt statt dessen als derjenige auf, der den Auftrag Gottes in der Schrift grundgelegt findet und für den es daher keine adäquatere Ausdrucksform geben kann als die Worte, die das Jesajabuch dafür findet (Jes 61,1f.; 58,6):

> [18]*Die Geistkraft JHWHs ist auf mir, weswegen sie mich gesalbt hat, den Ärmsten eine Freudenbotschaft zu überbringen; sie hat mich gesandt: auszurufen Befreiung für Gefangene und Sehkraft für Blinde, auszusenden Unterdrückte in die Freiheit,* [19]*auszurufen ein JHWH genehmes Jahr. (Lk 4,18f.)*

Anders gesagt: Jesus selbst ist in der lukanischen Sicht der Dinge imstande, die Verheißungen Gottes, die in seinem Leben neu zum Tragen kommen sollen, auszusprechen; offenkundig ist er von der Konfrontation mit dem Gegner nicht in gleicher Weise getroffen wie Mose,[28] offenkundig hat er mit der Schrift eine Basis, die ihm die entsprechende Sicherheit verleiht.[29] Dennoch – und da treffen sich Exodus und Exoduslektüre wieder punktgenau – ist beider Botschaft für die Menschen des Volkes nicht vorstellbar, womöglich viel zu groß. Zwar fügt Lukas nicht in Entsprechung zu Ex 6,9 den Grund dafür ein, warum die Menschen Jesus nun ebenso wenig zuhören

---

[26] ὀλιγοψυχία mit *Mutlosigkeit* zu übertragen, legt sich vor allem durch die Verwendung des Verbums ὀλιγοψυχέω in der LXX nahe, wie etwa Num 7,19; Jdt 7,19; 8,9; Jes 57,15 zeigen; mit A. LE BOULLUEC/P. SANDEVOIR 1989, 113. Jes 57,15 ›definiert‹ sich JHWH selbst als diejenige, die den Mutlosen Ausdauer und langen Atem gibt (ὀλιγοψύχοις διδοὺς μακροθυμίαν).

[27] Abgesehen von der knappen, wenn auch inhaltlich ›gewichtigen‹ Aussage Lk 3,22.

[28] U. BUSSE 1978, 114 versteht die »Versuchungsszene in der Wüste« als »Intermezzo …, das die überragende Qualität der dauernden Geistleitung Jesu offenkundig macht.«

[29] Textimmanent hat er gegenüber Mose aber eben auch den großen Vorteil, dass er sich auf die Schrift verlassen kann, d.h.: In der Auseinandersetzung mit Satan sind es Worte der Schrift, auf die er sich berufen kann – und damit steht die gesamte biblische Geschichte der Befreiung mit im Raum, wenn mit den Deuteronomiumzitaten Lk 4,4.8.12 ja genau der Kontext, in dem Mose die Geschichte der Befreiung rekapituliert und rezitiert, eingespielt ist. Damit ist die Überlegenheit Jesu in einen deutlich anderen Zusammenhang gestellt, als wenn z.B. C.A. EVANS 1993a, 40f. den Sieg Jesu auf seine »continual reliance upon the power of the Holy Spirit« zurückführt; dauerhafte Geistbegabung zeichnet nur wenige Menschen aus – der Zugang zur Schrift ist dagegen unter ›normalen‹ Umständen jeder und jedem möglich.

können und wollen wie ihre Vorfahren Mose. Wenn aber der intertextuelle Referenzrahmen zum Exodus offen steht, dann hindert nichts daran, diese Begründung auch bei Lukas präsent zu sehen: Was, wenn nicht Mutlosigkeit, prägt die Wahrnehmung der Menschen Israels in der Zeit Jesu und mehr noch in der Erzählzeit des lukanischen Werkes, nach der Zerstörung des Tempels, der Niederschlagung des Befreiungsversuches im Jahre 70 u.Z.?

Nachdem in beiden Werken damit die Ausgangssituation geklärt ist, geht es darum, im Folgenden durch *Zeichen und Erweise* die Macht JHWHs gegen und über alle anderen Mächte herauszustellen.[30] Nach den ersten Konflikten, den ersten Bedrohungssituationen von innen wie von außen, kommt es auch durch den lukanischen Jesus zum Einsatz von δύναμις. Diese Kraft setzt er zur Befreiung ein – und damit gegen die Kräfte, die die Menschen seiner Umgebung gebunden halten und niederdrücken. In seinem machtvollen Tun für die Menschen vollzieht sich somit gleichzeitig der Kampf gegen den Gegner der Befreiung, der zwar *für eine gewisse Zeit* (Lk 4,13) von Jesus selbst ablässt, dennoch aber präsent bleibt und seine Macht einsetzt. Wie also im Exodus die Plagen letztlich das Ziel verfolgen, dass das Volk Israel wie auch die gegnerische, in Pharao personifizierte, Macht die Größe JHWHs erkennt und anerkennt, so dienen auch die Taten Jesu dem selben Ziel. Die Heilungsgeschichten, Exorzismen, Naturwunder und dergleichen mehr sind damit in gewisser Hinsicht nichts anderes als ›Plagen unter umgekehrten Vorzeichen‹. Die Menschen, die zu Jesus und seinen Nachfolgerinnen und Nachfolgern geströmt kommen, um sich helfen zu lassen, sollen erfahren, worum es bei all diesen Wundertaten in letzter Instanz geht: um das Reich Gottes, darum, dass Israels Gottheit sich als mächtig und treu erweist und für ihr Volk einsteht (vgl. Lk 5,40–44), dass sie ihr Volk immer noch und wieder aus der Hand der gegnerischen Macht befreit und sich darin erneut als Gottheit des Lebens zeigt, die (oder: das?) über die Macht des Todes siegt.[31] Aus eben diesem Grund besteht der folgende Teil des lukanischen Werkes aus einer ganz engen Verknüpfung von Lehre und Machterweisen Jesu, von Wort und Tat. Damit geschieht über die immer wieder eingefügten Worte und Reden Jesu eine Rückbindung seines Tuns an die Tora JHWHs wie auch an die in der Schrift erzählte gesamte Geschichte Israels mit seinem Gott.

Kurz bevor der Aufbruch in die Freiheit beginnt, ist es in Exodus wie Exoduslektüre (Ex 12; Lk 22,1–38) Zeit für das Passamahl:[32] Gerüstet haben sich die Beteiligten wach zu halten, um an der nahenden Befreiung Anteil zu haben. Leserinnen und Leser des lukanischen Werkes sehen sich dabei allerdings mit der bangen Frage konfrontiert, was mit der Heiligung der Erstgeburt in der Erzählung geschehen wird. Wird mit Jesus nicht gerade der Erstgeborene getötet? Wird die Erstgeburt Israels dieses Mal nicht verschont? Gibt es kein Zeichen, das dazu führen könnte, dass Gott ›an den Türen Israels‹ (vgl. Ex 12,23) vorüberschreitet? Wird der Exodus in Jerusalem, von dem in Lk 9,31 die Rede war, diesmal keine Befreiung bringen, sondern den

---

[30] Andere wie z.B. E. Mayer (ders. 1996, 113–172) sehen – da sie Kap. 9 als Eröffnung des zweiten Hauptteils, der für sie eine Nacherzählung der Wüstenwanderung darstellt, verstehen – in Kap. 9 zentrale Elemente der Wüstenzeit enthalten; so auch D.A.S. Ravens 1990, 121: »The three miracles of the feeding (9.12–17), the transfiguration (9.28–36) and the healing of the possessed boy after the disciple's lack of faith (9.38–43) are presumably intended to recall Israel's wilderness experiences of the manna feeding, Moses on Sinai and Israel's lack of faith by making the golden calf.«

[31] Darauf verweist z.B. die enge Verknüpfung zwischen den Taten Jesu und den Taten Elias; vgl. Lk 7,11–17 und 1 Kön 17 sowie die Aufnahme von 1 Kön 17 auch schon in Lk 4,25f.

[32] Dazu, wie deutlich gerade Lukas das letzte Abendessen Jesu mit seinen Leuten als Passamahl kennzeichnet, siehe meine Beobachtungen oben S. 247ff.

Untergang, die Verzweiflung? Zunächst scheint genau das einzutreffen: Am Kreuz scheint die Geschichte zu Ende, die Hoffnung auf Gottes befreiende Gegenwart enttäuscht, die Exoduslektüre am Rand des Schilfmeeres an ihr Ende gekommen, Pharaos Macht doch übermächtig. Zwar stehen auch hier Frauen *von ferne* (ἀπὸ μακρόθεν, Lk 23,49), doch sie können im Gegensatz zu Mirjam in Ex 2,4 offensichtlich nichts unternehmen, um ihren Lehrer zu bewahren. Doch wie am Schilfmeer schiebt sich auch hier Dunkelheit rettend ins Bild (Ex 14,20; Lk 23,44) und gibt hier wie dort Hoffnung darauf, dass mit den Fluten des Meeres bzw. des Todes nicht alles zu Ende ist. Im Rückblick, von der erfahrenen Rettung her, wird deutlich, dass die Todesmacht nicht gesiegt hat, dass die Erstgeburt Israels auch diesmal nicht getötet wurde, sondern durch die Tiefen, den Abgrund, hindurch gerettet wurde, so dass (neues) Leben möglich wird. Diese Befreiungs- und Rettungserfahrung aber ist eine schwer zu glaubende. Es braucht immer wieder die vergewissernde Gegenwart, das gegenseitige Bestätigen des Erlebten. Es braucht Zeit,[33] bis das Vertrauen auf das Geschehene wachsen kann: Wie den Frauen, die vom leeren Grab und der Auferweckung Jesu berichteten, zunächst niemand glauben wollte, so können die Frauen und Männer Israels in der Wüste nicht darauf vertrauen, dass die tödliche Bedrohung zu Ende ist: Sie murren und hadern, sie sehen sich immer noch am Abgrund des Todes gefangen – davon legen die ersten Wüstenerzählungen (Ex 15–18) beredt Zeugnis ab. Und doch kommt es zur Theophanie am Sinai, und zwar am dritten Tag (Ex 19,11): Die Menschen Israels sollen sich für den dritten Tag bereit halten,[34] so weist JHWH Mose an, denn am dritten Tag werde er selbst auf den Berg Sinai herabsteigen. Der Zeitpunkt ist gekommen, an dem sich Israels Gott den Menschen zu erkennen gibt – wie in der Wolke am Sinai so auch durch die Auferweckung Jesu am dritten Tag.

Nach der Theophanie, nachdem JHWH sich sichtbar, seh- und fühlbar gemacht hat, braucht es eine Zeit der Unterweisung; Zeit, um zu lernen mit dieser Präsenz Gottes umzugehen, und Zeit, um die Lebensregeln zu lernen (oder: wieder zu lernen), Zeit, um Vertrauen für das zu entwickeln, worauf es in Zukunft ankommen wird, Zeit, um zu lernen, wie das, was die gemeinsam erlebte Befreiungsgeschichte ausmacht, weiter gelebt und gelehrt werden kann, wenn der Anführer nicht mehr da sein wird. Was im Exodus 40 Jahre währte, muss in der erzählten Zeit des lukanischen Werkes in 40 Tagen[35] vonstatten gehen. Aber, so hält Lukas es in Apg 1,3 fest, in diesen gemeinsamen 40 Tagen *sprach [Jesus] über das, was das Reich Gottes betraf.* Das Griechische formuliert genauer und offener zugleich: *er sprach über die Dinge/Worte/Angelegenheiten, die das Reich Gottes betreffen* (λέγων τὰ περὶ τῆς

---

[33] Eine weitere Spur, der nachzugehen sich lohnen könnte, liegt in den *drei Tagen* zwischen Kreuzigung und Auferweckung; zwar nicht in der biblischen Exoduserzählung selbst, doch aber in zeitgenössischer jüdischer Exoduslektüre dauert es drei Tage, bis das Volk Israel das Schilfmeer erreicht (JosAnt 2,315; dazu L. FELDMAN 2000, 223, Anm. 838 mit weiteren Belegstellen). Drei Tage währt die ägyptische Finsternis (Ex 10,22) und drei Tage braucht es im weiteren Verlauf der Exoduserzählung als Zeit der Vorbereitung auf die Jordanüberquerung (Jos 1,11; 3,2).

[34] Die LXX setzt hier ἕτοιμος, das gleiche Adjektiv, das im lukanischen Werk z.B. in Lk 12,40, einer anderen eindeutigen Exodusverweissstelle (s.o. S. 229), verwendet ist. Das zugehörige Verb findet z.B. in Lk 1,17.76 im Täuferkontext wie auch in 22,8.9.12 im Kontext des Passamahls Verwendung. Auch die Salben, die die Frauen mit zum Grab bringen – und damit sind wir in der entscheidenden Textsequenz angekommen – sind selbstverständlich ›bereitet‹ (Lk 23,56; 24,1).

[35] S. dazu oben S. 70; 224. Lukas schließt die ›Unterweisung am Sinai‹ mit der Zeitangabe ›40‹ zusammen, ohne dass eine Begründung für diese Zeit erfolgt. Während in der Exoduserzählung der Schrift die lange Zeit der Wüstenwanderung durch den fehlgeschlagenen Versuch der ersten Inbesitznahme des Landes nach dem Scheitern der Kundschafter (Num 13f.) begründet ist und diese Zeit dem Volk von JHWH aufgrund des mangelnden Vertrauens auferlegt wird, wird ein derartiges Scheitern im lukanischen Werk von vornherein ausgeschlossen.

βασιλείας τοῦ θεοῦ).[36] Für welches Substantiv hier der neutrale Plural τά gesetzt ist, bleibt offen. Denkbar ist also neben πράγματα (vgl. etwa Apg 5,4) durchaus auch ῥήματα, das schon in Lk 1,37 die ›Wort-Sache‹ meint, die im Hebräischen mit דָּבָר ausgedrückt ist.[37] Von dieser Beobachtung aus ist es dann nur noch ein kleiner Schritt bis zu der Überlegung, dass der hebräische Buchtitel des Deuteronomiums דְּבָרִים lautet: Kurz vor seinem Tod, vor seinem Fortgehen, schärft Mose Israel noch einmal all das ein, was für die gemeinsame Geschichte mit Gott wichtig ist; er ruft ihnen in Erinnerung, was JHWH ihnen versprochen hat und verpflichtet sie darauf, nun über den Jordan zu ziehen und das Land der Verheißung in Besitz zu nehmen. Und ebenso lehrt auch Jesus noch einmal, und so schärft er denen, die ihm nachfolgten und bei ihm sind, ein, was ihre Aufgabe sein wird: weiterzuziehen und in Besitz zu nehmen, was er ihnen fest zusagt, nicht allein auf sich gestellt jedoch, sondern begleitet von der Präsenz Gottes (Apg 1,8).

Dann ist in beiden Werken der Zeitpunkt gekommen, an dem der Anführer die Menschen seines Volkes, der Lehrer seine Schülerinnen und Schüler zurücklässt. Die Himmelfahrt Jesu (Apg 1,9) bildet den Bruch: Statt der leibhaftigen Anwesenheit Jesu sind die Menschen, die aufgefordert sind, sich nicht von Jerusalem zu trennen (Apg 1,4),[38] auf ihr Vertrauen darauf angewiesen, dass Jesu Versprechen der *Kraft aus der Höhe* (Apg 1,8)[39] sich bewahrheitet. Nicht anders in der Exoduserzählung: Nachdem

---

[36] Zur Verknüpfung von βασιλεία τοῦ θεοῦ mit dem βασίλειον ἱεράτευμα in Ex 19,6; 23,22 s. oben S. 241 m. Anm. 156.

[37] רבד zeigt exemplarisch ein typisches Phänomen der hebräischen Sprache, nämlich die Fähigkeit, Abstraktes mit Konkretem auszudrücken; s. K. REICHERT 2003a, 134: »Die Wörter sind … in einer Weise konkret, daß Wort und Ding ein- und dasselbe sind. Selbst das Wort für ›Wort‹, ›davar‹, heißt ›Wort‹ und ›Ding‹ gleichzeitig. Das ist eine Möglichkeit, die unseren Sprachen allmählich verloren gegangen ist und nur Spuren in gedichteten Wahrheiten hinterlassen hat.«

[38] χωρίζεσθαι wird in der LXX nur selten verwendet – eine zentrale Rolle spielt es in den Auseinandersetzungen in den Büchern Esra-Nehemia (vgl. Esr 6,21; 9,1; Neh 9,2; 13,2; s.auch 1 Makk 1,11), wo es die Abgrenzung zu den anderen im Land lebenden Völkern meint. Genau dies soll die neu entstehende Gemeinschaft nach lukanischer Auffassung also nicht tun; sie soll nicht Jerusalem (und damit die Jüdinnen und Juden, die in Jesus nicht den Messias sehen) als etwas betrachten, von dem es sich in der Gegenwart in gleicher Weise abzugrenzen gilt wie zuvor von den übrigen Bewohnerinnen und Bewohnern des Landes – diese Aussage Jesu erhält also durch die Verwendung von χωρίζεσθαι eine ganz andere Stoßkraft, als es die gängigen deutschen Übersetzungen mit *weggehen* (EÜ), *entfernen* (ELB), *weichen* (Luther 1912) nahelegen. Luther 1984 eröffnet mit der Übertragung *verlassen* immerhin die Möglichkeit, außer der rein ›motorischen‹ noch eine andere Textebene wahrzunehmen. Dass der Zielpunkt dieser Aussage nicht in der Ortsangabe Jerusalem liegt, sondern Jerusalem als eine Art Chiffre fungiert, hält auch G. JANKOWSKI 2001, 27 fest: »Die Stadt ist zur Zeit der Abfassung der Apg zerstört und verlassen. Vor allem ist das Zentrum jüdischen Lebens, der Tempel, verschwunden, und mit ihm sind auch die Führungsinstitutionen aufgelöst. Es herrschte zunächst Orientierungslosigkeit. Es mag sein, daß es innerhalb der messianischen Bewegung Tendenzen gab, die Trennung vom Judentum zu vollziehen und sich neu zu orientieren. Denn wo verlangt wird, sich nicht zu trennen, da muß es Tendenzen zur Trennung und Abspaltung gegeben haben. Die messianische Ekklesia aber soll und muß Jerusalem, muß Israel verbunden bleiben. Eine Trennung davon ist unmöglich. … In der Stadt Jerusalem sitzen, sich nicht von ihr trennen, bleiben und gespannt warten. Jerusalem ist und bleibt das Zentrum, von dem auch für die Ekklesia alles abhängt. Gibt sie Jerusalem auf, gibt sie ihre Identität auf.« ULRIKE BAIL bringt in die Auslegung biblischer Texte den vor allem in den Kulturwissenschaften beheimateten Begriff der ›mental map‹ ein: »Der Begriff der mental map meint die mit einem Ort, einem Raum, einem Gebäude oder einer Landschaft verbundenen Bedeutungen. Mental maps entstehen durch gehörte und überlieferte Geschichten, Erinnerung, religiöse und gesellschaftliche Sinnstiftungen. Der geographische Ort ist immer auch ein interpretierter Ort, Raum ist immer auch symbolisch konstruierte Umwelt.« (dies. 2004, 12f., 13).

[39] In der Vorstellung des Anziehens einer Kraft zeigt sich eine große Nähe zu Ps-Philos wiederholter Verwendung der Idee vom ›Anziehen des Geistes‹: Kenaz und Gideon ›ziehen den Geist an‹ (27,9: *induit eum spiritus Domini*; 27,10: *indutus est spiritu virtutis*; 36,2: *induit spiritum Domini*). »Damit ist m.E. für die Herkunft der Formulierung Lk 24,49 ein entscheidender Hinweis gegeben: Sie verdankt sich der zeitgenössischen jüdischen Bibelauslegung, in der ebenfalls das Bekleidetwerden mit dem

Mose gestorben oder hinweggenommen[40] ist, kommt es für Josua als seinen Nachfolger zentral darauf an, dass die Beistandszusage JHWHs, die Mose durch die Geschichte getragen hat, auch für ihn gültig bleibt.[41] In beiden Fällen ist das ›Kraft-Moment‹ das Entscheidende: Josua wird wiederholt aufgefordert, *stark*[42] *und mutig* (ἴσχυε καὶ ἀνδρίζου, Jos 1,6.7.9.18)[43] zu sein – auf der Basis der festen und unverbrüchlichen Zusage Gottes, wie dessen ›Credo‹[44] Jos 1,1–9 vor Augen fuhrt:

[1]Nach dem Tod des Mose, des Vertrauten JHWHs, sprach JHWH zu Josua-ben-Nun, der Mose zur Seite gestanden hatte: [2]Mose, mein Vertrauter, ist tot. Steh auf jetzt, zieh über den Jordan – du und alle Menschen dieses Volkes, in das Land, das ich ihnen, den Töchtern und Söhnen Israels, geben werde! [3]Jeden Ort, den euer Fuß betritt: euch habe ich ihn gegeben, gerade wie ich zu Mose geredet habe. [4]Von der Wüste und vom Libanon an bis zum großen Strom, dem Euphrat, das ganze hethitische Land, und bis zum großen Meer, wo die Sonne untergeht – das alles wird euer Gebiet sein. [5]Dein Leben lang wird niemand sich dir entgegen stellen können. Genauso wie ich mit Mose gewesen bin, bin ich mit dir: Ich lasse nicht ab von dir und verlasse dich nicht. [6]Sei mutig und stark! Denn du, du wirst diesem Volk das Land zum Erbbesitz geben, von dem ich ihren Eltern geschworen habe, es ihnen zu geben. [7]Das heißt: Zeig, dass du mutig und sehr stark bist, indem du darauf achtest, so zu handeln, wie es der ganzen Tora entspricht, in der Mose, mein Vertrauer, dich unterwiesen hat. Bitte, wende dich auf keinen Fall von ihr ab – weder nach rechts noch nach links. So wirst du einsichtig handeln in allem, worin du deinen Weg machst. [8]Das Buch dieser Tora weiche nicht von deinem Mund! Murmele es Tag und Nacht, damit du darauf achtest, in allem so zu handeln, wie es in ihm geschrieben ist. Ja, dann werden deine Wege ihr Ziel erreichen, und du wirst einsichtig handeln! [9]Habe ich dir nicht die Weisung erteilt: ›Sei mutig und stark!‹? Zittere nicht und lass dich nicht verwirren: JHWH, deine Gottheit, ist mit dir in allem, worin du deinen Weg machst!

Exoduserzählung und lukanisches Werk sind sich darin einig, dass die Beistandszusage an die Nachfolgenden mindestens doppelt, eher noch häufiger erfolgen muss. Josua steht als enger Vertrauter des Mose schon seit Ex 24,13.15; 32,17; 33,11 im Blickpunkt: Er begleitet Mose auf den Berg,[45] er setzt sich dafür ein, dass die Autori-

---

Geist als ein aus Ri 6,34 … gewonnenes Bild in freier Verwendung lebendig war.« (E. REINMUTH 1994, 180) So auch M. WENK 2000, 75: »Pseudo-Philo's concept of the Spirit cannot be restricted to the inspiration of prophetic speech. Before Sinai it seems that the Spirit is respresented as the major positive ethical influence on humanity in a ›direct way‹ and after Sinai the emphasis is on the Spirit as the agent to realize Israel's salvation and renewed obedience toward the covenant with God.« Für die enge Beziehung von Kraft und Geist bei Lukas vgl. M.M. TURNER 1991, 135: »for a Jew to hold that the Spirit was received as the Spirit of prophecy did not preclude him from attributing miracles to the same Spirit.«

[40] Die offene Formulierung Dtn 34,6 lässt, wie oben (S. 226) bereits gezeigt, auch die z.B. von Josephus und Philo vertretene Lesart offen, dass Mose nicht gestorben, sondern wie Elia und Henoch entrückt ist. Dass Lukas dieser Auffassung zumindest nahe steht, sie höchstwahrscheinlich sogar überzeugt teilt, zeigt z.B. die Verklärungszählung Lk 9,28–36, wenn Lukas dort Mose und Elia präsent sein lässt. Vgl. zur Diskussion um den ›Tod‹ des Mose bei Jos, Philo und Ps-Philo L. FELDMAN 2000, 472f., Anm. 122.

[41] AssMos 11,9f. zeigt einen Josua, der sich der Schwere der von ihm erwarteten Rolle nur allzu deutlich bewusst ist: *Du gehst hinweg, Herr, – wer soll nun dieses Volk pflegen oder wer wird sich ihrer erbarmen und ihnen ein Führer sein auf ihrem Weg?* Ohne dass von den Schülerinnen und Schülern Jesu solche Worte überliefert wären, hält Lukas doch zumindest nach der Kreuzigung ihre Verzweiflung fest, wie etwa die Emmausperikope (s.o. S. 65ff) zeigt.

[42] Zwar ist das verwendete Wort nicht dasselbe, ja in der Apostelgeschichte δύναμις gebraucht ist. Dennoch ist unverkennbar, dass zwischen beiden Termini eine semantische Nähe besteht.

[43] In den ersten drei Fällen spricht JHWH diese Aufforderung aus, in V.18 sind es die Angehörigen der Ostjordanstämme, die auf ihre Zusage, das Volk in seiner Inbesitznahme des Landes wie versprochen zu unterstützen, und ihre Versicherung, Josua die gleiche Autorität wie Mose zuzugestehen, eben diese aufmunternd-auffordernde Aussage tätigen.

[44] In gewisser Hinsicht handelt es sich hier in der Tat um eine Art Glaubensbekenntnis JHWHs. Es geht doch um nicht weniger als darum zu zeigen, dass sie darauf vertraut, dass Josua seine Aufgabe erfüllen kann, dass sie an ihn ›glaubt‹.

[45] In Ex 24,15 trägt die LXX Josua zusätzlich ein; damit ist für das lukanische Werk auch diese Referenz z.B. für die Verklärungserzählung denkbar.

tät des Mose gewahrt bleibt,[46] und spätestens ab Num 27,12–23 steht Josua als Nachfolger des Mose fest. Konsequenterweise enthält das gesamte Deuteronomium kurze Verweise auf diese zukünftige Aufgabe Josuas (z.B. Dtn 1,38; 3,21f.): In Dtn 3,28 trägt JHWH Mose auf, Josua zu seinem Nachfolger einzusetzen und ihn *stark zu machen und aufzumuntern* (κατίσχυσον αὐτὸν καὶ παρακάλεσον αὐτόν). Damit ist der Grundstein gelegt für die gerade schon angesprochene und auch im Deuteronomium wiederholt formulierte Aufforderung an Josua, mutig und stark zu sein (Dtn 31,7.23).[47] Dtn 34,9 schließlich schildert die Erfüllung, die Realisierung dieser Beistandszusagen: *Josua, der Sohn des Naue, war erfüllt von Geistkraft des Urteilsvermögens,*[48] *denn Mose hatte seine Hände auf ihn gelegt.*[49] In ganz paralleler Form erzählt auch das lukanische Werk als Exoduslektüre wiederholt von der Einsetzung und Ermutigung der Nachfolgenden Jesu. Besonders auffällig geschieht dies im Anschluss an die erfolgte Rettung: einmal am Ende des ersten Teils, des Lukasevangeliums, in der Verbindung von Lehre und gemeinsamem Leben, hier auch unterstrichen durch die Einbeziehung der segnenden Hände (Lk 24,50), und ein weiteres Mal dann im oben bereits angesprochenen Einleitungsteil der Apostelgeschichte.[50] In beiden Fällen geht es also offensichtlich darum, die vorher breit ausgeführte Übergangs- und Nachfolgethematik nun nach dem erfolgten bzw. schon bekannten und noch einmal zu erzählenden Bruch festzuschreiben. In beiden Fällen erfolgt die Vergewisserung in der Situation, in der ›es darauf ankommt‹, in der es für die Nachfolgerinnen und Nachfolger darum gehen wird, sich in ihrer Aufgabe zu bewähren, die in der segnenden Geste bereits wirksame Kraft nun auch wirklich versprochen zu wissen.

Der Fortgang der Exoduserzählung macht deutlich, dass diese Zusage ihre Realisierung gefunden hat. JHWHs Gegenwart verhilft Israel zum Besitz des Landes. In der Apostelgeschichte wird der Verleihung der Kraft aus der Höhe, der Geistkraft, eigens Raum gegeben: Apg 2 erzählt ausführlich davon, wie in einer Inszenierung, die in vielem an die Theophanie am Sinai (Ex 19) erinnert,[51] die Geistkraft auf die Nachfolgerinnen und Nachfolger Jesu hinabkommt und sie befähigt, von der Geschichte, auf die sie vertrauen, zu erzählen.[52] Und im weiteren Verlauf wird immer wieder die Kraft (δύναμις) derer betont, die nun ihre Aufgabe leben.[53]

---

[46] Auch hierin liegt eine deutliche Verbindung zwischen dem Exodus und der Lektüre des Lukas vor; vgl. Num 11,28 mit Lk 9,49f. und dazu oben S. 243.

[47] Nachdem in 31,14 JHWH angeordnet hatte, dass Mose und Josua gemeinsam zum Begegnungszelt kommen sollten, da sie Josua Weisung erteilen wolle, verdeutlicht die LXX in V.23 dieses Kapitels die im hebräischen Text offen gelassene Subjektfrage dahingehend, dass sie Mose als Subjekt einfügt.

[48] Die LXX differenziert in der Wiedergabe von חָכְמָה zwischen σοφία und σύνεσις, was ganz deutlich wird an Stellen wie Ex 35,31.35, wenn σοφία und σύνεσις nebeneinander verwendet werden; Dtn 4,6 gibt das hebräische Substantiv בִּינָה wieder. Damit schließt sich die Übertragung mit Weisheit, wie sie vom hebräischen Text her nahegelegt ist, für die LXX-Übersetzung aus.

[49] Die fast schon ›logisch‹ zu nennende Konsequenz daraus notiert darum der folgende Halbvers Dtn 34,9b: *Die Israelitinnen und Israeliten hörten auf ihn/schenkten ihm Gehör und taten, was JHWH Mose angewiesen hatte.*

[50] Die veränderte Situation zwischen Exodus und lukanischer Exoduslektüre wird unter anderem daran ersichtlich, dass nicht mehr *ein* Nachfolger eingesetzt wird, sondern diese Aufgabe vielen zugleich übergeben wird. Geschickt macht Lukas durch die Art seiner Darstellung dann aber gleich wieder die große Nähe der einzelnen Erzählfiguren (etwa Petrus, Philippus, auch Stephanus und Paulus) deutlich, wenn er – z.B. in den Reden – die Einzelnen so ähnlich gestaltet, dass sie fast den Eindruck erwecken, unterschiedliche Aspekte der selben Erzählfigur zu verkörpern – sind sie alle gemeinsam ›der ideale Nachfolger‹ vom Format Josuas?

[51] Mit M. WENK 2000, 232–258. A. FINKEL 1994, 335 m. Anm. 1 weist darauf hin, dass Joel 3,1–5 als Haftara zur Toralesung Ex 19 zugeordnet gewesen sei.

[52] In der Frage, wie in der Zeit nach dem Tod des Anführers die Nachfolgerinnen und Nachfolger durch die Geistkraft JHWHs in ihrem Tun bestimmt werden, kommt es zu deutlichen

Im Josuabuch inszeniert der Zug über den Jordan (Jos 3–4) bewusst den Zug durch das Schilfmeer, lebt also die Befreiungserfahrung der Elterngeneration anteilhaft im Nachleben und erinnert sie darin in intensiver Weise. Gleichzeitig wird die Verpflichtung gegenüber der und Einbindung in die Geschichte der Eltern mit JHWH durch die Beschneidung in Gilgal (Jos 5) leibhaftig-körperlich zum Ausdruck gebracht. Entsprechend bietet auch die Exoduslektüre des Lukas in der Taufe ein Moment der Wiederholung der Befreiungserfahrung, des Durchschreitens des Wassers und damit zugleich die Bekräftigung dessen, dass diejenigen, die sich taufen lassen, auf das vertrauen, was ihnen verheißen ist (Apg 2,38f.).[54]

Nach dieser Vergegenwärtigung und Bekräftigung der Befreiungserfahrung kann die Inbesitznahme des Landes beginnen: *von der Wüste und vom Libanon an bis zum großen Strom, dem Euphrat, das ganze hethitische Land, und bis zum großen Meer, wo die Sonne untergeht* (Jos 1,4), oder eben *in Jerusalem und in ganz Judäa und Samaria bis an den letzten Rand der Erde* (Apg 1,8). Allerdings besteht ein grundlegender Unterschied in der Perspektive: Geht es in der Exoduserzählung der Schrift darum, nun endlich in das von JHWH bereits den Erzeltern fest versprochene Land einzuziehen und dort Raum zum Leben zu finden, erstreckt sich der Raum, in dem die lukanischen Protagonistinnen und Protagonisten Fuß fassen wollen, in einem eher virtuellen Gefüge. Nicht ein konkretes Land, ein Gebiet mit festen Umrissen steht zur Verfügung, vielmehr geht es darum, Raum für den eigenen Weg auch inmitten der Lebenswelt der Weltvölker zu gewinnen.[55] Um sich in diesen Raum vorwagen zu können, bedarf es der immer wieder vorgenommenen Rückbindung an die eigene Geschichte wie die des Volkes und damit auch der Rückversicherung der eigenen Identität, wie Jos 8,32–35 oder auch 23–24 es ebenso vor Augen führen wie die langen Reden der Apostelgeschichte, in besonderer Weise die Stephanusrede (Apg 7) und die Rede des Paulus im pisidischen Antiochien (Apg 13).[56]

Übereinstimmungen mit dem LAB: »Lukas und Pseudo-Philo stimmen im Gebrauch wesentlicher Motive der Geistbegabung und Nachfolge überein. Beide verwenden partiell dieselbe frühjüdische Auslegungstradition. Beide Autoren setzen die sachliche Nähe von Geist, Weisheit und Kraft voraus und können die Geistbegabung als Bekleidetwerden umschreiben. Für beide Autoren gehören Geistverheißung, Beauftragung, Mahnung zu einem der Abwesenheit des Führers entsprechenden Verhalten, Geistbegabung, Rede des geistbegabten Nachfolgers zu den Motiven der Nachfolge, die sie im Zusammenhang der Mose- bzw. Christusnachfolge realisieren.« (E. REINMUTH 1994, 183).

[53] Etwa Apg 4,7.33; 5,8; 10,38. Aus dieser Kraft schöpfend – so offensichtlich die Logik der lukanischen Erzählweise – können die Nachfolgerinnen und Nachfolger Jesu nun auch sein Handeln nachleben, womit die engen Bezüge zwischen dem lukanischen Jesus und den Protagonisten der Gemeinschaft in der Apostelgeschichte eine Erklärung finden. R. V. BENDEMANN 2001, 403 sieht auch hier die Orientierung an den Rezipierenden als leitendes Kriterium: »Ziel dieser engen Verzahnung von Jesus- und Zeugengeschichte ist es, den Faden zwischen dem damaligen σήμερον und dem σήμερον der Erzählgegenwart nicht abreißen zu lassen, vielmehr den Lesern gerade derart ›Sicherheit‹ zu geben, daß mit dem Handeln Gottes, wie es sich in der Vergangenheit in der Geschichte Israels erwiesen hat, auch in der veränderten Gegenwart (vgl. Lk 17,22) und in der ungewissen Zukunft begründet nicht durch das christliche Heilsangebot gerechnet werden kann.«

[54] Hier ist erstmalig in der Apostelgeschichte die Taufe die äußerliche Umsetzung der Entscheidung und Positionierung gegenüber den Worten der Nachfolgerinnen und Nachfolger Jesu – im weiteren Verlauf der Erzählung kommt dieses Element immer wieder vor (etwa Apg 9,18; 16,15;18,8); dabei ist allerdings auffällig, dass mit der Wassertaufe für Lukas nicht zwangsläufig die Gabe des Geistes gegeben ist, wie etwa Apg 8,12f.16 verdeutlichen.

[55] T. CRAWFORD 1998 setzt den Schwerpunkt etwas anders, wenn er notiert: »The purpose of the community in Acts is not to hollow out a homeland as it is in Joshua, but to subvert and transform the whole world empire in one family or person at a time.« (a.a.O., 258).

[56] Mit TH. RÖMER/J.-D. MACCHI 1995, 185ff, die Apg 7 direkt in Beziehung zu Jos 24 setzen: »Acts 7 presents a good example of the influence of the deuteronomistic ideology at the time of the first Christians. Luke has often been regarded as the evangelist most strongly influenced by Hellenism.«

Völlig einig sind sich Exoduserzählung wie Exoduslektüre dann wieder darin, dass die Inbesitznahme des Landes, das Sich-Ausbreiten, das Gewinnen von Raum nicht konfliktfrei verläuft. Es kommt zu Bedrohungen der Gemeinschaft,[57] sowohl von innen als auch von außen. Ein beide verbindendes Element von Problemen innerhalb der Gemeinschaft thematisieren Jos 7 und Apg 5:[58] die Unterschlagung von Gütern, die jemand anderem – JHWH bzw. der Gemeinschaft – zustehen oder zumindest versprochen sind. Achan wie Hananias und Sapphira unterschlagen Güter, sind sich einig darin, dass sie mehr brauchen, mehr haben wollen als das, was sie mit den anderen teilen. Und in beiden Fällen ist die Folge dieses Verhaltens so brutal konsequent, dass deutlich wird, wie sehr mit diesem scheinbar individuellen Tun das Überleben, der Zusammenhalt der Gemeinschaft gefährdet ist,[59] wie sehr JHWH selbst bzw. die Geistkraft letztlich Opfer und Gegenüber dieser Unterschlagung sind.[60] Die Gefährdung dieser Einheit fällt umso stärker ins Gewicht, erhält umso größere Bedeutung, je massiver sonst der Eindruck größter Einigkeit angestrebt wird. Und auch darin stimmen die Exoduserzählung der Schrift und ihre lukanische Lektüre grundsätzlich überein.[61]

Doch auch der Widerstand von außen ist bleibender Bestandteil der Erzählungen davon, wie Israel Land, und die Gemeinschaft derjenigen, für die Jesus der Messias Gottes ist, Raum gewinnt. Im Josuabuch sind es stets wechselnde Koalitionen, die sich den Israelitinnen und Israeliten in den Weg stellen (z.B. Jos 10). Auch in der Apostelgeschichte ist die Gruppe der Gegnerinnen und Gegner keine homogene, sondern von durchaus unterschiedlichen Interessen geleitet, wie etwa ein Vergleich von Apg 5,27f. mit 16,19–21 oder auch 19,23–40 deutlich machen. In beiden Werken wechseln dabei Passagen, in denen Konflikte ausführlich geschildert werden, mit summarischen Notizen ab.[62] Ebenso wird in beiden Werken innerhalb der Beschreibung, welche Gebiete durch wen ›erobert‹ wurden, auch nicht verschwiegen, dass dies gerade nicht bedeutet, dass nun ›niemand anderes‹ mehr dort lebt. Die Illusion einer rundum gelungenen ›Inbesitznahme‹ wird weder im Josuabuch noch in der Apostelgeschichte aufgebaut.[63]

Our enquiry shows that he is also an heir of the deuteronomistic theology, certainly effective, but in some ways equally debatable.« (a.a.O., 187).

[57] Diese treten gerade im Gegensatz zu grundsätzlich betonter Einigkeit und Verbundenheit, wie sie in den ersten Kapiteln der Apostelgeschichte ebenso demonstriert wird wie wiederholt im Josuabuch, besonders deutlich hervor; zum Konzept größter Geschlossenheit am Beispiel von Apg 2,42–47 s. M. Wenk 2000, 259–273.

[58] Die Gemeinsamkeiten zwischen beiden Erzählungen fanden oben (S. 335ff) eigens Erwähnung.

[59] U. Busse 1978, 100 versteht nicht eine mögliche abschreckende Wirkung als zentrale Intention der Erzählung, sondern die Betonung der »Bindung des Heils an die gemeinsam getragene Armut der Gemeinde.«

[60] Ich verstehe das καί in V.3 epexegetisch; mit I. Richter Reimer 1992, 39. So auch schon L.T. Johnson 1977, 207: »It is not just the unity of a human assembly which is threatened by conspiracy, but the Spirit of God Himself who creates that unity. An offense against the unity is therefore an offense against God.«

[61] Vgl. exemplarisch Jos 3,17; 4,1; 6,5; 8,35; 10,34; 18,1 und Apg 1,14; 2,1.4.44ff.; 4,32–34; 6.5. K. Butting 1999, 86 spricht in diesem Zusammenhang vom Anfang der neuen Schöpfung: »Die entstandene Einheit der Gemeinde ist der Anfang der neuen Erde, die Gestalt einer neuen Schöpfung in der Jetztzeit.«

[62] Das zeigt zum Beispiel Jos 10–12: Neben der ausführlichen Erzählung vom Kampf gegen die fünf koalierenden Könige stehen kürzere Notizen über die Eroberungen im Norden des Landes bis hin zur Aufzählung der besiegten Könige in der Liste Jos 12. In gleicher Weise wird in der Apostelgeschichte von Erfolgen wie Niederlagen erzählt (vgl. z.B. die knappen Notizen Apg 17,4.12 mit der folgenden ausführlichen Schilderung der paulinischen Areopag-Rede Apg 17,16–34).

[63] Es ließe sich überlegen, ob der Form, in der das Josuabuch den Lebensraum der einzelnen Stämme definiert, die lukanische Darstellung der Aufteilung unterschiedlicher Einflussgebiete, etwa des

Die Erinnerung an die Befreiung ist immer präsent. Sie wird wachgehalten, belebt und nachempfunden durch das Erzählen von und Feiern der Befreiung: Als Josua mit dem Volk Israel das erste Passamahl im Land feiert, verpflichtet er die Anwesenden darauf, diese Befreiungsgeschichte ihrerseits weiterzuerzählen (Jos 4,20–24). Und nach der Eroberung Ais, deren ungeschönt drastische Beschreibung in deutlichem Gegensatz zum hymnisch-liturgisch inszenierten Einstürzen der Mauern Jerichos steht, errichtet Josua einen Altar und verliest die Tora JHWHs. Es legt sich die Vermutung nahe, dass es gerade in einer Situation, in der manches fraglich erscheinen mag, der Rückbindung an die Tora als Korrektiv, auch als mäßigender Kraft bedarf (Jos 8,30–35 [hier Zählung nach hebr. Verseinteilung; LXX: 9,[1]-[6]].

Gegen Ende von Exoduserzählung wie messianischer Exoduslektüre stehen jeweils lange Reden, in denen noch einmal die eigene Verankerung in der erlebten und erzählten Geschichte vorgeführt wird (Jos 23–24; Apg 24,10–21; 26,2–23). Verbindendes Element ist dabei die starke Betonung des ›Dienstes für Gott‹, die jeweils durch das Verb λατρεύω in Verbindung mit θεός oder κύριος ausgedrückt wird (Jos 22,5; 24,14–24.29; Apg 24,14; 26,7; 27,23).[64] Ebenso teilen Exoduserzählung und lukanisches Werk das Wissen darum, wie schwer es letztlich ist, das Vertrauen auf die schützende und bekräftigende wie be-Geist-ernde Nähe JHWHs zu leben: Apg 28,25–27 zitieren zwar Jesaja, gleichzeitig rekapitulieren sie aber Jos 24 und die auch dort immer wieder vertretene Überzeugung, dass die Menschen letztlich nicht verstehen, nicht leben können, worauf es – Josua und/oder Paulus – ankommt.[65] Und schließlich fallen sich auch beide gleich wieder ins Wort, indem nämlich in der Apostelgeschichte nicht die Rede vom Tod des Paulus ist, sondern das offene Ende gewahrt bleibt, in welchem nur notiert wird, dass er in Rom zwei Jahre in seinen eigenen Räumen lebt und lehrt (Apg 28,29–31). Nachdem die Rede Josuas in Sichem eigentlich vor Augen geführt hatte, dass es nahezu aussichtslos ist, darauf zu hoffen, dass die feste Willenskraft und Entschlossenheit der versammelten Frauen und Männer stark genug sein könnte, die Treue zu Israels Gott zu wahren, wird im Josuabuch dennoch unmittelbar vor Schluss festgehalten: *Israel diente JHWH alle Tage Josuas und alle Tage der Ältesten, die Zeit mit Josua verbracht hatten und von allen Taten JHWHs wussten, die er für Israel getan hatte* (Jos 24,29).[66]

Zum Abschluss bleibt die Frage, wie das Zusammenleben mit ›den anderen Völkern‹ vor sich geht, die ›im Land‹ (und das heißt für Lukas: auf der ganzen Welt; s. Apg 1,8) leben. Zwar kennt die Exoduserzählung den Auftrag, diejenigen, die das Land, das den Erzeltern versprochen worden war, zur Zeit der Einwanderung Israels bewohnen, zu töten, damit sie keine Möglichkeit bekämen, Macht über Israel zu ge-

---

Petrus oder Jakobus oder Philippus oder Paulus, Timotheus und Silas korrespondiert. Andererseits könnte gerade das Fehlen einer belegbaren Parallele zur Gebietsverteilung an die Stämme, die in der Exoduserzählung ja beträchtlichen Raum einnimmt, einen Hinweis auf die lukanische Intention geben: Geht es in der veränderten Situation, in einer viel kleineren Gruppe, die sich zwar in der Geschichte Israels sieht und versteht, aber gerade immer wieder schmerzhaft wahrnimmt, dass sie mitnichten ganz Israel, sondern nur ein ganz kleiner Teil davon ist, vielleicht viel eher um Verbindungselemente zwischen den einzelnen Schwerpunkten? Wird deshalb die stete Rücksprache des Paulus und seiner Leute mit der Jerusalemer Gruppe so hervorgehoben?

[64] Dass Lukas mit der ›Exodustradition‹ dieser Wendung vertraut war, zeigt ihre Verwendung in seiner Nacherzählung der Berufung des Abraham Apg 7,7 und darin insbesondere in der gezielten Umformulierung des ihm vermutlich vorliegenden Bibeltextes; s.o. S. 357f.

[65] Diese enge Verknüpfung von Versprechen und dem Wissen um den Bruch eben dieses Versprechens zeigt sich unter anderem darin, dass die LXX nach Jos 24,33 ohne jeden Einschnitt zu Eglon von Moab und damit den im Richterbuch beschriebenen Ereignissen übergeht.

[66] Die LXX zieht hier den V.31 nach der Zählung des hebräischen Textes aus Kohärenzgründen nach vorn und damit vor den Bericht über den Tod Josuas.

winnen – und doch ist auch hier immer wieder die Rede von Menschen aus diesen Völkern, die entweder wie etwa Rahab (Jos 2; 6) sich an die Seite Israels und auf die Seite des Israelgottes stellen oder aber zumindest auch weiter unter ihnen leben[67] (Jos 13,13; 15,63; 16,10; 17,12; 19,48[68]). Verhält sich dies in der messianischen Exoduslektüre des Lukas anders? Natürlich ist hier nicht davon die Rede, diejenigen, die sich der Gemeinschaft in den Weg stellen, zu töten. Das läge aber auch in der immanenten Erzähllogik schlicht außerhalb der Möglichkeiten, trotz der verheißenen und festgehaltenen Gegenwart der Geistkraft. Aber es ist die Rede von Menschen aus den Völkern, die sich der Gemeinschaft anschließen, wie auch von solchen, die genau das nicht tun, sondern mit unterschiedlicher Motivation sich dagegen stellen und massiv gegen die lukanischen Protagonisten vorgehen. Aber das Ringen um diese Menschen bleibt bis zum Ende der Apostelgeschichte fester Bestandteil. Das Ringen darum, wie eine Integration von Menschen aus der Völkerwelt in diese jüdische Gemeinschaft gelingen kann, so dass keine Seite ihre Identität zur Gänze verleugnen muss, ist wiederholt Thema der Darstellung. Ungeachtet ihrer Herkunft, trotz der sein Werk bis zum Schluss prägenden Opposition Israel-Weltvölker,[69] zählt für Lukas in dem erklärten Ziel, Raum zu gewinnen, Raum, der sich nicht auf ein fest umrissenes ›Staatsgebiet‹ festschreiben lässt, jetzt offensichtlich jede Person. Dies drückt die Überzeugung aus, dass das, was die Zeuginnen und Zeugen Jesu zu verkünden haben, (auch) die Weltvölker im Blick hat, dass es auch und gerade um deren Möglichkeit zur Umkehr geht, nachdem JHWH sie so lange sich selbst überlassen hat (Apg 14,16).[70]

Dieses Zusammen-Lesen von Exoduserzählung der Schrift und lukanischer Exoduslektüre hat gezeigt, dass es möglich ist, Hauptlinien herauszuarbeiten, an denen beide sich orientieren, in denen sie konform gehen. Zudem wurde deutlich, wie der Fortgang der (im mehrfachen Wortsinn verstandenen) Geschichte in der messianischen Exoduslektüre des Lukas dem in der ›Basisgeschichte‹, dem Exodus Israels, entspricht. Damit legt es sich nahe, dass eine solche Lektüre des lukanischen Werkes

---

[67] Eine Sonderrolle nehmen die Gibeoniten ein, die von der LXX als κατοικοῦντες bezeichnet werden (Jos 9,27) – ebenso wie in Apg 7,4 diejenigen, die der Rede des Stephanus zuhören; von denen ist nämlich gesagt, dass sie *auf Jerusalem hin leben* (εἰς ἣν ὑμεῖς νῦν κατοικεῖτε). ›Auf hin‹, das heißt: ›ausgerichtet auf‹, und gerade nicht ›in‹, denn das ist zur Zeit des Lukas nur schwer möglich, auch wenn zu diesem Zeitpunkt Jüdinnen und Juden das Betreten der Stadt noch nicht verboten war.

[68] Von dieser Stelle ausgehend lässt sich ein verändertes Verständnis für die Rede vom ›Joch‹ Apg 15,10 gewinnen: Jos 19,48 LXX hält fest, dass Ephraim die noch unter ihnen lebenden Ammoräerinnen und Ammoräer zur Fron verpflichtete, dass sie also zwar überlebten, aber als Unfreie – sollte in der Regelung des Apostelkonzils die Ablehnung genau dessen zumindest mitgedacht sein?

[69] S. dazu oben S. 53ff.

[70] Dabei lässt sich die Erzählung von Paulus und Barnabas in Lystra in gewisser Weise als Aufnahme der Gibeonitenepisode Jos 9 lesen: In beiden Fällen kommt es zu einer bedingungslosen Unterwerfung von Menschen von außerhalb unter die Macht Israels bzw. der Apostel; deren Kraft – in der Exoduserzählung deutlich durch die militärischen Erfolge, in lukanischer Exoduslektüre durch die zuvor erzählte Heilung – führt dazu, dass die ›Einheimischen‹ ihr Heil darin suchen, sich dieser überlegenen Größe zu unterwerfen, ja, im Fall von Paulus und Barnabas in ihnen sogar Götter zu sehen. Der entscheidende Unterschied besteht aber darin, dass die Menschen von Lystra nicht auf ein Täuschungsmanöver zurückgreifen, sondern ihre Absichten offen ausdrücken können – und so ändert sich auch die Folge: Ihre Zukunft bleibt offen, Paulus und Barnabas machen ihnen das Angebot der Hinwendung zum Gott Israels – weder Erfolg noch Misserfolg dieses Angebots werden jedoch berichtet; einzig, dass sie die Menschen davon abhalten können, ihnen Opfer darzubringen, erzählt Lukas. Nicht zufällig steht aber nach diesen Berichten die Frage nach dem zukünftigen Status solcher Menschen aus den Völkern im Raum; mit der Terminologie der Exoduserzählung gefragt: Werden sie zu Wasserträgerinnen und Holzsammlern (Jos 9,27) oder geht es gerade darum, ihnen kein Joch aufzulegen (Apg 15,10)?

viel dazu beiträgt, dieses Werk besser zu verstehen – als ein Beispiel jüdischer Exoduslektüre ›nach der Schrift‹.

VI. Lukas liest Exodus –
abschließende Lektüreeindrücke

Um das lukanische Doppelwerk als Exoduslektüre lesen zu können, war es zunächst erforderlich, mir und den Leserinnen und Lesern zu vergegenwärtigen, wie ich die Exoduserzählung der Schrift lese und also verstehe – einen recht vertrauten Textkomplex, den es eben darum besonders genau zu betrachten und in seinen Feinheiten wahrzunehmen galt, um nicht der (gedachten? oder falschen?) Vertrautheit geschuldete Missverständnisse in die Beschäftigung mit den lukanischen Texten hineinzutragen.

Weiter hat es sich als sehr hilfreich für ein besseres Verständnis des lukanischen Werkes erwiesen, neben der Exoduserzählung der Schrift auch andere jüdische Exoduslektüren, die dem lukanischen Doppelwerk zeitlich näher stehen, in die Betrachtung miteinzubeziehen. Diese erwiesen sich nicht nur als Brücke zwischen Exoduserzählung der Schrift und lukanischem Werk, sondern ermöglichten zugleich einen Einblick in die Vielfalt der mit dem Exodus verbundenen Vorstellungen, Motive und Elemente, wie sie zur Zeit des Lukas, also im ersten Jahrhundert christlicher Zeitrechnung, kursiert haben dürften. Ihre Art der Exoduslektüre stellte zudem Lektürevariationen zur Verfügung, die es möglich machten, Inhalte des lukanischen Werkes als Bestandteile (s)einer Exoduslektüre zu erkennen, die in einem rein auf der Schrift basierenden Vergleich nicht oder nur erheblich schwerer als solche hätten erkannt werden können.

Nachdem so geklärt war, was im Rahmen dieser Arbeit als ›Pool‹ an Exodusbezügen zur Verfügung stand, konnte in der Untersuchung lukanischen Textmaterials gezeigt werden, dass Lukasevangelium wie Apostelgeschichte sich in mehrfacher Hinsicht auf den Exodus als zentrale Befreiungsgeschichte Israels beziehen und diesen nutzen, um die eigene Befreiungsgeschichte in Worte zu fassen: Verbindungen zum bzw. Spuren in den Exodus liegen sowohl in einer großen Zahl von Stichwortverbindungen vor, die in erheblich höherer als bisher angenommener Anzahl auch direkt auf die Exoduserzählung der Schrift rekurrieren. Um diese zu entdecken, war es jedoch erforderlich, von der in der neutestamentlichen Wissenschaft lange verbreiteten Suche nach ›reinen‹, als solche kenntlich gemachten, Schriftzitaten abzusehen und zusätzlich zu diesen auch nicht gekennzeichnete Zitate und Allusionen in die Untersuchung einzubeziehen. Weiter zeigten sich Motivbezüge und Strukturparallelen in einzelnen Erzählungen.

In der Frage der interfiguralen Bezüge zwischen Mirjam, der Prophetin des Exodus, und Maria, der Mutter Jesu, konnten die Überlegungen verschiedene Vergleichspunkte in den Blick nehmen. So war es möglich, auf der Spur der Namensverwandtschaft beider Frauen neben ›namenstheoretischen‹ bzw. -hermeneutischen Textbeobachtungen auch archäologische, inschriftliche wie urkundliche, Bezeugungen über den erhöhten Gebrauch des Namens während der Zeit römischer Herrschaft über Israel zu Rate zu ziehen. Auf der Basis dieser Ergebnisse konnten die Textbeobachtungen zeigen, wie die Exodusfigur Mirjam ein tiefergehendes Verständnis der Mutter Jesu und ihrer Rolle im lukanischen Werk ermöglicht.

Die auch hier als ›programmatisch‹ verstandene Nazaretszene erwies sich auch für die Frage der lukanischen Exoduslektüre als eben solches ›Programm‹: Lukas nutzt diese Szene, um nun, nachdem in den vorangegangenen Kapiteln Gott durch Boten oder aber Menschen die Befreiung für Israel verkündet und besungen hatte/n, Jesus selbst formulieren zu lassen, wozu er gesandt ist. Die Befreiung jedoch, von der Jesus spricht und die er als ›heute erfüllt‹ verkündet, bedarf, das lässt Lukas ›seinen‹ Jesus deutlich machen, der Mitwirkung. Und sie bedarf ferner der Bereitschaft, nach ›draußen‹ zu schauen, wie Jesus in der Anspielung auf Elia und Elischa deutlich macht. Hier bringt die Nazaretszene in der Tat auf den Punkt, worum es dem lukanischen Werk geht: darum, die in Jesus, dem Messias/Christus, gekommene Befreiung als Befreiung zu verkünden, die auch die Völkerwelt einlädt – sofern diese bereit ist, sich auf sie einzulassen und sich auf den Weg zu machen. Diese Befreiung bezieht sich auf konkrete Verschuldungs- und Versklavungszusammenhänge, zugleich aber auch auf die Versklavung, in die Satan Menschen zwingt. Die lukanische Darstellung unterscheidet nicht scharf zwischen beiden Ebenen; die Frage, wer für welche Form der Versklavung verantwortlich ist, wird nicht in jedem Fall geklärt.

Damit bot es sich an, der Rolle Satans noch genauer nachzugehn und die folgenden Beobachtungen und Untersuchungen konnten vorführen, dass in der Tat Satan im lukanischen Werk die Rolle Pharaos übernommen hat, dass er als Gegner der Befreiung zu verstehen ist und es von daher für den lukanischen Jesus wie seine Nachfolgerinnen und Nachfolger gilt, Satan und seine Untergebenen im Zuge der aufgrund der schon in der Exoduserzählung der Schrift angelegten Ambivalenz der Plagen zwischen Strafe und Befreiungshandeln, als ›Plagen‹ zu verstehenden Heilungsgeschichten bzw. Exorzismen zu bekämpfen. Dabei hat sich gezeigt, dass für Lukas die Macht Satans noch nicht endgültig gebrochen ist – zwar war sein Sturz zu beobachten, die Umsetzung dieses Sturzes auf Erden bleibt jedoch Aufgabe derjenigen, die auf JHWH und die in und durch Jesus geschehene Befreiung vertrauen. Ein sprechendes Beispiel für die auch nach der Auferweckung Jesu noch präsente Macht Satans bietet die Erzählung von Hananias und Sapphira, die, wie dargestellt werden konnte, als Parallele zur Erzählung von Achans Veruntreuung des JHWH zustehenden Beutegutes gestaltet ist.

Die vorgestellten Beobachtungen zur Stephanusrede konnten auf relativ ›engem‹ Raum beide Ebenen lukanischer Exoduslektüre vor Augen führen: Zum einen zeigt Lukas hier, dass er Exodus versteht als Geschichte, in der die Menschen dazu aufgerufen waren, neben JHWH auch auf Mose zu vertrauen, in der sie alle Möglichkeiten hatten, die geschenkte Freiheit auch in ihrem Miteinanderleben zu bewahren – und zugleich als Erzählung davon, wie sie dies aber dennoch immer wieder nicht taten und wie somit letztlich innerisraelitische Konflikte die Befreiung viel stärker bedrohten als feindliche Mächte, die in der Stephanusrede nicht als selbständig handelnde Größen vorkommen, sondern nur als Zielorte der von JHWH selbst veranlassten Vertreibung. Gleichzeitig ermöglicht das ›Setting‹ der Stephanusrede einen Einblick in die messianische Exoduslektüre des Lukas, werden in ihr doch Tun und Bedeutung Moses wie Jesu miteinander parallelisiert und in verschiedener Form aufeinander bezogen. Hinzu kommt, dass unmittelbar im Anschluss an die Rede, nachdem der Name ›Jesus‹ in ihr an keiner Stelle gefallen ist, Lukas die Vision des Stephanus erzählt und damit auf den Punkt bringt, wie er die Befreiungsgeschichte in der Gegenwart aktualisiert und neu gelebt versteht.

Alle bis dato angestellten Einzelüberlegungen und Schlussfolgerungen konnten in der abschließenden ›Zusammenschau‹ von Exoduserzählung der Schrift und messianischer Exoduslektüre des Lukas zusammenfließen. Hier hat sich gezeigt, dass eine Lektüre des lukanischen Werkes möglich ist, die dieses als in seiner Gesamtheit, in Oberflächen- wie Tiefenstruktur, an der Exoduserzählung orientiert wahrnimmt.

Das vorgestellte Verständnis von Lukasevangelium und Apostelgeschichte als messianische Exoduslektüre erleichtert das Verstehen des lukanischen Werkes in mehrfacher Hinsicht:

Mit der Abfolge der Exoduserzählung vor Augen wird eine Gliederung möglich, die auch bisher als schwierig zu gliernde Passagen, wie z.B. den ständigen Wechsel zwischen Lehre und Taten im Mittelteil des Evangeliums, als in sich stimmig und mit dem sonstigen Fortgang der Erzählung kohärent sehen lässt.

Auch die Inklusion von Menschen aus der Völkerwelt, die ›Hinwendung‹ der Apostelgeschichte zu Proselytinnen und Proselyten bzw. Gottesfürchtigen, zeigt sich auf der Grundlage des Exodus als ›schriftgemäß‹: Schon in der Exoduserzählung der Schrift schließen sich Menschen dem Befreiungszug an, der aus Ägypten auszieht. Und wiederholt berichtet die Schrift von einzelnen Menschen, die sich explizit auf Israel und seine Gottheit beziehen, wie das Beispiel Jithros und Rahabs gezeigt hat. In einer kanonischen Lektüre sind die Proselytinnen und Proselyten zudem insofern Bestandteil der Exoduserzählung, als sie in den Weisungen der Tora an mehreren Stellen erwähnt sind und ihr Leben ›inmitten‹ Israels für die Tora somit Realität war.

Wenn Jesus als ›Prophet-wie-Mose‹ zu verstehen ist, erleichtert dies zum einen den Zugang zu den spärlich gesäten christologischen Elementen des lukanischen Werkes und ist zum anderen ein deutliches Signal dafür, dass Lukas keine Ersetzungs- oder gar Überbietungsgeschichte schreiben will, sondern Leben und Lehre Jesu wie auch seiner Schülerinnen und Schüler als Zeugnis für die Wahrheit und Gültigkeit der Schrift mit den in ihr enthaltenen Verheißungen und Treueaussagen JHWHs verstanden wissen will.

Schließlich liefert eine Lektüre des lukanischen Werkes als Exoduslektüre einen Schlüssel zu der spürbaren Spannung zwischen ›schon‹ und ›noch nicht‹: Maria kann singen, dass die Befreiung geschehen ist, dass JHWH ihr Volk gesehen und sich seiner angenommen hat. Dieser Jubelgesang, genauer: diese Zeitform des Jubelgesangs, wird möglich, weil die lukanische Maria – in der Nachfolge der Prophetin Mirjam – sich in den Worten und Bildern der Schrift bewegen kann und die Geschichte der Befreiung aus Ägypten als schon geschehene kennt. Die eigene Positionierung in der Befreiungsgeschichte gehört zum ›Basisgut‹ des kollektiven Gedächtnisses Israels. Darauf lässt Lukas seine Erzählfiguren zurückgreifen – und darauf greift er selbst in der Komposition seines Werkes zurück. Dass die Befreiung in dem Moment, in dem JHWH sich zum Eingreifen für ihr Volk entscheidet, faktisch präsent ist, bedeutet jedoch nicht, dass sie ›von oben‹ geschieht; zu ihrer irdischen Realisierung braucht es Menschen. Und so thematisiert Lukas in den Begegnungen mit dem Volk, sei es bei Heilungen, in den Auseinandersetzungen oder in den Reden und Predigten der Apostelgeschichte, immer wieder die Frage, wie die Menschen ihren Part in der Befreiungsgeschichte annehmen (oder eben auch verweigern). Diese Frage stellt er vermittelt über die Erzählfiguren letztlich immer auch denjenigen, die sein Werk hören oder lesen. Ihnen gilt es nach lukanischer Auffassung das Vertrauen darauf zu ermöglichen, dass wirklich alles so geschehen ist, dass die Befreiung geschehen und präsent und immer noch im Werden ist. Insofern bleiben wir als Leserinnen und Leser auch fast 2000 Jahre nach dem Entstehen des lukanischen Doppelwerkes mit der Erwartungshaltung konfrontiert, auf die geschehene Befreiung zu vertrauen. Wann immer wir Lukasevangelium und Apostelgeschichte lesen, sind wir von dem erzählten nicht ›Gestrigen‹, sondern ›Vorgestrigen‹, von dem Lukas zu erzählen weiß, ebenso so angesprochen wie diejenigen, die es lange vor uns gelesen haben. Wie sie sollen (und können) auch wir uns in und bei der Lektüre vergewissern, wie sich in Leben und Wirken Jesu, des Messias Gottes, die Befreiung aufs Neue ereignet hat, wie Gottes Treue und Verlässlichkeit auch hierin ihren Ausdruck gefunden hat.

Eingangs habe ich darauf hingewiesen, dass das, was Mose am Schilfmeer den Frauen und Männern zuruft, dazu geeignet sein könnte, in einem Satz auszudrücken, wovon Lukas in seinem Werk erzählt – und in der Tat *ist* dieser Vers des Zutrauens eben dazu geeignet, *das* ist es, wovon Lukasevangelium und Apostelgeschichte handeln – und *das* ist es, was sie den Menschen der Antike und uns zugleich zurufen:

> *Fürchtet euch nicht! Stellt euch hin und seht die Befreiung [יְשׁוּעַת], die JHWH heute für euch schafft! (Ex 14,13b)*

Verzeichnis der verwendeten Literatur

Die Abkürzungen richten sich nach SCHWERTNER, SIEGFRIED, Internationales Abkürzungsverzeichnis für Theologie und Grenzgebiete, Berlin/New York ²1992.

Über das IATG hinaus finden folgende Abkürzungen Verwendung:

CJO: RAHMANI, L.Y., A Catalogue of Jewish Ossuaries in the Collections of the State of Israel, Jerusalem 1994

DF: BAGATTI, P.BELLARMINO/MILIK, JOSEF-TADEUSZ, Gli scavi del ›Dominus Flevit‹ (Monte Oliveto Gerusalemme) 1, Jerusalem 1958

KBL: KÖHLER, LUDWIG/BAUMGARTNER, WALTER, Lexicon in Veteris Testamenti liberos, Leiden 1958

KFB: SCHOTTROFF, LUISE/WACKER, MARIE-THERES (Hg), Kompendium Feministische Bibelauslegung, Gütersloh 1998

TI: ILAN, TAL, Lexicon of Jewish Names in late antiquity, TSAJ 91, Tübingen 2002

WBC: NEWSOM, CAROL A./RINGE, SHARON H. (ed.), The Women's Bible Commentary, London/Louisville 1992

WbFTh: GÖSSMANN, ELISABETH u.a. (Hg.), Wörterbuch der Feministischen Theologie, Gütersloh 1991

<u>Quellen und Hilfsmittel:</u>

AHLAND, KURT/BLACK, MATTHEW (HG.), Novum Testamentum Graece, Stuttgart ²⁷1993

BAUER, WALTER, Wörterbuch zum Neuen Testament, Berlin u.a. ⁶1988

BECKER, JÜRGEN, Die Testamente der zwölf Patriarchen, JSHRZ III/1, Gütersloh 1974, 1-163

BEGG, CHRISTOPHER T., Judean Antiquities 5-7, Leiden u.a. 2005

BEGG, CHRISTOPHER T./SPILSBURY, PAUL, Judean Antiquities 8-10, Leiden u.a. 2005

BERGER, KLAUS, Das Buch der Jubiläen, JSHRZ II/3, Gütersloh 1981, 275-575

CICERO, MARCUS TULLIUS, De re publica, hg. v. James E.G. Zetzel, Cambridge u.a. 1995

DEUTSCHE BIBELGESELLSCHAFT (HG.), Die Bibel nach der Übersetzung Martin Luthers. Bibeltext in der revidierten Fassung von 1984, Stuttgart 1985

DIE BIBEL, Einheitsübersetzung, Stuttgart 1980

DIE BIBEL, aus dem Grundtext übersetzt. Revidierte Elberfelder Bibel, Wuppertal u.a. 1987

BLASS, FRIEDRICH/DEBRUNNER, ALBERT, Grammatik des neutestamentlichen Griechisch, bearbeitet von Friedrich Rehkopf, Göttingen ¹⁴1975

BUBER, MARTIN/ROSENZWEIG, FRANZ, Die Schrift. Bd. I-IV, Stuttgart ¹⁰1992

CLEMEN, CARL, Die Himmelfahrt Moses, in: Kautzsch II, 311-331

- Die Himmelfahrt des Mose (Kleine Texte für theologische und philosophische Vorlesungen und Übungen 10), Bonn 1904

COHN, LEOPOLD (HG.), Philonis Alexandrini, Opera quae supersunt, Vol. IV, Berlin 1902

DANBY, HERBERT, The Mishnah. Translated from the Hebrew with Introduction and brief explanatory Notes, Oxford 1933

DIETZFELBINGER, CHRISTIAN, Pseudo-Philo: Antiquitates Biblicae (Liber Antiquitatum Biblicarum), JSHRZ II/2, Gütersloh 1975, 91-273

ELLIGER, KARL/RUDOLPH, WILHELM (Hg.), Biblia Hebraica Stuttgartensia, Stuttgart ³1987

ETHERIDGE, J.W., The Targums of Onkelos and Jonathan Ben Uzziel with the fragments of the Jerusalem Talmud, New York 1968

EYNIKEL, ERIK/LUST, JOHAN, Hauspie K., A Greek-English Lexicon of the Septuagint, Stuttgart 1992

FELDMAN, LOUIS H., Judean Antiquities 1-4, Leiden u.a. 2000

Flavii Iosephi Opera, Vol. I: Antiquitatum Iudaicarum Libri I-V, edidit et apparatu critico instruxit Benedictus Niese, Berlin 1955

FLAVIUS JOSEPHUS. Jüdische Altertümer, übersetzt und mit Einleitung und Anmerkungen versehen von Dr. Heinrich Clementz, Wiesbaden ¹³1998

FÜRST, JULIUS (HG.), Der Midrasch Schemot rabba, Hildesheim 1967 (repogr. Nachdr. d. Ausg. Leipzig 1882) ders., Der Midrasch Schir ha-Schirim, Hildesheim 1967 (repogr. Nachdr. d. Ausg. Leipzig 1880)

GESENIUS, WILHELM, Hebräisches und Aramäisches Handwörterbuch über das Alte Testament, Berlin u.a. ¹⁷1962

GESENIUS, WILHELM/KAUTZSCH, ERNST/BERGSTRÄSSER, GOTTHELF, Hebräische Grammatik, Darmstadt 1985

GINSBURGER, MOSES, Pseudo-Jonathan, Hildesheim 1971 (=unveränderter Nachdruck der Ausgabe Berlin 1903)

GOLDSCHMIDT, LAZARUS, Der babylonische Talmud, Berlin ²1964

HARRINGTON, DANIEL J., Pseudo-Philo, in: Charlesworth, James H. (Hg.), The Old Testament Pseudepigrapha, Bd. II, New York 1985, 297-377

HOLLADAY, CARL R. (Transl.), Fragments from Hellenistic Jewish Authors. Volume I: Historians, Chico 1983

HOLM-NIELSEN, SVEND, Die Psalmen Salomos, JSHRZ IV, 49-112

ILAN, TAL, Lexicon of Jewish Names in late antiquity, TSAJ 91, Tübingen 2002

JACOBSON, HOWARD, A Commentary on Pseudo-Philo's Liber Antiquitatum Biblicarum. With Latin Text and English Translation. Bd. 1, AGJU 31/1, Leiden u.a. 1996

JENNI, ERNST, Die hebräischen Präpositionen. Bd. 1: Die Präposition Beth, Stuttgart u.a. 1992

KAUTZSCH, EMIL, Die Apokryphen und Pseudepigraphen des Alten Testaments I u. II, Tübingen 1921

KISCH, GUIDO, Pseudo-Philo's Liber Antiquitatum Biblicarum, Notre Dame 1949

KLIJN, A. FREDERICK J., Die syrische Baruch-Apokalypse, JSHRZ V/2, Gütersloh 1976

LIDDELL, HENRY G./SCOTT, ROBERT, Greek-English Lexicon. With a Revised Supplement, Oxford ⁹1996

MAIER, JOHANN, Die Qumran-Essener: Die Texte vom Toten Meer, 3 Bde, UTB 1862.1863.1916, München 1995-1996

MANDELKERN, SOLOMON, Veteris Testamentae Concordantiae Hebraicae et Chaldaice, Jerusalem ²1969

MASON, STEVE (Hg.), Flavius Josephus. Translation and Commentary, Vol. 3-5, Leiden u.a. 2000; 2005

Mechiltha. Ein tannaitischer Midrasch zu Exodus, erstmalig ins Deutsche übersetzt und erläutert von Jakob Winter und August Wünsche, Hildesheim u.a. 1990 (Nachdruck d. Ausg. Leipzig 1909)

METZGER, BRUCE M., A Textual Commentary on the Greek New Testament, Stuttgart u.a. ²1994

NIESE, BENEDIKT, Flavii Josephi opera, Hildesheim 1880ff

PAPE, WILHELM/BENSELER, GUSTAV E., Wörterbuch der griechischen Eigennamen, Bd. 2: Λ-Ω, Braunschweig ³1884

RAHLFS, ALFRED (Hg.), Septuaginta. Id est Vetus Testamentum Graece iuxta LXX interpretes, Stuttgart 1979

REIFENBERG, ADOLF, Portrait Coins of the Herodian Kings. Reprinted from the Numismatic Circular, London 1935

RENGSTORF, KARL H. (Hg.), A Complete Concordance to Flavius Josephus, Bd. 1-4, Leiden 1973-1983

RÖNSCH, HERMANN, Das Buch der Jubiläen oder Die kleine Genesis, Amsterdam 1970 (Nachdruck d. Ausg. Leipzig 1874)

SCHALIT, ABRAHAM (Hg.), Josephus. Antiquities of the Jews, 3 Bde, Jerusalem 1944-63

SCHREINER, JOSEF, Das 4. Buch Esra, JSHRZ V/4, Gütersloh 1981

SPERBER, ALEXANDER, The Bible in Aramaic. Vol I: The Pentateuch according to Targum Onkelos, Leiden 1959

Stuttgarter Altes Testament. Einheitsübersetzung mit Kommentar und Lexikon, hg. v. Erich Zenger, Stuttgart 2004

TCHERIKOVER, VICTOR A., Corpus Papyrorum Judaicarum, Bd. I-III, Cambridge 1957 (I), 1960 (II), 1964 (III) (=CPJ)

The Biblical Antiquities of Philo, übers. v. Montague Rhodes James, New York 1971

The Midrash Rabba, Vol. I-X, ed. by Harry Freedman/Marcel Simon, New York 1983

UHLIG, SIEGBERT, Das äthiopische Henochbuch, JSHRZ V/6, Gütersloh 1984

WALTER, NIKOLAUS, Fragmente jüdisch-hellenistischer Historiker, JSHRZ I/2, Gütersloh 1976, 89-163

WALTERS, PETER, The Text of the Septuagint. Its Corruptions and their Emendation, Cambridge 1973

WEBER, OTTO (Hg.), Johannes Calvins Auslegung der Heiligen Schrift in deutscher Übersetzung,, Bd.3, Neukirchen o.J.

WÜNSCHE, AUGUST, Bibliotheca Rabbinica, Leipzig 1880-95, Nachdruck Hildesheim 1967

ZENGER, ERICH, Das Buch Judit, in: ders. (Hg.), Stuttgarter Altes Testament. Einheitsübersetzung mit Kommentar und Lexikon, Stuttgart 2004, 833-860

Sekundärliteratur:

ABRAHAM, KARL,
1969   Psychoanalytische Studien zur Charakterbildung und andere Schriften, Frankfurt a.M. 1969

ACKERMAN, JAMES S.,
1974   The Literary Context of the Moses Birth Story (Exodus 1-2), in: Gros Louis, K.K.R. (Hg.), Literary Interpretations of Biblical Narratives, Nashville 1974, 74-119

AHITUV, SHMUEL,
1998   The Exodus - Survey of the Theories of the Last Fifty Years, in: Shirun-Grumach 1998, 127-132

AICHELE, GEORGE/PHILLIPS, GARY A.,
1995   Introduction: Exegesis, Eisegesis, Intergesis, Semeia 69/70 (1995), 7-18

ALBERTZ, RAINER,
2003   Loskauf umsonst? Die Befreiungsvorstellungen bei Deuterojesaja, in: Hardmeier u.a. 2003, 360-379

1996   »Aufrechten Ganges mit Gott wandern...«, in: ders., Zorn über das Unrecht, Neukirchen-Vluyn 1996, 44-64

1992   Religionsgeschichte Israels in alttestamentlicher Zeit. Erster und zweiter Teilband, GAT 8, Göttingen 1992

1983   ›Antrittspredigt‹ Jesu im Lukasevangelium auf ihrem alttestamentlichen Hintergrund, ZNW 74 (1983), 182-206

ALEXANDER, LOVEDAY C.A.,
1999   Reading Luke-Acts from back to front, in: Verheyden 1999, 419-446
1998   Fact, Fiction and the Genre of Acts, NTS 44 (1998), 380-399
1993   The Preface to Luke's Gospel: Literary convention and Social Context in Luke 1.1-4 and Acts 1.1, SNTSMS 78, Cambridge 1993

ALEXANDER, PHILIP S.,
1988   Retelling the Old Testament, in: Carson/Williamson 1988, 99-121

ALLISON, DALE C.,
2002   Rejecting Violent Judgment: Luke 9:52-56 and its relatives, JBL 121 (2002), 459-478
1992   The new Moses: a Matthean typology, Minneapolis 1992

ALY, WOLFGANG,
1935   Art. Name; namenlos; Namensorakel: HWDA VII (1935), 950-965

AMARU, BETSY H.,
1999   The Empowerment of Women in the Book of *Jubilees*, JSJ.S 60, Leiden u.a. 1999
1994   The First Woman, Wives, and Mothers in Jubilees, JBL 113 (1994), 609-626
1991   Portraits of Women in Pseudo-Philo's Biblical Antiquities, in: Levine 1991, 83-106
1988   Portraits of Biblical Women in Josephus' Antiquities, JJS 39 (1988), 143-170
1980/81 Land Theology in Josephus' Jewish Antiquities, JQR 71 (1980/81), 201-229

ANDERSEN, FRANCIS I./FREEDMAN, DAVID N.,
1989   Amos, AB 24a, New York u.a. 1989

ANDERSON, BERNHARD W.,
1987   The Song of Miriam poetically and theologically considered, in: Follis, Elaine R. (Hg.), Directions in Biblical Hebrew Poetry, JSOT.S 40, Sheffield 1987, 285-296
1966   Understanding the Old Testament, London u.a. ²1966
1962   Exodus Typology in Second Isaiah, in: ders./Harrelson, Walter (Hg.), Israel's prophetic heritage, FS J. Muilenburg, New York 1962, 177-195

ANDERSON, ANA F./DA SILVA GORGULHO, GILBERTO,
1989   Miriam and Her Companions, in: Ellis, Marc H./Maduro, Otto (Hg.), The Future of Liberation Theology, New York 1989, 205-219

ANNEN, FRANZ,
1992   Art. θαυμάζω: EWNT II (²1992), 332-334

ARCHER, GLEASON L./CHIRICHIGNO, GREGORY,
1983   Old Testament Quotations in the New Testament, Chicago 1983

ASHBY, GODFREY W.,
1987   The Exodus in the liturgical tradition in Psalms and Passover, in: Burden, J. J. (Hg.), Exodus 1-15: Text and Context, OTSSA/OTWSA 29, Pretoria 1987, 172-178

ASHLEY, TIMOTHY R.,
1993   The Book of Numbers, NIC 4, Grand Rapids 1993

ASSMANN, JAN,
2001   Moses der Ägypter. Entzifferung einer Gedächtnisspur, Frankfurt a.M. 2001
2000   Monotheismus und Ikonoklasmus als politische Theologie, in: Otto, Eckart (Hg.), Mose. Ägypten und das Alte Testament, SBS 189, Stuttgart 2000, 121-139
1999   Das kulturelle Gedächtnis. Schrift, Erinnerung und Identität in frühen Hochkulturen, München ²1999

ATTRIDGE, HAROLD W.,
1976   The Interpretation of Biblical History in the *Antiquitates Judaicae* of Flavius Josephus, HDR 7, Missoula 1976

AUS, ROGER DAVID,
1988   Die Weihnachtsgeschichte im Lichte jüdischer Traditionen vom Mose-Kind und Hirten-Messias, in: ders. Weihnachtsgeschichte - Barmherziger Samariter - Verlorener Sohn. Studien zu ihrem jüdischen Hintergrund, ANTZ 2, Berlin 1988, 11-58

AUZOU, GEORGES,
1961   De la servitude au service. Étude du livre de l'Exode, Paris 1961

AVEMARIE, FRIEDRICH,
1999   Ist die Johannestaufe ein Ausdruck von Tempelkritik?, in: Ego, Beate (Hg.), Gemeinde ohne Tempel: zur Substituierung und Transformation des Jerusalemer Tempels und seines Kults im Alten Testament, antiken Judentum und frühen Christentum, WUNT 118, Tübingen 1999, 395-410
1996   Bund als Gabe und Recht, in: ders./Lichtenberger, Hermann 1996, 163-216

AVEMARIE, FRIEDRICH/LICHTENBERGER, HERMANN (Hg.),
1996   Bund und Tora: zur theologischen Begriffsgeschichte in alttestamentlicher, frühjüdischer und urchristlicher Tradition, WUNT 92, Tübingen 1996

AVIGAD, NAHMAN,
1954   Excavations at Beth She'arim, 1953. Preliminary report, IEJ 4 (1954), 88-107
AVI-YONAH, MICHAEL,
1971   Art. Ossuaries and Sarcophagi, EJ 12 (1971), 1503-1506
BACHMANN, MICHAEL,
1999   Die Stephanusepisode (Apg 6,1-8,3). Ihre Bedeutung für die lukanische Sicht des jerusalemischen
          Tempels und des Judentums, in: Verheyden 1999, 545-562
BAGATTI, P.BELLARMINO/MILIK, JOSEF-TADEUSZ,
1958   Gli scavi del ›Dominus Flevit‹ (Monte Oliveto Gerusalemme) 1, Jerusalem 1958 (=DF)
BACKHAUS, KNUT,
2001   Im Hörsaal des Tyrannus (Apg 19,9). Von der Langlebigkeit des Evangeliums in kurzlebiger Zeit,
          ThGl 91 (2001), 4-23
BAIL, ULRIKE,
2005   Wenn Gott und Mensch zur Sprache kommen... Überlegungen zu einer Bibel in gerechter Sprache,
          in: Kuhlmann 2005, 61-76
1999   Widerstand und Erinnerung. Bibelarbeit über Exodus 1,1-2,10, epd-Dokumentation 33/99, 7-16
1994   Vernimm, Gott, mein Gebet, in: Jahnow, Hedwig u.a. (Hg.), Feministische Hermeneutik und Erstes
          Testament, Stuttgart 1994, 67-84
BAKER, CYNTHIA,
1989   Pseudo-Philo and the Transformation of Jephtah's Daughter, in: Bal, Mieke (Hg.), Anti-Covenant.
          Counter-Reading Women's Lives in the Hebrew Bible, JSOT.S 81, Sheffield 1989
BALCH, DAVID L.,
2004   Foreword, in: Penner, Todd, In Praise of Christian Origins. Stephen and the Hellenists in Lukan
          Apologetic Historiography, New York u.a. 2004, xi-xxi
BALZ, HORST,
1992   Art. τεσσεράκοντα, EWNT III (²1992), 843f.
BARDENHEWER, OTTO,
1895   Der Name Maria. Geschichte der Deutung desselben, BSt(F) I/1, Freiburg i.Br. 1895
BARRIOCANAL GOMEZ, JOSE LUIS,
2000   La relectura de la Tradición del Éxodo en el Libro de Amós, Rom 2000
BARSTAD, HANS M.,
1997   The Babylonian Captivity of the Book of Isaiah. ›Exilic‹ Judah and the Provenance of Isaiah 40-55,
          Oslo 1997
BARTON, MUKTI,
2001   The Skin of Miriam Became as White as Snow. The Bible, Western Feminism and Colour Politics,
          FT 27 (2001), 68-80
BARZEL, HILLEL,
1974   Moses. Tragedy and Sublimity, in: Gros Louis, Kenneth R.R. (Hg.), Literary Interpretations of
          Biblical Narrative, Nashville 1974, 120-140
BASSER, H.W.,
1987   Josephus as Exegete, JAOS 107 (1987), 21-30
BAUCKHAM, RICHARD,
1996   James and the Gentiles (Acts 15.13-21), in: Witherington, Ben III. (Hg.), History, literature, and
          society in the Book of Acts, Cambridge u.a. 1996, 154-184
BAUER, JOHANNES B.,
1957   De nominis ›Mariae‹ vero etymo, Marianum 19 (1957), 231-234 Lk 1-2
BAUER, UWE F.W.,
1992   All diese Worte. Impulse zur Schriftauslegung aus Amsterdam. Expliziert an der
          Schilfmeererzählung in Exodus 13,17-14,31, EHS.Th 442, Frankfurt a.M. u.a. 1992
BEAL, TIMOTHY K.,
1992   Ideology and Intertextuality: Surplus of Meaning and Controlling the Means of Production, in:
          Fewell, Danna N.(Hg.), Reading Between Texts: Intertextuality and the Hebrew Bible, Louisville
          1992, 27-39
BEBE, PAULINE,
2004   isha. Frau und Judentum. Enzyklopädie, Egling 2004
BECK, ELEONORE/STIER, FRIDOLIN (Hg.),
1963   Moses in Schrift und Überlieferung, Düsseldorf 1963
BEDENBENDER, ANDREAS,
2000   Theologie im Widerstand. Die Antiochoskrise und ihre Bewältigung im Spiegel der Bücher Exodus
          und Richter, TeKo 23 (2000), 3-39

BENDEMANN, REINHARD VON,
2001   Zwischen doxa und stayros: eine exegetische Untersuchung der Texte des sogenannten
        Reiseberichts im Lukasevangelium, BZNW 101, Berlin u.a. 2001
1998   Paulus und Israel in der Apostelgeschichte des Lukas, in: Wengst, Klaus u.a. (Hg.), Ja und Nein. FS
        W. Schrage, Neukirchen-Vluyn 1998, 291-303
BENOIT, PIERRE/MILIK, JOSEF-TADEUSZ/DEVAUX, ROLAND,
1961   Discoveries in the Judaean Desert, Vol. II: Les Grottes de Marabba'at, Oxford 1961 (=DJD)
BERGER, KLAUS,
2001   Art. Jubiläenbuch: RGG (⁴2001), 594f.
1996a   Jesus als Nasoräer/Nasiräer, NT 38 (1996), 323-335
1996   Darf man an Wunder glauben?, Stuttgart 1996
1984   Formgeschichte des Neuen Testaments, Heidelberg 1984
1972   Die Gesetzesauslegung Jesu I, WMANT 40, Neukirchen-Vluyn 1972
BERGES, ULRICH,
2004   Der zweite Exodus im Jesajabuch. Auszug oder Verwandlung?, in: Hossfeld u.a. 2004, 77-95
BERGHOLZ, THOMAS,
1995   Der Aufbau des lukanischen Doppelwerkes: Untersuchungen zum formalliterarischen Charakter
        von Lukas-Evangelium und Apostelgeschichte, Bern 1995
BERGLER, SIEGFRIED,
1988   Joel als Schriftinterpret, Bern 1988
BERLIN, ADELE,
1991   Literary Exegesis of Biblical Narrative between Poetics and Hermeneutics, in: Rosenblatt, Jason
        P./Sitterson, Joseph C. (Hg.), »Not in heaven« Coherence and Complexity in Biblical Narrative,
        Bloomington u.a. 1991, 120-128
BERTRAM, GEORG,
1938   Art. θαῦμα κτλ: ThWNT III (1938), 27-42
BETZ, OTTO,
1964   Der Paraklet, AGSU 2, Leiden/Köln 1964
BEYER, KLAUS,
1984   Die aramäischen Texte vom Toten Meer, Göttingen 1984
BIEBERSTEIN, KLAUS,
1998   Der lange Weg zur Auferstehung der Toten. Eine Skizze zur Entstehung der Eschatologie im Alten
        Testament, in: Bieberstein/Kosch 1998, 3-16
BIEBERSTEIN, SABINE,
1998   Aufrechte Frauen und das Reich Gottes. Zum literarischen Zusammenhang von Lk 13,10-21, in:
        dies./Kosch 1998, 37-46
BIEBERSTEIN, SABINE/KOSCH, DANIEL (Hg.),
1998   Auferstehung hat einen Namen. Biblische Anstöße zum Christsein heute, FS H.-J. Venetz, Luzern
        1998
BIETENHARD, HANS,
2000   Art. Satan/Dämon: ThBNT II (2000), 1536-1547
BIETENHARD, HANS/HAACKER, KLAUS,
1997   Art. αβυσσος: ThBNT I (1997), 963
BIETENHARD, SOPHIA,
1998   Das Buch Micha, KFB, 338-346
BIHLER, JOHANNES,
1963   Die Stephanusgeschichte im Zusammenhang der Apostelgeschichte, München 1963
BILDE, PER,
2004   Josephus stellt Griechen und Römern das Judentum vor. Seine Schriften Antiquitates Judaicae und
        Contra Apionem, WUB 32 (2004), 28-34
BIRD, PHYLLIS A.,
1983   Images of Women in the Old Testament, in: Gottwald, Norman K. (ed.), The Bible and Liberation,
        New York 1983, 252-288
BJERG, SVEND,
1992   Judas als Stellvertreter des Satan, EvTh 52 (1992), 42-55
BLOCH, ERNST,
1968   Atheismus im Christentum. Zur Religion des Exodus und des Reiches, Frankfurt a.M. 1968
BLOCH, RENÉE,
1963   Die Gestalt des Moses in der rabbinischen Tradition, in: Beck/Stierle 1963, 95-171
BLUM, ERHARD,
1990   Studien zur Komposition des Pentateuch, BZAW 189, Berlin/New York 1990

BLUM, ERHARD u.a. (Hg.),
1990   Die Hebräische Bibel und ihre zweifache Nachgeschichte, FS R. Rendtorff, Neukirchen-Vluyn 1990
BLUM, RUTH U. ERHARD,
1990   Zippora und ihr חתן־דמים, in: Blum u.a. 1990, 41-54
BOCK, DARRELL L.,
1994   Proclamation from Prophecy and Pattern: Luke's Use of the Old Testament for Christology and Mission, in: Evans, Craig A./Stegner, W. Richard (Hg.), The Gospels and the Scriptures of Israel, JSNT.S 104, Sheffield 1994, 280-
BÖCHER, OTTO,
1992a   Art. δαιμονιον: EWNT I (²1992), 649-657
1992c   Art. σατανας: EWNT II (²1992), 558f.
BÖHM, MARTINA,
1999   Samarien und die Samaritai bei Lukas, WUNT 2.111, Tübingen 1999
BOER, MARTINUS DE,
1995   God-Fearers in Luke-Acts, in: Tuckett 1995, 50-71
BOGAERT, PIERRE M.,
1997   Luc et les écritures dans l'évangile de l'enfance à la lumière des ›Antiquités Bibliques‹. Histoire Sainte et Livres Saintes, in: Tuckett, Christopher M. (Hg.), The Scriptures in the Gospels, BEThL 131, Paris/Leuven 1997, 243-270
1978   Les Antiquités Bibliques du Pseudo-Philon à la lumière des découvertes de Qumrân. Observations sur l'hymnologie et particulièrement sur le chapitre 60, in: Delcor, M. (Hg.), Qumrân. Sa piété, sa théologie et son milieu, BEThL 46, Paris/Leuven 1978, 313-331
BONNETT, HANS,
1971   Art. Nephthys: RÄRG (²1971), 519-521
BORGER, R.,
1988   Amos 5,26, Apostelgeschichte 7,43 und šurpu II,180, ZAW 100 (1988), 70-81
BOUSSET, WILHELM/GRESSMANN, HUGO,
1926   Die Religion des Judentums im späthellenistischen Zeitalter, Tübingen 1926
BOVON, FRANCOIS,
1996   Das Evangelium nach Lukas, EKK III/2, Zürich u.a. 1996
1989   Das Evangelium nach Lukas, EKK III/1, Zürich u.a. 1989
1987   La figure de Moise dans l'oeuvre de Luc, in: ders., L'Oeuvre de Luc, Paris 1987, 73-96
1985   Israel, die Kirche und die Völker im lukanischen Doppelwerk, in: ders., Lukas in neuer Sicht, Neukirchen-Vluyn 1985, 120-138
BOWKER, J.,
1967-68   Speeches in Acts: A Study in Proem and Yelammedenu Form, NTS 14 (1967-68), 96-111
BRAULIK, GEORG,
1992   Deuteronomium II: 16,18-34,12, NEB 28, Würzburg 1992
BREHM, H. ALAN,
1997   Vindicating the Rejected One: Stephen's Speech as a Critique of the Jewish Leaders, in: Evans/Sanders 1997, 266-297
1995   The Meaning of Ἑλληνιστής in Acts in Light of a Diachronic Analysis of ἑλληνίζειν, in: Porter, Stan E./Carson, David A. (Hg.), Discourse Analysis and Other Topics in Biblical Greek, JSNT.S 113, Sheffield 1995, 180-199
BRENNER, ATHALYA,
1986   Female social behaviour: Two descpriptive patterns within the ›birth of the hero‹ paradigm, VT 36 (1986), 257-273
1982   Colour Terms in the Old Testament, JSOT.S 21, Sheffield 1982
1994   A Feminist Companion to Exodus to Deuteronomy, Sheffield 1994
BRENNER, ATHALYA/FONTAINE, CAROLE (Hg.),
1997   A Feminist Companion to Reading the Bible. Approaches, Methods and Strategies, Sheffield 1997
BRENNER, ATHALYA/VAN DIJK-HEMMES,
1993   Fokkelien, On gendering texts, Leiden u.a. 1993
BRENNER, MARTIN L.,
1991   The Song of the Sea. Ex 15:1-21, BZAW 195, Berlin/New York 1991
BRENT, ALLEN,
1997   Luke-Acts and the Imperial Cult in Asia Minor, JTS 48 (1997), 411-438
BRETSCHER, PAUL G.,
1968   Exodus 4:22-23 and the Voice from Heaven, JBL 87 (1968), 301-311
BRETSCHNEIDER, WOLFGANG,
1995   ›Macht Lieder aus meinen Geschichten!‹ Notizen zu den Magnificat-Vertonungen, BiKi 50 (1995), 117-120

BREYTENBACH, CILLIERS U.A. (Hg.),
2004   Die Apostelgeschichte und die hellenistische Geschichtsschreibung, FS E. Plümacher, AGJU 57, Leiden 2004

BREYTENBACH, CILLIERS/DAY, PEGGY L.,
1995   Art. Satan: DDD (1995), 1369-1380

BROCK, ANN G.,
2003   Luke the politician, in: Warren, David H./Bovon, Francois (Hg.), Early Christian Voices, Boston u.a. 2003, 83-97

BROCK, SEBASTIAN P.,
1988   Translating the Old Testament, in: Carson/Williamson 1988, 87-98

BRODIE, THOMAS L.,
1999   The Unity of Proto-Luke, in: Verheyden 1999, 627-638
1986   Toward unravelling Luke's Use of the Old Testament: Luke 7.11-17 as an imitatio of 1 Kings 17.17-24, NTS 32 (1986), 247-267

BROICH, ULRICH,
1985   Formen der Markierungen von Intertexten, in: ders./Pfister 1985, 31-47

BROICH, ULRICH/PFISTER, MANFRED (Hg.),
1985   Intertextualität: Formen, Funktionen, anglistische Fallstudien, Konzepte der Sprach- und Literaturwissenschaft 35, Tübingen 1985

BROICH, ULRICH/PFISTER, MANFRED,
1985   Vorwort, in: dies. 1985, IX-XII

BRONNER, LEILA L.,
1999   The invisible relationship made visible: biblical mothers and daughters, in: Brenner, Athalya (Hg.), Ruth and Esther, The Feminist Companion to the Bible (Second Series) 3, Sheffield 1999, 172-191

BROOKE, GEORGE J.,
1994   Power to the Powerless. A Long-Lost Song of Miriam: Biblical archaeology review 15,3 (1994), 62-65

BROOTEN, BERNADETTE,
1982   Women leaders in the ancient synagogue, Brown Judaic Studies 36, Atlanta 1982

BROTTIER, LAURENCE,
1989   L'épisode des fléaux d'Egypte (Ex 7-11) lu par Philon d'Alexandrie et les pères Grecs, RAug 24 (1989), 39-64

BROWN, CHERYL ANNE,
1992   No Longer be Silent. First Century Jewish Portraits of Biblical Women. Studies in Pseudo-Philo's Biblical Antiquities and Josephus' Jewish Antiquities, Louisville 1992

BROWN, ERICA S.,
1999   In Death as in Life. What the biblical Portraits of Moses, Aaron and Miriam share, Bible review 15 (1999), 41-47.51

BROWN, RAYMOND E. u.a.,
1981   Maria im Neuen Testament, Stuttgart 1981

BRUEGGEMANN, WALTER,
1998   Isaiah 40-66, Westminster Bible Companion, Louisville 1998

BUCHANAN, GEORGE W.,
1994   Introduction to Intertextuality, Mellen Biblical Press Series 26, Lewingston 1994

BUDD, PHILIP J.,
1984   Numbers, Word Biblical Commentary 5, Waco 1984

BÜHNER, JAN-ADOLF,
1992   Art. σκηνή: EWNT III (²1992), 599-602

BUREN, PAUL M. VAN,
1990   On Reading Someone Else's Mail: The Church and Israel's Scriptures, in: Blum, Erhard u.a. (Hg.), Die Hebräische Bibel und ihre zweifache Nachgeschichte, FS R. Rendtorff, Neukirchen-Vluyn 1990, 595-606

BURFEIND, CARSTEN,
2000   Paulus muß nach Rom. Zur politischen Dimension der Apostelgeschichte, NTS 46 (2000), 75-91

BUSSE, ULRICH,
1991   Das ›Evangelium‹ des Lukas. Die Funktion der Vorgeschichte im lukanischen Doppelwerk, in: Bussmann, Claus/Radl, Walter (Hg.), Der Treue Gottes trauen. Beiträge zum Werk des Lukas, Freiburg u.a. 1991, 161-179
1978   Das Nazareth-Manifest Jesu: Eine Einführung in das Lukanische Jesusbild nach Lk 4,16-30, Stuttgart 1978
1977   Die Wunder des Propheten Jesus. Die Rezeption, Komposition und Interpretation der Wundertradition im Evangelium des Lukas, Stuttgart 1977

BUTTING, KLARA,

2001   Prophetinnen gefragt. Die Bedeutung der Prophetinnen im Kanon aus Tora und Prophetie, Wittingen 2001

1999   Mit Visionen leben – zur Orientierungshilfe der EKD »Homosexualität und Kirche«, in: Wündisch, Barbara u.a. (Hg.innen), Mein Gott – sie liebt mich, Wittingen 1999, 216-225

BUTLER, JUDITH,

1991   Das Unbehagen der Geschlechter, Frankfurt

BYRSKOG, SAMUEL,

2003   History or Story in Acts – a Middle Way? The ›We‹ Passages, Historical Intertexture, and Oral History, in: Penner/Vander Stichele 2003, 257-283

CADY STANTON, ELIZABETH,

1993   The Woman's Bible, Boston 1993

CAMPBELL, CHARLES,

1891   Critical Studies in St. Luke's Gospel, its Demonology and Ebionitism, Edinburgh 1891

CANCIK, HUBERT,

1998   Die Funktion der jüdischen Bibel für die Geschichtsschreibung der Christen in der Antike, in: Ebach, Jürgen/Faber, Richard (Hg.), Bibel und Literatur, München ²1998, 19-29

CAQUOT, ANDRE,

1977   Art. נער: ThWAT II, 1977, 51-56

CARMICHAEL, CALUM M.,

1974   The Laws of Deuteronomy, London 1974

CARR, DAVID M.,

2001   Genesis in Relation to the Moses Story. Diachronic and Synchronic Perspectives, in: Wénin 2001, 273-295

1996   Reading the Fractures of Genesis. Historical and Literary Approaches, Louisville 1996

CASEY, JAY,

1987   Das Exodusthema im Buch der Offenbarung vor dem Hintergrund des Neuen Testaments, Conc 23 (1987), 22-28

CASSUTO, UMBERTO,

1967   A Commentary on the Book of Exodus, Jersualem 1967

1964   A Commentary to the Book of Genesis, Jerusalem 1964

CATCHPOLE, DAVID R.,

1993   The Annointed One in Nazareth, in: de Boer, Martinus C. (Hg.), From Jesus to John, FS M. de Jonge, JSNT.S 84, Sheffield 1993, 231-251

CHANCE, J. BRADLEY,

1988   Jerusalem, the Temple, and the New Age in Luke-Acts, Macon 1988

CHESNUTT, RANDALL D.,

1991   Revelatory Experiences Attributed to Biblical Women in Early Jewish Literature, in: Levine, Amy-Jill (Hg.), ›Women like this‹: new perspectives on Jewish women in the Greco-Roman world, Early Judaism and its Literature 01, Atlanta 1991, 107-125

CHILDS, BREVARD S.,

1967   Deuteronomic Formulae of the Exodus Traditions, in: Hebräische Wortforschung ‚FS W. Baumgartner, VT.S 16, Leiden 1967, 30-39

1962   Memory and Tradition in Israel, London 1962

CHRISTENSEN, JENS,

2000   A problem in Pseudo-Philo and its possible solution, SJOT 14 (2000), 315-317

CLINES, DAVID J.A. u.a. (Hg.),

1982   Art and Meaning: Rhetoric in Biblical Literature, JSOT.S 19, Sheffield 1982

CODY, AELRED,

1996   Art. Priester/Priestertum. Altes Testament: TRE 27 (1996), 383-391

COET, BART J.,

1992   Simeons Worte (Lk 2,29-32.34c-35) und Israels Geschick, in: van Segbroeck, Frans u.a. (Hg.), The four gospels 1992, FS F. Neirynck, 3 Bde., Leuven 1992, Bd. II, 1549-1569

COGAN, MORDECHAI,

1968   A Technical Term for Exposure, JNES 27 (1968), 133-135

COHEN, JONATHAN,

1993   The Origins and Evolution of the Moses Nativity Story, Leiden 1993

COHEN, NORMAN J.,

1984   Miriam's Song, Jdm 33 (1984), 179-190

COHN, LIONEL,

1898   An Apocryphal Work ascribed to Philo of Alexandria, JQR.OS 10 (1898), 277-332

COLERIDGE, MARK,
1993   The Birth of the Lukan Narrative. Narrative as Christology in Luke 1-2, JSNT.S 88, Sheffield 1993
CONZELMANN, HANS,
1968   Grundriß der Theologie des Neuen Testaments, München ²1968
1964   Die Mitte der Zeit. Studien zur Theologie des Lukas, Tübingen ⁵1964
COOK, JOAN E.,
1998   Hannah's later songs: a study in comparative methods of investigation, in: Evans/Sanders 1998, 241-261
COOPER, ALAN,
1981   The ›Euphemism‹ in Num 12:12, JJS 32 (1981), 56-64
CRAIGIE, PETER C.,
1976   The Book of Deuteronomy, NIC, Grand Rapids 1976
CRAWFORD, TIMOTHY,
1998   Taking the Promised Land, Leaving the Promised Land: Luke's Use of Joshua for a Christian Foundation Story, Review and Expositor 95 (1998), 251-261
CROSSAN, JOHN D.,
1986   From Moses to Jesus: Parallel Themes, BiRe 2 (1986), 18-27
CRUMP, DAVID,
1999   Jesus the Intercessor: Prayer and Christology in Luke-Acts, Grand Rapids 1999
1992   Jesus, the victorious scribal-intercessor in Luke's gospel, NTS 38 (1992), 51-65
CRÜSEMANN, FRANK,
2005   Gen 1-4 als Einführung in das biblische Reden von Gott. Ein Beitrag zu Verständnis und Übersetzung, in: Kuhlmann 2005, 165-172
2003a   Schrift und Auferstehung. Beobachtungen zur Wahrnehmung des auferstandenen Jesus bei Lukas und Paulus und zum Verhältnis der Testamente, in: ders., Kanon und Sozialgeschichte. Beiträge zum Alten Testament, Gütersloh 2003, 306-318
2003b   Der neue Bund im Neuen Testament. Erwägungen zum Verständnis des Christusbundes in der Abendmahlstradition und im Hebräerbrief, in: ders., Kanon und Sozialgeschichte. Beiträge zum Alten Testament, Gütersloh 2003, 295-305
2003c   Gott aller Menschen – Gott Israels. Beobachtungen zur Konzeption des Gebrauchs von Elohim und Jhwh zwischen Genesis 1 und Exodus 18, in: Stegemann, Ekkehard W./Wengst, Klaus (Hg.), »Eine Grenze hast du gesetzt«, FS E. Brocke, Judentum und Christentum 13, Stuttgart 2003, 131-144
2003d   Maßstab: Tora. Israels Weisung für christliche Ethik, Gütersloh 2003
2003e   Rhetorische Fragen!? Eine Aufkündigung des Konsenses über Psalm 18:11-13 und seine Bedeutung für das alttestamentliche Reden von Gott und Tod, BibInt 11 (2003), 345-360
2001a   Freiheit durch Erzählen von Freiheit. Zur Geschichte des Exodus-Motivs, EvTh 61 (2001), 102-118
2001b   Der goldene Gott der Freiheit (Ex 32), in: DEKT (Hg.), Exegetische Skizzen, 29. DEKT Frankfurt/Main 2001, 16-25
1999   Aporiendarstellung. Der Beitrag von Jehugeschichte und Thronfolge-Erzählung zur biblischen Sicht von Gott und Geschichte, WuD 25 (1999), 61-76
1998   Bewahrung der Freiheit. Das Thema des Dekalogs in sozialgeschichtlicher Perspektive, KT 128, Gütersloh ²1998
1998a   Menschheit und Volk. Israels Selbstdefinition im genealogischen System der Genesis, EvTh 58 (1998), 180-195
1997   Elia - die Entdeckung der Einheit Gottes. Eine Lektüre der Erzählungen über Elia und seine Zeit, KT 154, Gütersloh 1997
1995   Religionsgeschichte oder Theologie? Elementare Überlegungen zu einer falschen Alternative, JBTh 10 (1995), 69-77
1992   Die Tora. Theologie und Sozialgeschichte des alttestamentlichen Gesetzes, München 1992
1992a   »wie wir vergeben unsern Schuldigern«. Shulden und Schuld in der biblischen Tradition, in: Crüsemann, Marlene/Schottroff, Willi (Hg.), Schuld und Schulden. Biblische Traditionen in gegenwärtigen Konflikten, KT 121, Gütersloh 1992, 90-103
1978   Der Widerstand gegen das Königtum. Die antiköniglichen Texte des Alten Testaments und der Kampf um den frühen israelitischen Staat, WMANT 49, Neukirchen 1978
CRÜSEMANN, FRANK u.a. (Hg.),
2004   Dem Tod nicht glauben. Sozialgeschichte der Bibel, FS L. Schottroff, Gütersloh 2004
CRÜSEMANN, MARLENE,
2005   Zur Übersetzung und graphischen Gestaltung des Gottesnamens in beiden Testamenten der ›Bibel in gerechter Sprache‹, in: Kuhlmann 2005, 173-177
CRÜSEMANN, MARLENE U. FRANK,
2000   Das Jahr, das Gott gefällt. Die Traditionen von Erlass- und Jobeljahr in Tora und Propheten, Altem und Neuem Testament (Dtn 15; Lev 25; Jes 61; Lk 4), BiKi 55 (2000), 19-25

CUNNINGHAM, STEVEN,
1997   Through Many Tribulations: Theology of Persecution in Luke-Acts, JSNT.S 142, Sheffield 1997
DAHL, NILS A.,
1966   The Story of Abraham in Luke-Acts, in: Keck, Leander E. u.a. (Hg.), Studies in Luke-Acts, FS P. Schubert, London 1966, 139-158
DANIELOU, JEAN,
1969   Art. Exodus, RAC 7 (1969), 22-44
1957   L'Étoile de Jacob et la mission chrétienne à Damas, VigChr 11 (1957), 121-138
DARR, JOHN A.,
1992   On Character Building. The Reader and the rhetoric of characterization in Luke-Acts, Louisville 1992
DAUBE, DAVID,
1979   The Exodus Pattern in the Bible, Westport 1979
1976   A Reform in Acts and its Models, in: Hameron-Kelly, R./Scroggs, Robin (Hg.), Jew, Greeks, and Christians: Religious Cultures in Late Antiquity, FS W.D. Davies, SJLA 21, Leiden 1976, 151-163
1956   New Testament and Rabbinic Judaism, London 1956
1964   The Sudden in the Scriptures, Leiden 1964
DAVIES, ERYL W.,
1995   Numbers, NCBC 4, Grand Rapids 1995
DAVIES, GORDON F.,
1992   Israel in Egypt. Reading Exodus 1-2, JSOT.S 135, Sheffield 1992
DAVIES, GRAHAM I.,
1999   The theology of Exodus, in: Ball, Edward (Hg.), In search of true wisdom, FS R.E. Clements, JSOT.S 300, Sheffield 1999, 137-152
DAVIES, WILLIAM DAVID,
1997   Paul and the New Exodus, in: Evans/Talmon 1997, 443-463
DAWSEY, JAMES M.,
1986   What's in a name? Characterization in Luke, BTB 16 (1986), 143-147
DAY, PEGGY L (Hg.).,
1989   From the Child is born the Woman: The Story of Jephthah's Daughter, in: dies., Gender and Difference in Ancient Israel, Minneapolis 1989
1988   An Adversary in Heaven: Satan (in Umschrift) in the Hebrew Bible, Atlanta 1988
DEAUT, ROGER LE,
1964   Miryam, sœur de Moise, et Marie, mère du Messie, Bib 45 (1964), 198-219
DEBUS, FRIEDHELM (HG.),
1997   Reclams Namenbuch. Deutsche und fremde Vornamen nach Herkunft und Bedeutung erklärt, Stuttgart 1997
DECOCK, PAUL B.,
2002   The Breaking of Bread in Luke 24, Neotest. 36 (2002), 39-56
DEINES, ROLAND,
1994   Reinheit als Waffe im Kampf gegen Rom. Zum religiösen Hintergrund der jüdischen Aufstandsbewegung, in: Kuhnen 1994, 70-87
DE JONGE, MARINUS,
2002   The Two Great Commandments in the Testaments of the Twelve Patriarchs, NT 44 (2002), 371-392
DELLING, GERHARD,
1973   ›... als er uns die Schrift aufschloß‹. Zur Lukanischen Terminologie der Auslegung des Alten Testaments, in: Balz, Horst/Schulz, Siegfried (Hg.), Das Wort und die Wörter, FS J.Friedrich, Stuttgart u.a. 1973, 75-84
1971   Die Weise, von der Zeit zu reden im Liber Antiquitatum Biblicarum, NT 13 (1971), 305-321
1970   Von Morija zum Sinai (Pseudo-Philo Liber Antiquitatum Biblicarum 32,1-10), JSJ 2 (1970), 1-18
1967   Jüdische Lehre und Frömmigkeit in den Paralipomenae Jeremiae, Berlin 1967
DENAUX, ADELBERT,
1997   Old Testament Models for the Lukan Travel Narrative, in: Tuckett, Christopher M. (Hg.), The Scriptures in the Gospels, BEThL 131, Paris/Leuven 1997, 271-305
DENOVA, REBECCA I.,
1997   The Things Accomplished among Us: Prophetic Tradition in the Structural Pattern of Luke-Acts, Sheffield 1997
DESCAMPS, ALBERT,
1963   Moses in den Evangelien und der apostolischen Tradition, in: Beck/Stier 1963, 185-203

DESCAMP, MARY TH.,

1997   Why are these women here? An Examination of the sociological setting of Pseudo-Philo through comparative reading, JSP 16 (1997), 53-80

DESELAERS, PAUL,

2004   Psalmen predigen. Ermutigung aus der neuen Psalmenforschung, in: Hossfeld u.a. 2004, 158-173

DETROYER, KRISTIN,

1997   Septuagint and Gender Studies: The very beginning of a promising liaison, in: Brenner/Fontaine 1997, 326-343

DEURLOO, KAREL A.,

1996   YHWH in den Büchern Ruth und Jona, in: ders./Diebner, Bernd J. (Hg.), YHWH - KYRIOS - ANTITHEISM or: The Power of the Word, FS R. Zuurmond, DBAT.B 14, Amsterdam/Heidelberg 1996, 105-116

DEUTSCHMANN, ANTON,

2001   Synagoge und Gemeindebildung. Christliche Gemeinde und Israel am Beispiel von Apg 13,42-52, Regensburg 2001

DEXINGER, FERDINAND,

1982   Art. Exodusmotiv II: Judentum, TRE 10 (1982), 737-740

DIEBNER, BERND J.,

1998   »... und sie berührte...«: Zur ›Mitte‹ von Ex 4,24-26, DBAT 29 (1998), 96-98

1984   Erwägungen zum Thema ›Exodus‹, SAK 11 (1984), 595-630

DIETRICH, WALTER,

1986   Das harte Joch (1 Kön 12,4). Fronarbeit in der Salomo-Überlieferung, BN 34 (1986), 7-16

1985   »... den Armen das Evangelium zu verkünden« Vom befreienden Sinn biblischer Gesetze, ThZ 41 (1985), 31-43

DIETRICH, WALTER/LINK, CHRISTIAN,

1995   Die dunklen Seiten Gottes, Neukirchen-Vluyn 1995

DIETZFELBINGER, CHRISTIAN,

1964   Pseudo-Philo. Liber Antiquitatum Biblicarum, Diss. masch. Göttingen 1964

DIJK-HEMMES, FOKKELIEN VAN,

1994   Some recent views on the presentation of the song of Miriam, in: Brenner 1994, 200-206

DILLMANN, AUGUST,

1897   Die Bücher Exodus und Leviticus, KEH 12, Leipzig ³1897

1886   Die Bücher Numeri, Deuteronomium und Josua, KEH 13, Leipzig ²1886

DOBBELER, AXEL VON u.a. (Hg.),

2000   Religionsgeschichte des Neuen Testaments, FS K. Berger, Tübingen/Basel 2000

DOBLE, PETER,

2000   Something greater than Solomon: An Approach to Stephen's Speech, in: Moyise, Steve (Hg.), The Old Testament in the New Testament, JSNT.S 189, Sheffield 2000, 181-207

DOCHHORN, JAN,

1997   Und die Erde tat ihren Mund auf: Ein Exodusmotiv in Apc 12,16, ZNW 88 (1997), 140-142

DOHMEN, CHRISTOPH,

2004   Exodus 19-40, HThKAT, Freiburg i.Br. u.a. 2004

DÖMER, M.,

1978   Das Heil Gottes: Studien zur Theologie des lukanischen Doppelwerkes, Bonn 1978

DÖPP, HEINZ-MARTIN,

1998   Die Deutung der Zerstörung Jerusalems und des Zweiten Tempels im Jahre 70 in den ersten drei Jahrhunderten n. Chr., TANZ 24, Tübingen u.a. 1998

DOIGNON, JEAN,

1961   Miryam et son tambourin dans la prédication et l'archéologie occidentales au IVe siècle, in: Cross, F.L. (Hg.), Studia Patristica IV/2, Texte und Untersuchungen zur Geschichte der altchristlichen Literatur 79, Berlin 1961, 71-77

DOMAY, ERHARD/KÖHLER, HANNE (Hg.),

2001   Der Gottesdienst. Liturgische Texte in gerechter Sprache. Bd. 4 Die Lesungen, Gütersloh 2001

DONALDSON, TERENCE L.,

1997   Moses Typology and the Sectarian Nature of Early Christian Anti-Judaism: A Study in Acts 7, in: Evans, Craig A./Porter, Stanley E. (Hg.), New Testament Backgrounds: A Sheffield Reader, Sheffield 1997, 230-252

DORIVAL, GILLES,

1995   Les Phénomènes d'intertextualité dans le livre grec des Nombres, in: ders./Munnich, Olivier 1995, 253-285

DORIVAL, GILLES/MUNNICH, OLIVIER (Hg.),

1995   Selon les Septante. Trente études sur la Bible grecque des Septante, FS M. Harl, Paris 1995

DREHER, CARLOS A.,

1991   Das tributäre Königtum in Israel unter Salomo, EvTh 51 (1991), 49-60

DRIVER, SAMUEL R.,

1960   Deuteronomy, ICC V, Edinburgh [5]1960

DURHAM, JOHN I.,

1995   Isaiah 40-55: A new creation, a new exodus, a new messiah, in: O'Brien, Julia M./Horton, Fred L. (Hg.), The Yahweh/Baal confrontation and other studies in biblical literature and archaeology, FS E.W. Hamrick, Lewiston u.a. 1995, 47-56

1987   Exodus, Word Biblical Commentary 3, Waco 1987

EBACH, JÜRGEN,

2005   LebensMittel, JuKi 66 (2005), 14-20

2005a   Zur Wiedergabe des Gottesnamens in einer Bibelübersetzung oder: Welche ›Lösungen‹ es für ein unlösbares Problem geben könnte, in: Kuhlmann 2005, 150-158

2004   Die Einheit von Sehen und Hören. Beobachtungen und Überlegungen zu Bilderverbot und Sprachbildern im Alten Testament, in: Jacobi, Rainer-M.E. u.a. (Hg.), Im Zwischenreich der Bilder, Leipzig 2004, 77-104

2003a   »Ja, bin denn *ich* an Gottes Stelle?« (Genesis 50:19) Beobachtungen und Überlegungen zu einem Schlüsselsatz der Josefsgeschichte und den vielfachen Konsequenzen aus einer rhetorischen Frage, BibInt 11 (2003), 602-613

2003b   Aggadische Dogmatik?- Aggadische Dogmatik. Diskurs über Diskurse über Genesis 1,26 im Midrasch Bereschit rabba (Par. VIII,1-10), in: Frettlöh, Magdalene/Lichtenberger, Hans P. (Hg.), Gott wahr nehmen, FS C. Link, Neukirchen-Vluyn 2003, 225-255

2003c   Josef und seine Brüder- auch eine Reisegeschichte, in: Kuhlmann, Helga u.a. (Hg.), Reisen. Fährten für eine Theologie unterwegs, FS H.M. Gutmann, Münster 2003, 87-93

2003d   Gerechte Bibelübersetzung – ein Projekt, in: Hardmeier u.a. 2003, 15-41

2002a   Erinnerungen an Hiob. Dulder oder Rebell?, in: ders., Vielfalt ohne Beliebigkeit, Theologische Reden 5, Bochum 2002, 171-191

2002b   Frauen bleiben im Rahmen, Frauen fallen aus dem Rahmen, in: ders., Vielfalt ohne Beliebigkeit. Theologische Reden 5, Bochum 2002, 94-115

2002c   Das Buch Exodus und die Frauen, in: ders., Vielfalt ohne Beliebigkeit, Theologische Reden 5, Bochum 2002, 116-132

2002d   »Name ist Schall und Rauch« Beobachtungen und Erwägungen zum Namen Gottes, Jabboq 2,2 (2002), 17-82

1996a   Was bei Micha ›gut sein‹ heißt, BiKi 51(1996), 172-181

1996b   Streiten mit Gott. Hiob Teil 1: Hiob 1-20, Neukirchen-Vluyn 1996

1995a   Die Schwester des Mose. Anmerkungen zu einem ›Widerspruch‹ in Exodus 2,1-10, in: ders., Hiobs Post: gesammelte Aufsätze zum Hiobbuch, zu Themen biblischer Theologie und zur Methodik der Exegese, Neukirchen-Vluyn 1995, 130-143

1995b   Nicht nur die zehn Gebote, in: ders., »... und behutsam mitgehen mit deinem Gott«, Theologische Reden 3, Bochum 1995, 42-59

1995c   »Herr, warum handelst du böse an diesem Volk?« Klage vor Gott und Anklage Gottes in der Erfahrung des Scheiterns, in: ders., Hiobs Post. Gesammelte Aufsätze zum Hiobbuch, zu Themen biblischer Theologie und zur Methodik der Exegese, Neukirchen-Vluyn 1995, 73-83

1988   Des Treulosen Treue. Versuch über Jochanan ben Zakkai, Einwürfe 5 (1988), 28-39

1985   Apokalypse, Einwürfe 2 (1985), 5-61

ECKER, GISELA,

1985   »A Map for Rereading« Intertextualität aus der Perspektive einer feministischen Literaturwissenschaft, in: Broich/Pfister 1985, 297-311

ECKEY, WILFRIED,

2004   Das Lukasevangelium. Bd. 1 u. 2, Neukirchen-Vluyn 2004

2000   Die Apostelgeschichte. Der Weg des Evangeliums von Jerusalem nach Rom, Teilband I: 1,1-15,35, Neukirchen-Vluyn 2000

ECO, UMBERTO,

1999   Die Grenzen der Interpretation, München [2]1999

1996   Zwischen Autor und Text. Interpretation und Überinterpretation, München 1996

1987   Lector in fabula, München 1987

EDGAR, CAMPBELL COWAN,

1922   Mose tomb-stones from Tell el Yahoudieh, Annales du Service des Antiquités de l'Egypte 22 (1922), 7-16

1919   Tomb-stones from Tell el Yahoudieh, Annales du Service des Antiquités de l'Egypte 19 (1919), 216-224

EFIRD, JAMES M.,

1972   The Use of the Old Testament in the New and other essays, FS W. F. Stinespring, Durham 1972

EISSFELDT, OTTO,

1966   Zur Kompositionstechnik des pseudo-philonischen Liber Antiquitatum Biblicarum, in: ders., Kleine Schriften III, Tübingen 1966, 340-353

ELLIGER, WINFRIED,

1992   Art. εἰς, EWNT I ([2]1992), 965-968

ELLIS, E. EARLE,

2000a   ›The End of the Earth‹ (Acts 1:8), in: ders., History and Interpretation in New Testament Perspective, Bibl.Int. Series 54, Leiden u.a. 2000, 54-63

2000b   The Interpretation of the Bible within the Bible itself. The Character of the New Testament Usage, in: ders., History and Interpretation in New Testament Perspective, Bibl.Int. Series 54, Leiden u.a. 2000, 99-120

1971   Midraschartige Züge in der Apostelgeschichte, ZNW 62 (1971), 94-104

ELTROP, BETTINA,

2003   Segen (Lk 1,39-45), in: Jessen/Müller 2003, 174-179

ENDRES, JOHN C.,

1987   Biblical Interpretation in the Book of Jubilees, CBQMS 18, Washington DC 1987

ENGELMANN, ANGELIKA,

1998   Deuteronomium, KFB, 67-79

ENGLJÄHRINGER, KLAUDIA,

2004   »Warum gibt er dem Mühseligen Licht?« (Ijob 3,20a) Von der Gottsuche Ijobs in einem unerwartet offenen Horizont, in: Paganini u.a. 2004, 95-105

ENNS, PETER,

1998   A retelling of the song at the sea in Wisdom 10.20-21, in: Evans/Sanders 1998, 142-165

1997   Exodus retold. Ancient exegesis of the departure from Egypt in Wis 10:15-21 and 19:1-9, Harvard Semitic monographs 57, Atlanta 1997

ESLINGER, LYLE,

1991   Freedom or Knowledge? Perspective and Purpose in the Exodus Narrative (Exodus 1-15), JSOT 52 (1991), 43-60

EUTING, JULIUS,

1896   Hebräische Inschrift aus Antinoë, ZÄS 34 (1896), 164f.

EVANS, CHRISTOPHER F.,

1990   Luke, New International Bible Commentary 3, Peabody 1990

1955   The Central Section of Saint Luke's Gospel, in: Nineham, D.E. (Hg.), Studies in the Gospels, FS R.H. Lightfoot, Oxford 1955, 37-53

EVANS, CRAIG A.,

1993a   Jesus and the Spirit: on the origin and ministry of the second son of God, in: Evans/Sanders 1993, 26-45

1993b   Luke 16:1-18 and the Deuteronomy Hypothesis, in: Evans/Sanders 1993, 121-139

1993c   Prophecy and Polemic: Jews in Luke's Scriptural Apologetic, in: ders./Sanders 1993, 140-156

EVANS, CRAIG A./SANDERS, JAMES A.,

1993   Gospels and Midrash: An Introduction to Luke and Scripture, in: dies., Luke and Scripture. The Function of Sacred Tradition in Luke-Acts, Minneapolis 1993, 1-13

EVANS, CRAIG A./SANDERS, JAMES A. (Hg.),

1998   The Function of Scripture in Early Jewish and Christian Tradition, JSNT.S 154, Sheffield 1998

1997   Early Christian Interpretation of the Scriptures of Israel. Investigations and Proposals, JSNT.S 148, Sheffield 1997

EVANS, CRAIG A./SHEMARYAHU, TALMON (Hg.),

1997   The Quest for Context and Meaning. Studies in Biblical Intertextuality, FS J.A. Sanders, Leiden u.a. 1997

EXUM, J. CHERYL,

1994a   ›You shall let every daughter live‹: a study of Exodus 1.8-2.10, in: Brenner 1994, 37-61

1994b   Second thoughts about secondary characters: Women in Exodus 1.8-2.10, in: Brenner, 1994, 75-87

1989   ›Mutter in Israel‹: Eine vertraute Gestalt neu betrachtet, in: Russell, Letty (Hg.), Befreien wir das Wort, München 1989, 85-100

FABRY, HEINZ-JOSEF,

1988   Gedenken und Gedächtnis im Alten Testament, in: Gignoux, Philippe (Hg.), La commémoration, BEHE.R 91, Leuven 1988, 141-154

FELDMAN, LOUIS H.,

1998   Studies in Josephus' Rewritten Bible, JSJ.S 58, Leiden u.a. 1998

1993   Jew and Gentile in the Ancient World. Attitudes and Interactions from Alexander to Justinian, Princeton 1993

1992/93   Josephus' Portrait of Moses (I und II), JQR 82 (1992), 285-328, und 83 (1993), 7-50

1986   Josephus: A Supplementary Bibliography, New York 1986

1984   Josephus and Modern Scholarship, 1937-1980, Berlin u.a. 1984

1971   Prolegomenon, in: The Biblical Antiquities of Philo, übers. v. Montague Rhodes James, New York 1971, IX-CLXIX

FIEDLER, PETER,

1992   Art. Σκληροκαρδία κτλ: EWNT III (²1992), 606-608

1986   Die Tora bei Jesus und in der Jesusüberlieferung, in: Kertelge, Karl (Hg.), Das Gesetz im Neuen Testament, QD 108, Freiburg i.Br. 1986, 71-87

FINKEL, ASHER,

1994   Jesus' Preaching in the Synagogue on the Sabbath (Luke 4.16-28), in: Evans, Craig A./Stegner, W. Richard (Hg.), The Gospels and the Scriptures of Israel, JSNT.S 104, Sheffield 1994, 325-341

FINSTERBUSCH, KARIN,

1998   Christologie als Blasphemie: Das Hauptthema der Stephanusperikope in lukanischer Perspektive, BN 92 (1998), 38-54

FISCHER, GEORG,

1996   Das Schilfmeerlied Exodus 15 in seinem Kontext, Bib. 77 (1996), 32-47

1996a   Exodus 1-15 - Eine Erzählung, in: Vervenne, Marc (Hg.), Studies in the Book of Exodus, BEThL 126, Paris/Leuven 1996, 149-178

1989   Jahwe, unser Gott. Sprache, Aufbau und Erzähltechnik in der Berufung des Mose (Ex 3-4), OBO 91, Göttingen 1989

FISCHER, IRMTRAUD,

2004a   Geschlechterfairness. Plädoyer für eine (menschen)gerechte Auslegung der Bibel, Herrenalber Forum 38, Karlsruhe 2004

2004b   Gender-faire Exegese. Gesammelte Beiträge zur Reflexion des Genderbias und seiner Auswirkungen in der Übersetzung und Auslegung von biblischen Texten, Exegese in unserer Zeit 14, Münster 2004

2002   Gotteskünderinnen. Zu einer geschlechterfairen Deutung des Phänomens der Prophetie und der Prophetinnen in der Hebräischen Bibel, Stuttgart 2002

2001   Das Geschlecht als exegetisches Kriterium zu einer gender-fairen Interpretation der Erzeltern-Erzählungen, in: Wénin 2001, 135-152

2000   Der Schriftausleger als Marktschreier. Jes 55,1-3a und seine innerbiblischen Bezüge, in: Kratz u.a. 2000, 153-162

1999   Die Autorität Mirjams, in: Halmer, Maria u.a. (Hg.), Anspruch und Widerspruch, FS E. Krobath, Klagenfurt u.a. 1999, 23-38

1998   Das Buch Jesaja: KFB, 246-257 (=1998)

1996   Die Bedeutung der Tora Israels für die Völker nach dem Jesajabuch, in: Zenger, Erich (Hg.), Die Tora als Kanon für Juden und Christen, HBS 10, Freiburg i.Br. u.a. 1996, 139-167

1994   Die Erzeltern Israels, BZAW 222, Berlin u.a. 1994

FISK, BRUCE N.,

2001   Do you not remember? Scripture, Story and Exegesis in the Rewritten Bible of Pseudo-Philo, JSP.S 37, Sheffield 2001

FITZMYER, JOSEF A.,

1999   The Role of the Spirit in Luke-Acts, in: Verheyden 1999, 165-183

1981/85   The Gospel according to Luke. Introduction, Translation and Notes I-II, AB 28-28a, New York 1981/85

FLUSSER, DAVID,

1999   Die Essener und das Abendmahl, in: ders., Entdeckungen im Neuen Testament. Bd. 2: Jesus – Qumran – Urchristentum, hg. v. Martin Majer, Neukirchen-Vluyn 1999, 89-93

1988   Magnificat, the Benedictus and the War Scroll, in: Judaism and the Origins of Christianity, Jerusalem 1988, 134-143

FLUSSER, DAVID/SAFRAI, SHMUEL,

1986   Das Aposteldekret und die noachidischen Gebote, in: Brocke, Edna (Hg.), ›Wer Tora vermehrt, mehrt Leben‹, FS H. Kremers, Neukirchen-Vluyn 1986, 173-192

FOHRER, GEORG,

1986   Jesaja 40-66, ZBK 19,3, Zürich ²1986 1972

1972   Theologische Grundstrukturen des Alten Testaments, Berlin 1972

1964   Art. σωτήρ: ThWNT VII (1964), 1013

FORSYTH, NEIL,
1987   The Old Enemy. Satan and the Combat Myth, Princeton 1987

FRANKEL, ELLEN,
1998   The Five Books of Miriam. A Woman's Commentary on the Torah, San Francisco 1998

FRANKEMÖLLE, HUBERT,
2005   Die Sendung der Jünger Jesu ›zu allen Völkern‹ (Mt 28,19), ZNT 15 (2005), 45-51
1994   Mose in Deutungen des Neuen Testaments, KuI 9 (1994), 70-86

FRETHEIM, E. TERENCE,
1996   ›Because the whole earth is mine‹. Theme and narrative in Exodus, Interpretation 50 (1996), 229-239
1991   The Plagues as Ecological Signs of Historical Disaster, JBL 110 (1991), 385-396

FRETTLÖH, MAGDALENE L.,
2002   Wenn Mann und Frau im Bilde Gottes sind. Über geschlechtsspezifische Gottesbilder, die Gottesebenbildlichkeit des Menschen und das Bilderverbot, Wuppertal 2002

FREUND, RICHARD,
1992   Naming Names, SJOT (1992), 213-232

FREVEL, CHRISTIAN,
2003   »Jetzt habe ich erkannt, dass YHWH größer ist…« (Ex 18), BZ 47 (2003), 3-22

FREY, JEAN-BAPTISTE,
1952   Corpus Inscriptionum Judaicarum, Rom 1934ff (Bd. II: 1952) (=CIJ)

FREY, JÖRG,
1992   Der implizite Leser und die biblischen Texte, ThBeitr 23 (1992), 266-290

FRISCH, AMOS,
2000   The Exodus motif in 1 Kings 1-14, JSOT 87 (2000), 3-21

FRITZ, VOLKMAR,
1970   Israel in der Wüste, Marburg 1970

FRYMER-KENSKY, TIKVA,
1997   Forgotten heroines of the Exodus. The Exclusion of women from Moses' vision, Bible review 13 (1997), 38-44

FUß, BARBARA,
2000   »Dies ist die Zeit, von der geschrieben ist…« Die expliziten Zitate aus dem Buch Hosea in den Handschriften von Qumran und im Neuen Testament, NTA.NF 37, Münster 2000

GAGER, JOHN G.,
1972   Moses in Graeco-Roman Paganism, Nashville 1972

GANSER-KERPERIN, HEINER,
2000   Das Zeugnis des Tempels. Studien zur Bedeutung des Tempelmotivs im Lukanischen Doppelwerk, NTA.NF 36, Münster 2000

GARDINER, ALAN H.,
1936   The Egyptian Origin of Some English Personal Names, JAOS 56 (1936), 89-97

GARRETT, SUSAN R.,
1991   ›Lest the Light in You Be Darkness‹: Luke 11:33-36 and the Question of Commitment, JBL 110 (1991), 93-105
1990   Exodus from Bondage: Luke 9.21 and Acts 12.1-24, CBQ 52 (1990), 656-680
1989   The Demise of the Devil: Magic and the Demonic in Luke's Writings, Minneapolis 1989

GÄRTNER, BERTIL,
1960   John 6 and the Jewish Passover, Uppsala 1960

GASQUE, W. WARD,
1975   History of the Criticism of the Acts of the Apostles, Grand Rapids 1975

GEORGI, DIETER,
1994   Der Armen zu gedenken. Die Geschichte der Kollekte des Paulus für Jerusalem, Neukirchen-Vluyn ²1994

GERBER, CHRISTIANE,
2004   Flavius Josephus und das Neue Testament. Das erste Jahrhundert mit anderen Augen, WUB 32 (2004), 18-23
1997   Ein Bild des Judentums für Nichtjuden von Flavius Josephus. Untersuchungen zu seiner Schrift Contra Apionem, AGAJU 40, Leiden u.a. 1997
1994   Die Heiligen Schriften des Judentums nach Flavius Josephus, in: Hengel, Martin (Hg.), Schriftauslegung im antiken Judentum und im Urchristentum, WUNT 73, Tübingen 1994, 91-113

GERTZ, JAN CH.,
2002   Mose und die Anfänge der jüdischen Religion, ZThK 99 (2002), 3-20
2000   Tradition und Redaktion in der Exoduserzählung: Untersuchungen zur Endredaktion des Pentateuch, FRLANT 186, Göttingen 2000

GEWALT, DIETFRIED,

1991   Der ›Sprachfehler‹ des Mose, DBAT 27 (1991), 8-16

GILBERT, GARY,

2003   Roman Propaganda and Christian Identity in the Worldview of Luke-Acts, in: Penner/Vander Stichele 2003, 233-256

GILLINGHAM, SUSAN,

1999   The Exodus tradition and Israelite psalmody: Scottish journal of theology 52 (1999), 19-46

GILLMAN, JOHN,

2002   The Emmaus story in Luke-Acts revisited, in: Bieringer, Reimund u.a. (Hg.), Resurrection in the New Testament, Leuven 2002, 165-188

GILLMAYR-BUCHER, SUSANNE,

1999   Intertextualität. Zwischen Literaturtheorie und Methodik, PzB 8 (1999), 5-20

GINZBERG, LOUIS,

1961   Legends of the Jews, Philadelphia 1961

GIPPER, HELMUT.,

1984   Art. Name/IV: Sprachwissenschaft: HWP 6 (1984), 387-389

GIRARD, RENÉ,

1993   How Can Satan Cast out Satan?, in: Braulik, Georg u.a. (Hg.), Biblische Theologie und gesellschaftlicher Wandel, FS N. Lohfink, Freiburg i.Br. u.a. 1993, 125-141

GNUSE, ROBERT K.,

1996   Dreams and Dream Reports in the Writings of Josephus. A Traditio-Historical Approach, AGAJU 36, Leiden u.a. 1996

GÖRG, MANFRED,

2000   Mose – Name und Namensträger. Versuch einer historischen Annäherung, in: Otto 2000, 17-42

1998   Erinnere Dich! Ein biblischer Weg zum Lernen und Leben des Glaubens, MThZ 49 (1998), 23-32

1997   Die Beziehungen zwischen dem alten Israel und Ägypten: von den Anfängen bis zum Exil, EdF 290, Darmstadt 1997

1996   Der ›Satan‹ – der ›Vollstrecker‹ Gottes?: BN 82 (1996), 9-12

1996a   Der ›schlagende‹ Gott in der ›älteren‹ Bibel, BiKi 51 (1996), 94-100

1995   Art. Mirjam: NBL II (1995), 815f.

1995a   Art. Kewan: NBL II (1995), 470f.

1995b   Art. Name und Namengebung: NBL II (1995), 898

1993   ›Chaos‹ und ›Chaosmächte‹ im Alten Testament, BN 70 (1993), 48-61

1991   Art. Exodus, NBL I (1991), 631-636

1979   Mirjam- ein weiterer Versuch, BZ.NF 23 (1979), 285-289

GOERTZ, HANS-JÜRGEN,

1995   Umgang mit Geschichte. Eine Einführung in die Geschichtstheorie, Hamburg 1995

GOETSCH, PAUL,

1983   Leserfiguren in der Erzählkunst, GRM 64 (1983), 199-215

GOLDBERG, ARNO,

1987   Die Schrift der rabbinischen Schriftausleger, FJB 15 (1987), 1-15

1970   Torah aus der Unterwelt?, BZ 14 (1970), 127-131

GOPPELT, LEOPOLD,

1939   Typos. Die typologische Deutung des Alten Testaments im Neuen, Gütersloh 1939

GOSSE, BERNHARD,

2005   Salomon et le Pharaon de la sortie d'Egypte, BZ 49 (2005), 81-85

GOULDER, MICHAEL D.,

1978   The Evangelist's Calendar: A Lectionary Explanation of the Development of Scripture, London 1978

1964   Type and History in Acts, London 1964

GRAETZ, NAOMI,

1994   Did Miriam talk too much?, in: Brenner 1994, 231-242

GRANT, FREDERICK C.,

1940   Where Form Criticism and Textual Criticism Overlap, JBL 59 (1940), 11-21

GRÄßER, ERICH,

2001   Forschungen zur Apostelgeschichte, WUNT 137, Tübingen 2001

GRAY, GEORGE B.,

1956   Numbers, ICC 4, Edinburgh ³1956

1896   Studies in Hebrew Proper Names, London 1896

GRESSMANN, HUGO,

1913   Mose und seine Zeit, Göttingen 1913

GRIMME, HUBERT,
1909   Der Name Mirjam, BZ 7 (1909), 245-251

GRIVEL, CHARLES,
1982   Thèses préparatoires sur les intertextes, in: Lachmann, Renate (Hg.), Dialogizität, München 1982, 237-248

GRÖZINGER, ALBRECHT,
1995   Differenz-Erfahrung. Seelsorge in der multikulturellen Gesellschaft. Ein Essay, Waltrop 1995
1991   Die Sprache des Menschen, München 1991

GROHMANN, MARIANNE,
1997   Die Erzmütter: Sara und Hagar, Rebekka, Rahel, in: Öhler 1999, 97-116

GROOT, MARIANNE DE,
1979   Maria und Elisabeth, in: Halkes, Catharina J.M./Buddingh, D. (Hg.), Wenn Frauen ans Wort kommen. Stimmen zur feministischen Theologie, Gelnhausen 1979, 46-54

GROß, WALTER,
2004   Jiftachs Tochter, in: Hossfeld u.a. 2004, 273-293
2003   Ex 12,10: Satzbau und Redaktionskritik, in: Kiesow/Meurer, 2003, 217-226
1974   Die Herausführungsformel. Zum Verhältnis von Formel und Syntax, ZAW 86 (1974), 424-453

GRÜNENFELDER, REGULA,
2004   Josephus lesen. Flavius Josephus – der bekannte Unbekannte, WUB 32 (2004), 12-17
2003   Frauen an Krisenherden. Eine rhetorisch-politische Deutung des Bellum Iudaicum, Münster 2003

GRUNDMANN, WALTER,
1961   Das Evangelium nach Lukas, ThHK III, Berlin ²1961

GRUNWALD, M.,
1895   Die Eigennamen des Alten Testaments in ihrer Bedeutung für die Kenntnis des hebräischen Volksglaubens, Breslau 1895

GUNKEL, HERMANN,
1921   Die Lieder in der Kindheitsgeschichte Jesu bei Lukas, in: FS A. v. Harnack (ohne Titel u. Hg.), Tübingen 1921, 43-60

GUNNEWEG, ANTONIUS H.J.,
1990   Das Gesetz und die Propheten, ZAW 102 (1990), 169-180

GYGER, MATHILDE,
1991   Namen-Funktion im historischen Wandel. Beobachtungen zum Gebrauch von Personennamen in Pressetexten aus den Jahren 1865 bis 1981, Heidelberg 1991

HAACKER, KLAUS,
1995   Die Stellung des Stephanus in der Geschichte des Urchristentums, ANRW II, 26,2, Berlin u.a. 1995, 1515-1553

HAAG, HERBERT,
1977   Typologisches Verständnis des Pentateuch?, in: Braulik, Georg (Hg.), Studien zum Pentateuch, FS W. Kornfeld, Wien u.a. 1977, 243-257
1974   Teufelsglaube, Tübingen 1974   1977 auf S. 38

HAARMANN, MICHAEL,
2004   »Dies tut zu meinem Gedenken!« Gedenken beim Passa- und Abendmahl. Ein Beitrag zur Theologie des Abendmahls im Rahmen des jüdisch-christlichen Dialogs, Neukirchen-Vluyn 2004

HACHLILI, RACHEL,
1998   Art. Bestattung. IV. Judentum: RGG⁴ I (1998), 1365f.

HACHLILI, RACHEL/KILLEBREW, ANN,
1983   Jewish Funerary Customs during the Second Temple Period, in the Ligth of the Excavations at the Jericho Necropolis, PEQ 115 (1983), 109-139

HADAS-LEBEL, MIREILLE,
1995   Flavius Josèphe apologète. À propos des récits de la Genèse et de l'Exode dans les Antiquités, livres I à III, in: Dorival, Munnich 1995, 409-422

HADOT, JEAN,
1965   La datation de l'Apocalypse syriaque de Baruch, Sem 15 (1965), 79-95

HAENCHEN, ERNST,
1961   Die Apostelgeschichte, KEK III, Göttingen ¹³1961

HAGENE, SYLVIA,
2003   Zeiten der Wiederherstellung. Studien zur lukanischen Geschichtstheologie als Soteriologie, NTA 42, Münster 2003

HAHN, FERDINAND,
1975   Zum Stand der Erforschung des urchristlichen Herrenmahls, EvTh 35 (1975), 553-563

HALKES, CATHARINA.J.M.,
1991   Art. Maria, WbFTh (1991), 268-275
HANSON, PAUL D.,
1993   Das berufene Volk. Entstehen und Wachsen der Gemeinde in der Bibel, Neukirchen-Vluyn 1993
HARDMEIER, CHRISTOPH,
2003   Die Weisheit der Tora (Dtn 4,5-8). Respekt und Loyalität gegenüber JHWH allein und die
            Befolgung der Gebote – ein performatives Lehren und Lernen, in: ders. u.a. 2003, 224-254
1990   Prophetie im Streit vor dem Untergang Judas. Erzählkommunikative Studien zur
            Entstehungssituation der Jesaja- und Jeremiaerzählungen in II Reg 18-20 und Jer 37-40, BZAW 187,
            Berlin u.a. 1990
HARDMEIER, CHRISTOPH u.a. (Hg.),
2003   Freiheit und Recht. FS F. Crüsemann, Gütersloh 2003
HARNACK, ADOLPH VON,
1901   Zu Lk 1,34-35, ZNW 2 (1901), 53-57 Lk 1-2
HARRINGTON, DANIEL J.,
1988a   A Decade of Research on Pseudo-Philo's Biblical Antiquities, JSP 2 (1988), 3-12
1988b   Birth Narratives in Pseudo-Philo's Biblical Antiquities and the Gospels, in: Horgan, Maurya
            P./Kobelski, Paul J. (Hg.), To Touch the Text, FS J.A. Fitzmyer, New York 1988, 316-324 (1988b)
1986   Palestinian Adaptions of biblical Narratives and Prophecies. I. The Bible Rewritten, Narratives, in:
            Nickelsburg/Kraft 1986, 239-247
HARTMANN, THOMAS A.G.,
2004   Mose und Maria – ›Ammuns Kind und Liebling‹ – auf den ägyptischen Spuren zweier biblischer
            Namen, ZAW 116 (2004), 616-622
HARTWICH, WOLF-DANIEL,
1992   Die Sendung Moses- Von der Aufklärung bis Thomas Mann, München 1992
HASITSCHKA, MARTIN,
2001   Ägypten im Neuen Testament. Eine bibeltheologische Skizze, PzB 10 (2001), 75-83
1999   Die Führer Israels: Mose, Josua und die Richter, in: Öhler 1999, 117-140
HAYS, RICHARD B.,
1989   Echoes of Scripture in the Letters of Paul, New Haven 1989
HEIDER, GEORGE C.,
1995   Art. Molech, DDD (1995), 1090-1097
HEIL, JOHN PAUL,
2000   The Transfiguration of Jesus. Narrative Meaning and Function of Mark 9:2-8, Matt 17:1-8 and Luke
            9:28-36, AnBib 144, Rom 2000
HEILIGENTHAL, ROMAN,
2000   Herodes der Große – Wohltäter oder Tyrann? Zur Bedeutung des Herodes im Kontext seiner Zeit,
            in: von Dobbeler u.a. 2000, 137-148
HELLER, JAN,
1990   Die neuere Exodusforschung, CV 33 (1990), 37-40
1967   Namengebung und Namendeutung. Grundzüge der alttestamentlichen Onomatologie und ihre
            Folgen für die biblische Hermeneutik, EvTh 27 (1967), 255-266
HELLMANN, MONIKA,
1992   Judit – eine Frau im Spannungsfeld von Autonomie und göttlicher Führung, EHS 23/444,
            Frankfurt a.M. 1992
HENGEL, MARTIN,
2003   Die vier Evangelien und das eine Evangelium von Jesus Christus, ThBeitr 34 (2003), 18-33
2001   Der Jude Paulus und sein Volk. Zu einem neuen Acta-Kommentar, ThR 66 (2001), 338-368
1997   Der Finger und die Herrschaft Gottes in Lk 11,20, in: Kieffer/Bergmann 1997, 87-106
1994   ›Schriftauslegung‹ und ›Schriftwerdung‹ in der Zeit des Zweiten Tempels, in: ders./Löhr 1994, 1-71
1976   Die Zeloten. Untersuchungen zur jüdischen Freiheitsbewegung in der Zeit von Herodes I. bis 70
            n.Chr, AGAJU 1, Leiden u.a. 1976
HENGEL, MARTIN/LÖHR, HERMUT (Hg.),
1994   Schriftauslegung im antiken Judentum und im Urchristentum, WUNT 73, Tübingen 1994
HENGEL, MARTIN/SCHWEMER, ANNA-MARIA,
1998   Paulus zwischen Damaskus und Antiochien. Die unbekannten Jahre des Apostels, WUNT 108,
            Tübingen 1998
HENTEN, Jan W. VAN,
1995   Art. Mastemah, DDD (1995), 1033-1035
HERRMANN, SIEGFRIED,
1982   Art. Exodusmotiv I: Altes Testament, TRE 10 (1982), 732-737

1970   Israels Aufenthalt in Ägypten, SBS 40, Stuttgart 1970

HERRMANN, WOLFGANG,

1995   Baal-zebub, DDD (1995), 293-296

HERWEG, RACHEL M.,

1994   Die jüdische Mutter. Das verborgene Matriarchat, Darmstadt 1994

HIEKE, THOMAS,

2003   Die Genealogien der Genesis, HBS 39, Freiburg i.Br. u.a. 2003

1996   Der Exodus in Psalm 80: Geschichtstopik in den Psalmen, in: Vervenne, Marc (Hg.), Studies in the book of Exodus, BEThL 126, Paris/Leuven 1996, 551-558

HILL, CRAIG C.,

1996   Acts 6.1-8.4: division or diversity?, in: Witherington, Ben III. (Hg.), History, literature, and society in the Book of Acts, Cambridge u.a. 1996, 129-153

1992   Hellenists and Hebrews. Reappraising Division within the Earliest Church, Philadelphia 1992

HILLS, JULIAN V.,

1992   Luke 10.18- Who saw Satan fall?, JSNT 46 (1992), 25-40

HÖLSCHER, GUSTAV,

1925   Zur jüdischen Namenskunde, in: Budde, Karl (Hg.), Vom Alten Testament, FS K. Marti, Giessen 1925, 145-157

HÖSL, IGNAZ,

1952   Zur orientalischen Namenkunde: Maria-Moses-Aaron: eine philologische Studie, in: Kissling, Hans-Joachim/Schmaus, A. (Hg.), Serta Monacensia, FS F. Babinger, Leiden 1952, 80-83

HOFFMAN, YAIR,

1998   The Exodus-Tradition and Reality. The Status of the Exodus Tradition in Ancient Israel, in: Shirun-Grumach 1998, 193-202

1989   A North Israelite typological myth and a Judaean historical tradition: The Exodus in Hosea and Amos, VT 39 (1989), 169-182

HOLLANDER, HARM W.,

1998   The Portrayal of Joseph in Hellenistic Jewish and Early Christian Literature, in: Stone, Michael E./Bergren, Theodore A. (Hg.), Biblical Figures outside the Bible, Harrisburg 1998, 237-263

HOLTZ, TRAUGOTT,

1997   Geschichte und Verheißung. »Auferstanden nach der Schrift«, EvTh 57 (1997), 179-196

1968   Untersuchungen über die alttestamentlichen Zitate bei Lukas, Berlin 1968

HOLZINGER, HEINRICH,

1903   Numeri, KHAT IV, Tübingen u.a. 1903

HORGAN, MAURYA P./KOBELSKI, PAUL J.,

1989   The Hodayot (1QH) and New Testament Poetry, in: dies. (Hg.), To Touch the Text: Biblical and Related Studies in Honor of Joseph A. Fitzmyer, S.J., New York 1989, 179-193

HORN, FRIEDRICH W.,

1999   Die Haltung des Lukas zum Römischen Staat im Evangelium und in der Apostelgeschichte, in: Verheyden 1999, 203-224

HORST, PIETER W. VAN DER,

1997   Art.: Pseudo-Philo: TRE 27 (1997), 670-672

1990   Portraits of Biblical Women in Pseudo-Philo's Liber Antiquitatum Biblicarum, in: ders., Essays on the Jewish World of Early Christianity, NTOA 14, Freiburg/CH u. Göttingen 1990, 111-122

HORST, PIETER W. VAN DER/MUSSIES, GERARD,

1990   Studies on the Hellenistic background of the New Testament, Utrecht 1990

HOSSFELD, FRANK-LOTHAR u.a. (Hg.),

2004   Das Manna fällt auch heute noch. Beiträge zur Geschichte und Theologie des Alten/Ersten Testaments, FS E. Zenger, HBS 44, Freiburg i.Br. u.a. 2004

HOUTMAN, CORNELIUS,

1993   Exodus, Vol. I, Kampen 1993

1985   A Note on the LXX Version of Exodus 4,6, ZAW 97 (1985), 253f.

HUBER, WOLFGANG,

1969   Passa und Ostern, BZNW 35, Berlin 1969

HÜBNER, HANS,

1995   Biblische Theologie des Neuen Testaments. Bd.3: Hebräerbrief, Evangelien und Offenbarung; Epilegomena, Göttingen 1995

HUFFMON, HERBERT B.,

1995   Art. Name, DDD (1995), 1148-1151

HUGENBERGER, GORDON P.,

1994   Introductory Notes on Typology, in: Beale 1994, 331-341

HUGGINS, RONALD V.,
1992   Matthean Posteriority: A Preliminary Proposal, NT 34 (1992), 1-22
HUI, ARCHIE W.D.,
2000   Spirit-Fullness in Luke-Acts: Technical and prophetic?, Journal of Pentecostal Theology 17 (2000), 24-38
HUNZIKER-RODEWALD, REGINE,
2001   Hirt und Herde. Ein Beitrag zum alttestamentlichen Gottesverständnis, BWANT 115, Stuttgart u.a. 2001
HUR, JU,
2001   A Dynamic Reading of the Holy Spirit in Luke-Acts, JSNT.S 211, Sheffield 2001
HYATT, J. PHILIP,
1971   Exodus, NCB, London 1971
ILAN, TAL,
1997   Mine and yours are hers. Retrieving Women's History from Rabbinic Literature, AGAJU 41, Leiden u.a. 1997
1996   Josephus and Nicolaus on Women, in: Schäfer 1996, 221-262
1989   Notes on the Distribution of Jewish Women's Names in Palestine in the Second Temple and Mishnaic Periods, JJS 40 (1989), 186-200
ISBELL, CHARLES D.,
1982   Exodus 1-2 in the Context of Exodus 1-14: Story Lines and Key Words, Clines u.a. 1982, 37-61
JACKSON, HOWARD M.,
1996   Echoes and Demons in the Pseudo-Philonic *Liber Antiquitatum Biblicarum*, JSJ 27 (1996), 1-20
JACOB, BENNO,
2000/1934 Das Buch Genesis, Stuttgart 2000 (Nachdruck d. Ausg. Berlin 1934)
1997/1943 Das Buch Exodus, Stuttgart 1997 (Manuskript 1943)
1924   Gott und Pharao, MGWJ 68 (1924), 118-126.202-211.268-290
1912   Erklärung einiger Hiob-Stellen, ZAW 32 (1912), 278-287
JANKOWSKI, GERHARD,
2004   Rom. Die Apostelgeschichte des Lukas. Dritter Teil (21,15-28,31) – Eine Auslegung, TeKo 101/102 (2004), 1-70
2003   Und dann auch den Nichtjuden. Die Apostelgeschichte des Lukas. ZweiterTeil (9,32-21,14) – Eine Auslegung, TeKo 98/99 (2003)
2001   Und sie werden hören. Die Apostelgeschichte des Lukas. Erster Teil (1,1-9,31) – Eine Auslegung, TeKo 91/92 (2001), 3-169
1982   Passah und Passion. Die Einleitung der Passionsgeschichte bei Lukas, TeKo 13 (1982,1), 40-60
1981   In jenen Tagen. Der politische Kontext zu Lukas 1-2, TeKo 12 (1981), 5-17
1981a   Was sollen wir tun? Erwägungen über Apostelgeschichte 2,1-40, TeKo 9 (1981/1), 22-44
JANSSEN, CLAUDIA,
2003   Christologie auf dem Weg. Die Erinnerung an Jesus als Potenzial für politischen Widerstand (Lk 24,13-35)?, BiKi 58 (2003), 156-160
1998   Elisabet und Hanna – zwei widerständige alte Frauen in neutestamentlicher Zeit, Mainz 1998
JANSSEN, CLAUDIA/LAMB, REGINE,
1998   Das Evangelium nach Lukas: KFB, 513-526
JANZEN, J. GERALD,
1994   Song of Moses, Song of Miriam: Who is secondig whom?, in: Brenner, 1994, 187-199
JAPHET, SARA,
2002   1 Chronik, HThKAT, Freiburg i.Br. u.a. 2002
1993   I & II Chronicles, OTL, Louisville 1993
JAUSS, HANS ROBERT,
1982   Der Gebrauch der Fiktion in Formen der Anschauung und Darstellung der Geschichte, in: Koselleck, Reinhard u.a. (Hg.), Formen der Geschichtsschreibung, Beiträge zur Historistik 4, München 1982, 415-451
JEREMIAS, JOACHIM,
1980   Die Sprache des Lukasevangeliums. Redaktion und Tradition im Nicht-Markusstoff des dritten Evangeliums, KEK-Erg.bd., Göttingen 1980
1973   Neutestamentliche Theologie I: Die Verkündigung Jesu, Gütersloh [2]1973
1959   Jesu Verheißung für die Völker, Stuttgart [2]1959
1958   Heiligengräber in Jesu Umwelt, Göttingen 1958
1955   Art. πάσχα: ThWNT 5 (1955), 895-903
JERVELL, JACOB,
1998   Die Apostelgeschichte, KEK III, Göttingen [17]1998

1991 Gottes Treue zum untreuen Volk, in: Bussmann, Claus/Radl, Walter (Hg.), Der Treue Gottes trauen. Beiträge zum Werk des Lukas, Freiburg u.a. 1991, 15-27

1988 The Church of Jews and Godfearers, in: Tyson, Joseph B. (Hg.), Luke-Acts and the Jewish People. Eight critical Perspectives, Minneapolis 1988, 11-20

1965 Das gespaltene Israel und die Heidenvölker. Zur Motivierung der Heidenmission in der Apostelgeschichte, StTh 19 (1965), 68-96

JESKA, JOACHIM,

2001 Die Geschichte Israels in der Sicht des Lukas. Apg 7,2b-53 und 13,17-25 im Kontext antik-jüdischer Summarien der Geschichte Israels, FRLANT 195, Göttingen 2001

JESSEN, DIETLINDE,

2003 Freude (Lk 1,46-55), in: dies/Müller 2003, 180-192

JESSEN, DIETLINDE/MÜLLER, STEPHANIE (HG.),

2003 Entdeckungen. ungewöhnliche texte aus dem neuen testament. grundlagen. auslegungen. kreative zugänge, Stuttgart 2003

JOBLING, DAVID,

1978 The Sense of Biblical Narrative, JSOT.S 7, Sheffield 1978

JOHANSSON, NILS,

1940 Parakletoi, Lund 1940

JOHNSON, LUKE T.,

1977 The literary Function of Possessions in Luke-Acts, SBL DS 39, Atlanta 1977

JOHNSON, SHERMAN E.,

1958 The main literary problem of the Lucan infancy story, AThR 40 (1958), 257-264

KAHL, WERNER,

1994 New Testament Miracle Stories in their Religious-Historical-Setting, FRLANT 63, Göttingen 1994

KAISER, GERHARD,

2001 War der Exodus der Sündenfall? Fragen an Jan Assmann anläßlich seiner Monographie ›Moses der Ägypter‹, ZThK 98 (2001), 1-24

KALLAI, ZECHARIA,

1998 The Exodus – a Historiographical Approach, in:Shirun-Grumach 1998, 203-214

KAPLAN, JACOB,

1977 »I, Justus, lie here« The Discovery of Beth Shearim, BA 40 (1977), 167-171

KARLSEN SEIM, TURID,

1994 The Double Message. Patterns of Gender in Luke-Acts, Nashville 1994

KARRER, MARTIN u.a. (Hg.),

2000 Kirche und Volk Gottes, FS J. Roloff, Neukirchen-Vluyn 2000

KARRER, MARTIN,

2004 Begegnung über den Schriften: griechisches Altes Testament, Judentum und Christentum, in: Michael Haarmann u.a. (Hg.), Momente der Begegnung. Impulse für das christlich-jüdische Gespräch, FS B. Klappert, Neukirchen-Vluyn 2004, 34-38

2002 Jesus, der Retter (Soter). Zur Aufnahme eines hellenistischen Prädikats im Neuen Testament, ZNW 93 (2002), 153-176

2000 ›Und ich werde sie heilen‹. Das Verstockungsmotiv aus Jes 6,9f in Apg 28,26f, in: ders. u.a. 2000, 255-271

KAUT, THOMAS,

1990 Befreier und befreites Volk. Traditions- und redaktionsgeschichtliche Untersuchung zu Magnifikat und Benedictus im Kontext der vorlukanischen Kindheitsgeschichte, BBB 77, Frankfurt a.M. 1990

KEE, HOWARD C.,

1967/68 The Terminology of Mark's Exorcism Stories, NTS 14 (1967/68), 232-246

KEEL, OTHMAR/SCHROER, SILVIA,

2002 Schöpfung. Biblische Theologien im Kontext altorientalischer Religionen, Freiburg, CH/ Göttingen 2002

KEESMAAT, SYLVIA C.,

1999 Paul and his story. (Re)Interpreting the Exodus tradition, JSNT.S 181, Sheffield 1999

KEGLER, JÜRGEN,

2003 Die Berufung des Mose als Befreier Israels. Zur Einheitlichkeit des Berufungsberichts in Ex 3-4, in: Hardmeier u.a. 2003, 162-188

1990 Zur Komposition und Theologie der Plagenerzählungen, in: Blum u.a. 1990, 55-74

1989 Das Zurücktreten der Exodustradition in den Chronikbüchern, in: Albertz, Rainer u.a. (Hg.), Schöpfung und Befreiung, FS C.Westermann, Stuttgart 1989, 54-64

1983 Arbeitsorganisation und Arbeitskampfformen im Alten Testament, in: Schottroff, Luise u.Willi (Hg.), Mitarbeiter der Schöpfung. Bibel und Arbeitswelt, München 1983, 51-71

KELLENBERGER, EDGAR,

2002   Theologische Eigenarten der Verstockung Pharaos in Ex 4-14, ThZ 58 (2002), 109-113

KERBER, GEORG,

1897   Die religionsgeschichtliche Bedeutung der hebräischen Eigennamen des Alten Testaments, Freiburg i.Br. u.a. 1897

KESSLER, RAINER,

2002   Die Ägyptenbilder der Hebräischen Bibel, SBS 1997, Stuttgart 2002

2001   Psychoanalytische Lektüre biblischer Texte – das Beispiel von Ex 4, 24-26, EvTh 61 (2001), 204-221

1996   Mirjam und die Prophetie der Perserzeit, in: Bail, Ulrike/Jost, Renate (Hg.), Gott an den Rändern, FS W.Schottroff, Gütersloh 1996, 64-72

1990   Die Juden als Kindes- und Frauenmörder?, in: Blum u.a. 1990, 337-345

1987   Benennung des Kindes durch die israelitische Mutter, WuD 19 (1987), 25-35

KIESOW, KLAUS/MEURER, THOMAS (Hg.),

2003   Textarbeit. Studien zu Texten und ihrer Rezeption aus dem Alten Testament und der Umwelt Israels, AOAT 294, FS P. Weimar, Münster 2003

KILGALLEN, JOHN J.,

1976   The Stephen Speech, Rome 1976

KIMBALL, CHARLES A.,

1994   Jesus' Exposition of the Old Testament in Luke's Gospel, JSNT.S 94, Sheffield 1994

1994a   Jesus' Exposition of Scripture in Luke 4.16-30: An Inquiry in Light of Jewish Hermeneutics, PRS 21 (1994), 179-202

KIRCHSCHLÄGER, WALTER,

1981   Jesu exorzistisches Wirken aus der Sicht des Lukas. Ein Beitrag zur lukanischen Redaktion, ÖBS 3, Klosterneuburg 1981

KISCH, GUIDO,

1949   Pseudo-Philo's Liber Antiquitatum Biblicarum, Notre Dame 1949

KLEIN, SAMUEL,

1971   Jüdisch-palästinisches Corpus Inscriptionum (Ossuar-, Grab- und Synagogeninschriften), Hildesheim 1971 (repogr. Nachdruck d. Ausgabe Wien/Berlin 1920)

KLEINERT, ANNEMARIE,

1983   Vorsicht Literatur! Eine literarische Lektion vom gefährlichen Lesen, GRM 64 (1983), 94-100

KLIJN, A. FREDERICK J.,

1957   Stephen's Speech- Acts VII.2-53: NTS 4 (1957), 25-31

KLINGHARDT, MATTHIAS,

1988   Gesetz und Volk Gottes. Das lukanische Verständnis des Gesetzes nach Herkunft, Funktion und seinem Ort in der Geschichte des Urchristentums, WUNT 32, Tübingen 1988

KLOPFENSTEIN, MARTIN,

1997   Wenn der Schöpfer die Chaosmächte ›anherrscht‹ (גער) und so das Leben schützt. Zu einem wenig beachteten Aspekt des Zorns Gottes im Alten Testament, ThZ 53 (1997), 33-43

KNAUF, ERNST A.,

2000   Der Exodus zwischen Mythos und Geschichte: Zur priesterschriftlichen Rezeption der Schilfmeer-Geschichte in Ex 14, in: Kratz u.a. 2000, 73-84

KOCH, DIETRICH-ALEX,

2004   Proselyten und Gottesfürchtige als Hörer der Reden von Apostelgeschichte 2,14-39 und 13,16-41, in: Breytenbach u.a. 2004, 89-107

1999   Kollektenbericht, »Wir«-Bericht und Itinerar. Neue (?) Überlegungen zu einem alten Problem, NTS 45 (1999), 367-390

KOCH, KLAUS,

1999   Monotheismus als Sündenbock?, ThLZ 124 (1999), 873-884

1991   Die Entstehung der sozialen Kritik bei den Propheten, in: ders., Spuren des hebräischen Denkens. Beiträge zur alttestamentlichen Theologie. Gesammelte Aufsätze, Bd. 1, Neukirchen-Vluyn 1991, 146-166

1966   Das Lamm, das Ägypten vernichtet. Ein Fragment aus Jannes und Jambres und sein geschichtlicher Hintergrund, ZNW 57 (1966), 79-93

KOCKEL, VALENTIN/GULLETTA, MARIA IDA,

2001   Art. Pompeii: Der neue Pauly 10 (2001), 89f.

KOET, BART J.,

1992   Simeons Worte (Lk 2,29-32.34c-35) und Israels Geschick, in: van Segbroeck, Frans u.a. (Hg.), The Four Gospels 1992, FS F. Neirynck, Bd. II, Leuven 1992, 1549-1569

KÖHLER, LUDWIG,

1955   »Aussatz«, ZAW 67 (1955), 290f.

KÖRTNER, ULRICH H.J.,

1999 Literalität und Oralität im Christentum. Ein Beitrag zur biblischen Hermeneutik, in: Maser, Stefan/Schlarb, Egbert (Hg.), Text und Geschichte. Facetten theologischen Arbeitens aus dem Freundes- und Schülerkreis, FS D. Lührmann, MThSt 50, Marburg 1999, 76-88

KOFFMAHN, ELISABETH,

1968 Die Doppelurkunden aus der Wüste Juda, Leiden 1968

KOPERSKI, VERONICA,

1999 Luke 10,38-42 and Acts 6,1-7. Women and Discipleship in the literary Context of Luke-Acts, in: Verheyden 1999, 517-544

KORN, MANFRED,

1993 Die Geschichte Jesu in veränderter Zeit. Studien zur bleibenden Bedeutung Jesu im lukanischen Doppelwerk, WUNT 2/51, Tübingen 1993

KOß, GERHARD,

1990 Namensforschung. Eine Einführung in die Onomastik, Tübingen 1990

KRAEMER, ROSS S.,

1991 Women's Authorship of Jewish and Christian Literature in the Greco-Roman Period, in: Levine 1991, 221-242

KRAMER, FRITZ/SIGRIST, CHRISTIAN,

1983 Gesellschaften ohne Staat, Bd. II: Genealogie und Solidarität, Frankfurt a.M. 1983

KRATZ, REINHARD,

1979 Rettungswunder. Motiv-, traditions- und formkritische Aufarbeitung einer biblischen Gattung, EHS XXIII 123, Frankfurt a.M. u.a. 1979

KRATZ, REINHARD u.a. (Hg.),

2000 Schriftauslegung in der Schrift, FS O.H. Steck, BZAW 300, Berlin/New York 2000

KRAUS, WOLFGANG,

2000 ›Eretz jisrael‹: Die territoriale Dimension in der jüdischen Tradition als Anfrage an die christliche Theologie, in: Karrer u.a. 2000, 19-41

1999 Die Bedeutung von Dtn 18,15-18 für das Verständnis Jesu als Prophet, ZNW 90 (1999), 153-179

KRAUSS, SAMUEL,

1966 Talmudische Archäologie II, Hildesheim 1966 (repogr. Nachdruck d. Ausgabe Leipzig 1911)

KREUZER, SIEGFRIED,

1996 Die Exodustradition im Deuteronomium, in: Veijola, Timo (Hg.), Das Deuteronomium und seine Querbeziehungen, Göttingen 1996, 81-106

KRÜGER, PAUL,

1906 Philo und Josephus als Apologeten des Judentums, Leipzig 1906

KÜMMEL, WERNER G.,

1983 Einleitung in das Neue Testament, Heidelberg [21]1983

KUHLMANN, HELGA (HG.),

2005 Die Bibel - übersetzt in gerechte Sprache? Grundlagen einer neuen Übersetzung, Gütersloh 2005

KUHN, H.-WOLFGANG,

1982 Art. Exodusmotiv III: Neues Testament, TRE 10 (1982), 741-745

KUHNEN, HANS-PETER,

1994 (Hg.), Mit Thora und Todesmut. Judäa im Widerstand gegen die Römer von Herodes bis Bar-Kochba, Stuttgart 1994

1994a Judäa von der Autonomie zur römischen Provinz: Romanisierung und Widerstand, in: ders. 1994, 10-34

1990 Palästina in griechisch-römischer Zeit, Handbuch der Archäologie. Vorderasien II/2, München 1990

1989 Beschönigte Geschichte: Pax Romana im Museum, in: Häßler, Hans-Jürgen, Kultur gegen Krieg – Wissenschaft für den Frieden, Würzburg 1989, 158-164

KURTH, CHRISTINA,

2000 »Die Stimmen der Propheten erfüllt«. Jesu Geschick und »die« Juden nach der Darstellung des Lukas, BWANT 148, Stuttgart u.a. 2000

KURZ, WILLIAM S.,

1999 Promise and Fulfillment in Hellenistic Jewish Narratives and in Luke and Acts, in: Moessner 1999, 147-170

1997 The open-ended Nature of Luke and Acts as inviting canonical actualisation, Neotest. 31 (1997), 289-308

1994 Intertextual Use of Sirach 48.1-16 in Plotting Luke-Acts, in: Evans, Craig A./Stegner, W. Richard (Hg.), The Gospels and the Scriptures of Israel, JSNT.S 104, Sheffield 1994, 308-324

1993 Reading Luke-Acts. Dynamics of Biblical Literature, Louisville 1993

LABUSCHAGNE, CASPER J.,
1976   Art. נתן: THAT II, 1976, 117-141
LAFFEY, ALICE L.,
1988   An Introduction to the Old Testament, Philadelphia 1988
LAKE, KIRSOPP/CADBURY, HENRY J.,
1965   The Beginnings of Christianity I/4. English Translation and Commentary, Grand Rapids 1965
LAMPE, PETER,
2001   Urchristliche Missionswege nach Rom: Haushalte paganer Herrschaft als jüdisch-christliche Keimzellen, ZNW 92 (2001), 123-127
LANDY, FRANCIS,
2003   Torah and Anti-Torah: Isaiah 2:2-4 and 1:10-26, BibInt 11 (2003), 317-334
LANE, THOMAS J.,
1996   Luke and the Gentile mission: Gospel anticipates Acts, EHS 23/571, Frankfurt a.M. u.a. 1996
LANG, BERNHARD,
1998   Art.: Jubiläenbuch: NBL II (1998), 395f.
LANG, MARTIN,
2004   Das Exodusgeschehen in der Joelschrift, in: Paganini u.a. 2004, 15-23
LARSSON, EDVIN,
1993   Temple-Criticism and the Jewish Heritage. Some Reflections on Acts 6-7, NTS 39 (1993), 379-395
LATTKE, MICHAEL,
1986   Art. Halachah, RAC 13, 1986, 372-402
LAUPOT, ERIC,
2000   Tacitus' Fragment 2: The Anti-Roman Movement of the Christiani and the Nazoreans, VigChr 54 (2000), 233-247
LAURENTIN, RENE,
1957   Traces d'allusions étymologiques en Luc 1-2 (II), Bib 38 (1957), 1-23
LEANY, ALFRED H.,
1966   A Commentary on the Gospel According to St. Luke, London ²1966
LEE, JOHN A.L.,
1983   A lexical study of the Septuagint version of the Pentateuch, SCSt 14, Chico 1983
LEFKOWITZ, MARY R.,
1991   Did Ancient Women Write Novels?, in: Levine 1991, 199-219
LEGASSE, SIMON,
1992   Stephanos. Histoire et descours d'Étienne dans les Actes des Apôtres, Paris 1992
LEHNERT, VOLKER A.,
1999   Die Provokation Israels: die paradoxe Funktion von Jes 6,9-10 bei Markus und Lukas; ein textpragmatischer Versuch im Kontext gegenwärtiger Rezeptionsästhetik und Lesetheorie, Neukirchener theologische Dissertationen und Habilitationen 25, Neukirchen-Vluyn 1999
LEMMELIJN, BÉNÉDICTE,
2001   Genesis' Creation Narrative: the Literary Model for the so-called Plague-Tradition?, in: Wénin 2001, 407-419
1996   Setting and Function of Exod 11,1-10 in the Exodus Narrative, in: Vervenne 1996, 443-460
LENZ, SIEGFRIED,
1985   Etwas über Namen. Rede, in: Wolff, Rudolf, Siegfried Lenz. Werk und Wirkung, Bonn 1985, 14-23
LEON, HARRY J.,
1960   The Jews of Ancient Rome, Philadelphia 1960
LEUTZSCH, MARTIN,
2004   Konstruktionen von Männlichkeit im Urchristentum, in: Crüsemann u.a. 2004, 600-618
LEVINE, AMY JILL (Hg.),
1998   Visions of Kingdom. From Pompey to the First Jewish Revolt, in: Coogan 1998, 467-514
1996   Second Temple Judaism, Jesus, and Women: Yeast of Eden, in: Brenner, 1996, 302-331
1991   ›Women like these‹: new perspectives on Jewish women in the Greco Roman world, Early Judaism and its Literature 01, Atlanta 1991
LEVISON, JOHN R.,
1996   Torah and Covenant in Pseudo-Philo's Liber Antiquitatum Biblicarum, in: Avemarie/Lichtenberger 1996, 111-127
LICHTENBERGER, HERMANN,
1996   ›Bund‹ in der Abendmahlsüberlieferung, in: Avemarie, Friedrich/ders., 1996, 217-228
1994   Die Texte von Qumran und Rom, in: Kuhnen 1994, 88-93
LICHTENBERGER, HERMANN/SCHREINER, STEFAN,
1996   Der neue Bund in jüdischer Überlieferung, ThQ 176 (1996), 272-290

LIDZBARSKI, MARK,
1962   Handbuch der nordsemitischen Epigraphik nebst ausgewählten Inschriften, Hildesheim 1962 (repogr. Nachdruck d. Ausgabe 1898)

LIETZMANN, HANS,
1923   Jüdisch-griechische Inschriften aus Tell el Yehudieh, ZNW 22 (1923), 280-286

LIMBECK, MEINRAD,
1974   Satan und das Böse im Neuen Testament, in: Haag 1974, 271-388

LINDARS, BARNABAS,
1994   The Place of the Old Testament in the Formation of New Testament Theology, in: Beale 1994, 137-145

LINK, CHRISTIAN,
1997   Die Spur des Namens, in: ders., Die Spur des Namens. Wege zur Erkenntnis Gottes und zur Erfahrung der Schöpfung, Neukirchen-Vluyn 1997, 37-66

LIPS, HERMANN VON,
1990   Weisheitliche Traditionen im Neuen Testament, WMANT 64, Neukirchen-Vluyn 1990

LOEWENSTAMM, SAMUEL E.,
1992   The evolution of the Exodus tradition, Jerusalem 1992

LOHFINK, NORBERT,
1996   Psalmen im Neuen Testament. Die Lieder in der Kindheitsgeschichte bei Lukas, in: Seybold, Klaus/Zenger, Erich (Hg.), Neue Wege der Psalmenforschung, FS W. Beyerlin, HBS 1, Freiburg u.a. 1996, 105-125
1990   Lobgesänge der Armen. Studien zum Magnificat, den Hodajot von Qumran und einigen späten Psalmen, SBS 143, Stuttgart 1990

LOHSE, EDUARD,
1976   Die Entstehung des Neuen Testaments, Berlin 1976

LÖNING, KARL,
1997   Das Geschichtswerk des Lukas. Band I: Israels Hoffnung und Gottes Geheimnisse, Stuttgart u. a. 1997
1997a   Neuschöpfung und religiöse Kultur. Zur Begründung christlicher Identität im Geschichtswerk des Lukas, in: Albertz, Rainer (Hg.), Religion und Gesellschaft. Studien zu ihrer Wechselbeziehung in den Kulturen des Antiken Vorderen Orients, AZERKAVO 1, AOAT 248, Münster 1997, 203-215
1987   Der Stephanuskreis und seine Mission, in: Becker, Jürgen u.a., Die Anfänge des Christentums. Alte Welt und Neue Hoffnung, Stuttgart 1987, 80-101

LORETZ, OSWALD,
1989   Die babylonischen Gottesnamen Sakkut und Kajjamanu. Ein Beitrag zur jüdischen Astrologie, ZAW 101 (1989), 286-289

LÜDEMANN, GERD,
1987   Das frühe Christentum nach den Traditionen der Apostelgeschichte. Ein Kommentar, Göttingen 1987

LÜHRMANN, DIETER,
1994   Neutestamentliche Wundergeschichten und antike Medizin, in: Bormann, Lukas u.a. (Hg.), Religious propaganda and missionary competition in the New Testament world, FS D. Georgi, NT.S 74, Leiden u.a. 1994, 195-204

LÜNEBURG, ELISABETH,
1988   Schlagt die Trommeln, tanzt und fürchtet euch nicht!, in: Schmidt, Eva R. u.a. (Hg.), Feministisch gelesen, Bd.1, Stuttgart 1988, 45-52

LUST, JAN,
1997   Septuagint and Messianism, with a Special Emphasis on the Pentateuch, in: Reventlow, Hennig Graf (Hg.), Theologische Probleme der Septuaginta und der hellenistischen Hermeneutik, Veröffentlichungen der Wissenschaftlichen Gesellschaft für Theologie 11, Gütersloh 1997, 26-45

LUX, RÜDIGER,
1998   Erinnerungskultur und Zensur im alten Israel, BThZ 15 (1998), 190-205

LUYSTER, ROBERT,
1978   Myth and History in the Book of Exodus, Religion 8 (1978), 155-169

MACH, MICHAEL,
1992   Entwicklungen des jüdischen Engelglaubens in vorrabbinischer Zeit, Tübingen 1992

MADDOX, ROBERT,
1982   The Purpose of Luke-Acts, FRLANT 126, Göttingen 1982

MAIBERGER, PAUL,
1990   Das Alte Testament in seinen großen Gestalten, Mainz 1990

MAIER, JOHANN,
1998   Grundlage und Anwendung des Verbots der Rückkehr nach Ägypten, in: Kollmann, Bernd u.a. (Hg.), Antikes Judentum und frühes Christentum, FS H. Stegemann, BZNW 97, Berlin u.a. 1998, 225-244
1996   Der Lehrer der Gerechtigkeit (Franz-Delitzsch-Vorlesung 1995), Münster 1996
1990   Zwischen den Testamenten. Geschichte und Religion in der Zeit des Zweiten Tempels, NEB.AT Erg. 3, Würzburg 1990

MAIHOFER, ANDREA,
1995   Geschlecht als Existenzweise, Frankfurt a.M. 1995

MAHONEY, ROBERT,
1983   Die Mutter Jesu im Neuen Testament, in: Dautzenberg, Gerhard u.a. (Hg.), Die Frau im Urchristentum, Freiburg 1983, 92-116

MALAMAT, ABRAHAM,
1970   The Danite Migration and the Pan-Israelite Exodus-Conquest: Biblical Narrative Pattern, Bib 51 (1970), 1-16

MÁNEK, JINDRICH,
1958   The New Exodus in the Books of Luke, NT 2 (1958), 8-23

MARBÖCK, JOHANNES,
1990   Exodus zum Zion. Zum Glaubensweg der Gemeinde nach einigen Texten des Jesajabuches, in: Zmijewski, Josef (Hg.), Die alttestamentliche Botschaft als Wegweisung, FS H. Reinelt, Stuttgart 1990, 163-179

MARGUERAT, DANIEL,
1999a   The Enigma of the Silent Closing of Acts (28:16-31), in: Moessner, David P. (Hg.), Jesus and the Heritage of Israel, Harrisburg 1999, 284-304
1999b   Luc-Actes: Une Unité à construire, in: Verheyden 1999, 57-81

MARQUARDT, FRIEDRICH-WILHELM,
1997   Eia, wärn wir da – eine theologische Utopie, Gütersloh 1997

MARROU, HENRI-IRÉNÉE.,
1973   Über die historische Erkenntnis. Welches ist der richtige Gebrauch der Vernunft, wenn sie sich historisch betätigt?, Freiburg u.a. 1973

MARSHALL, I. HOWARD,
1983   Luke and his ›Gospel‹, in: Stuhlmacher, Peter (Hg.), Das Evangelium und die Evangelien, WUNT 28, Tübingen 1983, 289-308
1980   The Acts of the Apostles. An Introduction and Commentary (TNTC), Grand Rapids 1980
1978   The Gospel of Luke. A Commentary on the Greek Text, Exeter 1978

MARSHALL, I. HOWARD/PETERSON, DAVID (Hg.),
1998   Witness to the Gospel. The Theology of Acts, Grand Rapids/Cambridge 1998

MARTENS, KAREN,
2001   »With a strong hand and an outstretched arm« The meaning of the expression הֲזָקָה וּבִזְרֹעַ נְטוּיָה בְּיָד, SJOT 15 (2001), 123-141

MASCARENHAS, THEODORE,
2004   Psalm 105: The Plagues: Darkness and its Significance, in: Paganini u.a. 2004, 79-93

MASON, STEVE,
2001   Flavius Josephus on the Pharisees: A Composition-Critical Study, Leiden 1991
2000a   Flavius Josephus und das Neue Testament, UTB 2130, Tübingen/Basel 2000 (=2000a)
2000b   Introduction to the *Judean Antiquities*, in: ders. (Hg.), Flavius Josephus. Translation and Commentary, Vol. 3: Judean Antiquities 1-4, Leiden u.a. 2000, XIII-XXXVI (=2000b)
1998   ›Should any wish to enquire further‹ (Ant 1.25): The aim and audience of Josephus' Judean Antiquities/Life, in: ders. (Hg.), Understanding Josephus. Seven Perspectives, JSPE.S 32, Sheffield 1998, 64-103

MATTHIAS, DIETMAR,
2004   Beobachtungen zur Auslegung von Ex 34,29-35 in 2 Korinther 3,7-18: leqach 4 (2004), 109-143

MATHYS, HANS-PETER,
1994   Dichter und Beter. Theologen aus spätalttestamentlicher Zeit, OBO 123, Fribourg u.a. 1994

MAYER, EDGAR,
1996   Die Reiseerzählung des Lukas (Lk 9,51-19,10). Entscheidung in der Wüste, EHS.Th 554, Frankfurt a.M. u.a. 1996

MAYER, GÜNTER,
1988   Art. Josephus Flavius, TRE 17 (1988), 258-264
1987   Die jüdische Frau in der hellenistisch-römischen Antike, Stuttgart 1987

MAYER-SCHÄRTEL, BÄRBEL,

1995   Das Frauenbild des Josephus. Eine sozialgeschichliche und kulturanthropologische Untersuchung, Stuttgart u.a. 1995

MAYORDOMO-MARIN, MOISÉS,

1998   Den Anfang hören: leserorientierte Evangelienexegese am Beispiel von Matthäus 1-2, FRLANT 180, Göttingen 1998

MCCRACKEN, VICTOR,

1999   The Interpretation of Scripture in Luke-Acts, RestQ 41 (1999), 193-210

MCEVENUE, SEAN,

1993   The Speaker(s) in Ex 1-15, in: Braulik, Georg u.a. (Hg.), Biblische Theologie und gesellschaftlicher Wandel, FS N. Lohfink, Freiburg i.Br. u.a. 1993, 220-236

MEISER, MARTIN,

2001   Das Alte Testament im lukanischen Doppelwerk, in: Fabry/Offerhaus 2001, 167-195

MENZIES, ROBERT P.,

1993   Spirit and Power in Luke-Acts: A Response to Max Turner, JSNT 49 (1993), 11-20

1991   Empowered for Witness. The Spirit in Luke-Acts, JPTh.S 6, Sheffield 1991

MERENDINO, ROSARIO P.,

1969   Das deuteronomische Gesetz, Bonn 1969

MERKEL, HELMUT,

1996   Das Gesetz im lukanischen Doppelwerk, in: Backhaus, Knut u.a. (Hg.), Schrift und Tradition, FS J. Ernst, Paderborn u.a. 1996, 119-133

MEURER, THOMAS/KIESOW, KLAUS,

2003   Unmittelbarkeit? Überlegungen zur Korrelationsfähigkeit alttestamentlicher Texte am Beispiel von Ps 124, in: dies. (Hg.), Textarbeit. Studien zu Texten und ihrer Rezeption aus dem Alten Testament und der Umwelt Israels, AOAT 294, FS P. Weimar, Münster 2003, 311-328

MEYERS, CAROL,

1994   Miriam the musician, in: Brenner 1994, 207-230

1988   Discovering Eve. Ancient Israelite Women in Context, New York u.a. 1988

MICHAELIS, WILHELM,

1964   Art. Σκενη κτλ: ThWNT VII (1964), 369-396

MICHEL, OTTO/BETZ, OTTO,

1964   Von Gott gezeugt, in: Eltester, Walter (Hg.), Judentum Urchristentum Kirche, FS J. Jeremias, Berlin 1964, 3-23

MINK, GERD,

1986   Lukasevangelium. Im Urtext. Eingeleitet und kommentiert von Gerd Mink. Bd. 2: Kommentar, Münster 1986

MISCALL, PETER D.,

1995   Texts, more texts, a textual reader and a textual writer, Semeia 69/70 (1995), 247-260

MITTMANN-RICHERT, ULRIKE,

1996   Magnifikat und Benediktus, WUNT 2.90, Tübingen 1996

MOESSNER, DAVID. P.,

2004   ›Completed End(s)ings‹ of historiographical Narrative: Diodorus Siculus and the end(ing) of Acts, in: Breytenbach u.a. 2004, 193-221

1999   (Hg.), Jesus and the Heritage of Israel. Luke's Narrative Claim upon Israel's Legacy, Harrisburg 1999

1996   Eyewitnesses, ›Informed Contemporaries,‹ and ›unknowing Inquirers‹: Josephus' Criteria for authentic Historiography and the Meaning of παρακολουθέω, NT 38 (1996), 105-122

1989   Lord of the Banquet: The Literary and Theological Significance of the Lukan Travel Narrative, Minneapolis 1989

1988   Ironic Fulfillment of Israel's Glory, in: Tyson, Joseph B. (Hg.), Luke-Acts and the Jewish People. Eight critical Perspectives, Minneapolis 1988, 35-50

1983   Luke 9.1-50: Lukes's Preview of the Journey of the Prophet like Moses of Deuteronomy, JBL 102 (1983), 575-605

MORELAND, MILTON,

2003   The Jerusalem Community in Acts: Mythmaking and the Sociorhetoric Functions of a Lukan Setting, in: Penner/Vander Stichele 2003, 285-310

MOYE, RICHARD H.,

1990   In the Beginning: Myth and History in Genesis and Exodus, JBL 109 (1990), 577-598

MOYISE, STÉPHAN,

2002   Intertextuality and Biblical Studies: A Review, Verbum et Ecclesia 23 (2002), 418-431

MUHLACK, GUDRUN,
1979   Die Parallelen von Lukas-Evangelium und Apostelgeschichte, Frankfurt a.M. u.a. 1979
MÜHLMANN, WILHELM E.,
1964   Chiliasmus und Nativismus, Berlin 1964
MULDER, MARTIN J./SYSLING, HARRY (Hg.),
1988   Mikra. Text, Translation, Reading and Interpretation of the Hebrew Bible in Ancient Judaism and
            Early Christianity, CRI II/1, Assen u.a. 1988
MÜLLER, KARLHEINZ,
2000   Forschungsgeschichtliche Anmerkungen zum Thema ›Jesus von Nazareth und das Gesetz‹.
            Versuch einer Zwischenbilanz, in: Karrer u.a. 2000, 58-77
1993   Die hebräische Sprache der Halacha als Textur der Schöpfung. Beobachtungen zum Verhältnis von
            Tora und Halacha im Buch der Jubiläen, in: Merklein, Helmut u.a. (Hg.), Bibel in jüdischer und
            christlicher Tradition, FS J. Maier, BBB 88, Frankfurt a.M. 1993, 157-176
1992   Beobachtungen zum Verhältnis von Tora und Halacha, in: Broer, Ingo (Hg.), Jesus und das jüdische
            Gesetz, Stuttgart u.a. 1992, 102-134
1986   Gesetz und Gesetzeserfüllung im Frühjudentum, in: Kertelge, Karl (Hg.), Das Gesetz im Neuen
            Testament, QD 108, Freiburg i.Breisgau u.a. 1986, 11-27
MÜLLER, KLAUS,
1998   Tora für die Völker. Die noachidischen Gebote und Ansätze zu ihrer Rezeption im Christentum,
            Berlin ²1998
MÜLLER, MOGENS,
1996   Die Abraham-Gestalt im Jubiläenbuch. Versuch einer Interpretation, SJOT 10 (1996), 238-257
MÜLLER, PETER,
1994   »Verstehst du auch, was du liest?« Lesen und Vestehen im Neuen Testament, Darmstadt 1994
MÜLLER, STEPHANIE,
1997   Weh euch, ihr Heuchler! Zur Herkunft und Bedeutung der pharisäischen Bewegung im Judentum
            (Mt 23,1-39), in: Henze, Dagmar u.a., Antijudaismus im Neuen Testament? Grundlagen für die
            Arbeit mit biblischen Texten, KT 149, Gütersloh 1997, 138-150
MÜLLER, WOLFGANG G.,
1991   Interfigurality. A Study on the Interdependence of Literary Figures, in: Plett 1991, 101-121
MÜLLNER, ILSE,
1997   Gewalt im Hause Davids. Die Erzählung von Tamar und Amnon (2 Sam 13,1-22), HBS 13, Freiburg
            i.Br. u.a. 1997
MÜNCHOW, CHRISTOPH,
1981   Ethik und Eschatologie: ein Beitrag zum Verständnis der frühjüdischen Apokalyptik,
            Göttingen 1981
MURPHY, FREDERICK J.,
1996   Rezension E. Reinmuth, Pseudo-Philo und Lukas, JBL 115 (1996), 145-147
1993   Pseudo-Philo. Rewriting the Bible, New York u.a. 1993
1988a   God in Pseudo-Philo, JSJ 19 (1988), 1-18
1988b   Retelling the Bible: Idolatry in Pseudo-Philo, JBL 107 (1988), 275-287
1988c   The Eternal Covenant in Pseudo-Philo, JSP 3 (1988), 43-57
1986   Divine Plan, Human Plan: A Structuring Theme in Pseudo-Philo, JQR 77 (1986), 5-14
MUßNER, FRANZ,
1975   Wohnung Gottes und Menschensohn nach der Stephanusperikope (Apg 6,8-8,2), in: Pesch, Rudolf
            u.a. (Hg.), Jesus und der Menschensohn, FS A. Vögtle, Freiburg i.Br. u.a. 1975, 283-299
NEBE, GOTTFRIED,
1989   Prophetische Züge im Bilde Jesu bei Lukas, BWANT 127, Stuttgart u.a. 1989
NEIRYNCK, FRANS,
1999   Luke 4,16-30 and the Unity of Luke-Acts, in: Verheyden 1999, 358-395
NELLESSEN, ERNST,
1976   Zeugnis für Jesus und das Wort. Exegetische Untersuchungen zum lukanischen Zeugnisbegriff,
            BBB 43, Köln 1976
NEUBERTH, RALPH,
2001   Demokratie im Volk Gottes: Untersuchungen zur Apostelgeschichte, SBB 46, Stuttgart 2001
NEUDORFER, HEINZ-WERNER,
1998   The Speech of Stephen, in: Marshall/Peterson 1998, 275-294
1983   Der Stephanuskreis in der Forschungsgeschichte seit F.C. Baur, Gießen u.a. 1983
NEWMAN, MURRAY L.,
1962   The People of the Covenant, Nashville 1962

NICKELSBURG, GEORGE W.E.,

1998   Abraham the Convert. A Jewish Tradition and Its Use by the Apostle Paul, in: Stone, Michael
        E./Bergren, Theodore A. (Hg.), Biblical Figures outside the Bible, Harrisburg 1998, 151-175

1984   The Bible Rewritten and Expanded, in: M. Stone 1984, 89-156

1980   Good and bad leaders in Pseudo-Philo's Liber Antiquitatum Biblicarum, in: Collins, John J./ders.
        (Hg.), Ideal Figures in Ancient Judaism. Profiles and Paradigms, SCSt 12, Michigan 1980, 49-65

1981   Jewish Literature Between the Bible and the Mishnah. A Historical and Literary Introduction,
        Philadelphia 1981

NICKELSBURG, GEORGE W.E./KRAFT, ROBERT A. (Hg.),

1986   Early Judaism and its Modern Interpreters, Philadelphia 1986

NICOLE, ROGER,

1994   The New Testament use of the Old Testament, in: Beale 1994, 13-28

NIEHOFF, MAREN R.,

2004   Mother and Maiden, Sister and Spouse: Sarah in Philonic Midrash, HThR 97 (2004), 413-443

NIELSEN, KIRSTEN,

1998   Satan – the Prodigal Son? A Family Problem in the Bible, BiSe 50, Sheffield 1998

1993   Art. סתן: THAT VII (1993), 745-751

NINOW, FRIEDBERT,

2001   Indicators of typology within the Old Testament: the Exodus motif, Frankfurt a.M. u.a. 2001

NITSCHE, STEFAN ARK,

1998   David gegen Goliath. Die Geschichte der Geschichten einer Geschichte. Zur fächerübergreifenden
        Rezeption einer biblischen Geschichte, Altes Testament und Moderne 4, Münster 1998

NIXON, R.E.,

1963   The Exodus in the New Testament, London 1963

NOLAN FEWELL, DANNA/GUNN, DAVID M.,

1993   Gender, Power, and Promise. The Subject of the Bible's First Story, Nashville 1993

NORTH, ROBERT,

2001   Perspective of the Exodus Author(s), ZAW 113 (2001), 481-504

NOTH, MARTIN,

1977   Das vierte Buch Mose. Numeri, ATD 7, Göttingen ³1977

1965   Das zweite Buch Mose. Exodus, ATD 5, Göttingen ³1965

1928   Die israelitischen Personennamen im Rahmen der gemeinsemitischen Namensgebung,
        Stuttgart 1928

NÖTSCHER, FRIEDRICH,

1966   Prophetie im Umkreis des alten Israel, BZ.NF 10 (1966), 161-197

O'DONNELL SETEL, DRORAH,

1992   Exodus, WBC, 26-35 1992

OBLATH, MICHAEL D.,

2000   Of Pharaos and Kings – whence the Exodus?, JSOT 87 (2000), 23-42

ÖHLER, MARKUS,

2003   Barnabas. Die historische Person und ihre Rezeption in der Apostelgeschichte, WUNT 156,
        Tübingen 2003

1999   (Hg.), Alttestamentliche Gestalten im Neuen Testament: Beiträge zur biblischen Theologie,
        Darmstadt 1999

1997   Elia im Neuen Testament. Untersuchungen zur Bedeutung des alttestamentlichen Propheten im
        frühen Christentum, BZNW 88, Berlin/New York 1997

1996   Die Verklärung (Mk 9,1-8): Die Ankunft der Herrschaft Gottes auf der Erde, NT 38 (1996), 197-217

OEMING, MANFRED,

1990   Das wahre Israel. Die ›genealogische Vorhalle‹ 1 Chr 1-9, BWANT 128, Stuttgart 1990

1984   Bedeutung und Funktionen von ›Fiktionen‹ in der alttestamentlichen Geschichtsschreibung, EvTh
        44 (1984), 254-266

OGDEN BELLIS, Alice,

1994   Helpmates, Harlots and Heroes, Louisville 1994

OLIVER, HAROLD H.,

1964   The Lukan Birth Stories and the Purpose of Luke-Acts, NTS 10 (1964), 202-226

OLSON, DENNIS T.,

1985   The Death of the Old and the Birth of the New. The Framework of the Book of Numbers and the
        Pentateuch, BJSt 71, Chico 1985

OLYAN, SAUL M.,

1991   The Israelites Debate their Options at the Sea of Reeds: LAB 10:3, its Parallels, and Pseudo-Philo's
        Ideology and Background, JBL 110 (1991), 75-91

OOSTERHOFF, BEREND J.,
1953   Israelietische Persoonsnamen, Exegetica I/4, Delft 1953
O'ROURKE, JOHN J.,
1994   Possible Uses of the Old Testament in the Gospels, in: Evans, Craig A./Stegner, W. Richard (Hg.), The Gospels and the Scriptures of Israel, JSNT.S 104, Sheffield 1994, 15-25
ORTH, BURKHARD,
2002   Lehrkunst im frühen Christentum. Die Bildungsdimension didaktischer Prinzipien in der hellenistisch-römischen Literatur und im lukanischen Doppelwerk, Frankfurt a.M. u.a. 2002
OSTEN-SACKEN, PETER VON DER,
1984   Lukas der Judenchrist. Der Autor des Evangeliums: Entschluß 39 (1984), 8-9
1973   Zur Christologie des lukanischen Reiseberichts, EvTh 33 (1973), 476-496
1969   Gott und Belial. Traditionsgeschichtliche Untersuchungen zum Dualismus in den Texten von Qumran, StUNT 6, Göttingen 1969
OSTMEYER, KARL-HEINRICH,
2002   Satan und Passa in 1. Korinther 5, ZNT 9 (2002), 38-45
2000   Typos – weder Urbild noch Abbild, in: Zimmermann, Ruben (Hg.), Bildersprache verstehen. Zur Hermeneutik der Metapher und anderer bildlicher Sprachformen, Übergänge 38, München 2000, 215-236
O'TOOLE, ROBERT E.,
1990   The Parallels between Jesus and Moses, BTB 20 (1990), 22-29
1984   The Unity of Luke's Theology: An Analysis of Luke-Acts, Good News Studies 9, Wilmington 1984
1983   Acts 2:30 and the Davidic Covenant of Pentecost, JBL 102 (1983), 245-258
1978   The Christological Climax of Paul's Defense, Analecta Biblica 78, Rom 1978
OTTO, ECKART
2004   Wie ›synchron‹ wurde in der Antike der Pentateuch gelesen?, in: Hossfeld u.a. 2004, 470-485
2000   (Hg.), Mose: Ägypten und das Alte Testament, SBS 189, Stuttgart 2000
PAGANINI, SIMONE,
2004   Ein ›neuer Exodus‹ im Jesajabuch?, in: Paganini u.a. 2004, 25-35
PAGANINI, SIMONE u.a. (Hg.),
2004   Führe mein Volk heraus. Zur innerbiblischen Rezeption der Exodusthematik, FS G. Fischer, Frankfurt a.M. u.a. 2004
PAGELS, ELAINE,
1996   Satans Ursprung, Berlin 1996
PALMER BONZ, MARIANNE,
2000   The Past as Legacy: Luke-Acts and Ancient Epic, Minneapolis 2000
PAO, DAVID W.,
2000   Acts and the Isaianic new exodus, WUNT 2.130, Tübingen 2000
PARENTE, FAUSTO,
1996   Ναζαρηνός – Ναζωραῖος: An Unsolved Riddle in the Synoptic Tradition, SCI 15 (1996), 185-201
PARK, CHANWOONG,
1999   Summarische Berichte über das Leben Jesu: Die Darstellungen im lukanischen Doppelwerk und sogenannten Testimonium Flavianum (Ant 18,63-64): Yonsei review of theology and culture 5 (1999), 193-211
PARRY, DAVID T.N.,
1995   Release of the Captives – Reflections on Acts 12, in: Tuckett 1995, 156-164
PATELLA, MICHAEL,
1999   The Death of Jesus: The Diabolical Force and the Ministering Angel (Luke 23,44-49), Cahiers de la Revue Biblique 43, Paris 1999
PATSCH, HERMANN,
1992   Art. πάσχα: EWNT III (1992), 117-120
PATTON, CORRINE,
1996   ›I Myself Gave them Laws that Were Not Good‹: Ezekiel 20 and the Exodus Traditions: JSOT 69 (1996), 73-90
PELLEGRINI, SILVIA,
2000   Elija – Wegbereiter des Gottessohnes, HBS 26, Freiburg u.a. 2000
PENNER, TODD,
2004   In Praise of Christian Origins. Stephen and the Hellenists in Lukan Apologetic Historiography, New York u.a. 2004
PENNER, TODD/VANDER STICHELE, CAROLINE (Hg.),
2003   Contextualizing Acts. Lukan narrative and Greco-Roman discourse, SBL-Symposium series 20, Atlanta 2003

PEPPERMÜLLER, ROLF,
1992   Art. ἔξοδος: EWNT II (1992), 19f.
PERLITT, LOTHAR,
1971   Mose als Prophet, EvTh 31 (1971), 588-608
PERROT, CHARLES,
1967   Les récits d'enfance dans la haggada antérieure au IIᵉ siècle de notre ère, RSR 55 (1967), 481-518
PESCH, RUDOLF,
1986   Die Apostelgeschichte I u. II, EKK 5/1-2, Neukirchen-Vluyn 1986
PETUCHOWSKY, JACOB J.,
1957   »Do this in remembrance of me« (1 Cor 11,24), JBL 76 (1957), 293-298
PETZKE, GERD,
1990   Das Sondergut des Evangeliums nach Lukas, ZWK, Zürich 1990
PFISTER, MANFRED,
1985   Konzepte der Intertextualität, in: Broich/ders. 1985, 1-30
PHILLIPS, ELAINE A.,
1998   The singular prophet and ideals of Torah: Miriam, Aaron, and Moses in early rabbinic texts, in: Evans/Sanders 1998, 78-88
PHILLIPS, GARY A.,
1991   Sign/Text/Différance. The Contribution of Intertextual Theory to Biblical Criticism, in: Plett 1991, 78-97
PICHLER, JOSEF,
1997   Paulusrezeption in der Apostelgeschichte. Untersuchungen zur Rede im pisidischen Antiochien, IThS 50, Innsbruck 1997
PILHOFER, PETER,
1990   Presbyteron kreitton. Der Altersbeweis der jüdischen und christlichen Apologeten und seine Vorgeschichte, WUNT 2/39, Tübingen 1990
PIPER, OTTO A.,
1957   Unchanging Promises. Exodus in the New Testament, Interp. 11 (1957), 3-22
PLASKOW, JUDITH,
1992   Und wieder stehen wir am Sinai, Luzern 1992
PLETT, HEINRICH F.,
1991   Intertextualities, in: ders. (Hg.), Intertextuality, RTT 15, 1991, 3-29
1986   The Poetics of Quotation: Annales Universitatis Scientiarum Budapestinesis: Sectio Linguistica 17 (1986), 293-313
PLÖGER, OTTO,
1989   Beobachtungen zur Darstellung der alttestamentlichen Geschichte in den ›Jüdischen Altertümern‹ des Flavius Josephus (Buch I-XI), Old Testament Essays 2 (1989), 13-40
PLÜMACHER, ECKHARD,
2000   Art. Geschichtsschreibung, IV. Biblisch: RGG 3 (⁴2000), 807f.
1978   Art. Apostelgeschichte: TRE 3 (1978), 483-528
1972   Lukas als hellenistischer Schriftsteller. Studien zur Apostelgeschichte, StUNT 9, Göttingen 1972
POKORNÝ, PETR,
1998   Theologie der lukanischen Schriften, FRLANT 174, Göttingen 1998
POLASKI, DONALD C.,
1995   On taming Tamar: Amram's rhetoric and Women's Roles in Pseudo-Philo's Liber Antiquitatum Biblicarum 9, JSP 13 (1995), 79-99
POLOTSKY, HANS J.,
1962   The Greek Papyri from the Cave of the Letters, IEJ 12 (1962), 258-262
PORTER, STANLEY E.,
1990   Why hasn't reader-response criticism caught on in New Testament studies?, Journal of Literature & Theology 4 (1990), 278-292
PREMSTALLER, VOLKMAR,
2004   Ez 20,5-9: Der Exodus im Dunkel des Exils, in: Paganini u.a. 2004, 55-59
PREVALLET, ELAINE M.,
1996   The Use of the Exodus in Interpreting History, Concordia theological monthly 37 (1996), 131-145
PROPP, WILLIAM H.,
1998   Exodus 1-18, AB 2, New York u.a. 1998
1988   The rod of Aaron and the sin of Moses, JBL 107 (1988), 19-26
PUECH, ÉMILE,
1983   Inscriptions funéraires palestiennes: tombeau de Jason et ossuaires, RB 90 (1983), 481-533

PUNAYAR, SEBASTIAN,

1992   Luke's Christological Use of the Old Testament: A Study of the Special Lucan Quotations, Rom 1992

RADL, WALTER,

1999   Die Beziehungen der Vorgeschichte zur Apostelgeschichte. Dargestellt an Lk 2,22-39, in: Verheyden 1999, 297-312

1992   Art. μέλλω: EWNT II (1992), 993-995

1988   Das Lukas-Evangelium, EdF 261, Darmstadt 1988

1983   Befreiung aus dem Gefängnis: Die Darstellung eines biblischen Grundthemas in Apg 12, BZ 27 (1983), 81-96

1975   Paulus und Jesus im lukanischen Doppelwerk. Untersuchungen zu Parallelmotiven im Lukasevangelium und in der Apostelgeschichte, EHS 23/49, Bern u.a. 1975

RAHMANI, L.Y.,

1994   A Catalogue of Jewish Ossuaries in the Collections of the State of Israel, Jerusalem 1994 (=CJO)

RAJAK, TESSA,

2001   Art. Josephus: RGG 4 (⁴2001), 585-587

1983   Josephus. The Historian and his Society, London 1983

RAKEL, CLAUDIA,

2003a   Judit – über Schönheit, Macht und Widerstand im Krieg. Eine feministisch-intertextuelle Lektüre, BZAW 334, Berlin/New York 2003

2003b   Die Feier der Errettung im Alten Testament als Einspruch gegen den Krieg, JBTh 18 (2003), 169-201

RAPP, URSULA,

2002   Mirjam. Eine feministisch-rhetorische Lektüre der Mirjamtexte in der hebräischen Bibel, BZAW 317, Berlin/New York 2002

1998   Das Buch Numeri, KFB, 54-66

RAU, ECKARD,

1994   Von Jesus zu Paulus. Entwicklung und Rezeption der antiochenischen Theologie im Urchristentum, Stuttgart u.a. 1994

RAVENS, DAVID A. S.,

1990   Luke 9:7-62 and the Prophetic Role of Jesus, NTS 36 (1990), 119-129

1996   Luke and the Restoration of Israel, Sheffield 1996

RAYAPPAN, ARASAKUMAR,

2004   Out of Egypt: Bondage and liberation in Jeremiah, in: Paganini u.a. 2004, 37-53

REDFORD, DONALD B.,

1993   Egypt, Canaan, and Israel in Ancient Times, Princeton 1993

REELING BROUWER, RINSE,

1981   Beschneidung, TeKo 10 (1981,2), 4-19

REESE, GÜNTER,

1999   Die Geschichte Israels in der Auffassung des frühen Judentums, BBB 123, Berlin u.a. 1999

REICHERT, KLAUS,

2003   Zum Übersetzen aus dem Hebräischen, in: ders., Die unendliche Aufgabe. Zum Übersetzen, München u.a. 2003, 131-148

REICKE, BO,

1973   Jesus in Nazareth. Lk 4,14-30, in: Balz, Horst u.a. (Hg.), Das Wort und die Wörter, FS G. Friedrich, Stuttgart u.a. 1973, 47-55

REID, BARBARA E.,

1993   The Transfiguration. A Source- and Redaction-Critical Study of Luke 9:28-36, CRB 32, Paris 1993

REINHARTZ, ADELE,

1991   From Narrative to History: The Resurrection of Mary and Martha, in: Levine 1991, 161-184

REINMUTH, ECKARD,

2002   Hermeneutik des Neuen Testaments, UTB 2310, Göttingen 2002

1997   Beobachtungen zur Rezeption der Genesis bei Pseudo-Philo (LAB 1-8) und Lukas (Apg 7.2-17): NTS 43 (1997), 552-569

1994   Pseudo-Philo und Lukas: Studien zum Liber Antiquitatum Biblicarum und seiner Bedeutung für die Interpretation des lukanischen Doppelwerks, WUNT 74, Tübingen 1994

1989a   Beobachtungen zum Verständnis des Gesetzes im Liber Antiquitatum Biblicarum (Pseudo-Philo), JSJ 20 (1989), 151-170

1989b   Ps.-Philo, Liber Antiquitatum Biblicarum 33,1-5 und die Auslegung der Parabel Lk 16: 19-31, NT 31 (1989), 16-38

REISER, MARIUS,

2001   Sprache und literarische Formen des Neuen Testaments. Eine Einführung, Paderborn u.a. 2001

RENDTORFF, ROLF,

2003 Die Tora und die Propheten, in: Hardmeier u.a. 2003, 155-161

2001 Theologie des Alten Testaments. Ein kanonischer Entwurf, Bd. 2: Thematische Entfaltung, Neukirchen-Vluyn 2001

2000 Ägypten und die ›mosaische Unterscheidung‹, in: Becker, D. (Hg.), Mit dem Fremden leben. Perspektiven einer Theologie der Konvivenz, Bd. 2, FS Th. Sundermeier, MWF NF 11/12, Erlangen 2000, 113-122

1999 Theologie des Alten Testaments. Ein kanonischer Entwurf, Bd.1: Kanonische Grundlegung, Neukirchen-Vluyn 1999

1997 Die Herausführungsformel in ihrem literarischen und theologischen Kontext, in: Vervenne, Marc/Lust, Johan (Hg.), Deuteronomy and Deuteronomic Literature, FS C.H.W. Brekelmans, BEThL 123, Paris/Leuven 1997, 501-527

1991 ›Bund‹ als Strukturkonzept in Genesis und Exodus, in: ders., Kanon und Theologie. Vorarbeiten zu einer Theologie des Alten Testaments, Neukirchen-Vluyn 1991, 123-131

RENGSTORF, KARL HEINRICH,

1955 Das Evangelium nach Lukas, NTD 3, Göttingen [7]1955

RENSBURG, JANSE F.J. VAN,

1987 History as Poetry: A Study of Psalm 136, in: Burden 1987, 80-90

RESE, MARTIN,

2000 Wer war Israel als Gegenüber der ersten Heidenchristen?, in: Siegert, Folker (Hg.), Israel als Gegenüber. Vom Alten Orient bis in die Gegenwart, Göttingen 2000, 147-157

1999 The Jews in Luke-Acts. Some second Thoughts, in: Verheyden 1999, 185-201

1997 Intertextualität. Ein Beispiel für Sinn und Unsinn ›neuerer‹ Methoden, in: Tuckett, Christopher M. (Hg.), The Scriptures in the Gospels, BEThL 131, Paris/Leuven 1997, 431-439

1965 Alttestamentliche Motive in der Christologie des Lukas, Bonn 1965

RESSEGUIE, JAMES L.,

1984 Reader-Response Criticism and the Synoptic Gospels, JAAR 52 (1984), 307-324

RHYS, JEAN,

1987 Wide Sargasso Sea, Harmondsworth 1987

RICHARD, EARL,

1982 The creative Use of Amos by the Author of Acts, NT 24 (1982), 37-53

1979 The polemical character of the Joseph episode in Acts 7, JBL 98 (1979), 255-267

1978 Acts 6:1-8:4. The Author's Method of Composition, SBL.DS 41, Missoula 1978

RICHTER REIMER, IVONI,

2004 ... und das Heil wird Körper. Befreiung und Freude im Leben Elisabeths und Marias. Lukas 1-2 in feministischer Perspektive, in: Crüsemann u.a., 2004, 647-669

1998 Die Apostelgeschichte, KFB 542-556

1992 Frauen in der Apostelgeschichte des Lukas, Gütersloh 1992

RICHTER, HANS F.,

1996 Gab es einen ›Blutbräutigam‹? Erwägungen zu Exodus 4,24-26, in: Vervenne 1996, 433-441

RIEMER, ELLEN,

1994 Das Babatha-Archiv. Schriftzeugnisse aus dem Leben einer jüdischen Frau vor dem Zweiten Aufstand, in: Kuhnen 1994, 94-106

RIESENFELD, HARALD,

1947 Jésus transfiguré. L'arrière-plan du récit évangélique de la transfiguration de Notre-Seigneur, ASNU 16, Copenhagen 1947

RIESNER, RAINER,

2002 Versuchung und Verklärung (Lukas 4,1-13; 9,28-36; 10,27-20; 22,39-53 und Johannes 12,20-36), ThBeitr 33 (2002), 197-207

RIESSLER, PAUL,

1984 Altjüdisches Schrifttum außerhalb der Bibel, Freiburg [5]1984

RILEY, GREG J.,

1995 Art. Demon, DDD (1995), 445-455

RINGE, SHARON H.,

1995 Luke, Louisville 1995

1983 Luke 9:28-36: the Beginning of an Exodus, Semeia 28 (1983), 83-99

ROBBINS, VERNON K.,

1996a Exploring the Texture of Texts: A Guide to Socio-Rhetoric Interpretation, Valley Forge 1996

1996b The Tapestry of Early Christian Discourse: Rhetoric, Society and Ideology, London 1996

ROBINSON, BERNARD P.,

1989 The jealousy of Miriam. A note on Num 12, ZAW 101 (1989), 428-432

ROBINSON, WILLIAM C.,
1960   The Theological Context for Interpreting Lukes's Travel Narrative (9,51ff), JBL 79 (1960), 20-31
ROLOFF, JÜRGEN,
1993   Die Kirche im Neuen Testament, GNT 10, Göttingen 1993
1988   Die Apostelgeschichte, NTD V, Göttingen ²1988
RÖMER, THOMAS,
2000   La Narration, une Subversion. L'Histoire de Joseph (Gn 37-50*) et les Romans de la Diaspora, in:
          Brooke, Georg J./Kaestli, Jean-Daniel (Hg.), Narrativity in Biblical and Related Texts. La Narrativité
          dans la Bible et les Textes Apparentés, BEThL 149, Paris/Leuven 2000, 17-29
RÖMER, THOMAS/MACCHI, JEAN-DANIEL,
1995   Luke, Disciple of the Deuteronomistic School, in: Tuckett 1995, 178-187
ROSE, MARTIN,
1994   5. Mose. Teilband 1: 5. Mose 12-25, ZBK, Zürich 1994
RÖSEL, MARTIN,
1994   Übersetzung als Vollendung der Auslegung. Studien zur Genesis-Septuaginta, BZAW 223, Berlin
          u.a. 1994
RUPPRECHT, KONRAD,
1990   Zu Herkunft und Alter der Vater-Anrede Gottes im Gebet des vorchristlichen Judentums, in: Blum
          u.a. 1990, 347-355
RUSAM, DIETRICH,
2003   Das Alte Testament bei Lukas, BZNW 112, Berlin u.a. 2003
RÜTERSWÖRDEN, UDO,
1995   Die Prophetin Hulda, in: Weippert, Manfred u.a. (Hg.), Meilenstein, FS H. Donner, Wiesbaden
          1995, 234-242
RUWE, ANDREAS,
2003   Kommunikation von Gottes Gegenwart. Zur Namenstheologie in Bundesbuch und
          Deuteronomium, in: Hardmeier u.a. 2003, 189-223
SAFRAI, SHMUEL/STERN, MENAHEM (Hg.),
1974 /76 The Jewish People in the First Century. Historical Geography, Political History, Social, Cultural and
          Religious Life and Institutions, Vol. I u. II, Assen 1974 u. 1976
SAHLIN, HARALD,
1950   Zur Typologie des Johannesevangeliums, Uppsala 1950
SAKENFELD, KATHERINE D.,
1992   Numbers, WBC, 45-51
SALMON, MARILYN,
1988   Insider or Outsider? Luke's Relationship with Judaism, in: Tyson 1988, 76-82
SALS, ULRIKE,
2004   Die Biographie der ›Hure Babylon‹, FAT 2.6, Tübingen 2004
SÁNCHEZ, HÉCTOR,
2002   Das lukanische Geschichtswerk im Spiegel heilsgeschichtlicher Übergänge, PaThSt 29,
          Paderborn 2002
SANDERS, ED P.,
1985   Paulus und das palästinische Judentum. Ein Vergleich zweier Religionsstrukturen, StUNT 17,
          Göttingen 1985
SANDERS, JACK T.,
1988   The Jewish People in Luke-Acts, in: Tyson 1988, 51-75
1987   The Prophetic Use of the Scriptures in Luke-Acts, in: Evans, Craig A./Stinespring, William F. (Hg.),
          Early Jewish and Christian Exegesis, FS W. H. Brownlee, Oxford 1987, 191-198
1987a   The Jews in Luke-Acts, London 1987
SANDERS, JAMES A.,
1991   The Integrity of Biblical Pluralism, in: Rosenblatt, Jason P./Sitterson, Joseph C. (Hg.), »Not in
          heaven« Coherence and Complexity in Biblical Narrative, Bloomington u.a. 1991, 154-169
SANDERS, JAMES A.,
1993   Isaiah in Luke, in: Evans/Sanders 1993, 14-25
1993a   From Isaiah 61 to Luke 4, in: Evans/Sanders 1993, 47-69
SANDLER, AARON,
1982   Art. Aussatz: JL I (²1982), 592f.
SANDT, HUUB VAN DE,
1992   An Explanation of Acts 15,6-21 in the Light of Deuteronomy 4,29-35, JSNT 46 (1992), 73-97
1991   Why is Amos 5,25-27 quoted in Acts 7,42f?, ZNW 82 (1991), 67-87
1990   The Fate of the Gentiles in Joel and Acts 2, ETL 66 (1990), 56-77

SÄRKIÖ, PEKKA,

1998   Exodus und Salomo. Erwägungen zur verdeckten Salomokritik anhand von Ex 1-2; 5; 14 und 32, Schriften der Finnischen Exegetischen Gesellschaft 71, Göttingen 1998

SAUTER, GERHARD,

1978   ›Exodus‹ und ›Befreiung‹ als theologische Metaphern. Ein Beispiel zur Kritik von Allegorese und mißverstandenen Analogien in der Ethik, EvTh 38 (1978), 538-559

SCHABERG, JANE,

1996   The foremothers and the mother of Jesus, in: Brenner 1996, 149-158

1992   Luke, WBC, 275-292

1989   Die Stammütter und die Mutter Jesu, Conc 25 (1989), 528-533

1987   The Illegitimacy of Jesus. A Feminist Theological Interpretation of the Infancy Narratives, San Francisco 1987

SCHÄFER, PETER (Hg.),

1996   Geschichte - Tradition - Reflexion, FS M. Hengel, Bd. I: Judentum, Tübingen 1996

1972   Die Vorstellung vom Heiligen Geist in der rabbinischen Theologie, München 1972

SCHALIT, ABRAHAM,

1968   Namenwörterbuch zu Flavius Josephus, Leiden 1968

SCHALLER, BERNDT,

1994   Philo, Josephus und das sonstige griechisch-sprachige Judentum in ANRW und weiteren neueren Veröffentlichungen, ThR.NF 59 (1994), 186-214

SCHARBERT, JOSEF,

1992   Numeri, NEB 27, Würzburg 1992

SCHELBERT, GEORG,

1988   Art. Jubiläenbuch: TRE 17 (1988), 285-289

SCHIFFNER, KERSTIN,

2002   »Wie liest du?« (Lk 10,26) Beobachtungen zur Entwicklung feministisch-theologischer Bibelauslegung: Lernort Gemeinde 20 (2002), 13-17

2003a   Grundlagen feministisch-befreiungstheologischer Bibellektüre, in: Jessen/Müller 2003, 13-22

2003b   Solidarität. Apostelgeschichte 5,1-11, in: Jessen/Müller 2003, 83-93

2003c   Keine demütige Magd – oder doch? Maria und der Engel im biblischen Text (Lk 1,26-38) und in Kinderbibeln, in: Klöpper, Diana u.a. (Hg.), Kinderbibeln – Bibeln für die nächste Generation? Eine Entscheidungshilfe für alle, die mit Kindern Bibel lesen, Stuttgart 2003, 134-150

SCHMELLER, THOMAS,

1994   Das Recht der Anderen. Befreiungstheologische Lektüre des Neuen Testaments in Lateinamerika, Münster 1994

SCHMID, KONRAD,

2000   Innerbiblische Schriftauslegung. Aspekte der Forschungsgeschichte, in: Kratz u.a. 2000, 1-22

1999a   Ausgelegte Schrift als Schrift. Innerbiblische Schriftauslegung und die Frage nach der theologischen Qualität biblischer Texte, in: Anselm, Reiner u.a. (Hg.), Die Kunst des Auslegens: zur Hermeneutik des Christentums in der Kultur der Gegenwart, Frankfurt a.M. u.a. 1999, 115-129

1999b   Erzväter und Exodus. Untersuchungen zur doppelten Begründung der Ursprünge Israels innerhalb der Geschichtsbücher des Alten Testaments, WMANT 81, Neukirchen 1999

SCHMIDT, LUDWIG,

2005   Die vorpriesterliche Darstellung in Ex 11,1-13,16*, ZAW 117 (2005), 171-188

SCHMIDT, UTA,

2003   Zentrale Randfiguren. Strukturen der Darstellung von Frauen in den Erzählungen der Königebücher, Gütersloh 2003

SCHMIDT, WERNER H.,

1996   Die Intention der beiden Plagenerzählungen (Exodus 7-10) in ihrem Kontext, in: Vervenne 1996, 225-243

1988   Exodus. Teilband 1. Exodus 1-6, BK.AT 2/1, Neukirchen-Vluyn 1988

SCHMITHALS, WALTER,

2004   Identitätskrise bei Lukas und anderswo?, in: Breytenbach u.a. 2004, 223-251

1982   Die Apostelgeschichte des Lukas, ZBK 3,2, Zürich 1982

SCHMOLDT, HANS,

2000   Art. Kewan (Kijun): Reclams Bibellexikon (⁶2000), 274

2000a   Art. Sikkut: Reclams Bibellexikon (⁶2000), 468

SCHNACK, ANTON,

1961   Schöne Mädchennamen, Zürich/Stuttgart 1961

SCHNEIDER, GERHARD,

1992a   Das Evangelium nach Lukas, ÖTK 3/1-2, Gütersloh ³1992/²1984

1992b   Art. σκήνωμα: EWNT III (²1992), 604

1980   Die Apostelgeschichte. 1. Teil: Einleitung. Kommentar zu Kap. 1,1-8,40, HThK 5/1, Freiburg 1980

1977   Der Zweck des lukanischen Doppelwerks, BZ 21 (1977), 45-66

SCHOLZ, SUSANNE,

1998   Exodus: KFB, 26-39

SCHOTTROFF, LUISE,

1996   Lydias ungeduldige Schwestern. Feministische Sozialgeschichte des frühen Christentums, Gütersloh ²1996

1996a   ›Gesetzesfreies Heidenchristentum‹ – und die Frauen?, in: dies./Wacker, Marie Theres (Hg.), Von der Wurzel getragen. Christlich feministische Exegese in Auseinandersetzung mit Antijudaismus, Leiden u.a. 1996, 227-245, [=1996b]

SCHOTTROFF, LUISE U. WILLY (Hg.),

1986   Wer ist unser Gott? Beiträge zu einer Befreiungstheologie im Kontext der ›ersten‹ Welt, München 1986

SCHOTTROFF, WILLY,

1992   Die Armut der Witwen, in: Crüsemann, Marlene/ders. (Hg.), Schuld und Schulden. Biblische Traditionen in gegenwärtigen Konflikten, KT 121, Gütersloh 1992, 54-89

1991   Art. Gedächtnis: NBL I (1991), 753-755

1986   Das Jahr der Gnade Jahwes (Jes 61,1-11), in: Schottroff, Luise u.Willy 1986, 122-136

SCHRECK, C.J.,

1989   The Nazareth Pericope. Luke 4,16-30 in Recent Study, in: Neirynck, Frans (Hg.), L'Évangile de Luc – The Gospel of Luke, BEThL 32, Paris/Leuven ²1989, 399-471

SCHRECKENBERG, HEINZ,

2004   Der Kronzeuge aus dem gegnerischen Lager. Wirkungs- und Rezeptionsgeschichte der Werke des Flavius Josephus: WUB 32 (2004), 46-50

SCHREIBER, STEFAN,

2002   Aktualisierung göttlichen Handelns am Pfingsttag. Das frühjüdische Fest in Apg 2,1, ZNW 93 (2002), 58-77

SCHREINER, JOSEF,

2003   Patriarchen im Lob der Väter (zu Sir 44), in: Kiesow, Klaus/Meurer, Thomas (Hg.), Textarbeit. Studien zu Texten und ihrer Rezeption aus dem Alten Testament und der Umwelt Israels, AOAT 294, FS P. Weimar, Münster 2003, 425-441

SCHRÖDER, BERND,

1996   Die »väterlichen Gesetze«: Flavius Josephus als Vermittler von Halachah an Griechen und Römer, TStAJ 53, Tübingen 1996

SCHRÖER, HENNING,

1982   Art. Exodusmotiv IV: Praktisch-Theologisch: TRE 10 (1982), 746f.

SCHROER, SILVIA/STAUBLI, THOMAS,

1998   Die Körpersymbolik der Bibel, Darmstadt 1998

SCHRÖTER, JENS,

2004   Heil für die Heiden und Israel. Zum Zusammenhang von Christologie und Volk Gottes bei Lukas, in: Breytenbach u.a. 2004, 285-308

SCHUBERT, KURT U. URSULA,

1977   Die Errettung des Mose aus den Wassern des Nil in der Kunst des spätantiken Judentums und das Weiterwirken dieses Motivs in der frühchristlichen und jüdisch-mittelalterlichen Kunst, in: Braulik, Georg (Hg.), Studien zum Pentateuch, FS W. Kornfeld, Wien u.a. 1977, 59-68

SCHUBERT, URSULA,

1974   Spätantikes Judentum und frühchristliche Kunst, Studia Judaica Austrica II, Wien 1974

SCHULLER, EILEEN,

1989   Women of the Exodus in Biblical Retellings of the Second Temple Period, in: Day 1989, 178-194

SCHULZ, SIEGFRIED,

1963   Gottes Vorsehung bei Lukas, ZNW 54 (1963), 104-116

SCHÜNGEL-STRAUMANN, HELEN,

1984   Wie Mirjam ausgeschaltet wurde, in: Schlangenlinien, AGG Frauenbroschüre, Bonn 1984, 211-221

1982   Frauen im Alten Testament, EvErz 34 (1982), 496-506

SCHÜRMANN, HEINZ,

1969   Das Lukasevangelium, HThK.NT 3, Freiburg 1969

SCHÜSSLER FIORENZA, ELISABETH,

1988   Zu ihrem Gedächtnis... Eine feministisch-theologische Rekonstruktion der christlichen Ursprünge, Gütersloh ²1988

1979   Interpretation patriarchalischer Tradition, in: Russel, Letty M. (Hg.), Als Mann und Frau ruft er uns, München 1979, 31-51

SCHWARTZ, DANIEL R.,

1996   God, Gentiles, and Jewish Law: On Acts 15 and Josephus' Adiabene Narrative, in: Schäfer 1996, 263-282

SCHWARTZ, EBERHARD,

1982   Identität durch Abgrenzung: Abgrenzungsprozesse in Israel im 2. vorchristl. Jh. und ihre traditionsgeschichtlichen Voraussetzungen; zugleich ein Beitrag zur Erforschung des Jubiläenbuches, EHS.Th 162, Frankfurt a.M. u.a. 1982

SCHWEMER, ANNA MARIA,

2001   Der Auferstandene und die Emmausjünger, in: Avemarie, Friedrich/Lichtenberger, Hermann (Hg.), Auferstehung – Resurrection. The Fourth Durham-Tübingen Research Symposium Resurrection, Transfiguration and Exaltation in Old Testament, Ancient Judaism and Early Christianity (Tübingen 1999), WUNT 135, Tübingen 2001, 95-117

1997   Gottes Hand und die Propheten. Zum Wandel der Metapher ›Hand Gottes‹ in frühjüdischer Zeit, in: Kieffer/Bergmann 1997, 65-85

SCORALICK, RUTH,

2002   »Auch jetzt noch« (Joel 2,12a). Zur Eigenart der Joelschrift und ihrer Funktion im Kontext des Zwölfprophetenbuches, in: Zenger E. (Hg.), »Wort JHWHs, das geschah...« (Hos 1,1). Studien zum Zwölfprophetenbuch, HBS 35, Freiburg i.Br. 2002, 47-69

2001   Gottes Güte und Gottes Zorn. Die Gottesprädikationen in Ex 34,6f und ihre intertextuellen Beziehungen zum Zwölfprophetenbuch, HBS 33, Freiburg i.Br. 2001

SECCOMBE, DAVID,

1994   Luke and Isaiah, in: Beale 1994, 248-256

SEIDL, THEODOR,

1991   Art. Aussatz: NBL I (1991), 218f.

SEITZ, GOTTFRIED,

1971   Redaktionsgeschichtliche Studien zum Deuteronomium, Stuttgart u.a. 1971

Seters, John van,

1994   The Life of Moses, Kampen 1994

SEVENSTER, JAN NICOLAAS,

1968   Do you know Greek? How much Greek could the first jewish Christians have known?, NT.S 19, Leiden 1968

SHELLARD, BARBARA,

2002   New Light on Luke. Its Purpose, Sources and Literary Context, JSNT.S 215, Sheffield 2002

SHEPHERD, WILLIAM H., JR.,

1994   The Narrative Function of the Holy Spirit as a Character in Luke-Acts, SBL Diss. Series 147, Atlanta 1994

SHIRUN-GRUMACH, IRENE (Hg.),

1998   Jerusalem Studies in Egyptology, ÄAT 40, Wiesbaden 1998

SIEBERT-HOMMES, JOPIE,

1998   Let the daughters live! The literary architecture of Exodus 1-2 as a key for interpretation, Leiden u.a. 1998

1994   But if she be a daughter...she may live! ›Daughters‹ and ›sons‹ in Exodus 1-2, in: A. Brenner 1994, 62-74

1992   Die Geburtsgeschichte des Mose innerhalb des Erzählzusammenhangs von Exodus I und II, VT 42 (1992), 398-404

SILVERMAN, MICHAEL H.,

1985   Religious Values in the Jewish Proper Names at Elephantine, AOAT 217, Neukirchen-Vluyn 1985

1981   Biblical Name-Lists and the Elephantine Onomasticon: A Comparison, Orientalia 50 (1981), 265-331

SIMON, MARCEL,

1951   Saint Stephen and the Jerusalem Temple, JEH 2 (1951), 127-142

SKEHAN, PATRICK,

1986   The hand of Judith, CBQ 166 (1986), 94-110

SLOAN, ROBERT B.,

1991   Rezension: D.P. Moessner, Lord of the Banquet, ThZ 47 (1991), 366-368

SMEND, RUDOLPH,

1893   Lehrbuch der alttestamentlichen Religionsgeschichte, Freiburg u.a. 1893

SMITH, D. MOODY,

1972   The Use of the Old Testament in the New, in: Efird 1972, 3-65

SMITH, MARK S.,

1997   The pilgrimage pattern in Exodus, JSOT.S 239, Sheffield 1997

SNODGRASS, KYLE,
1994   The Use of the Old Testament in the New, in: Beale 1994, 29-51

SODEN, WOLFRAM VON,
1970   Mirjam-Maria. »(Gottes-)Geschenk«, UF 2 (1970), 269-272

SÖDING, THOMAS,
2003   Das Lukas-Evangelium, Würzburg 2003

SOMMER, BENJAMIN,
1999   Reflecting on Moses. The Redaction of Numbers 11, JBL 114 (1999), 601-624

SPARKS, HEDLEY F. D.,
1943   The Semitisms of St. Luke's Gospel, JThS 44 (1943), 129-138

SPENCER, FRANKLIN S.,
1992   The Portrait of Philip in Acts: A Study of Roles and Relations, JSNT.S 67, Sheffield 1992

SPIECKERMANN, HERMANN,
1994   Die Satanisierung Gottes. Zur inneren Konkordanz von Novelle, Dialog und Gottesreden im
          Hiobbuch, in: Kottsieper, Ingo u.a. (Hg.), »Wer ist wie du, Herr, unter den Göttern?« Studien zur
          Theologie und Religionsgeschichte Israels, FS O. Kaiser, Göttingen 1994, 431-444
1994a   Die Stimme des Fremden im Alten Testament, PTh 83 (1994), 52-67
1989   Heilsgegenwart, FRLANT 148, Göttingen 1989

SPIEGELBERG, WILHELM,
1904   Der Aufenthalt Israels in Ägypten im Lichte der ägyptischen Dokumente, Straßburg [4]1904

SPIRO, A.,
1951   Samaritans, Tobiads and Jehudites in Pseudo-Philo. Use and Abuse of the Bible by Polemicists and
          Doctrinaires, PAAJR 20 (1951), 279-355
1967   Stephen's Samaritan Background, in: Munck, Johannes, The Acts of the Apostles, New York 1967,
          285-300

STÄHLI, HANS-PETER,
1983   »Da schickte sie ihre Magd...« (Ex 2,5). Zur Vokalisation eines hebräischen Wortes- ein Beispiel des
          Ringens um das richtige Textverständnis, WuD 17 (1983), 27-54

STANDHARTINGER, ANGELA,
2004   »Wie die verehrte Judith und die besonnenste Hanna.« Traditionsgeschichtliche Beobachtungen
          zur Herkunft der Witwengruppen im entstehenden Christentum, in: Crüsemann 2004, 103-126

STARE, MIRA,
2004   Das neu gesungene Lied des Mose (Offb 15,3b-4), in: Paganini u.a. 2004, 121-138

STAUBLI, THOMAS,
1996   Die Bücher Levitikus. Numeri, NSK-AT 3, Stuttgart 1996

STAUDINGER, FERDINAND,
1992   Art. δεισιδαιμόνια: EWNT I ([2]1992), 675-678

STECK, ODIL H.,
1996   Die getöteten ›Zeugen‹ und die verfolgten ›Tora-Sucher‹ in Jub 1,12. Ein Beitrag zur Zeugnis-
          Terminologie des Jubiläenbuches (II), ZAW 108 (1996), 70-86
1995   Die getöteten ›Zeugen‹ und die verfolgten ›Tora-Sucher‹ in Jub 1,12. Ein Beitrag zur Zeugnis-
          Terminologie des Jubiläenbuches (I), ZAW 107 (1995), 445-465
1967   Israel und das gewaltsame Geschick der Propheten. Untersuchungen zur Überlieferung des
          deuteronomistischen Geschichtsbildes im Alten Testament, Spätjudentum und Urchristentum,
          WMANT 23, Neukirchen 1967

STEFFENSKY, FULBERT,
1992   Der Name – Schlüssel zur Freiheit. Über die Angst des Menschen, keinen Namen zu haben, PTh 81
          (1992), 210-223

STEGEMANN, EKKEHARD W./STEGEMANN, WOLFGANG,
1997   Urchristliche Sozialgeschichte. Die Anfänge im Judentum und die Christusgemeinden in der
          mediterranen Welt, Stuttgart [2]1997

STEGEMANN, WOLFGANG,
2005   Wie ›christlich‹ ist das Judentum? Zur Kritik an einigen seiner (protestantischen) Konstruktionen,
          in: Faber, Richard, (Hg.), Zwischen Affirmation und Machtkritik. Zur Geschichte des
          Protestantismus und protestantischer Mentalitäten, Zürich 2005, 141-163
1999   Amerika, du hast es besser! Exegetische Innovationen der neutestamentlichen Wissenschaft in den
          USA, in: Anselm, Reiner u.a. (Hg.), Die Kunst des Auslegens: zur Hermeneutik des Christentums in
          der Kultur der Gegenwart, Frankfurt a.M. u.a. 1999, 99-114
1993   Jesus als Messias in der Theologie des Lukas, in: Stegemann, Ekkehard (Hg.), Messiasvorstellungen
          bei Juden und Christen, Stuttgart 1993, 21-40
1991a   Zwischen Synagoge und Obrigkeit. Zur historischen Situation der lukanischen Christen, Stuttgart 1991

1991b   ›Licht der Völker‹ bei Lukas, in: Bussmann/Radl 1991, 81-97
1994   Zur neueren exegetischen Diskussion um die Apostelgeschichte, EvErz 46 (1994), 198-219

STEIN, BRADLEY L.,
1997   Who the Devil is Beelzebul?, BR 13 (1997), 42-45.48

STEINMETZ, DEVORA,
1988   A Portrait of Miriam in Rabbinic Midrash, Prooftexts 8 (1988), 35-65

STEINS, GEORG,
1999   Die ›Bindung Isaaks‹ im Kanon (Gen 22): Grundlagen und Programm einer kanonisch-intertextuellen Lektüre, HBS 20, Freiburg i.Br. u.a. 1999

STEMBERGER, GÜNTER,
1990   Die Stephanusrede (Apg 7) und die jüdische Tradition, in: ders., Studien zum rabbinischen Judentum, SBAB 10, Stuttgart 1990, 229-250
1989   Midrasch: vom Umgang der Rabbinen mit der Bibel. Einführung – Texte – Erläuterungen, München 1989
1977   Geschichte der jüdischen Literatur: eine Einführung, München 1977
1972   Der Leib der Auferstehung. Studien zur Anthropologie und Eschatologie des palästinensischen Judentums im neutestamentlichen Zeitalter (ca. 170 v.Chr. - 100 n.Chr.), AnBib 56, Rom 1972

STERLING, GREGORY E.,
1992   Historiography and Self-Definition. Josephos, Luke-Acts and Apologetic Historiography, NT.S 64, Leiden u.a. 1992

STEUERNAGEL, CARL,
1923   Das Deuteronomium, HK III/1, Göttingen ²1923

STEVENSON, GREGORY M.,
1997   Communal imagery and the individual lament. Exodus typology in Psalm 77, RestQ 39 (1997), 215-229

STIERLE, KARLHEINZ,
1983   Werk und Intertextualität, in: Schmid, Wolf/Stempel, Wolf-Dieter (Hg.), Dialog der Texte. Hamburger Kolloquium zur Intertextualität, Wien 1983, 7-26

STOCKER, MARGARITA,
1990   Biblical Story and the Heroine, in: Warner 1990, 81-102

STOL, MARTEN,
1995a   Art. Kaiwan: DDD (1995), 899f.
1995b   Art. Sakkuth: DDD (1995), 1364f.

STONE, MICHAEL E. (Hg.),
1984   Jewish Writings of the Second Temple Period, Compendia Rerum Iudaicarum ad Novum Testamentum II,2, Assen 1984

STORCH, RAINER,
1967   Die Stephanusrede Apg 7,2-53 (Theol. Diss. masch.), Göttingen 1967

STRATHMANN, HERMANN,
1942   Art. μάρτυς κτλ.: ThWNT IV (1942), 477-514

STRAUß, HANS,
1999   הֹסֶן in den Traditionen des Hebräischen Kanons, ZAW 111 (1999), 256-258
1985   Das Meerlied des Mose – ein >Siegeslied< Israels?, ZAW 97 (1985), 103-109

STRAUSS, MARK L.,
1995   The Davidic Messiah in Luke-Acts. The Promise and its Fulfillment in Lukan Christology, JSNT.S 110, Sheffield 1995

STROBEL, AUGUST,
1972   Armenpfleger ›um des Friedens willen‹. Zum Verständnis von Apg 6,1-6, ZNW 63 (1972), 271-276
1957-58 Passa-Symbolik und Passa-Wunder in Act. XII.3ff., NTS 4 (1957-58), 210-215

STROTMANN, ANGELIKA,
1991   Mein Vater bist du! (Sir 51,10)- Zur Bedeutung der Vaterschaft Gottes in kanonischen und nichtkanonischen frühjüdischen Schriften, FThS 39, Frankfurt a.M. 1991

SUTHERLAND, STEWART,
1990   History, Truth, and Narrative, in: Warner 1990, 105-116

SUTTER REHMANN, LUZIA,
2005   Der Glanz der Schekhinah und Elisabets Verhüllung (Lukas 1,24), lectio difficilior 1/2005 [http://www.lectio.unibe.ch], 1-24

SWETE, HENRY B.,
1968   An Introduction to the Old Testament in Greek, revised by R.R. Ottley, New York 1968

THACKERAY, H.S.JOHN,
1967   Josephus: the man and the historian, New York 1967 (Nachdruck von 1927)
TALBERT, CHARLES H.,
1974   Literary Patterns, Theological Themes and the Genre of Luke-Acts, SBLMS 20, Missoula 1974
TALMON, SHEMARYAHU,
1990   ›400 Jahre‹ oder ›vier Generationen‹ (Gen 15,13-15): Geschichtliche Zeitangaben oder literarische Motive?, in: Blum u.a. 1990, 13-25
TANNEHILL, ROBERT C.,
1985   Israel in Luke-Acts: A Tragic Story, JBL 104 (1985), 69-85
1986/90 The Narrative Unity of Luke-Acts: A Literary Interpretation, 2 Bde, Philadelphia 1986; 1990
TASCHNER, JOHANNES,
2005   Nicht werden wie die Eltern. Zum Verhältnis der Generationen in der Bibel, Lernort Gemeinde 23 (2005), 14-16 (erstmals erschienen: das baugerüst 2004/3, 14-19)
2003   »Frage doch nach den ersten Tagen!« (Dtn 4,32). Zur Epocheneinteilung im Deuteronomium, in: Hardmeier u.a. 2003, 255-275
2001   Die Bedeutung des Generationenwechsels für den Geschichtsrückblick in Dtn 1-3, WuD 26 (2001), 61-72
2000   Verheißung und Erfüllung in der Jakobserzählung (Gen 25,19-33,17): eine Analyse ihres Spannungsbogens, HBS 27, Freiburg i.Br. u.a. 2000
TAYLOR, NICHOLAS H.,
1999   Luke-Acts and the Temple, in: Verheyden 1999, 709-721
TERBUYKEN, PERI J.,
2003   Levi, Jochebed und Pinhas, BN 116 (2003), 95-104
THEIßEN, GERD,
2003   Die Goldene Regel (Mt 7:12//Lk 6:31). Über den Sitz im Leben ihrer positiven und negativen Form, BibInt 11 (2003), 386-399
1998   Urchristliche Wundergeschichten. Ein Beitrag zur formgeschichtlichen Erforschung der synoptischen Evangelien, Gütersloh [7]1998
1990   Aporien im Umgang mit den Antijudaismen des Neuen Testaments, in: Blum u.a. 1990, 535-553
1977   Soziologie der Jesusbewegung: ein Beitrag zur Entstehungsgeschichte des Urchristentums, Theol. Ex. heute 194, München 1977
THEIßEN, GERD/MERZ, ANNETTE,
1997   Der historische Jesus, Göttingen [2]1997
THELLE, RANNFRIED I.,
2002   Ask God. Divine Consultation in the Literature of the Hebrew Bible, BET 30, Frankfurt a.M. u.a. 2002
THOMAS, MICHAEL D.,
2004   The world turned upside-down. Carnivalesque and satiric elements in Acts, Perspectives in religious studies 31 (2004), 453-465
THOMPSON, RICHARD P.,
1998   Believers and Religious Leaders in Jerusalem: Contrasting Portraits of Jews in Acts 1-7, in: ders./Phillips, Thomas E. (Hg.), Literary studies in Luke-Acts, FS J.B. Tyson, Macon 1998, 327-344
THORNTON, CLAUS-JÜRGEN,
1991   Der Zeuge des Zeugen. Lukas als Historiker der Paulusreisen, WUNT 56, Tübingen 1991
THYEN, HARTWIG,
1955   Der Stil der Jüdisch-Hellenistischen Homilie, FRLANT 56, Göttingen 1955
TIEDE, DAVID L.,
1993   ›Fighting against God‹: Luke's Interpretation of Jewish Rejection of the Messiah Jesus, in: Evans, Craig A./Hagner, David A. (Hg.), Anti-Semitism and Early Christianity. Issues of Polemic and Faith, Minneapolis 1993, 102-112
1988   »Glory to Thy People Israel«: Luke-Acts and the Jews, in: Tyson 1988, 21-34
1980   Prophecy and History in Luke-Acts, Philadelphia 1980
Tournay, Raymond J.,
1955   Le chant de victoire d'Exode 15, RB 102 (1995), 522-531
TRAUTMANN, MARIA,
1997   Rezension: Mayer-Schärtel, Bärbel, Das Frauenbild des Josephus, Stuttgart u.a. 1995, BZ 41 (1997), 257-261
TRAUTMANN, MARIA U. FRANZ,
2005   Die Emmaus-Erzählung und ihre Weg-Theologie, Bibel heute 41 (2005), 10-13
TREPP, LEO,
1992   Der jüdische Gottesdienst. Gestalt und Entwicklung, Stuttgart 1992

TRIBLE, PHYLLIS,
1994   Bringing Miriam out of the Shadows, in: Brenner 1994, 166-186

TUOR-KURTH, CHRISTINA,
2004   »Dein Leben verachtend«. Antike Stellungnahmen zur Aussetzung von Neugeborenen, KuI 19 (2004), 47-60

TURNER, MAX M.,
1998   The ›Spirit of Prophecy‹ as the Power of Israel's Restoration and Witness, in: Marshall/Peterson 1998, 327-348
1996   Power from on High. The Spirit in Israel's Restoration and Witness in Luke-Acts, JPTh.S 9, Sheffield 1996
1992   The Spirit of Prophecy and the Power of Authoritative Preaching: A Question of Origins: NTS 38 (1992), 66-88
1991   The Spirit and the Power of Jesus' Miracles in the Lucan Conception, NT 33 (1991), 124-152
1982   The Sabbath, Sunday and the Law in Luke-Acts, in: Carson, Donald A. (Hg.), From Sabbath to the Lord's Day, Exeter 1982, 99-157

TYSON, JOSEPH B.,
2003   From history to rhetoric and back: Assessing new trends in Acts studies, in: Penner/Vander Stichele 2003, 23-42
1992   Images of Judaism in Luke-Acts, Columbia 1992
1988   (Hg.), Luke-Acts and the Jewish People. Eight critical Perspectives, Minneapolis 1988

UNNIK, WILLEM CORNELIS VAN,
1973   Der Ausdruck εως εσχατου της γης (Apostelgeschichte I 8) und sein alttestamentlicher Hintergrund, in: ders., Sparsa Collecta I, NT.S 29, Leiden 1973, 386-401

UNTERMANN, JÜRGEN/FORSSMAN, BERNHARD,
2001   Art. Onomastik: Der neue Pauly 15/1 (2001), 1175-1179

UTZSCHNEIDER, HELMUT,
2001   Auf Augenhöhe mit dem Text. Überlegungen zum wissenschaftlichen Standort einer Übersetzung der Septuaginta ins Deutsche, in: Fabry/Offerhaus 2001, 11-50
1996   Gottes langer Atem. Die Exoduserzählung (Ex 1-14) in ästhetischer und historischer Sicht, SBS 166, Stuttgart 1996

VAHRENHORST, MARTIN,
2001   Gift oder Arznei? Perspektiven für das neutestamentliche Verständnis von Jes 6,9f. im Rahmen der jüdischen Rezeptionsgeschichte, ZNW 92 (2001), 145-167

VALENTIN, HEINRICH,
1978   Aaron. Eine Studie zur vorpriesterschriftlichen Aaron-Überlieferung, OBO 18, Freiburg i. Ue. u.a. 1978

VANDER STICHELE, CAROLINE,
2003   Gender and Genre: Acts in/of Interpretation, in: Penner/dies. 2003, 311-329

VANDERKAM, JAMES C.,
1977   Textual and Historical Studies in the Book of Jubilees, HSM 14, Missoula 1977

VATER, ANN M.,
1982   A plague on both our houses: form- and rhetorical-critical observations on Exodus 7-11, in: Clines u.a. 1982, 62-71

VEERKAMP, TON,
1993   Autonomie und Egalität, Berlin 1993
1979   Die Erhöhung der Unteren: Lukas 1,26-56, TeKo 6 (1979,4), 41-63

VENEMA, GEERT J.,
2004   Reading Scripture in the Old Testament. Deuteronomy 9-10; 31- 2 Kings 22-23- Jeremiah 36- Nehemiah 8, OTS 48, Leiden u.a. 2004

VERHEYDEN, JOSEPH,
1999   The Unity of Luke-Acts. What are we up to?, in: ders. (Hg.), The Unity of Luke-Acts, BEThL 142, Paris/Leuven 1999, 3-56

VERMÈS, GÉZA,
1973   Circumcision and Exodus IV 24-26. Prelude to the theology of baptism, in: ders. Scripture and Tradition in Judaism, Leiden ²1973, 178-192
1963   Die Gestalt des Moses an der Wende der beiden Testamente, in: Beck/Stier 1963, 61-93

VERVENNE, MARC,
1996   Current tendencies and developments in the study of the book of Exodus, in: ders. (Hg.), Studies in the Book of Exodus, BEThL 126, Paris/Leuven 1996, 21-59

VINCENT, L.-HUGUES,
1934   Sur la date des ossuaires juifs, RB 43 (1934), 564-567

1907   Ossuaires juifs, RB 16 (1907), 410-414

VÖLTER, DIETER,

1919/20   Miscellen. 1. Mirjam, ZAW 38 (1919/20), 111f.

VOELZ, JAMES W.,

1995   Multiple Signs, Levels of Meaning and Self as Text: Elements of Intertextuality, Semeia 69/70 (1995), 149-164

VOGEL, MANUEL,

2002   Herodes. König der Juden, Freund der Römer, BG 5, Leipzig 2002

1998   Geschichtstheologie bei Pseudo-Philo, Liber Antiquitatum Biblicarum, in: Siegert, Folker/Kalms, Jürgen U. (Hg.), Internationales Josephus-Kolloquium Münster 1997. Vorträge aus dem Institutum Judaicum Delitzschianum, Münster 1998, 175-195

1996   Das Heil des Bundes: Bundestheologie im Frühjudentum und im frühen Christentum, TANZ 18, Tübingen u.a. 1996

VOGT, ERNST,

1948   De nominis Mariae etymologia, VD 26 (1948), 163-168 Lk 1-2

VOLLENWEIDER, SAMUEL,

2002   Zwischen Monotheismus und Engelchristologie. Überlegungen zur Frühgeschichte des Christusglaubens, ZThK 99 (2002), 21-44

1988   ›Ich sah den Satan wie einen Blitz vom Himmel fallen‹ (Lk 10,18), ZNW 79 (1988), 187-203

VON DOBBELER, AXEL u.a. (Hg.),

2000   Religionsgeschichte des Neuen Testaments, FS K. Berger, Tübingen u.a. 2000

VON RAD, GERHARD,

1992/93   Theologie des Alten Testaments. Band 1: Die Theologie der geschichtlichen Überlieferungen Israels, Bd. 2: Die Theologie der prophetischen Überlieferungen Israels, Gütersloh Bd. 1: [10]1992/Bd. 2: [10]1993

1971   Beobachtungen an der Moseerzählung Exodus 1-14, EvTh 31 (1971), 579-588

1968   Das fünfte Buch Mose, ATD 8, Göttingen [2]1968

VOS, CLARENCE J.,

1968   Woman in Old Testament Worship, Delft 1968

WACKER, MARIE-THERES,

2000   Gottes Groll, Gottes Güte und Gottes Gerechtigkeit nach dem Joel-Buch, in: Scoralick, R. (Hg.), Das Drama der Barmherzigkeit Gottes. Studien zur biblischen Gottesrede und ihrer Wirkungsgeschichte in Judentum und Christentum, SBS 183, Stuttgart 2000, 107-124

1998   Die Bücher der Chronik, KFB, 146-155

1988   Mirjam. Kritischer Mut einer Prophetin, in: Walter, Karin (Hg.), Zwischen Ohnmacht und Befreiung, Freiburg 1988, 44-52

WAGNER, J. ROSS,

1997   Psalm 118 in Luke-Acts: Tracing a narrative Thread, in: Evans/Sanders 1997, 154-178

WAGNER, VOLKER,

2001   Mit der Herkunft Jesu aus Nazareth gegen die Geltung des Gesetzes?, ZNW 92 (2001), 273-282

WAINWRIGHT, ELAINE,

1997   Rachel weeping for her children: Intertextuality and the biblical testaments – a feminist approach, in: Brenner/Fontaine 1997, 452-469

WAL, ADRI J.O. VAN DER,

1996   Themes from Exodus in Jeremiah 30-31, in: Vervenne, Marc (Hg.), Studies in the book of Exodus, Leuven 1996, 559-566

WALTER, NIKOLAUS,

1983   Apostelgeschichte 6,1 und die Anfänge der Urgemeinde in Jerusalem, NTS 29 (1983), 370-393

WALTON, STEVE,

2002   The state they were in: Luke's view of the Roman empire, in: Oakes, Peter (Hg.), Rome in the bible and the early church, Carlisle 2002, 1-41

1999   Where does the Beginning of Acts end?, in: Verheyden 1999, 447-467

WALZER, MICHAEL,

1998   Exodus und Revolution Frankfurt a.M. 1998

WANDER, BERND,

2000   »In Gefahr durch Heiden, durch das eigene Volk«. Apologien und Unschuldsbeteuerungen als besonderes Mittel des Lukas, in: von Dobbeler u.a. 2000, 465-476

1998   Gottesfürchtige und Sympathisanten. Studien zum heidnischen Umfeld von Diasporasynagogen, WUNT 104, Tübingen 1998

1994   Trennungsprozesse zwischen Frühem Christentum und Judentum im 1. Jahrhundert nach Christus: Datierbare Abfolgen zwischen der Hinrichtung Jesu und der Zerstörung des Jerusalemer Tempels, TANZ 16, Tübingen u.a. 1994

WARNER, MARTIN (Hg.),
1990   The Bible as Rhetoric. Studies in Biblical Persuasion and Credibility, London/New York 1990

WASSER, NATHAN,
1933   Die Stellung der Juden gegenüber den Römern. Nach der rabbinischen Literatur, Jersey 1933

WASSERBERG, GÜNTER,
1998   Aus Israels Mitte – Heil für die Welt. Eine narrativ-exegetische Studie zur Theologie des Lukas, BZNW 92, Berlin u.a. 1998

WATTS, JAMES W.,
1992   Psalm and Story. Insert Hymns in Hebrew Narrative, JSOT.S 139, Sheffield 1992

WATTS, RIKKI E.,
1997   Isaiah's new Exodus and Mark, WUNT 2.88, Tübingen 1997

WEBB, WILLIAM J.,
1993   Returning Home. New Covenant and Second Exodus as the Context for 2 Corinthians 6.14-7.1, JSNT.S 85, Sheffield 1993

WEBER, BEAT,
1990   ›...Jede Tochter sollt ihr am Leben lassen!‹ - Beobachtungen zu Ex 1,15-2,10 und seinem Kontext aus literaturwissenschaftlicher Perspektive, BN 55 (1990), 47-76

WEEMS, RENITA J.,
1992   The Hebrew Women are not Like the Egyptian Women: The Ideology of Race, Gender and Sexual Reproduction in Exodus 1, Semeia 59 (1992), 25-34

WEILER, GERDA,
1989   Das Matriarchat im Alten Israel, Stuttgart u.a. 1989

WEIMAR, PETER,
1996   Exodus 1,1-2,10 als Eröffnungskomposition des Exodusbuches, in: Vervenne 1996, 179-208
1991a   Art. Exodusbuch: NBL I (1991), 636-648
1991b   Art. Arche: NBL I (1991), 160f.

WEIPPERT, MANFRED,
1977   Art. Sarkophag, Urne, Ossuar: BRL (²1977), 269-276

WEISER, ALFONS,
1986   Zur Gesetzes- und Tempelkritik der ›Hellenisten‹, in: Kertelge, Karl (Hg.), Das Gesetz im Neuen Testament, QD 108, Freiburg i.Br. U.a. 1986, 146-168
1981/85 Die Apostelgeschichte. ÖTK 5/1+2, Gütersloh 1981 u. 1985

WEIß, WOLFGANG,
1995   »Zeichen und Wunder« Eine Studie zu der Sprachtradition und ihrer Verwendung im Neuen Testament, WMANT 67, Neukirchen-Vluyn 1995

WELKER, MICHAEL,
1993   Gottes Geist. Theologie des Heiligen Geistes, Neukirchen-Vluyn ²1993

WENGST, KLAUS,
2005   Erwägungen zur Wiedergabe von ›kyrios‹ im Neuen Testament, in: Kuhlmann 2005, 178-183
2000   Das Johannesevangelium. 1. Teilband: Kapitel 1-10, ThK.NT 4.1, Stuttgart 2000
1986   Pax Romana. Anspruch und Wirklichkeit, München 1986

WÉNIN, ANDRÉ (Hg.),
2001   Studies in the Book of Genesis, BEThL 155, Paris/Leuven 2001

WENK, MATTHIAS,
2000   Community-Forming Power. The Socio-Ethical Role of the Spirit in Luke-Acts, JPT.S 19, Sheffield 2000

WENNING, ROBERT,
2001   Art. Ossuar: NBL III (2001), 53f.

WEREN, WIM,
1989   Psalm 2 in Luke-Acts: An Intertextual Study, in: Draisma, Sipke (Hg.), Intertextuality in Biblical Writings, FS B.v. Iersel, Kampen 1989, 189-203

WESTERMANN, CLAUS,
1981   Das Buch Jesaja. Kapitel 40-66, ATD 19, Göttingen ⁴1981

WETTE, WILHELM M. L. DE,
1846   Kurze Erklärung der Evangelien des Lukas und Markus, KEH I/2, Leipzig ³1846

WETTER, GILLIS P.,
1922   Das älteste hellenistische Christentum nach der Apostelgeschichte, ARW 21 (1922), 397-429

WEVERS, JOHN W.,
1990   Notes on the Greek Text of Exodus, Atlanta 1990

WHITE, HAYDEN,
1986   Historical Pluralism, in: ders., Critical Inquiry, 1986, 480-493

WHITE, SIDNIE A.,

1992   4Q364 and 365: A Preliminary Report, in: Trebolle Barrera, J./Vegas Montaner, L. (Hg.), The Madrid Qumran Congress, Leiden u.a. 1992, 217-228

WICK, PETER,

2002   Die urchristlichen Gottesdienste. Entstehung und Entwicklung im Rahmen der frühjüdischen Tempel-, Synagogen- und Hausfrömmigkeit, BWANT 150, Stuttgart u.a. 2002

2001   Judas als Prophet wider Willen, ThZ 57 (2001), 26-35

WICKE, DONALD W.,

1982   The Literary Structure of Exodus 1:2-2:10, JSOT 24 (1982), 99-107

WIEFEL, WOLFGANG,

1987   Das Evangelium nach Lukas, ThHK 3, Berlin 1987

WIESEL, ELIE,

1987   Erinnerung gegen die Gleichgültigkeit, in: Erinnerung als Gegenwart. Elie Wiesel in Loccum, Loccum 1987, 138-160

WIESEMANN, FALK,

2005   Sepulcra judaica. Bibliographie zu jüdischen Friedhöfen und zu Sterben, Begräbnis und Trauer bei den Juden von der Zeit des Hellenismus bis zur Gegenwart, Essen 2005

WILCKENS, ULRICH,

1974   Die Missionsreden der Apostelgeschichte. Form- und traditionsgeschichtliche Untersuchungen, Neukirchen-Vluyn ³1974

1964   Art. κατασοφίζομαι: ThWNT 7 (1964), 528f.

WILDAVSKY, AARON,

1994   Survival must not be gained through sin: The moral of the Joseph Stories prefigured through Judah and Tamar, JSOT 62 (1994), 37-48

1993   Assimilation versus Separation, New Brunswick u.a. 1993

WILDER, WILLIAM N.,

2001   Echoes of the Exodus Narrative in the Context and Background of Galatians 5:18, Studies in Biblical Literature 23, New York u.a. 2001

WILK, FLORIAN,

2005   Eingliederung von ›Heiden‹ in die Gemeinschaft der Kinder Abrahams. Die Aufgabe der Jünger Jesu unter ›allen Weltvölkern‹ nach Mt 28,16-20, ZNT 15 (2005), 52-59

1999   Apg 10,1-11,18 im Licht der lukanischen Erzählung vom Wirken Jesu, in: Verheyden 1999, 605-617

WILLI-PLEIN, INA,

1991   Ort und literarische Funktion der Geburtsgeschichte des Mose, VT 41 (1991), 110-118

1988   Das Buch vom Auszug. 2. Mose, Neukirchen-Vluyn 1988

WILSON, ROBERT R.,

1980   Prophecy and Society in Ancient Israel, Philadelphia 1980

WIND, RENATE,

1996   Maria – aus Nazareth, aus Bethanien, aus Magdala: drei Frauengeschichten, Gütersloh 1996

WINN LEITH, MARY J.,

1998   Israel among the Nations. The Persian Period, in: Coogan 1998, 367-419

WINTER, PAUL DE,

1956   The Proto-Source of Luke I, NT 1 (1956), 184-199

WITTE, MARCUS,

2001   »Mose, sein Angedenken sei zum Segen« (Sir 45,1) – Das Mosebild des Sirachbuchs, BN 107/108 (2001), 161-186

WOLF, URSULA (Hg),

1993   Eigennamen. Dokumentation einer Kontroverse, stw 1057, Frankfurt a.M. 1993

WOLFF, HANS-WALTER,

1969   Dodekapropheton 2. Joel und Amos, BK XIV/2, Neukirchen-Vluyn 1969

WOLLRAD, ESKE,

1999   Wildniserfahrung. Womanistische Herausforderung und eine Antwort aus weißer feministischer Perspektive, Gütersloh 1999

WOLTER, MICHAEL,

2004   Das Lukanische Doppelwerk als Epochengeschichte, in: Breytenbach u.a. 2004, 253-284

WOODS, EDWARD J.,

2001   The ›Finger of God‹ and Pneumatology in Luke-Acts, JSNT.S 205, Sheffield 2001

WRIGHT, GEORGE E.,

1964   God who acts: biblical theology as recital, SBT 8, London 1964

WRIGHT, NICHOLAS T.,

1992   The New Testament and the People of God, London 1992

WYLER, BEA,

1996   Mary's call, in: Brenner 1996, 136-148

YADIN, YIGAEL,

1962   Expedition D – The Cave of the Letters, IEJ 12 (1962), 227-257

ZAKOVITCH, YAIR,

1991   ›And you shall tell your son...‹: The Concept of the Exodus in the Bible, Jerusalem 1991

1990   Humor and Theology, or the Successful Failure of the Israelite Intelligence: A Literary Folkloric Approach to Jos.2, in: Niditch, Susan (Hg.), Text and Tradition. The Hebrew Bible and Foklore, Atlanta 1990, 75-98

1985   Assimilation in biblical narratives, in: Tigay, Jeffrey H. (Hg.), Empirical models of Biblical criticism, Philadelphia 1985, 175-196

ZANGENBERG, JÜRGEN,

2005   Mission in der Antike und im antiken Judentum, ZNT 15 (2005), 12-21

2004   Bis das Pulverfass explodiert. Jüdische Geschichte zwischen Widerstand und Anpassung von 168 v.Chr. bis 135 n.Chr., WUB 32 (2004), 36-45

ZEEB, FRANK,

1998   Israels Auszug aus Ägypten. Theologie des Alten Testaments und/oder Religionsgeschichte Israels. Die Tradition vom Exodus in einigen neueren theologischen Entwürfen, in: Dietrich, Manfried/Kottsieper, Ingo (Hg.), ›Und Mose schrieb dieses Lied auf‹. Studien zum Alten Testament und zum Alten Orient, AOAT 250, Münster 1998, 897-925

ZENGER, ERICH,

2001   Was ist der Preis des Monotheismus? Die heilsame Provokation von Jan Assmann, HerKorr 55 (2001), 186-191

2001a   Heilige Schrift der Juden und der Christen, in: ders. u.a., Einleitung in das Alte Testament, Kohlhammer Studienbücher Theologie I,1, Stuttgart ⁴2001, 11-35

1996   Wie und wozu die Tora zum Sinai kam. Literarische und theologische Beobachtungen zu Exodus 19-34, in: Vervenne 1996, 265-288

1993   Vom christlichen Umgang mit messianischen Texten der hebräischen Bibel, in: Stegemann, Ekkehard W. (Hg.), Messias-Vorstellungen bei Juden und Christen, Stuttgart u.a. 1993, 129-145

1987   Der Gott des Exodus in der Botschaft der Propheten – am Beispiel des Jesajabuches, Conc 23 (1987), 15-22

1981   Tradition und Interpretation in Exodus XV 1-21, VT.S 32 (1981), 452-483

1979   Der Gott der Bibel, Stuttgart 1979

ZIMMERMANN, FRANK,

1936   Folk Etymology of biblical names, VT.S 15 (1936), 311-326

ZIMMERLI, WALTER,

1963   Der ›Neue Exodus‹ in der Verkündigung der beiden großen Exilspropheten, in: ders., Gottes Offenbarung. Gesammelte Aufsätze zum Alten Testament, München 1963, 192-204

ZOBEL, HANS-JÜRGEN,

1992   ›Israel‹ in Ägypten?, in: Kreuzer, Siegfried (Hg.), Zur Aktualität des Alten Testaments, FS G. Sauer, Frankfurt a.M. u.a. 1992, 109-117

ZORELL, FRANZ,

1906   Was bedeutet der Name Maria?, ZKTh 30 (1906), 356-360

ZUNZ, LEOPOLD,

1971   Namen der Juden. Eine geschichtliche Untersuchung, Hildesheim 1971 (repogr. Nachdruck der Ausgabe Leipzig 1837)

ZWICK, REINHOLD,

2003   Moses Moviestar. Zur Wirkungsgeschichte der Dornbusch-Szene (Ex 2,23-4,18), in: Kiesow/Meurer 2003, 585-610

Register der biblischen Stellen

Genesis[1]

Stelle	Seiten
1,28	*39; 83*
2,2f.	*80*
3,20	*221*
6	150
9,1	39
9,7	83
11	*157; 160*
12,5	*75*
12,7	*366*
12,10ff	*124*
12,11	*90*
14	*75*
15,13f.	74f.; *124*; 126; *137; 160; 236; 355*; 357f.
16,2	97; *186*
16,13	*221*
17,1	*366*
17,6	*83*
18,14	*284*
19	*141*
20,7	111
22	147f.; *157*
22,12	*86*
22,23	95
23	*91*
24	141
24,15	*90*
25	*91*; 97; *141*
26,24	*107*
27	141f.
28,3	83
29-31	*124; 222*
30,1	97
30,13	*221*
34	*142*; 186
35,8	*91f.*
35,11	83
35,19f.	*91f.*
36,7	*75*
38	185
41,55	114
43,32	139
46,6	*75*
46,27	95; *224; 227; 360*
46,34	139
48,4	83
49	*91*; 123; *142; 171*
49,18	222
50	*75; 91*; 138

---

[1] Kursiv gesetzte Seitenzahlen verweisen auf Belege in den Anmerkungen.

Exodus

Stelle	Seiten
1-2	83ff; 117; *119*; 126; 137ff; 192ff; 220; 364
1	75
1,1-7	83
1,5	23; *224; 227; 360*
1,7	39; 83; *85*; 159; *361*
1,8	75; 84; *140*
1,9ff	*85f.*
1,10	85; 138; 159; *362f.*
1,11	*362*
1,12	139
1,13f.	113; 120; 160; *326*
1,15ff	41; 85f.; *140*; 143; 186; 199; 211
1,20	*115*
1,22	86; *115*; 137; *140*
2	83ff; *162*; 165ff; 186; 193; 198f.; 211
2,1	138; *140*; 165; 291
2,2f.	144; *166; 167*; 212
2,4ff	84; 87; *93*; 101; 145; *166; 168; 178*; 199f.; 211; 220; 292f.; 395; 402
2,10	87
2,11(ff)	87; 196
2,14	41; 88; *224*
2,16ff	88; 199; 202; 211; 396
2,21	*85*
2,22	359
2,23ff	76; 88; 114; 152; 169; 236; 396f.
2,25	84; 117; *233*
3	76f.; *123*; 137; 204; 282; 367f.; 397
3,1	76 ; 80 ; *197*
3,2	197; *366*
3,3f.	76
3,5	31
3,6	221
3,7f.	76f.; *79*; 84; 114f.; *146*; 160; 233; 234
3,10	77
3,12	113; *115*; 355; 358
3,14	*127*
3,16	233; 397
3,18	118
3,20	78; 117
4,1-10	*104*; 114
4,10	*77; 113; 117*
4,13	*321*
4,16	118; 204
4,18	*76; 87*
4,21	117
4,22	256
4,24-26	76; *85*; 88; 143; 146; 153; 168; 186; 197; 200; 208; 211; *247f.*
4,30f.	*77; 115*; 398
5	77f.; 113f.; 117f.; 126; 204; 397
5,1	115
5,2	84; 117f.; 120
5,4	225
5,12	342
5,18	113
5,22f.	*115; 362*
6	*77; 123*
6,1	78; *119*; 235
6,2-8	67; 107; 115; *119*; 176; 235; 236; 399f.
6,9	120; 400
6,11.28f.	118
6,12.30	77
6,20	*17; 75*; 89; 94ff; *95*; 144; 199
6,23	221
7-11	77f.; 118f.; 121f.; 153f.; 208f.; 215; 324; 331
7,1	101; 111; 118; 203f.; 226
7,3	120; *153*; 348f.
7,5	*84*; 122; 154; *209*
7,14	*115*
7,16	113; 118; 358
8,4	*115*; 118
8,8	114
8,15	119; 235; 333
8,19	115
8,18	122; *209*

2,27	*76*	25,9	108	*Richter*	
3,21f.	405	25,16	*139*	1,21ff	*82*
3,24	*119*	25,18	*86*	2,12	125
3,28	405	26,6	120	2,18	*234*
4,1	*355; 371*	26,7	*114; 160; 233*	3,9.15	*114*
4,10	*230*	26,8	*348*	4f.	185
4,11	238	26,15	381f.	4,4	*101; 199*
4,15	*19*	27,15	*139*	4,9	*129*
4,18f.	*63; 374f.*	28ff	*134; 179*	5	239
4,20	73	28,33	306	5,7	*129*
4,34	*121; 153; 176; 235; 348*	28,64	*341*	6	*77; 86; 146; 234; 282ff*
5,15	*119*	30,13	*327*	10,14	114
5,22	238; 255	30,15.19	*371*	11,34ff	*102; 186*
6,4	*355*	31-34	181f.	13	*97*
6,5	*45; 219*	31,2	226		
6,12	116	31,7	405	*1 Samuel*	
6,13.16	225	31,14	378f.	1,8.11	*97; 233*
6,22	*121; 153; 164; 348*	31,23	405	2,1-10	*103; 125; 186; 222; 235; 239; 287*
7,8	*67; 119; 234f.*	31,27	*120*	4,8	*146; 234*
7,19	*121; 153; 348*	31,30	*230*	6,12	*76*
7,25f.	*139*	32	*80; 94; 146; 150; 154; 222; 229; 310*	7,8	114
8,3	*225; 311*	32,49	226	10,18	*146; 234*
8,15	228; 330	34,1-4	225	12,1.6	125
9,2	31	34,6	*226; 404*	12,8	*90; 125*
9,6.13	*120; 385*	34,8f.	91f.; 200f.; 405	12,10	*114*
9,9	224	34,10f.	*107; 153; 212*	17	*188*
9,10	230; 235; 333			18,6f.	102
9,25-29	*31; 67; 119; 136*	*Josua*		18,20	*90*
10,16	*120*	1,1-9	*404; 406*	20,34	*122*
11,3	*348*	1,1	*222; 234*		
11,4	*173*	1,11	*402*	*2 Samuel*	
12-26	110f.	2	*31; 182; 231; 316; 409*	4,9	*67*
13,6	*67*	3-5	*406*	7	*67; 126; 379f.*
14	*28;*	3	*31; 402*	9,16	*160*
15	303ff	4,20-24	*408*	12,15	306
15,9	*114*	5,10-12	*31*	24	149
15,15	*67*	5,14	*31*		
16,3	*160; 229*	7	*18; 31; 136; 335ff; 407*	*1 Könige*	
16,5-7	*136*	8	*406; 408*	1,29	*67*
17,2ff	375	9	*229; 409*	2,10	*91*
17,8-13	110	10	*407*	6-8	380; 382f.
18,9-22	*105; 139*	11,15	*31*	8	34; 126; 350
18,15f.	*26; 66; 230; 256; 370*	11,21	*31*	9,2	*366*
19	*28; 310; 386*	13,1	*32*	11,43	*91*
20,3	*355*	13,13	*409*	12	126
20,16	31	14,2	*31*	17ff	298; 315ff
20,18	*139*	15	*32; 409*	17	315f.
21,1-14	*28; 67*	17,3-6	*96*	18	315
21,15-17	*97*	20,21ff	*31*	21,10	*349*
22,23	*234*	21,43ff	81f.	22,19	*374*
23,2	*230*	22	*81; 156*		
23,15	381f.	23-24	*31; 81; 183; 406; 408*	*2 Könige*	
23,21	*122*	23,14	*82*	2ff	298; 315ff
24,6-13	110; 326	24	*75; 82; 207*	2,1-12	*25;* 315
24,8f.	*17;* 89; 109ff; *386*	24,5ff	*90;* 114; 125	2,15	315
24,18f.	*67;* 306	24,30	*234*	5	107; 316f.
		24,32	*91; 360*	17	*86*
				22,14	*90; 101; 199*